U0540240

歷代名臣奏議

（四）

歷代名臣奏議卷之一百七十四

去邪

唐太宗貞觀初上謂侍臣曰朕觀前代讒佞之徒皆國之蟊賊也或巧言令色朋黨比周若暗主庸君莫不以之迷惑忠臣孝子所以泣血銜冤故叢蘭欲茂秋風敗之王者欲明讒人蔽之此事著於史籍不能具道至如齊隋間讒譖事耳目所接者略與公等言之斛律明月齊朝良將威震敵國周家每歲斷汾河冰慮齊兵之西渡及明月被祖孝徵讒構伏誅周人始有吞齊之心高熲有經國大才為隋文帝贊成霸業知國政者二十餘載天下賴以康寧文帝唯婦言是聽特令擯斥及為煬帝所殺刑政由是衰壞又隋太子勇撫軍監國凡二十年固亦早有定分楊素欺主罔上賊害良善使父子之道一朝滅於天性逆亂之源自此開矣隋文既混淆嫡庶竟禍及其身社稷

尋亦覆敗古人云代亂則讒勝誠非妄言朕每防萌杜漸用絕讒構之端猶恐心力所不至或不能覺悟前史云猛獸處山林藜藿為之不採直臣立朝廷姦邪為之寢謀此實朕所望於羣公也魏徵曰禮云戒慎乎其所不睹恐懼乎其所不聞詩云愷悌君子無信讒言讒言罔極交亂四國又孔子惡利口之覆邦家蓋為此也臣嘗觀自古有國有家者若曲受讒譖妄害忠良必宗廟丘墟市朝霜露矣願陛下深慎之

貞觀五年治書侍御史權萬紀侍御史李仁發俱以告訐譖毀數引見遂任心彈射肆其欺罔令在上震怒臣下無以自安外知其不可而莫能論爭給事中魏徵正色而奏之曰權萬紀李仁發並是小人不識大體以譖毀為是告訐為直凡所彈射皆非有罪陛下掩其所短收其一切乃騁其奸計附下罔上多行無禮以取強直之名誣房玄齡斥退張亮無所肅厲徒損聖明道路之人皆興謗議臣伏度聖心必不以為謀慮深長可委以棟梁之任將以言無所避忌欲以驚厲羣臣若信狎回邪猶不可以小謀大羣臣素無矯偽空使臣下離心以其齡亮之徒猶不可得伸其枉直其餘疎賤孰能免其欺罔伏願陛下留意再思自驅使二人以來有一弘益臣即甘心斧鉞受不忠之罪陛下縱未能舉善以崇德豈可進姦而自損乎太宗欣然納之賜徵絹五百匹其萬紀奸狀漸露仁發亦解黜萬紀貶連州司馬朝廷咸相慶賀焉

太宗時濮州刺史龐相壽貪濁有聞追還解任自陳幕府之舊太宗深矜之使人謂之曰爾是我舊左右今取他物祗應為貧賜爾絹百匹即還向任更莫作罪過魏徵進諫曰相壽狠濫遠近所知今以故舊私情赦其貪濁更加以厚賞還令復任然相壽性識未知愧恥幕

府左右其數甚多人皆恃恩私足使為善者懼太宗欣然納之引相壽於前謂之曰我昔為王與一府作主今為天子為四海作主既為四海作主不可偏與一府恩澤向欲令爾重任侍臣云爾若得此使為善者皆不用心今侍臣所執既是使不得申我私意乃賜物而遣之相壽默然流涕而去

時傅奕為太史令有僧自西域來能呪人使立死復呪即蘇上試之驗以告奕奕曰此邪術也臣聞邪不干正請使呪臣必不能行上命僧呪奕奕初無所覺須臾僧復僵仆遂不復蘇

高宗顯慶元年王義方擢侍御史不再旬會李義府縱大理囚婦淳于迫其丞畢正義縊死無敢白其奸義方自以興縣屬不三時拜御史且疾當世附離匪人以欺朝廷乃決劾奏意必得罪即問計於母母曰昔王陵伏劍成陵之誼汝能盡忠吾願之死不恨義方即上言

天子置公卿大夫士。欲水火相濟。鹽梅相成。不得獨是獨非也。昔堯失之四凶。漢高祖失之陳豨。光武失之龐萌。魏武失之張邈。彼聖傑之主。然皆失於前而得於後。今陛下撫萬邦而有之。釁臨民落罪無逃罰。況輦轂下奸臣肆虐乎。殺人滅口。此生殺之柄不自主出而下移佞臣。履霜堅冰。猶不可長。請下有司雜治正義死狀。即具法冠對仗。叱義府下殿。讀所言。帝方安義府狡佞。恨義方以孤士觸宰相。貶萊州司戶參軍。

調露元年。上幸東都。司農卿韋弘機作上陽宮。制度弘壯。侍御史狄仁傑劾奏弘機導上為奢。弘機坐免其官。左司郎中王本立恃恩用事。朝廷畏之。仁傑奏其奸。上特原之。仁傑曰。陛下何惜罪人以虧王法。必欲曲赦本立。請棄臣於無人之境。為忠貞之戒。本立竟得罪。由是朝廷肅然。

武后神功元年。來俊臣倚勢貪淫。前後羅織誅人不可勝計。諸武共發其事繫獄。有司處以極刑。奏上三日不出。王及善上言曰。俊臣國之元惡。不去之。必動搖朝廷。吉頊曰。俊臣結聚不逞。誣構良善。贓賄如山。冤魂塞路。國之賊也。太后下其奏。俊臣棄市。仇家爭噉其肉。

聖曆二年。太后幸三陽宮。有胡僧邀車駕觀葬舍利。太后許之。仁傑跪於馬前曰。佛者。戎狄之神。不足以屈天下之主。彼胡僧詭譎。直欲邀致萬乘。以惑遠近之人耳。太后中道而還。曰。以成吾直臣之氣。

久視元年。以張易之為奉宸令。每內殿曲宴。輒引易之昌宗飲博朝戲。昌宗衣羽衣吹笙乘木鶴於庭中。太后選美少年為奉宸內供奉。右補闕朱敬則諫曰。陛下內寵易之昌宗足矣。而侯祥等明自媒衒求入供奉。醜慢無恥。臣職諫爭。不敢不奏。太后勞之。

武后時。魏元忠為洛中長史。張易之暴奴亂都市。元忠杖殺之。及為相。嘗面奏臣承乏宰相。不能盡忠死節。使小人在側。臣之罪也。太后不悅。由是諸張深怨之。乃譖元忠嘗言太后年老。不若挾太子為久長。太后怒元忠謀反。下元忠獄。竟坐貶元忠高要尉。元忠入辭。上言曰。臣老向嶺南。十死一生。但陛下必思臣言。因指易之昌宗曰。此二小兒。終為亂階。

時桓彥範為司刑少卿。張昌宗引妖人迎占言計不軌。宋璟請窮治其奸。武后以昌宗嘗自歸。不許。彥範諫曰。昌宗潛擴恩寵。禍心叵測。天命皇神降怒。自遁其咎。推原厥情。蓋防事暴之日。將引首以免。未敗。則俟時為逆。此凶詭之臣。熒惑聖心。既自歸露。而尚與妖人祈福禳解。則果於必成。初無悔意。今而宥之。誠恐昌宗自謂應運。天下浩然從之。父在子稱尊為逆子。君在臣圖位為逆臣。逆而不誅。社稷懼亡。請付三司考治。

時來俊臣侯思止。舞文法。數誅陷大臣。人皆懾懼。李昭德每奏其誣罔不道狀。卒榜殺思止。其黨稍摧沮。然昭德頗怙權為眾指目。魯王府功曹參軍丘愔上疏曰。臣聞魏冉誅庶族以安秦。忠也。弱諸侯以強國。功也。然出入自專。擊斷無忌。威震人主。不聞有王。張祿一言。而卒用憂死。向使昭王不即覺悟。則秦之霸業。或不傳子孫。陛下天授以前。萬機獨斷。公卿百執具職而已。自長壽以來。厭怠細政。權委昭德。秉權綱而才小任重。負氣強復。鄙夷下民。鷹狗同列。刻薄慶賞多所矯虔。聲威翕習。天下杜口。臣伏見南臺敕目。群臣奏請。陛下制曰可。而昭德建言不可。制又從之。且人臣參奉機密。獻可替否。事或便利。不豫咨謀。而畫可已行。方興駁異。是陽露擅命以示於人。歸美引咎。謹不類此。一切奏讞。皆承風指。陰相傳會。臣觀其膽乃大於身。鼻息所衝。上拂雲漢。夫小家治生。千百之貲。將以託人。尚憂失授。

以天下之事可輕委寄乎。須霜堅冰。須防其漸。大權一去。收之良難。願陛下察臣之言。

時李嶠為內史。與監察御史張廷珪薦李邕文高氣方直。才任諫諍。乃召拜左拾遺。御史中丞宋璟劾張昌宗等反狀。武后不應。邕立階下大言曰。璟所陳社稷大計。陛下當聽。后色解。卒可璟奏。邕出。或讓曰。子位卑。一忤旨。禍不測。邕曰。不如是。名亦不傳。中宗立。鄭普思以方技幸。擢秘書監。邕諫曰。陛下躬政日淺。有九重之嚴。未聞道路橫議。今籍籍皆言普思憑詭惑。說妖祥。陛下不知。猥見驅使。孔子曰。詩三百。一言以蔽之。曰思無邪。陛下誠以普思術可致長生。則爽鳩氏且因之永有天下。非陛下乃今可得。能致神人邪。秦漢且因之永有天下。非陛下乃今可得。能致佛法邪。梁武帝且因之永有天下。非陛下乃今可得。能鬼道邪。墨翟干寶且各獻其主永有天下。非陛下乃今可得。自古堯舜稱聖者。臣觀所以行。皆在人事。敦睦九族。平章百姓。不聞以鬼神道治天下。惟陛下省察。

中宗復位時。侍中桓彥範上書諫帝曰。道路籍籍皆云胡僧慧範。託浮屠法。詭惑后妃。出入禁奧。瀆撓朝政。陛下嘗輕騎微服。數幸其居。上下汙慢。君臣爵替。臣謂興化致治。以康乂國家者。繇進善而棄惡。孔子曰。執左道以亂政者殺。假鬼神以危人者殺。今慧範亂政危人者也。不急誅。且有變。除惡務本。願早裁之。帝屬昏狃左右。不能有所省納。

神龍元年。鄭普思聚黨於雍岐二州。謀作亂。事覺。西京留守蘇瓌收繫窮治之。上抑瓌而佑普思。侍御史范獻忠進曰。請斬蘇瓌。上曰。何故。對曰。瓌為留守大臣。不能先斬普思。然後奏聞。使之熒惑聖聽。其罪大矣。且普思反狀明白。而陛下曲為申理。王者不死。殆謂是乎。魏元忠奏曰。蘇瓌長者。用刑不枉。普思法當死。上流普思於儋州。餘黨伏誅。

景龍元年。僧慧範為銀青光祿大夫上庸公。於東都作大像。府庫為之虛耗。上及韋后皆重之。無敢指目者。侍御史魏傳弓奏曰。刑賞國之大事。陛下賞已妄加。豈宜刑所不及。上乃削黜慧範放于家。

四年。以鍾紹京為中書令。典朝政。紹京縱情賞罰。衆皆惡之。太常少卿薛稷言於上曰。紹京雖有勳勞。素無才德。出自胥徒。超居元宰。恐失聖朝具瞻之美。出為蜀州刺史。

中宗時。崔日用與薛稷爭於上前。稷曰。日用傾側。附武三思。非忠臣。賣友邀功。非義士。日用曰。稷附張易之宗楚客。非傾側而何。上兩罷之。

睿宗即位時。宰相多太平公主之黨。劉幽求與羽林將軍張暐謀使中書侍郎王琚言於上曰。竇懷貞崔湜岑羲皆因公主得進。日夜為謀不輕。若不早圖。一旦事起。太上皇何以得安。請速誅之。上以為然。暐洩其謀。上流幽求於封州。

玄宗開元元年。詔周利貞及滑州刺史裴談等皆酷吏。宜終身勿齒。後利貞復授珍州司馬。明年。授與州刺史。黃門侍郎張廷珪執奏曰。陛下英斷聖明。四海心服。所謂英斷。殄凶逆。正朝廷是也。所謂聖明。辨忠邪。信賞罰是也。利貞宗武舊黨。鉏僇枉敵。自陛下登宸極。布新政。奪其班級。遷之遐荒。以允天下之望。義士猶以罰輕為望。今錫以采綬。委以藩維。是紬奸不必行也。疏入遂寢。

四年。京兆尹崔日知貪暴不法。李傑將糾之。日知反構傑罪。侍御史楊瑒廷奏曰。若糾彈之司。使奸人得而恐喝。則御史臺可廢矣。上遽命傑視事。貶日知歙縣丞。

二十四年。張守珪使平盧討擊使安祿山討奚契丹。敗績。守珪奏請斬之。祿山臨刑呼曰。大丈夫欲滅奚契丹。柰何殺祿山。乃更執送京師。上惜其才赦之。張九齡固爭曰。失律喪師。不可不誅。且其貌有反相。不殺必為後患。上曰。卿勿以王夷甫識石勒枉害忠良。竟赦之。

德宗時。起盧杞為饒州刺史。給事中袁高當草詔。見宰相盧翰劉從一曰。杞當國。矯誣陰賊。斥忠讜。傲明德。反易天常。使宗祏失守。天下疣痏。朝廷不寘以法。才示貶黜。今還授大州。天下其謂何。翰等不悅。命舍人作詔。詔出。高執不下。奏曰。陛下用杞為相。出入三年。附下罔上。使陛下越在草莽。群臣願食其肉且不厭。漢法三光不明。雨旱不時。皆宰相請罪。小者免。大者戮。杞罪萬誅。陛下赦不誅。止貶新州。俄又內移。今復拜刺史。失天下望。帝曰。杞不逮是。朕之過。朕已再赦。高曰。杞天資詭險。二逮。彼固所餘。赦者止赦其罪。不宜授刺史。願

聞外廷。并敕中人聽於民。君億兆異臣之言。臣請前死。諫官亦力爭帝前。帝曰。與上佐可乎。群臣奉詔。翌日。遣使慰高曰。朕惟卿言切至。已如奏。太子少保韋倫曰。高言勁挺。自是陛下一良臣。宜加優禮。

時判度支班宏卒官。中書侍郎同中書門下平章事陸贄薦李巽。帝浸許之。而自用裴延齡。贄奏曰。臣聞君子小人。用舍不並。國家否泰。恒必由之。君子道長。小人道消。於是上下交而萬物通。此所以為泰也。小人道長。君子道消。於是上下不交。而萬物不通。此所以為否也。夫小人於蔽明害理。如目之有眯。耳之有充。嘉穀之有蟊。梁木之有蠹也。眯離婁之目。則天地四方之位不分矣。充子野之耳。則雷霆蠅黽之聲莫辨矣。雖后稷之穡。未易長畝。而蟊傷其本。則零瘁而不植矣。雖公輸之巧。臺成九層。而蠹空其中。則圮折而不支矣。是以古先聖哲之立言垂訓。必殷勤切至。以小人為戒者。豈時有意讎而沮之

弒。誠以其蔽主之明。害時之理。致禍之源博。傷善之釁深。所以有國有家者不得不去耳。其在周易則曰。大君有命。開國承家。小人勿用。必亂邦也。在尚書則曰。除惡務本。去邪勿疑。在毛詩則曰。無縱詭隨以謹無良。曾是掊克。斂怨以為德。盜言孔甘。亂是用餤。讒人罔極。交亂四國。在論語則曰。惡利口之覆邦家者。在春秋則曰。聚斂積實。不知紀極。毀信廢忠。崇飾惡言。靖譖庸回。服讒蒐慝。天下之人。謂之四凶。在禮記則曰。小人行險以徼幸。長國家而務財用者。必自小人矣。小人使為國家。而災害並至。雖有善人。無如之何。臣頃因讀書常憤此類。不圖聖代目覩斯人。戶部侍郎裴延齡者。其性邪。其行險。其口利。其志凶。其矯妄不疑。其敗亂無恥。以聚斂為長策。以詭妄為嘉謀。以掊克斂怨為匪躬。以靖譖服讒為盡節。總典籍之所惡以為智術。冒聖哲之所戒以為行能。可謂堯代之共工。魯邦之少卯。伏惟陛下

協放勳文思之德。而鑒其方鳩僝功。體仲尼天縱之明。而辨其順非堅偽。則天討斯得。聖化允孚。小往大來。孰不欣幸。跡其奸蠹。日長月滋。陰祕者固未盡彰。敗露者猶難悉數。今請粗舉數事。用明欺罔大端。悉非隱微。皆可覆驗。陛下若意其負謗。則誠宜亟為辨明。陛下若知其無良。又安可曲加容掩。頗擇左右親信兼與舉朝公卿搢臣所言。閱實其事。倘延齡罪惡無狀。即臣之奏議是誣。宜中典刑。以制虛妄。俾四海法朝廷之理。兆人戴陛下之明。得失之間。其體甚大。不當復有疑慮。使辨之不早。以竟失天下之望也。前歲秋首。班宏喪亡。特詔延齡繼司邦賦。數月之內。遽衒功能。奏稱勾獲隱欺。計錢二十萬貫。請貯別庫。以為羨財。供御所須。永無匱乏。陛下欣然信納。因謂委任得人。既賴羸餘之資。稍弘心意之欲。興作浸廣。宣索漸多。延齡務實前言。且希睿旨。不敢告闕。不敢辭難。勾獲既是虛言。無以應命。但

辦皆承嚴約。苟在及期。逐乃搜求市鄽。豪奪入獻。追捕夫匠。迫脅就功。以勑索為名。而不酬其直。以和雇為稱。而不償其傭。都城之中。列肆為之晝閉。興役之所。百工比於幽囚。聚詛連羣。遮訴盈路。持綱者莫敢致詰。巡察者莫敢為言。時有致詰為言。輒謂黨邪醜直。天子轂下。囂聲沸騰。四方觀聽。何所取則。蕩心於上。斂怨於人。欺天陷君。遠邇危懼。此其罪之大者也。總制邦用。度支是司。出納貨財。太府攸職。凡是太府出納。皆禀度支文符。太府依符以奉行。度支憑按以勘覆。互相關鍵。用絕姦欺。其出納之數。則每旬申聞。其見在之數。則每月計奏。皆經度支勾覆。又有御史監臨。旬旬相承。月月相繼。明若指掌。端如貫珠。財貨少多。無容隱漏。延齡務行邪諂。公肆誣欺。遂奏云左藏庫司多有失落。近因檢閱使置簿書。乃於糞土之中。收得銀十三萬兩。其疋段雜貨百萬有餘。皆是文帳脫遺。並同已棄之物。今所收

獲。即是羨餘。悉合移入雜庫。以供別勑支用者。其時特宣進止。悉依所奏施行。太府少卿韋少華抗表上陳。殊不引伏。確稱每月申奏。皆是見在數中。請令推尋。足驗姦詐。兩司既相論執。理須辨鞫是非。臣等具以奏聞。請定三司詳覆。若左藏庫遺漏不謬。隱匿固合抵刑。如度支舉奏是虛。誣詆亦宜得罪。陛下既不詳差三司按問。又不令檢奏辨明。度支言太府隱漏至多。而少華所任如舊。太府論度支奸欺頗甚。而延齡見信不渝。枉直兩存。法度都弛。以在庫之物。為收獲之功。以常賦之財。為羨餘之費。罔上無畏。示人不慚。此又罪之大者也。國之府庫。用實貨財物。合入官。則納于其內。事合給用。則出乎其中。所納無非法之財。所出無不道之用。坦然明白。何曲何私。而延齡險猾售姦。詭請別貯。遂於左藏之內。分建六庫之名。意在別貯贏餘。以奉人主私欲。曾不知王者之體。天下為家。國不足。則取之於人。人不

足。乃資之於國。在國為官物。在人為私財。何謂贏餘。須別貯。是必巧詐以變移官物。暴法以刻斂私財。捨此二途。其將焉取。陛下方務崇信。不加檢裁。延齡既怙寵私。益復放肆。遂錄積久逋欠。妄云察獲姦贓。總計緡錢八百餘萬。聽其言則利益難大。考其事則虛誕自彰。或是水火漂焚。或緣旱澇傷敗。或因兵亂散失。或遭寇賊殺戮。或准法免徵。或經恩合放。或人戶逃逝。無處追尋。或綱典拘囚。不免填納。或沒入店宅。歲久摧殘。或收獲舟船。年深破壞。類皆如此。難以殫論。在人者並無可科徵。屬官者悉不任貨賣。但存名額。虛掛簿書。大抵錢穀之司。皆恥財物減少。所以相承積累。不肯蠲除。每當計奏之時常充應在之數。延齡苟稱察獲。遂請徵收。恢張利門。誘動天聽。貽謗海於方岳。貫愁怨於烝黎。于茲累年。一無所得。其為蹤妄。不亦殆哉。陛下姑欲保持。曾無詰問。延齡謂能蔽惑。不復懼思。姦威既沮於四

方。檢態復行於內府。由是踈斥官屬。傾倒貨財。移東就西。便為課績。取此適彼。遂號羨餘。愚弄朝廷。有同兒戲。諸州輸送布帛。度支不務准平。抑制市人。賤通估價。計其所折。即便下徵。重困疲甿。展轉流弊。既彰怨謗。且示不誠。及其支送邊州。用充和糴。則於本價之外。倒增一倍有餘。布帛不殊。貴賤有異。剝徵困下。既以折估為名。抑配傷人。又以出估為利。事多矛楯。交駁物情。窮邊牆夫。痛憤切於骨髓。下土編戶。寃叫徹於蒼旻。而延齡以冒取折估為公忠。苟得出估為贏利。所謂失人心而聚財賄。亦何異割支體以徇口腹哉。殊不寤支體分披。口安能食。人心離析。財豈能存。此又罪之大者也。平原遠鎮。扼制蕃戎。五原要衝。控帶靈夏。戎虜榛歲前。遂豺狼。崎嶇繕完。功力纔畢。地猶負絕。勢頗孤危。新集之衆。志猶未固。尤資贍恤。俾漸安居。頻勑度支。令貯軍糧。常使平原有一年之蓄。鹽州積半年之備。循環轉輸

不得飲數。近者二鎮告急。俱稱絕糧。陛下召延齡令赴中書。述希顏宣旨質問。延齡雖言饋餉不絕。儲蓄殊多。歲內以來。必無缺乏。希顏懼其推互。邀令草狀自陳。狀亦如言。略無疑畏。陛下鑒其所奏。謝謂軍吏不誠。遂遣中書。馳往檢覆。道路無轉運之跡。軍城無旬日之儲。將卒嗷嗷。幾將不守。有如是之顛沛。有如是之欺謾。按驗既明。恩榮靡替。其為蠹媢。曠代罕聞。此又罪之大者也。國之憲度。會府是司。位列諸郎。猶應辰象。任居六事。實代天工。內總轄於庶官。外敷化於列郡。舉措條生靈之命。得失關理亂之源。為人軌儀。安可容易。未有大官弛縱而能使群吏服從。朝典陵遲而欲禁天下暴慢。是以天寶將季。楊國忠為吏部尚書。亟於私庭詮集選士。果令逆豎得以為詞。史策書之。足為國恥。而延齡放情亂紀。又甚國忠。懈於夙興。多缺會朝之禮。徇其鄙吝。大隳省署之儀。徙郎曹於里閭。視公事於私第。晝室

飲宴廚之膳。噴街持簿領之書。復有諸部參辭四方申請。決遣資其判署。去就俟其指撝。延齡或服客大請不令白事。或縱酒恣怒。莫敢入言。至有迫切而來。遑情未省。輸納之後。累月不歸。資糧盤於滯淹。筋力困於朝集。晨趨夕散。十百為群。里中喧闐。常若闤闠。衢巷列屠沽之肆。邑居成逆旅之津。離次慢官。虐人斁法。求之今古。鮮有其倫。此又罪之大者也。總領財賦。號為殷繁。自非識究變通。好權輕重。大不失體。細能析微。濟之以均平。蒞之以勤肅。近無滯事。遠無壅情。細條之下無亂繩。鑒照之下無隱匿。然後人不困而公用足。威不厲而奸吏懲。苟或未然。則非稱職。況延齡以素所僻戾之質。而加之狂躁滿盈。既憎且驕。事何由理。遂以國家大計。委於胥吏末流。當給者無賄而不支。應徵者受賕而縱免。紀綱大壞。貨賂公行。苟縣利權。實竊邦柄。近者度支小吏。屢為府縣所繩。鞫其奸贓。無不狼藉。通結勤運於節將交私。匪止於苞苴。威福潛移。乃至於是。職司失序。固亦可知。此又罪之大者也。風教之大。禮讓為先。禮讓之行。朝廷為首。朝廷者萬方之所宗仰。群士之所楷模。觀而效焉。必有甚者。是以朝廷好禮。則俗尚敬恭。朝廷尊讓。則時恥貪競。朝廷有失容之慢。則凌暴之弊起於人。朝廷有動色之爭。則攻鬪之禍流於下。聖主知其然也。故選建賢德。以為公卿。使人具瞻。不諭而化。昔周之方盛。多士盈朝。時靡有爭。用能俾乂。故其詩曰。慎爾出話。敬爾威儀。無不柔嘉。又曰。有來雍雍。至止肅肅。相維辟公。天子穆穆。言群臣相與事上。敬而能和。言語動作。靡有不善也。周德既衰。小人在位。務相侵侮。以至危亡。故其詩曰。方茂爾惡。相爾矛矣。又曰。既之陰女。反予來赫。又曰。涼曰不可。覆背善詈。言小人得志。忌怒是逞。肆其禍心。以相詆病也。陛下勤脩儀式。以靖四方。慎選庶官。以貞百度。內選則股肱耳目。外選則垣翰

藩維。濟濟師師。咸欽至化。庶相感率。馴致太和。而度支憑寵作威。恃權縱暴。侵刻軍鎮。匱缺糧資。將帥每使中論延齡。率皆毀訾。或指誣隱盜。或誘訐陰私。或數其出處賤微。或憶其心志邪悖。詞皆醜惡。事悉加諸。匹夫見凌。猶或生患。況將帥素加委遇。多著勳庸。縱有踰分取求。但宜執理裁處。苟當其所執。敢不從宜。可對彼偏裨。恣行侵辱。使其慚醜於麾下。憤恥於朝廷。惟口起羞。諒非細故。為國聚釁。實由斯人。而又虐詈群司。幸其缺敗。蔑彼桑弱。逞於兇懷。亂吞等威。肆蓄郎吏。時有馴道而不為屈撓。守官而莫肯由從。遺其詆訶。辱則尤劇。或辱黨祖父。或毀及家門。皆名教所不忍聞。敘述所不堪紀。其為構陷。抑復多端。故示兇威。使人懾憚。人之狂險。乃至於斯。上虧大猷。下扇流俗。負休禮義之府。蛾汙清明之朝。此又罪之大者也。度支皆嘗牛驢三千餘頭。車八百餘乘。循環載負。供饋邊軍。既有蓄遮之傳。永

無科配之擾延齡苟逞近効不務遠圖廢其葺備減其芻秣車破竒
耗略無孑遺每須載運軍資則令府縣差僱或有奔承別旨顧迎征
期遂於街市之間虜奪公私雜畜被猖頗甚償損尤多吏因生奸人
不堪命所喊者則奏以為利所費者則隱而不論破實侚虛多如此
類廢支應給官內及諸司使芻藁薪炭等除稅草之外餘悉市供所
用既多恒須貯備舊例每至秋穫之後冬收之時散開諸場遂便和
市免貿高價復資貧人公私之間頗謂兼濟延齡悉隳舊制但飾奸
情旋計芻薪價錢以為節減剩利及乎春夏之際蒭稭已殫霖潦之
中樵蘇不繼軍廐輟莝官廚待然皆闕頻煩於聖聰徵催絡繹於有
司崎嶇求買何暇計量糜損官錢不啻累倍聯蹇狼狽率以為常此
則睿鑒之所明知物情之所深駭事之舛謬觸緒皆然臣悉以謂君
斯之流不過歲費國家百萬緡錢及事体非宜耳其為罪惡未足傾

危事之可憂不在於此是以不復詳舉以煩聽覽也至如矯詭之態
誣罔之辭遇事輒行應口便發靡日不有靡時不為自非狀迹尤彰
足致其禍者又難以備陳也延齡有詐偽亂邦之罪七而重之以耗
斁闕遺愚智共知士庶同憤以陛下英明鑒照物無遁情固非延齡
所能蔽虧而莫之辨也或者聖旨以其甚招嫉怨而謂之孤貞可託
腹心以其好進讒諛而謂之盡誠可寄耳目以其縱暴無畏而謂之
强直可肅奸欺以其大言不疑而謂之智能可富財用將欲排衆議
而收其獨行假殊寵而與其大成倘陛下誠有意乎在茲臣竊以為
過矣夫君天下者必以天下之心為心而不私其心以天下之耳目
為耳目而不私其耳目故能通天下之志盡天下之情夫以天下之
心為心則我之好惡乃天下之好惡也是以惡者無謬好者不邪安
在私託腹心以售其側媚也以天下之耳目為耳目則天下之聰明

皆我之聰明也是以明無不鑒聰無不聞安在偏寄耳目以招其蔽
惑也夫布腹心而用耳目舜與紂俱用之矣舜之意務求己之過以
與天下同欲而無所偏私由是天下臣庶莫不歸心忠讜既聞玄德
逾邁故虞書云臣作朕股肱耳目又云明四目達四聰言廣大也紂
之意務求人之過以與天下違欲而溺於偏私由是天下臣庶莫不
離心險詖既行昏德彌熾故商書云崇信奸回大雅云流言以對寇
攘式內言邪僻也與天下同欲者謂之聖帝與天下違欲者謂之獨
夫其所以布腹心而任耳目之意不殊然於義惡成敗若此相遠豈
不求過之情有異任人之道不同哉太宗嘗問侍臣何者為明君何
者為暗主魏徵對曰君之所以明者兼聽也其所以暗者偏信也又
曰秦之胡亥偏信趙高肆其奸欺卒至顛覆徵之此說理致甚明簡
冊備書足為鑒戒趙高指鹿為馬愚弄庸君歷代流傳莫不痛憤陛

下每覽前史詳考興亡固知切齒於憸人傷心於其主臣謂鹿之與
馬物類猶同豈若延齡掩有而為無指無而為有陛下若不以時省
察得無使後代嗤誚又甚趙高者乎斯愚臣所以焦慮疚懷以陛下
為過者良有所以也夫理天下者以義為本以利為末以人為本以
財為末本盛則其末自舉末大則其本必傾自古及今德義立而利
用不豐人庶安而財貨不給因以喪邦失位者未之有也故曰不患
寡而患不均不患貧而患不安有德必有人有人必有土有土必有
財百姓足君孰與不足蓋謂此也自古及今德義不立而利用克富
人庶不安而財貨可保因以興邦固位者亦未之有焉故以財散則
人聚財聚則人散與其有聚斂之臣寧有盜臣無令侵削兆庶以為
天子取怨于下其有若此者行罰無赦蓋為此也殷紂以貪冒失人
而亡周武以散發得人而昌則紂之多藏適所以為害已者之資耳

尚何賴於財賄哉。太宗亦云。務蓄積而不恤人。甚非國家之計。隋氏不道。聚斂無厭。所實洛口諸倉。卒為李密所利。此則前代已行之明效。聖祖垂裕之格言。是而不懲。何以為理。陛下初膺寶曆。志翦群兇。師旅繁興。徵求寖廣。權筭侵剝。下無聊生。是以涇原叛徒。乘人怨咨。白晝犯闕。都邑甿庶。恬然不驚。反與賊衆相從。比肩而入宮殿。雖蚩蚩之性。靡所不為。然亦由德澤未洽於人。而暴令驅迫以至於是也。于時內府之積。尚如丘山。竟資兇渠。以餌貪卒。此時陛下躬覩之矣。而乃失人而聚貨。夫何利之有焉。車駕既幸奉天。逆泚旋肆圍逼。一壘之內。萬衆所屯。窘如涸流。庶物空匱。嘗欲發一健步。出視賊軍。其人懇以苦寒為辭。跪奏乞一襦袴。陛下為之求覓不致。竟憫默而遣之。又嘗宮壼之中。服用有缺。聖旨方以戎事之急。不忍重煩於人。乃剝親王飾帶之金。賣以給直。是時行從將吏。赴難師徒。倉黃奔馳。咸

未冬服。漸屬凝沍。且無薪烝。飢凍內攻。矢石外迫。晝則荷戈奮迅。夜則映堞呻吟。凌風飈。冒霜霰。踰旬而衆無攜貳。卒能走強賊全危城者。陛下豈有嚴刑重賞使之然邪。唯以不厚其身。不藏其貨。與衆庶同其憂患。與士伍共其有無。乃能使捐軀命而扞寇讎。餒之不離。凍之不憾。臨危而不易其守。見死而不去其君。所謂聖人感人心而天下和平。此其效也。及乎重圍既解。諸道稍通。賦稅漸臻。貢獻繼至。乃於行宮外廡之下。復列瓊林大盈之司。未賞功勞。遽私賄玩。甚沮惟新之望。頗攜死義之心。於是輿誦興譏。而軍士始怨矣。財聚人散。不其然歟。旋屬蟊賊內攻。翠華南狩。奉天所積財貨。悉復殲於亂軍。既遷岷嶓。日不暇給。獨憑大順。遂復皇都。是知天子者。以得人為資。以蓄義為富。人苟歸附。何患蔑資。義苟備崇。何憂不富。豈在貯之內府方為己有哉。故藏於天下者。天子之富也。藏於境內者。諸侯之富也。

藏於囷倉篋匱者。農夫商賈之富也。奈何以天子之貴。海內之富。而猥行諸侯之棄德。躬守農商之鄙業哉。陛下若謂厚取可以恢武功。則建中之取既無成矣。若謂多積可以為己有。則建中之積又不在矣。若謂徇欲不足傷理化。則建中之失傷已甚矣。若謂斂怨不足致危亡。則建中之亂危亦至矣。然而遽能靖滔天之禍。成中興之功者。良以陛下有側身修勵之志。有罪己悔懼之詞。罷息誅求。敦尚節儉。渙發大號。與人更新。故靈祇嘉陛下之誠。臣庶感陛下之意。釋憾迴慮。化危為安。陛下亦當為宗廟社稷建不傾不拔之永圖。為子孫黎元垂可久可大之休業。懲前事徇欲之失。復日新盛德之言。豈宜更縱憸邪。復行剝暴。事之追悔。其可再乎。臣又竊慮陛下納彼盜言。墮其奸計。以為搏噬聲擾怨集有司。積聚豐盈利歸君上。是又大繆。所宜慎思。夫人主昏明。係於所任。咎繇虁契之道養而虞舜享濬哲之

名。皇甫槃橘之變行而周厲嬰顛覆之禍。自古何嘗有小人柄用。而災禍不及邦國者乎。譬猶操兵以刃人。天下不委罪於兵而委罪於所操之主。畜蠱以殃物。天下不歸咎於蠱而歸咎於所畜之家。理有必然。不可不察。臣竊慮陛下以延齡之進。獨出聖衷。延齡之言多順宸旨。今若以罪責斥。則以為衆所擠。故欲保持用彰堅斷。若然者。陛下與人終始之意則善矣。其於改過不吝去邪勿疑之道。或未盡善焉。夫人之難知。著自淳古。試可乃已。載於典謨。陛下意其賢而任之。知其惡而棄之。此理之常。于何不可。倘陛下猶未知惡。但疑見擠。固有象恭扶詐之人。亦有黨邪害直之士。所貴考覈兩絕欺誣。陛下以延齡為能。愚臣以延齡為罪。能必有跡。罪必有端。陛下胡不指明其所効之能。以表忠賢。按驗其所論之罪。以考虛實。與衆同辯。示人不私。若能跡可稱而罪端無據。則是黨邪害直之驗也。陛下當絕其傷

善以勵事君罪端有徵而能跡無實則是象恭挾詐之驗也陛下當糾其包禍以戒亂邪如此則上之於下釋嫌構之疑下之於上絕偏惑之議何必忠邪無辨枉直莫分薰蕕同藏其臭終勝此則小人道長之象也實時運否泰安危之所係豈但有虧聖德不利善人而已乎陛下若以必與己同者為忠良自我作者無改變如此則上之所欲莫不諂上之所失莫不從水火相濟不為非金礪相須不為是恥過作非不足戒捨己從人不足稱惟意是行則违輔戒幾乎息矣违輔息則理不可致仲尼所謂一言喪邦者在於予之言而莫予違也事關興亡固不可忽希旨順默浸已成風獎之使言猶懼不既若又阻抑誰當貢誠伏恐未亮斯言請以一事為證只如延齡凶妄流布寰區上自公卿近臣下逮輿臺賤品諠譁談議億萬為徒能以上言其人有幾陛下誠命親信博採輿詞參校比來所聞足鑒人間情偽

臣以卑鄙任當台衡既極崇高又承渥澤豈不知覬時附會足保舊恩隨眾沉浮免貽厚責謝病黜退獲知幾之名黨奸苟容無見嫉之患何急自苦獨當豺狼上違懽情下餌謗口良由內顧庸昧一無所堪夙蒙眷知唯在誠直綢繆帳扆一紀于茲聖慈既以此見容愚臣亦以此自負從陛下歷播遷之艱阽覩陛下致興復之艱難至今追思猶為心悸所以畏覆車而駭懼處爨室而悲鳴盡情激于衷雖欲罷而不能自默也因事陳執雖已頻繁天聽尚高未垂諒察輒申悃款以極愚誠憂深故語煩懇迫故詞切以微臣自固之謀則過為陛下慮患之計則忠糜軀奉君非所敢避沽名衒直亦不忍為願迴睿聽為國熟慮社稷是賴豈唯微臣不勝倚恩報德之誠謹昧死奉書以聞臣誠惶誠恐頓首再拜

時裴延齡誣逐陸贄張滂李充等帝怒甚無敢言右諫議大夫陽城聞曰吾諫官不可令天子殺無罪大臣乃約拾遺王仲舒守延英閤上疏極論延齡罪慷慨引誼申直贄等累日不止聞者寒懼城愈勵帝大怒召宰相抵城罪順宗方為皇太子為開救良久得免敕宰相諭遣然帝意不已欲遂相延齡城顯語曰延齡為相吾當取白麻壞之哭於廷帝不相延齡城力也

憲宗時左神策軍吏李昱貸長安富人錢不償京兆尹許孟容收捕械繫立期使償曰期滿不足當死中尉訴於上上遣中使宣旨送本軍孟容曰臣不奉詔當死然臣為陛下尹京畿非抑制豪强何以肅清輦下錢未償李昱不可得上嘉其剛直而許之京城震栗

時以柳公綽為京兆尹公綽初赴府有神策小將躍馬衝其前導公綽駐馬杖殺之明日入對上怒詰之對曰京兆為輦轂師表今視事之初而小將敢尔唐突乃輕陛下詔命非獨慢臣也臣知杖無禮之人

不知其為神策軍將也上曰何不奏對曰臣職當杖之不當奏上退謂左右曰汝曹須作意此人朕亦畏之

時五坊使楊朝汶妄捕繫人責其息錢轉相誣引近千人中丞蕭俛劾之裴度以為言上曰姑與卿論兵事此小事朕自處之度曰用兵事小所憂不過山東耳五坊使暴橫恐亂京輦上召朝汶責之曰以汝故令吾羞見宰相遂賜之死盡釋繫者

時翰林學士元稹與知樞密魏弘簡深相結求為宰相稹以裴度先達重望恐其復有功大用妨己進取故度所奏軍事多與弘簡從中沮之度上表曰逆豎構亂震驚山東奸臣作用撓敗軍政陛下欲掃蕩幽鎮先宜肅清朝廷河朔逆賊秖亂山東禁闈奸臣必亂天下是則河朔患小禁闈患大小者臣與諸將必能翦滅大者非陛下覺悟斷制無以驅除臣蒙陛下委付之意不輕遭奸臣抑損之事不少但

欽命臣失所。而於天下理亂。山東勝負。悉不之顧。君朝中奸臣盡去
則河朔逆賊不討自平。若奸臣尚存。則逆賊雖平無益。上不得已。竄
弘簡樞密。積解翰林。而恩遇如故。
時昭義軍監軍劉承偕。太后養子。恃恩陵轢節度使劉悟。悟執承偕
因之。上詔悟送承偕。悟不奉詔。會裴度入朝。上問度宜何如處置。對
曰。承偕驕縱不法。臣盡知之。陛下必欲收天下心。止應下半紙詔書
具陳其罪。命悟集將士斬之。則藩鎮之臣。孰不思為陛下效死。非獨
悟也。上不得已。流承偕於遠州。
文宗嘗感風。害語言。鄭注始因王守澄以藥進。帝少間。又為李訓使
侍詔。帝欲授諫官。中書侍郎李德裕曰。昔諸葛亮有言。親賢臣。遠小
人。先漢所以興隆也。親小人。遠賢士。後漢所以傾頹也。今訓小人。頃
咎惡暴天下。不宜引致左右。帝曰。人誰無過。當容其改。且逢吉嘗言

之。對曰。聖賢則有改過。若訓天資奸邪。尚何能改。逢吉位宰相而顧
愛凶回以累陛下。亦罪人也。帝語王涯別與官。德裕搖手止涯。帝適
見不懌。訓注皆怨。即復召宗閔輔政。拜德裕為興元節度使。
武宗會昌四年。以趙歸真為道門教授先生。得幸。李德裕諫曰。歸真
敬宗朝罪人。不宜親近。上曰。朕宮中無事時。與之談道滌煩耳。至於
政事。朕必問卿等與次對官。雖百歸真。不能惑也。德裕曰。小人見勢
所在則奔趨之。旬日以來。歸真之門。車馬輻湊。願陛下深戒之。
時邢洺磁三州既降。郭誼懼。謀斬劉稹以降。宰相入賀。上曰。郭誼宜
如何處之。李德裕對曰。劉稹年少懦弱。騃孺子耳。阻兵拒命。皆誼為
之謀主。及勢孤力屈。又賣稹以求賞。此而不誅。何以懲惡。宜及諸軍
在境。并誼等誅之。上曰。朕意亦以為然。乃斬之。
宣宗時。京兆尹韋澳既視事。豪貴斂手。鄭光莊吏恣橫。積年租稅不

入。澳執而械之。具奏其狀。欲寘於法。上曰。鄭光甚愛之。如何。對曰。如
此。則是陛下之法。獨行於貧戶耳。臣不敢奉詔。上曰。然則痛杖而貸
其死可乎。澳歸即杖之。督租數百斛足。乃釋。
後晉高祖天福間。楊昭儉為翰林學士。時驕將張彥澤鎮涇原。暴殺從
事張式。朝廷不加罪。昭儉與刑部郎中李濤諫議大夫鄭受益抗疏
論列。請寘之法。疏奏不報。會有詔命朝臣轉對。或有封章。亦許以不
時條奏。昭儉復上疏曰。天子君臨四海。日有萬機。懋建諍臣。彌縫其
闕。今則諍臣雖設。言路不通。藥石之論。不達於聖聰。而邪佞之徒。取
容於左右。御史臺紀綱之府。彈糾之司。銜冤者固當昭雪。為蠹者難
免放流。陛下臨御以來。寬仁太甚。徒置兩司。殆如虛器。遂命節使慢
侮朝章。屠害幕吏。始訴冤於丹闕。反執送於本藩。苟安跋扈之心。莫
恤冤抑之苦。頗回睿斷。誅彥澤以謝軍吏。由是權臣忌之。

宋仁宗天聖五年。祀南郊。中外以為丁謂須還。殿中侍御史陳琰上
疏曰。謂常肆逆。將而必誅。左道懷奸。有殺無赦。丁謂因緣險佞。擅竊
公台。賄賂包苴。盈於私室。威權請謁。行彼公朝。引巫師妖術。厭魅宮
闈。物神寢龍岡。冀消王氣。今種柴展禮。渙汗推恩。必慮謂潛輸珍貨
私結要權。假息避辜。冀移善地。李德裕止因朋黨。不獲生還。盧多遜
曲事王藩。卒無牽復。請不原赦。帝然之。
景祐元年。監察御史裏行孫沔奏論許申妄薦狂人疏曰。臣聞左道
亂政。大奸不可迸刑。闕邪存誠。明哲故能早辨。言偽既誅於兩觀。德
凶必屏於四方。俾諂佞之臣。以絕僥求之路。竊見三司判官工部
郎中許申。久塵寵極。莫著功名。昔居刑獄之司。初無狀而寢命。後列
尹京之幕。起公議以歸班。既已黜而復升。見多岐而挾詐。近者風聞
羅官漕運。入覲闕庭。旋列計司。累膺殊用。不思展效。唯急趨時。乃妄

薦於狂人。妄言精氣。俾先容於內寺。上瀆威顏。而叫氣行無間。隙不在大毫芒之失。為害必深。呼吸之中。其慮安測。古人謂服藥有害。微且謂行氣亦然。豈可肆行幻惑。柳泌以合煉丹藥。終不免誅。杜景之求訪異人。盡為怪誕。苟久習於左右。必貽患於君親。衆實有言。罪當無赦。又聞錫以白金五百兩。無名受寵。亦駭聽聞。忝為人臣。不知忠孝。援引詭道。狂冒天聽。盜竊厚恩。益長奸欺。將巧圖於進用。必有玷於觀瞻。大紊國綱。宜除君側。伏望追還所賜。免摽濫賞之名。黜去匪人。以杜傾邪之漸。

景祐中。宰相呂夷簡求罷。仁宗優詔弗許。孫沔為陝西轉運使。上書言。自夷簡當國。黜忠言。廢直道。及以使相出鎮許昌。乃薦王隨陳堯叟代己。才庸負重。謀議不協。忿爭中堂。取笑多士。政事寖廢。又以張士遜冠台席。士遜本乏遠識。致隳國事。蓋夷簡不進賢為社稷遠圖。但

引不若己者為自固之計。欲使陛下知輔相之位非己不可。冀復思己而召用也。陛下果召夷簡還自大名。入秉朝政。于茲三年。不更一事。以姑息為安。以避謗為智。西州將帥累以敗聞。契丹無厭。乘此求賂。兵殲貨悖。天下空竭。刺史牧守。十不得一。法令變易。士民怨咨。隆盛之基。忽至於此。今夷簡以病求退。陛下手和御藥。親寫德音。乃謂恨不移卿之疾在于朕躬。四方義士。傳聞詔語。有泣下者。夷簡在中書二十年。三冠輔相。所言無不聽。所請無不行。有宋得君。一人而已。未知何以為陛下報。天下皆稱賢而陛下不用者。左右毀之也。皆謂險邪而陛下不知者。朋黨蔽之也。比契丹復盟。西夏款塞。公卿忻忻。日望和平。若因此振紀綱。修廢墜。選賢任能。節用養兵。則景德祥符之風。復見於今矣。若恬然不顧。遂以為安。臣恐土崩瓦解。不可復救。而夷簡意謂四方已寧。百度已正。欲因病默默而去。無一言啓沃上心。別白賢不肖。雖盡南山之竹。不足書其罪也。書聞。帝不之罪。

慶曆三年。侍讀學士歐陽脩上奏曰。臣昨日因奏事於延和殿。已曾面論李淑獨在開封府。猶為疏外。今拜學士。是禁中親近之職。竊緣此人不宜在侍從之列。其奸邪陰險之迹。陛下素已知之。今外邊臣寮。骨肉同坐者。不敢道李淑姓名。蓋其穢惡醜不可當。據外人如此惡之。豈合却在人主左右。淑自來朋附夷簡。在三尸五鬼之數。蓋夷簡要為肘腋。所以援引至此。不知今日朝廷如此清明。更要此人何用。若欲藉其詞業。則臣謂才行者。人臣之本。文章者。乃其外飾耳。況今文章之士。為學士者得一兩人足矣。假如全無文士。朝廷詔勅之詞。直書王言。以示天下。尤足以敦復古朴之美。不必雕刻之華。自古有文無行之人。多為明主所棄。只如徐鉉胡旦。皆是先朝以文章著名於天下。二人皆以過惡廢棄。終身不齒。當時朝廷。亦不至乏人。淑

居開封。過失極多。然止是一府之害。今在朝廷。若有所為。必肆其志。則害及忠良。沮壞政治。是為天下之害。故臣不可不言。今雖陛下主張正人。不信讒巧。然淑之為惡。出於天性。恐不能悛改。竊慮依舊譖毀好人。伏望聖慈一切不納。早與一外任差遣。使正人端士。安心作事。無讒毀之避。

脩又奏曰。臣近日竊聞李淑已有聖旨。令與壽州。却知中書不肯便行。須得淑自上奏求出。方敢差除。臣謂李淑奸邪之迹。陛下既已盡知。若得斷自宸衷。則使天下之人。皆知陛下聰明神聖。辨別忠邪。黜去小人。自出聖斷。如此則今後奸邪險惡之人。可使知懼而不敢為害。今若如中書之意。須待其自求退。則是賞罰之柄。不由人主自行。去住之謀。一任臣下取便。如此。則今後小人皆知雖為奸邪險惡。天子欲力去。而中書必未肯行。若不自退。則無人敢差。臣恐自此小人

轉為得計，不肯悛心。進賢退不肖者，宰相之職也。今大臣既自避嫌，不肯為陛下除去奸邪，賴陛下聖明，洞分邪正，又不能便依聖旨，直與差除，更須曲收人情，優假群小。三四日來，外邊聞陛下欲除李淑壽州，人人鼓舞，皆賀聖德。蓋淑二三十年出入朝廷，奸險傾邪，害人不少，一旦見人主斥去，左右莫不欣抃，却聞中書如此迂迴，自相顧避，可惜聖明之斷，不盡施行。臣欲望更不須候其請郡，因兩府奏事之時，特出聖旨，處分直除一外郡，使天下皆知此奸邪穢惡之人，是人主力自除去，以彰聖明之德。

脩知諫院，又上奏曰：臣竊見去年五月詔勅節文，諸路轉運並兼案察使，或貪殘老眛，委是不治者，逐處具狀聞奏，若因循不切案察，致官吏貪殘，刑獄枉濫，民庶無告，朝廷察訪得知，並當勘罪，重行黜降。竊見近日賊人張海等入金州，劫却軍資甲仗庫，蓋為知州王茂先年老昏眛，所以放賊入城。及張海等到鄧州順陽縣，令李正己用鼓樂迎賊入縣，飲宴留賊宿于縣廳，恣其劫掠。其李正己亦是年老昏眛之人。京西按察使陳洎、張昇自五月受却朝廷詔書，後半年內，並不按察一人，如王茂先、李正己並顯然容庇，不早移換，致得一旦賊至，不能捍禦。及光化軍韓綱在彼殘酷，致兵士作亂，亦不能早行覺察。其陳洎等故違詔書，致興盜賊，並合依元降詔勅，重行黜降。中書又不舉行，使國家號令棄作空文，天下綱亂，貽憂君父，蓋由上下互相蒙庇之罪也。其陳洎、張昇伏乞依詔勅施行，重與黜降。若明降詔勅，顯有違者，並不舉行，則今後朝廷號令，徒煩虛出。伏望出於聖斷，以警後來。

脩又上奏曰：臣近曾上言，為京西轉運使陳洎、張昇違廢詔書，並不案察部下官吏，致使盜賊縱橫，貽憂君父，其陳洎等合坐此罪名，重

行黜降。此事非是臣自生狂見，敢有妄言，乃是朝廷元降詔書內指揮，自合行遣。令諸路轉運使不案察官吏者甚衆，然別不至大段生事，及部內官吏不甚昏老者，亦可且示優容。如陳洎等部內顯然官吏昏老貪殘，並不舉劾，致得盜賊並起，事勢可憂，此若不行，則國家詔勅乃是空文，今後號令有誰肯聽。臣伏見近日頻易諸路轉運，方思改作，欲除舊弊，朝廷此後政令須要必行。今若自廢詔書，下人無信，則新轉運見朝廷先自弛廢，言不見聽，則更無稟畏，必効因循，虛煩更張，必不濟事。古人於作事之初，尚或借人行法，况洎等首自違犯，理合舉行，宜於革弊之初，先行勵衆之事。或謂洎等於少人之際，且要任使，即乞各與降官，依舊差遣，以責後効，徐議復資，亦使過之術也。尚慮議者謂淮南王倫賊後，不曾行遣轉運，蓋淮南新授詔書，未及按察而賊已卒至，又部內官吏如晁仲約等本非昏老，不比京西慢賊經年不能剪滅，直至養成兇勢，又其部內官吏顯是昏老誤事之人，授詔半年，故違不舉，較其事體與淮南不同。今若以淮南不曾行遣，便捨洎等不問，則今後犯者又指洎等以為例，是則朝廷命令永廢不行。伏惟陛下聰明睿斷，惟是則從，尚恐大臣務收私恩，不顧國體。若能不惜黜降洎等一兩資官，存取朝廷綱紀，以勵中外，則庶幾國威復振，患難可弭。

慶曆四年，脩又上奏曰：臣伏覩朝廷近為王堯臣、吳育等爭陳留橋事，互說是非，陛下欲盡至公，特差臺官定奪，而王礪小人，不能上副聖意，挾公徇私，妄將小事張皇，稱王堯臣與豪民有情弊，誣奏慎鉞令兇吏潛行殺害，及妄稱真宗皇帝朝移橋不便，致民切齒等事。及勘出事狀，王堯臣元不曾受豪民請囑，慎鉞亦不曾命小吏潛行殺害，及據先朝日曆內，真宗皇帝親諭王旦為陳留損害舟船，特命脩

擬證驗得王礪所言悉是虛妄上惑聖聽賴陛下聖明慎於聽斷不便輕信其言別命呂覺根勘令既勘出事狀方明王礪不公伏以臺憲之職本要糺正紀綱而礪但務挾私欺罔天聽合行黜責其罪有四一曰謗黷先朝聖政謹案日曆書真宗皇帝親諭王旦移橋一事乃是先帝知民間利病移得此橋為便故史官書之以彰聖政為後世法今王礪卻稱是真宗朝權臣受豪民獻賂移得此橋不便民間至今切齒若如王礪所說即是真宗誤信權臣移橋致民怨怒乃是當時闕政今國史書橋便利彰先帝聖政王礪言移橋不便是先朝闕政臣不知國朝舊史可信為復王礪之言可憑其虛妄謗黷之罪可誅一也二曰中傷平人使今後勞臣不勸臣見向前三司使不能擘畫錢穀至有強借豪民錢二十萬貫買天下官私物貨至稅果菜之類細碎刻剝自堯臣在三司不聞過外誅求而即今財用不至大

闕亦聞南郊漸近諸事亦稍有備當此窘迫之用之時而能使民不加賦而國用粗足亦可謂勞能之臣方當責其辦事今因移一橋小事而王礪誣其與豪民有情致興大獄及至勘出並無情弊是王礪不卹朝廷事體當此乏用之際將能幹事之臣因小事妄加傷害其罪二也三曰誣奏平人為殺人賊凡臺官言事許風聞者謂耳目不及之事即許風聞今王礪目見慎鉞所遣小吏別無武勇又無器仗而撰其有殺害之心及至勘出並無迹狀其罪三也四曰挾私希旨初朝廷本為府互爭別選不干礙官定奪王礪既知吳育是舉主合自陳乞別差官豈可謗黷先朝希合舉主且礪言慎鉞是堯臣所舉感恩必深今礪是吳育舉豈不懷感且吳育與王堯臣本無怨恨各為論列本司公事所見異同乃是常事但王礪小人妄思迎合張皇欺誕其罪四也且王礪謗黷先朝聖政之罪若不重責則無以彰

陛下孝治之明中傷堯臣若不重責則使勞能之臣不能安心展效其誣奏慎鉞遣吏殺害及挾私迎合舉主之罪若不重責則今後小人恣情妄作獄訟必多事繫朝廷之體臣忝諫諍不可不言其王礪伏乞重行貶黜

脩又上奏曰臣近有劄子并曾面奏為臺官王礪特被差委輒敢徇私妄言王堯臣因移橋別有情弊等事欺誑朝廷上賴陛下聖明再命推究勘得堯臣並無私曲已蒙聖恩釋放自王礪妄行彈奏羅織無事之人欲借國威以報私怨立朝之列人各自危及聞堯臣不陷枉刑更蒙陛下恩釋中外之士稍復安心然小人在朝非國之利如礪善惡未辨尚可含容今既試之以事見其傾險之迹則豈可更令濫塵臺憲中傷善人伏望聖慈早行黜責以戒在位傾邪之輩兼亦使今後選用之人不敢尚事委任別造過惡若礪不黜竊慮今後被

差委者動皆作過則陛下無由使人此事所繫不細

脩又上奏曰臣近日伏覩差郭承祐知邢州臣自蒙朝廷差充轉運按察使已來前後累準密降不下司宣頭劄子令常用心體量轄下官吏臣細詳朝旨本為河北於天下諸路最為用武之地曩因北虜通和之後弛備多年一旦恐有事宜百事墮廢朝廷悔鑒前弊故先慎擇官吏務欲脩整頹綱昨準宣頭節文一十九州軍擇人久任外其餘州軍長吏令中書門下樞密院選差并下轉運司體量大小文武官不堪其任者不得容庇不才因循不切糺舉卻致臨事闕悞朝廷留意河北丁寧切至如此加以近自保州兵亂之後至今民尚虛驚軍情未帖相州順安軍瀛州安肅軍衛州通利軍等諸處不住驕兵扇搖結構當此之際臣實不意選差郭承祐為河北長吏承祐頃知澶州引惹脩城兵士幾至作鬧去年差來河北將兵臣在諫院曾

極論列。尋罷知相州。貪穢之狀猥藉多端。又為按察使張昷之奏論罷爲北京都署。今者移陝西。遷延不去。又以邢臺委之。當河朔多事朝廷丁寧留意之時。承祐累任不離河北。不審其人果以何能當此慎選。承祐庸劣貪穢奴厮之材。若以魯劾僕使之勞。不忍廢棄。豈無閑處可畜養之。況邢州北連鎮定。控扼西山。軍馬所屯。人民繁富。禦我鎮俗。尤須擇吏。萬一之人選差。止得中常之材。尚勝承祐。伏望朝廷顧惜河朔名藩重地。不使庸劣小人壞之。其鄭承祐伏乞特賜指揮罷去邢州。別選差人。

歷代名臣奏議卷之一百七十四

歷代名臣奏議卷之一百七十五

去邪

宋仁宗至和元年。殿中侍御史趙抃論道士傳授符籙惑衆疏曰。臣竊聞有信州龍虎山道士王守和見在壽星觀内寄居。昨秋中曾糾集京師官員百姓婦女等一二百人。以授符籙神兵為名。夜聚曉散。臣知近日此法浸盛。傳衆作法。布滿街坊。又欲取今月十五日夜於本觀登壇。聚衆作法。希求金帛。惑亂風俗。豈宜輦轂之下。容庇妖妄之人。深屬不便。臣欲乞特降指揮下開封府捉搦勘斷。押回本鄉。免致動民生事。

二年二月。抃再乞追寢王拱辰宣徽使新命劄子曰。臣等官忝御史。當得言之地。覩朝廷有大除拜。倒置失次。前後彈奏。未蒙允從。臣等若因而默默。寘朝廷於闕失。則辜負陛下任使之意。宜得失職之罪。今是以不避斧鑕。而三瀆宸聽也。夫賞善刑惡。國家之重權。陟明黜幽。人主之大柄。如王拱辰凡百趨向。莫非奸邪。自虜庭使回。罪狀居首。吳奎輩例皆貶降。唯拱辰不動如山。外議以謂陛下至公。必不庇拱辰。而執政臣寮極力庇之。拱辰惡不被刑。幽不被黜。人心悒悒。至今未平。奈何紛紜之際。忽除宣徽使判并州。臺諫極言非宜。朝廷止為易地。宣徽使名仍舊。拱辰不避羞恥而當之。陰竊營求冒忽辭謝。章疏論列不已。政府視之如無。外議皆以謂陛下至公。必不私拱辰。而執政臣寮極力私之。拱辰無善授賞。不明而陟。萬口一語。皆云不當。緣宣徽使職名太重。非曾任兩府有勳績者。不宜輕付。何況拱辰轉尚書左丞。充三司使。才及半年。無勞効。有罪惡。輒敢當此謬恩乎。破祖宗之制。不可一也。損朝廷之體。不可二也。開僥倖之路。不可三也。拱辰授一宣徽使。犯三不可。陛下何惜不追拱辰之職。而使國

之重權人主之大柄不為執政臣寮所竊弄也臣等為陛下惜之
望聖斷早賜指揮追寢拱辰所授宣徽使新命中外幸甚
又論李淑疏曰臣等三次具狀彈奏李淑再充翰林學士不當未
蒙施行伏慮朝廷以臣等所言李淑不忠不孝為行弃瑕未足以取
信或者執政之臣不采中外公議曲為蓋庇不即別白於陛下之前
使淑之恩命遂非而不改只如知開封府時醜穢事迹播於閭聽在
潁州作詩諷詠前朝語涉烈祖以養親為名辭避外官邪居內職此
由來諫官及臣等今來累次論列分明若此等事罪不容誅陛下寬
仁恩怒未加竄殛尚居經筵猶未免清議豈可更復翰林學士之命
而淑自茲進用竊恐奸邪路開小人類進賊賢害政不為朝廷之福
乞特降聖旨早賜寢罷淑所授恩命
又奏曰臣近累次彈奏陳執中家杖殺女使迎兒并海棠自縊別

有瘢傷不明及家人狼籍屢在假告占據奴隸違拒詔獄等未蒙指
揮施行今竊聞制勘院更不依條追攝合要照證人使乃只據單詞
隱息而罷不顧公議但酬私恩遂使眾口沸騰攸司舉駁且法者祖
宗之所繼承朝廷之所遵守小足以律衆諸大足以摧奸邪用是以
澄天下者久矣伏惟陛下以仁聖臨御不宜不慎惜之也今執中身
為輔弼手持權衡很愎任情殺虐無罪始則得請制獄即差近臣終
則黨占厮役遂爾中輟奈何執中以一身之私恃陛下之寵百陛下
之寄屈祖宗繼承朝廷遵守之法可不念哉可不痛哉萬一此後權
臣復有犯法者雖欲窮究推劾之設若引以為例則臨時如何處置
法不得奉自今日始矣臣愚伏望陛下發乾剛出聖斷正執中之罪
決中外之疑示天下之法不為納固之臣所屈撓也至如執中不學
亡術措置顛倒引用邪佞招延卜祝私雠嫉賢排斥良善此等事則

天下之所共聞陛下之所洞曉臣故不敢一一條奏慮煩宸聽臣孤
危之迹待罪憲府不識權要之難犯不知刑禍之易招唯思乃心報
陛下之恩一有補於朝廷雖死無悔臣無任懇迫屏營之至
抃又奏乞罷免陳執中狀曰臣近累次彈奏宰臣陳執中興廢制獄
乞正其罪嘗言執中不學亡術措置顛倒引用邪佞招延卜祝私雠
嫉賢排斥良善很愎任情家聲狼籍之事伏恐陛下猶以臣言為虛
至今多日未賜省納臣若不槩舉一一明白條陳即是臣自為安全
苟且之計既負陛下耳目澄察之任又得憲臺瘝官失職之罪故臣
偷生惜死不忍為也臣嘗謂執中不學亡術若輔弼之任須通古今
寡識少文則取誚中外至如去年春正以後制度禮法事多非宜蓋
執中不知典故惟務阿諛熒惑宸聽敗壞國體又祖宗朝除翰林學
士素有定制豈宜過多今執中既不師古又不詢訪博識之士唯愚

暗自用遂陳除至七員此執中空疎宜罷免者一也臣嘗謂執中措
置顛倒者朝廷差除動守規範執中賞罰在手率意卷舒至如劉湜
自江寧府移知廣州最處烟瘴重難之地而湜被命遠行待制之職
仍舊及向傳式自南京移知江寧府既是優安近便之任乃轉傳式
龍圖閣直學士又吳充鞫真卿摘發禮院禮生代署文字等事人吏
則贖金免決吳充鞫真卿並降罪墨此執中繆戾宜罷免者二也臣
嘗謂執中引用邪佞者中外委寄當擇賢才館閣清官豈容憸巧而
執中樹恩私黨不顧公議至如崔嶧非次除給事中移知鄭州鄭州
尋罷而給事中不奪所以今來嶧治執中之獄依違中罷以酬私恩
又執中嘗寄嬖人於周豫之家而豫奸諂受知執中遂舉豫召試館
職此執中朋附宜罷免者三也臣嘗謂執中招延卜祝者忝宰輔事
業聖君倚毗宜為國家廣納賢善而執中之門未嘗待一俊傑禮一

才能。所與語者苗達劉抃劉希叟之徒。所與坐者普元李寧程惟象之輩。柰何優白罪之重。測候史變。窮占吉凶。意將奚為。衆所共駭。此執中頗僻宜罷免者四也。臣嘗謂執中私讎嫌隙者。有司之法。天下公共。執中輕重出己。喜怒任權。至如邵必知常州日。誤決人徒刑。既自舉覺。復會赦宥。又該去官。還寘執中素所惡。必乃罷必開封府推官。落館職。降充邵武軍監當。後來有汀州石民英。勘入使臣犯贓杖背黥面。配廣南牢城本寨。所痛悲是虛枉。卻只降民英差遣以邵必比之。民英則民英所犯絕重。而斷罪遂輕。邵必所犯絕輕。而斷罪反重。縉紳議論至此。無不嗟憤扼腕。此執中舞法宜罷免者五也。臣嘗謂執中排斥良善者。夫正人讜議。邦家之光。執中陰險中傷。欲人杜口結舌。臣與吕景初馬遵吳中復彈奏梁適。適既得罪出知鄭州。吕景初輩。隨又逐去。有行行及我之語。馮京疏言吳充鞠真卿刁約不當。以無罪外黜充等。尋押發出門。又落馮京備起居注。使朝廷有罪忠拒諫之名者。由執中也。士夫唱譯于今未息。此執中嫉賢宜罷免者六也。臣嘗謂執中狠愎任情者。夫仁澤之及。昆虫不遺。自陛下仁聖臨御三十餘年。常恐一物失所。而執中人臣之家。恣行虐害。雖臧獲甚賤。亦性命不輕。知女奴迎兒財十三歲。既累行箠撻。從嬖人阿張之言。窮冬躶凍。封縛手腕。絕其飲食。幽囚扃鎖。遂致斃踣。又海棠一名。因阿張打決過當。遍身痕傷。既而自縊身死。後來又女使一名。髡髮杖背。自經不殊。亦係開封府施行。凡一月之內。殘忍事發者三名。前後幽冤。闇固不少。因而興獄。尋旨罷之。厚顏復來。無所畏憚。三尺童子。亦恚鄙誚。此執中酷虐宜罷免者七也。臣嘗謂執中家膺狼藉者。夫正家刑國。明哲所為。非糧態書。古今共恥。執中帷薄醜穢。門閫混淆。放縱嬖人。信任胥史。而又身貴室富。藏鏹巨鄙。親姻族輩。如行路人。雖甚貧窶。不一毫賑卹。縉紳語及。共所赧愧。道塗喧傳。相與嗟唶。此執中鄙惡宜罷免者八也。今執中有是可罷免八者。柰何不識廉恥。復欲居廟堂之上。其意非它。是欲恩所未足。讎所未報。上損仁明。下快私忿。而然顧方天文譴見未退。朝廷紀綱未立。則用舊老官師衆多。勝驕無厭。河決未復。兵伍冗惰。民力疲敝。當此之時。正是陛下進賢退不肖之時也。臣不勝大願。願陛下留神為祖宗社稷計。為率土生靈計。正執中之罪。早賜降黜。取中外公議。天下之所謂賢而有德業者。陟在公台之位。委以股肱心腹之寄。同德一體。讜猷出納。布號令。宣風化。俾四方元元。洗耳拭目。聞見太平之政。豈不善哉。豈不盛哉。臣非不知循默顧避。詭隨迎合者。速致富貴。危言犯顏。干忤權要者。立被投竄。臣所念者。為身計則狂。為國計則忠。不愧古人之所用心。不辜陛下之所任使。干冒旒冕。甘伏誅戮。臣無任待罪激切屏營之至。

抃又引詔書彈論陳執中狀曰。臣伏覩近降詔書有尸言責者或失於至當之語。臣以謂自朝廷至舉天下。自輔相至百執事。孰為忠義。孰為奸邪。孰為賢正。孰為欺詐。陛下念究知人之難。欲辨白真偽而進退之。莫若取中外之公議。欲聞中外之公議。莫若信風憲之直言。故悉旨丁寧。遍敕下詔令。御史臺陛下耳目之司。當是職者。能言之。又不失其當。則陛下固宜聽之不疑。斷之不惑。聽斷之必行焉。雖朝廷至舉天下。雖輔相至百執事。某忠義。某奸邪。某賢正。某欺詐。無術逃遁。莫不悉知之矣。知忠義賢正既進任之。知奸邪欺詐既退黜之。夫知是則天子尊而天下安矣。伏惟聖宋基業僅百年。祖宗繼承。使綱紀不破壞者有禮法而已。夫樹禮法而不破壞者有宰相而已。今宰臣陳執中居廟堂之上。自去年春正以來。廢置大事。違越典故。先意希旨。動是乖繆。身為大臣。既破朝廷之禮。而私門之內。信縱嬖人。殺虐無罪。陳乞置獄。復自廢之。情涉誣罔。託疾歸第。不赴大宴。不赴聖節上壽。一旦昂然復入中書。殊無廉恥。不䘏人言。身為大臣而又壞朝廷之法。宰相既破禮又壞法。御史不言之不可也。御史之言。既無不當。陛下不斷之不可也。臣昨二月中。已曾疏奏執中可罷免者八事。臣自省臣之言無不當也。陛下前日之詔。謂言之失當者。固已勅戒之矣。若言之無不當者。願陛下聽之於不疑。斷之於不惑。其朋附執中之人。捄解熒惑之偽說。不是信也。臣愚伏望早賜宸斷。正執中之罪。復朝廷之禮法。振中外之紀綱。念祖宗繼承之艱難。廣社稷百年之基業。天子得以尊。天下得以安。亦以示詔書之出不徒然也。臣無任懇切屏營之至。

嘉祐五年十二月。抃為右司諫。同唐介王陶吕誨罷陳旭除命劄子曰。臣等伏見除樞密直學士陳旭充樞密副使制命之下。深駭人情。伏緣旭先為諫官日。有張彥方者。依託越國夫人宅。詐為官誥賣與富民。廣受贓賄。是時京師洶洶。以其事連越國。開封府勘劾不盡。朝廷差朝官杜樞錄問。方行舉駁。未及施行。漏洩于外。遂改差旭同入內都知。代樞錄問。旭得此獄。以為奇貨。滅裂情節。便為了當。且旭身為諫官。奸邪傾媚如此。陛下觀旭此節。可謂正直之臣乎。復自天章閣待制河北都轉運使除知澶州。與內臣閻士良妓妻飲宴交相結託。遷龍圖閣直學士知成德軍。其時文彥博當國。賈昌朝為樞密使。兩人方相傾立敵。彥博以旭舊相朋比。遂引知諫院。使為鷹犬。旭明知龍圖閣直學士自是固秩。成德軍是卑職。以辭前命。即合辭避。貪竊僥倖。嘿無一言。且旭職為侍從。而附會權臣。苟取名位。如此陛下觀旭此節。可謂潔廉之士乎。昨知開封府。事務姑息。小人以下屢息亦經年在府。殊無治狀。有百姓訴為內臣史昭錫欠錢僅千緡。旭以昭錫是入內都知史志聰管勾內東門史昭錫親屬。並不理索施行。又皇城司親從官孟乂入延福宮捕獲送府。臣陶時有奏狀。言宮禁之內。理絕非常。而宿衛之人。自為奸宄。易衣持仗。夜入宮禁。情狀深重。乞下開封府根究本情。重加刑戮。管勾皇城司臣寮。重行降黜。旭專為身謀。畏避權幸。却將孟乂作竊盜衣物。計贓定罪。只收竪同保地分人員孟引。臡決釋放取旨。皇城司官員全不收竪。臣陶當時累有論列。其孟乂係樞密院進呈決配海島。皇城司官員。中書行遣罰銅誡勵。旭意在庇蓋皇城官員。殊不以陛下禁衛中奸盜為意。且旭職司輦轂。壞法市私。輕縱奸宄。媚結權幸如此。陛下觀此節。可謂公忠淳實之人乎。一旦忽用旭為樞密副使。不知在陛下聖意以旭為正直耶。為潔廉耶。為公忠淳實耶。且求庠之過。不過昏謬無狀耳。周未有如旭前所為奸佞之罪。今罷庠而用旭也。謂之廢罷。則庶乎其可。謂之進賢。則恐貽陛下知人之失矣。兼外議喧沸。皆謂旭與管勾御藥院王世寧通家往復。與史志聰素相交結。力為主張。致此超擢。伏望聖慈察樞機之府。非容奸佞之地。速賜指揮。寢罷旭之除命。以副公議。所是樞密院已有三員。不至闕事。伏乞更不差填。臣等職有言責。不敢嘿嘿。唯陛下裁擇。

抃再論陳旭乞賜守遠藩劄子曰。臣等伏見近日除陳旭為樞密副使。物議喧沸。以為不當。臣等已具連署劄子并疊狀論列旭奸佞不公事狀甚衆。乞行罷寢。未蒙施行。竊緣旭有傾邪之才。由徑干進。自頃為諫官。代杜樞錄問張彥方公事。諂諛貴幸。滅裂情節。便為了當。已為天下正人之所鄙薄。厥後附會權幸。締結中官。苟取祿倖。不蓋愧。昨知開封府。日意在庇蓋皇城司內臣。將夜踰禁垣親從官孟又引赦釋放取旨。其皇城司官員。兼後並不收竪。及以內臣史昭鎬是入內都知史志聰親屬。句當內東門史昭錫之弟。欠負進士趙烈屋業錢七八百貫。旭結媚諸史。將詞狀判收不行。有冀州進納富民李士安者。京師號為豪右之首。典下中書吏人偷公用銀器事發。其銀器上有中書字號。士安託旭同居表弟甄昇傳達意旨。不行勾追勘斷。其甄昇納士安錢二百貫文。其後更為士安理索私債不少。旭於輦轂之下。作如此等事。欺君罔民。貪濁不公。專務諂悅陛下左右。越次干進。其不被罪廢。已為天幸。又況超越流輩。驟入樞府。手占制命之出。搢紳相顧失色。於朝士林族談。竊笑于外。下至胥吏。莫不笑惟以旭之命。頗出史志聰首主張。以王傅為俚諺。謂旭有二史之力。此言儻著。不唯有污於公朝。實恐上玷於聖德。伏望聖慈下察公議。早賜指揮罷旭樞密副使之命。黜守遠藩。所貴朝廷清明。奸倖屏塞。

折三乞黜陳旭以革交結權倖之風劄子曰。臣等近累有連署劄子并奏狀論列新除陳旭樞密副使。公議不允。乞行罷黜。未蒙施行。伏緣臣等所論列旭奸佞不公事狀甚衆。且旭為諫官錄問張彥方公事。有所庇蓋。而不蹤駁。罪一也。知諫院冒受成德軍轉官恩命而不辭。為宰相文彥博鷹犬。罪二也。知開封府寬釋夜踰禁垣親從官。而故出皇城司官員不收竪。罪三也。屈抑進士趙烈索史昭鎬屋業錢七八百貫。詞狀不行。以諂媚都知史志聰管句內東門史昭錫。罪四也。故縱冀州進納豪民李士安之罪。而同居親情甄昇取錢二百貫。罪五也。交結句當御藥院王世寧。託為親屬。而通家往還。罪六也。自制命之出。搢紳而下。至胥吏輩。傳為俚諺。云旭得樞密副使者。二史之力。罪七也。旭之曲媚貴倖。交通宦官。私邪不公。干取柄用。罪惡如此。陛下縱不惜一樞密副使以幸旭。其如朝廷何。其如天下公議何。

伏望聖慈革奸邪交結權倖之風。杜中人引進柄臣之弊。察政府重任。非倖人由徑進取之官。黜旭遠方。稍正邦典。

朴四乞早賜宸斷屏黜陳旭劄子曰。臣近以除陳旭充樞密副使不當。曾具狀并三次同唐介王陶連署劄子論列旭私邪事迹。乞行追寢。已是多日。未蒙施行。夫天下治亂。繫時政得失而然。朝廷安危。由柄臣邪正之致。故曰正臣進者治之表。佞臣進者亂之基。古人極言不可不慎。伏惟陛下臨御以來。用人固多。其得失邪正。豈逃聖覽。凡進一人。公議允矣。人言息矣。斯可謂之得人矣。凡用一人。公議不平矣。人言為不可矣。斯可謂之失人矣。有言責者。豈常好辨哉。是亦過天下公議。為朝廷斥邪倖之黨。杜奸慝之門。職當然。而不得默也。如旭之為諫官。希旨錄問張彥方公事。及冒受諫院恩命。附麗大臣。知開封府寬釋踰禁垣親從官之罪。以庇蓋皇城司內官。抑塞趙烈詐史昭鎬欠屋業錢詞狀。而陰結史志聰史昭錫之援。故京師俚諺謂旭有二史之力。故縱有罪豪民李士安。廢屈邦法。而同居親情甄昇納士安賄賂不少。因緣御藥院王世寧聯親通家。來往旭作如此等事。一旦驟進樞府。欲使公議允而人言息。其可得乎。易無妄曰。其匪正有眚。不利有攸往。天命不祐。行矣哉。言居不可妄之世。獨用不正之道以求進。待天不之祐。在時未見其為利也。傳曰。見惡如農夫之務去草焉。言其勿使滋蔓為稼穡之害也。詩云。式夷式已。無小人殆。言人君當用平正之人。無小人近以取危殆也。語曰。遠佞人。言為國者近便佞之臣。則非其福也。臣愚伏望陛下察視旭之所為。鑒詩易聖賢之訓。救朝廷用人之失。早賜宸斷。罷旭樞密副使之命而屏黜之。庶使後來懷私挾詐無所不至之人。得以為誡。臣無任為國納忠之至。

嘉祐六年正月。抃五論陳旭自乞遠貶劄子曰。臣竊以帝王之德。莫盛於知人。其次無大乎納諫。故知人則忠邪判而委寄審。納諫則壅蔽開而善惡分。恭惟陛下臨御已來。舉以二者為意。間或用人有失。必採臺諫封章。天下議論。隨即罷去。故禍却於將兆。福來於無形。中外以之欣歡。國家以之鞏固。而陛下知人納諫之德。超邁三五。動植咸知。伏自權陳旭為樞密副使。制命之下。中外駭然。既玷陛下知人之明。臺諫博採公議。按旭有奸佞之實。附麗權貴。交結宦官。在天府則唯務貪私。居諫垣則但聞阿倚。歷條事狀。連奏封章。迨今兩月而陛下尚容回邪。未行竄逐。有玷陛下納諫之德。夫旭身為人臣。智慮百端。巧取富貴。而玷陛下臨御已來知人納諫之二德。使天下有以譏議。則旭之罪戾。又可逭誅。而況機密要地。兵柄所歸。雖當平時。烏可輕授。一旦苟有緩急。如旭豈堪與謀。臣是以憂患未萌。為國遠慮。每有論奏。不覺繁多。伏料陛下天地至仁。日月至照。念祖宗創業之事。治亂在官之由。察臣論列之不私。辨旭罪狀之甚白。早黜旭於散地。以快天下也。陛下知人納諫之二德。庶復煥於今日。而垂光於史冊矣。況臣與旭素無讎隙。與臣又是同年及第。臣不敢惜事契風義之末。實可憂朝廷公論之去。若陛下尚以旭為忠正可任。以臣之諫諍為誣。則乞貶臣遠方。以謝於旭。在臣誅殛流放。於身不計重輕。唯陛下裁斷。

抃論陳旭乞待罪劄子曰。臣伏以天子至尊。百辟至衆。賢邪盡在。真偽雜然。不用忠言。何以早辨。恭惟皇朝。繼承四聖。昌明百年。從諫任人。罔不由此。太祖自建隆下詔命百官轉對。故下情上通。公議得進。太宗雍熈中。勵精求治。改拾遺補闕為左右司諫正言。切責丁寧。極言得失。一日謂呂端曰。宰相進賢退不肖。便為稱職。真宗祥符中。詔置諫官六員。其畧曰。或詔令乖當。官曹涉私。措置失宜。刑賞踰制。並許諫官論奏。陛下以聖明寬仁之至德。體祖宗諮謀衆正之大猷。臨御以來。開納諫諍。綱目振舉。雖古之興王治世。未有逮今日之盛。故左右疑丞。中外臣庶。其賢否邪正。忠佞清濁。無能逃聖鑒者。聽正論採公言。示天下以不私而致然也。伏自去歲罷宋庠樞密使。二府兩制同時除拜十三四員。其不叶公議而人言喧甚者。獨樞密副使陳旭而已。臣與諫官唐介王陶。洎臺官范師道呂誨等。各言旭罪。皆章奏紛奏。至今兩月餘日。未蒙降黜施行。臣不避重煩天聽。復用條件開陳。謹按旭早為諫官日。同與入內都知錄問張彥方偽印官告事。藏衆情節。附會權貴。知瀛州日。數與鈐轄內臣閻士良妓妾飲宴。遮相結接。遷龍圖閣直學士知成德軍。已授始賚。未到任間。即召知諫院。用附宰相。指蹤擊擿。其移成德軍增秩賜金一切恩典。更不辭避。貪竊觀望。為世取笑。及知開封府。輕縱踰禁垣親從官益又重罪。蓋庇皇城司官員不行收豎。以陰結本司宦官。殊不以陛下禁衛中奸盜為意。有進士趙烈。訴史昭鎬欠屋業錢僅七百貫。以昭鎬是內東門史昭錫兄弟。前後經半年。只理還三十餘貫。其間又判收不行。案牘具存。又司當御藥院王世寧與旭并呂誨同是親戚。呂誨與世寧未嘗來往。旭與世寧深相結託。張茂實與世寧俱是旭聯親。旭拜命之後。乞回避茂實。而不言世寧。隱情欺公。可驗深狡。懷護逐國見利徇私。巧進百端。無所不至。臣伏思陛下尊居巖廊之上。其臣寮進用有失。雖外議喧沸。人心不平。設非臺諫耳目詢訪。無所顧避。論列以聞。則陛下何從得知。旭所為蹤跡如此乖惡。而未即罷免。是臺諫之言不足聽也。大抵近輔樞衡。日與國論。得正人。則天下之幸。用奸邪則非朝廷之福。伏望聖慈早賜罷旭樞府之命。以副衆望。若以旭為正人。可任機要。謂臣之言不足聽。即乞竄臣遠方。以誡後之言者。臣吏不敢趨朝及國子監等處供職。謹歸私家待罪。唯聖心財察。

於又乞速行退罷陳旭劄子曰。臣等聞明主不惡切諫以博觀。忠臣不避重誅以直諫。故能叶熙帝載。弼正天綱。况臣等職名諫官。實有言責。抱愛君之志。則惟恐朝廷施政繆盭。未濟三代之隆。負憂國之心。則惟恐朝廷任人或失。未臻衆正之路。固不敢隱忠避死。自固身謀。偷合苟容。上孤聖寄。所以退省待罪而復起就職。言已忤意而尚欲極論。惟陛下察其至愚。憐其盡節。究極事理。垂恩聽之。則臣等生死幸甚。臣等昨見差除陳旭樞密副使。不當中外譏議。朝廷用人之失。臣等尋具旭奸邪迹狀。論奏乞行罷免。百有餘日。章十數上。而天意過信。未賜省納。臣等竊以本朝樞密院與中書謂之兩府。均公宰之任。未嘗有與中人宦官連姻之人。處其任者。豈非本兵之府。機事機密。外司邊要。內總武臣。不可使帷幄之內。交通知聞。陰窺人主。起居密伺禁中動靜者耶。今王世寧見充御藥。居中應要。密近左右。陳旭素號奸邪。貪利忘義。與王世寧是妻家姻戚。居常往還。而陛下開此一端。進用宦官姻戚之人。參領樞柄。使得內外響應。相為表裏。臣等恐不唯今日稔養奸惡。可憂非輕。亦恐異時遂為本朝弊政。著在方冊。非所以垂永久示萬世之法也。今陳旭詭隨萬計。潛構黨類。陰進邪說。力排公論。必謂若罷陳旭。則是與前日中外所傳。因宦官進用之說相合。如此。則上玷聖政。不務堅留陳旭。庶息人疑。夫邪人之言熒惑天聽。但務封殖奸邪。行其私計。不顧蔑棄朝綱。虧損上德。自古至今。使人主不能分別君子小人邪正之論者。率由於此也。臣等伏聞聖人不以智治國。唯至誠可以化萬物。王者不以言動民。唯實行可以感群心。陛下欲弭人疑而不循公議。則人疑愈深矣。陛下恐

玷聖政。而堅留憸人。則聖政愈傷矣。且今天下之人。誰不知陳旭佞邪交結中貴之迹邪。天下之人。誰不知陳旭是御藥王世寧通家親戚邪。天下之人。誰不知自太祖開國。太宗真宗三聖以來。迨陛下臨御百有餘年。未嘗有御藥中貴人親戚入兩府之人耶。今陛下外不去陳旭。內不罷世寧。以風憲之司糾繆之任為不足用。以諫諍之臣獻替之言為不足聽。以歷代重選本朝舊規為不足法。天下之人不可家至而戶曉。臣等伏恐四海之內。莫不疾首上疑公朝。切議聖德者矣。伏惟陛下濬哲聰明。聖合堯舜。輝光萬寶。性與天通。在宥天下垂四十年。鑒燭萬事。幽隱必達。難名之美。甚盛之德。際天接地。巍巍無窮。而猶兢慎庶政。聽言納諫。如恐不及。此非下臣無知所敢擬議者也。然臣等更願陛下馭下之際。慎惜朝綱。用人之方。深存國體。不輕歷代至重之名器。不違三聖垂公之成規。不開奸人內外交通之弊政。取疑四海。貽譏後世。速行退罷陳旭也。稍用以解天下之惑。則朝廷清明。而聖政日新。天下不勝大幸。臣等冥蒙唯知事君之義。當盡愚忠。其所以觸忌諱犯威怒以取罪戾而不敢避者。知臣等之職焉。唯陛下察公私辨邪正。惜朝廷體。絕萬世弊。則臣等生死幸甚。

朴上奏曰。臣等風聞散直剩員兵士董吉以燒煉之術為名。因緣入內。副都知鄧保信援引入留禁中。外議籍籍。以為不便。臣等伏以自古亂臣賊子興妖造奸。必偽稱化金寶益年壽之術。以取媚人主。外託愛君之跡。內為亂政之蔭。漢之文成五利。唐之晉恩靜能。監恩既深。踵戮旋至。至其甚者。權移羣小。勢傾朝廷。終成禍殃。延及宮禁。唐太宗憲宗二帝號為英主。亦以服餌貽疾取笑四夷。文宗之時。中尉王守澄引薦李訓鄭注。託成甘露之亂。皆由依宦官而結主。假藥術以市奸故也。或謂燒變金銀。則天子以慈儉為寶。不當務此。或謂合

煉丹藥則前世爲藥餌所誤。可以爲監。左道無赦。古制有刑。今保信
復引董吉禁中。盡當事之初。理如無害。洎爲弊之末。禍或從生。其董
吉伏望聖慈早賜斥逐。免致熒惑聖聽。鄧保信亦乞誡勵施行。
慶曆八年。右正言錢彥遠請焚瘞物故妖僧疏曰。臣風聞在京景德
寺僧。今俗謂之言法華者。因病物故。而道路皆傳內降使臣令用布
漆其骨。留於本院供養。謹按其僧本由病後言語乖越。其徒轉相誑
惑。小人從而唱之。意在希求襲俗捨施財物。今既自化。別無異迹。恐
命漆其殘骨。留貯寺中。切恐不逞之徒妄傳神變。別起妖幻。伏緣昨
來恩州叛卒。始皆假託此術以動多衆。乃至朝廷臨遣大臣督戰。方
能擒滅。不爾爲國生事。今此僧近在輦轂。尤動人心。萬一之間。不可
不慮。五代時。定州狼山寨有尼姓孫名曰深意。及死坐而不壞。塞民
孫方諫者奉之。遂近神其事。衆聚頗盛。遂因爲定州節度使。仍自立

弟行友爲兵馬留後。至太祖時還兵擒行友至京。及訪狼山。輦其尼
屍焚於京城西北隅。自此定州方此朝廷除節度使。蓋深達情僞。建
威銷萌之至。況釋氏本教。亦不許其示禍於外。徼福於無。況此朽穢
之骨。復何所爲。伏望聖慈詳察邪正本末。上法祖宗英斷。特降指揮
令開封府監勒本院僧徒將所謂言法華者於城外依本教焚化。如
有燼餘之骨。即於城外瘞藏。即不得放入京城諸門。及於寺院聚人
供養。所貴不至有惑民聽。
仁宗時。知諫院司馬光論王逵劄子曰。臣竊聞監兗州景靈宮王逵
近降勅差權萊州。逵暴戾凶狡。陵上虐下。所至爲害。朝野具知。今年
齒已衰。猶污仕籍。若復授以一州。使爲長吏。必恣行不法。殘害民物。
監司畏之。莫敢詰問。使一境之人。何所控告。伏望朝廷檢會逵年紀。
及察逵平生事迹。勅令致仕。或只與監當差遣。永不得令親民。

光又論張田狀曰。右臣竊聞朝廷差屯田員外郎張田充荊湖南路
提點刑獄。田之爲人。傾邪險薄。前知諫院唐介言之甚詳。伏計朝廷
已熟知之。提點刑獄專按察之柄。繫一方休戚。今以傾邪險薄之人
爲之。誠未見其可。況田嚮者止自通判資序擢發遣三司判官。因罪
左遷知蘄州。議者已謂之大優。今到任未及三年。遂作監司。臣竊恐
士大夫爭欲效田所爲。以爲進取之捷徑。不惟任使失人。抑亦敗壞
風俗。伏望朝廷寢田新命。更擇端士以代之。實遠方吏民之幸。
光又論張田狀曰。右臣近屢上言張田不可充荊湖南路提點刑獄。
未蒙朝廷施行。臣竊以吏者民之紀綱。提點刑獄吏之師帥。苟不得
其人。則一方咸受其弊。又凡今之朝士自常調進用者。皆自此官爲
始。國家尤宜精擇其人。田資性險薄。色厲內荏。毀譽出其愛憎。威福
發於喜怒。陵其可陵。侮其可侮。真小人之雄傑。而時俗以爲賢才。夫

不善之人。天下皆知其不善。斯不足疾也。惟衆人謂之賢。而實不肖
者。君子疾之。昔漢文帝欲以嗇夫爲上林令。張釋之以爲嗇夫利口捷
給。恐天下隨風而靡。唐太宗見進士等第怪其無張昌齡王公謹名。
王師旦曰。二人有文無行。恐變陛下風雅。今提點刑獄其爲輕重。非
特上林令與入等進士之比也。臣願陛下必選忠厚方正實有治行
者爲之。其飾僞行險躁於進取如田比者。皆不可用也。臣今所言非專
爲湖南之吏民。亦爲國家重惜風俗。伏惟陛下察其愚忠。其荊湖南
路提點刑獄。乞別賜擇人。
知諫院蔡襄論李淑梁適奸邪狀曰。臣伏見李淑罷開封府中書舍
人。充翰林學士。諫官已有論列。李淑行迹奸邪醜惡。不宜在天子左
右。皆陛下素所知者。而天下之人未知朝廷如何處之。臣聞至聖之
主。至治之世。邪人不能爲患。猶必去之。舜有功二十。登八元八凱。去

四凶也。以舜之明。雖有四凶在朝。豈能害舜之治。然必去之者。不可使邪人在側。使天下之人皆曰。爲行如此。猶在天子之側。誰肯脩身潔行以爲忠良。以此知邪人雖不爲害。猶當去之。况能必爲害乎。自古帝王。非不知邪人不去終爲大患。然有因循不去者。亦有以也。一曰不明。雖知心惡邪人而不能辨邪人之謂也。二曰不忍。邪人善爲巧佞。君雖知之而不忍去之之謂也。今李淑奸邪。用附。有尸鬼之名聞於天下。伏况陛下智照明了。纖毫盡見。淑之爲行。無不諳悉。非不知邪人也。臣每進對之時。陛下嘗謂臣曰。奸邪去則朝廷之福。以此定之。又非陛下繫聞巧佞之言而不忍去之也。所以不去者。必以無實罪故也。臣請論之。有實功。有實罪。而賞罰不疑者。有司奉行也。無實功而賞。無實惡而誅。唯聖人自能別之。有實功而賞者。戰獲多少。財利豐寡是也。有實罪而罰者。殺人受賊之類是也。無實功而賞者

節行是也。無實罪而罰者。姦邪是也。是故聖人之議賞罰也。賞節行在實功之先。罰奸邪在實罪之上。故舜登八元八凱。去四凶。而曰大功。非聖人不能爲也。臣力詆奸邪。世人以臣不思後患。爲臣寒心。笑臣愚魯。臣自知甚明。苟利國家。豈顧後患哉。臣不愛身。惟憂朝廷不即施行耳。奸邪不去。正人退縮。此正可痛心也。李淑深適皆有實罪。而臣輩所請者。只乞與外郡。有何難行。若大臣者有專權之嫌。有後患之畏。不敢明言去之。陛下何所憚而不爲。願陛下爲社稷爲生靈留意幸甚。

襄又乞罷晏殊宰相狀曰。臣等切以宰相之職。代天子斷國論。鎮撫戎夏。表則官師。非有經綸之才。廉正之德。而居之者。是謂失其所任。然當中外多事之時。苟能盡心竭力以濟公家之急。縱有不逮。人或恕之。而敢不恤物議。務營私產。與細民爭利。推其爲心。豈可相天子而率百寮也。臣切見宰臣晏殊自登樞府及爲宰相。首尾數年。不聞奇謀異畧。以了國事。唯務私家營置資產。見於蔡河岸上。託借名目。射占官地。蓋屋僦賃以宣借兵匠。外多占外州軍人。日夕苦役。怨讟之言。聞於道路。臣等謂今年以來。災孽相仍。盜賊繼作。內有百萬驕冗之卒。而不能更其法。下有億兆愁苦之人。而不能寬其力。盜賊屢動。延及嶺南。虜使交來。事緒未已。河決於北地。兵叛於邊城。觀此事勢。大臣之責。其過均矣。然晏殊當此憂危之時。恬然自安。窺圖小利。此於大臣中尤見其所爲之謬也。臣等聞唐高宗朝。中書令褚遂良賤買中書譯語官地。爲御史彈奏。貶同州刺史。又聞太平興國中。宰相宋琪與宣徽使張禹錫互請官中邸第。太宗皇帝鄙其不識廉恥。宋琪以本官罷免。二人當朝廷無事。於官私有所營取。尚行貶降。今日中外人心憂危。殊爲輔相。既不能了得大計。又占射官地。役苦軍

人。日趁數十錢之資。情狀如此。豈可尚容於廟堂也。伏惟陛下以祖宗社稷之大。天下生靈之重。久付已爲失任。加之營私忘公。無所媿畏。臣等伏乞陛下特出英斷。罷免晏殊。別求賢才以救時弊。

襄又乞責降馮承用狀曰。右臣伏見句當御藥馮承用。爲御史臺彈奏受作坊副使句當北園者。臣切以承用小人。憑威恃勢。久掊物論。致有抨彈。固宜竄逐以示勸戒。今乃優與使名。兼管園囿。是以罪責而遷官任。使與無罪同。何以示朝廷賞罰至公之道。兼恐依舊出入宮禁事體不便。伏乞聖旨特與降近下官資向外監當。庶協公議。

襄再論馮承用王守琪狀曰。臣今月初一日狀爲入內供奉官句當御藥院馮承用轉西京作坊副使句當北園。臣謂承用倚威恃勢。久掊物論。乞降近下官資向外監當。至今承用尚在京師。且承用既以事責卻自入內供奉官轉一資。何以明勸戒之道。臣切聞馮承用曾

受供備庫使知磁州王守琪青馬一匹。郑安排侍御郭氏嫁與守琪為妻。且郭氏在內中執侍之人。雖得出適。承用出入宮禁。豈可受守琪送馬。後以郭氏嫁與為妻。守琪陛下之廷臣。豈可交結承用。敢娶郭氏。瀆紊彝章。中外傳聞。虧損國體。其王守琪潙承用各無恭畏之禮。罪當誅戮。乞送潙承用王守琪下御史臺根勘因依。以正刑典。臣備位諫官。廢事之有所損益者。乃敢論列。期於必行。今承用未寘刑書。臣不得默默而已也。

襄又乞罷陳執中參政狀曰。臣伏聞制命以陳執中參知政事。雖衆議喧然。咸謂不當。臣慮傳聞未審。未敢指名奏論。尋於今月二十六日夜入劄子乞稍緩其命。容臣等上殿奏論。次日不蒙指揮。是陛下以所命得人。不容論列。臣切聞聖意以執中建皇儲之議。以為有功。故俾大任也。臣見前代以來。人臣建皇儲之義者。誠為難事。或因後

宮爭寵。次序未分。或因皇子衆多。材德相遂。人臣逢此時建大策。力排群議者。誠為有功也。真宗皇帝獨有陛下一子。天下之心。固自系望。皇儲之立。非陛下而誰。但以幼年未行冊命。又豈待人臣建言而後定也。執中於當年上言。正是窺先帝之意。自圖富貴。又豈為功也。伏況陛下寵遇執中。擢居樞府。西事之始。處置乖方。如要排墻殺元昊使人。又明降宣命。命邊臣入界打虜。致得元昊來攻延州。覆軍殺將。為國大恥。皆執中之過也。兼執中賦性強狠。不容同列商議。遂致如此敗事。陛下明其有過。尋已斥去。及任陝西。又以無功而罷。自青州專務嚴刻。科欲一向殘暴。此固衆人共傳也。才性如此。豈可置之廟堂。況今天下多事。生民困苦。天地災異。中外憂惶。正要任用才能之時。陛下但以執中曾有建儲之言。不念強狠害事。任之政府。此乃牽私之意。安可副天下之望。臣伏乞陛下追罷執中前命。別用才能。如以臣言為非。乞行竄逐。

襄論呂公綽狀曰。臣近為呂公綽同判太常寺。丢失樂鍾至多。並不問罪。却除糾察在京刑獄。臣乞劾正其罪。依趙良規例施行。所有糾察勑書。亦乞追寢。未蒙朝廷施行。臣待罪諫官。所言悉皆公論。如呂公綽其父夷簡執政之日。公綽倚勢賣權。欲施一恩。則預作因緣。欲行一事。則先露風旨。若以外人所議。直是貨賂交通。為宰相之子。而暗擅威福之名。有貪婪之迹。為陛下之臣。豈復有恭畏之心乎。操履若斯。豈臣過論。況夷簡作相日久。舊恩遍滿朝中。或欲屈法以芘公綽之愆。或欲遷官以酬夷簡之患。伏惟陛下持大公之柄。宰天下之平。示公綽均於百官。何必恐其僥倖。若朝廷以公綽失鍾之罪為輕。其糾察在京刑獄之任。即乞追寢。別與閑慢差遣。若公綽不合陳論。乞加妄言之罪。使天下知是非有歸。不可空已也。

襄又論魏兼狀曰。臣風聞前淮南轉運使魏兼先自兩浙安撫回奏。有旨候命任滿日與直史館。臣切見前來遍遣安撫使諸路巡察。惟魏兼貪殘為狼藉。是時杭越蘇秀諸州旱澇連年。疫癘相屬。富者疾瘵。貧者流亡。哭聲遍野。餓尸橫路。魏兼專銜恩命。往布德音。不能悉心竭慮。以副陛下焦勞之念。輙敢恣情宴樂。以歛百姓之怨。至蘇州留止三日。窮徹晝夜歌樂。娛遊本州。盡驅飢民。藏於祠廟。三日拘束。飲食無得。餓死甚多。隔年論罪詞狀。一程至吳江。方得收覽。諸州望風悉遣妓樂。隔州迎候。睦州送至桐廬。至有樂人溺死。蘇州民諺判板傳誦。臣畧得兩句云。繞與歌妓唱。動地飢民哭。杭州刻安撫夜飲圖賣於鄰市。醜聲惡語。傳於道路。緣魏兼與宰臣章得象晏殊並是親戚。當時無人踪兼罪狀。請加誅責。以謝吳人。不惟苟免過尤。仍有館職之命。伏以賞罰之柄。國之大經。今無功而行賞。已可痛心。況有

罪惡而加賞矣。上下蔽蒙。紀綱隳壞。靡不由此。其弊無上無畏法之心。下無恤民之意。縱有任使焉肯盡忠。所有館職之命。伏乞寢罷。或降與小郡。以厲後人。

襄又論中書吏人劉式狀曰。臣伏見中書提點五房公事金部員外郎劉式年滿合該例轉官賜紫。入轉運資序知州者。切以劉式本自賤微。因緣入仕。頻倚事勢。竊弄威權。臣略條一二事。以明劉式奸狡之狀。明道初。脩葺內庭。固無勞效。僥求名目。改轉朝官。景祐之間。緣求外補。宰臣留而不遣。姪男特授齋郎。非例推恩。事權愈重。慶曆二年。守當官周卞偷竊空字勑黃。僞作祠部。流散諸處。貨賣極多。周卞事發之後。劉式與本房堂後官張用和方始陳首。舉覺及開封府按成之日。懼見錄問。別有干連。上下通情。奏請周卞更不錄問。真命棄市。豈有中書吏人。陰結大臣。誣罔聖聰。回換刑獄。又有守當官荊杞

爲婺州客人徐昞進狀。乞分家產。荊杞僞作內降劄子。取受昞錢一千餘貫。事將覺發。荊杞殺徐昞父子三人。切見天聖中。守闕人吏馬宗壽寫造僞勑下禮部。補蘇上達充齋郎。事發。提點五房公事張仁惠有不覺察罪。降知光化軍。堂後官李昭度降授齊州監當。本房手分並皆除出。去年。劉式不覺察周卞荊杞僞造殺人。其罪甚重。蓋緣當政大臣。曲爲庇護。並只罰贖。仍舊守職。不隔磨勘。依例轉官。伏見轉運提點刑獄不覺察部下官吏取受。並降移差遣。今來人吏纔八十貫。劉式不覺察。苟免過愆。若更例與優恩。出典大郡。不惟小人僥倖。何以激勸將來。其劉式伏乞朝廷更不轉官。特責降監當。以表朝廷清明。不容憸人干託之罪。

吏部尚書夏竦上奏曰。臣聞易曰。王臣蹇蹇。匪躬之故。誠以君子脩身踐言。策名委質。垂紳佩玉。祿廩所豐。雖夙夜憂勤。盡瘁事國。犯顏色觸忌諱。致君濟俗。猶恨無補。況季世澆薄。忠信陵遲。以巧詐爲良畫。以縉紳爲義利。司馬游四至九卿。漢君子恥其巧宦。蓋官業固殊商販。公朝豈尚諂諛。直道事君。三仕三黜。與夫蘊蓄巧心。陰射上指。致位卿相者。豈同日道哉。國家選用忠純。精求黎獻。中外輯睦。遐邇肅雍。奈人心如面。不能咸一。或用取冗效。而乖大體。謀私室而忘公家。至有起自賤微。驟登官路。強爲明敏。剖析秋毫。事至細微。動煩旒扆。謀身干討。媚衆多塗。觀古良臣。頗殊於是。雖陛下法象天道。恢大皇綱。拯卹齊民。招延諫諍。而上下之吏。巧宦尚多。或濫施刑罰。張皇威望。脩飾廚傳。沽買名譽。或妄獻謀畫。炫耀心計。陰行寵賂。規求薦舉。上負國恩。下速民謗。誠當廣行詢問。深究弊訛。抑退纖僞。優用蹇諤。稽倣西漢之制。歲馳八使之輪。特選英賢。專任剛毅。按行方國。分驗治狀。明賞信罰。以懲其下。去邪決壅。以蘇其民。使清濁派分。遠邇

繩直。則公家之惠。膏潤四海。陛下聰明。無遠弗屆。

宋庠上奏曰。頃因叛羌擾境。加以歲初日食風災之變。陛下省躬念咎。勤勞日昃。思所以銷伏衆異。詢逮下情。爰敕攸司。廣開言路。故自春夏以後。或詣吏。或投匭。或遣近臣臨問。或於便坐引對。公私草澤上封言事者。以千百數。大抵論兵料敵。不越攻守之策。虛談誣語。衆所共知。道乘漼閙。互相求丐。然質其實效。可施于用者。卒無得焉。其間尤可惡者。王建中以通籍之臣。乃言今之天下。非陛下之有。李元振不逞狂豎。而敢封削牘字。皆方寸肆意。悖慢侮蔑朝儀。丁腆卜祝之家。濫名貢士。雜引星變。而京師且有大火。王翊胥徒賤品。因緣薦導。累求上殿。縉紳嗤笑。李可久原州酒戶。囑託奸邪。無功授官。正人切齒。若斯之類。皆當伏誅都市。投棄遐荒。布告天下。以清風俗。其餘或悉爲毀黷。或輕議災祥。述閭閻猥濫之辭。陳錐刀瑣末之利。妄爲

器械，意度山川，薦達親聯，援引用黨，冒恩徼倖，情無不至，遂使天下幸災好亂之輩，負愆失職之人，群吠京師，雀躍朝著，盱衡鼓舌，曾無嫌忌。陛下業已搜訪，務存包納，隨材第賞，皆過所期，矜恩含垢，未嘗加罪。恭惟天地江海之量，非名言所能及已。然人道有上下，國體有重輕，下而犯上，則堂陛寖隳，重而可輕，則嚚亂無忌。今使小臣末吏，豎儒黠首，皆得攘臂奮筆，譏朝廷大事，凌轢卿相，以為僥倖進取之資。臣恐衆風隨流，蕩而不反，權削威弛，非國家之福。臣竊聞真宗咸平初，以有求直言之詔，尋以上書者類多誣謗，特詔登聞鼓院更不收接。臣欲望聖慈下有司檢會先朝故事，明行止絕。其今日以前上書已在有司者，委看詳官精加研考，奏聽朝旨。今後應內外臣庶唯訴冤告密，及過封言事，並如常式外，其餘一切罷之。若復妄陳軍機，言涉斥黷，或外封上別題事目，并因請託封進入內者，並乞收送開封府結勘，依法施行，應遵舊章，以協公議。

宋祁劾李孝友劄子曰：鄧州司理參軍李孝友陳首冒用鄉貫，因此及第，法寺斷從自首原免，許行改正。臣伏詳李孝友身為儒士，業習詩書，宜於大義略有知識，今乃冒貫三代，明認虔州錄事參軍李徽為父，改易名字，苟求薦掄。按春秋時，婦人尚知曰父一而已，而孝友見利忘義，首亂大倫，棄已死之親，事假立之父，靦踈交亂，昭穆外移，且不恭其親而恭它人，謂之悖禮。況自犯名教，略無畏懲，此而可容，誰不可效。伏望朝廷據其狂悖，投竄遠方，使終身不得更玷仕籍，敦誡偷薄，咨識義方。

監察御史包拯論張堯佐疏曰：臣伏見張堯佐除宣徽南院使、淮康軍節度使、兼景靈宮使，又同群牧制置使，制命一出，中外驚駭。緣張堯佐久以非才，濫司大計，利權反覆，物論沸騰，臣等累次論列，陛下欲務保全，乃曲假寵榮，并領要職，求之前代，則無例，訪以人情，則不安。臣審憂危，罔知所措。竊惟陛下臨御以來，凡所行事，悉遵守祖宗舊制，未嘗踰越。若乃進用臣寮，於先朝則李迪、丁謂自尚書參知政事授節度使，錢若水舊任樞密副使，由工部侍郎只得觀察使。於今朝則錢惟演以樞密使兵部尚書授節度使，李士衡以三司使兼尚書右丞，李維以翰林學士承旨兼刑部尚書，陳堯咨以翰林學士兼工部侍郎，並授觀察使，鄭戩以資政殿大學士、戶部侍郎、知并州，二年只授宣徽使，踰年方加節度使。此皆國朝之舊典也。自非德望兼著，亦不輕授。今堯佐何者，而兼是四職乎。況執政大臣，與國休戚，不能執守建明，曲有阿徇，成此過舉，俾天下竊議陛下私於後宮，不獨於聖德有損，抑又事體不可之至甚者也。伏望陛下以祖業為重，以天下為意，免使奸倖有所窺伺，特出宸斷，罷堯佐宣徽使之命，任以外鎮，庶稍息天下之議。

拯又論李淑疏曰：臣等伏覩除授李淑充翰林學士兼端明殿學士侍讀學士者。竊以李淑未丁憂間，只帶侍讀、端明兩職，嘗坐吟詠嘲斥前朝，語涉怨尤，事干烈祖，以此左知南京。自陳親老，遂乞侍養，相次又却充職，當時物議，以謂規乞養親，遽乃求仕，無致養之樂，有謀身之端。又以其前過至深，不可處之親近，羣言未息，旋即居憂。今來服除，始還舊貫，仍居學士之日，乃處禁林之重，何故崇寵之至如此哉。臣等所未諭也。且李淑素行，前後言者多矣，陛下亦具悉矣，臣等不復一一陳數，但指其甚不可者，陛下裁處，無使萬世之下致譏於朝廷，則臣等之責塞矣，非於李淑有嫌隙也。臣等謹按漢書，見轅固與黃生爭論於景帝前，及湯武受命事，當時猶為隱避，不終其說。漢景帝與湯武相去千餘年，非其祖宗，尚乃置而弗論。何則，嫌其類也。以仲尼之將聖於區區魯國亦為之諱蓋禮則然矣李淋父子蒙國厚恩其身久處清華官職俱顯祇以累守外郡未獲大用意懷怨懟遂假前代為名譏切本朝迹其用心誠罪不容誅者也監紹羣議稍示薄責淋乃曲辯益肆妄端欲遂一己之非以易大典之序此而可恕誰不可恕哉又於已刻簡基誌有過猜鷄晨之語臣等伏以陛下奉事章獻太后於母子之際無纖毫之間烝烝孝治格於群黎謂之鷄晨實累上德其中更有甚不可者臣等不忍言也淋之所為敢爾悖慢陛下仁惻為顧舊物雖隱其甚惡不賜顯誅在乎物情已為恩貸今又增一學士處之禁邃衆議諠譁實甚不平況母年八十別無侍子臣等伏望陛下宸斷落其翰林學士與一外任或令侍養如此則懷奸隱慝之臣有所戒懼不敢誘譖矣

拯又論郭承祐疏曰臣等近冒再具論列郭承祐以其上僭不法等事乞朝廷重行降黜今聞改差許州部署雖罷知州之權然依前為節度使在承祐所損無幾於朝廷威令則所損至重至深也何則承祐以親以舊曲被優恩有大罪而蒙生全無微功而叨時領縻養富貴出入寵榮假使殺身未能報德而乃恣逞奸慝瀆亂國經身擁節旄而姑息士卒職隣樞近而僭越典常命之撫俗而殘民委之留務而生事喧然衆口謂之舊謀迹其用心實亦不順此甚可恕則天下之惡無不可容者矣雖人主曲全臣下過示優矜而山人不顧君親明為惕厲況當熙洽之際敢萌跋扈之為是誘藩臣非曰我首若不痛繩以法斯則漏彼吞舟使苞藏禍亂之人何以戒懼而自戢哉兼臣等仍聞承祐在南京非理决配過人及一二百數昨揚狀分析裁四十五人而已實有未盡意其謂何臣等乞再下南京令子細分析承祐在任日决配過軍人百姓依法不依法作兩項賢說的實數目聞奏候文字到日乞朝廷別賜裁處

拯知諫院請安置鹿皮道者疏曰臣聞善為國者必務去民之蠹則俗阜而財豐蠹若不除治道從何而興哉竊見興國寺僧鹿皮道者紹宗自殘支體稔懷奸詐扇誘都俗衆集兜竇創脩寺宇鎔鑄佛像糜費貨寶不知紀極方國家多事財用窘急豈容此輩恣行掊刻且佛者覺也在乎方寸假有萬像之廣不出五蘊之中但平等慈悲即成正道有為功果非所崇尚昔唐朝欲造大像狄仁傑上疏論列即時罷役伏望皇帝陛下俯矜庶品博採羣議凡所興造速賜禁止其僧紹宗乞於外處安置庶免惑衆

右司諫韓琦論僧紹宗妖妄惑衆奏曰臣伏見興國寺有外來僧紹宗自今月十四日於本寺後三門上然燈穿膝出牓行疏驚惑民庶意在覬求易動之徒覬施相屬臣切見天聖編勑節文僧道俗人有捨身燒臂煉指截手足戴鈴掛燈毀壞身體之類並科斷訖僧道勒還俗配邊遠州軍編管居停主人及本院三綱知事僧尼庵鎮所由容縱者亦行科斷天下遵守有犯無赦豈猶皇居之側都市所會恣令妖妄曾無止絕此乃本寺庸猾之輩誘令至京將欺惑於朝廷欲經營於建立責其奸狀國匪容誅臣又慮佞佛之徒曲關上聽以至宮闈之內戚里之間冀有須露益其夸大苟損財而為助固傷化之實深臣欲乞特降聖旨指揮檢會元敕早賜施行如或國家恩垂天戒已停興葺撙節邪用惜其耗費少寬犯令特許行權則當任彼化緣俾從人願固不可因而崇奉有害政猷輒論列於未萌幸矜裁於無隱

端明殿學士宋綬上言曰帝王御天下在總攬威柄而一紀以來令出簾帷肖陛下躬親萬務內外延首思見聖政得寧懲遠革

與。以新百姓之耳目。而賞罰號令。未能有過於前日。豈非三事大臣不能推心悉力。以輔陛下之治邪。須太后朝。多吝險僥。而邪幸或任取陛擢。議者為恩出太后。今恩賞雖行。又謂自大臣出。非大臣用黨固上。何以得此。用黨之為朝廷患。古今同之。或窺測帝旨。密令陳奏。或附會己意。以進退人。大官市恩以招權。小人趨利以習進。此風寖長。有蠹邦政。太宗嘗曰。國家無外憂。必有內患。外憂不過邊事。皆可預防。奸邪共濟為內患。深可懼也。真宗亦曰。唐用黨尤盛。王室遂卑。願陛下思祖宗之訓。念王業艱難。整齊綱紀。正在今日。

歷代名臣奏議卷之一百七十五

去邪

宋英宗即位初。殿中侍御史司馬光論程戡劄子曰。臣伏覩制書。宣徽南院使鄜延路經略安撫使程戡加安武軍節度使命再任。臣聞官以待賢才。賞以勸有功。官非其人。則職事廢缺。賞不當功。則群臣解體。程戡素無才術。少壯之時。歷職中外。猶無名迹為人所稱。況今老病昏懦尤甚。在鄜延苟且偷安。以度日月。為吏兵所慢。戎狄所輕。臣謂朝廷當因其歲滿。授以冗秩。別擇能臣。以代其任。今乃寵以節鉞。使居舊任。外廷聞者。無不駭愕。臣竊以兩府之外。官尊祿厚。無若節度使者。羣臣非有大功。豈可輕授。臣不知程戡在鄜延。曾有何功。遽授此官。萬一邊臣有能立大功者。朝廷當復以何官處之。況陛下踐祚之初。四方之人。拭目傾耳。觀聽朝廷之賞刑。以占聖政。而戡首蒙濫賞。臣竊為陛下惜之。伏望聖慈追還前命。別選賢才使守鄜延。庶合中外之望。

光又言曰。臣近曾上言鄜延路經略使程戡建節再任。不合衆望。乞追還前命。事至今不聞施行。臣竊以方今國家外患。唯在西北二寇。所以捍禦二寇。唯在諸路經略安撫使。居此任者。豈可不精擇其人。程戡在鄜延。自以衰老畏人指目。專務姑息。取媚羣小。寮屬軍伍。尚無稟畏。況於外夷。固所輕侮。比年以來。趙諒祚數違舊制。易壯建寨。安有邀求。不遵朝命。戡不能式遏。而容納其使。事之可否。盡稟於朝廷。則禦侮之臣。將何所用。事君不忠。孰甚於此。臣愚以為九御羣臣之道。若居官稱職。衆所不及。則當使之再任。若立功立事。為人所知。則當加之品秩。今語其稱職。則軍政不脩。語其立功。則戎狄驕慢。而朝廷寵命逾優。委任益厚。臣恐將帥之盡宣力者無所勸。而懷奸者

得其志。如此而望疆場安寧。四夷賓服。臣竊以為難矣。所以程戡新
受恩命。伏乞早賜追還。

治平二年。光論陳述古劄子曰。臣竊聞陜西都轉運使陳述古昨因
巡邊。妄奏朝廷稱邊鄙寧靜不足為慮。後因權涇原路經畧司事。則
副總管劉几稱西人點集將謀入寇。請出兵防邊。述古忌與前奏相
違。因此怒几奏稱不協軍情張皇生事。擅移几知鳳翔府。數日之間
西人果大舉犯邊。殺掠弓箭手及熟戶蕃部。述古亦不即時發兵救
援。致陷沒數千戶。近者雖知朝廷已差臺官勘述古罪狀。然竊聞所
坐止於擅移劉几及奏狀有不實之處。若以文吏議之。罪不至重。若
以國計言之。為害實深。何則。國家承平日久。人不習戰。雖屯戍之兵
亦臨敵難用。唯弓箭手及熟戶蕃部皆生長邊陲。習山川道路。知西
人情偽。材氣勇悍。不懼戰鬬。從來國家賴之以為藩蔽。今述古知西
人欲來侵擾。而自避嫌疑之辜。順成欺罔之謀。抑遏將官。不許救護。
遂以數千戶生民委於虎口。使父子流離。骨肉塗炭。豈惟已陷沒者
深可哀痛。臣恐自今以後。諸路弓箭手。皆不敢於極邊居止。熟戶蕃
部。皆有叛國從賊之心。以此觀之。其害豈小哉。況述古出於門蔭。材
氣麤鄙。自歷官以來。所至之處。縱恣胸臆。殘虐吏民。不顧憲典。輕侮
王命。驕暴很愎。天下共知。屢曾坐事黜降。旋復收用。以竊名位。一朝
至此。誠過其分量。故天奪之魄。舉措乖繆。駭人視聽。陷敗民命。推原
國戚。內外之人。無不憤疾。臣聞舜誅四凶而天下服。如述古平生所
為。亦可以謂之凶人矣。陛下縱不欲明加斧鉞。以謝邊民。亦當投之
荒裔。以禦魑魅。庶使封疆之臣。少加警懼。

光又論皮公弼劄子曰。臣伏覩近降詔書。於初任第二任通判人中
選人權發遣三司判官公事。九年之後。擢為職司。既使之久於其職。
又待以不次之位。此誠用人之要術。為政之首務也。然當務選擢之
初。天下士大夫莫不延頸而望。拭目而覩。若得清脩孤直之人。則皆
勸慕為善。砥節礪行。不肖者亦化為賢矣。若得貪侫詭偽之人。則皆
傾巧干進。飾貌盜名。安恬者亦變而為躁矣。此乃風俗之本原。政治
之樞機。不可以不審。自非有奇材異績為天下所知。未可容易當此
舉也。竊見尚書都官員外郎皮公弼為吏之處。以貪饕致富。資性狡
猾。善為進取。在京師遑遑不倦。在外則書啓相尋。專用此術。致舉主
三十餘人。一旦首膺茲選。天下之人苟有知公弼所為者。但私議竊
歎。憤鬱嗟惋。莫敢發言。此豈可以稱陛下求賢之意。副四方跂踵之
望哉。若所選之人皆如公弼之類。乃是開此僥倖之門。以為侫邪躁
進之塗。恐非朝廷之福也。所有皮公弼。伏望聖慈追還前命。勒歸本
任。況今中外之官本資序合入三司判官者。尚不啻數十人。豈得其
中全無可選擇者。願且選以補即目三司判官之闕。俟果有奇材異
績為眾所知者。然後依近降詔書舉而用之。天下幸甚。

光又論王廣淵劄子曰。臣伏見新除王廣淵直集賢院。外廷之人。無
不惟惑。偶語族談。莫知其故。或云廣淵以啓告便佞。遊走於公卿之
門。蓋執政所薦也。或云陛下龍潛之時。廣淵以文章因陛下故人自
為達。素蒙知賞。故特加拔擢。此二者莫知其虛實。若果有其一。皆非
朝廷之美也。夫端士進者治之表也。憸人進者亂之階也。臣竊聞廣
淵雖薄有文藝。其餘更無所長。於士大夫之間好奔競。善進取。稱為
第一。善以此獲公卿之知。則其人固非端士矣。況以初任通判編排
中書文字。二年之間。堂除知舒州。縉紳已皆相與指目以為僥倖。今
又驟加美職。安得不取外廷之惟惑乎。陛下方涖政之初。欲簡拔天
下賢材。寘諸不次之位。以率厲羣臣。而執事之臣。不能稱陛下之意。

前此用皮公弼權發遣三司判官。今又用王廣淵直集賢院。將何以使天下之人尚廉恥之節。崇敦厚之風乎。若陛下龍潛之時。廣淵累曾以文章自達於左右。此尤不可。昔漢文帝時。景帝為太子。嘗召上左右飲。中郎將衛綰獨稱疾不往。及即位。寵待綰過於它臣。周太祖時。世宗鎮澶州。張美為三司吏。掌州之錢穀。世宗私有求假。美悉力應奉。及即位。衆皆稱美材敏。而世宗終薄其為人。廣淵著當仁宗之世。私以文章獻於陛下。為臣忠謹者。肯如是乎。陛下今日當治其罪。而又賞之。將何以厲人臣之節也。所有王廣淵新授直集賢院勑。伏乞追還。

英宗時。殿中侍御史傅堯俞論王臨疏曰。臣伏見殿中丞王臨為任莫州推官日。移雄州推官。因緣差遣。掩延月日。就成考第。冒轉京官。後因魏景攀援。心跡皆露。御史中丞張昇包拯韓絳知雜事范師道

等。相繼論列。朝廷更不根究。特追事發後所轉一官。猶與知縣差遣。人言不已。始降監當。公議紛然。遂令未定。而臨敢為欺罔。妄引劉庠王淵例。欲從雜讞書罪。都不理為過犯。臣雖蒙瞶。殊用震駭。臣竊見王臨事狀。備於案牘。非有隱深疑匿。只可窺而索者。取而一閱。則妄冒之情畢得。公私之坐已明。乃能使李象賢曲庇其罪。夏防獨當其責。歷三中丞而不能正其事。經諸有司而不敢斥其過。不知王臨挾何術而至於斯也。急進則交結以圖僥倖。既敗則文飾以自解免。固巧官之傑。而奸人之雄。此而可容。孰為不可容者。朝廷既不令窮勘。但加輕罰。有司以允無案款。便為無過。臣恐刑典自此搖矣。王臨之事。案中皆具。而人所共聞。臣今不復備論。惟陛下察臣專愚之戀。誅臨猾巧之心。一以各官曾追官免勒停人定法從事。則懷援圖上者。不得肆其志。而舞文附下者。可以懲其後。臣不勝戀戀之至。

英宗有疾。既平。堯俞為起居舍人。上書皇太后請還政。久之。聞內侍任守忠有讒間語。堯俞諫皇太后曰。外間物論紛惑。兩宮之情未通。臣謂天下之可信者。無大於以天下與人。亦無大於受天下以公。況皇帝以明睿之資。貫通古今而受人之天下乎。如誅竄讒人。則慈孝之聲並隆矣。

堯俞知諫院。又論薛向疏曰。臣近有狀論列除薛向不當。以向纖險多機。用後甚衆。自徒被責。首塗經營。未離故居。遽此牽復。壞陛下賞罰之權。無以取信天下。且謂邊防之間。纔有小警。不當藉以為牽復罪人之資。及論薛向材質事狀。乞寢新命。皆悃愊公議。未蒙指揮降出。臣雖甚愚。深所未諭。謹條事體重煩天聽。伏惟少賜詳擇。夫設官吏。責以言天下之事。其所論奏。當辯別是非當否。苟涉阿私。竄黜可也。若言入則留中不下。面奏則置而不聽。殆非所以開廣聰明者也。

朝廷初政。首梗言路。臣竊為陛下惜之。陛下天資英斷。當斷於是者。斷於非是。害政非輕。陛下視從諫如轉圜者。為何等主哉。夫挾萬衆之勢。執生殺之柄。以臨沮臣下。是豈艱哉。顧道理如何耳。陛下儻不深思。謂事以不移為得。臣恐自此以往。必有倚聖斷以售其智算者。況二府各有常職。詎容相侵。今樞密院專除文吏。不幸中書又專行樞密院事。報復往還。積為私隙。將何以齊正百官。共成天下之務。若曰出自聖斷。俾樞密院行之者。尤為不可。陛下總攬綱紀而自紛之。誰為此謀。將誤陛下。審如是。執政者亦當以職分自陳。姑務救正以順成美德。不當苟且依違奉行。況薛向小人。惡足留神。如是謂今天下無如向之材者。欺罔不已甚乎。儻此事不改。非獨刑賞失當。是祖宗之舊法皆可隳而言職可以廢也。且薛向兩經樞密院[illegible]追奪。何先帝謂之非。而陛下必以為是。此臣重為陛下不取也[illegible]

併以臣章前狀付外必賜施行臣無任忠憤激切之至
先俞再論薛向劉子曰伏為牽復薛向陝西轉運副使不當累曾論列至今未見指揮竊緣賞罰紀綱朝廷重輕所繫臣之諍言亦已詳盡與尋常風聞之說事體不同伏望陛下早加詳擇如臣言是乞賜施行臣言苟非乞黜臣以誡狂易循默觀望既非臣所能苟免取容亦非臣所喜干冒天聽伏俟鈇鉞

先俞又論薛向疏曰臣嘗有狀論列陝西轉運使薛向爭奪館驛致前滎州應靈縣令崔令孫身死公事今來再勘奏案已到風聞其間事節與前勘略同輒復有言惟陛下詳擇伏以薛向倚恃權勢作威作福使天子之命吏無事須臾都不避嫌自判本家詞狀以送靈寶縣所以縣吏奉行不復檢驗其死狀殊不分明及趙約之取勘案成所招情款甚略自度非便乃翻訴以疑衆欺侮上下機械無窮若謂

向志在殺人固為非允然令孫之死本由薛向今則南寮張暐張奕等各陷深刑非首乃從輕典此臣前狀所謂未雪舊冤更生新枉者也苟不原情議罰何以粗厭人情向若偶為此事猶或庶幾緣向任性為虐其來有素鄜州三川縣令嚴寅亦因迎候差近叱罵摧辱所不能堪即時發病既歸而死位在已下者縱意陵轢官居已上者伺隙擒制苟能附會則曲法維持自陝以西幾乎道路反目又其所領皆是要司部中舉官其數且百專以應副有任故為游說者多且又處朝廷牽於用度謂解鹽等事非向不能辦了須少假借以責其功是大不然其薛向敢為詭激狙詐百端務東就西改頭換尾以惑朝廷者甚衆借令頗有實效乃是聚斂之臣不過能為裴延齡皇甫鎛之罪人耳夫與其有聚斂之臣寧有盜臣其疾之如何哉方今經費猥多民力屈竭非陛下痛自儉刻窮其本原固不能為已如欲崇奨

聚斂之臣賴以取濟臣恐失之逾遠今薛向高自夸大以為它人無能及之臣謂朝廷求忠藎悃愊愷悌以濟務者或恐不多如向之比不患無人大凡君上之馭臣下也有勞則必勸之以賞犯法則必繩之以刑使猾奸者破膽知懼苟畜其用敢不盡心求憤有恩無威獨事姑息其志得氣盈則貪權固位尚肯為國家盡瘁者哉況向智數狡獪或得親近左右是以熒惑天聽其才識雖不逮裴延齡皇甫鎛若懷讒罔上爭進害人臣知其過之遠甚伏乞深察其情特加黜免不獨使幽冤有訴刑賞並行亦使奸豪少沮不敢縱其技巧而又為一道之患也

殿中侍御史范純仁奏乞罪執政邪議尊崇濮邸疏曰臣伏見執政首開邪議妄引經據以枉道悅人主以近利負先帝欲累濮王以不正之號將陷陛下於過舉之譏朝論駭聞天下失望政典之所不赦

人臣之所共棄臣地居言職勢不嘿全請尚方之劍雖古人所難舉有國之刑典章猶在且議既不合理難並立昔師丹之說行則董宏坐其罪董宏之論勝則師丹廢于家臣等言不是用願從竄謫上不辜陛下之任使下不廢朝廷之職業臣等之志足矣竊以自古人君之御天下未嘗不以人心為本得之則中才可以免危亂失之則賢智不能保治安故曰民猶水也可以載舟可以覆舟人心之得失可不慎哉豈有身備大臣與國同體希合上意內營已私移過於人君失望于天下為臣之惡莫重於斯伏惟陛下紹膺大統稱尊御極生育之恩禮宜追厚然當俟先帝祥禫之既畢陛下德澤之已行然後講求典禮褒崇本親況仁宗虞主始祔陵土未乾而遽開越禮之端欲遵衰世之迹致陛下外失四海臣庶之心內遺左右卿士之譏陛下自聽御以來勵精為治遇災而懼則有周宣之風至誠感神則協

虞舜之德。至於徽稱所加。却而不受。皆前代難行之節。治朝可紀之政。推而行之。和氣可致。然而中外人情罔然不安者。良由邪說震驚大議未定。今不正濮王之禮。則無以慰羣心。不罪首惡之臣。則無以清朝政。伏望聖慈早出臣前後章奏付外施行。

純仁又奏乞責首啓濮邸邪議之臣疏曰。臣等近准閤門告報。奉聖旨令赴臺供職。臣等尋為所論濮王典禮未承具以奏陳。不敢奉詔。復准御批令依已得指揮。臣等伏緣近以彈奏輔臣。乞正大議。以雪君父之謗。欲清左右之奸。愚忠憤懣。陷於僭越。乃至封還詔誥。擅離官次。情雖愛君。罪實違法。伏蒙陛下深察其意。貸其所犯。朝命再行諭令就職。臣等徒荷陛下全度之恩。未見朝廷法制之正。今濮王典禮雖去殊號。而首啓邪議之臣。未加顯責之命。中外猶以為惑。臣等何敢自止。伏望檢會臣等前奏施行。所有本職。未敢祇赴。依前居家侍罪。伏望聖慈俯賜睿斷。

純仁又奏乞罪邪議尊崇濮邸疏曰。臣近兩次全臺列章彈奏執政官。不合首建邪議。欺惑聖聰。上損君德。下駭民聽。伏惟陛下即位已來。兢兢業業。慎重萬幾。四方翹首。已望太平。而執政不能以古先哲王致治之術。開廣上意。發號施令。動合人心。使億兆之民。鼓舞神化。而乃希意要寵。但為邪說。違越禮法。不顧大義。將陷陛下於有過之地。及爭近臣集奏。禮官討論。遷延經時。大議不決。而又欲牽合前代衰暗之世所行謬迹。以飾奸言。距塞正論。挾邪罔上。心寔不忠。伏望聖慈奮然獨斷。將臣等前奏付外施行。無分邪正。以服天下。臣自去秋以來。相繼論列中書門下不合建議。欲加濮王非正之號。不蒙開納。又於近日臣等三次全臺列狀奏彈。未蒙施行。蓋由臣等才識淺陋。不能開悟聖心。早正典禮。又不能擊去奸惡。肅清朝廷。遂使大議

久而不決。中外之人。謗議洶洶。若安然尸祿。不自引罪。則上成陛下之失德。下隳臣等之職業。臣等已將元授御史告身隨狀繳納。自今月二十二日更不赴臺供職。居家待罪。伏望聖慈早賜黜責。

神宗即位初。御史中丞司馬光論王廣淵劄子曰。臣聞明君之政。莫大於去奸。忠臣之志。莫先於嫉邪。陛下不知臣無似。使待罪憲府。受任以來。於今踰月。而寂無所糾。誠負大恩。伏見直龍圖閣兼侍讀王廣淵。以小人之質。有傾巧之材。苟求進身。無所不至。外依政府。內結近習。數年之間。致位清顯。國家本以龍圖閣寵賢彥。邇英待儒雅。皆非廣淵所宜濫處。陛下即位以來。未聞放黜奸邪以警羣臣。廣淵於朝列之中。為奸邪之尤者。伏望陛下奮發乾剛。首加斥逐。奪去職名。除一遠地監當。足以聳天下之耳目。

光又論王廣淵第二劄子曰。臣近曾上言直龍圖閣兼侍讀王廣淵傾巧奸邪。乞盡奪去職名。除一遠地監當差遣。至今未聞指揮。臣竊惟廣淵所為。布聞海內。陛下昔在宮邸。豈不備知。何假微臣更有詳述。書曰。任賢勿貳。去邪勿疑。此大舜所以成天功也。陛下若未知廣淵之為賢與不肖。尚容致疑。若果知廣淵奸邪之狀。則豈可復置之左右。而不速去之哉。夫佞人者。巧於求合。變故萬端。雖聖賢所不能察。是以帝堯畏巧言令色孔壬。而孔子教顏淵以遠佞人。夫堯與顏淵非不明也。苟不畏而遠之。則有時而惑之矣。伏望陛下依臣前奏。其王廣淵早賜黜逐。

光又論郭昭選除閤職狀曰。臣竊聞陛下昨時直省官郭昭選等四人。近有特旨並除閤門祗候。眾言籍籍頗謂僥忝。國初草創。天步尚艱。故祖宗即位之始。必拔擢左右之人以為腹心羽翼。豈以為永世之法哉。乃遭時不得已而然也。自後嗣君守承平之業。繼聖考之位。

凡陰求言之間。有司因循踵為故事。凡東宮寮吏。一槩超遷。謂之隨龍。以此昭選之徒。得自廝役。直除班行。其為幸已多矣。乃敢妄有攀援。邀求無已。曾不自省有何功勳。小人之心。終無厭極。不可縱也。且閤門祗候。祖宗所以蓄養賢才。以待任使之地也。其與班序差遣事體不同。雖諸吏臣。則館閣之流也。豈可使廝役之人為之哉。況東宮其餘吏卒甚衆。苟一人得之。則皆有覬望之心。此書所謂啓寵納侮者也。陛下既承大統。則率土之濱。誰不為臣。而獨私於東宮之人。則所與親者至狹矣。臣昨除御史中丞。初上殿之日。首以官人賞罰為言。誠以三者致治之本。自上世以來。不易之道也。今昭選等以賤隸而叨美職。是官不擇也。無橫草之勞。而數月之間。恩命相繼。是無功受賞也。奸慝明著。如高居簡等。尚保而庇之。是有罪不罰也。陛下始初清明。方勵精求治。而乃輕其官爵。慢其賞罰。如此。將以興太平之功。猶適楚而北轅也。今臣所以區區進言者。但為陛下惜此而已。所有昭選等新除閤門祗候。乞賜追寢。

熙寧三年。光任御史中丞。論王安石疏曰。參知政事王安石。不合妄生奸詐。熒惑聖聰。及公亮等各務依違。未曾辨正。乞明其罪。不蒙施行。竊以易首履霜示為君制臣之術。書戒作福明凶國害家之常。易書之義。其知幾乎。君子見幾。不俟終日。是以自古君無過失。而臣不奸欺。蓋知其幾而遏其端也。伏遇陛下即位以來。日慎一日。聞過則喜。從諫如流。四方翹企。以望太平。萬俗謳謠。而陶美化。其以用安石為相。斯見陛下焦中心而求治。急先務以濟時者也。而安石備府政。必當輔國以伊周之道。致時為堯舜之民。發政施仁。俾合輿意。而妄爲首倡邪術。欲生亂階。違法易常。輕革朝典。學非言偽。王制所誅。非曰良臣。是為民賊。而又牽合衆世。文飾奸言。徒有嗇夫之辯諫。非聖爭臣之正論。加以朋黨鱗集。親舊星攢。或備近職。或居重任。窺伺神器。專制福威。人心動搖。天下驚駭。苟陛下不遏其端。則安石為禍不小。夫書易之戒。正急於斯。且陛下以安石有師保之尊。故舊之恩。俾為相臣。使預政事。昔漢尊桓榮。徒聞設几。燕貴鄒衍。惟見築宮。豈嘗俾居顯重。而妄使改為。若不正其罪惡。亦難以順乎衆意。臣忝屬諫史。身為諫官。非不能希意苟合。以求寵榮。蓋以立君朝者。當勵己以忠邪。食君祿者。必輕身而為國。臣之與安石。猶冰炭之不可共器。若寒暑之不可同時。是以屢犯天顏。輒陳狂瞽。心既為國。寧復愛身。苟令日蒙鈇鉞之誅。勝異日充賊臣之手。伏願陛下獨奮乾剛。專行夬決。一遵祖憲。無用邪謀。誅逐亂臣。延納正士。上以順皇太后之意。下以慰億兆人之心。則臣等退就誅戮。亦所甘心。

四年二月。光知許州。論王安石疏曰。臣之不才。最出羣臣之下。先見不如呂誨。公直不如范純仁程顥。敢言不如蘇軾孔文仲。勇決不如范鎮。誨於安石始知政事之時。已言安石為奸邪。謂其必敗亂天下。臣以謂安石止於不曉事與狠愎爾。不至如誨所言。今觀安石引援親黨。盤據津要。擯排異己。占固權寵。常自以己意陰贊陛下。內出手詔。以決外廷之事。使天下之威福在己。而謗議悉歸於陛下。臣乃自知先見不如誨遠矣。純仁與顥。皆與安石素厚。安石拔於庶僚之中。超處清要。純仁與顥觀安石所為。不敢顧私恩。廢公議。極言其短。臣與安石南北異鄉。取舍異道。臣接安石素疏。安石待臣素薄。徒以屢嘗同寮之故。私心眷眷。不忍輕絕。而預言之。因循以至今日。是臣不負安石。而負陛下甚多。此其不如純仁與顥遠矣。臣承乏兩制。逮事三朝。於國家義則君臣。恩猶骨肉。覩安石專逞狂愚。使天下生民被荼毒之苦。宗廟社稷有累卵之危。臣畏懦惜身。不早為陛下別白言之軾與文仲皆疎遠小臣乃敢不避陛下雷霆之威安石虎狼之怒上書對策指陳其失隳官獲譴無所顧慮此臣不如軾與文仲遠矣人情誰不貪富貴戀俸祿鎮覩安石熒惑陛下以佞為忠以忠為佞以是為非以非為是不勝憤懣抗章極言自乞致仕甘受醜詆杜門家居臣顧惜祿位為妻子計包羞忍恥尚居方鎮此臣不如鎮遠矣臣聞居其位者必憂其事食其祿者必任其患苟或不然是為盜竊臣雖無似嘗受教於君子不忍以身為盜竊之行今陛下惟安石之言是信安石以為賢則賢以為愚則愚以為是則是以為非則非諂附安石者謂之忠良攻難安石者謂之讒慝臣之才識固安石之所愚臣之議論固安石之所非今日所言陛下之所謂讒慝者也伏望陛下聖恩裁處其罪若臣罪與范鎮同即乞依范鎮例致仕若罪重於鎮或竄或誅所不敢逃

熙寧二年侍御史范純仁論新法乞責降狀曰臣自僭位諫垣殫竭愚衷實欲少裨聖治仰荅天恩但其才不逮人技有所止多言煩瀆一無可收加以執政之臣遂非強愎自謂人莫己若惟欲衆不我違牢意而行略無顧忌至於元臣舊老皆務泯嘿雷同漸恐欲事必行嚴立法制深嫉異同之論急繩遠忤之人以致忠賢日疎讒佞得志陛下無納諫之義百官懷苟且之心衆怨潛興無敢言者此事將有漸固非臣力可回則其疲懦無堪罪在難赦伏望聖慈早行黜責別擇爭臣庶幾取信朝廷可救時弊大臣有所驚懼小人不能為奸惟在睿斷行之不疑臣無任激切之至

純仁又論薛向疏曰臣累言薛向有罪不宜獲貸又其性貪狡不可付以六路之權不蒙聽納臣聞傳曰德惟善政政在養民又曰春省耕而補不足秋省斂而助不給是聖王之政在乎愛養百姓而補助

其不足使之衣食有餘然後供給公上猶先培其根本而待華實之茂理之必然也陛下方以公私匱乏故務先於理財蓋欲厚本抑末補助百姓將使富而後教冀三代之政耳非有意於損下奉上廣殖貨利增大侈心而已也然則付其任者宜得仁愛有德之士視人如己方能知民飢渴賦歛以時庶可副陛下愛養元元之意固非如薛向急進希功貪狡刻薄之人所能為也方今多士盈庭必有賢才可副選任在陛下擇之而已今乃付以薛向而欲使黎民不飢不寒知陛下愛養之意是猶愛其赤子而付之狼戾貪狡之乳母欲其子無飢渴之患而知其父母之慈固亦難矣今陛下成命已行聖意莫回而臣區區言之不已者是臣之職也天下之士未至絕無君子而致陛下屈法獎用小人是執政之罪也陛下聰明聖智有納諫之資而臣言無可取則臣不肖失職之罪也執政之罪在聖恩得以含容而臣之罪又安得不治哉臣不勝待罪之至

純仁又論薛向疏曰臣前來累言薛向在陝西違條罔上罪狀顯明不當曲加恩貸仍蒙獎用及張靖不當先於罪人責降皆是朝廷賞罰之失將使奸邪得志盡謂憲典可欺中人之性易移恐以張靖為戒遇事必皆希旨蔽惑人主聰明蓋是中書不合差除致累陛下聖政臣雖累曾陳奏不蒙聽納施行今又委以六路生靈使之專治財賦則薛向奸詐必更甚於陝西緣陝西有都轉運使諸路帥臣走馬承受皆是朝廷信臣不為向所統攝又有非時使命往還訪察若是臣寮善惡朝廷易為得聞而向以巧能彌縫尚敢肆為欺惑今來東南六路官吏皆是向所統臨又無非次使命採訪加以吏民懦弱被苦不能伸陳即向奸欺足以自恣又聞東南諸郡民力多困窮近復連被水災正要朝廷優恤陛下當遣寬厚仁愛之使惟令撫養瘡痍

俾得漸就富完。以厚根本。豈宜更命纖巧刻薄之吏。別肆誅求。或致民心困窮。亦必別生事變。則於治亂所繫非輕。臣居諫垣。豈敢緘嘿。陛下度臣於向素無嫌隙。又非强愎。欲遂已言。何必區區。頻黷天聽。蓋以朝廷賞罰為重。六路生民可憂。復遇陛下聖明。其言不可不盡。惟望早垂睿斷。勿憚改為。從諫黜邪。二美兼舉。使天下風俗一變。奸人革心。豈不盛哉。如或以掩善嫉能。其說無取。則乞宣示外廷。早行責降。

純仁又論薛向疏曰。臣准中書劄子。以臣乞補小郡。奉聖旨不允所乞者。竊以臣叨預諫垣。裨補無狀。遂使奸人壞法。朝廷賞罰不平。固當竭力陳論。死而後已。乃敢安求責降。輒請郡符。疲懦無堪。罪宜不赦。而蒙尚加容貸。未賜允俞。在君父保全之恩。極於仁厚。而臣子補報之義。愈宜竭忠。然有未盡之誠。不避頻黷天聽。緣薛向詐佞貪狡。衆所共聞。陛下但愛其小才可備器。而不言。負陛下之罪不容誅矣。

純仁又論王安石疏曰。臣昨日上殿劄子。蒙聖恩令送中書。臣恐執政遂非。不以臣言為是。進呈之際。不蒙施行。伏緣臣自到諫垣。方見陛下進用富弼王安石。臣與士大夫私相慶抃。以為儒者得用。必贊陛下行堯舜三代之政。以脩己安人為務。敦舉直錯枉之風。先道德而後事為。先教化而後法制。變俗易於偃草。施仁速於置郵。是將拱手垂衣。而天下晏然矣。今則安石乃以五霸富國强兵之術。啓迪上心。忘其舊聞。以希速效。甚異孔子不言軍旅。孟軻恥道桓文之意也。又復任用小人。專興財利。將使上玷聖德。侵刻生民。臣雖屢有奏陳。不蒙聽納。而執政之意。持之益堅。故臣太息失望。不能自已。觀其舉事倉卒。知人不明。必恐別生事端。上負陛下注倚。此臣深憂過計。變君行己。區區莫奪之志也。今執政之臣。既謂臣言無狀。而臣亦恐執

政不能致君。若使尚屢諫諍。議論無由協濟。豈惟職事闕廢。實亦不可同寅。伏望陛下察臣狂愚。早行降責。庶盡犬馬之力。別圖報効。則臣雖死之日。猶生之年。

純仁又彈吳安持李偉疏曰。臣伏覩都水使者吳安持李偉等決大名第三鋪口。欲因漲水回大河入孫村口。使還故道。暴集薪芻。勞差夫力。倚河之民。殆不堪命。訖無成績。虛費不可貲計。若知不可而强為。是貪賞欺天。若果可為而不效。是不虞敗事。欺天敗事。未嘗議刑。姦憸之人。既無所懲艾。故今又欲興作大役。數十倍於前日。假託是朝廷賞罰之失。實係消長安危。事理甚明。不蒙聽納。臣若偷安苟且徇俗好名。則必謂此事已嘗力言。自是朝廷不聽。足以聊塞責任。遂可竊位保身。何必違忤君親。以取擯逐之辱。蓋以人臣之罪。莫大於容養小人。下使侵刻生民。上使虧損聖政。況臣謬居諫列。職當指佞嫉邪。又以連任陝西。親見安持奸迹。今若言而苟止。則是輕職愛身。不惟非臣素心。陛下亦何所賴。是以區區不已。上黷睿聰。伏望更將臣前後所陳。反復詳究。如臣言非誣罔。則陛下何惜施行。不惟使奸吏悛心。亦可正朝廷綱紀。如或謂人材難得。須當委任小人。而臣欲遂已言。務隨流俗。不思體國。意在嫉能。則臣之不忠。罪亦難恕。豈可尚叨任使。猶廁諫垣。雖蒙聖恩含容。於臣何施顏面。唯望早行黜責。以誡百官。

純仁又乞戒約安陳邊事疏曰。臣聞舜難任人。而蠻夷率服。詩稱讒人罔極。交亂四國。易曰。小人勿用。必亂邦也。以見小人用之。則交亂邦國。遠之。則能服蠻夷。皆前世之明效。而聖人之深誠也。伏見近日因陛下求治之切。延訪之勤。時有小人之言。上惑聖聽。聞之似若可采。行之必累至明。蓋其天性憸邪淺狹。數小忠而忘大體。貪近利而

昧遠圖。急於營身。不思害國。皆以已之所好。便爲致主之謀。行於其身。尚爲衆人所恥。而治國豈能有補大猷。如昨來某人等起橫山之謀。由臨至今受弊。及河北某人妄奏邊事。亦多細瑣不實。自謂朝廷委信。帥臣難爲節制。并諸路走馬承受。亦有不遵條約。輕妄奏論。搖動邊臣。遍處承奉。朝廷每有升黜。適足助其威勢。若不早加禁約。實恐深蠹紀綱。伏望陛下法宣尼遠佞之言。體虞舜疾讒之道。凡是險人近習。其言不可輕信。及乞宣諭二府。如有妄陳邊事。及曾引惹生事之人。不得令在邊任。假有急難。方得用之。及委轉運使提點刑獄等。體量諸路走馬承受。不得於元降條約外。妄陳邊事。及言人長短。其所奏文字。亦乞降樞密院公行。如此則小人道消。太平可致。

右諫議大夫兼御史中丞呂誨論王安石奸詐十事狀曰。臣切以大奸似忠。大詐似信。惟其用捨繫時之休否也。至如少正卯之才。言僞而辯。行僞而堅。順非而澤。强記而博。非宣父聖明。孰能去之。唐盧杞天下謂之奸邪。惟德宗不知。終成大患。所以言知人之難。堯舜其猶病諸。陛下即位之初。起王安石就除知江寧府。未幾召爲學士。搢紳皆慶陛下之明。擢有文之人。得以適其用也。及進貳台席參論未允。衡石之下。果不能欺其輕重也。臣伏覩參知政事王安石外示樸野。中藏巧詐。驕蹇慢上。陰賊害物。斯衆所共知者。臣略疏十事。皆目覩之實迹。冀上寤於宸鑒。一言近誣。萬死無避。安石向在嘉祐中判糾察刑獄司。因開封府爭鵪鶉公事舉駮不當。御史臺累移文催促謝恩。倨傲不恭。相次仁宗皇帝上仙。未幾安石丁憂。其事遂已。安石服滿託疾堅臥。累詔不起。終英宗朝不臣。就如有疾。陛下即位。亦合赴闕一見。稍存人臣之禮。及就除知江寧府。於私計安便。然後徙命。慢上無禮。其事一也。安石任小官。每一遷轉。遜避不已。自知江寧府除翰林學士。不聞固辭。先帝臨朝。則有山林獨往之思。陛下即位。乃有金鑾侍從之樂。何慢於前而恭於後。見利忘義。豈其心乎。好名欲進。其事二也。人主延對經術之士。講解先王之道。設侍講侍讀常一員。執經在前。及進說以傳道也。安石居是職。遂請坐而講說。將屈萬乘之重。自取師氏之尊。真不識上下之儀。君臣之分。況明道德以輔益聰明者乎。但要君取名而已。其事三也。安石自居政府。事無大小。與同列異議。或因奏對留身進說。多乞御批。自中而下。以塞同列。沮公論。是則掠美於己。非則斂怨於君。用情罔公。其事四也。安石自糾察司舉駮。多不中理。與法官爭論刑名不一。常懷忿隙。昨許遵誤斷謀殺公事。力爲主張。妻謀殺夫。按問欲舉減等科罪。挾情壞法。外報私怨。兩制定奪。但聞未詳。亦皆畏避。挾私報怨。其事五也。安石初入翰林。未聞進一士之善。首率同列。稱弟安國之才。朝廷與狀元恩例。猶謂之薄。主試者定文卷。不優其人。遂罹中傷。小惠必報。纖仇必復。及居政府。纔及半年。賣弄威福。無所不至。自是畏之者勉意俯從。附之者自冀希進。奔走門下。惟恐其後。背公死黨。今已盛矣。怙勢招權。其事六也。宰相不視事旬日。差除自專。逐近臣補外。皆不附己者。妄言盡出聖衷。若然。不應是安石報怨之人。丞相不書敕。本朝故事。未之聞也。意示作威。傾動朝着。然今政府同列依違。宰相避忌。遂專恣而何施不可。專威害政。其事七也。凡奏對謝座之前。惟肆強辯。向與唐介爭論謀殺刑名。遂致喧譁。衆非安石而是介。介忠勁之人。務守大體。不能以口舌勝。不幸憤懣發疽而死。自是同列尤甚畏憚。雖丞相亦退縮不敢較其是非。任性陵轢同列。其事八也。陛下方稽法唐堯。敦睦九族。奉親愛弟。以風天下。而小人章辟光獻言。俾岐王遷居于外。離間之罪。固不容誅。上尋有旨送中書。欲正其罪。安石堅拒不從。仍進危言以惑聖聰。意在離間。遂成其事。朋奸之迹甚明。其事九也。今邦國經費要會在於三司。安石居政府。與知樞密者同制置三司條例。兵與財兼領之。其掌握重輕可知矣。又舉三人者管當。八人者巡行諸路。雖名之曰商榷重利。其實動搖於天下也。臣未見其利。先見其害。其事十也。臣指陳猥瑣。煩黷高明。誠恐陛下悅其才辯。久而倚毗。情偽不得知。邪正無復辨。大奸得路。則賢者漸去。亂繇是生。臣究安石之迹。固無遠畧。惟務改作。立異於人。徒文言而飾非。將罔上而欺下。臣切憂之。誤天下蒼生。必斯人矣。伏望陛下圖之。宜當稽于衆。方天災屢見。人情未知。惟在澄清。不宜撓濁。如安石久居廟堂。必無安靜之理。臣所以瀝懇而言。不虞橫禍。期感動於聰明。庶判別於真偽。況陛下志在剛決。察於隱伏。當質於士論。然後知臣言之中否。然詆訐大臣之罪。不敢苟逭。孤危若寄。職分雖安。當復露章。請避營畝。

熙寧二年六月。呂誨時為右諫議大夫兼御史中丞。先是安石見上。上曰。此非卿不能為朕推行。須至以政事煩卿。料卿學問如此。亦欲施設。必不固辭也。安石對曰。臣所以來事陛下。固願助陛下有所為。然天下風俗法度。一切頹壞。在廷少善人君子。庸人則安常習故。而無所知。奸人則惡直醜正。而有所忌。有所忌者倡之於前。無所知者和之於後。雖有昭然獨見。恐未及成功。而為異論所勝。陛下誠欲用臣。宜先講學。使於臣所學本末不疑。然後用之。庶幾粗有成。上曰。知卿久。非適今日也。然須別為嫌。寄督責賤。使大臣為本。卿所設施以何為先。安石曰。變風俗。立法度。最方今所急也。一日上欲用安石參政。曾公亮因薦之。唐介曰。安石恐難大任。上曰。卿謂文學不可任耶。經術吏事不可任耶。介曰。非謂此也。安石好學而泥古。故議論迂闊。若使為政。恐多所變更。必擾天下。退至中書。謂公亮等曰。異日參石之言果用。天下困擾。諸公當自知之耳。安石既秉政。上問何以得陝西錢重。可積邊穀。安石對。欲錢重。當講天下開闔斂散之法。因言泉府一官。先王所以榷制兼并。均濟貧乏。變通天下之財。而使利出於一孔者。以有此也。其言曰。國事於財用取具。為[illegible]則有常賦以待之。是國有事則財用取具於泉府。後世桑弘羊劉晏粗合此意。然自漢以來。學者不能推明先王之法。更以為人主不當與百姓爭利。今欲理財。則當修泉府之法。以收利權。既修法則必與流俗所見不同。而異論必衆。在陛下先有以斷之。然後可為。此須稍擇才。然人才難得。亦難知。今使能者理財。則十人之中。容有一二人敗事。從未但以有敗事者。則異論衆之以紛擾。臣以謂先與辨臣共擇一事。人治水。尚不能無敗事。況所擇而使者非一人。豈能無此。要當計利害多少於前日。而不為異論所惑。其有敗事之人。即使而行法。乃計更講求所以敗事之由。以增脩法制。則事無不成。上曰。自來有一人敗事。則遂廢所為。此所以少成事也。遂命知樞密院陳升之與安石取索三司應干條例文字。看詳其合行事件聞奏。別為一司。名曰同制置三司條例。升之安石因請以著作佐郎編校集賢書籍呂惠卿為制置司檢詳文字。前權大名府留守推官蘇轍同檢詳文字。權湖北路轉運判官都官員外郎劉彝。比部員外郎通判撫州謝材卿。大常博士河北轉運司管當公事王廣廉。秘書丞知安遠縣侯叔獻。著作佐郎陳顏。大理寺丞知開封府倉曹參軍盧秉。許州司理參軍國子監直講王汝翼。權興化軍判官監建州買納茶場曾伉。凡八人。分往諸路。相度農田水利稅賦科率徭役利害於天下紛擾。誨上此奏。上得誨疏。即批送誨。仍遣內侍李舜舉諭意。

侍御史劉琦論王安石狀曰。臣等歷觀自古以來。為人君者。未有不以偏聽失德。為人臣者。未有不以專權致亂。志曰。聽之不聰。是為不謀。蓋以其不能廣覽遠聽。擇所長而用之。而溺於私寵。甘於諛佞。忘義理之是非。惟辨給之嘉尚。洪範曰。聰作謀。若其聽受之偏。其能謀乎。書曰。臣之作福作威。害于而家。凶于而國。易曰。或從王事。無成有終。蓋言臣之事君。將順其美。正救其惡。有功而不敢尸。有善則歸于

上。故人雖知其賢。而不得見其迹。苟異於是。已非臣道。矧威福在己乎。臣等切見陛下擢用王安石為參知政事。未踰半年。中外人情。囂然不安。蓋以其專肆胸臆。輕易憲度。而全無忌憚之心也。臣等請言其畧。伏自陛下即位以來。精心萬機。任賢求治。常若飢渴。故置安石在政府。必欲致時如唐虞。躋俗如成康。今安石反以管商權詐之術。戰國縱橫之說。取媚于陛下。陛下遂信其言。遂與陳升之同謀。侵奪三司之利。收為己功。開局置官。引三人者於本司議事。用八人者分行天下。驚駭物聽。動搖人心。其所辟用。皆門下親舊之人。如呂惠卿王子韶盧秉王汝翼之徒。豈能通曉錢穀。周知天下之利源乎。復用薛向為發運使。兼領均輸之職。始如詔書之言。徒欲就賤用近易遠。固亦無害。然使小人為之。假以貸資。任其變易。縱有所入。則不免乎奪商賈之利。商賈既不行。則諸路稅課。自然虧失。是先喪其歲時之

常入。則國之經費何以仰給。官司賒易物有難售者。須至均配在民。以取其直。物既積壅難於速貿。則必有鬻田宅。破家業以應期會者。不然。則濫刑濫罰。侵而加之矣。古人有言曰。財盡則怨。力盡則叛。民既怨叛。則恐奸雄之人。得以攘臂於其間矣。不識朝廷之意果以是為便乎。而況薛向之為人也。所至之處。多用耳目刺探州縣長貳徒而脅持之。即以衷欲非道之事。俾之承禀。其贓貪畏懦之人。莫不悅首曲從。其公正持守之者。須至違戾。則必為其中傷矣。朝廷方委之興事。萬一有勉而聽之者。則縉紳之徒。離心解體。將自竄於岩穴之中矣。不識朝廷之意。復以為便乎。去年用許遵文過飾非。妄議謀殺自首按問之法。朝廷遂差王安石與司馬光定奪。二人者所見不同。司馬光則持至公之論。請依舊法。不可以謀為因。王安石則任一偏之見。改舊法而立新議。以害天下之大公。臣等抗章論辨。指安石之議為非。復差呂公著韓維錢公輔再定。而皆附從其說。不思法制之難行。但務人情之苟合。後來言者不已。又命審院同議可否。文彥博等所定。既協公道。陛下即以衆人所議文字。委富弼看詳。弼在病告。不俟其出。朝廷又却行安石所定首減指揮。良由同列畏其强愎。陛下惑其浄辨。乃至此爾。小人章辟光妄獻歧邸遷外之議。疏間陛下友愛之德。罪不容誅。御史中丞呂誨及臣等連章奏乞加竄逐。以絕疑萌。陛下雖屢許其請。獨安石百端沮格。且熒惑聖聽。而陛下以為愛己。遂隱忍而不行。是以呂誨指陳安石黨庇小人之迹。而誨復降黜。中外之議。喧然不平。及呂公著一言辟光之罪。即時貶責。誨與公著。均中丞也。何誨言之而獲戾。公著言之而遽行。非公著與安石生平相知。表裏相應。則恐言之未必從也。豈非威福之柄不出於陛下。而盡由於安石乎。且如近用呂公著為御史中丞與兄公弼職任相妨。臣

等亦嘗論列。陛下不以為聽也。切聞陛下始欲用司馬光為中執法。安石力薦公著。而欲罷公弼樞府之任。公著以人言不協。又於兄弟之義難安也。遂亦辭免。陛下乃聽安石之言。遂兩用之。此得為允當乎。近又覩中書劄子。今後御史中丞獨舉臺官。不拘官職高下。此亦安石之謀也。不過欲引用門下之人。置在臺中為己之助耳。己之有過。彼則不言。此得為朝廷之福乎。況祖宗以來。未嘗有兄在樞府而弟為中丞者。亦未有舉臺官不拘官職高下而知雜御史不同議也。亦未嘗有不與學士院輪舉也。先朝所立制度。乃陛下家法。自宜世世子孫守而勿失。今一旦信安石之言。乃欲事事更張。廢而不用。良可惜也。如上所條之事。豈非安石之專權。而陛下之偏聽乎。切見安石故人團練副使陸仲叙。復著作郎。頗喧物議。緣陸仲昨知柳州日。於治平亮陰中。使妓樂飲宴。以至更深。因虞候兵士作鬧。仲遂決撻虞候。至於身死。情理至重。朝廷明有指揮。經恩未得敘用。仍不與親民差遣。前福建路提刑王陶因不覺察其子販鹽。一般責降團練副使。比之陸仲所犯差輕。尚未甄叙。況陸仲身為郡守。官到朝銜。不存臣子之禮。全無忠孝之義。將何面顏更求仕進。若非與安石相知。豈能使得復官。又安石舉親情王無咎充國子監直講。無咎昨自亳州衛真主簿移台州天台縣令。係次遠不赴。侍尋醫。却於常州掌學。一年後。復授南康軍南康縣主簿。避見遠官。又乞尋醫。遂來京師。以聚徒教學為名。出入權門。營求直講。御史孫昌齡迎合安石之意。奏無咎不候尋醫年滿。先次差充直講。況流內銓尋醫人。未嘗有預先舉授差遣體例。兼無咎尋醫後。自係遠礙選人。即合入元初次遠路分。今有此優命。若非安石力加薦引。曲為主張。豈能冒寵僥倖。異於衆人乎。如此之事。皆安石欺罔不公之罪也。謹按安石自應舉歷官以

來。凡著書立言，莫不知尊尚堯舜之道，以倡率學者。故天下士人之心，無不歸嚮，謂之為賢。以至陛下亦聞而慕之，遂致位公府。今遭時得君，如此之專。當以平時所學仁義之道啓沃上心，以廣聖德。今乃首以財利之議，務為容悅。言行乖戾，一至於此。剛狠自任，則又甚焉。不知安石之心，待陛下為如何主也。陛下天資穎悟，不世而出。堯舜至治，指日可復。今反以霸國諸侯之術，唐室衰主之事，誘惑上聽。何不恭之甚也。孟子曰：齊人莫如我之敬王也。我非堯舜之道，不敢陳於王前。而安石則異於是。其意無它，是欲持祿保位，覬覦宰相耳。其奸詐之迹，顧不明耶。奸詐專權之人，豈宜任在廟堂，以亂國紀。臣等伏願陛下奮乾剛之斷，早罷安石重任，以慰天下元元之心。其曾公亮位居承弼，被遇三朝，自宜悉慮竭忠，許身許國。而反有畏避安石之意，陰自結援，更相稱譽，以固寵榮。致安石奏對之際，惟肆強辯，多生橫議。豈執政大臣體。案祖宗以來宰相故事，若昭文在假，集賢尚不敢專行聖旨。豈如今日安石作參知政事，傲視同列，旁若無人。愛憎與奪，一出於己。敗壞中書故事，皆公亮之罪也。況公亮久妨賢路，無補時政，亦堪罷免。趙抃則括囊拱手，但務依違。大臣事君，固若是耶。方今河北地震，連年不已。加之星文謫見，天下水災，漂溺人民，不可勝數。變異之來，無甚於此。廟堂視之，恬不為怪。臣等但恐漸更多事。使陛下不得安枕而臥，皆大臣之罪也。伏望陛下思宗社之長計，措生靈於久安。委任老成有德之人，疏遠迂闊生事之輩。臣等不勝愛君憂國之至。

熙寧間，管幹北京國子監王巖叟論王安石疏曰：臣聞事之急者無徐行，心之痛者無緩聲。今天下事急，而臣已痛矣，尚忍徐行緩聲以忽君親之憂哉。臣為此書，唯恐人知。臣不避名，今日之事，唯恐君父不知。臣不避禍，使陛下自無心於生靈。臣雖抱忠，姑亦已矣。盍潛聽天下深識之士，相與而言曰：夫畋遊之快心，聲色之悅意，浮華之玩情，善有濫賞，惡有過刑，雖古之歷嘗艱難而老於為國者之所難免。而吾君以鼎盛之春秋，臨無事之天下，乃能不快心於畋遊，不耽意於聲色，不玩情於浮華，賞不以喜，刑不以怒，憂勤恭儉，唯以治道未舉於堯舜三代之隆為急。此可謂盛德矣。然而有人焉，有違常理，蠹壞萬事，以蠱陛下盛德，而使四海內外不得覩日新之光輝，而同登於堯舜三代之域。此忠臣義士之所以拊膺而切齒也。臣謹按王安石性非忠良，心不遵道，使能著空文而欺世，誤高致以要君，可謂借鳳羽翰以文梟音者矣。人以為鳳，臣以為梟。天下皆知陛下所存則是求治之心，而安石所為乃召亂之本。陛下以腹心委安石，而安石不以腹心事陛下。自求死黨，據滿要津。司農曰布，猻悍而險刻。中丞曰縉，善柔而陰鷙。曰向，剋下附上。曰起，很深。曰絳，苛僻。曰繹曰壞，險回伎忌。曰定曰秩，藏奸包慝。曰坰曰確，狂誕輕狡。曰子厚曰將，阿諛辨巧。曰宦官昉，暴橫凶忍，荼毒一方，威焰所向，人莫敢指。曰惟惠卿，奸邪之才，又冠其黨。雖持喪家居，而中外畏之，猶若在朝。其下蠍狐山鬼，夜號窟居，以恐動人者，處處皆是。不足一一為陛下道也。蓋未嘗公心求一吉士以為朝廷。故天下謂其不以腹心事陛下者，非妄也。陛下知以權與之，而不知與之之過；知以誠信之，而不知信之之蔽。與之之過，故難制；信之之蔽，故易欺。三四年來，天下不知有朝廷，而只知有安石。福隨其喜，禍迹其怒。四方之人，如聾如啞，不敢吐氣，以至青天白日，舞奸擅權，以斷王室，而曾不畏人。此臣所以不能徐行緩聲而告也。臣知王室作之甚苦，成之甚艱。陛下豈不為祖宗愛惜之，而容它人壞之耶。臣請為陛下疏其大者。至於紛紛交舉，以撓溺類者未暇種種而數也。夫王室之所以重者。雖以人主之尊。不敢以夕亂輕授人也。而今也委巷之人。朝遊私門。則暮紆金朱矣。取名器於萬衆之旁。而曾不少顧。安石可謂陵王室矣。王室之所以尊者。以老成在側。忠鯁在庭也。而今也離間老成。棄逐忠鯁。獨爲陛下引領童進柔佞。安石可謂卑王室矣。王室之所以強者。以綱紀法度賞罰正也。而今也綱紀則亂之。法度則毀之。賞罰則倒之。安石可謂弱王室矣。王室之所以安者。以能使百姓有餘力。而樂其生矣。而今也斂於民者煩。聳於民者急。奪於民者盡。而人人救死恐不贍。安石可謂危王室矣。王室之所以明者。以人情不壅於上聞。而萬里兼聽也。而今也用邪壅之。或近在輦轂之下。國門之外。而君父不知。赤子嗷嗷。控告無路。安石可謂蔽王室矣。忠臣義士言之及此。往往聲淚俱發。臣知陛下方倚望太平。必以臣言爲非是。然願陛下審擇一二正人。以它事使於四方。使潛採公議。及遴選一二親信。访於都城。使盡錄衆說。則必有甚於臣所陳者矣。臣猶恐未必敢以其實告陛下也。其爲怨嫉。億兆所同。惟陛下雖然凝邃。獨不得聞。臣每思奉天之變。盧杞養成。未嘗不爲陛下寒心。故人怨而不知。天下之深忌也。以危爲安。天下之深禍也。惟陛下念之無忽。臣嘗讀易至於孔子之雜卦曰。親寡旅也。不覺爲君父掩書而泣。夫惟天下之忠信爲可親。陛下試察今左右前後之臣。皆忠信耶。非耶。爲權臣用耶。爲陛下用耶。彼其唯利用以逢迎陛下。以窺伺陛下。以蒙蔽陛下。爲權臣地爾。而君父獨立於群邪之中。可謂所親者寡矣。柰何以南面之尊。天下之勢。多士之盛。而自謂旅人也。陛下學備古今。獨不見朱温之事乎。先使昭宗孤然寄身於汴人之間。而後爲亂。唯天下之至明。爲能見之於至微。而破之於未大。願陛下少回天鑒以照之。社稷幸甚。陛下若惓惓於其賢

以爲用之未盡。則何不靜心潛思自用之。已來四年于今。其益于陛下者何事。成於天下者何功。施於生民者何惠。可垂後來者何法。進於列位者何賢。投於四荒者何佞。陛下心通目明。能不昭覺。豈待臣一一指其人而條其事也。意者陛下數年以來。力排天下之議。主張斯人。而恥於卒不效。不果出之耶。此又臣以爲固無傷陛下之明。而適足示陛下之聖也。前日聞天下譽之則用。今日見天下怨之則舍。是用以天下。舍以天下也。陛下何私哉。不出反掌之間。而取泰於否。轉危爲安。聖人之能。孰過此者。陛下幸思臣言。勿復以爲疑。且歷古以來。賢王英主。所與取天下守天下者。莫非中原偉人。今陛下坐中原。不與中原端厚之士共之。而獨引遠荒奇邪輕淺之人。與議大計。臣切恐中原豪傑。有侮笑陛下於林間者矣。以陛下天資如此。自勵又如此。真得忠賢而用之。堯舜三代不難到。天下何時無真賢。今日取之者。非其道爾。彼真賢不以辨給爲能。不以文采爲高。不以衆歛爲智。獨能平心正意。深思遠謀。爲社稷久計爾。願肯俯圖近利以誤蒼生哉。然其人誰不欲爲君父用者。但恥其身出於權臣之門。故逡巡晦縮而不肯進。豈嘗須臾忘陛下。陛下曠然奮英斷。自收主權。一奸而竄羣惡。以一清中外。而下半紙詔書以謝天下。曰聽任之偏。大事幾去。天啓朕明。洞掃疑蔽。今願復與士民相親也。則可以激忠義於已闌。消禍災於欲起。堯舜之治。咫尺在前。可不爲陛下賀也。如不留意於斯焉。後日之事。臣不忍言矣。惟陛下察之。

嚴叟又請詔執政裁抑三省人吏僥倖疏曰。臣伏以朝廷之弊。莫甚於容僥倖以養姦。尚姑息以恣奸。不治其源。而立法於下流。法愈煩而愈多。非計之得也。今天下皆曰。僥倖之甚者。莫如三省之胥史。歲累優秩。月享厚祿。日給肉食。春冬有衣。寒暑有服。出入乘官馬。使令

得營辛。郊禮霑賜賚文許有服親入爲吏。如士大夫任子無以異。而曾不限年。得祿尤早。其爲恩幸可謂厚矣。言其供職事則一月之間。或僅踰兩旬。一日之間。常不滿半日。其爲勤勞。可謂薄矣。點檢諸司文字差錯乃是職分當然。何至字字論功。日日計賞。或升名次。或減磨勘。或添料錢。或支銀絹。以彼易此。有如己物。又每遇朝廷舉動一事。嘗行過一紙文書則復妄叙勞能。别希恩澤。如近日二王出居外第。省吏有何辛苦。而亦妄功以冒賞。推此一端。餘皆可見。臣不知平居祿賜優厚。將焉用之。其爲僥倖可謂甚矣。此蓋前來宰執以姑息相承。養之至此。賣朝廷之恩以買譽。結左右之愛以固權。何嘗以嚴謹紀綱爲事。澄清根本爲心哉。故議者以爲廟堂之上。爲天下百姓理會樂事則少。與省中吏人行遣濫恩則多。靜而察之。非虛語也。伏望聖慈特賜敕厲執政大臣。裁抑僥倖以除蠹。杜絕姑息以戢奸。棄近例。禁換法。復講治平以前條格循用之。庶可以肅百司而正四方。

熙寧中。唐坰除太子中允數月。將用爲諫官。安石疑其輕脫。將背己立名。不除職。以本官同知諫院。非故事也。坰果怨安石易己。凡奏二十疏論時事。皆留中不出。乃因百官起居日扣陛請對。上命諭以它日。坰伏地不起。遂召升殿。坰至御坐前進曰。臣所言皆大臣不法。請對陛下一一陳之。乃搢笏展疏目安石曰。王安石近御坐聽劄子。安石遲遲。坰訶曰。陛下前猶敢如此。在外可知。安石悚然而進。坰大聲宣讀凡六十條。大略以安石專作威福。曾布等表裏擅權。天下但知憚安石威權。不復知有陛下。文彥博馮京知而不敢言。王珪曲事安石無異廝僕。且讀且目珪。珪慚懼俛首。元絳薛向陳繹安石頤指氣使無異家奴。張琥李定爲安石爪牙。臺官張商英乃安石鷹犬。逆意者雖賢爲不肖。附己者雖不肖爲賢。至詆爲李林甫盧杞。上屢止之

坰慷慨自若。畢不退。讀已下殿。再拜而退。侍臣衛士相顧失色。安石爲之請去。閤門糾其瀆亂朝儀。貶潮州别駕。

龍圖閣直學士韓維上奏曰。右臣竊聞御史中丞王陶等言宰相跋扈。及除用不當。昨日傳聞罷陶中丞。還舊職事。續又聞除翰林學士今早又聞參知政事吳奎待罪。臺諫官請對論事相繼不絕。中外喧傳。憂疑震駭。而風霾日興。旱暵滋甚。澇災數發。寒燠不常。天人之情可謂至不和矣。臣伏思天下所以君君臣臣父父子子而莫敢亂者。以義理存也。義理者非它。是是而非非也。人君者明義理。别是非。以治天下者也。宰相天子所信任。御史中丞天子所咨決。今御史中丞言宰相跋扈。即有是事。則是王法之所誅也。陛下若以御史中丞言爲信。則宰相安得不罷。若其不然。則是御史中丞構造邪說。離間陛下君臣。其罪豈止罷去而已。若又除翰林學士。是還之也。陛下既不能明辨大臣。示信任不疑之意以盡其心。又使言者無名罷去。疑惑遠方。謂陛下不能納諫。頻黜憲官。臣雖忝備近侍。尚不知陛下之罷王陶所言爲是耶。爲非耶。若以爲是。則陶乃稱職。不可輕罷。若其非也。豈當更還其官。此臣不得不惑也。臣且惑之。欲命四方不疑難矣。兩朝顧命大臣。陛下不能主張辨明。使負惡名。有不自安之意。則其下者。豈肯爲陛下盡心。中丞在天子左右。言之是非。陛下不能裁察。則遠者豈肯爲陛下盡言。陛下即位之初。將收天下之心。盡衆人之言。别白邪正。協和上下。以舉大治。而今者是非雜揉。賢不肖淆亂。羣情睽乖。自益偷惰。人事尚且如此。望欲天道之順序。豈不甚難哉。臣願陛下延對羣臣。面問宰相跋扈之狀。及御史中丞所言如何。以決非一詞。邪正兩辨。然後斷自宸衷。大行顯黜。以開天下之耳目。此事若不明辨。臣恐朝廷刑政。自此衰敝。不復振矣。若臣所言。幸蒙施用

則爭辯之後。乞罷臣職任。授一小州或留臺閑官。以明臣一心爲陛下忠計。非有愛憎向背於其間也。臣竊聞衆人憚陶。及以用附人臣爲嫌。莫肯正言。臣幸得以宮府舊寮。被知遇。不敢愛身以廢公議。惟陛下特留聖意。干冒宸嚴。臣無任戰汗隕越忠憤之至。謹具狀奏聞。

歷代名臣奏議卷之一百七十六

歷代名臣奏議卷之一百七十七

去邪

宋神宗時。劉述兼判刑部。王安石爭謀殺刑名。述亦以爲是。及敕下。述封還中書。奏執不已。安石白帝。詔開封府推官王克臣劾述罪。於是述率御史劉琦錢顗共上疏曰。安石執政以來。未踰數月。中外人情囂然胥動。蓋以專肆胸臆。輕易憲度。無忌憚之心故也。陛下任賢求治。常若飢渴。故置安石政府。必欲致時如唐虞。而反操管商權詐之術。規以取媚。遂與陳升之合謀。侵三司利柄。取爲己功。開局設官。用八人者分行天下。驚駭物聽。動搖人心。去年因許遵文過飾非。妄議自首按問之法。安石任一偏之見。改立新議。以害天下大公。章辟光獻岐邸遷外之說。離間骨肉。罪不容誅。呂誨等連章論奏。乞加竄逐。陛下雖許其請。安石獨進譖言。熒惑聖聽。陛下以爲愛己。隱忍不行。先朝所立制度。自宜世世子孫守而勿失。乃欲事事更張。廢而不用。安石自應舉歷官。尊尚堯舜之道。以倡率學者。故士人之心靡不歸向。謂之爲賢。陛下亦聞而知之。遂正位公府。遭時得君。如此之專。首建財利之議。務爲容悅。言行乖戾。一至於此。剛狠自任。則又甚焉。奸詐專權之人。豈宜處之廟堂以亂國紀。願早罷逐。以慰安天下元元之心。曾公亮位居丞弼。不能竭忠許國。反有畏避之意。陰自結援以固寵。久妨賢路。亦宜斥免。趙抃則括囊拱手。但務依違。大臣事君豈當如是。疏上。安石奏先貶琦顗監處衢州鹽務。公亮疑太重。安石曰。蔣之奇亦降監當。從之。司馬光乃上疏曰。臣聞孔子曰。守道不如守官。孟子曰。有言責者。不得其言則去。此古今通議。人臣之大節也。彼謀殺已傷自首刑名。天下皆知其非。朝廷既違衆議而行之。又以守官之臣而罪之。臣恐失天下之心也。夫食鷹鸇者。求其鷙也。鷙而

意之將安用哉令琦頗所營不過踪真乃以近犯大臣猥加譴謫恐臣下自此以言為諱乞還其本資以靖羣聽

監察御史裏行劉摯劾趙子幾疏曰臣伏見五月中有開封府東明縣人戶就宰臣私第或隨馬披告助法不便并升起戶等及詣御史臺陳訴臣尋督具狀及上殿劄子奏陳利害陛下令府界提點司體量升降等第因依令竊見趙子幾別舉發到知縣賈蕃在任日貸借官錢與手力因同天節沽市村酒創買部夫席屋等事朝廷以其狀下本司取勘者臣竊以為過矣朝廷變更役法意欲均民民為以為有利害也安可禁其所欲言者且畿甸人戶幸以居近輦轂故可以自陳以近推遠以一求萬則天下之情可知也然四方之人限在遐遠上雖有州縣而安敢主之又有監司提舉司之隔閡其欲赴愬勢固難矣今又因[illegible]之人反怒縣官意謂不能禁遏故

擅擬他事期實于法不[illegible]朝廷不難付之施行臣恐四遠人情必疑朝廷以謂欲鈐天下之口而職在主民者必將覩蕃以為戒事務拘民而杜其言然則天下休戚陛下無時而知矣臣伏覩編敕節文按察之司所部官屬有犯不得於官屬離任後始行發擿雖實不得受理若犯贓私雖離任有人論告或因事彰露即依法施行方子幾之體量於其縣也蕃已得替離任矣子幾初求其事於寮佐又誘而餉之於吏史借令蕃有贓私邪則亦不得謂之論告與因事明矣法之所不當理而子幾肆志敢為者子幾方以諂偽怙寵用事務在力行司農新政而不復顧陛下之法與陛下之民但驅使就令冀自以收功恐因民不服撓動其事是故作威以警衆遣法以挾吏欲使畿內他邑與天下官吏畏罪避禍閉遏其人民使不得有言以聞于朝廷所[illegible]着以司農牓內指定人戶數目使出助錢遂將縣籍下等次第升起者九一十戶以就足牓內之數此其為罪固不可赦是以前日聖旨指令體量此事臣願陛下治蕃此罪而已自餘替後所按乞依條不問蓋借蕃今日所以解四方人情之疑使知陛下不禁民言之意臣所以區區論之冀少補治體非為蕃計也如子幾領按察之任已久當平日不聞舉擿蕃事乃今挾情追尺劾禁府心考察可見險薄伏請付史施行

摯又劾韓縝疏曰臣竊以聖人之於天下有一物不安其性命之分則盡然傷之以謂已使然也一物失所猶引以自咎況夫民命之重哉是故先之以仁後之以政彼其有罪而入吾法猶哀矜惻怛不得已而刑用之夫以人君之勢其重與天下猶若此況人臣分憂共治而敢有專殺者哉祖宗仁愛萬方官吏之入人罪者皆有決以故入者特深未嘗不有故然猶假文法而致之也而已為祖宗之所不容

又況專殺亡辜者哉臣謹按前知秦州韓縝因飲宴至中夜而罷指使傅勍持燭侍縝入于門縝見之怒明日杖勍背一百三日而死其家持血衣以訴于朝廷始者下本路按劾而縝輒自有論述然其大要雖過為詞說亦不能文殺人之罪其後但聞朝廷數數有體量之旨至于今數月臣竊以縝之與勍雖貴賤有間要之分職共事皆陛下之臣也勍有罪邪則有陛下之法在當寘有司閱實而斃之今乃肆一時忿怒捽首鞭背非理踰法杖至一百而死之方太平之世內外莫不畏法令蹈繩檢而縝以帥守快私乘忿慼倡興寃暴殺官吏意輕朝廷不識朝廷尚何所疑而體量委曲如此徐徐耶議者以縝家世其親戚交游多在勢貴根株表裏誰不為力使孤寒單平無援助者敢殺一無罪必不優游遲久至于如此將使杞及明堂之宥也臣又聞王韶之來頗聲縝寃韶昨以邊地欺朝廷坐降一官而縝乃

保敵以實其事故詔搵力游說以惑朝廷奸利捆市意在報與若朝
廷萬有一信則恐死冤不伸國法不正非陛下為人父母之意況鎮
所至暴戾肆為不法殘人害物前後非一今邊隅未靖不重懲責不
伸勸枉恐無以感士心而得其死力伏望速賜施行
知諫院陳襄彈秀州軍事判官李定狀曰臣竊以任人之術莫大於
分別邪正而知君子小人之道也君子之道好義而不顧其利故其
言也忠小人之道好利而不顧其義故其言也佞此君人者不可不
察也伏見秀州軍事判官李定近為右正言孫覺所薦被召赴闕定
知天下之人皆以青苗之法為非而獨王安石之徒主以為是每游
安石之門及與士大夫言莫不盛稱青苗之法以為仁政欲以迎合
安石之意前日竊聞已被召對定之口才辨佞必能為甘言以悅陛
下之心仍慮制置司臣寮喜其附己陰相引薦置之要路以亂大政

如聞定與人言陛下已當面許臺諫任使事雖未然或慮陛下知之
未深誤有進用似此諛佞之人非朝廷之福也孔子曰遠佞人荀卿
曰諂諛我者吾賊斯至論也所有臣近嘗彈奏太常博士李南公貪
庸至淺小才善佞乞追還轉運判官之命又言監察御史王子韶回
邪反覆難與議事及定阿諛不正並望別與外任令入差遣庶絕佞
人僥倖之路而不誤陛下任使之明也
襄又彈監察御史裏行王子韶狀曰臣伏見監察御史裏行王子韶
素非端士濫處法官陰附大臣密通簡札訪聞其兄子瑀預宮官之
薦子淵被提舉之辟蓋由子韶私謁得之臣以大臣之貴尊以保任
賢能御史之職在於糾繩非法而乃貴恩請謁同於市道上下蒙蔽
公義安在欲乞取問制置司臣寮子淵既是御史之兄不知何人引
薦特宜推劾以正罔上之刑使今後近臣不敢妄有奏辟所有子韶

回邪反覆臺中難與議事伏望出自宸衷別與差遣庶清臺憲以塞
人言
襄又彈劉攽王介狀曰臣竊以劉攽王介在試院忿爭為臺官張戩
等彈奏已奉聖旨免勘贖金朝廷雖示寬恩物論未以為允攽介皆
以文學被選置之館閣不思修蘊器業以為名臣攽惟尚氣陵人動
為輕儇介特褊心好競所至喧悖率行若此人何以觀增長澆浮損
壞風教無甚於茲欲乞深示戒懲特行貶斥俾居于外改過自新不
惟攽介之福抑朝廷忠厚之舉也
襄又彈步軍副都指揮使宋守約狀曰臣訪聞侍衛親軍步軍副都
指揮使感武軍節度觀察留後管勾都指揮使公事宋守約為性貪
暴違越不公陵虐軍人非理鞭配前後私役兵士脩蓋第宅物業日
不減一二百人及分布東西窰竈變造塼甓津般土木以至毆擊打

草之類莫非軍人道塗怨嗟無敢言者居陛下手足之下而敢恣橫如
此其可容乎伏望陛下以臣之言取責諸軍人負即見逐件事實根
職詔獄以正典刑庶使今後管軍臣寮不敢違越
哲宗元祐元年朝奉郎試中書舍人蘇軾狀奏曰今月二十二日准
刑房送到詞頭一道三省同奉聖旨沈起與敘朝散郎監嶽廟者右
臣伏見熙寧以來王安石用事始求邊功搆隙四夷王韶以熙河進
章惇以五溪用熊本以瀘夷奮沈起劉彝聞而效之結怨交蠻兵連
禍結死者數十萬人蘇緘一家坐受塗炭至今二廣創痍未復先帝
始欲戮此二人以謝天下而王安石等曲加庇護得全首領已為至
幸元豐六年三月二十四日聖旨沈起所犯深重永不敘用天下傳
誦以為至當此乃先帝不刊之語非今日以即位之恩所得赦也沈
起與彝各負天下生靈數十萬性命雖廢錮終身猶未塞責近者只

因稍用劉彝起不自量。輒敢披訴妄以罪釁併歸於彝。攀援把持。期於必得。臣謂安南之役。起實造端。而彝繼之。法有首從。而彝吏幹學術。猶有可取。而起人材猥下。素行憸險。慶州兵叛。起守永興。流言始聞。被甲乘城。驚動三輔。幾致大變。所至治狀。人以為笑。知杭州日。措置尤為乖方。致災傷之民。死倍七郡。與張靚等違法燕飲交私。靡所不至。朝廷用彝。既不允公議。而況於起。萬無可赦之理。今以一朝散郎監嶽廟。誠不足計較。竊衆先帝至明至當不刊之語。輕就改易。誠不忍下筆草詞。遂使四方羣小。陰相慶幸。呂惠卿沈括之流。亦有可起之漸。為害不細。伏望聖明。深念先帝永不敘用之詔。未可改易。而數十萬人性命之冤。亦未可忽忘。明詔有司。今後有敢為起等乞敘用者。坐之。所有告詞。臣未敢撰。謹錄奏聞。

軾又同朝請大夫試中書舍人范百祿狀奏曰。今月二十三日准吏

房送到詞頭內知建昌軍陳繹奉聖旨差知兗州者。右臣等勘會陳繹知廣州日。私自取索燒用市舶庫乳香斤兩至多。本犯極重。以元勘不盡。至薄其罪。外買生羊寄屠行令供肉。計虧價錢三十七貫有餘。州宅元供養檀木觀音一尊。繹別造紗木胎者貿易入己。計虧官錢二貫文。係自盜贓一疋二丈。合准例除名。縱男役將下禁軍織造坐褥。不令赴教。縱男與道士何德順游從。繹曲庇何德順弟何迪偷稅金四百兩。事不斷抻罰不覺察。公使庫破男弟隨行助教供給食錢。以公使穀養白鷳。係竊盜自首不盡贓罪杖。其餘罪犯。難以悉陳。奉敕陳繹落職降官。知建昌軍其詞畧曰。蔽罪至於除名。論贓至於自盜。臣等謹按繹資性傾險。士行鄙惡。當時所犯自合除名。建昌之命。已犯公議。豈宜收錄。復典大邦。非惟必致人言。亦恐奸邪復用。其漸可畏。所有告命。不敢依例撰詞。

軾同范百祿狀奏今月十八日准本省刑房送到詞頭一道。奉聖旨張誠一邪險害政。有虧孝行。追觀察使遙郡防禦團練使刺史依舊客省使提舉江州太平觀發赴本任者。右臣等看詳張誠一無故多年不葬親母。既非身在遠官。又非事力不及。冒寵忘親。清議所棄。猶猾題舉宮觀。已駭物聽。況諫官本言誠一開父棺槨。盜取財物。使誠有之。雖肆諸市朝。猶不為過。使誠無之。亦當為誠一辯明。緣事係惡逆不道。非同尋常罪犯。可以不盡根究。今既體量未見歸著。即合置司推鞫。盡理施行。所有告命。臣等未敢撰詞。

軾又同范百祿狀奏。今月十八日准本省刑房送到詞頭一道。奉聖旨李定備位侍從。終不言母為誰氏。強顏匿志。冒榮自欺。落龍圖閣直學士。守本官分司南京。許於揚州居住者。右臣等看詳李定所犯。若初無人言。即止是身負大惡。今既言者如此。朝廷勘會得實。而使

無母不孝之人。猶得以通議大夫。分司南京。即亦朝廷亦許如此等類。得據高位。傷敗風教。為害不淺。兼勘會定乞侍養時。父年八十九歲。於禮自不當從。定若不乞。必致人言。縱罪不彰。豈可便將侍養折當心喪。考之禮法。須合勒令追服。所有告命。臣等未敢撰詞。

軾又狀奏。今月二十八日准中書吏房送到詞頭一道。正議大夫充天章閣待制致仕楚建中可戶部侍郎者。右臣竊惟七十致政。古今通義。非獨人臣有始終進退之分。亦在朝廷為禮義廉恥之風。若起之於既謝之年。待之以不次之任。即須國家有非常之政。而其人有絕俗之資。才望既隆。中外自服。近者起文彥博。天下屬目。四夷革心。豈有凡材之流。亦塵盛與之舉。如建中輩。決非其人。竊料除目一傳。必致羣言交上。幸其未布。可以追回。所有前件告詞。臣未敢撰。謹錄奏聞。

軾又論呂惠卿疏曰。臣聞漢武帝世。御史大夫張湯挾持巧詐以迎合上意。變亂貨幣。崇長犴獄。使天下重足而立。幾至於亂。武帝覺悟誅湯而後天下安。唐憲宗世宰相盧杞妬賢嫉能。殘害善類。力勸征伐。助成暴斂。使天下相率叛上。至於流播。憲宗覺悟逐杞而後社稷復存。蓋小人天賦傾邪。安於不義。性本陰賊。尤喜害人。若不死亡。終必為患。臣伏見前參知政事呂惠卿懷張湯之辨詐。兼盧杞之姦凶。詭變多端。敢行非度。見利忘義。黷貨無厭。王安石初任執政。用之為腹心。安石山野之人。強很傲誕。其於吏事冥無所知。惠卿指擿教導。以濟其惡。青苗助役。議出其手。韓琦始言青苗之害。先帝知琦朴忠。翻然感悟。欲退安石而行琦言。當時執政皆聞德音。安石惶遽自失。亦累表乞退。天下欣然有息肩之望矣。惠卿方為小官。自知失勢。上章乞對。力進邪說。熒惑聖聽。巧回天意。身為館殿。攝行內侍之職。覘

伺傳宣。以起安石。肆為偽辨以難琦說。仍為安石畫劫持上下之策。大率多用刑獄。以震動天下。自是諍臣吞聲。有識喪氣。而天下靡然矣。至於排擊忠良。引用邪黨。惠卿之力。十居八九。其後又建手實簿法。尺椽寸土。檢括無遺。雞豚狗彘。抄劄殆遍。專用告訐。推析毫毛。鞭箠交下。紙筆翔貴。小民怨苦甚於苗役。又因保甲正長給散青苗。結甲赴官。不遺一戶。上下騷動。不安其生。遂致河北人戶流移。雖上等富家。有驅領車牛。懷挾金銀。流入襄鄧者。旋又興起大獄。以恐脅士人。如鄭俠王安國之徒。僅保首領而去。原其害心。本欲株連蔓引。塗污公卿。不止如此。獨賴先帝天姿仁聖。每事裁抑。故惠卿不得窮極其惡。不然。安常守道之士無噍類矣。既而惠卿自以贓罪被黜。於是力陳邊事。以中上心。其在延州。始變軍制。雜用蕃漢。上與馮京異論。下與蔡延慶等力爭。惟黨人徐禧助之。遂行其說。違背物情。壞亂邊

政。至今為患。西戎無變。妄奏警急。擅領大眾。涉入虜境。竟不見敵。還延而歸。糜費資糧。棄捐戈甲。以巨萬計。恣行欺罔。坦若無人。立石紀功。使西戎曉然知朝廷有吞滅夏國之意。自是戎人怨畔。邊鄙騷動。河隴困竭。海內疲勞。永洛之敗。大將徐禧本惠卿自布衣中保為擢任。始終協議。遂付邊政。敗聲始聞。震動宸極。循致不豫。初實由此。邊釁一生。至今為梗。及其移領河東。大發人牛耕葭蘆吳堡兩寨生地。托以重兵。方敢布種。投種而歸。不敢復視。及至秋成。復以重兵防托收刈。所得率皆秕稗。雨中收穫。即時腐爛。惠卿張皇其效。牒轉運司交割。妄言可糴饋運。其實所費不貲。而無絲毫之利。邊臣畏憚。皆不敢言。此則惠卿在朝事迹一二。雖復肆諸市朝。不為過矣。若其私行險薄。非人所為。閭閻下賤有不食其餘者。安石之於惠卿。有卵翼之恩。有父師之義。方其求進。則膠固為一。更相汲引。以欺朝廷。及其權

位既均。勢力相軋。反眼相噬。化為雌敵。始安石罷相以執政薦惠卿。既已得位。恐安石復用。遂起王安國李士寧之獄。以枝其歸。安石覺之。被召即起。迭相攻擊。期致死地。安石之黨言惠卿使華亭知縣張若濟借豪民朱華等錢買田產。使舅鄭膺請奪民田。使僧文捷請奪天竺僧舍。朝廷遣蹇周輔推鞫其事。獄將具而安石罷去。故事不竟究。案在御史可覆視也。惠卿言安石相與為奸。發其私書。其一曰。無使齊年知。齊年者。為馮京也。京安石皆生於辛酉。故謂之齊年。先帝猶薄其罪。惠卿復發其一曰。無使上知。安石由是得罪。夫惠卿與安石出肝肺託妻子。平居相結。惟恐不深。故雖欺君之言。見於尺牘。不復疑間。惠卿方其無事。已一一收錄。以備緩急之用。一旦爭利。遂相抉摘。不遺餘力。必致之死。此犬彘之所不為。而惠卿為之。曾不媿恥。天下之士。見其在位。側目畏之。夫人君用人。欲其忠信於己。必取仁

於父兄信於師友然後付之以事故放棄遺命也而推其仁則可以託國食子徇君也而推其忠則至於弒君欒布雖不廢彭城之命故高祖知其賢李勣惟不利李密之地故太宗許其義二人終事二主俱為名臣者仁心所存無施不可雖公私有異而忠厚不殊至於呂布事丁原則殺丁原事董卓則殺董卓劉牢之事王恭則反王恭事司馬元顯則反元顯背違人理世所共棄故呂布見誅於曹公而牢之見殺於桓氏皆以平生反覆勢不可存夫曹操古之姦雄駕御英豪何所不有然推究利害終畏此人今朝廷選用忠信惟恐不及而置惠卿於其間譬如薰蕕雜處梟鸞並棲不惟勢不兩立兼亦惡者必勝況自去歲以來朝廷廢吳居厚呂嘉問蹇周輔宋用臣李憲王中正等或以牟利或以黷兵一事害民皆不得逃譴今惠卿身兼衆惡自知罪大而欲以閑地自免天下公議未肯赦之然近日言事之

官論奏姦邪至於鄧綰李定之徒纖細必舉而不及惠卿者蓋其凶悍猜忍如蝮蝎萬一復用睚眦必報是以言者未肯輕發臣愚蠢寡慮以為備位言責與元惡同時而畏避隱忍辜負朝廷是以不憚死亡敢此愚直伏乞陛下斷自聖意略正典刑縱未以污鈇鑕猶當追削官職投畀四裔以禦魑魅

殿中侍御史呂陶論蔡確等觀望不肯協心改法疏曰臣聞君子小人之分辨則王道有成邪正雜處於朝則政體不能純一此天下安危治亂所繫甚大世主當審其取捨也恭惟太皇太后陛下臨御以來念祖宗積累之難思先帝付託之重保祐聖嗣安養生民剗除弊事革布惠恩召用一二舊老與之裁正法度緝全紀綱以遵萬世欲皇帝陛下他日循而守之則宗社又安如泰山之四維聖心所存豈不善哉豈不遠哉然大臣之與議者則不能盡誠竭力以稱太皇太后

之意尚且依違偷惰務習故態觀望反覆立持兩端推原其情蓋有三說一曰先帝之法豈可遽改它日嗣皇親政萬機則吾屬皆有罪二曰國家用度至廣非取於民何以能足今一切蠲除餘利則遂見闕乏三曰司馬光老且病將不能終其事萌此心者蔡確韓縝章子厚張璪是也安燾李清臣則依阿其間俯仰徘徊以伺勢之所在而歸之爾謂先帝之法不可遽改乎三王之政不免有敝為其有敝而改之所以宜民利物而全其治體臣嘗觀去年五月詔書乃昌嘉與四海洗心自新則先帝彼時已知法之為敝有欲改之意矣今太皇太后以母道臨御天下順先志之所欲而與時損益蓋以成先帝之志也且君子愛人以德小人愛人以姑息責難於君謂之恭謂吾君不能謂之賊今之大臣欲改法者使天下無憾於先帝是待其君甚厚而愛之以德也於先帝為忠也其不敢改者使天下憾於先帝是

待其君甚薄而愛之以姑息也恭惟皇帝陛下端重仁孝出自天縱它時親總萬機而見天下有太平之實追觀今日之事是非得失洞鑒其端則必以厚於先帝而愛之以德者為是薄於先帝而愛之以姑息者為非忠於其君者為得賊於其君者為失矣然則欲改法者它日將至於無罪不欲改者它日將至於有罪不當私憂而過計也謂國家用度非取於民不能足乎則今日之議法非不取也唯患小人倚法削民而取之多故參酌中道而除去煩苛乃百姓足君孰與不足之義也伏惟太皇太后皇帝陛下慈愛恭儉惠與性成內無土木遊玩華靡之費外無干戈攻戰過濫之賞節用裕民既得其道何俟過取而後給哉謂司馬光且病將不能終其事則修講法度本於宗社萬世之計不問光之存亡假使光雖物故則朝廷圖治之意豈肯中輟哉亦何必望望然幸光之死也謀人之國而措意如此是皆

日負先帝。今日負陛下也。當此寧元豐之際。小人之黨。基布於天下。急利者爭取財。急功者爭用兵。結民怨。起邊禍。日甚一日。歲甚一歲。彼數人者。當此之時。或領大農。或處近侍。或總計省。或居二府。然而未嘗敢當一言。建明一事。唯持祿固位。苟度歲月。以民事驗之。其極也。則有市易之害。有唯吸之來。有江湖之鹽法。有京師之茶禁。以軍政驗之。其極也。則有乞弗之役。有蘭州之敗。有靈武之喪。有永洛之陷。凡此數者。結民怨則深。起邊禍則大。然皆非先帝之本意。乃大臣無所補報。而有以成之。臣故曰。昔日負先帝也。今太皇太后憫然念生民之困窮。思有以安固邦本。乃講求治道。舉偏補敝。改正法度。以付嗣君。為萬世之福。天下之人。傾耳側目。日望太平。數人者當此之時。不能引咎改過。猶懷向之三說。覬望而不欲為。或為之而不欲盡其實。是以罷市易則尚存抵當。放保甲則須候歲首。罷江淮運鹽之

日。則還地累月而後乃行。遣川蜀榷茶之使。則巧為之辭而不欲罷。至於邊鄙之大患。存舍之長策。皆置而不議。及司馬光一獻差役之法。則昌言其非。切笑其迷。其徒從而和之。安傳章子厚有五利七難之說。喧播於外。士民聞者。莫不駭歎。臣故曰。今日負陛下也。此數人者。其處心積慮。大略如此。當此之時。決不可鎮社稷矣。君乃居家之隱憂。在朝之細過。聞望之素輕。殘虐之太甚。則言者陳之已詳。陛下知之已久。臣近領臺職。未敢復道。今蔡確章子厚已罷免。人皆快之。縝璪輩猶備位。實未厭天下公論也。伏望陛下特出聖斷。以辨君子小人之分。無使邪正雜處於朝。罷黜縝璪。以謝天下。則王道之成。政體之純。一易如反掌耳。

陶又奏。竊乞早賜聖斷。罷免韓縝張璪事。狀曰。臣嘗論奏執政六臣。昔日負先帝。今日負陛下。乞行罷黜。以謝天下。臣位卑言輕。不能感動聖聽。尚賴陛下恕其狂妄。未加鈇鉞之誅。臣仰戴恩遇。不敢自已。顧竭愚慮。為陛下喋喋陳之。蓋以今日之事。寔繫朝廷之輕重。政教之純駁。天下之安危。伏望太皇太后以祖宗積累為憂。以先帝顧託為念。以嗣君沖幼為計。博采公議。斷自聖心而力行之。則天下幸甚。夫所謂執政大臣者。輔人主以道。庇生民以惠。格天地以誠。和陰陽以政。鎮四夷。遂萬物。乃其職也。得其人。舉其職。則朝廷尊。政令純。天下安。非其人。廢其職。則朝廷輕。政令駁。天下危。自古至今。莫不如此。臣不敢遠述曠世。輒舉唐室之事以證其一二。在明皇時任姚崇宋璟。則致開元之治。用李林甫楊國忠。則有天寶之亂。裴度在位則宿姦巨盜竊之氣。名聞外夷。元稹入輔。則詔下之日。朝野莫不輕笑。崔祐甫除吏。人稱允當。李義府賣官。則其門如市。進楊綰。則人心自化。拜程异。則物情深駭。其忠邪正之情。治亂之由。載在簡策。燦然不可

悉數。聖宋統御百有餘年。元勳重德。高才偉望。為天下賴。多以居之。在太祖時。則有趙普。王溥。呂餘慶。劉熙古。在太宗時。則有呂端。呂蒙正。李昉。李至。李沆。寇準。在真宗時。則有王旦。李迪。向敏中。張知白。王曾。王曙。在仁宗時。則有呂夷簡。晏殊。杜衍。韓琦。富弼。蔡齊。薛奎。范仲淹。吳育。歐陽脩。明鎬。吳奎。張昇。王舉。包拯。趙槩。宋庠。田況。如此等人。或以經綸成務。或以獻替極忠。或陳臺諫之規。或知風化之原本。或通古今之變。或盡出處之致。或可潤色皇猷。或能裁決大事。是故。三朝之治。號為太平。卓冠前古。蓋輔相得人。而朝廷重。政令純。生民安故也。今日之執政。大異於此。無元勳重德。不足以服人。無高才偉望。不足以謀國。在先朝則括囊苟祿。未嘗有分毫補助。惟與小人表裏結固。為賊民害物之政。使神宗皇帝德澤不能下流。愁歎之聲聞于四海。在今日則陰懷顧望。尚徒竊祿。招權立黨。為異時家族

子孫之計。使陛下法度未能完正。而安養元元之具有未盡善。然則社稷何賴焉。生民何望焉。陛下不於此時擇其尤無狀者而去之。臣恐始則欺尸。則慢。終則干犯撓權而不可制矣。臣雖踈賤。早夜為陛下憂之。蓋謂陛下富有春秋。方在諒闇。豈可使大臣彊梗而不早黜之。伏見韓縝自備位宰府已來。內外文武百執事至於閭閻鄙務之人。無不竊議交毀。以為非據。蓋其人自為小官以至大吏。行媮佞僻。譽望衰輕。有所欲為。則任其很愎。而繼之以無恥。任秦州路經略使日。酣醉歸室。誤謂因指使使臣竊其私而箠殺之。奉使河東日。肆為醜行。形於簡墨。為邊臣無復所把持。乃至呼復為兄。而求庇其過。在密院則諂事張誠一。待以家人禮。每劇飲大笑。款密無間。款因誠一以結宦官。此最為士論所深疾者也。其使河東日。實與北使梁允同定地界。不能援引譬書剖析曲直。大為梁允同所屈。遂割吾境土形勝之地數百里。以啗犬羊。使吾沿邊弓箭手熟戶等。去墳墓桑棗之日。哀號怨憤。所不忍聞。乃奪官負職田。并五臺寺家田以償之。其襟要控扼去處。多為彼有。辱命虧國。罪當萬死。先帝志在收復幽燕。不欲聖識漏露。一切包忍。既而梁允同以拓土之功。歸其國為兩府。吾亦用韓縝以示不疑爾。其實非以縝之才器可以大用也。自陛下即位以來。乃敢竊弄威福。廣植親黨。差除一人。行遣一事。多不協於至公。郭茂恂王欽臣在陝西為監司。皆有醜迹惡聲喧聞一道。其事連及。縝姪宗儒。今為縝主張。差茂恂庫部郎中。欽臣工部郎中。玷辱清選。莫此為甚。王說前知徐州。附會吳居厚極力掊斂。得替到部。緣縝之舊。超除省郎。言者彈劾。遂罷其職。仍差知密州。潁昌人辛雖係知縣資序。與縝同鄉。遂於吏部取知州通判合得之闕。差雖為光祿寺丞。宣義郎李振者。素無長才異効。未嘗歷繁要任使。止緣其父評嘗

與縝同定地界。遂用振可治繁劇去處。作取旨選差之闕。差振知雍丘縣。是以一邑之民。棄於孺子之手。此皆徇私壞法。無復畏避也。翟思所以除知南康軍者。蓋思為御史日。嘗言縝受燕復馬。不償其價故也。黃履所以落侍講知越州者。蓋履為中丞日。言縝之姪宗道宗古避親還換不當。奉聖旨令後差除三省同進呈故也。此皆報怨復仇。無所忌憚也。張璪之為人。柔邪長佞。善能窺人主之意。隨勢所在而依附之。往往以危機中人。熙寧初。擢在條例司講議役法。遂置儒館。預諫列。唯諾備位。無所發明。常持兩端。先帝聖慮高遠。察見反覆。斥逐于外。後為王珪出力援引。試知制誥。兼知諫院。珪實欲使之在言路。以杜塞內外耳目。天下有志之士。無不扼腕憤疾。後為翰林學士。同舒亶判國子監。深交於亶。以至株連大獄。璪有力焉。尋判司農寺。詳定官制。遂參執政。及先帝升遐。陛下即位。太母垂簾保佑。而璪貪天之功。自謂顧託之重。立黨布恩。為持寵固祿之計。每差一官除一局。則以簡札諭人。操其收恩而後降其命。有成都路權茶司勾當公事張同者。乃隨州簽判王經臣之甥也。同之姊常嫁故益王甸經。而璪之姊。乃嫁經臣。璪之與張同。固非近親。今乃與同書問往還甚於骨肉。交通關遺。財賄公行。原其所以結張同之心。則奸邪可知矣。璪事先帝未為不久。謂天下利害不知耶。則兩次在言路矣。謂土木之役不知耶。則嘗判將作監矣。謂苗役之法不干預耶。則嘗判司農寺矣。謂官制迂滯不見本末耶。則嘗充詳定官矣。謂刑獄羅織非其責耶。則嘗以蘇軾事欲置於死。連張方平韓維范鎮司馬光矣。此二人者。其操行則如彼。其政事則如此。誠不足鎮四夷安宗社。伏望陛下博詢衆議。俯聽臣言。早賜罷免。天下幸甚。

陶又奏乞罷國子司業黃隱職任疏曰。臣竊以士之大患。在於隨時

俯仰而好惡不公。近則隳喪廉恥。遠則敗壞風俗。此禮義之罪人。治世之所不容也。太學者。教化之淵源。所以風勸四方。而示之表則。一有不令。何以誨人。臣伏見國子司業黄隱。素寡問學。薄於操行。久任言責。殊無獻告。惟附會當時執政。欲以苟安其位。及遷庠序。則又無以訓導諸生。注措語言。皆逐勢利。且經義之說。蓋無古今新舊。惟貴其當。先儒之傳注既未全是。王氏之解亦未必盡非。善學者審擇而已。何必是古非今。賤彼貴我。務求合於世哉。方安石之用事。其書立於學官。布於天下。則膚淺之士莫不推尊信嚮以為介於孔孟。及其去位而死。則遂從而詆毀之。以為無足可考。蓋未嘗聞道。而燭理不明故也。隱亦能誦記安石新義。推尊而信嚮之久矣。一旦聞朝廷欲議科舉。以救學者浮薄不根之弊。則諷諭太學諸生。凡程試文字。不可復從王氏新說。或引用者類多黜降。何取捨之不一哉。諸生有聞安石

之死。而欲設齋致奠以伸師資之報者。隱輒形忿怒。將繩以率斂之法。此尤可鄙也。夫所謂師弟子者。於禮有心喪。古人或為其師解官行服。與負土成墳者。前史書以為義。後世仰以為高。此固不論其學之是非。而特貴其風誼爾。昔彭越以大惡夷三族。詔捕收視者。欒布以上勇士。敢祠而哭之。漢祖猶赦而不殺。班固亦以為能知所處。蓋氣節之可尚也。今安石之罪。雖暴於天下。惟其師弟子之分。則亦不可輒廢。而諸生為之設齋致奠。又非彭越欒布之比。隱何必忿怒而遽欲繩之以法乎。抑可見其不知義也。向者有司欲復聲律。朝廷方下其事集羣臣而議之。隱乃不詳本末。奉為定令。揭牓學舍。謂朝廷已復詩賦。使學者知悉。傳播四方。人皆疑惑。此又見其躁妄趨時之甚也。夫道德所出之地。教育多士而庶幾成材。乃以斯人為之貳。則何以養廉恥厚風俗哉。伏請早行罷黜。以示勸戒。無使邪險之士。久累

教化之職。

貼黃。大率隱好自售。凡考校生員文字。多不與祭酒博士共議。意欲徇私。向者違條差補經諭不當。鄭穆自舉覺申禮部。近日定壬適程試高下異論。隱輒有申請上煩朝廷與奪。益見其取與不協公論。不能稱職也。

陶又奏乞察小人邪妄之言疏曰。臣竊謂人君深居九重。尊高如天。雖有聖智。亦未能周知天下之事。必以納諫為先。既能納諫。則臣子可盡下情以陳治亂之要。今陛下聽政之初。臣備位侍從。朝廷之事。得以論思。敢竭愚鄙。少報萬分之一。願陛下特加省覽。臣伏以太皇太后保佑聖躬。于今九年。垂簾聽政。天下安治。一旦棄四海之養。凡在臣庶。痛心泣血。無所追及。方其得疾之初。陛下憂形玉色。躬侍藥食。衣不解帶。告于天地社稷。禱于宗廟山川。薄刑赦罪。釋逋蠲賦。凡

可以祈福禳災之事。講求備至。及其疾勢大漸。則召高族子弟入于禁中。丁寧撫慰。有安心免憂之言。既已大斂。內侍有須索酒食者。禮部臣寮謂方當哀毀。不可為閭閻鄙俚之事。恐累聖德。陛下即從批奏。遂罷其請。繼有手詔稱揚太皇太后臨朝累年。抑損外戚。未嘗假借。無以報稱盛德。議與高族子弟推恩。又慮諸處應奉山陵過有勞費。遂命降詔有司。並須遵依遺詔指揮。遠近臣子聞此等事。無不感嘆。皆謂太皇太后於陛下有天地之功。於社稷有萬世之力。陛下深知本末。尊而報之。一言一事。不敢違戾太皇太后之意。上合天心。足以享萬壽。下副人望。是以保四海。宗社幸甚。天下幸甚。然臣於此時以無可疑而為疑。以不必言而為言。則其罪不勝誅矣。所恃者陛下仁而好諫。明而察物。必能赦臣私憂過計之罪爾。蓋自太皇太后垂簾以來。屏黜兇邪。裁抑僥倖。横恩濫賞。一切革去。小人之心。不無怨

懺萬一或有奸邪不二之言上惑聖聽謂太皇太后斥逐舊臣更改政事今日陛下既親萬幾則某人宜復用某事宜復行此乃治亂之端安危之機君子小人消長之兆在陛下察與不察也辨與不辨也陛下察其是非辨其邪正使非不敢勝是邪不能害正則君子進小人退天下治而安矣昔元祐之初臣任臺官嘗因奏事簾前恭聞慈音宣諭云朝廷政事若果於民有害即當更改其它不繫利害者亦不須改每改一事必説與太后恐外人不知臣深思此語則太皇太后凡有改更固非出於私意蓋不得已而後改也至如章惇悖慢無禮呂惠卿奸回害物蔡確謗毀大不敬李定不持母喪張誠一盜父墓中物宋用臣掊斂過當李憲王中正邀功生邊事皆是積惡已久罪不容誅若敗露於先帝之朝必須不免竄逐若暴揚於陛下之手亦合正以典刑以此而言則太皇太后所改之事皆欲生民之便所

逐之臣盡是天下之惡豈可以為非乎恭惟陛下聰明聖智出於天縱是非邪正進退可否必已了然於心豈待人言而後辨臣乃不避斧鉞之誅喋喋以告陛下者蓋嫠不恤緯而憂宗周之意也夫嫠婦以組織為事惟經緯是恤今乃不恤其緯而以周亡為憂固可怪矣愚者千慮必有一得狂夫之言明主擇焉臣又聞昔者明肅太后稱制之日多以私恩偏及親黨聽斷庶務或致過差及至仁宗皇帝親政之初臣下遂有希合上意言其闕失仁宗察見情偽降詔止絕其略曰明肅太后夙承先顧保佑沖人勤約之風化流四海或號令之所出或聽斷之從宜蓋機務之寔繁雖旰昃之無暇賞善罰惡惟命令之已行革故鼎新非募恩之所至易月方聽於庶政虛懷覽納於讜言其有闊識遠圖靡循理體逮于聞聽姑務寬容多形瑣碎之言復有迎合之意宜申誡勵以警奸回應明肅太后垂簾日所行詔命

已經施行過諸般公事更不得輒有上言於是天下之人皆謂仁宗深念社稷之功能全子母之愛聖惠廣大超越今古載在史冊垂範後世陛下所宜法而行之臣愚竊謂明肅太后之政時有過闕仁宗念其保護尚降詔書不容小人輒有議論而況太皇太后垂簾九年所行之政皆以便民所逐之臣各已當罪而無可擬議萬一有小人任妄獻言豈可容哉豈可信哉願陛下明示黜罰杜塞其端以副天下之望以隆宗社之福

八年翰林學士兼侍講范祖禹論邪正劄子曰臣伏見熙寧之初王安石呂惠卿等造立新法先言天不足畏衆不足從祖宗不足法使朝廷不懼災異不恤衆言悉變更祖宗舊政多引小人以誤先帝勲舊之臣屏棄不用忠正之士相繼引去又啓導先帝用兵開邊結怨夷狄至熙寧七八年間天下愁苦百姓流離幸賴先帝聖明覺悟再

罷安石兩逐惠卿終元豐之世不復召用而所引小人已布滿中外不可復去如蔡確連起大獄王韶開邊熙河章惇開邊湖南沈起引惹交賊寇陷三州朝廷討伐前後死傷二十萬呂惠卿沈括俞充李稷种諤等興造西事死傷者又二十萬先帝悔悼親諭輔臣曰安南西師死傷皆不下二十萬朝廷不得不任其咎又言呂惠卿可誅元豐之末吳居厚行鐵冶之法於京東王子京行茶法於福建蹇周輔行鹽法於江西李稷陸師閔李元輔行茶法市易於西川劉定教保甲於河北此諸路之民皆愁苦嗟怨比屋思亂當此之時人心懍懍朝夕不保幸賴陛下與先太皇太后登從衆言悉罷新法脩復舊政天下之民如解倒懸九年之中海內晏安事理無疑明如日月外至戎狄無不咸賴唯是向來所逐小人日夜伺候今日事變妄意陛下不以脩改法度為是如使小人得至朝廷必進奸言上以惑悞陛下

次以傾害善人。下以脅持羣臣。萬一陛下過聽而小人復用。豈惟正人不敢立朝。臣恐宋室自此陵遲。不復振矣。臣每思元豐之末。人心已離。不意朝廷復有今日。所以不避萬死為陛下明言之。伏望陛下常以社稷為念。深懲小人傾危國家。明諭執政大臣。凡向來所逐除已死亡外。存者屏竄。永不復用。則海內無不安枕矣。

祖禹又論召內臣劄子曰。臣近聞陛下召內臣十人。而李憲之子亦在其中。又召數人。而王中正之子亦預其數。中外之人。以至民庶。無不籍籍私議。深以為憂。皆言執政大臣不能固執。置陛下於有過之地。自今更有大於此者。驟加召用。必駭衆聽。若大臣又不能固執。則是朝廷全無綱紀。公議遂廢。其於聖德。為損不細。何者。陛下初親庶政。今方踰月。四海之人。傾耳屬目。未嘗聞行一美政。訪一賢臣。先進用內臣。如此衆多。必謂陛下私於近習。人心一失。不可復收。雖家至

戶說。無以自解。臣竊為陛下惜之。伏望聖慈更加審慮。特賜追改。以安中外之心。

祖禹又奏曰。漢唐之亡。皆由宦官。自熙寧元豐間。李憲王中正宋用臣輩用事總兵。權勢震灼。中正兼幹四路。口敕募兵。州郡不敢違。師徒凍餒。死亡最多。憲陳再舉之策。致永洛陷沒。用臣興土木之工。無時休息。罔市井之微利。為國斂怨。此三人者。雖加誅戮。未足以謝百姓。憲雖已亡。而中正用臣尚在。今召內臣十人。而憲中正之子皆在其中。二人既入。則中正用臣必將復用。願陛下念之

宣仁太后崩。中外議論洶洶。人懷顧望。在位者畏懼。莫敢發言。祖禹慮小人乘間害政。乃上奏曰。陛下方攬庶政。延見羣臣。此國家隆替之本。社稷安危之機。生民休戚之端。君子小人進退消長之際。天命人心去就離合之時也。可不畏哉。先后有大功於宗社。有大德於生靈。

九年之間。始終如一。然羣小怨恨。亦為不少。必將以改先帝之政。逐先帝之臣為言。以事離間。不可不察也。先后因天下人心變而更化。既改其法。則作法之人有罪當退。亦順衆言而逐之。是皆上負先帝。下負萬民。天下之所歸疾而欲去之者也。豈有憎惡於其間哉。惟辨析是非。深拒邪說。有以奸言惑聽者。付之典刑。痛懲一人。以警羣慝。則帖然無事矣。此等既誤先帝。又欲誤陛下。天下之事。豈堪小人再破壞耶。

祖禹又論李之純蔡京劄子曰。臣伏聞知成都府李之純。除戶部侍郎。知瀛州蔡京除寶文閣直學士知成都府。臣竊以成都兼兩路鈐轄。方面之任。最為要重。祖宗以來。尤慎付與。聞之純寬厚簡靜。蜀人安之。宜且令終任。或增秩再任。今戶部雖欲得人。而遠方數千里休戚安危。所繫亦不為輕。蔡京素附會奸臣蔡確。衆所共知。雖有才能

而年少輕銳。非端厚之士。又故事自成都迴者。多為執政。其次猶為三司使。知開封府。朝廷方當分別邪正。如京者。在所裁抑。不宜崇長。今進職遠帥。則資任愈隆。為它日大用之漸。實未允愜。伏望且令依舊。如必欲召用之純。乞別擇人付以遠方。

哲宗時。右司諫蘇轍論責降官不當帶觀察團練狀曰。臣伏以朝廷典章。百世所守。因事變法。為患常多。祖宗之世。使相節度。不領京師官局。其奉朝請。必改它官。或為東宮三師。或為諸衛將軍。太平興國中。以趙普之勳。自河陽還朝。止為太子少保。以向拱張永德之舊。並為環衛。至今諸道鈐轄總管。以防團充歸者。亦以諸衛處之。蓋其遺法也。至明道中。錢惟演以章獻皇后親姻。罷樞密使。始以保大節度為景靈宮使。治平中。李端愿以長公主子。亦以武康節度為醴泉觀使。恩倖一啟。自是戚里以節察居京邑不治事者有相摩也。然猶未

見以罪降黜。而以觀察團練享厚祿居謫籍者。近日李憲以宣州觀察使提舉明道宮。王中正以嘉州團練使提舉太極觀。二人貪墨驕橫。敗軍失律。罪惡山積。雖死有餘責。聖恩寬貸。皆寘之善地。而又首亂國憲。假以使名。臣恐後世推壞法之始。歸咎今日。謂宜考修制度。追還誤恩。以存舊典。且使罪人知有懲艾。

轍為御史中丞。再乞責降李偉劄子曰。臣近奏乞罷修河司并責降李偉。尋準九月二十六日聖旨。李偉權發遣北外監丞提舉東流。又準十月二日聖旨。罷提舉修河司。以為河司雖罷。而李偉不去。與不行臣言無異。謹按李偉屢以奸言動搖朝廷。興起大役。於去年八月中。獨銜奏稱大河見今已為二股分行。然須當於第四鋪地分更行開廣河槽。只得兵夫二萬。於九月興功。至十月寒凍時畢功。因而引導河勢。豈止二股通行而已。亦將遂為回奪大河之計。凡偉所言。

大率狂妄不疑如此。由此朝廷信以為實。為之發兵調夫。差官吏。聚梢芟。搔擾河北京東西三路。吏民為之不聊生者半年。朝廷中覺其妄。遽罷其役。是時中外公議。皆望朝廷正行誅竄。明其欺罔。以謝天下。而因循不決。任偉如故。既而給事中范祖禹封還制書。乞罷偉差遣。朝廷猶復隱忍。於四月五日降聖旨。李偉差遣。候過漲水取旨。今漲水已過。中外又謂陛下必責降偉以信前命。而反擢授監丞。仍提舉東流。曾未數日。復罷修河司。蓋朝廷之所以罷修河司者。謂回河不可復行故也。回河既不可復行。則偉罔上誤國之罪審矣。今乃以初任知縣權發遣都水監丞。則是有罪之人。更得違法進擢。此公議所以不伏也。且修河司雖罷。而李偉不去。奸言時至。河事變更不定。河朔生靈。無時得安。此又公議之所深憂也。且朝廷號令。貴在必信。四月五日聖旨指揮。著在有司。今棄而不用。使天下皆得竊議。以謂朝廷虛誑此言。如使給事中奉行制命。及制命已行。則棄為虛語。曾不顧卹大臣。何惜一偉而輕犯此謗議。臣不勝區區。伏乞檢會前奏速賜流竄。偉若不黜。公議終不止也。

右正言劉安世論御藥李偉不合用內降請地乞付有司根治狀曰。

臣竊聞勾當內東門李偉得內降旨揮。欲置於聖院常住白地以為墳塋。朝廷既下所司施行。而寺僧適詣執政臺省次第陳訴以謂偉之所請。乃是竹木園圃栽植有年。數踰萬本。其中房舍僅三十間。而敢欺罔天聰。指為白地。誕謾暴橫。一至於此。臣伏觀陛下即政以來。崇尚公道。凡百內降。一切禁止。四海之內。拭目改觀。偉以小臣。給事宮掖。乃敢挾私罔上。干紊綱紀。此而不懲。將亂政事。伏望陛下深賜詳察。斷以至公。付之有司。明正偉罪。庶能杜漸。不累聖德。

安世又論曰。右臣近以勾當內東門李偉得內降旨揮。欲置於聖下

院常住白地以為墳塋。而衆僧列狀陳訴。以謂偉之所請皆非白地。事屬欺罔。不可滋長。遂具論奏。乞行案劾。比聞已有朝旨。前降旨揮更不施行。而偉挾私罔上之罪。未覩推治。竊緣賞罰之柄。實繫國體。欲使信於天下。要在行以至公。義有未安。固難緘默。再瀆宸聽。必冀開納。臣竊謂偉陳請之日。若使陛下知其竹林園木。萬數浩瀚。生者有居室。死者有墳墓。必不至徇其私謁。輕降玉音。良由偉志在苟得。熒惑天聽。致朝廷命下之日。遠邇人情。存者不得寧其居。葬者不得安其地。玷累威德。咎皆自偉。書曰。宥過無大。刑故無小。蓋偶然詿誤。情在可矜。雖曰大過。亦可全宥。其或心無忌憚。故犯典刑。事雖細微。必寘於法。此乃三代堯舜以來不易之道也。今偉妄干中旨。飾詐欺君。罪實故為。情無足恕。萬一聖度赦而不誅。臣恐異時更有甚於此者。然則何以詰之。伏望陛下心存去惡。事戒優寵。無牽近習之私。不

惑衆多之口。罷倬近職。付之有司。劾其誕謾重行降黜。庶使綱紀修舉。奸邪知畏。

安世又論曰。右臣近嘗論奏李倬挾私罔上。徼求中旨矣。乞有司按治其罪。今已累日未覩施行。檢准元祐編敕節文。傳宣或內降若須索及官司奏請雖得旨。係元無條制者。並隨事申中書省樞密院覆奏取旨。臣竊謂倬之所請。出於一時僥倖。固非常法。若執政承受上件聖旨。自合依條覆奏。或再得旨揮許令施行。亦合子細契勘有無違礙。今倬志在苟得。罔實欺君。三省奉行。初不勘當。使國家命令之下。違咈人情。生者不得寧其居。死者不得安其地。原倬之犯。雖無是敕。亦大臣奉法不謹之過也。臣聞祖宗以來。亦有內降之事。苟人情有所未便。公議有所未安。當時輔弼。往往執而不下。著之信史。皆可稽考。臣竊謂人主之患。多尚仁恩。或有請求。難於面折。但以其奏。付之外廷。若大臣守法而不回。則私謁雖多而無患。蓋不違其請。是以示聖主之仁。斷之於公。足以嚴朝廷之政。如此。則恩歸於上。而法行於下矣。臣愚欲望陛下咸克厥愛。治遠自近。先正倬罪。以示無私。然後明敕三省樞密院今後內降旨揮並令勘當。若於法無違。於民無害。乃須覆奏。方得施行。所貴紀綱完密。杜絕僥倖。

安世又論胡宗愈除右丞不當劄子曰。右臣今月初八日延和殿當奏胡宗愈新除尚書右丞不協公議。陛下仁德天覆。重廢已行之命。尚欲遷延。徐觀所為。仰承聖諭。固當遵奉。退而熟慮。終有未安。是以不避嚴誅。再瀆天聽。伏惟陛下留神省覽。臣聞執政之任。天下極選。惟是當世之賢傑。乃可不次而登用。至於德行不足以出羣臣之右。才智不足以服多士之心。則必假之以歲月。進之以階漸。非惟養其聞望。亦所以抑僥倖而止奔競也。臣伏見宗愈。頃在先朝。粗能修飾

陛下踐祚之始。首加任使。再期之內。致位中司。然而性本奸回。才識暗陋。自居風憲。尤務迎合。既不聞有所啓沃。進賢退奸。亦未嘗有所建明。興利除害。朋邪罔上。中外側目。忽聞制命。擢居丞轄。輿議喧然。莫不驚駭。臣竊謂人君命令。雖在必行。苟處之得其理。則執之不可變。惟其不合衆望。違咈人情。關天下之盛衰。繫朝廷之輕重。所宜擇善何憚改為。而況輔弼之臣。與國同體。豈容憸佞。雜處其間。臣於宗愈。固無一日之雅。亦無纖芥之怨。惟是公論有所未安。是以前日賜對。罄盡悃愊。而拳拳之忠。不能自已。故復論列以報陛下用臣之意。伏望聖慈更加詢考。若臣言不謬。則乞收還宗愈新命。授以外官。庶使邪正有辨。不失天下忠賢之望。

安世又論曰。右臣前月中嘗具奏陳胡宗愈除尚書右丞不協公議。伏乞更加考察。特行罷免。今已踰月。未覩施行。臣雖甚愚。豈不知違咈聖意。彈擊大臣。力薄言輕。難免罪戾。然陛下不以臣不肖。使備言路。今識者喧然以為奸邪。而臣鉗默依違不告陛下。雖苟免一時忤旨之譴。而天下將責臣以失職之罪。臣亦何敢為自安之計。而負陛下圖任之意哉。臣聞自昔臺諫之論。常以天下公議為主。因公議之所是而後與之。因公議之所非而後擊之。人君所以垂衣高拱。不出戶庭。而周知天下之情。可否予奪。必合義理。以辨邪正。以決疑似。如權衡之不可欺以重輕。規矩之不可紿以方圓者。用此道也。臣考之輿論。皆謂宗愈才識淺近。趨向反覆。貪得患失。背公徇私。不敢悉數其詳。以瀆天聽。猶可粗陳其畧。冀寤宸衷。一言涉欺。不敢逃死。按宗愈起於貴閥。備中高科。數年之間。漸躋顯列。昔事先帝。頗有可稱。及陛下即政之初。首加進用。再朞之內。遂至中司。未聞深慮遠圖。報朝廷之尊恩。惟以巧言邪説。為進身之私謀。如永興軍路提刑猶如晦

欲命舊不充役貧下之人。出錢以助合役之上戶。不量緩急。關剔色役。二例雇募。游手充代。其議論乖繆。殊害役法。如聞蘇轍頗主其言。丞為公務。欲須諸路。戶部尚書李常曾不講究。遽令施行。而員外郎劉昱乃能力辯是非。不為押檢。議既難合。事亦中輟。搢紳傳播。莫不嘉昱能守其職。而宗愈因上雇募特前之論。遂詆劉昱以謂戶部郎官有近來未詳立法之人。護短遂非。不肯公心。捨己從長。以救鄉戶之弊。意在附會。不顧義理。其罪一也。按宗愈實娶丁氏。今禮部員外郎丁騭。乃其妻族。宗愈既備從官。未見引天下之賢。而首薦私親。亡不次擢用。古之人固有內舉者矣。然必以誠告其君曰。臣之子也。今宗愈特薦丁騭。而不以實奏。事朝廷之不察。以盜寵祿而歸恩於己。其罪二也。方陛下嗣位。太皇太后同覽庶政。而蘇軾撰試館職策題乃引王莽依附元后取漢室之事以為問目。士大夫皆謂非所宜言。

臺諫官數嘗論奏。而宗愈不惟無所彈劾。反又勸止同列。不令上疏。其罪三也。李慎由乃文彥博之孫婿。方嘗在京差遣。而宗愈遽薦為本臺主簿。偶以避嫌。遂聞報罷。苟徇權貴。未恤人言。其罪四也。昔熙寧中。嘗知諫院。神宗皇帝深知其奸。乃手詔中書曰。宗愈自領言職來嘗存心朝廷治道。凡進對論事。必潛伏奸意。含其事情。旁為邪說。以私託公。坐是落職。與通判差遣。詔批具在。天下共知。臣竊謂熙寧政事與今雖異。而宗愈觀望迎合之迹固同。陛下用此數者平心正慮而察其本意。則奸回罔上徇私趨利之實灼然可見。誠不足以當大臣之任。重朝廷之勢。伏望聖慈察臣惓惓之愚。為天下之計。萬機之暇。詳覽晉言。若臣所論皆有按據。不至繆盭。即乞特出聖斷付外施行。

安世又論曰。右臣近以胡宗愈除尚書右丞。不協公議。臣於延和殿賜對之日。已書面奏。繼又兩具奸惡條例以聞。臣之所言。莫非實狀。累瀆天聽。涉歷兩月。竊惟宗愈之罪惡。固不能逃於聖鑒。而陛下體貌大臣。務全進退之禮。是以特降答詔。俾安厥位。宗愈承命遽出。無復避遜。搢紳傳播。莫不駭笑。臣伏觀自昔執政之臣。或為言者所擊。率皆歸第闔門待罪。雖朝廷遣使宣召。往往遷延。君命數至官者。不敢治事。亟復歸奏。求其處心。固非畏縮。實以輔弼之任。與國同體。舉措出處。天下具瞻。苟有過尤。挂于清議。自當上還印綬。退避賢路。豈俟乎遽方為去計。益待之之禮既厚。則責之之意愈深。此所以君臣之間禮體兩得。而廉恥之風是以激勵天下者也。賈誼有言曰。上設廉恥禮義以遇其臣。而臣不以節行報其上者。則非人類也。臣竊觀陛下之所以待宗愈。可謂盡廉恥禮義之道矣。按宗愈之所以報陛下。則非惟不以節行為報。又貪墨急進。遺棄義理。明知臺諫皆有彈劾。

而尚起視事。一如平日。近世以來。公卿大臣操行汙下。數犯廉恥。未有若此之甚也。孔子曰。鄙夫可與事君也哉。其未得之也。患得之。既得之。患失之。苟患失之。無所不至矣。陛下察宗愈之行義如此。苟充其無恥之心。則奸邪趨利。何所不為。尚安足以輔佐人主。參斷國論。委之以綱轄之寄於廟堂乎。又聞御史中丞孫覺。乃宗愈之故舊。見其敗節。今已彈奏。監察御史趙挺之楊康國。皆宗愈之所薦。二人者雖顧惜小節。未足明言其罪。而風聞各有章疏。中救五觀。臣竊謂是非之理。固不兩立。苟如此之為是。則曲之在彼。不辨而自見。今上則朝廷士大夫之論。莫不鄙惡宗愈。下至閭閻一介之賤。尚或誚之。無有心悅而誠服者。蓋天下之民。別而聽之則愚。合而聽之則神。以此卜之。可知公論之不與矣。伏望陛下考合僉言。明辨邪正。罷免宗愈。斷之不疑。實天下之幸。

安世又論曰。右臣昨自四月後來。三次論奏胡宗愈操行汚下。毀滅廉恥。貪得患失。背公徇私。識不足以輔佐人主。忝預國論。欲乞出自聖斷。特行罷免。今已兩月。未蒙指揮。臣風聞宗愈任御史中丞。稅周氏之第以居。每月僦直一十八千。自去年七月二十一日後至今年二月終。止償兩月之直。其業主三班奉職周知哲累次令人乞請餘緡。而宗愈每加詈辱。並不支給。遂於三月一日經官申訴。乞差人追索。及發遣起離。開封官吏畏避權勢。不為依公施行。而遽寢其事。中外傳播。實駭耳目。臣聞中丞之任。紀綱所繫。檢察非違。糾正百辟。官之雄峻。莫與為比。宗愈既叨忝臺憲。不能正身以率下。而恃權貪利。罔顧義理。僦人之居。不給其直。行己無恥。辱國已甚。況宗愈更踐華要。月俸至優。近嘗奉使大遼。又經押賜親王禮物。所獲甚厚。加之鄉里有高貲之名。固非不足於財。乃敢挾風憲之威。肆貪鄙之行。輦轂之下。暴橫自若。將何以表率在位。風化四方。此而可捨。國法廢矣。伏望陛下特降密旨。以周知哲所陳文狀付法司推究。明正典刑。其開封官吏挾情違法之罪。亦乞特賜指揮施行。

安世又論曰。右臣近聞胡宗愈任御史中丞日。稅周氏之第以居。自去年七月後來。至今年二月終。止償兩月之直。其業主屢請餘緡。而宗愈每加詈辱。並不支給。以致周知哲經官論訴。臣竊謂中丞之任。紀綱所繫。今宗愈恃風憲之威。肆貪鄙之行。輦轂之下。暴橫自若。將何以表率在位。風化四方。遂具論奏。乞以周知哲所陳文狀付所司推究。其開封官吏受知哲之訴。而畏避權勢。不治其事。挾情違法之罪。亦乞施行。今已累日。未聞指揮。臣蒙陛下拔於稠人之中。而付以耳目之任。夙夕思念。未能上報聖恩之萬一。而輔弼之間。乃有貪濁恣戾毀滅廉恥之人。黷犯朝綱。玷辱國體。臣雖愚陋。實深恥之。所以不避忤旨之誅。而累煩天聽也。且宗愈起於冗散。不三年而至執政。陛下之所以待宗愈。可謂厚矣。然自為中司。風節掃地。貪得患失。背公徇私。朋邪罔上。中外側目。今又僦人之居。不給其直。乃致三班使臣。投牒起遣。操行汙下。為人鄙厭。一至於此。陛下雖務包容。未加按治。其如朝廷何。其如天下何。臣忝列諫垣。而不能以公議上達聖聰。則雖萬死。猶不足以塞責。深慮同列大臣。惡傷其類。巧為邪說。陰欲援救。則長奸養惡。異日將有滋蔓難圖之悔。伏望陛下。斷自宸衷。早出臣章。付外施行。不勝至願。

安世又論曰。右臣伏自四月後來。累曾論奏胡宗愈罪惡之狀。誠不足以當輔弼之任。乞行罷免。前月中。又聞宗愈為御史中丞日。稅人之居。不給其直。以致三班使臣經官論訴。乞命起遣。而開封官吏畏避權勢。不為依公施行。臣兩嘗奏請乞治其罪。尋御史臺亦已彈劾。

逮今多日。未蒙指揮。中間伏遇荊王奄忽薨謝。仰慮聖慈。方深哀念。是以不敢繼進章疏。重煩天聽。傍徨踧踖。今復半月。竊惟陛下聖明之性。洞照物理。必能抑割無益之悲。上為宗社長久之計。臣是敢冒申前論。以冀開允。惟陛下察焉。臣聞天下之治亂在朝廷。朝廷輕重在執政。論執政才否而進退之者。人主之職也。使廟堂之上皆得當時之賢。而都俞戒敕以圖天下之治。則善日進而君子道長。此易之卦所以為泰也。使公卿輔相非其人。而奸邪朋黨更相比周以蔽人君之聰明。則惡日滋而小人道長。此易之卦所以為否也。自古雖至聖之君。不能無惡人在朝。堯之四凶是已。雖甚衰之世。未嘗無君子在位。商之三仁是已。聖人之興。賢者衆。則惡人不能勝其善。故雖有四凶而或竄或殛。卒無幸免。暴君在上。讒諂並進。則善人不能勝其惡。故雖有三仁。而或去或死。終莫能用。此乃治亂盛衰之機。不可不察也今皇帝陛下富於春秋太皇太后陛下不出房闈政事之柄方在大臣所宜推擇天下之賢以重天下之勢而忽聞誤恩擢川宗愈除目初傳中外駭異議者以謂陛下臨御之初首能用司馬光於閑退之中而授以柄任天下欣然咸若更生者以其合四海之素望也今宗愈自為侍從旋長憲臺不能進賢退奸興利除害而怙勢作威貪黷徇私公犯義分毀滅廉恥固嘗竄黜以儆官邪而遽此升遷使備丞轄忠臣義士無不失望臣所以屢冒嚴誅力陳公議而章皆留中累月不下邪正並立枉直兩存雖陛下務全大體欲保初終其於政道不吝去邪勿疑臣恐未能全於盡善也故事執政被劾例須居家待罪今御史臺以宗愈不償房緡公事方申三省而宗愈氣象軒驁若無所睹陵蔑風憲不畏人言近世大臣貪冒無恥未見如此之甚者臣聞閭閻鄙夫臺省老吏見其舉措猶能竊笑況天下有識之士

哉臣恐奸邪得志忠賢解體隳紊綱紀汙辱朝廷累陛下知人之明犯大雅鮮終之戒臣愚暗不勝憤懣伏望聖慈特賜省察早以臣前後章奏付外施行

安世又論曰右臣伏見御史臺彈奏尚書右丞胡宗愈任中丞日不償房緡及開封官吏受周知損之訴而挾情違法不治其事臣又嘗與左司諫韓川累具論列乞正其罪而章留中未蒙付外中間御史臺又申三省催促前奏比聞已得指揮更不施行臣竊謂陛下優容執政務全大體則可矣要之以天下公議而為朝廷之遠慮則非也臣職在諫列義難緘默輒冒昧瀆申前論惟陛下察焉臣聞御史之任紀綱所繫而中丞者又為肅政之長固宜正身率下以厲風俗而宗愈貪冒不法以至興訟奸邪之人方為之游說曰此非大惡何足以罷執政是乃朋黨之論不可不察也今上自公卿下至匹夫粗能以廉節自好者豈肯執人之居不給其直況宗愈身備從官職任憲長而貪鄙之行過於閭巷之人玷辱國體無大於此錢勰之在開封常以不畏強禦為己任及周知損陳訴則抑而不行苟非憚宗愈之權勢怨知損之柔弱豈容滅裂如此之甚臣竊謂以常人觀之則未至大惡以禮義廉恥而責大臣則宗愈之貪濁錢勰之徇私何可逃於吏議臣既在言路目觀六臣之不法而不加彈劾則是曠職以負陛下今宗愈所犯事狀明著臺諫交章置而不問若臣等所言出於誣罔則宜竄黜以明宗愈之無罪苟臣等所論既有實迹朝廷安可曲為容貸以沮天下之公議乎國家設置御史六察本以彈劾有罪今御史舉職事而不得行臣等合論列而不蒙聽如此則諫官御史遂可廢矣諫官御史廢則祖宗之法度朝廷之綱紀復何望哉臣固知論斥大臣非全身保祿之計然自念孤遠小官蒙陛下不次擢

用每思自竭圖報萬分豈謂廟堂之間乃有如宗愈者其奸佞無朋邪固上臣前後章疏言之已詳非特此不廉之一節而已也況宗愈竊位以來涉歷半載第聞昏繆無所建明誠不足以當輔弼之任重朝廷之勢今則邪正並容枉直兩存臣恐忠良解體天下失望惟陛下留神省察為宗社之大計罷免宗愈按劾開封官吏使法之所行自貴者始豈惟臣區區之望實天下之幸也

安世又論曰右臣伏自四月初胡宗愈除尚書右丞臣尋與左司諫韓川於延和殿賜對之日陛下詢問近日差除如何臣與韓川同共奏陳朝廷用人皆協輿望惟是胡宗愈公論以為不當臣又條陳宗愈前後罪狀固已詳悉蒙陛下宣諭令且試其所為臣尋復奏以謂朝廷設官從微至著自有等級要須歷試灼見其賢然後舉而加於衆人之上則人無異論宗愈頃在先朝雖有可取但自為中丞以後

風聲頓減。一向外俟。以希大用。忽聞除目。衆皆驚愕。蓋執政之官。陛下所與朝夕圖議天下之事。若謀謨猷替。動皆中理。固為盡善。有一差失。天下猶將有受其弊者。以此論之。執政豈是試人之地。陛下雖以臣言為然。重發已行之命。未賜俞允。自後臣等累進章疏。皆未覩指揮施行。臣非不知進退大臣務全禮體。而宗愈登用以來。醜迹日著。人言沸騰。不可彌塞。皆謂德性傾邪。為行險薄。利口足以飾詐。無恥足以為惡。臣請畧舉其近事之顯著者而極論之。惟陛下留神而詳覽焉。臣聞御史之職。號為雄峻。上自宰相。下及百僚。苟有非違。皆得糾劾。是以祖宗之制。凡見任執政曾經薦舉之人。皆不許用為臺官。蓋欲其彈擊之際。無所顧避。而得盡公議也。且被舉之人。猶不得任以御史。況於姻戚而可為之乎。臣聞宗愈之姪女適呂公著之親孫。昨除御史中丞。乃是公著秉政之日。自合援據故事。以祈引避。而

宗愈苟悅權勢。而無一語自陳。圖上貪榮。隳廢祖宗之法。其事一也。宗愈向緣蔡確引用為都司郎官。曾未席煖。驟遷要近。確與章惇。後以罪黜。今乃遽用常例。復其職名。臺諫交章。疏其巨惡。遂得進寢。而宗愈備位憲長。坐無一言。陰結奸豪。徼幸異日。懷心不忠。阿私下比。其事二也。宗愈既備從官。未嘗進賢以報國。而首薦其妻族丁隲充臺省之選。臣在諫垣。隲相接。觀其議論膚淺。無可稱者。而宗愈匿其私親。輒形公薦。幸朝廷之不察。以盜寵祿。而自為恩惠。挾詐欺君。無所畏憚。其事三也。宗愈嘗薦布衣方堈可應制科。臣聞堈素無士行。而進卷文理荒疎。最為下狀。宗愈權翰林學士日。適當詳定。曲欲成就。不復避嫌。妄以堈文置在第二。中書舍人劉攽等。不敢異論。但聞退有後言。輕忽同寮。徇私自任。其事四也。李慎田乃文彥博之孫壻。方干權貴。欲求在京差遣。而宗愈遽薦為御史臺主簿。奏章用上。偶

以徼恰報厭。自來本臺辟舉未有敢私執政之親者。而宗愈意在附會。隳紊臺綱。其事五也。陛下踐祚之初。太皇太后陛下同聽朝政。而蘇軾撰試館職策題。乃引王莽依附元后傾覆漢室之事以為問目。議者莫不罪軾非所宜言。臺諫官亦嘗論奏。而宗愈不惟無所彈劾。又止同列使勿上疏。背公死黨。其事六也。宗愈就周知柏之第。每月僦直一十八千。自去年七月終至今年二月終止。償兩月之直。遂至本主經官陳訴。乞差人追索。及發遣起離。宗愈居風憲之長。素稱高貲。固非不足於財。而稅人之居。不給其直。其挾勢負貲。不循廉節。其事七也。永興軍路提刑游師雄欲令舊不充役貧下之家出錢以助合役之上戶。不至錢急。閑劇色役。一例雇募游手充代。其論議卑繆。最害役法。而蘇轍頗主其言。亟為公移。叙頒諸路。戶部尚書李常曾不講究。遽欲行下。而員外郎劉昱乃能力辨是非。不為抑搶。議既不

合。事遂中輟。縉紳之間。莫不嘉昱能守其職。而宗愈因上疏薦衛前之議。遂抵劉昱以謂戶部郎官有近來參詳立法之人。請便遷罷。不肯公心捨己從長。以救鄉戶之患。意在阿黨。不顧義理。其事八也。臣伏覩治平以前。執政子弟未嘗敢援在京華要之職。雖有合得陳乞差遣。亦止是散慢閑慢監當局務。惟自近歲以來。大臣營私害公。子弟親戚布滿要津。與孤寒之士馳騖爭進。而宗愈久為執法。既不能糾核關陳。及家大用。首擢其弟宗彥為開封推官。貪權嗜勢。不卹人言。其事九也。宗愈姊妹三人。並適富民。皆以孀歸。宗愈數命析夫之產。既而誘說厥嫂。陰取貲貨。遂作己戶。廣置田業。然雖孤幼。終不償還。因茲高貲雄視閭里。殖利無厭。其事十也。仁宗朝宰相富弼方正謹厚。能守法度。而御史中丞韓絳言弼與張茂實皆有親姻。韓琦嘗國。而齊

聞於天下。而王陶奏其跋扈。士無賢愚皆知

決非是事而二人者不復自辨。即日歸第。抗章待罪。蓋事之虛實自有公議。而大臣之體。不得不然也。今宗愈以不憤房緡事爲御史臺所劾。皆有實迹。而意氣軒驁。若無所睹。陵蔑風憲。不畏國法。近世公卿大臣。蔑滅廉恥。不知禮義。無甚於此。其事十一也。熙寧中。方變法令。宗愈時爲諫官。不能別白是非。開悟明主。而觀望迎合。多持兩可之論。神宗皇帝深照其奸。乃手詔中書曰。宗愈自領言職。未嘗存心裨補朝廷治道。凡進對論事。必潛伏奸意。含其事情。旁爲邪說。以私託公。坐是落職。與外任差遣。臣竊謂先帝察見宗愈之本心。是以詔辭盡其情狀。乃今觀之。無不切中。其事十二也。臣之所陳。皆可覆驗。伏乞陛下出臣此章。宣示百官。若宗愈委無如此罪惡。則臣之所奏。是爲欺天。宜伏重誅。以戒誣罔。臣自揣者。不敢有辭。若宗愈所爲如臣之論。則是奸邪朋黨。貪鄙庸淺。豈可塵汙廊廟。與聞機政。臣竊計

陛下所以依違不決者。得非謂人言其奸邪。而未嘗親見其實狀乎。夫小人之事君。豈肯自謂奸邪者哉。言必假公忠。行必託廉潔。多爲可信以惑人主之聰明。及其歲月滋深。權勢在己。上下膠固。羽翼已成。於是肆志窮奸。靡所不至。方此之時。雖欲除之。亦無及矣。唐憲宗嘗曰。衆人皆知盧杞奸邪。朕何不知。李勉對曰。盧杞奸邪。天下皆知。獨陛下不知。此所以爲奸邪也。今之宗愈。何以異此。臣聞知人之道。自古爲難。方堯之時。四凶與衆賢雜處於朝。而終無累於堯之明者。蓋聞其才則用之。不敢遺。見其罪則去之。不敢庇。進退用捨。一本於至公而無私於其間。此堯所以享無窮之名。而後世爲不可及也。願陛下以帝堯之去四凶爲法。以憲宗之信盧杞爲戒。改過不吝。去邪勿疑。罷免宗愈。以慰天下忠臣義士之望。臣言雖拙直。義在愛君。惟陛下恕其狂愚。察其誠懇。早賜睿斷。不勝幸甚。

歷代名臣奏議卷之一百七十七

歷代名臣奏議卷之二百七十八

去邪

宋哲宗時劉安世論曰右臣今月十二日與左司諫韓川於延和殿賜對進呈劄子畢遂論胡宗愈事伏蒙宣諭以謂進退大臣須存體貌有以見陛下優禮輔弼愼重舉措之意臣雖愚暗豈不體悉然宗愈匿宰相之姻婭盜中司之要任蒙蔽人主之德墮廢祖宗之法陰結惇確之奸徼幸異日顯主軾轍之黨公肆詆欺未嘗振舉紀綱但聞多所朋附是以期月之內致位丞弼公議駭愕罪狀日著豈可塵污廊廟與聞機政臣忝在諫列目覩臣惡安敢自曠職事泯默不言臣聞賈誼之論以謂羣下至衆而主上至少所託財器職業者粹於羣下也俱亡恥俱苟安則主上最病所以體貌大臣而厲其節又曰上設廉恥禮義以遇其臣而臣不以節行報其上者則非人類也朝

廷也進用宗愈臣等即時論列前後臺諫章疏不可勝計陛下一切抑而不出優容於此已踰半年則陛下之所以待遇大臣可謂隆厚矣宗愈明知諫官之交章目覩臺丈之糾劾而偃然居位如不聞知則宗愈可謂不以節行報上而頑頓無恥之甚者也將何以副陛下體貌之意慰四海具瞻之望哉臣已於十三日奏疏極言宗愈之罪伏望聖慈以天下公議為念早出臣章付外施行

安世又論曰右臣近嘗奏論胡宗愈係呂公著之姻家昨除御史中丞乃是公著秉政之日匿宰相之私親廢祖宗之舊制并其餘背公徇私毀滅廉恥共十二事皆有實狀可以按覆竊惟奏章已塵聖覽夙夕延頸以俟嚴誅逮今半月不聞威命則是陛下既恕之矣臣論斥執政之辜雖已蒙釋而宗愈欺君敗法之罪尚未公行枉直兩存邪正莫辨臣雖愚陋豈敢苟避忤旨之譴而不以天下之情達於陛下乎昔之聖人深居九重以謂竭其聰明猶不足以盡天下之聞見遂以耳目之任付之臺諫之官而臺諫之論每以天下公議為主公議之所是臺諫必是之公議之所非臺諫必非之人君所以不出戶庭而四海九州之遠物無遁情者用此道也臣伏見陛下即政之初首召司馬光於閑退之中授以柄任天下臣民識與不識莫不鼓舞以慶朝廷之得人及宗愈初除尚書右丞惟其朋黨之外無一人以為可者臣與韓川於四月初八日延和殿首論其奸邪亡狀不足以辱輔弼之任其後孫覺為御史中丞與諫議大夫王覿繼言其事侍御史盛陶亦累彈奏而監察御史楊康國趙挺之皆宗愈薦舉之人猶不免一言其罪陛下以此觀之亦可知公議之所惡矣今人言雖多而未聞朝廷施行者豈陛下以謂既用宗愈難以遽罷是以排言者之論而決欲主之乎若然者陛下眷待輔臣始終之意則厚矣以

聖人改過不吝去邪勿疑之道論之臣恐未能盡善也宗愈罪惡臣前疏言之已詳此不復論而臣竊有惓惓之誠以告陛下自四月後來臺諫官之言宗愈者章累數十陛下一切留中無所可否日近孫覺以病免楊康國以執政亦葛之戚移開封推官盛陶又乞與李常避親而韓川累求去職趙挺之亦以親老而乞外補蓋覺等見陛下力主宗愈不敢極言是以紛紛引避務為自全之計臣起於小官誤蒙擢任非不知隨時附會與衆浮沉苟祿容身足以無病何獨自苦力詆大奸上瀆聖聽下犯邪黨蓋臣內顧孱薄了無它長報國之心惟知直道為臣私計則拙為朝廷遠慮則忠仰冀睿明洞鑒誠懇所有臣今月十三日言胡宗愈疏伏乞早賜指揮付外施行

安世又論曰右臣昨於十月十二日上殿奏陳胡宗愈匿宰相之私親盜中司之要任欺罔人主之聽墮廢祖宗之法加以徇私立黨毀

贓廉恥。誠不足以副陛下體貌之意。慰四海具瞻之望。自後繼進三疏。極言其罪。至今未蒙施行。臣雖至愚。不能窺測聖蘊。然竊審深慮陛下所以力遏衆論。未賜施行者。豈非謂宗愈進用方踰半年。今若遽罷。恐人譏議。以謂自信不篤。用人不終者乎。若淸衆所存。萬一如此。臣竊以為過矣。祖宗以來。登用大臣。何嘗不考合僉言。採察人望。苟衆心未服。公議不與。寧使詔令有反汗之嫌。不容小人乘君子之器。著之信史。可以稽考。至於神宗皇帝時。尚書左丞蒲宗孟止坐公宇擅有修完。為御史中丞黃履所劾。亟令罷免。王安禮以閨門私醜為侍御史張汝賢彈奏。尋亦去位。陛下踐祚之後。優禮輔弼。去年李清臣以不甚治事。為御史中丞傅堯俞等一言。亦使外補。豈若宗愈上則欺君亂法。下則背公成朋。不恥不廉。無禮無義。置之廊廟。實累聖明。臣聞自古及今。未有任君子而不治。用小人而不亂者。蓋甘言

美辭。足以感移人意。小節偽行。足以欺惑世俗。及其得志。苟患失之。陰引奸邪。廣布心腹。根深蔕固。牢莫可破。則其為國家之害。將有不可勝言者矣。故陸贄之論。以為操兵以刃人。天下不委罪於兵而委罪於所操之手。蓄蠱以殃物。天下不歸咎於蠱而歸咎於所蓄之家。此言雖小。可以喻大。伏望陛下　衆言。進有慝以尊朝廷。黜有罪以服天下。早以臣等言宗愈事章疏付外施行。不勝至願。

安世又論曰。右臣昨於十月十三日曾具奏陳胡宗愈罪狀十二事。自後復進三疏。委曲論列。今已踰月。未蒙施行。臣之所言。非敢掊摭。皆有實狀。可以按覆。凡在廷之臣有一於此。已可斥逐。而宗愈積累巨惡。至於十數。言者交攻半年不止。偃然居位。略無畏心。陵蔑風憲。毀棄廉恥。豈不負朝廷躰貌之意。累二聖知人之明。臣伏見宗愈之除中丞。在呂公著秉政之日。雖是姻戚。隱而不言。外託用才之名。中為立黨之實。使宗愈貪權懷惠。不復糾繆繩愆。以此營私。何所不可。蒙蔽人主之聽。隳廢祖宗之法。人臣之罪。莫大於此。今公卿士民盡知二人之欺罔。而臺諫官多出公著之門。終無一語敢及此事。陛下試取衆人言宗愈之疏。一一省閱。則知臣今日所奏。為不妄矣。公道陵替。昔賢所憂。豈謂聖朝。目覩斯弊。歲月浸久。恐非國家之福。此臣所以夙夜憤懣。痛心疾首。而不能自已也。伏望陛下審察衆情。詳觀事理。若原心定罪。則公著宗愈均是欺君。宜正典刑。以示中外。或聖意未欲以一眚遽廢老臣。即宗愈之罪尚多。伏乞特行罷免。以慰人望。

安世又論曰。右臣自四月已後。凡十二次奏疏論列胡宗愈罪狀。至今未蒙付外施行。臣夙夜思念。不遑寧處。竊謂祖宗以來。臺諫官之論執政者多矣。若果中其罪。則大臣無不罷免。或所言失實。則臺諫

官亦須降黜。蓋進退之義。不可不正。是非之理。不可不明。未有君子小人并容於朝廷者也。宗愈以奸邪之才。據綱紀之任。欺君亂法。背公成朋。肆行貪婪。毀弃廉恥。臣等前後章奏至於數十。陛下一切留中。無所可否。邪正並立。枉直兩存。上違累聖之舊章。下失萬邦之屬望。臣於此際。何以為心。見惡不擊則非忠。畏禍中輟則非義。使邪黨漸登於要路。大奸久處於廟堂。寖生厲階。禍及天下。臣恐異時之公議。追咎今日之言官。雖伏重誅。豈能塞責。臣所以不避煩瀆之罪。屢陳迫切之言。伏望聖慈特垂省察。若宗愈之罪惡既皆得實。即乞早行罷免。以慰中外之望。若臣之所奏稍涉誣罔。亦乞重行降黜。以為妄言之戒。惟冀早施睿斷。明示天下。不勝幸甚。

安世又論曰。右臣自四月已後。凡十三次論列胡宗愈罪惡。乞行罷黜。至今未蒙施行。臣竊惟自昔臺諫官彈擊執政。未見是非不決如

此之人伏尋故事蓋嘗有留百官班廷諍及閤門待罪自求貶降之例臣所以包羞忍恥涉歷九月而不敢輕為去就者誠欲廣陛下納諫之盛意致賤臣愛君之孤忠與其速去以潔身不若盡言而報國是以剖析義理援引古今冀可以上助聰明之萬一者臣皆披瀝肝膽而盡言之矣陛下雖未加臣狂瞽之誅而公議已及臣失職之罪循省微陋實不足以勝天下之責恭惟祖宗以來躰貌輔弼雖用捨之道主於至公而登拜罷免亦有時會今興龍之後正當進退大臣之機伏望特奮剛斷早去宗愈使中外知陛下聖意之日新而朝廷君子之道長非臣一人之幸實天下之幸也失今不圖養虎遺患則臣所謂留班廷諍合門待罪之下策將不得已而為之矣惟冀聖慈審察公議出臣前後章疏付外施行

安世又論曰右臣伏自四月已後凡十四次奏疏論列胡宗愈罪狀至今未蒙付外施行臣竊謂二聖臨御以來勵精求治遵守法度曾無過舉諍臣之職是以優為惟是君子小人消長之機實繫天下國家治亂之本要在分別真偽判白忠邪使上心明辨而無疑則群小不攻而自破今之急務獨此為先臣伏見宗愈以奸回之質挾宰相之援欺君亂法盜取名器更相朋比無復畏憚中外之論皆謂宗愈之進非陛下之本意為大臣之所誤臣是以採摭衆議稽参實迹歷指宗愈之罪凡十二事皆有按據昭如日星雖陛下意在兼容未加考驗而微臣官有言責豈敢遑寧伏望聖慈特垂省察若臣之所言稍涉誣罔則乞重行降黜以戒虛妄若宗愈罪惡如臣所奏亦乞速賜罷免以警奸慝臣及宗愈義難兩立惟冀早施睿斷以決是非使諫官職業不自臣廢豈勝幸甚

安世又論曰右臣伏為累曾奏疏論列宗愈罪狀乞行罷免至今未奉指揮竊惟二聖臨御以來開廣言路天下之情幽遠必達顧臣愚陋獲塵諫列實千載一時不可逢之嘉會豈不貪戀聖德願効萬一然而數月之間止以宗愈一事章十五上未蒙聽納夙夜憂懼若在塗炭豈臣精誠不至無以感動天心論議不切莫能開悟聖意何所言之久不効也自昔臺諫官論列執政未嘗有兩全之理今朝廷未加臣以妄言之誅則是陛下精以臣言為信而乃依違累月未覩施行縉紳之間不知諫疏之留中往往指目譏誚臣等以謂容身懼禍墮廢職事遂使小人久汙廊廟公議若此安可不畏臣聞天下之理惟是與非為人君者固當正心誠意以審其是而已願陛下博考僉言詳為遠慮以臣所言宗愈十二事反覆紬繹若非誣罔即乞罷宗愈以從人望進有德以尊朝廷或寬衷以為不然亦乞出臣章疏明正其罪使臣上不負陛下之拔擢下不失諫官之職業惓惓之忠罄盡於此

安世又論曰右臣自四月後來凡十六次奏疏論列胡宗愈罪狀乞行罷免至今未奉指揮臣迫於公議不敢中輟頻煩天聽宜被譴逐陛下曲示兼容未加竄斥臣若知難而止不復盡言則上以結執政之驩下以圖一身之利何獨自苦力犯大奸臣雖甚愚竊亦有說輙傾丹懇再冒聖聰仰冀睿慈留神聽納臣聞聖人之治天下有禮義廉恥之教有刑罰誅殛之威禮義廉恥所以待天下之君子刑罰誅殛所以待天下之小人非聖人有厚薄之私蓋禮義廉恥由賢者出則不得以治小人者待之也伏惟陛下恭己於巖廊之上而賦政於萬里之外所與朝夕圖議天下之事者執政數人而已若得當世之賢者而任之則朝廷尊嚴四方率服苟非其人則紫陛陵夷取輕中外不可不慎也今宗愈匿宰相之親嫌盜中司之要任欺罔人主之

聽。隳廢祖宗之法。立朝有朋黨之實。行已多貪濁之惡。自叨大任。臺諫官前後論列。不知其數。而宗愈偃然自若。殊無愧心。禮義廉恥。固已掃地。陛下猶以待君子之道待之。而望宗愈之自引以全躰貌。臣竊以為過矣。管仲有言曰。禮義廉恥。是謂四維。四維不張。國乃滅亡。古之善觀人國者。惟以此道而逆知其盛衰。今宗愈犯義如此。豈能為陛下設張四維以致天下之治乎。臣聞。十人之衆。議無不公。蓋以其好惡是非難蔽於一偏之說。而衆心所服者。惟理而已。臣向者嘗言宗愈十二事。皆縉紳士大夫之公言。明有按據。非特十人之聚也。陛下一切留中。不加考覆。則天下之公議。將無所伸。小人之奸謀。蓋有所恃。臣獨憂之。陛下勿謂人言宗愈之奸邪而未嘗親見其實狀。遂以宗愈為可用也。唐李勉嘗對德宗曰。天下皆知盧杞之奸邪。而獨陛下不知。此所以為奸邪也。蓋大奸之人。行偽而堅。言偽而辯。順非而澤。陽為可信。熒惑世主之聰明。故能盜竊名位。終亂天下也。若及其未用之前。見其可疑之迹。則不得謂之奸邪矣。惟陛下虛心澄慮。詳繹庶言。以臣章跡。付之有司。特令推究。如稍涉虛誕。臣甘受罔上之戮。或皆有實狀。即乞早罷宗愈。以慰天下之望。臣無任跼蹐俟命之至。

安世又論曰。右臣伏自去年四月後來凡十七次奏疏論列胡宗愈罪狀。乞行罷免。至今未蒙施行。臣聞齊桓公之郭。問其父老曰。郭何故亡。父老曰。以其善善而惡惡也。桓公曰。若子之言。乃賢君也。何至於亡。父老曰。不然。郭君善善而不能用。惡惡而不能去。所以亡也。臣每讀至此。未嘗不掩卷太息。以謂鄙夫固陋。燭理不明。人之所非。反以為是。衆之所惡。覆以為美。此乃愚者偏暗之常態。固不足論。若夫能知天下之善惡。如辨白黑。而無疑惑之心。蓋非智者有所不及。然而郭君反以此而亡國。其故何也。夫郭君能知善之為善。惡之為惡。則不可謂之不智。特以其見善而不能用。使君子無以自立。知惡而不能去。使小人得以成朋。因循積累。其害遂至於亡國。然則有天下者。可不視此以為戒乎。臣竊惟宗愈欺君亂法。毀滅廉恥。其罪惡顯著。為中外共知者。十有二事。臣固已極言之矣。自後相繼奏章中執前論。惓惓之懇。必已盡關聖覽。若臣言為妄。則是熒惑天聽。誣陷大臣。宜正典刑。以戒天下。若宗愈之罪如臣所奏。則是陛下知其惡矣。知惡而不去。此古人之所戒也。臣官有言責。畏公議。苟不能排斥奸慝。振舉紀綱。使羣小寖盛。壞亂政事。則臣雖受異日之戮。亦無補國家之患。惟陛下辨之以早。斷之以獨。出臣前後章跡付外施行。不勝願望。

安世又論曰。右臣伏自去年以後凡十八次奏疏論列胡宗愈罪狀。乞行罷免。至今未覩施行。夙夕慚悸。如負芒刺。臣自領職以迄于今。知無不言。每蒙聽納。獨是宗愈累章未出。竊惟聖慮所以兼容。必謂日月已深。艱於追褫。是以特屈公議。使之兩全。萬一如此。臣竊以為過矣。臣嘗觀仁宗皇帝用陳升之為樞密副使。是時呂誨方在言路。指其私行。極力彈劾。仁宗皇帝初亦難之。而誨論奏不已。章至於十八上。涉歷數月。卒罷升之而後已。宗愈自始進用。不協物望。與升之無異。臣言宗愈之跡。其煩多與誨略同。而宗愈冒昧居位。又與升之時月不甚相遠。豈仁祖能受盡言於昔。而陛下不能聽之於今。呂誨能逐奸人於前。而臣不能去之於後。以徽臣之譾薄。猶見賢而思齊。如陛下之聖明。豈知惡而不去。若謂進退執政。必有迹狀。則臣按宗愈不無顯罪。初除御史中丞。與見任宰相。明是姻家。隱而不言。盜取要任。當時衆人之不知而知者。亦不以告陛下。欺君亂法。孰甚於此。

以至身任風憲。不修廉節。負所居房緡。不肯償還。遂致開封爭訟。御史彈糾。朝廷一切置而不問。玷辱國體。墮廢臺綱。宗愈坐此二罪。自合明行貶黜。而況其餘奸慝事狀尚多。陛下何故優容如此之久。臣又嘗考尋呂誨所論陳升之章疏。不過以諂揚歷甚淺。聞望素輕。尹京無狀。遽叨大用。疑其陰有趨附。由徑而進。及升之事有重表姪遠之妹。嫁於中官。嘗與往還。不避嫌疑。若此之類。止於數事。蓋未有奸邪貪狠如今日宗愈之甚者也。臣忝備耳目之寄。而使陛下股肱心膂之任。容有此人。叨據經年。不能排斥。尚何面顏出入朝廷。而以諫官自名乎。臣若未至竄逐。終不敢緘默以負陛下拔擢之意。伏望聖慈早出臣前後章奏付外施行。

安世又論曰。右臣輒瀝血誠。仰瀆天聽。事出迫切。無暇文飾。惟冀聖慈留意省覽。臣自去年四月初八日延和殿與左司諫韓川同奏朗

宗愈奸邪朋黨。不堪大任。自後十九次上疏條陳罪狀。而五月中。臺臣亦有彈劾。遷延至此。未蒙施行。向者孫覺楊康國相繼辭職而去。獨臣與川始終論列。未嘗敢置。自十一月後。川見陛下未賜聽納。堅乞外補。臣本欲歲前上疏更以公論開陳。而川別有除命。不復供職。臣以左右省並無諫官。拘礙文法。不敢獨負乞對。同時言事之人。去之殆盡。臣若更顧身計。不為陛下極辨邪正。則臺諫之風日益衰替。奸慝之勢日益盛強。實於聖朝所損不細。此臣所以憤懣感嘆而不能自已也。臣歷觀祖宗以來。言者彈擊執政。未嘗有是非不決。枉直兩存之理。今御史中丞李常侍御史盛陶迫於眾議。亦嘗以宗愈為言。而依違觀望。不敢深論。臣竊料其意。不過以謂陛下若逐宗愈。則常輩將欺罔縉紳曰。朝廷用我之言。已罷執政矣。若臣所論太過。忤旨獲譴。則常輩初無切直之言。又可免責。進退無患。足以竊位。陛下用此等人。持綱紀耳目之任。亦何補於聖惪乎。臣非特患宗愈之污廟堂。又憂常等之壞風憲也。臣伏覩陛下即政之初。首開言路。擢用忠良。使在臺諫。如劉摯王巖叟等論蔡確章惇之罪。則陛下為之罷確宰相。罷惇知樞密院。又論張璪奸邪。則璪罷中書侍郎。孫覺等論韓縝不協人望。陛下用縝為右僕射。纔方數月。遽令外補。傅堯俞等論李清臣無狀。則清臣罷尚書左丞。自是四海之內。莫不歌頌厭服。以謂陛下用人納諫。有祖宗之風。故三數年間。公議得行。大臣知畏。奸人斂迹。君子道長。豈非用此道歟。今宗愈自進用以來。惟其朋黨之外。無一人以為可者。其懷奸為利。與璪輩何遠。其昏謬無補。則又甚於縝與清臣。豈陛下前日去此數人之易。而今日去一宗愈為難哉。臣讀魏鄭公之諫唐太宗曰。正觀之初。恐人不言。導之使諫。三年以後。見人諫諍。悅而從之。一二年來。不悅人諫。雖勉聽受。終有難色。

臣竊謂太宗之烈。足以比迹湯武。庶幾成康。然責之以備。則有愧於三代之隆者。特在於不能慎終如始而已。詩曰。靡不有初。鮮克有終。易曰。有始有卒者。其惟聖人乎。願陛下以詩易之言為法。以唐太宗之事為戒。無使後之視今猶今之視昔也。書曰。有言逆于汝心。必求諸道。有言遜於汝志。必求諸非道。臣之狂愚。逆陛下之心多矣。惟求諸道。則或有萬一之補。伏望陛下以宗廟社稷為計。早罷宗愈。斷之不疑。更擇忠厚端正之人。置於言路。以代常等。庶幾協力上裨聖治。天下幸甚。

貼黃。臣叨被上恩。不次擢用。未能報塞萬一。豈敢輕為去就。然自表論列執政。是非固難並立。臣之悃愊盡於此章。若聖意確然不回。則是臣言無補。須至援引故事。自求貶黜。況宗愈固惜名位。不知廉恥。儻陛下務為優容。俾其自請。以理度之。必無是事。

又慮聖慈不欲出臣之奏恐傷體貌臣已一面申三省乞奏請前後章疏付外施行去訖伏乞早賜睿斷去邪勿疑以慰天下之望

安世又論曰右臣伏為前後二十次論奏胡宗愈罪狀乞行罷免而聖德寬厚務全體貌章皆留中未蒙施行宗愈幸累疏之不出盜據丞轄色喬苒年辱國已甚臣忝居言路職在繩糾遂舉撣文之大略以申三省宗愈並不避位視事自如中外指目近世輔弼毀滅廉恥未見如此之極也臣竊伏思念輿情之所以共惡者不過責其無恥之一節而臣之所以深疾者特疎宗愈之意爾臣聞國家設諫官御史之職本欲肅正綱紀防察奸邪故風采所繫貴戚震恐非一二小臣敢作威福蓋朝廷上下之體待此而後嚴也今宗愈既知臺諫之撣劾而力戰公議若無所睹惟其以言者為不足卹是乃陵蔑陛下之風憲為大臣而有輕視人主之心陛下縱欲赦之其如朝廷何其如天下何使宗愈實無它罪止此一事猶在譴訶之域而況欺君亂法奸邪貪猥罪狀顯著至於數十尚安足以預廟堂之論處具瞻之地乎伏望聖慈深加省察以臣前後章疏付之有司公行推究若宗愈之罪如臣所言即乞特賜睿斷早命罷黜若臣所論無實亦乞重行竄逐庶分邪正以服天下

安世又論蔡確作詩譏訕事狀曰右臣伏見知漢陽軍朝散郎吳處厚繳進蔡確知安州日所製車蓋亭詩十篇多涉譏訕而二篇尤甚非所宜言犯大不敬者臣按確惪性陰險立朝奸邪象恭滔天有共工之惡言辨行偽挾少卯之才遭遇幸會致位宰相不能正身率下宣明教化而縱其弟碩交結群小公納賄賂盜用官物不知紀極閨門之內奉養豪侈飲食聲色衣服器玩肆為奢僭制踰公王是時碩

為軍器少監俸入有限而用度如此確實同居豈不知其所來乎朝廷既不窮治又貸其弟之死止以失教為名黜守安陸天下公議謂罰不能當其罪固宜痛自懲艾圖報大恩而乃不自循省輒懷怨望借唐為喻謗訕君親至於滄海揚波之語其所包藏尤為悖逆蓋確自謂齒髮方盛足以有為意在它日時事變易徼幸復用攄泄禍心跋扈懷梁冀之奸睥睨蓄魏其之志此而可捨國法廢矣伏望陛下察其情理斷以至公出處厚之奏付之有司特行按治明示其罪以謝天下

安世又論曰右臣近以知漢陽軍吳處厚繳進蔡確知安州日所製車蓋亭詩怨謗君親情理切害遂具論列乞正其罪未覩旨揮施行臣聞確之朋黨太半在朝造播巧言多方救解且謂處厚事非干己輒尒訐奏近於刻薄此風浸長恐開告訐之路臣竊以為過矣西漢酈寄天下謂之賣友然而推呂祿以安社稷前史謂誼存君親不以為貶確之罪惡固已貫盈不自省循肆為訕斥人神之所共嫉覆載之所不容處厚外官雖無言責見確悖逆不道發於忠憤名則出位情實愛君取捨重輕未為無理惟陛下勿恤浮議早正典刑使大奸無幸免之門朝廷無異日之患天下幸甚

安世又論曰右臣等早來臣燾臣安詩延和殿進對具陳蔡確怨謗君親情理切害因曾上稟言路更有何人論列伏蒙宣諭惟卿等及劉安世外它人別無章疏臣等竊伏思念國家設御史本欲肅正綱紀糾察百寮雖小犯朝廷之儀猶俾彈治今來蔡確悖逆不道指斥乘輿而御史臺職在按舉曾無一言挾邪不忠黨惡無憚未見如此之甚者臣等前章固嘗以確之朋黨太半在朝慮其造播巧言多方營救不謂御史當可言之地並不糾劾又慮奸黨變亂公議別有奏

陳悉開告訐之路。臣等竊謂古人。見無禮於君者。如鷹鸇之逐鳥雀。豈有目覩奸豪陵蔑朝廷。謗訕君上。乃欲置而不問。苟非今日確之事發。則其黨與未易彰敗。臣等尚慮御史臺知臣已有論奏。備禮一言。以塞外議。若果如此。則其包藏奸狀。益更明白。伏望陛下留臣等此奏。俟蔡確事畢。明正其罪。特行竄逐。庶使邪正有辨。不敗國事。

安世又論曰。右臣近以蔡確指斥乘輿。情理切害。尋具論奏。乞正其罪。雖已聞降旨揮下安州取索元本。及令確開具因依。至今未見回報。臣聞上自執政。下至堂吏。確之黨與殆居其半。百端營救。齊奮死力。若使邪說得行搖動正論。則朝廷之事。極有可憂。此臣所以夙夜寒心。而過為陛下之計。臣竊觀二聖臨御以來。日新聖政。蔡確之徒。不得逞其奸志。陰懷怨望。窺伺頗急。然而深情厚貌。未嘗形見。今乃無故作為此詩。臣恐祖宗神靈。天地眷祐。疾惡貫盈。而以此機授陛

下也。臣伏見李常盛陶居風憲之地。目覩蔡確無禮於君親。而依違觀望。曾不糾劾。及朝廷已有行遣。方始備禮一言。而又是非交錯。皆無定論。翟思已下。仍更不見章疏。御史如此。綱紀何賴焉。彭汝礪在侍從論思之列。不以疾惡為心。反用開告訐之路為辭。其餘進說之人。臣雖不能知其名氏。然其所主之論。計與汝礪不甚異也。臣竊謂李常等。居可言之地而不言。雖言而陰持兩端。彭汝礪等不任言責。輙敢進疏。宜有高遠之慮。出於世俗之表。而義存君親者反責其告訐。悖逆不道者欲置而不問。夫告訐之不可長則是矣。至於睥睨兩宮。包藏禍心者。乃為可長乎。朋邪罔上。孰甚於此。若非確之事發。則羣小比周。無由彰敗。惟望聖心先定。勿疑流言。誅鋤奸慝。決行威斷。庶幾朝綱振舉。邪正明辨。天下幸甚。

安世又論曰。右臣近以四具狀論列蔡確指斥乘輿。情理切害。乞付有司按治其罪。陛下聖恩寬厚。體貌大臣。不欲輕信人言。遽行竄逐。遂降睿旨。令確開具因依。及下安州取索元本。日近竊聞確及安州皆有回奏。訕上之迹。盡如臣章。雖文過飾非。妄意幸免。而情狀明著。可以無疑。臣聞確昨移南陽。既離安陸。復遣親吏取去詩牌。洗滌刮劘。靡有存者。使確詩意別無詆斥。雖刻之金石。固自可信。惟其內懷觖望。志在謗訕。有慊於此。懼復流播。故令毀撤。欲以滅口。推此言之。則確之罪惡。何可掩也。伏望陛下特徇公議。毋恤浮言。明正典刑。以謝天下。其御史臺官吏並不糾劾。及伺候朝廷已行遣後。雖有言者。亦持兩端。并自餘臣寮進說營救。皆確朋黨。不顧君親。苟尚兼容。必為後患。伏乞聲言其罪。重行貶黜。庶分邪正。以肅中外。

安世又論曰。臣等近以蔡確怨望作詩。無人臣敬順之禮。累曾奏論乞正典刑。朝廷旨揮下確開具。仍令安州知州取索確詩元本。竊聞

安州取索與確開具。皆已奏到。確之開具。本無所用。徒為遷延行遣。令確知其事因。從容造說。交通求救。詞皆虛妄。必不可信。今安州根究得確詩元書在粉板。後來削去墨跡。其板見在。書之其狀已著。削去其罪轉明。更使確巧詐辨給。此亦不能文也。詩版是明白已驗之跡。便可為據。開具乃委曲苟免之詞。不足為憑。罪在不赦。合寘誅竄。恭以太皇太后以先帝遺詔用故事。請權同聽政。當日確備位次相親見本末。豈不知此事不是太皇太后本意。蓋為皇帝年在沖妙。以保護聖躬為功。事不得已。乃從權宜。竊以前日遭值先帝大變之際。設或不依本朝典禮上尊兩宮。則宗社大計。將如何哉。觀確之意。以為不然。蓋竊幸皇帝富於春秋。欲以大臣專權。自作威福。包藏禍心。深不可測。此不可不誅也。大臣之義。當歸美報上。喜以福祿壽考稱誦其君。確不能庶幾於此。乃引蹈海變田之事。肆為怨謗。寄懷大惡

之志義為不祥之語。此不可不誅也。賞刑者。人主之權也。祖宗所以行威福而公天下。服人心。傳之子孫。為萬世法也。兩宮亦不得而私之矣。如確之罪。天下所共怒。天下所共棄。與天下共怒共棄之者。在皇帝陛下與大臣也。陛下崇養聖慈。未專明斷。前與議者在大臣。如少欲寬確。則天下疑而不服。傷陛下之聖孝矣。大臣者敢為開陳求戚。則是朋奸養交。面謾不忠。視確之罪。無所重輕。必不見容於天下矣。臣等願盡行公議。無廢祖宗之法以失威柄。威柄一失。則奸邪强驁無所忌憚。後時有不可制之悔。於此不得不慎。以防微杜漸也。伏望聖慈以其事下有司。議正其罪。為今日戒。為後世訓。

安世又論曰。准名例律十惡六曰大不恭。注謂指斥乘輿。情理切害者。

准職制律。指斥乘輿。情理切害者斬。　准名例律議請減贖章。犯十惡者不用此律。　一。宰相丁謂貶崖州司戶參軍。

一。前樞密副使孫沔貶節度副使宿州安置。　一。前參知政事呂惠卿貶節度副使建州安置。

右臣等早來延和殿。伏蒙宣諭令具行遣比附條例密奏。臣等畧具合用律法及責降大臣故事。備錄如右。臣等竊謂三人之間。丁謂之責最重。然其所犯。亦非蔡確之比。伏乞聖明更賜參酌。

安世又論曰。右臣昨日延和殿進對。嘗論彭汝礪營救蔡確事。伏蒙宣諭以謂卿等錯會汝礪所言與卿等一般者。臣雖已具汝礪朋附之實。面奏其略。尚恐陛下未知群邪交結之詳。緣此事正繫是非邪正之機。不可不察。須至辨析。上煩聖聽。臣伏見彭汝礪與曾肇同為中書舍人。公然結黨。范純仁既是本省官長。日得相見。朝廷密命。無不關預。而又汝礪親弟娶李常之姨女。廟堂之論。悉使傳播。故御史臺表裏通同。殊無公道。竊伺執政之意。旋立議論。純仁所欲。雖違法害義。無敢糾駁。稍異已者。則必承望風旨。連章絕治。皆有實跡。未敢盡舉。姑以蔡確之一事。試為陛下陳之。尚書吳處厚繳進確詩。其徒大懼。巧言救解。情態萬狀。純仁備位宰相。見確無禮於君親。不以疾惡為心。乃諭汝礪及曾肇以為告訐之風漸不可長。汝礪等既聞其語。即時傳報李常。是以御史臺依違觀望。不復按劾。及見朝廷已有行遣。方始備禮一言。而汝礪輒奮强很。妄進邪說。雖其大臣不敢主確。然而深意全罪處厚。臣竊謂以確詩為可罪耶。則自有臺諫官論列。若以確詩為不足治耶。則臣等豈敢違犯公議。輒形彈奏。進退之間。皆不預中書舍人之事。今汝礪出位進說。惟以妄告訐為說。至今睥睨兩宮。悖逆不道。則狱置而不問。是汝礪貪與蔡確為地。而不顧君親之大倫。僭亂之基漸。此乃朋奸罔上。徇私立黨。而陛下謂之與臣言一般。竊恐聖心未之察也。臣聞汝礪與曾肇同授純仁之指。而

肇陰險奸賊。不肯自發。故使汝礪先次進言。繼聞臣等極力攻擊。陛下已賜聽納。遂不復言。然而交搆之迹。縉紳無不知者。獨其黨人為之諱耳。願陛下以臣之論。詳覽汝礪之蹤。則奸人之情狀。必不能逃於聖明之鑒。臣伺候斷遣蔡確了日。當節次具狀劾奏奸黨。乞行竄逐。惟陛下乘不可失之機。特行英斷。使邪正分別。朝廷清明。臣雖殞首亦無所恨。

安世又論曰。右臣等竊聞蔡確已有責命。舍人彭汝礪封還詞頭。不肯草制者。臣等竊謂確之罪惡。本天下之所共疾。不容更有異議。汝礪居侍從論思之列。不以君親為念。沮格詔旨。盡力營救。臣等前日進對之際。固已言其朋黨之狀。觀今日之舉。可驗有實。伏望陛下誅其奸意。重行貶黜。庶分邪正。以肅中外。

貼黃。臣等伏見治平中。命王疇為樞密副使。是時錢公輔當制。繳

逐詞頭。朝廷以為不當。遂責授滁州團練副使。今來蔡確責命。與王疇事理不同。況獎扶奸不肯草詞。伏望詳酌。重賜施行。仍乞速降旨揮。免致惑亂衆聽。

安世又論曰。臣竊聞朝廷以蔡確為光祿卿分司南京者。臣按確嘗佐宰相輔政六狀。弟碩贓汚。罪惡貫盈。確本同居衆謂預聞其事。陛下既不窮治。又貸碩死。仍免決配。惟令編管。確以失教為名。止從薄責。朝廷之恩。亦以極矣。而確不知圖報。猶懷怨望。作為詩什。輒敢謗訕。罪狀顯著。法所不赦。陛下以天地父母之慈。不忍加誅。俾全要領。亡出再生之賜。謂宜投諸四裔。以禦螭魅。而尚玷卿列。仍居善地。中外之論。皆謂失刑。臣嘗謂賞罰者。人君之大柄。祖宗所以公天下而立之。聖子神孫。亦必以至公守之。不可失也。伏惟太皇太后陛下。保佑聖躬。恩惠隆厚。而確悖逆不道。妄有詆斥。人神之所共憤。覆載之所不容。今來責命太輕。未厭輿議。非惟失祖宗立法之意。亦恐傷陛下孝治之風。伏望聖明。更加詳慮。早行竄殛。以慰人望。

安世又論曰。右臣近以蔡確責命太輕。嘗具論列。今已累日。未奉旨揮。臣伏見確之朋黨。太半在朝。大臣之間。亦有陰懷向背。假託義理。巧進邪說。協力營救者。雖聖心先定。必不為流言之所惑。而後命淹留。未快公議。再瀆天聽。仰冀採納。臣聞自古亂臣賊子之為害。皆非一朝一夕之故。良由上下怠忽。辨之不早。日復一日。養成禍胎。是以先王制禮。雖齒路馬。與蹙其芻者。莫不有誅。非芻為可貴。而馬不可齒。蓋君臣上下之分。所當致嚴。而將折天下奸雄桀驁之氣於未然之前也。今確無禮於君親。非可宥之過。雖悖逆不道。自取罪戾。亦朝廷威令不行。政尚姑息。容養確輩。使至於此。而輔弼大臣。猶為救解。欲沮朝廷尊嚴。用邪歛迹。何可得也。願陛下深察奸黨。慎無輕聽。早行四凶之竄。以慰天下之望。

安世又論曰。右臣今月二十四日延和殿進對。嘗論蔡確朋黨事。雖粗陳大槩。而臣內有誠懇。未能盡達天聽。事體至重。不可不憂。惟陛下無憚煩而詳覽焉。臣聞蔡確章惇黃履邢恕四人者。在元豐之末相與交結。號為死黨。惇確執政。倡於內。履為中丞。與其寮屬和之於外。恕立其間。往來傳送。天下之事。在其掌握。公然朋比。傍若無人。以至先帝厭代。聖上嗣統。四人者以謂有定策之功。眩惑中外。無敢與辨。及司馬光被用。奸人懼其為己之害。乃使惇於上前。極口詆毀。陛下以惇無人臣之禮。逐之於外。確又以弟碩贓汚事發。亦罷宰相。履恕坐事。相繼外補。既而惇在蘇州。肆為不法。強以賤價奪民之產。確在安州。不自循省。作為詩什。謗訕君親。臣竊謂惇確所以桀驁很愎無所畏憚者。蓋四人從來更相稱譽。自謂社稷之臣。心有所恃。故敢

如此。若不早為辨正。以解天下之惑。臣恐異日。必為朝廷之患。臣迹雖疏遠。未知先帝傳位之詳。然縉紳士大夫間。亦嘗竊聞其略。今試條析。為陛下言之。臣聞元豐七年秋宴之日。今上皇帝出見羣臣。都下諠傳。以為盛事。明年三月。神考暴疾。衆謂前日之出。已示與子之意。其事一也。自先帝違豫。岐嘉二王日詣寢殿。候問起居。及疾勢稍增。太皇太后即時面諭。並令還宮。非遇宣召不得輒入。有以見聖心無私。保祐慎重。其事二也。建儲之際。大臣未嘗啓沃。而太皇太后內出皇帝為神考祈福手書佛經。宣示執政。稱羨仁孝發於天性。遂令草詔。誕告外庭。蓋事已先定。不假外助。其事三也。陛下聽政之初。首建親賢之宅。才告畢功。二王即日還就外第。天下之人。莫不服陛下之聖明。深得遠嫌之理。其事四也。臣之所聞。大畧如此。實太皇太后聖慮深遠。為宗廟社稷無窮之計。彼四人者乃敢貪天之功以為己

力臣雖愚陋心常疾之近司馬康赴闕邢恕邀至河陽燕語之次稱贊確等不已傾其微意頻皆捭闔蓋欲康來京師傳達在位陰與確等謀爲復用之計朋黨害正一至於此臣竊謂惇確用事十年小人黨與內外結固造作奸言欺惑愚衆臣恐歲月浸久邪說得行離間兩宮有傷慈孝則確輩萬死何補於事伏望陛下起禍於無形防患於未兆明詔執政及當時受遺之臣同以覲見策立今上事迹作爲金縢之書藏之禁中又以其事之本末著之實錄然後明正四凶之罪布告天下除蔡確近以貶竄外所有章惇黃履邢恕欲乞並行廢斥屏之遠方終身不齒所貴奸豪弭息他日無患惟陛下取臣千慮之得少賜留聽不勝幸甚

安世又論蔡確不合陳乞潁昌府狀曰右臣伏聞知鄧州蔡確上章陳乞潁昌府以便私計雖未知可否之報而縉紳之議率皆不平敢具僉言上達天聽按確奸邪陰險盜據宰府不能正身率下宣明教化而縱其弟碩招權納賄贓污狼藉有司論罪當以大辟陛下特加寬貸止送韶州編管確本同居衆謂預聞其事朝廷既不窮治惟以失教責之削其職名出臨偏郡僅能周歲易守南陽當時議者已謂牽復太速碩至貶所亡止踰年確遽上言乞令內徙陛下屈天下之法移置黃州曾不旋踵自請近鎮臣竊謂確所以敢萌意外之望益肆無厭之求者蓋見近日政事多尚姑息是以先用其弟量移之請嘗試朝廷既不能沮止奸謀遽可其奏確知執政莫不畏己遂敢陵蔑公議輕侮朝綱雖屢蒙非常之恩猶不能滿確之意復託親老願移大藩蓋有以啓之也臣恐小人僥倖之心殆猶未已往往再乞放碩逐便或自求京師宮觀差遣以就醫爲名然則陛下又將許之乎確之朋黨太半在朝夙夕引領以俟復用若使漸得親近廣爲路岐異日盜權亂政無不由此而始況輔弼大臣既以罪黜雖領帥節未復職名考之典故猶是謫籍豈有不因詔除輒求自便此風寖長則陛下賞慶刑威之柄遂爲虛名國家綱紀必至隳紊不可不慎也伏望聖慈明敕三省報罷確奏以正國體

安世又論沈括吳居厚等牽復不當狀曰臣等伏見近日除沈括吳居厚賈青呂孝廉王子京差遣不合公議門下省已行封駮竊謂朝廷必以大禮之後適恩例隨濟臣等以謂不然括首議再興邊事喪師辱國爲先帝遺恨罪不容誅而得全首領無復可以推恩居厚欺君害民誅求暴虐掠爲己功歸怨於上罪當放斥而得列縉紳無復可以推恩矣青與孝廉子京苛刻聚斂流毒一方附會誕謾屢失使指重譴遠貶才當其罪如此數人者蹈犯凶慝出於文墨既不可以常法治之亦不可以常赦寬之也若使僥倖復起夤緣再用則羣

小振奮攝踵求伸甚非朝廷之福生靈之幸也長奸之漸所宜杜絕伏望聖慈面飭大臣諸不以法治而貶降者不得以赦議如天度兼容未忍盡棄即於爲惡之間畧加殊別特移青等一內地監當括與居厚且令依舊庶協大公以懲群枉

安世又論盧秉責命不當事狀曰右臣伏聞累有臣寮論列盧秉昨在兩浙推行榷鹽之法務爲慘刻殘虐一路比蒙朝廷下本道根究皆有實狀而害民之甚者自行法以來其所配流一萬二千餘人如聞寬恩止落學士猶以待制提舉宮觀中外之議皆謂未安伏惟聖朝愛養元元不欲一物失所而秉出將使指恣按一道奉聞宣布恩澤興利除害而專爲身謀不顧義理罔上以虛誣虐下以苛法慈苦之聲溢於道路議者皆謂誅剝措克與吳居厚略同而峻刑害物則又過之雖降一官尚指侍從恩數以戒姦暴肆塞民情伏望聖慈

詳此事理比附吳居厚例重行黜責以吞公議
安世又論曰右臣近嘗奏論盧秉非在兩浙專主鹽事殘民害物遺毒累年延者朝廷體量得實謂宜重貶而止落學士猶以待制提舉宮觀竊恐無以戒戢奸暴慰塞民情乞依吳居厚例特行竄黜伏聞續有指揮令展二年磨勘罰不當罪士論未平是敢冒避再三塵瀆天聽按秉權賣鹽貨峻刑虐民無辜流死以數萬計老稚轉徙號呼盈路比屋憤怨思食其肉上賴累聖德澤深厚是以人心卒無異志昔吳居厚之在京東掊克太甚斂怨於民陛下踐祚之初責授散官遠郡安置天下傳播莫不欣喜秉之刻剝無異居厚而猛暴殺人實又過之不伏重誅已為寬典尚玷侍從何以示懲臣伏觀祖宗以來尤以失入為重彼執法之吏不明微意誤寘一人入於深文大則追停小則降免今秉奉使故設苛法多殺平民非特失入一人之比也

而朝廷責命太輕未厭公議非所以示陛下愛元元之意伏望聖慈檢會臣前奏重行貶竄以慰民望
安世又論曰右臣近為體量到盧秉向在兩浙專主鹽事設法苛虐流毒一方而朝廷責命太輕未厭公議臣已兩具論列未聞指揮施行切緣盧秉奉將使指專為掊克使無辜之民流離轉死冤號之聲盈於道路蓋有甚於吳居厚者矣且兩浙京東皆陛下之民而秉與居厚酷暴之狀相若一則貶為散官安置遠郡一則尚列侍從提舉宮觀同罪異罰恐非至公之道伏望聖慈檢會臣前奏比附吳居厚例重行竄黜以慰遠民之望
安世又論曰右臣近為盧秉責命太輕未厭輿議臣已三具論列未蒙朝廷施行如秉苛虐酷烈之實遠民怨苦冤憤之情前奏言之已詳不復條列而臣尚有未盡之意更為陛下陳之臣聞人君之柄莫大於賞罰而所以行之者必主於公平傳曰功同賞異則勞臣疑罪鈞刑殊則百姓惑蓋不能處之以至公則天下不得無疑惑之心也今秉之罪狀顯著非在重輕疑似之間考之近例又有吳居厚散官安置之比而諫官御史交章彈劾未見盡行其言朝廷何憚而不正典刑以謝東南之民乎臣之所論非苟欲奪秉寄祿官而已蓋秉之殘民害物甚於居厚而尚為待制提舉宮觀罪鈞刑殊臣恐無以解天下之惑也伏望陛下檢會臣累奏事理削秉侍從之職以慰人望
安世又論周穜不當乞王安石配享事狀曰右臣伏見鄆州教授周穜上書乞以故相王安石配享神宗皇帝廟廷中外諠傳頗駭群聽臣聞天聖中錢惟演嘗請以莊獻明肅太后莊懿太后並配真宗廟室以希帝意是時御史中丞范諷劾惟演擅議遂落平章事罷歸本鎮臣竊謂惟演位兼將相言之未為太過而責之如此之重者所以

嚴宗廟也今穜以疏遠微賤之臣懷奸邪覬望之志陵蔑公議妄論典禮使安石功德茂著實可從享在穜之分猶不當言而況輔政累年曾無善狀殘民蠹國流弊至今安可侑食清廟傳之萬世如穜狂僭豈宜輕貸伏望陛下以春秋之法誅其始意重行竄殛以明好惡
安世又乞罷李常盛陶中丞侍御史之職狀曰右臣伏自去年胡宗愈竊據丞轄不協人望臣忝言路累具彈劾而聖德寬大務全體貌遷延經歲未賜指揮臣以公議不平難於中輟迺者上章極言論奏并申三省乞請留中之疏付外廷明辨曲直雖發於忠憤不敢愛身而退循率易方俟誅譴今既半月威命不至繼聞宗愈已罷政事乃知陛下不特赦臣之罪又能聽臣之言恩出望外感極以泣陛下仁厚容諫如此而臣內懷區區未盡之意若不披瀝肝膽上達天聽則於職事猶為有愧是以輒終言之臣伏見御史中丞李常侍御史盛

陶惠性柔邪。秉心不一。昔蔡確用事之日。陰相交結。故常自太常少卿擢爲禮部侍郎。旋遷天官。遷拜戶部尚書。陶自瀛州得替用爲太常博士。尋擢考功郎中。皆由閑冗之中。寘諸要劇之任。才能政事。無足稱者。爲確主張。人不敢論。以至今日。並居丞雜。而又相與連親。不使廻避。阿諛朋黨。殊無公道。臣不敢廣引細瑣。上煩聽覽。止以近事之尤顯著者。試爲陛下陳之。臣聞蔡碩盜用官錢。事發下獄。罪當大辟。陛下以天地父母之德。赦而不誅。又免真刑刺配。止送韶州編管。僅能周歲。確乞內徙。朝廷曲法申恩。移置黃州。曾不旋踵。確又陳乞領呂。緣國朝故事。應左降官。雖曾任宰臣。而未復職名。猶是謫籍。既係有罪之人。固無自便之理。確之冒昧陳請。御史即合糾彈。而常陶身任臺綱。陰借奸恩。目覩亂法。終無一言。其事一也。按謝景溫係王安禮之妻兄。昨除刑部尚書。衆議以爲不可。而常素與安石兄弟親

善。陶及安禮。昔嘗同官於大名。交契甚厚。是以見景溫之誤。恩並不論列。其事二也。章惇在蘇州。公違條法。強市田產。使無辜之民。被刑失業。故朱迎等四人不遠數千里赴愬省部。御史臺明知上件事實。亦不繩治。假借奸豪。徼幸異日。其事三也。王安石輔政累年。曾無善狀。害民蠹國。未見其比。向者病卒。人皆相賀。王汾雖無言責。而能上章陳述義理。乞賜惡謚。以爲後人之戒。縉紳之論。莫不多汾有憤世疾邪之意。而常等恐傷王氏。疾之若讎。及汾除諫議大夫。遂率全臺肆爲醜詆。然汾從來別無過惡。止言其口吃滑稽之類。一二小事。乃冷報羅中外之論。至今不以爲直。臣日近方聞常等所以擊汾之由。主於請安石之謚。操心如此。豈復至公。其事四也。陛下即政之初。知免役出錢爲民之患。故復用祖宗差役之制。常在戶部。不能講究補完。而協助邪說。請復顧募。及爲中丞。猶聞奏乞施行。懷奸徇私。大害

聖政。其事五也。先帝已知經術取士久而有弊。並欲復用詞律。故昨者有司請於經義之外。加以詩賦。朝廷採納。已爲定制。而安石之黨必欲沮撓。常乃屢乞改用經義。其徒翕然譽之。賴陛下聖明。主執不輕變易。而常等言之不已。背公死黨。其事六也。保甲之害。衆所共知。陛下變法以來。農民方遂休息。而陶乃倡言乞連編排。朝廷若行其說。天下豈不大騷。率情妄作。其事七也。臣起於小官。誤蒙擢用。非不知雷同鉗默。足以取容。然而朞年之中。屢犯權貴。旁人爲之憂恐。而臣處之自如者。實以陛下推至誠樂善之心。有捨己從人之德。是以不量力薄。思効涓埃。而況二聖臨御以來。逮今五載。遵守祖宗之法。曾無毫髮之累。諫臣之職。足以優爲。惟是君子小人消長之機。實繫天下國家治亂之本。故臣自拜命以迄于今。獻納之間。尤以人物爲務。蓋朝廷之有君子。如人體之有元氣。元氣盛實。則膚革充盈。血脈

榮暢。寒暑疫癘。不能投間以干陰陽之和。則爲安強之人矣。至於真守不固。氣血將敗。內無以養根本。外不能慎起居。一旦遘疾。雖和扁再生。莫知所救。天下之勢。何以異此。使君子衆多。小人勿用。然後綱紀振舉。政教脩明。奸邪陰賊。不能伺隙以亂聖人之治。則成天下太平之功。其或聽納之間。不辨枉直。任用之際。不察忠邪。黑白混淆。是非雜揉。日復一日。浸生亂階。雖堯舜復起。亦不能治。臣竊聞近者執政奏事之次。覩奉德音。思與大臣共爲廟社長久之計。每患異日小人在側。眩惑人主。敗亂國政。憂深慮遠。固非愚臣所能跂及。然臣夙夜寒心而不敢以爲無事者。正以風憲之地。乃有常等皆王安石蔡確之黨人。陰持兩端。浸害正論。使漸引其類。並據要津。則陛下累年憂勤所立之政事。必將復壞於群小之手。可不痛哉。臣恐陛下之所憂不在異時。而其兆已見於今日也。況二人挾邪不忠之迹。固已著

明父而不去。必有後悔。惟陛下以臣所陳七事。特賜詳覽。若非誣罔。皆有實狀。即乞慎擇忠厚端正之人。以代常等。不勝幸甚。

安世又論時孝孫差除不當狀曰。臣伏見朝廷除時孝孫充梓州路轉運判官。按孝孫資稟傾邪。巧於仕進。昔王安石曾布鄧綰變法之際。曲意附會。遂薦充司農寺屬官。推行新法於河北。吏民苦之。視若鷹犬。其後蔡確用事。傾心交結。又得御史臺主簿。及何正臣鞫瀘南之獄。舉以自隨。使正臣罔欺先朝。肆行酷烈。孝孫贊助。其力居多。獄決還朝。擢使一道。元祐之初。罷諸路提舉官。隨例得郡。縉紳之議。固已不平。今正臣既行黜責。而孝孫尚冒監司。物論頗殊。公議未允。伏望聖慈考其素履。灼見奸狀。追還新命。以折羣枉。

安世又論曾肇知鄭州不當事狀曰。臣竊聞朝廷除曾肇知鄭州兼西京南路安撫使。按肇資稟奸回。趣向頗僻。昨來蔡確謗訕君親。天下臣民。所共疾怒。而肇倡為邪說。惑亂衆聽。以至排闔執政。欺罔同列。苟有可以救確者。靡所不為。上賴聖明。特正刑典。肇不自安。遂乞外補。陛下敦尚寬厚。貸而不誅。猶假從官出守近郡。縉紳之論。固已不平。到纔半年。遽易帥路。非惟無以示好惡於天下。亦恐氣燄凶黨滋長。伏望聖慈審度事理。收還新命。以允公議。

歷代名臣奏議卷之一百七十八

歷代名臣奏議卷之一百七十九

去邪

宋哲宗時。劉安世論王子韶差除不當疏曰。臣伏聞朝廷以王子韶為太常少卿。採之僉言。咸謂未允。輒撮公議。上達天聽。按子韶姿性憸佞。行己無恥。熙寧初。士大夫有十鑽之誚。目子韶為衙內鑽。蓋以其遊請公卿之門。不憚寒暑。交結權要子弟。巧於自媒。如刀錐之銛銳也。及呂公著為御史中丞。遂薦子韶以備臺官。陰持兩端。見利忘義。是時王安石用事。方行青苗之法。子韶每進對之際。則迎合上意。未嘗有一語敢指政事之失。及對公著。則復肆詆譭。以謂屢嘗奏疏言新法之非便。蓋欲上下欺罔。兩獲其利。先皇帝聖鑒明哲。洞照奸心。子韶詐窮情得。遂被黜責。其後復除荊湖南路轉運判官。為言者疏其前後過犯。及不葬父母之事。因而報罷。元祐初。擢領劇曹。又為御史論其占狀。尋命外補。今少常之任。素號清選。前日之居此官者。或遂遷侍郎。或就拜給諫。大用之漸。多假此途。豈容匪人。輒爾冒處。伏望陛下慎重名器。斥遠佞邪。收還子韶誤恩。别擇賢者。庶無虚授。輿議厭服。

安世又論王子韶疏曰。右臣嘗論奏王子韶除太常少卿不當。今已累日。未奉旨揮。臣聞子韶熙寧中嘗按錢塘祖無擇事。承望王安石風指。巧為構陷。縉紳之間。至今不以為直。及任御史。苟務容悅。上誑人主。下欺官長。先皇帝察其頗僻。黜為上元知縣。清議不齒。于茲有年。中間雖移湖南運判。及遷吏部郎中。尚為言者所劾。皆即報罷。今少常之任。資望愈重。一歷此地。遂陞要津。豈容匪人。可冒優選。議者謂子韶頗有文學。不忝新命。此亦姑息之論。非公言也。國家設官分職。本以待天下之才。如子韶者反覆奸邪。見於已試。人物汚下。衆所鄙薄。既不能納忠於先朝。宜痛懲蓋䇿於陛下。雖區區之記聞或有可稱。而大義已虧。餘何足道。今若不究本末。妄寘清遴。臣恐倖門遂開。小人道長。甚非朝廷之福。惟陛下重惜名器。為官擇人。檢會臣前奏事理。特降指揮。收還子韶之命。別授賢者。以慰輿議。

安世又論王子韶跡曰。右臣近已兩具狀論奏王子韶除太常少卿不當。至今未奉旨揮。按子韶人品凡下。性復憸邪。熙寧中。為御史之日。見利忘義。反覆迎合。其後呂公著陳襄質於上前。矯詐悉露。先帝疾其誕妄。乃詔之曰。外要黨正之名。內懷朋奸之實。遂奪言職。遠貶江左。止此一節。已見棄於清議。而況交結權勢子弟。不恥自媒。挾持私意。構組無擇之大獄。諂事呂嘉問。復得提舉折納差遣。操行卑污。實鮮倫比。昨除湖南運判。及遷吏部郎中。當時御史猶以為非。履子韶之宜。劾奏而罷。豈薇少常之任。反可輕授。除目傳播。甚駭物聽。臺

諫論列。方俟進止。子韶略無忌憚。遽已視事。其處心積慮。不過以謂朝廷若用言者之論。則已嘗就職。縱使罷去。恩例尚優。機巧徼幸。一至於此。方陛下厲精求治。辨別邪正之際。尤不可使此輩輙污清遴。伏望聖慈。特垂省察。收還子韶之命。以為奸人之戒。不勝幸甚。

安世又論王子韶曰。右臣近以三具狀論奏王子韶除太常少卿不當。至今未覩施行。近者風聞三省奏事之際。嘗蒙宣諭以辨別弟子小人為戒。輔弼大臣。既被聖訓。謂宜夙夜交儆。慎簡庶寮。而謬引奸邪。塵污清選。考之衆論。皆謂執政之間與子韶之舊者。憐其獨未顯達。是以力為主張。臣竊謂大臣不遺故舊之心則善矣。至於屈天下之公議。而伸一己之私恩。則非所以為朝廷之計也。昨者王汾除諫議大夫。御史止言其詼諧口吃之類。一二小事。猶且報罷。豈若子韶奸邪反覆見於已試。柔屈不聡。老而益甚。遽躋華貫。實辱搢紳。況汾以小過而弃。指子韶負大罪而拔擢。用捨之道。顯非至公。伏望聖慈檢會臣三奏事理。追還子韶誤恩。別改閑慢差遣。庶無虛授。以服天下。

安世又論王子韶跡曰。右臣近四具狀論列王子韶差除不當。比聞已有指揮。別與差遣。今早伏覩除目。授衛尉卿。反復思之。不得其說。須至辨析。上煩天聽。臣累奏子韶罪狀。皆天下之所共知。未嘗有一語輙涉疑似。朝廷使之進改。則是不以臣言為妄。前日太常之命。既非所宜。今七寺正卿。又在太常少卿之上。豈可因人彈劾。更得超遷。予奪重輕。悉皆倒置。是非好惡。衆且何觀。開群小僥倖之門。啓大奸窺伺之隙。政事如此。臣竊憂之。伏望陛下總覽權綱。慎重名器。懲子韶之朋附。亟命外補。或謂即今吾無顯過。則乞依舊以衛尉少卿處之。惟斷自宸衷。無惑衆口。庶幾公道不至淪廢。

安世又論王子韶跡曰。右臣近嘗再論王子韶本因人言遂罷少卿之任。却除衛尉正卿。理有未允。乞行追寢。以厭公議。今既累日。不蒙旨揮。臣聞王子韶者以謂官制。後來太常少卿最為清選。今若不容子韶冒處。而七寺卿列。乃是循官。捨彼予此。別無僥倖。臣請有以折之。勘會太常少卿之義。遷者或為侍郎。或為給諫。前日之李常趙瞻梁燾鮮于侁趙君錫是也。七寺卿則不然。惟台符楊汲自大理。孔宗翰由鴻臚。韓宗道自太府。不作給諫。便拜侍郎。安得謂之循官。而少貶於太常也。況太常少卿係從五品。諸寺正卿乃從四品。子韶自到衛尉。方及一年。才擢少卿。又正卿列。平日不揣。物議之人。尚有驟遷之避。以子韶之罪惡顯著。而力排公議。必欲超擢。朝廷政事。豈宜如此。臣自忝諫列。進言多矣。然未嘗以決不可行之事要君近名。惟是公道陵夷。小人浸盛。是以不避煩瀆天聽。須至再三論辨。況陛一

精求治民育人才。去一老奸。無損於國。惟祈睿斷早賜施行。

安世又論路昌衡狀曰。右臣伏見朝廷以路昌衡爲直秘閣權知廣州。竊惟南海之地。控制蠻獠。風俗輕悍易動難安。祖宗以來。擇帥尤重。必有綏懷之惠。濟以肅服之威。使之統臨。乃能鎮靜。臣按昌衡人品鄙下。資性殘刻。昔爲安陽知縣。以陰事將發而尋醫。昨任陝西監司。以舊怨劾吏而無實。治參行之獄。則着酷烈之名。居親姑之喪。則有非僻之行。清議不齒。爲日已久。方陛下嗣膺大寶。驅逐羣邪。昌衡與蹇周輔輩。均號酷吏。在所廢斥。而素爲蔡確鷹犬。極力主張。屢竊要官。衆謂幸免。今嶺表之寄。事任非輕。豈該小人。可得簡拔。臣聞見昌衡罪惡事狀甚多。姑欲退止誤恩。未敢悉塵天聽。伏望陛下深詔輔弼。別議掄材。非惟交廣之人。免被虐政。又俾曲濫之吏。少沮凶威。仰冀睿明。特賜採納。不勝幸甚。

安世又論路昌衡疏曰。右臣近嘗論列路昌衡除知廣州不當。初聞尚書省勾收告命。縉紳莫不欣悅。今日乃知却有旨揮令進奏院依例發下。三數日內。爭奪反覆。中外疑惑。實損國體。臣按昌衡天資削刻。狡獪誕謾。昔熙寧中知相州安陽縣。不備士檢。醜聲流聞。本路監司將行按發。昌衡遽乞尋醫。因得幸免。然而內疑指使劉龜年暴揚其事。後來陝西用兵。龜年適在秦州夕陽鎮爲監押。昌衡乃指名抽差部押糧草。欲緣軍興中以危法。而泄其私怨。是時龜年具此因依。訴於趙濟。遂留而不遣。其事喧騰。無不知者。臣又聞昌衡執親之喪。寓居南京。無哀戚之容。反爲非僻之行。有武人劉振孫者。候其微服。出入倡家。遂痛毆之。爲人所救。僅得逃逸。及昌衡爲陝西轉運副使。振孫又知寧州。挾其舊怨。勇於報復。乃用匿名之書。移振孫爲原州都監。且匿名文字。於法不當受理。而昌衡違法受之。振孫事狀甚輕。曾無免所居官之罪。借令當移。亦無降等之理。昌衡任情刺舉。不畏公議。一路澄清之寄。將何賴焉。臣又聞昌衡治參行之獄。輒發隸問。違經亂法。天下以爲酷吏。然而行之舊游王珪之門。昌衡既於案牘之間。隱落其事。又密告於王。以市私恩。仍與蔡確僉相交結。故珪確用事之日。浸盜華要。陛下即政之初。澄汰奸慝。昌衡以死黨在朝。獨免廢放。歲月未幾。頻易劇任。當時士論。固已上議廊廟。下責臺諫。今海南之地。控制百蠻。惟擇帥才。尤宜慎重。以昌衡之罪惡如彼。而朝廷委付若此。臣恐豺狼之性。毒烈貪暴。必不能爲陛下布宣惠澤。鎮安遠民。異日生事。悔將無及。伏望聖慈速降睿旨。收還昌衡誤恩。別擇良守。以式南國。豈勝幸甚。

安世又論路昌衡疏曰。右臣近兩曾具狀論列路昌衡除知廣州不當。今日雖聞已有旨揮易守潭州。而貼職誤恩。尚未追改。考之公議

咸謂未安。須至開陳。上黷聽覽。臣前章所奏昌衡罪惡。固已詳悉。而情理之尤不堪者。莫甚於執親之喪。而爲非僻之行。昔陳壽居父憂之時。使婢和藥。當時士論。尚且鄙棄。豈若昌衡不念顧復之德。肆行奸穢之事。臣聞父子之道。天性也。事親孝。則忠可移於君。今昌衡違犯名教。絕滅人理。於所厚者。其薄如此。陛下亦安用之。況所貼職名本爲南海重寄。欲寵其行。前命既罷。即合追寢。兼長沙守臣。從來亦無畫帶館職之例。使昌衡捨烟瘴之遠。得湘潭之便。又貼直閣。坐制一方。天下奸慝。何所懲沮。惟陛下留神省察。速降睿旨。追還昌衡新命。別與閑慢差遣。庶幾善惡明辨。少厲薄俗。

安世又論路昌衡前後罪狀。不堪權用及已罷廣州。當追貼職。至今未奉旨揮。臣之所言。得於公議。章累十數。遷延五月。是非可否。終無定論。內外疑惑。實害政體。況潭州守

臣自來亦無必帶館職之例。豈可因緣差誤。輒授小人。伏望聖慈審察事理。明詔執政。早令追改。使朝廷判別邪正之道。信於天下。如昌衡輩。識何足惜。惟陛下斷之不疑。豈勝幸甚。

安世又併論王子韶路昌衡疏曰。右臣近已兩狀論列王子韶路昌衡差除不當。至今未蒙施行。議者謂子韶記問該博。昌衡吏事强敏。其才可用。不欲終廢。臣竊惑焉。朝廷取人。固必有道。若大節已善。或有小疵。才難求全。理當掄擢。傳所謂不以一眚掩大德者是也。其或素行邪僻。大義已虧。雖有小才。固無足取。此少正卯之行僞而堅。言僞而辯。學非而博。順非而澤。所以不能逃孔子之誅也。按子韶上罔先帝。下欺長貳。為臣不忠。清議所棄。昌衡執親之喪。曾無哀戚。肆行邪穢。絕滅天性。為子不孝。典法所誅。豈謂斯人。反蒙褒進。再三惟慮。不得其說。臣竊謂朝廷差除。固有當否。言者議論。不無是非。既不以

子韶為太常少卿。又追還昌衡廣州之命。則前日所差為不當。臣之言為是矣。繼而罷少常者更還衛尉正卿。免南海者依舊貼職。以為渾帥。則臣之議論孰是孰非。朝廷差除孰當孰否。數日之間。反覆如此。傳播天下。豈不疑惑。昔魏太祖有言曰。荀令君之進善。不進不休。荀軍師之去惡。不去不止。今昌衡子韶可進之善少。可去之惡大。黜之有厲於薄俗。用之無補於聖時。何為遂悲憚於追改。臣聞三軍可以奪帥。匹夫不可以奪志。臣雖愚陋。敢忘素守。惟陛下無恤反汗之嫌。自遺養虎之患。檢會臣累奏事理。早賜旨揮。

安世又論王子韶路昌衡差除不當。前後共十一次論列。未蒙施行。議者謂君命已行。難於反汗。臣竊以謂不然。國家良法善政。天下以為便者。大臣當為陛下協力守之。不可變也。至於進退人物。間有差失。但不吝於改過。猶無害於得人。今朝廷政事之可守者。往往不能固執初議。屢有變更。以惑亂天下之視聽。至於引用奸惡。以致人言。則反遂非自用。不恤公議。而徒以不欲反汗為說。臣所未諭。議者又謂言者好求人之過。而執政惟用人之才。臣亦以為不然。古今用人。誠難求備。要當錄其大而略其細。則無棄人矣。今子韶之為臣不忠。昌衡之為子不孝。清議之所共疾。典法之所不赦。雖區區之所記問。吏事有足稱者。然而可取之善小。可棄之惡大。用之有害於名教。黜之無損於聖朝。而大臣謂之用才。亦已過矣。臣聞近日除吏之際。每患言者彈駁。以謂數有追改。則恐差除不行。臣竊謂朝廷不知其不可而使之。則罪在耳目之官。苟知其惡而不去。則咎將誰執。與其用人之後。惡臺諫之多言。曷若未用之前。少加審慎。而使人無可言者乎。臣非敢以所論未行。忿而求勝。直欲以天下之公議。上達聖聽。庶幾退斥奸邪。獎進良善。為國家開衆正

之路。立太平之基而已。惟陛下察臣之忠。力主公道。罷子韶昌衡之命。以為天下臣子之戒。

安世又論王子韶路昌衡疏曰。右臣近以王子韶路昌衡差除不當。前後共十二次論列。未蒙施行。臣條奏二人罪狀。固已詳悉。皆中外之所共知。非敢以疑似難明之事而妄加之也。朝廷取其小才而遺其大惡。苟無私意。何以至此。臣所以反復論奏。不能自屈者。特以聖明在上。與天下之公論為可恃爾。伏望陛下力主正道。更加詳察。以臣所言子韶昌衡事狀。下御史臺體量。如皆有實。非臣厚誣。即乞特降睿旨。疏其罪惡而顯黜之。以戒天下之為臣不忠為子不孝者。若有一事稍涉虛妄。臣亦不敢苟避罔上之誅。惟祈聖鑒。早決是非。使枉直不至於兩存。奸慝不容於幸進。愚臣願望。實在於此。

安世又論王子韶路昌衡疏曰。右臣昨以王子韶路昌衡差除不當。

前後共十三次論列。日近雖蒙朝廷以子韶出守滄州。而昌衡之命猶未追改。臣既任言責。實畏公議。累煩天聽。蓋非獲已。竊謂二廣之地。控制百蠻。祖宗以來。選委尤重。然而嶺南瘴毒。人所憚行。故凡命帥。恩例特厚。或貼以職。或進其官。悉有舊章。可以推考。今昌衡為子不孝。為吏酷虐。附會王珪蔡確。屢興大獄。違經亂法。天下怨疾。得免廢棄。已為穹幸。叨冒擢用。尋玷人言。既罷五羊之行。猶冒直閣之寵。捨烟瘴之遠。得湘潭之便。使昌衡自為之計。不過如此。況因彈劾。而所授反優於前日。輕重倒置。何所懲勸。臣聞惟名與器。不可以假人。今館職所權。世謂高選。若容邪黨輒尓濫處。臣恐朋邪群小。以苟得相矜。而正人端士。以同處為恥。陛下厲世磨鈍之具。遂為虛名。此尤不可以不慎也。伏望聖慈檢會臣累奏事理。追寢昌衡過嶺貼職。處之散地。非惟使不孝酷虐之類。無以覬幸誤恩。亦足示朝廷之好惡。

風化天下。

安世為左諫議大夫。又論鄧溫伯差除不當䟽曰。臣伏見朝廷除鄧溫伯為翰林學士承旨。初則中書舍人繳還詞頭。繼又給事中兩次封駁。臣竊謂至公之朝。必無遂非之理。遷延累日。未敢論列。比聞傳報。前命復下。縉紳相顧。莫不失色。何者。陛下即位以來。未嘗沮抑公論。今兩省給舍舉職如此。蓋是僉議以為失當。朝廷畧不聽納。持之益堅。臣再三思之。不得其說。及觀告詞。乃知陛下以攀附之故。遂加恩寵。臣獨疑其不然。須至辨正。前代創業之主。經綸草昧。乃有豪傑之士。用為佐命之臣。謂之攀附可也。繼體之君。或由儲貳。或自藩邸。春宮王府。咸備寮屬。以其有保傅之恩。調護之功。謂之攀附亦可也。恭惟陛下。初自妙齡。未遑出閤。誕膺天命。遂踐宸極。中間溫伯雖曾暫掌牋記。何嘗得望清光。而遂以攀附加之。循名考實。顯為非據。況溫伯奸邪反覆。天下所知。陰假王言。內交蔡確。此實有罪。苟宜典刑。更被誤恩。尤駭物聽。伏冀陛下審察清議。斥遠佞人。收還詔除。以慰眾望。

安世又論鄧溫伯差除不當䟽曰。臣近嘗論奏鄧溫伯除翰林學士承旨不當。至今未奉旨揮。臣謹按溫伯資稟奸邪。貪附權利。熙寧中王安石呂惠卿勢均力敵。更相傾陷。溫伯始終反覆。出入兩黨。巧邪側媚。情態萬狀。元豐間蔡確用事。悉心附託。召自成都。置之翰苑。及陛下纂承天緒。褒賞輔弼。溫伯草王珪麻制則曰。預定議於禁塗。為確命詞則曰。尤嘉定議之功。臣聞太皇太后之立孫。神宗皇帝之與子。上當天意。下符人望。聖心先定。不假外謀。考經稽古。無一不合。確實何力。敢貪天功。就如奸人之言。出於大臣之策。亦當先推上相。方及次輔。而溫伯陰受邪說。特絀王珪。乃於確制。特為溢美。重輕顛倒。

欺惑天下。蓋小人之深計。將僥幸於異日。溫伯預聞其事。故欲以此張本。原心定罪。當蒙顯戮。苟逃誅竄。已出大恩。豈可塵汚玉堂。叅承密旨。況中書舍人繳納詞頭。給事中再曾封駁。成命之下。則御史全臺。兩省諫官。並有論列。陛下即位以來。用人多矣。至於眾論沸騰。物情駭動。未見如今日之甚者。以此卜之。則公議所棄。不可不去也。伏望聖慈察君子小人消長之機。為宗廟社稷永遠之慮。早出臣奏付外施行。不勝惓惓之懇。

安世又論鄧溫伯差除不當䟽曰。臣近已兩曾論奏鄧溫伯差除不當。至今未奉旨揮。臣聞朝廷之務。莫先於用人。君子進則治之本也。小人用則亂之階也。王者深居於九重。不能盡知臣下之邪正。是以設諫官御史之職。俾司耳目之任。而採中外之公議。是非可否。惟眾之從。故蔽賢之言。不能害君子。黨奸之論。無以助小人。明君無所用心而賢不肖自辨。知人則哲。其道不過於此。今溫伯奸邪反覆。惟利是視。交結蔡確。臣即不忠。自聞詔除甚駭物聽。臺諫論列。乞寢成命。今已累日。未聽俞旨。事繫消長。不避誅譴。伏望陛下以臣累奏付外施行。勿以奸人先入之語。而廢天下至公之論。豈勝幸甚。

安世又論鄧溫伯差除不當疏曰。臣前日以職事進對。因及治亂安危之大計。伏蒙聖慈。特賜開納。感激忭蹈。莫能自勝。最後論鄧溫伯差除不當。陛下諭臣曰。卿等須體朝廷之意。天下事豈可盡由臺諫。亦當出自宸衷。臣雖已具義理開陳。退而深思。猶有未盡。輒布悃愊上瀆天聽。惟陛下不憚煩而試聽之。臣嘗讀國語。以謂天子聽政。使公卿至於列士獻詩。瞽獻曲。史獻書。師箴。瞍賦。矇誦。百工諫。庶人傳語。近臣盡規。親戚補察。瞽史教誨。耆艾修之。而後王斟酌焉。是三代之前。上則公卿大夫。朝夕得以納忠。下則百工庶民。猶執藝事以諫。

故忠言嘉謀。日聞於上。而天下之情。無幽不燭。無遠不通。所為必成。所舉必當者。諫諍之効也。後世之士。不務獻納於君。而多為自全之謀。正論遠斥。鮮有入告。於是設員置職。而責之以諫矣。夫進言者日益少。而聽言者不加勤。此天下之治所以終愧於先王之盛時也。神宗皇帝考古揆今。更新官制。以朝廷者。政事之所自出。乃用有唐六典之法。置舍人於中書省。凡詔令之未安。法度之未便。皆得抗議。庶協厥中。萬一差失。則設給事中於門下省。審之封駁。猶恐人之謀慮不能盡善。則又命諫官議論。御史糾彈。上下維持。綱紀完密。誠使此地率皆得人。交脩職業。而朝廷不治者。未之有也。今天下方制萬里。獲覩陛下之清光者。億兆之中。僅有一二。就獲覩之中。得接言議者。又千萬無一焉。自二聖臨御以來。群臣無非次之對。上則六七執政。下則四五言官而已。陛下所與謀議者。其寡少如此。臣若更以軆卻

廷為事。知公議之不可而不以告於陛下。則[illegible]民疾苦。萬務闕失。邪正之消長。中外之清濁。何以盡達於聖聽乎。[illegible]唐太宗之朝。三日不諫。則責侍臣。蓋高卑之勢。既已遼絕。上下之[illegible]常苦不通。慮已招來。猶或不至。儻示厭薄。人誰盡忠。書稱堯之德。曰稽于衆。舍己從人。語舜之功。則曰明四目。達四聰。序禹之所以[illegible]。則曰益贊于禹。禹拜昌言。述湯之所以王。則曰用人惟己。改過不[illegible]。惟其諫而能聽。聽而能改。此堯舜禹湯之所以聖也。伏望陛下開廣聰明。延納忠讜。言或逆耳。則求諸道。語或遜志。則知其恐。任賢勿貳。去邪勿疑。使懷奸者無隙可乘。履正者樂告以善。陛下廣覽兼聽。日新聖德。與堯舜禹湯並驅爭先。不其偉歟。臣待罪諫垣。曾乏善狀。惟是盡誠無隱。庶幾報塞大恩。更願陛下察其愛君之心。恕其狂妄之罪。少賜採擇。不勝幸甚。

安世又論鄧溫伯差除不當疏曰。臣近以四次論奏鄧溫伯差除不當。至今未奉旨揮。臣不敢遠引前古。上煩天聽。止以祖宗故事更為陛下開陳。庶幾愚忠。或蒙採納。臣伏覩太祖以和嶸貴家子能業文甚寵待之。欲詔入翰林。謂近臣曰。嶸眸子眊眊然。胸中必不正。不可以居近侍。其命遂寢。景德三年。樞密院議次補禁軍列校。王繼英奏曰。藩邸給事之人。尚在外職者。皆聚議騰謗。謂臣蒙蔽不言於上。致其留滯。真宗曰。此等皆不自省修。苟求僥倖。本以因緣際會。懷加陞擢。必須有名。方塞輿議。先朝時有一散從官李榮在藩日。曾預給使。後十餘年。但隸名尚食局。嘗隨流輩預選。先帝見而詢之。乃知榮也。止遷隊長歲餘。漸擢為小校。蓋國家爵位。不可輕授也。臣每讀至此。輙廢書歎息。何者。祖宗不吝爵位。惟以待天下之賢。苟非其人。未嘗輕假名器。豈特畏下之議已。蓋將貽謀於後世也。且藩邸之吏。預有

執事之勤。雖軍校之微。猶不欲無名與之。況玉堂禁近萬萬於此者乎。祖宗之朝。尤重學士。每欲命人。必審其才品之邪正。蓋將求賢以自輔。非專取其文藝而已。如和㠓者。固未見過惡之迹。但觀其睥子。疑非端士。遂不復用。則選掄之意。豈欲以小人在側邪。今温伯奸邪反覆。皆有顯狀。出入安石惠卿之黨。盜取榮寵。晚附蔡確。輕用玉言。貪天之功。徼幸異日。非特和㠓之比也。但以暫掌牋記。遂竊攀附之名。俾長禁林。奉承密旨。又非小校之類也。臣竊謂太祖雖愛和㠓之才。思非正人。乃輟寢翰苑之命。陛下知温伯之奸慝。而寘於論思之地。太宗真宗於合插恩人。猶不輕授。陛下未嘗出閤。温伯本非宫寮。今乃無名假寵如此。臣竊為陛下惜之。陛下亦當為祖宗惜之也。況詞頭初下。中書舍人已嘗繳納。成命既降。給事中再具封還。朝廷皆不聽從。然後御史全臺兩省諫官相繼論列。苟粗合於公議。豈至於此紛紜。伏望陛下上體三聖之心。下為萬世之法。因温伯之辭免。收還新命。使小人之道。不能寖長。以為朝廷異時之患。天下幸甚

安世又論鄧温伯差除不當疏曰。臣向者累具論列鄧温伯差除不當。乞行追寢。未奉旨揮。間臣以疾在告。不復再進章疏。日近竊聞温伯將受新命。臣雖伏枕危殆。日夕憂懣。何者。陛下即位以來。振起正道。登用賢俊。天下之情。翕然歎頌。今温伯之奸邪反覆。中外所知。攘奪太皇太后社稷之功。以歸蔡確。此蓋戴天履地者之所共疾。況臣誤被恩擢。列職諫省。豈敢容縱奸慝。以為朝廷異日之患乎。自唐以來為翰林學士承旨。鮮有不登宰輔。日近蘇頌是也。今温伯既至此地。異日豈敢保其不至執政邪。臣大病之餘。三次方復。自度疾勢。恐不得再望清光。若奸人不去朝廷。臣雖死目不瞑矣。臣不能自晉鍾口授臣男具錄上進。惟陛下哀而聽之

昭旨。臣聞温伯差除。本不出聖意。止由大防留身薦引。故有是命。然大防之意。非特欲成就温伯。以自結於群奸而已。蓋昨來都司擬定任永壽酬賞不當。臺諫官屢有彈劾。大防切齒惡之。無以泄其忿怒。是以明知温伯之罪。公然提拔。意謂言者必須力爭。則欲假此為名。以逐臣等。皆是宰相之陰謀。願陛下聖明深賜省察。又若謂温伯曾掌牋記。欲示恩禮。即乞朝廷優與職名。處之藩鎮。則陛下所以待温伯者。不為不厚。而小人寖長之勢可消。惟乞出聖斷。早賜施行。

安世又論章惇強買朱迎等田產事狀曰。右臣近以章惇用賤價買百姓抵當田產。致朱迎等經戶部陳訴。尋具論列。乞行按劾。比蒙朝廷下江淮發運司考驗虛實。竊聞本司所委躰量官。止於崑山縣取索公案看詳。遂具回奏。以謂買田之事。雖有實狀。而於條法別無違礙。臣竊謂奸吏附會權勢。暴虐良民。必不肯於案牘之間。明著逼脅之迹。往往假託公道。据撫亡故。使無辜之民。不勝刑禁。然後命狡獪之吏取責情願出賣之狀。則是外無違法之形。而內有奪民之實也。今若信其文具。而不原其本意。則遠民屈抑。終無所伸。須至辨明。以破其姦。檢准編敕節文。侍從官待制以上。不得廣置產業。與民爭利。臣前章所言者。止據朱迎等四戶爾。訪聞發運司躰量。到乃有二十一戶。是舉蘇州之內。官賣田產。皆惇所有也。自來州縣估計抵當物業。止約一半之直。蓋官司防異日失陷之弊。不敢盡用本價。今惇利其甚賤。公違條制。劫持州縣。侵害細民。爭利之罪。孰大於此。臣又檢准律文。祖父母父母在。而子孫別籍異財者。徒三年。若祖父母父母命別籍者。徒二年。子孫不坐。臣謂惇用其子承事郎援之名投狀承買。使惇初不預聞。則援宜得罪。將惇自為之。則咎將誰執。況朱迎等狀

內陳其矯妄之事。條目甚多。此四人者粗有衆糧。故不遠數千里求直於省部。其餘貧病之徒。不能自給。斂手去業。遂至流亡。陛下可不念之乎。臣聞西漢軹有儒生侍使者坐。客譽郭解。生曰。解專以奸犯公法。何謂賢。解客殺此生。吏以責解。解實不知殺者。殺者亦竟莫知為誰。吏奏解無辜。御史大夫公孫弘議曰。解布衣為任俠行權。以睚眦殺人。解不知。此辜甚於解知殺之。當大逆無道。遂族解。臣竊謂惇嘗為執政。非特郭解匹夫之比也。州縣畏惇之勢。迫逐平民。使之失職。而惇不顧國法。並以賤價易其田宅。又非郭解之不知也。今若以奸吏舞文。粗能應法。害民之實。略而不問。恐非春秋誅意不誅事之義。伏望陛下詳閱朱迎等四狀事理。特降指揮。劾本縣官吏挾情不公之狀。按惇矯詐亂政之罪。明正典刑。以戒天下。其蘇州及本路監司不受朱迎等辭訴。亦乞並行黜責。所貴權豪知畏。遠民安堵。

安世又論曰。右臣伏見去年十二月內。蘇州崑山縣人戶朱迎等經戶部論訴章惇強以賤價買百姓抵當產業。遂具論列。乞正其罪。自後蒙朝廷委發運司考驗虛實。今年正月間。本司躰量奏到事狀。雖依違藏裂。不盡本情。然其大槩已見朱迎等所訴。不至誣罔。如惇用其子承事郎援之名投狀承買官賣田產。共二十一戶。皆有按據。最為要切。臣以謂章援不告其父。私成交易。則當得別籍異財之罪。若惇假託名目。則自有降等之法。兼諸胥狀內亦指定下狀之日援方在京就試。則惇之矯詐又甚明白。遂以合用敕律奏聞。必謂便可議罪。今已累月。未蒙施行。上下畏惇。一至於此。按惇閑居里閈。不與政事。而氣燄凶暴。官司嚴憚。寧屈陛下之法。不敢逆惇之意。使惇有權得行其志。則天下之弊。將如何哉。今躰量到事迹既皆有實。無可疑緣。而故為留滯。臣恐有與惇陰為地者。果相搜摘細故。會問往復。則明堂赦恩。必遂原免。然則大奸何幸。而平民何不幸也。伏望聖慈詳此事理。明敕三省早命結斷。其州縣監司不受朱迎等訴狀。亦乞特行降黜。所貴亂政敗度之臣。屈法阿私之吏。知有典刑。易為制御。遠民屈抑。有所伸雪。

安世又論曰。右臣伏自去年十二月後來累曾劾奏章惇劫持州縣。不顧國法。強以賤價買百姓抵當物業。遂致朱迎等四人不遠數千里赴愬省部。後來蒙朝廷下發運司躰量。已有實狀。而遷延半載。未蒙施行。臣前月二十二日延和殿再具奏列。伏蒙宣諭便令結斷。又今踰月。未覩指揮。臣竊以惇氣燄凶悖。陵暴寡弱。詐以男名。廣置田產。公然別籍。殊無忌憚。罪狀顯著。曾非隱伏。而尚書省曲為留滯。以幸赦宥。甚非所以稱陛下仁愛元元之意。伏望特降睿旨早正典刑。庶幾亂政敗度之臣。不至幸免。遠民屈抑。有所伸雪。

安世又與諫議大夫梁燾左司諫吳安詩同論章惇疏曰。右臣等伏見章惇在蘇州日。強以賤價買朱迎等抵當田產。自去年十一月後來。右正言臣安世累曾論列。蒙朝廷下江淮發運司體量。皆有實狀。日近竊見敕斷罰銅十斤。臣等按惇嘗備執政。固宜奉法循理。尊君愛民。而氣燄凶暴。劫持州縣。貪利無厭。使人失職。原其不畏國法之意。蓋有陵蔑朝廷之心。而所責太輕。未厭公議。況惇與蔡確黃履邢恕素相交結。自謂社稷之臣。天下之人指為四凶。若不因其自致人言。遂正典刑。異日郤欲竄逐。深恐無名。伏望聖慈特賜詳察。明降指揮。候惇服闋。特行廢置。所貴奸豪屏息。永絕後患。

安世又同論章惇疏曰。右臣等昨以劾奏章惇強用賤價奪民之產。朝廷體量得實。止斷贖銅十斤。罰不當罪。尋具論列。今已踰月。未蒙施行。臣等按惇用其子承事郎援之名。承買朱迎等田產。而下狀之日惇父尚在揄准名例律疏謂祖父母父母在子孫無自專之道而有異財別籍情無至孝之心名義以之俱淪情節於茲並棄稽之典禮罪惡難容二事既不相須違者並當十惡推原法意正為惇設為子事父而用意如此不孝孰大焉至於悖慢帷幄之前殊無人臣之禮交結蔡確造播奸言貪天之功徼幸異日為臣事君而處心如此不忠莫甚焉臣等按惇之罪寔人倫之所共棄王法之所必誅投之四荒始能塞責贖金輕典衆謂失刑伏望聖慈深賜省察依日近邪惡例不候服闋預降責命所貴邪正明辨奸慝知畏

安世又同論章惇疏曰右臣等近已累具論奏章惇罪名未正欲乞別議竄黜至今未蒙施行臣等伏見監司郡守以下不受朱邇訴狀並行責降令丞違法授給田產亦已衝替揄准編敕節文衝替比徒一年臣等竊謂原心定罪故有重輕據事約法亦分首從今干繫官

吏皆因惇而致罪而反處徒坐惇係首惡之人乃止贖銅十斤事理顛錯亦已太甚況下狀之日惇父尚在而別籍異財事狀著明考按律文罪入十惡愚民冒犯猶有常刑惇為大臣天下所望而虧損名教絕滅義理止從薄罰何以示懲臣等竊謂聖人制法惟務至公若行於匹夫而廢於公卿伸於庶民而屈於貴近此乃姑息之弊政非清朝之所宜行也按惇父在而別籍合徒三年既犯十惡即纔請減贖一切不用未委前日所斷援引是何律令伏望陛下深賜省察出臣等此章詰問執政如律文別有衝改臣等妄言即乞明行罔上之戮若大臣別無異說即乞坐臣等章疏以正惇罪仍依近降聖旨不用赦原但能稍正典刑庶幾不屈清議惟冀出於宸斷早賜指揮

安世又同論章惇疏曰臣等向者數曾論奏章惇罪名未正今已累月未蒙施行臣等按惇於元祐三年二月十四日用其子援之名承買諸宥抵當田產至五月十六日方丁父憂即是投狀之日惇父見在推考事實別籍甚明據律定刑罪入十惡則議請減贖一切不用雖經赦宥無得原者庶人之愚或有抵冒朝廷行法未始少私惇位大臣為民所望而絕滅義理貪利無親止令贖金是亂典憲臣等竊謂君子犯義小人犯刑古之聖賢以為深戒若謂惇為君子耶今則犯義矣以惇為小人耶今又犯刑矣二者均不能逃聖人之誅則朝廷何憚於惇而廢祖宗之法伏望陛下出臣等此章送刑部定奪若律文曾經衝改引用不當即乞正臣等妄言之責如勘會惇投狀月日係丁憂之前委是父在別籍異財即乞依律斷罪所貴法令畫一天下信服

安世又論章惇疏曰右臣伏自去年十二月後來十次論奏章惇買田不法等事雖蒙朝廷節次施行而惇之罪名今猶未正遷延周歲

竟至經恩公論難委須煩天聽臣聞議者以謂從來大臣不欲與衆庶交易故許子弟以立文契臣以為不然祖宗之制惟戒從官以上不得廣營產業與民爭利苟非殖貨太甚則是法所不禁若身為大臣欲避嫌利之名而使子弟侵刻下民乃是陽為應法而陰縱貪鄙欺君犯義無大於此借如或者之說須無父兄方可別立名目今惇父尚在而下狀之日乃用其子上虧孝敬下失義方庶人之愚猶不至此大臣之體固若是乎議者又謂惇已不帶職及有旨候服闋日與官觀差遣是以示懲不必深責臣亦以為不然惇之不得職名自是朝廷以其無禮於兩宮蹤之外補故不用執政善去之例後來惇以便親為請遂得提舉洞霄宮方陛下初政日新奸邪屏息如惇等輩自知罪惡貫盈必求退縮將來終制方且自陳而乃以官觀授之正是中惇之意恐不足以當今來所犯之典刑也臣小見兩浙監司

及蘇州崑山縣官吏。以畏憚之威。奉法不謹。朝廷酌量將實並已斷遣。輕者贖金。重者衝替。檢准編敕節文。衝替比徒一年。臣竊謂原心定罪。固有鉅細。據事約法。必分首從。今有司依阿嚴職。誠不可恕。然皆因憚以致罪。而反震徙坐。又元降聖旨。不許原赦。即是干繫官吏。獲譴反重於憚矣。憚以前執政之勢。劫持州縣。殘害平民。貪利無親。不畏國法。既係首惡之人。乃止罰銅十斤。即是憚所得之罪。反輕於干繫官吏矣。倒置如此。公議謂何。臣聞自責罰本路監司後來。至今訟者不已。蓋憚平日恃權暴橫。人不敢校。既知朝廷。特為伸理。是以競來赴愬。為民之害如此之極。何可貸也。伏望聖慈。以臣劾奏者之責肆。或令降官。或俾分務。但能不失有罪。足以稍正國躰。惟與出於宸斷。早賜指揮。

安世為寶文閣待制樞密都承旨。又應詔言事曰。臣伏自去歲疾病得請崇福。曾未數月。復蒙召用。雖聖恩博大。不遺小才。而臣樸拙愚暗。未有以報塞萬一。坐耗廩祿。日負憂愧。至於當今之要務。朝廷之闕政。每有聞見。屢欲論列。而既去言路。不敢出位。伏覩今年四月七日尚書省劄子。勘會近臣自許言事。三省同奉聖旨。命御史臺行下。臣忝備從官。親承詔命。事繫國體。義當盡規。願陛下留神而聽之。臣聞。朝廷除呂惠卿中散大夫光祿卿。分司南京。物議沸騰。輿情震駭。伏惟陛下。初踐宸極。務從人欲。以惠卿蔡確之徒。殘民蠹國。辜負任使。為四海所疾。是以相繼貶逐。屏之遠方。雖匹夫匹婦之愚。莫不曉然知二聖之心。本為天下生靈驅除患害。非有好惡之私也。謂宜永投荒裔。終身不齒。而惠卿自移宣城。方踰再歲。考之常法。猶未當敘。不識何名。遽復卿列。議者謂蔡確之母見在京師。干許朝廷。願還其子。大臣未敢直從其請。故以惠卿嘗試兩宮。若惠卿之命遂行。則將

藉以及確。確既復用。則章惇之類如蝟毛而起。為天下國家計者。其得安乎。臣伏覩國朝會要第二百三十七卷。太宗皇帝雍熙二年五月二十四日。中書門下言有嘗任職官遣謫在外者。昨經赦宥。望令歸闕。責其後效。帝不許。謂宰相曰。朝廷致理。當任賢良。君子小人。宜在明辨。大抵人君宜先自正其身。亦如治家。家長不正。家亦亂矣。故聽讒邪之言。則骨肉至親。坐成離間。豈能致肥家睦族之道歟。大小雖殊。其致一也。今海島瓊崖遠處。甚有竄謫之人。郊禋以來。豈不在念。蓋此等為行嶮憸。若小得志。則復結朋黨。恣其毀譽。如害羣之馬。豈宜輕議哉。臣竊謂祖宗仁恩均被動植。及其制馭小人。則一切斷之以義。惟陛下善繼善述。不愆不忘。保守初政。堅如金石。萬機之暇。廣覽先訓。異日或有大臣尚持姑息之論。巧為道地。假借大奸。伏望陛下以太宗之至言面折其妄。使中外羣小不能窺伺朝廷之間隙。搖動正道。天下幸甚。

御史中丞劉摯彈四凶疏曰。臣竊伏以陛下臨御以來。運動政機以時弛張。述成先帝制治立法之意。使光昭于天下。利興害除。四方鼓舞。至於清明朝廷。分別邪正。斥遠奸佞。鋤去彊梗。皆妙應神斷。優游閑暇。不出於喜怒。不見於言色。而天下之善惡已辨。是非已正矣。何其盛歟。然於此時。臣竊怪天地之和氣尚或未應。忠臣義士之論尚或未平。此其故何也。臣嘗究之。蓋天下之元惡猶有稽誅。天下之大奸猶有漏網。而國法猶有未正。此中外所以猶未厭也。國之失政。莫大於使奸惡幸而免。今論其大者。則前日之四三宦官是也。臣待罪風憲。雖知觸權幸。言出而患入。然臣有言責。貪報恩遇。則何卹乎身之危哉。謹為陛下言之。王中正元豐四年將王師二十萬由河東入界。計其隨軍齎運役兵民夫。通數十百萬衆矣。中正徘徊

於境上殆半月而後出翺翔乎疆外頓沙漠而不進公違詔書不赴
興靈會師之約天寒大雪士卒飢凍坐使物故十之七八古之將帥
固有無功而還者然猶當保完師旅歸報於國今精兵勁騎一無所
施自取狼狽死亡殆盡按之軍法宜即顯誅中正畧不自劾請罪而
先帝以天地之量無所譴訶又遣使賜予問勞然後中正徐徐求閑
局厚俸自佚而去此國法未正者一也李憲之於熙河貪功生事一
出欺罔朝廷之威福柄令持於其手官吏之廢置用舍出於其口監
司帥守而下事憲也如父兄而憲之頤指氣役之也如奴隸縣官財
用聽其取與內之府庫金帛轉輸萬里外之生靈膏血漁斂百端傾
之於憲如委諸壑出沒吞吐神鬼莫見而一切不會于有司興靈之
役憲首違戎約避會師之期乃頓兵以城蘭州遺患今日及永洛之
圍憲又逗留不急赴援使數十萬衆肝腦塗地罪盈惡貫不失於總

兵一路此國法不正者二也宋用臣舊其私智以事誅求權奪小民
衣食之路瑣細毫末無所不為使盛朝之政幾甚於弊唐除陌間架
掊地之事傷汙國體不卹怨讟其出入將命捷若風火務以巧中取
悅事無不諧動畫竊旨故擅作威福侵凌官司冒昧貨財更無案籍
都城為之憔悴商旅所以不行痛瘝蠹害至今矜怨而莫能理然出
不失享榮于善地此國法不正者三也不得一傾皇城司夫皇城司
之有探邏也本欲知軍事之機密與夫人奸惡之隱匿者而得一以
殘刻之資為羅織之事縱遣伺察者所在棊布張穽而設網罟至而
戶到以無為有以虛為實上之朝士大夫下之富家小人飛語朝上
而暮入於狴犴矣有司無古人持平守正之心以謂是詔獄也成之
則有功反之則有罪故凌辱箠訊慘毒備至無所求而不得無所問
而不承被其陰害不可勝數於是上下之人其情惴惴朝夕不敢自

保而相顧以目者殆十年皆得一發之令不失厚俸安坐此國法不
正者四也是四人者權勢鋒焰震灼中外毒流于民怨歸於國宰相
執政知而不以告于上諫官御史懼而不敢論其非幸而出於聖人
在上之時以先帝神武英氣鎮壓其奸不然其為禍患豈不若漢唐
之宦官哉以堯之聖不免四凶之在朝至舜起而後誅投之孔子為
魯司寇七日而誅少正卯先帝未及肆其誅于市朝而以遺陛下陛
下所宜以舜之事自任今閱歲時尚未聞以典刑詔有司臣未諭也
伏乞聖慈以臣章付外議正四罪暴之天下而竄殛之以明國憲以
服天下謹具彈劾以聞

摯又劾太原擅興疏曰右臣竊以國家之患莫大於發政行令而人
敢違人臣之罪莫大於邀功罔上而為國生事記曰不從令者死於
律擅興千人者誅蓋自古失御臣之道使其凌上召亂而後患有不

勝言者多必緣此然則法令不可不嚴而人主不可不察也臣伏覩
去年三月六日陛下登極赦書節文應緣邊州郡仰長吏巡檢使臣
鈐轄兵士及邊上人戶不得侵擾外界靜守疆埸勿令擾擾命令既
下邊境之上風塵頓息蕃夷之情感服內面當此之時知太原府呂
惠卿輒於四月中旬被受赦勅之後連遣部將折克行訾虎相次以
數萬人入西界討蕩所得首級皆是淺邊老弱虛夸以為功而官軍
人騎死傷甚衆未幾西人復仇以五月犯塞疆臣戰沒士卒陷亡臣
以謂勞師動衆奏功不實以至構怨夷狄猶皆未足論也而其公違
詔勅擅出師旅實無人臣之禮則其罪不可以不治臣謹按惠卿遭
遇累起初不以道幸嘗備位執政不深惟大義報國乃欲造非常之
功圖再進用且邊陲本自無事又陛下新即位銜恤慎始豈遑用武
故上循祖宗以來踐祚故事加惠邊鄙禁相侵擾丁寧戒諭所以休

息軍民慰安夷夏詔號宣布明著日月可謂至恩盛息人情孰不欣戴而惠卿以前兩府居帥守之任所宜與國家同休戚將順聖意以鎮方面乃敢用貪功幸進之志為此亂階夫違棄制詔虧臣子之道其罪一也當陛下諒陰之中謀動干戈其罪二也受神宗遺詔未逾月而忘哀疚之情覬幸功賞為大不忠其罪三也致新天子命令失信於四夷其罪四也開夷狄之隙至今警備未得安靖其罪五也夫惠卿天下知其為奸人也方命擅兵天下之大惡臣恐防微杜漸朝廷不當涵養而不慮也昔漢之王恢欵徼一時之幸於匈奴故建馬邑之役孝武許之是恢奉詔以從事也然終以謀出於恢故下恢吏不赦使自殺馮奉世使外域以便宜擊莎車立功萬里終以擅命不侯蓋古之御人慎兵法義如此若惠卿則非如恢之請命也又非如奉世之止於擅命也被新詔後勅禁約甚明而廢格不顧是叛命者也方陛下嗣政之始以威福信義懷寧天下之時而第一命令為強悍之臣叛違而不從若朝廷無所誅詰上下不敢誰何臣知陛下異日有大政號將不足以令天下而信四夷奸臣之逆命忘輕國憲者將接迹而動矣臣位中執法職在糾治奸慝伏請以臣章付外議正惠卿罪狀考古之義依律處分以伸大公之法為奸雄之戒謹具彈劾以聞

摯再劾蔡確疏曰臣聞周書君陳曰爾有嘉謀嘉猷則入告爾后于內爾乃順之于外曰斯謀斯猷惟我后之德此言人臣之義有善則稱其君雖謀出於己亦必曰吾君之德者上下相成忠厚之至也伏見宰臣蔡確辭位求退其所上表無引咎之意有論功之言自陛下臨御以來美政盛事民所歌誦者確皆鋪列條敘以為己功中外傳之靡不怪笑夫收拔耆舊之臣置諸左右乃陛下至明獨見以天下

公望用之而確乃以為己之所引罷去有司漁利剝下苛細之法而絀逐污吏乃陛下仁心惠德以蘇疲民而確又以為己之所請至於申戒邊場不使生事分遣使者求民疾苦修法令以完先朝之政包同異以行大公之道此中外皆知出於陛下聖謀睿慮實新政之甚善者而確乃一切認之掠為己事貪天之功欺示天下其意謂此數者陛下不能知之因己請而知之陛下不能行之因己請而行之其於輕慢君父欺罔臣庶違道干譽至於如此凡確之所引數事者確果曾有所建請乎蓋不可知也確在言路為執政前後久矣不言之于先朝而言之于今日此何意也果有建請固大臣職爾如君陳之歸美于上可也而叙于求退之表又何意也夫不言之于先帝此不忠之罪也言之于今日此取容之計也叙之於表謂我有功則是陽為求去實欲陛下襃以為功而留之因歎求免於公議此持上罔下之謀也古之人有意於上退則削其藁不欲使人知善之出於己所以推遠權勢避掠美干名之譏不知此則何足以為大臣乎確無禮不恭朋邪懷貳無廉恥之節昧進退之義又自去冬大旱至今確為上相身任其責其罪惡之著無補朝廷今既逼於公論不得已而求去正當痛自咎責踧踖傴僂為懇切必退之詞乃大臣去就之體今確誇功揚己露行行不平之氣為臣如此不謂之大奸大邪則可乎伏望以確表并臣此章付之三省議確之惡重行竄逐以正典憲使天下為人臣者知事上之道

摯又論蔡確十罪疏曰右臣近具狀乞罷宰臣蔡確至今未蒙施行緣臣備員御史以觸邪指佞為職今宰臣奸險有犯公議臣若失職誰敢言者伏見祖宗以來所用相臣考慎選擇必取天下有德有望之人故內則廟社安外則夷夏畏下則衆庶伏其功名事業照于天

下至今稱之未嘗有法獄之吏聚斂之人詭譎之才陰賊之行天下所嫉而使在相位如確者也臣所以不避再三干冒天聽確之當去其罪非一公違陛下勅命不赴神宗發引內宿為大不恭其當去一也山陵使回明有歷代及國朝故事而畧不引罷廢禮貪位其當去者二也皇帝陛下之立乃天人之所助而太皇太后之德也確輙自稱定策貪天之功其當去者三也在中書二年不將差除與三省合奏及身還門下陰使言者申請招權營私其當去者四也其弟犯法蹇周輔承勘兩次皆減裂平治其事故今日周輔父子有罪言路累有彈奏而確力主之不罷其任屈公法報私恩其當去者五也執政臣蔡已經罪恩遷轉無故又進一官妄引嘉祐治平不可用之故事欺謾聖聽不顧廉耻其當去者六也與章惇死黨相結一柔一剛一合一離歆以銷磨同列牽制善政中外皆知其術其當去者七也自去年十月至今並無雨雪驕陽肆虐天下大旱民情惶惶實由確奸邪所召況位居上相正任其責其當去者八也確在熙寧元豐間鍛鍊冤獄排逐善良引薦奸偽變更祖宗政令以誅求民財確在言路在司農在執政首尾身任其事見法令未便何嘗聞有一言論列裨補惟是阿諛護持以謀進用及至今日自見其非乃稍稍語於人曰在當時豈敢言也此確之意欲於今日固其名位故反將歸曲先帝是可謂大不忠矣朝廷以高爵重祿尊養輔臣欲何用哉豈有可言而不言也假如言之而不聽當以死繼之假如畏懼而不敢言則當辭事而去乃臣子之常分也當時詭隨及時移事改方為自全之計而賣過歸咎是可謂大不忠矣事先帝不忠則安肯盡忠於陛下也哉此其罪惡尤大其當去者九也近者奉使山陵回隨行屬官故事自皆推恩而確乃特薦高遵惠張璪韓宗文乞從優恩上欲以悅聖

意旁欲以餌同列賴陛下至聖至公照其狡計而議遂不行中外聞之莫不欣快陛下觀此用心則確之邪正不難知也此一事尤喧物論而罪尤大者其當去者十也確之罪惡如此舉議沸騰臣愚區區之言畧已自竭而聖度包容一切不以為意在聖慈不失恩於確則可也其如朝廷之輕重天下之安危生民之禍福人情之去就在確之罷不罷爾則所繫豈不大也今忠臣義士當盛明之時人人皆願自効而確猶在位誰敢明目張膽盡心於朝廷哉正人不得安則陛下之善政不得行天下之敝法不得改今大旱累月燥風慘日自冬入春宿麥已槁疾疫將作內外之情驚惶不安皆由大奸在朝逆天示譴告伏望聖慈深察事勢以天下為念早發聖斷罷確職任使之外補以荅天變以召和氣以慰公議以新改元之政天下幸甚

摯又劾河北漕臣論河事反覆疏曰臣竊以天下至廣非朝廷所聽之所能及故分建監司以寄耳目凡一方利害休戚唯監司之言是聽也使監司皆忠慎不欺則其言可信一有誕謾輕易邀功徇私之論則朝廷將受其罔而下將有受其禍者矣伏見河北轉運司昨者妄建河議欲為迎陽故道之役以奪大吳新河之勢乞許一面經畫謂如此則新河下流數十州縣盡免水患敘述果敢其言藹如也及聞朝廷遣使按視而本司還復變而為孫村之說欲便施工今春了畢既而使者到部情見理得於是李南公范子奇翻然又盡以前所議為非其略曰故道隄岸盡已拆去靈平埽岸緣占河身上下詑患必為大患又曰迎陽下瞰京師孫村水勢不順而慶迴河事節妻實不便臣按南公等正月十八日狀稱今來躬親相視乃是前此累作奏請之時都未嘗親至河上而遽以非常之利害不貲之勞費輒爾上聞欲以僥幸有成設使萬一朝廷以監司之言為可信而過聽其

計。豈不誤大事歟。夫臣子之分。建業進說。苟其志在陳獻利便。則後遂有當否。固無足深咎者。然如南公等身任職司。其言為朝廷所信。今日何事。又在所部。咫尺之近。固宜考見底裏。然後為言。而乃慣習欺罔。妄圖功利。及見朝廷選遣近臣。知其必究事實。自以前議乖謬。恐得罪咎。故不待使者同行閱視之畢。本司已自奏陳。公然反覆。輕侮君父。轉大議是非如反掌。視一方安危如兒戲。夫事上之道。唯恭與誠。故書馬不足。古人猶憂其譴死。上書不實。刑律明坐以大罪。南公等前之言。乃出於輕發妄作。非恭慎也。後之奏。乃欲以奸計求免。非忠實也。不有顯絀。何以申明典憲。少戒欺謾反覆奸偽之人。伏望指揮正南公等罪狀。特賜竄謫。庶協群議。謹具狀。劾以聞。

摯又劾章惇疏曰。右臣竊以傳曰。有德進。則朝廷尊。又曰。仁者宜在高位。不仁而在高位。是播其惡於眾也。伏見知樞密院事章惇資性

佻薄。素無行檢。廟堂議政。無大臣之體。專以驕縱輕肆。作俳諧之語。以凌侮同列。誇示左右。其語播于都下。散及四遠。傳以為笑。比來聖旨增損政令之未完。善者惇則必出異意。沮持其事。方宋用臣驕橫不法。惇在政府。而與之厚善。納其所遺酒醪。雖更恩宥。臣以謂大臣不廉。犯大義之責。不當如小臣論赦令前後也。謹按惇夤緣遭遇。幸得備位近輔。不深惟朝廷高爵厚祿。稍自矜重。以忠義圖報。而凌轢諧戲。不可謂德。聞善害政。不可謂仁。而交非其人。又從而以貨取之。可謂無廉隅矣。可謂播其惡於眾矣。方且揚揚高位。人皆指而議之。殆非所以尊朝廷厲羣下也。伏請聖斷。罷惇政事。以見公論。

摯又劾黃隱疏曰。臣伏以國之教化。出于學校。學之廢興。蓋繫師長。故聖人既建庠序。必立之官。苟非博通經術。而有德行者。則不能使學士誠服而心悅之。祖宗以來。莫不慎其選任。而　仁宗慶曆中。最號得人。如胡瑗孫復石介實為之首。育材之功。後世有考焉。神宗崇儒重道。大建學制。訓纂經典。以率多士。恩施甚厚。今在學學者眾多。與古爭盛。而師儒之任。豈可以非其人。伏見國子司業黃隱。學不足以教人。行不足以服眾。於學之政令。唯考校課試遷補職掌。冗繁與數。不可不公。而隱違法徇私。事皆有狀。以致大宣物論。多於生員試卷之末。立詞說出榜以示眾。變棄義理。疑惑學者。陰附權要。獎進浮薄。故使學眾不伏。怨情洶洶。至有騰為嘲誚之詞者。議者謂近時學官之肆為私枉。無若隱之甚者。按隱本無術業。使在此官。非其所長。恐不足以表率士類。奉宣教法。無以稱陛下首善造士之意。伏請罷隱職任。除一外官。以安學者。

故相王安石經訓經旨。視諸家義說得先儒之意亦多。故先帝以其書立之於學。以啟迪多士。而安石晚年溺於字說釋典。是以

近制禁學者毋習此二者而已。至其所頒經義。蓋與先儒之說並行而兼存。未嘗禁也。隱猥見安石政事。多已更改。輒爾妄意迎合傅會。欲盡廢安石之學。每見生員試卷引用。隱輒排斥其說。此學者所以疑惑而怨之深也。夫安石相業雖有間然。至於經術學誼。有天下公論在。豈隱之所能知也。朝廷既立其書。又禁學者之習。此何理哉。伏望速賜罷隱。以允清議。以一風俗。

右司諫王覿奏乞責降蔡確疏曰。臣等伏見軍器少監蔡碩盜用官錢。乞取貨賂。計贓共及萬緡。論法當坐極典。碩前宰相確之親弟也。初碩奏以錢二十萬緡。計置軍器物料。仍乞從本監舉官分領其事。乃是碩之措意。本欲與其私黨共為奸利。事下工部。勘當工部乞吏部選官。確方執國政。不用工部之議。而徇碩之本謀。欺罔聖聰。須降朝旨。特依本監所言舉官。碩乃得引用賓長裕劉仲昕。付之官錢。同

爲侵盜。遂至贓污狼籍。夫宰相者。正身齊家以表儀百官。進善退惡以佐佑天子者也。雖不能防閑其弟。使不犯法。已是罪人。而況囊者部之申陳。假朝廷之號令。使頎得自引私黨。濟其奸謀。如此而恕之。孰不可忍。雖今以觀文殿大學士守輔郡。有玷名器。伏望聖慈特行貶黜。以慰公議。

貼黃。臣等本欲俟朝廷斷蔡頎之後。論確罪狀。今竊聞蔡頎案已具多日。確雖不從工部之議。而使頎得引用私黨。以成其奸。見於奏牘。事理已明。則確之罪狀。不待斷頎之後而可見也。伏望聖慈詳酌。早賜施行。

覿又風聞朝廷欲下詔書以安邪黨。乞行寢罷。疏曰。臣風聞外議謂朝廷以近者放黜一二大奸。十數臣寮。恐人情之不安。將降詔書以安之。又將戒言事官。凡臣寮舊惡。不得復言。臣固未詳虛實。誠出於

此。恐四方有識之士。輕議朝廷也。夫人君之聖。得如虞舜。則無以過矣。然舜之御群臣。乃在於黜陟幽明。而天下咸服。當是時。不聞人情不安而亦不聞有詔書以安其黨類也。人臣之賢。得如孔子。則亦無以過矣。然孔子之爲魯司寇攝行相事七日。誅少正卯而魯國治。當是時。不聞人情不安。而亦不聞有命令以悅其朋黨也。蓋人君之所以御下者。黜陟二柄而已。陟一善而天下之爲善者勸。黜一惡而天下之爲惡者懼。則是黜陟之效也。豈以其爲惡者懼而朝廷亦爲之懼哉。惟至於誅叛臣。伐叛國。而以其脅從者多。汙俗既衆。則必下惟新之詔。施曠蕩之恩。而一洗之。苟不至於此。則何從而降詔乎。伏自陛下臨政以來。開廣言路。黜幽陟明。公議莫不以爲宜。人情莫不以爲悅。而逐一二大奸。十數臣寮。其門人故吏皆與其人比肩事主者。誰肯甘心以黨與自名。不過中心愧懼而不敢聲。故態以爲惡而已。

是乃朝廷黜陟之效。見於此矣。遽然下詔。臣切駭之。若臣寮之舊惡使言事者皆不得言。尤非臣之所諭也。且惡有顯晦。罪有輕重。若陛下聖意必欲安邪黨之心。則凡人之曖昧之惡。詿誤之罪。言事者及之。則寢而不報可也。如惡之昔晦者。由衆言而既明。罪之甚大者。因進用而已著。置於君側則欺君。委以事權則敗事。彼言事者方且遵奉詔旨。默而不言。則果朝廷之福乎。居言責而稍知職分者。尚可以安其職乎。臣伏望陛下斷自聖心。如大臣之論果有以詔書爲請。使熟議焉可止也。或詔書已成。願陛下留中而勿出。乃天下之幸也。干冒睿聽。臣無任戰汗之至。

貼黃。言事臣寮言人之不善。小則結怨於終身。大則爲仇於累世。豈所欲哉。但以既居其職。不敢上負朝廷。以廢職事。如果有詔書杜言者之口。則以不得言責爲恥者。漸當引去。緘默不言者。

充位而已。則臣恐陛下之憂。不在邪黨之不安。而在邪黨之日熾也。臣竊爲朝廷惜之。惟聖慈詳酌。

覿又論執政張璪疏曰。臣伏覩今月八日詔書蕩滌隱疵。闊略細故。以開詿誤自新之路。天下幸甚。然臣竊觀自古仁聖之君。莫過於堯舜。而堯之爲治。其大要乃在於哲而惠也。舜之爲治。其先務乃在於難任人也。惟其哲而惠。故巧言令色不得騁其私。惟其難任人。故懷奸挾詐者不得遂其惡。於是堯乃得以致黎民懷之。而舜乃得以致蠻夷率服也。伏惟皇帝陛下太皇太后陛下臨政以來。登進忠賢。放黜奸惡。可謂哲而惠矣。可謂難任人矣。惟能不倦以終之。則黎民懷之。豈減於堯。而蠻夷率服。何愧於舜哉。今者下寬大之詔。推曠蕩之恩。凡有誤先帝任使之人一切不問者。聖意蓋以謂罪顯惡鉅者皆已去矣。彼隱疵細故猶治焉。則非所以包荒含垢之義也。故渙然施

惡而一洗之。以慰安羣衆之心。臣雖至愚。尚復何疑而過計議論以蹈羣衆怨怒之機乎。臣但見詔與事違。名與實異。人情之所共駭。故不敢嘿嘿爲取容之計。今復爲陛下一論之。詔曰。罪顯者已正。惡鉅者已斥。陛下亦嘗深察乎。罪顯者果已皆正耶。惡鉅者果已皆斥耶。若猶未也。則民之具瞻何可欺。世之公論何可誣也。彼碌碌一官不當權要。罪顯而未正。惡鉅而未斥者。固不足算。而廟堂之上。執政之間。陛下日與之謀議可否天下之幾政者。猶有其人焉。張璪是也。故詔下以來。稍識之士莫不悒憤嘆息。以謂罪顯惡鉅之人。方在君側。而謂之罪已正。惡已斥。則欺罔蔽惑之患可從而知矣。雖在畎畝。猶當疾首蹙頞而爲朝廷憂。況如臣者待罪言責。爲陛下耳目之官。乃忍鉗口結舌而安處乎。彼張璪之奸邪欺罔。臣自今年二月以來。累有封事具陳其狀。并竊聞言事臣寮論列者非一。陛下不惟置而不

察。方且明詔中外以既無罪顯惡鉅之人。而餘皆一切不問矣。璪得乘此以自負。而膠固其邪黨。臣恐自今以往。邪黨無射隼之憂。而朝廷有養虎之患也。不惟如是而已。且使天下有以窺竊朝廷。以謂左右大臣罪顯惡鉅如張璪。而陛下猶不知之。則四方萬里之遠。百官羣吏之衆。何以廣覽兼聽而坐照其奸罪。臣竊以謂陛下不去璪。無以解天下之惑。無以破羣邪之黨。無以隆朝廷之勢也。惟聖慈深察而詳擇焉。天下幸甚。冒瀆睿聽。臣無任戰汗之至。

觀又論蔡確韓縝等居中罔上劄子曰。臣向者嘗有封事論呂惠卿在太原違赦出兵等事。已蒙朝廷施行。在惠卿罪惡固自不一。然惟是違赦出兵。於國家安危治亂所繫尤重。臣於前疏已嘗乞兼治經略官司之罪。是時臣以所聞出兵本末未甚詳悉。故未敢繼有論列。今竊聞去年二月二十七日劄子三省樞密院同奉聖旨令陝西河東經略制置使司各選差近上將官統制沿邊將兵馬。審賊馬近邊。即審度賊勢擇利施行。臣契勘去年二月二十七日。正是神宗違豫多日。人情憂恐之時。未審三省樞密院如何得同奉聖旨擇利用兵。三月十六日劄子檢會去年二月旨揮。春耕是時。令陝西河東邊路經畧司選擇將官。差兵馬三五千人。忽往倏來。覓便討殺。三省樞密院同奉聖旨。所有將兵使臣兵馬並須斟酌賊衆數目。不須拘以三五千人。相度多少。將帶前去。審行討殺。臣今契勘三月十六日正是神宗上仙二十七日。聖情悲哀之時。不審三省樞密院如何同奉聖旨用兵討殺。伏緣其時三省樞密院臣寮七人。內蔡確韓縝章惇張璪四人皆惠卿之死黨。惠卿雖在外。欲有所爲。則四人者合謀一意而莫之違也。其餘備員固寵之人。安能獨正其事哉。蓋去年春間。四人者專秉國政。惠卿乘此時陰有所求。無不如欲。於二月二十

七日既降擇利用兵旨揮。又於三月十六日復降不拘三五千人旨揮。惠卿乃得出兵二萬餘衆。深入西界。其意不過欲偶有微功。則黨人可以援引而庶幾復至於大用而已。非四人者居中用事。敢爲欺罔。同惡相濟。則其肆意妄爲。豈至於是哉。故前項兩次朝旨。適下河東陝西諸帥。而惟惠卿敢於此時大出師旅者。恃其與執政大臣陰相爲謀。而無所畏忌也。若確縝惇璪至今尚在廟堂。與璪盡得騁其凶德。則何所爲而不可哉。賴宗廟社稷之靈。陛下奮發英斷。罷確縝惇政事而置之外郡矣。惟璪尚當重任。陛下若不速去璪。使得漸爲奸黨之地。則臣恐確縝惇璪內外交構之患。不止如前日與惠卿廣敕用兵之事而已。惟聖慈詳酌。

貼黃。去年二月二十七日。三月十六日三省樞密院取聖旨。內係陛下必能記憶也。大凡旨揮邊帥用兵。國之大事。安危所係也。

湊陳之際。豈容草草。元豐七年。神考當國家無事之時。其時耕擾之兵。尚限以三五千人。今更不拘以數者。蓋惠卿欲之而已。彼確縝惇蔡。委天下安危之計。而徇其私黨。豈以國事為恤哉。況計其出兵既多。則其為大事又可知矣。看其時三省樞密院奏陳之際。不為大事。而僅同細務。則確等欺罔之情狀可見也。

覿又乞再誅竄呂惠卿疏曰。臣等伏見近降朝旨。以臣寮上言呂惠卿罪惡。責授惠卿中散大夫守光祿卿分司南京。竊以執鯨鯢於漏網。稍正邦刑。蓄虎豹於近郊。終貽後患。謹按惠卿在熙寧中。恣行不義。刱立弊法。上以誑誤朝廷。下以賊害海內。詐窮力詘。黜居藩郡。猶復妄希功賞。輕用甲兵。結怨西戎。貽憂先帝。罪狀顯白。已不容誅。至於私行陰險人所不為。始與安石結刎頸之義。終與王氏為尋戈之仇。怨傾淺然詭變難測。今雖自知罪大。不容於世。然猶詐稱疾病。潛伺間隙。譬如蝮蛇猛獸。雖暫爾弭伏。而凶性終在。遇便即發。毒不深為圈檻於界無人之境。臣等恐其防閑稍緩。竊出害人。不然。臣等豈不知降四官落一職。為分司官。在於常人。豈為輕典乎。蓋以堯之四凶。魯之少卯。既非常人。不當復用常法治也。況復皇帝陛下即位之初。明降赦書。戒敕邊吏。不得侵擾外界。務要靜守疆埸。是時惠卿任河東帥。被遇先帝恩德最深。自聞遺制。略無哀戚。日夜點集兵馬。為入界討蕩之計。及兵還延未發。恐為虜所覺知。遂令兵馬司借赦書不得侵擾之文。曉諭將佐。以款賊計。仍於四月十五日具奏上許事由。於二十一日出界。夫登極赦書。國之大信。所以綏靖中國。懷來四夷。人臣奉行。敢有輕議。今惠卿公然違戾。出師伐國。而又借用其文。以誑詐欺敵。傲玩朝廷。殊無忌憚。推其心。則出於無君。論其罪。則入於大不敬。自其前後所犯。皆在不赦。朝廷縱欲貸而不誅。只乞檢臣等前奏。投之四裔。以禦魑魅。臣等與惠卿初無仇怨。但以為國去凶。義不可已。惟陛下特賜裁斷。

覿又論責授武昌軍節度副使潭州安置章惇陰邪慘酷。竊弄威柄。乞行顯戮疏曰。臣聞滔天圮族。治世之所必誅。亂政虐威。聖人之所不赦。豈容凶德。久污明時。近者特進章惇責授武昌軍節度副使遷州安置。臣伏讀錄黃。臣寮上言及制命。大槩謂惇為性殘刻。每晨朝奏事。凡陳闢道之言。無非殺伐之事。公然不顧勅牒。以己之平昔仇怨。故託謗訕宗廟。或稱謀危上躬。竄斥南荒。投之死地。編類章疏。看詳訴理。受禍者一千餘家。拔擢門下小人。布列內外。以貪邪慘酷更相唱和。造作危獄。竊弄威柄。由惇凶殘。有司觀望。凡士民曖昧語言。加以釘手足。剝皮膚。斬頸拔舌之刑。至於道路以目。不敢偶語。並行有悞聖時。有傷和氣。遂致連年水旱災變。百姓飢死者數十萬計。自古奸臣。少惇比者。臣竊謂惇之罪狀。固雖具述。但以錄黃所列。豈在驩鯀之下。夫盜天刑而報私怨。是欺天也。凡陳闢道之言。無非殺伐之事。是迷國也。造作危獄。竊弄威柄。是無君也。公然不顧勅牒。是不臣也。凡士民曖昧之言。加以釘手足。剝皮膚。斬頸拔舌之刑。是豺狼也。安有欺天迷國無君不臣豺狼之人。而可特屈常刑。待以輕典。何以謝銜冤而死者。何以慰天下之望。昔堯以四凶遺舜。所以成帝舜之大功。先朝以凶惇遺陛下之英斷。陛下聖德寬大。每務含容。雖欲恕其顯戮。亦當投之四裔。以為萬世之戒。豈宜寘之善地。久鬱群情。伏望聖慈早賜詳酌施行。

覿又奏為乞出林希外任事疏曰。臣竊聞起居郎林希召試中書舍人。希雖薄有文藝。素號儉巧。當王珪用事之際。希諂奉之。無所不至。與其不肖子弟。日相親昵。及韓縝作相。希復為其鷹犬。今中書侍郎張璪傾邪著聞。士人之稍重者莫不恥遊其門。而卞與之深相交結。不畀識議。何可使代言禁掖。入侍近班。兼聞帝已有乞免召試。伏望聖慈旨揮。除帝一外任差遣。所重朝廷名器不濫。邪正有別。

覬又乞與刑部郎中王振遠小差遣。候勑旨事疏曰。臣近有封事言刑部郎中大理少卿王振險巧刻深。最爲楊汲崔台符所愛信。汲台符鍛鍊之獄。多振力也。當與汲台符同黜。安可復用。尋又聞言事臣寮彈振者頗多。朝廷雖已罷振少卿。而仍舊以振爲刑部郎中。臣竊謂郎官當選才學。刑部須用明慎之人。振何足以當此。方其初入刑曹。朝廷既不知其宿惡。言者亦未暴其隱慝。振得徼倖。少寄無足深駭。今衆論究悉。大惡已著。尚安可污辱文昌。蕪穢憲部。伏望聖慈特降旨揮。出振外任一遠小差遣。以慰物論。

歷代名臣奏議卷之一百七十九

去邪

宋哲宗時。監察御史龔夬彈章惇疏曰。切以宰相之任。代天理物。佐人主出令。苟非其人。害及天下。臣伏見左僕射章惇性質凶邪。敢爲姦暴。今則罪狀顯著。天下共聞。臣特撮其大者言之。蓋舜之罪驩兜也。以其誣人罪。故放之崇山。號爲凶人。按惇昨在元祐間廢黜不用。及紹聖初。擢任元輔。不思竭忠以圖報稱。而乃陰懷私忿。專報仇怨。及其甚也。誣以悖逆之罪。俾其朽骨銜寃於地下。子孫禁錮於炎荒。天下忠臣誼士。憤悶而不敢言。是以陰陽疵癘。凶飢相仍。皆有以致之也。乃者先帝大漸。而惇不思社稷大計。輒進姦說。意在傾搖。此其爲罪。死有餘責矣。恭惟先皇帝委任輔弼。推誠不疑。度越前古。而惇乃肆爲姦暴。以快私意。則負先帝也多矣。若其它姦賊萬狀。人言紛紛。於他人以爲大惡。其於惇之身。則罪尚爲細。未易遍論。伏望聖慈。特賜詳酌。寘正刑典。

夬再論章惇疏曰。臣伏覩朝旨下御史臺。根勘道路官吏節次施行外。臣謂管幹道路等官吏信有罪矣。然全由山陵使司措置無術。以至於此。臣切見章惇奉使裁處一行事務。唯是妄作威怒。致上下人情怨咨。無肯究心出力以奉上者。至鞏汜之間。因泥雨過常。遂至墊陷。臣又聞昨來靈駕離汜水頓。其力士等止給蒸餅四枚而已。自二十七日夜至二十九日天明。雖使不至泥淖。亦有飢乏。不能舉重。兼惇既領使事。親見泥淖。自當從靈駕逐站措置。而自申未間先到幄次。既聞靈駕過期不至。亦合前去照管。直至一更已來。方始往泥陷處。又無規畫。止用朽木薦動大昇轝。顯見前後高下不平。靈駕自未早入幄殿。百官朝晡入臨。宮中亦當早晚上食。是日悉皆廢闕。人情惶駭不可具道又元祐皇后廢徙不敢少去靈轝之側而惇乃請歸幄次則是已不能竭力又欲陷元祐宮於不義其罪可勝言哉臣謂道路應干官吏已送有司施行而惇為罪首伏望聖慈特賜詳酌施行

夫又論章惇疏曰臣伏聞今月初八日宣制章惇落尚書左僕射兼門下侍郎依前官知越州命下之日士論皆云少慰而未快按惇凶德暴著人神共怒今纔奉使失職而去除罷政外不聞褫奪雖朝廷優禮輔弼以勸來者然罪止於此則人情不能無惑蓋惇受先帝之厚眷委信不疑雖古君臣相與之盛未之有也義當虛心一意旁求俊傑以助聖治而乃陰懷宿憤專報恩讎力引姦凶並據要路睚眦之怨竄斥無餘竊聞昔日丁謂執政號為恣睢然不過能陷寇準而已紹聖四年之春廟堂之論方一於是國之故老元輔侍從臺省之臣凡天下所謂賢者不問存歿並從貶斥一日之閒布滿湖嶺自宋有天下以來未之聞也當是時惇之凶威震於海內陛下之所親見固不待臣言而後知蓋其立造不根之語文致悖逆之罪是以人人危懼莫能自保天下忠臣誼士為國家寒心者多矣使惇之所為出於誠心猶且不可其於貶降之人不廢私禮但云獲罪於天則是使人歸怨先帝而快已之私意罪不容於誅矣今惇罷相近同無罪而去此公議之所以未平也伏望聖慈俯徇中外之情速正姦惡之罪非獨臣之願乃天下之所望於朝廷也

御史中丞傅堯俞彈安燾疏曰臣近見諫官臺臣論列知樞密院事安燾孝聲不聞等事燾抗章避位而陛下留之頗堅臣竊以為陛下未之思也衆人所言臣不敢重煩天聽臣有所見不敢不以聞惟陛下留神省察臣伏以安燾天資回僻無大臣風操自陛下聽政以來

天下事可行即行可改即改惟以便民為務固一歸於公議而燾方執政柄其可改者未嘗奮然肯行有迫於公議不得已而行者行之未嘗肯盡必留根株為異日可以翻移之計如保甲及渠陽軍之類是也其多不可遍舉專務謀身徼福未嘗有首公利社稷之心此皆無逃聖鑒若陛下於清閒之宴追記而詳察之其議論事為歷歷可見久居樞密為害已深今又顧慕以覬冀宰相而方固留之臣實未諭陛下念燾久侍左右聽其罷去陛下終始之恩已不貲矣若欲決留遂躋揆路臣雖無狀敢以死爭臣無任懇激之至

堯俞又論蔡確疏曰臣竊聞知鄧州蔡確近以怨誹上聞陛下不忍加誅降為光祿卿分司南京士大夫轉相慶抃仰陛下全生育之恩顧確之狂忿豈足以塵黷太清惟陛下盛德之光益輝映於古今矣然確之自絕於天陛下既屈典刑矣無足復道臣獨念陛下克己敦仁盡至公以臨下有生之類莫不蒙被盛德而歌頌盛美迺得此於確雖聖度如天莫可窺測誠恐有不能平者願陛下聽之如蚊蝱過耳不使有纖微之忤以干太和之氣則天下幸甚初確詩之傳議論之閒是非殆相半蓋足以見確黨之盛矣惟此不可不察是固難逃神鑒願陛下深思而留意焉邪正之辨定與不定是此一舉臣不勝區區之至

貼黃風聞中書舍人彭汝礪緣蔡確事亦嘗抗章論列及其降黜又不草制詞外廷不知端倪未敢彈奏乞勘會若稍涉救解不能與衆共疾姦惡當明加黜責若無行遣則是賞罰不明無以鎮服天下

堯俞又論蔡確疏曰臣竊聞蔡確分司南京尚帶左中散大夫臣再三思之其官既崇又分司者叙復皆有常法陛下過屈典刑雖深仁

盛德超絕古昔然於是事殊為未便緣確之用本無德望徒以數與大獄遂躋相位纔罷政柄怨誹已及君親其憎疾善人固可知矣萬一復進上必為解構之姦下必有排陷之酷臣謂宜投竄荒僻使還路迂遠而不可必則善人安而小人革矣如此則向背之風自然寢息確之深狡衆所共知若不如此其懷毒伺隙殆無術以止其來士大夫所以多觀望而持兩端者以此今天奪其魄自為狂悖之語以發露其心不因此時去之將貽後悔願陛下奮然必行斷在無惑至其黨與雖不可窮治當取其尤親善者併逐之以懲邪慝自昔仵大臣者皆然固可考而知也臣無任懇欵之至

堯俞又奏曰自古端人正士誰不欲盡忠於人主人主亦豈不欲聞盡忠之言常患執政大臣離間於中使明主之初心遂移忠臣之雅懷不盡以為痛恨爾

時多有元豐舊黨分布中外多起邪說以搖撼在位呂大防劉摯患之欲稍引用以平夙怨謂之調亭宣仁后疑不決侍御史蘇轍面斥其非復上疏曰臣近面論君子小人不可並處聖意似不以臣言為非者然天威咫尺言詞迫遽有所不盡臣而不言誰當救其失者親君子遠小人則主尊國安踈君子任小人則主憂國殆此理之必然未聞以小人在外憂其不悅而引之於內以自遺患也故臣謂小人雖不可任以腹心至於牧守四方奔走庶務無所偏廢可也若遂引之於內是猶患盜賊之欲得財而導之於寢室知虎豹之欲食肉而開之以坰牧無是理也且君子小人勢同冰炭同處必爭一爭之後小人必勝君子必敗何者小人貪利忍恥擊之則難去君子潔身重義沮之則引退古語曰一薰一蕕十年尚猶有臭蓋謂此矣先帝聰明聖智疾頹靡之俗將以綱紀四方比隆三代而臣下不能將順造作諸法上逆天意下失民心二聖因民所願取而更之上下忻慰則前者用事之臣今朝廷雖不加斥逐其勢亦不能復留矣尚賴二聖慈仁宥之於外蓋已厚矣而議者惑於說乃欲招而納之與之共事謂之調亭此輩若返豈肯但已哉必將戕害正人漸復舊事以快私忿人臣被禍蓋不足言臣所惜者祖宗朝廷也惟陛下斷自聖心勿為流言所惑勿使小人一進後有噬臍之悔則天下幸甚疏入宣仁后命宰執讀於簾前曰轍疑吾君臣兼用邪正其言極中理諸臣從而和之調亭之說遂已

時中官裴彥臣建慈雲院戶部尚書蔡京深結之強毀人居室人許於朝詔御史劾治常安民言事有情重而法輕者中官交結權橫與侍從官相交結同為欺罔此之姦狀恐非法之所能盡願重行降責以肅百官獄具章惇主之甚力止罰金安民因論京姦足以惑衆辨足以

飾非巧足以移奪人主之視聽力足以顛倒天下之是否內結中官外連朝士一不附己則誣以黨於元祐非先帝法必擠之而後已今在朝之臣京黨過半陛下不可不早覺悟而逐去之他日羽翼成就悔無及矣是時京之姦始萌芽人多未測獨安民首發之

蔡確為裕陵復土使還朝以定策自居監察御史王巖叟言陛下之立以子繼父百王不易之道且太皇太后先定於中而確敢貪天自伐章惇兇賊狼戾罔上蔽明不忠之罪蓋與確等近簾前爭役法詞氣不遜無事上之禮令聖政不出房闥豈宜容此大姦猶在廊廟

徽宗即位殿中侍御史陳師錫上疏曰元豐之末中外洶洶矣宣仁聖后再安天下委國而治者司馬光呂公著爾章惇誣其包藏禍心至於追貶天相陛下發潛繼統而惇猶擁高位光等贈謚未還墓碑未復願早攄宸略以慰中外之望蔡京為翰林學士師錫又言京與

朋比同惡。迷國誤朝。而京好大喜功。銳於改作。日夜交結內侍戚里。以覬大用。若果用之。天下治亂自是而分。祖宗基業自是而隳矣。京援引死黨至數百人。鄧洵武內侍汙惡。搢紳不齒。豈可涴穢史筆。向宗回宗良亦陰為京助。是皆國之深患。為陛下憂。為宗廟憂。為賢人君子憂。若出之于外。社稷之福也。帝曰。此於東朝有礙。卿為我處之。對曰。審爾。臣當具白太后。遂上封事言自昔母后臨朝。危亂天下。載在史冊。可考而知。至於手書還政。未有如聖母退抑謙遜。真可為萬世法。而蔡京陰通二向。妄言宮禁預政。以誣聖德。不可不察也。

殿中侍御史龔夬亦好惡明忠邪疏曰。臣聞。好惡未明。人迷所嚮。忠邪未判。衆聽必疑。臣頃在外服。側聞朝廷聖政日新。遠邇忻戴。及被命詣闕。又聞進退人材。皆出睿斷。此固甚盛之舉也。然而姦黨既破。則彼將早夜為計以謀自安。不可不察。或遷於革面以求自入。或中執邪說以拒正論。或安稱禍亂以動朝廷。或託言祖宗以迫人主。或巧事貴戚。或陰結左右。大抵姦人之情。其計百出。不可盡舉。其要則欲變亂是非。渾殽曲直。以疑誤朝廷。將幸其既敗復用。已去復留而已矣。君子直道而行。不為機變。則必墮姦人之術內。若然。則天下之治。殆未可知也。故必在朝廷洞判忠邪。斷而行之。若小不忍。則害大政。恭惟先皇帝聰明聖神。臨政願治。臣昔蒙賜對。親被聖訓。勿為阿附。以期自守。今臣不言。則為上負厚恩。下廢所守。朋姦罔上。自取犯義之罪。惟陛下深察臣言。以示好惡。以明忠邪。而陟降多士。使遠近皆知進賢退姦之意。將見天下鼓舞聖化。太平之治。不難致也。

夬又彈蔡京疏曰。臣伏覩朝廷罷黜方天若事。命下之日。士論忻愜。蓋天若之凶邪。人情共惡。衆見其已廢復用。竊疑之。忽聞新命。大慰輿望。然臣切聞翰林學士承旨蔡京自天若為布衣。收寘門下。頗其傾險。以為腹心。蹤跡詭祕。未可遽論。而其稍可見者。昨因周穜與天若私論鄒浩事。穜以為難。天若非之。遂以語京。京遽以聞。由是穜等得罪。自爾附會之人。肆為攻訐。並起犴獄。多斥善士。天下冤之。皆京與天若為之也。且浩之言事。既為衆所取。而京職在獻替。自當捄撫公言。聞於朝廷。請貸其罪。既不能然。反與天若互為表裏。力肆傾陷以快私意。蓋穜初與京善。其後稍異。故私欲報之。臣竊謂京之為人嘗如此。今乃職擾要近。寵於從官。此忠邪之所未判。清論之所未平也。按京外寬內深。邪諂以合小人之情。今其黨與。助為遊說。欲掩其罪。最為難察。臣驟蒙朝廷擢居言路。聞於輿議。參考得實。不敢循默。以避怨謗。伏望朝廷洞察京之姦邪。不可尚留左右。早賜斥逐。以慰中外天下之望。不勝幸甚。

夬又論蔡京疏曰。臣近論奏蔡京事。雖得於風聞。未究實狀。然訪之外議。人人皆同。久而彌彰。按京之傾邪與卞不殊。臣今所言為兆而已。然已見其難行。若朝廷國史大典。欲使成書。非臣所預。而臣特論其人物邪正。不可先差。擾數日而辯。及紹聖講復免役。復預討論。又昨卞在朝。與京表裏相濟。而今或謂趨向不同。此尤可怪。蓋其為人反復趨利。頗為難察。復善攬數。以傾陷言官。自頃議者敢有論列。即被排逐。此天下之所共知也。一起犴獄。誣陷非辜。其事不一。伏望聖慈博加採訪。以辨忠邪。天下幸甚。

夬又論三省不疾速進呈言蔡京章疏狀曰。臣自今夏以來。彈奏蔡京姦惡。更涉寒暑。章疏累上。又聞臺諫臣寮相繼各有彈劾文字。今蒙陛下洞察其情。以章付外。而三省大臣或陰相交結。或私懷畏避。並不疾速進呈。取旨謫降。使國之典刑幾廢不用。外議訩訩。不可具述。伏望聖慈特賜詔問二省顧望之意。仍乞以臣前後所奏速賜施行。
夫又彈蔡京疏曰。臣伏見新除端明殿學士知永興軍蔡京性資凶邪。心術頗險。多罪著聞。中外諠沸。而況私交宦省之臣。密伺人主動静。與古姦臣異世同惡。今朝廷寵以秘殿之華。資付以咸秦之方面。尚敢不體至恩。偃然自肆。遽請祠宮。情涉怨望。心臣凶橫。有至於此。理無可恕。伏望聖慈特賜睿斷。檢臣前後所奏施行。

貼黃。臣自夏以來。累具彈奏蔡京姦惡。兼前後臣寮皆有彈劾。今來京以無罪而去。則是朝廷全廢典刑。不唯士論未快。而使天下姦惡無所忌憚。非國之福。伏望聖慈詳酌。速賜施行。

夫又論蔡京疏曰。臣劾會蔡京姦惡。不可具述。除前後彈奏外。伏覩先朝降旨於資善堂書寫五朝寶訓。所降旨揮止令差使臣二人。而京却請乞殿閣內臣一員。又差入內供奉官等二人。

後來朝旨已罷所指差文臣。而所差內臣不罷。蓋京自來密交近侍之臣。使之刺探起居。為臣之姦。無大於此。京以侍從之貴。而於內臣雖高品黃門之類。無不曲加禮敬。甲汙庸猥。不可具道。素喜翰墨。好饋予。無問高下。多以書禮問遺。結其驩心。積有年矣。茲事中外之所共聞。大為清論所鄙。而京不顧廉恥。安而行之。尤善秘其迹。故議者不能斥論。然臣有說於此。按京姦邪陰險。衆所同惡。而左右之臣。輒有譽其所長。諱其所短者。則其交結無疑。不必得其迹而後可知也。又京之徒每揚言於人云。彼善結宮貴之歡。外庭論議。必不能動。蓋自恃左右之助以忍動言者。茲尤可鄙。今雖聞已補外。而不緣罪去。輿論甚鬱。伏望聖慈特降睿旨。檢會臣累奏前後臣寮所上章疏。及今來事理。重行貶竄。以為天下後世姦臣之戒。

夫又論蔡京疏曰。臣近嘗具奏言文及甫書及究問所獄事。今聞陳瓘辭免恩命文字。所言蔡京罪惡數內一事。京親寫奏劄乞誅滅劉摯等宗族。賴哲宗仁聖。不行其請。臣竊惟哲宗皇帝臨御天下。十有六年。自即祚以來。赦過宥罪。與民更始。尚有朝士之子語言不順。有司用法。將寘極典。而哲宗親為辨明。貸其罪。一方水旱。憂形玉色。遣使賑恤。倒廩而餔之。然則聖德深厚。寬仁愛人。得於天縱。而京以私忿。輒欲族滅無辜。以希進取。又欲厚誣宣仁聖烈。以合惇卞之意。是故上天譴告。沉陰不解。星度尤異。既而先帝感悟。竟從寬貸。天下方且仰頌聖明。美幷萬口。而京輒自有平反之功。使人歸怨於上。此天下忠臣義士所以含憤扼腕而不能自已也。臣前後所言京事。獨患不得其跡。今陳瓘所言如此。則是京自有所上文字事狀甚著。始則上誣宣仁

終則歸咎先帝。人臣之惡。有甚於此者乎。若瓘所論謬妄失實。則朝廷自當重行貶逐。以戒狂誕。而臣愚承誤。輒復論奏。亦當與瓘同責。若其言不妄。豈得以無罪而去。朝廷之論。必當居一於此。臣以上殿劄子。恐不能盡所欲言。須至先具奏陳。伏望聖慈詳酌。檢會臣寮前後所奏。速賜施行。

夫又奏乞檢尋文及甫究問獄案狀曰。臣竊聞自古姦臣戕敗善類。以防後患。必置之死地。而善人脩身。無大過失。欲求其罪惡之實而不可得。故託以悖逆無驗之罪。又慮其異時子孫訴理於朝。故必欲族滅而後已。此古姦邪之常態也。臣近覩前日及甫之書。究問之獄。不意茲事出於朝廷。使愚臣痛心疾首。感憤流涕。臣竊惟宣仁聖烈。擁佑先帝。慎擇累朝重望之臣。寘之左右。輔道聖德。彌綸朝政。九年之間。中外安靜。此天下之所共聞也。前日止緣一二姦邪。嘗被斥逐。

敢欺罔朝廷。成此大獄。以報私仇。必欲族滅無辜。以快其意。當爾之時。天地變色。日月無光。積陰踰時。中外詾懼。以至彗出西方。譴告甚著。先帝為之肆赦求言。以荅天戒。而姦臣之忿不已。持之益堅。由是逐臣死於瘴海。家族不許生還。至有一門二十餘喪者。然則雖無刀鋸。其實族滅也。抆骨銜冤。沉寃為癘。以及於斯。痛不忍言。今及甫等罪。上賴聖斷。已行竄斥。而當時祕獄。必有案牘章疏。可以見其鍛鍊之致。附會欺罔之人。若不早行根究。必慮藏匿焚滅。無所歸咎。則天下何以知其非先帝之本意。伏望聖慈。特賜睿旨。須管檢尋當時照證文書。以正姦臣之罪。以慰天下之望。

又彈蔡卞䟽曰。臣聞為國之要。必辯忠邪。忠邪既分。當明黜陟。臣伏見尚書左丞蔡卞。操心深險。賦性陰邪。始緣阿附權臣。致位二府。既而漸盜威福。中分國柄。覊縻宿仇。陰加報復。不附己者。棄斥無餘。

止緣為王安石之壻。妄謂盡傳安石之學。以欺惑朝廷。於是一時嗜利之人。翕然附之。以助成其說。使天下不覩是非之實。恭惟先皇帝體貌大臣。極於恩禮。而卞之事君如此。則不忠之罪大矣。彼既不忠於先皇帝。豈能忠於陛下。今乃尚居二府。參預機政。是以清議沸騰。中外一口。伏望聖慈。察其姦邪。斷自宸衷。特行罷黜。以慰天下之望。

又又論蔡卞䟽曰。臣近嘗論奏尚書左丞蔡卞姦邪。不可尚留二府。未蒙付外施行。中外之情。殊為未允。臣謹按卞事上不忠。衆所共惡。而懷姦深隱。最為難知。頃在先朝。受國厚恩。不思補報。專為邪說。迷誤朝廷。凡天下公論之所同者。反指以為流俗。使正人端士。不容於朝。前則有陳次升因事被逐。後則有鄒浩以言得罪。皆竄之蠻荒。期於必死。由是言事之臣。皆為阿附。中外士庶。孰不吐氣。雖同時執政。亦預是事。而皆由卞發之。為力居多。恭惟先皇帝聰明神聖。比德祖宗。臣頃以九廟誤蒙賜對。隨事獻言。無不開納。臣又風聞前此憲臣進諫。其言苦切。先帝容其讜直。御坐為起。然則聖德之盛。雖自古納諫之主。方之蔑矣。卞為大臣。不務將順聖意。而乃務為邪說。以便其私。則其不忠之罪。可勝道哉。陛下聖度優容。未忍加罪。而彼不忠於先朝。陛下安得而赦之。伏望聖慈。察臣言之懇惻。採輿議之至公。特賜施行。以慰士論。天下幸甚。

又又論蔡卞䟽曰。臣伏聞蔡卞落職。提舉宮觀。太平州居住。天下之士。恭仰聖斷。孰不忻躍。然臣竊見蔡京與卞。表裏相濟。天下共知其惡。播於民謠。號二蔡。又曰。大蔡小蔡者是也。而議者患其無跡可考。不敢斥論。蓋未深思耳。臣按君子為善。小人為惡。若其跡暴於天下者。皆非善惡之至也。苟臻其極。二俱無迹。房杜姚宋成貞觀開元之治。考其施設。殊不聞於後世。又況稷禹皐陶之盛。宜乎人無能名焉。惟惡亦然。昔人嘗論少正卯盜

跖其惡孰深。或曰。正卯雖姦。不至割人充膳。則盜跖為甚。荅者曰。為惡彰露。人思加戮。隱伏之姦。非聖不誅。是故正卯一國之聞人。而仲尼戮之者。蓋察其無跡之惡耳。夫是之謂聖人。按京服浼瘦愚。外寬內深。與其弟卞陽踈陰合。竊弄國論。附麗者亟躋顯要。異議者立見排逐。迷誤朝廷。誣害忠良。多出其謀。而身不在二府。故跡不暴著。是姦邪之尤者。非陛下之睿聖。何以破此無跡之姦。是以天下忠義之臣。方正之士。顒顒然日有望於英斷。臣以愚陋。實有言責。既聞輿議如此。不敢私畏強禦。苟避禍患。故輒陳其一二。伏望聖慈。特賜詳酌施行。以慰天下之望。

貼黃。臣按民謠云。二蔡二惇。必定沙門。籍沒家財。禁錮子孫。又云。大惇小惇。入地無門。大蔡小蔡。還他命債。竊謂民至愚而神。其不可欺如此。

又上䟽曰。臣聞牧羊者不去敗群。則羊不蕃。養穀者不鋤莨莠。則

殺不植。聖人之治。以去邪勿疑為深訓。容姦納邪。雖堯舜之君不能成政。臣伏見陛下即位以來。宵旰求治。然尚疑於去邪。欲望政成。是猶卻行而求前也。臣謹按翰林學士承旨蔡京資政殿學士知江寧府蔡卞。姦詐狠愎。兄弟同惡。迷國誤朝。為害甚大。卞雖去位。尚竊峻職。玷名邦。京偃然在職。謂朝廷無識其姦。日夜交結內侍戚里。以覬大用。中外見陛下容忍留京。咸謂果有大用京之意。諫官御史自四月以後彈奏京罪。並未蒙施行。今京內恃郝隨劉倩輩為之頰舌。外結宗回宗良等為之肘腋。以成自安之計。使京果賢無覬位之心。知臺諫論列如此。豈不引嫌。略為去就。乃敢傲慢自若。不顧公議。曾何面顏。況京好大喜功。銳於改作。若果大用。必須妄作。變亂國政。天下治亂。自此分矣。祖宗基業。自此隳矣。自京卞在朝。援引天下之士。居要塗躐美官者何啻數百人。皆死黨附麗。若更大用。則貪爵祿無執

操之徒。盡附之矣。其不附者。京必以惡名加之。不誅則廢。當是之時。京卞之門。政令所從出。陛下孤矣。雖欲去之。不可得也。臣以謂京之敢爾者。緣陛下去卞不早。既去。又不能正典刑。以明罪惡。京以此窺陛下。故敢愚弄朝廷。玩侮國章。陛下作新初政。而姦人窺伺如此。臣恐天下有識之人。豪傑之士。皆解體矣。伏望聖慈特降前後臺諫彈劾蔡京蔡卞文字。速賜施行。

夫又論章惇疏曰。臣伏覩本朝法制寬平。過於歷代。民之所欲者因而循之。民之所病者革而化之。祖宗德澤。所以入人深。而海內乂安。民氣和樂。建隆初編勑四卷百有六條。太平興國中增至十五卷。淳化中倍之。咸平中。增至萬八千五百五條。芟其煩亂。可為勑者二百八十有六條。總十二卷。當時便其簡要。大中祥符七年。又增至三十卷千二百七十四條。至天聖中。有司言勑復增至六十餘條。命官刪定。仁宗皇帝問輔臣曰。或謂先朝詔令不可輕改。信然乎。王曾曰。此憸人惑上之言也。咸平中刪太宗詔令十存一二。去繁密之文。以便於民。何為不可。仁宗然之。於是下詔中外。使言勑之得失。由是觀之。朝廷之法。消息盈虛。與時偕行。何常之有。神宗皇帝窮天下之至神語聖人之妙道。其緒餘為法於天下。新於熙寧。成於元豐。及其久也。如天四時。春夏雖仁。不可常行。秋冬代之。秋冬雖義。不可常用。春夏更之。元祐上封事者言法度於民不便。因而更張之。如太宗之於太祖。章聖之於太宗。仁宗之於眞廟。神考之於仁英朝。刪法度務從民便。所以垂範九年。朝廷無事。民夏乂安。哲宗皇帝親政。召章惇為宰相。不能以道事君。用群小合謀害元祐忠賢司馬光呂公著等。變亂神考法度。謂之不忠。不能紹述。謂之不孝。以此激怒先朝。此王曾所謂憸人惑上之言也。惇以光等變亂神考法度。不足為深罪。又編類

臣寮章疏。擇其切直不諱之言。與夫陳亂世以諷今者。謂之訕上。謂之指斥。臣觀書見禹戒舜曰。無若丹朱傲。惟慢遊是好。周公戒成王曰。無若商王紂。丹朱堯不肖子。紂商之無道君。禹以堯不肖子戒舜。周公以商無道君戒成王。亦可謂之訕上乎。亦可謂之指斥乎。惇又以章疏語言不足為大惡。乃持文及甫邢恕之私言。輒誣光等謀廢立為不軌。無狀可按。無迹可尋。無證佐可明。惇一切以意為之。臣聞章獻時。程琳上武后臨朝圖。終仁祖世。為將相。光等有程琳之事乎。惇輒誣光等為不軌。是誠何心哉。求興寘流人上寇準變事。呂夷簡曰。準治下急。是欲中傷準耳。宜勿治。益徙之遠方。元祐間有曾告光等變者乎。今輒誣光等為不軌。是誠何心哉。徐鉉於江南錄云。宋齊丘將圖不軌。太宗皇帝覽書謂左右曰。齊丘盡節於李氏。鉉以私憾加誣。豈得為直筆乎。齊丘江南李氏之臣。鉉以不軌之罪加之。太宗

猶惡馬。況惇輙誣本朝忠賢司馬光等。謀廢立為不軌。陛下可優容之乎。臣謹按惇當國七年。竊持威柄。禍福天下。勇於害賢。敢於殺人。臨大變。誇大事。包藏陰謀。發為異議。陛下尚優容之乎。祖宗怒惇久矣。今付陛下震之。上帝怒惇久矣。今命陛下誅之。陛下何憚而不果耶。伏乞睿斷早賜施行。

大觀三年。何執中為尚書左丞加特進。制下。太學諸生陳朝老詣闕上書曰。陛下知蔡京之姦。解其相印。天下之人鼓舞有若更生。及相執中。中外黯然失望。執中雖不敢肆為非法若京之蠹國害民。然碌碌常質。初無過人。天下敗壞至此。如人一身。臟腑受沴已深。豈庸庸之醫所能起乎。執中貪緣攀附。致位二府。亦已大幸。遽俾之經體贊元。是猶以蚉負山。多見其不勝任也。疏奏不省。而眷注益異。

御史中丞石公弼上奏曰。臣伏覩近降指揮。內東門司自今後應便

臣醫官等。並不得將帶經火製煉毒藥。如伏火砒硇黃朱砂之類。入會通門入內。許諸色人陳告酬賞。臣有以見陛下造道深妙。聖慮獨高。凡挾方技進者所不能欺也。蓋丹藥出於方士之說。事不經見。率是誣誕。凡人尚當審謹。豈可供進宮禁。固宜重為關防。以塞妖妄之源。臣愚以為皇城諸門禁令尤不可不嚴。亦宜此施行。如臣寮以此陳獻。或援引製煉之人。亦乞立法止絕。所有見今燒製道士挾持惑衆。臣訪聞稍稍招權作過。修蓋葆真宮約費錢十二萬餘貫。今既不用其術。臣以為其人不宜留置京師。欲乞特降睿旨。奪去師名。押歸本貫。葆真宮修造。如可減節。即乞減節施行。

四年。彗再見。侍御史毛注言。臣累論蔡京罪積惡大。天人交譴。雖罷相致政。猶怙恩恃寵。偃居賜第。以致上天威怒。推原其咎。實在於京。考京之罪。蓋不可以縷數。陛下去黨碑以開自新之路。京疾其異已而別為防禁。陛下頒明詔以來天下之言。京惡其議已。而重致於法。以嚴刑峻罰脅持海內。以美官重祿交結人心。錢鈔屢更。而商賈不行。遺事數興。而國力大匱。聲焰所震。中外憤疾。宜早令去國。消弭災咎。奏上。京始出居錢塘。

洪彥昇為殿中侍御史。任言責閱五年。論蔡京再居元宰。假紹述之名。一切更張。敗壞先朝法度。朋姦誤國。公私困弊。既已上印。而偃蹇郡城。上憑眷顧之恩。中懷跋扈之志。願早賜英斷遣之出京。何執中緣潛邸之舊。德薄位尊。當軸處中。殊不事事。見利忘義。唯貨殖是圖。願解其機政。以全晚節。

政和中。尚書右丞許翰上奏曰。今月日承中書省刑房送到詞頭一道。盛章落職差提舉南京鴻慶宮。襄州居住。何訢落職差提舉亳州明道宮。本處居住者。按章姦慝之迹。久已不逃聖鑒。幸蒙陛下天地

涵容。湔濯獎擢。冀收其報。而章之兇險根于天資。孤負明恩。終不思革。顯謫既行。公議交慶。然臣尚有所未喻者。襄陽乃章墓墳之國。章於州城比營大第。雲屋潭潭。甲於諸路。功役資費。不出其家。徒以威聲氣焰。劫使郡縣。侵牟百姓。騷動一方。至今冤痛之音未絕也。而又使以其身往彼。其貪忍之資。不待親執州權。民必重被其患。襄陽之人。亦何負哉。今何訢坐與交通。已徙它州。而盛章重有姦邪倨傲不恭之罪。乃獨歸安其第。均為斥逐。重輕不倫。且使為人臣者。姦慝未彰則要職美官。揚厲於公朝。罪惡既暴則真祠厚祿。優游於私室。小人夫亦何憚而不為。此雖一盛章之休戚。何足以言。而繫廷臣之勸沮。不得不慮。所有詞頭。臣未敢具草。謹錄奏聞。

宣和元年。翰為中書舍人。又上奏曰。右臣今月日承中書省兵房送到詞頭一道。為趙鐵化諭夷人。并趙隆趙吉頓習禮義等各特與轉

官事臣聞大而化之者聖人之事也是以聖王在上則詩無諸侯之風盛德所格殊俗惟新竝邊蠻夷曠然服化此皆陛下神明威武之所感移不得不爾一趙遹者何人乃敢以為己力臣竊觀遹所申狀輒言以副知郡丁寧教戒之心又有自知郡到任除去夷風等語使人誠有此意而遹恬有其言以聞朝廷則是不專歸德於上臣禮不恭使人本無此意而遹詠使之言則是便文為姦欺罔朝廷罪益大矣二者無一可夫人君體道以兼容人臣守法而盡察古之義也今朝廷示以德信覽其奏則損一官而與之其事至微然臣竊恐夔峽一路靡然効遹所為謂國賞之可徼忘天功之難僭則陶化殊俗之美不在陛下而在守臣此非所以聞四夷載史冊也非諸侯無風之義也是以不可不論且使今日遹已受賞則它日身至朝廷必將援以為功干祈擢用叨取恩榮人臣不得而追論矣至此則四方聞之

必有動心者長鄙俗之風害謹信之化所慮豈止夔峽一路而已其消易防其萌易折誠使幾微必察自然國體皆正除趙遹等轉官臣已草詞外所有趙遹轉官詞頭未敢具草

宣和中殿中侍御史許景衡論罷童貫宣撫河東疏曰臣聞天下之事言之未然則若狂率而無根言之已然則又緩後而無及矣近者中外喧傳皆言朝廷將起童貫宣撫河東若果無此議則是傳者之妄而臣有採聽不審之罪若果有此議則臣願言之於未然也謹案貫頃在陝西專務誕謾以為事功夤緣軍須攘竊邊計重以賄賂至千萬億奏功第賞皆由請屬胥吏厮僕皆位侯伯狎昵士卒隳壞軍政此皆陛下所洞知固不待臣之縷數者也前日燕山之役不能上遵宸畫漫無紀律荐至敗衂排徊境上師老氣索遂使遠夷小醜妄為己功邀求無厭傷威倍費貫之誤國豈不灼然臣昨論列劉延慶不當量移事親奉德音以為皆由宣撫司號令不一以致白溝之敗為其引年謝事故議者不復及之今若起自廢閑重領兵柄則不獨誕謾貪墨有甚於前日也且貫既無功於河朔尚能有為於河東乎方其壯時罪惡固已貫盈今老且病矣尚能革心自新乎古者國有大議謀及卿士謀及庶人今陛下命將興師以靖疆埸此政事之大者亦當謀之衆人乎士民駭惑論議紛然夫豈妄意以為不可哉誠見其已試而無效也臣累被聖訓彈擊官邪毋憚大吏然則今之官邪亦有甚於貫者乎今之為吏亦有大於貫者乎故敢昧死獻先甲之言庶幾不貽朝廷後日之悔也伏望睿斷亟罷所以命貫者別謀良帥以濟萬全之舉實天下之幸

景衡又奏核劉喜張士英強勒人投軍劄子曰臣訪聞開封府祥符縣百姓朱謹被京西同巡檢司兵士劉喜等四人擒捉強令投軍朱謹

不從而四人雜毆之既而巡檢張士英仍令執縛拷掠至累百且誣以嘗買賊人衣物於是刺隸軍籍其母阿王訴其事而祥符縣推治證佐甚明臣竊惟招軍著令一切取人情願昨者有司奉行失指市井騷然陛下嘗賜戒飭矣故近日不聞抑刺之擾今阿王年六十九歲朱謹無兼侍此正母子相為命者豈樂應募充軍哉而張士英乃敢違法箠掠而強刺之其困窘無告亦甚矣近在赤邑耳目所及若不懲誡則四方之遠僥令之吏可勝治耶臣愚伏望睿斷特賜施行

左司諫江公望上奏曰臣竊以君臣一體人君元首也左右大臣股肱也諫官御史耳目也股肱不力則百事隳耳目不明則四方塞一體病則元首為之不康是職也曷可輕付哉人君賴以知時政之利病人臣之忠邪無若諫官御史之為可信患聞知之不博也故聽以風聞事雖有不實聞無不言乃言者之職故未嘗加罪也至若挾情

肆誣。務快私忿。欺罔聖聽。排陷善類。耳目如是。元首何賴焉。御史中丞趙挺之疏王古陰與胥吏為姦。臣兩上封章。乞明治罪狀。未蒙朝廷施行。古與挺之等四人同治放欠。所若以古一人獨與胥吏為姦務在放官欠。三人何為允從。三人者既已允從。則必同書奏議。何獨挺之一人。退有後言。知而不言。則是容姦。容而為請。則是同姦。又云古欲盡傾天下之財。且天下之財雖隸戶部。古為計貳。操何權術乃敢盡傾天下之財以為私惠。古與挺之等執奏以礙官本者。未敢盡放。蒙朝廷以陛下登極大赦。欲與天下更始。一切蠲免。豈容古以私意能傾天下之財也。若以私意能盡傾天下之財。則挺之三人者亦預焉。何獨指古而言之也。臣訪聞挺之與古昔在國子監日。論事類皆不合。屢見辭氣。懷不平之心。有待而發。俚語有之。官事私讎。此小人所不為。而挺之安為之。曷不思御史中丞天下風憲之地。糾正官邪。

開闢公道。乃敢挾情肆誣。務快私忿。萬一誤陛下聽。擇姦計得行。浸淫不已。善類引去。朝廷一空。蓋爵祿者。止能砥礪鈍頑之人。不能籠軽冨貴安貧賤有道之士。古人去就豈為爵祿而已。正以覩朝廷忠邪之判。如是無罪而去。有罪而留。刑賞混濫。天下治亂自此分矣。臣聞在言職者。不以職之得失。暗遷易者數人。王覿豐稷張舜民賈易朱紱張庭堅等是也。以為遷則無功。以為謫則無過。功過不明。去就不白。何以養君子之直氣。何以沮小人之姦心。陛下遭此機會。正宜清心遠覽。明判忠邪。攬威福之柄以馭天下。無使移於人臣之手。而為姦人快忿。菁菁不剪。蔓蔓奈何。不可不察也。

徽宗時。諫議大夫陳次升奏彈曾布疏曰。臣竊以正而不撓。乃可以任天下之重。公而不私。然後服天下之心。苟為反是。曷副具瞻。伏見右僕射曾布性稟姦邪。心懷凶險。頃居樞府。阿順宰臣。進用匪人。大開邊隙。費財用如糞壤。輕人命如草芥。今獨歸罪章惇。未知布之所職何事。玉毀櫝中。則誰之過。陛下矜容曲貸。仍有進擢。啇天地不貲之恩。臣子之心。義當如何。而布不圖補報。惟務徇私。自登宰席。獨擅國權。輕視同寮。威福由己。進拔親故。羅列京局。以為耳目。任用門人。寘之臺諫。以為腹心。不以人材為國用。惟以爵賞為私恩。所親者進。所踈者退。愛之者則留京師。惡之者則令補外。書疾比德。詩刺不平。其布之謂乎。布既以此自任。其子弟亦甚招權。交通賓客。其門如市。且附枝既大。必賊本心。私家既盛。必危公室。古人以為戒。陛下其可不念之。兼布在紹聖初。實與蔡卞交結。遂申請乞用王安石日錄修神宗皇帝國史。致史官觀望。變亂事實。多譽安石之善。掩蔽神考之美。近者諫官論列。陛下已令看詳。經涉春冬。未見行遣。訪聞布欲自掩其過。又欲為史官之地。恐甥婿葉濤例皆得罪。是以稽緩。未肯進呈。

專擅如此。傾駭群聽。況布之登用。方及彌月。凶威氣燄薰炙中外。若更遷延日久。盤根固基。必貽國患。其將柰何。易著履霜堅冰。詩戒桃蟲維鳥。辨之於早。正在今日。伏望聖慈特正布之典刑。以謝天下。以為社稷無窮之計。

次升又上疏曰。臣伏見右僕射曾布姦凶擅國。臣已具詳疏。退而思之。尊輒移易臺諫官一事。頗為寒心。夙夜不皇。須至再瀆天聽。竊以御史中丞諫議大夫。天子耳目之官。朝廷委寄之權。最為親切。選任除授。繫國重輕。祖宗以來。每有差除。執政不得干預。豈敢專擅進退之者乎。况君者。制命者也。臣者。行君之命者也。君唱臣和。則名分乃正。臣強上陵。則主威不立。今布之所忌則移之。布之所親則用之。去取惟己。不出聖意。進彼退此。易於反掌。作福作威。莫大乎是。尚賴宗廟之威靈。陛下之神聖。照見底蘊。比因人言。即行政命。而布猶偃然當國不愧乎人揚揚自若曾匪引咎豈惟不足以儀刑百辟表正四方而凶悍之心已明跋扈之萌可見今日不圖於始異日難制其終國家安危之基實在此舉伏望聖慈斷而行之特正布罪以儆有位天下之幸

次升又上疏曰臣竊以避親之法著于甲令有官司者悉皆遵稟而況貴近臣乎今曾布曾肇乃親兄弟也布為右僕射肇為翰林學士不行迴避豈得為允蓋宰相任天下之重握威福之柄而行命令者也翰林學士職親地近朝廷命令皆所自出苟不中度理當執議捨親而議之則傷私恩以親而不言則害公議祖宗所以立避親之法蓋謂此也陛下方當持盈守成之時宜守而勿失以為太平基業社稷無疆之福也伏望聖慈特令迴避以遵祖宗之法

次升又奏彈蔡京疏曰臣伏見蔡京姦邪凶險陰害善良呼吸群小交通內外臣僚章疏累上朝廷已罷京翰林承旨與議以謂京之過惡甚多而交結近習之罪最大安可以赦今猶寵之以端殿之職委之以帥府之權顯是失刑須至彈奏者謹按京職居翰長身為從官委蛇經幄日侍清光可謂貴臣矣而乃卑恭屈己覦眤閹宦或以貨財相結或以書劄往來汚辱縉紳清議所鄙京揚揚然有自得之色原其設心豈徒然哉實欲令其伺陛下之起居漏宮禁之事而又使之周旋庇蓋前日與章惇蔡卞相濟之惡盡稱其美以僥倖進用陛下既察見底裏議罪如彼其輕何足以厭天下之公議況宮禁之中自古以來漏泄之法極為嚴密所以防姦人之窺伺慮患生於不測今京交通如此禁中之事必無不知苟有姦謀何所為而不可思患豫防古人所戒伏望聖慈原京之罪重行貶黜以警官邪以清宮禁以為國家社稷之福不勝幸甚

次升又上疏曰臣伏見新除端明殿學士知永興軍蔡京凶邪肆旨罪狀著聞中外交通蹤跡可驗言章屢上天鑒難逃宜鳴鼓而顯攻彰大侵之已難陛下特優禁從未即譴訶畀之以端殿之華付之以帥權之重詔命初下物論尤喧謂姦惡之免誅有典刑而何賴臣聞斯議嘗具奏彈今已彌旬未蒙顯責如聞京尚懷偃蹇不體恩私慢君命而弗知丐祠宮而自若肆行恣忮愚弄朝廷如此可容孰不可忍伏望聖慈檢會臣寮前後章疏付外重行黜責以副朝望

次升又上疏曰臣恭惟哲宗皇帝仁民愛物出於天性紹聖以來垂拱仰成責任宰執是時降授中大夫行少府監分司南京蔡卞備位政府陰肆姦謀遣朝奏對專務殘忍殺害巧計既行凶爓日熾竊弄賞罰私報恩讐人有譽其妻父之美者極力主張寘之顯要有議其妻父之短者指為誹謗宗廟置之深罪其所進用若非妻黨之小人即是門下之姦吏更唱迭和相倚為重造作事端鍛成冤獄看詳理訴編類章疏洗垢索瘢中傷事類或輕或重皆出己意或投之遠方或陷之深僻毒流天下實不忍聞其事主行雖在章惇卞實啓之時人目之為笑面夜叉天下之所共知也陛下入承大統判别忠邪灼見姦凶率先棄逐近雖責降未厭人心咸謂卞之過惡實與惇等置散投荒尚為寬典今猶分務仍居善地何以懲姦伏望聖慈重行竄責以謝天下

去邪

宋徽宗時。左正言任伯雨論國是劄子曰。臣竊惟是非之心。人皆有之。古之聖王以百姓心為心。故朝廷之所謂是非者。乃天下之公是非也。至於國是之說。其文不載於二典。其事不出於三代。乃孫叔敖之所以告楚莊王者也。此雖霸者之事。而後之君子。亦有取焉。蓋其能以一是而折衆非也。若夫以合其取捨者為是。以不合其取捨者為非。此孫叔敖之所不取。而楚莊王之所不用也。彼一國之事猶去其取捨之私。然後為是。況天下之事而可以私意為是乎。臣復觀初八日章惇麻制曰。叅陪國是之論。此翰林學士承旨蔡京之詞也。京與章惇初無異意。自蔡卞為執政。而京有觖望。於是與惇睽矣。自林希為執政。而京始大怨。於是與惇絕矣。睽絕之後。京豈以惇之所行尚是乎。今於麻制之文。特申國是之說。京之設辭。豈特為惇而已哉。夫國是一定。不可改也。既改其事。又謂之是。傳之天下。人必惑矣。昔者瑤華之事。京為廢詔。今則廢者復矣。京前日之所為。猶自以為是乎。究治之事。京親為奏劄。請滅劉摯等家族。今則摯等皆復其官矣。京前日之所為。猶自以為是乎。言官常安民、董敦逸、陳次升、孫諤、鄒浩皆京之所惡而陷害之者也。今則敦逸而次皆召還矣。前日之所為猶自以為是乎。神考有為之蹟。絕前古。高厚如天地。光明如日月。京與弟卞謟讚王氏。過於先烈。知有安石。不知有神考。纂修日錄。如嗣考事。今陛下親批言章付于三省。雖未行遣。而卞之用意。陛下已灼知其非矣。京前日之所為。猶自以為是乎。假託制書之言。含藏自便之計。以己好惡。達于天下。巍巍乎蔡氏之門。國是之所從出也。敢有以為非者。則禍必及矣。此京所以申明國是之本意也。今朝廷大路

無不委曲遷就。以為一京之地。而京又因朝廷制命。託辭寓意。以罔惑上下。臣在言職。安敢心知其事而口不言乎。伏望陛下以臣此言察京之行事。併示威斷。以警天下。

伯雨又言蔡京劄子曰。臣聞事有大小。言有先後。事之大者言之所當先也。臣伏見翰林學士承旨蔡京久在朝廷。為害甚大。今所當言無先於此。紹聖之初。常安民為御史。京為安民所擊。得罪贖銅。因與安民有隙。離間譖訴。無所不至。自逐去安民。而朝廷耳目。於是蔽矣。去年鄒浩之獄。天下震駭。人皆歸罪於兩惇。孰知其事始於京之去安民也。今朝廷大政。又皆委曲遷就。而為一京之地。公議詾詾。人不敢言。臣若畏禍緘默。怨負陛下。今所當言。其有先於此乎。夫國之大事無過宗廟。可傳萬世。無過信史。今京以矯誣之言。唱西宮之事。妄託先訓。以脅上下。自改裕錄。以實其說。朝廷遂信其說。欲遷神考于西宮。豈非以朝廷大政委曲遷就而為一京之地乎。京在紹聖中。親入文字。請滅劉摯等家族。其言所以不行者。哲宗之大恵也。今哲宗之大恵不聞于天下。而京復自謂有究治平反之力。欲使天下皆謂哲宗有濫誅之意。而京有及物之仁。始則為國生事。以復私讐。今則歸過先朝。自圖身利。前言既効。今計亦行。豈非以朝廷大政委曲遷就而為一京之地乎。陛下善述神考。欽承哲宗。至德美意。達于天下。而京乃矯誣兩朝。上累聖政。如此二事。未免委曲遷就。以為京地。況其它乎。前日緘口之人。今欲有言於陛下。京在朝廷。則莫不以言為戒矣。前日沮喪之士。今欲有望於陛下。京在朝廷。則莫不以進為懼矣。以言為戒。則依舊箝默。以進為懼。則甘於沉廢。天下公議。與陛下即政之初。漸不侔矣。京之計策漸行。人情之向背漸一。為京之羽翼者漸張。為陛下之耳目者漸沮。朝廷之威。自此而漸弱。蒙蔽之患。自

此而漸成。安危治亂漸可卜矣。臣謂方今之患無大於此。臣雖不肖。而所言皆得於公議。陛下黜臣不肖之身可也。因廢臣言則為不可。臣願陛下俯察芻蕘之忠。速去腹心之患。獨出睿斷正京罪惡以警天下。

伯雨又論蔡京劄子曰。臣聞盡言招禍古人所戒。言路之臣豈能免此。臣伏見翰林學士承旨蔡京。當紹聖之初。與其弟卞俱在朝廷。導贊章惇共作威福。卞則陰為謀畫。惇則果斷力行。且謀且行者京也。哲宗篤於繼述。一於委任。事無大小。信惇不疑。卞於此時假繼述之說。以主私史。惇於此時因委任之篤自明己功。京則盛推安石之聖過於神考。以合其弟。又推定策之功毀蔑宣仁。以合章惇。惇之矜伐京為有助。卞之乖悖京實贊之。當此之時言官常安民屢攻其罪。京與惇卞共怒安民。協力排陷。斥為姦黨。而孫諤董敦逸陳次升亦因

論京。相繼黜逐。哲宗晚得鄒浩。不由進擬寘之言路。浩能亡身徇節上副聖知。京又因其得罪從而擠毀。是以七年之間五害言者。權朝廷之耳目成私門之利勢。言路既絕。人皆箝默。凡所施行得以自恣。遂使當時之所行皆為今日之所改。臣請略指四事皆天下之所以議京者也。蔡卞之薄神考。陛下既明其罪矣。兄弟同朝。塤篪相應。事無異議。罪豈殊科。一出一留。人所未喻。此天下之所以議京者一也。邢恕之累宣仁。陛下既明其罪矣。宣訓之語究治之事。陛下既察其誣造。於是司馬光劉摯梁燾等皆蒙叙復。京嘗奏疏請誅滅摯等家族。審如京言。則所以累宣仁者豈特邢恕一人而已哉。在恕則逐之。在京則留之。其何以塞邢恕不平之口。而慰宣仁在天之靈乎。此天下之所以議京者二也。章惇自明定策之功。追貶王珪。京亦自謂元豐末。命京帶開封府劄子攜劍入內欲斬王珪。京之門人。皆謂京於此時禁制宣仁。京亦有社稷之功。今陛下雪珪之罪。還其舊官。則是以惇之貶珪為非也。在惇則非之。在京則留之。如是則惇有詞矣。珪有憾矣。此天下之所以議京者三也。章惇之初篤信京卞。傾心竭意。隨此二人。假繼述之說以行其私。三人議論如出一口。自紹聖三年九月。卞為執政。於是京有觖望。而與惇睽矣。四年三月林希為執政。於是京始大怨。而與惇絕矣。自今觀之。京之所以與惇睽絕。有為國事乎。為己事乎。然京之所以語人者曰。我助惇而惇不聽也。我故絕之。我教卞而卞不從也。我故怒之。我與弟卞不相往來久矣。我緣國事。今與愛弟不相往來。而況於惇乎。臣竊料京之所以欺陛下者亦必以此言也。何以驗之。卞之赴江寧也。京往餞之。期親遠行法當賜告。而京之所以牒閤門者。初以姊行為請。法不許也。遂請朝假。終不敢以弟卞為言。雖在朝假而日至國門之外。京之動靜如此。即不知

陛下皆得其實乎。此明主之所宜察也。且兄弟同朝共議國事。自無不相往還之理。假使不相往還。豈人倫之美事乎。此天下之所以議京者四也。陛下即位之初。以用賢去邪為先。而京之蒙蔽欺罔曾無忌憚。陛下必欲留京於朝者其故何哉。臣知陛下聖意本無適莫。而京所以據位希進牢不可拔者。蓋以韓忠彥曾布不能為國遠慮。輕率自用。激成其勢故也。京卞同惡。天下所知。若用天下之言以合公議。則顯正二人之罪。何難之有。忠彥等不務出此。而果於自用。於是託於謀帥而出之太原。雖加以兩學士之職。而實以詭計除之。想當進擬之時。必有不情之奏。用奇設策。不由誠心。二聖安得而無疑。公議亦以為未允。及京之留而復爭辨。再三之瀆。無以取信。相激之勢因此而成。唐明皇欲用牛仙客為尚書。張九齡以為不可。明皇曰。加實封可乎。九齡又以為不可。明皇變色曰事皆由卿耶。李林甫

仙客宰相材也。何有於尚書。九齡書生。不達大體。由是明皇悅林甫之言。卒相仙客。而九齡自此浸踈。終見黜罷。今忠彥及布無九齡之望。而京之氣燄過於仙客。因勢觀望而為林甫之言者。不知幾何人也。陛下進賢退邪。法則堯舜。明皇之事。固不足道。然而天下之心。皆疑陛下有大用京之意者。以京之復留故也。京之所以復留者。以忠彥等去之不以其道故也。去之不以其道。則留之者生於相激。萬一京果大用。則天下治亂自此分矣。崔群謂唐之治亂在李林甫張九齡進退之時。今京輕欺先帝。與卞無異。而又歸過於先烈。賣禍於惇卞。出為自安之計。而陛下果留之也。今既可以復留。後亦可以大用。天下治亂之勢。繫於一京。崔群之言。可不念邪。臣恐後之視今。亦猶今之視昔。禍亂之機。不可以不早辨也。陛下嗣位之初。首開言路。可謂知所先務矣。臣愚首預兹選。明知京在朝廷。必為大患。而不能以

時建言。萬一有意外不虞之變。陛下翻然悔悟。深責當時言事之臣。則臣雖碎首陷胷。何補於事。此臣所以憤悶而不敢默也。臣嘗為卞所薦。與京無纖介之隙。所以言者。為國事耳。非特為國。亦為蔡氏也。自古不忠之臣。以私害公。初因自利。終必累國。國有迍邅。私家將安歸乎。卞之尊紹王氏。知有安石。豈知有神考。知有金陵。豈知有京師。絕滅史學。一似王衍。重南輕北。分裂有萌。臣之痛心默憂。非一日也。真宗景德中。北虜至澶淵。王欽若請駕幸金陵。當時若用此計。則天下分為南北久矣。賴真宗用寇準之言。所以四方混同。得至今日。天錫陛下聰明仁勇。獨斷南北。去卞不疑。然而京尚未去。人實憂之。兄弟一心。皆為門戶。一去一留。失政刑矣。唐會昌中。工部尚書薛元賞與其弟京兆少尹權知府事元龜。皆宰相李德裕之黨。及德裕既敗。貶元龜為崖州司戶。元賞為忠州刺史。近者蘇軾及轍亦兄弟也。古

今故事。非不明白。何獨一京。獲以計免。枉朝廷之法令以徇一京。不知祖宗基業。何負於蔡氏乎。且自京卞用事以來。牢籠薦引天下之士。處要路得美官者。不下數百千人。其間才智藝能之士。可用之人。誠不為少。彼皆明知京卞負國。欲洗心自新。捨去私門。顧朝廷未有以招之耳。臣謂京在朝廷。則此數百千人者。皆指為蔡氏之黨。若京去朝廷。則此數百千人者。皆為朝廷之用。所以消合朋黨。廣收人才。正在陛下果於去京而已。此非臣之臆說。乃神考已用之術也。熙寧之末。王安石呂惠卿紛爭以後。天下之士。分為兩黨。神考患之。於是自安石既退。惠卿既出之後。不復用此兩人。而兩門之士。則皆兼取而並用之也。當時天下之士。初有王黨呂黨。而朋黨之禍。終不及於朝廷。若用此術耳。今陛下留京於朝廷。而欲收私門之士。是猶不去李昱錢鏐而欲收江浙之士也。不亦難乎。然則消黨之術。唯在去京

而已。今京關通交結。其勢益牢。廣布腹心。共謀私計。羽翼成就。可以高飛。愚弄朝廷。有同兒戲。陛下若不早寤。漸成孤立。後雖悔之。亦無及矣。自古為人臣者。皆無高下。干犯人主。未必得禍。一觸權臣。則破碎必矣。或以為離間君臣。或以為買直歸怨。或託以他事。陰中傷之。或於已黜之後。責其怨望。此古人之所不免也。臣豈敢自愛其身乎。若使臣自愛其身。則陛下不得聞京之罪矣。國家內外無事。一百四十一年矣。太平之久。古所無有。甚可畏也。辟如年老之人。康寧無疾。日服溫暖。猶恐氣衰。至於保養陰邪。必成心腹之患。京在朝廷。何以異此。伏望陛下慎保祖宗之業。獨持威福之柄。斷自宸衷。果於去惡。天下幸甚。

伯雨又上奏曰。臣近為言事不根。謫授監揚州糧料院。受告方得數日。便蒙改差知無為軍。聞命皇惑。唯知感激。臣聞聖人之過也。如日

月之食焉人皆見之及其更也人皆仰之朝廷以一時之怒黜忠諫之臣此如日月之食也今茲改命可見聖人之心矣天下有識之人誰不歎仰豈獨賤臣一身之私幸乎臣雖上感聖恩而未敢便受新命者誠有說也明道中仁祖欲率群臣為皇太后上壽范仲淹諫曰人主無北面之禮明肅大怒而仲淹得罪元祐中蔡確之貶范純仁以為不可宣仁大怒而純仁得罪此二臣者可黜可逐而尊主不貳之心不可以威勢奪也方劉氏甚危之日極力救護却是仲淹是以宣仁晚年翻然遠慮復思純仁知忠言之有益於國家也大抵忠臣之心唯欲保全國體為千萬年久長之慮豈忍使天下議論及於慈闈今宗良等內外交通迹狀甚明蔡京交結之迹天下之所共知也京作向縡墓誌曰吾平生與士大夫游無如承旨蔡公與我厚者京為從官而與外戚相厚書于碑刻以自矜夸如此之類非止一事而

已又京與弟卞久在朝廷同惡相濟卞則出矣京則牢不可拔自謂執政可以決取人皆謂京因慈雲寺事得裴彥臣交結之助外議洶洶眾所知也又京作向宗良府詞云元豐末命嘗有嘉言嘉言若出於宗良則大謗必歸於宣仁矣京亦自謂曾帶開封府劄子携劄入內欲斬王珪以沮宣仁懷異之謀京以禁中疑似之傳書于制命揚于天庭自謂與宗良皆社稷之功而使宣仁負無窮之謗京之諂事外戚不畏上天一至如此豈唯有害於朝廷實亦無益於外家臣盡忠於陛下盡忠於皇太后所以言也皇太后聖德大功冠絕今古陛下承顏養志方以大舜武王為法入修家人之禮則恭順無闕出治朝廷之事則威柄不分大舜武王之孝何以加於此乎京所謂孝則不然但欲陛下授柄於外家而已此蔡氏之利非宗社之福也陛下以聖德嗣位春秋方富如漢文帝宣帝即位之年矣盡孝於東朝勵精於

政事獨操大柄是以有為而京之所以脅持陛下者原其用意謂陛下未可以獨為也哲宗躬攬之初聖意本無適莫章惇雖挾功自恣然其初猶有無取元祐之意自京卞首發邪論盜攘國柄凡有所請必以繼述為說稍違其意則欲以不孝不忠之名加于上下假朝廷之誅賞示私門之好惡輕君誤國首尾八年至于今日狃於故態又以此意脅持陛下傅會繼述之論假託報功之說密持離間之謀伺察陛下包藏禍心若有所待京之出言用意誠無逃陛下之聖察也且陛下述神考之聖德報太母之大功豈獨陛下之私心是亦臣子之所願合臣子之所願盡四海之歡心然後陛下有慶兆民賴之天子之孝孰大於此今京所賴非兆民之所同賴也陛下一違京意則京必以不孝之名責陛下矣陛下徇一京脅持之私名而不畏天下至公之大義乎畏天下至公之大義當流竄蔡京以安國家而已臣前日之言不負天不負宗廟不

負陛下不負皇太后果蒙陛下移臣差遣若非皇太后察臣之忠陛下必不欲如此指揮也然而京在朝廷則國家未安臣雖移得差遣有何安乎臣之不敢受命者其說如是臣露章所言未甚子細復以此章干瀆聖聽所以盡惓惓之誠也皇太后以無我之慈至明之照既已察臣之忠矣臣今日之言必是亦蒙照察今雖未察終無不察之理臣雖遠去朝廷仰賴慈芘縱未牽復於臣無損臣所望者當以流竄蔡京為急不當以移臣差遣為先也蓋恐京在朝廷則煩言日進煩言日進則聖慮日發朝廷雖嚴示威刑而天下公議終不可遏蓋公議若必以威勢奪之則人心離矣人心既離則主勢孤弱主勢孤弱則外凌內侮何所不至非所以奉承宗廟而慰安東朝也然則蔡京之所謂孝者果天子之孝乎願陛下勿愛一京而深為國家之慮也臣愚不勝惓惓愛君憂國之心惟陛下裁赦幸甚

伯雨又上奏曰。臣孤遠不肖。誤蒙拔擢。竊謂陛下既開言路以防壅蔽。臣職在獻替義當如何。乃不能慎默。輙貢不根之言。陛下原其用心。止為憂國。雖行貶黜。尋復改命。臣螻蟻之身將何以上報聖主涵容之私乎。臣昨者自聞隔對已後。曾将上殿劄子具狀繳進。為言京在紹聖中親寫奏劄。乞誅滅劉摯等家族。賴哲宗仁聖不行其請。今京自謂有究治平反之功。欲歸過於哲宗。又言京自謂當元豐末命帶開封府劄子携劍入內。欲斬王珪。以沮宣仁懐異之謀。京自言已有社稷之功。而使宣仁大謗終未辨明。又言京因不得為執政。與章惇睽絶。今乃欺陛下與惇睽絶者為國事也。又言京為弟卞執政無狀。自來不相往來。以欺陛下。又言京欲獨擅史局妄有奏請。以致哲宗實錄不差正官修撰。輕一朝大典。違祖宗故事。又言京所薦引得美官在要路者不下數百千人。其間多有才智藝能之士。若京在朝

廷。則此數百千人者皆指為蔡氏之黨。京去朝廷。則此數百千人者皆為朝廷之用。然則廣收人才消合朋黨。唯在去京而已。又言京閑通交結。其勢益牢。廣布腹心。羽翼成就。愚弄朝廷有同兒戲。陛下若不早悟。漸成孤立。後雖悔之亦無及矣。臣上件劄子所言。在既責揚州粮料院以後。陛下若以臣言為是。則當如臣所請按京之罪。明正典刑。然後改差遣以示聽納。若以臣言為非。則是臣事發更為其罪益大。重加貶竄。乃得允當。今京桀驁自肆無所畏憚。而臣章屢上。未蒙降出。則是陛下不以臣言為信矣。不信其言而輕於改命。傳之天下。人必駭惑。其為初政之累莫大於此。且京久在朝廷。專以輕君罔上為能。以植黨任姦為術。挾繼述之說。為自便之計。稍違其意。則以不孝不忠之名脅持上下。決欲取勝而後已。主威不行。士論憂恐。今京不出。必為心腹之患。宗社安危。未可知也。臣一身遷貶。危辱何足道哉。

伯雨又論蔡卞疏曰。臣竊謂朝廷之事當行者不可猶豫。未行者不可漏泄。當行而猶豫。謂之不斷。未行而漏泄。謂之不密。意外不測之變常生於此。古人既往之事可考而知也。陛下改用大臣。明示好惡。前日之所謂國是者。陛下既察其非矣。章惇以社稷自任。蔡卞以經義教之。當此之時。共憂國事。必不以二聖之所行為是也。彼皆以王安石自比。固宜以進退為心。卞則安坐而不動。惇則備禮而求去。其於上聖之所行。能無正救之心乎。皇太后不宰之功。發於至慈。陛下無已之報。方在舜心。天佑命之。俾我元嗣慈孝之治。實冠前古。我家之慶。不求而至。此內外之所以懽欣而和氣之所以充溢也。然而天道難諶。事當儆戒。卞等立其私說。變禮名實。為國政之害者。其大有三。一則以繼述神考為名。遂其說者。謂之不孝。而實有負誣之心。二則

以厚於先帝為名。遂其說者。謂之至薄。而實有輕欺之意。三則假經義之糟粕。竊安石之緒餘。依語而行。蔽惑上下。違其說者。謂之非聖人。加人以至惡之名。陷人以難名之罪。謀發於蔡卞之心。事成於章惇之手。脅持上下。果斷必行。此二人者。外示睽間。而心手相資。無事則相忘。有急則相應。自然必致之理也。臣十四日密章所論深思熟慮。然後敢發。在陛下斷之而已。猶豫不決。理必生事。又況今日所行之命。已有可密而不密者矣。機既不密。又不時斷。執中無權。必有後悔。所以念難諶之道。而儆無虞之時者。其可忽乎。願陛下上稟慈闈熟議而速斷之也。臣愚不勝惓惓愛君之心。

伯雨又論蔡卞疏曰。臣近具劄子言尚書左丞蔡卞持不合之意。處宜去之時。遲佪顧倍。復何所待。願以臣章示卞。使卞自為去就。未蒙施行。續具奏狀。言先帝嗣位之初。事有更改。大臣之預議論者。卞皆

矣其阿隨獲其姦罔至于太學之士嘗習詩賦者卞皆薄之目為元祐進士為其徇時而改所習也今陛下繼志述事光續前烈好平惡偏棄彼取此凡卞之所謂是者浸已更改卞亦幡然而從不復同執此與元祐阿隨之臣殆無以異躬不自厚用違其言動靜失時因累國體臣之所論安可已乎乞并臣前章皆以示卞未蒙施行續又具劄子言卞以安石自任俯視儕輩朝廷誅賞繫其愛憎人材廢興唯所取捨其執守堅若金石時異事變則隨而不執默據高位恬不知動伏望聖慈特降睿旨檢會前件劄子事狀以臣所請皆以付卞使卞自為去就未蒙施行續又具奏狀言伏惟哲宗皇帝念神考有為之艱繼元祐紛更之迹篤於繼述一於委任七年之間專用一相虛心注意可謂至矣誤朝迷國罪在臣下而議論之人推考往事不知先帝聖意所起詢詢之言或干陵廟愛君之士追痛不已憤疾章惇欲正其罪臣謂惇為宰相既專且久怨怒所叢欲責固大此天下之所共喻也然而惇迹易明卞心難見用春秋責意之法則難見之罪安所逃乎蓋自紹聖以來卞以經術自任以安石自比託繼述於詔令寓好惡於刑賞痛斥流俗則至於誅絕言路深嫉元祐則至於譽毀宣仁體之大者唯此二事未流之禍不可勝言凡惇之所行其謀皆發於卞立為成說脅持上下自謂出於安石孰敢不信名曰國是孰敢不從惇雖強梁在其術內奉行其說唯恐不及見賣而不知受紿而不悔勢窮力極而尚未改也昔者王安石嘗謂神考曰流俗權重則天下之人歸流俗陛下權重則天下之人歸陛下神考用其說者所以收天下之權也自熙寧之末安石去位神考操馭臣之柄不問彼此用人惟己立賢無方熙寧流俗稍復收召當此之時四海之士皆洗心而自新願受知於君父是以天下之權常在神考然

則流俗之所以為流俗者神考既赦其往愆而不復罪矣卞亦何心追咎不已違神考日新之緒膠熙寧趣變之迹守此意者謂之守正立此說者謂之特立非其類者指為邪朋議其失者指為邪誣於是用其所謂守正特立之言去其所謂邪朋邪誣之人合乎此者我所謂是不合乎此者我所謂非總其所謂是名之曰國是總其所謂非名之曰流俗是以天下之士以流俗見惡者十有六七既惡其人因廢其言持平者謂之兩可獻忠者謂之誹謗遂使天下之士箝口結舌朝廷之所見聞者不過三數人耳人人畏禍誰復敢語自去年鄒浩既貶御史所劾巧於詆旨之外文致深罪近自侍臣遠及寒士流離竄斥朝野震傷以言為諱至於如是安惇之罪人所切齒然而見微之士尋考根源則痛斥流俗本出於卞及其末流勢自如此然則鄒浩之貶有自來矣故春秋責意之法不可以不明也宣仁聖烈皇后有大功德于天下哲宗皇帝嘗語近臣曰宣仁婦人之堯舜也當報之心豈有極乎然以失職之臣不加將順恨姦黨之得用憤流俗之見與章疏條補之言請降於外理訴自私之語深摘其過設負党抑亦不得伸意或忠嘉亦坐重譴凡元祐之所行必掃蕩而後已如刈草而去其根焉則宣仁所厚如瑤華者安得而不廢乎奉行其事雖在惇等然而見微之士尋考根源則深嫉元祐本出於卞及其末流勢自如此然則瑤華之廢有自來矣故春秋責意之法不可以不明也卞以經術自任以安石自比而誤朝迷國乃至如此禍根罪首實出其心公議沸騰罪不可掩陛下以天地之度無所不容優假大臣務在體貌卞於進退禮當如何而乃用違其言恬不知動是以臣之前章姑請示卞欲以觀其去就屢瀆天聽未賜允從聖德寬大非臣淺陋所能窺測然臣之職事義不可已乞以臣章疏付三省未蒙

施行臣竊惟痛斥流俗而至於誅絕言路深嫉元祐而至於讐毀宣仁卞唱此說立為國是脅持上下逆天違人致使海內有訩訩之言我家有難處之事若謂所行皆當亦宜固守不移今復安位隨而不執大臣如此尚可與之謀國事乎臣職在諫省忝司耳目凡今日之所極論皆曩時之所親見為國寒心非一日也雖聖德寬大容貸如天而渠魁脅從亦當區辨豈可並恕而俱釋乎伏望聖慈採恤公議速示威斷以警列位

伯雨再言蔡卞狀曰臣嘗謂紹聖大臣負誣神考輕欺先帝皆託於繼述之說而唱此說者尚書左丞蔡卞也傅會經義變亂名實以繼述神考為名以纂紹安石為主謂熙寧所棄之士皆是流俗謂神考不能知人後復收用致使老姦之類共成元祐之惡故於元祐之事如刈草然然鋤其根然後王氏之志得盡行矣此其所以立說之本

意也計畫安排自有次敘不動聲色而其事皆行則以章惇愚闇在其術內而不知故也視其所以觀其所由察其所安則負誣輕欺之迹皆可見矣卞當元豐之時與王震之徒皆自小官驟見超擢被遇之恩可謂厚矣所以報神考者宜如何哉元祐之初國政大改卞於此時身為侍從若使不忘神考亦當畧吐一言坐視紛更曾無獻替周旋數郡安佚八年至先帝躬攬之初乃政事必更之日復裕陵之大美合天下之至公千載難逢之會在此時也卞乃乘時射利先植其私薄神考而厚安石欺先帝而罔天下元豐舊臣有如此者不謂之負神考乎臣竊觀神考有為之初王安石呂惠卿相與謀國共進人材非安石之所與朝廷不用也非惠卿之所取安石不薦也此兩人者食息雖異其心則同發乎議論如出一口及夫事久變生情移憲改膠漆之友化為仇讐一門之士分為兩黨國論為之訩訩神考厭其紛紛安石一退於鍾山不復收召惠卿宣力于外郡絕迹廟堂二人一例見疎兩黨未嘗偏棄威福既歸於公上名器不假於私門當此之時四海之士無彼無此孰親孰疎皆洗心而自新願受知於君父卞之初進適在此時神考自擢而試之非必私厚於安石以何琬之事觀之安石有過尚不假借卞若有罪豈以安石之壻而不敢治乎神考之所以服天下者公平如此後嗣之所當述也卞欲自媒其身敢為欺蔽安石際會遭逢之美挾之而備論神考抑揚始終之意掩之而不言惠卿之所以負安石者講之詳矣神考之所以沮安石者嘗論之乎孔子曰愛而知其惡憎而知其善蓋雖聖人不免有過雖小人未必無善不以愛憎之私而變善惡之公者孔子之心也神考之與孔子豈異哉而卞之自立愛憎誑惑士類其所愛也雖惡必取其所憎也雖善必棄愛憎唯循於安石取捨顯違於神考而其

所以上罔先帝而下欺天下者皆以為神考之心也不謂之誣神考乎且神考之志欲遠繼三代神考之事欲永利生民十九年之間念念緝熙日日變通至于元豐之末而天下之事異於熙寧者多矣雖當時奉法之臣時有誤謬而聖人捄弊之意未欲日新先帝繼述之初但以寬平為務卞為不道力沮聖謨用安石過時之說改神考日新之緒凡神考之所以膏潤斯民者皆以為安石之澤也神考之所以作新多士者皆以為安石之教也立私門之所好以為國是奪宗廟之大美以歸私史其意以謂深得安石之道者唯我一人可以為先帝不召之臣者亦莫如我同我者是異我者非其所是也謂之國是其所非也謂之流俗所陳於先帝之前者其道如此不敬其君可謂甚矣不謂之輕先帝乎神考有言曰朕惟君子多識前言往行故能剛健篤實光輝日新大哉聖考之訓後嗣之所宜法也蓋古之聖賢

非止一人。前言往行。貴乎多識。豈當獨識一安石而已乎。自紹聖以來。王氏之姦惡達于天下。公家之名器。用於私門。以臣叛君。下變上守。託繼述於詔令。嫁怨惡於同列。以平論為兩可。以稽古為俗學。以直詞為誹謗。以深計為妖言。作於其心。害我國政。自謂經義之大旨他人莫曉。日錄之本意。唯我獨知。而所以告乎先帝者。以為繼述之道不得不然。不謂之欺先帝乎。凡此四者。其事皆託於繼述。其說皆唱於蔡卞。上動天變。下失人心。恭惟陛下繼神考之志。述哲宗之事。奉先追遠。不敢少懈。而大臣之中。負誣輕欺有如卞者。赦而不治。不足為寬。伏望議正典刑。以厭公議。

伯雨又言曰。臣近聞王安石家乞納所賜第宅。或云是安石妻吳氏之請。或云是蔡卞之請。得於傳聞。未知孰是。以事驗之。皆蔡卞之謀也。頃者賜第之時。人已竊議非朝廷之所當與也。非王氏之所當受

也。又王珪故第。亦蔡卞之所當惡也。卞於受賜之初。見得忘義。既享其利。又何辭焉。無乃去位不平。而有怨懟之心乎。昔熙寧末。王安石辭位。御史中丞鄧綰上章乞留安石。其說有三。一曰請賜第。二曰擢其婿蔡卞經筵。三曰除其子雱館職。以謂行此三事。則安石必留矣。神考曰。有是哉。安石之意。卿何以知之。綰曰。安石門人為臣言。神考曰。門人謂誰。綰初不言其姓名。神考再三詰之。綰乃以實告曰。練亨甫。明日兩府奏事退。神考留宰相吳充具言其事。且謂充曰。只非卿意。使安石知之。充見安石如上旨。安石大駭。即上奏其略曰。伏聞御史中丞鄧綰為臣求賜第。及為臣子雱及臣壻蔡卞營差除事。若審如此。則是臣臥病於家。而使綰為臣遊說也。神考批其奏曰。鄧綰操心頗僻。賦性姦回。論事薦人。不循分守。可落御史中丞差知虢州。練亨甫罷為漳州軍事判官。聖訓如此。天下傳誦。紹聖中。卞為執政。先

除雱祕書省正字。然後以王珪故第賜安石之家。綰所請三事。無不行者。卞之私意可謂得矣。然而臣謂非朝廷之所當與者。以神宗無欲與之意也。非王氏之所當受者。以安石無敢受之心也。又況王珪故第。本以罪奪。奪彼與此。皆出於卞。雍熙中。盧多遜既貶崖州。樞密副使柴禹錫為宋琪請多遜故第。太宗曰。多遜犯罪籍沒。琪為宰相曾不避惡。豈大臣之體乎。於是太宗雖以宅賜宋琪。而薄此兩人同時黜罷。先帝以王珪之故第賜卞妻家。與而不吝。得太宗之心矣。卞亦何顏無所避惡。況在先朝則安享無故之利。至于今日。則又無故而辭。既受忽辭。不為無意。願下臣章三省。併議典刑。庶使輕君自恣之臣。知所懲艾。

伯雨又言曰。臣近者五具奏狀。劄子為言蔡卞事。皆未蒙施行。按卞迷國不道。以私滅公。知有王安石。不知有神考。陰謀密計。迹不可見。

而國家大患。皆生於卞。神考在位十九年。凡潤澤生民之事。卞皆掠為安石之美。其理乖倒。不可以訓示天下。然而所行之事。皆以繼述神考為名。故天下之人。無敢議者。且如元祐章疏。皆是當日臣僚納忠之言。卞以私意諷諭。請降于外。取捨簡擇。專任已見。以言為罪。公然行遣。以戒天下敢言之士。遂使進言之人。所入文字。惟乞留中不敢深說。此豈一朝一夕之患乎。初元豐得罪之人。元祐許其理訴。所以通冤抑而盡下情也。進狀之人。各求辨雪。既是詞訟之簽語。豈有先王之法言。卞以私意諷諭。字字點檢。一語不當。使加黜罰。非獨杜絕訴冤之士。亦以羅織無罪之人。卞雖快意於一時。而深為朝廷之後患。然其立說。以謂章疏之言。譏毀神考。理訴之事。形迹先朝。必須如此施行。方名繼述之義。既以此說脅持上下。於是人皆杜口。而恣其所行。左遮右防。不犯其手。故臣前章以謂惇迹易明。卞心難見。卞

舜黜幽之典。必黜難見之罪。春秋誅意之法。必罪造意之人。陛下聖學高明。洞照今古。堯舜之所不赦。春秋之所必罪者。亦聖時之所宜行也。且卞之自比安石。似是而非。欺惑上下。人所切齒。故臣之前章先論其所以似是而非者。然後因流俗元祐之說。以明其罪。蓋救其末流。不若先塞其源。剪其枝葉。不若先鋤其根。卞之所以自托於安石者。蠹國害政之根源也。臣安敢舍此而論其末乎。伏望檢會前章皆付三省。特降指揮施行。

徽宗即政。納用讜論。伯雨首擊章惇曰。惇久竊朝柄。迷國罔上。毒流縉紳。乘先帝變故倉卒。輒逞異意。睥睨萬乘。不復有臣子之恭。向使其計得行。將寘陛下與皇太后於何地。若貸而不誅。則天下大義不明。大法不立矣。臣聞北使言。去年遼主方食。聞中國黜惇。放箸而起。稱甚善者再。謂南朝錯用此人。北使又問何為只若是行遣。以此觀之。不獨孟子所謂國人皆曰可殺。雖蠻貊之邦。莫不以為可殺也。章八上。貶惇雷州。

伯雨又論章惇劄子曰。臣聞道合則從。不合則去。非特君子保身之義。是亦人臣事君之禮。義所以明可否。禮所以別嫌疑。見可則行。有嫌則避。此大臣之所當知也。臣伏見左僕射章惇獨宰政柄。首尾八年。迷國誤朝。罪不可掩。天下怨怒。叢歸一身。自陛下臨御以來。海內之人。欲甘心於惇者。如蝟毛而起。賴聖度包容。愛惜事體。故惇雖求去。而聖恩不許。臣竊以謂惇之求去是也。陛下之不許非也。先皇帝奄棄天下。海內謳歌歸于有德。皇太后順自然之叙。合天下之公。倚成于天。躬定大策。惇於此時意語乖倒。陛下以天地之量。置其言於度外。益加禮貌。如恐不及。自古人君寬仁大度。未有如陛下今日者也。然而惇處可嫌之地。持不合之意。寧其愧謬無以自容。故先帝之陵土未復。而惇欲委使事而去也。夫泰陵命使。朝廷之大典。送往慎終。臣子之厚意。惇於泰陵豈不欲致其厚哉。勢不可留。知難而去。考之公議。可許無疑。但令使事不乏。則朝廷之大典舉矣。然則惇之去留。國體所繫。臣願陛下速發德音。允其所請。

伯雨又論章惇疏曰。臣竊以姦邪所為。始終可見。平居無事。則戕害忠良。倉卒遭變。則輕亂名分。蓋輕亂名分之心。素包養於賊害忠良之日。幸時有故。冀不我制。則懷袄向前。殊無顧忌。原情定罪。法當誅戮。謹按武昌軍節度副使潭州安置章惇。身為上宰。久擅國柄。迷國罔上。毒流搢紳。自哲宗疾勢彌留。中外洶懼。惇為宰相。自當引天下大義。乞立陛下為皇太弟。以繫人心。以安國勢。持危扶顛。輔弼之任。惇懷異意。謾不恤此。及至陛下即位。尚敢簾前公肆異議。逆天咈人。輕亂名分。睥睨萬乘。不復有臣子之恭。驕蹇固位。久不忍去。人言交

攻。僅乞外補。雖陛下聖度天覆。置而不問。然名分二字。萬世大法。行道之人知不可犯。豈容姦凶輒爾輕亂。陛下安得曲貸。以失典刑哉。臣伏願陛下早正惇兩觀之誅。或從矜容。乞投海外。以正紀綱。以慰人望。以示萬世姦邪之戒。天下幸甚。

伯雨又論章惇疏曰。臣聞古人有言曰。慮善以動。動惟厥時。時至不行。反受其殃。此忠臣之所當行。而明主之所宜慮也。章惇罪惡既大。陛下不復聽信。猶在相位。豈所宜哉。且惇嘗求去。而陛下不許。此固是以彰聖人寬大之德。然而疑則不用。用則勿疑。乃聖主任臣之法。疑而用之。實為不可。陛下之所以未從其請者。不過以先帝山陵在近。不欲以使事改付他人而已。若審如此。所謂執一而廢百也。祖宗故事。山陵命使。必以先朝宰相。是以丁謂既去。則改命馮拯。王珪既死。而蔡確代之。拯之與確。皆是舊相。當時若無舊相。亦須改命他人。

執一守株非所以權大事也今自惇之外先朝舊相未致仕者更有
一人范純仁是也雖以姦黨得罪而天下皆以為賢雖有目疾而其
心不盲陛下若舉而相之可以收天下之心昔先帝起惇於謫籍之
中欲用純仁自有此例若純仁以疾不來則是去就在純仁者也權
任輔相事出獨斷自唐以來雖見任宰相不得預聞臣以孤外之蹤
遽敢及此者臣非敢薦純仁也為陛下思所以去惇之策無出於此
也臣請縷縷言之蓋自紹聖以來蔡卞造作姦言假託經義負誣神
考輕欺先帝唱為國是以行其私凡惇之所行為天下之害者其謀
皆發於卞干紀紊政其事不一然原其乖背之始則不過妄論繼述
兩字而已用孟莊子之小孝違武王之大孝務以惡名脅持上下二
聖已察其欺偽而卞等不悛持此益固論夫婦之終始語兄弟之厚
薄陰謀密計何所不至當此之時陛下若斥逐章惇而不以宰相為

山陵使彼必以謂陛下不厚於泰陵矣然則惇未可以斥逐也今其
請去則不可不從也永泰陵使不可以他人為也然必先朝宰相為
之然後可也設使惇未肯求退則在陛下似亦難處今惇自請則不
過許之而已矣何所疑哉然而欲命先朝宰相以代山陵使則捨范
純仁其誰乎臣謂陛下若相純仁則可以慰天下思賢之心可以示
二聖用平之意可使有罪之人必無反側則是一舉而衆美具也出
命之日永泰使事權付先朝執政以待純仁之來若純仁不來則權
付之人自可行矣非是不使舊相蓋由舊相辭免則次官將命於理
為順又況純仁目疾自不妨陛下他日別命宜相之人也臣愚不避
小嫌竭忠盡慮若蒙省察速使惇去左右則忘身徇國之人始敢安
枕而臥矣時不可失機不可玩願陛下深念而決行之也天下之故
反覆無常當以人事輔成天意古人既往之迹可證可驗非臣筆端

所可具述臣不勝拳拳愛君之心惟陛下赦其僭易采其所言斷而
行之天下幸甚

貼黃臣十一日劄子云祔廟以前且當明辨邪正躬攬以後乃可
大明黜陟誠恐惇等未去之時機事不密為害不細伏望陛下
用臣前章且以職名出惇于外然後合集衆智共議典刑緩而
不迫舉事必當先朝宰相蘇頌致仕命為中太一宮使純仁若
以疾不來則此例似可行也若得純仁居京則有事可以訪問
養老乞言無大於此何必過示優假如司空重事之類使其處
此而不安乎范純仁乃臣妻黨之親臣雖未識純仁之面而今
日之言不能無嫌臣不敢以小嫌而廢公議也

伯雨又論章惇狀曰臣聞人臣之功罪未論則不明朝廷之威罰未
斷則不行陛下臨御以來於群臣之功罪論之明矣然於有罪之人

未行誅罰者所以順太母之慈而成坤德之靜也今躬攬之初當示
威斷雷霆之擊宜自近始臣伏見左僕射章惇罪惡顯著久稽天討
方哲宗大漸之時太母定策之際惇為宰相首發異議一語乖倒尋
合誅殛陛下以天地之量置其言於度外勉加優禮如待功臣容德
之大古無有也按惇獨宰政柄首尾七年隨其喜怒恣作威福助尊
私史則至於薄神考矜伐已功則至於累宣仁樂於用兵大開邊隙
陝西之民愁矣而進築不已內府之財竭矣而輦運不休忘祖宗積
累之艱輕朝廷根本之地謂人之怨怒為當爾謂天之譴戒為偶然
斥公論為流俗以獻忠為誹謗殺張天悅之徒以箝衆口廣鄒浩之
獄以絕言路天下震駭人多自危賴宗廟之靈不逞不虞之變幸未
發耳哲宗一於委任何負於惇惇負哲宗乃至於此雖陰謀密計發
於蔡卞而力行果斷惇實主之用春秋誅意之法則罪卞可也任秩

危持顛之責則非惇而誰然則卞為謀主惇乃罪魁殲厥渠魁理不
可赦今惇佈恃容貸謀脫身禍自謂前日之事皆稟命於哲宗職當
奉行非惇罪也嗚呼罪不在惇其在誰乎忍為此言重可傷歎孔子
曰善則稱君過則稱已則民作忠前日之事獻可替否假有不售忠
臣之義猶當歸過於已又況哲宗本意不為已甚故惇之所謀多不
見從臣請以二事驗之可以考其餘矣乃者宣訓之説究治之事喧
播中外上干宣仁高氏一門幾不獲免主張保全力沮其説者以哲
宗本意不為已甚故也元祐大臣初議誅滅及其流竄尚欲勦除然
而臣下之意竟不得行梅嶺以南猶有全活而北歸者以哲宗本意
不為已甚故也今事出哲宗者則託於容贊而掠為已功已之所行
則託於稟命而歸之先烈所可痛心孰大於是漢之匡衡事成帝為
丞相不顧用事不能正救乃於成帝既沒之後論顯不忠之罪揚著

成帝之失王尊劾衡以為卑君尊臣非所宜言天下後世以尊為是
又哀帝之初臣下謗譏多及成帝獨議郎耿育以謂事不當時固爭
防禍於未然各隨指阿從以求容媚晏駕之後尊號已定萬事已訖
乃追摭不及之事訐揚幽昧之過此臣所深痛也今惇於往事每有
匡衡歸過之心而獻言之人未聞耿育深痛之議其何以稱陛下欽
承繼述之意乎臣每因奏事屢奉德音陛下語及哲宗則聖顏慘動
感慼之意形于悅章篤於天倫實出聖性厚天下之俗正賴乎此然
而惇猶充位威斷未行故靡薄之風尚未消沮而仁厚之化所以未
孚于天下也宗廟之輕重主威之強弱皆繫陛下所以處惇者如何
而已安危之機不可不慮且陛下初去蔡卞為其薄神考也次責邢
恕為其累宣仁也惇負哲宗其惡尤大今若正此之罪則君道永正
母道永尊而繼述之義永無慙矣伏望陛下躬攬之初先正惇罪雖

用祖宗之意不殺大臣而流竄之刑亦有近例惟速示威斷以協公
議天下幸甚

伯雨又論章惇疏曰臣聞國體無安不宜輕動公論可畏在所當恤
今章惇求去而陛下不許豈非以先帝山陵未畢先朝宰相不可遽
罷所以卹公議而戒輕動耶聖慮如此真得堯舜之用心矣然而惇
自求去非我先動考之公論必無間言若徇區區之小嫌而玩機不
密臣恐執中無權而後必悔也且王珪子孫既許敍復則元豐定策
之事邢恕鑿空之言所干連者豈特一人而已哉且前年彗星之變
過九月三日而後沒者天之垂象豈無意乎宣仁功德甚大自三代
以後無有倫比而用事之臣讐毀侵陵無所不至乃以優贈厚賞追
報遵裕彼遵裕小言何益於國念小忘大理實乖倒宣仁之功德未
明則人心不順天怒不息王珪一門之寃何足道哉臣恐鑿空矜誕

之徒隱心日慮用奇救過為國生事方且憂之又聞何大正被賞而
外議詾詾皆有瑤華復位之言臣實過慮方寢方食未嘗須臾而忘
此也夫下之從上不從其令而從其風旨是以宣帝先求故劍而人
知許后之得立高祖先封雍齒而能使仇怨皆喜古之明君凡作一
事先示一意意行而天下安之然後出令若命令未出而所示之意
先使人疑臣以為過矣易曰無咎者善補過也臣謂今日補過之術
莫若早去蔡卞而速逐章惇之請無使玩機而起悔養姦而生事也
且二人雖留陛下既已疑而外之矣豈有疑外大臣而可以〻朝廷
之體乎唐德宗時陸贄趙憬皆為宰相德宗使人謂陸贄[illegible]要之
事勿對趙憬陳論當密封手疏以聞陸贄不以為然上疏諫曰是於
心膂之內而有形迹之拘職同事殊鮮克以濟恐爽無私之德且傷
不吝之明蓋堯舜之治左右大臣都俞吁咈無不僉同祖宗任人以

此為法疑則不用用則不疑是以上意不偏下不為黨我太宗之議蠱州也張洎請別為一疏陳利害而呂端執奏以為不可蓋德宗之所以語陸贄者有形迹之拘而呂端之所以告太宗者則僉同之義也蓋謀及腹心則貴於當密而股肱之運則不可偏舉今陛下攺用大臣而使與惇等共評國事一信一疑能無彼此厚薄之間矣是則去邪不果又累國體所全者小所傷者大孰若可去者使之速去華其乖爭之風可用者信而後用乃有僉同之望矣如此則事無兩可下必同心又陛下即政之初人有向背聖意之所欲行大臣莫肯承應不免從中批出庶可不敢異同此足以濟一時之權未可為永久之法臣願陛下速示睿斷早去惇卞然後慎擇可信之人共講日新之政勿求近効示乃遠猷不過數年天下治矣伏望上稟慈闈議其當否臣愚妄論事幾惟陛下裁赦幸甚

伯雨又論章惇蔡卞疏曰臣先累有奏狀言章惇蔡卞迷國罔上脇持哲宗以不孝之名迫懼哲宗以不利之實激哲宗使怒惑哲宗使疑誘毀宣仁聖烈保祐之功傳致元祐皇后疑似之罪引功自歸過哲宗挾天子賊害忠良肆讒訕幾危神器自古姦臣為害無甚於此去年上封事數千人人乞斬惇卞天下公議只此可見蓋卞謀之惇行之蔡卞之惡有過章惇臣前來奏狀已言之今更詳具大事六件如後

一元祐六年哲宗皇帝始納元祐皇后前此未納后時禁中嘗求乳婢諫官劉安世等連上章論列皇帝既未納后不知宮中求乳婢何用宣仁聖烈令兩府宣諭是外家高氏所覓安世乃止紹聖初蔡卞還朝論及此事以為宣仁有廢立之意乞追廢為庶人

一自紹聖已來竄逐臣僚應哲宗皇帝批出行遣者並是蔡卞誣罔先於哲宗前密啓進入劄子哲宗依劄子上語言批出至今劄子見在

一紹聖三年宮中厭勝事作哲宗方疑未知所處章惇欲召禮官法官共議蔡卞云既是犯法何用禮官乃建議乞掖庭置獄只差內臣推治更不差有司同勘若非蔡卞建議哲宗必未廢元祐皇后

一編排元祐中臣僚章疏乃蔡卞建議卞與蹇序辰自編排惇不曾與及卞具姓名乞行遣惇即奉行

一鄒浩以言事忤旨蔡卞即首先奏云呂公著曾薦浩浩以此詆議故哲宗愈怒遂編管浩卞又執奏乞治浩親故送別之罪哲宗不從三次堅請乃許置獄

一蹇序辰乃卞死黨首建看詳理訴之議安惇助之章惇遲疑未許卞即以相公二心之言迫之以此惇即日差官置局凡此皆蔡卞謀之章惇行之也按卞陰狡險賊惡機滔天惇雖凶狠每為制伏執政七年門生故吏徧滿天下今雖竄責如卞在朝人人惴恐不敢回心向善朝廷邪正是非不得分別馴致不已姦人復進天下安危殆未可保只如去年臣僚上言蔡卞之惡過於章惇乃自太平州移池州流順三程一日可到愚弄朝廷僅同兒戲蓋人人畏附惇卞至今未已故寧負陛下不負惇卞大姦元惡未正典刑人情憤歎天象示戒故自今年正月至今兩月陰雨蓋蒙氣之證於此可見昔周饑克商而年豐衛旱伐邢而得雨今惇自以異議當受大戮所有卞惡伏乞陛下早賜宸斷明正典刑以答上天蒙氣之證候正惇卞典刑之日乞陛下

差人於朝堂道路間采聽。若人人不相慶。臣甘伏罔上之罪。

伯雨又論郝隨特許復官狀曰。臣伏見進奏院報郝隨特許復官。中外聞之。莫不駭歎。竊以虧哲宗盛德。起哲宗侈心者隨也。月臺玉虛之作。窮奢極侈。殫工盡巧。以糞土用邦財。以冠讐用民力。不經有司。擅自支費。因緣為姦。乾沒無限。以至內帑珠金。率意取之。並無歸着。此天下之所知。陛下在潛邸之所目擊也。陛下即位。灼見時事。罷繕修之役。毀侈靡之觀。天下聞之。莫不鼓舞。方且薄責。未正典刑。命有司驅磨支用之費。珠金之數。而有司小人。不能上體陛下恭儉恤物之意。一切觀望。畧不根究。人人聞之。莫不扼腕。今日郝隨敘用。是國家帑藏可以私取。朝廷典刑可以人廢。昔仁宗皇帝即位之初。見真宗末年修蓋宮觀。窮極土木。顧謂輔臣曰。當時何人執政。何人監修造誠可罪也。宰相呂夷簡曰。當時侈費。至今帑藏一空。仁宗曰。朕當以此為戒。夫侈靡溺心。古今所患。苟有斯人。誠為國賊。昔太宗時姜確有巧思。善於營造。魏元成作相。頗斥遠之。恐起侈心。以興工役。則自古君臣所為。及祖宗所行。亦可見其遠慮矣。臣願陛下深思遠慮。屏絕倖人。亦足以使左右近習不敢以親近竊威權。不敢以非道誑聖意。恭儉之德。自此日新矣。

左司諫陳瓘論章惇罪大責輕。乞行流竄狀曰。臣伏覩初八日制書。章惇落左僕射知越州。臣竊惟惇之大罪多矣。陛下以天地之量。含容假借。累月于此。竟緣奉使亡狀。黜而去之。事干泰陵。則不敢赦。威斷如此。可謂是矣。按惇初唱異議。欲搖大策。又稽天討。公論沸騰。臣亦屢以為言。而陛下諭臣曰。惇負哲宗。其罪固多。朕之初政。方以百姓為心。豈欲以己事責人乎。臣仰奉聖訓。退而歎息。知孔子之無我老氏之外其身。唯博大聖人乃能與此。彼漢唐自私之主。計功論罪。取快一時。先一身而後天下者。有愧於今日矣。孟子曰。民為貴。社稷次之。君為輕。古之明王後其身而先天下者。其說蓋本於此。陛下不欲以己事謫惇。而以百姓為重。得孟子之心矣。若非聖學高妙。自臻于此。豈臣下之所敢言乎。然方陛下踐祚之始。四海之安危治亂在此一時。是乃宗社之所繫。豈獨陛下之己事。天下神器。非私物也。不以己事。豈是以為公乎。然則以道制情。公而不私者。在明眘用刑而已。開成之責李珏。紹聖之貶王珪。古事可考。近例甚明。然李珏所言猶是文宗素定之意。武宗怒之。遂有昭州之命。王珪所言。非是簾前親奏之語。言者誣之。猶有萬安之貶。今惇心造其謀。非珏意也。躬奏其語。非珪言也。然則惇罪之大。異乎珪珏。但奪相印。安可已乎。況惇將命不敬。露宿者一夕。為相無狀。誤朝者七年。所以負哲宗者。非一事也。越州之命。指其一事而已。執一廢百。加以私宥。用刑如此。其何以服天下乎。臣願陛下斷自宸衷。降出臣僚前後章疏。特行流竄。以厭公議。謹錄奏聞。伏候勑旨。

瓘又言邢恕以反覆詭詐得罪先朝。乞原情定罪狀曰。臣伏見龍圖閣待制新差知荊南府事邢恕。昨者自謂親聞司馬光所說北齊宣訓事。謂光等有凶悖之意。遂以其語告于章惇。而光及范祖禹等緣此貶竄。又以文及甫私書達于蔡確母明氏。謂劉摯梁燾王岩叟皆有姦謀。而摯等家族幾至覆滅。今朝廷赦宥光等。盡復其官。矜恤之恩。徧及存沒。則是恕前日之所行。不為陛下之所信也。按恕嘗以反覆詭詐得罪先朝。昔者抗疏自列之言。今可考也。恕之得罪於公議固亦久矣。今寵以華職。付以大藩。中外沸騰。不以為允。伏望聖慈特降睿旨。原情定罪。以協公議。謹錄奏聞。伏候勑旨。

歷代名臣奏議卷之一百八十一

去邪

宋欽宗靖康元年左正言崔鶠上奏曰臣伏覩詔書詔諫臣直論得失以求實是此見陛下求治之切也然數十年來王公卿相皆自蔡京出其餘擢居要路以待相繼而用者又充塞乎臺省要使一門生死則一門生生一故吏逐則一故吏來更持政柄互秉鈞軸歷千百年無一人立異雖萬世子孫無一人害己此蔡京之本謀也安得實是之言聞於陛下且如馮澥近日上章其言曰熈寧元豐之間士無異論太學之盛也此姦言也昔王安石用事除異己之人當時名臣如富弼韓琦司馬光呂公著呂誨呂大防范純仁等咸以異論斥逐布衣之士誰敢為異乎士攜策負笈不遠千里游乎學校其意不過求仕官耳安石著三經之說用其說者入官不用其說者黜落於是

天下靡然雷同不敢可否陵夷至于今大亂此無異論之大效也而尚敢為此說以熒惑人主乎又崇寧以來博士先生狃於黨與各自為說附王氏之學則詆毀元祐之文服元祐之學則詆誚王氏之說尤為欺罔豈有博士先生敢有為元祐之學而詆誚王氏之說乎自崇寧以來京賊用事以學校之法馭士人如軍法之馭卒伍大小相制內外相轄一有異論居其間則累及上下學官以黜免廢錮之刑待之其意以為一有異論則己之罪必暴於天下聞於人主故耳博士先生有敢詆誚王氏者乎欲乞下太學取博士講解覆視則澥之誕謾見矣至如蘇軾黃庭堅之文集范鎮沈括之雜說畏其或記祖宗之事或記名臣之說於己不便故一切禁之坐以嚴刑示以重賞不得藏匿則禁士異論其法亦已密矣澥言為元祐之學詆誚王氏之說其欺罔不亦甚乎欺罔之言公行則實是何從而見也然先王之求實是亦有道矣皇帝清問下民周官詢于衆庶孟子不以左右卿大夫之言為然必詢于國人則實是見矣臣乞以澥所上言章并臣之章垂于象魏揭于通衢以驗國人之論而賞罰之以戒小人欺罔君父者此陛下之福天下之幸也

鶠又論馮澥狀曰臣近上章論諫未蒙施行澥復遷吏部侍郎此士論之所共憂臣適當言責不得而已也觀澥之意不過於拘以熈寧元豐之法為治緣澥乃熈寧元豐人材之一也己之說行則身安己之職廢則身危非為國家忠計此天地否泰所係國家治亂之所自分不可忽也昔在仁宗英宗時選天下敦朴敢言之士以遺子孫而王安石用事皆目為流俗之人盡逐去之乃自為新說以造士號為新美之材充塞乎朝廷而人主不聞天下之安危矣元祐之初司馬光收仁宗英宗時人才用之故宣仁聖烈皇后擁少主不出簾帷

而天下治問其四夷則率服矣問其盜賊則消弭矣問其軍士則[illegible]附矣問其百姓則富樂矣當是時天下之勢安於泰山及章惇用事斥之於炎荒瘴海之外蔡京陰蓄異圖兇謀益熾於是盡收熈寧元豐時人材用之誘以美官餌以厚祿於是海內小人波蕩而從之萬口一詞迭相唱和為紹述之論以誑惑人主紹述一道德而天下一於諂佞矣紹述同風俗而天下同於欺罔矣紹述理財而公私竭矣此用熈寧元豐人材之效也譬之治疾一醫治病而病愈一醫治病而病壞此賢否不待較而明也且元符末以連年四月朔日食四月者正陽之月古人所忌詔求直言應詔上書者數千人蔡京因此以除去異己者乃遣腹心之黨考定之分邪正二等同己者為正異己者為邪澥與京同者也故列於正等擢以不次而異於京者京皆指以為邪陷於罪戾凡數千人近者上皇下責躬之詔其言以求直言奪於

權臣及歸咎建議臣僚然則前日附會蔡京號為上書正等之人皆今日之罪人也陛下嗣服之初天下觀陛下好惡是非以卜世之盛衰今用蔡京正等之人非上皇悔過之意天下之士聞之解體矣同已為正異已為邪瀨與京同者也故列於正京之術破壞天下於茲極矣尚忍使其餘蠹再破壞邪京姦邪之計大類王莽而朋黨之衆則又過之願斬之以謝天下累章極論時議歸重

諫議大夫楊時論王安石學術之繆奏曰臣伏見蔡京用事二十餘年蠹國害民幾危宗社人所切齒而論其罪者曾莫知其所本也蓋京以繼述神宗為名實挾王安石以圖身利故推尊安石以王爵配享孔子廟廷而京之所為自謂得安石之意使人無得而議其小有異者則以不忠不孝之名目之痛加竄黜人皆結舌莫敢為言而京得以肆意矣然則致今日之禍者實安石有以啓之也謹按安石挾

管商之術飾六藝以文姦言變亂祖宗法度當時司馬光已言其為害當見於數十年之後今日之事若合符契其著為邪說以塗學者耳目敗壞其心術者不可縷數姑即其為今日之害尤甚者一二事以明之則其為邪說可見矣神宗皇帝嘗稱美漢文惜百金以罷露臺曰朕為天下守財耳此謹乃儉德惟懷永圖正宜將順安石乃言陛下能以堯舜之道治天下雖竭天下以自奉不為過守財之言非正理曾不知堯舜茅茨土階未嘗竭天下自奉其稱禹曰克儉于家則竭天下以自奉者必非堯舜之道其後王黼朱勔祖其說以應奉花石之事竭天下之力號為享上實安石竭天下自奉之說有以唱之也其釋鳧鷖守成之詩於末章則謂以道守成者役使群動泰而不為驕宰制萬物費而不為侈夫鳧鷖之五章特曰鳧鷖在亹公尸來止熏熏旨酒欣欣燔炙芬芬公尸燕飲無有後艱詩之所言止謂能持盈則神祇祖考安樂之而無艱[illegible]自古釋之者未有為泰而不為驕費而不為侈之說也安石獨倡為此說以啓人主之侈心其後蔡京輩輕費妄用專以侈靡為事蓋祖此說耳則安石邪說之害豈不甚哉臣伏望睿斷王安石學術之謬追奪王爵明詔中外毀去配享之像使邪說淫辭不為學者之惑實天下萬世之幸疏上安石遂降從祀之列

監察御史范宗尹乞革欺罔之風上奏曰臣竊謂方今天下之事可革者甚衆而欺罔之風革之尤不可緩夫鹿之與馬相去遠矣然高謂鹿為馬而二世惑焉者蓋以天下而欺一人故也以天下而欺一人其禍可勝言哉臣觀國家自崇寧以來上自宰輔大臣下至州縣賤吏莫不以欺罔相尚是以[illegible][illegible]竭生靈愁痛災異數見盜賊群起而道君不知也前日之禍職此之由今陛下纘紹之初國步艱難之際正當明四目達四聰之時而臣下尚有肆為欺罔者使此風復

熾則天下之禍將有甚於前日者矣願明詔臺諫自陛下即位以來中外之臣有曾為欺罔者事無巨細已敗未敗悉仰撿舉彈奏以聞然後聲其罪於天下而重加誅責使天下曉然知欺罔不可復為則陛下深仁厚澤得以究矣

欽宗時侍御史李光論王雲等劄子曰臣近合臺諫官論列童貫開邊生事擁兵南竄罪積惡大黨類實繁雖難以盡行究治亦當擇其蹤跡暴著助成姦惡者顯戮一二以為搢紳之戒如同簽書樞密院事宇文虛中給事中王雲是也燕雲之役二人參議幕中實為謀主貫固未嘗知書每奏報朝廷一時欺謾誇誕之言皆出其手虜騎入寇隨貫馳入都城張大聲勢決東幸之策朝廷震驚進虛中為資政殿學士充撫諭使雲為給事中奉使募兵當危急之時四方勤王之師未有至者陛下躬宵旰之憂大臣窮日夜之慮[illegible]二人既以計脫擁

兵自衛。俳佪近畿。陰拱以覩成敗。及朋匹兵初集。和議已定。單身入城。復擾要近。士論詢詢。莫不憤歎。樞密本兵之地。瑣闥清近之班。儻使此流冒居。將何以責士大夫守臣節者乎。恭惟陛下嗣位之初。四方之人延頸跂踵。以望新政。所與謀議獻納者。不過二三執政大臣與兩省侍從。尤當選忠賢以副人望。治亂安危之機。實在于此。如處中等姦欺詭詐。為臣不忠。乃復崇獎進用。如此。臣恐遠方聞之。人人解體。伏節死義之士。亦不復為陛下用矣。伏望斷自宸衷。重行竄斥。以解天下之疑。不勝幸甚。

先再論王雲等劄子曰。臣近嘗論列同簽書樞密院事宇文虛中給事中王雲。身為士大夫。職列侍從。朋附童貫。贊助開邊。使兵連禍結。及虜騎內寇。朝廷憂危。將命募兵。逗撓不進。前後臣寮交章。乞虛中雲罪與王黼等。黼已責授散官安置。議者猶謂輕典。獨此二人赦而不誅。已駭物論。今乃反寘近列。居密勿獻納之地。急則用詭而脫禍。緩則詭辭而冒榮。專為身計。無復人臣之節。兼近年以來。士大夫交結宦官。寖以成俗。虛中為翰林學士。雲為中書舍人。皆朝廷華選。貫皆倚為腹心。每用兵行師。皆有將帶前去之語。醜類就道。曾無愧恥。陛下初即大位。拔用人材。宜以禮義廉恥風厲士類。若不痛加懲革。則後來者更相倣傚。廉恥之道愈喪。而禮義之俗浸隳矣。夫人君養士之廉恥。所以重其國。士之有廉恥。亦所以重朝廷。唐李鄘恥為吐突承璀所引。卒辭相位。史氏書之以為美談。今虛中輩姦纖趨利。庸近凡鄙。交結近習。迹狀明白。辱國甚矣。伏望檢臣前奏。付外施行。早賜罷黜。以厭公論。不勝幸甚。

先又論曾紆等劄子曰。臣惟國家之興。神聖相授。專務養育元元。以固邦本。而四海之廣。所與共治以惠養斯民者。尤在於守令監司之職。委以刺舉。實外臺耳目之寄。守以撫[illegible]者也。其任顧不重歟。伏自陛下即位以來。號召天下豪傑之士。聚之朝廷。而貪汙不法之吏多在外服。或倚勢作威。或倚法害下。誅求掊斂。靡有藝極。使遠方之民無所申訴。朝廷何賴焉。臣伏見江西轉運曾紆。福建轉運趙岍唐績。提舉市舶張佑。提舉廣東香鹽黃昌衡。府界提舉常平陸棠。皆緣交結權倖。以躐取名位。邪佞凶狡。素無廉聲。皆不足以當一道之寄。岍績遠任福建漕臣。朝廷近差陳磷等為代。遂通賄賂於梁師成。以造茶為名。不肯離任。佑本泉州大商。今市舶廨治乃在泉州。背公營私。何往不可。近聞營造第宅。盡令屬邑科買材木。贓汙不法。一方之民咸受其弊。昌衡棠皆奴事朱勔。昌衡頃知秀州華亭縣。抑勒人戶依等第科買白鶴。每隻至有百餘千者。自秀至蘇。花石珍禽。絡繹不絕。遂就除本州通判。益肆掊取。東南之民莫不憤怨。棠知平江府長洲縣。專一幹當朱勔家事。民間詞牒。悉委佐官。平江地瀕太湖。勔田產盡在長洲縣。多被水患。民間不肯承佃。棠既為抑勒上戶佃種。稍不承認。即枷項送獄。承認之後。永無脫期。至破家蕩產。賣妻鬻子。猶監錮不已。良民妻女稍有姿色者。必多方鉤致。百姓田園號為膏腴者。必竭力攘取。以搜尋奇玩。而發人籠篋者有之。以訪求古物而掘人冢墓者有之。紆故相布之子。因諂事宦官。進職賜帶。頃任楚州及鎮江府通判。皆以本州娼女自隨。替罷攜挈之而去。帷薄荒穢。父子聚麀。尤為清議之所不容。伏望聖慈特降睿旨。盡行竄斥。以正刑書。仍乞精擇廉幹修潔素有風力之人。以充監司之選。庶幾朝廷惠澤得以下究。細民疾苦得以上聞。仰副陛下勤恤民隱之意。天下幸甚。

先又論朱勔等劄子曰。臣恭覩陛下自膺受大位。獨奮乾剛。誅流姦凶。四方之人。莫不鼓舞。獨朱勔父子未就殲夷。士論猶鬱。勔肆姦惡踰二十年。專以奇技淫巧熒惑朝廷。花石之供。毒流海寓。竭百姓膏血。鑿州縣帑藏。一門之內。建節正任。廝役姻親。悉補官爵。權傾中外。濁亂朝綱。名為應奉御前。其實盡入私室。錢穀出入。不許驅磨。計其姦贓。擢髮莫數。臣近嘗論奏方兵興之際。上下匱乏。宜修理財之政。當自東南始。雖諸局支用難以幾察。而有司帳籍尚可驅磨。欲望陛下擇有風力清強官。就兩浙近便處置司追攝勔父子并其姪汝翼汝賢等。及自來專一應副嘗為監司守令。力能刻剝生民。助其凶燄。除徐鑄王汝明蔣燊已死亡外。今新除工部尚書胡直孺前發運使盧宗原陸寘前兩浙提刑王仲閎胡滋前兩浙提舉常平趙霖。前知平江府應安道通判陸棠許操司錄周杞前知常熟縣宋晦前知秀州華亭縣黃昌衡淮南運使余賙前知秀州朱審言并諸司吏人已未出職。並乞勾赴所司。一一就根勘驅磨。自來應副過錢物。計其家貲。

盡行籍沒。內有百姓田產元係強奪侵占者。據契撥還。勔父子罪惡滔天。非明正典刑。戮之市朝。不足以快東南士民怨憤之氣。上項官吏。各具罪犯取旨。以次黜責施行。庶幾士大夫冒犯廉隅為臣不忠者。有以警懼。實天下幸甚。

光再論朱勔劄子曰。臣嘗論列朱勔將東南財用。假託應奉。脅制州縣。盡入私家。合依祖宗故事置司驅磨。未蒙施行。此必朝廷見官吏人數頗衆。恐致生事。遂降指揮特免驅磨。近亦報勔。止從竄斥。此於公議。實為未厭。臣按勔在東南為害日久。田園第宅。富擬王室。房緡日掠數百貫。租課歲收百萬斛。曳綺羅者列屋。衣金紫者充庭。展南宅以奪司理院。拆北倉以為養種園。監司經由。郡官朔望例於門外下馬。謁之朝謁。其葬汝翼母福國夫人。通判許操權府率郡官朝服步從三十餘里。衆所駭聞。近者上皇南巡。勔自知罪惡貫盈。與童貫合謀。邀請百端。私造乘輿服御之物。掃除室宇。潛謀異圖。率歛豪民。幾至生變。幸賴上皇念宗廟社稷之重。車駕還歸。迹其姦萌。理難容貸。伏望陛下斷自淵衷。將勔并其子孫姪付之有司。籍其家貲。明正典刑。仍乞委本臺官吏取索東南應奉司及杭溫明州平江府等置局去處并應副官吏。依近降京東西兩路李彥指揮施行。

光又論鄧雍劄子曰。臣伏覩近降指揮。今之尚書侍郎。異日宰執之選也。都省所接詞訴分送六曹與決施行。陛下責任之意。可謂重且專矣。則居是職者。非得天下英偉豪傑之士。智識材器可當異時輔弼之選者。曷宜任此職。臣謹按吏部侍郎鄧雍。不學無術。世濟姦邪。其父洵武任樞密使。因緣請託。特許赴殿試。闌通近倖猥中科目。濫廁從列。帷薄荒穢。士大夫目為藍班。兼雍不曉吏事。又欲廢法任情。專受請託。選人闕陛改官。意所欲與。雖郎官執條例以進。輒遭詬詈。

人材猥下。趣操頗僻。不足汙天官之選。伏望聖慈特賜罷黜施行。庶厭公議。

光又論鄧雍劄子曰。臣伏見近年以來。嬖倖用事。姦邪擅權。賢否混淆。是非顛倒。世家之子。希論要塗。瀆亂朝綱。莫斯為甚。臣謹按前吏部侍郎鄧雍專以便僻側媚。蹴取要官。初無術學。而使之特赴殿試。不知古今。而使之猥廁經筵。帷薄不修。蹤迹醜穢。士傳播以為笑談。今雖罷遣。尚仍舊職。玷高華之選。實於公議有所未允。伏望特出睿斷。早賜褫奪職名。投置閑散。庶幾清朝名器。不以假人。且絕姦邪覬覦之路。實天下幸甚。

光又論李會李擢劄子曰。臣伏覩除目以李會李擢為左右司諫。訓詞褒諭。以首論蔡京有功。特被召用。外庭之議。無不駭愕。臣之區區。亦所未諭。夫首論蔡京者陳瓘也。其次則有石公弼張克公毛注之流。相繼彈擊。上皇覺悟。既罷而復用者數矣。京與王黼前後用事。權傾天下。言路壅絕。多士盈庭。莫敢開說。方是時也。忠義奮發。不避死亡之誅。慷慨言事。不過曹輔等三五人。爾下逮韋布之士。廷對大問。進藥石之言。則有若范宗尹。投匭獻封。歲時政之失。則有若朱夢說。而會擢在當時。迭為臺官。身任言責。保寵固位。被阿諛之譏。自觀時事。曾無一言。逮陛下龍飛。灼見姦慝。大學諸生伏闕上書。昔論六賊之害。蔡京之惡。夫人而能言之矣。諫官御史能於此時明目張膽。擊姦指佞。實特陛下聖明。不啻摧枯拉朽之易。何足為功。況會擢當金寇圍逼都城。力附白時中李邦彥。尊主避狄割地之謀。方肅王之北渡也。不罪金人之渝盟。乃敢奮筆橫議。以上皇還宮問肅王所在。劫持上下。必欲以祖宗基業委之外夷。至有三鎮與王室孰重之語。章疏具存。可以考按。今時中邦彥坐是落職。議者猶謂輕典。而會擢反

被召用。復預諫爭之列。不知誰為陛下薦此二人者。陛下好惡取捨如此。廟堂之論。何時而定。百官有司之衆。何所適從乎。臣愚伏望陛下深思熟察。辨邪正之歸。無為詭辭偏說之所傾奪。庶以仰稱陛下艱難求助之意。副四方跂竦之情。所有會擢等召命。伏乞特賜寢罷以安衆情。

光又論楊適呂齊劄子曰。臣竊謂文昌諸郎。皆異時侍從之選。非有素望。安可冒居。臣伏見新除刑部員外郎楊適。度支員外郎呂齊。命下之日。士有異議。適浮薄無行。因妻父徐鐸。貪緣交結朱勔及梁師成。以為進身。自選調任京東提刑司檢法。冒賞官勔方用事。權勢赫奕。薦適賜第。遂被超擢。齊闒茸凡下。素無士檢。嘗知河南府伊陽縣。在任與官官康份闒通。惡恃權要。恣為贓汙。監司郡守。不敢按發。今乃自筦庫之冗。徑躋郎曹。實於公議。有所未厭。伏望聖明。特賜罷遣。使士大夫稍知郎選之優。不勝幸甚。

光又論王子獻等劄子曰。臣近准尚書省劄子。專委臣取索點檢京東京西兩路西城所創置擾民等一切並罷。元係西城所辟置及曾應副害民之官。先次放罷。具名聞奏。臣除已一面令吏部供具本路州縣官外。臣今所聞兩路最為李彥信任。陳獻利便。創立租稅。忍於害民。為國斂怨。僥冒賞典。轉官除職之人。其尤甚者。京東則有王子獻呂坯毛孝立。京西則有劉寄任徽彥李端愿。子獻為京東轉運使。將梁山濼城田租收入西城所。辟置孝立坯為屬官。徧詣州縣。自濟兗鄆濮與仁廣濟等處。為之騷然。追脅官吏。抑勒細民。有不承佃者。便枷項送獄。人人惴恐。莫保性命。蒲魚荷芡之利。皆日計月課。纖悉無遺。遂致濼傍之人。無所衣食。強者結集為寇盜。弱者轉徙乎溝壑。坯孝立皆驟被拔擢。自文林郎不二三年。轉至朝散朝請大夫。自曹

官為通判。自通判為郡守監司。又孝立任濟州日。母死。其父欲只作所生。覬免解官。未幾。父又死。遂干求李彥。請御筆候葬畢起復。孝立家本三衢。憚往返迂遠。不復挈喪歸鄉。只就濟州營葬。近緣廉訪奏劾。國忌日。就司錄廳用妓樂深夜飲燕。為臣不忠。為子不孝。敗壞風俗。莫此為甚。寄徽彥端愿。或自白身。或由小官。為李彥汲引。將唐鄧汝蔡四州九縣。取民間稅地。謂之公田。斂取無藝。百姓失業。流丐者衆。風諭諸邑。催索租逋。急於星火。礮山令劉愿前後杖下決死良民千餘人。徽彥近緣金人內寇。添差京西運判。遂分遣屬官四出。有甚寇盜。襄城一邑。科率至十七萬。謂之助國錢。吏不抄上赤曆。此數人者。朝廷雖已放罷。而罪惡貫盈。公議未允。伏望陛下洞照姦兇。久為民害。特發睿斷。重寘典刑。或竄流嶺表。以謝兩路生靈。不勝幸甚。

光又上論王子獻等劄子曰。臣近准詔旨。姦貪之吏。蠹國害民者。尚

未竄逐。所以好惡未孚。贓吏未懲。民未被澤。臣職在臺端。仰煩聖訓宣諭使之彈劾。在臣愚忠。誠為失職。臣伏自供職首尾半年。前後論列姦貪之吏多矣。陛下雖有聽納之明。而未見力行之果。臣輒再具已嘗論奏而未蒙施行者。如京東轉運使王子獻。前知淄州毛孝立。前東平府通判呂嵘。前京西轉運使杜徽彥。提舉常平李端愿。劉寄。此六人者。皆奴事李彥。竭兩路膏血以奉彥者。假借事權。勢力氣燄。足以制百姓生死之命。彥非得此六人。亦不能成其姦宄。如此其暴也。臣聞此一等人。其類尚多。自陛下初政。灼見姦慝。雖已落職送部止是退居鄉里。復帶前銜金章紫綬。所在州郡。皆以嘗任郡守監司。往往差彼人從。日陪讌游。無復省躬念咎之意。亦莫有依元降旨揮赴吏部受差遣者。是陛下賞罰號令。止行於小臣而不行於大吏。伏望檢臣前奏。重賜竄逐。仍乞行下吏部。取責前後送部臣寮。如有傲睨倔强不肯赴吏部之人。即與直注遠地。或河北河東合入見闕差遣。庶幾方命慢上者。知所警懼。不勝中外之幸。

光又繳馮澥牓朝堂疏狀曰。臣愚暗朴拙。當陛下初政。偶承人乏。擢寘言路。每因進對。備聞德音。未嘗不以紹復祖宗法度為說。忠臣義士。莫不懽忻鼓舞。日須德化之成也。臣今月十七日入臺。伏覩三省降到黃榜一道。臣寮上言以王安石為名世之學。發明要妙。著為新經。天下學者。翕然宗仰。又言熙寧元豐間。內外安平。公私充實。法令備具。賦役均平。其意專以王安石之說為是。公肆詆譏。無復忌憚。特以陛下聖明。未可遽欺。既以司馬光與安石俱為天下之大賢。又去優劣。美惡自有公論。觀言者之意。必不肯以光為優。以安石為劣者光與安石行事之是非。議論之邪正。皦然黑白。雖兒童走卒粗有知識者。莫不知之。當熙寧元豐間。如韓琦富弼歐陽脩之屬。尚皆無恙

安石惡其議已。皆指為因循之人。擯斥不用。卒以憤死。恭惟太祖太宗創業之艱難。真宗仁宗守成之不易。規摹宏遠矣。安石欲盡廢祖宗法度。則為說曰陛下當制法而不當制於法。欲盡逐元老大臣。則為說曰陛下當化俗而不當化於俗。蔡京兄弟。祖述其說。五十年間。搢紳受禍。生靈被害。海內流毒。而祖宗法度。元老大臣。掃蕩禁錮。幾無餘蘊矣。幸賴宗廟社稷之靈。上皇悔悟。以祖宗不拔之基。全付陛下。今言者又創為熙豐之說。以安石為大賢。臣恐此榜一出。流聞四方。鼓惑民聽。人心十失。未可復收。此非朝廷之福也。所有降到勅牓臣未敢簽押行出。謹錄奏聞。伏候勅旨。

六月十五日上召翰林學士吳幵至內東門。付以御封侍御史李光劄子於光。劄子後。御批祖宗之法。子孫當守之。如蔡京首唱紹述。變亂舊章。貽患至于今日。可作一詔。於是降詔曰。朕以薄陋。紹休聖緒。惟祖宗肇造區宇。重休累洽。至于今。其法度條章。雖隨時損益。凡以惠遺天下者。咸根柢於仁義。施於民。淪入骨髓。在於後人。奉承之不敢有渝。迩者蔡京懷諼飾慝。妄作不靖。凡舊章彝憲。肆行變亂。挾紹述之言。為劫持之計。內外騷動。公私匱困。比歲上皇深灼其姦。親御翰墨。擯剔蠹弊。咸所釐正。逮朕纘紹。夙夜祗懼。嘉與公卿大夫。圖惟故實。務遵[illegible]一帝三王之道。以協我列聖之心。以為萬世之賴。尚慮邪說詖行。習熟見聞。搖動衆心。害於國體。明示所嚮。或不率。有一於斯。必罰必殺

光又論胡直孺劄子曰。臣伏近除胡直孺為工部尚書。命下之日。士論沸騰。莫不疑駭。蓋直孺素結朱勔。為發運使。為待制知平江府。為戶部侍郎。皆勔力也。臣近論朱勔。欢言東南財用。為群小侵蠹。直孺其一也。老而[illegible][illegible]素[illegible]樹黨不足汙八座之選。觀頗朝列不自引退。仍

望陛下斷自宸衷。重行竄黜。以為士大夫不顧廉隅者之戒。取進止
光又論胡直孺劄子曰。臣近再上章論列工部尚書胡直孺罪惡。已蒙陛下開納。許以必行。亦既累日。未見降黜。此必大臣以直孺為賢。曲加覆護。以臣言為妄。未肯施行。夫大臣以進退人材為職。所進忠賢。則國家享其利。所進憸佞。則人主受其欺。陛下不以臣不肖。使得待罪言路。若大臣用人失當。臣得而論之。朝廷行之。則陛下威權立矣。今臣力言之。陛下虛己而聽之。大臣沮抑之。則是陛下威福之柄。反制於大臣。而臣區區不能但已者也。況直孺佞邪。天下所聞。與應安道盧宗原相繼為轉運使。及發運使。欺罔朝廷。如循一軌。將上供物斛。及粮綱船。盡充花石之供。號為應奉。州縣帑藏為一空。起發封樁。妄稱均糴。歲計不足。猶進羨餘。緣此進職。溢廁從班。遂知平江府。縱朱氏請求。益肆掊斂。不復知有朝廷矣。直孺素畜聲妓。每勢就朱

氏園亭。與倡優雜處。唱其子姪。與人怨憤。目為朱家奴。勔入京師。凶燄益熾。至與宰職爭權。竊弄國柄。首引直孺為戶部侍郎。縉紳側目。莫不駭嘆。伏自陛下即位。灼見姦宄。以次流放。黨類屏息。獨直孺反被褒擢。聯八座之選。命下之日。士論沸騰。前後臣寮論列不一。伏望陛下斷自淵衷。速賜竄黜。以為多士之戒。如臣所奏失實。欺罔聰聽。亦望解臣言職。重寘典憲。臣與直孺理難兩存。臣不勝激切待命之至。

光又論燕瑛胡直孺劄子曰。臣伏見燕瑛胡直孺二人。以姦佞相濟。傅會匪人。方權倖用事。恣為不法。盜用官錢。如同己物。刻剝細民。甚於豺虎。前後臣寮跡列罪惡非一。瑛頃任廣南市舶。專以貨賄交結近倖。目為香燕。及為開封尹。專任猾胥。政事紕繆。輦轂之下。寇盜縱橫。褫職居外。曾未旬月。百計經營。由散官徑為戶部尚書。直孺任兩浙漕臣。假託應奉。耗竭帑藏。醜穢之迹。中外所聞。知平江府。諂事朱勔。日三造其門。勔所欲為。無求不獲。家畜聲妓。專事媚悅。以圖進用。名教所棄。清議不容。陛下灼見姦慝。亟議誅竄。今二人皆帶龍圖閣直學士。名曰罷斥。其實升遷。自祖宗以來。非名德重望為士類所推者。未易得此。陛下始即大位。慎重名器。愛惜生靈之時。如使此流列顯職。當郡寄。臣恐四方志義之士。不以聖朝爵祿為榮。人人解體。羞與比肩。恐非朝廷之福。臣與瑛直孺實昧平生。所以拳拳不已者。誠見陛下慨然思治。乃於賞罰功罪。輕重失當。未能厭服人心。實累聖治。伏望陛下奮發乾剛。大明黜陟。將此二人。鐫職投閑。庶協公論。臣不勝憤激之至。

光又論燕瑛胡直孺劄子曰。臣竊謂監司郡守。號為近民之官。勢力氣燄。足以制百姓死生之命。頃者姦倖當權。奢淫無度。竭生靈之膏

血。不足供谿壑之欲。於是分遣親戚之人。恣於殘賊。敢為姦贓者。布滿州縣。貪緣假借。上下相蒙。其剝民愈甚。則獲賞愈多。如應安道徐鑄之流。死亡略盡。今其在者。蹤跡顯露。莫如燕瑛胡直孺二人。皆自郡守監司以贓汙致身。臣累具彈奏。必蒙陛下委曲開納。臣亦委曲為陛下言之。若以朝廷多事之際。以為有才。亦當置在三邊財谷之地。不當秩以宮祠。優以便郡也。臣之此言。若出畏懦。今乃反得輔郡地望愈隆。沮天下至公之論。成憸人怙寵之私。成命既頒。物議騰沸。此必大臣有陰為之地者。二人平昔止能以奇貨厚賄交結權倖。餙轂饌聲妓。以媚悅要人。身雖去國。各留子弟見在京師。日造大臣之門。對衆附耳。營求百端。稔惡弗悛。無復忌憚。伏望陛下奮發威斷。直批付三省。褫奪職名。重行竄殛。以解四方之疑。不勝幸甚

欽宗命李綱為河東北宣撫使。援太原。綱言吳元濟以區區環蔡之

地。抗唐室。與金人彊弱固不相侔。而臣曾不足以望裴度萬分之一。然寇攘外患。可以掃除。小人在朝。蠹害難去。使朝廷既正。君子道長則所以扞禦外患者有不難也。因書裴度論元稹魏洪簡章疏要語以進。上優詔荅之。

晁說之上達言曰。臣聞唐虞之世。豈有蠻夷猾夏之事。乃以蠻夷猾夏命皐陶作士何也。曰。是事之有無典策久矣。孰詰也。蓋有猾夏之蠻夷。不害為唐虞之至治。而或命官於無事之時。以為天下萬世之戒。是所以稱唐虞之聖者也。雖然。又言寇賊姦宄何也。曰。天下治亂必原其所自。彼蠻夷猾夏。實自乎寇賊姦宄也。以故古昔天下禍亂之機。與夫存亡之微。折猶豫而果決。存百世於一朝者。皆自吾內以餉乎外也。項羽之勇。范增之智。不能勳沛公於坐上者。項伯舞劒以身衛沛公也。曹公袁紹相拒官渡。無異兩虎類吼。果誰勇怯。而曹公

卒走袁紹。坑其衆八萬者。紹將高覽張郃輩率衆來降。而曹公知紹虛實得以奮擊也。符堅以百勝之威。百倍東晉之衆。有姚萇慕容垂為將。視晉君若浮苴孤鶩。然乃絕肥水未半。而潰于謝石五千之兵。秦帝僅以身免者。萇垂懷亡國之禍心。其尚書朱序降晉而為之謀曰。大兵未集而擊之易也。魏叛臣侯景孤兎犬狼之衆。何足以當梁氏江海富庶太平之久。乃一日入石頭。據金陵。如戲劇者。渠臨賀王正德導乎景。而丞相朱异先與景交通也。唐代宗朝。雖有郭子儀在朝。而吐蕃回紇頻年入長安。殘京畿者。李輔國程元振二閹無君於內。而僕固懷恩於外為蕃寇之盟主也。昭宗時。李克用朱全忠相噬不減袁曹。而唐室之危。甚於官渡。未知二孽誰先得之。一旦全忠先滅唐為梁者。唐宰相崔淄郎陰為梁之佐命也。嗚呼。蠻夷猾夏寇賊姦宄實同機並村之敏也。今河東河北之人。十餘年來。不辨蕃漢之

兵。皆曰童家之兵也。不辨蕃漢之旌旗甲馬。皆曰童家之旌旗甲馬也。至於金穀貨幣。不知為朝廷之有。皆曰童家之金穀貨幣也。故金賊一日大軍入河北。分軍入河東。遠而石嶺關不得以為固。近而大河不得以為險。談笑以抵京師城下者。官吏之疲[illegible]人民之愚蠢。以金賊之兵甲旌旗久無辨於華戎也。幾何而不開門[illegible]道以迎之也。戕金賊於京師城下。有德色。肆言曰。童王招我來。開者宜之。闔方平既以太河之橋延金賊。又欲以京師城門納金賊。益可懼乎。京師百姓於是上念社稷宗廟之危。下顧父母子孫之酷。不勝其忿。不約而起。大呼於道。毆閹孺數十人於馬上。拉而碎之。則人情大可見已。夭其或者必以閹貫待司寇藁街之誅。未使戕於市人之手。與執事者其可怨乎。或者不敢泼與議而私懷群閹之悲。則假之於市人。指詬宰相以高歡憤張彝為言。何其不知類耶。東魏征西將軍張彝子仲瑀乞銓削武人品秩。羽

林千餘人乃殺彝父子甚慘。于時懷朔鎮使高歡在洛見之。歸而傾產結客。得司馬子如孫騰侯景輩。遂其樂禍之心。豈今日比耶。魏羽林千人實雜以羌渾之醜。報其一身之事爾。今京師巨萬齊民。世世倚皇家亭毒鞠育之恩。相與念虜寇無名。一日蟻結於嚴城之下。天子將不得一日之尊。京師將不得一日之大。深究禍亂之原。實在群閹。則取戕之。以我之公憤。諭彼之私讎。相去萬里而遠也。彼高歡異類久以胡后臨朝淫亂。元乂劉勝輩寵任驕恣。流毒國中。魏室將亡。離先有心。則因彝事而作亂。國家累聖洽光。四海澄清。陛下遵養青宮者十年。其傳祚之數日。皇天以此狂虜警懼增德。豈魏齊之妖可並世而言耶。若乃宰相為都人指詬毀辱者。昔亦有之。唐憲宗明君也。相皇甫鎛之日。殿廷班列。相與驚駭。街衢市肆。相與大呼。裴度率衆情而上疏曰。怨取徽人。列於重地。遠近流聞。與京師無異。度之言可

信不誣也。未聞當時責驚駭者何士。刑笑呼者何民。豈不謂此邦家之羞也。唯當自治於上。而一切無怒於下也。或者不以皇甫鎛為言。而言高驩以垢聖世。何也。孰知天地之陰陽消息見於君子小人之進退。君子小人。迭為進退。而各從其類。不可須臾並列也。其為宮嬪為財賂為閹官為兵革。為賊盜為夷狄。皆陰也。從小人而類進也。若夫朝廷有道。絕女謁薄閹官。不私財賂。不黷兵革。盜賊不起。夷狄賓服者皆陽也。君子以類進者也。唯小人盛於廷則夷狄盛於邊。在廷無一小人。則在邊無一夷狄。錙銖低昂不欺也。小人盛而盜軒冕。則夷狄亦盛而寇疆埸。小人熾盛而僭公卿。則夷狄亦大盛而害王侯。一日小人退。則夷狄退。不勞干戈鼓鼙之武也。若小人與君子雜進。則夷狄與華夏亦雜居。小人未盡退。而夷狄未盡退也。今日之事可觀也已。

許翰上言曰。臣近論宰相白時中李邦彥執政王孝迪等去位不出都城。非祖宗法令。時中孝迪已詔赴鎮。而邦彥未去。臣竊計陛下祇以邦彥前日嘗有節損一言之善。故未遽遣。臣若不為陛下盡言。陛下無由悉其本末。按邦彥之心。雖無深阻。但材質淳薄。學術寡陋。初附梁師成王黼。位執政。而蔡攸薦之為宰相。童貫蔡攸之行也。身見河朔派離將亂。幕中賓客多勸攸貫說上皇以節損。而攸貫等自知富貴已極。但乏衆庶之譽。故其還朝以賓客言。時時從容為太上道。久之。太上慨然思一大變時事。而邦彥適為宰相。遂與攸貫協力。然邦彥材術不足以果斷。忠固不足以持守。故徒紛紛卒無所補。論邦彥心。止於如此。若數其罪不勝誅矣。何者。當取燕山之時。邦彥身為執政。坐視禍變。不為一言。去歲復起雲中之役。人益寒心。邦彥身為宰相。阿意詭隨。又不救正。若邦彥當此之時不知事勢必亂。是無識也。知而不言。養交持祿。是不忠也。[illegible]一[illegible]若遽至倉卒。胡[illegible][illegible][illegible]彥但謀竄身。不急召兵保城。遂至失[illegible][illegible]。以危社稷。昔漢家盛時。水旱薄蝕。皆以天災策免丞相。今邦彥執政六年。於此而大位內擇。萬方外騷。宮闈播越。宗廟震驚。畿甸殘破。生靈屠戮。此豈止水旱之災薄蝕之變也哉。在昔法義至厚。臣死尚復何道。陛下仁聖。葬赦不誅。謂宜以禮自圖進退。乃復遵用蔡京王黼故事。身為宮使。留居都城。禮視見任執政。耽寵昧利。無大臣體。夫大臣罷政。而猶留都城者。必為其人時可咨訪。有補國家也。臣考邦彥諂道君於安平之時。則忠益未見。輔陛下於艱難之際。則知謀不聞。留連趑趄。亦復何為。且邦彥素擅朝政。進退在位。故令廷臣二三顧望疑。將復用。莫敢公言。願陛下遂出邦彥。使士大夫壞植散群。一意首公。為朝廷用。則法義昭明於上。而與衆懲釋於下。其於邦彥恩已厚矣。

起居郎胡安國繳王安中隨州安置晁說之許景衡落職宮觀詞曰。跪曰。准中書省刑房送到詞頭一道。朝議大夫王安中可責授單州團練副使。隨州安置。中書舍人晁說之許景衡可落職宮祠。令臣命詞者。右臣謹按王安中昨自尚書左丞建節知燕山府。委任之意重矣。借令無才可辦邊事。至如賊勢強弱。虜態情偽。與治邊兵食之關饋運艱阻。民戶殘弊。師徒失律。衆所共知者。自合條具實狀。遂項奏聞。使朝廷灼見利害。審定取捨。早為備禦之策。而安中畏避童貫專務蔽蒙。終不端言其事。數奏祥瑞。誣罔諂諛。以固寵祿。養成邊患。一旦虜騎長驅。燕薊覆沒。深入畿甸。社稷幾危。推原本因。其罪與蔡攸等耳。今臣寮論列以謂行法未盡。乞斥諸遠方。少為誤國者之戒。雖責授散官。復處漢東近地。竊恐公論不以為允。矧今太原被圍。師[illegible]未解。強虜壓境。朔部戒嚴。飛輓芻粟。郡邑騷動。若不恃賞罰之公。厭服物論何以攘卻夷狄乎。伏望特依臣寮所請斥諸遠方。以正其蒙蔽欺君之罪。又按中書舍人晁說之許景衡責降元文。爲視大臣升黜以爲去就。懷姦徇私。失事君之義。即未見得說之等以何陳奏。至今不知各人去就。懷姦徇私之迹。難以命詞。欲乞檢會說之等元初陳乞事。因降付本省。以憑按擬實狀。載諸詞命。爲臣子之戒。所有前件詞頭。臣未敢具草。

安國又繳內侍王伋等錄黃疏曰。伏覩臣寮上言內侍王伋張見道鄧文誥靳懷詭計。圖欲離間兩宮。邀防動靜。妄意傳播。轉相聳動。將以遂其姦志。此而不除。後必貽患。而陛下未欲施行。止令覺察。臣愚竊謂圖欲離間兩宮。則罪不可赦。將以遂其姦志。則惡不可留。伏望陛下深察衆言。及時裁處。討罪除惡。斷在不疑。將此三人。着依臣寮所論。編置遠方。於以全兩宮慈孝之情。不勝大願。所有錄黃。臣未敢

書行。

高宗即位。馬伸上疏曰。陛下得黃潛善汪伯彥以爲輔相。委任不復疑。然自入相以來。處事未嘗愜當物情。遂使女真日强。盜賊日熾。國本日蹙。威權日削。且三鎮未服。沛都方危。前日遽下還都之詔。至今鑾輿未能順動。其不謹詔命如此。草茅對策不如式。考官罰金可矣。一日黜三舍人。乃取沈晦孫覿黃哲輩諸群小。以掌誥命。其黜陟不公如此。吳給張闡以言事被逐。邵成章緣以上言遠竄。其壅塞言路如此。祖宗舊制。諫官御史有闕。御史中丞翰林學士具名以進。三省不敢預。厥有深旨。近擬用臺諫。多取親舊。不過欲爲己助。其毀法自恣如此。張愨宗澤許景衡公忠有材。皆可任重。潛善伯彥忌之。沮抑至死。其妨功害能如此。或責以救焚拯溺之事。則曰難言。蓋謂陛下制之不得施設也。或問陳東之死。則曰不知。蓋謂其事繇於陛下也。其過則稱君。善則稱己如此。呂源狂橫。陛下逐去。不數月由郡守升發運。其彊狠自專如此。御營使雖主兵權。凡行在諸軍皆其所統。潛善伯彥別置親兵一千人。請給居處。優於衆兵。其務收軍情如此。廣市私恩。則多復祠官之闕。同惡相濟。則力庇王安中之罪。㨿其所爲豈不辜陛下倚任之重哉。陛下隱忍不肯斥逐。塗炭遺民。固已絕望。二聖還期在何時邪。臣每念此。不如無生。歲月如流。時幾易失。望速罷潛善伯彥政柄。別選賢者共圖大事。疏入留中。明日改衛尉少卿。伸以論事不行。辭不拜。

建炎元年。尚書右僕射李綱上言曰。臣聞節義者天下之大閑。僭逆者臣子之極惡。春秋之義。人臣無將。將則必誅。況以僭竊位號爲天下所共憤怒者哉。謹按張邦昌被遇道君之朝。久與機政。際會靖康之日。擢冠宰司。質其重臣奉使虜帳。初無忠義徇國之意。但爲詭佞

保身之謀。去中國者踰年。從胡騎以偕至。方二聖播遷之日。無一言營救之忠。憑恃金人。盜㩀神器。國破而資之以爲利。君辱而攘之以爲榮。竊有乘輿。安處宮禁。降旨以行其僭命。南面以朝其僞臣。易姓建邦四十餘日。逮金人之既退。方降赦以收恩。考其四日之手書。猶援周朝之故事。而陛下總師于外。天人所歸。勤王之兵四面雲集。乃始退還舊班。遣使迎奉。今乃冒處王爵。極其褒崇。不聞泥首以自拘。方且偃然爲得計。人之干紀。一至於斯。儻或逃誅。何以立國。或謂陛下嗣登大寶。乃邦昌揖遜之謀。以罪爲功。臣所不喻。夫英宗之曾孫。神宗之孫。道君之子。嗣聖之弟。惟有陛下一人而已。天佑我宋。必將有主。主宋祀者。非陛下而誰。四海臣民。所共欣戴。邦昌何力之有哉。今其黨與。尚布朝列。秋高馬肥。虜騎猖獗。挾借其勢。陛下不得而制之矣。中夜以思。不寒而慄。伏望陛下斷以英哲而察其罪惡。特正典

刑而肆諸市朝。以慰四方忠臣義士之心。以垂萬世亂臣賊子之戒。天下幸甚。

三年。以久雨多寒。召郎官以上赴都堂條具時政得失。可以救人心。召和氣。弭天變者。呂頤浩奏之。令實封以聞。趙元鎮上奏曰。臣聞雨暘寒暑過差之節。繫之陰陽逆順盛衰之理。春秋洪範之所紀。漢諸儒之論載之詳矣。臣不暇推證。有勤聖覽。臣竊謂久雨多寒。陰沴之候。其應則兵禍不解。民心離散。小人道長也。臣嘗求其致之之說。敢獻於陛下。竊惟祖宗之有天下也。歷五季兵火之餘。險阻艱難。皆目擊而身蹈之。故其建立足以垂法萬世。以聖繼聖。至於仁宗四十餘年。號稱極治。子孫守而勿失。復何加焉。厄運所鍾。社稷不幸。乃有王安石者。用事於熙寧之間。以一己之私。拂中外之意。巧增緣飾。肆為紛更。祖宗之法。掃地殆盡。於是天下始多事。而生民病矣。假闢國之

奏議卷之一百八十二　廿二

說。造作邊患。興理財之政。困窮民力。設虛無之學。敗壞人材。獎小人。抑君子。塞言路。喜姦諛。扇為刻薄輕浮之俗。日入於亂。賴宣仁垂簾。深鑒其害。首因改元。昭著至意。所行者仁宗之法。所用者仁宗之人。涵養十年。民瘼小愈。夫何治世之日少。亂世之日多。復有蔡京者崛起於崇寧之初。竊堯舜孝悌之說。託紹述熙豐之名。畢力一心。祖述安石。以安石之政。敷演枝蔓。浩然無涯。至於不可限極而後已。兵連禍結。四夷交侵。二聖北轅。朝廷南渡。則安石闢國之謀。而蔡京祖述黷武之患也。繁文酷吏。上下相繩。鞭撻追呼。農畝失業。則安石理財之政。而蔡京祖述厚斂之患也。僥冒躐進。依阿取容。當官有營私之心。而臨難無伏節之義。此又安石敗壞人材之科。而蔡京祖述實興賢能之患也。黷武而兵禍不解。厚斂而民心離散。至於實興賢能之弊。則習為軟熟柔佞之姿。無復禮義廉恥之節。士風彫喪。君子道消

矣。故今日之患。始於安石。成於蔡京[illegible]貫王黼[illegible]何足道。今貫黼已誅。而安石未貶。猶得配享廟廷。蔡京未族。而子孫飽食安坐。臣謂時政闕失。無大於此者。其欲救人心。召和氣。烏可得哉。故於陛下播越之中。示此陰沴之戒。天之警悟。未嘗諄諄之告。冀陛下知其所自。痛懲而亟革之也。伏覩近降赦文。遵用嘉祐勑令。周卹黨臣之家。是將以元祐為法。而有意乎仁宗之治矣。嗚呼。無聊憔悴之民。茲亦有少安之漸乎。然而德意未敷。天災未弭者。以政令未歸於一致。風俗猶裂於多岐。談詩書陳治亂者。非安石之學。則蔡京之人也。遺患流毒。浸淫人間。牢不可破。甚於膠漆。徒使陛下焦心勞思。孜孜訪問。雖日下求言之詔。是誠何補。風俗之難移。從古所患。唯陛下明於聽覽。果於取捨。其或中外臣寮因事奏請。有涉於安石蔡京之遺意者。皆不利社稷之人。願明正典刑。播告天下。使四方萬里之遠。皆

宋議卷之一百八十二　廿三

知陛下用心所向。庶幾變之有漸。此風一變。然後可以言治。其他細故。不足為陛下陳之。

建炎中。御史中丞許景衡乞罷黜張公庠劄子曰。臣訪聞通判福州張公庠在任。貪汙不法。自知公議不容。乃扇搖軍情。歸怨監司帥臣。監司帥臣日不自安。而提點刑獄司已具劾奏。即未聞朝廷施行。契勘福州去年兵變。擅殺帥臣柳廷俊。朝廷失於究治。今餘黨尚存。而公庠職為倅貳。不能撫循。乃緣己私。扇惑諸軍。竊慮禍變。近在旦暮。去年已是覆轍。而近日建州軍賊。猶未就擒。不可不戒也。其張公庠欲望聖慈檢會福建提刑司所奏。速賜罷黜施行。以解一方危急。仍乞下本路牒鄰州鞫治罪犯。明正典憲。

景衡為尚書右丞。又論王安中自便劄子曰。臣伏覩近降指揮。象州安置王安中放令逐便。臣僚累有章疏論列安中罪狀。若令自便。公

論未允。至今未蒙施行。謹按安中昔帥燕山。親見郭藥師之跋扈。嘗
勝軍之縻費。金寇之侵侮。邀索並不曾奏報朝廷。措置守禦。首寵畏
禍。左右彌縫。以苟歲月。故議者咸謂緣燕山之役。成中原之禍者。童
貫等唱之。而安中實成之也。貫等已正典刑。而安中止竄遐裔。已為
寬恩。今若引赦例得逐便。則當用武之時。無以懲守邊之吏矣。或者
以為曠蕩之恩。罪垢咸滌。而安中前執政。獨不得預霈澤乎。是大不
然。赦書明載蔡京童貫梁師成誤國之罪。雖其子孫猶不得預收敘
之例。孰謂安中與之同罪。乃遽得自便哉。伏望睿明檢會臣僚章疏。
特出宸斷。所有放令逐便指揮。更不施行。
景衡又乞罷詹度赴行在劄子曰。伏覩昨降指揮。前資政殿學士詹
度發來赴行在。中外聞之。莫不駭愕。謹按度自為小官。交結近習。夤
緣僥倖。馴致顯塗。假應奉享上之名。為竊攘豐己之事。違法種種。士

民類能言之。一昨附會姦魁。首開邊隙。既帥定武。尋易燕山。當新邊
草創之時。殘虐燕人。搜求寶玉。織組練帛。以為苞苴。車馳肩負。絡繹
道路。既而新軍暴橫。縻費不貲。驕將跋扈。已有異意。而度恬然若不
聞知。帥閫乃朝廷之重寄。而所任如此。安得無禍哉。未幾金人入寇。
藥師叛命。中原擾攘。生靈塗炭。皆度輩所致也。言之可為流涕。雖元
惡已就誅夷。而度輩祗從竄逐。永禦魑魅。已為寬恩。今若入覲行在。
稍加任使。則傳聞四方。孰不憤嘆。恭惟陛下始初清明。賞罰升黜。蓋
欲上全國體。下當民心。以成中興之業。今度何人。獨蒙召還。是開邪
枉之門。而植憸佞之望也。伏望陛下正心誠意。斥遠姦欺。以示好惡
於天下。請自度始。則海內莫不欣然稱頌聖德矣。所有詹度赴行在
指揮。伏乞特賜寢罷。
紹興元年。大宗丞常同乞郡得柳州。三年召還。首論朋黨之禍。自元

豐新法之行。始分黨與。邪正相攻。五十餘年。章惇唱於紹聖之初。蔡
京和於崇寧之後。元祐臣僚。竄逐貶死。上下蔽蒙。養成夷虜之禍。今
國步艱難。而分朋締交。背公死黨者。固自若也。恩歸私門。不知朝廷
之尊。重報私怨。寧復公議之顧。臣以為欲破朋黨。先明是非。先辨邪
正。則公道開而姦邪息矣。上曰。朋黨亦難破。同對朋黨之結。蓋緣邪
正不分。但觀其言行之實。察其朋附之私。則邪正分而朋黨破矣。上
曰。君子小人。皆有黨。同又對曰。君子之黨協心濟國。小人之黨挾私
害公。為黨則同。而所以為黨則異。臣如元祐臣僚。中遭讒謗。竄殛流
死。而後禍亂成。今在朝之士。猶謂元祐之政不可行。元祐子孫不可
用。上曰。聞有此論。同對以禍亂未戒。元祐臣僚固不能以自明。今可
謂是非定矣。尚猶如此。蓋今日士大夫願陛下始終主張善類。勿為
小人所惑。

高宗時。中書舍人胡寅論朱勝非疏曰。臣伏見故相朱勝非以脈閼
除觀文殿大學士。提舉臨安府洞霄宮。臣以臣父任給事中日。曾論
列勝非。臣適當詞掖。不敢書行。已具奏外。臣謹按朱勝非與張邦昌
皆是鄧洵武家壻。王黼之客。苗傅劉正彥之陰黨也。自其為小官時。
文學行治。皆為人所傳笑。在宣和中。仕流混濁。猶取庸陋之諂時媚
主之雖力。猶且提携不行。出為南京副總管。值虜兵入寇。自是而後。
勝非之志操能否著矣。臣欲不言。恐負陛下。欲詳言之。又懼煩瀆。謹
略言之。南京胡直孺勤王被虜。勝非為副總管。值張邦昌僭位。遣快
行親事至其母家。淮南發運使向子諲拘留送獄。驗其文券。則經由
南京。勝非厚與批請。以資其行。子諲疑勝非與邦昌交私。為之羽翼。
遂急檄勝非勤王。且云不可污張巡許遠之地。是時天下共知陛下
為大元帥。二帝北狩。主宋祀者非陛下而誰。勝非身在南京。去元帥

府不遠。而於邦昌蹤跡如此。若謂此時勝非心不在邦昌。而在陛下。臣不信也。繼而諂事黃潛善。叨與政事。戊申之冬。虜騎已破澶濮犯大名。掠齊鄆。駸駸南嚮。勝非不恤國步之將危。方且宴安於寵祿。略無一語。上動天聽。寧致狼狽。悉忤潛善。若謂是時勝非心不畏潛善而畏陛下。臣不信也。苗劉造逆。爲大臣者當正色立朝。死生以之。此宋督所以憚孔父。劉安所以憚汲直。曹操所以憚文舉也。勝非乃依從其間。顯然援唐襄王晉太后事。其意以苗劉事成。則已收佐命之功。不成則已託調護之說。然則何所往而不可哉。若謂是時勝非心不操二端而一於陛下。臣不信也。逮陛下返正。大明典刑。取一時宰執勝非。頗岐張浚。聲罪致討。載之親詔。謂不如歐陽脩所稱斷臂之婦人。天下傳誦。以爲舜誅四凶。亦不是過也。爲勝非討。尚以何顏面立於人間哉。未幾又蒙拔擢付以宣撫之權。於江州置司。勝非嘗爲宰臣。義當即日受命。趨赴治所。而乃逡巡退匿。謬爲辭遜。坐使李成馬進毒流數郡。江州既破。即請移治。但欲偷安。無意討賊。忠義徇國者顧若是乎。比呂頤浩以都督還朝。并逐異己。意謂勝非庸謬易制。力加援引。再汚揆席。上天震怒。星文示變。勝非偃然不懼。以調護自處。外示佞柔。於事無所決白。而實則姦憸。私事俱辦。惟陛下少寬臣喋喋之罪。使陳梗槩。一言有欺。罪當萬死。李綱於勝非本無仇怨。止緣綱在相位日。嘗行遣僞命臣寮。又爲黃潛善中傷邦昌之死。潛善所行也。乃嫁其事於綱。勝非暗昧。惟綱之怨。及再入相。首諷臺諫官論綱舊惡。時綱爲湖廣四路宣撫。治狀方著。並無過舉。勝非不恤國事。以私憾而擠之。向子諲才氣忠義。人所推許。止緣南京之事。勝非怨之刺骨。常謂人曰。李綱向子諲皆是凶人。不殺不靜。其所存陰毒如此。自其再相。子諲深懼遭其害戮。即日引疾。掛冠而去。呂頤浩既爲

勝非斥逐賢才。開其入相之路。勝非即以黃唐傳掌瑣闥。黃龜年司制命。劉棐爲諫官。王詳爲左史。汲引親黨虞澐陳桷輩分據要津。其人皆凡下。不爲時議所與。乃用劉棐黃龜年章疏。謂秦檜大植朋黨有龍戰于野之象。考其章疏所稱事實。又只緣除楊愿爲密院計議王鈇爲提舉茶鹽。宋煥爲提舉坑冶而已。以勝非所爲方之秦檜。其爲龍戰。不亦大乎。蓋勝非外寬內忌。陽爲敦厚長者之狀。而耳聞目見。習成宣和之風。乃心疾狠。能爲人禍。至於非義之事。人所不敢爲者。則肆意行之。李擢爲京城南壁守禦官。恨孝慈皇帝不用耿南仲和議。以召虜寇。乃傲然端坐。視城垂破而不救。又爲邦昌翰林學士。罪當伏法。而勝非所深喜也。再相之初。首復擢職名。因席益與擢善。則導益使薦之。擢竟叨竊八座而去。黃潛厚是聚賄亂政。偷盜府庫之人。李邴是行苗傅劉正彥建節白麻極意稱獎之人。顏岐是同黨潛善阿諛誤國之人。張澂是觀望苗劉詔書所謂情理尤重之人。王安中是諂事梁師成隨逐童貫收復燕雲爲國産禍之人。王孝迪薛昂宇文粹中蔡懋是崇觀宣和戕毀帝業使戎馬在郊之人。放棄永棄。誰曰不宜。勝非乃以爲失職之士。星象所係著也。盡復職名。意將引用。天下聞之。莫不大駭。賴徐俯初作諫官。未至謬妄。力疏寢罷。人心乃安。豈非人所不敢爲而勝非敢爲者乎。康執權闒茸汚賤。廢置累年。勝非以其曾擊異己者。必欲收召。再召三召。迫於衆情不下。而後已。自謂謙慎。不敢專權。而布列內外。皆其親厚。陳諤者。不肖人也。所生母死。紿謂人乳母而不持服。兄死。嫂弱。遂奪其兄致仕恩澤以自薦。既得之後。凌辱其嫂。困苦至死。又以陰計陷害其姪。此諤爲人。大緊勝非與之爲中表姻婭。故自爲宣撫使。即辟爲幕屬。充江西緣政多諂之謀。及再爲相。遂差諤監吉州權貨務。偷盜官錢。歲時賂遺

入於相府。超越次擢為湖北提刑。遂言章論列。勝非猶諷吏部許
供謫曾任提舉鼎澧刀弩手。雖曾有此差遣。旋即廢罷。未嘗到官。
勝非乃改除字為任字。欺罔陛下。以濟其私。張銖者為靜江通判。值
勝非遣子迎母自賓州過桂府。銖以別乘之尊。不顧廉恥。出城數十
里。執杖聲喏於國太夫人轎前。稟覆起居行數百步。然後退。廣西人
莫不恥笑。比至府城。竭力應辦。勝非德之。先除銖為湖北鹽香以為
未足。又薦之對。又降指揮與陞擢差遣。遂除郎官。仍攝奉常。劉式者。
大贓吏也。勝非以妹嫁之。遂詐改官除邵州通判。比為言章論列。見
在湖南置獄取勘。勝非門客劉洋若為衡陽簿。傳道勝非之意與提
刑馬居中。仍厚賂居中。遂使劉式飜異。殃害干連良善百姓。至今未
畢。式嘗以三千緡就勝非買門客恩澤。奏其子劉師心。又為湖南士
豪姓胡人以八十緡買給使恩澤。奏承信郎。韓京者。屯兵衡州茶陵

縣。陰與郴寇交通。據有數縣民田。奪百姓牛以耕之。名為贍軍。實則
入己。以充賄賂之費。大為湖南之害。紹興二年十一月。勝非母由茶
陵而東。韓京詐稱前路有寇。遂留數日。極其供待。然後以兵衛送至
吉州境上。勝非以為誠然。湖南帥臣累奏韓京過犯。勝非一切蒙蔽。
反以廣東鈐轄與之。程昌禹者。鄂州武使臣也。自蔡州擅興徑趨荊
南。朝廷就除荊南鎮撫。不肯受命。移兵至鼎州。罪當誅戮。范宗尹即以
鼎守付之。昌禹兇殘。不能綏撫。竭取民之膏血以贍所部。及厚遺過
客。凡由鼎而東者。人人滿意。為之延譽。而嚴刑峻法。誅剝日甚。激民
從賊。牢不可破。致煩陛下宵旰者。無人肯以上聞也。勝非與昌禹以
同出鄧門之故。超加職名。改授靜江。遂除待制。明降指揮。俟楊么已
就招安。然後付以告命。而密諷李堯使一面送告與之。視陛下官爵
私物不如也。李大有者。居臨江軍。為勝非子夏卿行媒。議王義叔家

姻事。既成。以都司處之。張顏術者。嘗以弓刀奇玩獻於夏卿。得超
轉販米糧。遂為江西宣撫屬官。後值湖南擾攘。權知道州。殘虐不法。
為提刑呂祉所按。勝非不行。反令作武岡軍通判。郭千里者。嘗勸勝
非奔避馬進。勝非以其忠愛於己。又為宣撫屬官。千里受降賊賂遺。
引為宣司使臣。廣以金帛結納夏卿。勝非再相。遂除千里為監丞。盧
宗訓者。以盧益累為堂吏之族也。其人汚穢苟賤。不為士人所齒。得
淮西提舉為臺章言罷。勝非必欲主持之。遂送與岳飛使辟為官屬
意藉外兵權。牽制衆口。使不敢言。飛大鄙宗訓之為人。不得已受之。
俾權德安府。衆以贓盜自敗。呂延嗣者。曾任賓州通判。照嘗勝非家
屬。遂擢為桂陽知監。又貪受賄賂。監事不治。百姓嗟怨。張轂者。嘗為郴
州司戶。與勝非子唐卿同官。勝非嘗居郴州。每請俸米。轂必令高帶
斗面以給之。郭敦復者。嘗任道州營道縣尉。贓汚不法。會以妾奉唐

卿二人。皆豢勝非。封送姓名與吏部。不循資格。皆注湖南漕司見闕
屬官。其長子唐卿建炎四年。任郴州錄事參軍。沿幹差出。其實避賊。
一去兩年。不曾還任。監司州郡。不敢罷去。至紹興三年。還自賓州。過
郴州。總太守趙不群批書四考關陞。又因江州軍中繫名冒賞。循承
直郎。再任嶽廟。尚恐三十箇月。不能成任。乃諷吏部侍郎建明選人
嶽廟許以三年為任改官。凡勝非除授不公。變亂法制。大抵如此。臣
在湖南所知已如此。其在行朝及他路所未知者。又不知其尚幾百
條也。自庚戌年虜騎退後。朝廷一向謝絕。不與交通。三四年間。虜不
我測。不敢輕舉。及勝非再相。復議遣使。誤陛下於忘恩釋怨之地。且
俾使人受劉豫餽送。容寵納侮。果致去冬犯蹕之事。其經邦斷國。一
至是哉。臣竊謂宰相之任。佐天子治天下。治亂之所本。其任至重。不
可冒居。勝非負彌天之罪。陛下寬大赦而不誅。再付相權。責以功效。

非為賜也。勝非所宜革心改悔。以邦大恩而其所為如前所奏。則又闒通內侍。諂奉將帥。牢籠堂吏。德譽群小。專以軟熟無忤持祿取容。所謂怙終長惡。迷復不悛。國家之大賊。人理之巨蠹。方邊報稍息。則冒哀當軸而不辭。及淮上有警。則力懇去位而不顧。謹按春秋之法。任大者責重。勝非獨相逾年。可謂專矣。寸功不立。百度乖張。天下目為勘當相公。無責可乎。今其喪制已除。是古諸侯免喪以士服入見天子之日。命德討罪柄出大君。如勝非者豈宜寵以秘殿之名。資食以真祠之厚祿。賞刑失當。以乖天下之望。夫恩章寵數。體貌大臣。國之令典。固不可廢。然施之稱愜。則國體尊重。人以為榮。施之非宜。則彼當得者不以為貴。而名器輕賤。人主之替矣。麒驥騄駬。一日而馳千里。是故濼其廄櫪。豐其芻豆。緩急之際。與人一心。若夫駑駘下乘。既無絕足。仍有詭銜竊轡。以智為盜之患。則凡馬畜之而已矣。人君駕馭人材。尚以異此。伏望陛下奮發威斷。奉將天討。出臣此章。深詔宰執正名定罪。以為大臣二心誤國之戒。以慰四方積年憤懣不平之心。刑辟既昭。叛賊自懾。事干大政。所係不輕。臣是以竭忠仰冒聰聽。苟利於國。九殞不辭。臣不任犯顏惶懼之至。

歷代名臣奏議卷之一百八十三

去邪

宋高宗時。胡寅繳劉𠈁復秘閣修撰䟽曰。臣謹按劉𠈁服事蔡攸。以叨官爵。天下共知。其所歷差遣。則為大晟府按協聲律。則為提舉道籙院管幹文字。而非士大夫之所肯為也。其所轉官。則緣按樂精熟。及修道籙院與管幹明節皇后園陵。而非年勞之所當得也。其所賜帶。則因撰祥應記。而非品職之所當賜也。其所被譴。則以臣寮論其諂事蔡攸交結童貫而貶降。則以臣寮論其詭計秘謀附會姦惡而褫職。至於勒停廢棄。不與士齒。而非過誤不幸情可矜宥之人比也。今已累緣赦恩盡還官秩。食祠宮之祿。僥倖甚矣。乃敢陳狀訴求復職。無恥之心。未嘗悛改。若使參華中秘。與論撰之列。則名儒碩學竄處其間者。必將謂何。臣恐非勸懲之道也。伏望聖慈別降指揮。所有錄黃臣未敢書行。

寅又繳湖北漕司辟許宜卿為桃源令䟽曰。臣竊以湖北昨來民聚為盜。止緣守宰貪虐。政煩賦重所致。今平定之初。縣令尤宜再三慎擇。如人以酒色伐身。幾致危殆。藥攻之後。氣血乍復。凡昔日所以生疾者。一切屏遠。輔以良劑。養以珍羞。加以歲時。庶幾復舊。若仍以嗜欲戕賊之。則不可復救矣。謹按許宜卿者。建炎二年曾知湘陰縣。到任未幾。即取祇應弟子為妻。就本縣創造大第。窮土木之役。百姓交訴。為潭州帥臣所劾。值番賊破城。獄事不究。後權湘潭縣纔四十日。比其解去。滿邑胥吏攀船號送。又相與裒集賄賂於上司借留。而百姓重足一迹。畏見其面。去年宜卿有族人客死於潭州境內。宜卿託名經理其家。乃盜發其橐囊。及私其婢女。為族人之子訴於潭州。又訴於監司。尚未結絕也。宜卿往潭州九年。睥睨富實縣分。密結胥吏。

搖動見任人。常有奪攘之意。賴其惡聲已著。上下共知。計不得發。其
人材大槩如此。而可以牧民乎。令乃投名湖北漕司。僥倖奏辟知桃
源縣。契勘桃源是鍾相所起之地。其疾視令宰。虐已爲甚。故倡亂之
日首殺縣官。令當委付何等循良。庶弭後日之患。乃用宜卿輩。此何
異於以嗜慾戕賊大病初愈之人。欲其久生。不可得也。漕臣以刺舉
爲職。而所薦如此。知而舉之。是不忠也。不知而舉之。是不明也。一路
何賴焉。桃源赤子。何其重不幸哉。令宜卿先次赴任。已是逾月。想見
遺民已在鼎鑊。伏望聖慈速降指揮罷斥。仍戒約本路監司帥臣每
有奏辟。必加審詳。如所舉繆妄。并致臣寮論列。重賜黜罰施行。庶幾
一路官吏。上下得人。以慰惟新之望。所有錄黃。臣不敢書行。
寅又論吳玕莫儔徐秉哲䟽曰。臣謹按吳玕莫儔徐秉哲等致身侍
從。偷生惜死。奉女真之意。將祖宗一伯六十年神器。泣涕來往。交割
與叛臣張邦昌。爲邦昌之臣。行邦昌之政。施施然自肆。非不得已也。
怨在七廟。天下仇之。貸死投荒。失刑甚矣。猶萬冀一少紓公議者。謂
無滌洗之理耳。令乃節次用赦。許令自便。是教人使反覆賣國。戕毀
三綱。豈撥亂反正之道乎。昔者世衰道微。暴行有作。臣弒其君。子弒
其父。孔子爲此大懼而作春秋。以俟後世有能舉行其法者。其法謂
何。莫嚴於討賊矣。陛下志在春秋。固將見諸行事。深切著明。況當艱
難之時。逆臣僭竊。反面事之者。皆我臣庶。天下大變也。若不申著君
臣之義。以立國政。則乾綱解紐。賊亂接迹。人欲放肆。天理淪滅。亦何
所不至哉。所有吳玕逐便指揮。下臣皇恐。不敢書行。
寅又繳傅雱用赦量移䟽曰。臣謹按傅雱於建炎三年。爲宣撫處置
使司主管機宜文字。徑至荆南。自稱湖北路制置使。以撫定孔彥舟
爲名。入其軍中。相與渡江過澧州。與澧州通判任誼竭取民之膏血。

以啗彥舟。曰以自潤。百姓愁苦。乃從鍾相爲寇。彥舟不敢安處。遂破
鼎州。遣兵擊敗鍾相。又以押送爲名。直犯湖南。入據潭州。已而大掠
潭衡。旁及永邵三湘。千里之內。公私舟舡。爲之一空。最後自衡順流
下岳鄂爲蘄黃路鎮撫使。雱皆與之終始其事。彥舟凶狡。初不識知
文法。凡奏請文移。欺惑朝聽。侮弄三尺。詭詐百端。皆雱教之。至於州
縣應副錢糧。不知紀極。雱則公然乞於彥舟。動以萬計。營置田產。皆
有實狀。李成江西之敗。張用已就招安。彥舟其時行次武昌。兵勢窮
蹙。若乘機會。一掃無餘。雱又教之厚行賂遺。躬自押送。爲之緩頰。非
獨免討。且得兩州。遂使彥舟自是北適。投於逆黨。未即授首。推究本
末。皆自一雱。人但知彥舟作賊之披猖。而不知雱畫謀之姦祕。原情
定罪。豈可赦原。謹按春秋誅討亂賊之法。尤嚴於與惡者。夫欲爲賊
亂之事。而人皆莫之與。則無以自立於世。其謀尚得施乎。惟有與之
者。而法不加焉。是以無所畏憚。浸淫滔天。雖陳旅誓師。加以征討。或
有所不勝矣。況雱身爲朝郎。職在省戶。所爲如此。上干國體。按據其
罪。揆以春秋之法。誅死司寇。方爲稱當。得從羈置。已是寬恩。若遇赦
文。便許內徙。使懷姦黨賊者。安心自肆。指日貸宥。不懼放流。恐非式
遏亂略。脩明軍政之道。一雱雖小。所繫則大。伏望聖明深察。別降指
揮。將雱永不量移。以爲後來羽翼亂賊之戒。所有錄黃。臣未敢書行。
御史中丞章誼上奏曰。臣今月二十二日。本臺據檢校少師武成感
德軍節度使神武左軍都統制韓世忠狀。繳到進呈劄子一本。連粘
在前。臣初見關報給事中陳戩累乞宮祠。遂蒙恩除職與郡。其後頗
聞因論執政樞機之臣於都堂樞府。便衣燕服。接見將帥。坐此補外。
今據韓世忠劄子所論。則又可駭。無而言之。則世忠所聞之誤也。陛
下當召至便殿。或諭以溫詔。開釋其疑。有而言之。則世忠所謂乞行

根治嫁禍之人者。安可但已也。夫敢於陛下之前造爲世忠之語。因以進退從官者。陛下固知其人矣。乞降姓名於外廷。俾付有司。審行推究。大正典刑。以絶後來誣譖之路。孔子曰。浸潤之譖。膚受之愬。不行焉。可謂明也已矣。可謂遠也已矣。今將帥之臣。人敢誣譖以誤陛下之賞罰。其間如韓世忠能自陳其區區以昭雪其誣謗者。能有幾人哉。若懷疑不釋不能自言於君父之前。而與士大夫結爲仇怨。或與造言之人。私相報復。則禍亂之萌。有不可勝言者。今世忠能言之陛下。又爲別白其是非之所在。則君臣之情固已無間。文武兩班誠好相接。譖愬之言非特不行。又將陳露矣。豈非社稷之福哉。伏望睿明。下臣此章與世忠所陳密與大臣措置施行。不勝大幸。

誼又論贓吏罪狀疏曰。臣伏讀近降手詔。以縣令之官於民爲最近。且歎比年以來。其選太輕。貪汙殘暴。靡所不有。自京朝至于選人。各

令內外侍從官薦舉。其闕次令三省選擇。詔旨再下。訓辭深厚。中外傳聞。士庶感悅。有以見陛下懇惻愛民之意。德至渥也。臣愚以謂選用循良而不去貪汙殘虐之吏。則廉平之士不勸。非所以昭大化廣惠澤也。臣請刪論贓吏一員。伏冀陛下顯行誅斥。以爲天下縣令貪虐之戒。臣聞衢州江山縣令某冒功得官。狠傲無恥。以苟得爲心。以殘酷爲政。漁獵一邑之財。封殖無饜之欲。此蓋盜跖之居官者也。嘗任獄司吕彊以濕紙掩百姓柴四之口而殺之於獄中。聽保正家人偏詞而致百姓徐詢縊死於縣廨。容弓手祝超乞取錢物。而抛取毛衢之室女。怒柴及柴直儒之欺詐。而毀潑其屋業。一歲盜用官田錢九千三百餘貫。每月增添坊場錢二百五十餘千。取人戶米藏於私家者七百餘石。率皆不上赤曆。侵盜入已。其日用之酒。則取足於貼司張七。其日用之柴薪。則取足於武勇鄭七。其日用之飲食。則取於諸鄉書手。其所任之吏王棠薛陟徐禮祝惠之徒。納京銷白金十有六枚。以資其行李之費。此其貪虐之暴著者也。其他與姦爲市詭秘未露者。不可勝數。比者臺臣彈奏之章屢入。朝廷取勘指揮亟下。然而衢州知州是其長吏也。爲所劫持而不敢按發。婺州處州承勘官司也。許其請求而不肯[illegible]。提刑轉運提舉司是其部使者也。既不能按舉繩治。又聽受權貴[illegible]論。而留滯取勘指揮者累月。有此三者以玩弄朝廷之法。今沮格陛下之詔旨。宜其某之罪。不可得而正也。某之罪不正。則州郡監司得以市私恩矣。至於無告之民。愁歎窮苦。而咨怨每歸於陛下。此臣所以痛心疾首。知姦贓貪虐之吏爲不可容也。臣今體訪得某罪狀二十事。皆贓私自盜枉法入已。律所不貸者也。雖更赦令。自合推治。臣乞檢會去年本臺十月奏疏。併賜行下。乞將某先次停罷。然後追攝取勘究其罪犯。所有前項三處官司

沮格詔令還延月日之罪。亦乞特賜懲戒。庶幾人臣壞植散群孤立一意以祇肅朝廷之紀綱。奉承陛下之德澤。

誼又上疏曰。臣竊見比者宰執大臣建明政事。殊不審詳利害。輕信小人浮僞之說。如措置討論文臣濫賞二十六事。衆議紛然不以爲便。陛下沉幾先物。灼見可否。睿斷英發。亟行住罷。天地之施博矣。臣今日以來。乃聞宰相某堅執前議。以寢罷爲非。遂抗章辭位。臣不知某自言於陛下之前者。何辭也。若自以識暗才小。不足以明事之是非。知人之情僞。以誤陛下之號令。而引愆自訟。待罪私第。則猶之可也。若以言不行而求去。則某之罪大矣。其措置濫賞之議。近則公卿士大夫。微則武夫賤隸。皆以爲不可行也。身爲宰相。以不可行之言進說人主。而人主悟其非。是不加譴呵。止令寢罷。自宜將順德美。奉承周旋。今乃家居自若。不復治事。孔子謂臧武仲雖曰不要君。吾不

信也其其之謂乎臣願睿明察臣此章以觀其進退之義則其之可罷可相斷可知矣

誼又上疏曰臣今月二十四日曾論宰相某不能將順陛下德美猶復堅執討論濫賞之議爲可施行悻悻然以言不用而求去略無省愆念咎之懷而有要君無上之罪當行罷黜至今經日未蒙施行臣謹按其近者議三大政皆信妄庸之邪說以誤朝廷之號令自非陛下聰明照臨即行寢罷則取笑四方貽患萬姓召禍賈怨有不可勝言者臣得而詳言之比者某欲於淮南等路置宣諭使副而糧餉之餽兵革之衞一切紛擾若行其議則京畿京西湖北淮南數路之人歸怨朝廷矣陛下知其不可斷然寢罷然後數路之人安某又欲盡取官田不問有人承佃無人承佃率行出賣而方量根括建官置吏一切紛擾若行其議則耕夫織婦敦本樂業之人無不歸怨朝廷矣

陛下知其不可斷然寢罷然後四民之心悅某於此二事既以顛沛迷誤可以已矣又復信用堂吏滑浩俞宗适之言而建爲討論文臣武臣濫賞之議書成奏御同列執政有不及知者若行其議則中外文武忠臣義士賢愚功罪混爲一區無不歸怨朝廷矣陛下知其不可斷然寢罷而某執迷遂非不肯奉詔移疾家居偃然自若此豈人臣事君之義哉今陛下既已更此三事之非出於睿斷天下之人感悅欣戴矣若某猶在相位則天下之人疑於前議之復行而遠邇之人無以自安伏望聖明亟罷某以清衆論

誼又上疏曰臣近者曾論奏總護使與橋道頓遞使不應收受朝廷給賜銀絹比見闕報李回已遂回納而某自請收受一半此何理也夫二使支賜之物或辭或受於朝廷未有甚加損然二使衆人之領袖也二使辭免則自餘執事之人可以息僥倖之心亦可以裁損其

賜予之物此於邦財頗有省節誠非小補豈意其規一時之小利忘事君之大節不恤國家之禍難但計私室之有無自同群隷獨顧邪睨觀今日立朝之風操則可以推其平日之行己矣搢紳士大夫聞其如此莫不竊笑嗟歎憐其無戒得之心昧取舍之理誠不足表厲風俗又安可以居獻納之地哉伏望聖明早賜罷黜以清班列

誼又彈浦城縣丞不法疏曰臣訪聞建州浦城縣丞某在任貪縱不法與姦爲市結託監司僥冒功賞陵蔑同官殘害百姓仰負聖朝字民之意臣今得其罪狀甚衆舉其罔上虐民之大者言之去年浦城縣百姓張德等因醉與鄰里爭競放火燒茅屋數間尋即悔悟自經而死某適出點寨遣人斬其首級冒稱捕獲是時本路監司保奏乞令某改官再任朝廷倚信使者之言不復驗實遂可其請某自是益橫陵其官長任意掊刻每人戶三十家差催稅甲首一名每戶十

日一次赴縣驅磨出寬限錢一貫文足浦城萬戶催稅甲頭三百有奇月爲錢千緡矣某悉掩取之有甲頭姓陳人貧不能辦懼遭殘辱抗繩自絕某受納苗米一石輒取樣米二斗公然變賣市物入己又復虛增防縣保甲人數侵盜官錢停販衙前官鹽增價出售迫脅豪戶黃中甫乞取金銀一邑士民殘擾殆徧方福建盜賊並興人未安業而邑丞貪縱不恤又復如此即有弄兵赤子相因而起其貽患朝廷豈細事哉伏望聖斷速賜罷黜付之有司推鞫實狀重寘典憲以勵其餘

誼又乞推鞫天台知縣申本州守臣受賂事疏曰臣竊見近者天台知縣某申尚書省及御史臺稱本縣百姓求珍殺人以金釵三十隻銀一百兩行賂於台州知州某之妻遂得不死其事藉藉著聞者駭聽謂求珍百姓也敢通貨財以結郡太守之妻其郡守也敢因請求以

擅朝廷生殺之柄。然事之有無。尚未可知。其為屬縣宰。遽許其專以直聞於省臺。三者皆罷。干典憲事係風教。不可以不覈實。朝廷雖下本路提刑司體究。然守令同在一州。人情互有觀望。歲月遷延。獄將不直。臣伏望聖慈特降指揮將干證人並付大理寺。或從朝廷差就台州置司。明白推鞫。以靖衆論。以儆在位。不勝幸甚。

左正言鄧肅上疏曰。臣於今月初六日上殿論耿南仲與其子延禧主和之過。與李邦彥白時中吳敏等乞陛下明正典刑。陛下以謂狄南仲真誤國者。今越八日。未蒙行遣。臣切惑之。謹再為陛下敷奏。豈不知其為再三之瀆也。臣嘗面奉孝慈淵聖皇帝面諭曰。耿南仲嘗薦汝矣。臣明日亦以門生之禮謁南仲於府第。今此待罪諫省。亦何忍獨論南仲父子之過耶。然君父之德。天下之公也。恩門之德。一己之私也。臣亦安得以一己之私而忘天下之公乎。重念四五月間。良日沉金。雖庸夫販婦。亦以行色為難。而使兩朝君父登小車涉險途。作止飲食。悉付他人之手。親王貴族。且數百人。一旦蕩然皆在沙漠數千里之外。使道路聞之。皆為泣血。此何自而然哉。主和誤國墮虜計中。正在耿南仲父子耳。且臣之君父為南仲所誤如此。義不戴天。豈容默默。陛下若念南仲父子嘗在艱難之中。久從行在。未忍賜罷。則臣之言為失矣。臣待罪諫省。數奏有失。臣之罪也。夫何面目尚稱諫臣。雖微臣進退不足以為朝廷重輕。然在臣之節。則不可以不立也。臣視此命輕於螻蟻。臣守此節重於丘山。惟陛下察之。

肅又奏曰。臣竊觀前日臣僚上言消論偽楚之臣。止論王時雍徐秉哲等。未嘗輒論呂好問。且王時雍等偽執政也。呂好問亦偽執政也。論時雍而捨好問。豈非以好問今為右丞乎。右丞之職。天子命之也。雖賢與否。不得以盡知。然偽楚之朝。始為冊立使。俄為門下侍郎。此

好問之迹亦昭昭矣。論事之臣亦安得漏網以罔天子之聽乎。謹按好問本非姦雄。但怯懦耳。從王時雍遊。致有叛臣之迹。皆怯懦所致也。今雖居宰職。亦不能為朝廷患。然國家艱難。急於求賢。豈容有怯懦無立之士。廁迹於二府乎。好問在朝。則偽楚姦臣必不盡責。蓋有以蔽之也。臣又聞中書舍人李會至今嘗語人曰。張邦昌有伊周之志。非謀逆者。其推戴偽楚之心。猶昔也。謹按李會嘗拜偽楚之庭。甘為禁從。今日復廁朝班。有愧同列。遂為巧語。以蔽邦昌。嗚呼。袞天子之衣。而坐天子之殿。降赦令以朝百官。擁殿班以稱陛下。邦昌反狀雖三尺之童亦知之矣。其臣李會不知何辭尚敢為之遊說乎。且以邦昌為是。則陛下責之為非。是邦昌而非陛下。信乎桀之犬可使吠堯也。臣所論叛臣。乞陛下定罪。章疏再上。未蒙陛下一正典刑。臣切考叛臣在朝。今居二府者。呂好問也。今作從官者。李會也。臣愚欲乞先正此二人之罪。以去其大者。然後乞檢會臣所按者叛臣八種定罪二格。一網而盡。俾無遺漏。庶幾可以少釋二聖之怒。以慰天下之望也。惟陛下斷而行之。毋惑群聽。取進止。

肅又奏曰。臣聞有同腹心之臣。然後可與同患難。有可與同患難之臣。雖患難之來。無足慮也。孝慈淵聖皇帝恭儉之德。可追湯禹。一旦奇禍起於不測。正為無同腹心之臣耳。聖駕既出。無一人以蒙塵為念者。邀上皇則宮臣奉之。邀太子則詹事奉之。皇后諸王。惟其所欲。是舉朝之臣爭用私心。捐上皇本支。以保其私家耳。嗚呼痛哉。古未聞也。及偽楚一立。則爭拜其庭。略無難色。有願為事務官者。以講偽帝之禮。有願為奉使者。以結天下之心。有閑為宮觀而下為庶官者皆彈冠而起。爭為禁從。甚者至有居宰執持樞柄傳呼道路洋洋得志。其下下無能者。及竭姦諛之心。有名犯邦昌。即請於朝以改之。蓋

國委然。知有偽楚而已。儻言聖朝。往往竊笑。嗚呼。淵聖皇帝其無所心之臣如此。焉能保天下哉。不在圍城之中者不能盡知。往往為姦人游說。似是而非。以惑其聽。凡在城內者。又各食偽祿以污其身。故無肯為陛下盡言者。遂致陛下雖念二聖之未迴。而惡叛臣之賣國。稍正典刑。以立朝綱。終未足以慰天下之望。而快二聖之怒也。淵聖臨行。以批諭徐秉哲。託市少物。以為路費。遂箚御諱。如與平交。其意豈在物耶。正為行計已迫。欲速相救援耳。豈意舉朝叛臣他腸有在。坐視君父。如棄路人。陛下若不正其罪。無乃辜二聖乎。臣竊惟去年治王甫蔡京等罪。不肯果決。費臺諫一年之力。遂致邊事有失防閑。臣愚欲乞先立罪格。然後按籍定刑。使凡有司者皆不得以容私焉。則一按而定。可以絕後患矣。諸侍從官而偽為執政者。諸庶官及宮觀而起為侍從者。與撰勸進文。獻赦書。求事務官與因張邦昌改名

者。是皆已不復知有宋德矣。臣請定為叛臣之上。諸執政侍從臺諫曾稱臣於偽楚。及拜於庭下者。及竊為奉使與庶官升擢差遣者。是皆臣服偽楚矣。臣請定為叛臣之次。叛臣之上。乞寘於嶺外。叛臣之次。乞遠小處編管。仍乞帶叛臣名目。若夫鄉監以下。庶官也。朝廷初不以國士待之。亦安得以國士責之。若未嘗升擢。及如前所論二等之罪。惟戴偽楚供職不廢。以苟祿食而已。臣乞赦之。然亦乞籍定姓名。從此不復用為臺諫侍從矣。蓋惡其無立也。若用此法則一綱而盡。不惟可以上報二聖之德。亦所以破天下姦雄之膽也。使舉朝之臣。略無姦雄。則人人可與同腹心矣。予有臣三千而一心。此武王之所以勝紂也。況以天下之大而誅醜虜乎。惟陛下察之。取進止

肅又奏曰。臣竊聞人臣之事君。有毫髮之私。必有欺君之罪。人君之治天下。有毫髮之私。必失天下之心。恭惟陛下聰明睿智。卓絕今古。固非臣愚所能窺測。然謂之無毫髮之私。則非臣愚所能知也。臣切見陛下臨御以來。首取前日姦臣講和誤國者。如李邦彥白時中吳敏等投之遠方。以禦魑魅。天下壯士聞之。鼓舞以為中興必矣。然自靖康以來。有專主和者。耿南仲與其子延禧是也。閨門之內。同惡相濟。沮渡河萬全之戰。遏勤王已到之兵。今日割三鎮。明日截黃河。自謂和議可必無患。凡戰守之具。若無事於切切然者。孝慈淵聖皇帝亦以東宮耆舊之故。信如蓍龜。數奏之語。蓋未嘗不從也。及虜人借和用兵。勢不可遏。南仲誤國。狀已敗露。淵聖亦不得以私之。遂遣南仲出使。使之自當。南仲偶脫萬死。以其子延禧之故。遂得從陛下左右。竊聞陛下欲進大兵。以援京城。又為南仲父子所諫。以為和議已成。不可輒壞。是則南仲父子主和誤國。豈不過於李邦彥等乎。此陛下親見而熟講之矣。又不待臣愚再三之瀆也。然南仲尚為兩府以

宮觀居閒。延禧尚為兩制。以名邦自奉。雖南仲自擇不過如此。陛下何正邦彥等罪如彼其審。何容南仲等惡如此其恕。豈非以南仲父子於艱難之際。從陛下日久耶。且天子父也。群臣子也。舉天下之臣。皆陛下之子。豈復更有親疏之間乎。淵聖不忍輒棄南仲。故有今日之悔。陛下之於南仲。又何有焉。若復容之。臣恐天下得以私心議陛下也。且南仲腐儒。延禧孤陋。進退出處。本不足論。臣今切切不已。正為陛下惜耳。伏望明正典刑。與李邦彥白時中吳敏等。以示天下之公。

御史中丞張守上奏曰。臣伏見自崇寧以來。外則姦臣擅政。內則閹寺弄權。相為蔽欺。以亂主聽。卒至禍敗。宗社幾危。陛下纂承。親見既覆之車。深懲不遠之鑒。勵精政事。固宜內外臣寮。洗心滌慮。精白以承休德。而欺罔之風。猶未丕變。近者特降聖旨。為剩員高貴料錢呂

源行下收買竹木搭蓋席屋出賃等事。令御史臺體究。本臺按驗並無實狀。尋具奏聞。乞降下告人姓名追呼照對。奉聖旨高貴踈放告事人更不追呼。臣竊謂此事上聞。宜有所自致。煩特降睿旨。付之有司。實賴聖明。燭見事情。乃加考核。設或不付有司。使行典憲。則一呂源。固不足惜。人或謂陛下之聰明可欺。陛下之命令輕出。陛下之賞罰失當。一舉而三失之。所以累聖德者豈細也哉。夫以陛下英睿天縱。而臣下猶敢誣惑如此。則罔上之心。可以槩見。使其得逞。則變亂是非。以白為黑。將何憚而不為。伏望陛下特詔有司。如係朝廷之上。得於告言。則誣告之律。固當舉行。如緝捕人直達聖聽。則罔上之誅。不容恕免。欲乞聖慈檢會本臺先奏事理。降下姓名。以憑按治。庶幾防微杜漸。使小人有所懲戒。而欺罔之風息矣。

侍御史孫覿奏曰。臣伏見女真大酋擁萬騎入朔方。跨大河。直犯京

闕。忽睹神州陝區。金城湯池之高。且大也。斂兵不動。遣使議和。將相大臣。盍量彼己之勢。勿亟勿徐。示以閑暇。使之疑懼。有虎口之虞。壓以重兵。不戰而威之。使去。此百全之上計也。忽傳李綱劫寨之敗。上驚朝聽。下駭群情。為之柰何。綱本書生。素不知戰。乃小圖大。挑發兵禍。以帷幄之臣。行穿窬之謀。以王者之師。為攻劫之計。藉令出於虜人不意。偶獲小利。猶為怨敵。以誤朝廷。而狂率無謀。漏言於白日之先。提數千兵。以入空寨。虜圍四合。盡驅而納諸隍中。無一存者。尤重帝居宗廟社稷所在。而僥倖於一擲。淊天之罪。車裂以徇。死有餘誅。方從薄罰。而太學諸生陳東等。聚衆伏闕鼓倡。群小妄謂宰相違結強胡。閉關延敵。欲起李綱復還兵柄。俄頃聞嘯。聚數萬。擁登聞鼓呼聲動地。手擲瓦礫。狙擊大臣。屠裂中貴人。流血濺道。天子震驚。與之召還李綱。然後解去。自古衰亂板蕩大壞。書傳所載。未有如此之甚者也。唐德宗時。除國子司業陽城為道州刺史。太學諸生詣闕請留。夫城者道德之行。一世標表。常率諫官合遏裴延齡。不得為宰相。名震天下。諸生請留。以為師範。朝廷所當從。從之是衆為政也。太學者。賢士之關。禮義之所自出也。朝廷衆建師儒。營宮室。豐餼廩以養士。祭酒司業。以率其屬。博士掌訓導。正錄掌規矩。恩禮深厚。教法明具。士當洗心易慮。以承上之休德。陳東等乃幸天下有大變。蔑視官師不告而出。恬衆興訛。厚誣朝廷。朋比罪人。迫脅君父。肆行殺戮。遂至大亂。而李綱不知羞愧。尚靦其面。立於朝端。東安坐學宮。洋洋自若。失今不治。他日必有握兵之臣。劫制天子。武夫悍卒。戕害將帥。縣殺其令。郡殺其守尉。以衆暴寡。必自茲始矣。臣承乏國子司業。時童貫脩建武學落成矣。陳東為教諭。議率同列獻書。童貫請車駕臨幸其中。有不從者。遂至譴謫。臣聞之曰。武學落成。何預太學。有云頃者

乘輿幸太學。而武學生例被恩賜。此東所以建獻書之議。蓋東狂生不守分義。其志止欲圖尺寸之柄。猖狂不已。以至稱亂。今雖未即典刑。當具申學法。屏之遠方。終身不齒。為多士之戒。無令覆出為惡。以階禍亂。天下幸甚。

御史中丞廖剛乞禁妖教疏曰。臣伏覩刑部關報臣寮上言乞修立喫菜事魔條禁。務從輕典。奉聖旨令刑部看詳申尚書省。臣謹按王制曰。執左道以亂政殺。假於鬼神時日卜筮以疑衆殺。非樂於殺人。為其邪說詭道。足以欺惑愚衆。使之惟己之從。則相率為亂之階也。今之喫菜事魔。傳習妖教。正此之謂。臣訪聞兩浙江東西。此風方熾。倡自一夫。其徒至於千百為群。陰結死黨。犯罪則人出千錢。或五百行賄。死則人執柴一枝燒焚。不用棺槨衣衾。無復喪葬祭祀之事。一切務滅人道。則其視君臣上下。復何有哉。此而不痛懲之。養成其亂。

至於用兵討除則殺人將不可勝數矣宣和間江浙數州已見此事厥鑒未遠也臣聞傳習事魔為首之人蓋有所利而為之誑惑愚民休以禍福而取其財物謂之教化此最不可恕者推究為首之人峻法治之自當衰息若不分首從槩欲以不應為坐之恐非所以戢姦弭亂也臣謂貧窮而為盜賊情或可恕事魔非迫於不得已也故為邪僻敗壞風教之事其措心積慮已不順矣是故易誘為亂也如被誘之人尚或可以闊略彼為首者雖未有不順之迹安可輕恕欲望
睿旨并送刑部看詳施行

吏部侍郎李光論孫覿劄子曰臣伏覩紹興元年十二月十四日三省同奉聖旨備坐祖宗舊制應贓吏決杖配諸州牢城蓋謂軍興之際不免時有科率若更容縱贓吏並緣為姦則民力愈斃此有以見陛下意在生靈深疾貪汙命下之日孰不相慶今已累月而諸司按

察官循習既久恬不為怪遂使朝廷美意委為空文臣竊痛憤伏自艱難以來朝廷一切姑務涵貸凶貪之徒剗剝生靈無所忌憚況朝廷行法當自貴近始臣伏見前知臨安府孫覿在任贓汙不法遠近播傳諸司懼其一旦復用則為已害不敢按發覿之為人朝廷所知前後臣僚論列罪大惡稔至辱詈君父甚於仇讎有臣子所不忍聞者陛下貸而不誅又使復典郡寄於覿恩德厚矣乃不悛革益肆無賴到任之初以軍期為名拘九邑縣令在府勒令出錢共肆萬伍千餘緡名曰助軍未附文曆又將親信使臣毛汝能辟為都監文林郎毛珪權錢塘縣令令二人提領本府應干倉場庫務偷盜轉易不可稽考郡中官僚相顧側目至有人生五馬貴莫受二毛侵之語臨安府捉獲酤賣私酒百姓其家富厚覿令珪受錢一千貫更不解送所司至帖下本縣直行放免又遣所親姓董人乞覓過新城縣百姓唐邦臣等錢一千五百貫皆有跡狀除代之後將犒賞庫金銀錢物與都吏專知官等分受比至得替其公庫供帳之物並不發還及將空名度牒官告等移易妄用收附不明監司往來厚加結納每到發送饋謂之合食日事燕遊每會不下百餘千以此上下相蒙無緣顯露伏望聖慈奮發乾剛出自睿斷送大理寺或差臺官一員就府置司體究候贓證分明捕逮送獄依法斷遣以警具僚其屬邑縣令及人吏等迫於威勢若贓非入己或許其自首庶幾遠近聞風咸知畏戢實天下幸甚取進止

吏部員外郎陳公輔上疏曰臣聞今日之禍實由公卿大夫無氣節忠義不能維持天下國家平時既無忠言直道緩急詎肯伏節死義豈非王安石學術壞之邪議者尚謂安石政事雖不善學術尚可取臣謂安石學術之不善尤甚於政事政事害人才學術害人心三經

字說詆誣聖人破碎大道非一端也春秋正名分定褒貶俾亂臣賊子懼安石使學者不治春秋史漢載成敗安危存亡理亂為聖君賢相忠臣義士之龜鑑安石使學者不讀史漢王莽之篡揚雄不能死又仕之更為劇秦美新之文安石乃曰雄之仕合於孔子無可無不可之義五季之亂馮道事四姓八君安石乃曰道在五代時最善避難以存身使公卿大夫皆師安石之言宜其無氣節忠義也

中書舍人虞允文上言曰臣伏惟神宗皇帝作新官制一清樞密都承旨之班更用士人視儀從列而副都承旨之選與之俱重侍殿廬親承邃旨武臣之除職清地禁未有踰於此者所以激厲其徒使之趣名節立事功為百世勸也謨烈之傳至陛下而丕顯丕承之故近歲寥寥獨以非才而用未幾罷黜之旨從天而下當時人心咸大和說其後多慮其選不以輕授陛下傳祖宗心法之妙顯顯如此書之

國史足為無窮之光。今元居實者外廷之議。以為本出給使之流。未嘗屈親戚近邊差遣。而所出入交結皆內侍之雄。欺隱御前金帛之謗見歷歷。著未決。一旦無尺寸功効。亟登清班。使將士解體。非令日細事。又朝廷施行之初。不經門下書讀。致議者鬨然。益以為疑。兩日以來。物論籍籍不肯置。若臣輒擬詞以進。實負陛下使令之意。罪不容誅矣。所有詞頭。臣不敢書行。

翰林學士汪藻奏曰。臣准中書省送到詞頭一道。奉聖旨知高郵軍趙士琰回發運司舉留。令依舊在任。其稽違朝命。特降兩官。蘇遲別與差遣。令臣撰詞進入者。右臣竊以人主之柄。賞罰而已。賞必及善然後人知所勸。罰必及惡。然後人知所懲。未聞且賞且罰而可以為政也。謹按趙士琰始以蘇遲赴官。不肯受代。朝廷怒其稽違朝命。特降兩官。又緣自陳四任堂除粗有勞効。及發運使李祐劄子保奏。復令在任。臣不知朝廷以士琰為是耶。為非耶。若以為是。則方命不從者。堯四凶之罪也。不應使之在任。若以為非。則借留在任者。漢循吏之恩也。不應使之降官。以一士琰之身。而一日之間可賞可罰。臣竊惑之。且士琰自陳歷任有勞。至据其所臨。推之不去。公違詔條。不顧義理。亦可謂無廉耻甚矣。縱方令乏材。豈無一人可治高郵如士琰者耶。况新除人別與差遣。在任人遷延依舊。使有力者交結當權。無日不居官。無援者待闕及期。輒為人所奪。有十年不霑一日之祿者。宣和之風也。今陛下中興。當痛革此弊。奈何因士琰復啓僥倖之門耶。臣以為不罷士琰。恐人之效其所為。苟欲貪祿。則冒耻自陳。及計會監司僥倖保奏者。皆得之矣。此風漸不可長。伏望聖慈別擇能吏知高郵軍。或且令蘇遲赴任。斥去士琰。為後來鄙夫之戒。所有趙士琰依舊在任降兩官詞頭。臣未敢撰進。

戶部侍郎李彌遜上奏曰。伏覩近降指揮差新除起居郎莫將充送伴使。臣契勘比者金人遣使畫地講和。旬月之間。禮儀未定。中外惶駭。人情不安。賴陛下聖度剛明。曲從群議。斷以不疑。致使金人屈服致書而去。國人欣悅。萬口一詞。天下幸甚。將輕儇不端。素無所守。揣摩迎合。僥倖一時。意為身謀。不恤社稷之計。而使將與賓客言。深恐將遂非文過。姦詐不悛。觀望反覆。陰挾虜情。上負陛下聖孝愛親之念况將越次而遷。已咈公議。遽委使節。俯示曲全。為將計則善矣。非國家之福也。伏望陛下更加聖慮。罷將送伴使。別選忠信之人。協濟國事。臣職在論思。苟有所見。不敢緘默。冒瀆聖聰。不任恐懼戰越屏營之至

時金遣使要以難行之禮。秦檜為相。力賛屈己之說。外議群起。計雖定而未敢行。句龍如淵說檜宜擇人為臺官。使擊去異論。則事遂矣。於是如淵施廷臣莫將皆擢要地。人皆駭慢。吏部侍郎晏敦復上疏言。前日如淵以附會和議得中丞。今施廷臣又以此躋橫榻。衆論沸騰。方且切齒。莫將又以此擢右史。夫如淵廷臣庸人。但知觀望。將則姦人也。陛下奈何與此輩斷國論乎。乞加斥逐。杜群枉門。力為自治自彊之策。

金遣使議和。監察御史施廷臣抗章力賛和議。吏部尚書張燾率侍郎晏敦復上疏曰。仰惟陛下痛梓宮未還。兩宮未復。不憚屈己與敵議和。特以衆論未同。故未敢輕屈爾。幸小大之臣。無復異議。從容獻納。庶幾天聽為回。卒不敢屈。此宗社之福也。彼施廷臣乃務迎合。輒敢抗章力賛此議。姑為一身進用之資。不恤君父屈辱之耻。罪不容誅。

時邊報王倫來歸。殿中侍御史黃龜年劾檜專主和議。沮止恢復。植

黨專權漸不可長乃上書曰臣聞一言而盡事君之道曰忠罪莫大
於欺君一言而盡輔政之道曰公罪莫大於私已臣人者背公而徇
私則刑賞僭濫惑人主之照其姦則合黨締交相與比周熒惑主聽
故附下罔上之黨盛而威福之柄下移禍有不可勝言者伏見秦檜
還自金國陛下驟任不一年而超至宰輔乃不顧國家盜威福在已
欲永塞言路書上檜罷併劾檜黨王晚王昞王守道皆罷之檜罷仍
授觀文殿大學士提舉江州太平觀官如故踰年又奏曰比論秦檜
徇私欺君合正典刑投諸裔土以禦魑魅今乃任便居住雖陛下曲
全大臣之禮忝檜姦狀暴露復寵以儒學最上職名俾優游琳館聽
其自如律斷群盜必分首從為之從者皆已伏誅獨置渠魁可乎又
曰臣聞恩莫隆於父子義莫重於君臣不義則後其君不仁則遺其
親君親既然則何忌憚而不為檜厚貌深情矯言偽行進迫君臣之
勢陽為面從退恃朋比之姦陰謀沮格上不畏陛下中不畏大臣下
不畏天下之議無忌憚如此欺君私已有一即可黜況檜之欺與私
顯著者為多乎章九三上遂褫檜職

孝宗淳熙六年夏大旱詔監司郡守條其民間利病知南康軍朱熹
上疏言天下之務莫大於恤民而恤民之本在人君正心術以立紀
綱蓋天下之紀綱不能以自立必人主之心術公平正大無偏黨反
側之私然後有所繫立君心不能以自正必親賢臣遠小人講明義
理之歸閉塞私邪之路然後乃可得而正今宰相臺省師傅賓友諫
諍之臣皆失其職而陛下所與親密謀議者不過一二近習之臣上
以蠱惑陛下之心志使陛下不信先王之大道而說於功利之卑說
不樂莊士之讜言而安於私暬之鄙態下則招集天下士大夫之無
恥者文武彙分各入其門所喜則陰為引援擢寘清顯所惡則密行
訾毀公肆擠排交通貨賂所盜者皆陛下　財所竊者皆陛下之柄
陛下所謂宰相師傅賓友諫諍之臣或反出其門墻承望其風旨其
幸能自立者亦不過齪齪自守而未嘗敢出一言以斥之其甚畏公
論者乃能畧警逐其黨之一二既不能深有所傷而終亦不敢正言
以擣其囊橐窟穴之所在勢成威立中外靡然向之使陛下之號令
黜陟不復出於朝廷而出於一二人之門名為陛下獨斷而實此一
二者陰執其柄莫大之禍必至之憂近在朝夕而陛下獨未之知也

孝宗時熹提舉浙東常平茶鹽公事奏知台州唐仲友違法促限催
稅搔擾飢民事狀曰臣昨訪聞知台州唐仲友催稅急迫致得民户
流移等事即具大略奏聞今巡歷到本州天台縣據人户遮道陳訴
本縣夏稅絹一萬二千餘匹錢三萬六千餘貫緣本州催促嚴峻六
月下旬已納及絹五千五百餘匹錢二萬四千餘貫而守臣唐仲友

嗔怪知縣趙公植催理遲緩差人下縣追請赴州縣人聞之相與號
泣遮攔公植回縣情願各催户下所欠零稅絹二千五百匹限十日
內赴州送納方得放免仲友遂專牒縣尉康及祖催納零欠更不照
應三限條法及近日累降指揮牒內明言要在六月終以前一切數
足又牒縣尉催淳熙七年八年殘欠官物專差人吏在縣監督及節
次差下承局禁子等人絡繹在道乞覓搔擾無所不至又據寧海人
户論訴本州專差天台主簿張伯溫及州吏在縣催督去年殘米下
户丁稅百端搔擾本司見行追問未到而聞張伯溫在寧海縣追呼
迫急本縣人户不堪其擾相與群聚喧譟欲行毆擊伯溫知之僅得
走免臣竊惟台州頻年災傷民力凋弊仲友儒臣幸得蒙恩典郡專
以布宣德澤摩撫疲瘵為職而乃舞智徇私動乖仁恕在法夏稅省
限至八月三十日下限方滿近來户部擅行指揮必要七月盡數到

庫已是違法而仲友乃於戶部所促之限又促一月公行文移飲迫屬縣頻辱良吏苦虐飢民使千里之人愁怨歎息無所告訴甚失聖朝所以選用賢良惠恤鰥寡之本意又况方此饑饉人心易搖萬一果然生事不知何以彈壓臣雖疎賤誤蒙任使職在刺舉不敢不言欲望聖慈先將仲友亟賜罷黜以慰邦人之望其不公不法事件臣當一面審實以聞須至奏聞者

熹又按唐仲友狀曰臣猥以疎賤叨被使令雖衰病之餘精力不逮而驅馳勞瘁不敢頃刻自安者誠以陛下知遇之深而思有以仰報萬分也今者不幸不得其職臣實有罪無所逃刑然有血誠敢勤天聽臣昨在紹興府道間聞得台州守臣唐仲友催稅刻急民多流移即於七月十九日具狀奏聞至二十三日入本州界又得其實再以狀奏至二十七日又得其貪污淫虐蓄養亡命事狀數件復具條奏竊謂聖明威斷必不容貸雷霆震擊將不旋踵而側聽兩旬未奉處分仲友始者自知罪贓應死亦甚皇恐此數日來忽復舒肆追呼工匠言語譸張又遣客將傳語通判趙善伋云已得指揮差浙西提刑前來體究未可引斷竊詳上件事理元係本司奏劾若有指揮合是本司被受本司既無被受仲友何緣聞知便敢傳布意欲施行觀此氣象若非有人陰為主張遞語消息仲友罪人何敢遽然如此是則不唯臣竊惑之而此州闔境千里前日歡呼鼓舞之民莫不人懷疑懼懍乎如虎兕之將復出於柙也臣伏見仲友本貫婺州其亡弟之妻王氏見隨仲友同在郡舍仲友近日又為吏部尚書侍御史所薦而其支黨共為貪虐之人又皆臺省要官子弟親戚況仲友為人陰狡有素事窮勢迫干求請託何所不為竊慮以此之故黨援衆多曲為掩蔽使臣孤忠無路上達有以仰累日月之明兼衢婺明州災傷

極重而處州士民近亦告急臣欲自此遍走諸州計度措置事務而台州之人以仲友未罷恐其一旦復出為惡邀留臣車未容起發臣遂不免申尚書省且住本州恭俟奏報竊慮遠程日久按行遲緩有失數州飢民之望仰貽陛下宵旰之憂靜言本末由臣愚闇見事遲晚既不能及早按劾致留天誅又不能阿徇權豪共為欺蔽有此二罪難以復居官次願以本路飢民阽於溝壑未敢自劾謹復具此曲折昧死奏聞欲乞睿斷先將仲友早賜罷黜付之典獄根勘行遣以謝台州之民然後申詔攸司議臣之罪重寘典憲以謝仲友之黨臣不勝幸甚干犯天威無任恐懼戰灼之至須至奏聞者

時趙汝愚乞按提刑吳宗旦運判張伯垓疏曰臣聞身修而后家齊家齊而后國治未有其身不修而能齊其家其家不齊而能治其國者也謹按知嘉州張伯垓到任以來為政苛急督責財賦人多致死縱容子弟親隨干預政事交通貨賂出入倡館醜聲四聞初緣提點刑獄吳宗旦與之結姻遂相親狎每用妓樂燕飲常至達旦馳致兩家子弟人有所私衆皆指名不敢塵瀆今歲上元諸郡皆不敢燕集唯聞嘉州與提刑司張燈以多相勝連夕遊宴肆為歡樂場務官司俱被科擾其後宗旦不避親嫌謬以伯垓為臧最遂誤朝廷除授就陞本路運判呼索從物並要如法近聞兩屬官管押衙兵方到客次伯垓親隨數人遽執衙兵司係縛箠打取索錢物至數百千兩屬官見之遂懾而退運司遠接舟船人從自有條例更於嘉州諸縣須索船鐵寺院科取夫脚各有定數不知復作何用初政如此人將何堪令一路官吏百姓聞其先聲無不震恐臣謬將使指理難坐視伏望聖慈將吳宗旦張伯垓特賜罷黜使監司郡守咸知修身齊家之道以惠遠民幸甚

汝愚又按汀守趙汝劼奏曰。臣契勘本路汀州其地嶮僻。其俗暴悍。素號難治。稍失調御。輒敢數百為群。依山阻險。抗拒官司。為守臣者宜得寬猛相濟。善撫柔其民者。留意惠養。庶幾上下相安。幸於無事。今訪聞得守臣趙汝劼自到任以來。貪謬暴縱。日事游宴。不恤其民。催督諸縣積年欠負。急於星火。去秋雖蒙朝廷罷免軍器物料。本州不敢催理。却以舊欠為名。抑令諸縣認納。如未罷免之數。諸縣既無軍器料名。往往役苛取暴斂。以塞其意。至有知縣不堪其苦。欲自縊而死者。本州兩獄禁繫欠負之人。飢餓而死者前後蓋以百數。却將所收錢物。恣為妄費。今歲上元買琉璃燈至數千盞。所費萬餘緡。所愛官奴號蔡素嬪。及隨行私僕。皆交通關節。貨賂公行。一郡之政。惟素嬪之言是聽。委任進納人司理張珙及清流縣丞魯詿。使權職官。皆招權納賂。妄作威福。凡暴虐刻薄之政。二人者實助之然也。本州久闕推官。又司理已過滿半年以上。代者恐遠年。遣人呼索迓吏。汝劼輒追其人。叱而去之。其私於二人如此。臣等恐其更有不公不法事件。除已差官前去體究外。今一郡之人。如在湯火之中。朝夕不能自保。竊恐別致生事。欲望聖慈特降指揮。將汝劼張珙魯詿先賜罷斥。一方幸甚。

汝愚又繳韓彥質除知臨安府奏曰。臣竊惟臨安雖號為駐蹕之地。其實事體所關。蓋與神州無異。凡為守臣者。謂宜精選公忠端亮。深知治體者為之。所補蓋非他郡比也。而近歲以來。頗乖選任。所用如吳淵輩。例皆掊克貨財。交結權倖。以自封殖。至於一郡政刑紀綱法度。無不大壞。所欠行戶錢物。家家以千萬計。吳淵方有宮觀之命。臣聞閭里之間。無不歡呼鼓舞。人人舉手加額。以為陛下聖明。至有逐行逐戶率斂錢物。市酒相慶者。此其情蓋可見也。數日以來。未曾除

代。上自士大夫。下至闔境百姓。皆謂朝廷不輕謀帥。必得公忠端亮深知治體之人。庶幾稍革前日之弊。而命下之日。卒用彥質。臣恐都人愈失望矣。臣與彥質猶未相識。臣亦不能深知其才行。但以一事觀之。臣故知其不可。始緣今夏都城遺火。吳淵自知無所逃罪。遂嫁禍於民居。建為拆屋之說。是時一城大擾。百姓怨嗟。然猶有可諉者。謂可暫勞而永逸也。今聞彥質效尤。復欲自都門之外至鎮江府沿路民居屋宇。並要除拆數尺。於是數郡之民。又大驚擾。怨嗟盈道。所不忍聞。而彥質又不能周密。頗漏其意。至於道路相傳。皆謂翠華不日臨幸。人言籍籍。遂不可掩。誠恐鄰國聞之。所繫顧不重哉。加之彥質此行。實與北使俱往。萬一北使所至。或有得於觀聽之間。亦豈能無疑也。臣以是知彥質以謀國則甚疎。以臨民則甚擾。以事上則不忠。其意不過欲託為夸大可喜之說。以迎合陛下之意。而竊取美官爾。其實非能為國家深計也。陛下英明天縱。如揭日月。彥質情狀豈不洞見。今乃付以京尹之任。寵以秘殿之名。望其能體國愛民。臣知其不能矣。臣愚伏望聖慈收還新命。精選良吏。更定規模。庶幾漸復祖宗之制。亦使要功生事為國斂怨之人。自今稍知懲創。天下幸甚。

汝愚又按永福知縣高臬羅源縣尉龔史良奏曰。臣等竊惟國家之治。專以仁厚寬恕為本。張官置吏。凡以為民。其間有奉職失當。致百姓有無辜而死者。臣等職在按察。不敢隱默。臣等伏見本州去歲豐熟。今歲米價不至甚貴。永福縣在市白米每斗不過二百三十文足。自不須賑糶官米。知縣事宣教郎高臬擅作常平米出糶。其減價太低。又措置無術。六月二十日有男子婦人小兒約五千餘人擁併入縣。互相蹂踐。至林全等死者七人。傷者一人。又羅源縣先有仵者先潤。因帶銀貨入城。中塗為盜所殺。本縣尉迪功郎龔史良疑是隣近

景跡人項德為盜遂併捕其子受僧就本縣逐日訊勘經涉二十餘日終無贓證又不依條申解本縣致項德被苦身死本州除已追合干人送獄根勘依條施行及將高稟先次對移懷安縣丞外其高稟龔史良雖是緣公致罪情在可矜然事干人命不容但已伏望聖慈特賜黜責以謝無辜之民

主客部郎官范成大奏曰臣伏覩中書省錄黃指揮宋貺召赴行在臣謂率土之濱莫非王臣陛下欲見一臣寮何所不可天鑒之下將無所逃用於廢置皆未可知固無必不可見之理但臣採之公議有不得而默者契勘宋貺當秦檜柄國之時號為親昵用事為世指目章章尤顯者士大夫醜其姓名于今有年矣臣取會前後章疏姦汚之狀固不一端為奉使則興販北貨攝京府則強畧倡優任版曹則買諸軍之銀領贍軍則受群官之賂司建康留鑰則專為權門起造園

宅如此之類未易縷舉亦未暇論也究其始初罷逐之由正緣司計不職以致左帑闕乏支遣不行至用臨安公使庫及激賞贍軍等庫錢物那移又勘虛旁令軍人白往漕司支請若漕司無錢緣致生事臣寮論其身為計臣經畫如此是時檜猶無恙而貺已斥矣則其才術已試大繆明白如此今聞忽有召命竊恐或謂其有富國才術欺陛下者只考元罷戶部日事則是非虛實灼然可見臣聞人才難得不忍終弃聖人之用心也使君子之人而偶罣憲網固當拔拭而進之使小人而有才亦可覆其玷缺驅馭以驅使之今以貺為君子而偶罣憲網邪則平生姦汚之聲偏于海隅矣以為小人而有才者耶則當兵釁未開之前朝廷積富之後從容版曹而使帑藏空乏至以虛旁撥遣軍人亦可駭矣竊恐一旦進用不惟無益於國其餘黨類帖息伏潛者皆將動心經營僥倖復進徒使疑議四起又費彈壓臣恭惟陛下昭德塞違以臨照百官正欲安靖國人純一風俗而已將來貺或有所除授必致衆論紛紛以發其不靖之機臣蒙被陛下擢寘西掖正典書命比之諸臣尤不當緘默伏惟聖慈儲神委照攬臣此章特留聖念別賜處分不勝幸甚

成大又上劄子曰臣聞聖人在上所以虛己以來天下之言者蓋欲廣見聞資啓沃以輔聰明之所未及也至於朝變夕改乘時射利之徒候伺上意耳剽口傳為迎合之說取容一時以釣爵位者將安用之哉國家之於北虜可謂血讎矣是讎也天地神明社稷蒼生其誰不知陛下受太上之託荷列聖之休不忘北向以雪宗廟大耻可謂有志矣是志也天地神明社稷蒼生亦其誰不知乃宸謨聖筭甫欲有所設施而一時射利之徒如前所云者即便髣髴指意爭獻迎合之說緒售史以談計謨檢方志以述地理論北客以撰事機走權門

以伺報應如是而已聖朝以其說之惓惓不吝賞激至有布衣袖官而去者甚衆一人得志轉相倡和競以近途為進身事業傳播既廣四方翕然洩陛下之神機漏朝廷之容指甚非國家之利也伏望聖慈與腹心輔臣思大計之甚重審先務之當行日夜淬厲自圖實效凡迎合之虛言取悅一時之聽無益於國而徒利其身者不必更誘而進之以開倖門而玩大謀天下幸甚

歷代名臣奏議卷之一百八十三

去邪

宋孝宗時右司諫王居安論韓侂冑以預聞內禪之功竊取大權童奴濫授以節鉞嬖妾竄籍於宮庭刱造亭館震驚太廟之山燕樂語唉徹聞神御之所忽慢宗廟罪宜萬死托以大臣之薦盡取軍國之權臺諫侍從惟意是用不恤公議親黨姻婭躐取美官不問流品名器僭濫動違成法竊弄威柄妄開邊隙自兵端一啓南北生靈壯者死鋒刃弱者填溝壑荊襄兩淮之地暴尸盈野號哭震天軍須百費科擾州縣海內騷然迹其罪狀人怨神怒衆情洶洶物議沸騰而侂冑箝制中外罔使陛下聞之宦官宮妾皆其私人莫肯為陛下言者西蜀吳氏世掌重兵頃緣吳挺之死朝廷取其兵柄改畀它將其策至善侂冑與吳曦結為死黨假之節鉞復授以全蜀兵權曦之叛逆罪

將誰歸使曦不死侂冑未可知也侂冑數年之間位極三公列爵為五外則專制東西二府之權內則窺伺宮禁之嚴姦心逆節具有顯狀縱使侂冑身膏斧鉞猶有餘罪況兵釁未解朝廷儻不明正典刑何以昭國法何以示敵人何以謝天下今誠取侂冑肆諸市朝是戮一人而千萬人獲安其生也侂冑既有非常之罪當伏非常之誅詎可以常典論哉右丞相陳自強素行汙濁老益貪鄙徒以貧賤私交自一縣丞超遷徑至宰輔姦憸附麗黷亂國經較其罪惡與侂冑相去無幾乞追責遠竄以為為臣不忠朋邪誤國者之戒又劾曦外姻郭倪郭僎竄嶺表天下快之

監察御史杜範奏曰曩者權臣所用臺諫必其私人約言已堅而後出命其所彈擊悉承風旨是以紀綱蕩然風俗大壞陛下親政首用洪咨夔王遂痛矯宿弊斥去姦邪然廟堂之上奉制尚多言及貴近或委曲回護而先行丐祠之請事有掣肘或彼此調停而卒收論罪之章亦有彈墨尚新而已頒除目沙汰未幾而旋得美官自是臺諫風采昔之振揚者日以鑠朝廷紀綱昔之漸起者日以壞理宗深然之

侍御史王十朋上疏論史浩曰臣聞人臣之罪莫大於懷姦誤國植黨盜權忌言蔽賢欺君訕上有一於此罪不容誅衆惡備焉其何可赦臣謹按尚書右僕射史浩人品凡下天姿險姦昔為士人以権酤犯罪身幾不免及試吏州縣姦贓狼藉惡聲播聞浩能以諂佞取容致身朝列會緣遭際事陛下于潛藩龍飛在天躐居政府浩不知盡臣子之大節報非常之恩機巧百端得罪公議臣請條其罪惡之著者有八焉往歲太上皇帝聞欽宗之訃痛切宸衷下詔親征思雪國恥知陛下春秋鼎盛智勇天錫斷然以社稷付之深望陛下之大有

為也浩為心腹之臣不能以忠自效乃於義不共戴天之日首進寢兵之言尊主和議以沮大計蓋欲踵秦檜之故態為固寵之身謀此懷姦之大罪一也太上皇憤逆亮之渝盟悟和戎之失策以疆埸之事付爪牙之臣大將吳璘等奮身血戰復秦隴故土屯兵固守俟時投機縱未能長驅以定中原亦可以牽制虜人南牧之患浩既主和懼吳璘進取陰使其黨鼓翕浮議妄謂虜與西夏協力攻璘遙從中制令不退者斬遂取十三州之地而盡棄之將士喪氣中原離心誤彼生靈盡遺魚肉不獨棄地是乃棄民不獨棄民是乃棄信皆由浩欲售一己之私而不顧國家之大計此誤國之大罪二也浩履歷既淺德望素輕驟居要途天下竊笑於是取國家名器為一己私恩躁進之徒翕然合為一黨門闌可以炙手上論為之沸騰至有嫡子嫡孫之號親姪過房之稱有號寄傳心印者有號正法眼藏者名居宗

泒。希在朝列者緐如也。昔王叔文竊柄有八司馬之黨。李逢吉用事有八關十六子之徒。浩得時遇主如此。乃欲效叔文逢吉之為人。此植黨之大罪三也。浩自參朝政。即盜大權。視宰相若無人。待同僚為不物。人皆畏其凶焰。莫敢誰何。官爵科第。輕以與人。進退百官悉自己出。自為右揆。益肆其奸。方欲排擊所憎。驅除異己。會其腹心內潰。黨與相攻。陛下察其姦邪。知其朋比。收攬權柄。出自宸衷。不然。朝廷之禍可既耶。此盜權之大罪四也。陛下嗣位之初。首下求言之詔。忠臣義士上封言事者非一。浩抑讜直之言。不使上達。有侵己者則以免解啖之。春闈省試知舉三人。上體聖心。策問時事。浩疑其斥己。遂令黨人林安宅追捕雕匠。勒令毀板。三知舉嘗面奏其事。有旨令刊行。安宅憸人也。知有浩而不知有陛下。不遵聖旨。而惟浩是從。卒不許刊。陛下取士之始。而浩首禁程文。何以彰清朝不諱耶。此忌言之

大罪五也。太上皇用天下人望。起舊相張浚知建康。陛下回付以江淮重任。擢為樞府。委任之專。不啻若憲宗之待裴度。浩與浚冰炭不同。且懼其成功。凡有奏請。必多端沮之。初遣史正志往建康。欲沮浚進取之計。及其既還。遂酬以郎官。又因詔百官言事。遂令正志等密加詆毀。指為許靖房琯。有識為之不平。此蔽賢之大罪六也。浩凡與同列奏事。未嘗不留身。退則妄稱聖旨以誑之。浩嘗有辭免參政劄子。未嘗稱祖宗及太上皇之德。退則增加數語以報行。浩之欺君。大率類此。昔王欽若為相。每奏事。必袖數奏。但出其一。餘則詐稱已得聖旨。馬知節嘗面折其姦。浩挾欽若之姦以罔眾。朝廷無知節之直者以折之。此欺君之大罪七也。陛下即位之初。以太學生經太上皇教養之久。並與免解。浩乃收為己恩。務在籠絡。已而聞諸生議己。遂深疾之。復加沮抑。嘗於稠人中言太學有風波。臣對以子產不毀鄉

校。浩曰。某固無他。但上怒之爾。浩近赴景靈宮行香。道由貢院。會太學補試。士子塡壅。鄭王回車避之。聞者欽歎。浩乃作威以逞。為士子所嘲。既而語人曰。上怒補試喧譁。欲令不考。某以誤其遠來赦之。浩善則稱己。過則稱君。皆此類也。此訕上之大罪八也。浩無宰相才。而居具瞻之位。遇堯舜之主。而懷共鯀之凶。陛下方當任賢使能。圖回大業。如使浩輩久在廟堂。其可以望中興之治耶。臣願陛下正其罪惡。竄之遠方。以快天下之心。以為群臣之戒。

十朋又論史浩劄子曰。臣聞人主之職。莫大乎任賢去邪。任賢去邪。莫先乎信賞必罰。任賢而不知賞。與不任同。去邪而不能罰。與不去同。古之帝王能任賢去邪者。莫如舜。舉八元八凱而相之。取四凶而流之。可謂能賞罰矣。未聞以十二牧之任而處四凶于外也。臣昨日面對。論列尚書右僕射史浩之罪。乞加竄殛。陛下謂今日已罷之。

臣知陛下能去邪勿疑。可謂無愧於舜矣。及宣麻于庭。乃以觀文殿大學士知紹興府。輿論咸以為疑。謂陛下雖能去邪。而未能如舜之正名定罪也。人臣得時遇主。未有如浩。不忠於主。亦未有如浩。浩不忠之罪。不可以一二數。臣姑論其大而著者有八。已見前章。效秦檜而主和議。可謂懷姦棄德。順而資寇讎。可謂誤國。名在宗泒者。不止八司馬。可謂植黨。竊天下之柄。不止如王叔文。可謂盜權。陛下導人使諫。而浩鉗人之口。可謂忌言。陛下委任忠臣。而浩百端詆毀。可謂蔽賢。留身奏事。妄稱聖旨。可謂欺君。善則自稱。過則歸主。可謂訕上。八罪有一。且不容誅。浩備有之。其何可赦。縱不投之四裔。以禦魑魅。其可以巨藩大職而賞姦耶。臣恐天下未必咸服如虞舜時也。況紹興密邇王都。最為大府。浩昔嘗為屬吏。姦贓著聞。亦何面目見其吏民。[illegible]臣願陛下出臣前章。正其罪惡。褫職名。罷差遣。竄之三危之地矣。

天下共棄之庶使大功不專於舜也

十朋又論史正志劄子曰臣聞姦人多謀能覩時而為進退當權臣植黨則必附合以求進以竊美官及朝廷清明則又用姦計而苟免以逃天憲熙寧初王安石為執政用小人呂惠卿之謀變祖宗法度逐朝廷正人天下莫不切齒及元豐末司馬光為相惠卿自知罪大為正論所不容遂丐祠于外冀脫典刑時蘇轍為諫官遂首論其惡安置建州天下快之由是見祖宗時為臺諫者排擊姦邪未嘗因其求去而容其幸免也臣謹按吏部郎官史正志操心傾險賦性姦邪自為士人時常出入貴人之門專事交結及初登科遂欲求為秦熺之壻託平日素所交結者賂熺乳媼使之譽己秦氏聞而薄之遂不見納既而干求時相而得監倉善觀時以求進聞樞密葉義問欲議進取遂竊吳若江淮表裏論而增損之自號恢復要覽以投義問遂緣薦舉而得密院編修為士論所唾及史浩執政欲主和議正志復變前說以投浩浩喜其佞己遂遣之建康以為說客欲以口舌沮進取大計常談兵於張浚之前為浚所不禮正志乃妄撰語錄設為己與浚荅問辯難之語歸以佞浩浩大喜之除為戶部郎官浩與正志姓同而族異乃拜浩而父事之在浩之門最為用事故士論有親姪之嘲正志既不見禮於浚遂極口諷之嘗應詔上書比浚為許靖房琯聞陛下召浚懼其不利於浩唱為浮議以沮其來時人比之張又新今陛下知浩之姦斷然罷之知浚之忠破群議而任之正志自知朋比讒慝得罪於清議遂力求去朝辭乃以福建運判與之正志能用姦以自免大類惠卿求去於元豐之末臣濫職風憲苟不論而擊之寧不自愧於蘇轍乎欲乞陛下特發英斷名正志讒慝朋比之罪以正典刑縱未能行兩觀之誅亦當薄示三危之竄庶使元祐清明

之政復見於今日矣天下幸甚

十朋又論史正志劄子曰臣昨嘗論列吏部郎官史正志朋比讒慝自知罪大欲逃典刑力求外補朝廷以運判與之是用外臺重任以賞姦也欲乞睿斷正其罪而竄殛之至今未見施行臣深所未諭臣聞唐王叔文以沾沾小人竊天下柄號召一時有名之士欲僥倖而躁進者並以郎官清要之職處之相與結為死黨至譽叔文為伊周管葛憲宗監國之始首逐叔文而殺之其徒皆終身竄殛號八司馬元和之治比迹貞觀淮西功業冠出李唐蓋繇憲宗必於用罰銳於去邪也臣竊謂前宰相史浩之惡不減王叔文其黨與之盛不止八司馬雖非天下奇才至於撓節以附匪人懷姦以害公議則一而已如正志者在浩黨中尤為親密出入門闌蹤跡詭祕人皆呼之曰繼拜公又榜之曰親姪遂自樞屬驟遷戶部郎又遷天官郎使浩不去則正志必躐處侍從矣正志去冬歸自建康不獨搖撼張浚尤媒孽李顯忠之短必欲朝廷罷浚而誅李顯忠以沮恢復大計非陛下保全而委任之則忠臣良將身首且不可保豈復有今日淮甸之捷耶今國家方欲恢復中原所賴以激勸者賞罰而已前日二將奏功賞不踰時輿論咸以為當讒慝之人亦宜薄正其罪今不獨逃司寇之刑而又以外臺耳目之寄處之何以慰天下之公議乎郎曹運判至幺麼也而臣喋喋言之者非以其玷列宿汚外臺而已而朝廷之刑賞公議之是非寔繫焉伏乞陛下出臣兩章斷然逐之以示去邪勿疑亦足以懲一而勸百也

光宗時監察御史虞儔輪對劄子曰臣至愚極陋蒙陛下特達之知擢自周行寘之臺察常懼失職以速罪戾伏覩本臺彈奏格應諸路監司守倅不按舉部中貪汚不法之吏者覺察臣昨嘗按奏為知縣

而貪暴不法者三人。區區之意。蓋將欲以警厲其餘。蒙陛下即賜罷黜矣。訪聞似此等輩黨有徒。臣以爲蟣虱小臣。不足以煩汙白簡。縷瀆天聽。竊惟國家置監司守臣。委之以刺舉之權。果爲何事哉。今也坐視貪暴之吏。布列州縣。恬然不顧。其偶爲臺臣所按者。百無一二。其僥倖漏網者。固已多矣。其爲不舉職。不奉法。豈不負明天子委任之意哉。此無他。不蔽於外戚。則奪於權要。不懷其納賂。則喜其辦事。曾不思斯民受苦。何所赴愬。天聽益高。有怨而已。臣愚欲望陛下特降睿旨。戒敕諸路監司守臣。今後州縣貪暴之吏。姦贓狼藉。衆跡顯露。有經臺臣按奏者。並以不覺察之罪。隨輕重罪之。庶乎其能以公滅私。奉法舉職。俾貪暴之吏。知所忌憚。不致重貽斯民之害。天下幸甚。

寧宗即位初。吏部侍郎彭龜年上論韓侂冑干預政事疏曰。臣聞。

侍從爲論思獻納之臣。於天下事。無不得言。故歐陽脩爲翰林學士。論狄青不當在樞密府。包拯不當爲三司使。而不爲侵越。彭汝礪爲吏部侍郎。論曾肇不當黜降。韓維爲知制誥。論范鎮不當補郡。而不爲朋比。蓋知無不言。事無不可論。侍從之體當然也。反是。則阿容苟合。沉默自全。不是爲天子近臣矣。臣素無所長。猗陛下擢之庶僚之中。寘之法從之列。二數月間。恩寵狎至。諸臣進用。未有若臣之驟者也。使臣只貪榮遇。則箝口結舌。最爲上策。使臣粗求補報。則犯顏觸諱。必蹈危機。然營已忘君。臣實不忍。敢冒昧陳獻其愚。惟陛下財幸。臣伏見祖宗待外戚之法。遠監前轍。最爲周密。不令預政。不令管軍。不許通宮禁。不許接賓客。不惟防禁之使不害吾治。亦所以保全之使全吾之恩也。近者交通內外之禁。固已隳矣。然預政管軍之制。猶未改也。已隳者。固未敢望復之。而未改者。其可壞之乎。臣伏見知閤門事韓侂冑。乃太皇太后之懿親。而中宮視之。亦尊行也。其人本是世家。慷慨喜事。陛下入踐大寶。侂冑嘗效微勞。士大夫以此頗多之。然日來籍籍皆云數入禁近。干預政事。臣固知陛下英睿明斷。於天下事。無不習練。何資此徒。然陛下進退大臣。更易言路。皆初政最關大體者。其所以進退之由。更易之故。大臣或不能知。而侂冑能知之。大臣或不能言。而侂冑能言之。不知侂冑何以得此。彼其假託聲勢。竊弄威福。顧其術則然。然而天下治亂。君子小人之消長。只在人材進退之間。人君所以審擇而自執之者。一旦外戚乃得陰秉其機。簧鼓於外。則陛下總攬之權。恐爲此人所盜矣。臣聞元符間。向宗良兄弟止緣交通賓客。漏泄機密。陳瓘抗章劾之。謂自古戚里侵權。便爲衰世之象。外家干政。即是亡國之本。亦如州縣之政。只要權出于一。若使守令之家子弟親戚。交通賓客。關節無禁。則姦人鼓

舞。良民怨嗟。如瓘此言。陛下安可不察。臣觀侂冑近日所爲。不特如向宗良而已。竊惜朝無陳瓘。不能爲陛下出力排之。在太上皇朝。始用姜特立。大臣尚能逐之使去。後用來侍諫官尚能論之使懼。不謂陛下始初清明。有臣如此。而乃無一人出一語及之。則其聲勢可知矣。臣官爲侍從。職侍講讀。目擊此人累陛下初政。乃緘默不言。則臣負陛下。昔范祖禹嘗告哲宗曰。臣侍經筵八年。日望一日。歲望一歲。期陛下爲令德之主。唯恐有纖毫之失。臣之事君。實慕斯義。況辨邪正。明是非。乃講讀官之職。臣欲於此定陛下取舍之意。決君子小人消長之機。故不敢不爲陛下一言。若陛下以臣言爲是。則乞黜侂冑以解天下之疑。黜臣以當其怨。若以臣言爲非。則臣與侂冑不能兩立。退當屛處以俟威命。

按日記其日因論韓侂冑姦狀甚悉。上諭云。只爲是朕親戚用

之不知如此奏云臣恐陛下不知所以言之遂進劄子時上亦無怒容讀劄子訖因奏云臣欲論此人久矣到今方發政緣陛下近日遂得朱熹太暴故欲得陛下亟去此小人毋使天下人謂陛下去君子如此之易去小人如此之難所謂用賢如轉石去佞如拔山乃劉向論漢元帝語陛下豈可效之哉因極論君子小人不可不辨其言甚悉奏事訖復奏云臣旣論侂胄仰犯威嚴自此當居家以俟威命上諭云不須如此欲退閤上賜之坐又款曲問及飢民屢使從容久之乃賜茶而退到家申三省及以劄子白廟堂次日聞早上宰執開陳之畧上云韓侂胄是朕親戚彭龜年是朕舊學誠是難處集賢進兩留之說欲以韓侂胄奉內祠彭龜年依舊供職上云甚好丞相繼請云龜年性剛若陛下留之不如宣引一番面諭曲折上云此人質直兼是隨龍舊僚五人二人死二人丁憂兩人論罷只有彭龜年在有事肯來說只如此區處甚好

嘉定元年四月太學博士真德秀奏曰臣伏覩慶元以來柄臣顓制立為名字以沮天下之善者有二曰好異曰好名士大夫志於爵祿靡然從之者有年矣呼是豈非蠹壞人心之大原乎是豈非更新聖化之首務乎臣嘗敬覩國史竊見祖宗盛時以寬閎博大養士氣以廉恥節禮淑人心國有大政事大議論天子曰可大臣曰否宰相曰是臺諫曰非而不以為嫌布衣陳時政草茅議廊廟而不以為僭蓋惟恐人之不盡忠而未嘗恐其立異也士之自修於鄉黨者見尊於朝廷自勵於州縣者見褒於君上過人之節不以為矯異俗之行不以為狂蓋惟恐人之不嚮善而未嘗疑其近名也夫是以忠讜之氣伸而佞諛者不見容廉節之俗成而貪鄙者知自愧其所以扶持國脉於久安長治之地者其源蓋出諸此自王安石蔡京之徒相繼用事欒越和同己之論用險膚之行之人士有不為利疚不為勢怵者則目之以好異目之以好名摧折沮挫不遺餘力波流橫潰至于崇宣遺覩後君之習成伏節死義之風泯其禍可勝道哉中興以還深監前轍培養作成風俗一變不幸十數年間復壞於柄臣之手蓋其竊弄威權之始一時諸賢出力與抗彼自知為清議所不貸也保固庸回以為心腹擯抑賢雋甚於仇讎有如至誠憂國以為忠犯顏切諫以為直臣子常分也柄臣則以好異詆之設為防禁以杜天下欲言之口於是忠良之士斥而正論不聞矣正心誠意以為學脩身潔已以為行士大夫常事也柄臣則以好名嫉之立為標榜以遏天下趨善之門於是偽學之論興而正道不行矣相煽成風惟利是視以慷慨敢言為賣直以循默謹畏為當然以清脩自好為不情以頑鈍

亡恥為得策北伐之舉宗社安危所繫也雷同相從如出一口而爭之者不數人胥吏皁隸稍握寸權則輻湊其門名義有不暇顧流弊之極一至于此今日改紘更張之初臣謂當先破尚同之習廣不諱之塗朝政得失俾臣下各盡所懷而不以立異為可厭襃崇名檢明示好尚俾人人有一君子之行而不以沽譽為可疑則士氣伸而人心正風俗美而治道成更化之務疇先於此惟陛下與二三大臣亟圖之臣不勝至願

八年德秀為江東轉運副使奏乞將新知徽州林琰寢罷新任狀曰臣以非材誤蒙超除將漕江左一道休戚責實在臣視事以來日夕兢惕常恐玷澄清之選祇臨遣之恩竊見所部徽州地瘠民貧纍經回祿之災舊觀未能盡復春夏以來亢陽為虐雨澤未浹人情憂危正賴賢二千石悉心撫摩庶無流離餓莩之患今見任守臣趙師端

除丞太府卞政霍權得請奉祠日望朝廷遴柬良牧以幸一方比覩進奏院報已差下林琰琰平生素履臣不熟知第聞昔爲臺諫之時頗有交通關節之跡若子與壻請囑紛紜至今都人以爲嗤笑夫身在王朝至近也職居言路至嚴也以至近至嚴之地猶徇私弗顧如此若付之專城之任寄以千里之權必將政以賄成刑放于寵新安之人其何賴乎況今旱蝗之餘正以講求荒政爲急琰嘗兩守偏郡治聲蔑然必不能推飢溺由已之心解百姓倒垂之厄臣欲俟其到任然後考察以聞重惟琰嘗歷從班州郡將迎費耗必倍用敢先其未至冒昧有陳欲望聖慈將琰差知徽州旨揮特賜收寢別選循良之吏惠此凋瘵之民臣不勝大願

德秀又奏乞將太平州通判韓楚卿罷免狀曰臣竊惟通守之職所以關決郡條苟非其人必至貽害千里臣近據太平州申通判

時子懋任滿新通判韓楚卿已到任交割職事臣竊見楚卿依憑城社旁若無人泌撽之日居多在官之日絕少由此縣道敗壞貽患後人推其源流蓋自楚卿始當塗名郡地望素高加以旱蝗之餘講求荒政正賴倅貳得人相爲協濟如楚卿者實不堪任伏望聖慈將楚卿罷免或與祠祿別差作邑有聲績人通判本州實一郡之幸

德秀又奏乞將知太平州當塗縣謝湯中罷斥主簿王長民鐫降狀曰臣猥以駑庸將漕江左屬旱蝗相仍民物告病朝夕憂懼寢食靡遑仰賴仁聖盛明之朝哀矜元元蠲租發廩無所愛惜飢疲之氓賴以少蘇然臣博采衆言皆謂艱食之日尚長迓續民命唯仰二麥故於八月間鏤板勸民種殖且控請于朝乞撥降錢楮貸民糴種復慮報可之命尚遲亟以本司樁管錢一萬貫發下太平廣德兩郡委自令佐措置給借第四等以下耕農之家丈移丁寧非不切至意謂近民之官必能恪意遵行未幾當塗之民乃有以給散不公詣臣陳愬者及臣以巡察荒政躬至當塗而來愬者愈衆蓋保正縣胥相爲表裏賄賂苟行則有以一户而獲數十千者囑託不至則有候伺累日而財得百餘金者推原其故皆由知縣謝湯中者身爲邑長略無惻怛愛民之心視監司行移漫爲文具始則泛然付之吏手繼則一切諉之佐官致使吏姦恣行無所忌憚侵移詭冒色色有之臣以民訟至多不容但已遂將與押陳杞等械送州獄尋據勘到本縣元承州帖發下官會二千貫除節次給借人户外餘錢四百二十三貫有奇皆係陳杞等擅行侵用或以入己或以供官甚而知縣料理考任主簿修造廨宇亦科縣吏出錢吏無從出則取辦于此臣竊考樁管錢物非准旨揮不許支用臣以憂民之切不暇便文自營方自劾于朝

乞正專輒之罪而官吏乃奉行滅裂如此今當舉行荒政之際若使官吏人人如當塗縣事事如麥種錢則凡陛下所捐以予民者皆將化爲烏有矣嗸嗸生靈何所依賴臣除一面將勘到公吏照條施行外所有通直郎知太平州當塗縣謝湯中不職之罪實難倖免况料理考任乃其私事輒行科配吏人致使將官錢侵用其平時律己抑又可知伏望聖慈將湯中特賜罷斥使州縣之吏咸知究心荒政不敢苟簡庶幾實惠得以及民實一道大幸

德秀又奏乞將知寧國府南陵縣丞李仁任罷黜廣德軍廣德縣丞馮桄送部與嶽祠狀曰臣竊惟邑之有丞所以協贊其長治一同之政若乃很傲而陵上昏眊而失職有一于此是謂負丞臣以廉察爲官豈容置而不問伏見宣教郎知寧國府南陵縣丞李仁任故參政彥穎之孫而澄之子也淳厚端良有忝祖烈輕儇浮薄厥有父風本

縣去歲菑傷為一郡最振飢撿旱若捄頭然惟令與丞均當任責而仁任乃以披檄為名委其職而去卧家數月恬若不聞畔官離次已為可罪近以州郡文移督促始不獲已還任遷怒邑宰百端侵陵自典吏而下不時捽至其庭斷以大杖訊决動至數百械繫或至通宵且以知縣妄用官錢徧申臺府及守臣張忠恕索曆驅磨縣家所用皆有去着仁任之言莫非詆誣臣考諸公論皆以仁任為不直遂對移蕪湖縣主簿冀其少戢而仁任更無一字遵稟徑翩然以歸非惟不有邑長且不有監司矣臣所謂狠傲而陵上者仁任是也迪功郎廣德軍廣德縣丞馮烑年迫桑榆志氣衰落間嘗攝邑頗乏廉聲近以本軍檄往平江般運制置司對撥米斛群情喁喁日望船粟之至而烑乃以贓胥自隨縱其侵漁船户錢物遂使船户公為欺弊盜糶官米凡七十餘石當飢民仰哺之際一勺一合皆為可惜烑為監臨官

不能撿察以致散失米斛其多如此豈容逃責臣所謂昏眊而失職者烑是也二人者一則少而狂一則老而繆俱難存留在任伏望聖慈將仁任罷黜烑送部與嶽廟俾九為吏者知所警飭實一道幸甚

德秀又奏乞將知寧國府張忠恕亟賜罷黜狀曰臣竊惟天災流行雖盛世不能免惟上而朝廷下而守令至誠以憂之盡力以捄之則民雖不幸而遇凶歲可使骨肉相保而無流離全其天年而不至殍踣以死昔人有云剪爪宜及膚割髮宜及體仁人之於捄菑雖髮膚有所不愛况其他乎富弼之在青州存恤流民如其家之子弟趙抃之在越振饑藥病多出私錢蓋為君上牧元元為國家固根本法當如此臣以駑劣將漕江東屬歲旱蝗民物告病仰賴陛下仁聖哀憫無告之民散財發粟以鉅萬計真可謂堯湯之用心而臣徧察州縣間求其至誠惻怛恪意奉行者則何其甚寡未嘗不仰歎朝廷之至

仁而外官吏之不仁也聞者蓋嘗以給貸麥種錢縱吏盜用而劾一令矣又嘗以般運米斛縱吏為姦而劾一丞矣若乃身為二千石而志不在民將朝廷振濟之米指留破用其罪有甚於二人者乃獨置而不問則是織悉於小官而鹵莽於大吏也臣謹按朝散郎權發遣寧國府張忠恕以輕儇浮薄之資濟之以陰狡誕謾之術曩守雲川汙穢無撿為憲臣所劾僥幸獲免自以為能及來宛陵貪恣益甚開告訐之門以陰求人過一詞胥罣牽連入獄有辜犯甚微而遭編竄者崇聚歛之政以傾奪民財極意椎剥一孔不遺有逋欠無幾而遭估籍者郛人畏之甚於豺虎去夏亢陽種不入土臣以手書與諸郡豫講振荒事宜獨忠恕條畫燦然本末甚備臣大喜過望亟下其所申於諸州俾視以為式居無何有自宛陵來者乃言其境内飛蝗塞路粟直翔貴州郡恬若不聞臣竊怪之何其言之工而實不副也近

者循行太平廣德二郡其地與宣犬牙相入薦紳父老多為臣言宣境之民憔悴尤甚振卹之事殊未有倫傳聞鄰境散錢給米已至一再有恨不得為旁郡民者臣亟馳書提舉常平李道傳問其故道傳復書以為宣之六縣地最大旱最甚前後所申最詳而事最不舉臣謂道傳此言實深中其病而忠恕方且裒類成帙一一記載若已訖事之為者臣得而讀之則虚詞多而實事少略於給散而詳於勸分其間有月濟二日糶四日者濟米出於官司糶米取於上户官司所惠既微而上户之米又盡充官糶不知自餘日分細民何所仰食未幾承常平司牒稱寧國府昨蒙朝廷撥賜轉般倉并義倉米凡十一萬七千三百六十二石而本府撥下諸縣為振濟用者止五萬六千二百四十六石其餘六萬一千餘石未見去著遂行疏問忠恕雖巧為分擘回申而氣餒詞窮不可掩覆姑摭數項言之如諸縣合糶人

户已將勸分米充𢌿矣。而忠恕復於振濟米內重疊支破。在城安濟坊孤老并諸縣乞丐人口。將常平米給散矣。而忠恕復於振濟米內重疊銷豁兩獄罪囚土牢編管等人并家累連本官兵月糧口食。州郡自當措辦。而忠恕亦於振濟米內拘留。其他虛支大破。色目非一。猶且攤布不行。復將二千三百七十餘石指為灰蛀欠折之數。不思上供綱米係嘉定七年新收。而義倉米亦近常平司委官覆實。灰蛀欠折。何至若是之多。公為誕妄。一至於此。原忠恕本意。旨謂文移眩惑可以欺人。莫將官米暗行乾沒。不虞道傳單車入境。盡索文曆鉤校條析。具得其情。倉猝報應。姦狀畢露。蓋其平時習氣。以此為常。當晝攫金。無所忌憚。獨不念一郡數十萬生靈嗸嗸。如在溝壑。陛下不惜太倉之積。捄之於垂絶之中。為守臣者。縱不能有所附益。其忍為侵漁之計乎。且朝廷蓋嘗因忠恕之請。頒祠牒截綱米。以贍州用。委

借令經費猶或不足。夫豈他無撙節之方。何至於飢民之骨而奪之食。其亦可謂不仁之尤者矣。況荒政之行。當以振濟為主。勸分為輔。蓋有司不惜官廩以惠民。然後可責富室不私蔵以惠鄉里。今忠恕於朝廷所賜。則妄行破用。於民間所有。則根括無餘。形迫勢驅。一切不卹。考諸民詞。有家產僅千錢而勸令認米四百石者。有因公事至庭而罰米數百石者。民間畏其虐燄。止得俛首聽從。據忠恕所申。六縣人戶認米凡十二萬八千九百餘石。苟非以無道行之。其能致多若是乎。如涇縣土瘠民貧。所科亦一萬一千四百餘石。忠恕尚怒其少。形之批判。必欲其急作措置。否則縣官按奏。黜責與吏刺配嶺海。是趣迫官吏使之毒民也。以忠恕之政無善狀。士大夫皆謂豺狼不問。責實在臣。而臣獨容忍久而未發者。尚欲責以捄荒之效故也。今察其所為。決無可望之理。而春夏之交。青黃未接。正是民飢之時。必

待其餓莩纍纍。死亡枕藉。然後舉劾。其亦晚矣。臣與憲倉二司雖分州措置荒政。然於官吏臧否。則自當通察。用敢不避仇怨。疏其罪狀以聞。伏望聖慈將忠恕亟賜罷黜。令提舉司將元撥賜米斛一一驅磨實數。申尚書省。仍乞下臣此章戒勵本路州縣。凡奉行荒政之吏。各當仰體朝廷之至仁。毋效忠恕之不仁。其有沮格上恩。俾澤不下流。坐視民飢。而拯捄不力者。並許監司按奏。重寘之罰。庶幾民命可全而和氣可召。實一道大幸。

貼黃。臣竊見忠恕以峻急苛暴之政斂怨於民。去歲之秋。宛陵之士有條民怨十事以示臣者。蓋謂租賦之法。自正數外。一毫不當多取。所以編之版籍。給以牓由。係數輸納。以為一定不易之制。而本府則不然。牓由內明書紬一寸。則科納一尺。明書紬一尺一寸。則科納二尺。明書綿一錢。則科納一兩。至於和買紬絹

亦將零寸責令盡納整數。其怨一也。本府受納夏税秋苗。不用文思斗斛。而私製寬大斗斛。兩歲以來。加增收耗。尤甚於前。總而計之。不啻多量一倍以上。受納官隨即申府。乞委官般量。將加增收到之數為出剩以獻。開場未幾。所收出剩。已可補足正數。便行出牓責令人戶重價輸錢。以歸府用。其怨二也。人戶輸納去年折苗錢。以一石為率。如納秈米。通用米二石二㪷了納。如納粳米。通用米二石了納。今年六月十一日以前。秈米每石八百文足。粳米每石一貫文足。更有官收水腳等錢共五百文足。只合通計錢二貫五百文足。而官司估價每石納成三貫四百五文足。則是每石多取民錢一貫文足。其多收折麥錢。大畧亦同。其怨三也。他如公庫既造酒。宅堂又造酒。責令官吏沽賣。以攙奪贍軍正庫之課額。一有虧欠。官負動遭責罰。公吏例行

决配而官吏怨坊場河渡之敗闕者不任興開虛負官錢無可償納。家既籍沒身復監留餓瘠如鬼猶不釋放。而坊戶怨宗子降生。陳乞公據者逾年而不行。陳乞起支者經年而不予。近又刱例坐倉回糴孤遺米并以酸淡官醞折支料錢而宗室怨。軍人預借春衣錢每名拯支官酒七升虧折甚多噤不敢言。而軍士怨。中產之家有因科配賑糶破壞家業而怨者有為戶長以逼催逃閣稅賦鬻產代輸而怨者有無辜遭罹刑辟編竄他州骨肉離析而怨者臣始聞之猶疑其言之過尋采衆論皆謂信然。方陛下宵旰勤民惟恐一夫不獲其所而忠恕身在近藩敢為殘忍以結怨于下一至於此臣以按察一道為職倘不亟加論奏使忠恕僥幸善罷或反叨陞擢外臺耳目其將焉用此臣所以不敢嘿也。

德秀又按奏寧國府司戶錢象求狀曰臣竊惟方今仁聖在上愛養元元若保赤子凡百有位皆當恪意奉承使德澤下流鰥寡得所然後無負朝廷為民置官之意而臣所察州郡有顓恣妄為貪虐相濟大吏以虎狼之威搏噬於其上小吏以狐鼠之姦跳踉於其下輕蔑國憲荼毒民生者臣儻不以聞則為失職昨據宣城縣百姓施良陳愬知寧國府張忠恕妄行抄籍家財本府司戶錢象求乘勢收攫錢物等事臣亟索府案并追推吏張翼司戶廳吏汪澄送上元縣根勘見得施良與兄施恭各居歲久至嘉定三年施恭與男施耕同充本府軍資庫子侵盜官錢事發配籍其在獄之日即無一詞連及施良其後施耕自配所逃歸匿於宗子趙通夫舍屢干施良丐貸錢物不能一一盡從自此浸成嫌隙又緣本府追捕逃軍嚴急遂生狡計以知府張忠恕見揭榜召人實封告訐於是撰造虛詞詣府陳告稱父

施恭曾有官會七百餘貫并金釵銀琖等物寄施良之家忠恕欣然視為奇貨不待究實徑差司法前去封籍其家仍就追施良送獄當盛暑中百端鍛鍊勒令招認隱寄情辜盡將財產估賣填償計其所直凡數千緡忠恕猶以為未足復將其壻田產併行沒官展轉推求尚且未已又謂其女不應輒嫁宗室婚嫁數年且嘗有子必欲一旦仳離其為不仁孰甚於此臣竊考國家立法唯胥吏犯枉法自盜贓辜至流以上者乃許籍沒施良家本編甿初無過犯雖其兄姪嘗遭黥隸然異居析產辜不相及借使真曾受寄錢物揆之三尺不過斷罪監償亦無籍沒之理況施耕所告元無實跡又涉累載已被赦恩忠恕志在得錢遂併國家之法令朝廷之赦恩一切不顧且自古及今未聞有止憑告訐之詞遽將人戶封籍者亦未聞有先封籍而後追人者蓋忠恕之心沉溺貨利民間訟牒稍涉錢之一字便欲攫而

取之何暇更考虛實姦猾之徒窺見此指凡其所欲陷害必曰某人辜當罰錢某人辜當籍產忠恕一一施行被誣之民無能自脫者如保正王椿以受船戶繳引錢■貫八百為人所訐而籍其數萬之貲竹木牙人劉剛等以多收商旅牙錢為人所訐而罰令納錢三千貫諸如此類非止一端案牘具存可以覆視江東去歲旱蝗宛陵為甚群情洶洶幾不聊生為郡守者方且大開告訐之門數興羅織之獄奪斯民仰事俯育之具而供其侈費妄用之資臣所謂大吏以虎狼之威搏噬於其上者忠恕是也當施良被籍之時司戶錢象求實受府檄估賣其財產因得挾城社之勢以行其穿窬之謀雞鵝孳畜則烹之以饗從人縑帛軟細則卷之以歸私室據廳吏汪澄供稱有未上帳之物係象求般去者拾餘件如糯穀燭炭綿錢紙札之屬是也有物重估輕象求以詭名買去者數拾件如縑段衣物器皿之屬是

也。以至館客婢僕。亦皆紛然收買。名雖酬直無異白取。獨不念無辜被籍之家寃痛方甚。乘時擾竊豈所忍為。臣所謂小吏以狐鼠之姦跳踉於其下者。衆求是也。忠恕前已爭祠。臣不敢更乞行遣。但其違法毒民之狀。臣既考驗得實。不敢不告于朝廷。衆求以貲入官。人品猥下。而敢為貪墨如此。儻令僥倖漏網。則繼此塵點仕路。必將益肆其姦。伏望聖慈特賜重行鐫罷。永不得與親民并職。曾官差遣。使州縣小吏。少知所懲。實斯民幸甚

德秀又奏乞將新知寧國府陳廣壽寢罷新命狀曰。臣伏覩進奏院報陳廣壽差知寧國府。尋復有旨趣令之任。臣竊惟江東一道。自晉宋以來號為重鎮者。金陵宣城而已。有唐之世。以宣為觀察府。而屬郡隸焉。肆我孝宗龍飛。陞揭府號。蓋其疆場之廣袤。生齒之蕃庶。地望之雄重。大抵亞於金陵。故為親王執政偃藩均佚之地。而自十數

年間廼有凋郡之目。臣嘗博訪士大夫。皆言此邦本自富實。頃緣郡守不盡得人。或廉隅不立而封殖其私。或用度不節。而靡於浮費。故其事體寖不逮昔。今誠得一潔已奉公之守。行節用愛人之政。源流本末。以漸講求。則財計不患其不充。公私不患其不裕。今者郡守闕人。臣意陛下必將妙選循良以幸此州。而改命再三。乃得廣壽。貪殘之迹。人所共知。其在臨川。尤為暴橫。清脩之譽蔑聞。纖毫白奪之名交播衆口。近因漕臣之言。斥使去郡。天下莫不共歎朝廷從善之速。而或者猶恨議罰之輕。今曾幾時。遽有此命。夫撫之與宣。雖均為名郡。然其大小輕重要自不同。使廣壽在撫以善最聞。其褒遷不過如此。夫既嘗敗績於撫矣。其可復使守宣乎。既不能以善治撫矣。其能以善治宣乎。故自除目之傳。公論籍籍。如出一口。况是邦新罹前守之虐。民之被禍蓋匪一端。至於開告訐之門。興羅織之獄。無罪而籍貲產。非辜而罰贓錢。善良之家。沿此破蕩者甚衆。自李道傳被命承攝。乃始以次蠲除。斯民浸有生意。側聞廣壽在撫之日。如前數事。色色有之。而其兇暴尤出忠恕之上。今忠恕甫去。而廣壽寔來。所謂逐虎逢狼。害將愈甚。抑何宣人之重不幸也。臣非不知國家用人。務在含垢。過而能改。聖賢許之。然大體可稱。則一眚難掩。不幸有過。則自新可期。若廣壽平生屢遭彈劾。起家為郡。當知聖朝拔拭之恩。而貪暴古狀。廼更甚於嚮昔。其不可望其改過也明矣。臣若顧避不言。坐視千里之民。再被塗炭。豈惟下媿百姓。實亦上負朝廷。况今明良會聚之時。進退人材。率采公議。刻印銷印。曾無留難。何所疑畏而不亟論奏。伏望聖慈將廣壽差知寧國府指揮。特賜收寢。別選賢牧。以惠一方。庶幾凋瘵之氓。獲遂蘇息。臣不勝至願。

寧宗時。王十朋論林安宅劄子曰。臣聞。口道先王語。行如市人。名曰

盜儒。此聖人之所必誅。王法之所不赦也。臣謹按前知臨安府林安宅者。其盜儒之雄乎。初令越之新昌。納官妓為妾。則以濫聞。及倅潭州。盜郡將之權。貪墨自恣。則以贓聞。及作廣漕。起羅織之獄。誣陷善良。則以酷虐聞。諂事鄉人朱倬。倬令何溥薦之。而得淛漕。倬雖小人。然於安宅有卵翼之恩。及臺官張震欲論倬。安宅乃手疏倬之隱惡數十事以示震。倬之罪。人皆可得而言也。而安宅納之。其與呂布事董卓而殺董卓何以異乎。安宅出入史浩龍大淵之門。其在都司也。進則見浩。退則見大淵。天府之除。不由正道。物議咸鄙薄之。有從何處來之語。浩與大淵。結為死黨。及二人反目。浩託安宅和之。安宅既欲效勤於浩。又欲獻佞於大淵。遂遣其室為奴顏婢膝之態。士夫傳以為笑。陛下比於經筵嘗語臣曰。近臺諫論龍大淵輩。朕不私之。已罷其職矣。臣言陛下屈己從諫。以天下為公。不私潛邸之臣。社稷之福也。陛下

稱不私者至于再三。今安宅乃自託於大淵之門。以盜威福。陛下且不私大淵。其肯私其門下士乎。安宅自知罪惡為清議所不容。乃詐病以求致仕。朝廷既以宮觀與之矣。又用計以復留。臣近嘗面奏其姦。陛下即諭宰相令丐祠而去矣。今又必欲朝辭畢。僥倖復留之計。動用姦謀。以要君父。不顧廉耻。不知進退。眞小人之雄者也。或謂安宅之才。可以治劇。然自知臨安以來。初不見其所長。事無大小。皆委於吏。獄訟繁興。而不能決。盜竊公行。而不能治。議者謂不逮前政遠甚。是豈可居彈壓之任乎。陛下斷然罷之。可謂能去惡矣。為安宅者固宜皇懼。朝聞命而夕即塗也。乃復徘徊不去。不知何所恃而敢爾耶。臣欲乞斷自宸衷。正安宅之罪而竄逐之。以為不知廉恥者之戒。臣與安宅素無睚眦。昨因安宅奉史浩意旨毀省試策題及程文之板。臣以公議責之。即非私怨。安宅聞陛下用臣為御史。即欲求去。蓋

用姦計以鉗臣口。臣前日面奏其姦。即蒙陛下罷而去之。臣已不論列。今聞安宅復求朝辭。物議沸騰。咸謂安宅倚恃憑援。不顧公議。故臣不得不論之。須出臣章。示至公於天下。

十朋再論林安宅劄子曰。臣誤蒙親擢。濫司風憲。比嘗面奏前知臨安府林安宅姦邪交結等事。陛下即諭宰相令安宅罷職丐祠而去。臣仰窺聖意。既俯聽臣言。得從諫如流之美。又欲保全安宅。使不緣彈劾而罷。為安宅者。固宜聞命即行。又復乞朝辭。冀姦計得施。欲求再用。臣昨條列其罪。謂即賜施行。今乃聞有旨令安宅內殿引見。臣不勝皇懼之至。切聞仁宗之時。任用臺諫。言及乘輿。則天子改容。事關廊廟。則宰相待罪。臣今論一小人。而不能使其知畏。尚何面目居風憲之地耶。安宅前日聞陛下用臣為臺官。即詐為風疾。以求致仕。既已得祠。命下復止。罔上要君。尤足以見其姦詐。今宜即去而復乞朝辭。才有班次而遽得內引。是前日之姦計復行也。臣切見近日執政臺諫以疾求去者。皆放朝辭。安宅何人。而得此隆眷異禮耶。欲乞陛下深察安宅姦邪交結之罪。亟賜竄逐。以慰公議。

衛涇奏乞籍沒陳自強家財狀曰。臣恭惟本朝以仁厚為家法。以禮貌待大臣。三代而下。所莫能及。然其至於朋附以罔上。貪黷以為姦。則竄殛隨之。曾不容貸。豈固為是少恩哉。所以振紀綱厲風俗不得不然耳。傳曰。國家之敗。由官邪也。官之失德。寵賂章也。賈誼亦曰。上設廉恥禮義以待其臣。而臣不以節行報其上者。則非人類也。夫為士大夫而至於以寵賂敗國事。至不以人類自處。則亦何所不至哉。

臣謹按韶州安置陳自強。起自書生。晚叨一第。方為士之時。固已不善處約。丐貸亡節。素乏鄉曲之譽。繇州縣得改秩。年踰六旬。自知遲暮。志在苟得。當姦臣弄權之始。夤緣假館之舊。躐登朝列。致身宰輔。

專事諛佞。持祿固寵。知有權臣而不知有陛下。武臣之平章軍國。祖宗無此故事。自強寧不知之。乃率同列。諷臺諫上章飾說。力請陛下畀侂胄以呂公著文彥博之任。自強位處其次。庇身得所。侂胄既專國柄。自強肆為姦利。舉朝側目。莫敢誰何。傳聞四方。無不鄙誚。都城頻年火災。變異不小。一夕延燒私第。頃刻而盡。天意可見。自強曾不引避。反以被火。乞憐於人。餽遺接迹。所獲不貲。人謂田祿祝融之相之也。陛下念薦舉之不公。寒畯陸沈。累降御劄。戒勑中外。法行自近。宜以身率。乃首犯訓旨。遍移私書。多取空頭舉削。旋議價直。隨其人之貧富與其勢之緩急。有增至三千緡而后售者。有先受賄賂而后為之發書者。自強三子。俱非令器。士頎士履貪穢尤甚。交通關節。專事狎遊。人謂將帥蘇師旦賣其大者。而近下軍職及陛差之類。自強偕二子交互為市。內而職事官。外而監司郡守。亦以賄得。有求學官

者獻泥金酒器十具不厭所欲則卻之以為高實怒其薄也使自強素有廉稱此物奚宜至哉有自邊管以七千緡而得廣漕者有自倅貳以六千緡而連得兩郡者有以珠翠飾婢妾而遺其子者有以五千緡而得潮陽者其它殆難以遍舉繇是金帛充盈每盈百篋則諭天府運以海舶不知其幾有幹僕陳宗顯者本封樁庫吏自強倚為心腹冒受福州水軍統領徇私廢法大抵類此近者太皇上僊臣子攀慕自強領使總護初無勞勩錫賚不薄二子列屬復叨釀賞自強宜知止矣自二子外其餘辟置非錢不行皆有定價下至舉夫力士亦必刻削其募直犒賜之半此而可忍夫復何言逮其因山之回自知階官已至特進意在欲得亞保詞臣有言兼有謝深甫舊比自是始不敢受尋常辭免制綍或令回授或與加恩謂之貼麻自強既觖初望公形怨怒必欲盡辭峻拒廷揚之命不恭孰甚焉自強本無能為

敢行不義徒以憑藉權臣自謂若倚太山蓋侂胄樂其順從非自強難以專擅自強徇于貨利非侂胄不能優容是以蒂結株連牢不可拔兵大事也侂胄欲圖兵柄以久權任始猶遲疑未決自強不能禁止及從臾成之諸將敗衄糧械喪亡當荊襄兩淮危急之時人情恟懼禍至不測朝士從臣有叩自強者但俛首唯唯或云太師自有措置人知其無益亦不復問蓋自強第知徇私黷貨不以國事為念夫子曰危而不持顛而不扶則將焉用彼相自強之謂矣幸而虜以糧乏自退自強喜動容色對侂胄言某自覺心安知亦無慮夫三邊兵民死於鋒鏑殆踰百萬自強所當怛然興念顧是以為安乎自強自知通國之人皆所弗平乃與侂胄密謀引用林行可躐長諫省倚為爪牙令縱其搏噬善類使人無敢議己者其意殆不可量二人者為惡不同同於誤國原情定罪厥罰宜均臣歷觀本朝宰輔或以庸常

尸位或以姦邪被斥或以朋比獲罪雖不一端曾未有貪婪汙濁嗜利無厭寡廉鮮恥如自強之甚者則又烏可以常理論哉矧舊比有可攷者昔丁謂為相坐與雷允恭交通罪狀顯露初止分司再貶崖州司戶諸子並勒停籍其家得四方賂遺不可勝紀謂雖小人猶有才術自強視謂無能為役而罪浮于謂上從寬斥人謂佚罰況侂胄家財既盡行拘籍而自強不損其錙銖又令細載而歸何以厭服天下臣愚欲望睿斷將自強家財照丁謂例籍沒二子姑從鐫降勒令隨侍自強前赴貶所以為鄙夫患失貪人敗類附下罔上誤國蠹民者之戒庶幾少快公論俯慰人心於維新之政不為小補

汪又論太師平章軍國事韓侂胄右丞相兼樞密使陳自強乞賜貶竄疏曰臣聞書曰惟辟作福惟辟作威惟辟玉食臣無有作福作威玉食臣之有作福作威玉食害于而家凶于而國人用側頗僻民用

僭忒釋之者曰君臣之分貴賤有常政當一統權不可分作福作威謂秉國之權專略震主者也人用側頗僻謂在位小臣見彼大臣威福由己由此之故皆附下罔上民亦因此而僭差夫箕子告武王以洪範陳天地之大法而獨於此諄諄其嚴凜乎其不可犯也是以垂戒萬世且以作福作威而害家凶國禍已如彼而況征伐 天子出聖有明訓人臣而可專之以貽患於天下哉臣仰惟陛下天資仁孝身履恭儉率禮守法畏天愛民未嘗有一過舉以韓侂胄獲聯肺附久事禁密見其平時小心畏謹故每事詢訪覬有裨補侂胄所宜銜戴恩遇勉自抑畏盡力彌縫圖報萬分而習氣膏粱不學無術任重力小輕躁自用陛下少加假借侈然驕肆竊弄威福恐人有議己者乃首借臺諫以鈐制上下除授之際名為咨訪實出己私而姦險之徒亦多樂為之鷹犬夫臺諫之官使誠出於天下之公選人主之親

排論議章奏允叶人心聽之可也今專植私黨任用匪人凡有所言無不陰授風指而每告陛下槩謂臺諫公論不可不聽自是威福日盛無復忌憚稍有異己必加擯斥以人臣而專權擅朝干紛敗常自知其無所容乃巧圖兵柄以為固位之策不量事實徒徇虛名外則締交軍帥分布邊面以張其聲勢內則位置群小於給舍臺諫以主其言論招納亡命撰造間諜輕絕和好邀啓兵端逆曦之任殿巖侂胄交通蹤跡詭祕人已切議當孝宗在宥之日以吳氏世掌兵權聖慮高遠吳挺亡恙時逆曦年甫弱冠因其來覲留之禁衛以繫其心及挺之死至易以它將逆曦在光宗朝亦不過假守邊郡侂胄既薦為殿巖又納賂以便其歸復任西帥付以全蜀識者蓋已寒心果挾強虜以叛人尤不能無疑於侂胄而侂胄亦何辭以自解藉曰無他而虎兕出柙咎將誰歸以至皇甫斌之敗於唐州李汝翼之敗於符

離商榮之敗於東海郭倬之敗於儀真郭倪之奉頭鼠竄僅以身免將不素擇兵不素練輕舉妄動自取困衄殆理勢之必然而所以致此抑又有由也蘇師旦起於筆吏之賤侂胄以奔走之舊薦進寵用不三四年驟躐通顯凡武臣之建節非近屬懿戚元勳宿將不以輕畀舉而授之奴隸昔秦檜居相位垂二十載不為不專假寵使令如賈瑛丁禩官不過武功大夫未嘗處以朝廷職任而師旦為御帶為知閤為樞密都丞旨至秉旄鉞此秦檜所不敢為而侂胄敢為之師旦何知嗜利亡恥固其常態既為侂胄所親信遂招權納賄其門如市自三衙以至江上諸帥皆立定價多至數十萬少亦不下十萬暨諸將撓敗侂胄不得已稍從黜責諸將往往退有後言謂吾償帥而責以戰將道路籍籍傳笑境外遂益有輕視中國之心師旦旋以敗露削籍投荒雖加之罪而心實不服揚言於人謂諸將貨賂非所獨

得蓋指侂胄而言然則師旦之竄非專於伸國憲亦侂胄藉之以自文耳抑侂胄之專擅尤有大可罪者自古國家有大政事大興作謀及卿士謀及庶人禮曰天子將出征類乎上帝宜乎社造乎禰禡於所征之地受命於祖受成於學豈非兵凶器戰危事故謹重如此今侂胄之舉事上不取裁於君父下不詢謀於縉紳至於為陛下侍從近臣有不得與聞同列有不能盡知者甚至密諭諸將出師之日僭假御筆以行之外廷曾不及見已破泗州之後曲為之說以罔聖聽始諭詞臣降詔逮沿邊連以敗報皆蒙蔽而諭諸將第以捷聞人情恟懼幾不自保幸祖宗德澤在人逆曦授首虜亦以粮乏自遁然而三邊兵民斃於鋒鏑困於轉徙淪於飢餓死於癘疫室廬焚蕩田萊荒蕪遺骸蔽地哭聲震野斯民何辜而至此強虜頻年僉刷皆吾中原赤子彼唯重其族類而虐用吾民光化之戰至驅僉軍及俘係老

弱幾數千人填塞濠塹以渡軍馬河南之地十室九空而兩淮四十餘年生聚遂成丘墟是南北數百萬生靈之命皆侂胄一人殺之也皇天后土能鑒陛下之心雖敵人亦知其非出於陛下之意是以督府每遣小使虜帥書問往復必以首謀姦臣為言使侂胄本無邪謀祗以輕信誤國至此亦當審察事勢束身請罪退就貶削猶有辭於天下仍偃蹇居位靡聞懼容遇邊報稍希輒為大言每執已見則曰有以國斃聞者縮首夫國太祖太宗高宗壽皇之國而從侂胄斃之可乎方倚腹心以為臺諫文飾姦言謂之一人心定國論以禁異議怙終不悛殆將罔測夫以侂胄本以庸闒無知養成姦惡得罪天地得罪祖宗得罪舉國兵民納侮夷狄孩提孺子口皆能言忿無不怒而劫於積威曾無一人敢為陛下言者賴陛下覺寤出自英斷特降御筆處分且蒙聖恩不以臣孤遠亡似擢長憲府臣雖見具控免而

已入供職故亟舉其專權誤國罪之大者言之其他罪惡擢髮不足
以數未暇枚舉如陳自強者昏老庸繆本無寸長可取徒以嘗假館
於侂胄驟州縣小官數年閒汲引拔擢致陛下過聽用為次相阿附
充位不恤國事不遵聖訓中書機務唯唯聽命一無可否侂胄曰兵
當用自強亦曰當用侂胄曰事可行自強亦曰可行每對客言自強
受恩之深只得從順然則從之者歟自強之罪亦不可勝誅矣若其
貪黷無饜政以賄成鄙猥之狀言之汙口舌臣亦未暇悉論伏望
陛下詳覽臣奏將侂胄自強重賜貶竄以荅天人之顏以釋兵民之
忿以彰有國之典以慰死者之寃使敵國聞之必諒陛下本心將士
聞之必為陛下戮力一戰忠義聞之必為陛下奮發而起宗社幸甚
天下幸甚

涇又論韓侂胄鑿太廟山及婢妾僕隸封敘官爵及分盜太皇殿金
帛狀曰臣昨日奏疏論列韓侂胄專權誤國等事恭想已蒙睿旨施
行方陛下奮發英斷之初萬姓呼舞咸以手加額喜於復見天日之
清明是見人心無不稱快其它罪惡人言尚且籍籍今條列一二如
后一稽之禮律宗廟至重太廟者祖宗神靈之所御雖車駕經從猶
為卻蓋所以盡恭敬也侂胄人臣寧不知此廟後山林號稱禁地自
來不許樵採碪鑿侂胄惑於術士之說謂其地形勝每遇興造必獲
福利自是窮極土木終歲不休剏造亭館種藝花卉日事游燕三二
年前臣雖在田野每有人自都來輒言每遇宴集望太廟之山燭炬
熒煌簫鼓喧闐歌呼之聲達于通衢觀者莫不嗟息凡居民起造樓
屋臨視鄰家法猶不許而侂胄乃以亭館下瞰太廟於禮安乎欲乞
聖旨行下臨安府日下先將山上亭館盡數毀拆花卉盡行除去補
植松杉仍申嚴樵採碪鑿之禁一子貴有常尊禮亦異數夫人嬪御天
子而後有之今侂胄處人臣之極位合避嫌疑乃敢以婢妾之賤遂
求封號至郡國夫人僭擬宮闈月有常廩倡優后飾賈誼見於痛哭
流涕之言而侂胄以倡優僭受封號干請宣押俾與內宴至與妃嬪
雜坐人臣而有此禮乎臣欲乞睿斷將侂胄四婢追毀告命其服用
金玉珍寶等皆宮禁所得者並與拘收沒入逐便其群婢凡有安人
恭人等封號者悉行追奪一衣章之寵以勸有功均號名器武臣任
至將領或賜金帶皆為榮寵今侂胄盜竊威福多以名器私其親屬
或有可言者乃至其家僮僕及內侍私名幹人皆官至大夫職為將
領及御酒庫等差遣如黎懷義鄭中錢錡呂順田邦直杜文貞等及
李奭家奴嚴監門者或曾賜帶或經兩賜名器僭濫莫此為甚臣欲
乞睿旨令所司追究逐人元補名目回依除元係父祖奏蔭及實有
軍功補授人許給還元官外其餘官資差遣並作御前及親屬名色

並與追毀其衣帶悉行追納入官仍各將家業根估聽候施行一臣
昨所奏分盜太皇殿金帛王瑢等今聞有內侍吳回者尤為巨蠹凡
壽慈殿事務皆所專輒分盜金帛悉出其手自盜特多臣切惟太皇
太后帑藏所儲皆兩朝奉親之禮太皇方寢疾之際不忘國家念及
軍旅之費以助支遣吳回身為巨璫受國厚恩職居禁密獨不仰體
聖意方驂馭上僊臣子摧慕之時忍為盜竊之計豈復人理欲乞睿
旨將吳回李奭等送所司削奪官職分竄嶺海仍籍沒家財以充犒
軍之用使三邊將士聞之必知激勸右上件四事雖未足以盡侂胄
之罪然公論未厭不容緘默冒昧煩瀆天聽伏乞睿斷速賜處分
涇又論姦民猾吏狀曰臣竊惟國家法令非不詳盡州縣奉行弗虔
猾吏姦民相輔為虐善良受弊無所赴愬此蠹害治之大者也臣伏
見孝宗皇帝即位甫閱三月內出寬卹十八事條畫纖悉燦然備具

洞燭幽隱。曲當事情。欺偽不容。姦猾知懼。一時頒行。中外呼舞。二十八載之間所以結人心。固邦本。抑有助焉。惟是比年以來。因循玩習視為虛文。臣嘗攷求大略。實多切於今日之務。未暇徧舉。姑以治私販鞠盜賊。姦民挾詐。以汚善良。猾吏並緣。以徼賄賂。二者之弊尤切於民者。為陛下陳之。蓋私販盜賊。無非鄉村之惡少亡賴。必有大姦巨猾為之囊橐。常時既與固結緩急相為表裏。一旦敗露。縱加窮治迄莫肯言。方藉其營救於外。以為異日之地。而善良之民。粗安衣食。素無交涉。徒以平日彊賣不售。假貸無時。圖復私讎。陰受指教。或謂資給停着。或謂同黨分贓。官非其人。付之吏手。惟意所欲。妄行供稱。獄吏利於請求。不究虛實。株連枝蔓。追呼煩擾。肆其溪壑。既厭所欲。卒從末減。有司或不加察。無辜反抵深文。間有一二僅能自明。而誅剝之餘。家已破矣。姦民復出為患。盜無悛心。獄訟繁滋。所在皆是。箠楚之下。何求不獲。冤枉之聲。聞於道路。此豈聖世之所宜有耶。臣恭惟陛下嗣服以來。發政施仁。率繩祖武。每聞民間利病。罷行恐後。顧州縣吏不奉法。敢為民害。有如前所陳者。安可不加禁戢乎。臣伏願陛下特降睿旨。檢坐紹興三十二年寬卹詔條。申嚴約束。俾州縣各務遵守。內委御史。外委諸路監司。糾其不如令者。必罰無赦。庶幾姦猾革心。善良安業。刑得其平。獄無冤濫。亦足以感召和氣。災沴不生。其於仁政。豈為小補。惟陛下留神幸甚

歷代名臣奏議卷之一百八十四

歷代名臣奏議卷之一百八十五

去邪

宋寧宗時。衛涇論新除司農少卿張鎡乞賜罷黜奏狀曰。臣仰惟陛下奮發乾剛。誅鉏元惡。中外慶快。萬口一詞。惟是更化之初。一黜一陟。天下觀瞻。所係不容少有差失。儻使姦人投隙而進。豈不致中外之疑。謹按新除司農少卿張鎡。狠甚虎狼。毒於蛇虺。立朝則猥賤而無恥。居家則瀆亂而朋淫。其回邪姦慝之迹。雖盡南山之竹。不足登載。而前後亦畧見於臺臣之章疏矣。若其凶殘著於心本。奴婢厮役之徒。少忤其意。必潛置之死地。當蘇師旦用事之時。鎡傾其故第家財。強抑孤女與師旦子為婚。其女出嫁之夕。號泣登車。指鎡而慟曰。汝要做好官。却以我嫁書表司之子。聞者為之悲感。有衛不怯。卒殞非命。自此益得罪於公議。不復以人類待之。廢放終身。猶為僥倖。忽傳除目。大駭聽聞。轉相顧語。莫測其端。識者尤為疑懼。況張鎡既為師旦姻家。情好稠密。崇資顯秩。皆自師旦得之。師旦既斥。每懷觖望。近正典刑。當益懷鞅鞅。既為刑人死黨。豈宜寘之卿列。而俾近君側乎。臣職在彈劾。若不於幾微之始。亟鉏其姦。設或鎡交結非類。益肆梟張。則為國蟊賊。將有不可勝言者。用敢冒昧以聞。伏望聖斷。將張鎡削奪官資。重賜竄責。以清朝列。以杜姦萌。中外幸甚。取　止。十一月十五日。三省同奉聖旨。張鎡特降兩官。送廣德軍居住。

涇又論朝議大夫易祓太常少卿朱質朝奉大夫林行可乞賜竄斥狀曰。臣恭惟陛下奮發英斷。雷厲風行。元惡巨姦。一朝屏殪。兵民欣快。夷夏聳聞。宗社幸甚。然以侂冑自強秉政日久。中外之士。被其汲引。安於平進。無所阿附者。豈無其人。勢亦難以盡責之。若夫朋姦罔上。長惡怙終。為天下所指目者。安可置而不論乎。臣謹按朝議大夫

易從爲識畢九貪躁嗜進。學舍優選歆艷士林。使之稍加涵養。自可副。錫通顯。蹐館學而攝詞垣。蓋鄉用矣。一旦侂胄畀蘇師旦以節鉞。猶有憚於物議。被乃懷章詣師旦之門。極其褒美。有文事武備無智名勇功之語。傳者唾罵。形於譏誚。既而懷不自安。求居諫職。以鉗衆口。士行已掃地矣。遂愈無顧藉。凡可以投合者。靡所不爲。侂胄竊弄威福。怨嫉既多。密圖兵柄。以固其位。鄧友龍倡用兵之議。易被和之。更互表裏。導務詭隨。去年之春。侂、意雖已決。然未卜人心之從違。被乃獻說張大虜中之事。使廷臣條具。易被首言夷狄有必敗之勢。中國有必勝之理。又曰。敵國如外強中乾之人。僅延喘息。易被號爲儒生。豈無見於利害之實。徒以意在逢迎。不復體國。侂胄始欲加罪異議。而廷臣言不可者什七八。[illegible]亦無如之何。易被果得爲諫大夫。復力主兵說。方其遣從臣宣諭荊襄也。止以賑卹流民爲詞。人尚疑信。及易以宣撫。則中外始知其必妄動。同列有力爭者。易被鄧友龍相繼論奏。遂至斥。而師旦已出境矣。逮友龍以喪師罷黜。被自知其敗露。佯爲大言。以宣威自任。欲蓋前日之繆妄。且師旦之麻。被寔不知其不當草。侂胄亦不強其必從。被諂附師旦。攫金而不見人。慨然援筆。師旦既敗。侂胄每對客鄙笑之。主持用兵。本欲附會侂胄以苟富貴。至誕謾之不可掩。則雖侂胄亦厭惡之矣。未幾而果遂去。易被知有權要而不恤國計。兵釁一動。貽禍生靈。被偃然家居。坐享祠廩。其心亦自安乎。朝請郎太常少卿兼權吏部侍郎兼侍講朱質趣操回邪。心術傾險。策名高第。榮進素定。初任囬改秩。即授學官。具有舊比。質既欲速。乃於任未滿之前。力求特薦。有審察之命。已不安分義矣。入朝甫閱四載。以著廷權郎。朝廷待遇不薄。不自愛重。日事奔競至。拜李士讜以結蘇師旦。或謁不得入。則伺候終日。趑趄受命閽

人。館閣之選。當如是乎。師旦雖揄揚於侂胄而未有以中其意也。去歲正旦。虜使來廷。偶閣門詔相差謬。致虜使舉止周章。未爲甚失禮也。質知侂胄意在尋釁。遽上章乞斬虜使。師旦言於侂胄。謂質天下之奇才。且詆廷臣不知出此。質由是進見無節。竟得諫官。遂與易被更相附和。形於章奏。無非迎合。如曰方今指義旗以行天討。吊遺黎而復舊疆。來蘇徯望之久。雲合響應之勢。摧枯拉朽。指日可俟。不知質何所見而云爾耶。丘崈之在督府。斟酌事勢。遣小使往通和議。虜使一再回答。指言侂胄不及其他。侂胄怒其不與回護。直以上聞。諷質使言。質即上疏醜詆。務快其意。雖不厭公論不恤也。質既盤據要地。自謂莫敢孰何。每肆劫持之言。謂可以聾瞽上下。布不知人之視己。如見其肺肝。侂胄亦始覺其非矣。乃移之奉常。質盡自圖去就。乃復乞憐於侂胄。自述其宿昔奉承之謹。求兼吏侍。仍厠經帷。前此卿監郎曹之兼講讀。或出於一時擢用者有之。其罷臺諫而仍兼講讀者。惟陳讜。掌冑處疑即論去。質居之安焉。且以張栻自況。多見其不知量。又其大可罪者。近日陛下竄斥侂胄。質自以失所依賴。黨若喪家之狗。荒廢職事。奔趨他門。止復爲庇身之所。至有拒而不納者。夫子曰。苟患失之。無所不至矣。有臣如此。尚可使居獻納之任。侍清閒之燕乎。至若朝奉大夫林行可者。狀類鬼蜮。心同虺蜴。褊狹多忌。深峴莫測。兩牢劉崈。猜有能稱。而大體不正。貪榮嗜利。背君忘親。其人之賢否可見矣。陳自強冒居政地。即引爲六察。以爲己助。二年之間。躐處臺端。凡所論奏。無非奉行權臣風指。暨以憂去。晝問交通。殆無虛日。每遇侂胄生日。餽獻之禮。不違時刻。侂胄亦拳拳於行可。率朝至暮報。常許還以舊物。夫居喪而通問於人。在禮必有甚不得已者。而行可念弗及此。一意趨媚。事親不孝。其能移忠於君乎。去夏

六月。蘇師旦敗。行可未及知。致書師旦。囑浦城宰陳至和轉達。書題稱爲恩府節使相公。至和急封還之。已爲一士夫所見。相與傳笑。行可身爲臺諫。顧稱奴隸爲恩府。其苟賤亡恥。抑可知矣。其居鄉也。嘗以舊臺諫自處。縱容親黨。陵轢州縣。福州因買銀事。有親戚占恡富室。無禮縣官。邑宰林冶稍加懲治。行可大怒。師憲爲之斷遣數人。猶未快意。必欲作草大臣。上疏論奏。以欺負愚民。搖撼邑宰。幾至不免。夫臺諫朝廷紀綱之任。豈行可恣睢鄉曲之具乎。服闋被召。擬以奉常清選。怏怏不樂。諂佞百出。一日見執政。忽言平章可謂與天同心。衆人以爲當用兵。則從而用兵。衆人以爲議和。亦從而議和。夫兵。陛下之兵也。豈衆人所得可否。而侂冑所得專決。與天同心之語。豈所施於臣下乎。侂冑之擅開兵端。不特士大夫知之。閭閻小民亦知之。不特中國知之。敵人亦莫不知之。方丘崇之遣小使也。書詞未嘗不

爲之歸過於鄧友龍皇甫斌輩。而屬師貽書。直謂侂冑既爲太師平章軍國。使無意於用兵。則師旦輩豈敢專擅。由是言之。則首謀姦臣。其爲侂冑明矣。夫遠而敵國。亦知兵端起於侂冑。而行可獨不知之。不過巧爲諂辭。爲侂冑文過而已。欺君負國。孰甚於斯。卒自奉常遷長諫省。又見外議籍籍。謂國事至此。咎將誰歸。推所從來。將不利於自強。侂冑必去異議者。然後可安。遂有一網打盡之謀。夫侂冑專擅日久。自強依阿取容。人畏凶焰。莫敢指言。蒙蔽之禍。將不勝救。而行可又欲盡逐異議。是將使陛下左右皆侂冑自強之人而後已。此其意欲何爲耶。臣前所謂姦險之徒。樂爲之鷹犬者。易被朱質行可其人是矣。夫侂冑之姦惡。易被導之於前。朱質助之於後。行可成之於終。今侂冑既已竄殛。而三人者使得佚罰。則何以快人心之憤鬱。昭國憲於陛下更化厲精之始乎。臣愚欲乞睿斷。將易被朱質林行可重賜鐫斥。終身不齒。以爲士而不顧行檢。自棄名義。朋姦罔上。長惡怙終者之戒。

經又論宮觀鄧友龍乞賜鐫黜狀曰。臣聞國家之大柄。賞罰而已。昭勸示懲。維昔爲將。未嘗廢一。是以公道興行。人心悅服。臣伏見與宮觀鄧友龍。始爲立朝。頗得士譽。慷慨自許。亦足稱尚。朝廷以其勇赴功名之會。未暇詳攷才諝之實。畀以重權。不從中御。而友龍疏闊脫畧。乏持重之操。阻愎迷闇。無臨敵之算。所以許之便宜。正應斟酌彼已。審量進退。設若未得機便。不厭反覆論議。以圖萬全。而友龍不思委寄之重。無慮心而務輕信。上違指授。督趣師行。遂使績効未睹。憂顧方深。職任宣威。咎將誰執。所幸陛下明見萬里。察其負勝。改授宮觀。友龍自宜上章引過。屏息俟命。傳聞道路。尚乃偃然自居。猶覬入臺。就職紀綱風憲之首。當如是乎。雖陛下曲示保全。賦以祠祿。然既

辜任使。遽得優閑。懲勸不明。公論未塞。欲望聖斷。將鄧友龍特賜鐫黜。以彰國典。天下幸甚。

經又論蘇師旦狀曰。臣仰惟天眷宗社。啓佑聖衷。奮發英斷。亟竄凶惡。一正君臣上下之分。方陛下躬攬萬機之始。號令之行。當若風雷之震盪。然後可以聳動群聽。收還主威。臣猥以庸虛。乃於斯時。誤膺親擢。濫長憲府。拜命之日。即具二凶罪惡彈劾。繼而諫臣論奏。給舍繳駁。萬目傾注。以觀陛下維新之政。而側聽四日。未蒙施行。臣考其故。乃因臣首章中小貼子論及蘇師旦本侂冑奴隸。因賣鬻將帥。縱使侂冑竊弄兵柄。使侂冑上至誤國。下不保家。師旦未正典刑。輕重失序。師旦既敗。即有三省樞密院人吏史達祖耿檉董如璧三名。隨即用事。賄賂公行。向來師旦所賣者帥而已。三吏用事以來。監司郡守職事官。亦以貨取。侂冑進退用捨。惟三吏之言是聽。以至調發

軍馬務易兵將。科撥錢糧。同列皆不得與聞。雖三吏視執政。亦莫如也。恣橫如此。其誤侂胄多矣。加以陳自強未第時。又嘗館史達祖家。身至宰輔。止以弟行呼達祖。爲凡士大夫苟然亡恥者。干求差遣。必先登達祖之門。有若市井論量物價。專以金帛之多寡爲予奪。傳聞四方。有史丞相耿參政董樞密之誚。公吏之用倉法。謂之重祿。贓滿十貫。配廣南。自有成憲。初不以官之崇庳爲間。三吏之贓。蓋不知其紀極也。況侂胄自強皆已誅竄。侂胄又至家破。師旦乃安處善地。而三吏各擁厚貲。遍求關節。臣所奏文字。已得旨依徒。以三吏之故稽留勑命。委曲求全。是陛下刑政獨行公卿而不行於胥吏。何以服人心。何以令天下。且臣之章。爲三吏而沮格不下。亦何以勵風采。振紀綱。上副陛下大有爲之意乎。是以不避斧鉞。冒昧以聞。伏望陛下特賜睿斷。行下廣東提刑。躬親臨視。將蘇師旦處斬。仍下大理寺將

三吏盡情根勘。依法施行。以伸國憲。以快公論。不勝幸甚。

涇又奏按郭榮乞賜鐫黜狀曰。臣照對湖南飛虎一軍。自淳熙間帥臣辛棄疾奏請創置。垂四十年。非特彈壓蠻傜。亦是備禦邊境。比虜頗知畏憚。號虎兒軍。開禧用兵。蓋嘗調發。緣統御無術。分隸失宜。兵將素不相諳。枉致剉衄。人皆惜之。今盜賊平定。正賴主兵官潔己奉公。撫摩教閱。振刷士氣。苟任非其人。專事貪刻。利害非輕。關繫帥閫。臣安敢避仇怨不爲陛下陳之。臣伏見武翼郎飛虎軍統制郭榮貪鄙庸繆。全無知識。昨因峒寇竊發。鄂州差榮部領大軍五百人前來防托。擁兵養寇。初乏戰勇。實緣奏功進官三等。就陞統率。賞之可謂厚矣。盍思奮勵上報國恩。自領軍職以來。一意掊斂豐殖囊橐。巧事苞苴。侵盜官錢。虐用士卒。未易縷數。姑摭其害軍政者言之。榮隸籍鄂渚。因遂家焉。比歲遺漏。延燒私室。又旁廊之屬。輒支破軍中錢物。以脩寨屋爲名。買山斫木。結縛簰筏。順流而下。役軍匠脩治熟材。製造窻隔。動使不時裝發。至於燒造石灰木炭。亦載往鄂渚。皆付親戚嚴三官人者變賣。然時射利。厥直倍增。掩爲己有。其軍兵般運往來之費。則責其自備。至於本軍打造衣甲器械。自臣到任。節次支撥錢會二千餘貫。榮所創置十不二三。多因向來討捕關出器甲。已行銷破。既撤戍繳納。不曾收附樁留。軍中初間補緝呈點。稍似從實。已而用吏胥之計。移舊換新。工料鹵莽。妄作支破。錢數轉多。悉贏落以爲利。至爲軍典持曆告論。減剋鐵炭物料。案牘具存。其貪黷猥屑。尤可駭者。如差出戍兵。責令回易。滲入二廣。收買觔斡牛皮軍須等物。每遇江鄂荊襄戎司差人計置。或托其收買。即增擡高價。取利歸己。此何異市井販夫。豈管軍所爲乎。其更戍將佐回司。必抑令以回易息錢買納銀兩。盡入私橐。稍不稱意。生事掘拾。或遭毒手。及將佐關額

保明陞差。不較勞能。止以賄賂多寡爲可否。本軍有管田莊。有房僦有租地錢。有管運錢。本以備器械脩營寨。充激賞。恣肆侵漁。所餘無幾。士卒不堪勞役。重以刻削貪困。多有逸而爲盜。潭州嘗捕獲強劫乃本軍劉勝爲首。當廳引問。聲言統制掊刻軍人。不容存活。又貽怨於軍中者。本軍舊有漏澤園一所。士卒葬埋之地。榮遽墾闢。剏立亭館。種植花木。以備遊樂。及布種粟豆。謀取微利。揮鋤之際。白骨紛如。過者傷心。榮不卹也。古之良將。師入敵境。猶不伐墓。矧父兄之墳壟。使其子弟見之。誰獨無是心乎。稍有識知。寧忍爲此。臣自去冬已見物論騰沸。屢行告戒。仍出榜禁戢。榮懷不自安。嘗欲陳乞離軍差遣。臣冀其猶有悛心。或圖後效。遷延累月。見其循習故態。溪壑無厭。不復自新之意。不容但已。矧方夷狄內訌。所宜練習軍伍。警戒不虞。如榮之貪猥刻薄。素失士心。平居暇日。已懷怨憤。脫有征調。孰肯用命。

若不亟行，今遂必致誤事無疑。是敢煩瀆天聽，儻以其山前討捕宣徽勞，與免根究，亦乞睿斷，將榮特賜鐫黜，少懲貪刻，別選公廉材武之將，表率士伍，脩明軍政，俾還舊觀，以為一旦緩急之備，不勝幸甚。

劉光祖上奏曰：臣猥以非才，待罪憲府，僅踰兩月。數糾官邪，一一蒙陛下主張施行，臣之感奮，自惟隕身不足為報。近者竊見陛下潛邸瑣隸吳端除帶御器械，諫臣三入章疏，陛下御筆批出可依，已得旨揮。緣此壽皇潛邸人孫瑠亦萌意干求，轉行觀察使，給事中封還詔旨，御筆又令書讀，旬月之間，疊此二事，人言藉藉，仰議聖明。臣職彈劾，應臣寮不安分守，僥求無厭者，正在彈劾之科。今吳端孫瑠輒敢踰分干請，臣不即時彈劾，已是職事不修。竊緣諫臣後省既已有言，不須臣更入文字。今來以二瑣隸之故，而使給諫論奏不行，僥倖大啓，又勸人主親批訓止，事體異常，臣若喑默不言，豈不仰孤陛下任使。臣謂天下至大，所以統臨而維持之者，不過恃主權之尊，綱紀之嚴，名器之重。執此三者守而勿失而已矣。今以吳端孫瑠微瑣小人，而屬鞬之任，職躐等威，廉車之選，班為侍從，使軍功武力之士、戚里勳舊之臣，或恥與之列，或羞居其下。其為名器，不已輕乎？諫臣論列，後省封駁，是其職所當然。今乃重改二人之除授，而輕違給諫之本職，其為綱紀，不已斁乎？人主之威，天也，天豈可瀆，而小人無識，祈恩求寵，遂令人主命令既輕，及至臣寮有言，又屈陛下手筆訓諭，其為主權，不既褻乎？是二事者，可謂一舉而三失矣。臣若不言，為負陛下。言而不行，又增人主之一失，是臣所深懼也。然臣斷然有所控奏者，臣伏覩紹興聖政，講筵所祗應人以經進書推恩，內門下後省私名慕允中換進義副尉，仍與不作非泛補授。左司諫唐煇論列，乞追改之。高宗曰：既有例，當依例施行。席益曰：此事固有前比，當如聖旨施行。然副尉而煩諫官論執，乞陛下且與允所奏。高宗曰：此小事，非繫國體。呂頤浩復與席益固請從煇之說。高宗可之。當時君相之所重者，諫官之體也。況今吳端超受要近之職，又非小事。而諫臣已三言之。其為事體孰為輕重乎？吳國長公主為女夫鄭珙陳乞轉兩官，添差浙東帥司參議。給事中賀允中封駁之。高宗曰：命下逾兩旬，鄭珙已被受差遣數矣。乃始封駁，轉官詞頭，恐非故事，可諭令書讀，牽執退。以聖旨諭允中，允中申執所見，翌日再進呈。高宗曰：雖稍後時，所論極有理，當曲從之。諭該等曰：諫行言聽，使言者得以自盡，此盛德事也。今孫瑠之命初出，而給事中據理封駁，亦必有故，且以長公主之請而視宮邸之使臣，又孰為重輕乎？高廟中興規摹，是以貽訓。今日臣意陛下必不終徇小人之私請，以遂廢國家之公法。是以敢冒死極陳之。陛下俯從微臣之請，則是轉三失而為四美矣。臣以四美望陛下。伏惟陛下斷自聖意，追改吳端除授恩命，福過災生，更思孫瑠無功而濫觀察使，外議終不以為當，特賜停寢。如此，則名器無由可輕，綱紀無由可紊，主權無由可褻，陛下之剛健威明、聽言納諫之德，一日而聳聞於中外。足以仰承高廟之規摹，不負壽皇之付託。盛美之事，臣豈可不控露愚衷，冒犯天威，無任激切俟命之至。謹錄奏聞，伏候勅旨。

光祖又奏曰：右臣昨於十八日封入奏章，論吳端孫瑠除轉僥倖，給諫各有文字，陛下重於改命，仰煩宸筆諭止之。給諫不復申執前奏，臣緣此事反復憂慮，以為從此臺諫給舍無緣可以舉職，而攀附使令之輩，各自以為人主恩我，外廷臣僚其如我何。自後當言者憚於有言，不行不若初無言之為愈。臣念及此，中心有如焦灼，是以冒昧具奏。小人踰分僥求，使名器紀綱，與夫人主之大權，三者俱失。臣竊忠効愚無復餘藴。俯伏俟命。今已三日。未聞付外施行。臣爲執憲之官。其所關繫。乃是國家之憲令。今小人干請犯分。臣今糾奏以聞。公法苟惟不行。是臣不能守官以孤陛下委寄。而使微瑣之人尚得依憑以逞志。自今不復知有臺綱。如此。則陛下亦安用此備位之臺臣也。臣以憂及隄防從此而蕩。不敢備禮一言而止。謹再具奏仰瀆天聰。伏乞檢會前奏早賜睿斷施行。謹錄奏聞伏候勅旨。

光祖又奏曰若臣昨冒萬死。兩上奏封。乞陛下且將吳端除授。孫璫轉官特屈已行之命。使臺諫給舍。不至有負職業。伏緣臺諫給舍。乃是朝廷紀綱所繫。旣有論奏。不可苟止。臣於數日之內。洊瀆天聽。屏躬惕息。以俟允從。今日宰臣令都司來諭臣以聖意。臣實何人。仰動宸訓。戰汗如雨。便合遵承君父之誨。不當再有奏陳。重念孤遠小臣。蒙陛下親擢。寘之言路。使知無不言。言無不盡。猶懼不足以報也。今

乃知之而有所不言。言之而有所不盡。陛下縱寬臣而不責。臣獨不愧於心乎。臣又念本朝家法。聖聖相傳。率多屈已以從人。虛心而聽諫。此乃玉音之所屢及。聖德之所優爲。今孫璫之亡。陛下以服勤於壽皇者四十餘年。所以令轉行觀察使。陛下事親之孝可謂至矣。臣愚以爲深惜名器。力持紀綱。使主權日尊。而左右不容妄有干請。陛下志業如此。諒尤壽皇之所樂聞也。至於吳端。則予奪皆由陛下耳。復何難哉。陛下以恩而予之。臣僚以義而有請。陛下捨恩而取義。可也。詩云。鼓鍾于宮。聲聞于外。臣聞陛下宮庭之內。裁抑左右之請求多矣。其所以持守祖宗之法度。外人靡不知之。且如后戚私恩。不曾令有過當。而驟加之以富貴。此最久長之道。中外之所共服也。今乃以宮邸微瑣之隷。謂其階官已高。除授不爲超躐。然而物議則曰。屬難之職。是要近選授之地。未可以階官言。此前後除擢。足以考求。使

吳端而稍知道理。聞臣僚累入封章。自當再三控辭。云不敢以賤臣仰累聖德。它日足望陛下成就。如此。則能持其福祿而深得進退之宜。今乃偃然當之。却令人主不免有毫髮之可議。端之罪大矣。臣旣蒙聖諭。今來處分悉由人主。自當退聽。但中心所懷。亦須一一控陳。欲待面奏而未得請對之日。不敢不即日敘謝。仍罄竭其愚忠。伏惟聖慈寬其僭犯之誅。尚賜採用。庶幾人臣後來皆能勉於職業。不至畏縮保身。都忘國事。

光祖又論陳賈黃掄疏曰。臣竊謂臺諫之任。古難其人。國朝以來尤重此選。居是官者。或以剛直盡言。而一時得罪於人主。或以回邪害正。而萬世得罪於清議。一時得罪於人主。人主終復以清議而取之。萬世得罪於清議。人主終亦以清議而薄之。簡策所傳。前後非一。臣謹按前諫議大夫陳賈。今右正言黃掄。皆爲清議之所非。有孤人主

之任使。可謂聖世之罪人也已矣。按賈爲人險悍。用意姦回。自得入臺。罔思報國。舞其憸黠。上御主心。數年之間。進長諫省。無吉士忠純之意。有小人駔儈之風。容蓋所私。排逐異已。縱橫譎詐。禍福繫於從違。喜怒任情。風旨生於咳唾。如賈者。眞倚勢以爲威。託公以爲姦者也。王渥解四川茶馬還朝。贓數十萬。靡人不知。賈爲諫諍之官。乃受渥貝錦蜀珍甚夥。旣已蝕於利慾。一切與之彌縫。情分日深。言皆響答。壽皇因事察賈私於渥而不直之。當是時也。賈若不以憂歸。必以罪去。何則。身在言路。屢以賄聞。庇貪忌廉。無復更恤於清議。壽皇明聖。淵鑒豈逃。而今也乃以集撰典大州。何君子之不幸。而小人之獨幸也。至如掄者。志趣凡近。資稟佞柔。陛下偶得之於進對之間。意其爲淳實朴茂之士。擢在言路。豈不望其公忠。朝有愆違。庶幾密見啓沃。而掄疏一出。聞者駭然。且陛下欲更補闕拾遺之名。初匪有僭過

諫臣之意。詔旨開勉。臣子感心。一去一留。事已少定。而掄於事定之後。乃妄謂人臣沽名而歸過君父。陛下聞其所謂無尊君親上之意。聽其所謂以直諫得罪之言。雖天度之能容。豈聖心之所樂。二人之罷。亦為臣之分也。而群情共惑。則掄實有以致之。臣於彼時。讀掄此疏。驚嘆失聲曰。豈有身任諫官而惡人忠諫。又使陛下真有罪諫之名。與詔意特異。皆掄以讒說誤聖聰之過也。其後淵衷漸察。欲擇臺臣。不知掄何慮何疑。而亟入奏封。乃謂恐從臣薦人。各有私意。陛下聰明洞照。掄說不行。中外聞之。咸誦聖德。已掄前出一言。而使人主厭惡人言。後出一言。而使人主猜防臣下。掄之職任。所當然否。臣昨者上殿。本首欲劾掄議論邪諂。不堪為諫官。又念臺諫一體。擊之太遽。故於奏疏千餘言之後。深切及之。掄來見臣。面目羞愧。臣雖勉強開釋之使去。然意其必能請外以自全。掄察臣意度稍寬。復自言初非已意。諉人以自免。諂臣以求安。臣於是鄙掄之為人。見其依違反覆以難保。略小嫌而明人義。臣之所不可後也。臣於陳賈范處義黃掄三人。誠素意所薄。且每恨其孤負君恩。今處義敗露而去。如賈者縱不深罪。亦宜罷郡以慰人心。如掄者就令寬恩。且使補外。以塞公議。臣盡言孤拙。不卹顛危。上恃陛下訓以所守不回。臣以死報。伏惟亮其愚忠而采納之。聖斷立行。四海傳誦。臣不勝幸甚。

時韓侂胄當國。武學生華岳上書曰。旬月以來。都城士民彷徨四顧。若將喪其室家。諸軍妻子。隱哭含悲。若將驅之水火。閭閻籍籍。欲語復噤。駭於傳聞。莫曉所謂。臣徐考之。則侍衛之兵。日月潛發。樞機之遽。星火交馳。戎作之役。倍於平時。郵傳之程。兼於疇昔。乃知陛下將有事於北征也。侂胄以后族之親。位居極品。專執權柄。公取賄賂。畜養無藉吏僕。委以腹心。賣名器。私爵賞。睥睨神器。窺覘宗社。日益炎炎。不敢縷遍。此外患之居吾腹心者也。朝臣有以庸瑣之資。請嫻師旦。驟入政府者。有以諛佞之資。阿附侂胄。致身顯貴者。陳自強老不知恥。貪不知止。私植黨與。陰結門第。凡見諸行事。惟知侂胄。不知君父。此外患之居吾股肱者也。爽奕汝翼諸李之貪懦無謀。倪僎倬晷諸郭之膏粱無用。諸吳之恃寵專僭。諸彭之庸孱不肖。皇甫斌魏友諒毛致通秦世輔之彫瘵軍心。瘡痍士氣。以至陳孝慶夏興祖商榮田俊邁之徒。皆以一卒之才。各得把麾專制。平日剋膏刻血。苞苴侂胄。以致通顯。飢寒之士。咸願食其肉而不可得。萬一陛下付以大事。彼之首領。自不可保。奚暇為陛下計哉。此外患之居吾爪牙者也。程松之納妾求知。或以售妹入府。或以獻妻入閤。會甄之貢子為郎。當宮之庸鷙充位。此外患之居吾耳目者也。蘇師旦以織吏冐節鉞。牙儈名爵。周筠以隸卒冐戎鈐。市易將相。此外患之扼吾咽喉者也。彼之所謂外患者。實未足憂。而此之外患。蓋已周吾一身之間矣。禮樂征伐。自天子出。所貴乎中國者。皆聽命於陛下也。今也與奪之命。黜陟之權。又不出於陛下。而出於侂胄。是吾有二中國也。命又不出於侂胄而出於蘇師旦周筠。是吾有三中國也。女眞以區區之地。猶能逼我淮漢。曾謂外患之居吾腹心股肱耳目爪牙及吾咽喉而不為陵吾之宗廟社稷乎。曾謂一家之中自為秦越。一舟之中自為敵國。而能制遠人乎。比年軍皆掊克而士卒自仇其將佐。民皆侵漁而百姓自畔其守令。家自為戰。此又啓吾中國億萬之仇敵也。今不務去吾腹心股肱爪牙耳目咽喉。與夫億萬之仇敵。而欲空國之師。竭國之財。而與遠人相從於血刃相塗之地。顧不外用其心歟。臣嘗推衍兵書。自去歲上元甲子。五福太一初度吳分。四神直符對臨荊楚。始擊並符旁臨閩粵。青門直使交次于幽冀。黑殺黃道正按于燕趙。考之成法主算最長客算最短兵以先發爲客後發爲主自太歲乙丑至庚午六年之間皆不利於先舉儻其畔盟犯義撓我疆埸至於事不獲已然後應之則反主爲客猶曰庶幾萬一國家首事倡謀則將帥內睽士卒外畔肝腦萬民血刃千里此天數之不利於先舉也矧將帥庸愚軍民怨懟馬政不講騎士不熟豪傑不出英雄不收餽糧不豐形便不固山砦不修堡壘不設吾雖帶甲百萬餽餉千里而師出無功不戢自敗此人事之不利於先舉也臣願陛下除吾一身之外患吾中國之外患既已除然後公道開明正人登用法令自行紀綱自正豪傑自歸英雄自附侵疆自還中原自復天下自底於和平四海自躋於仁壽何俟乎兵革哉不然則亂臣賊子毀冕裂冠哦九錫隆恩之詩恃貴不可倖之楫私妾內姬陰臣將相魚肉軍士塗炭生靈墜百世之遠圖虧十廟之遺業陛下於此雖欲不與之偕亡則

禍迫於身權出於人俛首待終何臍可噬事之未然難以取信臣願以身屬之廷尉待其軍行用師勞還奏凱則梟臣之首風遞四方以爲天下欺君罔上者之戒儻或干戈相尋敗亡相繼强敵外攻姦臣內畔與臣所言盡相符契然後令臣歸老田里永爲不齒之民書奏侂胄大怒下大理貶建寧圜土中郡守傅伯成憐之命獄卒使出入毋繫

時史嵩之服除有謂用之意殿中侍御史章琰正言李昴英監察御史黃師雍論列嵩之甚峻翰林學士李韶同從官抗疏曰臣等謹按春秋桓公五年書蔡人衛人陳人從王伐鄭春秋之初無君無親者莫甚於鄭莊二百四十二年之經未有云王伐國者而書王書伐以見鄭之無王而天王所當聲罪以致討未有書諸侯從王以伐者而書三國從王伐鄭又見諸侯莫從王以伐罪而三國之微者獨至不足伸天王之義初不聞以其嘗爲王卿士而薄其伐今陛下不能正姦臣之罪其過不專在上而大臣百執事不能輔天子以討有罪皆春秋所不赦乞斷以春秋之義亟賜裁處

理宗寶祐元年起居舍人牟子才上奏曰臣聞君子之於小人猶陰之於陽不能以相無而消長有常亦非人之所能損益也先儒以爲聖人作易於其不能相無者既以健順仁義之屬明之而無所偏至於消長之際淑慝之分未嘗不致其扶陽抑陰之助蓋陽爲君子陰屬小人固不可相無亦不可相亂固不可相亂尤不可相暴泰之爲卦內健而外順內陽而外陰內君子而外小人所以深致其內外之辨使之界限一明不相殽亂君子得其位可進以有爲小人得其欲雖退而無怨故聖人名之以泰泰之爲言安也言君子小人各得其所而不相害適所以爲安也自古惟堯舜之時足以當之三代而下

治亂靡常然不過由此二道用君子則去小人用小人則去君子未聞君子小人參用者也用君子則治用小人則亂亦未聞君子小人參用而可以久安而無亂者也然則有天下國家欲久安而無亂者必自辨君子小人始不明君子小人之辨而泯其異同混其賢否而曰吾將以是爲安也直幸而已矣非聖人所爲致泰之道也臣抑嘗讀國朝元祐之事而竊有感焉夫元祐之所以爲元祐者用君子而退小人也元祐之所以爲紹聖則君子小人並用故也方元祐之四五年當時言者已凜然以邪正之不辨爲憂朱光庭則謂用人之際當以善與利二者之間加明察使正臣日進而邪臣永退范祖禹則謂憸人在前則害政事在下則害風俗大則傾覆邦國小則殘敗善類不當使之在位爲也呂惠蘇轍則謂君子小人勢如冰炭同處必爭一爭之後小人必勝君子必敗不可惑於浮議引與共事王巖叟則

謂小人無能斯不足畏。小人而材然後可畏。當明辨力遏。毋使小人得以雜其間。其言皆深切著明。反覆詳盡。而於泰之一卦。莫不援以爲據。蓋以爲保泰之道在乎此。而謀泰之道亦在乎此。是豈私憂過計哉。使當時盡用其言。絕禍萌。培治本。雖百年元祐可也。奈何調停之說。雖賢如呂大防范純仁劉摯亦且惑之。楊畏鄧溫伯李清臣皆小人之雄。而引之腹心。俾得乘間抵巇。陰唱邪說。紹述之論起。而君子不能以一日安。其後黨錮禍成。雖大防純仁摯亦皆不免報復之禍。則調停之論蓋亦踈矣。遂使國家嘗其禍敗。至於宣靖之事不可勝悔。而光庭祖禹轍巖叟之流獨受知言之名。可不爲痛哭流涕者哉。伏惟陛下臨政願治垂三十年。宜可以爲元祐矣。而乃岌岌乎紹聖且宣靖。宜可以爲泰矣。而乃駸駸乎爲姤爲遯。陛下亦嘗思其故乎。陛下未嘗不用君子而不純於用君子。未嘗不去小人而不盡

於去小人。故其勢不免參而用之。夫君子小人。勢不兩立。參而用之。則是正邪相軋。而使之日鬪于下。豈有安靖之理哉。陛下試觀三十年間君子小人幾進幾退幾僨幾起幾勝幾負相尋至今未有止極者。皆以此也。陛下見其如此。不察其故。以爲是紛紜譁競者皆君子之過也。而小人又擠而陷之。以爲必去其類而後可靖國。則益誤矣故始於君子小人之並用。而卒至於君子日空。小人日盛。臣竊惟小人不去其害之大者有三焉。累君德也。害治體也。敗善類也。敢爲陛下悉言之。小人性本巧慝。又敢欺誣其狡獪之術。足以逢迎而爲悅其浸潤之辭。足以譸張而爲幻。變黑爲白。指鹿爲馬。以之惑人主之視聽。而亂其是非。甚至借人主之喜怒以成其威福。恥爲正論則厚誣其君爲不可以責難。陰進邪謀。則歸過於上以自逃於公論。遂使謗議流聞。聳尤不著。此則欺誣之說有累於君德也。小人性本傾危。

又好反覆。勢在彼。則始趨而終背。勢在此。則始背而終趨。閃倏游颺蹤跡詭秘。巧險側媚。情態乖張。其狀似三變。柔行巽入。善爲模稜。軟語卑詞。曲相容悅。其狀似兩來。操三變之心。行兩來之術。而視勢之所趨爲向背。此反覆之說有害於治體也。小人性本刻薄。又善激發上惡譁競。則曰是好名也。是多言也。上惡朋比。則曰是其黨也。是交結也。上惡誕妄。則曰是欺罔也。是浮矯也。駕虛翼僞。造謗興訛。其譖貝錦。其言巧簧。陽爲納忠。陰實激怒。其術一售。其勢遂成。梟心逞志無所不爲。此激作之說有害於善類者也。此三害者千歧萬轍爲變多端。不惧上之悔患。務行其言。不恤國之憂危。務伸其志。不虞君子之困敗。務遂其說。爲禍之烈。如此。而可使之一日參乎君子之間耶今通國之所謂小人者。陛下亦知去之矣。臣以爲非去之之難。而辨之之難。去一小人。是一小人也。安知一小人之去。無一小人之進。辨

之則幾矣。夫君子小人如數一二。如別蒼素。辨之無難者。是在陛下之心耳。陛下如能致知格物。以明此心。賤貨貴德。以一此心。明目達聰。以廣此心。使此心之體。如衡之平。如鑑之空。既不失其好惡本然之真。又有以得其是非當然之則。所謂君子小人之情狀。固無所逃乎陛下之前。而陛下又即其賢否枉正之所在而爲用舍進退之分焉。柔邪巧佞。阿意承旨者。必斥。剛方鯁亮。犯顏苦口者。必容。輕儇便給。狡慧削刻者。必遠。而莊重靖嘉。溫純朴茂者。必親。出入多歧。陰有所主者。必屏。忠信不二。孤立無朋者。必用。去其庸猥卑雜。而存其耿介挺特。去其狠戾駔儈。而任其弘毅惠和。懲其躁競無恥。而擢其靖退有守。黜其陰墨深阻。而取其疏明洞達。不以鄉原而易狂狷。不以嬖人而嫉莊士。不以美疾而疏藥石。則忠邪之位定。而內外之限明。豈不能致元祐泰亨之治哉。今上而論思獻納。多壽儁忠正之臣。次

而給舍臺諫皆端亮純實之士。下而百司庶尹。又能時發讜言於靖共正直之餘。陛下宜鑑鏡其心。勿以小人參乎其間。而二三執政。亦宜去係累之私。昭平明之治。融朋黨之意。絕反覆之慮。一以開誠心布公道之言而為進君子退小人之地。思元祐諸老拳拳之憂。鑒紹聖以往紛紛之事。務使邪正不慁。陰不勝陽。以成泰內之治。豈不韙歟。不然。實未有以知人材之孰忠孰邪。而姑聽其一時之乍賢乍佞。則用者不必用。去者未嘗去。而所謂安者。乃禍亂之所伏也。臣隱憂所發。冒進瞽言。不勝拳拳。

理宗時。浙東提點刑獄高斯得劾奏知處州趙善瀚知台州沈塈等七人。倚勢厲民。疏上不報。改江西轉運判官。斯得具辭免。又奏曰。臣劾奏趙善瀚等七人。未聞報可。固疑必有黨與營救。惑誤聖聽。今奉恩除。乃知中臣所料。善瀚者侍御史周坦之婦翁也。贓吏之魁。餔於聖世。鄭清之與之有舊。復與州符。沈塈者同簽樞密院事史宅之妻黨也。祖宗以來。未有監司按吏一不施行者。壞法亂紀。未有甚此。臣身為使者。劾吏不行。反叨易節。若貪榮冒拜。則與世之頑鈍無恥者何異。乞併臣鐫罷。以戒奉使無狀者。

斯得任秘書少監兼侍立修注官。又奏曰。紹聖三年正月。寶文閣待制知成德軍楊畏知河中府。右正言孫諤言畏在元豐之間。其為御史。其論議趨向。皆與朝廷合。及元祐之末。呂大防蘇轍用事。則盡變其趣而從之。紹聖之初。陛下躬親總攬。則又變其趣而偷合苟容。交鬬執政。傾亂朝政。至今天下之人。謂之三變。詔楊畏落寶文閣待制。依舊河中府。中書舍人盛陶言未敢詞行。下移知虢州。臣聞舜之戒其臣。以難任人為急。難之一辭。乃聖人屏惡之深意。不可不精思而熟玩也。蓋憸壬之人。易惑難遠。聖人非特去之。而兢兢業業。戒謹恐懼。

惟慮其人之復來。以傾亂吾國。苟畏難之心頃刻不存。則彼必緣間伺隙。不旋踵而至矣。詎可忽哉。熙豐祐聖之間。小人反覆。莫如楊畏。利在王安石。則附安石。利在呂大防蘇轍。則附大防蘇轍。利在章厚安燾李清臣。則附厚安燾清臣。天下之人。謂之三變。國家惡運亂源。濫觴于符紹。滔天于崇觀。政宣畏實為之。若此傾覆之徒。其可近乎。嘉熙以來侍從之臣。固有隨世俯仰。逐利轉移。如楊畏之三變者。方其氣燄熏灼之時。其力至能進退宰相。鉗制言路。善良重足。懼遭傾覆之禍。幸賴陛下洞照其姦。不動聲色而去之。天下咸仰聖德之明。彼其退伏散地。豈一日而忘復出哉。特未有可乘之機耳。邇來國家多艱。局勢漸搖。彼靜觀竊笑久矣。一旦因事論建。依倣公議。以動陛下之思。而廷臣不自後先。及其奏至之時。復加薦引。中外相應如此。豈得為無意哉。陛下苟入其謀。召之使還。臣恐楊畏一來。元祐變為紹聖特反掌間耳。況比日以來。從臣奏議。欲用嵩清與篤三黨偏邪說。以誤國事。包藏已深。乃今又有佞人來矣之漸。邪氣盤結如此。臣竊為國事凜凜也。臣願陛下深察安危存亡之機。以舜難任人為法。斥去邇言。謹勿輕信。使已去之姦絕意再用。則局面增固。善人獲安。陛下更化善治之初心。不至中道而敗轍矣。臣憂愛之切。遂忘其愚。惟陛下采擇。

秘書少監湯漢疏論比　年董宋臣聲焰熏灼。其尤能去臺諫。排大臣。結連兇渠。惡德參會。以致兵戈相尋之禍。陛下灼見其故。斥而遠之。臣意其且影滅而迹絕矣。豈料太陰消而再凝。冰解而驟合。睨得自便。即畬復用。以其罪戾之餘。一旦復使之出入壼奥之中。給事宗廟之內。此其重干神人之怒。再基禍亂之原。上下皇惑。大小切齒。而陛下方為之辨明。大臣方與之和解。臣竊重傷此過計也。自古小人復出。其害必慘。將逞其情，然肆其傳伍。顛倒宇宙。陛下之威神有時而不得以自行。甚可畏也。

中書舍人徐元杰奏繳胡泓新除宗正少卿指揮疏曰。臣聞君者天也。父也。人臣立人之本朝。以事天之心而事君則知盡萬物之生。不足以報天之德。以事父之心而事君則知竭百體之勞。不足以報父之恩。況於身爲要臣而猥被御筆親除之寵。其當若何勉竭自厲。以爲君上罔極之報可也。今胡泓讀聖賢之書。豈無羞惡是非之心哉。平居討論。亦豈不知三綱五常之正理者哉。臣與泓同朝且同江鄉。本以其年長而敬之。每聽其語言。則有大謬不然者。嘗爵陛下之官爵也。泓自作郡而麾黜。陛下柬拔登朝。寘之郎省。洊膺親擢。方陪虎觀之聯。忝領烏臺之職。不惟泓喜過其望。人皆以爲殊特超躐之典。此正砥節礪行。明目張膽。敢於論事之時。奈何泓資禀凡下。血氣衰

而忠節之不立。歸拜啟所及。不以聖恩親擢者勉務稱塞。惟曰。此恩此德實出於公。雖聲言於衆而不以爲恥。臣聞泓之初來登對。首劄有愛國必愛大臣之語。巧爲容悅。至次劄猶曲意阿諛。識者覺其爲人久矣。及其職司彈劾。專爲報復私讎之地。前後所詆。皆犯物論而不恤。是非易位。好惡反常。以耆艾典刑之名臣而妄有論列。以五十年儒科之宗老而亦被詆誣。泓誠何心哉。豈舉世已無一可論之士哉。方舊相以憂去也。稍有人心者皆知人道之不可廢。泓一則曰。恩相何來之遲。二則曰。何必只管說綱常。甚至延見士夫。正色厲辭。毀短國祚。背棄君恩。盡倒公論之戈。橫身要衝。以售其足香糞苦之謟。通國皆切齒其姦罔之憤疾涕洟。陛下一旦感悟。特出御筆。拔擢公忠骨鯁之士以代之。人心懽悅之餘。不翅如幽晦而復見天日。如泓者既無羞惡是非之心。是尚可容其污惟月之清峻者乎。況泓出身

始末。尤可羞稱。自其微官時。未嘗用舉削而脫選。卒不待終更而圖辟。泓知贛州。既不申審奏事。却令通判舒復宗語部使者。以本州盜發。催其赴上。泓舊與贛之娼女狎昵。到郡取爲小妻。當時輿卒皆出不遜語。聞舒復宗於幕次顯以匪人斥之。其他不顧十手十目之罪。在南安時。同官備能言之。是其居要地而甘自暴棄。在外服而不自愛重。類有如此。臣與泓雖同江鄉。平時雖有耆老之念。然陛下恩德之罔極。臣雖糜捐不足補報。何敢庇泓而不以聞。況泓年將耆稀。戒之在得。臣愚欲乞睿察。稍懲其姦。且以祠廩畀泓。使之少待而上掛冠之請。公論幸甚。世道幸甚。所有泓詞頭一件。臣獨未敢撰述。

元杰再繳胡泓乞祠不允指揮疏曰。臣聞諸孟子曰。有官守者不得其職則去。有言責者不得其言則去。臣叨恩過優。濫兼掖垣。實以封駁爲職。事無鉅細。當言必言。是亦合官守言責爲一職也。昨日臣以

胡泓除宗正少卿詞頭。未敢撰述。已懇切奏陳。未蒙頒命。第切凌兢。臣竊見泓昨以御筆親除職居臺察。既不知明目張膽爲扶持綱常計。觀其前後彈劾。專爲報復私怨而已。最是背棄君恩。毀短國祚。每厲聲對衆盡倒公論之戈。舉朝之士爲之切齒涕洟。相與言曰。自古見無禮於其君。則當如鷹鸇之逐鳥雀。臣蓋爲陛下憤疾其人久矣。況泓自微官以至守南安守贛郡。貪淫之狀備載前牘。昨汚臺綱。物論籍籍。黨姦醜正。善類吞聲。今幸一旦親擢正人以代之。有識無識同切慶快。而月卿宗少之任。是爲清切入從之階。泓既無人心。犯物論如此。斷斷不可與之並處朝列明矣。臣職在繳駁。不避仇怨。痛切言之。實以泓久爲公論之所不容。市議道謗。至作爲歌謠。皆以泓爲小人之倡。臣自昔持心近厚。非敢過爲指摘。爲公道計。爲朝綱計。不得不以去就爭之。今泓既上丐祠之牘。臣愚欲乞聖斷亟從泓請。早

畀以祠。所有泳奉聖旨不允指揮錄黃。臣實未敢書行。
元杰又繳錢相召赴行在指揮疏曰。臣竊見錢相起自儒科殊乏器
識。齷齪自守。躁進是貪。仕於外。則政以賄成。仕於朝。則公爲私奪。其
居於鄉。則縱容子姪。恣肆幹僕。廣占民產。閭里怨嗟。衆謂其多貲發
身。嘗徧歷言路矣。凡所論列。摘微過而蔽鉅姦。每借之以爲脩怨之
地。迨其躐天官之長。兼夕瑣之任。都人爲之謠曰。要過銓衡及銀臺
除非大錢小錢來。蓋指其父子黷貨而言也。相不是察。身居緊頭行
每由徑。故曩爲學校所詆。又爲吏議所斥。相嘗假親老丐祠。今其親
九十餘矣。而又急於規圖超用。召命一下。人言籍籍。咸謂聖化方新
汚俗漸洗。詎容愚而能神。復覬於穿金門入紫闥乎。爲相之計。正當
回顧親老。退處寬閑。日供滫瀡之奉。惟內存畎畝不忘之念。庶乎其
少逭清議矣。乃獨不然。何耶。言之至此。不覺寒心。臣濫尸繳駁之職
若不正救於未用之先。何以爲士大夫風俗之戒。欲乞睿斷。將相召
赴行在恩命。亟賜寢免。世道幸甚。士論幸甚。
元杰又繳鄧泳乞祠不允指揮疏曰。臣竊惟長江號天險也。然必得
人之險。而後天之險爲可恃。沿江制副甚重匪輕。胡可畀非其人哉。
今鄧泳心術回邪。氣貌麄俗。早求速化。徧歷邊閫。入幕之賓。其爲謀
畫。不過所至清野殫國之財。撒花貲寇而已。用是而爲績最。遷節更
迭。徑躐朝班。入從出藩。如取諸寄。臣每聞其在朝之日。怙勢擅權。不
可具狀。姑以一二言之。泳嘗脅制言路之臣。抑遏其月課所及。更授
以揆路之風旨。臺臣不敢自固所守。以至憂患而斃。又嘗爲殿廬編
排官。凡詮定而下。皆惟泳意所授。屛息以俟其顚氣。諸房敢怒而不
敢言。陛下蓋嘗察之。雖能黜泳於外。乃又以重任付之。徒見其軍政
不脩。江防不備。將校率惟私人是用。問其郡政。既多爲苛歛之術。凡

商賈艖運之往來。泳復百計困沮之。至專其利以自豐殖。是尚可使
之當重地者乎。臣職在封駁。因其再有乞祠之檢。豈容緘嘿而不言。
臣愚欲乞聖斷。俯從泳之所請。亟使解罷制副職事。畀之投閑。小自
警省。別選材望。以重茲寄。庶乎天險與人險相資而無虞矣。
元杰又繳趙汝遝改差知邵武軍指揮疏曰。臣聞士大夫年及者。不
作縣。不作郡。著之令甲。昭然不誣。況於得郡而關及凡未經登對之
人。必奏事訖。然後之任。此又聖朝所以重臨遣尊牧養也。今趙汝遝
元未嘗作宰。是猶曰兩嘗爲令。但當考其月日補與未補而已。然汝
遝年已七十有二。邇者臣寮奏乞以年及人姑畀參議。未欲絕其祿
亦不欲勞以郡也。汝遝年踰者稀。儻然得郡。不待奏事而徑之任。
是於法守無一可也。臣職在繳駁。未暇論其人之賢否。與夫功過之
有無。姑就臣職分之所當覺察者而舉之。臣愚欲乞聖聰特發英斷
將汝遝改差知邵武軍指揮特賜寢免。姑畀議幕。以祿其老。所有錄
黃。臣未敢書行。
元杰又繳蕭郊理還元斷日月指揮疏曰。臣聞士大夫貪鄙無厭。昏
謬無狀。有一于此。所至毒民。初犯再犯。猶不知改。必又從轉三犯。不
復有人心者。未有若蕭郊之甚也。郊之初宰漳浦。其罪不可勝數。且
庇同官從吏。其汙穢相與。壓良爲賤。指無爲有。轉相誣詐。平民漁獵
銀會。不極不止。具見提刑陳韡之所按。次宰湘潭。疲軟不足以勝任。
容縱吏胥。肆爲民病。又見於提刑羅愚之再劾。若是則無所往而不
自罹咎。覺悟警省。豈非郊之所當動心者。而猶未也。其所恃者。謂朝廷
忠厚。遇郊則可陳乞參注。未逾時。又可陳乞改正。故逃邑而受僉幕。
郊於是益無忌憚矣。妻妾奴僕。第第交通。下則啗民膏以自潤。上則
睨郡計以自豐。以折苗黷公爲能奉上。以隨事攫貨爲所當然。而

提舉趙希龍之彈墨未乾也。而放行參注之旨。隨請而輒下。朝廷但務姑息。旣許令授親民差遣。又曲從其理還元斷月日之請。若是。則昏鄙狼藉之人。所至皆可攫取貨財。爲湔洗之計。餓虎出柙。齧噬纖擯。民瘼其何以瘳。臣職兼繳駁。誼難隱容。欲乞聖慈特發英斷。將郊理還月日指揮亟賜寢免。俟明禋赦後。別聽陳乞施行。仍乞自今以始。令郊注授閑慢差遣。庶幾職事與民兩不相病。公論幸甚。

元杰又繳趙逢龍江東提舉王傑知雷州指揮疏曰。臣聞士大夫可用與否。惟精神心術不可不察。蓋精神昏闇。每事受成吏手。視爲腹心。使民無所吐氣。雖有愛民之意。不能自由其己。若是者爲郡且訛、民。況爲一道乎。臣於趙逢龍見之。其心術姦欺。嗜利忘恥。不知命義。數羅譴訶。懵不知所自悔。若是者雖爲倅貳且不可。況爲郡乎。臣於王傑見之。臣切惟逢龍讀書授徒。奮由科第。臣與來往。嘗稱其廉。及解郡而爲郎。士論籍籍相告曰。人知其迹而已。去年秋旱。田野煎熬。吏告逢龍以軍期爲名。擾動六邑。公私鼎沸。朝廷果有出軍之令乎。逢龍可謂之不知事乎。況以前官積下官錢爲吏奄有。以數萬計。逢龍家僕。與能言之簿曆尚可驅磨也。彼其待吏如弟兄。然私率與之對坐。稱都吏而不名。民訟曲直。期會寬嚴。皆吏之命。至有一事而三四案。官書擬者甲不滿吏意則之乙。乙不滿吏意則之丙。或一訟而迭勝迭負。更禪無窮。如此等類。不知其幾。臣切怪之。姑言其略。及聞諸要路之臣。亦曰士夫豈無昏庸者。未有如逢龍昏庸之極。豈無信吏者。未有如逢龍信吏之極。臣昨不能對。益信知人之難如此。今濫負封駁。知而不言。不惟無以見江東父老。亦非所以愛逢龍。是有負陛下多矣。王傑生長膏粱。鮮克由禮。嗜利忘恥。所至貪淫。狎妓受賕。獄訟爲市。如預借官物而去此籍。如廣數楮皮而肆其暴。舉差役而

濫賣弄之弊。虐小民而奉大家之驩。始則宰長興而見於臺臣之彈擊。次宰龍游。又見於知郡蔡岊之按劾。蓋亦不復知有世間廉恥事矣。況其罪犯既多。前此既緝爲倅。今僅一爲倅爾。又復睨請一麾。若且放過。則遠方赤子畀之虎狼得乎。臣於逢龍雖爲有舊。一道事重。不當隱情。臣於王傑初無怨尤。然知其人。亦難自默。之二人者善惡不同。同於爲民之病。欲乞聖斷各且畀之祠祿。使知退省其私。他日警悟。各當其所而用之。亦未爲晚。

監察御史吳昌裔論史嵩之疏曰。臣等聞之易之師曰。大君有命。開國承家。小人勿用。聖人象之曰。小人勿用。必亂邦也。必之爲辭。言其決然而無可疑也。臣觀自古以來。必有君子而後能國。未有用小人而不至於敗亡者。聖人之言如金科玉條。其可犯也哉。臣等謹按太中大夫新除刑部尚書史嵩之習氣輕浮。操心狡獪。膏粱之子。本無學術。憑藉其伯彌遠聲勢。濫魁別頭。公論不容。至今籍籍。遊邊累年。初乏善狀。彌遠內專八柄之權。外存三窟之勢。遂以乳臭小子。謬當閫寄。彌遠晚年。每欲引之自代。師昭之心。人皆知之。冰山既摧。嵩之知無所恃。外交韃人。私結和議。用權檜故智。恐脅朝廷爲守祿固位之計。不臣莫大焉。邊方以積貯爲大命。嵩之空京湖之粟以餧犬羊。以博殊玉。兵民苦於轉輸。破蕩死徙而不恤。韃人本未知中國虛實。嵩之屈體事之。引韃人頭目一二百人出入城府。聽其節制。而殊不知恥。往者小使鄒伸之之遣。引致王檝窺覘上都。啓敵人貪婪之心。貽襄蜀蹂踐之禍。皆嵩之實爲之。斥逐家居。安享富貴。在嵩之可爲幸矣。而乃恃其多貲。交結中外。規圖復進。起家而帥江右。物議已自沸騰。旣覆而玷清班。名器抑何輕褻。給事洪咨夔謂近日雷雪之變。皆此人所致。嘗行繳駁。權直院吳詠亦復見之論奏。爲嵩之者。合知

去就矣。顧乃偃然供職。恬若不聞。可謂小人之無忌憚者也。嵩之爲
人。惟陛下與一二大臣謂其才可集事。而天下之人。皆謂其輕躁寡
謀。必將重至誤國。此譬之惡草。當芟夷蘊崇之。勿使能殖可也。豈宜
任獨見違公論而用之乎。且陛下與一二大臣必欲用嵩之者。不過
謂其嘗爲襄帥。稍諳北人情性。可以招來郭勝講解韃師而已。臣等
以爲不然。勝之叛去。父母妻子被戮。怨望已深。決無可招之理。韃得
志而驕。和議亦斷未易成。嵩之近日奏疏。嘗爲走弄之語矣。陛下用
之。必無益而有害。臣等聞元祐間衆賢聚朝。天下駸駸向治矣。時相
呂大防把捉不定。至用調亭之說。兼用熙豐舊人。進李清臣鄧溫伯
而楊畏章惇蔡京之徒攀援而至。其時雖以劉摯范純仁蘇轍王巖
叟諸賢參錯要路。不足以遏其復然之凶焰。而中原之禍隨之。天下
安危理亂之機。甚可畏也。彌遠濁亂天下三十八年。遺患餘禍至今
不可醫治。今陛下復欲用其猶子。賁之。又冒八座之列。臣等恐其巧
窺陰伺。呼集非類。以害君子。而紹聖之禍復作矣。臣等甚憂之。在易
內君子而外小人。其卦爲泰。內小人而外君子。其卦爲否。小人之不
可近也如此。臣等愚見欲望陛下特賜睿斷。將嵩之刑書職任。亟行
褫罷。以清朝列。以快公論。若謂時方多事。未免使貪使過。且乞與一
在外州郡差遣。少老其才以備他日邊頭任使。庶合泰否內外之道。
謹具覺察以聞。伏候敕旨。
昌裔又論鄭清之疏曰。臣等惟國家之患。莫大於用兵。人臣之罪。無加
於誤國。此漢武所以正王恢之誅。晉援所以行商浩之廢也。臣等竊
見左丞相鄭清之。舊由庠序。驟致顯榮。涉歷廷疎。智謀短淺。扳援謟
瀆之舊。冒居宰輔之司。當陛下親攬萬幾。革新大化。清之亦悉心輔
贊。隨事更張。如絕苞苴。斥貪佞。召耆德。去副封等事。其於新政豈無

小補。特其不能度德量力。保境息民。妄意功名。經營分表。力排群議。
輒啓兵端。信輕銳之士。以主帷幄之謀。用虛驕之將。以分節鉞之寄。
輕挑強鄰。敗師河洛。兵民之物故者以數十萬計。糧食之陷失者以
百餘萬計。凡器甲舟車悉委僞境。而江淮蕩然無以爲守禦之備。如
清之者。能因一蹶之失。翻爲百全之圖。愛惜餘力。保守舊境。猶可補
瘡痍之痛。收桑榆之功。而乃護疾弗悛。私心自用。但求巳說之勝。靡
卹事力之窮。復妄許於推鋒。不痛懲於覆轍。繼而邛徐唐泗俱以敗
聞。士氣沮衂。國威敗喪。遂使驕興遠夷。得以歸曲于我。始寇關蜀。而
八郡爲之荼毒。旋犯京襄。而江西爲之繹騷。以叛將召戎。亂兵干紀。
外鬪內訌之孔棘。左支右吾之莫能。凡邊民之骸骨相枕。國家之膏
血無餘。使陛下寒心銷志於九重之上。夜不安枕。至於累月者。皆清
之輕動干戈之罪也。誤國孰大焉。方今春氣向深。韃騎將退。正當更
改規模。補苴罅漏。而排和戰之論。專爲守禦之謀。如清之固位不去。
必不能盡變舊習。織圖新功。滯吝私心。重誤國事。不至於危亡不止。
儻或狼狽至是。而後如靖康之誅王黼。開禧之竄陳自強。亦果何益。
臣等不避大譴。欲乞聖慈下臣等此章。示清之。待其自知引退。即賜
允俞。以全陛下進退大臣之節。以謝關蜀京湖四路之民。俾繼此爲
宰執者。不敢輕易謀國。以遺陛下之憂。豈勝天下宗社之幸。臣等非
不知臺諫彈擊大臣。往往與之俱出。第臣等猥蒙親擢。備數言路。不
敢自愛其身。而爲國家忠計。謹具覺察以聞。惟陛下裁斷。
昌裔又論趙汝橦兄弟疏曰。臣按本臺令。諸御史臺分季專委臺官
一員。躬詣大理寺及應有刑獄去處點檢禁囚淹留不次。或有冤濫。
並具當職官職位姓名以聞。臣於今月二十二日。恭奉詔條。前往大
理寺及臨安府三院錢塘仁和兩縣點檢。其有事情交互。因繫淹延。

問駁迂迴降斷遲緩等事。除已同本臺官一面申朝省外。內仁和縣一項劉允中等爲趙大使宅少監位買獻平江府苗田三百餘畝。又府院一項周夢庚爲寺丞大監包占常州沙田一萬四十餘畝。是皆勢要貪利致獄訟淹留。若非澄治其何以感召和氣。臣契勘稱寺丞者。即汝楫也。稱大監者。即汝楳也。父子以驕侈而相詔。兄弟以兼并而相師。強奪民田不知其幾。而常州一事尤駭聽聞。止因游士一時無根之談。遂占平民百年有契之業。爲數浩大。至萬四千。始令周夢庚出名陳詞後。却使李天祐等交業管幹。帶領兵衆以張其勢。持執槍杖以示其威。孀婦爲之銜冤。平民爲之掩泣。官吏雖知枉狀。亦復飲氣奉承。蓋緣是時汝楫遷躐周行。汝楳詳刑浙右。氣焰熏灼。莫敢誰何。若非朝廷清明政令更始。奪諸暴虎。還與飢鴻。則晉陵之民將塡于溝壑矣。在法當職官吏不許請佃官田。今汝楫身爲王官。既已犯

法。包占而汝楳職在風憲。又敢冒嫌行移。以若所爲是不知有國法也。是不知有天民也。竊詳案周夢庚者。當被誣告之罪。而汝楳汝楫曾無豪髮之傷。安坐家庭。僥覬擢用。將恐自是貴要覬望。法禁凌夷。民業不安。獄訟滋起。其患有甚於夷狄盜賊矣。竊見汝楳兄弟以乳臭之資。濟惏貪之欲。依憑城社。過惡頗多。具見臺章。未暇悉數。今臣因司刑察。姑摘其貪暴一事亟以奏聞。欲望聖慈將汝楳汝楫特賜鐫秩罷祠。求不得與親民差遣。併乞行下所屬將幹人李天祐馬伯駒等同周夢庚一例定法。重作施行。庶幾範權要而仁困窮。實所以昭陛下丕明之理也。謹具覺察以聞。伏候勅旨。

貼黃。臣近又風聞汝楳有淮西提刑之命。却未曾見邸吏報行。若果無之。豈非至幸。萬一有此。臣竊惑焉。夫以浙西三輔之地。去日甚近。汝楳奉使無狀。一至于此。况淮右乃風寒之處。民物凋瘵。而使之司臬其閒。將恐移浙右之害而害淮右矣。又何望其執邦憲而求民瘼哉。臣愚過慮。欲望陛下特出睿斷。明諭大臣。或有進擬汝楳等新除。亟賜寢罷。以穆公論。以慰人心。伏乞睿照。

呂當又論四都司疏曰。臣竊惟政府萬事之樞機。宰掾諸司之綱紀。故參陪機政者必先民望。而彌綸省闥者多用士人。在祖宗時不輕其選也。前者樞臣非才備位。臣已論列之矣。今都曹之中。先後相望。有利口之覆邦家。庸人之擾天下者。臣敢置而不言乎。謹按前戶部尚書兼檢正余鑄。性資深刻。言行辨堅。以操切合權姦。以便佞躐清要。出入都省蓋踰十年。縱豪橫之僕。以籠貨財。館輕囂之賓。以通關節。貪遠濁亂之路。鑄也實附益之。大化既更。舊掾盡屏。鑄獨漏網。出尹神京。治狀無聞。經營再入。以沮壞人事爲任。怨以寬卹民隱爲好

名。每於論事之閒。常有感舊之意。黃幹學者之宗也。鑄乃謂之狠士。陳宗仁林介小人之黠也。鑄乃謂之好人。是非良心倒置如此。况能以當事任哉。陛下赫然宸斷。令奉祠官。公論莫不稱快。然不正其父據都司之罪。而僅以督府之微罪行。偃然家居。咸謂佚罰。此臣所謂利口之覆邦家者。新除司農少卿兼檢正顏耆仲。器能皎厲。舉止輕儇。假借他人之文。以躐世科。諂事權門之子。以玷班著。方其分治省事。遂與同列交爭。暴氣鄙聲。聞者駭愕。朝廷不靖之風。寔自耆仲倡之。迨至出使淮壖。不能奉宣德意。而乃操聚斂之術。權鹽醝之贏。以徼羨獻朝廷。以毫末濡滯屬。其脧脂膏以自潤者。蓋有倍蓰于此。行道之人。往往能言其數。進承密旨。見謂叨覦。糾正省務。尤爲非據。似聞朝廷方以財賦之任委之。竊恐其力小任重。才短學踈。實無補於國家大計耳。此臣所謂庸人之擾天下者也。倉部郎中兼左司崔端

純獰貌而鷙材亦一庸人也其在番陽貪鄙慘刻以小價允會而換內庫之金以畸零折鈔而奪下戶之利以贓罰積鏹而豐囊橐之藏軍怨塞胸民怨入骨幾於激變輦而脫歸余鑄以其能執籌算計引佐都省不務大體求詳細苛所擬文書動多積壓近者交爭相府人頗駭之豈容以冒居薇委之任哉樞密院編修官兼侍右郎官劉克莊纖能而小慧亦一利口也蚕雖能文見謂輕薄其德秀其師也平昔受知出入其門及德秀疾病則遂奔競而他往曾從龍其所主也督府幕屬皆其所擬及上命督趣則又變其說以沮行王邁其鄉人也平時握手出示肺肝及為臺評所點則遂拒戶而不見既背其師又誤其主又不得譽於鄉黨朋友如此至于刺探時事以聞大臣傳誦風旨以諭臺諫心術巇險人皆畏之豈可以久居編摩之選哉臣來自遠方請共下位與四人者初無怨尤竊謂國家多事正籍寀士得人而使憸人俗吏交迭居之物論沸騰不容自嘿用敢列其姓名聞奏欲望聖慈將鑄罷祠以示利口之戒端純罷斥以彰庸人之罰耆仲姑畀外任以老其才克莊且與祠廩以奉其母庶幾寀路嚴重而政本澄清其於國論寔非小補謹具覺察以聞

昌裔又論王定等狀曰臣聞中興南渡留意海道之防專置帥垣實為重寄矧狂虜猖獗孽婦窺覦正當固結民社控制水軍朝夕究圖以隄備不測則分閫置幕詎可委非其人乎臣謹按沿海制置使王定人物頑頓心術回邪因賂故相僕昕而得京削因結寧海尼普而登權門出守毗陵蔑聞善狀徒以奉承貪梱之意仳離賊息之姻因此為驟持節浙右進不以正公論鄙之更化之初例叨收召方為寀尋陰附用兵及分臺察專仇善類所幸陛下洞燭其姦亟屏于外不然端平人才一網盡矣蒙恩予郡不能導德意致之民而乃搜括覓緡稱提會子民大為擾形于嘲詩反以此欺公朝增羨秋[illegible]聞易鎮之除[illegible]楮價為之頓落蓋恐其移害一郡者而害一路也尚何望其任[illegible]而控海道乎沿海制置司主管機宜文字秉似道生禀兇暴家傳刻深方韶尹京政出子舍眤比黠吏交通賄賂估籍富民掩為囊橐凡韶一切貪黷之政實似道附益之聖化更新兇徒盡屏汙吏之子乍謫無遺似道其尤乃獨漏網方且多岐交結閫幕鄉邦倚勢作威道路以目甚至滅銅鏹以囷畜船之利擲樗蒲以醉營妓之家閭墻之羞尤不忍道人言籍籍謂其以毒天府者而毒鄉閭必矣何以持幕畫而贊其長乎沿海備禦之計正在主賓相扶而今以老繆之人少兇之子參會其間國事鮮有濟矣欲望聖慈將定予祠似道罷黜別選威望之臣并柬忠雅之士以重梱事以清海塵此今日之急務也謹具覺察以聞

昌裔又論趙汝遇等狀曰臣聞典獄者必用常人祥刑者必惟哲人常則哀矜惻怛不以惠文為師哲則明允篤忱不以獄市為擾廷尉天下之平司臬四方之訓其可不得其人而任之乎臣謹按大理少卿趙汝遇秉昏懵散才無他長其兄汝述五木之一也薦于故相升之中都假守廬陵一無善狀但聞黷貨囊橐以歸架屋天台極其華麗旦評公族多不齒之入為郎曹偶承鄉乏驟升戎監乃謂下遷出語乞憐聞者貽愕廷理貳正之選今以庸人居之污我棘位甚矣江東提刑林半千皎厲輕儇素虧士檢自初筮仕已乏廉聲今使江東尤無美政縱部曲以追胥而肆攘奪淹民詞以竄繫而多瘐亡屈法以受富民之賕冒禁以抑官籍之妓至于挾行屬部尤為寵賂彰聞以若所為豈不孤臨遣之意福建提刑葉寀猜執偏滯自負吏能方在朝端粗知趨向及更民事浸見乖踈憲江右則誘殺降民守溫陵

則席卷公帑。迨茲易節。宜務觀風。而乃徇偏聽以長胥吏之姦。開越訴以撓州縣之政。甚至溺于子妾之愛。公以貨賄交通。人言如斯。決難久澄清之任。方聖朝欽恤之際。正天敉明謹之時。而內之寺種外之臺治。猶不純以吉士。臣濫司刑。察得之風聞。用敢疏列姓名具奏。欲望陛下將汝遇與韋姑昇恂慶其中特賜罷黜。庶以仰助大德曰生之造。謹具覺察以聞。

吕裔又論安癸仲疏曰。臣聞綿蜀難者在收軍心。收軍心者。在足兵食。兵食之原。總計責也。爲計所言者多曰生券日增。引直日減。一兵而兼兩人之請。斗米而價三倍之直。歲支增至於五千萬緡。而所收僅及於一半。向以二分就糴開外。而今盡仰給於上流。事事㮣底若難措手矣。然使得趙開之操畧。李迨之算計。王之望之通敏勤强。夙夜諳知源流。則雖公私赤立之餘。尚可支梧萬一。今有都賦與之任

而無調度之才者。臣豈敢避仇怨而不言乎。謹按具位安癸仲品凡而資驗。識闇而氣昏。緣先世之勳勞。躐朝廷之官職。牟卹之變。帥幕節麾。身兼數器。才闇處事。徑走合陽。朝廷不加譴呵。付以餉事之重。蓋謂其能損家貲以助國也。而癸仲不惟絲毫無補。反以橐橐自豐。馮安世土牢刑人也。乃舍之正堂。以爲腹心。馮興孫等江湖販賈也。乃假之外幕。以爲羽翼。委官糴於親屬。而一碩一引。與分其利。掩官井於私家。而一月數萬。自操其贏。根刷及於樁坐。而郡計空。科歛至於抵擬。而民力困。支粮雖糠粃。而士不飽。衣賜率紙薄。而師多寒。是致虜騎一來。望風輒潰。皆以總所支粮爲詞。當癸仲淨家再爲遁計。而潰徒尾襲。迨及其舟。焚燬一空。僅以家免。其積怨怒。蓋可知矣。臣嘗遊于劍外。見癸仲任內廩無半月之積。帑無經宿之儲。至于關巷粮多不給。今觀其節次申狀。乃言青泥倉失粮七千八百餘碩。黃沙倉失粮三千二百七石。漢湯諸倉失粮一萬七千石。約計三百四十萬有奇。虛張夸言。漫不可考。不幾於大啗以欺天聰乎。且朝廷每年爲之科降度牒。增印引料。撥大寧監鹽息。啓茶馬司羨利。扶助總司。靡不周盡。而癸仲秤提無策。往往權無方。截科降以營私。創回易以罔利。所爲若此。身豈不有辜朝廷美意乎。近者癸仲自知手足俱露。日夜求以脫去。既僥撫諭。又覬召還。人言籍籍。咸謂其心計智畧不及乃父遠甚。而交結營進反有過之。可謂類其家聲矣。臣愚欲望聖慈特將癸仲鐫職罷黜。亟於監司中選差諳曉財賦者一員。令代其任。驅磨其失陷錢物。拘覈其支出米數。以正典刑。則不勝幸甚。

歷代名臣奏議卷之一百八十五

去邪

宋理宗時宰相史嵩之挾邊功要君植黨顓國。沅州教授徐霖上疏歷言其姦深之狀。以為其先也奪陛下之心。其次奪士大夫之心。而其甚也奪豪傑之心。今日之士大夫嵩之皆變化其心而收攝之矣。且其變化之術甚深。非章章然號於人使之為小人也。常於善類擇其質柔氣弱易以奪之者。親任一二。其或稍有異己。則潛棄而擯逺之。以風其餘。彼以名節之尊。不足以易富貴之顯。義利之辨亦終暗於妻妾宮室之私。則亦從之而已。疏奏。見者吐舌為霖危之。未幾嵩之匿父喪求起復。君子並起而攻之。上大感悟。

監察御史兼說書洪天錫上疏言天下之患三。宦官也。外戚也。小人也。劾董宋臣謝堂厲文翁理宗力護文翁。天錫又言不斥文翁必為王

府累。上命吳燧宣諭再三。天錫力爭謂貴倖作姦犯科根柢蟠固。乃遲回護惜。不欲繩以法。勢燄愈張。紀綱愈壞。異時[illegible]戚雖欲治之。不可得矣。上又出御扎俾天錫易疏欲自戒飭之。天錫又言自古姦人雖憑怙其心。未嘗不畏人主之知。苟知之而止於戒飭則憑怙愈張反不若未知之為愈也。章五上。出關待罪。詔二人已改命。宋臣續處之。天錫言臣留則宋臣去。宋臣留則臣當斥。願蚤賜裁斷。

禮部尚書兼給事中修國史實録院修撰趙汝騰奏言前後姦諛之臣傷善害賢。自取穹官要職。何益於陛下。而深損於聖德。興利之臣移東就西。順適宮禁。自遂谿壑無厭之欲。何益於陛下。而深戕於國脉。則陛下私係群小之心可以見矣。

寧海軍節度判官文天祥上書曰。臣畎畝末學。天賦樸忠。遭逢聖明早塵親擢。已未之夏。陛下廷策多士。記憶微臣。俾佐京兆尹幕。時臣

不敢拜恩。乞行進士門謝旨令赴闕。其冬賓來行禮。適值國難方殷江上勝負未決。而全永衡且破。于時京師之勢。危如綴旒。上下皇皇。傳講遷幸。臣得之目擊。恍恐六師以一朝而動。宗社之事。關繫不細。采之公論則謂兵禍起於憸壬之聚斂。而憸壬用事。則主於董宋臣。至於遷幸一事。宋臣張皇處分。尤駭觀聽。事勢至此。死且無日。臣忠憤激發。叩閽上疏。乞以宋臣尸諸市曹。以謝生靈荼毒之苦。指陳觸忤。自分誅斥。出關待罪。不報。亟歸山林。側聽聖裁。臣章雖不付出施行。而竟亦不坐臣以罪。非惟免於罪而已。改命洪幕。徒欲與祠。又寵綏之。臣嘗以為區區父母之身。委而徇國矣。陛下赦而不誅。臣之再有此身。是陛下賜之也。感激憤發。常恨未有一日以答天地之造。前冬誤辱收召。畀以館職。曾未幾時。進之以著庭。寵之以郎省。臣之取數於明時者益以過多。共惟聖德日新。朝無闕事。臣得從事鉛槧。

悉意科條。以無忘靖共爾位之訓。恍幸恍荷。茲者倏讀報狀。宋臣復授內省職事。臣驚嘆累日。不遑寧處。繼傳御批游畀兼職。且使之主管景獻太子府。臣備員講授。實維斯邸。此人者乃為之提綱。當其覆出。臣自揆以義。且無面目以立朝。况可與之聯事乎。請命以去。臣之分也。然臣端居深念。託故而去。謂之潔身可也。陛下未嘗拒言者。言而當於可。陛下未嘗不行。臣不言而去。則於事陛下之道為有未盡。是用不敢愛於言。伏惟陛下鑒臣之衷而幸聽焉。臣伏讀國史竊見孝宗皇帝所以待暬御者。終始之際。恩威甚明。臣嘗以為自古人主寬仁莫如孝宗。英斷亦莫如孝宗。方曾覿龍大淵輩用事。周必大言之。龔茂良言之。劉度言之。鄭鑑袁樞言之。言者日以盛。而孝宗假以恩寵未嘗為之少衰。孝宗豈咈諫者哉。聖心寬仁未忍驟有所加也。比其招權弄勢。日益翕赫。小心謹畏之態。昵昵於前者。迄不能掩其

儉私傾險之迹或以見疎死或以坐罪發英斷如此豈以寬仁而遂失之姑息哉開國承家小人勿用聖子神孫一守是法共惟皇帝陛下以聰明操御萬幾以神武經緯六合四十年間凡經幾大拂亂幾大驚危天綱地紀重新整頓功業逐日以新聲名隨風而流尚論聖德三代以下之英主未能或之先也神明之下侍御僕從罔匪正人旦夕承弼厥辟固其所也惟是宋臣究鷙慘毒不可嚮邇陛下曩以其小有才而假借之小人不足大受倚恃權勢無所不至戊午己未間天下指目共欲甘心臣冒死先為陛下言之陛下於此時猶有徘徊顧惜之意未即加罪已而縉紳學校交疏其惡伏闕投匭殆無虛日陛下始豁然大悟奪其太阿屏置織郡中外鼓舞歌誦威德臣妄謂陛下之寬仁全似孝宗陛下之英斷亦全似孝宗漢家自有制度固應如是詩云維其有之是以似之雖然陛下稟天地沖和之全氣

接帝王忠厚之正傳寬仁英斷雖並行而不相悖二者分數寬仁較多是以如此人者遂得以生全於覆載之內壽醫之旨未幾朝請之命復下今者又使之內居要地日覲宸光惟至聖為能寬裕有容有如此者然臣嘗聞之惟仁者能好人能惡人蓋仁則無私無私故能好能惡聖人豈專以博愛者為仁哉漢唐宦官之禍其後至於濫觴而不可救推原其初則起於時君一念之不忍是故古人之於防微杜漸不敢忽也語曰往者不可諫來者猶可追宋臣前此誤國之罪陛下既赦之而勿問矣臣何敢追尤往事上瀆聖聰獨為方來計則髮綿之憂不能忘情焉夫以陛下聖明在上孤鶵腐鼠亦何敢晝舞父號少作喘息其人心性殘忍群不肖所宗竊恐復用之後勢燄肆張植根既深傳種益廣末流之禍莫知所屆近者陛下親製元良十四規丕哉聖謨為萬世計甚悉有如此事獨可以為小故無與於詒

謀而閭閻之哉宋臣之為人臣實疎遠亦安能以盡知之惟是天下之惡名萃諸其身京師閭巷無小無大輒以董閻羅呼之陛下之左右使令亦衆矣此名不歸之他人而惟此一人是歸則豈不名而自至也哉陛下毋以其退然謹愿而謂其未必怙威生事也毋以其甘言卑詞而謂人言為已甚也千金之家強奴悍僕恣橫閭里至其服役於主人之前固亦未嘗不小廉曲謹而可信也此事雖小可以喻大陛下儻察及此則亦何愛於此一人而閟惜英斷以重違天下之心哉伏望陛下稍抑聖情俯從公議縱未忍論其平生之惡以寘之罪亦宜收回成命別選純謹者而改畀之失一兵得一兵於國家事夫亦何損于以厭人心之公于以示來世之法于以防天下之禍於未然令聞令望施于無彊臣子之願莫大於此臣實何人輒上封章以仰及於萬乘之所親信蚍蜉撼木自速虀粉可謂愚甚然臣方備

位中朝使其以厚祿餬口坐取遷擢豈不得計而臣子所以事君正義謂何世道升降之大幾國家利害之大故奈何坐而視之噤不發一語上負天子下負所學貽無窮羞此臣所以不敢強顏以留亦不敢詭辭以去忘其嬰鱗不測之危以冀陛下萬一聽而信之臣言得行宗社之利也臣之榮也如臣之積忱未足以仰動天聽坐受斧鉞九隕無悔謹杜門席藁以聽威命之下臣無任望闕瞻天激切屏營之至不備臣昧死百拜

幼主時知平江府文天祥乞斬呂師孟疏曰臣既以驅馳之緊熟數於前矣惟國勢岌岌若不能以一朝居也而中外疏附奔奏禦侮之臣曾無固志內則先警而遁外則望風而降若飲鴆藉蛟前後相繼者何也三老董公遮說漢王曰順德者昌逆德者亡名其為賊敵乃可服未有含糊混并忠邪不辨逆順不分而可以號名豪傑自立於不拔之地者

也襄陽之役虎不進煥賣降使元奸一日慨然聽有司論其罪天地神人憤嫉以舒雖有兇猾誰敢趣生報怨而元奸意氣彫喪不能聲罪致討以大明天冠地屨不易之分與天下英雄共誅之遂使疆埸之臣獻幣授誠甘心非類而不恥分噬肆螫嗚吠其主習以為然皆名義不立無以服其心故也傳曰前車覆後車戒更化以來其必有以大畏民志而後可今也叛逆之家接迹相望曾無一人伏其辜而呂師孟力而枸諸原者未以獻俘釁鼓徇示三軍以作興戰士之氣方且并包兼容一以不敎意在羈縻一切覆護誰謂與之共活宇宙大可以為國小可以為家乎此萬萬必無之理也臣以為順德之臣伏節死義不盡見之褒異則必無以激昂忠臣孝子之志逆德之賊干犯反常不盡見之誅夷則必無以懾伏亂臣賊子之心春秋作而亂臣賊子懼孔子無王者之位褒貶寄之空言猶是以遏禍亂正人

心堂堂天朝一日赫然改紀其政刑黜陟賞罰不為偏私忠節必旌凶孽必戮然後人極可以復立正統可以復扶有功不賞有罪不誅雖堯舜不能治天下惟陛下與一二大臣亟圖之臣不勝拳拳

遼末主時耶律石柳為夷离畢郎君時樞密使耶律乙辛誣殺皇后謀廢太子斥忠賢進姦黨石柳惡其所為乙辛覺之太子既廢以石柳附太子流鎮州天祚即位召為御史中丞方治乙辛黨有司不以為意石柳上書曰臣前所陷斥竄邊郡幸蒙召用不敢隱默恩賞明則賢者勸刑罰當則姦人消二者既舉天下不勞而治臣見耶律乙辛身出寒微位居樞要竊權黨惡不勝名狀蔽先帝之明誣陷順聖構害忠讜敗國罔上自古所無賴廟社之休陛下獲纂成業積年之冤一旦洗雪政陛下英斷克成孝道之秋如蕭得裏特實乙辛之黨耶律合魯亦不為早辨賴陛下之明遂正其事臣見陛下多疑故有司顧望不切推問乙辛在先帝朝權寵無比先帝若以順考為實則乙辛為功臣陛下豈得立耶先帝黜逐嬖后詔陛下在左右是以悔前非也陛下詎可忘父讎不報寬逆黨不誅今靈骨未獲而求之不切傳曰聖人之德無加于孝昔唐德宗因亂失母思慕悲傷孝道益著周公誅飛廉惡來天下大悅今逆黨未除大寬不報上無以慰順考之靈下無以釋天下之憤怨氣上結水旱為沴臣願陛下下明詔求順考之瘞所盡收逆黨以正邦憲快四方忠義之心昭國家賞罰之用然後致治之道可得而舉矣謹別錄順聖升遐及乙辛等事昧死以聞書奏不報

金宣宗貞祐四年十月詔以完顏伯嘉為兵部尚書簽樞密院事蒲察阿里不孫為右副元帥備禦潼關陝州次澠池土濠村兵不戰而潰阿里不孫逸去亡所佩虎符變易姓名匿柘城縣與其妻妹前韓

州刺史合喜男婦紇石烈氏及僕婢三人僦民舍居止合喜母徒單氏聞之捕執紇石烈斷其髮拘之佛寺中阿里不孫復亡去監察御史完顏藥師劾奏乞就詰紇石烈及僕婢當得所在其妻子見在京師亦無容不知請窮治有司方繫其家人特命釋之詔曰阿里不孫若能自出當免極罪阿里不孫乃使其子上書請圖後効尚書省奏阿里不孫幸特赦死當詣闕自陳乃令其子上書猶懷顧望伯嘉劾之曰古之為將者受命之日忘其家臨陣之日忘其身服喪衣鑿凶門而出以示必死進不求名退不避罪惟民是保阿里不孫膺國重寄握兵數萬未陣而潰委弃虎符既不得援枹鼓以死敵又不能負斧鑕而請罪逃命竄伏猥居里巷挾匿婦人為此醜行聖恩寬大曲赦其死自當奔走闕庭皇恐待命安坐要君略無忌憚迹其情罪實不容誅此而不懲朝綱廢矣乞尸諸市以戒為臣之不忠者

元世祖至元二十一年三月以陳天祥為監察御史會右丞盧世榮以掊克聚斂驟陞執政權傾一時御史中丞崔彧言之帝怒欲致之法世榮勢燄益張左司郎中周戭因議事微有可否世榮誣以沮法奏令杖一百然後斬之於是臣僚震慴無敢言者二十二年四月天祥上疏極言世榮姦惡其畧曰盧世榮素無文藝亦無武功惟以商販所獲之貲趨附權臣營求入仕輿贓輦賄輸送權門所獻不充又別立欠少文券銀一千錠由白身擢江西榷茶轉運使於其任專務貪饕所犯贓私動以萬計其隱祕者固難悉舉惟發露者乃可明言凡其掊取於人及所盜官物略計鈔以定計者二萬五千一百一十九金以錠計者二十五銀以錠計者一百六十八茶以引計者一萬二千四百五十有八馬以疋計者十五玉器七事其餘繁雜物件稱是已經追納及未納見追者人所共知今竟不悔前非狂悖愈甚以

苟刻為自安之策以誅求為干進之門既懷無饜之心廣畜攘掊之計而又身當要路手握重權雖位在丞相之下朝省大政實得專之是猶以盜跖而掌阿衡之任不止流殃於當代亦恐取笑於將來朝廷信其虛誑之說俾居相位名為試驗實授正權校其所能敗闕如此考其所行毫髮無稱此皆既往之真跡可謂已試之明驗若謂必須再試止可叙以他官宰相之權豈可輕授夫宰天下譬猶製錦初欲驗其能否先當試以布帛如無能効所損或輕今捎相位以試驗賢愚猶捨美錦以校量工拙脫致隳壞悔將何追國家之與百姓上下如同一身民乃國之血氣國乃民之膚體血氣充實則膚體康強血氣損傷則膚體羸病未有耗其血氣能使膚體豐榮者是故民富則國富民貧則國貧民安則國安民困則國困其理然也昔魯哀公欲重斂於民問於有若對曰百姓足君孰與不足百姓不足君孰與

足以此推之民必須賦輕而後足國必待民足而後豐書曰民為邦本本固邦寧歷考前代因百姓富安以致治自有天地以來未之聞也夫財者土地所生民力所集天地之間歲有常數非惟取之有節故其用之不乏今世榮欲以一歲之期將致十年之積危萬民之命易一世之榮廣邀增羨之功不恤顛連之患期錙銖之誅取誘上下以交征視民如讎為國斂怨果欲不為國家之遠慮惟取速效於目前肆意誅求何所不得然其生財之本既已不存斂財之方復何所賴將見民間由此凋耗天下由此空虛安危利害之機殆有不可勝言者計其任事以來百有餘日驗其事跡備有顯明今取其所行與所言而已不相副者畧舉數端始言能令鈔法如舊鈔今愈虛始言能令百物自賤物今愈貴始言課程增添三百萬錠不取於民而辦今卻迫脅諸路官司增數包認始言能令民快樂凡

今所為無非敗法擾民者若不早有更張須其自敗正猶蠹雖除去木病亦深始嫌曲突徙薪終見焦頭爛額事至於此救將何及臣亦知阿附權要則榮寵可期違忤重臣則禍患難測緘默自固亦豈不能正以事在國家關繫不淺憂深慮切不得無言世祖聞其語遣使名天祥與世榮俱至上都面質之既至即日有內官傳旨縛世榮於宮門外明日入對天祥於帝前再舉其所言與未及盡言者帝皆稱善世榮遂伏誅

至元二十四年分中書為尚書省桑哥為相引用黨與鉤考天下錢粮凡昔權臣阿合馬積年負逋舉以中書失徵奏誅二參政行省乘風督責尤峻主無所償則責及親戚或逮繫隣黨械禁榜掠民不勝其苦自裁及死獄者以百數中外騷動廷臣顧忌皆莫敢言利用監徹里乃於帝前具陳桑哥姦貪誤國害民狀辭語激烈帝怒謂其毀

誣大臣。失禮體。命左右批其頰。徹里辯愈力。且曰。臣與桑哥無讎。所以力數其罪而不顧身者。正爲國家計耳。苟畏聖怒而不復言。則姦臣何由而除。民害何由而息。且使陛下有拒諫之名。臣竊懼焉。於是帝大悟。即命帥羽林三百人。往籍其家。得珍寶如內藏之半。桑哥既誅。諸枉繫者始得釋。復奉旨往江南籍桑哥姻黨江浙省臣烏馬兒蔑列忻都王濟湖廣省臣要束木等。皆棄市。天下大快之。

至元二十六年。時相桑哥專政。法令苛急。四方騷動。御史中丞程鉅夫上疏曰。臣聞。天子之職。莫大於擇相。宰相之職。莫大於進賢。苟不以進賢爲急。而惟以殖貨爲心。非爲上爲德。爲下爲民之意也。昔文帝以決獄及錢穀問丞相周勃。勃不能對。陳平進曰。陛下問決獄責廷尉。問錢穀責治粟內史。宰相上理陰陽。下遂萬物之宜。外鎮撫四夷。內親附百姓。觀其所言。可以知宰相之職矣。今權姦用事。立尚書鈎考錢穀。以剝割生民爲務。所委任者。率皆貪饕邀利之人。江南盜賊竊發。良以此也。臣竊以爲宜清尚書之政。損行省之權。罷言利之官。行恤民之事。於國爲便。

世祖時。東平布衣趙天麟上太平金鏡策曰。臣聞凌雲直木。日中無屈曲之陰。貯水圓盤。痕際逸團圓之狀。是以陰陽爲炭。萬物爲銅。茫茫之橐籥吹噓。浩浩之鑪錘攻鑄。天人一致。愚哲同源。因欲引以戒還。守公中而自正。柰有清濁交互。動盪不停。謂其愚騃。則曲盡於聰明。謂之聰明。則不循於轍軌。白衣蒼狗。身世多端。覆雨翻雲。心君靡定。斯蓋溺意於澆漓。有才而無德者也。以之平天下。天下難平。以之治國。國不治。以之齊家。家不齊。施之於口謂之讒。發之於心謂之諂。乃有迷蔽不然。邪道爲先。曲說以易人主之意。反間以成國家之隙。或謂賢臣可鎭何處。而跡之於外。或謂糾彈忠益。訐風而塞之於中。或誣忠諫爲謗君。而請加其誅。或贊玩兵爲振威。而請勤於遠。順己意者榮之。忤己意者擠之。其榮人也。雖周公聽其言。亦謂當加厚賞。其擠人也。雖咎繇勘其狀。亦謂死有餘辜。蘇張之捭闔爲宗。弘石之詭辯是效。蒼蠅白黑。南箕哆侈。是皆讒臣之甚者也。乃是足恭其志。便佞其容。逢君之過而邀以成之。疾君之善而抑以行之。有水害則曰不當農時也。有賊寇則曰鼠竊狗偷不足畏也。螟蝗蟊螣則曰不食嘉穀也。彗星夜見。則曰所以除舊而布新也。秋後開春花。隕霜不殺草。則曰陽德盛而獲天瑞也。日食地震。山崩水湧。則曰數運之當然也。以鹿爲馬。以野鳥爲鸞。又嘗諫無礙之小事。以昭其忠。拜黃官之路塵。以求其助。裴延齡之譎詭。蘇味道之模稜。尸祿素餐。偷安竊位。是皆諂臣之甚者也。讒臣得志。則抵掌以成天下之災。諂臣在中。則安身以養天下之禍。不絕是二者而欲治。臣未之聞也。今國家屢下賢良之詔。明行讒諂之誅。加之以聖教通流。汙俗浸變。朝廷之上。穆穆鏘鏘。臺閣之中。岩岩赫赫。軍民得所。動植安仁。縱有讒諂之人。亦皆改迹以思公。嚮風而樹直矣。臣尚念原頭星火。能燃萬頃之荒。牕隙微風。能作一身之病。群僕左右。日侍天顏。握軸官員。並承天寵。委無讒諂。咸秉堅貞。設有其人。恐將難救。有則絕之。無則防之。伏望陛下精加裁察。每事再思。無以先入之言爲主。而但核其實。則讒者自絕矣。無以側媚之態爲良。而但舉大體。則諂者自絕矣。讒諂既絕。則君子道長。小人道消。上下無一毫之私欲。而太平之化勃然興矣。聖人曰。巧言令色。鮮矣仁。說者謂巧言讒也。令色諂也。鮮矣者。聖人辭不迫切而明其無也。仁者。天理之公也。言讒諂之人。無天理之公也。既無天理之公。惡可與之治天下哉。臣所以謂有則絕之。無則防之。慎之至也。

時尚書省立阿合馬專政布衣秦長卿上書曰臣愚戇能識阿合馬其為政擅生殺人人畏懼之固莫敢言然怨毒亦已甚矣觀其禁絕異議杜塞忠言其情似趙高私蓄踰公家貲覬覦非望其事似漢董卓春秋人臣無將請及其未發誅之為便

順帝至正二十三年十二月拜陳祖仁治書侍御史時宦者資正使朴不花與宣政使橐驩內恃皇太子外結丞相搠思監驕恣不法監察御史傅公讓上章暴其過忤皇太子意左遷吐蕃宣慰司經歷已御史連章論諫皆外除祖仁上疏皇太子言御史糾劾橐驩不花姦邪等事此非御史之私言乃天下之公論臺臣審問尤悉故以上啓今殿下未賜詳察輒加沮抑擯斥御史詰責臺臣使姦臣蠹政之情不得達於君父則亦過矣夫天下者祖宗之天下臺諫者祖宗之所建立以二豎之微而於天下之重臺諫之言一切不卹獨不念祖宗乎

且殿下職分止於監國撫軍問安視膳而已此外予奪賞罰之權自在君父今方毓德春宮而使諫臣結舌凶人肆志豈惟君父徒擁虛器而天下蒼生亦將奚望疏上皇太子怒令御史大夫老的沙諭祖仁以謂臺臣所言雖是但橐驩等俱無是事御史糾言不實已與美除昔裕宗為皇太子兼中書令樞密使凡軍國重事合奏聞者及許上聞非獨我今日如是也祖仁乃復上疏言御史所劾得於田野之間殿下所詢不出宮墻之外所以全此二人者止緣不見其姦昔唐德宗云人言盧杞姦邪朕殊不覺使德宗早覺杞安得相是杞之姦邪當時知之獨德宗不知爾今此二人亦皆姦邪舉朝知之在野知之天下知之獨殿下未知耳且裕宗既領軍國重事理宜先閱其綱若至臺諫封章自是御前開拆假使必皆經由東宮君父或有差失諫臣有言太子將使之聞奏乎不使之聞奏乎使之聞奏則傷其父心不使聞奏則陷父於惡殿下將安所處如知此說則今日糾劾之章不宜阻矣御史不宜斥矣斥其人而美其除不知御史所言為天下國家乎為一身官爵乎斥者去來者言言者無窮而美除有限殿下又安所處祖仁疏既再上即辭職而御史下至吏卒皆辭閣於是皇太子以其事聞朴不花橐驩乃皆辭退而順帝令老的沙諭旨祖仁等祖仁復上奏曰祖宗以天下傳之陛下今乃壞亂不可救藥雖曰天運使然亦陛下刑賞不明之所致也且區區二豎猶不能除況於大者願陛下俯從臺諫之言擯斥此二人不令其以辭退為名成其姦計使海內皆知陛下信賞必罰自二人始則將士孰不効力天下可全而有以還祖宗若猶優柔不斷則臣寧有餓死於家誓不與之同朝牽聯及禍以待後世正人同罪書奏順帝大怒而是時侍御史李國鳳亦上疏言此二人必當斥於是臺臣自老的沙以下皆左遷而祖仁出為甘肅行省參知政事

歷代名臣奏議卷之一百八十六

賞罰

晉悼公時鄭人賂晉以師悝師觸師蠲歌鍾二肆及其鎛磬女樂二八悼公以樂之半賜魏絳曰子教寡人和諸戎狄以正諸華八年之中九合諸侯如樂之和無所不諧請與子樂之絳辭曰夫和戎狄國之福也八年之中九合諸侯諸侯無慝君之靈也二三子之勞也臣何力之有焉抑臣願君安其樂而思其終也詩曰樂只君子殿天子之邦樂只君子福祿攸同便蕃左右亦是帥從夫樂以安德義以處之禮以行之信以守之仁以厲之而後可以殿邦國同福祿來遠人所謂樂也書曰居安思危思則有備有備無患敢以此規公曰子之教敢不承命抑微子寡人無以待戎不能濟河夫賞國之典也藏在盟府不可廢也子其受之魏絳於是乎始有金石之樂禮也

宋司城子罕爲相謂宋君曰國家之危定百姓之治亂在君行之賞罰也賞當則賢人勸罰得則姦人止賞罰不當則賢人不勸姦人不止姦邪比周欺上蔽主以爭爵祿不可不慎也夫賞賜讓與者人之所好也君自行之刑罰殺戮者人之所惡也臣請當之君曰善子主其惡寡人行其善吾知不爲諸侯笑矣於是宋君行賞賜而與子罕刑罰國人知刑戮之威專在子罕也大臣親之百姓附之居期年子罕遂其君而專其政

魏文侯問李克曰爲國如何對曰臣聞爲國之道食有勞而祿有功使有能而賞必行罰必當文侯曰吾賞罰皆當而民不與何也對曰國其有淫民乎臣聞之曰奪淫民之祿以來四方之士其父有功而祿其子無功而食之出則乘車馬衣美裘以爲榮華入則脩竽瑟鍾石之聲而安其子女之樂以亂鄉曲之教如此者奪其祿以來四方之士此之謂奪淫民也

公叔痤爲魏將而與韓趙戰澮北禽樂祚魏王說郊迎以賞田百萬祿之公叔痤反走再拜辭曰夫使士卒不崩直而不倚撓而不避者此吳起餘教也臣不能爲也前脉地形之險阻決利害之備使三軍之士不迷惑者巴寧爨襄之力也縣賞罰於前使民昭然信之於後者王之明法也見敵之可也鼓之不敢怠倦者臣也王特爲臣之右手不倦賞臣可也若以臣之有功臣何力之有乎王曰善於是索吳起之後賜之田二十萬巴寧爨襄田各十萬王曰公叔豈非長者哉既爲寡人勝強敵矣又不遺賢者之後不能掩士之迹公叔何可無益乎故又賜田四十萬加之百萬之上

韓昭侯有弊袴命藏之侍者曰君亦不仁者矣不賜左右而藏之昭侯曰吾聞明主愛一嚬一笑嚬有爲嚬笑有爲笑今袴豈特嚬笑哉吾必待有功者

漢高帝六年始剖符封功臣酇侯蕭何食邑獨多功臣皆曰臣等身被堅執銳多者百餘戰少者數十合今蕭何未嘗有汗馬之勞徒持文墨議論顧反居臣等上何也帝曰諸君知獵乎追殺獸兎者狗也發縱指示者人也今諸君徒能得走獸耳功狗也至如蕭何發縱指示功人也羣臣皆莫敢言張良亦無戰鬬功帝使自擇齊三萬戶良曰臣始起下邳與上會留此天以臣授陛下陛下用臣計幸而時中臣願封留足矣不敢當三萬戶乃封良爲留侯封陳平爲戶牖侯平辭曰此非臣之功也帝曰吾用先生謀戰勝克敵非功而何平曰非魏無知臣安得進帝曰子可謂不背本矣乃賞無知高帝已封大功臣二十餘人其餘爭功不決未得行封帝從複道望

見諸將往往相與坐沙中語帝曰此何語留侯曰陛下不知乎謀反耳帝曰何故留侯曰陛下起布衣以此屬取天下今所封皆故人所親愛所誅者皆平生所仇怨此屬畏陛下不能盡封又恐見疑平生過失及誅故相聚謀反耳帝乃憂曰爲之柰何留侯曰陛下平生所憎羣臣所共知誰最甚者帝曰雍齒與我有故怨數相窘辱我留侯曰今急先封雍齒則羣臣人人自堅矣於是乃封雍齒爲什方侯而急趣丞相御史定功行封羣臣皆喜曰雍齒尚爲侯我屬無患矣

高帝詔定元功十八人位次皆曰曹參功最多宜第一鄂千秋進曰參雖有野戰畧地之功此特一時之事耳上與楚相距五歲失軍亡衆跳身遁者數矣蕭何常從關中遣軍補其處又軍無見糧何轉漕關中給食不乏陛下雖數亡山東何常全關中以待陛下此萬世之功也今柰何以一旦之功而加萬世之功哉何第一參次之帝曰善

於是乃賜何帶劔履上殿入朝不趨上曰吾聞進賢受上賞封千秋爲安平侯

十一年梁王彭越以謀反夷三族梟首於洛陽下詔有敢收視者輒捕之欒布祠而哭之吏捕以聞上召布罵曰若與彭越反邪吾禁人勿收若獨祠而哭之與越反明矣趣亨之布曰願一言而死上曰何言布曰方上之困於彭城敗滎陽成皋閒項王所以遂不能西走以彭王居梁地與漢合從苦楚也當是之時彭王一顧與楚則漢破與漢而楚破且垓下之會微彭王項氏不亡天下已定彭王剖符受封亦欲傳之萬世今陛下一徵兵於梁彭王病不行而陛下疑以爲反反形未見以苛小案誅滅之臣恐功臣人人自危也今彭王已死臣生不如死請就亨於是上乃赦布罷拜爲都尉

元帝時西域都護騎都尉甘延壽與西域副校尉陳湯使西域矯制發城郭諸國兵車師戊己校尉屯田吏士攻斬郅支單于帝内嘉其功而匡衡石顯爭之宗正劉向上奏曰郅支單于囚殺使者吏士以百數事暴揚外國傷威毀重羣臣皆閔焉陛下赫然欲誅之意未嘗有忘西域都護甘延壽副校尉陳湯承聖指倚神靈總百蠻之君攬城郭之兵出百死入絕域遂蹈康居屠五重城搴歙侯之旗斬郅支之首縣旌萬里之外揚威昆山之西埽谷吉之恥立昭明之功萬夷慴伏莫不懼震呼韓邪單于見郅支已誅且喜且懼鄉風馳義稽首來賓願守北藩累世稱臣立千載之功建萬世之安羣臣之勳莫大焉昔周大夫方叔吉甫爲宣王誅獫狁而百蠻從其詩曰嘽嘽焞焞如霆如雷顯允方叔征伐獫狁蠻荊來威易曰有嘉折首獲匪其醜言美誅首惡之人而諸不順者皆來從也今延壽湯所誅震雖易之折首詩之雷霆不能及也論大功者不録小過舉大美者不疵細瑕

司馬法曰軍賞不踰月欲民速得爲善之利也蓋急武功重用人也吉甫之歸周厚賜之其詩曰吉甫宴喜既多受祉來歸自鎬我行永久千里之鎬猶以爲遠況萬里之外其勤至矣延壽湯既未獲受祉之報反屈捐命之功久挫於刀筆之前非所以勸有功厲戎士也昔齊桓公前有尊周之功後有滅項之罪君子以功覆過而爲之諱行事貳師將軍李廣利捐五萬之師靡億萬之費經四年之勞而廑獲駿馬三十匹雖斬宛王毋鼓之首猶不足以復費其私罪惡甚多孝武以爲萬里征伐不録其過遂封拜兩侯三卿二千石百有餘人今康居國彊於大宛郅支之號重於宛王殺使者罪甚於留馬而延壽湯不煩漢士不費斗糧比於貳師功德百之且常惠隨欲擊之烏孫鄭吉迎自來之日逐猶皆裂土受爵故言威武勤勞則大於方叔吉甫列功覆過則優於齊桓二師近事之功則高於安遠長羅而大功

未著小惡數布臣竊痛之宜以時解縣通籍除過勿治尊寵爵位以勸有功

成帝時陳湯下獄當死太中大夫谷永上奏曰臣聞楚有子玉得臣文公為之仄席而坐趙有廉頗馬服彊秦不敢窺兵井陘近漢有郅都魏尚匈奴不敢南鄉沙幕由是言之戰克之將國之爪牙不可不重也蓋君子聞鼓鼙之聲則思將率之臣竊見關內侯陳湯前使副西域都護忿郅支之無道閔王誅之不加策慮愊億義勇奮發卒興師奔逝橫厲烏孫踰集都賴屠三重城斬郅支首報十年之逋誅雪邊吏之宿恥威震百蠻武暢四海漢元以來征伐方外之將未嘗有也今湯坐言事非是幽囚久繫歷時不決執憲之吏欲致之大辟昔白起為秦將南拔郢都北阬趙括以纖介之過賜死杜郵秦民憐之莫不隕涕今湯親秉鉞席卷喋血萬里之外薦功祖廟告類上帝介

冑之士靡不慕義以言事為罪無赫赫之惡周書曰記人之功忘人之過宜為君者也夫犬馬有勞於人尚加帷蓋之報況國之功臣者哉竊恐陛下忽於鼙鼓之聲不察周書之意而忘帷蓋之施庸臣遇湯卒從吏議使百姓介然有秦民之恨非所以厲死難之臣也

哀帝時議郎耿育上書言便宜因訟陳湯曰延壽湯為聖漢揚鉤深致遠之威雪國家累年之恥討絕域不羈之君係萬里難制之虜豈有比哉先帝嘉之仍下明詔宣著其功改年垂歷傳之無窮應是南郡獻白虎邊垂無警備會先帝寢疾然猶垂意不忘數使尚書責問丞相趣立其功獨丞相匡衡排而不予封延壽湯數百戶此功臣戰士所以失望也孝成皇帝承建業之基乘征伐之威兵革不動國家無事而大臣傾邪讒佞在朝曾不深惟本末之難以防未然之戒欲專主威排妬有功使湯塊然被冤拘囚不能自明卒以無罪老棄敦

煌正當西域通道令威名折衝之臣旋踵及身復為郅支遺虜所笑誠可悲也至今奉使外蠻者未嘗不陳郅支之誅以揚漢國之盛夫援人之功以懼敵棄人之身以快讒豈不痛哉且安不忘危盛必慮衰今國家素無文帝累年節儉富饒之畜又無武帝薦延梟俊禽敵之臣獨有一陳湯耳假使異世不及陛下尚望國家追錄其功封表其墓以勸後進也湯幸得身當聖世功曾未久反聽邪臣鞭逐斥遠使亡逃分竄死無處所遠覽之士莫不計度以為湯功累世不可及而湯過人情所有湯尚如此雖復破絕筋骨暴露形骸猶復制於脣舌為嫉妬之臣所係虜耳此臣所以為國家尤戚戚也

東漢光武建武二年封功臣為列侯鄧禹吳漢皆食四縣博士丁恭上奏曰古者封諸侯不過百里今封四縣不合法制帝曰古之亡國皆以無道未嘗聞功臣地多而滅亡者也帝以貴人兄陰識有軍功

欲加增封識曰臣幸託屬掖庭陛下仍加爵土此為親戚受賞國人計功也帝從之

桓帝時恩澤諸侯以無勞受封羣臣不悅而莫敢諫大鴻臚趙典獨上奏曰夫無功而賞勞者不勸上忝下辱亂象干度且高祖之誓非功臣不封宜一切削免爵土以存舊典帝不從

桓帝欲襃崇大將軍梁冀中朝咸稱冀之勳德宜比周公錫之山川土田附庸司空黃瓊上奏曰冀前以親迎之勞增邑三千又其子胤亦加封賞昔周公輔相成王制禮作樂化致太平是以大啓土宇開地七百今諸侯以戶邑為制不以里數為限蕭何識高祖於泗水霍光定傾危以興國宗益戶增封以顯其功冀可比鄧禹合食四縣賞賜之差同於霍光使天下知賞必當功爵不越德朝廷從之

獻帝時曹操上奏曰昔袁紹侵入郊甸戰於官渡時兵少糧盡圖欲

還許書與荀彧議彧不聽臣建宜往之便恢進討之規更起臣心易其愚慮遂摧大逆覆取其衆此彧覩勝敗之機略不世出也及紹破敗臣糧亦盡以為河北未易圖也欲南討劉表彧復止臣陳其得失臣用反旆遂吞山族克平四州向使臣退於官渡紹必鼓行而前有傾覆之形無克捷之勢後若南征委棄兗豫利既難要將失本據彧之二策以亡為存以禍致福謀殷功異臣所不及也是以先帝貴指蹤之功薄搏獲之賞古人尚帷幄之規下攻拔之捷前所賞錄未副彧巍巍之勳乞重平議疇其戶邑

西晉武帝時議郎段灼上奏曰昔伐蜀募取涼州兵馬羌胡健兒許以重報五千餘人隨鄧艾討賊功皆第一而乙亥詔書州郡將督不與中外軍同雖在上功無應封者唯金城太守楊欣所領兵以逼江由之勢得封者三十人自金城以西非在欣部無一人封者苟在中

軍之例雖下功必侯如州郡雖下功高不封非所謂近不重施遠不遺恩之謂也臣聞魚懸由於甘餌勇夫死於重報故荊軻慕燕丹之義專諸感闔閭之愛匕首振於秦庭吳刀耀於魚腹視死如歸豈不有由也哉夫功名重賞士之所競不平致怨由來久矣詩云鳲鳩在桑其子七兮淑人君子其儀一兮臣以為此等宜蒙爵賞

時王濬有平吳之勳而為王渾所譖毀帝雖不用無明賞罰以濬為輔國大將軍天下咸為之怨博士秦秀上言曰自大晉啓祚輔國之號率以舊恩此為王濬無功之時受九列之顯位立功之後更得寵人之辱號也四海視之孰不失望蜀小吳大平蜀之後二將皆就加三事今濬還而降等天下安得不惑乎吳之未亡也雖以三祖之神武猶躬受其屈以孫皓之虛名足以驚動諸夏每一小出雖聖心知其垂亡然中國輒懷惶怖當爾時有借天子百萬之衆平而有之與國家結兄弟之交臣恐朝野實皆甘之耳今濬舉蜀漢之卒數旬而平吳雖舉吳人之財寶以與之本非已分有焉而遽與計校乎

惠帝永康初楊駿輔政大開封賞多樹黨援散騎常侍侍中石崇等上奏曰陛下聖德光被皇靈啓祚正位東宮二十餘年道化宣流萬國歸心今承洪基此乃天授至於班賞行爵優於泰始革命之初不安一也吳會僭逆幾於百年邊境被其荼毒朝廷為之旰食先帝決獨斷之聽奮神武之略蕩滅逋寇易於摧枯然謀臣猛將猶有致思竭力之效而今恩澤之封優於滅吳之功不安二也上天眷祐實在大晉卜世之數莫知其紀今之開制當垂於後若尊卑無差有爵必進數世之後莫非公侯不安三也臣等敢冒陳聞竊謂泰始之初及平吳論功制度名牒皆悉具存縱不能遠遵古典尚論依準舊事書奏弗納

梁武帝時御史中丞任昉上奏曰臣聞將軍死綏咫步無却頃望避敵逗撓有刑至乃趙母深識乞不為坐魏主著令抵罪已輕是知敗軍之將身死家戮爰自古昔明罰在斯臣竊尋獯獫侵軼暫擾疆陲王師薄伐所向風靡是以淮徐獻捷河兗凱歸東關無一戰之勞涂中罕千金之費而司部懸隔斜臨寇境故使狡虜憑陵淹移歲月故司州刺史蔡道恭率勵義勇奮不顧命全城守死自冬徂秋猶轉戰無窮亟摧醜虜方之居延則陵降而恭守比之疏勒則耿存而蔡亡若使郢部救兵微接聲援則單于之首久懸北闕豈直受降可築涉安啓土而已哉寔由郢州刺史臣景宗受命致罰不時言邁故使蝟結蟻聚水草有依方復按甲盤桓緩救資敵遂令孤城窮守力屈凶威雖然猶應固守三關更謀進取而退師延頸自貽虧衂疆場侵駭職是之由不有嚴刑誅賞安寘景宗即主臣謹按使持節都督郢司

二州諸軍事左將軍郢州刺史湘西縣開國侯臣景宗擢自行間遘茲多幸指蹤非擬獲獸何勤實茂通侯榮髙列將負檐栽弛鐘鼎遽列和戎莫效二八已陳自頂至踵功歸造化潤草塗原豈獲自己且道恭云逝城守累旬景宗之存一朝棄甲生曹死蔡優劣若是惟此人斯有靦面目昔漢光命將坐知千里魏武置法案以從事故能出必以律錙銖無爽伏惟聖武英挺畧不世出料敵制變萬里無差奉而行之實弘廟筭惟此庸固理絕言提自逆胡縱逸久患諸夏聖朝乃顧將一車書懲彼司侲致辱非所早朝永歎載懷矜惻致茲虧喪何所逃罪宜正刑書肅明典憲臣謹以劾請以見事免景宗所居官下太常削爵土收付廷尉法獄治罪其軍佐職僚偏裨將帥絓諸應及咎者別攝治書侍御史隨違續奏臣謹奉白簡以聞

後魏孝明帝時行臺左丞辛雄在軍上奏曰凡人所以臨堅陳而忘

身觸白刃而不憚者一則求榮名二則貪重賞三則畏刑罰四則避禍難非此數事雖聖王不能勸其臣慈父不能厲其子明主深知其情故賞必行罰必信使親疎貴賤勇怯賢愚聞鐘鼓之聲見旌旗之列莫不奮激競赴敵場豈厭久生而樂早死也利害懸於前欲罷不能耳自秦隴逆節將歷數年蠻左亂常稍已多載凡在戎役數十萬人三方師衆敗多勝少跡其所由不明賞罰故也陛下欲天下之早平愍征夫之勤悴乃降明詔賞不移時然兵將之勳歷稔不決亡軍之卒晏然在家致令節士無所勸慕庸人無所畏懾進而擊賊死交而賞賒退而逃散身全而無罪此其所以望敵奔沮不肯進力者矣若重發明詔更量賞罰則軍威必張賊難可弭臣聞必不得已去食就信以此推之信不可斯須廢也賞罰陛下之所易尚不能全而行之攻敵士之所難欲其必死寧可得也臣既庸弱忝當戎使職司所見親敢上聞惟陛下審其可否

北齊文宣帝天保五年制詔問刑罰寬猛秀州長史樊孝謙上奏曰臣聞惟王建國刑以助禮猶寒暑之贊陰陽山川之通天地爰自末葉法令稍滋秦篆無以窮書莚竹不能盡載有司因此開以二門高下在心寒熱隨意周官三典棄之若吹毛漢律九章違之如覆手遂使長平獄氣得酒而後消東海孝婦因災而方雪詔書挂壁有善而莫遵姦吏到門無求而不可皆由上失其道民不見德而議者守迷不尋其本鍾繇王朗追怨張倉祖訥梅陶共尤文帝便謂化屍起偃在復肉刑致治興邦無閑周禮伏惟陛下昧爽坐朝留心政術明罰以糾諸侯申恩以孩百姓黃旗紫蓋已絕東南白馬素車將降軹道若復峻典深文臣實未悟何則人肖天地俱稟陰陽安則願存擾則圖死故王者之治務先禮樂如有未從刑書乃用寬猛兼設水火俱

陳未有專任商韓而能長久昔秦歸士會晉盜來奔舜舉皋陶不仁自遠但令擇之定國迭作理官龔遂文翁繼為郡守科開律令一此憲章欣聞汲黯之言泣斷昭平之罪則天下自治大道公行乳獸含牙蒼鷹垂翅楚王錢府不復須封漢獄冤囚自然蒙理後服之徒既承風而慕化有截之內皆蹈德而詠仁號以成康何難之有

後周武帝初平齊之後帝欲賞從官留京者不預司武中士柳彧上奏曰今太平告始賜賞宜明酬勳報勞務先有本屠城破邑出自聖規斬將搴旗必由神畧若負戈擐甲征扞劬勞至於鎮撫國家宿衛為重俱稟成筭非專已能留從事同功勞須等帝從之於是留守並加品級

保定二年三老于謹上言曰為國之道必須有法法者國之綱紀不可不正所正在于賞罰若有功必賞有罪必罰則為善者日益為惡

者日止。若有功不賞。有罪不罰。則天下善惡不分。下人無所措其手足矣。

唐太宗時。封中書令房玄齡為邢國公。工部尚書杜如晦為蔡國公。吏部尚書長孫無忌為齊國公。並為第一等。食實封三千三百戶。皇從父淮安王神通上言曰。義旗初起。臣率兵先至。今房玄齡等刀筆之人。功居第一。臣竊不服。太宗曰。國家大事。惟賞與罰。若賞當其勞。無功者自退。罰當其罪。為惡者咸懼。則知賞罰不可輕行也。今計勳行賞。玄齡等有籌謀帷幄。畫定社稷之功。所以漢之蕭何雖無汗馬。指蹤推轂。故得功居第一。叔父於國至親。誠無愛惜。但以不可緣私濫與勳臣同賞矣。由是諸功臣自相謂曰。陛下以至公。賞不私其親。吾屬何可妄訴。初高祖舉宗正籍弟姪再從三從童孩已上封王者數十人。至是太宗謂羣臣曰。自兩漢已降。惟封子及兄弟。其疎遠者非有大功如漢之賈澤。並不得受封。若一切封王。多給力役。乃至勞苦萬姓。以養己之親屬。於是宗室先封郡王。其間無功者皆降為縣公。

侯君集為交河行軍大總管。討平高昌。自配沒罪人。私取珍寶婦女。有司劾之。太宗詔君集詣獄簿對。中書侍郎岑文本諫曰。高昌之罪。議者以其遐遠。欲置度外。唯陛下奮獨見之明。授決勝之略。君集得指期平殄。今推勞將帥從征之人。悉蒙重賞。未踰數日。更以屬吏。天下聞之。謂陛下錄過遺功。無以勸後。且古之出師克敵。有重賞。不勝蒙顯戮。賞其有功也。雖貪財縱欲。尚蒙爵邑。其無功也。雖勤躬潔己。不免鈇鉞。故曰。記人之功。忘人之過。宜為君者也。昔李廣利貪不愛卒。陳湯盜所收康居財物。二主皆赦其罪。封侯賜金。夫將帥之臣。廉慎少而貪墨多。軍法曰。使智使勇使貪使愚。故智者樂立其功。勇者好行其志。貪者邀趨其利。愚者不計其死。是以前聖使人。必收所長而棄所短。陛下宜申宥君集。俾復朝列。以勸有功。帝寤。釋不問。

桂州都督府李弘節以清慎聞。及身歿後。其家賣珠。太宗聞之。宣於朝曰。此人生平宰相皆言其清。今日既然。所舉者豈得無罪。必當深理之。不可捨也。侍中魏徵奏曰。陛下生平言此人清。未見受財之所。今聞其賣珠。將罪舉者。臣不知所謂。自聖朝已來。為國盡忠。清貞慎守。終始不渝。屈突通張道源而已。通子三人來選。有一匹羸馬。道源兒子不能存立。未見一言及之。今弘節為國立功。前後大蒙賞賚。居官歿後。不言貪殘。妻子賣珠。未為有罪。審其清者無所存問。疑其濁者旁責舉人。雖云疾惡不疑。實亦好善不篤。臣竊思度。未見其可。恐有識聞之。必生枉議。太宗撫掌曰。造次不思。遂聞此語。方知談不容易。並勿問之。其屈突通張道源兒子。宜各與一官。

太宗嘗與大將軍蘭謩語。謩不對。太宗怒而繫之。後知其聾。乃釋不問。語侍臣曰。我昨發怒蘭謩。若遂加其罪。豈不濫罰。魏徵對曰。古者帝王多因喜怒。遂濫其賞罰。今陛下思怒蘭謩。遂能却更思省。若此心不移。四海之福也。

德宗時。翰林學士陸贄上奏曰。右翼寧奉宣勅旨。卿及諸學士名銜宜密抄錄進來。翼寧又向臣說云。聖意以臣等自到奉天。書詔填委。欲與改轉。以獎勤勞者。承命竦然。頑慙非宜。進退傍徨。不知所措。臣謬以儒學。選居翰林。雖職累討謀。而恩參近侍。當陛下用兵之會。決勝之籌。從陛下避狄之遊。靡出奇之計。見危闕授命之節。知難無伏死之勇。事君大猷。臣則皆曠。屑屑供職。曾何足云。夫君之有臣。以濟理也。理不失道。亂何由生。亂之浸興。由理乖也。君之及難。實臣罪也。是以主憂則臣辱。主辱則臣死。今陛下躬罹遍霄霧。處郊畿園廟震駭。斯謂辱矣。寇讎密邇。亦云憂矣。臣竊謂凡今在位任重者。其罪大。職近者。其責深。臣之職司。頗亦為近。是宜當責。安可增榮。又聞初到奉天。已須詔命。應是扈從將吏。一例並加兩階。今若翰林之中。獨蒙改轉。乃是行賞不類。命官以私。録微勞則臣等還位過優。勸来者則從官加階太薄。先後失次。輕重不倫。凡百具僚。誰不解體。夫行罰先貴近而後卑遠。則令不犯。行賞先卑遠而後貴近。則功不遺。至如徇主忘家。固是臣子常分。追陪華躍。曷足甄稱。陛下必以朝官之中有来有否。事須旌別。以儆不從。則望先録大勞。次徧羣品。然後以例均被。臣亦何敢獨辭。殊澤曲臨。實傷大體。不任覗懼之至。謹奉狀以聞。

苗粲為郎中。陸贄欲進粲官。德宗不許曰。晉卿往攝政有不臣之言。又名其子皆與帝王同。宜與外官。贄奏曰。王者爵人必於朝。刑人必於市。言與衆共之。獘而不言其善。斯謂曲貸。罰而不書其惡。斯謂中傷。曲貸則授受不明。而私幸之門啓。中傷則枉直無辨。而讒間之道行。可不慎哉。若陛下以晉卿姦邪。粲等應坐。則當公議其罪。若知見誣。亦宜擢粲等以示天下。且晉卿起文儒。致位台輔。謙柔敦厚。為二朝所推。安肯為族滅計。雖甚狂險。猶不為之。況老臣乎。帝然之。

韓愈上奏曰。臣伏見六月八日勅。以狂賊傷害宰臣。擒捕陛下悲傷震悼。形於寢食。特降詔書。明立條格。云有能捉獲賊者。賜錢萬貫。仍加超授。今下手賊等四分之內。已得其二。其餘兩人。蓋不足計。根尋蹤跡。知自承宗。再降明詔。絶其朝請。又與王士則士平等官。八日之制。無不行者。獨有賞錢尚未賜給。群情疑惑。未測聖心。聞初載錢置市之日。市中觀者日數萬人。巡繞瞻視。咨嗟嘆息。既去復来。以至日暮。百姓小人重財輕義。不能深達事體。但見不給其賞。便以為朝廷

愛惜此錢。不守言信。自近傳遠。無由辯明。且出賞所以求賊。今賊已誅斬。若無人捉獲。國家何因得此賊而正刑法也。承宗而賜誅絶也。士則士平何故與美官也。三事既因獲賊。獲賊必有其人。不給賞錢。實亦難曉。假如聖心獨有所見。審知不合加賞。其如天下百姓及後代久遠之人哉。況今元濟承宗尚未擒滅。兩河之地。太半未收。隴右河西。皆沒戎狄。所宜大明約束。使信在言前。號令指麾。以圖功利。況自陛下即位以来。繼有丕績。斬楊惠琳。收夏州。斬劉闢。收劍南東西川。斬李錡。收江東。縛盧從史。收澤潞等五州。威德所加。兵不污刃。收魏博等六州。致張茂昭張愔。收易定徐泗濠等五州。創業以来。列聖功德。未有能高於陛下者。可謂赫赫巍巍。光照前後矣。此由天授陛下神聖英武之德。為巨唐中興之君。宗廟神靈所共祐助。勉強不已。守之以信。則故地不足收。而太平不難致。如乘快馬。行平路。遲速進退。自由其心。有所欲往。無不可者。於此之時。特宜示人以信。孔子欲存信去食。人非食不生。尚欲捨生以存信。況可無故而輕棄也。昔秦孝公用商鞅為相。欲富國強兵。行令於國。恐人不信。立三丈之木於市南門。募人有能徙置北門者與五十金。有一人徙之。輒與五十金。秦人以君言為必信。法令大行。國富兵強。無敵天下。三丈之木非難徙也。徙之非有功也。孝公輒與之金者。所以示其言之必信也。昔周成王尚小。與其弟叔虞為戲。削桐葉為珪曰。以晉封汝。其臣史佚因請擇日立叔虞為侯。成王曰。吾與之戲耳。史佚曰。天子無戲言。言之則史書之。禮成之。樂歌之。於是遂封叔虞於晉。昔漢高祖出黃金四萬斤。與陳平。恣其所為。不問出入。令誅項羽。平用金間楚。數年之間。漢得天下。論者皆言漢高祖深達於利。能以金四萬斤致得天下。以此觀之。自古以来。未有不信其言而能有大功者。亦未有不費少財

而能收大利者也。臣於告賊之人。本無恩義。彼雖獲賞。了不關臣。所以區區盡言。不避煩黷者。欲令陛下之信行於天下也。伏望恕臣愚陋僻惷之罪。而收其懇款誠至之心。天下之幸。非臣之幸也。

憲宗元和元年。左拾遺元稹上奏曰。臣聞令之必行於下者信也。令苟不信。患莫大焉。今陛下初臨寓內。務切黎元。至於牧守字人之官。所宜詳擇。苟未得人。不當虛授。苟或任使。不可屢遷。臣竊見近除寧州刺史論倸虔州刺史高弘本通州刺史豆盧靖。曾不涉旬。並已追制。又以杜兼為蘇州刺史。行未半塗。復改郎署。臣不知誰請於陛下而授之。誰請於陛下而追之。追之是。則授之非。授之是。則追之非。以非為是者。罰必加。然後人不敢輕其舉。以是為非者。罪必及。然後下不敢用其私。此先王所以不令而人從。不言而人信。豈異事哉。率是道也。今陛下如綸之令。朝降。反汗之詔夕施。紛紛紜紜。無所歸咎。臣竊恐陛下之令未能取信於朝廷。而況於取信天下乎。臣伏願陛下徵舉者之詞。察追者之請。若舉者之詞直。則請而追之者不得無過。若追者之理勝。則舉而授之者不得無辜。賞罰是非。所宜明當。況陛下肇臨黎庶。教化惟新。詰令之間。四方所仰。少有得失。天下必聞。臣實庸愚。謬居諫列。職當言責。不敢偷安。苟有所裨。萬死無恨。無任愚迫懇款之至。

五年。裴垍言於帝曰。軍器使承璀首唱用兵。疲弊天下。卒無成功。陛下縱以舊恩。不加顯戮。豈得全不貶出以謝天下乎。李絳奏曰。陛下不責承璀。他日復有敗軍之將。何以處之。若誅之。則同罪異罰。彼必不服。若釋之。則誰不保身而玩寇乎。帝即罷之。

六年。李吉甫言於帝曰。賞罰人主之二柄。不可偏廢。今恩澤已深。而威刑未振。中外解惰。願加嚴以振之。帝顧李絳曰。何如。絳曰。王者之政。尚德不尚刑。豈可舍成康文景而效秦始皇父子乎。帝曰。然。後于頔入對。亦勸上峻刑。帝謂宰相曰。于頔大是奸臣。勸朕峻罰。卿知其意乎。皆對曰。不知也。帝曰。此欲使朕失人心耳。吉甫失色。退而抑首不言笑竟日。

七年。帝遣使宣慰魏博。宰相李絳上言曰。魏博五十餘年不霑皇化。一旦來歸。不有重賞過其所望。則無以慰士卒之心。使四鄰勸慕。請發內庫錢五十萬緡以賜之。宦官以為太多。帝以語絳。絳對曰。田興不貪專地之利。不顧四鄰之患。歸命聖朝。陛下奈何愛小費而遺大計。不以收一道人心。錢用盡更來。事機一失。不可復追。借使國家發十五萬兵以取六州。期年而克之。其費豈止如此而已乎。帝悅曰。朕所以惡衣菲食。蓄聚貨財。正為欲平定四方。不然。徒貯之府庫何為。

後唐廢帝清泰初。帝賜將士緡錢不給。學士李專美夜直。帝讓之曰。卿名有才。不能為我謀此。留才安所施乎。專美對曰。臣駑劣。陛下擢任過分。然軍賞不給。非臣之責也。竊思自長興之季。賞賚亟行。卒以是驕。繼以山陵及出師。帑藏遂涸。雖有無窮之財。終不能滿驕卒之心。故陛下拱手於危困之中而得天下。夫國之存亡。不專係于厚賞。亦在修法度。立紀綱。陛下苟不改覆車之轍。臣恐徒困百姓。存亡未可知也。今財力盡於此矣。宜據所有均給之。何必踐初言乎。帝深以為然。

後晉出帝開運二年。帝賞賜優伶無度。中書令兼樞密使桑維翰上奏曰。曏者陛下親禦胡寇。戰士重傷者賞不過帛數端。今優人一談一笑。稱旨往往賜束帛萬錢錦袍銀帶。彼戰士見之。能不觖望。士卒解體。陛下誰與衛社稷乎。帝不聽。

後漢高祖初即位。議率民財以賞將士。夫人李氏上諫曰。陛下因河

東創大業未有以惠澤其民而先奪其生生之資殆非新天子所以救民之意也請悉出宮中所有以勞軍士雖復不厚人無怨言從之

宋太祖時有當遷官者太祖素惡其人不與趙普堅以為請太祖怒曰朕固不為遷官卿若之何普曰刑以懲惡賞以酬功古今通道也且刑賞天下之刑賞非陛下之刑賞豈得以喜怒專之太祖起入宮普隨之立於宮門久不去竟得俞允

仁宗景祐四年侍御史知雜事龐籍論近年賞典太優刑章稍緩疏曰臣聞國家之重先乎紀綱紀綱之要實在賞刑賞不失有功則勞臣勸刑不失有罪則姦人懼二者或失紀綱必隳伏惟皇帝陛下英容恭勤綜覈群品博詢下議以裨闕政況臣蒙被天造粉身無報敢罄愚管少陳時事伏覩近年賞典太優刑章稍緩夫官爵之設所以磨礪群器以成萬務苟無勞而有賞則人不務施勞無德而祿則人

不務修德近因上殿奏事之際因言及此親聞德音亦以僥倖為患此聖心固已知矣以陛下欽明之德而尚有僥倖之澤臣恐由執事者有失持守典章之故也夫戚里之族親近之臣得至帝座之前皆有求恩之意各徇其請則爵祿之數有限僥倖之求無極然人君以寬仁為德其哀鳴於前者恐難峻阻則必勉徇其意降旨於外臣愚欲望陛下明諭大臣執守規矩無致踰越大臣既執之陛下已從之求恩者至於再至於三則僥倖自息紀綱常存留此超等之恩以待有功之賞又覩近年刑典太寬漸啓姦路且殺人者死古今通制自朝廷降勑死罪情理可憫者並令奏取勑裁免或有不中明言吏不駮勘自此殺人者得設計謀造作情理一行上讞無不容貸者其法不過杖脊配軍獲生者雖荷寬恩被殺者幽冤何訴所以天下殺人之獄歲益多矣實恐自此豪强之民有殺人命者行賂造情以求奏

貸無復償其死命此蓋欲為寬法以感召和氣臣實以謂不然至於盜賊之黨在制其萌兆小盜不捨則大寇不集前代本因小寇失制遂成嘯聚為天下患者多矣近貴州劫賊何安等六人各執槍杖自稱將軍本處知州譚綜妄作情理奏聞貸却五人遠方之民被此強劫今貸活之臣恐自此盜賊不懼若遇荒歲羣黨必成結聚既多必須加兵峻法以誅之臣謂誅其衆於後曷若戒其事於前欲望今後各處奏到殺人強劫罪人如其情理無可憫之狀即乞依法處正不與容貸臣出於儒生非樂聞深典實恐沉冤無訴弊門公啓兼恐法不勝姦寇盜益熾故宜早絕其萌無使至於難制也所謂熒熒不已炎炎奈何涓涓不已將成江河此之謂也又貪婪之吏唯財是圖常使懷於懼心則不敢侵剝於下先帝深疾贓汙如法嚴戒一經黜削不復齒用近年貪吏益衆蓋由寬法所致向來坐贓廢棄者既獲甄

敘又降勑不許按察之官召人告罰自此貪心益固自謂得時按部之官轄難發舉前歲太常博士王昌符知循州為政貪濫遠近所悉朝廷命放離任皆謂必獲罪譴到闕轉屯田員外郎又職方員外郎沈厚載知南劍州在任貪濁不公祗為勘官非才致其漏網然其曲情枉法事迹灼然洎移知歸州亦轉正郎此所以為過者不惟無懼罪之心兼亦有望恩之意伏乞遵先朝嚴制改近年寬典用戚贓猾以安黎民又覩軍戎之政稍失防制兵士漸恣不懼都將都將畏罪姑息其下蓋由近歲寬階級之法啓輕慢之心故也夫軍容不入國國容不入軍此明治兵之政與常法異也若都將有誅剝其下虐用其人灼然可罪固不可寬之也若小小曲直亦不須一一量較輕重況都將本出於卒伍豈無小過失若令兵衆持而制之則更無畏憚既不畏都將又安得不恣橫為非若必須無瑕方可臨衆則舉天下

能有幾人故在制置其宜無使兵衆輕制都將都將反畏其下也每有兵士論訴都將公案內有小小之過皆亦下獄勘罪結案取裁此亦望朝廷別為經制漸使都將有權則兵不敢驕縱近戎州奏寧遠指揮兵士馮順等一十八人共謀結連逃背往頳令寨先斬却寨將分擘後擻出本寨衣甲器械虜掠守把兵士逓鋪軍人往資榮州界打刼收拾人馬回來搓破戎州吕坐使兵馬到却走入蠻界無買猪於神廟飲血酒為誓因徒中告首奉而敗獲不然則為一方大患矣此乃不畏都將所致也望朝廷深切戒之速宜改立治軍之法

熙寧五年籍又上奏曰臣聞昔太祖時慕容延釗將兵一舉得荊南[illegible]地方數千里兵不血刃不過遷官加爵邑錫金帛不用為樞密使曹彬平江南擒李煜欲求使相太祖不與曰今西有汾晉北有幽薊汝為使相那肯復為朕死戰耶賜錢二十萬貫而已祖宗重名器如

山嶽輕金帛如糞壤此陛下所當法也狄青奉陛下威靈殄戮兇醜克稱聖心誠可褒賞然方於延釗與彬之功不遠遠矣若遂用為樞密使同平章事則青名位極矣寇盜之警未可前知萬一他日[illegible]更立功欲以何官賞之且樞密使高若訥無過若何罷之不若且與移鎮加檢校官多賜金帛亦足以酬青功矣

康定元年監在京樓店務蘇舜欽論賜第疏曰臣竊以賜第之典於國體至重前朝將相非有勳業則不得賜第京師近劉平血戰亡軀家族無託朝廷方推此恩時謂當然今茲醫卜庸流濫有求請煩瀆天聽侵亂邦經況賞罰二端國之神器所以驅駕豪傑示信四方若死行陣之家與伎術之輩均用此賞臣竊恐輕重失宜矣方今西鄙未寧羲師塞外流傳四出何以勸人伏望特降德音即時寢罷況柳亮卿自有居第極為華侈若以其醫藥有効自可以金帛賜之上以重恩賞之科使戰伐者盡其死力下以絕僥覬之望俾貪冒者萌其恥心臣事在職司合有獻納蓋期賞之不僭非敢文而自營上瀆宸嚴無任懇到之至

慶曆三年知諫院蔡襄乞責罰醫官狀曰臣竊見近寳和公主及鄆國公主相繼夭傷供藥醫家已聞下開封府取勘者臣切知豫王鄂王薨時醫官亦是取勘只降一兩官未旬月間尋得牽復切慮今來亦只似此行遣久遠不便況近來小兒醫官不一二年超升官資賞賜無數奏薦異姓恩澤過於兩制官寮賤者立貴貧者立富若以死生有命藥餌難工自來所醫疾病盡是命當痊愈此等何故濫受恩賞終為僥倖若以從來痊愈因藥合受恩賞今日所醫無驗自當伏就刑罰臣切聞先朝周王薨其時醫官李某杖脊遠配廣南陛下一二年間皇子皇女繼亡六人盡在此輩數人之手兼臣聞醫官各是

臨病互相推托不肯及時下藥以致痛深雖有良醫無由措手其罪至重比於李某合更加刑其術至謬求之今人不為難得伏望陛下念祖宗社稷之重特因此時深行刑法庶使後人知懼藥餌盡心實為久遠保育皇嗣之計

四年知諫院歐陽脩論張子奭勞少恩多疏曰臣風聞知汝州范祥為相度陝西青白鹽敕差張子奭權知汝州子奭自選人二年內遷至員外郎朝廷之意雖曰賞勞而天下物議皆云僥倖蓋以子奭宣勞止兩次而遷官恩賜已數重自古賞功不過一次賞之不已故難弭人言初自選人改京官曰賞勞未及二歲改秘書丞又曰賞勞賜以章服又曰賞勞秘書丞不久又曰賞勞合得太常博士超遷員外郎又曰賞勞後行祠部為名曹又曰賞勞作京官合作知縣而作簽判又曰賞勞一任未滿合更有一任知縣又超過判差遣又曰賞勞

此所以外人之議不允也。況范祥暫出幹當只合交割以次官員或轉運司自差人權。今朝廷差人。已是失體。又於子奭為此僥倖。令朝廷待闕在京者甚衆。豈無一人堪權知州者。朝廷每用一人。必當使天下人服。令每一差遣。則物議沸騰。累日不息。昔五代桑維翰為晉相。一夕除節度使十五人為將。而人皆服其精。今中書差一權知州而不能免人譏議者。蓋事無大小。當與不當而已。其張子奭伏乞追寢權差之命。仍乞令後外處差出知州。只以本路轉運使差官權。至於賞罰之柄。貴在至公。今莫大罪不過一刑而止。豈有勞者終身行賞而不已。亦令後有勞效之人。量其大小。一賞而止。若有別著能效則拔擢自可不次。人亦自然無言。伏以朝廷用人。惟患守例而不能不次選任。但不涉於僥倖。實有材藝之人。誰敢有言。子奭作使西鄙不為無勞。但恩賜已優。於賞已足。可惜令天下指為僥倖之人而掩

其前效。況又上虧朝政。不可不思。

嘉祐五年。脩又上奏曰。臣竊以謂治天下在明號令。正朝廷在修紀綱。號令所行。紀綱所振。由人主有賞罰之柄也。若號令出而不從。紀綱弛而不整。又不以賞罰臨之。而欲正朝廷治天下。臣不知其可也。今者陛下親祀宗廟。不敢獨受其福。推恩羣臣。遍及中外。此聖德之至深厚也。而臣下輒敢有所輕重。以謂例恩泛及。槪以為輕而慢之。原其情理。其可恕乎。方祫享始畢。恩典推行。命出之日。宰相押班。百官在列。宣揚制誥。布告天下。而將臣偃蹇。不肯受命。稽停制書四十餘日。有司無所申舉。恬然不以為怪。是陛下號令不能行於朝廷。而紀綱弛壞於武士。凡士之知治體者。皆為陛下惜也。臣謂方今國家全盛。天下無虞。非有強臣悍將難制之患。而握兵之帥輒敢如此。不畏朝廷者。蓋由從前不惜事體。因循寬弛。有以馴致也。今若又不正

其罪罰。而公為縱弛。則恐朝廷失刑。自此而始。武臣驕慢。亦自此而始。號令不行於下。紀綱遂壞於上。亦自此而始。夫古人所謂見於未萌者。知之明也。若事有萌而能杜其漸者。又其次也。若見其漸而興之。浸成後患者。深可戒也。臣前日為許懷德事。曾有奏論。畧陳大槩蓋以方今賞罰之行。只據薄書法令。以從事而罕思治體。況如懷德枉法非輕。於事體又重。故臣復罄愚瞽。伏乞聖慈裁擇而行之。

脩又上奏曰。臣聞江淮官吏等各為王倫事。奏按。已到多時而尚未聞斷遣。仍聞議者猶欲寬貸。臣聞昨來江淮官吏。或斂物獻送。或望賊奔迎。或獻兵甲。或同飲宴。臣謂倫一叛卒。放肆猖狂。而官吏敢如此者。蓋知賊可畏。而朝廷不足畏也。今若更行寬貸。則紀綱隳壞。盜賊縱橫。天下大亂。從此始矣。何以知之。昨王倫事起。江淮官吏未行遣之間。京西官吏亦須輕恕。京西官吏見江淮官吏已如此。則天下

諸路亦指此兩路為法。在處官吏皆迎賊棄城。獻兵納物矣。則天下何由不大亂也。臣伏思祖宗艱難。創造基圖。陛下憂勤。嗣守先業。而一旦四夷外叛。盜賊內攻。其致害之由者。誰哉。皆由前後迂謬之臣。因循寬弛。使朝威不振。紀綱遂隳。今已壞之至此。而猶不革前非。以寬濟寬。何以救弊。如晁仲約等情法至重。俱合深行。議者無由曲解。或聞以謂自是朝廷素不為備。不可全罪外官。假如有殺父與兄者。豈可只言自是朝廷素無教化。而不罪殺親之人。又如有人掠奪生人男女金帛。不可只言自是朝廷素無禮遜。而不罪劫人之賊。迂儒不可用。可笑如此。李熙古豈獨是朝廷素有備之州。傅永吉豈獨是朝廷素練之兵。蓋用命則破賊矣。今朝廷素無禦備。為大臣者又不主之。守州縣者合有罪。又寬之。天下之事。何人任責。切緣韓綱是大臣之家。父子兄弟並在朝廷權要之臣。皆是相識。多方營救。故此

江淮官吏寬之只要韓綱行遣不重今大臣不恩國體但植私恩惟陛下以天下安危為計出於聖斷以勵群下則庶幾國威粗振賞罰有倫其晁仲約等乞重行朝典不可寬恕

慶曆八年侍御史知雜事何郯上奏曰臣昨訪聞修瓊林苑看池樓兵士經三司論告監官內臣張繼昇盜官材木方下軍巡院勘劾為事連及御藥院祇候何誠用尋奉中旨釋放臣於十月十日已具劄子論列乞重下有司勘實用辯虛實至今未蒙指揮處置緣繼昇所犯情狀於法不輕未正典刑頗涉物議臣既有聞見理當盡言夫聖王御天下其要在刑政齊一而治化興焉莫忍於仇讎而有功必賞莫愛於親戚而有罪必罰賞不以仇讎廢罰不以親暱弛然後綱紀法令莫不粲然而政之廢舉猶有遠近事之利害猶有大小朝廷親暱之臣近也有罪不治其害大天下疏外之臣遠也有罪不治其害

小何則朝廷本也天下末也繩小自其大正末從其本將欲正天下必先正朝廷將欲正朝廷必先正親暱未有親暱正朝廷亂未有朝廷正天下亂也伏以陛下自紹休聖圖刑政之柄修舉不墜臣宥犯少所寬假今宥繼昇豈非誠用因方在親侍以累及為請故薄其罪以貸之夫以誠用被陛下恩私故貸其刑是罪均而罰異也或將盡宥則政弛而法隳也此則溺愛之弊越於前而害政之隙開於後也人君制刑罰於親疏無異也非不仁也蓋將正一罪則使千萬人懼也今以恩貸一繼昇必將啓百繼昇之犯從而赦之是獲安全者寡而陷戮辱者衆矣昔漢武帝時隆慮公主子坐殺人廷尉請論罪帝不敢以親故誣先帝法遂可其奏唐憲宗時五坊使楊朝汶因理五坊息利錢因捕平人裴度因對極言上曰欲與卿商量東軍皆小之事我自處置度曰用兵小事也五坊使捕平人大事也兵士不理只憂山東五坊使暴橫恐亂輦轂上大悟遽罪朝汶推是而觀二主非薄於骨肉親暱示不以私恩害公義也伏望陛下以漢唐二主為監割不忍之恩正罪人之名使中外之人釋然知刑政無所私則天下幸甚臣跡遠而議親近豈不知誠用方被眷遇威權甚盛言發則禍及無所畏及者蓋職在言責不忍負陛下獎用也謹錄漢武唐憲宗所行事迹二條進呈伏乞聖慈特賜省察并臣前奏下中書施行

皇祐二年知諫院包拯論明堂覃恩疏曰臣伏覩明堂赦書應文武百官內臣並與遷轉臣先以風聞曾具論列并乞召對不蒙開可退用憂迫弗遑啓處竊以爵祿者天下之公器而邦國之大柄也惟士之有功與德所宜處之非此二者不可濫與夫人君者固宜慎之惜之苟輕用之則壞公器而失大柄一綱或紊百目皆隳雖善為治者亦未如之何況今吏員益衆財用益殫為國計者自當澄汰冗雜以

寬調度豈可不辨能否普加官爵是於承平之世行此姑息之事但恐賦租之廣不足給其用秩廩之多不足充其欲紀律一弛天下蕩然有不可救之弊矣臣又伏讀近降詔旨今後應內降特與恩澤及免減罪犯並仰中書樞密院并所承受官司具前後詔敕執奏不得施行有以見陛下厲精革弊求治之切至也惟此覃恩頗蠹政之甚伏望陛下上稟祖宗之訓下為社稷之計所有今來遷轉恩澤乞賜特行裁處免千古之下以累聖德之萬一臣過叨寵擢位踐責重區區之懇不能自已惟陛下留神省察天下幸甚

拯又乞依賞格酬獎李用和疏曰臣聞功疑惟重遁國之令規賞不踰時欲人之知勸抑先聖之格訓又馭邦之大柄也伏見朝廷先以軍賊張海等未獲特立賞格召募使臣如捉獲依傅永吉例優加酬獎近聞右侍禁李用和應募而往不踰數旬果能殺獲張海等四人

餘衆並已潰散用和授東頭供奉官閤門祗候中外聞之無不失望似非朝廷開示大信之旨也且張海一歲之內恣行殘暴京西四十餘郡幅員數千里官吏逃竄士民塗炭以至江淮州縣無不震驚前後凡遣使臣悉多敗衂臣竊謂張海之害甚於王倫用和之功優於永吉而永吉左班殿直閤門祗候凡超八資授諸路副使宣事舍人今用和止超四資功同賞異何以激勸將來且有明文豈宜降等況所鄙未定盜賊間起方當責効之際不可失信於人其用和欲乞依準元降指揮比類傳永吉特與優改官秩如此則上之出令貴乎必行下之立功樂於自奮

嘉祐四年知制誥劉敞上奏曰臣聞人主所謹一嚬一笑誠以衆人所望視天下所倣傚也古者聖王之行賞也服物之章未可妄得府庫之財不以濫予前日朝廷以龍昌期所著書下兩制臣等觀其穿

鑿臆說詭僻不經甚者至毀訾周公疑誤後學難以示遠乞下益州毀棄版本未聞朝廷卓然有所施行今忽加賜五品章服及絹百匹臣未知誰主爲奸邪黨偽飾虛附下罔上以誤陛下執政又曾不能謹重政體顧畏公議苟慰藉人情賣弄國恩其失豈特嚬笑之間哉按昌期之書違古畔道所謂言偽而辯學非而博是王制之不聽而誅者也陛下哀其衰老未使伏少正卯之刑則幸矣又何賞之哉昔孔子作孝經以非聖人者無法乃比不孝之罪要君之罰而朝廷顧多昌期之毀周公臣所不曉也且陛下使臣等議之臣等不敢不盡忠既而棄其言焉豈以臣等爲蔽賢而害能乎夫蔽賢而害能人臣之大罪也願陛下因正臣等之罪而大表顯昌期之書使天下皆服誦而習尚之則可以釋謗於萬世矣自非然者豈臣等之言而不用縱昌期之妄而不誅乃反褒以命服厚以重幣是非貿亂沮勸顛倒使迷國之計行於側而非聖之俗倡於下臣竊爲陛下不取也書曰天命有德五服五章哉夫章服固天所有而財力又民之所出也陛下奈何曲徇大臣之意而爲榮小人之身乎將使遠方寬見淺聞之民奔竞於辨偽之學況淺於非聖之論迷而不反非國家之利也伏乞追還詔書斷天下之疑毋使有識之士窺朝廷之淺深臣不勝拳拳

仁宗時張方平上主柄論曰夫人君宅海域之位以據宸極之尊攝天地之政以主名器之重言爲法令動爲制度其所以藏身之固者賞罰二柄而已故萬邦黎獻共爲臣僕義勇投命賢傑效智挾藝能者懷爵祿而畢力暴威武者顧斧鉞而死心巍巍乎南面而臨天下人所畏戴由私有二柄而公用之也謂天之大寶必由受命而得是謂國之利器亦以假人而失哉明王誠慎視聽感發寤寐以求道德

之老忠信之臣賢正之才慈惠之士以與居處以共圖議嚴恭祗畏奉若天命官不及私昵惟其能爵罔及惡德惟其賢及後侯王荒寧耽慢狎昵邪慝并行喜怒匪勤惟易柄用下失有失之閨闈有失之閽寺有失之廊廟有失之藩方原失之初率由近始雖得於外姦必在中故柄在藩方其耳目必在廊廟柄在廊廟其腹心必在閽寺柄在閽寺其肘腋必在閨闈蓋情款密者則機隙易伺憑嚴重者則指擿難及伏戎於莽中猶可虞伏戎于門不可虞也至乃后族戚里爲虺蜴之宅北司內省爲豺狼之窟台司公府爲穽檻之地庶邦列都爲斧鑕之場四方相仇烝民殄瘁得非由上失其正而下罹其害者哉歷代敗亂覆車一軌觀夫辟君失馭強臣得政蓋由厚味腊毒宴安鴆憊謂篋櫝已固扃鐍不足嚴謂垣墉既修關楗可以弛倒鑄授盜脫輔自絕及奸微竊弄包藏結釁蟻漏壞堤炬遺燎原合抱自毫

末之萌履霜為堅冰之漸以我刀鋸而威之以我衣裳而誘之皆其心腹雖平勃之誅無以遏產祿之勢蕃武之重不能正甫節之惡謝安作相弗敢阻南郡之九錫尉迥為將莫可正隋公之受遺矣故周書八柄惟王行爵祿罪誅之事洪範三德惟辟有玉食威福之專是二柄者人主所自固生民所寄命也可不慎也乎故略著前代治亂危亡之迹以為鑒焉

方平又論不孝之刑曰臣聞五刑之屬三千其罪莫大於不孝周官司徒以鄉八刑糾萬民一曰不孝之刑不孝於其親有能忠於其君者乎有能睦於族姻者乎有能義於朋友者乎夫如是何有於民哉故曰事親孝故忠可移於君詩曰孝子不匱永錫爾類王者張官布憲訓民作極必擇仁義之士慈惠之師所以教育元元導之以善使民莅事而效法之也若其身悖德禮義愆庭闈忠順兩虧何以事上

莅官行法民何則焉故漢制郡國察舉核其行狀首曰生事愛敬喪沒如禮此漢之取士先其行之道也夫親莫親於父母愛莫愛於妻子臣向覩邸報竊見臣寮至有棄其母而不養聞其沒而不喪或糟糠之伉儷緣仕宦而遺之傷化敗倫豈有甚此且祿仕貴乎逮養孝思至于終身故罘罔而坐更起思親之感三年之喪未報免懷之重同爨有服緦之恤舊館有出涕之哀況昊天之劬勞受我身之形氣因心所至蓋自然之義慈跬步不忘豈俟牽於禮律冀衣冠之同履雷霆威之不如相彼虎狼尚知母子之愛惟是梟獍禀陰陽之和傷時人倫汙我王道且律文子罵父母者罪死今夫生不養而沒不哀豈特一詈為惡之重乎況不孝之刑十惡之首非赦宥所解臣謂必正叢棘之戮肆諸市朝投不毛之鄉禦乎魑魅及附乎有司議辟但止乎停官罰金臣竊悵然惜賞刑之失也伏以天下冠裳士人鮮全孝友之行率以宦遊或緣婚媾遂營卜乎田宅輙輕去乎墳墓而思擇利而處罔念首丘之仁古者氏族各有源流閭里繫乎圖版一則察舉自乎鄉里二則忠孝考乎閥閱轉徙僑寓蓋由亂離方我治朝從土斷豈有無故而去父母之國獨善而委兄弟之親臣實見之比比而是流俗相習弗以恠時議為常不以譏節義所以陵遲民德所以澆薄此其玷陛下之風教敗理世之體道壞法侵紀其損至大臣伏乞應食祿之人父母在別無兄弟迎養而不養沒而匿不喪父母在或因仕宦別營田業雖父母亡沒而鄉里有宗族墳墓輙於別所立產而居者無問貴卑並當削其官爵投棄遐徼雖經赦澤不在原釋諸當保任者必先列此數條於舉狀同贓私法連坐之其父母俱亡未葬而求官雖有明條率多冒犯臣欲乞應居憂服闋叙官日委自本鄉及所居州郡官吏保明委已畢葬即得與除叙如此則

中庸之人當循禮而後動不義之子亦畏法而知懼上敦王化下厚人倫固治道之本也

侍讀學士宋祁乞專刑賞狀曰臣聞天子之所以能制四海役萬民而臣之者其柄有二曰刑曰賞而已君操之則凌洪範曰惟辟作福惟辟作威惟辟玉食臣有作福作威玉食則害于而家凶于而國昔宋子罕謂其君曰慶賞賜與者民之所喜也君自行之殺戮刑罰者民之所惡也臣請當之於是宋君失刑後為子罕所劫且子罕纔得一柄已為主患況兩得之哉伏見陛下恭儉仁厚憂勞聽斷細務小物一稟聖心近世守文之主未見其比然而任用臣下主柄外移委棄刑賞不自揔攝凡有所進必待臣下之譽而用之凡有所退亦待臣下之毀而黜之夫毀譽行於上則朋黨成於下且黨人所惡能得陛下之法而罪之黨人所愛能得陛下之賞而官之則舉朝之人重私

賞而輕公法捨其君而歸其臣雖欲無危不可得矣龍之所以能飛霄漢入淵泉變化不測以風雲為之衛也虎之所以能搏百獸神空山以爪牙為之使也使龍失風雲則鱣鮪等其靈虎廢爪牙則麋鹿角其能君失刑賞則見輕於天下矣况今四夷交侵師不用命財匱民愁吏以苛刻相挻官以黨與相營陛下何不收取二柄而自用之假如罰不當辜人猶知畏賞不值善人尚知恩又况陛下之德之明賞必善罰必辜耶魯國政在陪臣春秋為諱之稱之曰盜况擁九五之丕構揔天下之機矩倒持利劍以資斷割忽鴻範之至戒襲子罕之覆轍輕龍虎之神威詆春秋之所諱召衰促亂何所利哉比年以來日無盛光月行黃道氣霧無時河决地動皆下侵上上失權之應也伏望陛下上揆天刑俯觀人事收威福以在手破群黨於私門當乾剛擊雷聲行之一日天下廓然矣臣蒙恩深厚不敢愛死輕進瞽言惟垂裁赦

參知政事范仲淹上奏曰臣竊見許懷德在延州為不進兵擊賊及軍民虛驚拋棄隨軍粮草遂送永興勘劾該赦釋放授秦州部署近又西賊侵邊破蕩却熟戶一千帳不能保護即合重行朝典以其在邊無效降充永興部署郭承祐降知相州為轉運使糺奏充北京都部署此二人一面責降一面遷轉天下聞之是朝廷賞罰顛倒取笑四方何以激勸勳臣何以鑒戒惰將如王信狄青實有武勇堪任管軍亦恐未有大功遷轉太速祖宗朝任用邊將賞賜至厚使用度充足委信至重使生殺在己惟惜官職不令滿志恐有懈惰不思立功實前王馭將之術也又朝廷曾降詔所闕都虞候等更不循轉候有邊功除授今却不因功勞衝改此詔而令後國家之命全無信矣惟用兵命將之令尤要取信繫之安危與其他號令不同如須合轉起亦候過郊禮使作該恩方可進爵願陛下再三思之仍乞丁寧指揮兩府今後議論賞罰不可輕易須是有所激勸不拘旁議方可施行臣謂國家承五代之弊賴祖宗威德陛下仁聖保守四海久無患難今四夷已動百姓已困倉庫已虛兵旅已驕國家安危實未可保惟賞罰之柄駕馭天下如賞罰頻失將何以保太平之業臣切懼之願陛下裁擇

仲淹為陝西經畧安撫使又奏乞重定戰功賞格疏曰臣等竊見用兵以來戰陣行賞逐處起請所見各異或謂須要首級或謂當錄陣前得力之人至於使臣軍員並不許手下人所獲分數亦與士卒一般校功是以人無適從最害邊事臣等欲乞朝廷將元定賞格并諸處起請條貫重行定奪須下諸路所貴軍中知信第賞無差

蔡襄上奏曰臣等竊見河北保州叛卒昨已招降原其致亂之因乃

總領之司不能覺察自都轉運使安撫使而下一例奪職降官此蓋朝廷督厲天下官吏深思撫養士卒之宜先圖遏絕禍患之本然臣等切謂法令之行必自近始若捨近繩遠雖法令日行人不信服臣聞保州兵士未叛以前數月邊臣曾奏都大巡檢下兵士乞早處置恐其生變大臣聞之絕不為意以至殺戮官吏閉城邀命然後倉黃或招或攻或作曲赦幸其革心不至大害且帷幄之謀臨事先當準備豈有邊臣奏論如此等事都無制置循以成患其誰之咎今張溫之等已責降其中書樞密院大臣與聞軍政者伏乞陛下推邊臣所奏保州兵士事宜因依特與責罰庶乎法令明而天下服

襄又上奏曰臣等近以保州叛卒平定之後朝廷以都轉運張溫之以下不覺察之罪例皆貶降臣等聞保州兵卒未叛以前邊臣曾有奏請早乞處置絕無施行遂至生變臣等伏乞陛下責罰大臣與聞

政者。伏聞陛下已得邊臣之奏。將以輔弼之重。屈天威而恕之。伏惟陛下專賞罰之柄。而所謂罰者。已行於遠而不行於近。旣失之矣。所謂賞者。又録其終而不録其初。又重失也。邊臣先能採刺叛卒情狀聞于朝廷。其時大臣苟能深慮而預處置之。必絶叛亂之萌。及殺殘官吏。閉門邀命。四面之兵。合謀招討。中外震駭。尚賴朝廷威靈所加。即時平定。設使偷延時月。城堅而不下。宿兵於野。費用不貲。其變豈可量哉。今招叛卒閉城門殺賊首者。盡皆遷官衆賞。而預言必變之狀者。棄而不録。所謂勤於其終而不念其初者也。語曰。曲突徙薪無恩澤。焦頭爛額為上客。正類是矣。所有邊臣預先數月奏論保州事宜者。伏乞陛下出宸斷。特與恩奨。庶使守邊之人。精心察伺。先絶未萌之患。較於雜恩之術。不猶愈於攻城殺賊而後泛行官賞也。

起居舍人知諫院范鎮上奏曰。臣伏見近日月入南斗。乃屬陰。南斗主爵禄。天意若告陛下。將有陰邪小人。干冒爵禄者。而欲陛下謹爵賞也。近日以來。在外傳聞。皆以謂温成葬事將畢。石全斌以下及諸工巧人。必然揚言。妄冀遷改。陛下不可不祗畏天戒。以固拒之也。夫爵賞之出。本於慶喜。如緣温成葬事而施爵賞。是以慶喜而幸温成之喪也。天意人情。俱為不可。而外議如此紛紛。臣若不先事建言。萬一有此而後論列。是徒暴朝廷之過於中外。而於事為無益也。

鎮又上奏曰。臣伏見自去冬多南風。今春多西北風。又黒氣蔽日。天色沉陰。雨而復止者數矣。此皆政事不决之應。臣兩奏乞與御史辨陳執中事。仍乞牓朝堂。及今十餘日。未見行下。臣竊以賞罰當否在於辨是非。是非不辨。則賞罰隨而廢矣。陛下向諭臣樞密院本欲留陳執中。畏御史之言。遂不敢留。樞密院以御史之言是而畏之邪。將以為非而畏之也。以為是而畏之。則可。以為非而畏之。殆非陛下所以任之之意也。今陛下不以是非自專。而以責中書樞密大臣。中書樞密大臣又不敢主是非。主是非者。御史爾。而御史是非。謬以如此。御史中丞知雜御史又左右之。夫所謂謬者。棄法律而牽於浮議也。任私情而不顧公道也。務角勝也。專於為逆詐也。陛下何不勅大臣以法律處之。以古人所行之事折衷之。則是非辨而賞罰當矣。漢宣帝時。魏相為丞相。其傳婢有過自死。於是趙廣漢為京兆尹。疑丞相夫人妬殺之。即上書告丞相罪。魏相亦上書自陳。妻實不殺婢。相自以過譴。皆出至外第死。而司直蕭望之亦劾奏廣漢摧辱大臣。傷化不道。廣漢幷坐賊殺不辜等數罪。晝斬於市。吏民守闕號泣者數萬人。亦有請代廣漢死者。皆不聽。宣帝明主也。廣漢能臣也。吏民守闕數萬人。非特御史中丞知雜御史一二之為助也。然而卒斬廣漢者。以為嚴上下之分。戒險薄之俗。不得不然也。臣言此者。非欲陛下斬御史如廣漢比也。直欲陛下知古人嚴上下之分。戒險薄之俗。如此其決也。乞以臣章幷御史所奏。宣示中書樞密大臣。詳正是非。如以臣章非是。則乞免臣職。終身不齒。如以御史所奏為非。亦乞依公施行。所貴賞罰分明。則風雨序而日光復矣。

歷代名臣奏議卷之一百八十七

歷代名臣奏議卷之一百八十八

賞罰

宋英宗治平元年知諫院司馬光言兩府遷官疏曰臣伏覩去歲陛下即位之初兩府臣僚已各遷官今茲甫及朞年一例又加恩命雖陛下襃優大臣務從豐厚而朝野竊議以為近來國家官爵易得恩賞太頻柱石之臣當勠力同心共救此弊今若連年之內驟數便蕃恬然有之自以為宜則何以率正他人抑塞僥倖因此恐大失天下之望然為陛下愛之適所以傷之也臣竊料大臣亦不敢自當亦當辭避願陛下因而聽之以成其美

光又上奏曰臣近曾上言兩府臣僚遷官太頻恐失天下之望乞陛下聽其辭避以成其美未蒙采納臣非憎此數人嫉其遷官乃是欲全其令名使之輔佐陛下重惜大柄耳先帝親選聖明傳以天下今

陛下乃欲歸功大臣臣固知其人必不敢當也借使當日實曾贊成先帝聖意乃是欲安宗廟社稷若今日受賞則是豫邀非常之福罪孰大焉然則陛下賞之是掩其盡忠之心使為徇利之人何榮之有臣所謂欲全其令名者此也夫爵位者人主所以御群臣之大柄也然品秩高下本皆虛名但以難得之故為人所貴若其易得則為人所賤譬如金玉珠璣苟或道路階庭處處有之則與瓦礫無異矣近歲以來官冗賞濫兩府大臣豈不素知今遇陛下即政之初所宜開導聖聰以懲革斯弊令陛下以紹纘之際及聖體未安之時中外平寧為兩府之功加以厚賞則宿衛將帥宗室外戚四方藩鎮內侍近臣皆有冀望若一一稱滿其意則國家官爵賤於泥土將無以後使群臣若抑而不與則人不自知更生觖望是始於推恩而終於聚怨也且輔佐之臣自於朞年之間連併遷官而欲禁止他人之幸進誠亦難矣臣所謂欲使之輔佐陛下重惜大柄者此也或者陛下以為曹佾無功尚加之使相況輔弼大臣當國家艱難之際輸力盡瘁不可不賞臣愚以為不然陛下所以賞曹佾者非以為功也乃以皇太后之德至深至厚無以為報故襃崇元舅以慰母心今若緣此推恩次及后族次及兩府次及他人則是曹佾隨衆遷官不為優異於皇太后之心何所慰哉然則陛下虛捐盛恩而衆人皆以大例遷官何足為喜也臣豈不知陛下欲襃賞大臣而臣區區不量其力以橫議干之非身之利然為朝廷忠謀無恤其他惟陛下察之

光又乞罷近臣恩命上殿箚子曰臣昨者上言近歲官冗賞濫兩府大臣遇陛下即政之初宜開導聖聰以懲革斯弊令陛下以紹纘之際及聖體未安之時中外平寧為兩府之功加以厚賞則宿衛將帥宗室外戚四方藩鎮內侍近臣皆有冀望若一一稱滿其意則國家官

爵賤如泥土將無以後使群臣且輔佐之臣自於朞年之間連併遷官則難以禁止他人之幸進伏蒙陛下面諭臣以兩府大臣皆有大功所以遷官他人無功何敢輒望臣再三敷奏以陛下若寢兩府恩命則他人自然不敢僥求若見兩府遷官則誰肯自謂無功不求榮進恐至時陛下亦不能裁抑兩府亦不敢執奏當時陛下聖意確然終不開納今兩府纔受恩命竊聞入內內侍省都都知任守忠等已一例遷官臣竊料向去其餘臣僚互相形比繼續遷官卒無窮盡蓋官爵者人主之利器所以驅策群臣制御四海令陛下曾不愛惜容易與人一至於此臣竊惜之凡政令之行必自貴近為始前者濫恩已施之於貴臣不可復收若止之於近臣猶可救其太半所有任守忠等恩命伏望聖慈特賜追還以塞向去僥倖之路

英宗時趙瞻上奏曰世之大患在賞罰焉賞以徵文牾賢罰以定令

幸姦則是國代賢者辭而法爲姦人地也。有吏於此齋閥閱詣考課曹。曹必曰某在斯職事若干年當還某官。某在斯課最若干數當增某秩。斯人大賢大不肖雖朝廷王公不得擅輒議其存捨動搖者哉。迹狀白皙有非常不在詔令。則以閒故事與令首所差駁突兀亦不爲舉。夫以賢者難進易退廉耻謙服之心。詎非代之辭者歟。若爾伊尹太公常齒匹夫。傅說箕子常編摯囚虜。缺寧戚常伍耕農。管仲五殺常没虜獲。尚屑與時爭盜鼓之逋賦。殄時刻之積効而邀還次耶。又或以罪付理官曹。曹必曰以甲令當某罰。以乙詔當某科。有輕重疑則爲奏以請上。上之所進退。亦芻法律三尺爾。夫以姦人狡獪窺幸之備。詎非爲之地者歟。且唐虞流共工。放驩兜。湯誅尹諧。文王誅潘正。太公誅華仕。管仲誅傅里乙。子產誅鄧析史傅。孔子誅少正卯。周書有三風十愆。禮經有四誅無赦。孟軻以揚朱墨翟邪說之無君

親者拒之。荀卿以宋鈃公孫龍衆惑之亂名實者禁之。故若晉羊舌鮒以掠美尸。齊阿大夫以虛譽烹。彌子瑕佞幸以忠孝而得罪。郭解豪俠似仁義而蒙戮。皆姦雄桀黠傷蝕風教之尤者。然以之示有司。則罪無所當矣。非勉寬仁之治也。非保賊亂之黨也。使律令無所處焉也。賞與罰如是。馳步帝皇之塗而未底者。所以趣之之轍異也。或謂若之所贊者古也。今之所用者時也。若居今時而用古。殆不可與權矣。張選舉之程法。補調之品目。猶曰未也。況以堯舜之所病與三代之明揞而責有司哉。又若前主律。後主令。附麗驗治劾讞鍛成。猶曰未也。況以難明之狀。可惑之事。而亟致大戮哉。正爾如賞僭及淫人。刑僭及善人。何此大不然。且責君於難謂之恭。吾君不能謂之賊。彼曷獨不欲舉縣官於堯舜三代之隆乎。夫人之辭行技能號爲搜索而寘朝廷矣。才具器識號爲量度而縻爵位矣。斯豈他術哉。視必得賢者而後任之。有司爾眞賢實廉未次求索。則有司之明也。上之察也。任人大姦恭然誅殛。亦有司之明也。上之察也。豈他術哉。上如不察。有司不賢。雖區區於秩次。事事於律令。碩言貪其窺測者。豈有補耶。但古用此亦治。今用此亦治。不能用則皆未如之何也。又安在權不權。使今得一伊尹太公而賞之。天下非乎否也。得一驩兜共工而罰之。天下非乎否也。爲賞伯夷而問盜跖。罰窮奇而諮饕餮。惡可。

呂誨請罷韓琦等轉官疏曰。臣伏覩宰臣韓琦等轉官制辭皆賞先議建儲之功。於體似未爲便宜。儲貳者國家之根本。根本未定。大臣不言。誰其言之。蓋其職爾。豈得爲功。言之者是公於天下。而賞之者私於已也。且漢史載文帝豫建太子。但云有司所請。不顯其人。就景帝世不聞賞建言者。誠有旨哉。自至和而後先帝服藥。文武官請建儲副者無慮百十人。可盡錄其功賞之耶。去歲賞定策之功。今日賞

建儲之議。恩寵便蕃。乃前世未聞之事也。大庭宣揚。是以爵祿誘人。佞者因事以言。必思後福。其可得乎。陛下自幼鞠育宮中。乃先帝之意。天命所屬。保護者皇太后之功也。群臣何力之有。借使臣下不言。歷數何所歸乎。貪天之功以爲已力。古人羞之。琦等豈無是恩。臣所以願陛下不賞者。爲國家無窮之計。唯聖智察焉。

神宗時。御史中丞司馬光勅充山陵儀仗使。上辭賜金劄子曰。臣前日蒙恩賜金五十兩并銀合。臣以所賜過厚。尋聞永昭陵禮儀使范鎭知舊例所無。不敢當受。遂具奏陳乞許令回納。伏蒙聖慈特降中使宣諭令受。臣上荷恩遇。至深至重。螻蟻微命。不足爲報。愧懼流汗。無所容措。然臣竊聞昔韓昭侯有弊袴命藏之。侍者曰。君仁君也。不以賜左右而藏之。昭侯曰。吾聞明主愛一嚬一笑。嚬有爲嚬。笑有爲笑。今袴豈特嚬笑哉。吾必待有功者。彼一弊袴猶不可以與無功之

人況數十兩之金乎魏太祖之為政有功宜賞不吝千金無功妄施分毫不與我太祖太宗之御臣下亦然故能驅駕英豪光啓大業夫明主之不妄賞賜非吝之也誠以賜一無功則天下無功之人皆有徼覬之心有功之人皆懷怨望故也借使一人有功而人主賜之一金無功者不得有功者必喜何則衆人不得而我獨得之是人主知我之功也其榮多矣如是則智者獻其謀勇者竭其力雖使之赴湯火猶將甘而樂之若有功者賜千金無功者亦賜千金其有功者必不悅何則彼無功而我與之鈞是人主待我無以異於彼也其弊滋矣如是則有功者莫不解體誰肯竭其智力觸冒死亡以徇國家之急哉故官爵金帛者人主所以鼓舞群情使之奔走左右而不自知者也然則明主愛一嚬一笑豈為過論哉仁宗皇帝天性寬仁承累世餘烈府庫充實身雖節儉而好施於人群臣左右貪求無厭賜予

之例因茲寖廣府庫之積日益減耗不幸又於五年之中再遭大喪左藏內藏奉宸等庫率皆空竭當此之時舊例所有猶宜鐫減以救其弊況可以例外橫賜無功之人乎且陛下以國用不足之故永厚陵猶遵遺制比永昭陵事事裁減而所賜群臣之物乃更多於永昭陵之時臣雖小人貪昧財賄揣循此理能自安乎此臣所以夙夜憂惶無以自處者也況府庫之物廼天下萬民之物也自非有功於民者皆不宜得之臣所以仰違詔命堅辭賜物至于再三者非自以飾小廉也廼欲助陛下成治道伏望聖慈察其誠懇依臣前奏許令將所賜金并銀合回納入庫

光又論王廣淵章服職名疏曰臣累言廣淵姦邪乞盡奪去職名與遠地監當今聞廣淵帶職知齊州仍賜章服如此乃是賞之非黜之也鄉使廣淵自改京官以來謹身守分不為姦諂以至今日不過作第二任通判今所得乃如此豈可謂為姦諂無益哉孔子稱唯器與名不可假人今之章服所謂器也職名所謂名也二者皆無用之物然而天下貴之者為其非賢材則不能得之故也唐宣宗重惜章服不輕以與人有司製緋紫衣以備賜與經年不用三兩領故當時服緋紫者人以為貴夫名器者譬如珠玉若使之易得如瓦礫尚安足貴乎近歲兩次覃恩服緋紫者已為汎濫今又如陳鑄王廣淵輩皆賜章服是使今後受賜服者皆以為恥不以為榮也且陛下使廣淵出補外官者必已知其姦邪之迹也今又復以職名章服寵之是勸人使效廣淵所為也臣竊恐非國家之福伏望聖斷依臣前奏盡奪去廣淵職名并所賜章服與遠地監當使賞善罰惡皦然明白

彭汝礪上奏曰聖人在上不能使人不為過惡有過惡則治之而已當堯之時洪水未平堯使鯀治之不克有成鯀不免殛死堯不失聖人臣伏

詳王孝先反覆不信熒惑中外誕謾無懼愚弄朝廷耗蠹國財死折人命其事見於案牘甚具見於人言甚不可欺非待臣言也今朝廷為之蓋覆為之遷徙譬猶愛惜兒女不忍以一指彈治臣恐朝廷綱紀自此廢弛矣賞罰者朝廷之綱紀也綱不綱紀不紀雖有智力不能善其後矣陛下自履大位于今五年好惡循理是非以道暬御無過與宗室無假借近親貪功廢之終身而不齒乳媼弄權一日弃之如涕唾命於朝廷達於四海詠蹈鼓舞稱為神明今於孝先而疑之臣以為過矣書曰刑故無小又曰怙終賊刑孝先於清議非不知而為之也及姦詐窮露猶敢肆意誕言以朝廷為無足畏所謂怙終雖堯舜在上不能容矣夫是非非我也是天下之公器也雖大臣有不得擅焉賞罰非人也是天之成命也雖人主有不得而私焉易曰文不當故吉凶生焉治亂禍福之來一嚬一笑之間而已況如此其大

者耶惟陛下上畏天威俯同天下之議正孝先等之罪以解中外之惑以存朝廷之紀綱臣雖得罪蓋所安也

起居舍人同知諫院范純仁論呂誨薛向疏曰臣備位諫垣職在箴補時政凡是賞罰之失必須竭力陳論臣曾任陝西親見其人之姦迹豈敢偷安苟祿結舌保身況居聖神之朝當盡枉直之說愚臣自叨近職固亦上體聖心無非獎善旌能去邪黜枉深欲明示好惡將使天下風從而乃執政之臣喜人承順故昧分別邪正以致賞罰不平使天下之人有疑於陛下必謂督責君子太重崇獎小人太深委近習則務優容而來其言用臣寮則因違忤以沮其志蓋以近事明之不得不謂之如此且如呂誨是御史中丞詔許風聞言事才有失實即坐左遷此則責君子之太重也薛向外官固合守法而敢違條罔上罪跡顯聞不獨曲被優容而復驟加獎用此則獎小人之太深也陛下聞或遣內臣走馬承受輩體訪外事固已不使臣寮得知其或言不審詳必為隱而不責又況肯使與罪人對辨而反坐其言者哉此則務優容而來其言也且薛向在陝西壞法已七八年張靖一旦往彼體量不能盡見根柢詢訪之際容有不詳先被黜辱此則因違忤以沮其志也責君子太重則忠臣難立獎小人太深則奸邪易滋優假以來之則近侍之言皆進違忤者沮之則中人之性盡移如此而望風俗之不偷聰明之不惑不可得已陛下天資睿聖超越前古臣之遭遇千載一時微臣尚恥於枉尺直尋陛下固不可啓寵納侮豈止爵及惡德實亦有害邦家伏望聖慈捨己從人勿憚改作近者二人之命悉賜追還不唯賞罰均平實亦天下幸甚

哲宗元祐三年翰林學士知制誥兼侍讀蘇軾上奏曰臣今日邇英進讀寶訓及雍熙淳化間事太宗皇帝每見時和歲豐雨雪應時輙

喜不自勝舉酒以屬羣臣又是日熒惑與日同度太史奏言當旱既而雨足歲豐臣讀至此因進言水旱雖天數然人君脩德可以轉災為福故宋景文公一言熒惑退三舍元豐八年熒惑守心逆行犯房又逆而西垂欲犯氐氐四星后妃之象也方是時二聖在位發政施仁惟恐不及臣視熒惑退舍甚速如有所畏不敢復西以此知天人之應捷於影響太宗皇帝親致太平而每遇豐年君獲非常之福喜樂如此者豈非水旱不作自是朝廷難得之事乎書曰天聰明自我民聰明匹夫匹婦有不獲其所猶能致水旱而況政令之失小及一方大及四海其為災沴理在不疑自二聖嗣位于今四年恭儉慈孝至仁至公可謂盡矣而四年之中非水則旱日月薄蝕五星相凌溢而大雪常寒久陰之類殆無虛月此豈盛德之報也哉臣愚無知竊謂陛下身脩而政未脩故監司守令多不得人百姓失職無所告訴謠怨上達以傷陰陽之和所以致此者蓋由朝廷賞罰不明舉措不當之咎也臣請略而言之去年熙和諸將力戰以獲鬼章此奇功也故增秩賜金涇原諸將閉門自守使賊大掠而去若涉無人之境此罪人也亦增秩賜金賞罰如此何以使人廣東妖賊岑探反圍新州差將官童政救之政賊殺平民數千其害甚於岑探朝廷使江西提刑傅燮體量其事燮畏避權勢歸罪於新州官吏又言新州官吏卻有守城之功乞以功過相除愚弄上下有同兒戲然卒不問岑探聚衆搆謀經年乃發而所部官吏茫不覺知使一方赤子肝腦塗地然亦止於薄罰童政凶狡貪殘非一日之積而監司乃令將兵討賊以政數千人無辜就死亦止降一差遣近日溫杲誘殺平民十九人冤酷之狀所不忍聞而杲止於降官監當蔡州捕盜吏卒亦殺平民一家五六人皆婦女無辜屠割形體以為丈夫首級欲以請賞而守倅不按監司不問

以至臣寮上言。及行下本路。乃云殺時可與不可辨認。白日殺人。不辨男女。豈有此理。乃是預為凶人開苟免之路。事如此者非一。臣不敢盡言。特舉其甚者耳。如此。不過恩庇得無狀小人十數人。正使此等歌詠愛戴。不知有何補益。而紀綱頹弛。媮惰成風。則千萬人受其害。此得為仁乎。大抵為國要在分別是非。以行賞罰。然後善人有所恃賴。平人有所告訴。若不窮究曲直。惟務兩平。則君子無告。小人得志。天下之亂。可坐而待。此臣所謂賞罰不明之咎也。

紹聖三年。監察御史蔡蹈上奏曰。臣伏覩近降聖旨指揮。以金明池修龍舟了畢。特支度牒十五道賜供備庫副使楊琰者。按琰本木工。止緣技巧。馴致使名。祿養豐厚。特有加賜。近代以來以工巧被寵遇者。未有如琰比也。而琰之圖效。非有搴旗斬將之勞。而操規矩執繩墨。以指撝庶工。正其責也。龍舟之後其費不貲。朝廷不責其過侈以

傷太府之財。幸也。復以度牒賜之。未為允當。且今度牒直金二百千。以十有五牒計之。凡三千緡。非不多矣。舉而授琰。曾不計校。甚亡謂也。若謂其功可賞耶。設或運機精思。殫盡奇巧。以窮耳目之翫。不過百工。何足多尚。朝廷賞之過厚。內外籍籍。未無議論。凡賞罰所以存勸沮也。賞當乎功。則天下勸。而赴功者有之矣。罰當乎罪。則天下沮而遠罪者有之矣。今以一龍舟之勞。而命賞過厚。不知意果何在耶。若謂其勞不可以不賞。則邊陲用命。國爾忘家之人。緩急不同。假令邊陲之士為陛下臨危拒敵。而致其死。不知何以為賜乎。臣等竊聞諸路州郡每有興脩河渠水利官府祠廟等。乎朝廷乞降度牒。不唯重惜未即應副。而詰問勘當十不得五。其重如此。而獨於賞琰不以為意何耶。臣等愚陋。欲望聖慈特賜裁減。天下幸甚。

哲宗時。監察御史常安民奏种誼擒鬼章賞未稱功疏曰。臣聞邊功有二。王者之德如天之覆。如地之載。微至昆蟲草木。遠而戎夷蠻貊。皆被其澤。無彼疆此界之異。而因利乘便。入其土地。俘其人民。奪其城壘。此求利之功也。雖不賞可也。賞之不可厚。厚則生邊患。若夫背德負義。玩威入寇。焚毀民居。殺掠生聚。強據州郡。脅誘部族。結從連衡。窺伺中華。一旦竊發。噬臍何及。而能先敵鼓勇。出其不意。使敵不及拒。計不及施。此去害之功也。安可不賞。賞之不可薄。薄則沮士氣。往歲西蕃董氈大將鬼章青宜結。桀黠有智數。熙寧中。於踏白城誘陷洮西安撫四方館使景思立全軍。漆其頭顱。為飲酒器。人怨神怒。先帝嘗下募賞之令。厚捐金帛。命李憲圖之。凡十餘年。未有能稱詔旨者。元祐中。乃敢陰連西夏。誘結蕃酋。約為內應。從之者十已八分。遂犯疆土。殺虜蕃戶。燒蕩其廬舍。掘發其窖藏。蹂踐其苗稼。斬伐其材木。遂據洮州。屠戮酋豪。無敢誰何。方是時。种誼守岷州。鬼章之兵

已逼。岌乎如掛虎口。誼稟命於經畧司。求出師者數矣。而劉舜卿以朝廷方休兵息民。恬不為意。其後朝廷遣游師雄使熙河。而趙醇忠郎結氈。包順。包誠之徒。洒淚泣訴。推心痛恨。師雄乃趣舜卿。然且猶豫累日。卒用誼謀。誼師既出。先命焚飛橋以斷蕃兵之路。把衝隘以絕傳報之音。卒能雍容靜密。生擒鬼章。獻之闕下。西夏五十萬之衆及境聞之。遂皆遁去。勳烈煌煌。誰與倫比。而廟堂之議。乃欲不崇邊功。為安靜之策。不問其有去害奇功。非求利之比。槩薄其賞。臣愚竊謂擒獲鬼章。誼吞謀首。親冒鋒鏑。功居第一。師雄不辱君命。能趣舜卿俾用誼謀。功又次之。舜卿觀望勉從。功宜居下。而當時推賞。師雄自宣德郎軍器監丞改奉議郎陝西轉運判官。繼除校理。固不為過。舜卿自龍神衛四廂都指揮使高州刺史。遂擢為殿前都虞候寧州團練使。其崇峻如此。而种誼乃自莊宅使北邊西上閤門使康州刺

史未足以稱其勲烈。先帝詔令具在。殺獲鬼章者未仕人授諸司使。令朝廷正宜信賞而酬誼止此。豈先帝詔令可以閣乎。抑賞可以不行乎。以為邊功不足崇尚乎。則何以奏告裕陵。鬼章檎獻之日百官聚見。四方馳表稱賀也。臣訪聞阿里骨因温溪心以附西夏。有吞併熙河之志。蕃部一揺足則熙河非中國所有。蜀道亦有受敵之憂矣。人材之乏。未有甚於今日。而將帥之有威名者。唯种氏為最著。臣愚竊謂宜於此時申白种誼前日之功。優加褒進以勵將帥。則人皆知勸而邊境無虞矣

侍御史劉摯上奏曰。臣竊以聖人之運天下也。其政事大要在於賞罰。賞罰之令。堅於金石。信如四時。使有功者不逾時而蒙賞。失職者不旋日而被罰。故天下凡待賞罰而後勸沮者。莫不奔走從事趨上之令。此天下之所以治也。然則賞罰之施於天下。不可以不信。而臣

以謂施於盜賊者尤不可以緩也。方民之被盜也。田里閭巷晝夜惴恐。縣官惻然開告捕之科。不愛厚賞。提官爵。抱金帛。恨不即得有功者付之。幸而賊得矣。而有司不能推奉詔旨。乃苛以文法。攷詰稽留。使人不得亟蒙有勞之利。臣竊以為後日憂也。伏見元豐七年。澶滑之間保甲有為刼盜者。其首曰單安。曰王乞驢。又曰張謝留。離合出入。凡數十人。往來二州。間虜掠平民。焚蕩村落。殺人取財。以至傷殺官吏。屠害軍兵。又嘗轉入衛州界。一方不安。朝廷督責捕盜官司。至於自京遣使募衆。而州郡調發將兵及降專賞指揮。是年逐賊皆於澶滑次第掩獲。各正其罪。而推賞之典。至今逐司不為保明。首尾二年矣。夫奮不顧死。冒矢石以與亡命者格鬬。莫不有職。然要之趨賞之意多也。今失信而後時。誠恐緩急不足以率厲。此其為愚有不勝言。伏乞指揮根究住滯官司。特賜詳酌。重行黜責。以明賞罰。以戒違慢。

右正言劉安世論開封官吏冒賞事狀曰。臣伏見御史臺舉劾開封官吏。將大辟罪人寄廂。妄奏獄空。致朝廷誤推賞典。如聞已降指揮錢勰止令贖銅。出知越州。林邵范子諒並與小郡。其餘官吏特免改正。雖門下省嘗具封還。續准朝旨。惟展磨勘。此乃陛下至仁至厚。不欲窮治。而勰等所犯情實欺君。考之公論。皆謂責之太薄。而名且不正。事關國體。須至論列。臣聞人主所以鼓動天下。制馭臣民之柄。莫大於賞罰。使賞必及於有功。罰必加於有罪。則四海之内竦然向風。而無不心服者矣。惟其無功者虛受。有罪者幸免。遂容僭濫。而其弊將至於無所勸懲。然則為天下者安可不以至公而慎用之乎。今開封官吏以大辟之囚。權令寄廂。敢肆誕謾。謂無一人之獄。朝廷信用其奏。亟推厚賞。進官錫服。幾二十人。下至胥吏亦霑恩賜。播傳天下。

書之史冊。何可掩也。繼而臺臣抗章。彈其繆妄。陛下付之執政。按見實迹。縱不欲論以全罪。猶當奪其誤賞之官。少為天下誣罔之戒。而乃一切仍舊。復得名藩。使勰善去。不過如此。今實有罪。何以示懲。陛下若明正刑典。則虛偽之迹固在。勰等苟謂已行之命憚於追改。則好名之謗遂歸朝廷。傳之後世。實累聖德。伏望陛下特徇公議。追勰誤賞之官。黜之小郡。其餘官吏亦令改正。使天下知公朝之名器不可幸以得。非惟塞小人奔競之路。亦助成陛下無私之政。所以詳論之者。蓋欲救正國家之大體。非特區區為一錢勰而發也。伏惟留神省察。早降指揮。

安世又論趙卨無名進職等事狀曰。臣伏見朝廷近除知延州趙卨為樞密直學士。博考僉言。極有異論。輙據公議。上煩天聽。臣歷觀祖宗以來。待遇帥臣之體。或以其久在方面。夷虜畏服。或以其征伐扞

樂績用彰著再委藩宣之任方行進職之典尚治鄜延未滿二歲考其所治無以過人伏讀告詞文非再任方朝廷進拜執政而尚獨典名同日遷陟中外傳播皆謂失體兼臣風聞尚嘗遣使與西夏納税反為羌人執而戮之審如傳者之言則挫國家之威靈沮塞垣之士氣守邊無狀孰甚於此賞不當賢則無以勸善罰不當罪則無以懲惡而況無功受賞有罪不罰欲持此道以治天下臣竊惑焉伏望聖慈特加考驗若尚果有上件事跡不惟收還新命亦乞明正典刑庶使貪功邀利之徒有所戒懼

右司諫鄒知章上奏曰爵禄慶賞以勸天下之善顯無以假借大臣使行私恩刑罰誅戮以懲天下之惡顯無以假借大臣使快私忿忠於陛下者必見忌大臣黨於大臣者必上負陛下惟明主財察

徽宗即位初御史中丞王覿上奏曰臣竊以賞罰者天公之器也重

輕與奪之間不可以不慎苟重輕不倫與奪失當則非所謂大公而無以示懲勸於天下詩云周道如砥其直如矢君子所履小人所視謂均平而無偏曲也臣伏見向者東南郡縣緣根究逃絶戶而增税受賞者朝廷察知其弊故李琮降黜而今年七月十三日勅應因李琮奏請被差根税官吏不酬賞已酬賞者吏部根究追奪此有以見朝廷深恤民隱不忍使貪競欺罔之吏盗取恩賞以蠹害無辜之民也然臣所未諭者彼緣市易冒賞之人朝廷亦察知其姦矣乃獨吕嘉問降知淮陽軍而其餘冒賞者並無追奪指揮竊聞言事官亦頗有論列而久未行遣公論深以為疑夫根税之患止於東南而所增之税皆入於縣官可以還於民也其賞大率不過堂除優便先次差遣之類而已有得以轉官循資者少矣市易之患被於天下破民之産而利皆歸於牙儈胥徒不可以復還於民也其賞至於轉官升任分取息錢者莫知其數矣夫為患之狹且淺而冒賞之少者即行追奪為患之廣且深而冒賞之多者即置而不問其輕重不倫與奪失當者如此則果何以示懲勸於天下哉或謂今年七月八日詔書既宣示中外以蕩滌隱疵闊略細故矣今冒賞者復行追奪則豈詔書之意哉臣竊以為不然夫前日詔書之所恕者隱疵故而已今市易之患遍於天下凡富商大姓破家竭産而棄妻鬻子者道路相望也賴聖慈矜憐無辜蠲放逋欠瀕於死亡之民復有生意其虚增息錢欺罔之吏緣詔書而不治其罪可矣至於冒受爵賞豈詔書之所恕耶假如有詔書之前妄冒取官俸詐欺取民財者今日發露而有司治之則豈可引詔書而不行追理也今年七月十三日勅根税官酬賞追奪係七月十二日聖旨指揮亦在七月八日手詔之後即是追賞與詔書兩不相妨事理明白臣伏乞朝廷指揮有司緣市易而冒

賞者依根税官體例追奪以慰公議

大觀三年御史中丞翁彥國上奏曰臣伏以慶賞之柄人主所以礪世磨鈍也仰惟陛下勵精致治未明求衣旰食聽事以詔多士士之起以赴功底績者不可勝計於是釀於用賞以示勸焉甚盛之舉也然禮有常數事有勢極過則為濫臣請摭所聞而論之伏見比年以來臣僚有被眷異者不惟官職之超躐錫賚之便蕃多遂賜第者臣聞蒙賜之家則必究轉計會踏逐官屋以空閑為名或請酬價兑買百姓物業實皆起遣居民大者亘坊巷小者不下拆數十家一時驅迫扶老攜幼暴露怨咨殊非盛世所宜有況太平歲久京師戶口日滋棟宇密接略無容隙縱得價錢何處買地瓦木毀撤盡為棄物縱所得地何力可造所失者固已多矣既而鳩工市材一出公上請托營繕務極壯麗糜費不貲陛下知其為恩未知其為害羣臣莫為陛

下言者。得無還於営已歟。設將相大臣有大勳大業。非尋常賞典所可報。賜第可也。近者用為從官。一無可紀。已聞賜第矣。恩倖技術憑藉寵遇。攀援僥求。漸不可長。陛下以天下為度。於臣僚慶賞略不少靳。此天下所共惜之。臣願為之執極而已。臣僚所得月俸。以其終身計之。幾何哉。至於賞格最厚者。不過數百四兩。使歲月之中比比受賜。亦幾何哉。柰何嚬笑之頃。頓損十百萬為一第之費。及斂數十百家之然。為一家之惠。陛下何取於此。天下之財。入之有經。用之有節。將積如丘山。公私富藏。可跂而待也。入之有經。用之無藝。江河之流不能實漏巵矣。伏望睿慈少賜留神。萬一可採。請自今以始。非有大勳大業。暴著天下者。弗復賜第。雖已得旨。許三省執奏。臺諫論爭。庶以下息覬覦之心。仰稱聖明愛民節用之意。

宣和元年。中書舍人許翰上奏曰。臣聞兵家之法。使貪者為我爭。使愚者為我死。夫若是者非他。有利以導之也。則賞固不可以不厚。雖然。爵祿顯設於朝。維其得之難也。是以人危身而取之。使其欲而易得。得而已充。則人孰復肯輕身冒矢石。陷堅拔敵。為國行此危事而求奇功哉。故無功而賞。則有功者怠。効薄而賞厚。則人無志於極功。而國不收其偉績。是賞不可以不審也。昔景德間。契丹犯澶淵。真宗皇帝親駕征之。自是強虜請盟。至今不復窺邊。然而師還賞功。如大帥李繼隆等不過進階次。加食邑。雖周文質身督所部。射撻覽而殪之。酋帥既亡。虜衆遂潰。然亦不過小遷其秩而已。又熙寧用兵安南。郭逵為帥。大破賊兵於富良江。自是交阯不敢復動。神宗皇帝猶以師無大功。斥其賞。是時燕達最有功。不過進秩二等。蓋故時邊賞若斯之艱者。將復有以用之故也。比者西師賴陛下神明威武。羌戎震懷。屈膝請服。然其桀黠反覆。尚未可以保其往。則將吏之賞未可不留其未滿之意以待復用也。臣自蒙恩使得待罪掖垣。與兵房事。月餘日間。伏見西師賞功凡行一百七十餘人。積除二百五十餘官。其間轉行遙郡者凡二十餘。減磨勘者不復數計。距臣領事之前。則所賞不知其幾何也。雖臣之愚。不足以權戎事之大計。然願陛下參諸景德熙寧審賞之意。稍謀所以酌損此者。故臣輒敢因董成郭寧之事而推言之。非特為此二人惜數官而已也。謹按周官六功之賞。戰功曰多。所謂多者。非特貴夫夕筭。古者振旅則飲至於廟。以數軍實計所獲多以為勝焉。今二人之兵。以其所獲除其所亡。猶不足還。則是得不酬失。功不補過。而亦蒙厚賞於朝。臣欲遂行其詞。則不知所以為說。是以冒昧而請之。

徽宗時。御史許景衡上奏曰。臣伏覩近降指揮。捕獲方臘赴闕。統制官楊惟忠於京兆府賜官田十頃。官宅一所。臣竊惟蕩平浙寇。生獲渠魁。肇自聖謨。授成將帥。其間偏裨佐屬各有勤勞。凱旋之初。第功行賞。高爵厚祿。皆以為意外之獲也。彼惟忠者已該賞典。超轉五官。今來宣撫司保明再有陳請。度越衆人。賜以田宅。竊以謂一夫僥倖雖未足言。誠恐同時立功之人。各懷觖望之意。蓋朝廷既開此例。則無以杜絕後來。若偏裨皆冒濫恩。則在官田宅將不勝其求矣。古者惟有大勳勞。錫田賜第。而祖宗以來。將相大臣。功德卓越者亦止於賜宅而已。今睦賊就禽。豈獨惟忠之力。柰何特異諸將。冒此踰分之賞哉。前日王師撫定燕山。近者剿絕寇賊。將佐皆立奇功。慶賞亦既行矣。彼視惟忠所獲。豈不慊然。皆有不滿之意耶。臣愚以為破請囑之姦。革濫賞之弊。使後來者不敢攀援妄有僥求。宜自惟忠始。所有賜田宅指揮。伏乞睿斷特賜寢罷。

御史中丞王安中上奏曰。臣竊以慶賞之柄。人主所專。故書曰。惟辟作福而周官太宰特以爵祿之事詔王至於馭富馭貴則惟王之聽而已以是知人臣之分勞固不可自言賞固不可先啓也臣伏覩陛下親灑宸翰申戒濫賞凡不以勞能定等其保明官吏幷受賞者以違御筆論又因明堂鉅典告成推恩度越常格申戒官司毋得攀援陳請然則賞無輕重惟務當功朝廷守于上臺臣察于下聖慮一定其誰敢干臣尚頗稍因近事申儆一二比者陛下修祖宗以來太平盛事臨幸西池而雅飾池苑東西八作事材等官十三員輒援例乞推賞恩將作監遂爲取旨收接數奏夫官以繕完爲職若每事邀賞臣恐朝廷官爵有限末足以待之又中山府路帥臣河北路轉運使以深州濬壕先事奏請指期上功其役甫休千澤之書函至深州數里之城耳兩保奏者官三十七員使臣胥吏三十二人又詆大名五十餘里之隍池爲不足比陛下灼見池既因舊雅飾深州壕功不大

並出宸斷更不推恩此誠是以杜僥倖之原破經營之計矣然既曰更不推恩是乃無是賞者則官吏攀援將作監取旨收接帥司漕臣先事奏請獨可與罔功之罰乎方今懷利之臣造端興事廣辟置以來賕請踰歲月以糜添給官資積累遽至顯列財用耗屈復擾齊民將懲此風盡自此始臣愚欲乞特降處分併賜行遣仍乞申戒有司自今非戰多軍勝不許申明收接陳乞恩賞事及凡營繕去處不許先事乞候功畢保奏其如顯有功效在所優賞即乞臨時出自聖裁降旨取索旌一勸百用尊主勢如此則下安公義時無濫恩操柄不移名器隨重裕民足用其本諸此惟陛下財擇

左正言任伯雨上言曰臣伏以人臣罪惡無大於爲逆朝廷誅赦莫先於正名名曰姦兇則永不可赦設負冤抑則合辨明若惡名未辨而遽以恩數加焉人所竊議非朝廷之體也臣伏見司馬光等皆已復官但聞三省同奉聖旨依稟行下而中外不知所以遽復其官者以何名也竊惟光等昔以奸凶悖惡無人臣之義厥罪貫盈已死難置子孫親屬所得恩例亦皆追奪天下皆知其所以得罪之名矣罪名如此雖該大赦豈在叙復之限其家子孫寧有再仕之理今朝廷恩典逮於存沒而有罪有冤終未辨明授以美官惡名猶在使光等魂魄有知豈敢以姦兇悖惡之身偶因赦宥而濫受無名之賜乎臣謂光等前犯若有實狀不當引赦原罪如涉冤枉則朝廷昭雪之惠不可不發於訓詞也昔用言章行遣非先帝之本心今以公議辨明乃聖人之善述事無嫌礙理可施行伏望聖慈將賜詳酌指揮

欽宗時侍御史李光上奏曰臣竊惟聖主制世御俗之方莫大於賞罰所以行賞罰者莫先於至公古者爵人於朝與衆共之刑人於市與衆弃之明不敢以己之私恩廢天下之公議也臣伏見金人內寇

都城危逼士大夫委職而去者五十二員近緣臣僚論列有旨令吏部具職位姓名送大理寺根勘約法斷罪陛下示大公之道可謂盡矣命下之日士論紛然或謂罪同罰異致陛下有失刑之譏大臣負黨姦之謗不可不察如衛仲達張勸馮溫舒茲行兄弟皆從官也林虞劉燾袁植皆致仕也在仲達勸則除名勒停虞則追五官除名勒停行兄弟及溫舒燾植則置而不問或旋求名目如蔡續蔡續者或妄托假故如許仔宋時者種種姦欺莫究虛實其爲擅去官守一也今詐冒者反得輕典孤拙者多陷深文陛下既已付之有司法者天子所與天下公共也原情定罪未容有所輕重況得而私之哉伏望聖慈將大理寺定斷到應干逃避臣僚在去年十二月十七日已後不問有無事故盡作擅去官守一等坐罪庶幾公道昭明人言弭息不勝幸甚

高宗建炎元年尚書右僕射李綱上奏曰臣聞運會之阨何代無之為臣子者不幸而遇其時則伏節死義有死而已國家涵養士類垂二百年適遭金人之變劫質二聖擁鑾輿而北遷遍立臣僚易姓建號而近臣百官忘朝廷之厚恩惜性命於俄頃稽顙屈膝奉賊稱臣有為金人之股肱驅逼道君太上皇帝皇太子后妃及搜捕宗室戚屬者有為金人之喉舌傳命令廢本朝而建偽楚者有因為姦利汙染國戚者有為偽楚之輔翼摠其政事者有受偽楚之官爵與聞議論者有肆為惡言以辱本朝以諂邦昌者或為之草勸進之表或為之定冊立之儀視之恬然不以為怪夫節義者正所以責士大夫也至於武夫則當闕略昔李唐有安祿山之亂大臣如達奚珣陳希烈之流皆相賊用事而其餘受偽命者肅宗反正以六等定其罪然後唐之威令申以有中興之功今宜倣此考核其罪之輕重以為之用事者為一等以受偽官遷職者為一等以北面而臣事之者為一等其有致仕及嘗乞致仕而不許者猶有羞惡之心並與旌別應以忠義為賊所殺如李若水等皆追贈而優卹其家則善者知勸惡者知戒天下之士風丕變矣夫節義者天下之大閑也近年以來士知利而不知義故平居無事之時惟以保家謀身為得策而一經變故坐視君父如行路之人自非一振國威大變其風天下未易理也伏望陛下斷而行之以扶持節義之教天下幸甚

綱又上奏曰僭逆偽命乃今日政刑之大者張邦昌當道君朝在政府者十年淵聖即位首擢為相方國家禍難金人為易姓之謀邦昌如能以死守節推明天下戴宋之義以感動其心敵人未必不悔禍而存趙氏而邦昌方自以為得計儼然正位號處宮禁擅降偽詔以止四方勤王之師及知天下之不與不得已而後請元祐太后垂簾聽政而議奉迎邦昌僭逆始末如此而議者不同臣請備論而以春秋之法斷之夫都城之人德邦昌謂因其立而得生且免重科金銀之擾元帥府恕邦昌謂其不待征討而遣使奉迎若天下之憤嫉邦昌者則謂其建號易姓而奉迎特出於不得已都城德之元帥府恕之私也天下憤嫉之公也春秋之法人臣無將將而必誅趙盾不討賊則書以弒君今邦昌已僭位號敵退而止勤王之師非特將與不討賊而已劉盆子以漢宗室為赤眉所立其後以十萬衆降光武但待之以不死邦昌以臣易君罪大於盆子不得已而自歸朝廷既不正其罪又尊崇之此何理也陛下欲建中興之業而尊崇僭逆之臣以示四方其誰不解體又偽命臣僚一切置而不問何以厲天下士大夫之節

綱又上奏曰臣竊以戰危事也驅之於萬死一生之地蹈白刃冒矢石以首爭首以力搏力而求勝於一日之間非有賞刑之信何以要結其心鼓作其氣使之犯難忘死而效命哉古者賞必先士卒而不踰時欲其知勸也誅不舍貴近而無幸免欲其知懼也近年賞罰與此相違賞之所行皆權貴嬖幸與親隨廝役之流而士卒履行陣以立功者未必賞將帥提兵以自衛見敵不戰望風遁走者又不加誅而士卒潰散亦以轉山迷道為名而招集之則彼何所勸而力戰何所憚而不走以求生哉臣頃在樞密院見童貫推燕山賞案及於朱勔父子并其壻如知秀州周審言皆未嘗從軍則其餘所賞者推類可知而西兵陳狀乞賞皆十數年前未施行者詰其所以則當時師司既上功狀復送下保明經隔歲時將帥移易則保明不至而賞不行今雖欲行亦無所考據矣又賞功散於諸房既無程限又不委官點檢人吏得以高下其手使有功者憤歎然則欲士卒之知勸何

可得也。又聞燕山之役。劉延慶擁精兵十五萬於盧溝河。燕山繼聞言且將劫寨。延慶信之。遽焚積聚以中軍先遁。而十五萬衆一夕俱潰。童貫不能誅。而反以銀絹招潰兵。然則欲士卒之知懼。何可得也。積習之久。將士玩以為常。靖康之間。雖驟賞力戰如鄜處節之軍。斬梁方平張師正王從道之徒。猶未足以革前日之弊。故金冠再犯都畿。將帥奔走。士卒潰散者不可勝計。今日之策。非大變此風。不能有濟。欲乞令三省樞密院同置賞功司。專差人吏承行。應有戰功者並令將帥所轄官畫時條具結罪保明申奏。賞功司置籍承據功狀。次第取旨。推賞人吏承行量事立程限。委左右司郎官樞密都承旨點檢違限者黜罰。因而受賂者依軍法。即有冒賞而不實者。許人告推治改正。元保明官司重行竄責。其遇敵不戰。輒逗撓奔北之人必誅。別立約束行下。庶幾士心孚信。舊弊斷革。

紹興間。綱為江西安撫制置大使。入上奏曰。臣伏見祖宗舊制。軍功賞格以首級為法。每獲一級。或轉官資。或支銀絹。是以當時賞功覈實無偽濫之弊。自近年以來。納級計功之法廢。全軍推賞之制行。諸將告捷。皆以棄頭不斫。橫屍滿野。推墮崖谷。沉溺江湖。不可計數為言。遂使有司不得覈實。朝廷無所考據。一軍千人。則千人推賞。一軍萬人。則萬人計功。殫官爵不足以褒寵。竭府庫不足以錫賚。歲用之廣。百倍往時。竭百姓之脂膏。耗朝廷之根本。日益月增。殊無藝極。臣未見其可也。今者車駕巡幸建康。將定恢復中原之策。則所以懋賞報功。使將士知勸。節以制度。使國用不匱。不可不深為之慮也。臣愚伏望聖慈。特降睿旨。令後諸將告捷。並計級數。不得以棄頭不斫橫屍滿野推墮崖谷沉溺江湖為言。除保明驗實。計級推賞外。其有選鋒陷陣。獲弩破敵。立到奇功之人。雖不獲級。別許保奏。優異推恩。庶

幾實立功效之人有所激勸。而朝廷無濫賞之費。戡亂定功不難致也。

綱又上奏曰。臣竊思國家近年以激勸將士之故。每一戰勝。則不計首級。全軍推賞。皆以成例。帑藏為虛。今者諸將咸捷。當行慶賜。欲廣其施。則懼物力之不給。欲小其賜。則懼士心之未厭。此尤所當慮者也。夫人情感激。有不待賞而勸者。推賞先後。有未下車而封者。臣願陛下降哀痛之詔。憫將士罹兵革之苦。凡死於戰陣。先加封爵。母給賻贈。收卹其家。死者褒則生者勸矣。然後明詔統帥。審定功狀。俟防冬解嚴。慶賜併行。其誰曰不然。昔勾踐厚養死事而士卒思奮。漢祖先封雍齒而反側者安。急先務也。臣愚不達大體。惟陛下裁察。塵瀆天威。無任惶懼戰越之至。

建炎元年。知開封府宗澤上奏曰。臣聞情生於愛。愛生於見。見生於目之所遇。與左右之所接。所遇所接果順於己。則喜。喜則賞之。賞之者非懋其功也。賞其順己而已耳。所遇所接果逆於己。則怒。怒則罰之。罰之者非罰其罪也。罰其逆己而已耳。如是。則賞罰出於喜怒。喜怒出於逆順。可謂之公無私乎。賞罰私徇。其何以礪世磨鈍。夫有為於天下乎。聖人無我。故忘情。忘情故忘逆順。忘逆順故忘喜怒。故賞一善而天下之為善者勸。知其非私喜也。罰一惡而天下之為惡者沮。亦知其非私惡也。一賞一罰。歸之至公。而我無容心焉。人其不心悅而誠服者乎。陛下所以號令天下。使人知所趨。知所避。知所行。知所止者。賞罰而已。昔文王一怒而安天下之民。武王亦一怒而安天下之民。是怒也。豈發於目之所遇。於左右之所接哉。彼賊虜擾肆宄暴。侵犯我王室。臣願陛下如文王武王亦一怒而安天下之民。有賞有罰。惟平惟一。至於應酬萬機。進退取予之際。斷之至公。以慰天下

之望。

三年。趙元鎮上奏曰。臣竊謂國家武功之不立。以軍政之不修。軍政之不修。以勸賞之不明也。自崇觀用兵以來。積爲斯弊。至有殞身鋒鏑之下而不蒙卹贈。執役權要之門而返被優恩。進退取捨。無復公道。謬賞如此。何以責人死力。玩習之久。今猶未除。遂使轅門之士。扼腕竊議。憤憤不平。實禍亂所由興也。雖然賞不患乎吝。患乎濫。賞至於濫。與無賞等。蓋賞以待有功。以功被賞。人則爲榮。樂事赴功。率爲我用。今也有功者賞。無功者亦賞。得之固不爲榮。亦何必有功而可得。倖門百出。賄賂相高。臨敵當先。果誰用命。奏功來上。人得掛名。淆亂其間。公私相乍。受賞者則懷恩於私室。無賞者則歸怨於朝廷。是皆冒濫之弊有以致之。不可不察也。前此固不可以槩舉。昨勤王之賞。最爲有法。高下品第。人無間言。雖朝廷立意盡公。不容少紊。而有司受情作弊。豈得無私。竊聞常州通判梁汝嘉之弟。身在衢州。常州推官林遂卿之弟。身在福建。掛名功狀。隨例補官。足跡未嘗及軍。將士不識其面。與臨陣効死之人同被戰功之賞。此物論所以未免紛紛也。然臣所知者止此二人而已。其所不知。可勝計哉。臣愚欲望特降指揮。別作措置。今後將帥及應干有司保明公狀。未嘗立功而輒敢掛名者。重立賞錢。許人告捉。有官人奪所有之官。無官人奪所冒之官。並以授之。量事大小。更與推恩。保明官吏及冒賞之人。重寘於法。所給賞錢亦令均備。補革弊病。以勸忠勤。是乃君天下使羣動之術也。

建炎中左正言鄧肅上疏曰。臣嘗備員鴻臚主簿。因虜人須道釋板籍。以職出拘於虜中。凡五十日。虜人之情。已備知之。自粘罕以下至於步卒。分朝廷所賜之絹。人得五十有五疋。計朝廷所出之數。以千萬爲率。則盡虜人之數。不過十六萬有餘而已。況有陣亡者。有疾病者。有以事還虜者。有隨軍以供戰具者。其得絹亦與粘罕等。以諸色人所占之數。當與戰卒中分。則虜人正兵。固不過八萬耳。因得朝廷所與綾錦等。虜人謂之表段。當時分散。其數雖同。其物不等。金人得錦。渤海得綾。契丹得綵織之類。而九州所得者雜色而已。一日忽然欲起相攻。則虜兵之心亦不齊矣。忽一日有虜人過臣泣下。臣問之。對曰。其兄弟三人荷戈而來。伯亡於真定。季亡於京城。今聞元帥之兵大集。而南方兵馬動連數州。其豈復得見鄉曲耶。臣初不信其語。及見虜中士夫道釋各有餉餽之人。其皇恐之語。皆如臣所聞。則虜兵亦何嘗不怯也。夫虜兵之數既不甚多。又加之以其心離其氣怯。儻合天下之力以攻之。若無足畏者。然虜兵未嘗少挫。而中國之勢陵遲至此。其故何也。蓋虜無他長。惟信賞必罰。不假文字。故人各用命。不以死爲畏耳。朝廷則不然。有同時立功而功又相等者。或已轉數官。或尚爲布衣。輕重上下。止在吏人之手。賞既不明。人誰自勸。此正朝廷之大病也。臣愚欲望聖慈尊立賞功一司。用軍祿法。使凡立功者。人人自陳。若功狀已明。踰旬日而不得告者。有所立之功同而賞有輕重者。有立功之時等而賞有後先者。並重寘之法。常赦不原。又專委臺諫官二員提點其事。若臺諫不知覺察。亦寘之法。如是則寸功無不錄矣。夫寸功畢錄。人孰不樂赴功名之會乎。若天下人人有樂赴功名之心。而使之攻八萬已驕之虜。則社稷生靈又何患哉。惟陛下留神。

肅又上論嚴賞罰曰。太祖太宗之時。法嚴而令速。事簡而官清。未嘗爲搜曲引以稽賞罰。故能以十萬精兵混一六合。自時厥後。群臣無可論者。今日獻一策。明日獻一言。煩冗瑣碎。惟恐不備。此文書所以益煩。而政事所以益緩也。今兵戈未息。豈可揖遜進退。尚循無事之時欲乞限以旬日。期於必至。庶幾法嚴事簡。賞罰之權不至濡滯。

紹興四年。王之道論賞罰不當疏曰。臣觀今日天下之大患。不在夫夷狄與盜賊。而在夫賞罰不當。蓋賞罰。人主之大柄也。人主高居深拱。而能使四方萬里鼓舞震動。忽然如神。日以奔命赴功。而天下若不足為者。特有此耳。使其不當。則賞非特不足以勸能。而能者且怠矣。罰非特不足以懲惡。而為惡者益得以自肆矣。然則天下何由而治乎。古人善用兵者莫如孫武。其言曰。主孰有道。將孰有能。天地孰得。法令孰行。兵衆孰強。士卒孰練。賞罰孰明。吾以此知勝負矣。夫論兵家之勝負。而始乎主孰有道。終乎賞罰孰明。其言有深意也。伏望

皇帝陛下慨然奮發。以賞罰為中興之要務。夙寤晨興。思所以求其當。賞自賤始。必欲當其賢。罰自貴始。必欲當其罪。何者為當賢。賞一人而千萬人悅。曉然咸知為善之利者。斯當賢也。何者為當罪。罰一人而千萬人畏。曉然咸知為不善之害者。斯當罪也。賞當賢。罰當罪。而天下自治矣。天下既治。而戎狄之不庭。盜賊之不滅。未之有也。

九年。右正言陳淵上奏曰。比年以來。恩惠太濫。賞給太厚。頒賚賜予之費太過。所用既衆。而所入實寡。此臣所甚懼也。周官唯王及后世子不會。說者謂不得以有司之法治之。非周公作法開後世人主侈用之端也。臣謂冢宰以九式均節財用。有司雖不會。冢宰得以越式而論之。若事事以式。雖不會猶會也。臣願陛下凡有錫賚法之所無而於例有疑者。三省得以共議。戶部得以執奏。則前日之弊可息矣。

淵又論鄭億年狀曰。臣伏覩正月二十八日指揮。鄭億年復資政殿學士。依舊提舉醴泉觀。行在居住。仍奉朝請。臣聞賞罰者國之綱紀也。聖人用之。有萬世之公。有一時之權。萬世之公可常而不可變。一時之權可暫而不可久。故能賞當其功。罰當其罪。而國之綱紀立矣。

今者忘萬世之公。而任一時之權。用賊豫之所以悅億年者以寵億年。將使為善者不勸。而為惡者不懼。無益於綱紀。而有害於中興之政。臣固不得不論也。臣謹按億年故相居中之子。雖嘗為從官。無他技能。而有從賊之醜。夫陷於賊。固非人之所欲。然從之而得美官。必有取非其道者。因赦而復之。是以賊豫之所悅而與之者為正也。其可乎。且去歲大霈。所謂權也。凡有官者不奪。亦所以安反側耳。而又有褒而遷之者。以其不辱僭叛。其義不可掩也。又有遷而用之者。以其明習將畧。其才不可廢也。億年名在侍從之列。其可自同於反側者乎。其義果可褒。而其才果可用乎。此不待臣言也。然則用權以廢公。非所以待億年亦明矣。而其所以可恕者。宰輔之世。身為從官。不幸而陷於賊。為不足誅耳。然居中之秉政無狀。天下所共知者。億年寅緣以取兩制。使無他過。以至今日。猶在討論追削之域。而況於已嘗從賊。不奪舊官而加之以職名乎。夫以從官所宜得之職名。億年其可與乎。且資政隆名。賊豫之所竊而與之者也。固不可以言復矣。陛下必以復為言者。則已著其從賊之罪矣。使億年粗有知識。必不敢受。強而授之。則彼以義而獲褒。如淩唐佐李亘之黨。必曰億年以仕賊亦褒矣。吾屬何榮。彼以才而見用。如李顯忠趙彬之輩。必曰億年以負國亦用矣。吾屬何安。由是而推之。必又謂嘗為賊豫將相者。他日來歸。未必不以將相處之也。此聲一傳。誰不解體。是以一時之權寵一億年。初無所補。徒使為善者不勸。為惡者不懼。自壞賞罰之綱紀。而更為今日中興之累也。此而不改。民將失望。後必難悔矣。伏望斷自聖心。將億年所帶職名特賜追寢。使之在外居住。庶幾遠去班列。少息紛紛之論。臣不勝幸甚。

高宗時。虞允文上奏曰。臣竊聞晉守卿以監榷易院增課當賞。大宗

諭之曰：通事舍人改官，須爲閤門副使。若以利而進此職，則守邊宣力之臣何以爲勸？嗚呼！祖宗閤門貼職，所以獎勵邊功而惜名器，不以妄予蓋如此。載惟陛下聰明睿智，既不惑於私謁，慶賞刑威又足以動化天下，而兢兢業業，一以祖宗爲法，臣所親聞而親見之也。用敢抵冒天威，裨萬分一。謹按余彝以財豪東南，因納粟命官，交結故相秦檜，以看閤子爲名，專任南畝出納之責，四爲國信所三節人，皆以納賂得之，累官至正使，在廷百僚皆所不齒。今一旦授以上閤之秩，群議籍籍不置。臣竊以爲決非陛下本意，伏望睿慈特賜追寢。

尚書右丞許翰論吳敏疏曰：臣聞春秋之義，揚善伐惡，垂著王道，以詔萬世。然晉文公乘惠懷之無親，得反其國，高梁之禍，天下之大惡也，而春秋不書。周襄王出居于鄭，晉文爲之誅子大叔以定其位，陽樊之師，諸侯之極功也，則又不書，而書晉文斷自伐曹侵衛之後，是

何故也？聖人之意，以謂晉侯既有大惡，亦有極功，絕此補彼，使得相除，是以皆沒不書，一與之新，而後踐土之勳爛然獨著於春秋。使王道而不本忠恕如此，則晉侯入國之惡不除，蓋誅絕之不暇，豈復有此霸業之偉哉！傳曰：記人之功，忘人之過，宜爲君者也。其義蓋出春秋。臣伏見宣和之季，金賊始亂，上下大震，不知所爲。吳敏以給事中伏閤請對，首建內禪之策，以堅外禦之心。是時太上皇帝久懷沖挹，然而外無朝廷之助，內有左右之沮，堯舜之志未有以發也。會敏白發其端，擊節歎息，遂定大議。淵聖皇帝自在東宮，恭儉聞天下，及嗣位祚，萬方相慶，乖離之心一變歸往，至今天下固不可解。夫使人君以天下傳，此古今之所至難言也，而敏以孤臣眇然，冒雷霆之威，忘家族之禍而建明之，此天下之奇節，而去歲秋唐恪、聶昌、耿南仲、陳過庭等用事，首計誣敏，竄之涪川，傷忠義之心，折蹇諤之氣，非所以視天下、觀臣子也。陛下龍興，四海蒙澤，當此時始望生還，而坐城下之盟，復竄嶺表，使其垂白重親，泣血萬里，臣誠傷之。且城下之盟自有主其議者，敏於是時未爲宰相，衆說眩瞀，依違其間。至於金賊已遠，敏爲宰相，遂決意追襲，但爲已失事機，斯敏之罪云亦得，謹不當與衆人等，以是遂廢定策之功，則已重矣。今録其過，因廢其功，臣竊謂非仁聖本意，當時議者不詳，失於建明而已。謂宜明詔還之，赦智謀之不逮，著忠力之無忘，以勸事君，非小補也。且臣當去歲之春，數詆朝廷專和議，則於敏非敢私也。當彼隆盛之時，臣與之爭；及此斥逐，而爲之言，區區何心，其間端爲國體而已矣。

中書舍人洪邁經筵進故事曰：周世宗親征劉旻，戰于高平，兵始交，樊愛能、何徽退走，世宗躬督戰士，士皆奮命爭先，旻遂敗。世宗休軍潞州，大宴將士，斬敗將樊愛能、何徽等七十餘人，軍威大振。

臣聞人君不難於用兵，而難於御將，其要無他，賞罰而已。方其摧鋒陷陣，奮不顧身，必謹録之，所以爲勸也。及乎巽懦退縮，偷生自營，則誅之殛之，在所不赦。誠知是，則人人自勵，安得不致死於敵哉！周世宗當五季之末，干戈日尋，國威不振。高平之役，一日而誅敗將七十人，上下懾服，至於奮命戮力，莫敢內顧，遂能變弱爲強，因敗爲功，五六年間，取秦隴，平淮甸，復三關，雄武之聲聳動夷夏。向使世宗優游少斷，循姑息苟且之政，二將奔命，不能明正典刑，方且覆亡之不暇，欲其征伐之克、紀綱之行，難矣哉！夫天有時以生，有時以殺，故雨露以潤之，雪霜以肅之，二者相須以成歲功。人君持賞罰之柄，亦猶是矣。臣謂駕御將帥，蘊兵克敵，大要無出於此。

遵又乞皇太后慶八十增恩數劄子曰：臣伏惟陛下篤孝生知，皇太

后聖德茂盛天錫純嘏新歲八十溥天之下孰不欣悅恭審宮中講慶賀之禮仍許宰臣率百官稱賀甚盛舉也臣側聆欲以正旦降詔加恩士庶八十以上及宗室恩數不聞其他臣竊謂非常之慶當有非常之恩而郊祀肆眚未遠若復舉行徒為小人之幸耳臣愚欲乞於詔書中增益數事如陛朝官有父母者並與加封一次命官服綠服緋及年八十以上與改賜服色民庶八十以上略如漢制賜以米肉酒紹興平江府湖州被水人戶明年夏稅不以多寡並與放免仍乞下戶部檢會二十九年州縣合納和買紬絹無拘等第蠲除其半庶幾錫類之澤徧於數天而實惠浹洽和氣懽聲蒸為太平則皇太后膺億萬年之壽與天無極不為小補臣誠固陋竊不勝狗馬心冒犯天威無任戰栗

遷又上奏曰臣伏見陛下總攬權綱之初憤秦檜專政時所用臺諫皆鷹犬傅麗排抑忠良孤奉耳目之寄故丙子之冬詔書首下用以申飭在列聖德昭明灼見姦僞無毫髮錙銖之隱然則一時朋附之人因緣以得高位者所宜旋踵竄逐以為萬世之戒伏謹按故端明殿學士李文會乃下妄庸奴事秦檜獻諛售佞交濟其惡遂自選調得編修官既而改秩即為御史考其平日所為未有不迎檜之指意者以故曾不三年躐登政府繼雖斥去猶得守遂寧帥瀘南士大夫合辭惋歎以為失刑往歲陛下親政以輔臣之舊例遣人須以茶藥文會自知罪大專用媚竈之術摩足奉溺無所不至及為成都貪毒弛繆動為民害吳援在綿州肆其苛暴千里重足而立文會不惟坐視至於劾章論薦仰欺聖君俯負全蜀凶慝彰露鬼得而誅文會之死蜀人交口相慶使其苟生以至今日必蒙放殛之刑然則四官之贈遺恩之及盡用前執政禮臣所未諭臣愚欲望聖慈特賜睿斷暴文會之惡罷其卹典上以應明詔中以慰蜀人下以全公議

歷代名臣奏議卷之一百八十八

賞罰

宋高宗時龍圖閣直學士汪藻乞重罰贓吏劄子曰臣竊惟東南遭戎馬之禍生靈塗炭城郭丘墟其荼毒可謂甚矣幸於虜去民力稍寬而國家迫於贍養官兵之須征斂未嘗少息重以群盜竊發官軍經由所至焚殘甚於虜至朝廷熟視無以御之而民心拳拳尊君親上一如平時陛下所當矜憐而思有以恤之也歟今所謂寬恤之大者莫先於去貪殘之吏自崇寧以來功利之說興士大夫不復知有廉恥贓污之人橫行州縣非特不憂繩治而挾貲諂結者輒得美官故小人相效於入仕之初即汲汲乾沒以不能俸外經營為恥此風相承至今未殄緣此國家為敵人侵凌束手無計嗚呼亦可以少懲矣比來則又甚焉治州縣者類以贓不入境官軍不至無科率藉手

為恨何則平居之時無軍興之警無法外之斂十目所視須租守三尺一有緩急則假此以掊民官取其一私取其十椎髓剝膚至無可誅求而後已此元元之民所以冤結而無告也臣竊聞祖宗時吏犯贓者無小大皆論棄市故人重犯法官曹為清今縱未能舉祖宗之典如擇其一二大者真決黥配以戒其餘仍令臺諫官以上歲舉郡守一人保其終身如後犯贓與之同罪不得以自首原減而郡守監司於部內有贓吏不以聞朝廷而為他人所劾者罪亦如之庶幾斯民漸被實惠

藻又上奏曰臣昨論王革等不當因赦復職陛下親降德音以為王革等係恭酌元犯降等陞敘今來臣僚論列若全不敘復即不霑登極赦恩可於逐官更行減等降職臣狂瞽之言既蒙陛下留聽又煩聖訓委曲開諭如此臣雖至愚豈不知幸然臣區區猶有不能已者敢因宋晦再為陛下陳之臣聞慶賞刑威曰君言賞而人不以為慶刑而人不以為威者非人君之道也陛下自臨御以來半年于茲矣宵衣旰食側躬修行非不勵精焦勞是宜天下之人無不畏威懷德然兵出則叛將用則北士大夫方命偃蹇莫知聽上其何故哉以賞不當功罰不當罪故也其賞罰不當莫甚於因赦復職之人昔齊侯之郭問父老曰郭何故亡曰以其善善惡惡也曰若子之言賢君也何至於亡父老曰郭君善善而不能用惡惡而不能去所以亡自崇寧以來綱紀日紊其秉官擅勢者非貲結權倖則權倖之親也非誤國開邊以取賞則奴事閹官以進身也如此等輩皆僕廝之材本非士類乘時諂諛攘取公器如盜賊然考其平生一無分毫可得之理以此清議不伸搢紳道喪天下切齒馴致今日之禍幸陛下中興清議亦望稍伸搢紳亦望行志承平之風庶幾可復彼一時饕竊之人

雖盡行削奪適還其素分況名位已極矣家貲已積矣子弟已官矣親戚已顯矣士大夫猶謂有已不可追奪者為國家之恨今陛下亦既深知其非乃徒以赦恩之故復使纍纍然玷汙清貫將使終身保其寵榮一何小人常幸而君子常不幸耶臣恐蹈郭君不能去惡之戒而四方解體也或謂登極赦者人主非常之恩也於此而不復非所謂曠然一新者臣以為赦所當復者復其階官耳職不當復也何以言之階官者積歲月可至而職名者人主所以待天下英俊一時甄擢之權苟非其人終身莫得而至也且謂之復者言其才足以當此偶緣過失奪之今赦其過失復之耳既止緣僥倖初無當得之理何名為復哉若小人其初得之如此其易既得之後奪之如此其難則英俊之人有以相謂矣曰我何以砥礪為哉正使褒遷不過與此曹等耳欲望風節之强事功之立豈不難哉議者又謂彼職名者朝

廷既已與之矣。君奪而不還。如咎怨何。臣以為人主與奪。但問其當與不當而已。昔管仲奪伯氏駢邑三百。飯蔬食沒齒無怨言。以其公也。李吉甫相憲宗。首冗官八百員。吏千四百員。亦不聞其咎怨也。彼管仲吉甫。人臣耳。猶能使人退聽如此。豈陛下以人主權勢之利。革數十年名器之濫。而憂此數鄙夫不樂哉。臣以為如宋晦華治之不勝其多。何足一一煩朝廷詞命。伏望陛下詔有司取會凡有職名者。自觀文殿學士而下。直秘閣而上。共若干人。每職分為一等。每等集為一類。各具得職奪職因依。及其勞効過惡。申三省。用祖宗舊法。每等止留數人。無其人則闕。其餘取旨。雖未奪者悉行追奪。不止於不敘復而已。又有雖嘗落職。而寄祿官叨竊至銀青或通奉正議正奉者。皆前日姦宄邪佞之人。非所當得。亦乞降至中大夫而止。臣又聞昨降指揮。前宰執子弟因恩澤帶貼職及待制以上者並罷。而近日鄭修年億年。公然以雜學士乞見。朝廷亦不問而許之。錢蓋以誕謾落職。初未嘗復也。而於奏狀擅帶龍圖閣待制。而羣臣亦無一言及此者。臣竊未喻。臣愚欲乞如修年億年並明降指揮。孰為當罷。指定姓名。鏤板施行。如錢蓋者。問其何以復職。如無所因。即重行黜竄。庶幾卿士大夫共為陛下守此名器。輔成小大之業。

章誼乞嚴棄城之罰狀曰。臣竊見金人自犯中原以來。東北諸郡往往堅守。遠者累年。近者數月。然後陷沒。然朝廷於死事之人。既未必盡錄其勞。固不足以勸矣。而於生逃之人。悉貸不問。自巡以來淮甸江南守府郡者。輒棄其城。提軍旅者。輒亡其衆。平時擇富庶之郡。建守禦之策。飾說要求。誓以死守。一旦望風奔走。不戰而潰。上則國家無藩籬之助。下則士民受屠戮之苦。可謂誤國賊民矣。朝廷不正典刑以為將來之戒。又降詔令。聽其退保。是奪其自堅之心。而教之走

也。今匹夫睚眦之怨。而不能報者。必求死友以自助。豈有堂堂萬里之土疆。巍巍累聖之基業。搢紳介胄億兆之衆。而無什百死士為朝廷守府郡者乎。國家待士大夫專用恩禮。而於棄城避敵之人。刑不嚴罰不重。則僥倖之風不可革。效死之士不可致。伏望陛下博稽衆論。申嚴守禦之制。以安宗社。不勝大幸。

誼又乞加旌擢張琮等狀曰。臣伏見承事郎張琮。元是李成幹辦官。自李成不肯歸向朝廷。琮更不歸李成軍中。兼曾獻議收捉李成。其謀畫具在。近因告事人靡衆疑是姦細。送大理寺勘出前項情節。已蒙朝廷諒其無他。送吏部與合入差遣。臣詳考張琮所為如此。委是能明逆順之理。不失尊君親上之節。誠使士大夫不幸為盜賊污染者。皆自洒濯如張琮李耆兩人。則盜賊誰與共事哉。今李成徒黨往往擒獲。皆伏其辜。而張琮李耆去就之節。因獄犴而後明。比之臣賊之人。固宜有辨。昔魯君在楚。季武子取卞。遣其大夫公冶致問。不告其故。追而與之璽書。公冶致使退舍而後知之。終身不言季氏。魯公賞以冕服。春秋譏之。今李成紿此兩人使之奏事。而密為攻襲之計。兩人恥為其用。而自歸於朝廷。古之君子如魯大夫公冶明於事君之義者不過如此。所有張琮李耆。伏望聖慈量加旌擢。以為天下臣子節義之勸。不勝幸甚。

誼又論濫賞色目狀曰。臣伏覩勅文。勘會崇寧後來濫賞之人。竊取名器。今參酌立定條格。量行追降。許其自新。遂措置到濫賞名色二十六項。臣反覆熟考。參之衆論。有大不可者三。臣觀朝廷以二十六項白身得官之人。遂與元因有官循轉改官之人。略為輕重。止降四官。此甚不可也。夫無官之人。本皆醫巫卜祝工商皁隸輿夫游謁之小人。權門之奴客也。附會傾巧。取媚一時。言揚事舉。略無可取。蕪穢

仕塗詎可止降四官而從士大夫之後哉此其不可者一也又經今追降之後朝見堂除赴部注擬磨勘舉辟權攝並與無過人等則自茲以往前日敗亂法度幾危社稷之人內之朝廷侍從外之知通監司皆可為也夫出身冒濫為市井小人之所不齒則列爵於朝得遂在公卿之列求其議論端愨尊主庇民未易得也其不可者二也又指揮到日不以內外見任得替寄居待闕官並限一月自陳其未經批書者不得赴任請給如此則州郡之間來者輻輳日不暇給當此高秋州郡有貢賦供輸之職有警戒守禦之事何暇紛紛閱此文牒妨費日力哉其不可者三也朝廷自靖康建炎以來所降討論指揮論罪之文雖略懲惡之意甚嚴冒犯之流自知見棄公議蓋已屏跡而恢恢之網亦不復冥搜上下相安矣今雖有意寬宥然恐蟻穴潰我長堤非立國紀綱之道也若其可行則文武二塗莫非王臣未可

偏廢若其可議則前討論之文具在有司且可遵守異時國家閑暇欲講明政刑欲無容僭不肖則少俟歲月不勝幸甚臣竊觀累日以來朝廷於上件指揮內已數有更改則窒礙可知伏望睿慈更賜斟酌措置以安衆論

殿中侍御史張守上奏曰臣聞賞不當功則無功者進功不獲賞則有功者怠比年兵不用命望風奔北凡賞罰失當以致之也自童貫譚稹之流用兵以來第賞之際專徇請託上則權勢次則親舊甚至於賄賂公行相與為市於是膏粱之徒不涉行陣者皆附名其間而被堅執銳冒犯矢石者或不得而預也朝廷惟憑所上功狀之等差而班爵秩之輕重一有失當怨歸朝廷於是群下解體解復自效方陛下信賞核實以圖中興而請託欺罔餘風未殄夫為將帥亦豈不欲士卒用命以成大功而故為是哉蓋亦迫於權勢親舊之私狃於閑見習俗之弊未易遽革臣區區之愚欲於出軍之際委自主將別置軍籍自大將以至屬官偏裨隊伍各列姓名量與空紙以書功績總計其數從朝廷印押給付主將凡立功者某月某日獲若干級某月某日俘若干人之類即日著其狀于籍策勳之際隨保奏狀上之朝廷參考其實而後行之則冒濫之弊亦十去其六七矣蓋置籍之初賞罰未分人有定數固自絕於請求凱還之後按籍論功又不容於增損求其失當蓋亦解矣欲望睿慈詔三省密院詳酌斷而行之

守又上奏曰臣聞傳曰善為國者賞不僭而刑不濫賞僭則懼及淫人刑濫則懼及善人若不幸而過寧僭無濫與其失善寧其利淫是則聖人立國之意每過於厚不使過於薄也故傳又曰賞疑從予所以廣恩勸功也司馬軍法曰賞不踰月欲民速得為善之利也其意皆本於此伏覩靖康元年十一月詔書能率衆勤王或立功聽便宜

權行補授文武官資俟到闕正授於是四方之士各効所長官司依詔借補以官上之朝廷酧其功之大小而正授之信賞示勸中外具孚近者伏覩二月二十一日指揮應借官人內有委實曾習弓馬或武勇之人委諸路提刑安撫司依弓馬所格法公共比試將合格人兩司擬定合得名目徑申省部給進武進義校尉兩等文帖將元初借補文字毀抹繳申茲蓋朝廷愛惜名器杜絕冒濫之意甚善也然臣愚思之猶有所未盡請試言之一則難槩試以弓馬二則推恩太薄三則試格太峻四則得賞太緩何謂難槩試以弓馬立功之人色目不一或輸家財以助國費或齎蠟書而冒險阻或有進士借補文臣皆未必有過人之勇也試之弓馬必無幸中臣愚欲乞借補文臣則試兵書戰策以為殿最若輸私財數多齎蠟書已達自無[illegible]之理便可驗實免試授官何謂推恩太薄艱危之際有累立功[illegible]

借補有至陞朝官大使臣者數即試中乃與借初官者同得校尉未為允愜臣愚欲乞凡試中人於元借官上降三資以次補授無資可降人聽補守闕副尉何謂試格太峻弓馬格法乃白身人州縣解發中即補官今來借補之人各已立功若試不中則前功俱廢似於常情有所未安臣愚欲乞更於弓馬所試格法小加裁降使可通行何謂得賞太緩借補之人類在一二年前及得所屬保明聞闕以至行在吏經有司問難始達朝廷已是艱滯今又令歸諸路安撫提刑司同共比議擬定然後解赴御營審試而後授官更須經涉年歲方得了畢臣愚欲乞且據逐處已保明到功狀就御營使司類聚差官比試便與補授凡此數條實有利害又四方得賞歸鄉者亦已甚多一旦驟革之則有功同而賞異不能無幸不幸也方今救寧四方正須激賞以勸後來又況孔子以兵食可去而必欲存信而成湯之誓亦曰朕不食言若謂諸處保明不實在擇將帥而已行賞之際恐非所當致疑也所謂不幸而過寧僭無濫庶幾合於古之賞疑從予及賞不踰月之義

守又上奏曰臣聞刑賞威福人主之操柄也而朝廷者刑賞威福之所自出也人主之刑賞威福非朝廷則令不行而無以取信其弊至於人得以矯誣朝廷不恃人主之刑賞威福則勢不嚴而無以為政其弊至於人得以凌蔑故易曰非一朝一夕之故其所由來者漸矣日者苗傅劉正彥乘陛下駐蹕之初朝廷草昧之際縱兵誅殺至於扣閽脅制天子而刑賞威福遂下移於將帥之手忠義之士仰天扣心慟哭流涕而莫能救也賴天地祖宗之靈勤王之師協助信順曾不閱月而陛下反正既往之事追咎靡及而來者猶可思患而豫防也大抵武人握兵在手以殺戮為能事恣意輕殺不復知名義之重

亦不復思他日誅滅之禍又況艱難以來朝廷微弱假借太甚類皆驕惰怯於公戰而勇於私鬬此皆今日固宜痛懲而申警之伏望陛下明慎賞刑之宜收還威福之柄皆由朝廷而出使將帥拱手而聽命於上不得假之以行其私則輕重適中而上下悅服仍乞下臣章嚴賜誡諭不特使知尊朝廷亦使之成功名保爵位也臣不勝惓惓

張浚論功賞利害狀曰臣去歲令韓世忠舉淮陽之師竟無成功夙夜震懼恨無以仰副使令伏念臣駑下不才陛下過聽委以兵事臣嘗伏而計之敵之盛強自古未有如今日者今每有舉措必欲戰無不勝攻無不克是責臣以難能之事矣使臣善為身謀不過歛兵自固坐受其弊而臣終不忍為此也世忠以淮陽之役不賞其下二年之間頗無進取之意彼欲擁兵固位自求保全耳而於陛下圖回中興之策則未為得故令之論者莫不皆曰輕易舉兵事必無成虛費功賞朝廷甘聽其言不免且為偷安之計將日益以息兵日益以老必欲求所謂一舉而勝之蓋亦難矣竊譬之解牛頑髀固骨必勞新刃堅節既解無復難者今將求破大敵而欲一毫不挫萬舉有得不亦惑邪臣愚昧之見所陳奏章乞不付外惟陛下知臣之心故敢以瀆天聽伏望聖慈俯加照察

御史中丞廖剛論賜圩田劄子曰臣伏覩近日聖旨指揮將建康府永豐圩撥賜韓世忠士大夫聞之莫不駭愕臣竊契勘本圩計田九百六十頃歲收米三萬斛它圩未有其比不知此賜出於宸衷抑世忠有請而陛下遂與之乎世忠帶三鎮節度使金玉滿堂姬侍列屋買田之資固當不乏若陛下特與是陛下繼封君之富而忘斯民之貧困也若世忠有請是世忠身為重臣曾不念國用艱窘民力殫竭而謀豐已不已也且世忠屏翰王室服勤盡瘁忠勇冠天下而獨此

不知此臣所未喻也陛下亦嘗問大農歲入幾何而會其出乎艱難以來歲入缺天下三分之二而所費倍於承平之時矧今河南新復勞費經理用度益廣又非前日之比然則陛下於推恩之際可不重惜而輕出令乎諸將暴露之久其誰不知然而貴極富溢前古所無人主所以待遇之意亦前古所無請無不從求無不得亦前古所無未嘗奏功而寵數荐加亦前古所無此則諸將所當自省也漢高祖之將無非戰勝攻取與共取天下者事定之後得保首領者無幾今吾諸大將雖皆有屏翰之勞然坐享富貴未嘗有攻城略地之事而恩眷日隆乃復求於人主不已其亦未之思乎江東圩田不知能幾千頃若諸將人賜千頃所餘亦無幾矣夫天下者天下之天下人主亦不得而私有之故一爵賞一賜予必有以合天下之心厭天下之公議故受之者不為泰而安且榮焉脫或不然雖莫敢言然腹非者多矣朝廷舉措使天下皆不以為然則亦安用臣等為哉臣是以不敢避觸犯之誅臣之職也陛下儻以臣言為然欲乞宣示世忠聽其辭避亦所以保全其名節也如謂不然是臣妄狂安負陛下責伏乞賜罷黜施行

御史中丞許景衡乞獎錄翟汝文劄子曰臣聞杭州軍人作過伏蒙寬恩特賜招降一城生靈咸戴再造之賜不勝鼓舞前此浙東帥臣翟汝文憤疾群兇敢爾猖狂提兵渡江黨以殄滅為請陛下深念橫及無辜方示大信始從以降招安詔書汝文志雖未就忠則有餘矣臣竊見近世士大夫無首公體國之心懷徇私便文之計雖本職事尚皆滅裂不舉況能及其他哉今汝文聞鄰路兵變奮不顧身自任討賊之責有古方伯連帥之風賢於近世士習遠矣況汝文之在浙東撫循兵民風績可紀一路實賴以安臣愚欲望聖慈嘉其忠勇術賜褒錄以為四方帥守之勸其於用武之時殆非小補也

武義大夫曹勛上書曰臣竊見建炎初置賞功司尋即廢罷恐當時主者無用他屬之吏不得專掌致所行功賞因仍廢怠動經歲月致獻言者得以藉口遂成無用而併於他房竊原此司誠為今日之急蓋古者賞不踰時又曰賞必以信是烏可以輕廢置哉愚欲使掌有專官而亟行亦俾將士知功有專治而不雜信賞之政中興所先也欲乞復置賞功司專行戰陣功賞等事委能吏典治仍置簿月書已收行過某人功賞名件上司季攷其數或多至千百量與官吏推恩以勸其職

胡寅上疏曰臣聞皐陶告舜曰天命有德五服五章哉天討有罪五刑五用哉視天好惡無私於其間而天下治矣古之世仕而有罪則廢黜之甚則流放竄殛之此堯舜之仁政非刻薄也今有罪者自非

編置咸得食宮祠之祿夫祿之為物天生之地成之百姓奉於縣官王府賦於諸吏凡以養民而非養有罪之用也豈不與天意戾乎臣愚謂縱未能大有變革猶當為之分別使優賢養老均逸之美意不與得罪斥去者等則凡因得罪斥去而與宮觀者勿與理作自陳仍加權字於提舉主管之上而其俸給人從並當減半庶幾功罪不淆賞罰不偏人知所勸沮亦足少奉天討之公其於國政已非小補矣如合聖意乞降睿旨立為定制施行

周林上奏曰古者賞罰功罪各有所始同於有罪而行罰自貴近始同於立功而行賞自微賤始先其所難也軍興以來推賞者屢矣高官崇秩先於主將其下士卒雖有立功之人多是沉於微賤艱於條具拙於計會積日累月從貫文墨不能速受恩賞遂致勇敢有功之人不無怨望欲望敷奏特降指揮今後勝捷先須激賞戰鬬立功之

人已得了畢然後賞大將次及謀機幹議等官賞為士之勸亦為將帥之羙。

兩浙西路安撫使葉夢得論招捕倪從慶各官功賞狀曰臣竊見昔時方臘作過當朝廷無事一路兵力全備之時將佐盡在所部不乏使令然憑陵州縣如蹈無人之境官兵莫可抵捍例遭殺戮遂致遠近響應陷沒六州二十七縣業朝廷遣童貫譚稹將帶西北驍將劉延慶王稟楊惟忠何瓘辛興宗等親總勁兵十萬餘人或降或誅方獲平定今来倪從慶等作過乃在金賊犯順內外震擾之際州郡三次起發勤王弓兵所在空虛將佐隨兵前去使臣材武人又先已盡起赴闕人情驚疑殺究觀望啓大和等元非當職任事之人偶因臣遂急委請乃能同心國事盡瘁竭力糾集烏合之衆初無制節之令固守把截使不得衝突招擄殘害生靈訖至納欵歸降保全兩路較

之方臘事勢輕重難易數倍不同臣誤當帥閫以微望輕不能預為鎮撫以致盜發部內若非藉此五人無以逃責欲望聖慈詳酌特降睿旨令與等第推恩雖見危致命臣子之常情然有功見知大君之美意因以風示四方使伏節死難之士皆識聖心恢遠雖遠必聞雖細必錄則人人奮勵各思自效在於今日未為小補狂愚冒犯上瀆天聽無任惶懼。

孝宗時監察御史周必大上奏曰臣聞天下之事循其名也易求其實也難漢宣帝功光祖宗侔德商周本出於信賞必罰綜核名實然王成以僞增戶口賞楊惲以暗昧之語廢蓋寬饒韓延壽以盡力之吏誅而黃龍詔書亦曰上計簿具文而已務為欺謾以避其課則宣帝所以見稱於史氏者亦何可盡信也豈不難哉陛下嗣位于今期月未明求衣日旰坐朝夜分決事可謂勤矣而未能變一時之媮惰舊德名臣收召殆徧片言小善擢用無遺可謂公矣而未能化一時之阿私意者綜核之政或有所未至歟臣試以賞罰近事明之邵宏淵能還軍中冒濫之恩併錄戰功而除正任觀察使此信賞也而郭振僅一對內殿既無舊勞又無新功亦以觀察使與之則重矣陸廉以貪贓配流此必罰也至於張耘賊殺士卒乾沒軍資有司當以殊死而亦與廉同罪則輕矣故臣願陛下大明賞罰以照臨百官賞罰明則名實辨名實辨則政事可以內修戎狄可以外攘夫何求不獲而何治不成哉。

趙汝愚上奏曰臣伏讀甲戌詔書仰見陛下坐必焦勞恩古哲王之治憫士大夫習俗媮弊是故以訓以戒為之丁寧懇切也臣竊惟陛下即位以来講求治要靡用不至而國家之勢未復乎安彊者誠以一時之人誕謾苟且其弊猶在有如明詔所言也夫天下之事未能

自行使任事者則公肆誕謾自為逃售之術不事事者則因循苟且指歲月以待遷然則陛下何賴焉為今之術者必曰深刑重賞可以起媮惰而禁誕謾也夫賞罰者人主之至權執此以御天下顧亦何施不可臣所不知者陛下深居九重之中而群臣功罪之實必欲人人論得其當亦豈陛下一智一力之所能盡哉越五日戊寅臣伏讀陛下求言之詔許給舍臺諫於封駁章疏之外雖事之至微亦毋致忽大哉言乎臣愚仰見陛下無偏無黨如天地之無不覆載雖太宗之導人使諫不足進於此矣臣愚伏願陛下益選公正敢言之士悉舉而用之於朝使才與仔相參可與否相濟陛下不忘終始之戒每虛懷而受之則然四方之利病毋壅於上聞懷姦之徒無所肆其巧然後是非明而賞罰行賞罰行而百工勸矣。

翰林學士洪邁上奏曰臣聞古者賞不踰時所以勸有功也漢高帝

初得天下定功行封疑若可後方汲汲然趣丞相御史惟軍功是務故反側以之安耦語以之息而漢業益隆用此道也仰惟皇帝陛下以剛明之斷奮發天威迺者法駕一臨元惡授首此蓋天道助順聖德昭格以濟登茲甚盛舉也竊見川陝淮漢之師暴露益久艱難多事之時冒犯鋒鏑奮不顧死其勞備至昨觀指揮應出戍官兵將與轉資立到功効別行推賞仰見陛下篤於信賞使之趨事赴功可謂善矣然而軍吏計功淹時不下議者云云懼無以勸後臣愚欲望聖慈申飭攸司凡立功將士亟行第賞庶幾伍符尺籍之中踴躍自奮通知前日指揮未為虛文聖恩浹洽足以作成士氣萬一異時緩急之間有以激勸誠今日先務也

貢興宗乞嚴爵賞狀曰臣聞爵賞者國家之大紀也自昭其紀則無人不服自紊其紀則無人不輕苟一日稍睽則萬目漸弛或致胥商

末流委巷餘子脅肩而冒祿攘臂而市爵雜揉士類士蒙其醜此何義也且軍之有功功之有賞乃國家所恃以責實也三軍所恃以勸後也有司踈忽實已乖戾求以勸後將如之何傳曰非功獲爵則爵輕非罪肆刑則刑褻請此類也臣竊見比來軍功死事之家以功許補授子孫外並許其親異姓甥婿之類申明受承是乃國家欲感士心荅天意收三軍後日之効可謂恩矣然朝廷雖有元劄冒授指揮一一明具今所在軍將保明於大將大將保明於本州本州類申於省部如是則隄防檢押者甚至且密也然而戶為胠篋本以防盜也大盜至則并胠篋而取之人為法制本以防姦也大姦至則并法制以亂之今恩澤一下有力有貨賂取交關同姓者遷作同房非親者指為近親委巷屠販一日華軒士卒驚傾此豈三尺賞功本旨哉臣謂自今兵將死事之家既無的親子孫及其近屬但當設法與給度牒又不理選限名目之類使其曲折貨售惠滋一家終世飽暖亦無負矣何至紛紛欺隱措國家之名器輕授之人乎又近來死事之家多以無力陳乞而有力陳乞者決非死事之家彼有力則百方計會事雖虛誕必不沮難無力則事據雖實例蒙退却致使軍中勳力之後雖有正適子孫不免代直輕售蓋懷陛下德意者有司也昔康定詔書諸軍將校歿戰陣者並仰逐處子細一一勘會如不實者亦有明科伏望申嚴是禁諸將諸州令後保明被受恩澤之人或不切子細推考或勘會失實朝廷覺察並乞重賜行遣庶幾爵賞之重有益國體

興宗又議功賞狀曰臣聞所謂大臣者任法不任私所謂常人者任私不任法蓋天下所以治者法也所以擾者私也法既立則下無自而私私既勝則法無自而振國之號令且視此為屈伸矣三代之初

因人之功罪以為黜陟當賞而賞當罰而罰故受賞者無不勸受罰者無不懲昔武王之為周躬履天下之籍有未下車而賞之者有始下車而賞之者蓋於封墓式閭之餘遂起列爵分土之事使人目擊而心化武王之於功賞何致切切如此彼以鼓舞天下之術誠莫重乎此也是以賞之所在以為則成以化則勸經曰崇德報功垂拱而天下治若安靖之初而羣功不報臣恐武王未暇垂拱爾此所以經營曲當示天下牢固不拔之具歷世三十載祀八百咸以是也傳曰祿賢不愛財賞功不踰時武王有以得之矣恭惟國家世載明德太祖太宗之世威福兩柄如春如秋不吝高爵重賞網羅真材實用如雷有終在蜀尚給功帖七千逮至仁宗皇帝遵而行之若賜曹利用則有據功遷補之詔若賜范仲淹則有空名宣劄之補天下之士皆悉力以衛其上當時非特可以氣使殆可名劫也今陛下天錫智勇

之資。又傑立於至治之世。繩諸將以法度。明諸軍以紀律。又以賞功為最。近者命有司分為三等。凡諸處保明歸義立功將士量功給還其資。臣觀聖明威令超卓。智者思効其謀。勇者樂致其力。縱橫施設無自而不可。此實希世之遇也。臣愚尚恐邊遠之地。軍吏出入。未盡依得朝廷元降賞罰之格。萬一有淹遲啓倖之人。冤抑無告之士。乞參以熙寧之詔意示之可也。先是陝西宣撫司申諸路將士未依賞格者。詔定立功將士應合酬叙之人。令主將對衆叙定。務從簡速。將士有功。主將對定既畢。明具姓名申奏。不得以隨身牙隊及親戚牙隊移換有功之人。致抑壓可賞之士。如士卒顯有勞績為人移易者。為人抑壓者。許經諸處自言。如是則功者無所冤。倖者無所得。此賞功之本誼也。今陛下明詔在前。既盡其凡。其餘指顧即定矣。臣觀近來陝西死事之卒。諸將非不欲優恤。而諸司目頓纖末死事。未滿旬日。有先闕其請受者。未滿數月。有不受其告訴者。彼有司但識斗斛之積為得意。不識明主風勵士卒本意也。臣愚併望朝廷申明舊禁。凡死事之家。至半歲。或周歲。然後始住請受。仍許家之壯丁或家之至親一名填刺。亦庶乎知朝廷德意寬大也。

侍御史王十朋乞審核李顯忠等功罪劄子曰。臣聞宿州之師不利。而反議者皆歸咎李顯忠。顯忠身為上將。不能於勝敵之後撫存將士以保垂成之功。遂致潰散而歸。固不能無罪也。然前日匈匈之議謂顯忠心懷南北。戴惑中外。上貽聖憂。今顯忠既還。上章請罪。亦足以見讒說之無驗矣。說者又謂顯忠貪戀金帛。欲為已有。不分將士。遂致離心。理或有之。恐亦未實。兼顯忠亦劾奏統制官周宏等數人無故領兵自回。遂致失利。欲正宏等罪。臣亦未敢以為然。昔慶曆間趙元昊叛。大將劉平遇賊于延州。力戰而死。都監黃德和遁走。誣平降賊。朝廷信其言。遂欲戮平之家。賴仁宗聖明。遣御史出理其事。既得其實。遂褒平死事之節。而斬誣告之人。今正虛實未辨之時。臣以為不可不審。朝廷不如姑兩存之。以安反側。却令都督張浚審核虛實聞奏。如功可贖過。則許其自新。責其後效。如罪多功少。實誤大事。則不可不正典刑。但審而後行。庶使聖朝不致濫罰。不勝幸甚。

中書舍人張孝祥上奏曰。臣竊惟國家之所以懲勸天下。賞罰而已。然賞不當功。則不如無賞。罰不當罪。則不如無罰。何也。功罪已著而賞罰未行。則賞罰之權猶在也。功罪著而賞非功。罰非罪。則為善者不勸。為惡者不懼。賞罰之柄於是失矣。自關西溪卒倒逃竄之事既兩旬。決其所以不憚死而竄者情之曲折。陛下既已知之。不待臣之言。然二十日之間。主帥而下未聞略有黜責。外廷之臣不敢以為疑者。意朝廷方此圖之而未也。今茲則大不然。朝廷既已不治其人。而成閔乃敢無所忌憚。公為劾章。歸過隊將。乞罷見任。仍送吏部。夫掊刻軍士。使軍士利入於己。怨積於下者。閔與統制統領官實為之也。閔不為之。則統制統領官安敢為之。統制統領官不為之。則將副部隊將安敢為之。朝廷委曲涵容。置閔與統制統領官等一切不問。乃特用閔之言。罷一隊將。所謂隊將者何其獨不幸也哉。罰不當罪。臣恐浸失賞罰之柄。自此此輩愈更恣橫。輕侮憲章。事雖至微。關繫甚重。臣愚欲望聖慈將成閔與當來士卒逃竄本軍統制統領將副等官。等第降黜。其本軍統制官仍與罷免。庶為餘人之戒。或陛下聖意不欲如此行遣。即乞將閔今來陳乞罷隊將劄子亦不施行。以破小人詭計。以慰士卒之心。

王之望乞推賞戚方狀曰。臣契勘自金人諸路入寇。兩淮荊襄川蜀賊馬所犯。未有一處能抗拒者。獨戚方兩次報捷。雖未為大勝。亦能捍敵使之奔敗北去追奪所獲牛馬老小若金牛之寇不敗則此一路更無把截去處功亦不小朝廷宜加旌賞以振起士氣臣得三省樞密院關成方兩次奏捷備見忠勇若能保守不致衝突別立大功當議授以節鉞緣成方已係承宣使帶軍職若能保守不致衝突則將來自當授以節鉞何俟別立大功若俟別立大功方始建節則是今次兩捷全無恩賞恐不足以激勵將帥臣謂當再降指揮或陛下以御札奬諭云若能保守關塞摧折虜勢當議授以節鉞更能別立大功即不次超擢仍令都督府日下疾速覈實具功狀聞奏如此則於事為允乞更與執政議之

衞涇上奏曰臣聞賞以勸有功罰以懲弗恪輕重貴乎適中不可有所偏也廼者癸丑之夕壽慈宮火陛下特降御筆以上驚慈闈徹樂避殿恐懼脩省夫以一人之尊躬自貶損不遑寧處而本宮官吏儲

備無素守護不虞懲得不任其咎陛下欽崇孝養方務調娛未暇致詰提舉官吴回三人者懷不自安騰章自列旋頒睿旨各從鐫削可謂曲全之恩臣近緣忝冒承攝於詞頭中竊見指揮凡壽慈宮應奉官吏等到宮實及五年各轉一官資次其員數六百三十有四未及五年者又四百二十九人夫以平居無事安坐受賞若此猥衆而失職抵罰不過二三臣固疑之今臺臣有彈疏乞將應奉官等黜降謂當大明典憲以警弛慢而所降聖旨王師珪王溶各降一官楊旦降一官罷幹辦事務人數多寡臣未敢問惟是吴回等自劾尚奪二秩王師珪等皆不論奏楊旦者罪狀尤著例止削一階輕重毋乃有所偏乎兄前日救火官兵陛下以慈闈之重隨即第賞曾不淹時賞固所以為勸而罰不足示懲頑何以詔四方而厲百辟乎借曰太皇太后聖意寬厚不欲重有誅責然賞罰之行紀綱所繫又安可以恩而廢法乎臣不敢以代庖之嫌有所隱默欲望聖慈特敷睿斷將王師珪王溶照吴回等一體鐫降其楊旦再與鐫斥庶幾少慰輿議儆肅官臣懲勸之方斯為兩得

王師愈上奏曰臣聞爵賞者人主之礪世磨鈍之具賞當功則人必勸或失之濫必害於政不可以不革也伏見紹興之初兩浙提舉市舶申請立定沿海及近裏州軍稅務稅過市舶物貨賞格州委通判縣委知縣與夫監官點檢稅過客人引外物貨收及壹千伍百貫減壹年半磨勘累及壹萬貫減四年磨勘可謂賞之濫矣且以經總制無額錢賞言之諸州軍解足經總制錢外而又無額錢及壹萬伍千貫知通只減二年磨勘今稅務收市舶引外物貨及壹萬貫乃減四年磨勘是倍於無額錢之賞矣自通判知縣至于監官被賞者數人豈不為太濫乎況夫文臣有以此賞轉員郎正郎武臣有以此賞轉

副使正使遇郊恩或致仕遂可奏補子孫然則稅務獲一萬貫之小利推而言之被賞者豈止數人而已哉可謂濫之至也臣愚欲望聖慈特降睿旨應沿海及近裏州軍稅務收市舶客人引外物貨自壹千伍百貫至壹萬貫其減磨勘賞並皆減半庶幾賞不至濫人亦自勸

吏部侍郎李椿上奏曰臣聞書曰罪疑惟輕功疑惟重又曰賞當功罰當罪故自古聖賢所以稱治者亦信賞必罰而已伏覩近降聖旨指揮舉改官必具實迹臣仰體陛下聖意欲使臣下趨事赴功不為文具也苟有實立勞績而不與依條推賞者豈陛下之意哉臣竊見吏部法選人有酬賞應循資者不許存留後任收使蓋謂別有應循資條法可以循資者不許重疊循資故立此法亦出于省記未必本有此條然則實立勞績豈為冒濫何獨於選人乾沒勞績賞格遂為

不信之令緣本部遵守上件條法遇有陳乞若盡是告示不行所以詞訴不絕臣愚欲乞睿慈下勅令所刪去吏部侍郎左選此條或重行修立條法使實立勞績之人不致乾沒其賞有以稱國家立法賞從重之意亦有以絕不已之詞

光宗時蔡戡上奏曰臣嘗讀西漢循吏傳竊惟漢二百年間班固所載循吏六人而止耳孝宣之吏居其五焉何天之降才獨盛於此時也及觀班固贊孝宣曰信賞必罰綜覈名實然後知孝宣馭得其道宜其循吏之多也蓋賞罰者治天下之具名實者行賞罰之要人有為善之名必迹其為善之實從而賞之人有為惡之名必窮其為惡之實從而罰之人知為善而賞不踰時賞一人而千萬人勸人知為惡而罰不旋踵罰一人而千萬人沮所以勵世磨鈍作其好善之心絕其稔惡之路率天下為君子之歸自古堯舜之治天下不過如此

孝宣之時吏稱其職民安其業蓋有繇也恭惟陛下勵精為治遠邁漢宣於賞罰名實之際尤所加意天下之吏固當澡心滌慮殫智竭力以承休德然未聞一人治行卓然可書如龔黃者以臣觀之名實未盡綜覈賞罰未盡信必故百吏未盡稱職也今朝廷欲知守令優劣俾監司第其臧否以聞于朝甚盛典也夫臧者天下之善名也律身以廉從事以公與夫勤謹無過者皆謂之善也否者天下不善名也貪而徇利暴而虐民與夫弛慢不職者皆謂之不善也彼善與不善在天下不啻如黑白冰炭之殊朝廷惟不知其實故賞罰無自而加焉監司既已第其優劣而為臧否朝廷是宜核其名實而為賞罰臧否之令行之有年矣以臧之最而超擢者誰歟以否之最而黜責者誰歟二者皆臣所未聞也朝廷不過為虛文監司不過應故事而已謂之臧者無所勸謂之否者無所沮臣所謂名實未盡綜核賞罰未盡信必者此也何以起勸慕之心振媮惰之氣乎臣愚欲望陛下每歲申勅監司按所部守令第其臧否以聞臧之最者命大臣審察核其臧之實誠如所舉隨其才而用之否之最者委他路監司體究核其否之實誠如所言則因其罪而罰之如是則君子有所激而勇為善小人有所憚而不為惡昔之貪殘者變而為廉平昔之弛慢者變而為勤謹人人奮勵以趨事赴功孝宣之治將復見於今日

理宗時洪舜俞進故事曰太祖問李承進曰唐莊宗以英武定中原享國不久何也承進曰莊宗務姑息將士每出禁兵衛卒必控馬首告兒郎輩寒冷望與球接莊宗即隨其所欲給之蓋威令不行賞賚無節也上撫髀歎曰二十年夾河戰爭取得天下不能用軍法約束此輩縱其無厭之求以茲臨御誠為兒戲朕今撫養士卒固不吝惜爵賞苟犯吾法惟有劍耳

臣聞易曰上天下澤履君子以辯上下定民志上下不辯民志何由定民志不定而欲求國勢之安彊是卻行而求前也況三軍以紀律為重徼不知禮則出不知律犯上之意一萌作亂之機已兆尚何望其敵王愾而伸國威哉唐自肅宗偷一時之安平盧節度察軍中所欲立者授以旌節自是以姑息為常至於偏裨士卒殺逐主帥而不問廉遠地則堂高廉近地則堂卑陵夷之勢何所不至此唐所以亡也後唐莊宗猶襲故態不能以軍法約束而威令不行享國不永竟坐姑息之過我太祖皇帝受天明命為世立極盡革唐季五代禮法蕩析之弊一階一級上下相承川班妄訴必肆顯戮此所以國勢有金城千里之固民生有泰山四維之安也然豈徒以階級之法繩之哉平時撫養不吝爵賞苟犯法則有劍爾恩施而後威立宜軍心悅服

敢輕於有犯也。

秘書郎權尚右郎官許應龍上奏曰：臣聞賞罰軍國之紀綱也。有功不賞，有罪不罰，雖堯舜不能以化天下。況世變已降，人心寖不如古，法出而姦生，令行而詐起，苟無賞罰以振肅之，則為善者何所勸，為惡者何所懲。是以聖明之君，必以賞罰為先務，而不敢有一毫輕重之私。善所當賞，雖賤必錄，使知為善者之無有不賞也。惡所當罰，雖貴不貸，使知為惡者之無有不罰也。夫如是，則胡禁不止，胡法不行。苟執之不堅，所當得者或刓忍而不予，而不當得者乃僥求而濫授；所當罪者或經營而苟免，而不當罪者反牽聯而併及。勸沮不明，善惡無別，故作之而不應，率之而不從，因循苟且，亦終於委靡而已。嗚呼！烹阿而封即墨，威王能審左右之毀譽，而群臣莫敢飾非，齊國大治。矧尊為天子，居得致之位，有能致之資，而於刑賞之際斷在必行，

則人心振起，何事之不可為哉！昔我藝祖肇開洪業，雖以仁厚為立國之本，而信賞必罰，凜乎其不可犯。清謹可任，擢升宣徽；貪墨不法，徑寘極典；守邊有功，厚加賞賜；川班妄訴，悉行誅戮。恩威並用，使天下竦然而畏慕，故紀綱為之振肅，國勢至於尊安，成憲昭垂，真萬世之龜鑑也。共惟陛下仰紹丕基，恪遵祖訓，厲精思治，宵旰忘勞，為官擇人，將以宣德意而結民心；選將練兵，將以壯皇威而銷外患。然今之官吏果能究心於恤下乎？今之將士果能用命以決勝乎？竊觀州縣之間，循良者固不乏，而暴征橫斂、峻法嚴刑者未免為民之害；中外之兵，驍勇者固可用，而遇敵則逡巡而不前，少衂則倉皇而先遁者，未免為敵所輕。為弊若此，豈倡率之無術耶？抑法令之不明耶？然廉吏之舉荐，須於詔令；貪墨之罰，屢形於奏疏；戢私役之禁，戒陞差之私，若是之類，無日不討諸國而申訓之，而玩習者如故，何歟？蓋徒

善不足以為政，徒法不能以自行。推原其端，無亦賞罰之間猶有未信必者乎？節儉正直，當賞以勸善也，而單寒寡援，則誰復薦引；貪[illegible]苛刻，當罰以懲惡也，而[illegible]有牽制，則莫敢發擿。恩賞自有成法，或攀例而放行；鐫黜猶未及其已。經營而希進，陷陣者或隱蔽而不申，奪名者反僥冒而受賞。掊克有禁，而曷嘗施行；奔潰當刑，而隨復招集。故人心玩狎，雖令不從，此吏治之所以未振，而軍政之所以未舉也。轉而移之，其勢甚易，惟於勸懲之間力加之意而已。蓋不以親疎貴賤為輕重，則可以行賞罰；不闊略於其大而纖悉於其小，則可以行賞罰；無功同而賞異，罪均而罰殊，則可以行賞罰。執此之政如金石，行此之令如四時，則以之馭臣，當化貪而為廉；以之馭軍，當變怯而為勇。成效大驗，特一指麾之頃耳。然按察郡縣則在監司，激厲將士則在主帥。監司苟賢，則不吐茹於剛柔，不轉移於勢要，貪暴者必刺，

循良者必舉，聞風[illegible]懼，當有解印綬而去者矣。主帥苟公，則紀律之必嚴，揀閱之必精，用命者賞之，犯法者誅之，則畏威懷德，雖蹈水火而不避矣。至於監司主帥，則又不可無激揚之術。苟賢否不分，聽其曠弛，則委靡者不失其寬厚，而振作者反笑於生事；容貸者自可以逃責，而廉按者或至於召禍。如此則人心疑畏，孰肯以國事為念哉？臣願陛下明目達聰，詳考熟察，能舉其職者莫不陟，不勝其任者莫不黜，則孰不激昂奮厲，求以自見？登攬澄清，號令精明，當有如范滂、光弼者出矣。此又操執綱領之要術也。惟陛下與大臣亟圖之。

李鳴復上奏曰：臣比嘗因高沙、方城之叛，述古人討亂之法以進，謂殲厥渠魁，脅從罔治；又謂士卒干紀，此殆閫帥責耳。閫帥不舉其職，而諉以上累朝廷；朝廷又不審其宜，而動即降下黃榜，何榜之輕也。臣無他意，大率欲為朝廷正名分，振紀綱，使不流於姑息耳。[illegible]陛之

叛。與高沙方城等。意謂必知所懲創。閗諸道路。其為乖謬抑又甚焉。淮西討叛。而湖北則納叛。是自為矛盾也。于俊領兵勦賊。而王旻則出兵助賊。是自相魚肉也。孟珙許之以便宜。書填防禦使京交卜萬官田百頃。又聽從各人向某處州郡駐劄。是賞盜也。賞盜而欲以弭盜可乎。王旻先逆之境上。給以貲糧。助以兵力。又謂叛賊委是可嘉欲與轉六七官。或陞差路分。陞差統制。是誨盜也。誨盜而欲其不為盜得乎。高沙之叛。始雖緩之。終能殲之。尚有辭也。方城之叛。國人討之敵。人納之。猶可諉也。今黃陂之叛境內自為胡越。國中自為冦讎。此何風也。叛卒挾外寇以刼制中國。邊將挾叛卒以刼制朝廷。此何等氣象也。臣恐唐末五代之禍自是始矣。然則如之何。曰脅從者不必治。而渠魁不可不殲也。異我者不足責。而同我者不可不戒也。命令自天子出。未聞邊將擅書填告命以餌賊也。是可慮也。尺地莫非

王有。不聞邊將敢欲割地以遺賊也。是可憂也。一時之事變雖激。萬世之正理不可不存也。邊鄙之間。輕畀小人。雖肆無忌憚。廟堂之上。任重大老。未可不執持公道也。若朝廷但欲買靜。一切風靡。欲得官爵。即與之官爵。欲得便地。即移之便地。欲索犒賞。即為之支犒賞。欲逐主帥。即為之易主帥。戕殺本將之罪不復問。刼掠平民之罪不復究。討叛者有罰。納叛者有賞。則名分盡喪。紀綱大壞。北軍之久歸附者必縱欲以求逞。將帥之當事任者。必乘間以自肆。他日之禍。又不止於今日矣。惟陛下與二三大臣亟圖利之。

嗚復又上奏曰。臣聞殲厥渠魁。脅從罔治。此古人討亂法也。事有不安其常而至于變。不循其理而至於亂。豈必人人皆有是心哉。鼓而倡之者不一二。脅而從之者常八九。逆順未分。則其勢合。利害漸迫。則其心離。善治亂者臨之以可懼之威。開之以自新之路。剖分其逆順。昭示其賞罰。首亂者殺無赦。若能痛自改悔。領衆來降。則免其罪。脅從者擇勿治。若能伺賊動息。梟首以獻。則厚其賞。夫如是。則人各有心。互相疑忌。而賊之黨孤矣。賊之黨孤。則守必不固。戰必不力。而賊之首可坐致矣。不然。一於招納而薰蕕莫辨。則有恩而無威。其弊也流於姑息。一於攻討而玉石俱焚。則有威而無愛。其弊也過於殘忍。姑息豈足以怗強暴。殘忍豈所以悚忠義哉。唐州之叛。叛者一郭勝耳。兵與民未嘗叛也。全子才等握兵以出。老小之在城外者悉舉而殲之。故其黨遂牢固而不可破。高郵之叛。叛者四百餘卒耳。其他未嘗叛也。既一日而推擇三數人以為首領。又一日而執辱郡太守以強其行。移制司雖調兵征討。而實懷畏怯。雖遣人撫諭。而實為具文。故其賊愈悖慢而不知悔。閗諸道路。朝廷近已屈意招安。降下黃榜。其為說蓋為一郡生靈性命惜耳。使黃榜既下。而弭耳退聽。必須

以序支犒。是賞盜也。賞盜而欲其無盜。得乎。萬一不悛。而負固不服。或且重有邀索。是納侮也。納侮而方思所以懲其侮。不亦晚乎。將卒干紀。此殆閫帥責耳。閫帥不舉其職。而輒以上累朝廷。朝廷又不審其宜。而動即降下黃榜。倚榜之輕也。臣不勝憂憤。是用推明古人討有罪之法以進。如或可採。乞降付樞密院參酌施行

國子監主簿徐宗仁上奏曰。賞罰者軍國之綱紀。賞罰不明。則綱紀不立。今天下如器之欹而未墜於地。存亡之機。固不容髮。兵虛將惰而力匱財殫。環視四境。類不足恃。而所恃以維持人心。奔走豪傑者惟陛下賞罰之微權在耳。權在陛下。而陛下不知所以用之。則未墜者安保其終不墜乎。臣為此懼久矣。陛下當危急之時。出金幣。賜土田。授節鉞。分爵秩。尺寸之功。在所必賞。故當悉心効力。圖報萬分。可也。而自幹腹之兵越江踰廣以來。允閱數月。尚未聞有死戰陣。死封

疆死城郭者豈賞罰不足以勸懲之邪今通國之所謂佚罰者不過丁大全袁玠沈翥張鎮吳衍翁應弼石正則王立愛高鑄之徒而首惡則董宋臣也是以廷紳抗疏學校叩閽至有欲借尚方劍為陛下除惡而陛下乃釋而不問豈真欲愛護此數人而重咈千萬人之心天下之事勢急矣朝廷之紀綱壞矣若誤國之罪不誅則用兵之士不勇今東南一隅天下已半壞於此數人之手而罰不損於毫毛彼方擁厚貲挾聲色高臥華屋而使陛下與二三大臣焦心勞思可乎三軍之在行者豈不憤然不平曰稔禍者誰歟而使我捐軀兵革之間百姓之罹難者豈不羣然胥怨曰召亂者誰歟而使我流血鋒鏑之下陛下亦嘗一念及此乎

監察御史吳昌裔論李燁狀曰臣惟蜀之梓遂夙號巨藩祖宗盛時每高其選非政府從橐經歷帥旄者不以輕畀近來除授率多非人知遂寧府李燁是也燁心神昏眊品格卑凡得郡文南畏虜不上乃由彭倅徑把州麾惟賄是聞蔑無善狀徒以結姻帥閫遂得薦進于朝甫守唐安又易武信升華延閣人謂僥覦況其老病龍鍾心疾交作謂為李赤貽笑于人近聞幕府上功燁亦選名其列身處內地乃與戰士同科其濫甚矣欲望睿斷將燁罷黜所有功賞不與放行以為僥功冒賞者之戒

昌裔又論項容孫轉官加職未當狀曰臣惟邊疆多事之時當以賞刑為急鄉人書來皆言曹友聞大安之捷李安國文州之守董鵬飛之死節曹萬等之平潰功効最為顯著今朝廷未聞次第行賞近閱邸報知閬州任逢以集英殿修撰奉祠知果州項容孫轉一官加直祕閣臣聞之罔然不知朝廷以其何功而加職增秩耶竊聞去冬潰卒之變果閬二州焚蕩殆盡為守臣者逃避山谷寇退方還若以其無兵與守未加顯譴猶之可也今蜀邊將士賞典未行而逃難守臣崇資先及將恐三軍之士聞之短氣彼二人者受亦不安臣欲乞睿斷將四將功賞早賜頒下其二人加職轉官指揮並行收回逢仍予祠以遂其請容孫且令安職以責其効庶幾萬里之外知公朝刑賞平明有功者悅倖賞者懼是轉移人心之一大機也

金宣宗興定元年行元帥府事石倫上言曰頃者大兵破太原招民耕稼為久駐之基臣以太原要鎮所當必爭遣提控石盞吾里忻引官兵義兵共圖收復又以軍士有功者宜速賞之故擬令吾里忻得注授九品之職以是請于朝而執政以為賞功罰罪皆須中覆夫河東去京師甚遠移報往返不暇數十日官軍皆敗亡之餘鋒銳畧盡而義兵亦不習行陣無異烏合以重賞誘之猶恐不為用況有功而久不見報乎夫衆不可用則不能退敵敵不退則太原不可復太原不可復則平陽之勢日危而境土日蹙矣今朝廷抑而不許不過慮其濫賞耳借使有濫賞之弊其與失太原之害孰重於是詔從其請

哀宗在蔡忠孝軍提控李德不率總帥完顏仲德縛而杖之帝諭仲德曰此軍得力方欲倚用卿何不容忍責罰乃爾仲德曰時方多故錄功隱過自陛下之德至于將帥之職則不然小犯則決大犯則誅彊兵悍卒不可一日不在紀律蓋小人之情縱則驕驕則難制睢陽之禍豈獨官奴之罪亦有司縱之太過耳今欲更易前轍不宜愛克厥威賞必由中罰則臣任其責軍士聞之至于國亡不敢有犯

元世祖至元六年帝數以歷代珍寶分賜近侍監察御史崔敬上奏曰臣聞世皇時大臣有功所賜不過縑帛重惜天物為後世慮至遠也今山東大饑燕南亢旱海潮為災天文示儆地道失寧京畿南北蝗飛蔽天正當聖主恤民之日近侍之臣不知慮此奏稟承請殆無

匱日甚至以府庫百年所積之寶物遍賜僕御閽寺之流乳稚豎孩之子帑藏或空萬一國有大事人有大功又將何以爲賜乎乞追回所賜以示恩不可濫庶允公論

趙天麟上策曰臣聞欲逸者臣民之同情臨制者帝王之能事皇天降命眷碩神主天下雖大兆人雖衆既畏上天之景命而甘分以從之又服聖人之大德而竭蹶以趍之於是爲君者巍然在上而萬姓之極崇寔然居尊役萬姓以自奉宜乎萬姓厭勞而惡賤也然而不厭且惡者以其非聖人不足以保吾之生非聖人不足以安吾之業故也閒生兇黨不揣其宜窺上隙而恣行逆天心而妄僭憑陵國紀搖蕩邊封掠無罪之生靈啓非常之禍亂惟王立統寔欲寧人豈可坐視變故而姑息偷安胥越民生而漠心不慮哉是以命將興師宣威止殺適以全其生覆之德也於此猶以爲未能息彼邪萌遂立戍兵

於郡縣而鎮之庶他日之爰方啓行無回顧卒然之憂故爾此帝王臨制之術之大者也且人情莫不欲逸今則驅之以戰爭之事至勞也人莫不欲生今則率之於萬死之地至苦也向不加之以厚犒申之以厚勞則誰有竭力效功之心哉方今將帥南征北討略無寧歲已降之域縱士卒而暴之已服之人縱士卒而驅之刼之所獲金幣或入將家或奉王府未聞以之賜士卒也抑且見其暴掠驅刼而不之罪焉強者多矣弱者未之有獲也老稚死矣壯者未之承賞也若夫得雋而紀于露布以聞之散于六軍以分之彼六軍乃國家之六軍也散之則是猶置于國家之外府外庫也又能激將來之實効焉若夫寇敵犯罪而伐之既服而舍之彼寇敵皆國家之頑民也而脅從者皆非其本心也又何須以爲奴妾韋羈而縱士卒以掠之乎彼寇敵脅從者亦且効吾士卒之忠而刼掠中國之民矣則是四方之民互相驅掠乃復乘威因怒轉戰無休直士不敢以獻言忠臣不敢以納諫健兒繼踵以就死原其所致皆因犒勞或未及節制或未明以至于是也爲今之計莫若守之而不攻按之而不動儻有不臣之國逆亂之徒當命信使再三以諭之持詔以赦之知罪自新回邪嚮正其或益生驕氣蔑有悛心則明徵其辭以征之簡車馬嚴號令脩糧餉厲戈矛固巢穴防要害氣壯力雄德尊義重是惟無戰戰則勝矣杕杜之篇漢皇之駕有灞上棘門細柳之幸湯后之伐夏也耕者不變婦市者不止誅其君而弔其民周武之伐商也散鹿臺之財發鉅橋之粟大賚於四海而萬姓悅服斯皆仁以行之義以宜之勞以感之賞以恩之也伏望陛下探賾索隱發政施仁幸從臣所謂設武舉詮大將試嗣將之法則節制無不明矣復從臣所謂厚勞賞之法則戍卒誓死而無辭矣若其偃兵戈廣屯田之後亦無所事於厚勞

賞之法此但防其萬一故云然

武宗至大中尚書省賜予無節財用日耗名爵日濫御史大夫中書平章脫脫上言曰爵賞者帝王所以用人也今爵及比德賞及周功緩急之際何所賴乎中書所掌錢粮工役選法刑獄十有二事若從臣言恪遵舊制則臣願與諸賢黽勉從事不然用臣何補

文宗天曆元年監察御史張士弘等上言曰朝廷政務賞罰爲先功罪既明天下斯定國家近年自鐵木迭兒竊位擅權假刑罰以遂其私綱紀始紊迨至泰定爵賞益濫比以兵興用人甚急然而賞罰不可不嚴夫功之高下過之重輕皆係天下之公論願命有司務合公議明示黜陟功罪既明賞罰攸當則朝廷肅清紀綱振舉而天下治矣帝嘉納之

歷代名臣奏議卷之一百八十九

勤政

東漢光武每旦視朝日昃乃罷數引公卿郎將講論經理夜分乃寐皇太子見帝勤勞不怠承間諫曰陛下有禹湯之明而失黃老養性之福願頤愛精神優游自寧帝曰我自樂此不為疲也

唐貞觀十二年太宗謂侍臣曰朕讀書見前王善事皆力行不怠其所任用公輩數人誠以為賢然致理比於三五之代猶為不逮何也魏徵對曰今四夷賓服天下無事誠曠古所未有也然自古帝王初即位者皆欲勵精為政比迹於堯舜及其安樂也則驕奢放逸莫能終其善人臣初見任用者皆欲匡主濟時追蹤於稷契及其富貴也則思苟全官爵莫能盡其忠節若使君臣常無懈怠各保其終則天下無憂不理自可超邁前古也太宗曰誠如卿言

敬宗繼統日晏坐朝山南西道節度使兼平章事裴度諫曰比陛下月率六七臨朝天下人知勤政河朔賊臣皆聳畏近聞延英益稀恐萬機奏稟有所壅閡夫頤養之道當順適時候則六氣平和萬壽可保道家法春夏蚤起取雞鳴時秋冬晏起取日出時蓋在陽勝之以陰在陰勝之以陽今方居盛夏謂宜詰旦數坐廣加延問漏及巳午則炎赫可畏聖躬勞矣帝嘉納為數視朝

敬宗晏朝紫宸入閤久不出羣臣立屏外至頓仆諫議大夫李渤見宰相曰昨論晏朝事今益晚是諫官不能移人主意渤請出閤待罪會喚仗乃止退上疏曰今日入閤陛下不時見羣臣羣臣皆布路跛倚夫跛倚形諸外則憂思結諸內憂倦既積災釁必生小為旱孽大則為兵為亂禮三諫不聽則逃之陛下新即位臣至三諫恐危及社稷

宋真宗咸平三年知兗州韓援上言曰臣伏覩近詔舉行轉對在外文武群臣未預次對者各許上章奏事此蓋陛下克勤念慮旁採芻蕘幅員之間蹈詠斯極伏惟陛下膺運圖大握樞御極行一事必遵典禮發一言必訪古今三載遏密之中過形哀毀萬機聽覽之後未嘗追遑每春澤稍愆宿麥未秀必親臨祠觀備薦蘋蘩減御膳以焦勞走使車而旁午盃禱羣望盡降五刑昭感上穹必獲嘉應雖有祲沴安能為災然臣輒以芻蕘窺測蒼昊退循僭越難避鼎鑊死罪近者微有亢旱頗傷稼政天其或者得無以太祖太宗二聖在天陛下春秋鼎盛兆民樂業萬國來王萬一聖心忽生驕佚故輒加究告以儆睿聰昔魏徵對唐太宗曰貞觀之初聞善若驚五六年間猶悅以從諫自茲厥後漸惡直言此蓋譏其漸怠於政也則知勤儉難守驕佚易生人之常情也元宗開元十五年以後深居高視倦于臨御內寵嬪嫱外事征伐連起詔獄無辜誅夷遂至大盜猖獗中原板蕩蓋

亦升平之後驕怠致然也臣伏覩先帝纂祚延洪享國長久孜孜勤儉未嘗一日曠於萬機自端拱以來益勵精為理臣嘗權鹽鐵判官得與本使上殿奏事一日先帝從容謂臣等曰大凡於職不可不勤朕每見殿庭兵卒能剷掃一席地剩汲一瓶水必記其姓字夫如是則有以見先帝勤勞庶政片善無遺願陛下守太祖之丕圖遵太宗之遺訓兢兢業業無怠無荒臣又聞之圖治者在乎遠佞人杜讒口書曰堲讒說殄行震驚朕師詩曰取彼讒人投畀豺虎臣覩今日朝廷自公相以下悉皆方正無邪佞之徒然事生隱微宜防未兆以陛下聰明神智必無驕佚之虞然願罔倦燭幽勿使小人乘間而進日謹一日雖休勿休居安慮危在治防亂則天下幸甚

景德三年以刑部員外郎直昭文館陳充[illegible]奏曰臣竊以古先哲王嗣守大業遠則漢武帝近則唐玄宗英智之資聰明神授雖茂功克

逆而至德末周蓋以享國年深在位時久倦於勤儉或至怠荒不恤民人多耗國用子孫繼統無以取法今德方策布翰無以備書大猷覽其始終良可歎惜恭以皇帝陛下君臨寰宇富有春秋無一日晏坐朝無一時倦聽政言必合道動必由禮無聲伎之好無畋遊之娛未嘗興土木之功未嘗納珍奇之貢訓練士卒也務寧邊鄙不衒於武威編修典籍也用廣採掇思益於文德巍巍然蕩蕩然信無得而名者矣方今天下庶官錢穀刑獄兵農賦租咸遵詔條悉協程式至使小有壅遏自可懲革如人之膝理平適膚革充盈偶生微痾不患難瘳臣以為方今天下但恭勤而守之足彰社稷之慶黔黎之幸也然則日謹一日雖休勿休存諸格言斯用垂訓伏慮陛下以時當寧泰情有變遷安居九重倦覽萬務近習可畏闕邪頗難尚書曰惟王不邇聲色道德經曰馳騁畋獵令人心發狂史記曰由余見秦宮室

大奢歎曰使鬼為之則勞神矣使人為之則苦民矣尚書曰珍禽奇獸不育於國四者人君之大戒也其或小人乘此而競進聖治曰茲而闕修則追思漢武帝唐玄宗英智聰明而至德末周以為前鑑乃小臣之所以愛君者也周易曰天行健君子以自強不息夫天道運行無有止息是以四時推移萬物生成也聖人之道宜取法上天勤而不息是以政教克舉華夏以寧者也臣伏讀赦命朝廷之闕遺朕躬之過失並形封奏仍以指陳今者朝無闕遺君無過失須伸忠款必恕罪尤願陛下長採斯言靜思闕義治不忘亂安不忘危則九夷向化百世受祉無出於斯而已矣至如指一小事以為利濟陳一短見以為周通臣所不為也

仁宗景祐元年監察御史裏行孫沔上言曰臣伏聞隱憂而道著功成而德衰涉難則思深而圖全居安則志滿而自逸上自三王之世

而漢之主撥亂者咸臻於至治憂勤者多致於中興荒淫怠政喪亂相隨晉魏以降庸懦無紀臣不敢遠引古義頗以唐事明之文皇開基武定大難招顏羣儒確論理體閱弓矢則知政教之微論金治以来獻替之道房魏諸賢夙夜盡瘁貞觀之風終始無玷洎于高宗藉此治平性務寬簡事稽裁决外綱隳而無忌遠黜內嬖盛而二張用事許李諂上禍屬是階二十餘年變周因武至於明皇治亂尤異開元之治內難方平久在民間深知國害濫官弊事思盡革去故任姚崇宋璟為相庶務畢舉遂致化成天寶之後聽斷稍怠寵幸勃興奇巧厭溺羌入亂華威不克愛故因林甫國忠盜位綱條不脩以至奔幸此三主事迹一時龜鑑布在書傳可得知聞皆由世亂則思於恭勤時平則敗於逸樂勢使之然由來者漸故易曰亡者保其存者也亂者有其治者也詩曰靡不有初鮮克有終傳曰有始有卒者其惟

聖人乎伏惟陛下纂紹寶圖務敦淵靜韜晦英謀蹈仲孝愛而內闈輔政朝制弗經宦寺弄權海宇側目女謁交馳夫道不行而陛下山藏無遺日覆不昭洎莊憲上仙萬機獨斷躬親大政勵精為治援闕寺之巨蠹罷內降之私恩拔擢正臣黜退竊位每旦聽政舊邦惟新庭宇屏游畋之具析戴將以執之如金石行之為軌範希陶唐之風襲文景之跡為一代之宏規寔千篇之良史豈不大哉比及周歲頗異曩時內寵艷興中宮傾易楊尚恃恩權勢特盛事由請行言自政出君子小人腹誹竊議章頼陛下神明議勦廢黜外宮雖謗正家之道未遑經國之宜功業弗彰簡編安在恭聞昔者太祖應天奮陸救生民於塗炭太宗耀德開基平列國之干戈真宗脩文守位下武和戎崇儒議禮封禪告成神德聖功形詩播樂三朝盛事萬祀流光今陛下自幹蠱十年豈常專己讜言三載足以變風未聞可久傳被無窮累

歲巳來和氣稍欝水旱相仍蝗蝝屢生粟麥不登田疇幾廢九夏多寒三冬無雪星變上天河決東郡疾病流離生靈困憊民乏兼日之食廩無卒歲之儲既庶而富曷其若是正當不足之時豈曰無為之化陛下不可謂無兵革乃號太平政奉簡書便為端拱竊恐禍生所忽有其存漸至陵夷無時逸豫有唐天寶可謂覆車前春伏見詔書布下每旦親政故天下之民謂吾君為憂勤率仁之化翹足可待去秋以聖體愆和臣心啓沃愛君有從宜之制雙日伸不坐之請交泰之誠遽臻有喜宴安之戒豈可為常且一月之中適減其半慶辰嘉節休沐受釐三分之日復廢其一是則一歲之中率無百餘日視事宰臣上殿奏可待對止餘數刻天下萬務得不曠哉雖云漢帝五日一朝則有伏蒲入閤據廁與語示無間也唐制三日一坐則有便殿更番浴堂延對信不怠也今退朝之後深宮之中侍左右者刀鋸

齊殘之餘悅耳目者綺羅艷治之色高論九重叫閽千仞宸禁晝嚴乘輿天遠臣未見欵召名臣清問外事詢祖宗之綱紀質朝廷之得失徒修邇英之名未益承平之化臣恐其來可也況今之政失於寬而敝於姑息今之士弛於務而幸於因循是養其惰也夫天下之本者在民民之豪者皆兼并而貧者無置錐之業天下之大者在兵兵之下者負飢寒而驕者不敢役郡守縣令臧否無別冗食千萬蠹耗剝窮邪佞退而復興忠諫黜而未用此害之大者也設欲止之於未萌救之於將然莫若振綱舉目杜漸防微勤儉為先剛斷為急權之一去安可再得豈宜崇尚寬大自從清宴若謂怡神養性之方且非耄期倦勤之際臣復以為不然也今陛下春秋鼎盛氣志如神釋習常之弊力致治之心勤禹湯克己之規敷文武立教之旨振三祖之基為百世之法則垂鴻自我豈不盛歟願因歲首正朝之始霈然下

令誕告多方每旦恭已辨色居位推擇大臣講求古道降以溫顏俾之極論精思品藻考責賢否外則逐刺史縣令無狀老懦貪殘之輩以利於民內則罷公卿大夫不才諂佞詭誕之士以肅於朝掖庭之中簡去幽曠以來錫羨之慶宦寺之內抑損重任以防昵近之私發號施令必審其有害賞功罰罪必思其未平則可使教敷于上民悅于下足以招天地之協氣致國家之豐隆皆目前可見之事惟陛下力行而已三王為可侔十聖未足擬何為恃當年而樂自足哉臣跡甚孤危言無忌諱安陳愚瞽甘俟誅夷然念優寵甚過受豐祿思自上隆食出民力豈可偷安不思盡節苟一言而萬死實以為榮干犯天威臣無任激切待罪之至

英宗治平元年知諫院呂誨乞親決政事疏曰臣恭聞近日聖體平復中外均慶然萬機之事未聞親決議者謂陛下遜避有所待焉果

如是恐未為順敢不為陛下委曲而陳之且以兩漢而下母后臨朝者衆皆嗣君沖幼親為輔翊並坐簾帷之下專其聽斷幼君既長有復辟之議今日之事有異於是先帝拔陛下於公族之中以賢且長付託之意正為今日也當陛下違豫之時非皇太后內輔則政無所寄大臣建策於國忠也然而陛下臨朝御前殿百官朝罷兩府大臣方至內東門是綱領柄權皆在於手陛下自未專決何所待也臣伏望宸衷感悟無以此為怠唯內勤孝養率中宮盡禮則婦姑之情相接母子之愛益親躬修政務操守威福日與近臣講求治道事無過舉體斯為順自然皇太后慰安恩意無間燕適深宮優游清靜含飴弄孫不復關政豈非皇太后之心耶臣區區蠢于是矣

英宗時知諫院傅堯俞上奏曰臣聞乾剛坤柔上下之定分君倡臣和古今之通義恭惟陛下德稟健粹學該治亂日旰論道淵默思政

所謂有可致之位而挾可致之資然親政以來過事謙抑神明之斷未甚聞於天下夫舜禹稷禼尚相誠敕今輔弼雖賢安得事事皆善古所謂委任責成者非謂若是與非一切徇之也大臣之言是陛下從之宜也其非是者陛下偶以為然姑行之可也既已知其非矣又從而徇之則人主之柄安在雖愚夫愚婦有不可欺此神明之斷所以未甚聞於天下也今禫服未終天下謂陛下信默不言耳從此踰月畢三年之制威福之權偏尚循故轍人將以淺測陛下伏望議政之際君臣各盡其意非非是是毋相面從間於燕閒與羣臣相接總覽衆議以裁處其當固有適莫務存大公則柄在陛下而威斷伸矣臣雖亡狀竊揣陛下資性有祖宗之風真勤儉有為之主大有為者當為於可為之時今四海延頸以待德音不知何憚何嫌而不為也時難得而易失惟陛下不徒悔於他日則天下幸甚

神宗時彭汝礪上奏曰夫乾天下之至健也而其德行常易夫坤天下之至順也而其德行常簡所以成物者至誠而已天地之間其精結而為日月而日月之更為晝夜其氣運而為四時而四時之代於終始其形流而為萬物而萬物迭為盛衰消息未嘗或息焉故曰天地之道可一言而盡之也而人君者成位於上下成能於終始其所以範圍之道彌綸天地之化輔相天地之宜其所以通天下之志成天下之務定天下之業亦在於至誠而已宋興百餘年天下狃於治安苟簡而萬幾隳矣陛下之興日夜自強不息思欲遠至於三代而天下之士亦皆勉焉而日孳孳皆以言責得與聞朝廷議論以事觀之疑若少加意焉蓋有獄久而不決者有言已進而不省者而後臣知其少怠也如朱炎華威南仲陳偁等多無罪案成下大理寺今踰十月而終未見與奪臣是以知刑獄有滯而未決者也臣去年十一月以書進陛下踰月而後見而書之所陳終未留乙夜之觀臣是以知言之有進而不省者也夫事固有大於威南仲之獄而臣之言誠無足以煩聖慮然以此觀之知至誠之心滅於疇昔凡人言者皆曰天下安且治矣而可以無事此非忠臣也今自朝廷觀之法度有所未立其下皆偷安者自府寺觀之政事有所未立而吏多冒法自民觀之窮困者未蘇而流移者未安集自四夷觀之而凌犯之罪未誅窺覦之心未塞自財用觀之民力方屈國費方迫自學校觀之忠信未成而道德未一臣所謂陛下當日夜加勵思所以補苴凋瘵之術如此其幾也遂玩之以為安治而少怠焉臣恐天下之心復弛矣

哲宗元祐二年平章軍國重事文彥博進無逸圖奏曰臣伏覩周公作無逸以戒成王後代聖君皆奉為至戒以成治道以克永世臣又覩唐史見宰相崔植對穆宗云玄宗初得姚崇宋璟為宰相二人者

夙夜孜孜致君于道璟嘗手寫尚書無逸一篇為圖以獻玄宗置之內殿出入觀省記念在心每歎古人至言後代莫及故任賢戒欲心歸沖漠開元之末因無逸圖朽壞始以山水圖代之自後既無座右箴規又信奸臣用事天寶之末稍倦於勤王道於斯缺矣今陛下虛心求治伏望以無逸為元龜穆宗善其對臣恭惟皇帝陛下聰明稽古嚮學思道間日御邇英閣儒臣講讀經史臣又覩邇英壁有仁祖朝講官王洙所寫無逸圖臣慮禁中或未有此圖故敢寫錄四軸并一卷上進望於殿內張掛置於几案以便聖覽臣愚不勝區區之至

四年中書舍人彭汝礪上奏曰臣伏惟自古天下廢興存亡見於書者甚備其成未嘗不以憂勤其失未嘗不以怠忽陛下即位蒞政其仁民愛物之心發於詔令見於行事厚矣日月益久然終不能近古

殆誠意未加而已聽言之道必觀以事今察于天地常寒星變河流未息察於財用公私單乏浮費益滋察于有司因循苟簡之弊日甚察於風俗廉恥忠厚之風幾喪役法既變民人益困邊備浸弛夷狄方侮選舉法壞士迷所向而進言者曰今大安且治是非欺則諛天下大器置之安則安置之危則危安危之幾一朝一夕一言一動之間而已蓋自古人主饗國既久無至誠惻怛之心上下媮安趣過目前緜緜延延日月以甚固雖無惡政虐刑加於百姓而天下未嘗不亂此不可不察也陛下曰仁民愛物之心加之以至誠在所可為而必斷在所可法而不惑在所可聽而必從在所可改而無咎如此則百官有司莫不奮勵承詔災異弊病非所患矣臣雖不肖猶日夜洗心以俟故以至誠之論終之

徽宗大觀中吏部侍郎慕容彥逢上奏曰臣備位詞掖兼以攝記注

職事日侍清光伏覩陛下辨色視朝延見群臣雖雪霰風霧凜洌異常辰正奏隔上殿班傳旨特引當近已初乃罷盛寒嚋咨玉色無倦十六日入冬至假陛下御延和引上殿十一班十七日又引十班皆人人傾問曲盡事情告戒丁寧切中機會節假內批降臣寮章疏及有他處分差除絡繹不絕臣職在奉行捧讀悚激方是時群臣賜告偃息于家而陛下夙夜省覽憂國愛民未嘗暇逸陛下以天縱之聖而勤政若此蓋將訓迪有司永垂憲度而日歷之所紀邸報之所傳循舊襲常舉其大略而已自非進得陪侍軒墀退得與聞幾政何以盡知其詳臣愚欲望聖慈以臣所陳降付史館及進奏院昭示天下傳之無窮俾中外官吏迤至民庶聞風胥勸罔不克勤上副陛下宵衣旰食之誠

孝宗時禮部員外兼崇政殿說書范成大上奏曰臣聞治天下之道非以無其具之為患而以有其具而不責其成功之為患也譬猶工匠雖有械器雜然前陳而不課其成器之效則與無械器者何異夫興事造業發號出令之初何嘗不長慮却顧殫智竭力再三熟復而後有所為哉推而放之之久則必有偏而不舉虧而不行與夫沮抑於下而弗使見功者一聽其自然不復過而問焉則鄉之所謂殫智竭力而為之者終於徒勞而無補此所以治具雖多而治功愈遠也大抵末俗之陋樂宴安而憚改作習委靡而忘振起譬猶王良之御駑馬當其銜勒而謹握之猶可維持以行跬步稍弛則蹶躓隨之矣故曰一日二日萬幾無曠庶官天工人其代之此言一日曠官則萬事之幾必有廢失者況其久乎故善治之主不敢一日不用其才焉孜孜業業執其所以為治具者晝夜提策之曰吾前日興其利其果興矣乎前日去其害其果去矣乎利宜興而未興害宜去而未去無

乃吾法制有未善者乎抑亦有沮抑於下而使法制不得行者乎及其利已興矣害已去矣則又曰其果能久而弗變矣乎雖變而猶可通之以盡利乎未如是則有所不為為無不成而成亦不壞矣堯舜之治莫要乎二典二典莫盛於賡歌治至於君臣作歌以相戒宜不作不急之語而皋陶之颺言但曰率作興事謹乃憲欽哉屢省乃成欽哉蓋興事之初不謹憲度固無可行之理憲度謹矣而必繼以屢省者蓋事不加省則雖成而必隳屢之為言不一而足之謂朝省之暮又省之今日省之明日又省之不知何時而已也二典之治百聖所師皋陶之謨後世莫及攝其樞要初不遠於人情而無高世離俗甚高難行之說今聖主將人有為以躡堯舜之迹覩皋陶之歌思過半矣

侍御史王十朋上疏曰臣竊以今日邊事未靖正君臣相與有為日不暇給時也竊見朝廷尚循平時故事假故稍多有妨機務臣欲乞

陛下未明坐朝日晏而退至於假故之日宜常御便殿不拘早晚引見宰執侍從臺諫群臣賜以從容訪問時務事有可據即時施行仍敕朝廷不可似常時作假宰執日入朝堂百僚各任其職庶幾事務不廢共致中興不勝幸甚

趙汝愚上奏曰臣伏覩唐世人主莫不其始甚勤其終則怠其進甚銳其退亦速若德宗文宗始皆慨然有削平僭亂之志特以用非其人故功不果遂二君不能於此自反益任忠賢以收後效雖元勳舊德見於已試若陸贄裴度皆不獲見用而甘心委靡廢放不復自振此固無足稱者若夫玄宗憲宗皆剛明果斷卓然為一代英主自始即位克己用人不數年間功成治定倘其易也及其驕縱之心一生則忠言易疏甘言易入於是罷張九齡用李林甫用皇甫鎛棄裴度而盛德大業俱不克終矣其間惟一太宗能用人納諫始終不倦故

貞觀之治獨盛於唐而魏徵諄諄然猶陳十漸之戒書曰謹厥終惟其始又曰終始惟一時乃日新嗚呼艱哉臣仰惟陛下臨治以來二十餘載仁孝之行愈久而愈彰勤儉之誠彌積而彌勵至於詢求闕失獎勸忠良比歲以來日恐不逮凡聖德之所成就者視初即位蓋益高明光大矣雖成湯之日新又新文王之純亦不已不足進於是也臣嘗究此道其實千古同符慎而行之則以治以安違而用之則有危有亂陛下聖學高遠洞照古今灼知聖帝明王未有不由斯道而能致隆平者也臣愚伏願陛下篤信而勿疑力行而勿倦尊有德以正朝廷之本容直諫以來天下之言自然士氣作成庶職修舉王功帝業無為不成矣惟陛下留神幸甚

光宗時趙汝愚上奏曰臣嘗歷觀天下之事物蓋未有久而不壞者也然流水不腐戶樞不蠹者何哉運動故也惟我國家自祖宗開創以來蓋歷二百三十有餘年如大廈然歲月深矣中更變亂庶事非復舊制今又六十餘年矣臣竊觀事勢固有偏而不起之處興滯補弊正有賴於今日臣仰惟陛下以神禹之資而受重華付託之重是宜憂勤夙夜興起治功使功光祖宗業垂後裔而羣臣進言者勸陛下以中外無事優游安靜者是皆人臣苟安之利而非國家長久之福也臣誠愚鄙不達治體然更歷數郡首尾十年自蜀至閩身行萬里所見閭閻之內民實困窮郡縣之間吏多貪濁風玩弊上下苟媮邊備空虛事力單弱將帥掊克而不卹其下士卒愁怨而不聽其上病弊百出不可盡言誠恐一旦有邊鄙之虞水旱之變軍旅數起盜賊繁興雖有智者無以善其後此正賈誼所謂厝火積薪之下火未及然而因謂之安者也臣愚伏願陛下思王業之艱難念民生之不易慨然發憤志於有為凡前數者之弊勤而思之如饑者之望食

病者之望藥朝夕砥礪以圖安強之效雖陛下有一日之勞而子孫享萬年之福宗社幸甚不然臣恐玩歲愒日棟橈梁折曾風雨之不庇矣臣不任惓惓愛君憂國之誠遂忘其狂瞽陛下留神幸甚

寧宗時衛涇進故事曰唐憲宗嘗曰惟太宗玄宗之盛朕不佞欲庶幾二祖之道德風烈何行而至此乎李絳曰陛下誠能正身勵己尊道德遠邪佞進忠直與大臣言敬而信無使小人參焉與賢者游親而禮無使不肖與焉去官無益於治者則材能出放宮女之希御者則怨曠銷將率擇士卒勇矣官師公吏治輯矣法令行而不下違教化篤而俗必遷如是可與祖宗合德稱中興夫何遠之有言之不行無益也行之不至無益也帝曰美哉斯言朕將書諸紳即詔絳與崔羣錢徽韋洪景白居易等捜次君臣成敗五十種為連屏張便坐帝每閱視顧左右曰而等宜作意勿為如此事

臣聞詩稱文武始於憂勤終於逸樂言圖治於始而享成於終逸樂非宴安之謂也仲虺之告湯曰謹厥終惟其始伊尹之告太甲曰終始惟一時乃日新蓋始勤終怠者人之常情故自昔君臣相與儆戒未嘗不致謹於斯也憲宗元和初銳意有為慨慕貞觀開元之盛李絳告以正身勵己進忠遠佞敬大臣親賢者擇將率而任官師行法令而崇教化初非驚世駭俗之說亦無甚高遠難行之論而皆修身治國之要道古今不易之至理又謂言之不行行之不盡為無益帝既嘉納又詔搜次君臣成敗列之連屏以便觀覽且每顧左右戒以勿為如此事惟帝因絳之言心知驚懼故一時委用忠賢不惑羣議削平僭叛威令幾於復振其剛明果斷雖天資之美亦憂勤之效也使帝盡行其言殆不止於度越二祖而已柰何淮西既平浸至驕侈信任非人程异皇甫鎛之徒或以羨

餘或以賄賂相次而進凡絳所言於帝者漫不之省遂使升平之業遽自隳壞史臣有不克終之歎言之不行行之不盡卒蹈絳之戒豈非此心怠忽之所致哉人君臨政願治儻因憲宗之所以得鑒憲宗之所以失聽言之際尊其所聞行其所知充而至於高明光大一政令之施設注措一人材之進退用舍本之以至正持之以至公兢兢業業謹終于始而勿為逸豫怠驕之念所移奪則唐虞三代之治可以馴致唐之三君奚足論乎

理宗時李韶為禮部侍郎上疏曰臣生長淳熙初猶及見渡江盛時民生富樂吏治脩舉事變少異政歸私門紹定之末元氣索矣端平更化陛下初意豈不甚美國事日壞其人或罷或死莫有為陛下任其責者考論至是天下事豈非陛下所當自任而力為乎左氏載史墨言魯公世從其失季氏世修其勤蓋言所由來者漸矣陛下臨御日久宜深思熟念威福自己誰得而盜之哉舍此不為悠悠玩愒乃幾於左氏所謂世從其失者

知南劍州徐元杰上奏曰臣叨恩收召獲對清光不敢以故事具文之言對惟陛下垂聽焉臣竊惟天下可慮之勢辟之舟汎滄溟非不歷驚波怒濤之險幸狂飈之粗息宜同心而共濟可也苟以恬靜自紓偃仰少憩視罅漏之滲而弗窒睹維楫之亡而弗救于于然畧無誕先登岸之意正恐天大以風其何以支方今之弊無以異此臣聞敵國外患之有無正所以係國之存亡也自古不恃敵之不來恃吾有以待之國勢必尊嚴內治必整飭君臣上下凡見之於嚴訓胥告者惟曰常謹其在我而已是以唐虞盛時四夷來王實本於無怠無荒之忱蠻夷率服不外乎端德難壬之化當時廷臣告語首欲其儆戒於無虞之日帝之作歌非夸詡也凜凜乎勑天之命而不敢安皋

陶之颺言非溢美也懇懇乎興事謹憲而不敢怠不特此爾上之所以告者曰惟時則不玩於惜陰也曰惟幾則不忽於謹微也下之所以復者首之以念哉而致其慮終之以欽哉而堅其忱不徒為明良喜起之賡必嚴於叢脞惰隳之戒夫以泰和氣象猶諄切規警如此今果何時視為已安已治而悠悠玩愒得乎陛下與二三大臣以宗社為心是正勵志復讎臥薪嘗膽汲汲於生聚教訓之時也是正憂治危明寢薪厝火皇皇然痛哭流涕之時也陛下一警悟及此則夫發憤立志責躬抹過以先群下者是又今日之良機也然立志宜易消靡救過常易因循嘆白日之如飛痛事功之何及慨蒼天之罔極懷報稱之何窮體認乎天地眷祐之隆感念乎祖宗付託之重悼襄漢之未葺憤淮蜀之未靖陛下必有志於撥亂二三大臣亦必相與堅定夫修攘之規摹而燕安江沱玩敵噬臍者不可不

鑒也亂離斯瘼之在念勞來還定之關憂陛下必有志於平治二三大臣亦必相與恢拓夫弘濟之事業而民亦勞止謂可少康者不可不戒也臣聞前乎十年聖語嘗曰即位以來未嘗為祖宗辦一事是蓋聖志英烈質天地神明而無愧惜其工夫經理之次第未能及而求之以乖陛下之初心而法家拂士所以規切時政者又不能諄勤惻怛以開明夫上下有為必遂之志舉世之耆艾骨鯁為之擯棄淪落而無餘者則亦甚可惜也雖然事無難易有志竟成鑒舊圖新辦此心爾陛下以不負天地祖宗為心必示人以予違汝弼之旨二三大臣以不負陛下為心必諭人以勤攻吾闕之求自是而倡之則內外小大之臣亦必洗心滌慮莫不有官師相規之義故夫謹法守之奉者勿求多於道揆之常井然周官法度之中隱然關雎麟趾之意至公血忱對越之實德相與每事而發見凡有動於血氣之私必深省而自窒之剗厲堅苦負荷之定力相與叶心而扶持少有憐於便安之適惟深戒而隄防之如是則自上而下無一念而不以天下國家為事無一事而不以天地祖宗為心是蓋古者君臣相與克艱之義不惟逸豫惟以亂民其旨如此陛下與二三大臣信能持此之志堅如金石捄此之過疾如雷風則舉天下之事勢自莫不徐熟吾之條理矣雖然臣所謂立志者志於與治同道向承平之氣脈也臣所謂捄過者捄其與亂同事起積壞之膏肓也況夫上而天命之靡常所以祈天而永命者在是下而人心之可畏所以感人而結心者在是臣觀聖人之作春秋其於魯宣之時書滅赤狄書大有年又必書災異而迭見於先後其意蓋亦深矣此古大臣所以日奏四方水旱盜賊之變以警悟上心者非過慮也蓋有所警悟則不敢玩忽入而謹之於存養者皆所以事天出而推之於寵綏者亦所以相帝無敢戲豫敬天怒也而賓筵媟近或以汩清明之氣而售其欺者不可以不防治民祇懼畏天命也而田里愁嘆得以稔乖戾之證而莫之聞者不可以不察以世教所當身任也必修明乎三綱五常以為扶持有永之道以國事所當時飭也必兢業乎一日萬機以寓寅畏自度之敬以至節無藝之費用罷不急之工役去無益之崇尚庶幾簡靜足以宅聖志憂勤足以玉聖躬推而見於酬酢運量之際無往非剛健粹精之德茲皆人事之所當盡而天理之所必契者陛下其深念之捨是則應天以文何以迓續乎天命夫人心不同如其面然公是所在千萬人一心也昔者烹阿大夫封即墨大夫齊國大治人人各盡其忱唐之朝廷舉措得宜自有以深服乎將帥士卒之心陛下責吏治有詔戒邊帥有詔風飛雷厲之下草偃蟄奮宜無留難然以臣觀之人心垢玩積習深矣士大夫志富貴而不志功業革其面而不革其心錮於患得患失之己私而愛民愛君之心事無復有矣陛下及是之時勇有立志開忠直之路塞邪枉之門聚賢人君子以肅羽儀擇監司帥守以嚴按察詔二三大臣以包荒馮河之力量于以崇難進易退之風凡忠良明知有欲為而未遂者必意氣感動而招徠責三邊將帥以備塞禦戎之事功于以行信賞必罰之令凡偏裨行伍有軼羣而超衆者必公共薦舉而躐用之如是則內外之所信向蓋不但可以作新吏治而已捨是則動人以言何足以感服乎天下今天下大勢有可以興起之機陛下與二三大臣當悠長以思惟至公血誠可以感召和氣惟刻厲堅苦可以成就良心則臣所謂發憤立志責躬捄過者雖天且弗違而況於人乎況夷狄禽獸乎臣本茅書生不識忌諱深念受恩罔極無補涓埃齋心積忱以對越之心對陛下志於感動不覺言多惟陛下不以故事具文視之則宗社幸甚

天下幸甚。

洪舜俞進故事曰。憲宗嘗與宰相論治道於延英殿。日旰暑甚。汗透御服。宰相恐上體倦求退。上留之曰。朕入禁中所與處者獨宮人宦官耳。故樂與卿等共談為理之要。殊不知倦也。

臣聞人心不可以兩用。有所慕則有所忘。好善者忘酒。樂德者忘色。八年于外。急於拯四海之溺而忘其家。日昃不食。動於合萬民之和而忘其身。所重在此。則所輕在彼也。方時癉暑。人孰不惟寬涼之是慕。憲宗銳於圖治。議政延英。日且旰矣。汗透御衣而不顧。蓋忘其為暑也。讜虞以盡大臣之情。而無取乎宮人宦官之與處。奮勵以講中興之要。而不求乎深宮廣廈之自逸。社稷生靈之念。日切於心。凡人情之所共樂者。無不忘之。其肯以天下之未安為一身之適乎。況是時名相皆足以穆天縡。經國體。所議必非不急細務。淩留旰食之聽者。堂堂兩河。已盡在規畫中矣。彼避暑九成而忘其親。生涼殿閣而忘其民。心移於物。惟欲是縱。賢君所當戒也。

金世宗時。參知政事張汝霖因朝日奏事上前。世宗謂曰。朕觀唐史見太宗行事。初甚勵精。晚年與羣臣議多飾辭。朕不如是也。又曰。唐太宗。明天子也。晚年亦有過舉。朕雖不能比迹聖帝明王。然常恐始終如一。今雖年高。敬慎之心無時或怠。汝霖對曰。古人有言。靡不有初。鮮克有終。有始有卒者。其惟聖人乎。魏徵所言守成難者。正謂此也。上以為然。

歷代名臣奏議卷之一百九十

節儉

齊桓公謂管仲曰。吾國甚小。而財用甚少。而羣臣衣服輿馬甚汰。吾欲禁之可乎。管仲曰。臣聞之。君嘗之。臣食之。君好之。臣服之。今君之食也。必桂之漿。衣練紫之衣。狐白之裘。此羣臣之所奢大也。詩云。不躬不親。庶民不信。君欲禁之。胡不自親乎。桓公曰善。於是更制練帛之衣。大白之冠。朝一年而齊國儉也。

秦穆公問由余曰。古者明王聖帝得國失國。當何以也。由余曰。臣聞之。當以儉得之。以奢失之。穆公曰。願聞奢儉之節。由余曰。臣聞堯有天下。飯於土簋。啜於土鉶。其地南至交阯。北至幽都。東西至日所出入。莫不賓服。堯釋天下。舜受之。作為食器。斬木而裁之。銷銅鐵。脩其刃。猶漆黑之以為器。諸侯侈國之不服者十有三。舜釋天下而禹受之。作為祭器。漆其外而朱畫其內。繒帛為茵褥。觴勺有彩。為飾彌多。而國之不服者三十有二。夏后氏以沒。殷周受之。作為大器而建九斿。食器雕琢。觴勺刻鏤。四壁四帷。茵席雕文。此彌侈矣。而國之不服者五十有二。君好文章而服者彌侈。故曰儉其道也。由余出。穆公召內史廖而告之曰。寡人聞鄰國有聖人。敵國之憂也。今由余聖人也。寡人患之。吾將奈何。內史廖曰。夫戎辟而遼遠。未聞中國之聲也。君其遺之女樂以亂其政。而厚為由余請期。以疏其間。彼君臣有間。然後可圖。君曰諾。乃以女樂三九遺戎王。因為由余請期。戎王果見女樂而好之。設酒聽樂。終年不遷。馬牛羊半死。由余歸諫。諫不聽。遂去入秦。穆公迎而拜為上卿。問其兵勢與其地利。既以得矣。舉兵伐之。兼國十二。開地千里。穆公奢主。能聽賢納諫。故霸西戎。西戎淫於樂。誘於利。以亡其國。由離質樸也。

晉平公為馳逐之車。龍旌衆色。掛之以犀象。錯之以羽芝。車成題金千鎰。立之於殿下。令羣臣得觀焉。田差三過而不一顧。平公作色大怒。問田差爾三過而不顧何為也。田差對曰。臣聞說天子者以天下。說諸侯者以國。說大夫者以官。說士者以事。說農夫者以食。說婦姑者以織。桀以奢亡。紂以淫敗。是以不敢顧也。平公曰善。乃命左右曰。去車。

漢武帝末年。天下侈靡趨末。百姓多離農畝。上從容以問太中大夫給事中東方朔曰。吾欲化民。豈有道乎。朔對曰。堯舜禹湯文武成康上古之事。經歷久遠。臣不敢陳。願近述孝文皇帝之時。當世耆老皆聞見之。貴為天子。富有四海。身衣弋綈。足履革舃。以韋帶劍。莞蒲為席。兵木無刃。衣縕無文。集上書囊以為殿帷。以道德為麗。以仁義為準。於是天下望風成俗。昭然化之。今陛下以城中為小。圖起建章。左鳳闕右神明。號稱千門萬戶。木土衣綺繡。狗馬被繢罽。宮人簪瑇瑁。垂珠璣。設戲車。教馳逐。飾文采。叢珍怪。撞萬石之鍾。擊雷霆之鼓。作俳優。舞鄭女。上為淫侈如此。而欲使民獨不奢侈失農。事之難者也。陛下誠能用臣之計。推甲乙之帳。燔之於四通之衢。卻走馬視不復用。則堯舜之隆。宜可與比治矣。易曰。正其本萬事理。失之毫氂。差以千里。願陛下留意察之。

元帝即位。徵貢禹為諫大夫。是時年歲不登。郡國多困。禹奏言。古者宮室有制。宮女不過九人。秣馬不過八匹。牆塗而不琱。木摩而不刻。車輿器物皆不文畫。苑囿不過數十里。與民共之。任賢使能。什一而稅。亡他賦斂繇戍之役。使民歲不過三日。千里之內自給。千里之外各置貢職而已。故天下家給人足。頌聲並作。至高祖孝文孝景皇帝。循古節儉。宮女不過十餘。廄馬百餘匹。孝文皇帝衣綈履革。器亡琱

文金銀之飾。後世爭為奢侈。轉轉益甚。臣下亦相放效。衣服履絝刀劍亂於主上。（絝古袴字）主上時臨朝入廟。衆人不能別異。甚非其宜。然非自知奢僭也。猶魯昭公曰。吾何僭矣。今大夫僭諸侯。諸侯僭天子。天子過天道。其日久矣。承衰救亂。矯復古化。在於陛下。臣愚以為盡如太古難。宜少放古以自節焉。論語曰。君子樂節禮樂。方今宮室已定。亡可奈何矣。其餘盡可減損。故時齊三服官。輸物不過十筒。（三服官主作天子之服在齊地。筒。盛衣竹器。音先嗣反）方今齊三服官作工各數千人。一歲費數鉅萬。蜀廣漢主金銀器。歲各用五百萬。三工官。官費五千萬。（三工官。謂少府之屬官考工室也。右工室也。東園匠也）東西織室亦然。廄馬食粟將萬匹。臣禹嘗從之東宮。見賜杯案。盡文畫金銀飾。非當所以賜食臣下也。東宮之費亦不可勝計。天下之民所為大飢餓死者是也。今民大飢而死。死又不葬。為犬豬所食。人至相食。而廄馬食粟。苦其大肥。氣盛怒至。乃日步作之。（日日行步而動作之。以散充溢之氣）王者受命於天。為民父母。固當若此乎。天不見邪。武帝時又多取好女至數千人。以填後宮。及棄天下。昭帝幼弱。霍光專事。不知禮正。妄多臧金錢財物。鳥獸魚鼈牛馬虎豹生禽。凡百九十物。盡瘞臧之。又皆以後宮女置於園陵。大失禮。逆天心。又未必稱武帝意也。昭帝晏駕。光復行之。至孝宣皇帝時。陛下惡有所言。羣臣亦隨故事。甚可痛也。故使天下承化。取女皆大過度。（取讀曰娶）諸侯妻妾或至數百人。豪富吏民畜歌者至數十人。是以內多怨女。外多曠夫。及衆庶葬埋。皆虛地上以實地下。其過自上生。皆在大臣循故事之辠也。唯陛下深察古道。從其儉者。大減損乘輿服御器物。三分去二。子產多少有命。審察後宮。擇其賢者留二十人。餘悉歸之。及諸陵園女亡子者。宜悉遣。獨杜陵宮人數百。誠可哀憐也。廄馬可亡過數十匹。獨舍長安城南苑地以為田獵之囿。（舍。置也。獨留置之。其餘皆發去）自城西南至

山西至鄠皆復其田以與貧民方今天下飢饉可亡大自損減以救之稱天意乎天生聖人蓋為萬民非獨使自娛樂而已也故詩曰天難諶斯不易惟王上帝臨女毋貳爾心當仁不讓獨可以聖心參諸天地揆之往古不可與臣下議也若其阿意順指隨君上下上下猶言高下謂苟順從也臣禹不勝拳拳不敢不盡愚心天子納善其忠乃下詔令太僕減食穀馬水衡減食肉獸省宜春下苑以與貧民又罷角抵諸戲及齊三服官

禹又言諸離宮及長樂宮衛可減其太半以寬繇役又諸官奴婢十萬餘人戲游亡事稅良民以給之歲費五六鉅萬宜免為庶人稟食令代關東戍卒乘北邊亭塞候望又欲令近臣自諸曹侍中以上家亡得私販賣與民爭利犯者輒免官削爵不得仕宦

哀帝時龔勝居諫官數上書求見言百姓貧盜賊多吏不良風俗薄災異數見不可不憂制度泰奢刑罰泰深賦斂泰重宜以儉約先下

東漢章帝時馬廖代趙憙為衛尉時皇太后躬履節儉事從簡約廖慮美業難終上疏長樂宮以勸成德政曰臣案前世詔令以百姓不足起於世尚奢靡故元帝罷服官成帝御浣衣哀帝去樂府然而侈費不息至於衰亂者百姓從行不從言也夫改政移風必有其本傳曰吳王好劍客百姓多創瘢楚王好細腰宮中多餓死長安語曰城中好高髻四方高一尺城中好廣眉四方且半額城中好大袖四方全匹帛斯言如戲有切事實前下制度未幾後稍不行雖或吏不奉法良由慢起京師今陛下躬服厚繒斥去華飾素簡所安發自聖性此誠上□天心下順民望浩大之福莫尚於此陛下既已得之自然猶宜□以勉勗法太宗之隆德戒成哀之不終易曰不恒其德或承之羞□□斯事一竟則四海誦德聲薰天地神明可通金石可動而況於行仁心乎況於行令乎願置章坐側以當瞽人夜誦之音太后深納之

靈帝欲鑄銅人而國用不足乃詔調民田畝斂十錢而比水旱傷稼百姓貧苦樂安太守陸康上疏諫曰臣聞先王治世貴在愛民省徭輕賦以寧天下除煩就約以崇簡易故萬姓從化靈物應德末世衰主窮奢極侈造作無端興制非一勞割自下以從苟欲故黎民吁嗟陰陽感動陛下聖德承天當隆盛化而卒被詔書畝斂田錢鑄作銅人伏讀惆悵悼心失圖夫十一而稅周謂之徹徹者通也言其法度可通萬世而行也故魯宣稅畝而蝝災自生哀公增賦而孔子非之豈有聚奪民物以營無用之銅人捐捨聖戒自蹈亡主之法哉傳曰君舉必書書而不法後世何述焉陛下宜留神省察改敝從善以塞兆民怨恨之望

魏明帝時百姓凋匱而役務方殷闕鄉侯衛覬上疏曰夫變情厲性彊所不能人臣言之既不易人主受之又艱難且人之所樂者富貴顯榮也所惡者貧賤死亡也然此四者君上之所制也君愛之則富貴顯榮君惡之則貧賤死亡順指者愛所由來逆意者惡所從至也故人臣皆爭順指而避逆意非破家為國殺身成君者誰能犯顏色觸忌諱建一言開一說哉陛下留意察之則臣下之情可見矣議者多好悅耳其言政治則比陛下於堯舜其言征伐則比二虜於貍鼠臣以為不然昔漢文之時諸侯彊大賈誼累息以為至危況今四海之內分而為三羣士陳力各為其主其來降者未肯言舍邪就正咸稱逼於困急是與六國分治無以為異也當今千里無煙遺民困苦陛下不善留意將遂凋弊難可復振禮天子之器必有金玉之飾飲食之肴必有八珍之味至於凶荒則徹膳降服然則奢儉之節必視

世之豐約也武皇帝之時後宮食不過一肉衣不用錦繡茵褥不緣飾器物無丹漆用能平定天下遺福子孫此皆陛下之所親覽當今之務宜君臣上下並用籌策計校府庫量入為出深思句踐滋民之術尤恐不及而尚方所造金銀之物漸更增廣工役不輟侈靡日崇帑藏日竭昔漢武信求神仙之道謂當得雲表之露以餐玉屑故立僊掌以承高露陛下通明每所非笑漢武有求於露而猶尚見非陛下無求於露而空設之不益於好而糜費功夫誠皆聖慮所宜裁制也

吳烏程侯寶鼎元年時居武昌揚州民泝流供給甚苦之又奢侈無度公私窮匱左丞相陸凱上疏曰今無災而民命盡無為而國財空臣竊痛之昔漢室既衰三家鼎立今曹劉失道皆為晉有此目前之明驗也臣愚但為陛下惜國家耳武昌土地險瘠非王者之都且童謡云寧飲建鄴水不食武昌魚寧還建鄴死不止武昌居此足明民心與天意矣今國無一年之蓄有露根之漸而官吏務為苛急莫之或恤大帝時後宮女不滿百景帝以來乃有千數此耗財之甚者也又左右率非其人羣黨相扶害忠隱賢此皆蠹政病民者也願陛下省百役罷苛擾出宮女清選百官則天悅民附而國安矣吳主雖不悅以其宿望特優容之

時吳俗奢侈中書丞華覈上疏曰今民貧俗奢轉相倣傚兵民之家內無甔石之儲而出有綾綺之服上無尊卑等級之差下有耗財費力之損求其富給庶可得乎

晉武帝太康三年中護軍羊琇後將軍王愷散騎常侍石崇三人皆富於財競以奢侈相高車騎司馬傅咸上書曰先王之治天下食肉衣帛皆有其制奢侈之費甚於天災古者人稠地狹而有儲蓄由於節也今土廣人稀而患不足由於奢也欲時人崇儉當詰其奢奢不見詰轉相高尚則無有窮極矣

後魏宣武帝時散騎常侍邢巒奏曰臣聞昔者明王之以德治天下莫不重粟帛輕金寶然粟帛安國育民之方金玉是虛華損德之物故先皇深覩古今去諸奢侈服御尚質不貴雕鏤所珍在素不務奇綺至乃以紙絹為帳扆銅鐵為轡勒訓朝廷以節儉示百姓以憂務日夜孜孜小大必慎輕賤珠璣示其無設府庫之金裁給而已更不買積以費國資逮景明之初承升平之業四疆清晏遠邇來同於是蕃貢繼路商賈交入諸所獻貿倍多於常雖加以節儉猶歲損萬計珍貨常有餘國用常不足若不裁其分限便恐無以支歲自今非為要須者請皆不受宣武從之

秦主苻堅自平諸國之後國內殷實遂示人以侈懸珠簾于正殿以朝羣臣宮宇車乘器物服御悉以珠璣琅玕奇寶珍怪飾之尚書郎裴元畧諫曰臣聞堯舜茅茨周卑宮室故致和平慶隆八百始皇窮極奢麗嗣不及孫願陛下則采椽之不琢鄙瓊室而不居斆純風於天下流休範於無窮賤金玉珍穀帛勸恤人隱勸課農桑捐無用之器棄難得之貨敦至道以厲薄俗脩文德以懷遠人然後一軌九州同風天下刑措既登告成東嶽蹤軒皇以齊美哂二漢之徙封臣之願也堅大悅命去珠簾以元畧為諫議大夫

後周武帝保定間豪富之家競為奢麗外史下大夫黎季明上書曰頃者亢旱踰時人懷望歲陛下爰發明詔廣求六瘼同禹湯之罪己高宋景之守正澍雨應時年穀斯稔剋己節用慕質去華此則尚矣然而朱紫仍耀於衢路綺縠猶侈於豪富短褐未充於細人糟糠未厭於編戶此則勸導之理有所未周故也今雖導之以

禮齊之以刑。風俗固難以一矣。昔漢文帝集上書之囊以作帷帳。惜十家之產不造露臺。後宮所幸衣不曳地。方之今日富室之飾嘗不如婢隸之服。然而以身率下。國富刑清。廟稱太宗。良有以也。臣聞聖人久於其道而天下化成。今承魏氏衰亂之後。貞信未興。宜先尊五美。屏四惡。革浮華之俗。抑流競之風。察鴻都之小藝。焚雉頭之異服。無益之貨勿重於時。虧德之器勿陳於側。則人知德矣。

唐太宗貞觀四年。上謂侍臣曰。崇飾宮宇。遊賞池臺。帝王之所欲。百姓之所不欲。帝王所欲者放逸。百姓所不欲者勞弊。孔子云。有一言可以終身行之者其恕乎。己所不欲。勿施於人。勞弊之事誠不可施於百姓。朕尊為帝王。富有四海。事皆由己。誠能自節。若百姓不欲。必能順其情也。魏徵曰。陛下本憐萬姓。每節己以順人。臣聞以欲從人

者昌。以人樂己者亡。隋煬帝志在無厭。雖好奢侈。所司每有供奉營造。小不稱意。則有峻罰嚴刑。上之所好。下必有甚。競為無限。遂至滅亡。非惟書籍所傳。亦陛下目所親見。為其無道。故天命陛下代之。陛下若以為足。今日不啻足矣。若以為不足。更萬倍過此亦不足。太宗曰。公所奏對甚善。非公朕安得聞此言。

太宗嘗怪舜造漆器。禹雕其俎。諫者十餘不止。小物何必爾邪。諫議大夫褚遂良對曰。雕琢害力農。纂繡傷女工。奢靡之始。危亡之漸也。漆器不止。必金為之。金又不止。必玉為之。故諫者救其源不使得開。及夫橫流則無復事矣。帝咨美之。

玄宗時。天子誕日。諸道爭以侈麗奉獻。不則為老子浮屠解禱事。中書舍人常袞。以為漢文帝還千里馬不用。晉武帝焚雉頭裘。宋高祖碎琥珀枕。是三主者。非有聰明大聖以致治安。謹身率下而已。今諸道饋獻。皆淫侈不急。而節度使刺史非能男耕而女織者。類出於民。是斂怨以媚上也。請皆還之。今軍旅未寧。王畿戶口十不一在。而諸祠寺寫經造像。焚幣埋玉。所以賞賚若比丘道士巫祝之流。歲巨萬計。陛下若以易芻粟。減貧民之賦。天下之福豈有量哉。

穆宗嘗問侍臣曰。司馬遷言漢文帝惜十家之產而罷露臺。身衣弋綈。履革舃。集上書囊為殿帷。信乎。何太儉邪。中書侍郎同中書門下平章事崔植對曰。良史非貌言。漢承秦侈縱之餘。海內凋窶。文帝從代來。知稼穡艱難。是以躬履儉約。為天下守財。景帝遵而不改。故家給戶足。至武帝時錢朽貫穀紅腐。乃能出師征伐。威動四方。然侈靡不節。末年戶口減半。稅及舟車。人不聊生。乃下哀痛詔。封丞相為富民侯。然則帝王不可以不示儉。而天下足。帝曰。卿言善。思行之為難耳。

敬宗立。侈用無度。詔浙西上脂盝粧具。觀察使李德裕奏曰。比年旱災。物力未完。乃三月壬子赦令常貢之外悉罷進獻。此陛下恐聚斂之吏緣以成姦。彫窶之人不勝其弊也。本道素號富饒。更李錡薛苹皆榷酒於民。供有羨財。元和詔書停榷酤。又赦令禁諸州羨餘無送使。今存者惟留使錢五十萬緡。率歲經費常少十三萬。軍用褊急。今所須脂盝粧具。度用銀二萬三千兩。金百三十兩。物非土產。雖力營索。尚恐不逮。願詔宰相議。何以俾臣不違詔旨。不乏軍興。不疲人。不斂怨。則前敕後詔咸可遵承。不報。方是時罷進獻。不閱月而求貢使者足相接於道。故德裕推一以諷他。又詔索盤條繚綾千匹。德裕又上奏曰。臣昨緣宣索。已具軍資歲計。及近年物力聞奏。伏料聖慈必垂省覽。又奉詔旨。令織定羅紗袍段及可幅盤條繚綾一千匹。伏讀詔書。倍增惶灼。臣伏見太宗朝臺使至涼州見名鷹。諷李大亮令獻之

大亮密表陳誠。太宗賜詔報云。有臣若此。朕何憂。再三嘉歎。事載史書。又玄宗令中使於江南採鵁鶄諸鳥。汴州刺史倪若水陳論。玄宗亦賜詔嘉納。其鳥即時皆放。又令皇甫詢於益州織半臂背子。琵琶捍撥。鏤牙合子等。蘇頲不奉詔書。輒自停織。玄宗皆不加罪。忻納所陳。臣竊以鵁鶄鏤牙。至為微細。若水等尚以勞人損德。瀝款效忠。當聖祖之朝。有臣如此。豈明王之代。獨無其人。蓋有蔽者弗言。非陛下拒而不納。又伏覩四月二十三日德音云。侯伯有位之士。無或棄舍。謂不可者。其有違道傷理。徧欲懷安。面刺廷爭。無有隱諱。則是容納善道。增光祖宗。不盡忠規。過在臣下。況立鵝天馬。掬豹盤條。文彩珍奇。入合聖躬自服。今所織千匹。費用至多。臣愚亦所未曉。昔漢文衣弋綈之衣。元帝罷輕纖之服。仁德慈儉。至今稱之。伏乞陛下。近覽太宗玄宗之容納。遠思文帝孝元之恭己。以臣前表宣示羣臣。酌臣當道物力所宜。更賜節減。則海隅蒼生。無不受賜。

文宗嘗見中書舍人柳公權於便殿。舉袖示之曰。此衣已三澣矣。衆皆美上儉德。公權獨無言。上問其故。對曰。陛下貴為天子。富有四海。當進賢退不肖。納諫諍。明賞罰。乃可以致雍熙。服澣濯之衣。乃末節耳。

南唐嗣主保大中。太常博士陳致雍上奏曰。臣聞尊卑有倫。貴賤有序。下及黎庶。車輿服馬。宮室飲食。嫁娶喪祭之分。事有宜。適物有節。文若無制度。何以防其淫侈。救其雕弊者哉。臣且覩保大以來條約庶民居止舍宇。間架無過大。衣服車馬。各有彰別。至今撙節。上下不渝。猶有市廛閭閈之間。銷金畫繪。為婦人帬衣中被之屬。奢溢若爭浮競。僞循法守正之士。猶未能素厚自處。何況中庸之人。出見紛華盛麗。心意盪悅。老氏不云乎。不見可欲。使心不亂。由是漸漬失教。被服成俗。既而正金銷畫。衫壞同歸。數年之中。奢靡尤甚。臣又聞。國奢則示之以儉。國儉則示之以禮。其或從上化下。而民焉敢踰越。伏以皇帝陛下。絕素為治。偷薄者聞之而自革。正明宣化。貪饕者知之而自懲。于今十有三載。躬行節儉。未嘗怠佚。而於有司之官。法度不考。憲式不彰。其致姦色而流成弊故也。臣叨禮職。無裨聖政。輒斯陳露。上達聰明。伏乞宣下所司。特頒嚴勑條約。世人不得踵前。更有造作銷金衣服。如有故違。重以法繩之。其王公之室。卿士之家。並禁斷。所冀率其庶民。以次漸變。頹風自然。備本。

宋太宗太平興國中。鹽鐵判官張觀嘗因奏事。白上曰。陛下務敦淳化。殿宇衆飾。皆徹去之。惟尚朴素。天下幸甚。然於服御器用。臣願亦從純儉。上曰。朕庶事簡約。至於所服。多用絁紬。皆經澣濯爾。卿言甚善。觀頓首謝。

真宗咸平中。都官劉蒙叟上疏曰。陛下已周諒闇。方勤萬務。望崇儉德。守前規。無自矜能。無作奢縱。厚三軍之賜。輕萬姓之徭。使化育被於生靈。聲教加於中外。且萬國已觀其始。惟陛下慎守其終。思鮮克之言。戒習性之漸。則天下幸甚。上嘉之。

仁宗明道二年。殿中侍御史龐籍上奏曰。臣近者伏見傳降聖旨。差雇玉工。真珠匠。小臣疎賤。不知所造服用。然而職在耳目之官。苟有愚見。不敢緘默。恭惟陛下自纂位以來。積德脩道。謹一日。近無耽好之玩。遠無追求之勞。古之聖明。未易能過。然今水旱相仍。公私俱困。北有林胡之抗敵。西有元昊之宄狡。尤宜恭儉。齊紀律。惜國用。以豐實。制兵威而震耀。臣愚以謂不急之服。玩近奢之器物。悉宜屏絕。以勸天下。書曰。不矜細行。終累大德。禮曰。無作淫巧以蕩上心。願陛下視珍奇為棄物。以奢侈為覆車。

籍為右司諫時上奏曰臣昨到太平州界體量安撫本處檢會廣德軍判官錢中孚當塗縣主簿兼嘉祥縣尉溫宗賢等狀稱往諸鄉檢旱竊見貧民多食草子名曰烏昧并取蝗蟲曝乾摘去翅足和野菜合煑食別無虛妄者臣竊思之東南上供粮米每歲六百萬石至於府庫物帛皆出於民民於飢年艱食如此國家若不節儉生靈何以昭蘇臣今取前件草子封進伏望宣示六宮藩戚庶抑奢侈以濟艱難仍乞密下裁造務後苑文思院粮料院檢祖宗之朝每歲用度之費數目比於今時則奢儉自見伏望聖慈特降進止則天下幸甚

籍調陝西轉運使時又上奏曰臣伏見連年災異天久不雨臣謂須災消禍在朝廷自儆比年費用奢廣倉廩出納不嚴內中須索既多有司以憑申除破無緣鉤較虛實臣竊為凡乘輿所用宮中所費宜取先朝為則今宿師西鄙力戰重傷方獲功賞而內官醫官樂官無功時享豐賜故天下指目謂之三官願少裁損無厚賚予專勵戰功虜寇不足平也

寶元元年天章閣待制賈昌朝上奏曰臣伏見西夏僭妄出師命將以貽朝廷之憂臣竊謂此固不足慮而國家用度素廣儲蓄不厚民力頗困是則可憂自天聖以來屢詔有司節省用度以至于今未聞有所施行古者四方無事則脩政令務稼穡倉廩有積穀府庫有羨財節用愛人以戒不虞卒有水旱寇攘之至而無所憂自三代而下稱王業盛者唯漢爾文景以恭儉故風俗厚財用足至于武帝務勤征伐始筭緡錢摧酤以助軍旅之給而天下蕭然矣至昭帝議鹽鐵罷摧酤省徭役篤耕種凡侵蠹民利者一切寬貸之時賜租賦使民得以足衣食內則省宰夫樂工希文景之風以厚儲蓄數百年間四夷咸服百姓不厭漢德者無他道也節用愛人崇本抑末之所致也

宋受命八十載可謂治平矣然節愛之術有所未至邊陲雖寧而兵俻不省徭役雖簡而農務不篤外厚幣聘而內豐廩藏自餘虛用冗費難以悉數天下諸道若京之東西財可自足陝右河朔歲須供饋所仰者淮南江東數十郡爾故田稅不足重以榷禁凡山澤市井之利靡有厚薄悉入於公上而民不得售加以不耕不織游惰之俗蠹食為害都人士女燕安太平忘衣食艱難之患習尚奢侈重傷民力衆所以困國之儲蓄所以不厚者職此之由夫國財民力靡於無用之日故當其有事不得不憂臣嘗治畿邑有禁兵三千而留萬戶賦輸僅能了足其三年賞給仍出自內府況他郡邑兵不啻此推是可以知天下虛實矣臣又嘗掌京廩計江淮歲運粮六百餘萬以一歲之入僅能充朝廷之用三分二在軍旅一在冗食所蓄聚不盈數天下太平已久而財不藏於國又不在於民儻有水旱頻仍之災軍戎

調度之急計將安出哉願陛下鑒已往之失察當今之務取景德已來迄于景祐凡百用度靡有巨細校其所入所出之數約以祖宗舊制其不急者皆省罷之

二年右司諫韓琦上奏曰臣准敕以御史王素上言乞依賈昌朝所奏取景德至景祐年凡百用度靡有巨細較計所入所出之數省罷不急等事蒙差張若谷任中師并臣與三司同共詳所奏定奪裁省聞奏竊以臣先監左藏庫日朝廷亦曾差官於三司令將咸平景德天聖景祐年支費比附其時三司已檢尋天聖已前帳案不足遂下在京諸司庫務差人監勒檢尋亦是多不存在甚為搔擾臣輒上言若檢前項年分帳案得全比附見今來支費數多朝廷若不節用乃是徒撫空文或勘會近年帳案但見得冗費即行減罷亦不須見遠年文字蒙下三司檢尋終不齊足只將近年帳案勘會絕結了當今

陛下崇恭儉之本。渙然垂詔。以經費有度。復議均節。斯乃陛下興化致理。愛養元元之深意也。天下黎民實蒙惠福。若又須將景德至景祐年逐月用度較計。必是依前虛有勞費。淹滯無成。況今西鄙設備聚財。實邊之費。所宜移茲冗用以助兵須。豈可遷延歲時。不求速效。臣欲乞將三司逐案景德年後來帳籍及照證文字勘會。不必年分整齊。但見得官中支用顯有虛費。即定奪減省聞奏。臣伏覩古先哲王。興儉以勸天下。必以身先。而後臣庶省分。有司率職。從上之令。猶風靡而響應之也。雖有僥倖覬覦之徒。抑制其欲。亦不敢興造怨語。動惑衆心。何則。上躬行而下之所勸也。臣愚欲望陛下飭宮掖之閒。先務節儉。凡奢靡之飾。奇巧之玩。無名之賜。無度取索。一切罷之。仍詔三司與臣等計會入內內侍省。御藥院。內東門司。取先朝及今來賜予支費則例。比附酌中定奪減省等。定奪之後。或有飛語流謗。斷在宸衷。屏而不聽。如此。則縣官之用可期充足。且內藏宜聖景福等殿庫。蓋累蓄聚以備非常。今或外用既節。而不絕內帑支取。即與外庫供億糜費一同。亦望陛下深思祖宗經久之制。更務謹節。臣又以出納之用。各有攸司。冗費之敝。必能知悉。仍乞特降敕命下三司。委諸路轉運副使。發運司。逐處知州通判。在京諸司庫務管當官員。除官吏兵馬請給則例。自來已有定制。不在起請外。如有諸般用度。顯有虛費可以省減者。即具利害擘劃聞奏。降下依敕定奪。三司人吏有所見。亦聽經三司具狀陳述。如顯然大段減省得官中錢物。其起請官吏。即乞特行酬獎。臣備員諫列。誤被聖選。不避衆怨。罄竭上陳。唯冀裁擇。早賜進用。

慶曆六年。張方平上言曰。伏以天下承平。為歲深遠。而國用不贍。民力益困。今聚師境上。調費寖廣。倚於經入則財不給。加以橫賦則人不堪。救茲交急。特在陛下身先於率下。惟事事乃其持約而已。臣竊惟陛下躬勤節用。克自抑畏。凡諸服御。殊為菲薄。而茲中外之論。皆言用度之過。臣竊疑之。蓋宮闈嬖昵。左右近習。假威恣橫。敢為欺誣。仰恃仁慈。緣為姦弊。且禁中呼索。輒稱聖旨。有司應奉。皆為上供。故外不知其詳。而譏議累乎盛德。國家帑藏之困。乃羣下侵牟之蠹也。伏願陛下上念宗社之計。下以生民為心。彼婦人宦者。何煩過為姑息。超然遠慮。斷自天心。試取先帝之世及陛下臨御以來。天聖之初官司帳籍。如內東門之類。比較近年支費金帛。則知增損豐儉之數。以一言裁減之恩。為萬方富庶之本。兆民所賴。為幸實深。先朝已前事恐難繼。若天聖初體例。夫豈遠哉。因降詔書。諭天下以陛下憂邊之心。愛民之故。則將卒聞之。孰不奮勵以效命。士民聞之。孰不鼓舞以稱仁。至于外諸司庫務。凡百橫費。乞特置司局。選用公平通敏諳曉時務之士三兩員條理之。而以大臣一人監領其事。其不便者。惟是左右主當之人爾。誠陛下斷之不疑。無容沮撓。則上可以資德美。下可以施恩惠。內可以集國計。外可以成武 而利多。事近而德遠。此當世之切務也。

方平又論減省財用事曰。臣近受敕同賈昌朝等定奪減財費。竊聞淵旨。先自宮禁。裁損一切用度。至于聖躬奉給。繒錢亦令罷供。此蓋陛下身先勤儉。為生靈計。夫減省所為者。自下而議上。則於體不順。由上以率下。則於名為正。臣願以禁中所行之事。擇其大者三數節。宣示外廷。因發明詔。使天下共知聖意。愛邊愛人之深。則中外臣庶。得不體國家之急。上成德美者乎。特在陛下斷之清衷。不屑細言。則成効可冀也。其有徇己之利。與則喜。奪則怒。此女子與小人之情。怨謗所由生也。臣輩敢不竭精盡慮。上副天心。

皇祐元年右司諫錢彥遠上奏曰臣伏見真宗皇帝詔書以塗金冗費上自宮掖下及庶民一皆禁止三十年間不敢有犯陛下奉以儉約遵守祖宗舊章雖申明塗金之勑歲下而近日戚里諸親權要族黨並以塗金衣服首飾相尚日增盛麗以至三朝慶會被服入宮蔑視刑典習為慣事且此巧僞之物蕩昏心目無益飢寒風俗所以趨競者眾禁雖立而法不行故好之愈甚況真宗皇帝崇本冲素講求制度欲以垂萬世之戒豈可使之廢墜此乃國家守成大要繫在陛下今欲乞嚴申禁約塗金匠人依舊條處斬如情理稍輕刺面決配千里外牢城臣僚之家用使造作並科違制皇親戚里即不支俸錢一年其失於糾察賞罰並依先朝之舊仍乞指揮內東門司使臣如有諸親命婦郡縣主等入內輙服金衣首飾者並畫時禁止不令入內一面具姓名申奏勘責如本非私情別因事彰露亦與同罪所貴先朝之

制遵行天下

嘉祐六年知諫院何郯上奏曰臣等竊見今歲以來災異屢臻日食地震江淮騰溢風雨害稼民多菜色此正陛下側身克己未敢擅恣之時而道路流言皆云天子近日宮中燕飲微為過差賞賚之費動以萬計耗散府庫調歛細民況酒之為物傷性敗德禹湯所禁周公所戒殆非所以承天憂民輔養聖躬之道也陛下恭儉之德彰信兆民議者皆以為後宮奢縱務相誇尚左右近臣利於賞賚陛下重違其請屈意從之夫天以剛健為德君以正固為事奈何徇後宮左右之欲上忽天戒下忘民病中不為宗廟社稷深自重惜臣等愚惑竊為陛下不取伏望陛下當此之際悉罷燕飲安神養氣後宮妃嬪進見有度左右小臣賞賚有節及厚味腊毒之物無益奉養者皆不宜數御以傷於和乃可以解皇天譴告之威慰元元窮困之望保受命

無疆之休也

八年知諫院司馬光上劄子曰臣伏覩聖恩頒賜羣臣以大行皇帝遺留物如臣所得已近千緡況名位漸高必需賚愈厚舉朝之內所費何啻鉅萬竊以國家用度素窘復遭大喪累世所藏幾乎掃地傳聞外州軍官庫無錢之處或借貸民錢以供賞給一朝取辦逼以捶楚當此之際羣臣何心以當厚賜況將來山陵所須全未有備國信往來又當供億萬一更有水旱軍旅之虞不知朝廷何以處之若國用不足必重歛於民民已困窮何以供命飢寒所驅必為盜賊此乃安危之本願陛下深思熟慮勿以為細事而忽之也臣誠知乾興之際曾有此例亦恐當時所賜不至如此之多況當時帑藏最為富實今事力耗竭十無一二豈可但云舊例不思損益況委質為臣共圖國事股肱耳目譬猶一體安則俱安危則俱危豈待多得金珠然後

輸忠盡力恐非所以遇士大夫之道也今天崩地坼率土哀摧羣臣各遷一官不隔磨勘恩澤已厚誠不忍更受賜物因公家之禍為私室之利伏望聖慈許令侍從之臣各隨其意進奉金帛錢物以助供山陵之費如此則君恩下流臣誠上達上下相愛洽於至和既可以少紓民力又不至有傷國體

光又上劄子曰臣於今月十五日曾具劄子上言乞許令侍從之臣進奉金銀錢帛以助山陵之費至今未聞降出臣亦曾與同輩具狀詣客省進物蒙批降指揮以乾興年中無此例不令收接其事理本末臣已於前來劄子內一一奏陳今更不敢重複有言竊以方今國家多虞人心危懼正是朝廷斟酌時宜損益變通之際豈可不究利害但詢舊例而已況所賜羣臣之物比舊例過多幾倍而羣臣有所進獻則云舊例無之雖聖恩務在優隆然羣臣有廉恥之心者何面

目以自安又州縣鞭撻平民逼取錢物以濟一時之急不知乾興年中何嘗有此例也以此見國家虛實緩急逐時不同豈可專執舊文不加裁損今大喪之後內外困窮九百在位之臣皆當焦心刻己以救其患若受此非常之賜恬然有之曾不為媿則士衆必曰我輩勞苦而所得微薄羣臣安坐而享厚利其心安得不怨百姓亦曰我輩剝膚椎髓以供賦斂而浩浩入羣臣之家如泥沙不惜其心安得不怒近者怨遠者怒為國計者可以不深思遠慮乎是以臣輩區區欲輸此物非謂可以增帑藏之富助用度之急也其意蓋以通上下之情慰遠近之心塞無厭之怨解重斂之怒伏望朝廷留心省察知其為安危之本非臣謗小廉競小忠也臣今來并前来所奏劄子共二道並乞早降付中書樞密院同共商量施行

光又上奏乞制國用曰臣近曾上疏以即今公私財用率皆窮窘專

奉目前經費猶汲汲不足萬一有大水大旱飢饉相仍戎狄侵邊盜賊羣起發兵誅討不時克定倉庫已空百姓又竭其憂患不細必當早為之謀以救斯弊乞隨材用人使久於其任務農通商以蓄息財物節省賜予裁損浮費又以宰相領總計使之職凡天下金帛錢穀屬於三司不屬三司者總計使皆領之歲終則校其出入之數若入少而出多則思其所以救補之術奏而行之常使歲餘三分之一以備飢饉軍旅非常之費其內外錢穀官之長皆委總計使察其能否考其功狀以奏而誅賞之此誠當今之急務伏望陛下與公卿大臣定議早賜施行

仁宗時陝西用兵權度支判官宋祁上疏曰臣伏見西賊叛逆未即梟截申命將校警飭邊陲陛下日夜憂勤特軫調發內經聖慮旁咨群謀臣誠不肖竊用感憤以為勇夫行外儒者計內合為威畧以行天誅則跳梁小醜指期烹醢故敢妄陳愚見以佐萬一臣聞兵以食為本食以貨為資在易聚人在書八政誠聖人一天下之歸之具也以天下取之以天下用之量入為出故天子不得私焉傳曰足食足兵民信之矣今在藏無積年之鏹太倉乏三歲之儲南方冶銅匱而不發承平如此已自彫困其故何哉良由取之既殫而用之無度也臣不能悉知朝廷之經費且以臣素所見者言之何者大有三冗小有三費以困天下之財財窮用褊乃今更欲興數十萬衆無謀甚矣陛下誠能超然遠覽燭見根本去三冗節三費專奉西北之屯尚可贖馬高枕無匱乏之患何謂三冗天下有定官無限員一冗也天下廂軍不任戰而耗衣食二冗也僧尼道士日益多而無定數三冗也三冗不去不可為國今陛下詔於此斷自今日僧尼道士已受戒具者且使如舊其在寺帳為徒弟子者悉逮為民勿復歲度今日已後

州縣寺觀留若干所僧尼道士定若干人且令後來之數不得過此此策一舉可得耕織夫婦五十萬人則一冗去矣今天下廂軍不擇孱小尪弱悉皆收配纔圖供役本不知兵亦且月費廩糧歲費庫縑數口之家不能自庇於是相挺逃匿化為盜賊者不可勝筭朝廷每有夫役更藉農民以任其勞假如廂軍可令驅以就役方且別給口券間望賜錢二端相準不便明甚陛下若敕天下廂軍今日以後除州軍須要防捉別留三百人自餘更不收補已在籍者許備役終身如此則中下之家悉入農業又得力耕者數十萬則二冗去矣國家郡縣素有定官譬以十人為額常以十二加之遷代罪謫是以無乏今則不然一位未缺十人競逐紆朱滿路襲宗成林州縣之地不廣於前而陛下官五倍於舊吏何得不苟進官何得不濫除陛下誠能詔審官院內諸司流內銓明立限員以為定法自今已往門廕流外

貢舉之色實置選限稍務擇人俟有闕官計員補吏內則省息奉廩外則靜一浮華則三冗去矣何謂三費一曰道場齋醮無日不有若七日若一月若四十九日各挾主若未始暫停至於蠟蔬膏麪酒稻錢帛百司供億不可貲計而主者旁緣利於欺撥故奉行崇尚故千典法皆以祝帝壽奉先烈祈民福為名欲令臣下不得開說臣愚以為陛下上事天地宗廟次事社稷百神醴酪粢盛犧牲玉幣使有司端委而奉之歲時而薦之足以諫明德於天極介多福於黔庶何必道場齋醮希屑屑之報哉是國家抱虛以考祥小人誣神而獲利耳陛下若斷自聖慮取必不可罷者使略依本教以奉薰脩開啓有時賜與有度則一費節矣二曰京師寺觀或多設徒卒或增致官司衣糧所給三倍他處帷幄謂之供養田產謂之常住不徭不役坐蠹齊民而又競飾神祠爭脩塔廟皆曰不費官帑自募民財此誠不逞閻

上之尤者夫民藏於國國藏於民財不天來而由地出也後不使鬼而待人作也捨國取民其傷一焉伏望陛下切敕州縣普令罷止則二費節矣三曰使相節度不隸藩要貪取公用全濟私家跡夫節相之建或當邊鎮或臨師旅也公用之設或以饗賓也今則不然罷黜大臣率叨使相安居都邑普蒙公用取生人之資力為無功之奉養坐靡邦用莫此為甚伏望陛下實惜名器使授受惟才自今地非邊要州無師屯者不建節度已帶節度者不得留近藩及京師則三費節矣三冗已去三費已節數年之內用度必饒臣又聞之人不率則不從身不先則不信陛下若能躬服至儉風示四方錦綵金玉不得妄費請自後宮為始衣服醪膳無溢舊規請自乘輿為始然後天下嚮應民業日豐人心不搖師役可舉雖使風行電照飲馬西河蠢爾戎首可玩之股掌中矣寧與今日誅求財用課鹽榷茗為戚戚之計者

同年而語哉臣誠狂妄不曉禁忌輒進愚策惟陛下裁赦其辜

知諫院包拯上奏曰臣伏見景德祥符中文武官總九千七百八十五員今內外官屬總一萬七千三百餘員其未授差遣京官使臣及守選人不在數內較之先朝纔四十餘年已逾一倍多矣切以唐虞建官惟百夏商倍之周設六官僚屬漸廣秦併六國郡縣益衆降及漢魏以至隋唐雖設官寖多然未有如本朝繁冗甚也今天下州郡三百二十縣一千二百五十而一州一縣所任之職素有定額大率用吏不過五六千員則有餘矣今乃三倍其多而又三歲一開貢舉每放僅千人復有臺寺之小吏府監之雜工蔭序之官進納之輩總而計之不止於三倍是食祿者日增力田者日耗則國計民力安得不窘乏哉臣謹案景德中天下財賦等歲入四千七百二十一萬七千匹貫石兩支四千九百七十四萬八千九百匹貫石兩在京歲入

一千八百三十九萬二千匹貫石兩支一千五百四十萬四千九百匹貫石兩慶曆八年天下財賦等歲入一萬三百五十九萬六千四百匹貫石兩支八千九百三十八萬三千七百匹貫石兩在京歲入一千八百九十九萬六千五百匹貫石兩支二千二百四十萬九百匹貫石兩況天下稅籍有常數矣今則歲入倍多者何也蓋祖宗之世所輸之稅只納本色自後以用度日廣所納並從折變重率暴歛日甚一日何窮之有且天下田土財用比之曩時虛耗漸以不逮豈於今而能倍之乎非天降地出但誅求於民無紀極爾輸者已竭取者未足則大本安所固哉臣以為冗吏耗于上冗兵耗于下欲救其弊當治其源在乎減冗雜而節用度若冗雜不減用度不節雖善為計亦不能救也方今山澤之利竭矣征賦之入盡矣幸而西北無事乃是可為之時若不銳意而改圖但務因循必恐貽患將來有不可

採之過矣。伏望上體祖宗之成憲。下恤生靈之重困。謂設官太多也。則宜艱難選舉。澄汰冗雜。謂養兵太衆也。則宜罷絕招募。揀斥老弱。土木之工不絕者悉罷之。科率之出無名者並除之。省禁中奢侈之儀。節上下浮枉之費。當承平之代。建長久之治。願陛下留神省察。申命宰執條此數事而力行之。則天下幸甚。

拯又上奏曰。臣竊見中外臣僚士庶之家。衣服首飾之類。多用銷金工匠於闤闠之中。任意制造。殊不畏憚。臣復詳編勑節文。除大禮法物外。上從中禁。下暨庶邦。但係衣服裝着之類。土木玩用之物。並不得以金為飾。如違。並科違制之罪。其元業匠人輒更造作。犯者當行處斬。此蓋真宗皇帝躬行儉德以化天下。故自中禁以及庶邦。凡衣服玩用以金為飾者。一切禁斷。工匠置於極典。致數十年間中外絕無犯者。而近年以來。時俗相尚。銷金之作寖以公行。近日尤甚。其戚

里及臣僚士庶之家。衣服首飾並用銷金及生色內間金之類。並無避懼。蓋是匠人等故違條制。厚取工錢。上下相蒙。無敢言者。若不速行禁止。切慮糜壞金寶。扇長澆風。競事浮華。大損聖化。欲乞嚴賜指揮。申明舊制。上以遵先帝崇儉之意。下以絕臣庶奸奢之漸。

英宗治平元年。侍御史呂誨上奏曰。臣竊以祖宗之有天下也。削平諸國。所聚財貨皆歸於內府。數十年中區宇乂寧。誠國富兵彊之致也。所謂內藏奉宸諸庫。非有司關掌。故外臣莫得知其登耗。但慮歲月各支費寖廣。不復當時之盛。比來先帝樁留之物。賜及小臣過越乾興之例。拜賜者于今震恐。蓋知祖宗艱難收聚之意。非所以容其虛耗爾。如聞禁中取用尚亦無節。加之近倖因緣侵漁。以有限之積供無窮之費。一旦四方有事。何以枝梧。陛下踐祚之初。當謹持守。備葺府庫。謹出納。茲其時也。臣欲乞今後內庫。非旌賞功勞。賙助經

費。一切浮用無俾仰給。出入之籍。亦行會計。應禁中取索財寶。不限內外庫。所降合同。須具支使者名目。俾歲中會計。知其過當則可以裁損。又後苑翔造服玩器用並付文思院。所造之物工畢別差朝官點檢。則官物無由枉破。侵欺之路可以杜絕。是亦節儉愛民之一端也。唯聖神留意。天下幸甚。

二年。知諫院司馬光乞節用劄子曰。臣竊見國家公私窮窘。固非一日。今茲復遇大災。畿內秋田薄無子遺。倉廩儲蓄率多敗壞。府庫財帛散用將盡。必恐今冬饑饉甚於去年。軍民嗷嗷無以賑救。經費不足。重以郊禮。此乃國用危急之時。不可不早以為憂。今取之於內帑。則內帑已虛。求之於外方。則外方已盡。斂之於下民。則下民已竭。不知朝廷將何以為計。臣愚以為若非陛下側身克己。痛自節約。則無以應答天意。感慰民心。使昏墊者忘其悲愁。餓死者無所怨嗟也。臣

聞節用之道。必自近始。伏望上自乘輿服御之物。下至親王公主婚嫁之具。悉加裁損。務從儉薄。勿信主者以舊例為言。出六宮冗食之人。使之從便。罷後苑文思院所造淫巧服玩。止諸處不急之役。然後命有司考求在外凡百浮費之事。皆一切除去。群臣非有顯然功效益國利民者。勿復濫加賞賜。將來南郊。自非犧牲玉帛供神之物。其餘青城儀仗之類。止於奉車駕備外飾者。亦令有司與禮官同共參詳減省。臣聞國有凶荒。則殺禮。事天者貴於內誠。而賤外物。是故器用陶匏。席用藁秸。況於青城儀仗之類。尚為不可減乎。凡此數者。唯在聖意斷而行之。固不可與庸俗之人執文泥例者謀之也。

四年。御史劉述上奏曰。臣竊觀方今天下之事。可謂困弊之極矣。如久疾之人。肢體羸薾。氣息奄奄。不能自持。所可恃者。脉理未憊而已。誠得良醫而救藥之。輔其氣血。調其飲食。時其寒溫。庶幾可以復全

也陛下有明德嘉道孳孳庶政醫之良者也所謂輔其氣血者輕徭薄賦以寬民力以固民心俾無怨畔是也調其飲食者道民務本敎之儉約雖有水旱之困而無損瘠之患是也時其寒溫者為擇良守宰以撫綏之利有可興者興之害有可去者去之是也百姓習於久安競以侈靡相尚居處服用率多僭差婚姻喪葬不計其費而以不若人為恥因而破產者有焉其致非他緣禁令不設故也管子曰倉廩實而知禮節衣食足而知榮辱若禁令不設人得自恣則倉廩奚由而實衣食奚由而足欲望其知禮節榮辱不可得也敎化之行率自上起臣愚欲望陛下躬行節儉以化天下臣聞太祖皇帝常服澣濯之衣乘輿服用皆尚質素寢殿設青布蒼簾宮闈施布幕無文錦之飾嘗出麻履布裳以賜左右曰此我舊所服者也眞宗皇帝嘗謂輔臣曰國家所務儉約為先當須節用愛人以富庶天下張齊賢對曰

書稱大禹克儉于家老氏三寶儉居其一上好儉則國有餘財下不僭則家有剩貲如此則天下自然富壽矣大哉聖人之德皆能抑情損欲而以身率人也如是經曰下之事上也不從其所令從其所好上好是物下必有甚者也臣固願陛下躬行節儉以化天下也至於賜予之事非有功德可以激勸於人者不可輕為也昔韓昭侯使人藏弊袴侍者曰君亦不仁矣弊袴不以賜左右而藏之昭侯曰非爾所知也吾聞明主愛一嚬一笑嚬有為嚬而笑有為笑今夫袴之與嚬笑遠矣吾必待有功者而與之善哉人君之不妄賞人也如是古人有言人主不妄賞非徒愛其財也賞妄行則善不勸不妄罰非徒矜其人也罰妄行則惡不懲賞不勸謂之止善罰不懲謂之縱惡在上者能不止下為善不縱下為惡則國法立矣陛下誠能以身先之然後敕下有司設為科條以絕僭侈之弊仍戒飭長吏使傳諭朝廷

之意務崇約素以厚風俗若是則民之生業日益厚矣雖遇水旱之困而有儲蓄以御之矣民財既充國用復省則徭賦之事自然輕薄矣茲實太平之基而萬世之利也在陛下勤而行之固而執之耳臣不勝惓惓之愚

歷代名臣奏議卷之一百九十一

節儉

宋神宗熙寧元年翰林學士司馬光上奏曰臣伏覩宰臣曾公亮等奏以河朔菑沴調用繁冗欲望將來大禮畢兩府臣僚更不賜銀絹奉聖旨送學士院取旨議者或以為兩府所賜無多納之不足以富國而於待遇大臣之禮太薄頗為傷體臣愚竊以為不然古者冢宰制國用視年之豐耗量入以為出固不可於飢饉之時守豐登之法也是故歲凶年穀不登君膳不祭肺大夫不食粱士飲酒不樂君臣上下皆當深自貶損以救民急也臣竊惟國家帑藏素已空虛重以今歲河北之地災害特甚鄉者慶曆之末河決商胡民田雖傷官倉無損而河北父子相食餓殍蔽野今河北之外加以地震官府民居蕩為糞壤繼以霖雨倉粟腐朽軍食宜乏何暇及民冬春之交民必大困甚於慶曆之時國家豈坐而視之不加賑救乎況復城壘須脩河防應塞百役並興所費不貲當此之時朝廷上下安得不同心協力痛加裁損以徇一方之急凡宣布惠澤則宜以在下為先撙節用度則宜以在上為始今欲裁損諸費不先於貴者近者則疏遠之人安肯甘心而無怨乎必若為臣有大勳於天下雖錫之山川土田附庸尚為不可若止因郊禮陪位而受數百萬之賞臣竊有所不安矣臣前所謂賞賜不節者此亦其一也雖臣下不辭猶應裁減況其自辭減又何損乎儻若但務因循姑息度日欲裁損乘輿供奉之物則曰減於制度大為削弱非所以華國欲裁損大臣無功之賞則曰所減無多虧傷大體非所以養賢欲裁損羣下浮冗之費則曰人情不悅恐致生事非所以安衆如此則國用永無可省之日下民永無蘇息之期必至於涸竭窮極然後已也且君子之所尚者義也小人之

所徇者利也為國者當以義褒君子以利悅小人今大臣以災害之故辭錫賚以佐百姓之急義之可褒者也陛下從而聽之乃所以為厚非所以為薄也雖然兩府銀絹止於二萬匹兩不足以救今日之災又國家舊制每遇郊禮大賚四海下逮行伍無不霑洽不可於公卿大夫全無賜予臣愚以為文臣自兩省以上武臣及宗室自正任刺史以上內臣自押班以上將來大禮畢所賜並宜減半俟他年豐稔自依舊制其文武朝臣以下一切更不減似為酌中臣亦知此物未能富國誠冀國家因此漸思減損其餘浮費自今日為始耳臣素愚戇識慮膚淺所言者皆目前之實狀非奇偉之高論也伏望陛下更賜裁察若果有可取乞斷自聖志勿為衆言所移實天下幸甚

殿中侍御史錢顗上奏曰臣伏以邊境未寧軍須至急朝廷經費百倍於祖宗之時帑藏空虛間或兼水旱之患從今不務省減向去何以枝梧然而事有權宜理難固執豈可目前只圖僥倖之利不能力為陛下久遠之謀臣雖至愚言思有補臣謂今冬郊祀之禮陛下在亮陰恭默之中遵先朝三年之舊制是亦不得已而行之內外供賞豈當用平時之例而況覃霈之恩未遠特支之費亦頻天下之財取之盡毫末數年之內用之無孑遺民力既極困窮國用正宜裁損臣聞在真宗全盛之世尚詔三司減郊祀應奉之物十餘萬載於國史足以為法陛下誠思咸平中府庫之所積孰與今日為比耶所有將來南郊伏乞陛下特降睿旨除三軍賞給外應內外文武臣僚舊例賜予一切權且寢罷至於應奉不急之費亦乞減削如此則內足以省國用外足以寬民力豈曰小補之哉唯陛下斷在宸衷而力行之天下不勝幸甚

神宗時起居舍人韓維上言曰臣竊聞故事大行皇帝當有遺留物分賜臣

下臣伏思承平日久用度無節以致公私財利匱乏又國家不幸四年之內兩遭大故營造山陵及支士卒優賞所費不可勝計今之府庫比於仁宗晚年又益朘削若用嘉祐之例尋行賜賚臣恐為損不小陛下若以為奉承先帝之志加惠羣臣不可罷止則望閱諸府庫取服用玩好之物以充用才足將意便可不須過為豐侈所有金帛諸物可以贍兵恤民者願賜愛惜以救當世之急弊

哲宗元祐二年著作郎兼侍講范祖禹上宣仁皇太后疏曰臣濫備勸講夙夜思職愚慮所及不敢不言伏以自先帝厭代諒闇三年今祥禫將終即吉方始服御器用內外一新奢儉之端皆自此始臣愚以為珠璣金玉之飾錦繡纂組之工凡可以蕩心悅目者未宜有加於舊增多於前也皇帝方嚮儒術親學問睿質日長聖性未定覩儉則儉覩奢則奢陛下所以訓導聖德者宜動皆有法不可不慎也古之聖帝明王莫不以儉為美德侈為大惡帝堯所居之室土階三尺茅茨不翦舜稱禹曰克儉于家孔子曰禹吾無閒然矣菲飲食而致孝乎鬼神惡衣服而致美乎黻冕黻冕祭服也伊尹曰慎乃儉德惟懷永圖言儉之可以長久也文王卑服即康功田功周公戒成王以先知稼穡之艱難凡此皆陛下所宜日以啓迪皇帝之志者也東漢明德馬皇后常服大練左右但以布帛無香薰之飾欲以身率下前史以為美談臣竊惟陛下聖政追越前古必不使明德馬后專美漢朝若崇儉敦朴飭正後宮以輔養皇帝之德使目不視靡曼之色耳不聽淫哇之音非禮不言非禮不動則學問日益聖德日隆此宗社無疆之福也孔子曰少成若天性習慣如自然老子曰不見可欲使心不亂古語有之曰貴不與驕期而驕自生富不與奢期而奢自至夫少習儉約長猶侈靡少習侈靡長將若何今天下之大生民之衆繫在陛下陛下儉於上則百姓富於下陛下奢於上則百姓貧於下比年以來天災流行年穀不熟國用虛乏百姓困弊幸賴陛下勤恤民隱存養休息視之如子有所不便輒弛禁以利民民方有樂生之意小康之望當今之務宜痛為節約昭示儉朴以率天下自古為國未有不先儉而能致四海富實者也漢文帝身衣弋綈慎夫人衣不曳地帷帳不得文繡以示敦朴為天下先景帝遵業務農訓儉以雕文刻鏤傷農事錦繡纂組害女工下詔戒之故太倉之粟陳陳相因紅腐而不可食都內之錢貫朽而不可校稱賢君必曰文景以比周之成康及其衰微民心思漢而不能忘以文景恭儉德澤及民者深也臣願陛下上觀帝堯舜禹文王之法考伊尹周公孔子之言下覩文景之效則皇帝少而習之長而安之唯知儉約不知侈靡他日海內富庶自今日儉德為之始生民之賴受陛下之賜豈有窮極哉臣

竊聞奉宸庫已取珠子至六十斤戶部已用金至三千六百兩不為不多矣臣所以先事而言者恐增加無已滋長侈心也唐太宗問褚遂良曰舜造漆器禹雕其俎諫者十餘人何也遂良對曰奢靡之始危亡之漸也漆器不已必金為之金器不已必玉為之古之爭臣必諫其漸若事已橫流則無所諫矣是以紂為象筯箕子歎曰為象筯必為玉杯復思遠方珍怪之物而御之矣輿馬宮室之漸自此始不可振也古之人見微而防患如此唐明皇開元之初悉取珠玉錦繡服玩之物焚之於庭以示儉德及其末年猶以窮極奢侈天下敗亂今臣區區之愚竊以皇帝即吉之始若一開侈靡之端恐後日奢費之無已也故願豫為之防止於未然臣愚不識忌諱惟陛下裁赦

時平章軍國重事文彥博上奏曰臣竊以數十年來風俗僭侈車服器玩多踰制度以致士民之家率多貧乏不守廉節矣為國之要

在乎富民。富民之要在於節儉。民既富矣。君孰與不足。臣欲乞選差官檢詳唐室至於朝廷令式。參定制度。隨時制宜。務令簡當。可久遵行。庶幾上下有分。不敢僭侈。風俗自當淳儉。太平可以馴致

紹聖四年。殿中侍御史陳次升上奏曰。臣伏聞金明池所造龍船。費用萬貫不少。肆為侈靡。窮極工巧。必非陛下之意也。臣觀書之稱禹曰。克勤于邦。克儉于家。以禹之德非無可稱也。而所稱者勤儉而已。蓋以有天下非不足於財也。而必嗇於用者。欲示敦朴以先天下故也。恭惟陛下躬不世之資。席祖宗之慶。勤儉過於夏禹。天下所共仰。有司不能宣明陛下德意。所造不稟之舟。其費不貲。游幸之日。天乃大風。豈非愛佑陛下。而使覺悟有司之過乎。茲事已往。雖不可救。亦足以為來者之戒。伏望聖

慈。今後如有興造。乞勅有司無令過度。庶免虧損陛下儉素之德。不勝幸甚

戶部侍郎蘇轍上奏曰。臣等竊見本部近編成元祐會計錄。大抵一歲天下所收錢穀金銀幣帛等物。未足以支一歲之出。今左藏庫見錢費用已盡。去年借朝廷封樁末鹽錢一百萬貫以助月給。舉此一事。則其餘可以類推矣。臣等聞古者制國之用。必量入為出。使三年耕必有一年之食。故三十年之間。而九年之畜可得而備也。今者文武百官宗室之蕃。一倍皇祐。四倍景德。班行選人吏胥之衆。率皆增廣。而兩稅征商榷酒山澤之利。比舊無以大相過也。昔祖宗之世。所入既廣。所出既微。則用度饒衍。理當然爾。今時異事變。而奉行舊例。有加無損。今日天下已困弊矣。若更數年。加之以飢饉。因之以師旅。

其為憂患。必有不可勝言者。臣等備位地官。與聞朝廷大計。而喑默不言。異日雖被誅戮。何補於事。故臣等願及今日明勅本部。取見今朝廷政事應干費用錢物者。隨事看詳。量加裁損。使多不至於傷財。少不至於害事。二聖以身率之。大臣以身行之。使天下曉然皆知事之當然。而非朝廷有所靳惜。則誰不信伏。昔治平熙寧之間。因時立政。凡改官者自三歲而為四歲。任子者自一歲一人而為二歲一人。自三歲一人而為六歲一人。宗室自袒免以上漸殺恩禮。天下晏然莫以為言。此則今日之成法也。臣等伏乞檢會寶元慶曆嘉祐故事。於本部置司。選擇近臣共議其事。嚴立近限。責以實效。法度一成。數歲之後。費用有節。府庫漸充。傳之無窮。久而不弊。則其於聖德實非小補也。臣等愚拙不能脩明職業。以廣財賦。冒昧獻言。罪當萬死。

轍又上奏曰。臣等近奉勅裁減冗費。上自宗室貴近。下至官曹胥史。

旁及宮室械器。凡無益過多之用。皆得量事裁減。唯獨宮掖浮費名件不少。有司不得盡見。未敢輒議。竊見近降詔書。以方將裁損入流。以清取士之路。遂命今後每遇聖節大禮生辰。太皇太后皇太后皇太妃所得恩澤並四分減一。欲以身先天下。詔書既出。中外臣庶皆知聖明以私徇公。至有感激流涕者。臣等仰測聖意克己為人。無所不可。其欲裁損宮掖浮費與裁損私門恩澤何異。然而至今未見施行者。蓋有司失於建明。則臣等之罪也。謹案寶元二年。嘗命近臣詳定裁損冗費。時諫官韓琦建言。請令三司取入內內侍省并御藥院內東門司先朝及今來賜予支費之目。比附酌中減省。其無名者一切罷去。時有詔禁中支費只令入內內侍省御藥院內東門司相度減省。報詳定所。其臣僚支賜。即許會問入內內侍省等處施行。及慶曆元年。又詔入內內侍省等處取先帝時帳籍。比較近年內中用度

之數以聞是時所損浮費數目極多為益不細臣等欲乞陛下推廣
前日減省恩澤已行之心仰法寶元慶曆祖宗已試之效使天下明
知陛下節用裕民自宮禁始則凡有裁損誰不心服臣等不勝區區
干犯鈇鉞

徽宗政和七年命戶部參稽熙豐及今財用有餘不足之數又立旁
通格令諸路漕司各條元豐紹聖崇寧政和一歲財用出入多寡來
上淮南漕臣張根言天下之費莫大於土木之功其次如人臣賜第
一第無慮數十萬緡稍增雄麗非百萬不可佐命如趙普定策如韓
琦不聞峻宇雕墻僭擬宮省奈何剝民膏髓為斯役之奉乎其次如
田產房廊雖不若賜第之多然日削月朘所在無幾又如金帛以供
一時之賜有不可已者而亦不可不節至如錫帶其直雖不過數百
緡然天下金寶靡費日久夫豈易得今乃賚及僕隸使混淆公卿間

貴賤賢不肖莫之辨也如以為左右趨走之人不欲其墨綬當別為
制度以示等威疏奏不省

宣和六年尚書右丞宇文粹中言近歲南伐蠻獠北贍幽燕關陝綿
茂邊事日起山東河北寇盜竊發賦斂歲入有限支梧繁夥一切取
足於民陝西上戶多棄產而居京師河東富人多棄產而入川蜀河
北衣被天下而蠶織皆廢山東頻遭大水而耕稼失時他路取辦目
前不務存恤穀麥未登已先俵糴歲賦已納復理欠負託應奉而買
珍異奇寶欠民債者一路至數十萬計假上供而織文繡錦綺役工
女者一郡至百餘人陛下勤恤民隱詔令數下悉為虛文民不聊生
不惟寇盜繁滋竊恐災異數起祖宗之時國計所仰皆有實數有額
上供四百萬無額上供二百萬京師商稅店宅務抵當所諸處雜收
錢一百餘萬三司以七百萬之入供一年之費而儲其餘以待不測

之用又有解池鹽鈔晉礬市舶遺利內贍京師外實邊鄙間遇水旱
隨以振濟蓋量入為出沛然有餘近年諸局務應奉等司截撥上供
而繁富路分一歲所入亦不敷額然創置書局者比職事官之數為
多檢計修造者比實用之物增倍其他妄耗百出不可勝數若非痛
行裁損慮智者無以善其後久之乃詔蔡攸等就尚書省置講議財
利司除茶法已有定制餘並講究上攸請內侍職掌事干宮禁應裁
省者委童貫取旨時貫以廣陽郡王領右府故也於是不急之務無
名之費悉議裁省

高宗紹興九年右正言陳淵上奏曰臣聞儉非聖人之中制而孔子
對林放之問則曰禮與其奢也寧儉豈以儉為禮之本歟蓋常人
之情由儉入奢易由奢入儉難故當用儉之時不可不省不省而無
以約之則末流之弊將至於不可勝救矣臣觀自昔創業之主皆有

儉德蓋其興於閭閻熟知民間之疾苦稼穡之艱難故愛惜天物有
不期然而然者禹之治水八年於外三過其門而不入逮地平天成
之後乃作禹貢既第田以制賦又因民之所願而取其有餘其微及
於漆枲絺紵羽毛齒革與夫魚鹽橘柚之可於口菁茆簵楛之適於
用皆在所取蓋亦莫非民力之所得者方禹櫛風沐雨手胼足胝之
時親見百姓之勞苦已而安享其奉固宜有所不忍也故禹菲飲食
惡衣服卑宮室孔子美之以為無間豈非所謂愛惜天物有不期然
而然者歟至於守成之君往往不然輕費妄用卒以召亂求如漢之
孝文蓋亦千一耳今陛下所乘之勢如孝文而天性似之所歷之艱
險如禹又不待學而後至其於儉德天下戶知之矣而臣強聒猶欲
有所獻者書之稱禹曰克勤于邦克儉于家或曰儉可以施於家而
已是大不然國之本在家而儉固將施之於國也孝文惜百金之費

而制度不立。終愧前古。使其儉於一己。又能推而廣之如彼。其質雖二帝三王之功可跂而及矣。可勝惜哉。比年以來。陛下恩惠太泛。賞給太厚。匪頒賜予之費。幾於無節。此固陛下甚盛德事。然府庫空虛。而發之不已。財賦匱竭。而取之益詳。陵寢未成。郊祀不遠。內有諸將之饋。外有隣境之好。所用既衆。而所入實寡。此臣所甚懼也。周官唯王及后世子不會。說者曰。不得以有司之法治之。誠然。是周公作法開後世人主侈用之端也。而可乎。臣謂周之冢宰以九式均節財用。有司雖不會。冢宰得以式而論之矣。若事事如式。雖不會猶會也。故臣願陛下自今凡有錫賚。法之所無。而於例有疑者。或輕重非倫。或多寡不類。事下三省。則三省得以共議。事下戶部。則戶部得以執奏。出納之吝。有司得以獻其疑。可否之宜。臺諫得以論其失。凡所經由。不許承誤。陛下聞其言。又從而嘉納之。一有失當。即行改正。則前日之弊。庶幾可息矣。上以省費用之煩。下以絕僥幸之求。無善於此。臣不勝過計。唯陛下財幸。

高宗時。張浚上言曰。天生民。而立之君。俾司牧之。非特使之奉養其私而已也。自昔聖賢之君。莫不恭儉節用。損己益人。凡以順天意。享天心耳。且農夫終歲勤動。計其十畝之耕。輸公上而有餘者。所得不過一金耳。我乃捐之以市不急之用。棄之以徇無名之費。豈不重違物理乎。乃若排去大難。勸賞有功。宗廟之供。官吏之俸。將士之養。此則宜從優厚。而不容但已者也。臣仰惟陛下至誠恭儉。追古聖賢。而臣竊聞文書刀劍之求。尚容有賜予過制者焉。夫多難之時。人情易怨。力戰效命者所得如此。而伺間投好者顧亦如彼。即解體矣。衛懿公好鶴。鶴有乘軒者。將戰。而國人皆曰使鶴。臣謂非獨名器為然也。錫賚之間。亦所當謹也。

起居舍人洪遵經筵進故事曰。按通鑑。韓昭侯有弊袴。命藏之。侍者曰。吾君亦不仁者矣。不賜左右而藏之。昭侯曰。吾聞明主愛一嚬一笑。嚬有為嚬。笑有為笑。今袴豈特嚬笑哉。吾必待有功者。

臣聞天子享四海之富。生殺自我。予奪自我。於起居動作之間。其流易入於侈。雖古先盛王。號為善治天下。恭儉愛民如漢文帝。惜百金而罷露臺。念農力而除田稅。可謂至矣。然以新垣平之詐。賞賜至一日千金。鄧通之嬖倖。至予之蜀道銅山。使自鼓鑄。文帝尚爾。況其下者乎。而韓昭侯以千乘之君。當戰國之際。干戈相尋。日不暇給。雖使橫予妄賜。竭民之力以為待士惠下之道。其誰能止之。然昭侯內脩政教。外應諸侯。務正其本而已。一弊袴之微。中人之家所不惜。而千乘之君能藏之以待有功。然則金帑幣帛之重。或相什伯。或相千萬。其肯以奉謏笑遊宴予無功之人哉。推是心以往。帝王之道。為不足

進矣。臣謂強本節用。責實富民。其要無出於此。

遵又進故事曰。按漢書。文帝欲作露臺。召匠計之。直百金。上曰。百金中人十家之產也。吾奉先帝宮室。常恐羞之。何以臺為。

臣聞儉固帝王之德。惟能出於誠心。見諸躬行日用之間。然後為盛德之至。堯舜禹湯文武以來。則漢文帝其人也。當漢初定。海內又安。疑若可以自暇自逸。方且兢兢業業。忠乎斯民。故一銖一縷。弗敢妄費。以示敦朴。為天下先。踐祚二十三年。宮室苑囿車騎服御無所增益。弋綈縕衣。革舃韋帶。其衣服之儉如此。所幸慎夫人衣不曳地。其嬪御之儉又如此。殿帷無文繡。集上書囊為之。其供張之儉又如此。露臺之費不過百金。猶恐傷財蠹民。罷役不作。究其行事。莫不一本於恭儉。中外化之。風俗遂以醇厚。功業隆盛。為漢太宗。雖高皇帝創業垂統。然詒謀嗣後。傳祀四百。實文帝有以致之。追於元帝。罷三服

官減穀食馬。而不能起優游不斷之弊。晉武帝焚雉頭裘。而不能杜宮女萬數之失。區區矯激。一事一爲。非出於誠心。何足以揆方萬一。至如漢文帝。眞可爲萬世法。

御史中丞廖剛上奏曰。臣竊謂近因費用日廣。上下憂歲入之不足。爲陛下陳節用之說者多矣。如遣使河南。誠不可已之事。諸臣反命。亦皆言徒御之冗。民病供億。聖慈深以爲然。自今一切用度。漸當從省節矣。然臣竊見士大夫多務便私。鮮有能爲國家愛惜財用者。且如一帥臣到罷。供張借請率費數萬緡。小郡亦不下數千緡。雖曰有例。獨不可稍裁損乎。況有數易之弊。民力殆不可能堪也。又有守帥將官。託討捕之名。差駐劄官軍迎送者。各是千百人。隨逐所過州縣旣批口券。又索犒設。如此之類。獨不可嚴禁止乎。凡是無理之費。州縣時時有之。徒竭吾民之脂膏。無補公家之毫髮。主計者往往屈於權勢莫敢致詰。是以朝廷不得而知也。臣謂罷無名不急之務。不獨在朝廷當然。州縣妄費亦復不少。如接送之類。願各爲之限制。稍從簡約。若違法差借兵卒或因緣爲姦者並痛治之。庶幾所謂節用裕民者得矣。

太常博士王居正上疏論省費曰。宋興百七十三年矣。所行多彌文之事。今陛下所至曰行在。於一日二日少駐蹕之頃。欲盡爲向者百七十三年之事。非所謂知變也。夫不知隨時以省事。而乃隨事以省費。設令日例有減半之說。究其實未始不重費。願詔大臣計百事之實而論定之。苟非禦寇備敵任賢使能。振恤百姓。一切姑罷。則費省而國裕。

孝宗乾道六年。端明殿學士汪應辰上奏曰。臣聞書曰。不作無益害有益。功乃成。夫人君以一人之身。不作無益固爲善矣。然又須推而廣之。凡天下之事。足以害有益者。一切杜絕。無使滋長。然後爲盡善也。恭惟陛下仁儉之德。淸淨之政。不尚浮華。專治實務。如銷金服飾此所謂無益而害有益者也。然內而宮掖。旣已不用。而又申嚴禁約。無敢不聽。其爲益也。蓋不可勝計矣。至於流俗習尚。有如銷金服飾之類者。臣請陳之。竊見所在道宮佛寺造作經藏裝飾像貌。所用金箔動以萬計。雖法所不許。而令未必行。公然抵冒。視爲常事。日甚一日。歲甚一歲。浸淫不已。豈特銷金服飾之糜費而已哉。地寶有限。斯民勞筋苦骨。捐軀委命。晝夜搜求。毫釐積累之所得。乃以供無益之用。如棄之然。甚可惜也。昔唐武宗盡毀天下僧寺。及宣宗即位。雖務改會昌之政。僧寺皆復其舊。然猶下詔修飾佛像。但用土木。足以致敬。不得用金銀銅鐵等。夫銀與銅鐵。猶禁不用。況於金乎。伏望聖慈特降明詔。嚴行告戒。其或循習不悛。違犯如故。重寘典憲。期以必行。且復責之郡守縣令。常切覺察。庶幾人有所畏。舊弊盡革。

孝宗時。知池州袁說友上言曰。臣聞恭儉節約。聖王之盛德也。無事之日。儉約固所當尚。多事之後。儉約尤在所先。仰惟皇上。恭儉出於天資。節儉見於身履。臨御以來。乘輿服御。無所崇侈。宮室苑囿。無所增益。雖舜之慈儉。禹之菲食。文王之卑服。殆不過此。固何待於在庭之臣進言獻議。以贊聖德哉。然臣拳拳之愚。切惟今日適當多事之時。要其後必濟以裕之之策。然所以爲之策者。不過曰儉約而已。且今天下何如哉。自去歲旱暵。浙東赤地千里。而公與私積幾若罄。浙西蘇秀旱勢爲甚。官苗私租什亡五六。江淮諸郡亦非樂歲。皇上勤卹民隱。州郡凡所申請蠲放官物。一一盡可其奏。所蠲之數。殆數十萬。大衆所仰與州縣上供。皆無復優裕矣。茲者復有山陵重事。皇上終身之慕。竭天下之力以寓孝思。損內帑之儲。出宮闈之積。惟慮毫髮弗至而其用益大矣又有使命往來旁午於道其間酬賚詎可纖舉切意內而軍國之須外而州郡之蓄恐又非曩者比也臣所謂多事之後豈不在今日哉儻於其後不知所以節浮費戒侈用則浸淫不已後將何繼臣欲望特賜覩奏曲軫宸念自今以始賜毋輕予雖有功者亦當節約况其無功者哉役毋輕舉雖甚急者亦當節約况不急者哉罷無名之費如興土木如講繁文省州縣之官如增蹙務如剏添關借內帑之金以培基本住度牒之貨以備緩急戒州郡以節用毋事侈費戒邊城以儲偫毋竭民力庶幾多事之後可以因數者之節約以事休養將不歲月公私得以寬裕毋復後患矣

侍御史王十朋上疏曰臣聞生財莫若節財省用斯能足用今陛下方圖恢復而板曹以財用不足為言常賦既不能供所須民財又不可遽而取惟有痛加節省可以薄助軍興然節省一事尤在聖躬親

率昔漢文帝身衣弋綈以致富庶唐憲宗躬服浣濯以致中興藝祖皇帝幕用青布而僭偽以平仁宗皇帝被用黃絁而風俗歸厚此乃前代帝王之盛德我宋祖宗之家法尤不可不遵也陛下比從諫臣之請裁減外廷官吏度一月所省亦不下十萬緡以歲計之不無少補又竊見內侍都知李綽具到宮掖用度之數有云此項全支者有云減半支者有云住支者內庭節約如此亦可以風化天下矣然臣愚區區猶望陛下躬率之者蓋欲陛下於乘輿服御玉食之間有可更加節損者親出御批斥賜外府以助軍須以為中外節省之訓如內侍所具之數除德壽宮不可減損外亦有全支而或可減半者亦有已減半而更可以分數減者陛下既躬率之為下者亦何敢不從耶俟邊事稍寧自當復舊今日權宜行之正聖訓所謂今日當如創業時也臣不勝拳拳之至

十朋又代越帥王尚書上疏曰臣聞財用不足最為今日之患議者歸咎生財無術思得管蕭劉晏之徒用之臣以謂財有限而用無窮生財不如節財省用斯能足用昔漢文帝時有玉帛和親之費然而貫朽粟陳海內富庶者由文帝以敦朴先之宮室苑囿車騎服御無所增益故也我仁宗皇帝慶曆間西方用兵北虜增幣天下亦多事矣而斂不及民用度不乏者亦由仁宗以儉德化下故於多事之間內不失治民到于今稱之朝廷自和議以來權臣務為苟安之計凡百用度悉如太平全盛之日中外化之競為侈靡府庫匱乏實此之由往歲陛下焚金翠近又以損名齋親為之記帥下以躬蓋無愧於文帝仁宗矣然財用猶不足臣妄意竊謂奢侈之風或未痛革無益之作無名之費或未盡除至若內降之恩未能盡絕名器之假未能無濫宮禁近習伎令之數不無過多軍容教坊伶倫俳優之徒不能

無非時之橫賜凡此之類可省者省之可罷者罷之最節財之要術當今之急務臣又聞唐德宗納裴延齡之姦謀有天子私藏之財號瓊林大盈二庫陸贄諫之甚力謂宜散其小儲而成其大儲損其小寶而成其大寶臣願陛下以文帝仁宗之儉德為法以德宗之私心為戒凡天下財賦之入悉歸之戶部仍擇知取予之臣以司出納之柄如是則將見粟腐大倉錢流地上上下皆足公私並濟矣

司農卿兼尹京李椿上奏曰臣伏見比年以來庾廩不豐庫藏窘闕軍須國用日覺難支州縣之間財賦尤匱農民士卒罕獲溫飽至於樁管經常撥還借兌每煩聖躬上勞處分有司但知憂懼莫究本原日復一日坐視不講於國家久長之計豈所宜然臣嘗讀易之節曰節以制度不傷財不害民六三曰不節若則嗟若无咎象曰不節之嗟又誰咎也此豈非今日大小之臣但知憂懼不能自責而歸咎於

時而已哉。蓋傷其財。則害於民。皆出於不知節以制度。違聖人之明戒也。然則制度謂何。凡居處飲食衣服受用皆是也。仰惟陛下躬行節儉。凡百受用。悉從省減。而柰何臣民奢侈縱恣。不知限極。居室則危樓大廈。華麗相高。衣服則綺繡鮮潔。巧異爭先。飲食則水陸畢陳。歡飲奴婢。營利則攘奪占爭。以強淩弱。以至下民貧困者多。無力以供其上。此其所以財益傷而民益害也。臣愚願陛下詔有司。凡居室之高下。雅飾衣服之顏色等降。奴婢之多少。器用之品式。皆立制度。務從樸質。違犯者必加之罪。自貴近始。使上下皆知節儉之為德。侈靡之可戒。賜予之際。亦望陛下以制度節之。財不傷而民無害矣。天下幸甚。

知福州趙汝愚奏便民事宜曰。臣檢國朝會要。諸州軍歲賜公用錢皆有定數。且如福州國初歲賜錢僅五百貫。熙寧五年。始增定為二千貫。至紹興九年。本州守臣有請以升改帥府。增置官屬。歲用不足。有旨每歲更給錢一千貫。通計每歲不過三千貫而已。臣畧計本州近年支費。每歲率用錢七萬餘貫。過於歲額二十餘倍。多是於係省錢內取撥。全無限制。詢之諸郡。事體畧同。惟視守臣之賢否。用度之豐約。以為多寡之數。而祖宗法制。皆蕩然無復存矣。臣仰惟國家開創之初。懲五代藩鎮之亂。諸路置轉運使總制一路財賦。務收諸鎮之權。故公用錢至為薄少。累世承平。文物繁富。居官者頗以為病。故熙寧中。神宗皇帝為取會諸州軍例冊及三年出納之數。付司農寺詳定。而稍增其數。今會要所錄是也。然當時法度森嚴。官吏畏竦。不敢有分毫踰越制度。臣觀蘇軾在徐州日。嘗論京東盜賊。其奏畧曰。欲責捕盜賊。法外求一錢以使人。且不可得。曰臣願自青鄆以降。如徐沂齊曹之類。皆遴選守臣。聽法外處置強盜。頗賜緡錢。使得以布設耳目。畜養爪牙。然緡錢多賜則難常。少又不足於用。臣以為每郡可歲別給一二百千。使以釀酒。凡使人緝捕盜賊。得以酒予之。敢以為他用者。坐贓論。臣竊惟京東素多盜賊。既重法地分。當時守臣不敢法外求一錢以捕賊。至無酒以使人。孰有取之盡錙銖。用之如泥沙。如今者哉。臣伏思祖宗之時。重熙累洽。民間兩稅之外。絕無科斂。而州郡又儉約守法度如此。百姓安得不富。今自渡江以後。養兵既多。費用浸廣。民間兩稅之外。科斂不一。如經制錢。總制錢。折帛錢。大軍月樁錢。糴本錢。添收頭子錢。增收勘合錢。若此之類。未易殫舉。而州縣又有隨時科折之數。民力可謂困矣。而州郡費用之廣。至二十倍過於往時。然則百姓安得不貧。臣嘗念此至熟。而不敢輕易以為言者。蓋以官吏供給錢一項。紹興之初。已著為令。所在添員甚衆。而費益多。較之歲額。已自過數。又軍兵犒賜之類。亦有久年成例。不可頓革者。是以官吏並緣。無復法守。臣愚伏望聖慈特降指揮。依倣熙寧已行體例。逐路選委監司一員。取會諸州祖來例冊及比年出納之數。除供給錢一項別作施行外。其餘公用之數。參酌舊制。增定其數。有違法禁過數支用者。許有司彈奏。依法施行。如此則居官者自然愛惜錢物。不敢妄費。又憑藉法守。亦可以杜絕干請。而苞苴貨賂。亦不禁而自絕矣。

汝愚又上奏曰。臣伏讀六月己丑勸農詔書。仰惟陛下聰明仁聖。保惠元元。訓誥懇惻。為民而下者殆無虛月。謹擇監司郡守。延見訪問。考察能否而進退之。所以求諸己者。可謂勤矣。然而十數年來。未有治效卓卓如古循吏者。豈非地狹國貧。取於民者過制。故慈惠之師溺於職而不舉。強敏辦給之吏。始多為術以病民。而莫知恤也。臣嘗讀漢書循吏傳。班固以為孝惠以來。民務稼穡。至于文景。遂移風易俗。

故蜀守文翁之屬皆謹身帥先不至於嚴而民從化孝武外攘四夷内改法度民用彫敝姦軌不禁時少能以化治稱者由是觀之在此不在彼明矣臣愚伏願陛下清心省事一以節用愛人為本依倣元祐以來故事選委官吏講求今日内外財用之出其事可均其事可節其事可罷斟酌次第而行之歲必有所儲也又取兵興以來財賦名色自創置以及後來增損之數究見本末擇其間可省者漸賜以予民庶幾民俗富厚而政化可行然後久任而責其成雖使郡為龔黄縣為卓魯可也區區狂瞽惟陛下幸赦其愚

光宗紹熙間權戶部侍郎袁說友上疏曰臣竊惟京邑富盛風俗易於侈靡其間儻有侈靡過度銷毀金寶上下慣習殊無限制久而不戢滲為財寶之害臣伏見銷金衣飾頃歲有司屢行禁止往往法令稍寬隨即縱弛自累歲以來其侈日盛行都豪貴之家故習於此而

下至齊民稍稍有力者無不競以銷金為飾蓋不止於倡優被服之僭也今都人以銷金為業者不下數十家貨賣充塞相望於道積日累月毀壞金寶何可數計豈特上下僭度侈靡成風有干風化之美而國家金寶日銷月削不復可以收拾誠非細害仰惟陛下躬行儉約以先天下豈容民庶習成侈靡毀棄珍寶以至於此臣恭聞祥符四年詔後苑銷金者並刺配祥符八年詔内外庭並不得衣銷金貼金縷金間金戧金圈金剔金陷金明金泥金楞金背金影金盤金織金金線等但係裝著衣服並不得以金為飾犯人及工匠干連人並行重斷紹興七年高宗皇帝宣諭曰銷金之法甚嚴禁中有衣銷金者罰俸三月淳熙十一年嘗劄下本府嚴行禁止本朝法制之密蓋如此今此風日盛禁止已是後時臣愚欲望睿斷劄下本府舉行祥符淳熙之制明列項目嚴行禁戢仍乞陛下仰體紹興之旨自宮禁始以先民庶幾法制必行愛惜金寶以抑僭侈以厚風俗不勝幸甚

醴泉觀使周必大上奏曰臣聞論語首篇載孔子之言曰節用而愛人易云節以制度不傷財不害民詩頌魯僖公能備伯禽之法先及儉以足用次之寬以愛民夫聖人方論愛民乃首言節儉者蓋不儉則用度不足用度不足則必重斂於民雖有仁心仁言無所施矣臣恭聞陛下儉約出於天性今發政之初必將如漢文帝示淳朴為天下先而臣尚以為言者蓋自南渡以來疆土未及承平之半悉中外之貢輸奉三宮之營養自當有增而無損至於既養州郡之兵又聚屯戍之兵又厚添差不釐務之祿視祖宗時所入彌寡所用彌多東南民力安得不困往者京官選人憚於作邑正為財賦難辦爾邇來州郡亦以不辦為憂嚴於催科巧於措畫僅乃有濟陛下雖懷愛民之意尚自而行臣願因聖性之節儉凡賜予支費損之又損如召南

之國化文王之政在位皆節儉然後上行下効其效可睹至於民力之盈虛州用之贏詘殆不可一槩而舉惟監司守令乃能詳知欲望申詔諸路各陳所部凡可省費而裕民者指事申明限以半年上之朝省隨宜斟酌特降處分庶使實惠徧及於天下不為虛文捨是則雖詔旨諄諄不過宣讀之後徒掛墻壁而已

寧宗即位校書郎項安世上奏曰昔夷吾治齊諸葛亮治蜀立國之本不過四量地以制賦量賦以制用而已陛下試披輿地圖今郡縣之數比祖宗時孰為多少比秦漢隋唐時孰為多少陛下必自知其狹且少矣試命版曹具一歲賦入之數視宗盛時東南之賦入幾何建炎紹興以來至乾道淳熙其所增取幾何陛下試命内外群臣有司具一歲之用人主供奉好賜之費幾何御前工役器械之費幾何嬪嬙宦寺廩給之費幾何戶部四總領養兵之費幾何州縣公使迎

送請給之費幾何陛下必自知其為侈且濫矣用不量賦而至於侈且濫內外上下之積不得而不空天地山川之藏不得而不竭非忍痛耐謗一舉而更張之未知其所以給也今天下之費最重而當省者兵也能用上兵則兵可省能用屯田則兵可省其次莫如宮掖兵以待敵國常畏而不敢省故省兵難宮掖以私一身常愛而不忍省故省宮掖難不敢省者事在他人不忍省者在陛下宮中嬙嬪宦寺陛下事也宮中之器械工役陛下事也陛下肯省則省之宮中既省則外廷之官吏四方之州縣從風而省奔走不暇簡樸成風民志堅定民生日厚雖有水旱蟲蝗之災可活也國力日壯雖有夷狄盜賊之變可為也復祖宗之業雪人神之憤惟吾所為無不可者

理宗淳祐間徐元杰進故事曰前漢楊雄將作大匠箴曰閑閑將作經治宮室牆以禦風宇以蔽日寒暑攸除鳥鼠攸去王有宮殿民有

宅居昔在帝王茅茨土階夏卑宮室在彼溝池

臣聞工誦箴諫肇於古者謗木之求工執藝諫蓋垂韜聽覩之世所不棄也臣以司匠退循樸拙他無技能敢竭心工極陳儉寶惟陛下垂聽焉夫宮室牆宇苟足以禦風蔽日古之聖人不越是以求侈也夏后氏卑宮而不厭其陋且手胼足胝盡力於溝洫之利凡可以約己而裕人者無不為之況敢以是自逸其身哉不然峻宇雕牆華則華矣視采椽不斷為孰久瑤臺瓊室珍則珍矣視土階三尺為孰安蓋聖人以大學絜矩之道正天下念民力之有限計邦費之無窮知天下之傷財孰有如工役之費故清心省事所以為靜養君德之基節用愛人所以為深固邦本之計其意若曰宮室既侈麗矣凡皆稱是可也窮奢極欲極天下之膏血將不足以供之此聖人所不忍為宜乎其

長守富貴也昔魏之楊阜當明帝建宮室之初抗疏請省宮人問之史則以為禁密非所當與阜怒而杖其吏帝於是愈敬憚之竇璡修洛陽宮昧過侈之當戒崇飾雕麗謂可逢上之欲豈知太宗能爲工費計怒而毀之罪不容綫然則二臣之正否雖不同而二君之好惡則俱正矣臣於是益有感於揚雄氏之箴焉雖然雄既託匠以為箴而校獵長揚一賦又有感於文帝躬服節儉之化大厦則取其不居木器則取其無文後宮則取其賤玳瑁而踈珠璣他如却翡翠除雕鏤惡靡麗斥芬芳與夫抑止鄭衛絲竹之聲樂極其效則上足以格天而有玉衡正泰階平之應然則揚雄有愛君之忠欲規其過而繩其愆者以箴諫之為未足故又述賦以諷諫也臣嘗謂揚雄之箴獻之於西都中徼之季時之不偶而言弗獲用漢亦殆矣臣述其言以補工

藝之諫敢謂遭際陛下盛明之君納約自牖信而後諫臣能言之陛下能行之臣百姓慶幸與國同休矣惜不令揚雄見之

度宗咸淳十年侍御史陳堅等上奏曰今東南之民力竭矣西北之邊患棘矣諸葛亮所謂危急存亡之時也而邸第戚畹御前寺觀田連阡陌亡慮數千萬計皆巧立名色盡蠲二稅州縣之興鞭撻黎庶鬻妻賣子而鐘鳴鼎食之家蒼頭廬兒漿酒藿肉琳宮梵宇之流安居暇食優游生死安平無事之時猶且不可而況艱難多事之際乎今欲寬邊患當紓民力欲紓民力當紓州縣則邸第寺觀之常賦未可姑息而不加釐正也望與二三大臣亟議行之詔可

元世祖時趙天麟上策曰臣聞上古洪荒數天朴略摽枝野鹿燔黍捭豚衣鳥獸之皮食鳥獸之肉汙尊而抔飲蕢桴而土鼓冬則居窟夏則居巢其卧徐徐其覺于于當此之時淳風未散民皆自以為足

也。及乎伏羲作而書契之法興。神農作而耕織之功立。軒后作而器用之資漸備。尚焉以降。澆漓益生。是以堯居茅屋。禹戒雕牆。周王之卑服。漢帝之弋綈。非徒盡質素之本心。亦以杜人民之奢汰也。至元年間。都堂議得民間喪葬紙房金銀人馬并綵帛衣服帳幙等物。欽依聖旨事意截日盡行禁斷。又准中書省奏定到官民嫁娶聘財筵會等事。此皆先帝慎儉德以懷永圖。推其餘以化下民也。夫天下之人。或有見衣服鮮明。驕從翹楚者。從而羨之。見衡門安志。樂業循常者。從而笑之。乃薄民之淺昧世態之恒情。然而權利濫官豪富子弟。知其如是。尤故厭心以驕溢相夸。以奢靡相尚。以節約為恥。以貞廉為愚。既不副於上心。又重傷於家業。延及士庶。轉相倣傚。習以成風。非一旦之能改也。殊不知衣敝縕袍不恥狐貉者。子路之何用不臧也。食前方丈後車千乘者。鄒軻之得志不為也。桓宫丹楹刻桷而御

孫諫之。晏子一狐裘三十年。而紫陽稱之。夫衣足蔽體。食足充飢。外之皆非吾人之所有也。彼錦繡綺組之衣。以之禦寒。與繒練奚以異哉。彼熊掌膾炙之食。以之糊口。與魚菜奚以異哉。慶贈宴會。禮足而已。又奚用越名干分。傾貲破產以為之哉。故古人之言曰。儉德之共也。侈惡之大也。又曰。山林不能給野火。江海不能實漏卮。言生一破百。而易無子遺也。又曰。城中好高髻。四方高一尺。城中好寬袖。四方全匹帛。言京師者。天下之仰從也。且聞譽施於身。不願人之文繡。理義悅我心。如芻豢之悅口。今之王公大人。宜去奢從約。以增美其名乎。宜務華違儉。以徒飾其身乎。伏望陛下體先帝之意。禁京師內王公大人之奢侈。則天下之官民。不令自從矣。蓋見在上者先儉。而知儉之為美。故不得不然

明宗時。監察御史把的于思言。朝廷自去秋命將出師。戡定禍亂。其供給軍需。賞賚將士。所費不可勝紀。若以歲入經賦較之。則其所出已過數倍。况今諸王朝會舊制。一切供億。俱尚未給。而陝西等處飢饉荐臻。餓殍枕藉。加以冬春之交。雪雨愆期。麥苗槁死。秋田未種。民庶遑遑。流移者衆。臣伏思之。此正國家節用之時也。如果有功。必當賞賚者。宜視其官之崇卑而輕重之。不惟省費。亦可示勸。其近侍諸臣奏請恩賜。宜悉停罷。以紓民力。臺臣以聞。帝嘉納之。

歷代名臣奏議卷之一百九十二

戒佚欲

魯隱公五年公將如棠觀魚者臧僖伯諫曰凡物不足以講大事其材不足以備器用則君不舉焉君將納民於軌物者也故講事以度軌量謂之軌取材以章物采謂之物不軌不物謂之亂政亂政亟行所以敗也故春蒐夏苗秋獮冬狩皆於農隙以講事也三年而治兵入而振旅歸而飲至以數軍實昭文章明貴賤辨等列順少長習威儀也鳥獸之肉不登於俎皮革齒牙骨角毛羽不登於器古之制也若夫山林川澤之實器用之資皁隸之事官司之守非君所及也公曰吾將略地焉遂往陳魚而觀之

宣公以夏月濫於泗淵里革斷其罟而棄之曰古者大寒降土蟄發水虞於是乎講罛罶取名魚登川禽而嘗之寢廟行諸國人助宣氣也鳥獸孕水蟲成獸虞於是乎禁罝羅矠魚鱉以為夏犒助生阜也鳥獸成水蟲孕水虞於是乎禁罝麗設穽鄂以實廟庖畜功用也且夫山不槎蘖澤不伐夭魚禁鯤鮞獸長麑麌鳥翼鷇卵蟲舍蚳蝝蕃庶物也古之訓也今魚方別孕不教魚長又行網罟貪無藝也公聞之曰吾過而里革匡我不亦善乎

晉文公出田逐獸碭入大澤迷不知所出其中有漁者文公謂曰我若君也道安從出我且厚賜若漁者曰臣願有獻公曰出澤而受之於是遂出澤公令曰子之所以教寡人者何等也願受之漁者曰鴻鵠保河海之中厭而欲移徙之小澤則必有丸繒之憂黿鼉保深淵厭而出之淺渚則必有羅網釣射之憂今君逐獸碭入至此何行之太遠也文公曰善哉謂從者記漁者名漁者曰君何以名為君其尊天事地敬社稷固四國慈愛萬民薄賦斂輕租稅者臣亦與焉君不敬社稷不固四國外失禮於諸侯內逆民心一國流亡漁者雖得厚賜不能保也遂辭不受曰君亟歸國臣亦反吾漁所

魏絳對晉侯悼公曰昔有夏之方衰也后羿自鉏遷于窮石因夏民以代夏政恃其射也不脩民事而淫于原獸棄武羅伯困熊髡龍圉而用寒浞寒浞伯明氏之讒子弟也伯明后寒棄之夷羿收之信而使之以為己相浞行媚于內而施賂于外愚弄其民而虞羿于田樹之詐慝以取其國家外內咸服羿猶不悛將歸自田家眾殺而亨之以食其子其子不忍食諸死于窮門靡奔有鬲氏浞因羿室生澆及豷恃其讒慝詐偽而不德于民使澆用師滅斟灌及斟尋氏處澆于過處豷于戈靡自有鬲氏收二國之燼以滅浞而立少康少康滅澆于過后杼滅豷于戈有窮由是遂亡失人故也昔周辛甲之為太史也命百官官箴王闕於虞人之箴曰芒芒禹迹畫為九州經啓九道民有寢廟獸有茂草各有攸處德用不擾在帝夷羿冒于原獸忘其國恤而思其麀牡武不可重用不恢于夏家獸臣司原敢告僕夫虞箴如是可不懲乎於是晉侯好田故魏絳及之

楚莊王即位三年不出號令日夜為樂令國中曰有敢諫者死無赦伍舉入諫莊王左抱鄭姬右抱越女坐鐘鼓之間伍舉曰願有進隱隱謂隱藏其意曰有鳥在於阜三年不蜚不鳴是何鳥也莊王曰三年不蜚蜚將沖天三年不鳴鳴將驚人舉退矣吾知之矣居數月淫益甚大夫蘇從乃入諫王曰若不聞令乎對曰殺身以明君臣之願也於是乃罷淫樂聽政所誅者數百人任伍舉蘇從以政國人大說

靈王狩于州來次于乾谿右尹子革夕王與之語曰昔我 先王熊繹與呂級王孫牟燮父禽父並事康王四國皆有分我獨無有今吾使人於周求鼎以為分王其與我乎對曰與君王哉昔我 先王熊繹辟

在荊山篳路藍縷以處草莽跋涉山林以事天子唯是桃弧棘矢以共禦王事齊王舅也晉及魯衛王母弟也楚是以無分而彼皆有今周與四國服事君王將唯命是從豈其愛鼎王曰昔我皇祖伯父昆吾舊許是宅今鄭人貪賴其田而不我與我若求之其與我乎對曰與君王哉周不愛鼎鄭敢愛田王曰昔諸侯遠我而畏晉今我大城陳蔡不羹賦皆千乘子與有勞焉諸侯其畏我乎對曰畏君王哉是四國者專足畏也又加之以楚敢不畏君王哉王入析父謂子革吾子楚之望也今與王言如響國其若之何子革曰摩厲以須王出吾刃將斬矣王出左史倚相趨過王曰是良史也是能讀三墳五典八索九丘對曰臣嘗問焉昔穆王欲肆其心周行天下將皆必有車轍馬跡焉祭公謀父作祈招之詩以止王心王是以獲沒於祇宮臣問其詩而不知也若問遠焉其焉能知之王曰子能乎對曰能其詩曰

祈招之愔愔式昭德音思我王度式如玉式如金形民之力而無醉飽之心王揖而入饋不食寢不寐數日不能自克以及於難仲尼曰古者有志克己復禮仁也信是哉楚靈王若能如此豈其辱於乾谿

昭王欲之荊臺游司馬子綦進諫曰荊臺之游左洞庭之陂右彭蠡之水南望獵山下臨方淮其樂使人遺老而忘死人君遊者盡以忘其國願大王勿往遊焉王曰荊臺乃吾地也有地而游之子何為絕我游乎怒而擊之於是令尹子西駕安車駟馬徑於殿下曰今日荊臺之遊不可不觀也王登車而拊其背曰荊臺之遊與子共樂之矣步馬十里引轡而止曰臣不敢下車願得有道大王肯聽之乎王曰第言之令尹子西曰臣聞之為人臣而忠其君者爵祿不足以賞也為人臣而諫其君者刑罰不足以誅也若司馬子綦者忠臣也若臣者諛臣也願大王殺臣之軀罰臣之家而祿司馬子綦王曰若我能止聽公子獨能禁我游耳後世游之無有極時奈何令尹子西曰欲禁後世易耳願大王山陵崩阤為陵於荊臺未嘗有持鐘鼓管絃之樂而游於父之墓上者也於是王還車卒不游荊臺令罷先置孔子從魯聞之曰美哉令尹子西諫之於十里之前而權之於百世之後者也

莊辛諫襄王曰君王左州侯右夏侯從新安君與壽陵君同軒淫衍侈靡而忘國政郢其危矣王曰先生老悖歟妄為楚國妖歟莊辛對曰臣非為楚妖誠見之也君王卒近此四子者則楚必亡矣辛請留於趙以觀之於是不出十月王果亡巫山江漢鄢郢之地於是王乃使召莊辛至趙辛至王曰嘻先生來邪寡人以不用先生言至于此為之奈何莊辛曰君王用辛言則可不用辛言又將甚乎此庶人有

稱曰亡羊而固牢未為遲見兔而呼狗未為晚湯武以百里王桀紂以天下亡今楚雖小絕長繼短以千里數豈特百里哉且君王獨不見夫青蛉乎六足四翼蜚翔乎天地之間求蚊虻而食之時甘露而飲之自以為無患與民無爭也不知五尺童子膠絲竿加之乎四仞之上而下為蟲蟻食也青蛉猶其小者也夫爵俛啄白粒仰棲茂樹鼓其翼奮其身自以為無患與民無爭也不知公子王孫左把彈右攝丸定操持審參連故晝遊乎茂樹夕和乎酸醎爵猶其小者也鴻鵠嬉遊乎江漢息留乎大沼俛啄鰋鯉仰嚙陵衡脩其六翮而陵清風飄搖高翔一舉千里自以為無患與民無爭也不知弋者選其引弩脩其防翳加繒繳其頸投乎百仞之上引纖繳揚微波折清風而殞故朝遊乎江河而暮調乎鼎俎鴻鵠猶其小者也蔡侯之事故是也蔡侯南遊乎高陵北徑乎巫山逐麋麛麞鹿彈谿子隨時鳥嬉遊

乎高蔡之國溢滿無涯不以國家為事不知子發受令宣王厄以淮水填以巫山庚子之朝纓以朱絲臣而奏之乎宣王也蔡侯之事猶其小也今君王之事遂以左州侯右夏侯從新安君與壽陵君淫衍侈靡康樂遊娛馳騁乎雲夢之中不以天下與國家為事不知穰侯方與秦王謀寘之以黽厄而投之乎黽塞之外而襄王大懼形體悼栗曰謹受令乃封莊辛為成陵君而用計焉

齊景公飲酒而樂釋衣冠自鼓缶謂侍者曰仁人亦樂是夫梁丘子曰仁人耳目亦猶人也奚為獨不樂此也公曰速駕迎晏子晏子朝服以至公曰寡人甚樂此樂也願與夫子共之請去禮晏子對曰君之言過矣齊國五尺之童子力盡勝嬰而又勝君所以不敢亂者畏禮也上若無禮無以使其下下若無禮無以事其上夫麋鹿唯無禮故父子同麀人之所以貴於禽獸者以有禮也詩曰人而無禮胡不

遄死故禮不可去也公曰寡人無良左右淫湎寡人以至於此請殺之晏子曰左右何罪君若好禮左右有禮者至無禮者去君若惡禮亦將如之公曰善請革衣冠更受命乃廢酒而更尊朝服而坐觴三行晏子趨出

景公為臺臺成又欲為鍾晏子諫曰君不勝欲為臺今復欲為鍾是重斂於民民之哀矣夫斂民之哀而以為樂不祥景公乃止

景公遊於海上而樂之六月不歸令左右曰敢有先言歸者致死不赦顏燭趨進諫曰君樂治海上而六月不歸彼儻有治國者君且安得樂此海也景公援戟將斫之顏燭趨進撫衣待之曰君奚不斫也昔者桀殺關龍逢紂殺王子比干君之賢非此二主也臣之材亦非此二子也君奚不斫以臣參此二人者不亦可乎景公說遂歸中道聞國人謀不內矣

吴王欲從民飲酒伍子胥諫曰不可昔白龍下清泠之淵化為魚漁者豫且射中其目白龍上訴天帝天帝曰當是之時若安寘而形白龍對曰我下清泠之淵化為魚天帝曰魚固人之所射也若是豫且何罪夫白龍天帝貴畜也豫且宋國賤臣也白龍不化豫且不射今棄萬乘之位而從布衣之士飲酒臣恐其有豫且之患矣王乃止

魏文侯見箕季其墻壞而不築文侯曰何為不築對曰不時其墻枉而不端問曰何不端曰固然從者食其園之桃箕季禁之少焉日晏進糲餐之食瓜瓠之羹文侯出其僕曰君亦無得於箕季矣曩者進食臣竊窺之糲餐之食瓜瓠之羹文侯曰吾何無得於季也吾一見季而得四焉其墻壞不築云待時也教我無奪農時也墻枉而不端對曰固然者是教我無侵封疆也從者食園桃箕季禁之豈愛桃哉是教我下無侵上也食我糲餐者季豈不能具五味哉教我無多斂

於百姓以省飲食之養也

梁王魏嬰觴諸侯於范臺酒酣請魯君舉觴魯君興避席擇言曰昔者帝女令儀狄作酒而美進之禹禹飲而甘之遂疏儀狄絕旨酒曰後世必有以酒亡其國者齊桓公夜半不嗛易牙乃煎熬燔炙和調五味而進之桓公食之而飽至旦不覺曰後世必有以味亡其國者晉文公得南之威三日不聽朝遂推南之威而遠之曰後世必有以色亡其國者楚王登強臺而望崩山左江而右湖以臨彷徨其樂忘死遂盟強臺而弗登曰後世必有以高臺陂池亡其國者今主君之尊儀狄之酒也主君之味易牙之調也左白台而右閭須南威之美也前夾林而後蘭臺強臺之樂也有一於此足以亡其國今主君兼此四者可無戒歟梁王稱善相屬

漢高帝初為沛公至咸陽秦王子嬰降沛公沛公入秦宫宫室帷帳

狗馬重寶婦女以千數意欲留居之樊噲諫沛公出舍沛公不聽張良曰夫秦為無道故沛公得至此夫為天下除殘賊宜縞素為資今始入秦即安其樂此所謂助桀為虐且忠言逆耳利於行毒藥苦口利於病願沛公聽樊噲言沛公乃還軍霸上

文帝從霸陵上欲西馳下峻阪中郎袁盎攬轡上曰將軍怯邪盎言曰臣聞千金之子不垂堂百金之子不騎衡聖主不乘危不徼幸今陛下騁六飛馳不測山有如馬驚車敗陛下縱自輕奈高廟太后何上乃止

武帝時司馬相如從帝至長楊獵是時天子方好自擊熊豕馳逐壄獸相如因上疏諫其辭曰臣聞物有同類而殊能者故力稱烏獲捷言慶忌勇期賁育臣之愚竊以為人誠有之獸亦宜然今陛下好陵阻險射猛獸卒然遇逸材之獸駭不存之地（不存不可得安存也）犯屬車之清塵輿不及還轅人不暇施巧雖有烏獲逢蒙之技不得用枯木朽株盡為難矣是胡越起於轂下而羌夷接軫也豈不殆哉雖萬全而無患然本非天子之所宜近也且夫清道而後行中路而馳猶時有銜橛之變（銜馬勒銜也橛騑馬口長銜也一說車之鉤心也銜橛之變言馬銜或斷鉤心或出則致傾敗以傷人也橛鉅月反）況乎涉豐草騁立虛前有利獸之樂而內無存變之意其為害也不難矣夫輕萬乘之重不以為安樂出萬有一危之塗以為娛臣竊為陛下不取蓋明者遠見於未萌而知者避危於無形旤固多藏於隱微而發於人之所忽者也故鄙諺曰家絫千金坐不垂堂此言雖小可以諭大臣願陛下留意幸察上善之

成帝始作期門數為微行立趙飛燕為皇后后專寵懷忌皇太子多橫夭譙玄上書諫曰臣聞王者承天繼宗統極保業延祚莫急胤嗣故易有幹蠱之義詩詠衆多之福今陛下聖嗣未立天下屬望而不

惟社稷之計專念微行之事愛幸用於所惑曲意留於非正竊聞後宮皇子產而不育臣聞之怛然痛心傷剝竊懷憂國不忘須臾夫警衛不脩則患生非常忽有醉酒狂夫分爭道路既無尊嚴之儀豈識上下之別此為胡狄起於轂下而賊亂發於左右也願陛下念天下之至重愛金玉之身均九女之施存無窮之福天下幸甚

成帝時富平定陵侯張放淳于長等愛幸入侍禁中設宴飲之會皆引滿舉白談笑大噱時乘輿幄坐張畫屏風畫紂醉踞妲己作長夜之樂上以班伯新起視事數目禮之因顧指畫而問伯紂為無道至於是乎伯對曰書云廼用婦人之言何有踞肆於朝所謂衆惡歸之不如是之甚者也上曰苟不若此此圖何戒伯曰沈湎于酒微子所以告去也式號式謼大雅所以流連也詩書淫亂之戒其原皆在於酒上廼喟然歎曰吾久不見班生今日復聞讜言放等不懌稍自引起更衣因罷出

東漢光武嘗出獵車駕夜還上東門候郅惲拒關不開帝命從者見面於門閒惲曰火明遼遠遂不受詔帝乃廻從東中門入明日惲上書諫曰昔文王不敢槃于游田以萬民為憂而陛下遠獵山林夜以繼晝其如社稷宗廟何暴虎馮河未至之戒誠小臣所竊憂也書奏賜布百匹貶東中門候為參封尉

安帝永寧元年西南夷撣國王獻樂及幻人能吐火自支解易牛馬頭明年元會作之於庭帝與羣臣共觀大奇之諫議大夫陳禪獨離席舉手大言曰昔齊魯為夾谷之會齊作侏儒之樂仲尼誅之又曰放鄭聲遠佞人帝王之庭不宜設夷狄之技尚書陳忠劾奏禪曰古者合歡之樂舞於堂四夷之樂陳於門故詩云以雅以南韎任朱離今撣國越流沙踰縣度萬里貢獻非鄭衛之聲佞人之比而禪建訕

朝政。請劾禪下獄。有詔勿收。左轉為玄菟候城障尉。詔敢不之官。上妻子從者名。禪既行。朝廷多訟之。

桓帝延熹八年。賢良方正劉瑜上書曰。臣瑜自念東國鄙陋。得以豐沛枝胤。被蒙復除。不給卒伍。故太尉楊秉。知臣竊關典籍。猥見顯舉。誠冀臣愚直有補萬一。而秉忠謨不遂。命先朝露。臣在下土。聽聞歌謠。驕臣虐政之事。遠近呼嗟之音。竊為辛楚。泣血漣如。幸得引錄。備荅聖問。泄寫至情。不敢庸回。誠願陛下且以須臾之慮。覽今往之事。人何為咨嗟。天曷為動變。蓋諸侯之位。上法四七。垂文炳燿。關世盛衰者也。今中官邪孽。比肩裂土。皆競立胤嗣。繼體傳爵。或乞子疏屬。或買兒市道。殆乖開國承家之議。古者天子一娶九女。娣姪有序。河圖授嗣。正在九房。今女嬖令色。充積閨帷。皆當盛其玩飾。冗食空宮。勞散精神。生長六疾。此國之費也。生之傷也。且天地之性。陰陽正紀。隔絕其道。則水旱為并。詩云。五日為期。六日不詹。怨曠作歌。仲尼所錄。況從幼至長。幽藏歿身。又常侍黃門亦廣妻娶。怨毒之氣。結成妖眚。行路之言。官發略人女。娶而復置。轉相驚懼。孰不悉然。無緣空生此謗。鄒衍匹夫。杞氏匹婦。尚有城崩霜隕之異。況乃羣輩咨怨。能無感乎。昔秦作阿房。國多刑人。今第舍增多。窮極奇巧。掘山攻石。不避時令。促以嚴刑。威以正法。民無罪而覆入之。民有田而覆奪之。州郡官府。各自考事。姦情賕賂。皆為吏餌。民愁鬱結。起入賊黨。官輒興兵。誅討其罪。貧困之民。或有賣其首級。以要酬賞。父兄相代殘身。妻孥相見分裂。窮之如彼。伐之如此。豈不痛哉。又陛下以北辰之尊。神器之寶。而微行近習之家。私幸宦者之舍。賓客市買。熏灼道路。因此暴縱。無所不容。今三公在位。皆博達道藝。而各正諸己。莫或匡益者。非不智也。畏死罰也。惟陛下設置七臣。以廣諫道。及開東序金縢史官之書。從堯舜禹湯文武致興之道。遠佞邪之人。放鄭衛之聲。則政致和平。德感祥風矣。

帝嘗校獵廣成。遂至上林苑。光祿勳陳蕃上疏諫曰。安平之時。遊畋宜有節。況今有三空之戹哉。田野空。朝廷空。倉庫空。加之兵戎未戢。四方離散。是陛下焦心毀顏。坐以待旦之時也。豈宜揚旗耀武。騁心輿馬之觀乎。又前秋多雨。民始種麥。今失其勸種之時。而令給驅禽除路之役。非聖賢恤民之意也。書奏不省

靈帝好微行。遊幸外苑。司徒楊賜上疏曰。臣聞天生烝民。不能自理。故立君長使司牧之。是以唐虞兢兢業業。周文日昃不暇。明慎庶官。俊乂在職。三載考績。以勸厥成。而今所序用無他才德。有形埶者。旬日累遷。守真之徒。歷載不轉。勞逸無別。善惡同流。北山之詩。所為訓作。又聞數微行出幸苑囿。觀鷹犬之埶。極般遊之荒。政事日墮。大化陵遲。陛下不顧二祖之勤止。追慕五宗之美蹤。而欲以望太平。是猶曲表而欲直景。卻行而求及前人也。宜絕慢傲之戲。念官人之重。割用板之恩。慎貫魚之次。無令醜女有四殆之歎。遐邇有忿怨之聲。臣受恩偏特。忝任師傅。不敢自同凡臣括囊避咎。謹自手書密上。

蜀後主時。譙周上疏曰。昔王莽之敗。豪傑並起。跨州據郡。欲弄神器。於是賢才智士。思望所歸。未必以其勢之廣狹。惟其德之薄厚也。是故於時更始公孫述及諸有大衆者。多已廣大。然莫不快情恣欲。怠於為善。遊獵飲食。不恤民物。世祖初入河北。馮異等勸之曰。當行人所不能為。遂務理冤獄。節儉飲食。動遵法度。故北州歌歎。聲布四遠。於是鄧禹自南陽追之。吳漢寇恂未識世祖。遙聞德行。遂以權計舉漁陽上谷突騎迎于廣阿。其餘望風慕德者。邳彤耿純劉植之徒。至于輿病齎棺。襁負而至者。不可勝數。故能以弱為強。屠王郎。吞銅馬。

折赤眉而成帝業也。及在洛陽。嘗欲小出。車駕已御。銚期諫曰。天下未寧。臣誠不願陛下細行數出。即時還車。及征隗囂。潁川盜起。世祖還洛陽。但遣寇恂往。恂曰。潁川以陛下遠征。故奸猾起叛。未知陛下還。恐不時降。陛下自臨潁川。賊必即降。遂至潁川。竟如恂言。故非急務。欲小出不敢。至於急務。欲自安不為。故帝者之欲善也如此。故傳曰。百姓不徒附。誠以德先之也。今漢遭厄運。天下三分。雄哲之士思望之時也。陛下天姿至孝。喪踰三年。言及隕涕。雖曾閔不過也。敬賢任才。使之盡力。有踰成康。故國內和一。大小戮力。臣所不能陳。然臣不勝大願。願復廣人所不能者。夫輓大重者其用力苦不衆。拔大艱者其善術苦不廣。且承事宗廟者。非徒求福祐。所以率民尊上也。至於四時之祀。或有不臨。池苑之觀。或有仍出。臣之愚滯。私不自安。夫憂責在身者不暇盡樂。先帝之志。堂構未成。誠非盡樂之時。願省減樂官。後宮所增造。但奉脩先帝所施。下為子孫節儉之教。

魏文帝為太子時。耽樂田獵。晨出夜還。任城棧潛督守鄴城。諫曰。王公設險以固其國。都城禁衛。用戒不虞。大雅云。宗子維城。無俾城壞。又曰。猶之未遠。是用大諫。若逸于游田。晨出昏歸。以一日從禽之娛而忘無垠之釁。愚竊惑之。太子不悅。然自後游出差簡。

文帝時。蘇則為侍中。帝獵。槎桎拔。失鹿。大怒。踞牀拔刀。悉收督吏將斬之。則稽首曰。臣聞古之聖王。不以禽獸害人。今陛下方隆唐堯之化。而以獵戲多殺群吏。愚臣以為不可。敢以死請。帝曰。卿直臣也。遂皆赦之。

文帝問侍中蘇則曰。前破酒泉張掖。西域通使。燉煌獻徑寸大珠。可復求市益得否。則對曰。若陛下化洽中國。德流沙漠。即不求自至。求而得之。不足貴也。帝默然。

文帝頗出遊獵。御史大夫王朗上疏曰。夫帝王之居。外則飾周衛。內則重禁門。將行則設兵而後出幄。稱警而後踐墀。張弧而後登輿。清道而後奉引。遮列而後轉轂。靜室而後息駕。皆所以顯至尊。務戒慎。垂法教也。近日車駕出臨捕虎。日昃而行。及昏而反。違警蹕之常法。非萬乘之至慎也。帝報曰。覽表。雖魏絳稱虞箴以諷晉悼。相如陳猛獸以戒漢武。未是以喻。方今二寇未殄。將帥遠征。故時入原野以習戎備。至於夜還之戒。已詔有司施行。

文帝出獵。駙馬都尉兼侍中鮑勛上疏曰。臣聞五帝三王。靡不明本立教。以孝治天下。陛下仁聖惻隱。有同古烈。臣冀當繼蹤前代。令萬世可則也。如何在諒闇之中。脩馳騁之事乎。臣冒死以聞。唯陛下察焉。帝手毀其表。而競行獵。中道頓息。問侍臣曰。獵之為樂。何如八音也。侍中劉曄對曰。獵勝於樂。勛抗辭曰。夫樂上通神明。下和人理。隆治致化。萬邦咸乂。故移風易俗。莫善於樂。況獵。暴華蓋於原野。傷生育之至理。櫛風沐雨。不以時隙哉。昔魯隱觀漁於棠。春秋譏之。雖陛下以為務。愚臣所不願也。

明帝時。大興殿舍。百姓勞役。廣采衆女。充盈後宮。後宮皇子連夭。繼嗣未育。廷尉高柔上疏曰。二虜狡猾。潛自講肄。謀動干戈。未圖束手。宜畜養將士。繕治甲兵。以逸待之。而頃興造殿舍。上下勞擾。若使吳蜀知人虛實。通謀并勢。復俱送死。甚不易也。昔漢文惜十家之資。不營小臺之娛。去病慮匈奴之害。不遑治第之事。況今所損者。非惟百金之費。所憂者。非徒北狄之患乎。可粗成見所營立。以充朝宴之儀。訖。罷作者使得就農。二方平定。復可徐興。昔軒轅以二十五子傳祚彌遠。周室以姬國四十歷年滋多。陛下聰達窮理。盡性而頃皇子連多夭逝。熊羆之祥。又未感應。羣下之心。莫不悒戚。周禮。天子后妃以下百二十人。嬪嬙之儀。既以盛矣。竊聞後庭之數。或復過之。聖嗣不昌。殆恐由此。臣愚以為可妙簡淑媛。以備內官之數。其餘盡遣還家。且以育精養神。專靜為寶。如此。則螽斯之徵。可庶而致矣。帝報曰。知卿忠允。乃心王室。輙克昌言。他復以聞。

時光祿勳高堂隆上疏曰。三代之有天下。歷數百載。尺土一民。莫非其有。然癸辛從欲。皇天震怒。宗國為墟。紂梟白旗。桀放鳴條。天子之尊。湯武有之。豈伊異人。皆明王之冑也。黃初之際。天兆其戒。異類之鳥。育長燕巢。此大異也。宜防鷹揚之臣於蕭墻之內。可選諸王。使典兵。秦時。鎮撫皇畿。翼亮帝室。夫皇天無親。唯德是輔。民詠德政。則延期過歷。下有怨嘆。則輟錄授能。由此觀之。天下乃天下之天下。非獨陛下之天下也。帝手詔慰勞之。

吳大帝為車騎將軍時。每田獵。常乘馬射虎。虎常突前。攀持馬鞍。長史張昭變色而前曰。將軍何有當爾。夫為人君者。謂能駕御英雄。驅使羣賢。豈謂馳逐於原野。校勇於猛獸者乎。如有一旦之患。奈天下笑何。

帝又於武昌臨釣臺飲酒大醉。使人以水灑羣臣。曰。今日酣飲。惟醉墮臺中。乃當止耳。綏遠將軍張昭正色不言。出外車中坐。帝遣人呼昭還。謂曰。為共作樂耳。公何為怒乎。昭對曰。昔紂為糟丘酒池長夜之飲。當時亦以為樂。不以為惡也。帝默然有慚色。遂罷酒。

晉武帝太康末。頗親宴樂。又多疾病。屬小瘳。侍中華嶠與侍臣表賀。因微諫曰。伏惟聖體漸就平和。上下同慶。不覺抃舞。臣等愚戇。竊有微懷。以為收功於所忽。事乃無悔。慮福於垂成。祚乃日新。唯願陛下深垂聖明。遠思所忽之悔。以成日新之福。沖靜和氣。嗇養精神。頤身於清簡之宇。留心於虛曠之域。無厭世俗常戒。以忽羣下之言。則豐

慶日延。天下幸甚。

宋明帝畋游無度。嘗出夜還。敕開門。侍中謝莊居守。以棨信或虛。執不奉旨。須墨敕乃開。帝曰。卿欲效君章邪。對曰。臣聞王者祭祀畋遊。出入有節。今陛下晨往宵歸。臣恐不逞之徒。妄生矯詐。是以伏須神筆。乃開門耳。

漢主劉聰游獵無度。嘗晨出暮歸。觀漁於汾水。以燭繼晝。中軍王彰諫曰。今大難未夷。餘晉假息。陛下不懼白龍魚服之禍。而昏夜忘歸。陛下當思先帝創業之艱難。嗣承之不易。鴻業已爾。四海屬情。何可墜之於垂成。隳之於將就。比竊觀陛下所為。臣實痛心疾首有日矣。且愚人係漢之心未專。而思晉之懷猶盛。劉琨去此咫尺之間。狂狷刺客息頃而至。帝王輕出。一夫敵耳。願陛下改往脩來。則億兆幸甚。

齊武帝永明末。上將射雉。竟陵王子良諫曰。忽聞外議。伏承當更射雉。臣下情震越。心懷憂悚。猶謂疑妄。事不必然。伏度陛下以信心明照。故所以傾金寶於禪靈。仁愛廣洽。得使禽魚養命於江澤。豈惟國慶民懽。乃以翱翔治幾。夫衛生保命。人獸不殊。重軀愛體。彼我無異。故禮云。聞其聲不食其肉。見其生不忍其死。且萬乘之尊。降同匹夫之樂。夫殺無辜。傷仁害福之本。菩薩不殺。壽命得長。施物安樂。自無恐怖。不惱眾生。身無患苦。臣見功德有此果報。所以日夜劬勤。厲身奉法。實願聖躬康御若此。每至寢夢。脫有異見。不覺身心立就燋爛。陛下常日捨財脩福。臣私心顒顒。尚恨其少。豈可今日見此事。一損福業。追悔便難。臣此啓聞。私心實切。若是大事不可易改。亦願陛下照臣此誠。曲垂三思。況此嬉遊之間。非關當否。而動輒傷生。實可深慎。臣聞子孝奉君。臣忠事主。莫不靈祇通感。徵祥證登。臣近段仰啓

賜希受戒。天心洞遠。誠未達勝善之途。而聖恩遲疑。尚未垂曆曲降尊極。豈可令月復隨此事。臣不隱心。即實上啓。

後魏文帝時。中書監高允上酒訓曰。臣被勅論集往世酒之敗德以為酒訓。臣以朽邁。人倫所棄。而殊恩過隆。錄臣於將殁之年。勗臣於已墜之地。奉命驚惶。喜懼兼甚。不知何事可以上荅。伏惟陛下以叡哲之姿。撫臨萬國。太皇太后以聖德之廣。濟育群生。普天之下。罔不稱賴。然日昃憂勤。虛求不已。思監往事。以為警戒。此之至誠。悟通百靈。而況於百官士民。不勝踴躍。謹竭其所見。作酒訓一篇。但臣愚短。加以荒廢。辭義鄙拙。不足觀採。伏願聖慈。體臣悾悾之情。恕臣狂瞽之意。其詞曰。自古聖王。其為饗也。玄酒在堂。而醨酒在下。所以崇本重原。降於滋味。雖汎爵旅行。不及於亂。故能禮章而敬不虧。事畢而儀不忒。非由斯致。是失其道。將何以範時軌物。垂之於世。歷觀往代成敗

之效。吉凶由人。不在數也。商辛躭酒。殷道以之亡。公旦陳誥。周德以之昌。子反昏酣而致斃。穆生不飲而身光。或長世而為戒。或百代而流芳。酒之為狀。變惑情性。雖曰哲人。孰能自競。在官者怠於政也。為下者慢於令也。聰達之士荒於聽也。柔順之倫興於爭也。久而不悛。致於病也。豈止於病。乃損其命。諺亦有云其益如毫。其損如刀。言所益者止於一味之益。不亦寡乎。言所損者夭年亂志。夭亂之損。不亦夥乎。無以酒荒而陷其身。無以酒狂而喪其倫。迷邦失道。流浪漂津。不師不遵。反將何因。詩不言乎。如切如磋。如琢如磨。朋友之義也。作官以箴之。申謨以禁之。君臣之道也。其言也善。則三復而佩之。言之不善。則哀矜而貸之。此實先王納規之意。往者有晉。士多失度。肆散誕以為不覊。縱長酣以為高達。諷酒之頌。以相眩曜。稱堯舜有千鍾百觚之飲。著非法之言。引大聖為譬。以則天之明。豈其然乎。且子思有云。夫子之飲不能一升。以此推之。千鍾百觚。皆為妄也。今大魏應圖。重明御世。化之所暨。無思不服。仁風敦洽於四海。太皇太后以至德之隆。誨而不倦。憂勤備於皇情。誥訓行於無外。故能道恊兩儀。功同覆載。仁恩下逮。罔有不遵。普天率土。靡不蒙賴。在朝之士。有志之人。宜克己從善。履正存貞。節酒以為度。順德以為經。悟昏飲之美疾。審敬慎之彌榮。遵孝道以致養。顯父母而揚名。蹈閔曾之前軌。遺仁風於後生。仰以荅所授。俯以保其成。可不勉歟。可不勉歟。

明帝時。張普惠以帝好游騁苑囿。不親視朝。過崇佛法。郊廟之事多委有司。上疏切諫曰。陛下殖不思之冥業。損巨費於生民。近供無事之僧。遠邀未然之報。未若收萬國之歡心。以事其親。使天下和平。災害不生也。伏願淑慎威儀。為萬邦式。躬致郊廟之虔。親臨朔望之禮。釋奠成均。竭心千畝。撤僧寺不急之華。還百官久折之秩。則節用愛

人。四海俱賴矣。

唐高祖初即位。萬年縣法曹孫伏伽上表曰。隋以惡聞其過亡天下。故陛下得之。然陛下徒知得之之易。而未知隋失之之不難也。謂宜易其覆轍。務盡下情。凡人君言動。不可不慎。陛下今日即位。而明日有獻鷂雛者。此乃少年之事。豈聖主所須哉。又百戲散樂。亡國淫聲。近太常於民間借婦女裙襦以充妓衣。擬五月五日玄武門遊戲。此亦非所以為子孫法也。夫善惡之習。漸染易移。太子諸王參僚左右。宜謹擇其人。有門風不睦。素無行義。專好奢靡。以聲色游獵為事者。皆不可近。自古骨肉乖離。以至敗亡。未有不因左右離間而然也。高祖大悅。下詔褒稱。擢為治書侍御史。賜帛三百匹。仍頒示遠近。

太宗即位。數出馳射。大理少卿孫伏伽諫曰。臣聞天子之居禁衛九重。出也警。入也蹕。非直尊其居處。為社稷生人計也。比聞陛下走馬

射帖。娛悅羣臣。殆非所以導養聖躬。垂憲後代。此直少年諸王務耳。安得既為天子尚行之乎。竊為陛下不取。帝悅曰。卿能言朕失。朕能改之。天下庶有瘳乎

太宗好田獵。秘書監虞世南上疏諫曰。臣聞秋獮冬狩。蓋惟恒典。射隼從禽。備乎前誥。伏惟陛下因聽覽之餘辰。順天道以殺伐。將欲摧斑碎掌。親御皮軒。窮猛獸之窟穴。盡逸材之林藪。夷凶翦暴。以衛黎元。收革擢羽。用充軍器。舉旗效獲。式遵前古。然黃屋之尊。金輿之貴。八方之所仰德。萬國之所係心。清道而行。猶戒銜橛。斯蓋慎防微為社稷也。是以馬卿直諫於前。張昭變色於後。臣誠細微。敢忘斯義。且天弧星罼。所殪已多。頒禽賜獲。皇恩亦溥。伏願時息獵車。且韜長戟。不拒芻蕘之請。降納涓澮之流。袒裼徒搏。任之羣下。貽範百王。永光萬代。太宗深嘉其言。

太宗時。諫議大夫蘇世長從獵涇陽。大獲。帝入旌門。謂左右曰。今日畋樂乎。世長曰。陛下廢萬機。事游獵。不滿十旬。未為樂也。帝色變。既而笑曰。狂態發邪。曰。為臣計則狂。為陛下計忠矣。時武功。豳新經突厥寇掠。鄉聚凋虛。帝將遂獵武功。世長諫曰。突厥向盜劫人。陛下救卹之言未出口。又獵其地。殆恐百姓不堪所求。帝不聽。

時民部尚書唐儉從獵洛陽苑。羣豕突出于林。帝射四發。輒殪四豕。一豕躍及鐙。儉投馬搏之。帝拔劍斷豕。顧笑曰。天策長史不見上將擊賊邪。何懼之甚。對曰。漢祖以馬上得之。不以馬上治之。陛下神武定四方。豈復快心于一獸。帝為罷獵。

太宗嘗逐兔於後苑。將軍執失思力諫曰。天命陛下為華夷父母。奈何自輕。上又將逐鹿。思力脫巾解帶跪而固諫。上為之止

太宗嘗遣使至涼州。都督李大亮有佳鷹。使者諷使獻之。大亮密表曰。陛下久絕畋獵。而使者求鷹。若陛下之意。深乖昔旨。如其自擅。便是使非其人。太宗下書曰。以卿兼資文武。志懷貞確。故委藩牧。當茲重寄。比在州鎮。聲績遠彰。念此忠勤。無忘寤寐。使遣獻鷹。遂不曲順。論今引古。遠獻直言。披露腹心。非常懇到。覽用嘉歎。不能已已。有臣若此。朕復何憂。宜守此誠。始終若一。詩云。靖共爾位。好是正直。神之聽之。介爾景福。古人稱一言之重。侔於千金。卿之此言。深足貴矣。今賜卿金壺瓶金碗各一枚。雖無千鎰之重。是朕自用之物。卿立志方直。竭節至公。處職當官。每副所委。方大任使。以申重寄。公事之閑。宜觀典籍。賜卿荀悅漢紀一部。此書敘致簡要。論議深博。極為政之體。盡君臣之義。今以賜卿。宜加尋閱。

太宗遣使西域立葉護可汗。又別使齎金帛歷諸國市馬。魏徵諫曰。今發國使以立可汗為名。可汗未定。即緣諸國市馬。彼必以為意在市馬。不為專立可汗。得立則不甚懷恩。不得立則以為深怨。諸蕃聞之。必不重中國。

馬市既不可得。縱得馬。亦還路無從。但使彼安寧。則諸國之馬不求自至矣。昔漢文帝有獻千里馬者。曰。吾吉行日三十。凶行日五十。鑾輿在前。屬車在後。吾獨乘千里馬將以安之乎。乃償其道路之費而反之。漢光武有獻千里馬及寶劍者。馬以駕鼓車。劍以賜騎士。陛下凡所施為。皆邈過三王之上。奈何至於此事。欲為二帝之下乎。魏文帝欲求市西域大珠。蘇則曰。若陛下惠及四海。則珠不求自至。求得之。不足貴也。陛下如不能慕漢文之高行。不畏蘇則之言乎。太宗納其言。欣然而止。

高昌平。太宗欲以為州縣。徵諫曰。陛下初臨天下。高昌王先來朝謁。自後屢有稱其遏絕貢獻。不禮大國。遂使王誅再加。若罪止文泰。斯亦可矣。未若因而撫之。而立其子。所謂伐罪弔人。威德被於遐外。為國之善者也。今若利其土壤以為州縣。常須千餘兵鎮守。數年一易。每往交替。死者十有三四。遣辦衣資。離別親戚。十年之後。隴右空虛。陛下終不得高昌撮穀尺

祈以助中國所謂散有用而事無用。臣未見其可。太宗不從
時虢州統軍裴師利奏諸山大有銀鑛。採之極有利益。勑殿中少監趙元
楷令諸國府衛士及百姓採之。類爲勞擾。徵進諫曰。昔堯舜置璧於山。投
珠於谷。所以崇名顯號。見稱千祀。陛下巍巍盛德。思與堯舜比隆。戡定大
功。遂踰湯武之烈。所急在於仁義。且勞役衛士與下爭利。人不見德。將何
取焉。太宗深納之。即令停廢
時益州及北門造綾錦金銀等作。徵諫曰。金銀珠玉。妨農事者也。錦繡纂
組。害女工者也。一夫不耕。天下有受其飢。一女不織。天下有受其寒。古人
或投之深泉。或焚之通衢。而陛下好之。愚臣不勝其恥。
時新羅國獻美女。徵諫曰。臣昨在內略聞新羅國重更進女。未委逗留。計
蕃夷獻女。誠不是恠。但今日受納。實非其時。道路傳聞。必生橫議。若徵斷
聖德。悔不可追。且願詳擇事宜。以禮告示。申其使人誠款。必不得已然後

遂其所欲。則遠夷悅服。人無謗言。太宗喜形於色而遣之。
太宗問魏徵曰。觀近古帝王有傳位十代者。有一代兩代者。亦有身得身
失者。朕所以常懷憂懼。或恐撫養生民不得其所。或恐心生驕逸。喜怒過
度。然不能自知。卿可爲朕言之。當以爲楷則。徵對曰。嗜欲喜怒之情。賢愚
皆同。賢者能節之。不使過度。愚者縱之。多至失所。陛下聖德玄遠。居安思
危。伏願陛下常能自制。以保克終之美。則萬代永賴。
太宗謂侍臣曰。朕聞西人愛珠。若得好珠。劈身藏之。侍臣咸曰。貪財損己。實
爲可笑。太宗曰。勿唯笑彼。今官人貪財不顧性命。身死之後。子孫被辱。何異
西人之愛珠耶。帝王亦然。恣情放逸。勞役無度。信任羣小。疎遠忠正。有一於
此。豈不滅亡。隋煬帝奢侈自賢。身死匹夫。亦爲可笑。徵對曰。臣聞魯哀公謂
孔子曰。有人好忘者。移宅乃忘其妻。孔子曰。又有好忘者甚於此。丘見桀
紂之君。乃忘其身。太宗曰。朕與公等既知笑人。今共相匡輔。庶免人笑

太宗謂侍臣曰。漢代常以八月選洛陽中子女姿色端麗者。載還後宮。此
不可爲法。然即日宮內甚多。配後之外。使其誕乳諸王。是非所宜。據此論
選補宮列。理宜依禮。徵對曰。人多惑嬖色。乃致敗亂。周幽惑褒姒。晉獻惑
驪姬。躭於寵欲廢嫡立庶。幽王因此身死。遂喪西周。獻公身雖獲沒。禍延
數代。嬪御之間。所宜深慎。上又謂侍臣曰。人有明珠。莫不貴重。若以彈雀
豈非可惜。況人之性命甚於明珠。見金銀錢帛不懼刑網。徑即受納。乃是
不惜性命。明珠是身外之物。尚不可彈雀。何況性命之重。乃以博財物耶。
群臣若能備盡忠直。有益國利民。則官爵立至。若不能以此道求榮。遂妄
受錢物。贓賄既露。其身亦損。實爲可笑。帝王亦然。恣情放逸。勞役無度。信
任群小。疎遠忠正。有一於此。豈不滅亡。隋煬帝奢侈自賢。身死匹夫之手。
亦爲可笑。上又謂侍臣曰。朕嘗謂貪人不解愛財也。至如內外官五品已上。
祿秩優厚。一年所得。其數自多。若受人財賄。不過數萬。一朝彰露。祿秩削奪。

此豈是解愛財物。是小得而大失者也。昔公儀休性嗜魚。而不受人魚。其魚
長存。且主貪必喪其國。爲臣貪必忘其身。詩云。大風有隧。貪人敗類。固非謬
言也。昔秦惠王欲伐蜀。不知其逕。乃刻五石牛。置金其後。蜀人見之。以爲
牛能便金。蜀王使五丁力士拖牛入蜀。道成。秦師隨而伐之。蜀國遂亡。漢
大司農田延年贓賄三千萬。事覺自死。如此之流。何可勝記。朕今以蜀王
爲元龜。卿等亦須以延年爲覆轍也。
太宗與黃門侍郎王珪宴語。時有美人侍側。本廬江王瑗之姬也。瑗敗。籍沒入宮。
太宗指珪曰。廬江不道。賊殺其夫而納其室。暴虐之甚。何有不亡者乎。珪避席曰。
陛下以廬江取之爲是耶。爲非耶。太宗曰。安有殺人而取其妻。卿乃問朕是非
何也。珪對曰。臣聞於管子曰。齊桓公之郭國。問其父老曰。郭何故亡。父老曰。以
其善善而惡惡也。桓公曰。如子之言。乃賢君也。何至於亡。父老曰。不然。郭君善
善而不能用。惡惡而不能去。所以亡也。今此婦人尚在左右。臣竊以聖心爲是

也陛下若以為非所謂知惡而不去也太宗太怍稱為至言遽令美
人還其親族

太宗謂侍臣曰朕有二喜一懼比年豐稔斗粟三錢一喜也北虜久服邊鄙無虞二喜也治安則驕侈易生驕侈則危亡立至此一懼也

房玄齡奏閱武庫甲兵遠勝隋世上曰甲兵武備誠不可闕然煬帝甲兵豈不足邪卒亡天下若公等盡力使百姓乂安此乃朕之甲兵也上又謂侍臣曰往昔初平京師宮中美女珍玩無院不滿煬帝意猶不足徵求無已兼東西征討窮兵黷武百姓不堪遂致亡滅此皆朕所目見故夙夜孜孜唯欲清淨使天下無事遂得徭役不興年穀豐稔百姓安樂夫治國猶如栽樹本根不搖則枝葉茂盛君能清淨百姓何得不安樂乎太宗又謂侍臣曰人主惟有一心而攻之者甚衆或以勇力或以辯口或以諂諛或以姦邪或以嗜慾輻輳攻之各求自售以取寵祿人主少懈而受其一則危亡隨之此其所以難也又謂公卿曰朕終日孜孜非但憂憐百姓亦欲使卿等長守富貴天非不高地非不厚朕嘗兢兢業業以畏天地卿等若能小心奉法常如朕畏天地非但百姓安寧自身常得驩樂古人云賢者多財損其志愚者多財生其過此言可以為深誡若徇私貪濁非止壞公法損百姓縱事未發聞中心豈不恒恐懼恐懼既多亦有因而致死大丈夫豈得苟貪財物以害身命使子孫每懷愧恥耶卿等宜深思此言又謂侍臣曰古人云鳥棲於林猶恐其不高復巢於木杪魚藏於泉猶恐其不深復屈穴於泥下然為人所獲者皆由貪餌故也今大臣受委任居高位食厚祿皆須履忠信蹈公清則無咎悔長守富貴矣陷其刑者祇為貪冒財利與魚鳥何異哉卿等宜記此語用為鑒戒

工部尚書段綸奏進巧人楊思齊至上令試綸遣進傀儡戲具上語綸曰所進巧匠將供國事卿令先造此物是豈百工相戒無作奇巧之意耶乃詔削綸階級並斷此戲高麗王高藏及莫離蓋蘇文遣使獻二美女太宗謂其使曰朕憫此女離其父母兄弟於本國若愛其色而傷其心我不取也並却還之本國

諫議大夫[illegible]那律嘗從出獵在途遇雨太宗因問曰油衣若為得不漏對曰能以瓦為之必不漏矣意欲太宗弗數遊畋也太宗嘉納之賜帛五十段加以金帶為之罷獵

太宗巡幸東都時高宗為皇太子監國上手敕中書令兼左庶子薛元超曰朕留卿若失一臂顧太子未習庶務關中事卿悉專之時以太子射獵詔元超得入禁藥太子稍怠政事元超諫曰內苑之地繚叢薄胃翳薈絕磴險塗殿下截輕禽逐狡兔銜橜之變詎無可虞又戶奴多反逆餘族或竄伏遺醜使兇謀竊發將何以禦哉夫為人子者不登高不臨深謂其近危辱也天皇所賜書戒丁寧惟殿下罷馳射之勞留神墳典豈不美歟帝知之遣使厚賜慰其意

睿宗先天二年正月望夜胡人婆陁請然百千燈因弛門禁又追賜元年酺帝御延喜安福門縱觀晝夜不息閱月未止右拾遺嚴挺之上疏諫以為酺者因人所利合醵為歡也不使靡斂今盡衣冠羅伎樂雜鄭衛之音縱倡優之玩不深戒慎使有司跛倚下人罷剽府縣里閭課賦苛嚴呼嗟道路貿壞家產以給百戲擾方春之業欲同其樂而反遺之患乃陳五不可誠意忠到帝納焉

玄宗初即位以開元元年二月然燈大酺合樂[illegible]　上皇御門樓臨觀以夜繼晝凡月餘晉陵尉楊相如上疏曰隋氏以[illegible]而亡太宗以

抑欲而昌。人主不可不慎擇也。夫人主莫不好忠正而惡佞邪。然忠正者常踈。佞邪者常親。以至於覆國亡身而不悟。何哉。忠正者多忤意。佞邪者多順旨。積忤生憎。積順生愛。此親踈之所以分也。誠能愛其忤以收忠賢。惡其順以去佞邪。則太宗之業。將何遠哉。夫法貴簡而能禁。罰貴輕而必行。小過不察。則無煩苛。大罪不漏。則止姦逆。使簡而難犯。寬而能制。則善矣。上覧而善之。

開元中。市舶使右威衛中郎將周慶立造奇器以進。殿中侍御史柳澤上書曰。不見可欲。使心不亂。是知見可欲而心必亂矣。慶立雕製詭物。造作奇器。用浮巧為珍玩。以譎怪為異寶。乃治國之巨蠹。明王所宜嚴罰者也。昔露臺無費。明君不忍。象箸非大。忠臣憤歎。慶立求媚聖意。揺蕩上心。陛下信而使之乎。是宣淫於天下。慶立矯而為之乎。是禁典之所無赦。陛下即位。固宜昭宣菲薄。廣示節儉。豈可以怪好示四方哉。書奏。玄宗稱善。

玄宗遣中人捕鵁鶄溪鶒。南方刺史倪若水上言。農方田。婦方蠶。以此時捕奇禽怪羽為園籞之玩。自江嶺而南達京師。水舟陸檐。所飼魚蟲稻粱。道路之言。不以賤人貴鳥望陛下耶。帝手詔褒荅。悉放所玩。謫使人過取罪而賜若水帛四十段。

時又遣使齎繒錦至石國市犬馬。黄門侍郎張廷珪曰。犬馬非土性弗畜。珍禽異獸不育于國。不宜勞遠人致異物。頗損無益之故。救必然之急。天下之幸。

初武后末年。為潑寒胡戲。中宗嘗乘樓縱觀。開元中。因四夷來朝復為之。中書令張說上疏曰。韓宣適魯。見周禮而歎。孔子會齊。戮侶優之罪。列國如此。況天朝乎。今四夷請和。使者入謁。當接以禮樂。示以兵威。雖曰戎夷。不可輕也。焉知無駒支之辯。由余之賢哉。且乞潑寒胡未聞典故。裸體跳足。汨泥揮水。盛德何觀焉。恐非干羽柔遠樽俎折衝之道。上納之。自是遂絕。

歷代名臣奏議卷之一百九十三

歷代名臣奏議卷之一百九十四

戒佚欲

唐德宗時翰林學士陸贄上奏曰右德亮承旨并錄先所散失內人名字令臣撰詔書以賜渾瑊遣於奉天尋訪以得為限仍量與資裝速送赴行在者頃以理道乖錯禍亂荐鍾陛下思咎懼災裕人罪己屢降大號誓將更新天下之人垂涕相賀懲忿釋怨煦仁戴明畢力同心共平多難止土崩於絕岸收板蕩於橫流殄寇清都不失舊物實由陛下至誠動於天地深悔感於神人故得百靈降康兆庶歸德茍不如此自古嘗有擲棄宮闕失守宗祧繼逼於赴難之師再還於蒙塵之日不踰半歲而復興大業者乎今渠魁始平法駕將返近自郊甸遠周寰瀛百役疲瘵之甿重傷殘瘁之卒皆忍死扶病傾耳竦肩想聞德聲翹望聖澤陛下固當感上天悔禍之眷荷烈祖垂裕之休念將士鋒刃之殃愍黎元塗炭之酷以致寇為戒以居上為危以務理為憂以復言為急損之又損尚懼汰侈之易滋艱之惟艱猶患戒慎之難久謀始盡善克終已稀始而不謀終則何有夫以內人為號蓋是中壼末流天子之尊富有宮掖如此等輩固繁有徒但恐傷多豈憂乏使翦除元惡曾未浹辰奔賀往來道路如織何必自虧君德首訪婦人又令資裝速赴行在萬目鬩視眾口流傳恐非所以答慶賴之心副惟新之望也夫事有先後義有重輕重者宜務之於先輕者宜措之於後故武王克殷有未及下車而為之者有下車而為之者蓋美其不失先後之宜也自翠華播越萬姓靡依清廟震驚三時乏祀當今所務莫大於斯誠宜速遣大臣馳傳先往迎復神主備禮郊壇展禋享之儀申告謝之意然後吊恤死義慰犒有功綏輯黎烝優問耆耋安定反側寬宥脅從宣暢鬱堙褒奬忠直官失職之士

復廢業之人是皆宜先不可後也至如崇飾服器繕緝殿臺備耳目之娛選巾櫛之侍是皆宜後不可先也宜後而先則為君之道喪宜先而後則理國之義差古之興王必慎於此陛下將務興復又安可不慎乎且散失內人已經累月既當離亂之際必為將卒所私其人若稍有知不求當自陳獻其人若甚無識求之適使憂虞自因寇亂喪亡頗有大於此者一聞搜索懷懼必多餘孽尚繁羣情未一因而善撫猶恐危疑若又懼之乎何不有昔人所以掩絕纓而飲盜馬者豈必忘其情愛蓋知為君之體然也以小妨大明者不為天下固多美人何必獨在於此易曰危者安其位者也亂者有其理者也故君子安不忘危理不忘亂是以身安而國家可保也春秋傳曰或多難以固其國或無難以喪其邦誠以處危則思安之情切遭亂則求理之志深切於思安深於求理國之固也不亦宜乎及夫居安而驕恃理而怠驕則縱肆其奢欲怠則厭惡於忠言奢欲日行忠言日梗國之喪也不亦宜乎昔衛獻出奔久而復國大夫迎於境者執其手而與之言迎於門者頷之而已言其驕怠之易生也齊桓將圖霸功管仲戒之以無忘在莒懼其情志之易變也今臣亦願陛下企思危固國如不及懲忘亂喪國如探湯以在莒為書紳之規以衰衛為覆車之鑒則德為帝範理致時雍與夫貪逸欲而踐禍機其利害亦云遠矣所令撰賜渾瑊詔未敢承旨伏惟聖裁

憲宗元和七年延英奏對畢因問及國朝故事上甚悅宰臣李吉甫希意奏言陛下威德布洽華夷讋戴時已太平可事歡樂上大笑李絳奏曰昔太宗之理天下也房玄齡杜如晦輔相聖德有魏徵王珪規諫闕失有溫彥博戴胄以彌縫政事有李靖李勣訓整戎旅故夷狄畏服寰宇大安天下之人仰戴聖德猶孜孜而求理開導直言旰

食宵衣。不敢滿溢。豈復當時務於自逸乎。陛下視今日事。何如漢文時。上曰。安敢望漢文。式絳曰。文帝漢之明主。恭仁節用。身衣皂綈。清淨為理。刑措不用。戎狄面內。致干戈偃戢。而賈誼上言。猶以當時如措火積薪之下。火未燃而以為安。其憂危如此。今中夏河南北中蔡有五十餘州。法令所不及。德澤所未加。兼西戎侵盜。近以涇隴靈寧等州為界。去京城遠者不過千里。近者數百里。烽燧相接。邊界屢驚。此方是陛下焦心涸慮。廢寢忘餐之時。豈可高枕而臥也。加以頃年水旱。廩藏尚虛。陛下憂勞。頻軫聖念。誠是延訪智略之士。揀拔賢良之臣。精求濟時之規。光大中興之業。又安可事於歡樂而自縱哉。伏惟陛下誠之。上欣然曰。誠如卿言。朕所以一錢不敢妄費。一日不敢懈怠者。祇為此言。卿言正當朕意。當與卿等圖之。上退朝。顧謂左右中官曰。適來吉甫奏言時已太平。勸我為樂。李絳屢陳古今。弁言事宜是憂危之事。吉甫諂佞。悅我顏色。李絳忠正骨鯁。言必遠大。真宰相也。

絳為翰林學士上奏曰。臣等先奉進止。令撿尋歷代至國朝已來。聖帝明王忠臣義士君臣合體事跡可觀者。撿五十條進呈。欲於御座置屏風觀覽者。伏以自古聖王皆憂勤庶政。未嘗不取鑒於前代。致理於當時。昔太宗亦命魏徵等博採歷代事跡。撰羣書政要。致在坐側。常自省閱。書於國史。著為不刊。今陛下以天縱聖姿。日慎一日。精求道理。容納直言。猶更參驗古今。鑒試善惡。朝夕觀覽。取則而行。誠烈祖之用心。必致貞觀之盛理。臣等謹依撰錄。都五十條。賢愚成敗。勤為兩卷。隨狀進上。其羣書政要是太宗親覽之書。其中事跡周備。伏望聽政日新。成不諱之朝。致無為之化。

憲宗喜武功。且數出遊畋。吏部郎中柳公綽奏太醫箴以諷曰。天布寒暑不私於人。品類既一。高卑以均。人謹好愛。能保其身。清靜無瑕。輝光以新。寒暑滿天地。浹肌膚於外。好愛在耳目。誘心知於內。端潔為隄。奔射猶敗。氣行無間。隙不在大。謂天高矣。氛蒙晦之。謂地厚矣。橫流潰之。飲食資身。過則生患。衣服辨德。侈則生慢。唯過與侈。心必隨之。氣與心流。疾乃伺之。畋遊恣樂。流情蕩志。馳騁勞形。叱咤傷氣。不養其外。前脩所忌。人稟氣生。嗜慾以萌。氣離有患。氣完則成。巧必焚異。智實誘情。醫之上者。理於未然。患居慮後。防處事先。心靜樂行。體和道全。克施萬物。以享億年。聖人在上。各有攸處。臣司太醫。敢告諸御。天子高其才。遣使謂曰。卿言氣行無間隙不在大。愛朕深者。當置之坐隅。

穆宗初即位。不卹國事。數荒昵。吐蕃方強。諫議大夫鄭覃等廷諍曰。陛下新即位。宜側身勤政。而內耽宴嬉。外盤游畋。今吐蕃在邊。狙候

中國。假令緩急。臣下乃不知陛下所在。不敗事乎。夫金繒所出。固民膏血。可使倡優無功濫被賜與。願節用之。以所餘備邊。毋令有司重取百姓。天下之幸也。帝不懌。顧宰相蕭俛曰。是皆何人。俛曰。諫官也。帝意解。乃曰。朕之闕。下能盡規。忠也。因詔覃等曰。閤中殊不款款。後有為我言者。當見卿延英。時閤中奏久廢。至是士相慶。

穆宗荒于游畋。內恣酣蕩。昕曙不能朝。諫議大夫崔郾進曰。十一聖之功德。四海之大。萬國之衆。其治其亂。繫於陛下。自山以東百城地千里。昨日得之。今日失之。西望戎壘。距宗廟十舍。百姓憔悴。蓄積無有。願陛下親政事。以幸天下。帝動容慰謝。

主客郎中知制誥白居易以穆宗好畋游。乃獻續虞人箴以諷。曰。唐受天命。十有二聖。兢兢業業。咸勤厥政。鳥生深林。獸在豐草。春蒐冬狩。取之以道。鳥獸蟲魚。各遂其生。民野君朝。亦克用寧。在昔玄祖。厥

訓孔章馳騁畋獵俾心發狂何以致之曰羿興康會不是識終然覆亡高祖方獵蘇長進言不滿十旬未足為懽上心既悟為之輟畋降及宋璟亦諫玄宗溫顏聽納獻替從容璟趨以出鷂死握中噫逖獸于野走馬于路豈不快哉銜橛可懼審其安危惟聖之慮

敬宗即位視朝常晏數游畋失德左拾遺劉栖楚諫曰惟前世王者初嗣位皆親庶政坐以待旦陛下新即位安卧寢內日晏乃作大行殯宮密邇鼓吹之聲日聞諸朝且憲宗及先帝皆長君朝夕恪勤四方猶有叛者陛下以少主踐祚未幾惡德流布恐福祚之不長也臣以諫為官使陛下負天下譏請碎首以謝遂額叩龍墀血被面李逢吉傳詔毋叩頭待詔旨栖楚捧首立帝動容揚袂使去栖楚曰不聽臣言臣請死于此有詔慰諭乃出

敬宗時李德裕上言曰臣聞道之高者莫若廣成玄元人之聖者莫

若軒皇孔子昔軒皇問廣成子理身之要何以長久廣成子云無視無聽抱神以靜形將自正神將自清無勞子形無搖子精乃可長生慎守其一以處其和故我脩身千二百歲矣吾形未嘗衰又云得吾道者上為皇而下為王玄元語孔子云去子之驕氣與多欲態色與淫志是皆無益於子之身吾所告子者是已故軒皇發謂天之歎孔子興猶龍之感前聖於道不其至乎伏惟文武大聖廣孝皇帝陛下稽玄祖之訓脩軒皇之術凝神閒館物色異人將以覿冰雪之姿屈順風之請恭惟聖感必降真仙若使廣成玄元混迹而至語陛下之道授陛下之言以臣度思無出於此臣所慮赴召者必怪迂之士苟合之徒使物淖冰以為小術衒耀邪僻蔽欺聰明如文成五利無一可驗臣所以三年之內四奉詔書未敢以一人塞詔實有所懼臣又聞前代帝王雖好方士未有服其藥者故漢書稱黃金成以為飲食器則益壽又高宗朝劉道合玄宗朝孫甑生皆成黃金二祖竟不敢服蓋以宗廟社稷之重不可輕易此事炳然具載國史以臣微見儻陛下睿思精求必致真隱惟問保和之術不求藥餌之功縱使必成黃金止可充於玩好則九廟靈鑒必當慰悅寰海兆庶誰不懽心臣思罄愚衷以裨玄化輒陳懇款伏積兢皇

文宗時御史中丞李孝本宗室子坐李訓事誅死其二女沒入宮右拾遺魏謩上言陛下即位不悅聲色于今十年未始採擇數月以來稍意聲伎教坊閱選百十未已莊宅收市亹亹有聞今又取孝本女內之後宮宗姓不育寵幸為累傷治道之本速塵穢之嫌諺曰止寒莫若重裘止謗莫若自脩惟陛下崇千載之盛德去一旦之玩好帝即出孝本女詔曰乃祖在貞觀時指事直言無所避每覽國史朕與嘉之謩為拾遺屢有獻納夫備洒埽於內非曰聲妓恤宗女之幼不

為漁取然疑似之間不可戶曉謩辭深切其惜我之失不亦至乎謩雖居位日淺朕何愛一官增直臣之氣其以謩為右補闕

武宗數出畋游暮夜乃還門下侍郎同中書門下平章事李德裕上言人君動法於日故出而視朝入而燕息傳曰君就房有常節惟深察古誼毋繼以夜側聞五星失度恐天以是勤勤儆戒詩曰敬天之渝不敢馳驅願節畋游承天意

後唐莊宗嘗畋中牟踐民稼中牟令當馬前諫曰陛下為民父母奈何委其所食使轉委溝壑乎唐主怒叱去將殺之優人敬新磨追擒至馬前責之曰汝為縣令獨不知吾主好獵邪奈何縱民耕種以妨吾天子之馳騁乎汝罪當死因請行刑莊宗笑而釋之又嘗獵于近郊洛陽令何澤遮馬諫曰陛下賦斂既急今稼穡將成復蹂踐之使吏何以為理民何以為生願先賜死莊宗慰遣之

明宗初好畋獵。都官員外郎張昭疏諫曰。太祖初鎮太原。每年打鹿於北鄙。先帝在位。暇日射鴈於近郊。此蓋軍務之餘。畋游自適。洎先帝膺圖啓祚。嚮明御宇。則宜易彼諸侯之事。爲卒萬乘之儀。而猶因習舊風。失其威重。馳逐原獸。殆無虛日。臣愚以爲事有可畏者四焉。洛都舊制。宮城與禁苑相連。人君宴遊不離苑囿。御馬來往。輦路坦夷。不涉荒郊。何憂蹶失。今則驅馳騄服。涉歷榛蕪。此後節氣嚴凝。徑塗凍滑。萬一有銜橛之變。陛下縱自輕。奈宗廟社稷何。所可畏者一也。又陛下新有四海。宜以德服萬邦。今則江嶺未平。淮夷尚梗。彼初聞陛下革先朝之失政。還太古之淳風。御物以慈。節財以儉。有典有則。不矜不驕。彼必有三苗率服之心。七旬來格之意。如聞陛下暫遊近甸。彼即以爲復好畋遊。所可畏者二也。臣又聞作法於涼。其弊猶貪。作法於貪。弊將如何。且打鹿射鴈之事。新敗軌傾輈之轍。在常宜取鑒。不可因循。所可畏者三也。臣又聞作事可法。貽厥孫謀。若以陛下齊聖廣淵之機。聰明神武之量。其可以宴遊蒐狩之事。少累聖明。所謂城中好廣眉。城外加半額。爲法之弊。靡不由茲。所可畏者四也。伏望陛下居高慮遠。慎始圖終。思創業之艱難。知守成之不易。念老氏馳騁之戒。樹文王忠厚之基。約三驅之舊章。定四時之遊幸。始出有節。後不敢違。疏奏。明宗嘉納之。

明宗時。敕解縱鷹隼。內外無得更進。馮道曰。陛下可謂仁及鳥獸。明宗曰。不然。朕嘗從武皇獵。時秋稼方熟。有獸逸入田中。遣騎取之。比及得獸。餘稼無幾。以是思之。獵有損無益。故不爲耳。

宋仁宗嘉祐四年。翰林學士知開封府歐陽脩上奏曰。臣伏以上元放燈。不出典禮。蓋自前世習俗所傳。皆徇衆心。欲同民樂。勉出臨幸。非爲嬉游。若乃時和歲豐。民物康富。以爲樂事。亦是人情。今自立春以來。陰寒雨雪。小民失業。坊市寂寥。寒凍之人。死損不少。薪炭食物。其價增倍。民憂凍餓。何暇遨遊。臣本府日閱公事。內有投井投河不死之人。皆稱因爲貧寒。自求死所。今日有一婦人凍死。其夫尋亦自縊。竊惟里巷之中。失所之人。何可勝數。昨日聖恩差官俵錢。正爲如此。目下陰雪未解。假使便得晴明。坊市不免泥濘。聖駕所歷。衝冒風寒。況方以日食之災。避殿減膳。聖心畏憂。中外所知。欲乞特罷放燈。所有常年酌獻之禮。若至日未得晴明。亦乞差大臣一攝事。所有見今供擬遊幸。及修道路。寒凍兵士。並乞放罷。庶幾上副陛下畏天憂民之心。

判太常禮院呂公著上奏曰。臣切以帝堯之聖。始於明俊德以親九族。然後協萬邦。致時雍。斯誠制治之道。次序之節然也。伏見舊制。虜使到闕。曲宴紫宸殿。及上元節。當遊幸諸宮觀。御樓觀燈。臣愚以爲贈中書令濮王在殯。雖天子絶朞。然宴樂以早。則於情理有所未安。昔智悼子未葬。殯于絳。晉平公飲酒以樂。杜蕢譏之。此蓋異姓之臣爾。況濮王於宗戚之中。親尊莫貳。若陛下出於恩厚。比使朝宴日特命去樂。將來上元觀燈遊宴。並從寢罷。如此則親親之道。可以率下而篤俗矣。

慶曆七年。殿中侍御史何郯上奏曰。臣竊以古者天子具四時之田。所以講威武而勸遠略。不徒事遊戲而翫小娛。載之策書。具有典法。前日伏聞法駕將獵近郊。中外之人聽者頗惑。良以去歲車駕已嘗出畋。羣臣抗言。隨即停罷。忽茲再舉。未諭聖心。伏以陛下繼統以來。動遵法度。不喜弋獵。不數豫游。恭儉之風。足邁前古。而今之舉事。固必有因。豈陛下以宇內有年。方隅無事。故於農隙。以講武經。欲爲都邑游觀之盛乎。抑有獻議者謂田獵之事具有禮文。行之以時。蓋學陛興則嚮者諫止之言不足顧乎若聖意果然如是先定則非愚臣之所敢議也然其中事有切於利害者尚可得而言焉恭自真宗皇帝即位之後遂下詔書罷放五方鷹鶻獵事不講踰四十年校職之籍率非宿時士卒久不便習其事官司又不素詳其義倉卒而行必多曠闕竊聞去歲乘輿之出往返甚勞一日之間殆馳百里而又兵衛不肅警蹕不嚴從官不及侍行有司不暇供億逮於暮夜始入都門此豈非士不習其事官不詳其儀而致然歟而況以驕乘而有疾馳之勞在原野而弛嚴衛之備或御者蹉跌變生銜橛愚民迷誤犯及車塵臣子之罪將何贖焉雖則仁聖之資固有神靈之衛然不可不備非常且西北二隅變故難測豈無姦偽雜於稠人廣衆之中由是而言益可深慮傳曰千金之子坐不垂堂矧於萬乘之尊乎賈誼曰射獵之娛與安危之機孰急今不獵猛敵而獵田彘不搏強寇而

搏蓄兎翫細娛而不圖大患非所以為安也伏望陛下罷省出游無重過舉遵烈考詔書之旨念前人警誡之規優游養神樂過從獸拱揖在御慮無乘危則宗廟生靈實有慶賴臣職當言責理合開陳罔逃嚴誅貴少云補

蘇轍登進士科又策制舉時仁宗春秋高轍慮或倦於勤因極言得失而於禁廷之事尤為切至曰陛下即位三十餘年矣平居靜慮亦嘗有憂於此乎無憂於此乎臣伏讀制策陛下既有憂懼之言矣然臣愚不敏竊意陛下有其言矣未有其實也往者寶元慶曆之間西夏作難陛下晝不安坐夜不安席天下皆謂陛下憂懼小心如周文王然自西方解兵陛下棄置憂懼之心二十年矣古之聖人無事則深憂有事則不懼夫無事而深憂者所以為有事之不懼也今陛下無事則不憂有事則大懼臣以為憂樂之節易矣臣疏遠小臣聞之道路不知信否近歲以來宮中貴姬至以千數歌舞飲酒優笑無度坐朝不聞諮謨便殿無所顧問三代之衰漢唐之季女寵之害陛下亦知之矣久而不止百蠹將由之而出內則蠱惑之所以汙以傷和伐性外則私謁之所以亂以敗政害事陛下無謂好色於內不害外事也今海內窮困生民愁苦而宮中好賜不為限極所欲則給不問有無司會不敢爭大臣不敢諫執契持敕迅若兵火國家有養士養兵之費外有契丹西夏之奉陛下又自為一阱以耗其遺餘臣恐陛下以此得謗而民心不歸也

仁宗時起居舍人同知諫院司馬光上奏曰臣等竊見今歲以來災異屢臻日食地震江淮騰溢風雨害稼民多菜色此正陛下側身克己眚禮蕃樂之時而道路之言皆云陛下近日宮中燕飲微為過差賞賚之費動以萬計耗散府庫調斂細民況酒之為物傷性敗德爲

湯所禁周公所戒殆非所以承天憂民輔養聖躬之道也陛下恭儉之德彰信兆民議者皆以為後宮奢縱務相誇尚左右近臣利於賞賚陛下重違其請屈意從之夫天以剛健為德君以正固為事奈何徇後宮左右之欲上忽天戒下忘民病中不為宗廟社稷深自重惜臣等愚惑竊為陛下不取也伏望陛下當此之際悉罷燕飲安神養氣後宮妃嬪進見有度左右小臣賞賚有節及厚味腊毒之物無益奉養者皆不宜數御以傷太和迺可以解皇天譴告之威慰元元困窮之望保壽命無疆之休天下群生不勝幸甚

光知諫院時又上奏曰臣等伏見今歲以祈穀改日之故車駕併以十三十四日幸諸寺觀臣等竊惟上元觀燈本非典禮正以時和年豐欲與百姓同樂為太平之榮觀而已去歲四方諸州多罹水旱饑寡孤獨流離道路伏計陛下念此未嘗去心竊恐有司不明大體務

循故事無所減損不稱陛下子愛元元之意又連日遊幸在於聖體亦為煩勞伏望陛下比舊每歲特減遊觀之處以閔恤下民安養聖神天下幸甚

光又上奏曰臣竊聞今月十八日聖駕御宣德門召諸色藝人各進技藝賜與銀絹內有婦人相撲者亦被賞賚臣愚竊以宣德門者國家之象魏所以垂憲度布號令也今上有天子之尊下有萬民后妃侍旁命婦縱觀而使婦人贏戲於前殆非所以隆禮法示四方也陛下聖德溫恭動遵儀典而所司巧佞妄獻奇技以汙瀆聰明竊恐取譏四遠愚臣區區實所重惜若舊例所有伏望陛下因此斥去仍詔有司嚴加禁約今後婦人不得於街市以此聚眾為戲若今次上元始預百戲之列即乞取勘管勾臣寮因何置在籍中或有臣僚援引奏聞因此宣召者並重行譴責庶使巧佞之臣有所戒懼不敢導上

為非禮也

英宗時殿中侍御史范純仁上奏曰臣伏見今月二十二日秋宴竊以京師昨因大水之後軍民壓溺死者甚眾哀痛之聲至今未已陛下為民父母憂樂與天下同之加以連日以來陰霧未解民相傳恐復有大雨暴露之眾憂懼方深若聞陛下鍾鼓之音必有疾首蹙頞而相告曰君臣宴樂似非其時伏望聖慈特降指揮權罷今來秋宴只令支散酒食庶幾上承天戒下順人情示聖君脩省之誠消兆民災沴之氣

神宗熙寧二年直史館權開封府推官蘇軾上奏曰臣嚮蒙召對便殿親奉德音以為凡在館閣皆當為深思治亂指陳得失無有所隱者自是以來臣每見同列未嘗不為道陛下此語非獨以稱頌盛德亦欲朝廷之間知臣等輩皆知陛下不以疎賤間廢其言共獻所聞以輔成太平之功業然竊謂空言率人不如有實而人自勸欲知陛下能受其言之實莫如以臣試之故臣願以身先天下試其小者上以補助聖明之萬一下以為賢者卜其可否雖以此獲罪萬死無悔臣伏見中使傳宣下府市司買浙燈四千餘盞有司具實直以聞陛下又令減價收買見已盡數拘收禁止私買以須上令臣始聞之驚愕不信咨嗟累日何者竊為陛下惜此舉動也臣雖至愚亦知陛下游心經術動法堯舜窮天下之嗜慾不足以易其樂盡天下之玩好不足以解其憂而豈以燈為悅者哉此不過以奉二宮之歡而極天下之養耳然大孝在乎養志百姓不可戶曉皆謂陛下以耳目不急之玩而奪其口體必用之資賣燈之民例非豪民舉債出息畜之彌年衣食之計望此旬日陛下為民父母唯可添價貴買豈可減價賤酬此事至小體則甚大凡陛下所以減價者非欲以與小民爭此毫

末豈以其無用而厚費也如知其無用何必更索惡其厚費則如勿買且內庭故事每遇放燈不令過內東門雜物務臨時收買數目既少又無拘收督迫之嚴費用不多民亦無憾故臣願追還前命凡悉如舊京城百姓不慣侵擾恩德已厚怨讟易生可不慎歟可不慎歟近日小人妄造非語士人有展年科場之說商賈有京城榷酒之議吏憂減俸兵憂減廩雖此數事朝廷所決無然致此紛紛亦有以見陛下勤恤之德未信於下而有司聚斂之意或形于民方當責已自求以消讒慝之口而臺官又勸陛下以嚴刑悍吏捕而戮之虧損聖德莫大於此而又重以買燈之事使得因緣以為口實臣實惜之方今百冗未除物力凋弊陛下縱出內帑財物不用大司農錢而內帑所儲孰非民力與其平時耗於不急之用曷若留貯以待乏絕之供故臣願陛下將來放燈與凡游觀苑囿宴好賜予之類皆飭有司務

從儉約頃者詔旨裁減皇族恩例此實陛下至明至斷所以深計遠慮割愛爲民然竊揆其間不能無少望於陛下惟當痛自刻損以身先之使知人主且猶若此而況於吾徒哉非惟省費亦且弭怨昔唐太宗遣使往涼州諷李大亮獻其名鷹大亮不可太宗深嘉之詔曰有臣若此朕復何憂明皇遣使江南採鵁鶄汴州刺史倪若水論之爲反其使又令益州織半臂背子琵琶捍撥鏤牙合子等蘇許公不奉詔李德裕在浙西詔造銀盝子粧具二十事織綾二千疋德裕上疏極論亦爲罷之使陛下內之臺諫有如此數人者則買燈之事必須力言外之有司有如此數人者則買燈之事必不奉詔陛下聰明睿聖追迹堯禹而群臣不以唐太宗明皇事陛下竊嘗深咎之臣忝備府僚親見其事若又不言臣罪大矣陛下若赦之不誅則臣又有非職之言大於此者忍不爲陛下盡之若其不赦亦臣之分也

十年監察御史裏行彭汝礪上奏曰臣體問今年上元游宴例皆依舊臣伏念獨樂樂不若與人之樂與少樂樂不若與衆之樂故古者於荒政則蕃樂於大札大災則弛樂蓋能同天下之至憂則能同天下之至樂也臣伏思乾德之禍廣西殲焉官吏屠戮遺骸未斂頻年京淮江浙東西死於飢疫者至數十萬病者未興流散者未還集而道路村落有蕭然爲狐狸豺狼之墟矣威茂之師未勞洮隴之役復新十萬之兵宿於煙瘴其以戰及疾死者甚衆孤寡泫涕惸獨悲啼相號於路而招魂於萬里之外災害變故莫大焉古人於此不敢私燕樂於一食之間而陛下供張不節愚以謂此非樂以天下之意也臣知陛下有堯舜之仁愛恭儉園圃無非時之游幸倡優無過誤之寵一朝之樂決非陛下所固欲也亦將同民欲而已然吏民死於凶札死於兵役死於瘴癘皆陛下所子者宜與之同其憂而與同其樂臣終疑之臣欲乞上元自祖宗神御殿酌獻外特賜寢罷其餘游觀而明以此意詔天下臣知窮民戰卒當有聞而感泣知陛下所以哀矜之者無一飲食不在其衷而使天下吏知陛下所以愛惜其民如是也釋宴樂之私而慰中外之民望致勤畏之誠以答因仍之天變其爲計善亦昭昭然明白矣老子曰殺人衆多以悲哀泣之戰勝以喪禮處之蓋不欲以戰屈人故也孟子曰鼓樂於此百姓聞鍾鼓之聲管籥之音舉欣欣然有喜蓋與民同樂故也惟陛下念之臣愚不知忌諱惟陛下裁察

哲宗元祐四年右正言劉安世上奏曰臣伏見去冬以來時雪愆亢詢問四方亦多旱暵關陝淮浙民已艱食物價翔踴日益增甚雖朝廷廣行賑貸而歲事失望荐飢可憂臣嘗觀周禮大司徒荒政之目十有二品救民之道最爲詳備其九曰蕃樂蓋歲有凶歉人君閔卹

元元爲之閉藏樂器而不作也禮曰雖有凶旱水溢民無菜色然後天子食日舉以樂先王之制具在方冊聖明之主所宜留心伏惟陛下繼天奉元仁民愛物有年之瑞宜不絕書而雨雪失時人且狼狽雖兩宮憂勞軫念無或少忘而遠方之民未見陛下至誠惻怛之意今上元密邇有司舉行常例猶欲張燈臣愚欲望聖慈明諭執政特以歲旱俾罷遊宴使四海之內莫不戴陛下勤卹之德庶幾天人感通風雨時若天下幸甚

安世改爲左諫議大夫又上奏曰臣伏自前月末聞傳聖旨權罷講筵是時近興龍節意謂將有燕饗是以暫輟邇英之幸周成慶禮今後半月別無政事亦非有前歲大雪苦寒之故而勸講之臣久不得望見清光臣固已疑之矣適者民間喧傳禁中見求乳母臣竊謂陛下富於春秋尚未納后紛華盛麗之好必不能動蕩淵衷雖聞斯議

未嘗輒信。近日傳者益衆。考之頗有實狀。臣忝被言職。當諫其漸。伏惟皇帝陛下。天錫睿聖。纂成大業。太皇太后陛下。慈仁正順。保佑備至。覆載之內。莫不傾耳拭目。以望風化。而或者之論。乃謂陛下稍踈先王之經典。寖近後庭之女寵。此聲流播。實損聖德。昔者堯之受命。惟以天下為憂。而不敢以位為樂。成湯不邇聲色。不殖貨利。著之方冊。萬世稱誦。皇帝陛下不可以不勉。太皇太后陛下不可以不勸也。伏望聖慈為宗廟社稷之大計。清閑之燕。頻御經帷。仍引近臣與之論議前古治亂之要。當今政事之宜。悉俾開陳。以助聖學。無溺於所愛。而忘其可戒。天下幸甚。

著作郎兼侍講范祖禹上疏曰。臣伏見陛下嗣位以來。端拱淵默。專意學問。臣侍經席於累年。陛下天縱生知。聖德純茂。接對臣下。日日如一。未嘗小有差失。此實上天眷佑皇家。保育生民。宗廟社稷無疆之福也。恭惟太祖皇帝肇造區夏。櫛風沐雨。削平僭亂。以立子孫萬世之基。傳之太宗。至于真宗。遂致太平。仁宗年十三。即大位。章獻明肅太后安定邦家。調護聖性。是以四十二年之間。德澤深結於民。天下至今思慕不忘。英宗自藩邸入繼大統。四海之內同心愛戴。先帝勵精求治。宵衣旰食。躬勤萬事十有九年。不幸早棄天下。陛下年始十歲。嗣登大位。當此之時。人心懍懍。憂危萬端。幸賴太皇太后保佑扶持。勤濟艱難。斥退凶邪。登進忠良。詔令所至。百姓歡呼鼓舞。數年以來。中外晏安。北狄西戎無不從順。此皆太皇太后之德也。臣不知陛下將何以報之。臣竊思陛下所以報之。唯在於進德愛身而已。陛下進德。則為太平高世之主。光顯祖宗之烈。發揚父母之訓。使天下之人皆欣欣然曰。祖宗之德。太皇太后之力。如此則豈惟皇天祖宗饗佑陛下。太皇太后亦不虛勤勞矣。陛下愛身。則無疾疢。不貽太皇

太后之憂。子夏問孝。孔子曰。父母唯其疾之憂。夫父母之憂。莫切於子孫之有疾疢。他日陛下有子。當自知之。陛下若不進德。不愛身。雖極四海九州之養。亦未足為孝也。臣自今秋。聞外人言陛下於後宮已有所近幸。臣初聞之。不以為信。數月以來。傳者益多。或云已有懷娠將誕育者。言之所起。必有其端。臣誠至愚。不能不惑。故敢先事懇切言之。陛下內承慈訓。外勤聖學。方當祗畏以事天地。誠孝以奉宗廟。思六聖之勤勞。念帝業之艱難。四方之人無不延頸舉踵。注目傾耳。觀聽陛下德業之光。名譽之隆。以想望太平。陛下可不慎哉。今陛下未建中宮。而先近幸左右。好色伐性。虧傷太早。有損聖德。不益聖體。此臣之所甚憂也。孔子曰。君子有三戒。少之時。血氣未定。戒之在色。言人少時血氣未定。而先傷伐根本。則損壽考之福。故君子戒之。陛下今年十四歲。而生於十二月。其實猶十三歲也。此豈近女色之時乎。陛下上承天地宗廟社稷之重。守祖宗百三十年基業。為億兆之人父母。豈可不愛惜聖體哉。孟子曰。事孰為大。事親為大。守孰為大。守身為大。守身所以事親也。愛身所以愛天下也。陛下上有太皇太后皇太后皇太妃。休戚皆繫於陛下之一身。豈可不愛惜聖體哉。中庸曰。君子之道。本諸身。未有不先愛身而可以進道者也。陛下方嚮學問。躬儒術。欲為堯舜禹湯文武成康之君。堯舜禹湯文武成康之君。未有不勤而成者也。昔先帝年十五六。講學東宮。一言一動。天下傳之。是以多才多藝。羣臣莫及。今陛下聖學。天下未有所聞。而先以嗜欲聞於天下。此臣之所甚憂也。陛下有上聖之性。必行上聖之事。有上聖之位。必求上聖之名。豈可不愛惜聖體哉。方今羣臣之心。萬民之情。正望朝廷如天聖以來。所願陛下法則仁宗而已。祖宗天下百三十年。如寶器之無缺。陛下行純德備。如美玉之無瑕。臣竊為

陛下寶之惜之愛之重之。陛下豈可不愛惜聖體哉。臣聞仁宗未納皇后以前，未嘗近幸後宮，是以氣體康寧，在位最久。臣今觀陛下氣怯，恐不能如仁宗少時，豈可不愛惜聖體哉。前世人君多所經歷，乃能周知天下之情。今陛下生長深宮，稼穡艱難未知也，人之情偽未見也，國家政事未習也，六經聖人之言未盡讀也，前世興亡之戒未盡閱也。天下至大，萬事至衆，何所不關聖慮，豈可不愛惜聖體哉。古人有言，後宮盛色則賢者隱處，佞人用事則諍臣杜口。陛下春秋鼎盛，方當崇經術，邇端士，敦尚素樸，屏去紛華，不宜先留意女色，使天下失望，以啓小人之心。何則，陛下如好德，則賢人皆動其心，欲助陛下之德，而圖天下治安，故於陛下有益。陛下如好色，則小人皆動其心，欲奉陛下之欲，而圖一身富貴，故於陛下有損。賢人進則治，小人進則亂，人君所好，不唯繫一身損益，實繫天下治亂，不可不慎也。陛

下於此二者，將何擇焉。昔漢成帝自為太子時以好色聞，其後逸欲無節，終為漢室昏亂之主，漢之基業由成帝而壞，豈可不慎其細哉。唐太宗欲納鄭仁基女，魏徵諫而止之。憲宗時教坊使稱密詔選良家子納禁中，李絳上疏，乃悉還之。文宗没，李孝本女入宮，魏謩諫，即出之。古之忠臣愛君，必拂其邪心，防其嗜欲，置君於無過之地，使天下莫得而非議也。人君所愛，莫切於身，人臣亦莫切於愛君之身。臣濫備勸講，以輔導聖德為職，懷此憂慮已二三年，不能言於未然，致陛下已有聲聽流聞於外，此臣之罪也。臣今若猶不言，他日陛下或專意聲色，委權臣下，紀綱壞亂，政事荒僻，使天下以陛下為逸欲之主，則臣之罪豈可勝責，雖悔恨萬狀，何所及哉。伏望陛下察臣之言，專精一意，強於學問，日新德業，無時逸豫，事親則思孝，居處則思敬，動作則思禮，祭祀則思誠，服用則思儉，養民則思仁，使人則思恕，心則思道，視則思正，當食則思天下之飢，當衣則思天下之寒。陛下每思及此，而強學不已，則將以道德為麗，以仁義為美，豈聲色之可移哉。惟陛下抑情制欲，以愛養聖體為先，則動植之類無不蒙福，生靈幸甚。

祖禹又上宣仁皇后疏曰：臣伏見陛下臨御天下，于今五年，昧爽聽朝，親斷萬事，所以勞心竭力者，凡皆為祖宗社稷億兆人民，將以太平天下付之皇帝也。臣愚竊謂陛下憂勤天下之事，必先憂天下之本；愛養四方之民，必愛一人之身。夫一人之身，天下之本也。孟子曰：天下之本在國，國之本在家，家之本在身。天下安危繫於人君之一身，身安則天下安；天下治亂出於人君之一心，心正則天下正。欲安天下必先安身，欲正天下必先正心。此二者當今之急務，久遠之計慮也。陛下內保佑聖躬，調護起居，外成就睿德，勉進學問，前此未嘗

聞有纖毫之失。今之所聞，則異於前，外議籍籍，皆謂皇帝已近女色，後宮將有就館者，有識聞之，無不寒心。皇帝今年十四，其實猶十三歲耳。千金之家有十三歲之子，猶不肯使近女色，而況於萬乘之主乎。陛下愛子孫而不留意於此，非愛子孫之道也。譬如美木方長，正當封植培壅，以待其蔽日凌雲，若戕伐其根，豈不害哉。臣嘗見司馬光言，章獻明肅太后保護仁宗皇帝最為有法，自即位以後，未納皇后以前，仁宗居處不離章獻卧內，所以聖體充實，在位歷年長久。章獻於仁宗此功最大。臣考之國史，仁宗在乳褓，章獻使章惠太后護視。章獻臨朝，仁宗起居飲食，章惠必與之俱，所以保佑扶持，恩意勤備。然則章惠保護仁宗，乃章獻太后之意。今陛下臨朝，日有萬幾，至於左右護視皇帝，臣不知有如章惠者乎。若未能如章惠，則陛下豈得不留聖意也。陛下以朝事責宰相，以邊事責將帥，人君闕失，群臣

邪正責諫官御史皇帝學問責講讀官若朝事不治宰相之罪也邇鄙不寧將帥之罪也人君闕失不知羣臣邪正不分諫官御史之罪也皇帝學問不進臣等之罪也至於皇帝早夜起居之節嗜欲之際此最切身之事豈可無任其責者乎陛下博覽史冊洞知古今古之帝王何嘗不以女色損壽考之福惟傷於太早敗於無節耳思之至此奇為切骨之戒臣所以不避誅戮為陛下言之伏望陛下與皇太后太妃詳論此事有損聖德不益聖體宜戒敕保傅令以章惠為法今聖心已有所知雖不能防於未形猶可以止其將然俟中宮既建然後漸廣繼嗣之路則陛下亦可以不勞聖慮矣今若不知止節女色爭進數年之後敗德亂政無所不有陛下雖欲悔之豈可及乎臣竊觀皇帝天質純粹有上聖之資年益長則宜德益進方當嚮學以養聖功天下引領以望輝光之新傾耳以聽名譽之隆聰明之開發

睿智之深遠皆繫於十五六之時不可失也陛下必欲皇帝氣體康強德性成就以為宗社無疆莫切於今日矣不宜先以好色聞於天下失衆庶之望臣所以拳拳而不能已也惟陛下深思遠慮察臣狂瞽之言

祖禹又奏曰臣伏見今月一日以後羣臣累拜表請聽樂所請愈數而批答愈緩以此見太皇太后陛下皇帝陛下仁心孝性深遠無窮發於至誠有所未忍今已批答允許臣竊恐有司請置宴開樂不敢不先言之臣愚以為居喪則行喪禮在吉則行吉禮除喪之後如遇吉禮即可聽樂不當特置一宴以開樂為名君子之於喪服以為至痛之極不得已而除之若以開樂故特設宴則以除服而慶賀非君子不得已而除之之意也（不許雖至七月其開樂宴亦更不作唯因事則聽樂庶合先王典）

徽宗時左司諫江公望上奏曰臣聞理無隱而不彰事無晦而不顯言君子之樞機故不可不謹居其室出其言善則千里之外應之況其邇者乎居其室出其言不善則千里之外違之況其邇者乎惟君為風下民為草草上之風未有不偃者也故有所不言言無不彰有所不為為無不顯君唱之下民未有不應者也陛下居九重之中可謂崇深閎遠臣民耳目之所不接一有出言未嘗不彰一有所為未嘗不顯蓋民離之則愚合之則神合衆論則崇深閎遠者皆得而知之皆得而議之臣側聞陛下邇來政事之暇蓄能鳴善鬪之禽籠奇羽佳喙之鳥以資賞翫之習使誠有之亦未足以害治也然臣讀書至於五子之歌知太康之失邦不過內作色荒外作禽荒而已所謂禽荒不必馳騁畋獵然後為荒也心有欲而不禁則志荒志荒則政怠矣昔唐太宗之時臺使有諷李大亮以名鷹為獻而大亮密表以

陛下絕畋獵久矣求鷹必非陛下意而太宗悅其正諫玄宗遣使求鵁鶄鸂鶒於南方而倪若水上言以賤人貴鳥非所以望陛下而玄宗賞其說向使二君縱欲而無度拒諫而不改豈復有貞觀開元之盛治乎若以為資房闈之悅豈不聞華陽后樊姬之所為乎秦王好淫聲而華陽后為不聽鄭衛之樂楚嚴好畋獵而樊姬為不食鳥獸之肉口非惡味也耳非惡聲也抑所好以率二君於無過之地爾中宮淑質徽音母儀天下未聞有過舉事出於陛下為之中宮當以華陽后樊姬之事以相警戒矣若事出於中宮以資戲樂陛下當以關雎求賢葛覃尊傅以相規正故刑于二女所以為大舜刑于寡妻所以美文王歟惟陛下財幸

公望又上言曰臣邇日傳聞道路之言有姓賈中貴人臂鷹鶻入後苑捕逐禽鳥臣未之信豈有禁籞之中雖是近習之人敢肆猖獗一

至於此。徐思之必偵得聖意然後敢爾再思之陛下未應至此然終疑而不釋也陛下所以得天下者以仁而已豈有仁者之君而務遊畋者乎又況陛下即政方踰年未明求衣日昃不食刻意勵志好賢樂善聽言從諫期底于道尚恐負宗廟社稷之靈無以慰天下蒼生之望豈復有暇逐禽獸為樂乎春蒐冬狩特重於祭祀之禮毀卵折巢尤戒於生誕滋育之時豈有仁者之君不因奉先祭祀顧於生誕滋育可戒之時為毀卵折巢之虐乎千金之子尚有垂堂之戒萬乘之主豈無犯車之虞和鸞而節清道而行猶意於銜橛之變況馳騁驅逐與禽獸爭道於萬死一生之地豈不殆哉豈有仁者之君不自愛重而為虞人之所為乎得一禽則喧呼讙譟分賜金帛不恤其費豈有仁者之君輕百姓之膏血以重微禽之軀乎臣以此揆之陛下必不然也雖然以其後事而引悔孰若先事而知戒此臣所以不惜

萬死雖得之傳聞之不審亦為陛下道而不敢隱也五子之歌曰內作色荒外作禽荒有一於此未或不亡老聃曰馳騁田獵令人心發狂心狂志荒何事不亡莊周曰用志不分乃凝於神志分於外神亦隨之神志不一何事不失王者之治斷可識矣夫鳥托深林獸育豐草魚鱉不亂於網罟草木不夭於斤斧人不苦於苛政斯乃仁者之君所以治天下之道也昔文王有靈德故麀鹿白鳥在其囿而有濯濯翯翯之態魚在其沼而得充牣跳躍之樂陛下不大苑囿之奉數畝之地蠢動飛走恃陛下天地之仁德依陛下日月之末光生誕滋育得性之樂不異於文王之囿今反張喙横羽延喘假息於馳騁嗥噪之間碎首決心飛毛灑血於猛鷙爪翮之下數畝之地依陛下尚不得保全其生況四海九州山林川澤之廣遠何以逃無辜夭折之禍哉蠢動雖微與人同一性也生植雖遠與人同一理也以強并弱

以貴吞賤以其不能告訴殺之若無罪豈不思易所謂信及豚魚詩之仁及草木果何理也嘗聞荊文公得如黃之狗箘路之矰畋於雲夢三月不反聽保申之諫受東矢之笞務治乎荊兼國三十非師保之訓則國亡矣唐玄宗嘗獵苑中必睞左右曰宰相韓休知否已而疏輒至非宰相之言則社稷計已矣司馬相如賦上林以諷漢武帝揚雄作羽獵以諫成帝言近而旨遠詞婉而意迫孰謂詞臣無補於國也詩有刺虞有箴皆以游畋之無益於治祇取亂亡爾今陛下師保不陳訓宰相不抗疏詞臣六獻賦書無歌詩無刺虞人無箴所賴以知過失者諫臣爾臣或不言陛下如宗廟社稷何如天下蒼生何臣言縱不實亦足以為異日之鑒唐高祖喜走馬射帖孫伏伽進諫以謂此直少年諸王務爾既為天子尚行之乎齊威公以酒腐於俎得無害霸乎管仲以此固非善然無害霸也夫從禽正少年諸王務

也陛下一日為之未足以言王政第以天子為諸王少年之務何自輕乃爾非萬乘取重於天下之道也傳有之耕道而得道獵德而得德臣願陛下驅騖於仁義之場游觀於六經之囿網多士弋群凶天宇掃清王道砥平天下之望也社稷宗廟之福也上千天威自速誅戮陛下矜其以諫為職以貸狂易天下幸甚

欽宗靖康元年左司諫陳公輔上奏曰臣竊惟陛下以孟享景靈東西二宮遂幸陽德伍神觀臣誠淺陋不熟本朝故事不知享親之後退而游幸祖宗有是例邪但近世為之若近世為之自不可為法設或祖宗之例亦有可議焉夫誠心齋戒以薦祖廟仰瞻英靈如在其上退而思之不忘乎心豈容於此日擁嬪御具聲樂肆游幸之樂耶臣恐此舉不足以示孝也臣又觀陛下自初即位恭謝之時輿服朴素儀衛簡少與夫供帳什物伶倫宦侍皆少如今日而百姓見之莫

不勝欣感戴以手加額謂陛下恭儉之德過乎仁祖矣至于今日之出輿服鮮明儀衛衆多與夫供帳什物伶倫宦侍皆盛如前時而百姓見之已有相顧駭歎竊議之者安知其不腹誹心謗謂陛下恭儉之德不及仁祖仰惟陛下聖性淵懿聰明勤儉自養德東宮以至即位未嘗少變臣料今日之事必左右近習之臣以謂陛下有崇高富貴之勢當務為光榮盛大以夸耀一時之觀聽夫貴為天子當有四海區區於此示天下以不廣也況今寇難未平民力未裕財用未饒臣下之奢僭未革風俗之侈靡未除全在陛下躬儉節用如大禹文王以救今日之弊豈可漸為奢靡異乎初即位時使百姓議之乎臣竊為陛下不取也太上皇帝奉養素厚陛下不可薄於親必須損己所有以供奉之若陛下不自過為儉約而供奉上皇又欲豐厚天下財用何以給之哉臣愚欲望陛下今後孟享既畢即詔車駕還宮其

餘游幸除龍德寧德二宮外皆願暫罷臣又慮上皇既深居外宮非時不出恐陛下亦自不當游幸仍望鑾輿之出務令簡儉但如初即位時可也此臣得於百姓之言不敢不冒死以聞然陛下無以百姓之言為非彼見陛下自初即位簡儉如此今不兩月儀物稍多自此若天下無事後豈不復肆侈靡之好邪非獨百姓憂之臣固以為深憂也傳曰有始有卒者其惟聖人乎伏惟陛下謹終如始俾盛德大業遠跨唐虞三代實宗廟社稷之福而天下之幸也

歷代名臣奏議卷之一百九十四

歷代名臣奏議卷之一百九十五

戒佚欲

宋高宗建炎三年張浚上言曰臣輒有愚懇干冒聖聰區區愛君之誠不能自已惟陛下赦宥臣近自京西按歷陝右風聞道路之言謂陛下近遣使臣二名於种師中處收買寶劍二口仍優支價直臣仰惟陛下聖姿英武志在靖難居常於田獵之游聲色之奉無所嗜好惟是弓劍鞍馬每切留意於其間蓋聖心之所以眷眷而不須臾忘者志固有在也但人君舉措不可以不謹陛下居萬乘之尊臨四海之廣若大小文武之列用得其人則盜賊當自息戎狄當自平以是知陛下所宜寶者在人而不在劍今千萬里之遠未聞陛下有求賢之命而徒聞有買劍之名臣恐有識之士猶得以竊窺而私議也況臣之所聞又謂王𤫊嘗以師中藏劍之事奏知陛下小人無知不識

陛下右武之意便欲以此邀求寵倖原其用心罪不容誅臣願陛下以此寶劍分賜立功將士仍乞自今有如王𤫊之徒或欲以弓劍鞍馬進至御前者一切屏去庶幾絕小人觀望之意

浚又上言曰孟子曰入則無法家拂士出則無敵國外患者國常亡然後知生於憂患而死於安樂也又曰今國家閒暇及是時般樂怠傲是自求禍也禍福無不自己求之者故善謀國者常以脩德立政為本而切切於戰守之備使人主知戰守之不可一日忘則有恐懼為善之心則德以脩政以立國家庶幾可興焉不然驕怠肆意忽於為善則國家萬無安全之理矣若夫奸邪之臣貪籍利祿遂以既和為已治已安莫顧後患彼徒知為身謀為子孫謀事勢既極不過賣國偷生於異日耳況夫尊君於過舉而陰懷包藏之志者哉此不可不辨也

浚又上言曰。臣仰惟神聖出震御乾之辰。天下孰不懽欣鼓舞祝吾君壽。臣竊謂人臣事君猶子事父。要當略去禮文。思求實報。臣嘗潛心聖人之經。有可以取必於天。膺大福獲太壽決然無疑者。輒輸丹誠為陛下獻。臣伏考周公無逸篇。商王中宗嚴恭寅畏。天命自度。治民祗懼。不敢荒寧。高宗嘉靖商邦。至於小大無時或怨。周文王自朝至于日中昃。不遑暇食。用咸和萬民。不敢盤于遊田。以庶邦惟正之供。三君者非徒身享安榮。而有國長久。後世莫加焉。自祖甲之後立王。生則逸。不知稼穡之艱難。不聞小人之勞。惟耽樂之從。是以罔或克壽。或十年。或七八年。或五六年。或四三年。夫天道昭昭。其報如響。仰惟聖德日新。大舜之誠。昭格天地。壽福無疆。宜過商宗周王遠甚。臣不勝臣子祝頌之情。願陛下兢兢業業。勉之又勉。永堅此心。以奉天道。則天之所以報吾君者。宜如何哉。

右正言鄧肅上疏曰。臣嘗觀德宗之在奉天。有唐社稷不斷如綫。一旦稍定。遂訪裏頭宮人。陸贄切諫。猶不能止。此唐室所以衰也。恭惟陛下臨御以來。惟知修德。前日宮嬪來赴行在。猶有郤之者。方之德宗固已相萬。其不邇聲色。蓋出於天性。自成湯以後一人而已。宋德亦安得而不興乎。然陛下出命。嘗本乎恭儉之德。而奉命以出者。或變而為奢侈之事。切恐傳之四海。人或不知。反以德宗議陛下。而不知陛下實成湯也。臣職在諫省。敢不盡言。前日御藥院奉聖旨下開封府買拆洗女童不計數。且拆洗云者。豈必殊麗耶。切知聖意將服澣濯之衣矣。不計數云者。豈必多求耶。切知聖意以謂有人則置。無人則已。初不以定數為限也。此盛德之事。卓絕今古。豈易擬議哉。然奉行之臣不體睿意。日差人吏遍走京城。凡見女童。舉封其臂。間有脫者。其行賂已不貲矣。搜求之甚。過於攘奪。愁怨之聲。比屋相聞。嗚呼。尹開封府者。與領御藥院者。亦何累吾聖天子如是之甚哉。今日外有方熾之虜。伺吾之間。以肆寇攘。內有僞楚之黨。幸吾之失。以快私忿。陛下安可纖毫疑似之迹。墮賊計中乎。臣愚欲乞速下三省。取開封府御藥院官吏重寘之法。仍降明詔。以榜東京。具言陛下所以買拆洗之意。不為姝麗。有不計數之語。不為多求。凡女童之封臂者。悉縱之。則陛下恭儉之德。上追成湯。豈特左右臣僚得以獨聞乎。當使京師之人無不知者。仍乞亦榜行在。以弭自京師來者紛紛之謗。且京師天下之本也。京師之人安。則天下之人舉安。天下之人舉安。則社稷宗廟豈有不安者乎。惟陛下早圖之。

李彌遜上奏曰。臣聞千金之子不垂堂。百金之子不騎衡。聖主不乘危。不徼幸。臣伏覩六飛連日履涉長道。陛下叱去執御。躁躍疾馳。千乘萬騎追奔不及。然山路高下曲折。不比苑囿間平夷寬曠。可以回

旋。萬一銜勒有失。左右不能致力。將如之何。臣不勝寒心。恐懼憂惶之至。竊惟陛下聖意。不過欲以神武勇智激昂士氣。數日以來。已可聳動羣聽。臣願陛下念宗廟社稷至重。深加兢慎。保衛聖躬。思乘危之戒。以防不虞。天下幸甚。臣又聞已降聖旨。沿路皇帝乘馬。宰相以下並免從駕。臣契勘自來乘輿所至。扈從官以下皆合從行。雖聖德優容寬假臣下如此。豈有陛下不以馳驅為勞。而臣子反雍容舟檝之間。薰馬行至疾。舟船不可追逐。舉足便有數十里之隔。而陛下左右大臣無一人之侍。今居何等時。乃可以如此。伏望睿慈更垂聖慮。毋忽臣言。特降指揮。令有司預行相度。可以乘馬去處。前期戒備。許宰臣已下依例扈從。以安衆情。

起居舍人洪遵經筵進故事曰。按唐書太宗曰。嘗怪舜造漆器。禹雕其俎。諫者十餘不止。小物何必爾耶。褚遂良曰。雕琢害力農。纂繡傷

女工。奢靡之始危亡之漸也。漆器不止。必金為之。金不止。必玉為之。
故諫者救其源使不得開。及夫橫流則無復事矣。帝咨美之。
臣聞貴為天子。富有天下。外物之來苟無以禦之則如水之浸物。
如膏之受塵。初若甚微。然涓涓不止。將成江河。綿綿不絕。將用斧
柯。故慮之不可不深。辨之不可不早。為臣者當防之於未然。不應
救之於已然。使至於橫流沉著。始呫呫然動其喙。尚何益於國哉。
舜造漆器。禹雕其俎。以大聖人而為至微之事。尚何復議。然為之
臣者猶以為不可。況德不若舜禹。而其事有大於漆器雕俎。安得
不絕其萌芽者哉。遂良之對太宗真得大人格君心之道。
遵又進故事曰。按唐書崔植傳。玄宗即位。宋璟手寫尚書無逸為圖
以獻。勸帝出入觀省以自戒。其後朽暗。乃代以山水圖。
臣聞四海至廣。萬機至繁。王者負斧扆以臨之。不恃其天縱之聖

是以蓋天下而恃其自治之勤。是以應天下。夫正心誠意。進德脩業。
立政造事。皆聖人自治之序也。四海之廣。常若見於一室。萬機之繁。
常若叢於一身。思所以應之。則汲汲而自治者。誠有所不遑暇食焉。
昔之人君。未嘗不知此。卒不能皆至於善治者。以天下之無事。不待
功業之成而自治者已懈。故樂未厭而憂及之矣。無逸之書。成王嗣
文武之法也。文武之事可得而考。不過曰天保以上治內。采薇以下
治外。始於憂勤。終於逸樂而已。所謂天保以上者。如君臣相孚之間。
賓親交際之節。雖一飲一食之微。皆有其法。則大於此者可知矣。惟
自治其內者如此。然後命將率。遣戍役。經營四方。凡采薇以下治外
之具。皆粲然而畢陳。然必以憂勤行之。迨其久也。不期於逸樂而晏
然自享其成矣。成王嗣守文武丕緒。亦以無逸繼之。遂為周之顯王。
其道蓋本諸此。唐玄宗蓋嘗知之矣。錄其書以為圖。寘諸左右。出入

觀省以為矜式。未幾而圖已屏去。則其所謂無逸之實。亦必類此。宜
其成就有愧於古。無足怪也。嗚呼。能自治矣。而繼以無逸。振之於誠
而守之以不變。舉而措之。何行而不至。何為而不立。故知之非艱。行
之惟艱。行之非艱。久而不變之惟艱。易曰。日月得天而能久照。四時
變化而能久成。聖人久於其道而天下化成。臣請以此終無逸之說。
武義大夫曹勛上奏曰。臣叨竊祠祿。略無裨補。非獨負聖造。何以安
跡。後恃舊物。輙有所陳。冀達天聰。曲賜愚悃。冒瀆之罪。謹俟誅殛。臣
竊審聖駕欲詣洞霄等處燒香。有見上聖既端拱凝命。不以萬幾縈
心。猶寅畏天命。為國為民祈福於上下。但適此春晚。政農務蠶麥之
時。而自北關至洞霄。驅民治道。實妨農事。又從衛及巡護兵馬諸司
執役無慮萬人。方春晚多雨少得晴明。道路泥濘。儀衛狼藉。觀望不
美。鑾駕一出。有此數端。況從來上聖以仁德及物。於此不能不惻然。

若候收刈了擇晴和日分作數日。從容一行。得宿食之備。無雨水之
患。豈不兵民優游。仰稱聖情祈福之意。
孝宗時薛季宣上奏曰。臣聞位卑而言高。罪也。人臣之義有犯無隱。
可以言而不言。則負師學。況臣踈賤無階以瞻天日之表。蒙賜之對。
寧敢隱情而不言乎。臣昨官遠方。伏遇陛下踐祚之始。省服膳之御。
卻嬪妻之進。其自奉為甚薄。躬細務以先群吏。親鞍馬以勵軍旅。其
奮志為甚大。臣居數千里外。觀仁聲之所及。垂白之老莫不欣欣相
告。咸謂聖人有作。規模宏大。真將復藝祖之業。武夫悍卒至拔刃呼
躍曰。不報吾君以死而安死。臣愚不識察人心之所向。咸謂太平之
世可以朞月見也。歷年寖久。而陛下未享其效。臣切惑焉。臣嘗謂治
有本末。政有先後。先所施者後或可置。本既舉矣。末亦可捐。夫清心
寡欲。恭儉節用。堯舜三代之所以治天下。陛下既已身之矣。自宜固

守而勿失至於躬細務親鞍馬蓋聖人之權施之首政以警一時偷惰之習乃其宜矣循以為常則天下不能無疑是故衮職任輕無以仰承德意動煩宸慮而國論靡有定止事出九重百官莫肯任職政令施設下人得以輕議寄耳目於左右權或移於近寮躬細務以先羣吏而羣吏未必勸此不可不察也叢脞之歌賡於虞氏自除郎吏明皇無取祖宗專以用人布德懷柔天下蓋為之有道矣毬馬之事陛下所以習勞苦而振威武者至於衛生之害積於細微銜橜之危起於所忽降胡侍從豈得絕無關防行之有年議者遂謂嗜好之僻親鞍馬以勵軍旅而軍旅未必勸此不可不察也太祖皇帝循謂擊毬非將相事韓愈尚為其長危之仇士良既去以毬獵固寵之術授其輩流民臣之心所以咸願陛下為宗社計也陛下雖有天縱之聖將大有為而精神疲於聽斷玉體勞於驅馳縱有清閑之燕講萬微之務臣竊意其有所分矣金虜我之世讎固不與共天下陛下所為焦心勞思不憚寒暑若此者正為恢復進取之計爾然先後非序本末倒施勤於小而緩於大圖其近而遺其遠昔之所以鼓舞羣動者人情久且玩習七年于此而治効未著寧不以是乎方今國威未振民力未支而虜人之情傳聞常多失實陛下再造之心雖不可暫忘而進取之事其實未容輕議臣願陛下深思遠覽以靜養恬略其小者近者而圖其遠者大者遴三公之選責以進人才張綱紀延端直之士與之講問學評治道歸有司之常務屏馳騁之細娛本末先後咸得其序則朝廷尊而衆務自舉威權振而軍氣自張養以沉潛待時而動則天聲所臨焉往而不濟哉臣不勝拳拳之忠惟陛下財赦

羅願上奏曰臣聞古者大有為之君必務愛惜日力以圖庶務夫繁而難周者事也迅而易失者幾也往而不反者時也陛下在位十七

年于此矣歷時不為不久加之有志足以大有為而功業未究於天下者是日力多有所棄也竊見御史臺月以坐朝及百司入局告于有位號為月報一月之中休暇多者殆居其半少者亦十餘日夫國之大事如四時孟享侍從以上有扈從之勞則為之休務可也至如雙忌者不過行香一時之頃退而入局蓋未害也若夫立節之名自唐貞元以來始創有之國家全盛之時上下燕安亦有天祺天貺之屬以文太平歷世承平循而不敢廢自艱難以來臣民日思淬勵何暇相從於娛樂之事而獨為休告於官府失其實矣又國家法度在有司者關報截會比前代為密休暇既多則遠方之人常困於守待而事亦因循失時有不振之弊而近者又明詔天下增中秋之節臣竊惑之或者以為李德裕在會昌中休沐輙以令沛然如無事時此不當復有所議臣以為不然德裕之賢不能過絕於古古者聖君賢臣有為於天下未嘗不自愛日始蓋堯兢兢日行其道舜一日二日萬幾禹重寸陰文王自朝至于日中昃不遑暇食周公思事之不合者夜以繼日誠恐失事幾也天下幸安陛下有志於治正是君臣同心叶力之秋非有大故特狃於太平之文飾取日力而棄之豈不惜哉願詔有司取承平以來一時以慶事名節者存其名勿廢而使百司得治事如常日姑務恢崇祖宗之功業其與奉虛名而妨實事者有間矣事功既建天下復平然後復舉舊令為休暇如承平時此所謂始於憂勤終於逸樂明示得意而無後患若李德裕銜能於末世亦安足法哉

陸游上奏曰臣聞詩曰上天之載無聲無臭人君與天同德惟當清心省事澹然虛靜損之又損至於無為大臣不得而窺所好則希合苟容之害息小臣不得而窺所好則諂諛側媚之風止不以從其所

好而加賞。則憸人眼。不以逆其所好而加罪。則端士進。玩好無益之物不好。則不接於目。諛諂敗度之言不好。則不聞於耳。大抵危亂之根本。讒巧之機牙。姦邪之罅隙。皆緣所好而生。臣下雖有所偏好。而或未至大害者。無奉之者也。人君則不然。絲毫之念形於中。心雖未嘗以告人。而九州四海已悉向之矣。況發於命令見於事為乎。且嗜好之為害。不獨聲色狗馬宮室寶玉之類也。好儒生而不得真。則張禹之徒足以為亂階。好文士而不責實。則常渠牟之徒足以敗君德。其他可推而知矣。昔者漢文帝及我仁宗皇帝所以為萬世帝王之師者。惟無所嗜好而已。恭惟陛下龍飛御極之初。天下傾耳拭目之時。所當戒者。惟嗜好而已。無有作好。遵王之道。天之所以為神禹錫也。伏惟陛下留神省察。天下幸甚。

左相陳俊卿上疏曰。陛下經月不御外朝。日語籍籍。皆輔相無狀不能先事開陳。虧損聖德。陛下憂勤恭儉。清靜寡欲。前代英主所不能免者。皆屏絕。顧於騎射之末。猶未能忘。臣知非樂此。志圖恢復。故俯而從事。以閱武備。激士氣耳。願陛下任智謀。明賞罰。恢信義。則英聲義烈。不越尊俎。固已震懾敵人於萬里之遠。豈待區區騎射於百步間哉。陛下一身。宗社生靈之休戚繫焉。願以今日之事。永為後戒。

光宗紹熙元年。彭龜年上疏曰。臣聞古今害治之事非一。而逸豫為尤甚。是以易之豫卦。繼之以隨。又繼之以蠱。說卦曰。以喜隨人者必有事。未有上下相隨於豫。而不蠱敗者也。唐穆宗嘗謂丁公著曰。聞外人多宴樂。此乃時和人安。公著曰。此非佳事。自天寶以來。公卿大夫競為遊宴。沈酣晝夜。優雜女子。如此不已。百職皆廢。陛下能無憂勞乎。公著之言。真識理道。恭惟國家渡江以來。大讎未復。大恥未雪。此政人主卧薪嘗膽之時。人臣枕戈待旦之日。而六十餘年內外宴安。有若至治。由宮庭達于天下。百官至于庶民。服食器用。屋宇園池。大率猶襲宣和之舊。家蓄聲妓。人事遊宴。上下一律。習成淫侈。消靡精銳。隳曠職業。至今日極矣。自壽皇聖帝躬行勤儉。風聲感動。稍稍斂戢。竊見近日已開樂禁。深懼士民故習復張。此非法制之能移。全在陛下之躬率。夫西漢淳厚之俗。皆自文帝一身發之。今日國家所以困乏。軍民所以窮悴。士大夫所以驕墮。皆由一侈。侈生於逸。逸生於豫。日益滋長。恐致蠱敗。事機所繫。政在斯時。陛下豈可不自任其責。陛下儻使宮禁崇尚勤儉。外庭未必率從。其或不忘宴豫。天下必將益甚。臣觀天下宴遊之俗。皆自士大夫傳之。士大夫宴豫。又自近習傳之。近習宴豫。陛下抑嘗察其所從來乎。唐楊綰一宰相爾。尚能使貴重大臣減損聲樂。況陛下據天下利勢。感動之力萬倍於此。盍輙曰。是不為也。非不能也。惟陛下留意。

紹熙中。翊善黃裳上言曰。人主憂勤。則臣下協心。人主偷安。則臣下解體。今道塗之言。皆謂陛下每旦視朝。勉強聽斷。意不在事。宰執奏陳。備禮應答。侍從庶僚。備禮登對。而宮中燕遊之樂。錫賚奢侈之費。已騰於衆口。強敵對境。此聲豈可出哉。

右相趙汝愚上奏曰。臣嘗讀書。觀舜命禹之辭曰。克勤于邦。克儉于家。不自滿假。惟汝賢。臣切惟禹之神聖。其功德豈易量哉。然舜授受之際。獨以勤儉為稱首。何哉。蓋儉以約己。勤以為人。為聖為賢。實本諸此。故舜之命禹。必以其勤儉為首也。天祐我宋。三世揖遜。如堯授舜。如舜授禹。克勤克儉。陛下固已親傳而密受之矣。臣請論其目。則朝廷之政事。不可以不厲精。幾微不可以不深慮。人才不可以不博訪。邊備不可以不預修。夜之所思。旦之所行。不忘乎是。則勤之至矣。陛下之飲食嗜好。不可以不節。歲時用度。不可以不省。民不可以不

情賜予不可以不吝夜之所思旦之所行不異乎人則偷之至矣上以副重華付托之重下以為子孫萬世之法豈不休哉惟陛下留神

理宗端平二年工部侍郎兼給事中李宗勉上䟽其畧曰陛下憂勤於路朝之頃而入為晏安所移坊劇於廣厦之間而退為便嬖所惑不聞減退宮女而嬪嬙已溢於昔時不聞褒錄功臣而節鉞先加於外戚不聞出內帑以犒戰士而金帛多靡於浮費陛下之舉動人心所視以為卷舒者也陛下既不以為憂則誰復為陛下憂哉又言求諫非難而受諫為難受諫非難而從諫為難苟聞之不以為戒玩之不以為信卒使危言讜論無益於世用無救於時危其與拒諫者相去特一間耳

理宗時中書舍人兼經筵說書袁甫上䟽曰臣聞唐太宗時魏徵每犯顏苦諫或逢上怒甚神色不移上亦為霽威上嘗得佳鷂自臂之望見徵來匿懷中徵奏事故久不已鷂竟死懷中又嘗與王珪語有美人侍側上指示珪曰此廬江王瑗之姬也瑗殺其夫而納之珪避席曰陛下以廬江納之為是耶非耶上曰殺人而取其妻卿何問是非對曰昔齊桓公知郭公之所以亡由善善而不能用然棄其所言之人管仲以為無異於郭公今此美人尚在左右臣以為聖心是之也上悅即出之還其親族唐太宗非不談仁義親君子然而緣飾之意多真實之誠寡觀其鷂死懷中也若有畏憚之心及其論廬江王妃也初無忸怩之色一聞王珪之諫乃能翻然而改太宗所以興唐者頼有此耳然而未足以語謹獨之學也陛下天稟精粹上媲堯舜所謂過言過行固已一毫無有而臣區區愚慮竊以為誠之一字猶有所未盡夫無矯飾之謂誠無間斷之謂誠臨朝則莊退朝則肆肆出於真而莊由乎強此矯飾也可謂誠乎親賢人儒士則難親宦官女子則易難者親之時少而易者親之時多此間斷也可謂誠乎臣在經筵嘗對陛下啓問退朝入宮之後果何所為陛下語臣曰或觀書或作字或覽四方章奏臣不勝欣喜以為陛下果無暇日也而聞之道路則謂陛下猶未免溺于酒色之娛夫剛制于酒未見好德如好色聖經明訓皎然不誣陛下何不堅忍力行勿以無益害有益乃若左右暬近之人假公徇私者尤不可不戒履霜堅冰至為可畏防微杜漸所當致謹陛下語臣皆正大之論而退考其所行乃有未盡然其與唐太宗雖有畏憚之心而初無忸怩之色者何以大相過哉願陛下以堯舜湯為法兢業戒懼無時怠荒則德日進而治日隆矣有唐之事又何足云

翰林學士知制誥真德秀上奏曰臣聞自昔人臣之愛君莫大乎願其君之壽天保之詩歸美以報上也一則曰俾爾單厚何福不除二則曰受天百祿降爾遐福而終之曰如南山之壽此惓惓之至也今臣忝備禁密身以執經勸講為職伏遇陛下誕彌之節近在朝夕歸美報上允劇此心然徒知與海內臣民頌吾君之壽而不以聖賢論致壽之道為陛下言則亦不過如華封之愛君而已亦奚益哉謹齋宿再拜條其說以獻一曰無逸則壽昔周之成王盛年嗣位周公恐其不知稼穡之艱難而乃逸也則為書以戒王其言殷王中宗享國之久本於嚴恭寅畏天命自度治民祗懼不敢荒寧至論高宗祖甲及周文王所以享國者大抵亦然蓋百聖相傳同此一敬曰嚴恭曰寅畏曰祗懼無非敬也敬與逸豫相為消長三宗文王之所以能無逸者以其敬也周公欲王䁣以為法而日勉焉上敬天下敬民則游田不敢盤酒德不敢飲培養厚而根本強持守嚴而心志定是固韓

福之源曼壽之基也然則陛下於無逸之戒其可不念乎二曰親賢則壽召公卷阿之詩亦為戒王而作其三章曰爾受命長矣茀祿爾康矣而繼之曰有馮有翼有孝有德以引以翼謂必有如是之人日侍左右然後迪其君於道而受天之福也夫人君饗四海之奉易動者物欲而難保者德性近妃嬪褻御之時多而親學士大夫之時少則迎逢煽惑無非物欲豈惟敗德抑且傷生惟有孝有德者引之於前而翼之於後俾日聞正言見正行杜嗜欲於將萌弭過失於未形則其心恬澹而和平優游而晏寧是乃保身長世之道也然則陛下於親賢之意其可不篤乎三曰以孝奉先則壽周頌之雝為禘祭而作也而曰假哉皇考綏予孝子又申以眉壽繁祉之言蓋王者以孝事其先而祖宗亦以壽祉遺其後人也陛下嗣先皇之服而為宗廟主歲時饗祀固所當嚴而一祖十二宗之傳序其責尤重夫必勤勤於繼述兢兢於保守然後神祇祖考咸安樂之而錫之以無疆之休此陛下所宜深勉者也四曰仁則壽孔子論知仁之別而曰仁者靜又曰仁者壽惟靜故壽也仁者之心純乎天理而無私欲之擾故其體安定而正固其效悠久而綿長然靜非兀然枯槁之謂也動以理雖動而未嘗不靜不仁之人則動於欲矣欲勝而無節則躁動而難安世未有凝然安固而不壽亦未有紛然躁擾而克壽者此陛下所宜深體也五曰有德則壽中庸稱舜之孝以為大德者必得其壽且謂天之生物因材而篤栽培傾覆惟所取焉蓋皇天無親惟德是輔舜之所為有自壽之道故天亦壽之此所謂栽者培之也祖已之訓高宗則曰降年有永有不永非天夭民民有自夭之道故天亦夭之此所謂傾者覆之也以大舜之德為師而以祖已之言自鑑此又陛下所當深用其力也凡此五條皆聖經之格言萬世人主之藥石參

而味之則周孔之大訓為足以該之蓋能敬與仁則餘皆在其中矣秦漢以來異說橫鶩人君不知聖賢致壽之道而溺於神仙方士之術故漢有文成少君唐有柳泌趙歸真輩皆以荒忽誕幻蠱其君至於餌藥以長年未有不反為所誤者唐之穆敬不足道憲武皆英明雄斷之主亦以自賊焉豈非世之大戒乎臣嘗竊謂仙經萬卷不若誦無逸之一篇道家千言豈如玩靜壽之兩語陛下方日近儒生游心經術未有漢武唐憲之惑微臣愛君亦不敢不豫陳其愚惟聖明裁察

吏部尚書魏了翁上奏曰臣比者伏聞陛下嘗於經筵對羣臣論及漢元帝委用儒生牽制文義優游不斷陛下慨然有感於元帝不得真儒而用之聖學高明足以破千載不用儒生之陋然臣嘗讀漢史每於元成二君而有感焉因為陛下試陳之且人主心術之隱嗜好之偏獨居乎深宮之中誰得而知之史冊雖書人亦不盡信也而班固於此二贊獨異乎他贊其言曰臣外祖兄弟為元帝侍中諳臣曰元帝多材藝善史書鼓琴瑟吹洞簫自度曲被歌聲分刌節度窮極幼眇少而好儒及即位召用儒生委之以政牽制文義優游不斷孝宣之業衰焉其於成帝贊曰臣之姑充後宮為婕妤父子昆弟侍帷幄數為臣言成帝善修容儀升車正立不內顧不疾言不親指臨朝淵嘿尊嚴若神可謂有穆穆天子之容矣博覽古今容受直辭公卿稱職奏議可述然湛乎酒色趙氏亂內外家擅朝言之可為於邑臣嘗以為此二贊蓋班固直以為漢業之衰始此故詳著其致衰之因乃在於宮庭屋漏之間故以侍中婕妤帷幄近習之言證之方二君之親近儒生容受直辭也人必謂多材多藝而又能用儒有威有儀而又能受言有君若此太平可以立致不知其退而居乎深宮之中

則聲樂之溺心酒色之惑志所以交攻於內者乃爾是時非無直儒如蕭望之劉向諸賢也然外戚如許史宦官如恭顯皆得以害之至於連坐繫獄尚不見用而望之死此無他儒生與戚宦不兩立而用儒受言與聲音酒色亦異塗此重則彼輕勢使然也雖然方二君之耽樂也亦謂曲房隱間誰得而知之不知左右前後之臣亦有以此而告諸史臣者後世之史臣知之則漢庭羣臣與當時之庶民固無不知之故班固於此二贊特出所聞之自以著亡漢之端其可畏蓋若此臣久蓄此意特以元成二君漢之庸主不足為盛時道且著之素為人所忌諱無自而發今幸因陛下所以語羣臣者若此敢盡以奏陳惟陛下深念而力監焉

度宗咸淳八年起居舍人高斯得上奏曰臣聞人君一身天地社稷宗廟山川之主四海九州百萬生靈之所係命不可以不謹也古先

帝王知其然故保身之道至嚴極重起居動作悉有檢防出則史官書其言動御瞽誦其聲音入則女御叙其燕寢女史記其御法惰慢之氣不設於身躬宴私之意不形乎動靜凡以制威儀之節養壽命之源而為齊家治國平天下之本也秦漢以後古制不存人主御朝之時觀聽收屬猶或勉於自飭至於適寢釋服婦寺後先其能不為居養所移者鮮矣故成帝臨朝淵默尊嚴若神有天子穆穆之容而一入內庭則聲色並進女德不厭趙李爭寵傷年損德此杜欽之言所為發也陛下春秋鼎盛行義未過退朝之暇遊神典籍恬泊沖虛固中外之所共知也然日者薄懲和豫少曠視朝聞者不能無惑臣謂陛下聖性高明受祖宗之所付託不輕而重其於保身之道造次克念戰兢自持必不若漢季之君所為然臣惓惓愚忠猶願陛下於樂喜之餘益思謹疾之道凡紛華柔曼可以傾意而還神者一皆屏去玩無逸之所以克壽思恬淡之可以永年澄心清魂保醇練粹雖於昭陽椒館臨宦官女子之際常若露門虎觀對學士大夫之時則微疴薄恙安得以匱薄清明之躬而壽基福本豈不億萬年而有永乎臣未得登文石之階陳當世之務因上故實獨以是為群言之首惟陛下赦其狂愚不識忌諱而察納焉

宗正少卿趙景緯言損德害身之大莫過於嗜欲而窒嗜欲之要莫切於思居處則思敬動作則思禮祭祀則思誠事親則思孝每御一食則思天下之飢者每御一衣則思天下之寒者嬪嬙在列必思夏桀以嬖色亡其國飲燕方歡必思商紂以沈湎喪其身念起而思隨之則念必息欲萌而思制之則欲必消志氣日以剛健德性日以充實豈不盛哉

遼景宗時郭龍為南院樞密使尋加兼政事令以帝數遊獵上書諫

曰昔唐高祖好獵蘇世長言不滿十旬未足為樂高祖即日罷史稱其美伏念聖祖創業艱難修德布政宵旰不懈穆宗逞無厭之欲不恤國事天下愁怨陛下繼統海內翕然望中興之治十餘年間征伐未已而寇賊未弭年穀雖登而瘡痍未復正宜戒懼修省以懷永圖側聞恣意遊獵甚於往日萬一有銜橛之變搏噬之虞悔將何及況南有彊敵伺隙而動聞之得無生心乎伏望陛下節從禽酣飲之樂為生靈社稷計則有無疆之休上覽而稱善

聖宗好擊鞠無度諫議大夫知宣徽院事馬得臣上書諫曰臣竊觀房玄齡杜如晦隋季書生尚不遇太宗安能為一代名相臣雖不才陛下在東宮幸列侍從今又得侍聖讀未有裨補聖明陛下嘗問臣以貞觀開元之事臣請畧陳之臣聞唐太宗侍太上皇宴罷則挽輦至內殿玄宗與兄弟懽飲盡家人禮陛下嗣祖考之祚躬侍太后可

謂至孝臣更望定省之餘睦六親加愛敬則陛下親親之道比隆二帝矣臣又聞二帝耽玩經史數引公卿講學至于日昃故當時天下翕然嚮風以隆文治今陛下游心典籍分解章句臣願研究經理深造而篤行之二帝之治不難致矣臣又聞太宗射豕唐儉諫之玄宗臂鷹韓休言之二帝莫不樂從伏見陛下聽朝之暇以擊毬為樂臣愚此事有三不宜上下分朋君臣爭勝君得臣奪君輸臣喜一不宜也往來交錯前後遮約爭心競起禮容全廢若貪月杖誤拂天衣臣既失儀君又難責二不宜也輕萬乘之貴逐廣場之娛地雖平至為堅确馬雖良亦有驚蹶或因奔擊失其控御聖體寧無虧損太后豈不驚懼三不宜也臣望陛下念繼承之重止危險之戲天下之福羣臣之願也

金熙宗時翰林待制兼右諫議大夫程寀上疏言事其畧曰殿前點檢司古殿巖環衛之任所以肅禁籞尊天子備不虞也臣幸得近清光從天子觀時畋之禮比見陛下校畋凡羽衛從臣無貴賤皆得執弓矢馳逐而聖駕崎嶇沙礫之地加之林木叢欝易以迷失是日自卯及申百官始出沙漠獨不知車駕何在瞻望久之始有騎來報皇帝從數騎已至行在竊惟古天子出入警蹕清道而行至於楚畋雲夢漢獵長楊皆大陳兵衛以備非常陛下膺祖宗付託之重奈何獨與數騎出入林麓沙漠之中前無斥候後無羽衛甚非肅禁籞之意也臣願陛下熟計之後若復獵當預戒有司圖上獵地具其可否然後下令清道而行擇衛要稍平之地為駐蹕之所簡忠義爪牙之士統以親信腹心之臣警衛左右俟其麋鹿既來然後馳射仍先遣搜閱林藪明立幖幟為出入之馳道不然後恐貽宗廟社稷之憂

元太祖嘗置酒內廷粘合重山侍因諫曰天子以天下為憂憂之未有不治忘憂未有能治者也置酒為樂此忘憂之術也帝深加納之

太宗素嗜酒日與大臣酣飲耶律楚材屢諫不聽乃持酒槽鐵口進曰麴蘖能腐物鐵尚如此況五臟乎帝悟語近臣曰汝曹愛君憂國之心豈有如吾圖撒合里者耶賞以金帛勑近臣日進酒三鍾而止

世祖時趙天麟上策曰臣聞飲食者日用之常也或一旦不節之而傷生衣服者天常之用也或三冬太厚之而致疾存心於有益之具猶且如斯留意於無益之端害將甚矣欽惟天子卓冠寰中何令不行何求不得然服食常用之外將安用哉今國家廣祖宗之基業濟遐邇之生靈伐叛柔服進賢黜不肖有三代之隆而庶幾於上古之治矣乃存心於尢物豈不累聖德之齊天哉伏見方今纂組綾錦金珠璧貝未嘗忘之殊方異物禽鳥犀象未嘗卻之至於珍羞異饌百山海而來者多矣俳優賤物充一笑之資者衆矣其間為害不一試略陳之夫貧人富戶相去懸殊富者見在上之奢靡雖曰承示儉之詔而不從焉蓋從行不從言也以致風俗大變貧者益貧能無為濫之民乎極寒之後風雪飛揚漁樵之流乞匄之人龜手粟肌鶉衣襤褸內皆飢餒外罹寒凍原其所失由富民之奢故也貧民之心非獨不欲奢也但其勢不得然耳幸獲微利則又徇習俗而用之此所以貧者益貧也夫金珠璧貝等於塵沙使膏雨不降條風不來五穀不生桑麻不育則坐視金珠璧貝亦無益矣若欲通有無之交易使商旅之資給則有中統至元交鈔在耳安用金珠璧貝哉夫牛馬鷄犬之類中國之所常有上下之所共育畜之無失其時則所謂得寶利而壯吾國之基彼班斕之獸粲錯之鳥有之不足以增光無之不足以為歉者盡力而求之則所謂受虛名而招外方之議也近年以來

有司之秣馬厲兵民庶之糜資破產以征殊域者數矣及其勝也或得咫尺降書之奉或得無益怪物之獻則是用千萬征軍之命而易其無益之怪物也於是悍將據之而為功百官因之而表慶殊不知千萬征軍之親族號泣昊天而哀達九泉矣天地之氣不和水旱之災又至如此而雖盡獲彼國之怪物何以贖中國士卒之痛哉夫中國常獻足供王用矣彼山海之珍異豈須嗜乎夫育材安衆和樂且耽矣彼俳優之笑具豈須用乎晉武焚雉頭裘宋武碎琥珀枕隋君同土價於黃金唐太宗悲苦寒之鸚鵡食前方丈孟子弗為鄭聲之淫顏淵欲放斯中主之樵匹夫之聖猶能卓然特立而國家乃使纂組綾錦浼其聖身金珠璧貝浼其聖心禽鳥犀象浼其視俳優鄭聲浼其耳珍羞異饌浼其口腹臣竊為國家惜之也伏望陛下明探治本杜絕奢風凡纂組綾錦金珠璧貝之用不關禮經者一皆絕之凡

犀象鳥獸珍羞異味之獻不在貢典者一皆卻之凡上方及外路無益之局署一皆罷之凡俳優之流不宜使之履禁墀而肆淫戲一皆放之幸從臣言則源清而流清上行而下效不及十年風俗移易矣

天麟又上策曰臣聞式九圍奄八方據寶位以尊臨希至仁以統下者帝王之常事也執壤奠徵土貢身居五服之外心在京畿之內者人臣之常職也故上之臨下如皇穹之覆燾后土之持載蕩蕩然以生成為心非期於自暇自逸而為奉養之資也下之事上如嬰兒之慕父母葵藿之傾太陽非宜於自驕自恃而速不庭之征也商書曰民罔常懷懷于有仁周書曰敦信明義崇德報功由是觀之上施仁而在下不歸懷者未之有也下竭忠而明主不見知者亦未之有也今國家天降百祥天開景運臣竊見遠方玩異繈屬不絕殊域奇珍駢羅而至梯山航海琛賮與金或重譯而來呈或望風而並湊府無虛月史不絕書若以冠帶百蠻車書萬里而論之則不世之嘉致莫大之神功若以帝王大體古今通義而言之則受之而不卻啓之而不杜亦所以未盡聖明之本心也且中國九州地逾萬里名山大川之所出日異月新而以億計謹按夏禹任土作貢之物冀州堯都有供無貢兗州之域厥貢漆絲厥篚織文青州之域厥貢鹽絺海物惟錯岱畎絲枲鉛松怪石厥篚檿絲徐州之域厥貢惟土五色羽畎夏翟嶧陽孤桐泗濱浮磬淮夷蠙珠及魚厥篚玄纖縞揚州之域厥貢惟金三品瑤琨篠簜齒革羽毛之類厥篚織貝厥包橘柚錫貢荊州之域厥貢羽毛齒革惟金三品杶榦栝柏礪砥砮丹惟箘簵楛包匭菁茅厥篚玄纁璣組九江納錫大龜豫州之域漆枲絺紵厥篚纖纊錫貢磬錯梁州之域厥貢璆鐵銀鏤砮磬熊羆狐狸織皮雍州之域

厥貢惟球琳琅玕織皮也此九州之力亦足以盡國家之所用矣夫古天下今天下一也豈以古之中國有其物而今獨無之須待求諸他國而後可以充其所用哉故召公戒其主曰不作無益害有益功乃成不貴異物賤用物民乃足珍禽奇獸不育于國不寶遠物則遠人格真知言者也東周之際楚子不臣包茅不至無以縮酒齊桓伏義而問其罪春秋大之西漢之時大宛未服天馬未來怒激中國武帝恃力而侵其城當代病之此二者足以審中國之貢乃所當然而遠人之物未宜取之也豈惟遠人之物未宜取之哉至於中國無益之物亦不可取之也是以孝文還千里馬元帝罷齊三服官仁儉之名如揭日月雖欲下民之不感豈可得哉且異物蕩心其害一也使外國聞之而以國家為有嗜好其害二也水陸轉運役人非細其害三也有三害而無一利亦何尚之哉伏望陛下昭播徽聲俾揚遐境

凡四遠之納欵者聽書繳奏聞而不求其獻物聽子弟入朝而不求其納賂若然則化天下以德示天下以無欲將見西蕃東徼之主君長幕靈洲之酋長承恩而来享慕道以来王矣

武宗時太尉阿沙不花嘗侍帝御五花殿見帝容色日悴乃進曰八珍之味不知御萬金之身不知愛此古人所戒也陛下不思祖宗付託之重天下仰望之切而惟麯糵是沉姬嬪是好是猶兩斧伐孤樹未有不顛仆者也且陛下之天下祖宗之天下也陛下之位祖宗之位也陛下縱不自愛如宗社何帝大悅曰非卿孰為朕言繼自今毋愛於言朕不忘也因命進酒不花頓首謝曰臣方欲陛下節飲而反勸之是臣之言不信於陛下也臣不敢奉詔

英宗即位參議中書省事張養浩上疏其畧曰世祖臨御三十餘年每值元夕閭閻之間燈火亦禁況闕庭之嚴宮掖之邃尤當戒慎今

燈山之構臣以為所翫者小所繫者大所樂者淺所患者深伏願以崇儉慮遠為法以喜奢樂近為戒帝大怒既覽而喜曰非張希孟不敢言即罷之

順帝時蘇天爵上奏曰天下安危繫乎人君之一身人君身安則天下安矣是以古之王者慎起居以節嗜欲親忠良以稽古訓蓋所以調護身體安定黎民實惟宗社之至計也欽惟皇帝陛下纘承正統端拱淵默開設經筵怡神圖史而祖宗基業之隆天下安危之計不可不深慮也昔者太祖皇帝龍奮朔方肇基王迹身偪櫜鞬櫛風沐雨削平諸國以立子孫萬世之基世祖皇帝既臣宋人遂大一統選士求材作新百度深仁厚澤普洽群生列聖相繼保守治平至我明宗皇帝文宗皇帝遭時多難播越南北撥亂反正中興帝業臨御未久傳之嗣聖洪惟陛下春秋鼎盛聖質日長當祗畏以事天地誠孝以奉宗廟思祖宗之勤勞念基業之艱難四方之人亦皆延頸企踵注目傾耳觀聽陛下德業之光想望太平治化之盛近聞起居稍違安適旋即和平聖躬萬福然而不可不慎也矣以陛下承天位宗廟社稷之重守祖宗百年之業為億兆之人父母固當夙夜寅畏調護聖體以慰臣民之望今聞鑾輿將出北幸上都廬帳服御供奉惟謹而道路之間寒暑霧露尤宜調攝蓋人君所愛莫切於身忠臣事君亦莫切於愛君之身嘗聞殷書曰惟王不邇聲色又成湯清心寡欲純乎天德故能享國長久為殷盛王孔子亦曰少之時血氣未定戒之在色言人少時血氣未定而傷伐本根或損壽考之福故君子戒之伏惟陛下思天下安危之本監殷書孔子之言節嗜欲以調養聖躬親忠良以日新德業則宗社奠安生靈幸甚

歷代名臣奏議卷之一百九十五

眞徽

漢景帝時郅都為中郎將敢直諫面折大臣於朝嘗從入上林賈姬如廁野彘卒來入廁上目都都不行上欲自持兵救賈姬都伏上前曰亡一姬復一姬進天下所少寧賈姬等乎陛下縱自輕奈宗廟太后何上還彘亦去太后聞之賜都金百斤。

武帝元光元年趙人徐樂上書曰臣聞天下之患在於土崩不在於瓦解古今一也何謂土崩秦之末世是也陳涉無千乘之尊尺土之地身非王公大人名族之後無鄉曲之譽非有孔墨曾子之賢陶朱猗頓之富也然起窮巷奮棘矜偏袒大呼而天下從風此其故何也由民困而主不恤下怨而上不知俗已亂而政不脩此三者陳涉之所以為資也是之謂土崩故曰天下之患在於土崩何謂瓦解吳楚齊趙之兵是也七國謀為大逆號皆稱萬乘之君帶甲數十萬威足以嚴其境內財足以勸其士民然不能西攘尺寸之地而身為禽於中原者此其故何也非權輕於匹夫而兵弱於陳涉也當是之時先帝之德澤未衰而安土樂俗之民衆故諸侯無境外之助此之謂瓦解故曰天下之患不在瓦解由是觀之天下誠有土崩之勢雖布衣窮處之士或首惡而危海內陳涉是也況三晉之君或存乎天下雖未有大治也誠能無土崩之勢雖有強國勁兵不得旋踵而身為禽矣吳楚齊趙是也況羣臣百姓能為亂乎哉此二體者安危之明要也賢主所留心而深察也間者關東五穀不登年歲未復民多窮困重之以境之事推數循理而觀之則民且有不安其處者矣不安故易動易動者土崩之勢也故賢主獨觀萬化之原明於安危之機脩之廟堂之上而銷未形之患其要期使天下無土崩之勢而已矣故雖有強國勁兵陛下逐走獸射蜚鳥弘游燕之囿淫縱恣之觀極馳騁之樂自若也金石絲竹之聲不絕於耳帷帳之私俳優侏儒之笑不乏於前而天下無宿憂名何必湯武俗何必成康雖然臣竊以為陛下天然之聖寬仁之資而誠以天下為務則湯武之名不難侔而成康之俗可復興也此二體者立然後處尊安之實揚名廣譽於當世親天下而服四夷餘恩遺德為數世隆南面負扆攝袂而揖王公此陛下之所服也臣聞圖王不成其敝足以安安則陛下何求而不得何為而不成何征而不服乎哉

東漢光武初禁網尚簡但以璽書發兵未有虎符之信南陽太守杜詩上疏曰臣聞兵者國之凶器聖人所慎舊制發兵皆以虎符其餘徵調竹使而已符第合會取為大信所以明著國命斂持威重也間者發兵但用璽書或以詔令如有姦人詐偽無由知覺愚以為軍旅尚興賊虜未殄徵兵郡國宜有重慎可立虎符以絕姦端昔魏之公子威傾鄰國猶假兵符以解趙圍若無如姬之仇則其功不顯事有煩而不可省費而不得已蓋謂此也書奏從之。

獻帝時荊州牧劉表不供職貢多行僭偽遂乃郊祀天地擬斥乘輿詔書下其事少府孔融上疏曰竊聞領荊州牧劉表桀逆放恣所為不軌至乃郊祀天地擬儀社稷雖昏僭惡極罪不容誅至於國體宜且諱之何者萬乘至重天王至尊身為聖躬國為神器陛級縣遠祿位限絕猶天之不可階日月之不可踰也每有一豎臣輒云圖之若形之四方非所以杜塞邪萌愚謂雖

有重戾。必宜隱忍。賈誼所謂擲鼠忌器。蓋謂此也。是以齊兵次
楚。唯責包茅。王師敗績。不書晉人。前以露袁術之罪。今復下劉
表之事。是使跋扈欲闚高岸。天險可得而登也。按表跋扈擅誅
列侯。遏絕詔命。斷盜貢篚。招呼元惡以自營衛。專為羣逆主。萃
淵藪。郜鼎在廟。章孰甚焉。桀落瓦解。其勢可見。臣愚以為宜隱
郊祀之事。以崇國防。

魏明帝景初中。光祿勳高堂隆疾篤。口占上疏曰。曾子有疾。孟
敬子問之。曾子曰。鳥之將死。其鳴也哀。人之將死。其言也善。臣
寢疾病。有增無損。常懼奄忽。忠款不昭。臣之丹誠。豈惟曾子。願
陛下少垂省覽。渙然改往事之過謬。勃然與來事之淵塞。使神
人響應。殊方慕義。四靈效珍。玉衡曜精。則三王可邁。五帝可越。
非徒繼體守文而已也。臣常疾世主。莫不思紹堯舜湯武之治

而蹈踵桀紂幽厲之跡。莫不嗤笑季世惑亂亡國之主。而不登
踐虞夏殷周之軌。悲夫。以若所為。求若所欲。猶緣木求魚。煎水
作冰。其不可得明矣。尋觀三代之有天下。聖賢相承。歷載數百。
尺土莫非其有。一民莫非其臣。萬國咸寧。九有有截。鹿臺之金。
鉅橋之粟。無所用之。仍舊南面。夫何為哉。然癸辛之徒。恃其旅
力。知足以拒諫。才足以飾非。諂諛是尚。臺觀是崇。淫樂是好。倡
優是說。作靡靡之樂。安濮上之音。上天不蠲。眷然回顧。宗國為
墟。下夷于隸。紂縣白旗。桀放鳴條。天子之尊。湯武有之。豈伊異
人。皆明王之冑也。且當六國之時。天下殷盛。秦既兼之。不脩聖
道。乃構阿房之宮。築長城之守。矜夸中國。威服百蠻。天下震悚。
道路以目。自謂本枝百葉。永垂洪暉。豈悟二世而滅。社稷崩圮
哉。近漢孝武。承文景之福。外攘夷狄。內興宮殿。十餘年間。天下

囂然。乃信越巫懟天還怒。起建章之宮。千門萬戶。卒致江充妖
蠱之變。至於宮室乖離。父子相殘。殃咎之毒。禍流數世。臣觀黃
初之際。天兆其戒。異類之鳥。育長燕巢。口爪胸赤。此魏室之大
異也。宜防鷹揚之臣於蕭牆之內。可選諸王使君國典兵。往往
棊跱。鎮撫皇畿。翼亮帝室。昔周之東遷。晉鄭是依。漢呂之亂。實
賴朱虛。斯蓋前代之明鑒。夫皇天無親。惟德是輔。民詠德政。則
延期過歷。下有怨歎。掇錄授能。由此觀之。天下之天下。非獨陛
下之天下也。臣百疾所鍾。氣力稍微。輒自輿出。歸還里舍。若遂
沉淪。魂而有知。結草以報。

晉惠帝時。侍中嵇紹上疏曰。臣聞改前轍者則車不傾。革往弊
者則政不爽。大一統於元首。百司役於多士。故周文興於上。成
康穆於下也。存不忘亡。易之善義。願陛下無忘金墉。大司馬無

忘潁上。大將軍無忘黃橋。則禍亂之萌無由而兆矣。

宋文帝元嘉中。行幸還多侵夕。散騎常侍何尚之表諫曰。萬乘
宜重。尊不可輕。此聖心所鑒。豈假臣啓。輿駕比出。還多冒夜。群
情傾側。實有未寧。清道而動。帝王成則。古今深戒。安不忘危。若
值汲黯辛毗。必將犯顏切諫。但臣等碌碌。每存順嘿耳。伏願少
採愚誠。思垂省察。不以人廢。適可以慰四海之望。優詔納之。

後魏孝文帝南伐。將自小平泛舟幸石濟。司空錄尚書事穆亮
諫曰。臣聞垂堂之誨。振古成規。於安思危。著於周易。是以憑險
弗防。沒而不弔。匹夫之賤。猶不自輕。況萬乘之尊。含生所仰
而可忽乎。是故處則深宮廣廈。行則萬騎千乘。昔漢帝欲乘
舟渡渭。廣德將以首血汙車輪。帝乃感而就橋。夫一渡小水。
猶尚若斯。況洪河浩汗。有不測之慮。且車乘由人。猶有奔逸致

敗之害。況水之緩急非人所制。脫難出慮表其如宗廟何帝曰。司空言是也。

唐太宗貞觀十三年。魏徵恐太宗不能克終儉約。近歲頗好奢縱。上疏諫曰。臣觀自古帝王受圖定鼎。皆欲傳之萬代貽厥孫謀。故其垂拱巖廊。布政天下。其語道也。必先淳朴。抑浮華。其論人也。必貴忠良。鄙邪佞。言制度也。則絕奢靡而崇儉約。談物產也。則重穀帛而賤珍奇。然受命之初。皆遵之以成治。稍安之後。多反之而敗俗。其故何哉。豈不以居萬乘之尊。有四海之富。出言而莫已逆。所為而人必從。公道溺於私情。禮節虧於嗜欲故也。語曰。非知之難。行之惟難。非行之難。終之斯難。所言信矣。伏惟陛下年甫弱冠。大拯橫流。削平區宇。肇開帝業。貞觀之初。時方克壯。抑損嗜欲。躬行節儉。內外康寧。遂臻至治。論功則湯武不足方。語德則堯舜未為遠。臣自擢居左右。十有餘

年。每侍帷幄。屢奉明旨。常許仁義之道。守之而不失。儉約之志。終始不渝。一言興邦。斯之謂也。德音在耳。敢忘之乎。而頃年以來。稍乖曩志。敦朴之理。漸不克終。謹以所聞。列之如左。陛下貞觀之初。無為無欲。清靜之化。遠被遐荒。考之於今。其風漸墜。聽言則遠超於上聖。論事則未踰於中主。何以言之。漢文晉武。俱非上哲。漢文辭千里之馬。晉武焚雉頭之裘。今則求駿馬於萬里。市珍奇於域外。取怪於道路。見輕於戎狄。此其漸不克終一也。昔子貢問理人於孔子。孔子曰。懍乎若朽索之馭六馬。子貢曰。何其畏哉。子曰。不以道導之。則吾讎也。若何其無畏。故書曰。人惟邦本。本固邦寧。為人上者。柰何不敬。陛下貞觀之始。視人如傷。恤其勤勞。愛之如子。每存簡約。無所營為。頃年以來。意在奢縱。忽忘卑儉。輕用人力。乃云百姓無事則驕逸。勞役則易使。自古以來。未有由百姓逸樂而致傾敗者也。何有逆畏其驕逸

而故欲勞役之哉。恐非興邦之至言。豈安人之長算。此其漸不克終二也。陛下貞觀之初。損己以利物。至於今者。縱欲以勞人。卑儉之迹歲改。驕侈之情日異。雖憂人之言。不絕於口。而樂身之事。實切於心。或時有所營。慮人致諫。乃云若不為此。不便我身。人臣之情。何可復爭。此直意在杜諫者之口。豈曰擇善而行者乎。此其漸不克終三也。立身成敗。在於所染。蘭芷鮑魚。與之俱化。慎乎所習。不可不思。陛下貞觀之初。砥礪名節。不私於物。唯善是與。親愛君子。疏斥小人。今則不然。輕褻小人。禮重君子。重君子也。敬而遠之。輕小人也。狎而近之。近之則不見其非。遠之則莫知其是。莫知其是。則不間而自疏。不見其非。則有時而自昵。昵近小人。非致理之道。疏遠君子。豈興邦之義。此其漸不克終四也。書曰。不作無益害有益。功乃成。不貴異物賤用物。人乃足。犬馬非其土性不畜。珍禽奇獸弗育於國。陛下貞觀之初。

動遵堯舜。捐金抵璧。反朴還淳。頃年以來。好尚奇異。難得之貨。無遠不臻。珍玩之作。無時而至。上好奢靡。而望下敦朴。末作滋興。而求農人豐實。其不可得亦已明矣。此其漸不克終五也。貞觀之初。求賢如渴。善人所舉。信而任之。取其所長。恐其不及。近歲以來。由心好惡。或眾善舉而用之。或一人毀而棄之。或積年信而任之。或一朝疑而遠之。夫行有素履。事有成跡。所毀之人。未必可信於所舉。積年之行。不應頓失於一朝。且君子之懷。蹈仁義而弘大德。小人之性。好讒佞以為身謀。陛下不省察其根源。而輕為之臧否。是使守道者日疏。干求者日進。所以人思苟免。莫能盡力。此其漸不克終六也。陛下初登大位。高居深視。事唯清靜。心無嗜欲。內除畢弋之物。外絕畋獵之源。數載之後。不能固志。雖無十旬之逸。或過三驅之禮。遂使盤遊之娛。見譏於百姓。鷹犬之貢。遠及於四夷。或時教習之處。道路遙遠。侵晨而

出入夜方還以馳騁為歡莫慮不虞之變事之不測其可救乎此其漸不克終七也孔子曰君使臣以禮臣事君以忠然則君之待臣義不可薄陛下初踐大位敬以接下君恩下流臣情上達咸思竭力心無所隱頃年以來多所忽畧或外官充使奏事入朝思覩闕庭將陳所見欲言則顏色不接欲請又恩禮不加間因所短詰其細過雖有聰辯之畧莫能申其忠款而望上下同心君臣交泰不亦難乎此其漸不克終八也傲不可長欲不可縱樂不可極志不可滿四者前王所以致福通賢以為深誡陛下貞觀之初孜孜理化屈己從人恒若不足頃年以來微自矜放恃功業之大意蔑前王負聖智之明心輕當代此傲之長也欲有所為皆取遂意縱或抑情從諫終是不能忘懷此欲之縱也志在嬉遊情無厭倦雖不全妨政事不復專心治道此樂將極也率土乂安四夷款服仍遠勞士馬問罪遐裔此志將滿也親狎者阿旨而不肯言疎遠者畏威而莫敢諫積而不已將虧聖德此其漸不克終九也昔堯舜成湯之時非無災患而稱其聖德者以其有始有終無為無欲遇災則極其憂勤時安則不驕不逸故也貞觀之初頻年霜旱畿內戶口並就關外携負老幼來往數千曾無一戶逃亡一人怨苦此誠由陛下矜育之懷所以至死無携貳頃年已來疲於徭役關中之人勞弊尤甚雜匠之徒下日悉留和雇正兵之輩上番多別驅使和市之物不絕於鄉閭遞送之步不絕於道路既有所弊易為驚擾脫因水旱穀麥不收恐百姓之心不能如前日之寧帖此其漸不克終十也臣聞禍福無門唯人所召人無釁焉妖不妄作伏惟陛下統天御寓十有三年道洽寰中威加海外年穀豐稔禮教聿興比屋踰於可封菽麥同於水火暨乎今歲天災流行炎氣致旱乃遠被於郡國凶醜作孽忽近起於轂下夫天何言哉垂象

示誡斯誠陛下警懼之辰憂勤之日也若見誡而懼擇善而從同周文之小心追殷湯之罪己前王所以致理者勤而行之今時所以敗德者思而改之與物更新易人視聽則寶祚無疆普天幸甚何禍敗之有乎然則社稷安危國家理亂在於一人而已當今太平之基既崇極天之峻九仞之積猶虧一簣之功千載休期時難再得明主可為而不為微臣所以鬱結而長歎者也臣誠愚鄙不達事機畧舉所見十條輒以上聞聖聽伏願陛下採臣狂瞽之言參以芻蕘之議冀千慮一得袞職有補則死日生年甘從斧鉞疏奏太宗謂魏徵曰人臣事主順旨甚易忤情尤難公作朕耳目股肱常論思獻納朕今聞過能改庶幾克終善事若違此言更何顏與公相見復欲何方以理天下自得公疏反覆研尋深覺詞強理直遂列為屏障朝夕瞻仰又錄付史司冀千載之下識君臣之義乃賜徵黃金十斤廐馬二疋

太宗又謂侍臣曰治國如治病病雖愈尤宜將護儻遽自放縱病復作則不可救矣今中國幸安四夷俱服誠自古所希然朕日慎一日唯懼不終故欲數聞卿輩諫諍也魏徵曰內外治安臣不以為喜惟喜陛下居安思危耳

太宗問侍臣守天下難易魏徵對曰甚難太宗曰任賢能受諫諍則可何謂為難徵曰觀自古帝王在於憂危之間則任賢受諫及至安樂必懷寬怠言事者惟令兢懼日陵月替以至危亡聖人所以居安思危正為此也

高宗時浮屠盧伽逸多治丹曰可以續年高宗欲遂餌之東臺侍郎郝處俊諫曰脩短固有命異方之劑安得輕服哉昔先帝詔浮屠那羅邇娑寐案其方書為祕劑取靈藕怪石歷歲乃能就先帝餌之俄而大漸上醫不知所為群臣請顯戮其人議者以為取笑夷狄故法

不得行。前鑑不遠。惟陛下深察。帝納其言。

武后時。突厥使者入見。皇太子應朝。有司移文東宮召太子。太子右庶子崔神慶諫曰。五品以上佩龜者。蓋防徵召之詐。内出龜以合之。况太子乎。古者召太子用玉契。此誠重慎防萌之意。不可不察。凡䖏事於未萌之前。故長無悔吝之咎。今太子與陛下異宮。非朝朔望而别喚者。請降墨敕玉契。詔可

麟臺正字陳子昂論人機疏曰。臣聞天下有危機。禍福因之而生。機静則有福。機動則有禍。天下百姓是也。夫百姓安則樂其生。不安則輕其死。輕其死。則無所不至也。故曰。人不可使窮。窮之則姦宄生。人不可數動。動之則災變起。姦宄不息。災變日興。祆逆乘釁。天下亂矣。當今百姓雖未窮困。軍旅之弊。不得安者。向五六年矣。夫妻不得相保。父子不得相養。自劍已南。爰至河隴秦涼之間。山東則有青徐曹

汴。河北則滄瀛恒趙。莫不或被飢荒。或遭水旱。兵役轉輸。疾疫死亡。流離淳散。十至四五。可謂不安矣。幸得陛下以仁聖之恩。憫其失業。邊境所在。有兵戍之役。一切且停。遂使困窮之人。尚得與妻子相見。父兄相保。若復其業。獲以救窮。人心稍安。殆半年矣。天下可謂幸甚。愚臣切賀陛下得天下之機。能容静之。非陛下至聖大明。不能如此也。愚臣今所以為陛下更論天下之危機者。恐將相有貪夷狄之利。又說陛下以廣地強武為威。謀動甲兵以事邊塞。陛下或未知天下有危機。萬一聽之。臣懼機失禍搆。則天下有不可奈何也。詩不云乎。人亦勞止。汔可小康。惠此中國。以綏四方。故臣願陛下垂衣裳。脩文德。去刑罰。勸農桑。以息天下之人。務與之共安。然後使邊荒蠻夷自知中國有聖人。重譯而入貢。愚臣竊以為當今天下之大計也。伏惟陛下念之。伏惟陛下念之。近者隋煬帝不知天下有危機。自以為威德廣大。欲建萬代之業。動天下之衆。殫萬人之力。兵役相仍。轉輸不絶。北討胡貉。東伐遼人。於是天下百姓窮困。人不堪命。機動禍搆。遂喪天下。此是不知天下有危機。而信貪佞之人。冀收夷狄之利。卒以滅亡者也。隋氏之失。可以殷鑒。豈不大哉。伏惟陛下察之。伏惟陛下察之。國家所伐吐蕃。有大失策。中國之衆半天下。受其弊。遂事不諫當復何言。陛下不以臣愚芻蕘可採。一賜召臣至玉階。得以口論天下幸甚。臣子昂言。臣本下愚。未知大體。今月十六日特奉勅恩賜臣紙筆。遣於中書言天下利害。天之降命。敢不對揚。而孤負聖恩。萬一無補。死罪死罪。謹率愚見。封進以聞。塵聽玉堦。伏閱累息

中宗嗣聖元年。武承嗣請追王其祖。立武氏七廟。太后從之。裴炎諫曰。太后母臨天下。當示至公。不可私於所親。獨不見呂氏之敗乎。太后曰。呂氏以權委生者。故敗。今吾追尊亡者。何傷乎。對曰。事當防微

杜漸。不可長耳。太后不從。

玄宗時。呂向奏。不令突厥入仗馳射。疏曰。臣聞鴟梟不鳴。未為瑞鳥。猛虎雖伏。豈齊仁獸。是由醜性毒行。久務常積故也。今夫突厥者。正與此類。安忍殘賊。莫顧君親。陛下持武義臨之。脩文德來之。既懾威靈。又沐聲教。以力以勢。不得不庭。故稽顙稱臣。奔命遣使。陛下乃能收其順。効雜以從官。赴封禪之禮。參玉帛之會。此德業自盛。固不可名焉。因復詔許侍遊。召入禁仗。仰英姿之四照。送神藝之百發。恩意俱極。誠無得踰焉。乃更賜以馳逐。使操刀矢。競飛鏃於前。同獲獸之樂。是屑畧太過。未敢取也。雖聖胷豁達。與物無猜。而愚臣徘徊。與時加懼。倘此等各懷犬吠。交肆盜憎。荊軻能動。何羅竊至。變逼嚴蹕。稍冒清塵。悔將何及。

憲宗喜方士。柳泌為帝治丹劑。求長年。帝御劑中躁病渴。起居舍人

裴潾諫曰。夫除天下之害者。常受天下之利。共天下之樂者。常饗天下之福。故上自黃帝顓頊堯舜禹湯文武。咸以功濟生人。天皆報以耆壽。垂榮無疆。陛下以孝安宗廟。以仁牧黎庶。撥剗袄凶。復張太平。賓禮賢俊。待以終始。神功聖德。前古所不及。陛下躬行之。天地宗廟必相陛下以億萬之永。今乃方士韋山甫柳泌等。以丹術自神。更相稱引。詭為陛下延年。臣謂士有道者。皆匿名滅景。無求於世。豈肯干謁貴近。自鬻其伎哉。今所至者。非曰知道。咸求利而來。自言飛鍊為神。以訹權賄。偽窮情得。不恥遁亡。豈可信厥術。御其藥哉。臣聞人食味。別聲。被色而生者也。味以行氣。氣以實志。水火塩梅。以烹魚肉。宰夫和之。齊之以味。君子食之。以平其心。夫三牲五穀。稟五行以生也。發為五味。天地生之。所以奉人。聖人節調。以致康彊。若乃藥劑者。所以禦疾。豈常進之餌哉。況又金石性本酷烈。而燒治積年。包炎產毒。

未易可制。夫秦漢之君。亦信方士矣。如盧生徐福欒大李少君。後皆詐譎無成功。事暴前策。皆可驗視。禮。君之藥。臣先嘗之。父之藥。子先嘗之。臣子一也。願以所治劑。俾其人服之。竟一歲以考真偽。則無不驗矣。

穆宗即位初。怠荒于政。戚里多所請丐。挾宦人詗禁中語。關託大臣。翰林學士李德裕建言。舊制。駙馬都尉與要官禁不往來。開元中。詗督尤切。今乃公至宰相及大臣私第。是等無佗材。直洩漏禁密。交通中外耳。請白事宰相者。聽至中書。無輙詣第。帝然之。

初。憲宗喜方士。柳泌為治丹劑。求長年。後帝竟以藥棄天下。穆宗雖誅泌。而後稍稍復惑方士。布衣張皋上疏曰。神慮澹則血氣和。嗜欲勝則疾疹作。古之聖賢務自頤養。不以外物撓耳目。聲色敗情性。繇是和平自臻。福慶用昌。在易無妄之疾。勿藥有喜。在詩自天降康。降福穰穰。此天人之符也。然則藥以攻疾。無疾不用藥也。髙宗時。處士孫思邈達於養生。其言曰。人無故不應餌藥。藥有所偏助。則藏氣為不平。推此論之。可謂達見至理。夫寒暑為賊。節宣乖度。有資於醫。尚當重慎。故禮稱醫不三世。不服其藥。庶士猶爾。況天子乎。先帝晚節喜方士。累致危疾。陛下所自知。不可蹈前覆。迎後悔也。今人人竊議。直畏忤旨。莫敢言。臣蓬畝之生。非以邀寵。顧忠義可為者。聞而默則不安。願陛下無忽。帝善其言。

後唐明宗時。歲屢豐熟。中國無事。中書侍郎馮道上言曰。臣為河東掌書記時。奉使中山。過井陘之險。懼馬蹶失。不敢怠於銜轡。及至平地。謂無足慮。遽跌而傷。凡蹈危者慮深而獲全。居安者患生於所忽。此人情之常也。

宋仁宗景祐元年。參知政事宋綬上奏曰。臣聞自古守成之君。率皆

兢畏不忘顧省。何者。慮人心逸於久安。而患害生於所忽。故常立防於無事之始。銷變於未萌之前。若事至而應。不已殆歟。臣願飭勵羣臣。交修庶職。勿以治平自怠。勿以纖微不謹。則可以保至尊而享洪業也。又竊思馭下之道有三。蓋臨事尚乎守。當機貴乎斷。兆謀先乎密。夫惟能守則姦莫由移。斷則邪莫由惑。密則事莫由變。是三者治亂安危之所繫。願陛下欽之念之。至若朝務清夷。深居閒燕。亦願陛下愛養玉體。節宣所以順四時。聲味所以調六氣。勿至傷過。乃克和平。自然擁百靈之休。享無疆之福。豈不善哉。

四年。蘇舜欽上疏曰。臣聞重閑尚設於勇夫。擊柝以待乎暴客。是皆前籍立戒。以監後人。故國門九闔。拄柢百重。刑人以守闌。下士以拂闌。所以深嚴帝所。以備非常。古者非有符節。不得輒入君門。降及後來。乃設籍禁。品庶官之高下。限諸門之出入。故東籍而西入者。律令

有文馬臣竊見國朝皇城官門皆無名籍往來無間甚非防微之旨也。臣欲乞今後内城諸門應分番宿直諸色人等各立名籍仍差中官專切提轄。

至和二年翰林學士歐陽脩上奏曰。臣聞人臣之能盡忠者不敢避難言之事。人主之善馭下者常欲聞難言之言。然後下無隱情上無壅聽姦宄不作。禍亂不生。自古固有伏藏之禍未發之機。天下之人皆未知而有一人能獨言之。人主又能聽而用之。則銷患於未萌轉禍而為福者有矣。若夫天下之人共知而獨人主不知者此莫大之患也。今臣之所言者乃天下之人皆知而唯陛下未知也。今士大夫無貴賤相與語于親戚朋友。下至庶民無愚智相與語于閭巷道路。而獨不以告陛下其故何也。蓋其事伏而未發言難於指陳也。臣切見樞密使狄青出身行伍。號為武勇。自用兵陝右已著名聲。及捕賊廣西又薄立勞效。自其初掌機密進列大臣。當時言事者已謂不便。今三四年間。雖未見其顯過。然而不幸有得軍情之名。推其所因。蓋因軍士本是小人。而有點文樂其同類。見其進用自言我輩之内出得此人。既以為榮。遂相悅慕。加又青之事藝實過於人。比其輩流又粗有見識。是以軍士心共服其材能。國家從前難得將帥經畧招討常用文臣。或不知軍旅。或不閑訓練。自青為將領既能自以勇力服人。又知訓練之方。頗以恩信撫士。以臣愚見。如青所為。尚未得古之名將一二。但今之士卒不慣見如此等事。便謂須是我同類中人。乃能知我軍情。而恩信撫我。青之恩信亦豈能徧及於人。但小人易為扇誘所謂一犬吠形。百犬吠聲。遂皆翕然喜共稱說。且武臣掌機密而得軍情。不唯於國家不便。亦於其身未必不為害。然則青之流言軍士所喜。亦其不得已而勢使之然也。臣謂青不得已而為人所喜。亦將不得已而為人所禍者矣。為青計者自宜退避事權以止浮議。而青本武人。不知進退。近日以來訛言益甚。或言其身應讖。言其宅有火光。道路傳說以為常談矣。而唯陛下猶未聞也。且唐之朱泚本非叛者。倉卒之際為軍士所迫爾。大抵小人不能成事而能為患者多矣。泚雖自取族滅。然為德宗之患亦豈小哉。夫小人陷於大惡未必皆其本心所為。直由漸積以至蹉跌。而時君不能制患於未萌。故臣敢昧死而言人之所難言。唯願陛下早聞而省察之爾。如臣愚見。則青一常才。未有顯過。但為浮議所喧勢不能容爾。若如外人衆論。則謂之用心有不可知者。此臣之所不能決也。但武臣掌機密而為軍士所喜。自於事體不便。不計青之用心如何也。伏望聖慈深思遠慮戒前世禍亂之迹。制於未萌。密訪大臣。早決宸斷罷青機務與一外藩。以此觀青去就之際。心迹如何。徐察流言。可以臨事制變。且二府均勞逸而出入。亦是常事。若青之忠孝出處如一。事權既去流議漸消。則其誠節可以永保終始。夫言未萌之患者常難於必信。若俟患之已萌。則又言無及矣。臣官為學士。職號論思。聞外議喧沸而事係安危。臣言狂計愚。不敢自默。

脩知諫院又上奏曰。臣近據永寧軍捉獲作過兵士已曾具結集作過因依聞奏訖。蓋以河北屯聚兵馬雖多。自來未有威名將帥鎮撫。而卒士驕很。相習為常。昨自保州變亂之後。安肅軍衛州通利軍等處相繼結集不已。只如今來趙牧等本亦別無酷虐情狀。只是偶然東試不當。況自有部署轉運提點刑獄司等處自可依公論訴。豈得小不如意便謀結集。以此見雖是官吏乖方。亦由驕兵好亂。臣伏見有唐驕兵逐帥之禍。起自河北。始務姑息養成大患。況今河北為國家重地。事之利害所繫不輕。尤宜遠慮周思防微杜漸。今官吏敗事。

偶寬責罰未至失刑若驕兵過示姑息一起其端則他時有不可制
之患昨保州之事知州通判並遭殺害其餘官吏各重行降責至今
保兵自為得志動皆引以為言而即日統兵之官亦自始以為戒軍
威日削士氣益驕今永寧之事亦因茲而馴致也其趙牧等雖為可
罪若便重行黜責則河北驕兵結集竊恐自此漸多開啓其端養成
後患以此而言趙牧等可罪之人誠不足惜所可惜者朝廷事體也
其趙牧等欲乞候斷訖作過兵士且與移一河北隣近依舊資序差
遣不使驕兵得志而後患轉滋必欲更行移降事宜俟朝旨定逾時
亦未為晚

侍御史趙抃上言曰臣竊以輔弼疑丞所宜協力共濟謀猷獻替須
藉至公不私若始無防閑則終至間隙中書者天下瞻望之地苟非
執政大臣同心同德則何以上副聖主焦勞求治欲元元見太平之

意也伏見宰臣文彥博與參知政事程戡是兒女正親家俱曾陳乞
迴避未蒙聖旨允許然以公朝無疑誠於事體不便且人情豈遠機
務寔繁矧當鈞衡聯比姻婭一議或異則必生形迹之非一言偶同
則豈免黨與之謗臨事同異兩難處之今夫一郡一縣小官同僚尚
以親嫌必使易地又況中書執天下刑賞之柄繫天下休戚之本日
有議論處置大事豈於親戚乃不為嫌乎臣伏望陛下特賜宸斷可
其奏請使得相迴避則中外無有間言也

仁宗時宋祁上奏曰符契之信天子所以拱斂威重檢防邪偽其在
兵賦尤重自周官鎮圭以召守牙璋以興師漢氏始與郡國為竹使
符以代牙璋光武中興禁法踈簡但以璽書發兵於是杜詩建言以
為事有煩而不可省費而不得已請復虎符絕姦端朝廷更從其議
魏晉訖唐罔不遵用惟五代蹙弱州國褊近旦命暮達不容有詐於

夙夜慙懼不皇寧居伏望聖慈參酌前古盛際特賜檢會乾道元年
閤門御史臺已討論到典故斷自聖心特制史官侍立之地以為聖
代成法

光宗紹熙元年禮部郎中兼實錄院檢討陸游上奏曰臣伏見真宗
皇帝至道三年冬修太宗實錄至明年咸平元年八月而畢甫九閱
月修書者錢若水柴成務宗度吳淑楊億五人而已書成又詔重修
太祖實錄至明年六月而畢亦甫九閱月修書者王元之梁顥趙安
仁李宗諤四人而已臣竊考之太祖討澤潞取揚州平吳滅蜀定荊
楚下五嶺太宗撫有吳越蕩定汾晉用師薊門問罪夏臺皆大舉動
業廣事叢議論煩委兵機戎政攻守餽餉功罪黜陟之事可謂夥矣
至於制禮作樂明刑治曆修廢官舉墜典革五季之弊復漢唐之盛
側席求治可謂勤矣宜其摹寫日月形容造化雖累歲不成而奏書

之速不淹三時上足以慰羹墻之思下足以厭薦紳之望非獨此數
人者畢精竭思之力也意者當時命令重刑賞必尊君體國之俗成
凡史官紬繹之所須者上則中書密院下則百司庶府以至四方萬
里郡國之遠重編累牘如水赴海源源而集然後以耳目所接察隧
碑行述之諛辭以眾論所存刊野史小說之謬妄取天下之公去一
家之私而史成矣九閱月而奏書臣誠未見其為速也臣乞身累年
忽蒙聖恩起之山澤之間使與聞大典既不累以他職又特寬其朝
謁責委之意可謂重矣然臣之愚慮有欲陳者未敢遽以仰瀆天聽
而略具梗槩於前欲乞聖慈明詔大臣俾臣供職有所陳請擇其可
者出自朝廷主張施行如臣不能自力曠職守負聖知則竄殛之刑
所不敢避

四年起居舍人兼中書舍人陳傅良論史官劄子曰臣嘗具奏竊見

事。若致漏泄。大為不便。欲乞一依舊制。今後應遇兩府臺諫官等上殿奏事。其左右侍臣並於殿角板障門外踏道下祗候。仍乞委都知押班於兩邊板障門外撿校。如敢竊有覘聽者。並具姓名聞奏。勘罪施行。

先知諫院時。論夜開宮門狀曰。臣竊聞今月二十五日。十三公主薨。其日宮中送殯出城。留宮門及城門。至夜深方閉。物情駭異。以為非宜。雖陛下慈愛至深。然門關之禁不可不嚴。若以式律言之。夜開宮殿門及城門者。皆須有墨勅魚符。其受勅人具錄所開之門。并出入人帳。送中書門下。自監門衛大將軍以下。俱詣閤覆奏。御注聽。即請合符門鑰。監門官司先嚴門仗。所開之門。內外並立隊。燃炬火。對[illegible]符合。然後開之。符雖合。不勘而開。若勘符不合而為開。及不承勅而擅開閉。若得出入者。剩將人出入。其刑名輕者徒。流重者處絞。今以亂兒出殯之故。內自禁掖。外達郊野。諸門洞開。一如晝日。車馬往來。絡繹不絕。出入之人無復譏訶。有如萬分之一。姦險不逞之人雜處其間。豈可不為之寒心哉。伏望陛下深鑒安危。防微杜漸。自今宮殿門城門。並須依時開閉。非有急切大事。勿復夜開。必不得已。須至夜開者。即乞陛下親降手勅。加以御寶。受勅之人。仍寫出入人帳。委宿衛當上之官。衆共驗勅文真的。然後覆奏。候再見御批。方請門鑰。與監門官親自監開。依帳點閱人數。放令出入。即時下鏁進納門鑰。其宿衛監門官司。若不見手勅及御批。而輒敢開者。依不承勅而擅開閉律文施行。雖有手勅御批。不參驗。及不親自監開點閱人數者。依符雖合不勘而開律文施行。庶可以養萬乘之威尊。消姦宄於未萌也。

神宗熙寧四年。御史中丞楊繪論王安石奏曰。臣竊見人君[illegible]天

下之奉。其勢至隆也。以一人而塊居深宮之中。其身至孤也。以其勢之至隆。固不可不先絕乎覬覦也。以其身之至孤。固不可不深防乎危禍也。故周易之垂訓。未嘗不戒之於無焉。如坤之初六。當一陰生之時。應建午之月。豈惟無堅冰而已。兼亦無履霜也。而曰履霜堅冰至。斯不謂戒之於無哉。其象曰。履霜堅冰。陰始凝也。馴致其[illegible]冰也。其文言曰。陰疑於陽必戰。由辨之不早辨也。一陰始生。其遇其六五曰。有隕自天。志不捨命也。臨卦才二陰生爾。聖人已之曰。至於八月有凶。豈亦不謂戒之於無哉。蓋謂必無而忽之時而或有也。謂之為或有而備之。則必無矣。是以古聖賢者之著書立言垂教於後世。未嘗不先以辨君臣尊卑為首務也。昔高郢作[illegible]議。夫以天子禮樂祀於周公之廟。止施於死者也。高郢猶著論以非之者。蓋天子之禮樂不可以兩用之。臣觀古史。凡有得建天子旌旗者。未有不至於大故。然後知高郢之論。於防微之道著也。唐陳[illegible]伊尹論。亦斯之類焉。云此皆賢聖之權。臣竊謂古聖賢未嘗不以尊君卑臣為常道。至於權者。出於聖賢之不得已。亦未敢明著于書者。蓋懼後世亂臣賊子如莽操師溫之輩。假之以為名也。臣欲一言於陛下。然未委陛下恕之乎。不恕之乎。恕之則不漏其言。臣之禍猶縣。不恕之乎。臣之禍不測。然臣豈得畏不測之禍。而不進忠於陛下也。臣竊見唐賢多以所為之文見其人一生行事。如蓍蔡之不謬。如李紳作憫農詩。士稱其有宰相器。韓愈稱歐陽詹亦曰讀其書。知其於慈孝最隆也。丁謂詩有天門九重開。終當掉臂入。王禹偁讀之曰。入公門鞠躬如也。天門豈可掉臂入乎。此人必不忠。後果如其言。臣聞王安石文章之名久矣。嘗閱其詩曰。今人未可輕商鞅。商鞅能令政必行。今觀其行事。已頗類之矣。臣竊嘗感其文。今謹昧死而條之。乞陛

下恕臣罪而反覆詳之。王安石雜說曰。魯之郊也可乎。曰有伊尹之志。則放其君可也。有湯之仁。則絀其君可也。有周公之功。則用郊不亦可乎。王安石雜說曰。周公用天子禮樂可乎。周公之功。人臣所不能為。天子禮樂。人臣所不得用。有人臣所不能為之功。而報之以人臣所不得用之禮樂。此之謂稱。王安石雜說曰。有伊尹之志而放君可也。有周公之功而代兄可也。有周之后妃之賢。而求賢審官可也。夫以后妃之　而佐王以有天下。其功豈小補哉。與夫婦人女子從夫子者可同日語乎。臣竊謂孟子勸齊王無毀明堂者。蓋當時天下無定主。故敢爾。若言之於一統之世。則孟子豈不為罪人。今王安石於君尊臣卑。重熙累盛之朝。而輒然再三丁寧於伊尹放君。周公用天子禮樂之事。臣願陛下詳其文而防其志。臣言必死。罪不敢辭。

兵部員外郎兼起居舍人同知諫院范純仁奏言王安石變祖宗法

度。掊克財利。民心不寧。書曰。怨豈在明。不見是圖。願陛下圖不見之怨。神宗曰。何謂不見之怨。對曰。杜牧所謂天下之人不敢言而敢怒是也。神宗嘉納之。

純仁乞將章辟光所奏宣示臺官疏曰。臣近聞臺官上言。著作佐郎章辟光。不合妄進文字。譖于岐王。臣以不見辟光所陳。但聞外議喧騰。未能知其實否。伏緣國朝親王外居。自有故事。豈容小臣輒生間言。伏望聖慈將章辟光所奏宣示臺官。如別無過當之言。則可以安中外之心。如其言涉輕妄。則乞依臺官所奏。早行責降。以戒憸佞。若只但示令容。是使外議傳播。及岐王聞之。不能自安於陛下友愛之間。所損不細。防微杜漸。不可不察。

徽宗建中靖國元年六月八日。御史中丞王覿上殿劄子曰。臣聞君不密則失臣。臣不密則失身。幾事不密則害成。故自昔禁中之語。遣

滕之言。皆不可以宣露於外。至於章疏。君有留中而不出。臣有焚藁而不存者。謂君臣之所當共密也。若宜密而不密。臣既有後患之憂。君亦不復得盡忠之言矣。如聞近日以紹聖元符留中章疏付哲宗實錄院。臣愚切慮非所以開言路也。伏望聖慈更賜詳酌。

左正言任伯雨乞慎密幾事劄子曰。臣聞書曰。一日二日萬幾。易曰。幾者動之微。吉之先見者也。君子見幾而作。不俟終日。古之聖人所以濟天下之務者。知此而已矣。陛下即位之初。洼請慈闈共護神器。皇太后以宗廟社稷為心。察聖嗣見微之意。權宜之請。不忍不從。可謂見幾而作。不俟終日。吉之先見。孰大於此。至於預定還政之期。形于手書。事光前人。道越千古。此乃上天眷佑。開誘聖衷。而四海生靈無窮之福也。然而母道以至慈為本。而聖孝以報德為大。事有先後。政有緩急。治亂安危之幾。皆繫於此。思而行之。不可以失其敘也。今

者二三大臣。負誣神考。輕欺先帝。讎毀宣仁。摧壓母道。陛下若置而不問。則無以慰天人之心。遽有施行。則無以順太母之慈。然則祔廟以前。且當明辨邪正。躬攬以後。乃可大明黜陟。宜先者不可後。宜緩者不當急也。惇等未去朝廷。而遽令王珪子孫敘復。如此之類。先後緩急失其敘矣。臣願陛下居安思危。詳考古事。順德慈闈稟訓而行。慎之重之。以密幾事。天下幸甚。

伯雨奏宜幾察出入狀曰。臣近為火在房心之間。曾具奏聞。今來火自房心之間。直上而行。其於心星。遂無凌犯。若非陛下先發誠意。預思消復之理。惻怛恐懼。格于皇天。則安能使熒惑改度。如前史所載之盛事乎。天心可見。聖念可知。革否為泰。斷可必矣。然而臣竊思之。前者熒惑歷氐犯房。房乃天子之明堂也。方哲宗靈駕發引以前。事未定疊。明堂之上。宮舍之中。正是幾察出入。防微杜漸之時。不可以

悲擾事叢而廢警備也。臣愚既有所見，不敢不言。伏望聖慈救其僭易，幸甚。

伯雨又乞周防內庭狀曰：臣伏念臣孤賤之迹，誤蒙陛下識拔，不次異恩，誓以死報。故受君憂國，忠誠迫切，不識忌諱，遇事必言。伏見今月十四日皇太后奄棄四海之養，陛下乍失東朝依恃，內庭之事，動關聖慮。當此之際，可不周防。臣願陛下諸事振肅，倍加謹密。蓋陛下自潛邸入承大統，雖天人屬望，內外欣戴，然禁掖情偽，未盡諳詳。古人謂人心險於山川，難於知天。近日獄事亦可見矣。臣又見自正月已來，天色陰晦，風雪經旬，天意示戒，蓋為陰干陽之象也。陛下上為宗廟社稷大計，不可不慮。以此觀之，理須嚴肅。臣又思之，國家財用空竭，無甚今日。加以二年之間，繼遭變故，費用之廣，不可殫舉。陛下聖孝報親，思極四海之奉。如園陵所須，固有舊制，不可增損。至如遺留支賜，諸色浮費，無益往者，皆可痛行裁損。又如土木之役，如西京之類，及他修造，甚非急務，一切可停。量時緩急，以辦大事，使民力不勞，而國用可足，此寔陛下報親之盛德也。惓惓愚忠，伏願陛下留神采覽，天下幸甚。

陳瓘上奏曰：臣嘗謂治亂之術，自三代以來，未有如本朝之得計也。堅守無失，是以久無邊患。方彼民捕魚之時，未有爭也，而仁祖所以止絕之者，杜其爭端而已。所謂圖難於其易，而為之於未有也。老子曰：天下之難事必作於易，天下之大事必作於細。又曰：其安易持，其未兆易謀，其脆易泮，其微易散。為之於未有，治之於未亂。合抱之木，生於毫末；九層之臺，起於累土；千里之行，始於足下。為者敗之，執者失之。是以聖人無為故無敗，無執故無失。故民之從事者，常於幾成而敗之。慎終如始，則無敗事矣。仁祖在位四十二年，事無大小，圖難於易，慎終如始，無為也，無執也，是以無敗無失。孔子曰：有始有卒者，其唯聖人乎。仁祖是也。

瓘又上思患預防奏曰：臣聞易曰：窮則變，變則通，通則久。是故天下之事，窮則必變，變而後通。人不通之，天必自變，此必然之理也。迺者用事之臣，以私滅公，執力已窮，猶不悔悟。先帝有欲變之心，而左右無將順之臣，焦勞憂悔，奄棄天下，摧傷痛恨，海內所同。陛下受天眷命，增光前烈，慈孝之治，欣然以和，未有更張，人心已服。朝廷之寬大可必，生民之休息有期，謳歌所歸，鼓舞相慶。然而臣愚以謂既往之迹，無足追論；未來之事，所可深慮。今西邊雖已罷兵，然正是大軍之後，假使諸路豐熟，此方必有凶年。民物凋殘，加以水旱，人不飽暖，何事不生。又況河北居民流亡太半，倉廩匱竭，城壁不完，恃北虜之不來，我因循而無備。老胡耄矣，餘日幾何，其孫好殺，理必生事。朝廷自侍從而上，多是東南之人，西北事宜，久不諏訪。雖云造作邊事，不在今日，然恐意外之變，適出此時。若不先事而圖，恐有後時之悔。可防之患，安得不思。思而防之，又有大於此者。太宗謂侍臣曰：外憂不過邊事，皆可預防；唯姦邪無狀，若為內患，深可懼也。帝王用心，常須慎此。嗚呼！太宗之訓，可謂明矣。有狀者以為可防，無迹者以為可懼。今日之事，蓋亦有無迹而可懼者矣，朋黨是也。唐憲宗問李絳曰：人言外間朋黨太盛，何也？李絳對曰：朋黨言之則可惡，尋之則無迹。嗚呼！人之為邪，至於無迹可尋，豈不深可懼乎。臣以唐事考之，牛李二黨皆黨也。然而李德裕之黨多君子，牛僧孺之黨多小人。何以知其然邪？德裕之徒，忌克自任，不同己者則顯然排斥，故其為黨也有形而可見；僧孺之徒，忌克自私，不同己者則闇然擠陷，故其為黨也無迹而難尋。此二黨者，皆明主之罪人也。然彼善於此，不可不辨。故臣因論太宗聖訓而以無迹者為尤可懼焉方今大明既升鳳德在上乃邪朋消散之始是至治必成之時然而成則有敗始則有終老子曰人之從事常於幾成而敗之慎終如始則無敗事矣故臣有思患預防之說

博士周行已論察朋比壅隔之弊曰臣竊謂人臣之私莫大於朋比而天下之患莫深於壅隔古之人君所以操獨斷而任賢使能廣羣聽而明目達聰蓋防此也恭惟陛下臨御以来總覽權綱勵精政事官無大小事無巨細皆出宸斷親御翰墨臣庶奔走而聽命海內歡欣而蒙德二十年間法全而令具治定而功成然則天下既已無事矣臣愚過慮竊意萬機之繁又勤宵旰臣願陛下儲精蠖濩游意太清小職細務責之三省百司而獨操其要者在於察股肱之任必出於公使無朋比之欺擇耳目之官咸竭其忠使無壅隔之患如此則

職何小而不舉事何細而不聞不待悉煩聖慮而天下之理得矣臣愚不勝區區螻蟻之誠

欽宗靖康元年監察御史余應求論中人預軍政之漸狀曰臣嘗觀自古中人預軍政未有不為患者故齊寺人貂漏師于多魚夙沙衛殿而二將見獲唐用監軍每無成功此可為後世深戒者也國家近年邊事專委童貫譚稹終成大禍幾危社稷今兵革未弭選將命帥固當任責以成效所遣中人不過隨軍承受奏報文書而已不使之預聞軍政也近者河東承受王嗣昌奏請畫一乞令日報將兵覆驗首級提點犒賜催趣粮草及差發探報動息出入皆報承受所則是雖名承受其實監軍也軍政不專於主帥而關決於承受則動有牽制進退狐疑又唐之監軍多擁精兵自衛勝則坐分功賞不利則引兵先遁今嗣昌又令以隨軍步馬各二隊自衛若近東幹當隨行防護是又踵唐監軍之跡也如此豈有同心赴敵死於行陳之意哉朝廷不察其意而從之臣恐將帥依違不能專制又慮積日累月異時為監軍所制將自茲始矣臣觀童貫之所用事也為熙河蘭會路承受而已繼而為措置邊事又為安撫制置使又為宣撫使終之爵郡王職樞筦譚稹初用事也亦熙河蘭會路承受而已繼而為幹當公事又為淮浙制置末乃為河東宣撫使蓋其由有漸非一日之積也今嗣昌初為承受許預軍政師還有功後或用之豈不少假之權浸以隆盛安知數年之後不復為貫稹乎易曰履霜堅冰蓋言防微杜漸當辨之於早也陛下方修法度以治內命將帥以事外委任甚專不從中制而嗣昌陳請乃欲干預軍政擁兵自便首為梗階漸不可長伏望聖明追還所請重賜竄責以為中人預軍政之戒以示專任將帥之意不勝幸甚

中書舍人劉珏上十開端之戒曰陛下即位罷御筆止營繕登俊乂詘虛誕戢內侍之權開言者之路命令既當未嘗數改任用既公率皆稱職賞必視功政必核實此天下所以指日而徯太平也比者內降數出三省罕有可否此御筆之開端也教子弟既有其所又徹而新之長入祗候之班勢若可緩亟而成之此營繕之開端也河陽付之庸才涇原委之貪吏此任用失當之開端也花石等濫賞既治復止馬忠統兵累行累召此命令數易之開端也三省密院議論各持所見啓擬各舉所知持不同不比之說忘同寅協恭之議此大臣不和之開端也內路之帥擅作聖旨指揮行郡之守稱為外任監當臣下謟諛之開端也董局務者廣辟官屬侍帷幄者紛由殿廬此內侍恣橫之開端也兩省繳奏多命以次行下或戒以不得再繳臺諫言事失當率責為遠小監當此言路壅塞之開端也恤民之詔累下未

可行者多是為空文無實德。此政事失信之開端也。隨龍第賞冠帶之工亦推恩。金兵扣關。禮房之吏亦進秩。此爵賞僭濫之開端也。是十者雖未若前日之甚。其端已見。杜而止之。可以馴致治平。因而循之。雖有智者不能善其後矣。

高宗紹興二年。張浚上言曰。臣竊謂天下之事每當謹微。一失其原終不可救。古語謂涓涓不絕。浩浩奈何。凡以微之不可不謹也。古之君人者。非不欲遠追三代興太平。而治世常少。亂世常多。何哉。幾微之間禍患已成。而人主每以其微而忽之。故日積一月。而終至於敗亂喪亡也。明皇之於唐也。鋤韋氏之亂。致承平之業。聰明睿智號為賢君。迨楊妃一用。遂成播遷。當是時明皇豈以此事為果足以壞天下哉。夫惟以其微而忽之。故變亂遂大。非特此也。藩鎮跋扈。終亂王室。原其始也。特本夫假借一二武夫以數州之地而已。北司恣橫與唐俱亡。原其始也。特本夫差委一二中官兼總衛兵而已。事之細微。不可不謹每每若此。唐事至近。可以類考。竊惟陛下萬機之餘。必嘗留意經覽。於此臣之管見。何足補助萬一。

浚又上言曰。臣嘗謂方天下無事之時。君臣上下之分。其勢足以相維。雖人君不能備治其身。及繩正其左右。以失天下之心。其為禍也尚遲。乃若艱難多故。敵情不測。人心易搖。君人者儻有差失。禍亂不旋踵而作矣。大勢一去。不可復合。無以微而忽之幸也。

浚又上言曰。臣竊惟自昔人君於內外侍從之臣。間有深知其所為者。往往自謂我之聰明才智足以制御而役使之。而不知事有緩急。理有不虞。藏伏竊發為國家大患。由辨之不早。去之不速也。可不戒哉。

御史中丞許景衡乞罷錢伯言知杭州疏曰。臣聞自吳越錢氏納國。至今一百六十餘年。其子孫顯貴甲於縉紳。然未嘗有出守杭州者。於此以見祖宗防微之意深矣。杭州近闕守臣。朝廷差吏部侍郎錢伯言。伯言有風幹。若帥他路無不可者。唯守杭州則非所宜。且違祖宗故事。臣愚伏望聖慈特賜詳酌。別選有才略重臣以守杭州。或須人馬。亦乞就便差撥。仍令星夜兼程前去。以拯一方危急。

殿中侍御史張守論諸將請私劄子曰。臣聞漢高祖既平秦項。而一時功臣多就菹戮。鮮能以功名自終者何哉。位高而權盛也。光武懲前世之失。雖寇鄧耿賈之高勳鴻烈。分土不過大縣數四。所加特進朝請而已。故建武諸將往往以功名延慶于後。則利害禍福較然甚明。國家向自童貫握兵柄勢傾天下。內之朝廷公卿。外之帥守監司下至州縣小吏。升沈進退捷於影響。故凡持節所至。官無高卑。俯伏廷謁。附託以進。而風俗流失。國勢陵遲。馴致夷狄內侮之禍。貫亦不

免斧鉞之誅。此忠臣義士所為慟哭流涕者也。恭惟陛下聖德神武。撥亂反正。撫御將帥曲盡恩禮。然士風不競。餘習不泯。而堅冰之必至。滋蔓之難圖。臣竊過計。伏見近者劉光世還自江南。王淵還自浙右。各效智力以自著見。陛下醲於用賞。庸勸將來。乃聞士大夫不自好者。趨走干謁。門庭如市。氣燄可炙。臣不知其何以得此道路之言。竊謂光世與淵嘗有所薦達。以及奏功第賞。有未嘗身涉行陣而乃竄名功狀之內者。審如是。則防微杜漸亦不可忽。夫大將之職在於訓士卒。明賞罰。以攘寇戎而已。他何與焉。但位高金多。則不能別嫌明微。畏遠權勢。以自處於無過之地。或至抵冒而不自寤也。況今狂虜未殄。二聖未還。他日更立非常之功。復膺不次之賞。則寵祿愈崇事權益重。而朝廷體貌尤所假借。則招權賈禍。端不止於今日。漢之韓彭。近世之童貫。不可不鑒也。昔蘇建嘗責大將軍衛青無所招選

青謝曰招賢絀不肖者人主之柄也人臣奉法遵職而已何預招士驃騎亦然故衛霍為漢賢將著在信史臣願陛下訓諭諸將杜請謁之私戒敕士大夫明分義之守不惟上尊朝廷以安國勢以厚風俗亦示聖明所以保全諸將之意也

秘書正字張孝祥上奏曰臣聞善醫者不以無病而廢藥石之儲善國者不以無事而忽先具之備蓋懲病克壽弗畏入畏古之戒然也恭惟陛下神心淵懿聖學高遠前世安危治忽之鑒古今先後注措之宜皆已昭晰洞達無有疑蔽如日之中而纖悉必照如衡之平而輕重必審凡所以明謹政體興起治功鞏固丕基維持萬世者罔不備具固何待羣臣千慮之愚然臣不識忌諱深惟古人先事之義竊謂今日歲誠豐矣然荒政不可以不治兵固戢矣然邊備不可以不謹黎獻畢集允釐百工當思有馳騖不足之時四方無警百姓按堵

當思有毫末弗緝之患此其略也夫綢繆宜陰雨之未及宴安惟酖毒之可畏伏席大治大安之勢擇凡當預備之策因大臣造膝之餘侯之一二條舉熟復而深圖之孟子曰國家閒暇及是時明其政刑雖大國必畏之矣臣不勝惓惓以為陛下獻惟陛下幸赦

孝宗時太子詹事王十朋上疏曰臣嘗謂人心險於山川難於知天謂其不可測也況狼子野心之人烏能保其久而無患也哉唐太宗教射於殿廷羣臣諫之曰律不可以兵刃至御在所今以卑碎之人張弓挾矢於殿陛之側萬一狂夫竊發出於不意非所以重社稷誠哉憂國愛君之言親衛將卒且猶不可而謂歸附之人信其終無害也難矣近者歸明歸正之將陛下旌其忠義壯其勇略擢而用之日與之親使效其力所謂推赤心置人腹中者固足以見大有為之志矣然天下之人凡有愛君之心莫不疑焉謂自古以來莫難於用斯人而用之者罕見其久而不為吾患其棄彼歸我忍已二矣今乃使之朝夕以侍左右設或不飽其欲其謀之深計之久而心之不能保其將若之何至於斯時雖悔無及臣請擇其灼然忠誠可以任用陛下素所知者屬之以事權厚之以爵祿勉之以功名亦足以示無疑之意而激其圖報之心矣何必日親之而後為待遇之至哉臣願陛下攷之於往古慮之於將來特加宸念毋憚一時之難從而置久遠於無害不勝社稷生靈之願

集英殿脩撰趙汝愚論國家安危所繫四事奏曰臣聞自古天下之患常生於其所忽患生於所忽則必有出於人意之所不料者故雖有謀臣勇士將無所用其力矣孰若思患而預防之事未至而為之謀事既至而為之應較其利害得失豈不甚相遠耶臣伏念將去闕庭自此雖有犬馬之誠恐無路自達臣熟思累日謹取國家安危所

繫者四事敢致其拳拳之忠陛下幸録其意每先事而審思之庶幾獲效消塵之益幸甚其一金國使人朝見百官諸衛皆在殿門之外雖館伴臣寮亦不得進預其間故一旦使人稍失常度已無有任其責者萬有一如昔荊軻舞陽之變不知是時孰可禦之此不可不過為之備也其二臣聞北界官司輒敢於沿邊去處明出榜約招誘本界軍人百姓有官者依舊換給官資無官者各有給散錢物緣此渡淮而去者至今未絕臣伏思邊境人情向背於國家大計固已非便萬有一沿江諸軍間有受其招誘者將致軍情轉相扇動此豈可不深為之計也其三鎮江一軍最號雄勇而種姓多雜難於撫御故御得其道則易以成功御非其道則足以致亂其將帥之任尤宜遴選其四吳氏守蜀今已四世雖吳挺士心不附可無他志然而歲月寖遠權任太重一方之人皆習熟其姓字吳氏子孫亦自視閫外諸

軍若其家舊物。異時更代之時。恐必煩朝廷經理。臣謂宜及今無事時。稍裁制之。使常知警畏。庶可無後患。此四者皆事之未必然。而臣私憂過計者也。雖然。昔申屠剛有曰。未至豫言。固常為虛。及其已至。又無所及。是以忠言至諫。希得為用。惟陛下用剛之言。哀臣之心。幸甚幸甚。

參知政事史浩奏曰。臣聞傳曰。奔軍之將不可以語勇。亡國之大夫不可以圖存。此古今之通論也。近者契丹歸正。蕭鷓巴等萬里遠來。誠為勞苦。其實則奔亡之餘。又況彼或遣之以為吾間。縱之以蠹吾國。皆未可知也。陛下待之之禮。當畀之爵命。使無失所。嚴其駕馭。使有後效可矣。今既賜之對。錫之燕。其餘匪放優待無所不至。當遣回軍前分部將下。勿使主兵。曾此來聞。忽有旨令入內打毬。臣竊惑之。夫此輩生長北戎。擊鞠之戲。固所精也。陛下欲以為戲而觀之耶。抑

欲優待而寵綏之耶。若以為戲。臣以謂降虜不當使其窺見宮牆之內。若欲寵綏。臣以謂自此邊將必多方招置以為功。他日高官重祿悉為此輩所得。實無益於恢復。徒有耗費爾。昔徽宗朝。郭藥師以地來降。待之以腹心。嘗請擊鞠於年陀岡。其後叛去。虜兵大入。果於年陀岡作營寨。汴都失守。實自年陀岡登城。此輩野心。固不當以為戲也。昔孔子射於矍相之圃。揚觶而號於衆曰。奔軍之將。亡國之大夫。與為人後者不入。此輩奔亡。固不足以當寵綏也。陛下舉措。天下所拭目傾耳。誠不可以不重。傳曰。上有好者。下必有甚焉者矣。此之謂也。臣前者既言賜對不可於便殿。當立仗以示威。錫宴不當用使者之禮。乞免從官押伴。既蒙陛下俯察臣衷。悉如所請。陛下從諫若轉圜之易。聖德巍巍。度越百王之上。不可於此而失之。

王質乞勿開隙奏曰。臣嘗論之。天下之患。其開也有隙。其成也有形。方其開也。樓之則隙。轉之則散。稍縱而弛則合。往來翕忽。聯聯綿綿。使人可以疑。可以欺。夫是之謂隙。及其成也。掩於東而生於西。抑於內而振於外。極力而攻之。愈窮而患愈熾。夫是之謂形。天下之患惟不可使至於形成。天下之患而至於形成。雖有敏者不可以措手。嗟夫。世之君子其所以待天下之變盡矣。而惟其杜隙者甚難。彼其智非不足以知也。而知之以為無足憂。何者。見其微而不察其著。見其小而不極其大。見其所出而不推原其所窮。是二者是拱手而待變也。蓋臣思之。苻堅之寵鮮卑。李林甫之用虜將。僕固懷恩之裂河北。杜元穎崔植之縱朱克融。皆熟視其隙而不為彌縫補苴以塞其變。近者至於隕國亡身。而遠者至於遺害數百年而不息。臣常容察天下之患。其狀如長江大河。方其激激然若有所洩而不能潰。汋汋然若有所鬱而不得發。回旋曲折。陰蓄其怒於其心。而朝搜暮求。以

尋其馳騁奔衝之路。於此之時而不為之高其隄防以殺其暴。導其支脉以洩其潰。其勢必咆哮騰踴。蕩然而四出。壞城郭。包陵谷。而不可治。然天下之人不能曲盡水之情狀。狎其安流而忽其無事。以為無足畏者。則是引水而橫流於天下也。臣觀漢唐之季。皆由宦官。斲喪其國。內脅人主。戕公卿。外招姦雄。連盜賊。至於舉天下鬨然而起。縱橫奔突。天下之至亂而不可制。蓋其慘如此。臣嘗細究其源。則似甚微。蓋自竇憲兄弟竊威弄權。而鄭衆於是有功。故臣以為漢之宦官其隙開於鄭衆。其形成於孫程曹騰。而極於曹節王甫。自安南林邑之擾。而楊思勉於是有功。故臣以為唐之宦官其隙開於楊思勉。其形成於李輔國仇士良。國家宣和之末。紹興之初。因宦官而召亂者再。而至于今亦少損矣。平居廣殖貨財。縱享娛樂。窮極滋味。此近習之常態。固無足恠者。臣獨慮其爭引朝士以為門人。此其漸不可

以不制。且民間之論。以為某人之進某人主之。臣非舉以為信也。而熟察其迹。則不為無證。何者。天子之密旨或洩。而外傳。而人臣之私情或不旋踵而有散。有所甚昵。則必有甚疎。唐自開元之間。高力士引宇文融、楊國忠、韋堅、王鉷。而南北司合而為一。自永泰以後。元載殺魚朝恩。而南北司判而為二。其合也。則南司藉北司以成姦。其判也。則南司因北司以成釁。此其勢之相激。有不得不然者。今日勿使合而為一。則異時不至於判而為二。此陛下不可不留意也。

寧宗時禮部尚書黃裳上奏曰。孔子曰。有始有卒者。其惟聖人乎。又詩曰。靡不有初。鮮克有終。所謂有始有卒者。由其持心之一也。所謂鮮克有終者。由其持心之不一也。陛下今日初政固善矣。能保他日常如此乎。請畧舉已行之事論之。陛下初理萬機。委任大臣。此正得人君持要之道。使大臣得人。常如今日。則陛下雖終身守之可也。臣恐數年之後。亦欲出意作為。躬親聽斷。左右迎合。因謂陛下事決外庭。權不歸上。陛下能不咈然於心乎。臣恐是時委任大臣。不能如今日之專矣。夫以萬機之衆。非一人所能酬酢。茍不委任大臣。則必借助左右。小人得志。陰竊主權。引用邪黨。其為禍患何所不至。臣之所憂者一也。陛下獎用臺諫。言無不聽。此正得祖宗設官之意。使臺諫得人。常如今日。則陛下終身守之亦可也。然臣恐自今以往。臺諫之言日關聖聽。或斥小人之過。使陛下欲用之而不能。或暴近習之罪。使陛下欲親之而不可。逆耳之言不能無厭。左右迎合。因謂陛下獎用臺諫。欲聞讜論。而其流弊致使人主不能自由。陛下能不咈然於心乎。臣恐是時獎用臺諫不能如今日之重矣。夫朝廷所恃以分別善惡者。專在臺諫。陛下苟厭其多言。則為臺諫者將咋舌閉口。無所論列。君子日退。小人日進。而天下亂矣。臣之所憂者二也。二事朝廷之大者。又以一事之切於陛下之身言之。曰篤於孝愛。勤於學問。薄於嗜好。陛下今皆行之矣。未知數年之後。能保常如今日乎。

殿中侍御史謝方叔上言曰。操存本於方寸。治亂係於天下。人主宅於法宮。蠖濩之邃。朝夕親近者左右近習。承意伺旨之徒。往往覘上之所好。不過保恩寵。希貨利而已。而冥冥之中。或有游揚之說。潛伏而莫之覺。防微杜漸。實以是心主之。

司農卿高定子入對。言內治不脩。外懼不謹。近親有預政之漸。近習有弄權之漸。小人有復用之漸。國柄有陵夷之漸。士氣有委靡之漸。主勢有孤立之漸。宗社有阽危之漸。天變日多。地形日蹙。昔有危勝。今有危形。昔有亡理。今有亡証。

度宗時權禮部侍郎兼給事中陳宗禮進讀孝宗聖訓。因奏安危治亂常起於一念慮之間。念慮少差。禍亂隨見。天下之亂未有不起於微而成於著。又言不以私意害公法。迺國家之福。帝曰。孝宗家法。惟賞善罰惡為尤謹。宗禮言有功不賞。有罪不罰。雖堯舜不能治天下。信不可不謹也。

歷代名臣奏議卷之一百九十六

謹名器

周襄王三年叔帶與戎翟謀伐襄王襄王欲誅叔帶叔帶奔齊齊桓公使管仲平戎于周使隰朋平戎于晉王以上卿禮管仲管仲辭曰臣賤有司也有天子之二守國高在若節春秋來承王命何以禮焉陪臣敢辭王曰舅氏余嘉乃勲毋逆朕命管仲卒受下卿之禮而還

東漢順帝漢安中梁冀子弟五人及中常侍等以無功並封大司農杜喬上書諫曰陛下越從藩臣龍飛即位天人屬心萬邦攸賴不急忠賢之禮而先左右之封傷善害德興長佞諛臣聞古之明君褒罰必以功過末世闇主誅賞各緣其私今梁氏一門宦者微孽並帶無功之紱裂勞臣之土其為乖濫胡可勝言夫有功不賞為善失其望姦回不詰為惡肆其凶故陳資斧而人靡畏班爵位而物無勸苟遂

斯道豈伊傷政為亂而已喪身亡國可不慎哉書奏不省

桓帝延熹七年南巡園陵特詔太尉楊秉從及行至南陽左右並通姦利詔書多所除拜秉上疏諫曰臣聞先王建國順天制官太微積星名為郎位入奉宿衛出牧百姓皐陶誡虞在於官人頃者道路拜除恩加豎隸爵以貨成化由此敗所以俗夫巷議白駒遠逝穆穆清朝遠近莫觀宜割不忍之恩以斷求欲之路於是詔除乃止

桓帝時封賞踰制內寵猥盛光祿勲陳蕃乃上疏諫曰臣聞有事社稷者社稷是為有事人君者容悅是為今臣蒙恩聖朝備位九列見非不諫則容悅也夫諸侯上象四七垂燿在天下應分土藩屏上國高祖之約非功臣不侯而聞追録河南尹鄧萬世父遵之微功更爵尚書令黃儁先人之絕封近習以非義授邑左右以無功傳賞授位不料其任裂土莫紀其功至乃一門之內侯者數人故緯象失度陰陽謬序稼用不成民用不康臣知封事已行言之無及誠欲陛下因是而止又比年收斂十傷五六萬人飢寒不聊生活而采女數千食肉衣綺脂油粉黛不可貲計鄙諺言盜不過五女門以女貧家也今後宮之女豈不貧國乎是以傾宮嫁而天下化楚女悲而西宮災且聚而不御必生憂悲之感以致并隔水旱之困夫獄以禁止姦違官以稱才理物若法虧於平官失其人則王道有缺而令天下之論皆謂獄由怨起爵以賄成夫不有臭穢則蒼蠅不飛陛下宜採求得失擇從忠善尺一選舉委尚書三公使褒責誅賞各有所歸豈不幸甚帝頗納其言為出宮女五百餘人但賜儁爵關內侯而萬世南鄉侯

靈帝時尚書令陽球奏罷鴻都文學曰伏承有詔勑中尚方為鴻都文學樂松江覽等三十二人圖象立贊以勸學者臣聞傳曰君舉必

書書而不法後嗣何觀案松覽等皆出於微蔑斗筲小人依憑世戚附託權豪俛眉承睫徼進明時或獻賦一篇或鳥篆盈簡而位升郎中形圖丹青亦有筆不點牘辭不辯心假手請字妖僞百品莫不被蒙殊恩蟬蛻滓濁是以有識掩口天下嗟歎臣聞圖象之設以昭勸戒欲令人君動鑒得失未聞豎子小人詐作文頌而可妄竊天官垂象圖素者也今太學東觀足以宣明聖化願罷鴻都之選以消天下之謗書奏不省

魏文帝召蔣濟為散騎常侍時有詔賜征南將軍夏侯尚曰卿腹心重將特當任使作威作福殺人活人尚以示濟濟至帝問以所聞見對曰未有他善但見亡國之語耳帝忿然問其故濟具以答因曰作威作福書之明戒天子無戲言惟陛下裁之帝即追取前詔

帝欲追封武宣卞太后父母尚書陳羣奏曰陛下以聖德應運受命

創業華制當永為後式案典籍之文無婦人分土命爵之制在禮典婦因夫爵秦違古法漢氏因之非先王之令典也帝曰此議是也其勿施行以作著詔下藏之臺閣永為後式

晉懷帝永嘉末丹陽太守輔國將軍王導上書曰昔魏武達政之主也荀文若功臣之最也封不過亭侯倉舒愛子之寵贈不過別部司馬以此格萬物得不局跡乎今臨郡不問賢愚豪賤皆加重號輙有鼓蓋動見相準時有不得者或為恥辱天官混雜朝望頽毀導忝荷重任不能崇浚山海而開創亂源饕竊名位取紊彝典謹送鼓蓋加崇之物請從導始庶令雅俗區別羣望無惑

成帝以保母周氏有阿保之勞欲假其名號內外皆奉詔侍中顧和獨上疏以為周保祐聖躬不遺其勳第舍供給擬於戚屬恩澤所加已為過隆若假名號記籍未見明比惟漢靈帝以乳母趙嬈為平氏

君此末代之私恩非先代之令典且君舉必書將軌物垂則書而不法後嗣何觀帝從之

宋孝武帝時江夏王義恭與驃騎大將軍竟陵王誕奏曰臣聞佾懸有數等級異儀珮芴有制車高殊序斯蓋上哲之洪摹範世之明訓而時至彌留物無不弊僭侈由俗軌度非古晉代東徙舊法淪落侯牧典章稍與事廣名實一差難以卒變章服崇濫多歷年所今樞機更造皇風載新耗弊未充百用思約宜備品式之律以定損厭之條臣等地居枝昵位參台輔遵正之首請以爵先致貶之端宜從戚始輙因暇日共參愚懷應加省易謹陳九事雖懼匪忠庶竭微款伏願陛下聽覽之餘薄垂昭納則上下相安表裏和穆矣詔付外詳有司奏曰車服以庸虞書茂典名器慎假春秋明誡是以尚方所制漢有嚴律諸侯竊服雖親必罪降于頃世下僭滋極器服裝飾樂舞音容通于王公達于衆庶上下無辨民志靡一義恭所陳寔允禮度九條之格猶有未盡謹共附益凡二十四條詔可

後魏孝文帝初即位將遷顯祖神主于太廟有司奏舊事廟中執事之官例皆賜爵今宜依舊詔百寮評議羣臣咸以為宜依舊事祕書令程駿獨以為不可表曰臣聞名器為帝王所貴山河為區夏之重是以漢祖有約非功不侯必當屬有命於大君之辰展心力於戰謀之日然後可以應茅土之錫未見預事於宗廟而獲賞於疆土徒見晉鄭之后以夾輔為至勳吳鄧之儔以征伐為重績周漢既無文於遠代魏晉亦靡記於往年自皇道開符乾業創統務高三五之規思隆百王之軌罰頗減古賞實增昔時因神主改祔清廟致肅而授群司以九品之命顯執事以五等之名雖復帝王制作弗相沿襲然當時恩澤豈足為長世之軌乎乖衆之愆伏待罪譴書奏從之

宣武帝時天大旱司徒高肇擅録囚徒欲以收衆心清河王懌言於帝曰昔季氏旅於泰山孔子疾之誠以君臣之分宜防微杜漸不可瀆也減膳録囚乃陛下之事今司徒行之豈人臣之義乎明君失之於上姦臣竊之於下禍亂之基於此在矣帝遂詔尚書與羣司鞫理獄訟

明帝時太后父司徒胡國珍薨議贈相國太上秦公諫議大夫張普惠力陳其不可會聞胡家穿壙下墳有磐石乃密表曰臣聞優名寶位王者之所允錫尊君愛親臣子所以慎終必使勳績相侔號秩相可然後能顯揚當時傳徽萬代者矣竊見故侍中司徒胡公懷道含靈實誕聖后載育至尊母儀四海近極克唯允之寄居槐體論道之明故以功餘九錫褒假鑾齋深聖上之加隆極慈后之至愛憲章天下不亦可乎而太上之號竊謂未康何者易稱天尊地卑乾坤定矣

故曰大哉乾元又曰至哉坤元明乾坤不可並大禮記曰天無二日土無二王嘗禘郊社尊無二上明君臣不可並上伏見詔書以司徒爲太上秦公夫人爲太上秦君夫人蒙號於前司徒繫之於後尊先之義盛矣竊惟高祖受禪於獻文皇帝故仰尊爲太上皇此因上上而生名也皇太后稱令以繫勅下蓋取三從之道遠同文母列於十亂則司徒之爲太上恐乖繫勅之意春秋傳曰舞稱公子辭明不可復加上也書曰茲予大享于先王爾祖其從與享之司徒位尊屬重必當配享先朝若稱太上以爲臣以事太上皇恐非司徒翼翼之心漢祖創有天下尊父曰太上皇毋曰昭靈后乃帝者之事晉有小子侯尚曰僭之於天子司徒三公也其可同號於帝乎孔子曰必也正名乎名不正則言不順言不順則事不成事不成則禮樂不興禮樂不興則刑罰不中刑罰不中則民無所措手足易曰有大者不可以盈故受之以謙謙尊而光卑而不可踰天道虧盈而益謙地道變盈而流謙鬼神害盈而福謙人道惡盈而好謙又曰困於上者必反於下故受之以井比尅卜定兆而以淺改卜羣心悲惋亦或天地神靈所以垂至戒啓聖情伏願回日月之明察微臣之請停司徒逼同之號從卑下不踰之稱畏困上之鑒邀謙光之福則天下幸甚

唐高祖以舞工安叱奴爲散騎常侍禮部尚書李綱諫曰臣按周禮均工樂胥不得列於士伍雖復妙如師襄才如子野皆繼世不易業故魏武使禰衡擊鼓衡先解朝衣曰不敢以先王法服爲伶人衣齊高緯封曹妙達爲王以安馬駒開府有國家者可爲鑒戒今新造天下開太平之基功臣賞未及徧高才猶伏草茅而先令舞胡鳴玉曳組位五品趨丹地殆非創業垂統貽子孫之道也帝不納

太宗貞觀中監察御史馬周上疏曰臣聞致化之道在求賢審[illegible]

子曰惟名與器不可以假人是言慎舉之爲重也臣伏見王長通白明達本樂工輿皁雜類韋槃提斛斯正無它才獨解調馬雖術踰等夷可厚賜金帛以富其家今超授高爵與外廷朝會騶豎倡子鳴玉曳履臣竊恥之若朝命不可追改尚宜不使在列與士大夫爲伍也帝善其言

中宗以方士鄭普思爲秘書監葉靜能爲國子祭酒侍中桓彥範執不可帝曰要已用之不可止彥範曰陛下始復位制詔軍國皆用貞觀故事貞觀時以魏徵虞世南顏師古爲監以孔穎達爲祭酒如普思等方伎猥下安足繼蹤前烈臣恐物議謂陛下官不擇才以天秩加私愛也

睿宗景雲中柳澤爲右率府鎧曹參軍以中宗時長寧宜城安定諸公主及后女弟昭容上官與其母鄭爲尚宮隴西夫人趙及姻聯數十族皆能降墨敕授官號斜封及姚元崇宋璟輔政白罷斜封官數千員元崇等罷去太平公主盡奏復之澤詣闕上疏曰臣聞藥不毒不可以蠲疾詞不切不可以補過故習甘旨者非攝養之方邇諛佞者非治安之宜臣竊見神龍以來綱紀大壞內寵專命外嬖制權因貴憑勢賣官鬻爵妃主之門同商賈然舉選之署若闤闠然屠販者由邪忝官廢黜者因姦冒進天下溷亂幾危社稷賴陛下聰明神武拯溺舉墜耳目所親豈可忘鑒誡哉且斜封官皆僕妾私謁迷謬先帝豈盡先帝意耶陛下即位之初用元崇等討悉以停廢今又收用之若斜封之人不可棄耶昔月將燕欽融不應褒贈李多祚鄭克義不容盪雪也陛下何不能忍於此而能忍於彼使善惡混并反覆相攻道人以非勸人以僻令天下咸稱太平公主與胡僧慧範以此誤陛下故語曰姚宋爲相邪不如正太平用事正不如邪臣恐流近

致遠積小為大累微成高勿謂何傷其禍將長勿謂何害其禍將大又言尚醫奉御彭君慶以巫覡小伎超授三品柰何輕用名器加非其人臣聞賞一人而千萬人悅者賞之罰一人而千萬人勸者罰之惟陛下裁察焉

玄宗時李林甫無學術見中書令張九齡文雅為帝知內忌之會范陽節度使張守珪以斬可突于功帝欲以為侍中九齡曰宰相代天治物有其人然後授不可以功賞國家之敗由官邪也帝曰假其名若何對曰名器不可假也有如平東北二虜陛下何以加之遂止又將以凉州都督牛仙客為尚書九齡執曰不可尚書古納言唐家多用舊相不然歷內外貴任妙選有德望者為之仙客河湟一使典耳使班常伯天下其謂何又欲賜實封九齡曰漢法非有功不封唐遵漢法太宗之制也邊將積穀帛繕器械適所職耳陛下必賞之金帛

可也獨不宜裂地以封帝怒曰豈以仙客寒士嫌之邪卿固素有門閥哉九齡頓首曰臣荒陬孤生陛下過聽以文學用臣仙客擢胥史目不知書韓信淮陰一壯夫羞絳灌等列陛下必用仙客臣實恥之帝不悅翌日林甫進曰仙客宰相材也乃不堪尚書邪九齡文吏拘古義失大體帝由是决用仙客不疑

德宗興元中駕幸梁州詔翰林學士陸贄曰朕自發洋州已來累路百姓進獻菓子雖甚微細且有此心令擬各與散試官卿宜商量可否贄上狀曰伏以爵位者天下之公器而國之大柄也惟功勳才德所宜處之非此二途不在賞典恒宜慎惜理不可輕輕用之則是壞其公器而失其大柄也器壞則人將不重柄失則國無所持起端雖微流弊必大緣路所獻瓜菓蓋是野人微情有之不足光聖猷無之不足虧至化量以錢帛為賜足彰行幸之恩饋獻酬官恐非令典

帝復令欽潄齋中書所與進瓜菓人擬官狀示贄仍奉宣旨曰朕所到處欲得人心喜悅試官虛名無損於事宰臣已商量進擬與亦無妨贄又奏曰臣愚以謂信賞必罰霸王之資輕爵褻刑衰亂之漸信賞在功無不報必罰在罪無不懲非功而獲爵則爵輕非罪而肆刑則刑褻爵賞刑罰國之大綱一綱或棼萬目皆弛雖有善理末如之何天寶季年嬖倖傾國爵以情授賞以寵加天下蕩然紀綱始紊逆羯乘釁遂亂中原遣戍歲增策勳日廣財賦不足以供賜而職官之賞興焉職員不足以容功而散試之號行焉青朱雜沓於胥徒金紫普施於輿皁薰蕕無辨涇渭不分二紀于茲莫之能整當今所病方在爵輕設法貴之猶恐不重若又自棄將何勸人聖旨以為試官虛名無損於事臣伏恐陛下思之未熟偶有是言儻或謂之信然臣竊以為過矣夫立國之道惟義與權誘人之方惟名與利名近虛而於

教為重利近實而於德為輕凡所以裁是非立法制者則存乎其義至於參虛實揣輕重並行而不傷迭用而不悖因衆之欲度時之宜消息盈虛使人不倦者則存乎其權專實利而不濟之以虛則耗匱而物力不給專虛名而不副之以實則誕謾而人情不趨故國家之制賞典錫貨財賦秩廩所以彰實也差品列異服章所以飾虛也居上者必明其義達其變相須以為表裏使人日用而不知則為國之權得矣謹按命秩之載于甲令者有職事官焉有散官焉有勳官焉有爵號焉雖以類而分其流有四然其掌務而授俸者唯繫於職事之一官以序才能以位賢德此所謂施實利而寓之虛名者也其勳散爵號三者所繫大抵止於服色資蔭而已以馭崇貴以甄功勞此所謂假虛名以佐其實利者也虛實交相養故人不瀆賞輕重互相制故國不廢權令之員外試官頗同勳散爵號雖則授無費祿受不

且員然而突銛鋒排患難者則以是賞之竭筋力展勤効者又以是酬之其為用也可謂重矣今或捧瓜一器茾果一盛亦授試官以酬所獻則彼突銛鋒而竭筋力者必相謂曰吾以忘軀命而獲官此以進瓜菓而獲官是乃國家以吾之軀命同於瓜菓矣瓜菓草木也視人如草木誰復為用哉且員外試官無俸祿之資無攝署之柄無見敬之貴無免役之優唯假虛名以寵浮俗浮俗所以若存若亡而未甚歎棄者徒以上之所惜耳今陛下若又輕用之以為無損於事人寤斯旨復何賴焉後之立功曷用為賞陛下若欲賞之以職事則官員有限而勳伐無窮固不勝其酬矣陛下若欲賞之以貨財則人力已殫而帑藏皆匱固不充其費矣既未有實利以敦勸又不重虛名而濫施人無藉焉何以為國且柤瓜樹果多是野人貧者所資唯在衣食假以冗號亦奚用焉必欲使之歡欣不如厚賞錢帛人不失利

國不失禁名得所宜兩全其實何有不可固傷大猷願留睿思更少詳度

時又有旨與贄云此在奉天將士並賜名定難功臣今宰臣等商量扈從中官辛苦至甚亦合依例並賜此名朕以南衙朝士之中有經奉天重圍又以卿等昨者奔赴行在涉歷危險亦極艱難今不問中官朝官但經重圍又到山南者並擬賜名定難功臣卿宜商諮穩便贄又上奏曰陛下惠露執御仁洽庶寮念隨難之憂危恤從巡之勞苦議增寵飾將錫嘉名事雖未行意則已就凡在貴近固知銜恩睿旨淹詳復詢庸賤惟精惟慎允謂防微顧省何如屬當下問臣若自貪榮魏傍懼怨憎因循順成不極所見心且知負如天鑒何是以不揆言之淺深不計身之利害但輸任直唯聖所裁臣聞賞以懋庸名以彰行賞乖其庸則忠實之效廢名浮於行則澆冒之弊興一足以撓國權一足以亂風俗授受之際豈容易哉頃以駐蹕奉天迫於患難竟攘兇逆實賴武人遂旌定難之勳特賜功臣之目名頗符實事亦會時所需雖多誰曰非允至如宮闈近侍班列具臣雖奔走恪居各循厥職而驅除翦伐諒匪所任又屬皇輿再遷天禍未悔見危無補曷謂功臣致寇方深孰云定難縱使遭羅圍逼跋履崎嶇難則當之定將安據勞或有矣功其謂何大凡有生之倫莫不各親其類賤彼貴我抑惟常情黜異獎同亦是常性臣忝搢紳之列又當受賜之科竊自校量猶知不可而況於公議乎況於介冑之士乎人之多言靡所不至必謂陛下溺愛近習故徇其苟得之情況該聾司以分其私昵之謗怨不在大釁皆自微必將沮戰士激勵之心結勳臣憤恨之氣所悅者寡所慍者多所與者虛名所失者實事所悅者臣下之誇志所病者國家之大猷利害皎然不為難辨且名者衆之所評也是

曰公器亦為爭端數之至精猶患相軋矧或乖當安能勿踰以漢高之制服雄豪太宗之削平區寓天下既定乃論功勳有蕭曹之殊庸有房杜之碩畫戰守經畧倬乎殊倫猶謂豐沛故人刀筆文吏諸將不服頗相訐揚乃至攘袂指天拔劍擊柱偶語謀反諠譁訟冤矧今國步猶艱王化未洽方資武力以殄寇讎蓋非恩倖競進之時文儒角逐之日當功而獎尚恐未孚獎又非功固宜見誚儻有節効尤著理當褒崇賞典甚多何必在此其餘別無績用例徇驅馳且俟賊平甄錄非晚

贄為中書侍郎同中書門下平章事時上奏曰右希顏奉宣進止萬榮安撫有功聞亦忠義甚得衆心若更淹遲卻恐事不穩便今商量除一親王充節度使且令萬榮知留後其節度制便從內出萬榮須與改官卿等即商量進來者臣性習儒碩藝識空乏候當獎任待罪

宰司事關安危不敢容默雖服戎角力諒匪克堪而經武伐謀或有所見夫制置之安危由勢付授之濟否由才勢如器焉唯在所置置之險地則覆敗之夷地則平材如負焉唯在所授授踰其力則踣授當其力則行故負重者不可以微劣勝器大者不可以輕易處有巨力而加重負猶懼蹷跌之不虞擇安地而寘大器尚慮傾覆之難備焉有委非所任置非所安而望其不顛不危固亦難矣劉士寧窮兇極暴衆所不容李萬榮因人之心閉城拒逐為國除害亦有可嘉誠宜星夜上聞請擇節將今所陳奏頗涉張皇但露徼求之情殊無退讓之禮據茲鄙操殊異純良又聞本是滑人偏厚當州將士與之相得纔止三千諸營之兵已甚懷怨據此頗僻亦非將材且邀君而力取其位不忠逐帥而謀代其權不義犯此二者而加之非材得志驕盈不悖則敗悖謂犯上敗謂僨軍俱為厲階莫見其可今雖遽加寵命務壓貪求曲示保持冀消凶慝然其所行不遜所得無名縱之則反側而益疑善之則觖望而肆惡夫善始而克終者猶寡況始於不善而求能以義自全者乎又緣嘗自蓄謀以危主將及居人上恒恐見圖必於部校之間多有疑阻之釁上下猜貳何能久安縱未干紀亂常亦必喪師蹙境所以承前方鎮之任選建才德而不副所委者則有矣其不由才德而授終能殿邦固節者未之有也是猶置器欲安而不擇可安之勢負重欲濟而不量可濟之材處非所宜不敗何待陛下若謂臣說體迂闊有異軍機引喻乖疏不同事實臣請指陳汴宋一管近代成敗之跡皆陛下之所經見者以為殷敗惟陛下覽而察之往者田神功作鎮河南領汴宋徐泗兗鄆曹濮八州之地兵食兼足職貢備脩左肅青齊右弭滑魏南控淮淅北補滎澠殷如[illegible]城不震不聳此由制置於可安之地付授得可濟之材其為利宜斯

謂大矣及神功入覲遘厲不還先皇帝示眷悼之優崇貪因循之便易知神玉才不勝任排衆議而竟授之既而維御無方經略失制權歸豪將勢散列城禍機一興內叛外破委三軍於暴帥陷五郡於匪人轉輸所經塗路亟阻此由制置於必危之地付授於必躓之才其為敗傷亦已甚矣近者劉玄佐驅擁巨猾底復大梁即鎮如茲幾將十載雖不能勤身節用以撫疲甿畢力竭誠以揚丕烈然尚號令由已部屬畏威繕脩戎旅振耀聲勢遠邇談矚且為宄單制持東方猶有所倚及玄佐殂沒朝廷命吳湊代之士寧兇頑輒敢眦睚素非得衆且甚不材緩之旬時必自離沮隨機制馭指顧可平陛下念深黎元姑務容養適使姦徒得計庸豎作狂但肆醜厲之詞豈懷任置之惠運路幾絕生人重殘毅然垣翰之軍鞠為汙染之俗追思致患之本豈不失於苟且哉今若又授萬榮則與士寧何異負立而取誰曰不然邀取而除孰為非據苟邀則不順苟允則不誠君臣之間勢必嫌阻與其啚之於滋蔓不若絕之於萌芽忘久遠而樂因循固非英主御天下長筭遠慮之計也且為國之道以義訓人將教事君先令順長用能弭爭奪之禍絕窺覦之心聖人所以興敬讓而服暴強禮達而分定故也假使士寧為將慢上虐人萬榮懷奉國之誠稟嫉惡之性棄而違之斯可矣討而逐之亦可矣謀其帥而篡其位則不可焉何者方鎮之臣事多專制欲加之罪誰則無辭若使傾奪之徒便得代居其任利之所在人各有心此源潛滋禍必難救非獨長亂之道亦開謀逆之端四方諸侯誰不解體得一夫而喪群帥其何利之有焉矧茲一夫猶未可保徒亂風教以生人心昨者所逐士寧蓋起於倉卒諸郡守將固非連謀一城師人亦未協志況又待之不一撫之不均黨助萬榮其能有幾仍各計度於成敗之勢迴遑於逆順之

名。安肯捐軀與之同惡。今所以未即變者。皆為萬衆所誘。許其賞給貨財。且相服從以候制旨。陛下但於文武羣臣之內。選一和惠寬敏素為軍旅所愛信者。命為節度。仍降優詔。慰勞彼軍。獎萬衆以撫定之功。別加寵任。褒將士以輯睦之義。厚賜貨裝。衆知保安。人且懷惠。會此助亂。更將何求。揆其大情理必寧息。萬衆縱欲跋扈。勢何能為。三軍既自離心。列城又不為援。緣其迫逐主將。諸道必復憎嫌。邇無所親。遠無所與。不勞天討。必自殲夷。陛下何所為慮而欲受其邀致。臣雖孱怯。竊有未安。昨因希顏宣旨。却廻已與趙憬等同附口奏展轉申吐。慮多闕遺。臣更通夕詳思。恐亦無易於此。不勝拳拳愚懇。謹復密啓以聞。如蒙聖恩察納。臣即與趙憬等商量。應須處置事宜。具一作條件聞奏。儻後事有從。素臣請受敗撓之罪。

德宗初置六統軍。視六尚書。以處罷鎮者。相承用麻紙寫制。時竇文

場為護軍中尉。諷宰相比統軍降麻。翰林學士鄭絪奏曰。故事惟封王命相用白麻。今不識陛下特以寵文場耶。遂為著令也。上乃謂文場曰。武德貞觀時。中人不過員外將軍。衣緋者無幾。輔國以來始隳制度。朕今用爾。不謂無私。若復降麻。天下必謂爾脅我為之矣。文場叩頭謝。上謂絪曰。宰相不能違拒中人。朕得卿言方寤耳。

憲宗時翰林學士李絳上奏曰。臣謹案守謙密言聖恩商量以昭義兵馬使烏重衡部署軍中。事不獲已。須與節度使者。臣竊以此處置。實非所宜。比者以從史受命。不由朝廷。遂至生彼邪心。致茲惡跡。今重衡驅逐從史。忽領旌旄。兩河聞知。必生怨望。謂陛下密以官爵誘其將校。逐其主帥。人情雖愜。國體已傷。若以重衡主兵。勢擬僭與。即是威福不在朝廷。於事體之間。與從史何異。議者若云重衡見已權必不受制。臣觀事勢。寔恐不然。何者。伏緣從史懷惡蓄奸。誷上違命。所以重衡得仗義獻款。以順為名。其衆遂伏。今重衡若不顧憲章。以力取位。即其同列。寧息偏辭。儻失衆心。前事豈遠。以此事理。必無異圖。縱軍中有狀請與重衡。此時之事必非忠心。其流輩既多。當不願重衡獨得。別與一鎮。少愜衆心。伏望聖恩先令密諭重衡。授以河陽節度使。除元陽澤潞節度使。則人情大伏。國體得全。且重衡忽自軍將校授以河陽。校於行間。忽生望外。豈於此際更有遲迴。棄義虧忠。遺福取禍。雖至愚下亦必不然。元陽功効素高。公望又積。澤潞接近。久亦承風。今若除授。使徑入潞府。慰勞將士家口。卹其貧乏。各使安存。三軍聞知。自然感悅。重衡既得方鎮。元陽又愜人心。如此處置。必無差誤。機事可惜。實所痛心。威柄一失。豈可復得。伏望聖恩不以臣愚昧。特賜省覽。斷自宸慮。成此聖功。輒敢獻陳。

憲宗時河東王鍔將加平章事。左拾遺白居易以為宰相天下具瞻

非有重望顯功不可任。按鍔誅求百計。不卹彫瘵。所得財貨號為羨餘以獻。今若假以名器。四方聞之。皆謂陛下得所獻與宰相。諸節度私計曰。誰不如鍔。爭裒割生人以求所欲。與之則綱紀大壞。不與則有厚薄。事一失不可復追。

宣宗時。中書門下奏諫官闕員請補。上曰。諫官要在舉職。不必人多。如張道牛叢趙璘輩數人。使朕日聞所未聞足矣。久之。出叢為刺史。入謝。上賜之紫。叢曰。臣所服緋。刺史所借也。上遽曰。且賜緋。上重惜服章。有司常具緋紫衣數襲從行以備賞賜。或半歲不用其一。故當時以緋紫為榮。上重翰林學士。然遷官必校歲月。以為不可以官爵私近臣也。

宣宗嘗敕補醫工劉集為場官。鹽鐵轉運使柳仲郢上言曰。醫工術精。宜補醫官。若委任銅鹽。何以課其殿最。且場官賤品。非特敕所宜

規。上遣賜絹遣之。他日見仲郢勞之曰。卿論劉集事甚佳。上嘗有疾。
醫工梁新治之良已。自陳求官。但敕月給錢三十緡而已。
時蔣伸從容言於上曰。近日官頗易得。人思徼倖。上驚曰。如此則亂
矣。伸對曰。亂則未亂。但僥倖者多。亂亦非難。上稱歎再三。曰異日不
復得獨對卿矣。伸不諭。尋拜伸為同平章事。
懿宗時。優人李可及能新聲。自度曲。辭調悽折。同昌公主喪畢。帝與
郭淑妃悼念不已。可及為帝造曲曰歎百年。教舞者數百。皆珠翠緣
飾。刻畫魚龍地衣。度用繒五千。倚曲作辭。哀思裴回。聞者皆涕下。帝
以為天下之至悲。可及憑恩橫甚。帝欲擢為威衛將軍。中書侍郎曹
確諫曰。太宗著令文武官六百四十三。謂房玄齡曰。朕設此待天下
賢士。工商雜流假使技出等夷。止當厚給以財。不可假以官與賢者
並肩立。同坐席也。文宗欲以樂工尉遲璋為王府率。右拾遺竇洵直

奏議卷之一百九十七　十五

固爭。卒授光州長史。今以可及位將軍。其如太宗之令何。臣以為不
可。帝不聽。
宋真宗即位。初。右司諫孫何上言曰。伏見國家撫有多方。並建衆職。
外則郡將通守。朝士代行。関征榷酤。使者兼掌。下至幕府職掾之
微。或自朝廷選補而授。用人既廣。推擇難精。貢部上名。動踰千
計。門資入仕。亦及百人。稍著職勞。即升京秩。將命而出。冗長
尤多。每躬祀圜丘。誕敷霈澤。無賢不肖。並許叙遷。至使評事寺
丞。纔數載而通閨籍。贊善洗馬。不十年而登臺郎。竊計今之
班簿。臺省宮寺凡八百員。玉石混淆。名品猥濫。異夫虞書考績。周官
計治之法也。有唐舊制。郊禋慶宥。但進階勳而已。今若十年之內。肆
赦相仍。必恐京僚過於胥徒。朝臣多於州縣。豈惟連車平斗之刺。亦
有敗材假器之失。況祿廩所賦。皆自地征。所來須從民力。何必空竭

公藏。附益斯人。已授者朘削既難。未遷者防閑宜峻。古人所謂損無
用之費。罷不急之官。正在此也。伏願特降詔書。自今郊祀羣官一例
不得遷陟。必若績用有聞。才名夙著。自可待之不次。豈俟歷階而升。
至於省併吏員。上繫與奪。時左司諫耿望亦以為然。故咸平二年親
郊。止加階勳。命有司考其殿最而黜陟之。然三年差遣。受代率皆考
課引對。多獲進改。罕有退黜。而官籍浸增矣。
真宗時。右正言夏竦進策曰。臣聞周官曰。以賢制爵。則民慎德。以庸
制祿。則民興功。蓋爵以待賢。祿以待庸。賢不及爵。爵非其賢。則民媮。
庸不及祿。祿非其庸。則民惰。媮則廢德。惰則無功。故先王垂車服。慎
名器。崇德報功。以教天下。國家監三代典章。采漢唐故事。文質彬彬。
不遠中道。在於授受。猶有所疑。何則。王者撥亂反正。自家刑國。賢哲
並起。攀龍附鳳。及其功成治定。猶議賢而封。計庸而賞。豈有守文之

奏議卷之一百九十七　十六

君。應天承祖。恭嗣皇器。而藩邸臣僕。驟升清貴。若師傅之官。贊佐之
吏。輔翼之功。宜被寵耀。而鞭綏之御。導從之隸。競乘軺車。爭受命服。
庶官恐懼。號為隨龍。歲月之間。遷擢非次。以新附者類為無謂。昔仲
叔于奚請繁纓以朝。仲尼曰。惜也。不如多與之邑。唯器與名。不可以
假人。其是之謂歟。伏願陛下崇不諱之德。采狂瞽之議。改立明制。垂
法萬世。使日月之光。流被子孫。
竦又進策曰。經國以體。馭賢以爵。國以體立。必也宏遠。賢以爵貴。無
或僭濫。體國不大。則制度叢脞。爵賢不正。則服位陵替。仲尼曰。唯天
為大。惟堯則之。大體之謂也。又曰。惟器與名。不可以假人。正爵之謂
也。故善為國者。存其大體。則削其叢脞。用其正爵。而去其陵替。然則
大中之道。行於典憲矣。國家誕膺駿命。奄有萬國。稽古垂法。彝倫攸
叙。然承唐氏亂離之後。撥五代紛競之基。冗制因循。以未全去。臣聞

身被命服即為王臣除官授職必聞賜誥豈有卑品之官州縣之職將拜絲綸之命乃輸綾紙之錢有識之徒誰不堙鬱況軍國之用動以萬計府藏之實何俟於此忍使惠之王澤而責之泉布又聞唐室衰弱兵在節鎮麾下從吏官皆假版皇家受命政出天子州郡職員因循舊式豈有管撻之吏輿皁之役階叙銀青銜稱檢校或兼為府之官或假青宮之秩禮制之間無乃僭矣惠愛之道在於此乎誠當特降詔書並削冗事諸如此比一切刋正書之信史垂耀百代詩云周雖舊邦其命維新

仁宗景祐三年右司諫韓琦上奏曰臣伏聞寒暑順則歲功成賞罰明則君柄重故王者興化立政動法天道必功而議賞必罪而行罰若春夏之生殖秋冬之肅殺物無不從也苟異於是猶當寒而燠當燠而寒物無不違也善為國者能執其中以馭天下則堯舜之盛可得齊焉臣材朽職近猥叅諫諍之末有所聞見每願竭肝膈上補醇治少副陛下隆寬廣聞之意故莫敢容默于位以負甄擢惟陛下矜而察之臣伏見近者睦親宅告成自提舉臣寮而下有詔增秩用勸勞者入內內侍省副都知張永和實摠其事故有遷領團練之命逮夫同列旋亦推恩當時公言共謂非是蓋以其一官之故而衆人蒙賞故也或以謂省局之內官次相妨因而叙遷未甚為害臣是以不敢還有論列今聞前省都知以降又復優加使額臣竊觀衆論益以懷疑誠以勸沮之方爵賞為大若匪問其官簿爵以年勞則必顯著功籍時申寵拜或不由是皆涉無名故書曰官不及私昵惟其能爵罔及惡德惟其賢昔衛人賞于奚以邑辭請繁纓以朝而許之孔子聞之曰惜也不如多與之邑惟名與器不可假人東漢館陶公主為子求郎明帝不許賜錢千萬而曰苟非其人民受其殃是以難之斯

皆古先哲王謹刑罰之源也伏望陛下念恩私於近則勞臣必怨失知其抜則大猷日新特示至公亟行追寢使褒一功而天下勸正一罪而天下服為善者彌思於勵件不仁者更務於革心式臻嘉靖之風永協大中之化

慶曆三年知諫院歐陽脩上奏曰臣伏見國家每出詔令常患官吏不能遵行不知患在朝廷自先壞法朝廷不能自信則誰肯信而行之然多因小人僥倖而不知抑絶所與之恩雖少所損之體則多臣聞去年十月中嘗有臣僚上言乞今後大臣厮僕不得奏薦班行勑旨須下纔三四月已却用呂夷簡僕人袁宗二人為奉職夷簡身為大臣壞亂陛下朝政多矣苟有利於其私雖敗天下事尚無所顧況肯為陛下惜法但朝廷自宜如何令一法纔出而大臣先壞之則其次臣寮僕人豈可不與不與則是行法有二與之則近降勑旨今後又廢有司為陛下守法者不思國體但徇人情或云二僕得旨與官在降勑前奈何授官在降勑後凡出命令本為釐革前弊法家以後勑衝前勑今袁宗等雖嘗得旨而未授命間已該新制自合釐革夷簡不能止絶而恣其僥倖朝廷又不舉行近勑而自隳典法今後詔令何以遵行其袁宗等伏乞特追奉職之命别與一軍將之類名目足示優恩不可為無功之臣私寵僕奴而亂國法

八年侍御史知雜事何郯上奏曰臣伏聞閤門近進四日紫宸殿宴人使坐圖入內都知王守忠亦在楊景宗下預坐臣訪得閤門儀制內外臣僚帶刺史節度觀察留後並係遥郡不得正官班列以至賜與進獻頗甚殊絶唯正刺史以上凡遇宴會坐次方許列在殿上今若以守忠帶兩使留後便依正官例升殿與宴即是自今內外臣僚凡帶遥郡皆合上殿預坐啓僭壞法莫此之甚且朝廷儀品所以辨

尊卑上下之分。不可輕棄舊章。以生紊亂。況祖宗典法。未嘗有內臣殿上預宴之事。此弊一開。所損不細。伏望指揮下閤門速行改正。一遵舊制。仍令今後遇有宴會。臣僚職位不合預坐之人。不得妄有陛進坐次。所冀示朝廷紀綱之正。戒人臣僭差之望。

鄭又上奏曰。臣伏聞降勑命以昭宣使王守忠脩祭器物勞効。特除景福殿使。仍賜節度觀察留後月俸。臣始初風聞內批指揮。止授守忠宣慶使。次日聞授節度觀察留後。今雖節度觀察留後之命不行。仍以月給賜之。復遷改使名。勞淺賞重。中外之議。頗不為允。夫爵位之設。以待勞臣而勸忠義。故賞之厚薄。視功之大小。歸乎不虛授而已。至於舉一職。領一事。有所幹濟。蓋人臣戮力之常分也。以常分而受賞。典已為過矣。又厚焉。適足以啓澆濫之源也。且守忠之掌脩祭器。亦人臣領一事戮力之常爾。然陛下重宗廟之事。以報其勞。自昭宣使超授宣慶使。恩賞之行。不過不薄。適其中也。而守忠曾不滿望。仍要君命。夫以小勞。職分之常。而所求猶如此過當。則後來有冒矢石捍邊寇之臣。果有顯效。則將何爵賞以稱其意焉。況內臣領遙郡。祖宗之制。止於觀察使。然非積勞。未嘗妄授。今守忠雖不授兩使留後。而得給其祿。人情所希。皆起於漸。既得其祿。必欲其官。苟又從之。是何位之不可求也。夫事戒其始。末猶不禁。況不戒焉。則弊將橫流矣。其王守忠欲乞只依元降指揮。授以宣慶使。所有兩使留後俸料。亦乞罷給。陛下如欲優示寵待。則乞厚以金帛賜之。是為恩假。至於爵祿公器。不可輕授。授之不濫。則朝廷紀綱庶可存焉。臣以空疎獲備耳目。遇事即言。因無忌諱。伏望聖朝特賜省納。

鄭又上論兩府遷官疏曰。臣等伏見前任兩府臣僚。繼有除拜。非復差功計勞。特出一切恩命。近時典故。未見此比。物議喧然。不知其由。

夫爵祿固上所得專予。以其可以厲世磨鈍。使天下之人赴忠義。立事功。至於徇節捐軀而不自悔。故古之王者。至重至謹。賞一人。必使天下之人皆知以為當然。不敢用為己私而輕天下之所重也。今若授受之際。皆出無名。則何以勸有功。有功者不足勸。是古之所重。今便以為輕。雖極顯官厚祿。將無以磨礪天下。而人人有覬覦徼幸之心。復何所恃而為治哉。況股肱大臣。天下所望為表則者。豈特以一官自私。而不為國家惜大體。臣等固知爵命之行。必有遜而不受者。伏望朝廷察臣等言。稽之典故。如今來例行除授事體有輕重。必當即乞明示中外。使灼然曉知。若秖出一時之恩。顧下臣等章奏論之公議。儻以為然。或難追寢前命。因其表遜。悉停過恩。如此則上無虛授之譏。下有相遜之勸。與其一舉兩失。事相萬也。臣等待罪言責。不敢顧避緘默。

皇祐二年。知諫院司馬光上論麥允言給鹵簿狀曰。昔仲叔于奚有功於衛。衛人使之繁纓以朝。孔子曰。惜也。不如多與之邑。惟器與名。不可以假人。夫爵位尊卑之謂名。車服等威之謂器。二者人主所以保畜其臣而安治其國家。不可忽也。今麥允言近習之臣。非有元勳大勞。過絕於人。而贈以三公之官。給以一品鹵簿。其為繁纓。不亦大乎。陛下雖欲寵秩其人。而適足增其罪累也。何則。三公之官。鼎足承君。上應三台。鹵簿者。所以褒賞元功。皆非近習之臣所當得者。陛下念允言服勤左右。生已極其富貴。死又以三事之禮為之送終。鼓吹簫鐃。煊赫道路。是則揚其僭侈之罪。使天下側目扼腕而疾之。非所以為榮也。惟陛下御覽仲叔于奚之傳。垂意孔子之言。則知名器之重。不可加非其人。況唐制羣臣於國立大功者。婚葬則給鹵簿。餘不在給限。伏望陛下追寢前命。其麥允言更不給鹵簿。毋使天下之人

竊揩目以為朝廷過舉不勝幸甚

至和二年侍御史趙抃上言曰臣伏見近年朝廷非次除節度使宣徽使頗為煩數竊以二者使額在唐季則付與容易屬聖朝則授受艱難職任絕優事權寔重臣僚設非勳舊名器安可輕假謂宜慎重賞格得以關防倖門須有定規庶裨至治臣愚欲乞指揮今後宣徽幷節度使內文臣須是曾歷中書樞密院任用加之德望為人推服武臣曾經邊鄙建立功業者方許除拜兼宣徽使充額只是兩員至如使相之任體貌尤重更當慎惜豈宜輕議嘗聞太祖皇帝朝命曹彬收復江南功成凱還雖賜與則多終不授彬使相臣以謂此等官職平時無故等閑除授臣僚亦以等閑得之不以為貴四方向去萬一有緩急事宜必有賢智豪傑之人為陛下制變禦侮立功立事當此之際朝廷行爵賞恩賚之議則以何官職處之久遠之制須今日

思之重之惜之不可不慎也伏望陛下特賜聖旨以臣所請付兩府議定執守施行上以遵祖宗之法下以重爵位之賞則中外幸甚

仁宗時監察御史傅堯俞上奏曰臣聞爵祿天下之砥石其所以礪世者非謂人人飽高爵而厭重祿也蓋必當其勞則天下知勸苟異於是雖窮極班品不能滿貪冒之心而但啓僥倖之路不能為勸[illegible]之激而徒樹營私之恩伏惟陛下留神而察之臣伏覩單州團練使劉永年除齊州防禦使臣竊思永年進因恩澤未著績用於榮寵固已優渥況有舊條武臣正授已上不許無勞敘進若此官用久次能得則建節緣日月可取至於餘人不得援例此語尤為未允惟以庸制祿不當有引例之嫌既廢令假人安可杜拔茅之勢事體明著不為難曉豈有他日約束不能限永年而今日指揮可以塞衆者乎是不足昭信天下蓋取輕耳臣恐緣此煩聖聰者衆陛下無以拒之近錢晦知代州亦未嘗改官不識永年何以異於晦也伏望陛下追寢新命加慎名器使圖顯效然後遷擢則能者益奮而不能者知勉且俾條詔不為空文臣不勝懇激之至

堯俞又上奏曰臣近嘗論列劉永年無勞轉官乞行追寢至今未蒙施行臣聞爵祿天下之公器法令主者之大柄既不能以大柄自持而以公器私於人方復區區誠之以不得援例此臣所以大惑也借使私於永年衆人可隔於陛下平均之德固已虧損況衆人之不可隔乎苟不復計校率以例遷則天下之公器如何哉方今事不責實貪競尚多不作法以抑僥倖乃廢陛下成法啓僥倖而為之地臣所以尤為陛下惜也且法自永年始而廢於永年又可惜之甚者夫置言事之官使拾朝廷之闕古惟恐其不言今乃不然平居議論率常十格七八若壞法濫官章明較著如是之不疑者以列於陛下又置

而不聽則安用言事者乎惟陛下必垂省察

英宗治平二年龍圖閣直學士何郯上奏曰臣聞聖人之養賢也能品其德能量其才能授以官於是分之為三上賢使之為三公次賢使之為臺諫監司下賢使之為守令所以寓權而悅之也於是為之宮室輿馬以養其體為之旌旗冕弁以養其貴為之鐘鼓[illegible][illegible]以養其樂為之弓矢斧鉞以養其威然而不可以私授惟其德惟其才而已矣苟授非其人則覬倖之端啓有小人者得之則脅劫犇嚮而求之若固有於已寖以成俗人人皆以取之甚易而無難矣一旦聖人將革其弊而廢黜之莫不怨望盈耳是非小人之過其過在於人主授之之輕也人主不禁之於前而止於後蓋無及已嗚呼用人之際可不謹歟昔衛以繁纓授仲叔于奚仲尼非之館陶為子求郎漢明拒之知名器如此其重也今陛下紹德業之崇下[illegible]圖之永大設綱

紀。恩合天人。行於前。必慮其後。圖於始。必全於終。惟是選用之艱。尤所可重。品其德。然後授其官。量其才。然後定其位。使朝廷上下。公卿大夫皆得以服其榮。安其分。士無覬覦。職無虛授。則天下官冗之弊息。名器之用正。夫以大理評事之卑。而太宗猶謂之清望官。不以授伶人之子。況其大者乎。惟陛下重之。

英宗時。殿中侍御史范純仁。上奏曰。臣聞君之大柄在於刑賞。賞不僭則為善者勸。而下無覬覦之心。罰不濫則為惡者懲。而人無冤抑之患。善為國者。必慎於斯。陛下臨御已來。於刑罰固已慎矣。而於濫賞之弊未聞更張。近自兩月已來。尤多輕授。如待制龍圖備撰之職相次拜者幾十餘人。豈必盡是賢才。且復別無勲績。但以一人擢用比之同列稍優。則人人敘遷。以足其希望之意。務為姑息。如止兒啼。輕爵濫恩無甚於此。伏惟祖宗之制。尤慎寵名。至於小官未嘗輕授。

況於近侍之職。豈容什伍而進哉。伏望聖慈詔中書門下。凡經筵雜學士待制備撰等職。並依內外制修注體例。各立定員數。必須才德兼優。或聖意柬擢。或委以重任。或別立事功。仍俟闕員。方許除授。自餘不得進擬。如此。則得馭臣之道。革僥倖之風。近侍得人。名器增重。

神宗時。知諫院陳襄乞止絕權貴非次陳乞恩例劄子曰。臣竊見近日臣寮并故臣寮　家陳乞內外親屬恩澤。衝改已授差遣人員闕。朝廷雖有先降指揮過一月之外不許衝改。然所陳乞恩例名目稍多。遂時中書樞密院不住於審官三班院流內銓取已使員闕差注終屬未便。緣逐處待闕之人。守候名次。動經歲月。洎至授下差遣出京待闕。或已前去赴任。卻被衝改。雖在遠方。不免依前再赴銓院別候闕次。孤寒久旅之人。寧不嗟怨。朝廷既有恩例許令指射優便差遣。已是優恩。豈可更容衝奪已使員闕。甚無謂也。兼陳乞恩澤多是近上臣僚之家。非理僥求。因成體例。攀援引用。寖不可革。國家爵祿恩賞所以待賢能之士。今惟以父兄親屬私恩陳乞。使閒閑無功之人占奪優便差遣。一切出於僥倖。甚非至公之朝慎名重器區別能否之道也。臣以為立法更弊。必先自貴者始。欲乞今後除前兩府出鎮。與沿邊安撫帥臣辟舉人依條施行。及勞績酬獎堂除人許指射非次見闕外。其餘乞先自兩府以至文武臣僚及分司致仕故臣僚之家。如合陳乞弟姪兒男。及異姓骨肉恩澤。并奏薦人差遣等。並令一例於季闕已前一月內指射合入優便之處。依例等待。即不得臨時陳乞非次見闕。及衝改已授差遣人員闕。庶使權貴絕僥求之望。寒士無被奪之患。而稍獲均濟矣。

神宗即位。御史中丞司馬光論王廣淵劄子曰。臣前兩次上言王廣淵傾巧奸邪。乞盡奪去職名。與遠地監當。近聞本人帶舊職知齊州

仍賜章服。如此。乃是賞之。非黜之也。竊使廣淵自改京官以來。謹身守分。不為奸諂。以至今日。不過作第二任通判。今所得乃如此。豈可謂為奸諂無益哉。孔子稱唯器與名不可以假人。今之章服。所謂器也。職名。所謂名也。二者皆無用之物。然而天下貴之者。為其非賢才則不能得之故也。唐宣宗重惜章服。不輕以與人。有司製緋紫衣以備賜與。經年不用三兩領。故當時服緋紫者。人以為貴。夫名器者譬如珠玉。若使之易得。如瓦礫。尚安是貴乎。近歲兩次覃恩賜緋紫者已為汎濫。今又如陳鑄王[illegible]浒輩皆賜章服。是使今後受賜章服者皆以為恥。不以為榮也。且陛下使廣淵出補外官者。必已知其姦邪之迹也。今又復以職名章服寵之。是勸人使效廣淵所為也。臣竊恐非國家之福。伏望聖斷。依臣前奏。盡奪去廣淵職名并此來章服。與遠地監當。使賞善罰惡皦然明白。

歷代名臣奏議卷之一百九十七

歷代名臣奏議卷之一百九十八

謹名器

宋哲宗元祐元年殿中侍御史孫升上䟽曰臣竊以人主持利勢以驅制天下役使群衆者有法制而已朝廷以一言而寵辱臣屬風動四方者布命令而已故法度紀綱上下維持不可有毫釐過失法制失則人主之勢去命令過則朝廷之言輕自古天下國家之所以亂亡未有不由此也近日朝廷除安燾知樞密院事因給事中封駮不當奉聖旨更不書讀門下侍郎並不執奏遂送吏部施行吏部具事理申尚書省僕射左右丞並不執奏遂以不全告命降出且陛下私一非才除知樞密院事臣且置而未論豈有朝廷維持紀綱執守法度大臣乃依違苟且不為陛下守法使朝廷出不全告命宣示於外棄絕公道虧損聖德廢壞典法不足以傳示後世龜玉之毀過當在誰居朝廷紀綱之任不能糾劾大臣尚何面目出入陛下禁庭稱為御史伏望聖慈先正門下侍郎尚書省僕射丞不守法之罪或安燾有登用以來建明啓沃之謀猷廟堂帷幄之功業臣所不知者宣示臺諫布告在廷付門下省書讀省審而後行使陛下法制不失命令獲全然後坐臣妄言逆旨重行黜削庶臺諫風節稍復嘉祐治平之時則臣雖被斥逐棄委溝壑死亦無恨

二年升又上奏曰臣聞爵禄天下之砥石人主所以礪世磨鈍也故忠信爵禄所以勸士而唯名與器不可假人士大忠義風節豈生而有之在陛下砥礪成就之耳苟爵禄不及於忠信而名器竊假於非人則天下之士孰知所勸而相勉為忠信節義之事乎臣嘗謂給事中門下之職法度號令所從出論思獻納之為先非偷合苟容養交安禄之所何以言之法度命令差失過當可以論議獻替於未下而諫

官御史止能諫諍追救於已行命未下則其意易回事已行則其勢難奪理固然也則給事之任豈可輕付非其人哉唐呂元膺自給事中除同州刺史及入謝憲宗問以時政得失元膺論奏甚激切上嘉其剛正翌日謂宰相曰呂元膺讜言直氣且欲留在左右使言得失卿等以為何如李藩裴垍進賀曰陛下納諫超冠前王乃宗社無疆之福臣等不能廣求直士又不能數進直言孤負聖心合當罪責今請元膺復為給事中以備顧問上悅而從之若李藩裴垍可謂不負大臣之責矣今顧臨張問為給事中顧臨慨然論議封駁聳動中外既以河事之重遣使北道侍臣有欲留之者大臣既不克從又不獲時選補忠鯁端良之人以慰士望而張問老繆無恥苟容尸祿為朝士大夫指笑御史論其不職乞與閑散以養衰殘而大臣姑徇人情悅其阿意既留而不去又使專給事之職備員素餐無所獻納則是可留者去之可去者留之使朝廷爵祿名器不足以礪世而忠信節義之人無以知勸執政大臣豈不負陛下委任責成之意有愧於李藩裴垍乎伏望聖慈詳察檢會臣前奏出自聖斷罷張問給事中別選有德有識者任之以慰中外之望

右諫議孫覺等上疏曰臣等伏見朝廷差安燾知樞密院給事中以為不當駁正封還陛下未信其言遂不送本官書讀施行臣等竊為朝廷惜之夫安燾之才不才差除之當與否自有天下之公論臣皆置而未議所惜者朝廷之法度爾且三省之設事相表裏勢相始終凡命令之出先自中書省一人宣之一人奉之一人行之次由門下省一人讀之一人省之一人審之苟有未當則許駁正然後由尚書受付施行紀綱程式其密如此蓋以出命令而尊國體也或闕其一則於制敕不為全中外難以取信近日除呂公著為門下侍郎不由

本省而下給事中范純仁力辨其事是也夫國家所以維持四海而傳之萬世者惟守法度而已況當陛下諒闇之日簾聽之時正宜謹守法度不可毫釐差失今安燾之命不送給事中書讀施行乃是封駁一職遂為虛設制敕不全命令不重而法度不存矣斜封授官恐漸於此臣等所以為朝廷深惜也臣等竊度聖意必謂已行之命難於追改且與序還則是一舉而兩失矣為安燾者豈可受不全之制敕而處具瞻之地哉莫若因其辭免寢罷新命則君臣之際授受皆得其宜而法度不廢也況朝廷差除因臣下辭免或臺諫論奏而罷與改者多矣豈得於燾獨不改伏望聖慈追還安燾告命及詳覽臣等論列安燾文字別降指揮施行陛下還進大臣若合公道何故不令給事中依條書讀臣等所論乃繫國體若陛下不賜改正臣須至再三論奏不敢自已

殿中侍御史呂陶上奏曰臣伏見安燾之命不送給事中書讀大於法非便臣與摯等已嘗論奏拳拳之誠諒煩聖覽臣今為陛下反覆思慮此事實繫國體有不可者四須至再具奏陳冒瀆天聽夫給事中之職主讀制敕許駁正奏覆陛下不使之讀是廢其職也朝廷設官任人而自廢其職無以訓四方示萬世今門下省錄黃於給事中字不書臣某之名而書曰奉聖旨不送給事中書讀尚書省遂受而付於吏部吏部出告亦如此書臣不知合何法式成何制命此一不可也小人之情巧偽險詐善窺朝廷之釁隙欲逞其志雖防閑禁約謹嚴周密而猶有撓亂法度以僥倖者陛下儻謂此事已了難於更改不恤人言而遂行之他日或有權臣女謁干請希求非分之事攀援此例乞不付門下省施行臣恐陛下無以卻其說蓋以開之於前則難塞之於後此二不可也夫三省大臣皆與國家維持紀綱而同

其休戚者。今朝廷出令未合於法度，而門下侍郎不駮正，尚書僕丞亦不論奏，唯黙奉行，以付有司。若萬一更有失事，處置之間或不中機會，則誰為陛下救其失誤？此三不可也。自陛下臨政以來，開廣言路，臺諫所奏盡蒙聽納，萬分有一可裨治道。今以安燾之故，獨不允從，深恐言事之臣上畏天威，自今以去不敢極論得失，陛下聰明亦或因壅蔽。此四不可也。夫舉一事而有四不可，在陛下處之甚難，以臣思之甚易。何則？改過不吝，明王之盛德；恥過作非，古人之深戒。故曰：人誰無過，過而能改，善莫大焉。又曰：君子之過，如日月之蝕，過也人皆見之，更也人皆仰之。且萬機之繁，親總獨斷，不容無失，能知其失而正之，則為得矣，其於聖政殊不為累。今臺諫論列未已，士大夫之議紛紛，二人者必不敢受命。陛下若令閤門繳納安燾、范純仁告身，續降指揮，述其辭免之意，除二人者皆為同知院事，由門下省施行，則臺諫更不條奏，士大夫之議帖然，二人者不敢不拜，上全國體，下允公論，此所謂甚易而不難處也。況反汗之嫌小，而廢法之失大，願陛下權其輕重而行。

陶又上奏曰：臣聞邪正必辨，則國體尊；用捨至當，則士論定。百直而一枉，則枉可以害直；百真而一偽，則偽可以亂真。方肅紀綱，宜慎名器。臣伏見起居舍人曾肇操履偏詖，藝文淺浮。當呂惠卿用事時，肇兄布亦在要路，表裏專縱，公為私徇，臣僚承迎風旨，薦肇充學官，既進所業，中書考為第一，緣此朋比，遂除館職。晚因張璪汲引，備位左司，會史職有闕，乃以次補。且仕宦不歷民政而領都司，學問不知本統而遷右史，固已不厭公議，無補盛朝。今乃[illegible]居兩掖，尤駭羣聽。夫中書舍人之任，職清地峻，非他官可擬。外則典司誥命，以文章議論潤色帝猷；內則分押諸房，以智識才慮參決幾政。前世推重，謂之宰相判官，豈可因其序遷，輙爾虛授？況小人之進，亦以彙征。肇既忝冒此選，涉歷貴權，則必援舉其徒，布列要地，消長之變，安得不慮？此時進用，最邪徑之忽開；他日朋姦，恐橫流之難過。伏願陛下深防事始，早罷誥除，上以清侍從之塗，下以慰搢紳之望。

陶又上奏曰：臣近嘗論奏除曾肇中書舍人不當，狂言無補，未蒙聽納。臣再三為陛下忖度，此事極有未安。蓋任人當否，寔繫治亂。正臣進則足以寧邦，邪士用則遂能害政，古今可監，理勢必然。自陛下繼統以來，援擢端良，罷黜回枉，用捨之際，務合至公。然小人餘黨尚在朝廷，既未能盡力屏除，豈可使開端倖進？防微杜漸，正在此時。且肇之姦回出於天稟，兩端難信，其迹甚明。當呂惠卿用事之時，則朋比阿諛，競為非義；至司馬光當國之日，則矯偽脩飾，欲作善人。推此而行，何所不至？陛下可保其不徇私乎？執政可信其不行險乎？既保之信之，則臣言殊不足取，罪在譴斥。若猶未也，則中書舍人之職，參議大政，不可輙委肇矣。況肇之兄布長於變詐，濟以彊悍，冒據要地僅二十年，蠹政害民，毒流天下。今雖出領藩鎮，其心常有不平。肇於其兄，豈能忘愛？一旦攀援而至，則必攄發素懷，引類結徒，兇焰復熾，此不可不思也。然議者謂肇粗有浮文，素無顯過，進升西掖，資地宜然。臣愚竊謂此言出於苟媮之意，非為國深慮之說也。夫中材之士牽於勢利，而過有隱顯，嘗有淺深，或一事之誤，或一節之缺，如邢恕之乖檢慎，蒲中行之附舒亶，林希之結張璪，則人皆得而知之，指為顯過。若乃肇之包藏緣飾，善持兩端，原始要終，大槩邪險，人皆不可得而知，非若一事一節之誤缺而可指名者，其過雖不顯，而為害則大，此又不可不察也。伏願陛下以陰長陽消為戒，以舉直錯枉為心，博采公言，收還新命，使小人無彙征之漸，則明主有極治之功。臣之區臣敢以愚請。謹再具彈劾以聞。

侍御史劉摯上論安燾奏曰。臣等近以安燾除命未當。及因給事中封駁。遂不令書讀行下。累具論列并彈劾門下尚書省經歷官司。至今未蒙追改施行。臣等待罪風憲。見朝廷綱紀隳弛。命令乖失。苟不竭盡死力以救補之。則陛下何用置言路。臣等何顏在官次。自陛下臨御以來。以至公為心。直道為政。故凡見于施為者。皆足以服天下之心。今忽然行此一事。驚駭物聽。與從來政事大異。甚非所望于陛下者。且安燾德薄望輕。不自卓立。朋附章惇。依阿其間。今度越衆人。無故進位。已失公議。而又制敕不循典故。蹈襲斜封。以避官司封駁。不意聖明為此過舉。此必有姦邪之論以誤陛下。殊不知中書之宣奉行。門下之省審讀。乃歷代典章。一有不備。則不成王命。燾等亦安敢受之哉。夫聖人善於取人。不能無過。故六經不美堯之任已。而美

其舍己。不稱湯之無過。而稱其改過。今陛下追正此事。無甚難也。於閤門取燾告身。罷燾新命。且令依舊同知外。范純仁自從別制宣下。其門下侍郎尚書僕丞及吏部等經歷奉行官屬。皆不能建明執奏。詿誤聖朝。各付有司。明正其罪。使中外釋然知朝廷尊嚴。典憲振肅。以銷壓僥倖之望。杜絕私邪之謀。而成就陛下聽納之盛德。在陛下順旨一言而已。何遷延而不為耶。臣等不勝聽命待罪激切之至。

摯又上言乞罷文及都司疏曰。臣伏見昨者五月四日勑命除文及為右司郎官。韓宗師直秘閣。尋聞臣僚論列。兼宗師父絳繼有辭免。遂罷直閣之旨。而及之除命未賜指揮。臣竊以都司職任。上副丞轄下總二十四司之事。而館閣設官以文學為職。皆號為清望之選。固當無間寒俊。不宜專用子弟。此所以招言者之論。而不能服衆人之心。方及與宗師差除之日。適在文彥博大朝韓維進用之始。故議者咸謂執政臣僚見二人進拜。所以擢其子姪。迎悅其意。以充私恩。此亦陛下之所宜察也。國家名器。本待才德。但用之以公。則人無不服。今宗師既罷。則及之新命。亦望追寢。不須更俟其遜避。所貴稍伸公道。以息群議。若以及父彥博在朝。欲及便於侍養。即在京甚有職任可處。兼平章重事乃是朝廷執政。正與都司相干。亦合回避。以此罷之。不傷陛下恩禮也。

摯論三省樞密院差除疏曰。右臣准吏部牒十月十六日三省樞密院同奉聖旨唐淑問除左司諫等事。又牒十月二十八日三省樞密院同奉聖旨陸佃等罷侍講事。臣竊睹自來朝制及近降官制格。凡差除有中書進擬者。有樞密院者。有三省者。有三省樞密院同進者。蓋建官分職。各有所治。法無相參也。三省樞密院同取旨者。似止於

差除帥臣邊鎮大吏內臣近上差遣而已。今來差諫官罷侍講。不委樞密何為而預也。外言籍籍。皆以三省容縱密院侵紊政體。莫不疑異。臣竊以國家所以恃者在綱紀。大臣所宜守者在名分。綱紀正於上。則下無邪志。名分治於下。則政無多門。一有奪移。何患不起。況朝廷今日正當尊強君道。謹守祖宗法制。嚴臣下之分。以消壓權僭之心。今發置官吏。陛下大政。而三省之事也。樞密院干非其職。逾法出位。橫遷議論。公然犯分。臣恐積微至著。交亂官守。漸行私意。以害政事。上則陛廉之等慢。下則傾奪之患生。杜漸防微。實繫國體。欲望聖慈特降詔旨戒諭三省樞密院臣僚。凡以差除擬進者。各依自來條制。班次取旨。所貴正名宿業。事無侵逾。以尊朝廷。以正在位。臣又慮上件差除諫官等事。曾降聖旨特許樞密院同進。借有特旨。乃是聖恩優禮執政。欲合同衆論之意。而大臣之節。自當引義辭免。惜朝廷

綱紀以安分守。不應乘便冒進。漸恐隳失體制。

摯又上論執政轉官疏曰。臣伏覩近降麻制。執政臣僚各特轉一官。聖恩優厚。中外聳動。及臣伏讀麻制之詞。乃以山陵寢廟奔走職事加臣子之異恩。於是臣切疑焉。夫應奉山陵、寢廟奔走職事。乃臣之分也。若欲以疇勞。則應不止於執政。若旌其送往。則執政未嘗俱行。授受之間。未有名義。伏聞所司檢會嘉祐年體例進入。依應施行。伏緣嘉祐八年。英宗皇帝既推即位之恩。臣僚各已覃轉。後來以弗豫進藥。而輔導調護。鎮寧中外。以至聖躬康復。親決庶政。誠天下之慶。謂輔臣實與有勞。故又命各人進一官。然當時臣僚再三辭避。累日不敢受命。至遣近臣趣令以新官入謝。不降坐以待之。方敢祇受。又治平之末。神宗皇帝嗣位。覃霈改官之後。適值韓琦以山陵使回。懇求去位。尋以兩鎮外補。然猶虛上宰之位。自曾公亮而下。並不遞遷。

故與特轉一官。以補轉廳之恩。考求兩朝故事。各有因依。則今來遷官。別無義說。惟過賞踰僭。在聖人不足以廣恩。而於義未安。恐臣下終難於冒處。伏望謹重國體。愛惜名器。授之以道。則廉恥之風行。欲望聖慈照會兩朝故事不同。如執政臣僚辭免新命。伏乞特賜允從。無傷事體。區區臣言。庶幾有補。

諫議大夫劉安世上奏曰。臣伏見自行官制。後來一切以寄祿名官。至於流品無復旌別。乃者朝廷以為未盡。始詔吏部因其舊名。分為左右。自是清濁有辨。衆論稱允。後來竊聞新士大夫之犯贓者。並改右字。法既未備。人以為疑。且有出身之人。茍以贓汙抵罪。左降於右。自可示懲。緣無出身者。自合稱右。今若一旦混淆於貪墨之徒。彼將以仕宦為耻。非惟失先王礪世磨鈍之術。亦恐本帶右階之人。或有犯者。朝廷以何名處之。臣愚欲乞今後贓汙之吏。並與削去左右。量其所犯之輕重而制為貶降之歲。若限內別無他罪。仍有舉主。即與約經赦叙用之法。許以牽復。如此則名器自正。而負罪者通改過自新之路。勸懲之道可得而行矣。伏乞睿明亟追前令。別加修改。庶協政體。

安世為右正言時上奏曰。右臣伏見朝廷立法。內外臣僚保薦之員歲有定數。而兩制侍從以上。又得用十科之目。使之引類。其於求才之道。固已備矣。乃自近歲以來。漸開巧進之路。屢見近臣連名薦士。臣聞名器爵祿。人之所趨。使之積勤而後遷。則衆各知難而守分。今若多為捷徑。使之躁求。人懷覬覦。何所不至。而況被舉之士。未必皆賢。朝廷不復銓量。往往即加擢任。遷離常調。遂得美官。後進小生。不安義命。奔競相効。無復廉耻。非有懲革。將敗風俗。伏望聖慈特降睿旨。今後除依法舉官之外。不許近臣列薦所貴少抑僥倖之徒。上裨

忠厚之化。

安世又上奏曰。右臣伏見祖宗以來。執政大臣親戚子弟未嘗敢授內外華要之職。雖有合得陳乞差遣。亦只是數處閑慢監當局務。原其深意。蓋謂父兄已居柄任。而京師之官多是要劇。為大臣者既不能人人為朝廷推至公之心。振拔滯淹。提獎寒素。而貪權好利。多為子孫之謀。援引親屬。並據高勢。根連蔕固。更相朋比。絕孤寒之進路。增膏粱之驕氣。寖成大弊。有不勝言。是以祖宗立法。務加裁抑。上下遵奉。莫敢或違。自王安石秉政以後。盡廢累聖之制。專用親黨。務快私意。二十年間。廉耻掃地。陛下踐祚之初。厲精求治。刬革僥倖。一本至公。躬行法度。不欲有毫髮之累。此天下之人所共聞見。而在位之臣。化上之德。宜盡忠交儆。務為正直。而廟堂之上。猶習故態。子弟親戚。布滿要津。此最當今之大患也。臣條列其弊。屢欲面奏。偶以秋暑

尚熾。伏恐久煩聽覽。因此未敢請對。然近來差遣尤多。不協物論。是以不避煩瀆聖聽。須至具章疏論列。臣伏見太師文彥博之子及為光祿少卿。保雍將作監丞。孫永世少府監丞。妻族陳安民近遷都水監丞。女婿任元卿堂差監商稅院。孫婿李慎由堂差監左藏庫。或用恩例陳乞。而此兩處皆非陳乞之所當得也。司空呂公著之子希勣今年知潁州。纔及成資。召還為少府少監。希純去年自太常博士又遷宗正寺丞。女婿范祖禹與其婦翁共事於實錄院。前此蓋未嘗有。而次婿邵龢為開封推官。公著纔罷僕射。即擢為都官郎中。外甥楊國寶自初改官知縣。又堂除太常博士。未幾。又擢為成都路轉運判官。楊瓌寶亦自常調堂差知咸平縣。妻弟魯君貺今年自外任擢為都水監丞。姻家張次元堂除知洺州。胡宗炎擢為將作少監。馬傳慶自冗官得大理寺主簿。其間雖或假近臣論薦之名。皆公著任宰相日拔擢除授也。官教之職。舊係吏部依法選差。近方收為堂除。而公著首用其孫婿趙演。宰相呂大防任中書侍郎日。堂除其女婿王讜京東排岸司。妻族李括知洋州。李機知華州。范純仁拜相之初。即用其姻家韓宗道為戶部侍郎。妻族王古右司員外郎。王毅近自常調堂差知長垣縣。門下侍郎孫固之子朴判登聞檢院。臣聞鼓檢院乃天下訴冤之地。豈可使執政子弟為之。熙寧初嘗以宰相子曾孝寬判鼓院。是時言者以此論奏。即令罷免。而公亮陳乞監皮角場。此近例也。孫固及左丞王存右丞胡宗愈姻家歐陽棐除館職未及一月。又授職方員外。宗愈之弟宗炎近除開封推官。然王存除歐陽棐外未聞其人。又中書侍郎劉摯亦未見所引私親。而二人者依違其間。不能糾正。雷同循默。豈得無罪。臣之所陳。皆彰明較著。士大夫之所共知。其所不知者。又不可以悉數。臣竊謂二聖臨御于茲四年。未嘗以名器少私於宗族外家。而大臣所為乃反若此。上下恬然。不以為怪。此臣之所甚懼也。昔崔貽孫為相未踰年。而除吏八百員。不避姻故之嫌。後之大臣欲引其私親者多假此以藉口。而欺罔世主。臣常疾之。今考其傳。蓋亦有說。且唐自至德乾元以來。天下兵興。政事紛亂。官賞差繆。永泰之後稍稍平定。而元載用事。賄賂盛行。剗塞公路。綱紀大壞。常袞當國。力懲其弊。凡奏請一切杜絕。而矯枉過正。賢愚同滯。及崔貽孫之相。則薦舉者惟其人。推至公以行之。故除吏八百。莫不諧允。後之大臣能如貽孫之盡公。則搢紳之間自無異論。惟其執心偏黨。所用匪人。排斥孤寒。專引親戚。而乃竊其緒餘。文過飾非。及致人言。又從而尤之。亦已過矣。今上等知州通判。在京寺監宮教。畿內知縣之類。號為優便者盡屬堂除。雖資任未至甚高。固若不足寘於議論。而常調之人一蒙選用。即今後每任例得朝廷差除。不復更歸吏部。以此較之。僥倖不細。況有司員多闕少。四方寒士羈旅京師。待次選部。往往踰歲未得差遣。及其注授。又守二年遠闕。則世祿權要之家何幸。而疏遠平進之士何獨不幸也。臣伏見自來畿內知縣。皆選試吏能之地。近聞以宣德郎王毅知長垣縣。士大夫皆謂毅素號闒茸。亦狀特甚。止緣范純仁妻族之故。遂有此命。中外傳播。莫不駭笑。欲望聖慈特令追寢。外其間人材粗堪。或到官已久未至曠職。固難追改。臣亦不敢上煩朝廷。必令盡罷。但以執政大臣不避親嫌。不畏公議。眾論喧然。為之不平者久矣。竊恐陛下九重深遠。不能盡知。故敢略具所聞。上補聰明之萬一。伏惟機務之暇。留神省覽。仍願陛下出臣此章。徧示三省。俾自此以往。厲精更始。庶幾不廢祖宗之法。而示天下以至公之道。豈勝幸甚。

中書舍人曾肇乞禁止請謁奏曰。臣伏見太皇太后陛下。皇帝陛下。

自臨御以來正身率下杜絶請謁裁抑恩倖凡自內出無非德政未嘗以私撓公以人亂法親戚近習斂衽安分退就繩墨朝廷清明紀綱肅然論者以謂秦漢以來母后共政未有若斯之懿非二聖一心秉誼克己何以致此謂宜終始守之貽則萬世而近日以來頗有干求內降特與差遣者雖其事至微未足仰累二聖大公至正之盛德然竊恐僥倖之人乘間伺隙轉相扳援煩瀆聖聽雖二聖天地之度坦然無私但慮左右干祈逼切不免曲徇其意杜漸防微宜自今日此臣之惷愚竊抱惓惓愛君之心傾竭肺肝庶有補於萬一也臣竊覩前史伏見仁宗在位四十餘年下詔書約束臣下干求內降命中書樞密院如內降與臣僚遷官及差遣者並具條執奏以聞推劾干請之人明正其罪下御史臺閤門牓諭仍著爲法丁寧懇至出於誠心當時羣臣亦每以禁止內降爲言輙見納用故一時朝廷號爲肅

清雖間有干請而不能虧損聖政者上下維持之力也大抵人情苟務便私樂於僥倖此門一開浸淫不止始自一二至于三五六漸無紀極則國家名器繇此輕矣朝廷百度繇此隳矣其源至小流弊至大此臣之所大懼不得不爲陛下極言之也且朝廷爵祿有限人之私欲無窮苟不持之以公因緣請託將至於不勝其煩陛下亦將厭之矣伏望聖明不以臣言爲狂妄試加省察若有人材可用或聯近親出自聖意欲與恩澤者自可明諭輔臣處其所宜公行除授其餘一切禁止無得私請仍詔輔臣如有內降與臣僚遷官及差遣者並執奏以聞推劾干請之人明正其罪下閤門御史臺常加覺察牓諭朝官使人明知上意如此則聖德日新朝無秕政邪枉之門塞公正之路開遠繼祖宗之明實社稷無疆之福也臣備位侍從以論思爲職竊有所懷不敢隱默謹并錄上仁宗朝緣內降戒飭詔書事迹凡八條別爲一通伏乞置之座右少助省覽

徽宗時陳次升上奏曰臣聞天下雖安有可危之理天下雖危有可安之道安危之機不在乎他人在人主所操而已夫福威者人主所操之柄也權歸乎上而不移於下此操之得其道者也得其道則安失其道則危稽之已往其迹班班可見矣如漢武帝外勤師旅內耗黎元非有厚德以結民心五十年間中外無事者特以威德歸乎上姦臣不敢專國命故也唐明皇初無失德非有甚過惡卒有播遷之禍者以李林甫專權故也夫以漢武之於唐明皇其德不甚相遠而安危如此其異者豈非在所操乎昔陳夷行嘗對唐帝曰無以權屬人又論用人則曰苟自聖擇無不當者誠以至治安要在此有天下者所宜先也恭惟陛下臨御以來去太甚用中道遠聲色崇節儉進忠良斥姦佞弛兵革寬刑罰徹無用之臺榭罷不急之工巧蠲宿逋

以恤窮民省探報以防冤濫治天下之具何以加諸若行之不息終之不倦可謂全善矣然今日之所急要在收還威福之柄以立主威以尊主道臣叨沐誤恩擢於諫省輙敢引此以爲龜鑑伏願陛下留神無使大臣干權任其喜怒之私以害大公之義實天下之福也社稷無窮之休也

次升又上奏曰臣竊以君者制命者也臣者行君之命者也君唱之於上臣和之於下然後君臣之分正矣君唱而臣不和上行而下不隨則名分紊亂紀綱不立危亡之基實始於此箕子所以垂戒曰惟辟作福惟辟作威臣無有作福作威臣之作福作威害于而家凶于而國蓋謂是也臣訪聞近日睿旨差除三省多方執奏肆行沮格三省欲有進擬冀聖意之必從除目之必下倒置如此臣竊憂之至如前給事中龔原以罪去國之日御批嘗犯贓私每議政事遂行重責

未至縣所。即移壽州。未幾又除待制。移知杭州。前日聖語墨迹未乾。今日除授如此。其峻何以示信天下。又如中大夫王詵。年已七十有餘。所至素無善狀。今乃特轉太中大夫。移帥青州。原等遷升未委何名。如聞皆出三省進擬。不出陛下之意。臣聞日者陽也。君道也。君正於此。則天應見於彼。故日常明。臣侵於君。陰侵於陽。則日有薄蝕之患。近者太史局奏四月朔。日有蝕之。竊謂三省之權大盛。君上命多阻而不行。日蝕之應。殆以此歟。伏望聖慈收攬乾剛。以正名分。睿旨所降。要在必行。三省進擬。或可或否。悉由聖斷。龔原王詵除命。特行改正。如此。則日蝕之異自消。太平之基可致。

次升又上奏曰。臣竊以治天下之道。在乎正名分而已。名分正則君道尊而無可陵之漸。臣道卑而無逼上之強。苟失其正。尊卑之序亂。上下之分虧。此不可不慎也。今三省專威福之柄。侵人主之權。睿旨

則沮格而不行。進擬則堅執而必下。乾剛坤柔之道未正。堂陛高卑之勢未分。忠臣義士夙夜以此為憂。姦織巧佞之徒。乘此射利。大臣之權既重。賓客輻湊其門。環坐其馬廄而不以為辱。奴事其子弟而不以為羞。良可歎也。況龔原進職。移守錢塘。王詵轉官。移守青社。既繫兩省從官。事干大體。命下之日。群聽驚駭。三尺之童。皆知其非。若不改正。則作福作威。專在於臣。陛下孤立。誰肯為國者乎。伏望聖慈檢會臣前奏。早賜施行。以正上下之分。以息奔競之風。

次升又上奏曰。臣近嘗論奏三省大臣專權威福。睿旨差除則沮格而不行。三省進擬則堅執而必下。上下之分未正。乞收還威福。以定名分。訪聞三省大臣。日近肆為詭計。但避專權之名。而陛下每有差除。則陽為承行。若非所欲。則陰諭屬官繳駁。上以侵凌主道。下以竊弄國權。朋比之風漸成。威福之柄倒置。若不辨之於早。則易之履霜堅冰之患至矣。伏願陛下攬乾剛之威。奮神明之斷。一出令則渙而必發。一除授則審而必行。敢有不存名分。肆為橫議者。特行黜責。如此。則主威可立。朋比之風可去。宰執專權之弊可革矣。

次升又上疏曰。臣竊觀易以乾況君。以坤況臣。乾天也。正位乎上。坤地也。正位乎下。尊卑之勢既分。則乾坤之位定矣。上下之分既正。則君臣之道明矣。是以勢位不可陵。名分不可犯。蹙君之路馬者有誅。齒君之路馬者有誅。況君父之名。天下之所共諱。其可稱道之乎。訪聞尚書右丞范純禮近准朝命。押虜使筵燕。賓主語言。輙弄及御名。頗虧臣節。甚累國體。遂使中國禮義之邦。為人臣者失尊君之道。取笑夷狄。其為辱命。莫甚於此。若純禮故犯。顯屬不臣。設或有悞。則是昏耄。大臣如此。安可參預機務。臨蒞百官。伏望聖慈特行黜責。以明君臣之分。無使夷狄輕視中國。

殿中侍御史許景衡上奏曰。臣伏見國朝踵唐故事。制勅並用黃紙為之。所以嚴天子命令。示朝廷之尊崇。非百司庶府文移之比也。其赦令制書播告天下者。有司行下所屬。仍用素紙以為符檄。連附于後。蓋其所從來舊矣。近者開封府被受御筆詔書。民間有合通知者。並不依令錄副本連於牓前。輙純用黃紙謄寫揭示通衢。見者愕然。以為黃紙勅牓。尚書省之出也。開封府亦得為之哉。臣方欲論列。乞賜懲誡。而近降指揮。頒下道僧度牒紫衣師號體式。仍用黃紙印造。幾與開封同失矣。夫道僧度牒紫衣師號。自有舊法。今欲革前弊。立新式以表異之。固無不可者。而必以黃紙為之。恐非所以重朝廷之體制也。今爵命多士。出自天子。著其姓名於勅牒。宰相執政官簽書。其用黃紙宜矣。至於道僧度牒之屬。乃是有司印造。非出於尚書省也。禮部官屬書字。而宰相執政不預焉。又空其姓名。臨時書填。蓋與

爰命多士制書興矣亦烏用黃紙為哉夫名之必可言言之必可行此為政之大要也今以有司文牒而僭朝廷之命令以禮部官屬而擬宰執之簽書非所以正名公朝垂法後世也在昔大臣有官兼將相者獨以不得於黃紙書字為恨今若使禮部郎官為之則前後重輕弗倫不已甚乎所有近降道僧度牒紫衣師號指揮內用黃紙印造一節伏望睿明特賜詔罷如欲更易舊式則乞以綾紙印造如吏部所給奏蔭補牒之類亦足以表異新書其開封牓示御筆亦乞戒飭依令施行庶幾不廢祖宗之故事增重朝廷之制書杜絕有司之僭惑天下幸甚

欽宗時侍御史李光上奏曰臣聞人主有大權威福之柄是也治國有要道因任之術是也洪範曰惟辟作福惟辟作威惟辟玉食臣之有作福作威玉食其害于而家凶于而國此言威福之柄不可假之

於臣下也荀卿曰明主好要闇主好詳主好要則百事詳主好詳則百事荒言人君自有職事不當侵細務也臣恭覩陛下天姿英明開納無倦伏自即位以來勵精圖治延見羣臣洞示好惡則端本清源之術未可不察臣訪聞近者頗有進言於陛下尚復徇緣耳目之習所謂大權要道渾為一說此乃治亂安危之機不可不察臣請為陛下言之夫爵祿廢置生殺予奪此所謂權不可不自陛下而出至於進退人材委任而責成功可也陛下豈得而親之哉前日姦倖當國三省大臣固寵保位至不得行其職事凡御筆除授皆曰朕所自用朝廷紀綱從此廢壞而人主威權下移於近習矣尚復忍聞之乎夫人主之職在於論相苟能擇賢相而任之為相者又能擇百官而使之內則省臺寺監外則郡守監司治出於一政無多門如挈裘振領若網在綱順者不可勝數也臣愚伏望陛下體剛健之德推委任之誠執其權綱而尊卑之分嚴秉其要道而詳畧之理得是以法天地簡易之理致虞舜無為之治實天下幸甚

光又上奏曰臣聞唐德宗狩奉天自發洋州以來百姓進獻瓜果欲各與散官陸贄以為不可且曰爵祿天下之公器而國之大柄也惟功勲才德所宜處之夫散官虛名也贄猶力爭至數千百言而不已誠以所系者重也臣伏聞上皇東巡州縣供饋無闕此乃臣子之常分何足為功無供饋之物自一毫以上皆出行人及坊郭鄉村有物力之人非出供饋者之家也供饋愈辦則剝民愈深臣訪聞其間巧於謀身者多是交結近習縱其請求須索無藝往往緣此得其歡心揄揚贊美達之上皇遂致增秩賜金行宮如市有再任者有進三官者有召赴都堂審察者恩賞僭濫非散官之比也陛下修明百度抑絕奔競如此而士大夫冒犯廉隅僥倖苟得如彼況上皇鑾輿還闕

將士冒行陣突鋒鏑以衛護社稷者或橫尸原野或暴露邊陲未聞少加恩典而首及州縣猾邪之徒非所以示天下之公也所有已降遷官進職等指揮伏望聖慈特賜寢罷以安人情

光又上奏曰臣嘗謂文王序易以乾坤為首孔子繫之曰天尊地卑乾坤定矣卑高以陳貴賤位矣言君臣之位猶天地之不可易也先王因制天下使尊尊相髙貴貴相承名以命之器以別之四方仰視朝廷之尊羣后翊戴人主之勢故能消患折衝姦人無窺覦之意昔漢高祖以馬上得天下韓彭輩論功議嘗至拔劍擊柱諠不可制叔孫通制禮儀諸侯王以下莫不震恐肅敬於是高帝曰吾乃今日知為皇帝之貴也陛下踐祚之初夷狄侵侮國勢搶攘執政大臣議事喧鬨於上士民伏闕詬詈於下士大夫一旦習為苟簡三省六曹百司庶府官吏因循不復治事伏望陛下俯從羣臣之請申敕有司擇

日御殿。欵謁宗廟。然後告戒列位。各揚乃職。有不奉法者。御史臺閤門覺察以聞。庶幾隆主勢而正朝綱。實天下幸甚。

高宗時。張浚上言曰。論者曰方今名器猥濫。宜有以更張而貴重之。此意誠是也。然臣嘗觀漢高祖有天下。起於匹夫。分土列爵以收天下之豪俊。而卒成帝業。其後光武中興。布衣之交。並列三公。小大功臣以千百計。豈有他哉。定天下之大難。救百姓之塗炭。非有以振動鼓作之。未易得其死力也。夫賞幸等私徇情納賄。此可為名器之濫。至於激厲將士。總攬英豪。寧失之過。方今逆豫盜有中原。神人共憤。彼方且假吾爵祿以欺詐其下。在我者當如何耶。

右正言陳淵上奏曰。右臣伏覩十一月十一日奉聖旨。莫將奉使宣力。特除徽猷閣待制。京畿都轉運使。兼主管奉迎梓宮一行事務。臣聞祖宗朝慎重名器。未嘗輕以假人。至於次對之官。尤所吝惜。惟德是命。不以賞功。異時有嘗為侍從。帶權字者。雖復積年。或遷外任。猶不以是字之。則下於侍從之列。從可知矣。自崇觀以來。蔡京用事。專市私恩。敢違舊制。凡被此選者。非京之親。則其黨與也。至今人無賢愚。皆知其非。方陛下中興之初。舉偏救弊。大振頹綱。如此等事。豈宜不改。臣謹按莫將昨自司農卿出將使命。曾未累月。遽有此除。近例所無。實駭觀聽。臣初與將不相識。但聞外議籍籍。皆以將為乘時射利之徒。未必有守。陛下灼見其才。足以倚辦。斷而用之。正須假以歲月。俟其績效稍著。粗厭人望。然後以次命之。似或未晚。況聖主用人。顧眄所及。人自知德。豈特美遷方肯盡力。若使事有前比。固非令猷。如其不然。庸可以一將之故。遂廢萬世可行之法哉。臣職在言路。創見此舉。事干政體。不敢緘默。伏望聖慈特寢已行之命。以允公議。或不得已。於近下職名中處之。不獨使朝廷恩賞有名。亦使將輩知美官

難得。安於分守。以待任使。不至過有僥倖。

淵又上奏曰。臣聞人主用人。其情出於喜怒之初。而其事見於予奪之後。喜而未予。人猶以為榮。怒而未奪。人猶以為懼。蓋榮之者榮其方來未已之恩。懼之者懼其後日必至之患。今陛下棄法而用將。拔擢之意。人皆知之。雖復改命而用將之意猶在也。將其有不知耶。故疏恩以示情。吝予以應法。稍就近下之職。處之無損於將。又合公論。可謂兩得之矣。臣章未降。外議沸騰。臣縱緘默不言。以固初寵。亦何以上副陛下廣開言路之意哉。臣惟往者尹焞亦自卿聯命以次對之職。蓋焞先除從班。續以疾辭。至於十數。朝廷惜其老不可留。以此寵之。所以命有德也。於將何有焉。將固非焞之比。借使其才可用。亦須俟其有功。然後加以此名。庶厭人望。自古才有餘而德不足者。飢則為用。飽則揚去。尤為之極。何以使人。陛下必以奉迎梓宮使之。應辦。欲重其事。與之以其所宜得者。不復盡奪。已為過於厚矣。將復何求。臣所惜者非分之恩。所畏者衆多之口。事干政體。豈可雷同。伏望聖慈念臣職事之所當言。察臣忠朴之所宜守。必賜俞允。以示聽從。臣不勝俯伏待命之至。

殿中侍御史鄭剛中上奏曰。臣聞人主之恩天也。含容包覆。混貸惟一。故人無不悅。人主之威雷霆也。摧壓震曜。趨忽變化。故人無不畏。有如偏廢。則是猶太虛廓廓而不示以風雷之象。生物之功。無造化矣。矧其駕馭桀黠。延接雄隽之際。所以籠絡控制。收其心而折之氣者。宜又如何。臣伏聞陝西二三大帥。被旨入覲。旦夕且至。陛下高官顯服。煥寵其身者。既無不周。祥風慶澤。蕩滌其意者。又無不盡。彼方蒙戴懲省。感激悼懼之不暇。陛下引見之日。所以勞徠撫存。推誠意而收其心者。雖不可後。至於釋罪宥過。責以後效。而折其氣者。正宜

摧壓震曜示以風雷之象。不然。位極則賤。恩極則慢。恐有不知朝廷之尊者。英布之歸漢也。高祖踞床見之。布大怒悔來。欲自殺。出就舍。又大喜過望。夫淮南亦亂世之奇傑。不肯楚則漢取天下未有萬全之策。功亦大矣。然高祖所以見之之禮尊嚴如是。曾不以半言摩附。誠以詐力權變之士。初拔身以歸。安知無恃功矜德廣已造大之心。故高祖先求所以折服之者。而徐以厚意慰藉之爾。非特如此。光武之受赤眉也。陳兵臨洛水而問盆子曰。汝知當死否。其衆請命。則又曰得無悔降乎。吾不強服汝也。衆皆屈服。然後陳其三善而釋之。人賜田宅。各使以妻子居洛陽。又聞太祖皇帝一日飲王審琦等酒而與之語。明日相率乞罷兵權奉朝請。嗚呼。是必有以感動其心者。今日入覲之臣。朝廷所以待遇之者。聖心自有恩威之度。臣敢以區區之說為陛下言之者。蓋亦狂瞽之愚有不能自已也

胡寅上䟽曰。臣取會到吏部內侍轉官格法。昭宣使轉宣政使。係礙止法。如以功轉。即合回授。初無轉行之文。今來馮益見任昭宣使。則有止法。況皇城司親從官堆垛子配填班直。又幹辦本司職務。即是提舉禁衛職分之常也。有何功績。乃欲憑恃舊恩。轉行所不當轉之官而為宣政使乎。臣竊謂今日遷轉超躐。惟荷戈北伐。斬將搴旗。收復境土者。可以當之。如馮益服事禁內。智效一官。苟能稱職以免於罪戾。不啻足矣。乃欲揚己論功。角逐於被堅執銳舍爵策勳之際。小心謹節者知不為也。倖門一啓。他日必有求為節度使者矣。不若止之於其漸之為易。既於格法無所損。且使馮益免致僥倖。又以示羣臣使知陛下不輕予人以官自左右親近始。彼不當得而志於得者。亦少有以窒其浸淫之慾矣。一舉而四善得焉。豈不美哉。所有馮益詞命臣未敢撰行。

校書郎王十朋上劄子曰。臣聞惟辟作福。惟辟作威者。蓋人主攬權之術。得之於此。失之於彼者。又人主攬權之弊。臣請借唐以論。唐自高宗中宗以來。權移房闥。明皇親平內難。懲孽后驕主之禍。挈大柄而掌握之。可謂能收之於此矣。承平既久。怠於聽斷。內則移於姦臣。外則移於蕃將。是又失之於彼也。肅宗再造王室。代宗平亂守文。而權稍歸朝廷。亦可謂能收之於此矣。然君臣苟安。瓜分土壤以授叛將。繼以德宗之姑息。自是而後。權歸藩鎮矣。是又失之於彼也。憲宗剛明果斷。削平僭叛。而權復歸朝廷。可謂能收之於此矣。晚節任用非人。禍生所忽。自是而後。權歸閹寺矣。是又失之於彼也。陛下比懲大臣之盜權。收還威福之柄。朝廷清明。皆謂陛下為不世出之英主。適者衆口籍籍。謂權雖歸於陛下。政復出於多門。是一秦檜死。百秦檜生也。其間最甚者如三衙管軍輩。與北司深交固結。盜陛下之大

權。養成跋扈之勢。不可制遏。昔漢之禍起於恭顯王氏之相為終始。唐之禍起於北軍藩鎮之相為表裏。今禍胎於內。而亂形於外。臣竊為陛下憂之。夫權之大者。莫如名器與財與兵。今以管軍而位居三公。是盜名器之極矣。古之時無有也。祖宗之時無有也。又天下之利源財賂皆入其門。掊克聚斂。不知紀極。國用日蹙。而私室愈富。三家擅魯。田氏擅齊。殆不過此。且身總禁旅。久而不代。陰結諸將以為之黨。深忌元功宿將之功名者。不容其進。自恃兵柄在手。有輕視朝廷心。夫樞密者。號本兵之地。號令節制天下之諸將者也。今殿廷立班。管軍傲然居前。樞密甘心其後。而不自以為恥。事勢倒置如此。不奉行其意旨者幾希。其能節制號令之耶。又其子弟親戚咸盜清要之職。臺諫有論列之者。朝廷必委曲庇護。俾其言卒不得行。昔唐大將管崇嗣背闕語笑。李勉劾其不恭。肅宗謂吾有勉。乃知朝廷之尊。李祐有入蔡

縛吳元濟之功。違詔進馬。溫造正衙抨劾。祐自謂膽落於溫御史。今臺諫言及侍從大臣。隨即罷斥。而風憲獨不行於管軍之門。其何以為國耶。不獨此也。至若清資橫加於噲伍。高爵濫及於醫門。諸軍置承受福威自恣。甚於唐之監軍。皇城置邏卒。旁午察事。甚於周之監謗。內外將帥剝下賂上。結怨於三軍。道路之間。捕人為卒。結怨於百姓。皆非治世事也。陛下自總攬以來。聖政不可勝紀。如前日竄逐猾閹。天下尤服陛下之英斷。惟此數事。臣所謂得於此而失於彼者。可不深懲而痛革之耶。臣願陛下慨然發憤。斷自宸衷。杜邪枉之門。塞僥倖之路。鑒漢唐之禍。而斥近習。懲齊魯之患。而抑強臣。不惟尊嚴朝廷。亦所以保全此類。不然。臣恐太阿倒持。日甚一日。天下之憂。不特在夷狄而已。此臣所以不避斧鉞之誅。為陛下痛哭流涕言之也。

秘書省正字洪遵乞塞僥倖劄子曰。臣聞書曰。天命有德。五服五章哉。王者代天爵人。尤所宜慎。然害政之大者。莫急於徼幸。徼幸之路不塞。雖善為國者。有所不能措手矣。使徼幸之路塞。則士絕奔競。名器重矣。恭仰陛下以上聖之姿。勵精圖治。日與二三大臣。核考名實。未嘗輙以一官虛授非材。故雖既出之詔令。已命之爵秩。諫官御史有一言其未當。則寢之不疑。誠得致治之綱領矣。臣誠不佞。尚慮或不自重。枉己冒進。致陛下名器有假人之嫌。此臣夙夜私憂過計而不能自已。唐蔣伸嘗為宣宗言。近日官頗易得。人思徼幸。宣宗驚曰。如此則亂矣。伸曰。亂則未亂。但徼幸多。亂亦非難。宣宗稱為名言。臣區區之愚。惟陛下回聰明之聽。一采蔣伸之言。使治體烜赫。超出五三之上。如唐宣宗。何足為陛下道哉。

孝宗隆興中。起居郎胡銓進故事曰。唐上元元年八月二十一日。勅文武官三品以上服紫。金玉帶十三銙。四品服深緋。金帶十銙。六品服深綠。七品服淺綠。並銀帶九銙。八品服綠。九品深青。並鍮石帶八銙。庶人服黃。銅鐵帶六銙。景雲二年。太和六年。並同。開元二年。三品以上帶飾以玉。四品以上帶飾以金。五品以上帶飾以銀。與上元元年小異。

臣謹按周世宗嗣位。命衛士習射苑中。馬仁瑀善射。彎弓二百斤。弓力最勁。所發多中。獨賜錦袍銀帶。開寶二年。太祖皇帝親征太原。李漢超為北面行營都監。其子守恩從父在軍中。會契丹遣兵援河東。衆至定州西嘉山。將入土門。守恩領牙兵數千與戰。敗之。斬首三千級。隨漢超見行在。賜戎服金帶。夫六品七品帶飾以銀。唐制也。馬仁瑀奚為得之。以其善射也。四品五品帶飾以金。亦唐制也。李守恩奚為而得之。以其善戰也。且一帶

何足道哉。而古之有天下者。必區區謹守其制。不輕以與人者。得不以礪世磨鈍之具有在此耶。夫惟善射者乃得之。不善射者不得焉。則人莫不勸而進乎射矣。善戰者乃得之。不善戰者不得焉。則人莫不勸而勇於戰矣。假如善射者得之。不善射者亦得焉。則人莫不解體而怠於射矣。曰僥倖者可以得之。吾何以射為哉。善戰者得之。不善戰者亦得焉。則人莫不解體而賤於戰矣。曰僥倖者可以得之。吾何以戰為哉。欲求礪世磨鈍之術。盡於此而已矣。今也與之甚輕。得之甚易。與之也輕。則夫人與之。而人不以上之賜為重。得之也易。則夫人而得之。而人不以受上之賜為貴。如此。則礪世磨鈍之具。遂為虛文。人主之大柄廢矣。臣願陛下愛惜名器。必若世宗。非善射者不與焉。必法太祖。非善戰者不與焉。則人知貴上之賜。得者以為榮。而不得

者有所勸矣。若果行是道。臣見南山之竹。不足紀陛下之盛德矣。磨崖之石。不足頌陛下之偉績矣。陛下其無以為狂而幸聽之。

淳熙二年。敷文閣待制周必大上奏曰。臣聞爵祿以馭富貴。在乎虛實之相參。服飾以定尊卑。在乎輕重之相權。三代兩漢遠矣。近而可稽者。莫若有唐。按唐之命秩有四。曰職事官。曰散官。曰勳官。曰爵號。惟職事官居其位。食其祿。餘則別賢否。辨章綬而已。是謂虛實之相參。又按車服志。緋為四品之服。五品則淺緋。綠為六品之服。七品則淺綠。深青為八品之服。九品則淺青。流外及庶人又以黃別之。其帶銙名數皆有等差。是謂輕重之相權。雖然。慕實而棄虛。貳重而捨輕。天下之常情也。有道於此。使其出無窮。其用不偏。則繫乎上之人所以處之何如爾。觀德宗嘗欲以散試官賞獻瓜果者。陸贄力言不若賜以錢帛。則人不失利。國不失權。故當時皆以空名為貴。宣宗時有司常具緋紫衣數襲從行。以備賞賜。或半歲不用其一。故當時皆以緋紫為榮。然則守此以為公器。操此以為大柄。固有天下國家者之急先務也。本朝自元豐閒盡罷文武散官。政和以來。又罷文武勳官。惟爵號僅存。而與否多出吏手。是以人不之貴。所謂賞格唯寄祿官及貼職遷郡而已。一有微效。例加遷授。徒損實利。愈廢虛名。往往勤勞之士未勸。而僥倖之心先啓。非所以馭富貴也。文臣中大夫與通直郎之有年勞者。班秩固遠矣。而同服一色之緋。朝請郎任大卿監與諸州助教百司胥長流品固殊矣。而同服一色之綠。武臣正使帶遙郡而為知州鈐轄路分者。其視修武郎監當固有閒矣。而佩服無別。從義郎而下或為將領兵官或任場務城寨視州縣吏固異數矣。而等威無辨。蓋由三代冠冕不可施於常服。兩漢印綬又難一旦復行。歷代以來。自趙簡便因循混淆。乃至於此。非所以定尊卑也。臣願陛下深詔有司。博加討論。縱未能盡如古法。猶當畧用唐制。虛實相參。輕重相權。使官秩不冗。而善者勵。命服有章。而能者勉。其於總覈之政。不為無補。

必大為參知政事時又上奏曰。臣竊見著作郎佐郎各二人。雖有定員。紹興以來未嘗官備。蓋以職任清高。實為左右史之儲。惟真才實能乃可處之。近來館職多未歷監司郡守。既不可為郎。往往直遷卿監。其用既驟。尤不當泛泛而進。茲者著作郎守文子震帶本職出為淮東總領。見今郎佐已有三員。自不為少。正宜虛位以待奇士。緣近歲士風奔競。遇有一闕。即干求騰那。失涵養之本指。況今在館之人。並非久次。姑令安職。少厚士風。有何不可。先事而言。少裨聖主作成人才。愛惜爵秩之意。臣之職也。冒昧密陳。仰乞睿照。

寧宗時著作郎任伯起上奏曰。爵祿所以厲世。名器不可假人。蓋高官重祿。苟加於無功。則能者怠。施於疏屬。則近者怨。若是而曰廣親親之恩。豈不失乎。竊見南班官有十年一轉者。固常法也。而宗室至觀察使以上。則具奏聽旨。蓋官卑者可以令其叙進。故立十年之限。若觀察使以上。則官穹祿厚。雖歷十年。其所以予之也。必有其說。或居近親。或長屬籍。或著賢行。或有勞能。必令臨時取自聖斷。其降旨也。又必曰有某勞。係其親理宜優異而後予之。非可以按閱簿若執左券而攫取也。立法之意可謂善矣。今多能以族屬。則僅綴袒免。以行能則初無可稱。以在班則免奉朝請。官至廉車。亦已過矣。進狀陳詞。必欲陛轉。其所引例。皆非其倫。而族屬一等在多守行。亦未有轉至是官者。況承宣秩亞旄鉞。昔之節度留後也。祿廩之豐。非他官比。若巧計求請而得之。在多能幸矣。如朝廷之紀綱何。仰惟陛下自臨御以來遵列聖之宏規示大公於群辟寶愛天官惟善是授豈皆無名遽加異數雖臣之愚必知其非出於聖意也故敢冒昧縷縷言之照得大中祥符詔在班及十八年者具名取旨至和熙寧始取單恩後及十年者皆出特恩未為永例非限有司考績之法是乃國朝會要明文尤足以見祖宗朝未嘗輕界也臣愚欲望聖慈將多能乞轉官依奏旨揮特賜寢罷以塞僥倖之原莫此為大天下幸甚

伯起又上奏曰臣聞天下之事有若甚微而所當深絕者僥倖之門是也蓋王者之政有常小人之心無厭茍一人得其妄求則效之者踵至名器僭濫可不謹乎夫醫官之遷進有序成法具在茍增秩無名倖門一啓他日瀆煩聖聽可勝計哉昔者恭聞真宗皇帝朝醫官趙自化嘗有干請真宗以自化居太醫之長未當復有請求令樞密院召自化戒之又聞高宗皇帝朝嘗有求為診御脉者即命罷內宿

以為妄亂干請之戒兩朝聖訓炳如日星仰惟皇帝陛下更化以來恪守成憲日益加謹裁抑濫恩未嘗妄予一官天下欽戴陛下之公追配祖宗之盛以故亦莫敢有犯分干謁者今茲忽聞內批之命莫不以為駭蓋王師尹者初無勞效之可言若只云應奉有勞則凡以伎術庇職者皆在應奉之列豈不視效干請以冀僥倖之得竊恐爵賞之濫或自此始欲望聖慈特回宸聽如王師尹果有勞效加之賜予足示上恩所有轉官旨揮特賜寢罷以重命令以謹名器以昭至公於天下臣不勝幸甚

伯起又上奏曰一定而不可易者法也況成命已行具乎衆聽若以一人萌僥倖之心得遂其求請之私則紛紛靡止將何恃以為紀綱乎夫右階之轉官有止法之拘此蓋成法之一定比者實訓會要成書恭覩明詔提舉諸司承受各轉一官內礙止法人許回授此又近令之昭然今來忽准內批鄧彭年特與轉行遙郡仰惟懋賞之行非止一彭年也今獨求內批踰越條制不惟欲轉階官又欲轉行遙郡其輕視陛下法令若此使其僥倖得行則一定之法由是而遂廢其餘沾賞者又將援是以為例豈陛下謹命令惜名器之意雖臣之愚亦知陛下必不為一人而廢祖宗之法棄已行之令也竊意彭年必姑以是為嘗試之計謂陛下終不加之罪故敢妄冒若此臣愚欲望聖慈將彭年轉遙郡旨揮特賜寢罷如曾為承受應格合行轉官只令依條回授庶幾群聽不駭而倖門可塞誠非小補也

理宗淳祐中安南國王陳日照傳位其子求封太上國王下省官議祕書省正字歐陽守道議曰太上者漢高帝以尊其父累朝未之有改若賜詔書稱太上國王非便南越尉佗嘗自稱蠻夷大長老正南夷事也禮方伯自稱曰天子之老大夫致仕曰老自稱亦曰老自蠻

夷言之則有尉佗之故事自中國言之亦方伯致仕者之常稱漢亦有老上單于之號易太以老無損或去上字存其太字太王則有古公三太三少太宰少宰太所以別於少也謂父為太則子為少矣太以尊言則太后太妃太子太孫以卑言則太宋太卜太祝樂太師太固上下所通用也

侍御史鄭寀疏言比年以來舊章寖廢外而諸閫不問勳勞之有無而爵秩皆得以例遷內而侍從不問才業之優劣而職位皆可以例進執政之歸休田里者與之貼職可也而凡補外者皆授之矣故自公侯以至節度有同序補自書殿以至祕閣錯立周行名器之輕莫此為甚無功者受賞則何以旌有功之士有罪者假寵則何以服無罪之人矧事變無窮而名器有限使名器常重於上則人心不敢輕視於下非才而罔功者不得覬幸於其間則負慷慨之氣懷功名之

頗者陛下始可得而鼓舞之矣。

徐元杰上奏曰。臣聞慶賞刑威曰君。君人制命而為義。紀綱所在。凜不可渝。為人臣子能致其身。職分然也。生殺予奪。惟上之命。利患亦何可以自擇哉。自一命而上。食君之祿者。皆當惟君命是聽。况於高爵穹位。出而任國邊寄之重。胡可貪愛其身。逆計它日之去就。無王命而私相授受。恬不以為怪。此有識無識所以痛哭流涕而不容一朝居者也。臣切觀前日兼給事中趙希塈。繳奏邊臣李曾伯褒寵恩數。及閱李曾伯之奏。已擅分職事付之張等田文虎。欲輕自脫去。臣不勝驚愕。曾伯早以才而自負。為聖主之見知。凡前此備禦功過之半。陛下略其過而錄其功。已至文昌八座。為曾伯者。食息念此。其將何以自誓。仰報天地罔極之恩。况聖政作新。事任因襲。曾伯控辭雖屢。而陛下勉留孔切。錫賚恩狎。初何他嫌。大臣與之書問絡繹。所以

諭之究心備禦者。未嘗不懇懇惻惻。曾伯又何所疑而輕於擲印一至于此乎。今陛下與大臣告諭深切。而曾伯輕舉妄動以駭觀聽。又何為而不以賢臣之所以主頭忘身。國爾忘家者。終始自信乎。張等。權漕運者也。田文虎職監州者也。皆文臣之選也。皆知書之士也。無君者臣子之大罪。春秋之所必誅。今曾伯無王命而私授之於二人。二人亦無王命而私受之於曾伯。雖武臣稍知事體者。亦不敢如此。雖內地守令。尋常被論而罷。未得省劄。亦當守待。必得命而後交印。今曾伯身當邊閫兩道之重。蓋非小小事任也。何乃未之思乎。况張等田文虎。皆擅攬印。但知有曾伯之為長。何不知陛下之為尊也。趙希塈封駁。尚是恕典。胡為未蒙付出。因念邊任至重。陛下勉留再三。曾伯不當輕去。聖恩寬大。不以罪之。而又以恩數加之。此固是以允聖明深慈之所在。殆如漢吳王不朝。而賜之以几杖。誠欲使曾伯愧悔自反而後已。今聞曾伯亦頗省咎。仍欲引疾乞去。以此觀之。則前日希塈所駁。且與曾伯收還前項恩命。蓋知曾伯既動愧悔之心。必不敢受此非望之恩也。恩數既不敢受。前日已付印于二臣矣。今茲尤當分明使之收回以任職事。臣於此欲望聖慈亟從學士降詔諭曾伯以人道至大之綱常。不得輕為去就。以搖物情。以弛邊備。所有田文虎張等既不曾準朝廷指揮。輒自交管牌印之類。併乞如希塈所陳。重與追斥施行。如是則尚可整頓。凡任邊寄者。必不至轉相效尤。吾國猶可以自立於天地矣。

洪舜俞進故事曰。唐貞元中。宣武都知兵馬使李萬榮逐節度使劉士寧。上聞之。使問陸贄。贄上奏。士寧見逐。雖是衆情。萬榮總軍。且非朝旨。須審之謹之。上復謂贄曰。今議除一親王充節度使。令萬榮知留後。贄復上奏曰。夫制置之安危由勢。付授之濟否由才。勢如器焉。

唯在所置。置之夷地則平。才如負焉。唯在所授。踰其分則踣。為國之道。以義訓人。將教事君。先令順長。若使傾奪之徒。便得代居其任。利之所在。人各有心。此源潛滋。禍必難救。非徒長亂之道。亦開謀逆之端。上不從。竟以萬榮為留後。

臣聞名分者。天下之大閑。植之則治。隳之則亂。唐自天寶以宴安兆釁。君失其尊。肅宗復國。宜思挈皇綱於既墜。扶大分於寖隳。乃就平盧軍中察所欲立者授以旄節。自此廢置之權在軍士。而姑息之弊開。至代宗專事姑息。僅止羈縻。德宗加甚焉。李萬榮逐劉士寧而自總宣武。陸贄以傾奪長亂為諫。曾莫之聽。夫姑息者陵夷之本。姑且也。息止也。苟圖一時之靜。急求目前之紓。而莫計其窮。是以強藩悍將敗國事者不敢問。冒國禁者不敢討。屈情抑勢。俯而就之。以順適其意。所求必從。所請必獲。

倨傲偃蹇莫知稟承始則節度不知有朝廷次則將校不知有節度更相睥睨見便則奪犯上者必奸亂德宗亦安能禁萬榮之自為留後乎然使當時君德脩明朝綱振肅不以猜忌疎臣下不以聚斂苦民生禁兵非市井之富兒軍政非宮庭之嬖倖以至在列皆陸贄而非盧杞皆李泌而非張延賞則朝廷之勢重於九鼎藩鎮安得而輕視之藩鎮之敢於干名犯分朝廷輕故也自昔安有朝廷輕於上而能措大器於安者哉

度宗咸淳三年署昭慶軍節度掌書記劉黻上論內降恩澤曰治天下之要莫先於謹命令謹命令之要莫先於窒內批命令帝王之樞機必經中書參試門下封駁然後付尚書省施行凡不由三省施行者名曰斜封墨敕不足效也臣觀陛下自郊祀慶成以來恩數綢繆指揮頻數今日內批明日內批邸報之間以內批行者居其半竊為陛下惜之出納朕命載於書出納王命詠於詩不專言出而必言納者蓋以命令繫朝廷之大不能皆中乎理於是有出而復有納焉祖宗時禁中處分軍國事付外者謂之內批如取太原下江南韓琦袖以進呈英宗悚然避坐此豈非謹內批之原哉臣日夜念此以為官爵陛下之官爵三省陛下之三省所謂同奉聖旨則是三省之出命即出陛下之命也豈必內批而後為恩緣情起事以義制欲某事當行某事當息具有條貫何不自三省行之其有未務於公論者許令執奏願不疑憚

金宣宗興定間徐州行樞密院參議官粘割全周上章言惟名與器不可假人自古帝王靡不為重今之金銀牌即古符節也其上有太祖御畫往年得佩者甚難兵興以來授予頗濫市井道路黃白相望

恐非所以示信於下也乞寶惜之有所甄別

御史中丞李英奏言名器不可以假人上恩以難得為貴比來醲於用賞實駭聞聽帑藏不足惟恃爵命今又輕之何以使人伏見蘭州西關堡將王狗兒向以微勞既蒙甄錄頃者堅守關城誘殺賊使論其忠節誠有可嘉若官之五品命以一州亦無負矣急於勸奬遂擢節鉞加階二品賜以國姓若取蘭州又將何以待之陝州名將項背相望曹記僧包長壽東永昌徒單醜兒郭祿大皆其著者狗兒藐然賊卒一朝處衆人之右為統領之官恐衆望不厭難得其死力也

元世祖時趙天麟上策曰臣聞道真無迹斡衆有之樞機神用無方鼓群生於橐籥無寔統有有盡關無無者道之體也有者名之分也是以下民澆弊亦存天地之先上古鴻龐即在乾坤之末及乎一元洪化萬象爰分動植林林榮枯滾滾達人之所大受中下之所甚迷體用雙全嗚呼大矣夫首體髮膚榮衛骨肉口鼻耳目心意性情莫不昭乎其可知寘乎其易辨然而吾身果安在邪故曰無也豈惟身哉大而天地小而塵芥亦皆如是故混之為一物貫之為一理止之為一心齊之為一槩儒者謂之無老者謂之虛釋者謂之空其實一也惜乎蒸民好德日用不知是以聖人立茲名教太極之理分而為五曰木火土金水五行一太極而本無其極但以有名名之也大道之體分而為五曰仁義禮智信五常一大道而本無其道亦以有名名之也道即太極也有名皆道也非有名不足以定蒸民之心非有名不足以立蒸民之極昧全理而執偏迹者皆異端之流有上達而無下學者皆亂人之類故名教之源曰天尊地卑乾坤定矣卑高以陳貴賤位矣動靜有常剛柔斷矣方以類聚物以群分吉凶生矣在天成象在地成形變化見矣此名教之源也由是言之天下者皇天

之天下也。人君者皇天之子也。天子之職代天理物。溥覆在下。執一
機而庶彙咸興。出一言而兆人傾聽。方其神威髙駕。大造旁馳。風雲
不可喩其迅。鬼神不能耀其靈。賁育不敢程其勇。聖愚莫不稟其命
者何哉。皆由名分以制御之也。名以分而後彰。分須名而可辨。有名
無分謂之虛名。有分無名亦爲虛分。此名分所以若形影之未嘗相
離也。今聖朝官分九品。職治四民。正名之政亦已先矣。正分之事亦
已行矣。欽惟陛下繼天開統。光祖承基。頒使愚氓咸載陳常道。夫五典
之教。父子有親也。君臣有義也。夫婦有別也。長幼有序也。朋友有信
也。夫五等之服。一曰斬衰之服。二曰齊衰之服。三曰大功之服。四曰
小功之服。五曰緦麻之服。斯皆人紀之當然。天秩之大節。禮經昭立。
邦典常行。臣竊恐方今上自王公大人。下及諸色士庶。猶未有能悉
其制者。伏望陛下令有司大昭儀則。爰定徽猷。使內外諸色士庶皆

習六義。備探其真。亦不須泥瑣碎之煩文。庶可識聖賢之大體。如是。
則尊者盡臨制之道。卑者傾承奉之心。上下相安。大小皆定。更望陛
下無分者宜惜其名。無名者弗許其器。蓋名以出信。信以守器。器以
藏禮故也。如是則名分先正。而政事無不正者矣。

天麟又上策曰。臣聞方圓並轉則圓者易流。邪正同行則正人多滯。
方正有丈夫之志。圓邪皆妾婦之倫。言至於斯。每招惆悵。得其綱則
一舉而衆紀皆從。瘞其流則竭力而病源常在。是以無思也。無爲也。
暫煩於立法之時。愼守之勉行之。享逸於法成之後。因而見效。易以
收功。我國家設官分職以來。政迹彬彬。寖成文化。比屋有遂生之樂。
敷天無失所之人。凡以得人故也。自至元十四年新破宋區。權臣行
海放之法。使負販屠沽之輩。臧獲廝役之才。或受皇宣。或膺勑劄。塡
街塞市。車載斗量。望江淮而去者。皆懷劫掠之心。就闔廣而官者。罕

有公清之德。行臺在上而不能禁。按察嚴令而不能絶。豈非瘡痍之
也生蚊蚋之蟲。牛羊之群縱豺狼之獸哉。及手考滿。申上移除貪叨
者不知紀極。益思營取而甘宦蠻方。憚險者已致不貲。尋降等級而
還。官腹內於是東西南北濫于交行。漢劍未加。朱雲瞻咲十餘年間
選法大壞。或者以比齊鷹開府。衛鶴乘軒。臣猶以爲未也。夫鷹鶴雖
禽鳥。而豈嘗害民也哉。近年以來。舊弊猶有存者。仰賴聖朝之福賢
相之力。下皆稱職。但恐病源未塞。當立法以防之。臣以爲選用之法
莫貴於德。莫急於才。才德兼全者。大丈夫也。德勝才者。君子也。才勝
德者。豪英也。有德無才者。淳士也。有才無德者。小人也。才德兼無者。
愚人也。故明明德於天下者。淳士以上四德皆所當用也。小人愚人
皆所當棄也。於是辨三德分而爲九科。簡八才分而爲二十六等。所
謂三德九科者。一曰正直之三科。直而溫也。亂而敬也。擾而毅也。二

曰剛德之三科。剛而塞也。強而毅也。簡而廉也。三曰柔德之三科。柔
而正也。愿而恭也。寬而栗也。翕受敷施。九德咸事。皐陶告舜。詳具虞
書。所謂八才二十六等者。一曰贊化之才三等。文史也。禮官也。樂官
也。二曰銓選之才三等。知人也。敬賢也。考校也。三曰風憲之才二等。
料察也。廉訪也。四曰戎事之才六等。宿衛也。籌計也。將領也。鎮防也。
屯田也。芻養也。五曰政事之才四等。佐臣也。決斷也。農桑也。董役也。
六曰監守之才二等。關津也。營造也。七曰錢穀之才二等。明利也。筭
數也。八曰方術之才四等。僧官也。道官也。醫官也。陰陽也。八才二等
以德爲基。臣又以太陽下照。恩賜雲來。有當賞者。寧多賜錢幣。而名
器不可以假人也。伏以方今俳優之戲。具見喜之庸人。閭有腰金節
衣紫服者。竊恐臣下或有勤勞將士。或有當賞而發嗟難照者。聞斯
事則不能不怊悵之心而解其體焉。山、馬周所以恥騶豎倡子鳴

王戎履同立於朝而上疏以諫文皇也伏望陛下以三德九科八才二十六等之說明諭選曹使之從事於斯凡未嘗進而初進者據此法而置之於所宜之方凡已進而考滿當流轉者據此法而就改於當然之地更望陛下惜名器之重勿以假於人如是行之何患弊之不革乎何患官之不稱乎官稱而政成政成而民安民安而國慶矣

順帝至正末朝命除鄭玉翰林待制奉議大夫遣使者賜以御酒名幣浮海徵之玉辭疾不起而為表以進曰名爵者祖宗之所以遺陛下使與天下賢者共之者陛下不得私與人待制之職臣非其才不敢受酒與幣天下所以奉陛下陛下得以私與人酒與幣臣不敢辭也

歷代名臣奏議卷之一百九十八

歷代名臣奏議卷之一百九十九

求言

周厲王時國人謗王召公告王曰民不堪命矣王怒得衛巫使監謗者以告則殺之國人莫敢言道路以目王喜告召公曰吾能弭謗矣乃不敢言召公曰是障之也防民之口甚於防川川壅而潰傷民必多民亦如之是故為川者決之使導為民者宣之使言故天子聽政使公卿至於列士獻詩瞽獻典史獻書師箴瞍賦矇誦百工諫庶人傳語近臣盡規親戚補察瞽史教誨耆艾脩之而後王斟酌焉是以事行而不悖民之有口也猶土之有山川也財用於是乎出猶其有原隰衍沃也衣食於是乎生口之宣言也善敗於是乎興行善而備敗所以阜財用衣食者也夫民慮之心而宣之口成而行之胡可壅也若壅其口其與能幾何王不聽

齊威王時鄒忌脩八尺有餘身體昳麗朝服衣冠窺鏡謂其妻曰我孰與城北徐公美其妻曰君美甚徐公何能及公也城北徐公齊國之美麗者也忌不自信而復問其妾曰吾孰與徐公美妾曰徐公何能及君也旦日客從外來與坐談問之客曰吾與徐公孰美客曰徐公不若君之美也明日徐公來孰視之自以為不如窺鏡而自視又弗如遠甚暮寢而思之曰吾妻之美我者私我也妾之美我者畏我也客之美我者欲有求於我也於是入朝見威王曰臣誠知不如徐公美臣之妻私臣臣之妾畏臣臣之客欲有求於臣皆以為美於徐公今齊地方千里百二十城宮婦左右莫不私王朝廷之臣莫不畏王四境之內莫不有求於王由此觀之王之蔽甚矣王曰善乃下令群臣吏民能面刺寡人之過者受上賞上書諫寡人者受中賞能謗議於市朝聞寡人之耳者受下賞令初下群臣進諫門庭若市

晉武帝泰始初尚書李胤上奏曰古者三公坐而論道內參六官之事外與六卿之教或處三槐兼聽獄訟稽疑之典謀及卿士陛下聖德欽明垂心萬機猥發明詔儀刑古式雖唐虞疇諮周文翼翼無以加也自今以往國有大政可親延群公詢納讜言其軍國所疑延詣省中使侍中尚書諮論所宜若有疾疢不任覲會臨時遣侍臣訊訪詔從之

後周武帝保定二年以于謹為三老帝親幸太學以食之曰猥當天下重任自惟不才不知政術之要公其誨之三老荅曰木從繩則正君從諫則聖自古明王聖主皆虛心納諫以知得失天下乃安惟陛下念之

唐太宗貞觀元年太宗謂侍臣曰正主任邪臣不能致理正臣事邪主亦不能致理惟君臣相遇有同魚水則海內可安朕雖不明幸諸

公數相匡救冀憑直言鯁議致天下於太平諫議大夫王珪對曰臣聞木從繩則正君從諫則聖故古者聖主必有爭臣七人言而不用則相繼以死陛下開聖慮納芻蕘愚臣處不諱之朝實願罄其狂瞽佐萬分一太宗曰善詔令自是宰相入內平章國計必使諫官隨入預聞政事有所開說必虛己納之

二年太宗謂侍臣曰明主思短而益善暗主護短而永愚隋煬帝好自矜誇護短拒諫誠亦寔難犯忤虞世基不敢直言或恐未為深罪昔微子佯狂自全孔子亦稱其仁及煬帝被殺世基合同死否杜如晦對曰天子有爭臣雖無道不失其天下仲尼稱直哉史魚邦有道如矢邦無道如矢世基豈得以煬帝無道不納諫諍遂杜口無言偷安重位又不能解職請退則與微子佯狂而去事理不同昔晉惠帝賈后將廢愍懷太子司空張華竟不能苦爭阿意苟免趙王倫乃舉兵廢后使讓張華華曰將廢太子日非是無言當時不被納用其使曰公為三公太子無罪被廢言既不從何不引身而退華無詞以荅遂斬之夷其三族古人云危而不持顛而不扶則將焉用彼相故君子臨大節而不可奪也張華既抗直不能成節遜言不足全身王臣之節固已墜矣虞世基位居宰輔在得言之地竟無一言諫爭誠亦合死太宗曰公言是也人臣必須忠良輔弼乃得身安國寧煬帝豈不以下無忠臣身不聞過惡積禍盈滅亡斯及若人主所行不當臣下又無匡諫苟在阿順事皆稱美則君為暗主臣為諛臣主暗臣諛危亡不遠朕今志在君臣上下各盡至公共相切磋以成理道公等各宜務盡忠讜匡救朕惡終不以直言忤意輒相責怒

四年太宗問蕭瑀曰隋文帝何如主也對曰克己復禮勤勞思政每一坐朝或至日昃五品已上引坐論事宿衛之士傳飧而食雖性非

仁明亦是勵精之主上曰公知其一未知其二此人性至察而心不明夫心暗則照有不通至察則多疑於物又欺孤兒寡婦以得天下恒恐群臣內懷不服不肯信任百司每事皆自決斷雖則勞神苦形未能盡合於理朝臣既知其意亦不敢直言宰相已下惟承順而已朕意不然以天下之廣海內之衆千端萬緒須合變通皆委百司商量宰相籌畫於事穩便方可奏行豈得以一日萬機獨斷一人之慮也且日斷十事而五條不中中者信善其如不中者何以日繼月乃至累年乖謬既多不亡何待豈如廣任賢良高居深視法令嚴肅誰敢為非因命諸司若詔勅頒下有未穩便者必須執奏不得順旨便即施行務盡臣下之意

十七年太宗謂魏徵曰比來朝臣都不論事何也徵對曰陛下虛心採納誠宜有言然古人云未信而諫則謂之謗已信而不諫謂之尸

祿但人之材器各有不同懦弱之人懷忠直而不能言疎遠之人恐不信而不得言懷祿之人慮不便身而不敢言所以相與緘默俛仰過日。太宗曰誠如卿言。朕每思之臣欲進諫輒懼死亡之禍與赴鼎鑊冒白刃亦何異哉。故忠貞之臣非不欲竭誠乃是極難。所以禹拜昌言。豈不謂此。朕今開懷抱納諫諍卿等無勞怖畏遂不極言。

太宗又謂魏徵曰。朕觀近古帝王有傳位十代者。有一代兩代者。亦有身得身失者。朕所以常懷憂懼。或恐撫養生民不得其所。或恐心生驕逸喜怒過度。然不能自知。卿可為朕言之。當以為楷則。徵對曰。嗜欲喜怒之情賢愚皆同。賢者能節之不使過度。愚者縱之多至失所。陛下聖德玄遠居安思危常能自制以保克終之美則萬代永賴

太宗時疎勒朱俱波甘棠遣使貢方物。太宗謂群臣曰。向使中國不安日南西域朝貢使亦何緣而至。朕何德以堪之。觀此翻懷危懼。近代平一天下。拓定邊方者。唯秦皇漢武。始皇暴虐至子而亡。漢武驕奢國祚幾絕。朕提三尺劍以定四海。遠夷率服億兆乂安自謂不減二主也。然念二主末塗皆不能自保。由是每自懼危亡。必不敢懈怠惟藉公等直言正諫以相匡弼。若惟揚美隱惡共進諛言。則國之危亡可立而待也。左右皆曰。陛下求言如此誠社稷之福也。

太子右庶子高季輔上疏陳得失。太宗特賜鍾乳一劑。謂曰。卿進藥石之言故以藥石相報。

太宗又謂孫伏伽曰。今以公為諫議大夫。必須獻可替否。又謂侍臣曰。公等全無諫爭。魏徵對曰。昔者齊景公射不中的而左右俱稱其善。景公曰。自晏子死。不復聞寡人之過。弦章對曰。上之所好。下必從之。君若以謇諤為忠。則人皆晏子。陛下每稱述忠諫之士。若有事須獻替誰敢不盡其忠。

太宗又謂侍臣曰。比兩三月來不見公等讜言。未知以朕不可諫爭。隱而不言為是庶事咸得不須論也。魏徵對曰。陛下每見一事即為鑒誡。臣等深識聖情。必事理有違。豈敢隱而不奏。然比來大使既出。內外無事。所以不論。

玄宗天寶十五年。帝在蜀。有老父郭從謹進言曰。安祿山包藏禍心固非一日。有告其謀者。陛下往往誅之。使得逞其奸逆。致陛下播越。是以先王務延訪忠良以廣聰明。蓋為此也。臣猶記宋璟為相數進直言。天下賴以安。自頃以來。在廷之臣以言為諱。闕門之外。陛下皆不得知。草野之臣必知有今日久矣。但九重嚴邃。區區之心無路上達。事不至此。臣何由得睹陛下之面而訴之乎。帝曰。朕之不明。悔無所及。慰諭而遣之。

德宗時翰林學士陸贄上奏曰。朝隱昨日奉宣聖旨。逆賊離退。猶未收城。今臣審思當今所務何者最切。具條錄奏來者。伏以初經大變。海內震驚。無論順逆賢愚。必皆企竦觀聽。陛下一言失則四方解體。一事當則萬姓屬心。動關安危。不可不慎。臣謂當今急務在於審察群情。若群情之所甚欲者。陛下先行之。群情之所甚惡者。陛下先去之。欲惡與天下同而天下不歸者。自古及今未之有也。夫理亂之本。繫於人心。況乎當變故動搖之時。在危疑向背之際。人之所歸則植。人之所去則傾。陛下安可不審察群情。同其欲惡。使億兆歸趣。以靖邦家乎。此誠當今之所急也。然尚恐為之不易者。蓋以朝廷播越。王命未行。施之空言。人或不信。何以言其然。今天下之所欲者在息兵。在安業。天下之所惡者在斂重。在法苛。陛下欲息兵則寇孽猶存。兵固不可息矣。欲安業則征徭未罷。業固未可安矣。欲薄斂則郡縣懼乏軍用。令必不從矣。欲去苛則行在素寡威嚴。言且無驗矣。此皆勢

有所未制意有所未從雖施於德音足慰來蘇之望而稽諸事實未符悔過之誠且動人以言者其感不深動人以行者其應必速蓋以言因事而易發行違欲而難成易發故有所未孚難成故無思不服今陛下將欲平禍亂拯阽危恤黎烝安反側既未有息人之實又乏於施惠之資惟當違欲以行已所難布誠以除人所病乃可以彰追咎之意副惟新之言若猶不然未見其可頃者竊聞輿議頗究群情四方則患於中外意乖百辟又患於君臣道隔郡國之志不達於朝廷朝廷之誠不升於軒陛上澤闕於下布下情壅於上聞實事不必知知事不必實上下否隔於其際真僞雜糅於其間聚怨囂囂騰謗籍籍欲無疑阻其可得乎物論則然人心可見蓋謂含弘總納是聖主之所難鬱抑猜嫌是衆情之所病伏惟陛下神謀滯用鑒必窮微愈其病而易其難如淬鋒潰疣決防注水耳可以崇德矣可以濟艱難陛下何憚不行而直為此懍懍也臣謂宜因文武群官入參之日陛下特加延接親與叙言備詢禍亂之由明示咎悔之意各使極言得失仍令一一面陳軍務之際到即引對不拘時限用表憂勤周公勤握髮吐餐而天下歸心則此義也又當假之優禮恍以温顔言切而理愜者必賞導以盡其情識寡而辭拙者亦容恕以嘉其意有諫諍無隱者願陛下叶成湯改過之美褒其直而勿怯其非有謀猷可用者願陛下體大禹拜言之誠獎其能而亟行其策至於匹夫片善採録不遺廝士傳言聽納無倦是乃總天下之智以助聰明順天下之心以施教令則君臣同志何有不從遠邇歸心孰與為亂化疑梗為訢合易怨謗為謳歌浹辰之閒可使丕變陛下儻行之不猒用之得中從義如轉圜進善如不及推廣此道足致和平其於昭德塞違恐不止當今所急也慮有愚而近道事有要而似迂冀垂睿思反覆詳覽必或無足觀採擇棄非遺

穆宗初立逸游荒恣監察御史楊虞卿上奏曰烏鳶遭害仁鳥逝誹謗不誅良臣進臣敢冒誅獻瞽言臣聞堯舜以天下為憂不以位為樂況今北虜方梗西戎弗靖兩河有瘡痏之虞五嶺羅氛厲之役人之疾苦積下朝之制度莫脩邊亡見儲國用滋屈固未可以高枕而息也陛下初臨萬幾宜有憂天下心當日見輔臣公卿百執事垂意以問使四方内外咸有所聞而聽政六十日入對延英纔三數大臣承聖問而已他內朝臣偕入齊出無所咨詢諫臣盈廷忠言不聞臣實羞之蓋主恩疎而正路塞也公卿大臣宜朝夕燕見則君臣情接而治道得矣今宰臣四五人或頃刻侍坐鞠躬隕越隨旨上下無能往來此繇君太尊臣太卑故也公卿列位雖陟降清地曾未奉優睠承下問雖陛下神聖如五帝猶宜周愛顏逮忠以氣色使支體相成君臣昭明陛下求治於宰相宰相求治於臣等進忠若趨利論政若訐寬此而不治無有也自古天子居危思安之心同而居安慮危之心則異故不得皆為聖明也

後唐廢帝清泰二年帝以時事為憂嘗從容讓宰相盧文紀等無所規贊文紀上言曰臣等每五日起居與兩班旅見侍衛滿前雖有愚慮不敢敷陳竊見前朝置延英殿或宰相欲有奏論天子欲有咨度皆非時召對旁無侍衛故人得盡言望復此故事帝詔曰舊制以五日起居百僚俱退宰相獨升若常事自可敷奏或事應嚴密聽於閤門奏牓子當盡屏侍臣於便殿相待何必襲延英之名也

宋太宗太平興國中言事者衆詔閤門非涉僥倖乃許受之繇是言路稍塞直史館謝泌上奏曰狂夫之言聖人擇焉苟詰而拒之四聰之明將有所蔽願采其可者拒其不可者庶顒顒之情得以上達帝

然之

仁宗天聖三年右正言劉隨乞顧問諫官疏曰臣伏念景德天禧之間九域晏清四夷欽附生物咸遂禎瑞薦臻而猶下賢能之詔求諫諍之官豈不以萬機至繁慮措置之或爽八紘至廣非耳目之獨知是以雖居安而慮危思長轡以遠馭也其後唯得魯宗道劉燁二人充職精擇之難一至於此洎皇太后陛下受顧託之重皇帝陛下自臨御已來萬國歡心百官承式而乃憂勤庶政脩舉舊章復置諫官委以言事臣最為愚懦亦預柬求方竭駑鈍少伸補報旋因公累出領外官三年替還復命供職誓堅勤蓋罔避誅夷夫以品位甚卑責任甚重道君親之過失指權勢之非違冒雷霆之威攖姦邪之怒在於小臣固當難事若非恕其狂妄俾盡誠懷鉗口保身哉孤任使臣欲詳觀先帝之詔上報兩宮之恩凡有侵紊朝綱干竊政柄姦憸冒

寵賢俊久沈憲網涉寬賞典過制蠹政之類知而必言言之中否唯聖人擇之而已念臣塵諫職內外三年除朝請之外未嘗一登金殿略近天顏雖名侍從之官今為疎遠之跡唐初置拾遺補闕掌侍從諷諫日親旒冕凡事得以盡言蓋是唐末已後權臣阻絕雖不預於宴遊亦專司於諫諍洎太宗皇帝改為正言司諫精擇流品號為清華既為耳目之官宜審詢訪之地式期顧問傾竭愚誠故不敢朋附班聯蒙昧日月有違詔旨甘速寘誅

景祐二年御史中丞杜衍上奏曰臣聞三公之官至重所以經邦萬事之統實繫賢乎燭理故明主躬親庶政體貌大臣常於進見之間俾盡論思之道蓋君臣相遇則可致時雍上下不交則謂之否塞固在倚毗丞弼詢訪善謀使下情必通上澤無壅斯有國有家之大務也臣伏見中書樞密之官是皆選自宸衷委之柄用領三事之職佐[illegible]之劇古所謂坐而論道者也今乃每遇剛辰得親冊扆外朝始罷延英次對中覆奉行祗循常務以天下之大民事之艱恐非數刻之中可盡研幾之理欲望聖慈當清閑之燕迭召兩府臣僚賜坐便殿一月之中只乞三兩次召對俾其極獻替之說酌古今之宜究治亂之源達幽隱之志上以成好問之裕下以申納忠之誠明良之歌上下同體是故平時而論可明其體要之變臨事而辨或近乎遊說之嫌以虞舜之時而云好察邇言以漢文之達亦曰無甚高論此實通國體用衆智之大端也至於鹽米之細務叢脞之末節此特有司之職耳不當取決於宸斷宜詔所司科管之庶其正小大之分適權義之中延納訏謨開益聖智提綱總要叶大德之不踰遣勝虛懷明為善之最樂臣猥以庸望輒罄愚衷干冒威嚴隕越無地

光祿寺主簿蘇舜欽上奏曰臣聞治平之君使危亡禍亂之言不離

於耳則天下庶可久安也高位之臣使顛覆竄殛之禍不絕於心則下職可以無曠也苟治平而忽危亡未有不危亡者也高位而忘顛覆未有不顛覆者也此物理之常勢古今之定分也歷觀前代聖神之君好聞乎讜議賢明之輔不壅乎下情蓋以四海至遠民有隱匿不可以偏照故無間愚賤之言而擇用之萬機至繁事有習弊不可以獨覽故必求衆多之議以更張之然後朝無遺政物無遁情雖有佞人邪謀莫得而進也臣昨觀詔書戒越職言事者播告四方無不驚惑往往竊議恐非本於宸衷蓋陛下即位已來屢詔群下以來鯁直故百僚皆得轉對又置匭函設直言極諫科今詔書如此是與前事相違豈非大臣蔽塞陛下聰明杜絕忠良之口不惟虧損朝廷大政實亦自取覆亡之道夫納善進賢宰相之事蔽君自任未或不亡今諫官御史又多出其門下但務希旨即取好官多士盈庭噤不得語

陛下垂拱法宮之內何由得聞天下之務乎臣前見陛下以孔道范仲淹剛直不撓致位臺諫後雖改他官不忘獻納此二臣若非不知緘口數年坐得卿輔蓋不敢負陛下委注之意虧臣子忠義之節而皆羅中傷竄謫不假使正臣奪氣鯁士咋舌日覩時弊口不敢論昔晉公問叔向曰國家之患孰為大對曰大臣持祿而不極諫小臣畏罪而不敢言下情不得上通此患之大者是故漢文感女子之說而肉刑是除武帝聽三老之議而江充以族肉刑古法江充近臣女子老人愚耄疏隔之至也豈以義之所在賤不可忽二君從之後世稱聖況國家班設爵位列陳豪英故當責其公忠安可救之循默賞之使諫尚恐不言罪其敢言孰肯獻納物情閉塞上位孤危軫念于茲可為驚怛伏望陛下霈發德音追寢前詔懃於采納下及芻蕘采觀四海之安危垂念朝廷之闕失見所未見日新又新故可常守隆平保全近輔若詔牓未削欺罔成風則不唯堂下遠於千里竊恐指鹿為馬之事復見於今朝也臣區區以此言達於冕旒者非不知出口禍從為衆僴笑蓋欲陛下一悟則天下蒙福以臣之軀貿蒼生之命亦以大矣伏望陛下留意焉

慶曆五年知諫院余靖上奏曰臣竊見朝廷每有契丹遣使到闕元昊差人來朝大臣商量唯欲秘密兩制兩省御史中丞已下雖名侍從供奉之官當時並不聞知及處置既了縱或不便無由論列臣思國家建置侍從之官以備顧問諫諍之官以救闕失蓋欲謀無遺策且書不云乎謀及卿士謀及庶人謀及卜筮是大疑之事謀之欲其衆也漢武帝征伐西戎開置邊郡侍從之官嚴助朱買臣之徒常與大臣論議大臣數屈漢史稱之以為美談今柄臣密議外不得聞一慮或失救之不及勢之可憂者也伏乞宣諭大臣凡北虜西戎之[illegible]

繫於安危者侍從諫諍之官悉令聞之使陳利害不為漏洩傳云謀之欲多斷之欲獨此御國之要也惟陛下裁之

八年殿中侍御史何郯乞許兩制兩省上章論事疏曰臣竊以古者人君聽政以天下至廣非一人聰明所能盡是故內取公卿大夫謀於朝外採百工庶人議於下使下情無不通然後中外相濟政理所以無過差焉今國家設侍從之官自翰林學士至天章閣侍制皆取文學極選以備顧問公卿之材並由此出自頃相承朝廷惟以文翰待之而不責其言議臣下亦以職分當爾而自安於循默以天下利害之大被言責者唯御史臺官僅十餘員而欲陛下聰明無遺政理無所失者不可得矣唐太宗置十八學士與之議天下事故貞觀一代稱為至治斯從臣輔助之明効也在明皇時則有集賢學士張說以圖國政在德宗時則有翰林學士陸贄以參戎機以至憲宗得李絳而斥近倖之弊敬宗因韋處學而辨忠邪之分皆由時君開懷用意以待臣下故感慨之士得以効其節今天下多故政令外失者不一使賢智之士驅馳尚恐不足救其弊若循復雍容拱默為高以言議非所責則朝廷之事何寄焉近日伏聞中詔命群臣論議時事斯誠陛下求治之志務通壅蔽然恐天下利害非一日可盡條陳欲乞特頒詔旨告諭兩制兩省臣寮自今有聞朝廷闕失政令過差軍機利害雖非言職並許上章論列仍委中書置籍具錄所上章疏遇欲進用臣寮令取有裨補多者用為選首所冀親侍之臣各知責任務圖傾竭以助政化

至和二年侍御史趙抃上奏曰臣伏覩中書劄子奉聖旨下御史臺根勘太常博士祕閣校理王起虛妄上言定州夜會櫛埤尾等事見追禁鞫問况臣嘗聞太宗皇帝朝雍丘縣尉武程上疏願減後宮嬪

嬙太宗謂宰臣曰武程踈遠小臣不知宮闈中事內庭給使不過三百人皆有掌執不可去者卿等固合知之時李昉奏武程妄陳狂瞽宜行黜削以懲之太宗曰朕曷嘗以言罪人但念其不知耳終不之罪令赴志在憂國用心無他若緣此獲譴臣恐中外臣僚人人緘默雖有機密急速大事誰敢復措一詞言路榛塞由此始矣伏望陛下上念太宗皇帝不罪言事者之誠懲起之罪以廣睿聰有益聖仁若然則堯採誹謗舜達聰明禹拜昌言漢詔不諱不獨稱美於前世矣

三年知諫院范鎮上奏曰臣伏見先朝以御寶印曆紙給言事官令以時奏上所以課得失而殿最之也恭以陛下天資寬仁喜聞諫諍考於施用其實無幾深恐大臣不甚將順所以言者多見廢格臣欲乞據今御史諫官見負於禁中及中書樞密院人置一簿每一章奏即簿上之在禁中者陛下時時觀覽以備遺忘以觀言者得失有可施行即敕大臣施行其在中書樞密院者亦令大臣為詳閱其已行未行勾注每季終錄付史館庶使後世知陛下納諫求治之意仍令言者不敢妄有奏論

仁宗時知諫院司馬光乞施行御策劄子曰臣竊以國家本置六科蓋欲以上觀朝政之得失下知元元之疾苦非為士人設此以為進取之階也臣昨差覆考應制舉人所制策竊見上等三人所陳國家大體社稷至計其間甚有可采擇者伏望陛下取正本留之禁中常置左右數加省覽以為儆戒其副本下之中書令擇其所言合於當今之務者奏而行之使四方之人皆知朝廷求直言之士非以飾虛名乃取其實用也及臣前獻五規雖智識闇淺辭語鄙陋然皆臣夙夜盡忠竭誠以思治世之要道非指陳一事之得失於有司無所施行亦望陛下以視朝之隙時取觀之庶幾於聖政或有萬分之益

劉敞上奏曰臣近曾密獻愚忠乞特降手詔諭與閤門前後殿聽政稍增數刻足以廣聰明收衆心未蒙采納伏念九月以後晝漏益短日始東出已涉辰初比至百官起居二府奏事逡巡俯仰便及辰正實恐群臣因此請對稀少習俗既成下情壅隔甚非陛下憂勤萬機之意臣謂自九月以後用巳初為限三月已後用辰正為限雖升降止於數刻之間其於收歛群情已無量矣臣又竊聞頃來奏事者雖有可否罕聞德音君臣之情亦似未通且萬乘至尊群下至卑以至卑接至尊甚難也皆考據條制齋戒沐浴乃得一見自以為千載之遇而曾不蒙少垂察問盡其忠蘊則人人抑默退而失望臣願陛下延見上殿臣僚仍賜委曲訪問侍從之臣則問以治體言事之臣則問以所言財利之臣則問以國計守土之臣則問以民俗如此則朝廷得失人情善惡無不聞者矣易曰唯君子為能通天下之志而天下不治者未之有也臣忝近列無補聰明輒貢所聞伏增戰恐

英宗即位殿中侍御史司馬光乞延訪群臣上殿劄子曰臣聞天尊地卑道之常也而周易乾下坤上謂之泰者蓋言人君降心以接臣人臣竭忠以事君然後上下交而其志同也若人君驕亢以自尊人臣怠慢以自疎則上下之情不通而否道成焉是以孔子語舜之德曰舜好問而好察邇言其斯以為舜乎竊見祖宗之時閒居無事常召侍從近臣與之從容講論萬事至於文武朝士使臣選人凡得進見者往往召之使前親加訪問委曲詳悉無所不至所以然者一則欲使下情上通無所壅蔽二則欲知其人能否才器所任是以黜陟取捨皆得其宜太平之業由此而致恭惟陛下潛德藩邸踰三十年一旦龍飛奄有四海雖聖質英睿得於天縱然與當世士大夫未甚相接民間情偽未甚盡知臣謂宜詔侍從近臣每日輪一員直資善

堂夜則宿於崇文院以備非時宣召若有事故請假則與以次官互換直宿其餘群臣進見及奏事者亦望聖慈稍解嚴重細加訪問以開廣聰明裨益大政

光又上劄子曰臣先曾上言乞詔侍從近臣每日輪一員直資善堂夜則宿於崇文院以備非時宣召若有事故請假則與以次官互換直宿以開廣聰明裨益大政至今未聞施行蓋陛下謙讓以皇太后同聽庶政未奉慈旨不敢擅召群臣與之議論今皇太后欲以四海之事歸於陛下出入起居順指如意臣是以敢重申前說乞少加采擇凡人牆之外目不見也里之前耳不聞也而天子奄有四海一日萬機民之憂樂事之本末雖有聰明睿知之性若不問之於人何從知之是以太祖太宗雖起於側微猶日孜孜訪問群下至於小臣卒伍亦無所間絕故能紀綱四方創業垂統陛下生為帝王子孫未嘗

歷事於外天下之事豈能細知況先朝置直學士待制等職以為侍從之臣若使之不得朝夕在左右備顧問將安用之所有每夜於崇文院輪宿自是舊制近年以來因循隳廢舉而行之有何所難伏望聖慈檢會臣前來所奏劄子內事節特賜施行

光又上劄子曰臣前者兩次上言乞詔侍從近臣每日輪一員直宿資善堂夜則宿於崇文院以備非時宣召若有事故請假則與以次官互換直宿亦曾面奉德音云欲自以聖意宣諭政府施行此事自後至今未聞施行臣不避煩瀆天聽再三進言者蓋以為國之要在於審察人材周知下情而已審察人材之謂明周知下情之謂聰明則百官稱其職聰則萬幾當其理百官稱其職萬幾當其理治之極也賢不肖混殽之謂昏下情不上通之謂蔽昏則百職隳曠蔽則萬幾乖戾百職隳曠萬幾乖戾亂之至也治極則安亂至則危故聰明昏蔽者治亂之大本也今陛下即政之初厲精求治而不以此事為先欲以興隆祖業垂裕後昆是猶却行而求及前人也故臣不得不勤勤懇懇為陛下再三言之書稱堯之德曰稽于衆舍己從人稱舜之德曰賓于四門明四目達四聰故能咸熙庶績格于上下至今言聖人者無不以二帝為首何哉聰明故也秦二世納趙高之謀恐譴舉不當見短於大臣而深拱禁中漢靈帝惑趙忠之言謂人君登高則百姓散離而不敢登臺榭北齊後主志度儒懦不喜見朝士非私暱未嘗交語隋煬帝沈湎淫泆常在後宮盜賊滿天下恐人言之是以上下怨叛至於殺身滅國而終不自知後世言無道者無不以四君為首何哉昏蔽故也太祖太宗起於側微天下艱難民間情偽無不備知然南面之日延訪群臣惟恐不及晝日不足繼之以夜下至役夫田婦無不詢察以盡其情用能創業垂統力致太平陛下以帝

王子孫生長富貴朝士大夫素未相接耕織勞苦不經耳目當茲親政之始雖孜孜下問朝夕不倦以察人情猶恐不盡況深居九重非視朝之時不見群臣群臣非官位職事有例上殿無由進見顒卬淵默以嚴重自居將使幽遠之民銜冤失職者何由上聞疎賤之臣懷材蘊德者何由自達哉國家安危之所係將於此乎在臣是以不勝憤懣區區盡忠重為陛下陳之伏望陛下察為國之要觀唐虞之所以興秦漢齊隋之所以亡繼祖宗之志以守太平之業檢會臣前來所奏兩劄子內事節早賜施行實天下幸甚

光又上劄子曰臣屢曾上言乞詔侍從近臣每日輪一員直資善堂夜則宿於崇文院以備非時宣召亦曾面奉德音云候秋涼當頻有宣召今已秋涼尚未聞有曾被召之人臣始者上言之時竊見陛下欣然開納將謂即日施行自後遷延日久聖意漸以為難臣竊意內

外之臣必有欺惑天聽沮難此事欲陛下常居禁中不與群下相接以壅蔽聰明專固權寵者此豈忠臣之所為而陛下之福邪臣願陛下深察此情斷自聖志使之更直陛下每日聽政餘暇宮中無事之時特賜召對與之從容講論古今治體民間情偽使各竭其智慮所有而陛下更加采擇是者取之非者捨之忠者進之邪者黜之如此則下情盡達聖德日新矣若以資善堂體例稍生則學士待制於崇文院輪宿自有在彼祗候宣召其有事故請假者須與以次官互換直宿此事極其難行而所益甚大惟陛下留意

先又上劄子曰臣竊見祖宗之時累曾令朝臣轉對或遇災異更廣求直言真宗咸平景德之間詢訪尤切其詔書云涉訕訐者固可優容乏詞藻者許其直致是時群臣上書言事者日不下百餘封每戒敕閤門令疾速進入詔樞密直學士馮拯陳堯叟令詳定以聞所以

然者不惟考時政之得失亦以觀群臣之能否也是故太宗時得寇準真宗時得張知白皆因上書言事驟加擢用後為宰相俱著名迹景德元年六月內出朝士邊肅等二十四人姓名令於崇政殿引對在外者驛召赴闕其後稍稍進用多為名臣此皆近事易法者也陛下踐祚未久群臣能否恐未徧知欲乞依祖宗舊制每遇內殿起居日常令朝臣兩人轉對其餘在京及外處臣僚有欲上書言事者所在官司皆不得壅滯彼必欣然承命各竭所懷然後陛下親加省覽必有所得若上書者稍多陛下不能一一徧觀即乞擇近臣識慮明達用心公正者二人先次看詳但求理道切當不取文辭華美分為數等各以貼黃節出事宜置之於前然後奏御陛下更以聖意擇其善者特令引對面加詢訪若實有可采其所言之事即為施行仍於禁中籍記姓名每遇有重難公事試委之幹辦俟果有功效乃加進用如此則天下之才盡在目前可以器使雖堯舜之世嘉言罔伏野無遺賢亦不是過也不然若但循故事止作虛名所上之書未必省覽雖復省覽亦無施設則無益於事不如不為也

治平中知諫院呂誨乞詔中外咸上封事疏曰臣恭惟聖德踐祚之初臨朝聽斷搢紳懽抃中外同慶方天下延頸傾耳仰奉新政宜有講求以厭群望竊以章聖皇帝御正殿之二日詔群臣直言抗疏自古求治之君未有如是之切也有以知開闢言路誠邦國之首務矣陛下承先帝仁明之治萬機無闕臣尚慮四方幽遠明有未燭百執因循事或過舉在繼述之體所繫尤重臣欲乞陛下特降明詔俾中外臣僚咸上封事指陳朝政之闕失時務之利害採擇善言恢張治道則下情無壅聖聰日廣昌明盛業自此而始群心慶賴不勝大幸

殿中侍御史范純仁乞詔臣寮上封章陳闕失疏曰臣伏見近者水

災為害萬衆失寧愁痛未平繼以淫雨陰沴不解人益無聊陛下軫慮至深嘗降詔旨責躬求諫非不丁寧多士盈庭徒為竊議未聞各明上封章副陛下之意者其間或有奏疏亦未聞采擇施行群下有未通之情朝廷無恤災之實以致天意未順人罹其殃若非陛下至德動天推誠納諫則恐未能上承天戒下格太和伏望聖慈特降詔諭令兩制近侍及三司副使已上臣寮並須命逐員各上封章指陳時政闕失其省府館閣諸司主判朝臣及常參官等並令依次轉對各依故事如此忠言可盡下情可通聖政之得失必聞群臣之能否皆見惟祈天造俯納愚誠

純仁又上疏曰臣近日曾上封奏乞降詔令兩制及三司副使已上臣寮逐員各上封事及諸司主判常參官等依次轉對至今不蒙施行伏惟陛下臨御之初天下延頸企足觀望聖化正宜博覽群策通

達下情使四方之利病必聞群下之能否皆見然後可以布順民之政恢太平之風固不當以聽覽為煩而以多言為厭也況自古昔有敷奏以言之法官師相規之誡瞽為詩工誦箴大夫規誨士傳言皆所以深采群言裨助時政之道也近世則有百僚轉對之法本朝累聖悉曾行之非臣至愚獨有是說伏望聖慈體明目達聰之道念群情壅塞之弊將臣所奏付中書門下檢會施行則天下幸甚

起居舍人傅堯俞上奏曰臣伏以近侍臺諫官皆天子耳目心腹所上章奏宜即達聖聽乃與其他文字一例進入脫有留滯遺失內外不得相知自來別無關防竊慮未為穩便欲乞指揮禁中置簿專令人管勾逐日具有無及職位姓名章奏道數畫一抄上仍令通進司逐日亦依此畫一關坐關送閤門閤門每日於引公事前先次進呈俟陛下親覽訖然後付內照會遇前後殿不坐即令閤門具狀直進

如有留滯遺失可以根逐施行

神宗初即位下詔曰朕以菲德承至尊託于公卿兆民之上惟治忽在朕躬夙夜兢兢上思有以奉天命下念所以修政事之繞愧不敏明未燭厥理夫開言路通上下之志欲治之主所同趣也其布告內外文武群臣若知見思慮之所及至於朝之闕政國之要務邊防戎事之得失郡縣民情之利害各令直言抗疏以聞無有所隱言若適用亦以得人觀其器能當從顯擢風爾文武其各體朕意庶茲令之非徒下也於是御史知雜事劉述上奏曰臣伏觀近降詔敕許內外文武群臣直言朝之闕政國之要務邊防戎事之得失郡縣民情之利害此誠陛下悉心求治虛己待人圖新庶政之當先也天下幸甚臣竊思之內外文武職官固多英俊之士其間論議或有可取然不若侍從臺閣乃天下賢才之所聚也臣欲乞特降聖旨取當今之急務問以所宜令兩制兩省及館閣臣僚一一條對既以究其利病亦以見其器能候內外諸處奏到文字就兩制館閣中擇智識優長練習時務者三四人置局看詳評議逐旋具事理於所屬中書密院參覆商量然後進呈取旨施行所冀庶政交修下情盡達

熙寧元年龍圖閣直學士韓維上奏曰臣近嘗面奏降黜陳習有虧陛下信令理須追革自爾未聞別有處分尋屬迫近郊祠不及繼有論列臣伏以人主深居九重之中所以鼓動群衆共成天下之務惟在號令而已則其出之豈可以不慎行之豈可以不信陛下即位之初命群臣轉對其詔文曰斥有位之阿私又曰郡縣之官課空文而尸素仰詳明詔之意是開群臣以盡言使其抱負隱伏悉以上聞然後公議審擇以輔初政之美陳習所言臣雖不盡知然聞其大略詆人過失耳使其所言而是乃所以上副詢求之意若其非也猶當函

忍以勸來者今所言之事未察虛實而言事之人已加斥貶自違明詔之本意而失大信於初政未獲其利乃更有害此臣愚所未諭也昔晉文霸駁之君商鞅刻核之臣耳尚知假伐原徙木以著其信然後政令可得而行人民可得而使也豈為人主而不務此乎議者或謂陳習素行非美今所言頗挾怨害得貶不為不幸此又流俗不知大體者之言無足采信藉使習實有此乃自匹夫之惡耳匹夫之惡不懲於朝政未為甚損使天下之人疑陛下於不信臣竊以為害無甚於此者陛下若不以此為失亟加追改而乃欲惇詢細故以補聰明臣恐陛下思慮雖遠而所及者愈近謀謨雖多而所得者愈少也伏望聖慈特賜指揮追還誤罰昭示大信

知諫院范純仁乞詔近侍陳朝廷闕失狀曰臣竊以古者三公之下即建九卿皆以左右王朝協贊治道蓋[illegible]厚者其報宜重位高者其

責當深。理之必然。不容僭濫。本朝自兩府之下。亦設侍從之官。自待制諫議已上。學士舍人。皆是古來九卿之職。朝廷待之恩禮既異。士民瞻仰位貌亦崇。是宜朝夕論思。同國休戚。今乃忘本徇末。擇易捨難。只將主判司局便為己之職事。言寵名則亞於四輔。論補報。則同於庶僚。人情既務因循。朝廷不加考核。況今災異之後。是陛下宵旰之時。凡在近臣。正宜盡瘁。而其間甚有優游緘默。養望待遷。無愛君憂國之言。乏盡忠補過之義。或有時政得失。惟能退有後言。處之不慚。僅同胡越。未必人人尚祿。蓋因習以成風。不稼取禾。莫斯為甚。伏望陛下明降詔旨。督責近侍。凡是朝廷闕失。並須論列奏陳。所上封章。並赴政府。其盡心論奏。而言多中理者。稍加褒進。其持祿不言。或言而無取者。量行黜責。如此。則朋龜效靈。庶職脩舉。朝廷獲多士之助。近臣免尸素之譏。

元豐八年。純仁知慶州。乞詔內外官條陳利害狀曰。臣伏覩六月二十二日詔書。應中外臣寮及民庶。並許實封直言朝政闕失。民間疾苦者。有以見聖心求治之深也。臣雖至愚。不敢泯默。竊以陛下方啓重熙之運。布日新之政。天下之人。翹首以望至治。固未覩夫闕政之可陳也。所謂民間疾苦。則陛下臨御之初。聊整數事。而百姓鼓舞歡呼者是也。蓋近在轂輦之下。事理著明者。陛下得熟聞而更之。其在僻遠幽微者。則陛下莫得而聞矣。固宜明詔四方。詢求之廣也。然中外臣民。猶未能深副聖意。極有所陳者。蓋民庶之愚。雖有疾苦。不能自言。唯舉人胥吏有能言者。又以利害不切於己而不言也。臣寮則亦有不能言者矣。或有所畏避而不言者矣。有疏遠而慎靜者矣。有怠於愛國愛人者矣。有昔嘗言而今愧於言者矣。如此者。皆不言也。儻非陛下深詔執事及群有司。使各罄其所聞。以陳於上。則懼聖詔

將為空文。而天下之情終不能盡也。蓋向來朝廷備立法度。付之有司以施於天下。固欲便民而益國也。如慈父寄食哺兒。意豈有不善哉。而哺者無愛兒之心。不量飢飽多少之節。曰唯知哺之而已。不恤其他。則兒不病而死者幾希矣。今吏之行法者。不恤民之利害。惡欲曰。唯知行法而已。不恤其他。則宜其百姓疲弊而無告也。然則郡邑之弊。守令知之。一路之弊。職司知之。茶鹽利局民兵刑法差役之弊。提其局及受其害者知之。軍政之弊。三帥與將領者知之。邊防之弊。守邊者知之。伏望陛下特下明詔。內則敕六曹四司九寺三監三帥百司。外則敕監司提舉提點邊臣牧守。以至令佐監當曹掾各使條陳本職。及所經歷之利害。無或隱蔽。曰某事利人益國。可以興行。某事煩密勞費。可以簡省。某事蠹害公私。可以釐革。限一月內聞奏。亦可因其所陳略知其人之才識。然後陛下參命近侍與大臣審擇而行之。流為霈澤。被於萬方。如此。則朋龜獻兆。庶績咸熙。堯舜三代之政。可不勞而成。唯陛下留神省察。特賜施行。則天下幸甚。

哲宗初即位。下詔求言曰。蓋聞為治之要。納諫為先。朕思聞讜言。虛己以聽。凡內外之臣。有能以正論啓沃者。豈特受之而已。固曰不愛高爵重祿以獎其忠。設其言不當于理。不切于事。雖拂心逆耳。亦將欣然容之。無所拒也。若乃陰有所懷。犯非其分。或扇搖機事之重。或迎合已行之令。上則觀望朝廷之意。以徼倖希進。下則衒惑流俗之情。以干取虛譽。審出於此。而不懲艾。必能亂俗害治。然則黜罰之行。是亦不得已也。顧以即政之初。恐群臣未能徧曉。凡列位之士。宜悉此心。務自竭盡。朝政闕失。當悉獻所聞。以輔不逮。宜令御史臺出牓朝堂。時韓維留侍經筵。乃上疏乞改詔書六事曰。臣近者伏覩錄到朝堂所出牓文。開示大信。招來群言。皆前代帝王之高致。而方今

朝廷之急務天下幸甚臣尚有疑者若乃陰有所懷查不得已也七十五字非元諭聖旨之本意似增飾而為之者何則[illegible]云至於拂心逆耳猶將欣然容而不拒復以賞爵勸之後所云則異於此矣又以黜罰懼之且機事之重何害密言已行之令容有未知[illegible]朝廷之意茍善何惡其觀望流俗之言必淺自可以勿聽藉使有犯[illegible]四禁者亦未至拂心逆耳猶在欣然容之之列豈可便行黜罰若此[illegible]言出于陛下則是詔文前後自相違戾疑誤觀者若出於臣下議論則是違異聖意巧為辭說以懼來者陰成其邪志也古之求言必曰毋有所諱又曰毋悼後患今則多設防禁又以黜罰懼之是人有所諱而悼後患也古之為民者宣之使言下至道路芻蕘亦見收采今則出榜止於朝堂降詔不及諸道既乖古義亦非舊體恐非所以推廣聖德普及於遐遠開闢言路不間於幽側也此事若不改正臣深恐自今聖

德漸成壅蔽臣在先帝朝嘗奉聖旨以災旱撰責躬求直言詔及下之日都人歡悅甘雨亦降不數日姦人希宰相意上惑聖聽別作一詔蓋掩前詔之美庇護新法之失人情疑懼遂不敢言前詔但成虛文而已今榜後之意頗亦類之此事於國體不小伏望陛下深察此弊而痛絕其端特作聖意批降指揮令刊去此七十五字只以榜前所云別撰詔文徧頒天下使萬方之人豁然知聖人樂善好諫之心披雲霧而覩青天白日豈不快哉豈不大哉門下侍郎司馬光亦上疏曰臣先乞下詔書廣開言路不以有官無官之人並許進實封狀仍頒下諸路州軍於要鬧處出榜曉示鼓院檢院州軍長吏不得抑退臣昨奉聖旨令入見於今月二十三日到京蒙降中使以五月五日詔書賜臣看閱臣狂瞽妄言曲荷采納豈獨微臣之幸抑亦天下之幸此乃聖主之先務太平之本原也然臣伏讀[illegible]書其間有愚心未安者不敢不冒萬死極竭以聞竊見詔書始末之言固盡善矣中間有云若乃陰有所懷犯非其分或扇搖機事之重或迎合已行之令上則觀望朝廷之意以徼倖希進下則衒惑流俗之情以干取虛譽審出於此苟不懲艾必能亂俗害治然則黜罰之行是亦不得已也臣聞明主推心以待其下而無所疑忌忠臣竭誠以事其上而無所畏避故情無不通言無不盡今詔書求諫而逆以六事防之臣以為人臣惟不上言上言則皆可以六事罪之矣其所言或於群臣有所褒貶則可以謂之陰有所懷本職之外微有所涉則可以謂之犯非其分陳國家安危大計則可以謂之扇搖機事之重或與朝旨暗合則可以謂之迎合已行之令言新法之不便當改則可以謂之觀望朝廷之意言民間之愁苦可閔則可以謂之衒惑流俗之情然則天下之事無復可言者矣是詔書始於求諫而終於拒諫也臣恐天

下之士益箝口結舌非國家之福也又止令御史臺出榜朝堂自非趨朝之人莫之得見所詢者狹伏望聖明於詔書中刪去中間一節如臣三月三十日所奏頒布天下使天下之人曉然知陛下務在求諫無拒諫之心各盡所懷不憂黜罰如此則中外之事遠近之情如指諸掌矣帝於是始改前詔曰朕紹承燕謀獲奉宗廟初覽庶政鬱于大道夙夜祗畏不敢遑寧懼無以章先帝之休烈而安輯天下之民永惟古之王者即政之始必明目達聰以防壅蔽敷求讜言以輔不逮然後物情徧以上聞利澤得以下究詩不云乎訪予落止此成王所以求助而群臣所以進戒上下交儆以遂文武之功朕甚慕焉應中外臣僚及庶民並許實封直言朝政闕失民間疾苦在京於登聞鼓檢院投進在外於所屬州軍驛置以聞朕將親覽以考求其中而施行之

光又乞降封事簽帖劄子曰臣聞舜明四目達四聰王者視四海之內皆如戶庭閭閻之間皆如指掌然後能治其天下恭惟太皇太后陛下深居九重皇帝陛下富於春秋四海之廣大閭閻之微隱未嘗身親而目覩也非采聽臣民之言雖以天縱睿智之性何由知之陛下近詔天下臣民皆得上封事言朝政缺失民間疾苦仍降出命臣與諸執政官看詳其第一次降出者三十三卷臣謹與諸執政選擇其中除無取及冗長之辭外其可取者已用黃紙簽出進入訖伏乞陛下取簽出者更賜詳覽或留置左右以備規戒或降付有司商議施行如此則忠言日進聰明日廣誠生民之厚幸社稷之盛福也曏者執政請聽臣寮上殿陛下謙退以為國家政事多未習知臣寮欲言事者自有章疏何必上殿今臣民章疏舉集於前若非陛下勤加省覽則朝政缺失民間疾苦何由上聞國家政事無時而習知也其

間亦有一事而衆人共言者臣亦重複簽出蓋欲陛下知天下所共患衆情所同欲也夫為政在順民民心之所欲者行之所惡者去之則何患號令不行民心不附國家不安名譽不榮哉惟在陛下斷志而力行之耳

光知陳州又乞開言路劄子曰臣昨在京師伏蒙太皇太后不以臣愚陋無取遣使訪以得失豈惟微臣有千載一遇之幸中外聞之踊躍相慶以為言路將開下情得以上通太平之期指日可待也當是時臣未暇備論天下之事先陳所急於三月三十日上言以近歲風俗頹弊士大夫以偷合苟容為智以危言正論為狂致閭閻愁苦而上不得知明主憂勤而下無所訴公私兩困盜賊已繁宜下詔書不以有官無官之人有知朝政闕失及民間疾苦者並許進實封狀鼓院檢院州軍長吏不得抑退其義理精當者行其言而顯其人狂愚鄙陋者輒聞罷去亦不加罪又於四月二十一日復上言皇帝陛下初即政於用人賞罰尤不可不當夫諫諍之臣人主之耳目也不可一日無之說命曰若跣弗視地厥足用傷設有人閉目而塞耳跣足而疾趨前遇險阻能無傷乎賈山有言人主之威非特雷霆也勢重非特萬鈞也開道而求諫和顏色而受之用其言而顯其身士猶恐懼而不敢自盡况震之以威壓之以重乎頃者王安石秉政欲蔽先帝聰明專威福行私意由是深疾諫者過於仇讎嚴禁誹謗甚於賊盜是以天下之人以言為諱百姓愁苦無聊靡所控告致怨謗之語上及先帝臣常痛心泣血思救其失是故首乞下詔開言路以通下情臣謂群臣苟有肯進言者陛下必加褒擢以勸來者此乃古人市駿骨揖怒蛙之意也召誥曰王乃初服嗚呼若生子罔不在厥初生自貽哲命今皇帝陛下新即位太皇太后初垂簾天下之人莫不屬

目傾耳臣自到西京以來朝夕伏聽朝廷惟新之政以為必務明四目達四聰以發天下積年憤鬱之志今開言路之詔既不聞頒於四方而太府少卿宋彭年言在京不可不並置三衙管軍臣僚水部員外郎王諤乞命依保馬元立條限均定逐年合買之數又乞命太學增置春秋博士使諸生肄業朝廷以非其本職而言各罰銅三十斤臣忽聞之悵然失圖憤悒無已臣非私於二人直為朝廷惜治體耳夫阿意緘口容身竊祿此小臣之利也威福在己人不敢言此大臣之利也然民怨於下而不聞國家阽危而不知於陛下有何利哉彼宋彭年王諤臣素不識不知其人為賢為不肖但惜陛下臨政之初而二臣首以言事獲罪臣恐中外聞之忠臣解體直士挫氣欲仕者歛冠藏之欲諫者卷舌相戒則上之聰明猶有所不照下之情猶有所不達太平之功尚未可期也宋彭年所言雖不識事體但當褒而

不行亦不宜加罪至如孔子作春秋為萬世法王安石秉政輒黜之使不得與諸經並列於學官學者毋得習以為業王諤所言未至不當乃以越職為罪古者置諫鼓設謗木詢于芻蕘未聞有位於朝而以言事為越職者也若當職之人既不肯言不當職之人又不得言則以四海之廣兆民之衆其政治利病天子深居九重何由得聞之哉昨日進奏院遞到告身差臣知陳州然則臣自今於一州之外言及他事亦為越職何敢言矣今二臣之罰既不可追伏望陛下如臣前奏下詔不以有官無官當職不當職之人皆得進言擇其可取者微加旌賞使天下之人知朝廷樂聞善言不惡論事無可取者寢而勿問庶幾願納忠之人猶肯源源而來也臣稟賦愚戇文學政事皆出人下惟不識忌諱不阿權貴遇事妄言無所顧避以此特知於累朝見稱於衆人若亦不得言則無所復用於聖世矣上辜太皇太后陛下下問之意下負微臣平生納忠之心內自痛悼死不瞑目臣久忝便安今朝廷授以名藩義不敢辭見牒本州索遠接公人起發赴任次到官之日但勉竭疲駑恪勤本職罄力所不逮伏須罪戾而已

光又上劄子曰臣聞周易天地交則為泰不交則為否君父天也臣民地也是故君降心以訪問臣竭誠以獻替則庶政修治邦家乂安君惡逆耳之言臣營便身之計則下情壅蔽衆心離叛自生民以來未有不由斯道者也夫道猶岐路近差跬步遠失千里今皇帝陛下新臨大寶德性高明太皇太后同斷萬幾聖謨光大初發號令不可不慎斯乃治亂之岐塗安危之所分也當以要切為先瑣細為後臣竊見近年以來風俗頹弊士大夫以偷合苟容為智以危言正論為狂是致下情蔽而不上通上恩壅而不下達閭閻愁苦痛心疾首而上不得知明主憂勤宵衣旰食而下無所訴公私兩困盜賊已繁

猶賴上帝垂休歲不大饑祖宗詒謀人無異志不然者天下之勢可不為之寒心乎此皆罪在群臣而愚民無知往往怨歸先帝此臣所以日夜憤痛焦心泣血不顧死亡思有開發於朝廷者也臣愚以為今日所宜先者莫若明下詔書廣開言路不以有官無官之人應有知朝廷闕失及民間疾苦者並許進實封狀盡情極言仍頒下諸路州軍於所在要鬧處出榜曉示在京則於鼓院檢院投下委主判官畫時進入在外則於州軍投下委長吏即日附遞奏聞皆不得取責副本彊有抑退其百姓無產業人慮有姦詐則責保知在奏取指揮放令逐便然後陛下於聽政之暇略賜省覽其義理精當者即施行其言而顯擢其人其次取其所長捨其所短其狂愚鄙陋無可采取者報聞罷去亦不加罪如此則嘉言日進群情無隱陛下雖深居九重四海之事如指諸掌舉措施為惟陛下所欲斯乃治安之源太平之基也陛下若以臣言為可取伏乞決自聖意下學士院草詔書施行羣臣若有沮難者其人必有奸惡畏人指陳專欲壅蔽聰明此不可不察。

侍御史劉摯乞增諫員許察官言事疏曰臣蒙恩過聽使備員御史固將竭盡愚論知無不及而竊惟陛下即阼臨政之始其所先者宜莫若廣言路故臣今就職之日首獻其說蓋聖人以一心御萬事而無遺慮以一視周四海而無遺照非能身親而目得之也為能咨諏訪逮致人之言開闢其塗使無壅蔽上之公卿大夫百執事下之雖工瞽執技之賤芻蕘負薪之鄙皆得輸意自竭雖然至前而聽吾之所擇惟懼乎言者之不能多也祖宗以來諫官御史張設員品罕不備足凡在職者皆有言責臣今伏見諫官止有大夫一員御史臺自中丞而下雖十員然止於中丞侍御史兩殿中法得言事外監察御

史六員專於察治官司公事文書之稽違者而不與於言則是在朝廷以言為官而任其責者裁此五人而已天下之大臣工之衆權強之漸朋比之萌民之休戚政之利病其於獻納伺察誠恐耳目之未廣事或有不得盡聞于聖聽者非所謂明四目達四聰開衆正屈羣策者也臣欲望聖慈於諫院增置諫官員數本臺六察御史並許言事其所領察按自不廢如故所貴共盡忠力交輔聖政臣不勝惓惓

歷代名臣奏議卷之一百九十九

歷代名臣奏議卷之二百

求言

宋哲宗元祐元年殿中侍御史孫升上奏曰臣聞古人有言曰武王諤諤而昌桀紂默默而亡夫以一士之謇諤豈足致成周之昌一人之循默安能速夏商之亡積累然也何則謇諤之言達則壅蔽之患除壅蔽之患除則忠言日聞忠言日聞則變止於未然禍消於未兆詩曰濟濟多士文王以寧則其昌也不亦宜乎循默之風長則壅蔽之患成壅蔽之患成則忠言不聞忠言不聞則變生於不測禍至於已然詩曰雖無老成人尚有典刑曾是莫聽大命以傾則其亡也不亦宜乎壅蔽之傷國其患如此是以秦之盛強金城千里子孫帝王萬世之業而趙高咫尺以鹿名馬則四海九州之以亂為治以危為安以白為黑以賢為愚固無足怪是以民窮而主不恤下怨而上不

知俗已亂而政不脩此壅蔽之極而秦之所以亡也夫世之治亂係乎君子小人消長內外而已天下君子寡而小人衆君子常患乎在外而小人常患乎居內是以自古治世少而亂世多也然則朝廷之有君子可不貴哉恭惟二聖臨御以來首開言路登用正人天下所謂忠信端良之士豪傑俊偉之才俱收並用無有棄遺近世得人之盛未有如今日者也君子日進而小人日退忠正日長而邪慝日消在廷濟濟有成周之風此首開言路之效也臣愚不肖遭遇明時獲在言職嘗蒙賜對親承德音使盡言無間雖有過差聖慈為之主張臣佩服訓辭以謂自古聖帝明王欲治求言之意不過如此而已伏惟皇帝陛下恭默不言太皇太后陛下簾聽庶政一日萬機之微四海九州之遠深居房闥與共事者元老執政大臣爾今此數人者皆至公而無私處事無一不當於理猶廣達耳目杜漸防微況未能皆

至公而無私處事無一不當於理而陛下乃於耳目之臣論議之際置黨附之疑開小人之隙疑間一開讒巧必作則君子不可勝誅而言者不安其職矣言者不安其職則朋黨比周之說勝責直掠美之言入則雖聖聽不能無惑聽惑則其弊必至於厭言言厭則循默之風作壅蔽之患生忠言不復聞矣臣切恐非朝廷之福也臣不勝大懼願陛下深思往古之明戒無替前日之訓詞除黨附之疑心待端良之君子無使循默之風作壅蔽之患生則天下幸甚

殿中侍御史林旦上奏曰廣言路然後知得失達民情然後知利病竊見去歲五月詔求讜言、民爭欲自獻及詳觀詔語名雖求諫實欲拒言約束丁寧使不得觀望迎合犯令干譽終之以必行黜罰以恐懼之於是人人相戒言將出而復止至於再申諭告以達天聰聞初詔乃蔡確章惇造端其詞盡出於惇令二人既去其餘黨常懷醜正惡直之心願深留宸慮以折邪謀

三年翰林學士知制誥兼侍讀蘇軾上奏曰臣近以目昏臂痛堅乞一郡蓋亦自知受性剛褊黑白太明難以處衆伏蒙聖慈降詔不許兩遣使者存問慰安天恩深厚淪入骨髓臣謂此恩當以死報不當更計身之安危故復起就職而職事清閒未知死所每因進讀之間事有切於今日者輙復盡言庶補萬一昨日所讀寶訓有云淳化二年上謂侍臣諸州牧監馬多瘦死蓋養飼失時枉致病斃近令取十數槽寘殿庭下視其芻秣教之養療庶革此弊臣因之言馬所以病蓋將吏不職致圉人盜減芻粟且不卹其飢飽勞逸故也馬不能言無由申訴故太宗至仁深哀憐之寘之殿庭親加督視民之於馬輕重不同若官吏不得其人人雖能言上下隔絕不能自訴無異於馬馬之飢瘦勞苦則有斃踣奔逸之憂民之窮困無聊則有灊鑿盜賊

之患然而四海之衆非如養馬可以寘之殿庭惟當廣任忠賢以為耳目若忠賢疎遠諂佞在旁則民之疾苦無由上達秦二世時陳勝吳廣已屠三川殺李由而二世不知陳後主時隋兵已渡江而後主不知此皆昏主不足道如唐明皇親致太平可謂明主而張九齡死李林甫楊國忠用事鮮于仲通以二十萬人沒于雲南不奏一人反更告捷明皇不問以至上下相蒙祿山之亂兵已過河而明皇不知也今朝廷雖無此事然臣聞去歲夏賊犯鎮戎所殺掠不可勝數或云至萬餘人而邊將乃奏云野無所掠其後朝廷訪聞委提刑司體量而提刑孫路止奏十餘人乞朝廷先賜放罪然後體量實數至今遷延二年終未結絕聞奏凡死事之家官所當卹若隱而不奏則生死斷冤何以使人此豈小事而路為耳目之司既不隨事奏聞朝廷既行豢蔽又乞放罪遷延侮玩一至于此臣謂此風漸不可長馴致其患何所不有此臣之所深憂也臣非不知陛下必已厭臣之多言左右必已厭臣之多事然受恩深重不敢自同衆人若以此獲罪亦無所憾

七年翰林學士范祖禹論求言疏曰臣聞禹戒舜曰后克艱厥后臣克艱厥臣政乃乂黎民敏德舜曰俞允若茲嘉言罔攸伏野無遺賢萬邦咸寧稽于衆舍己從人不虐無告不廢困窮惟帝時克后克艱厥后者知為君難也臣克艱厥臣者知為臣不易也君知為君之難則不可不求言於臣臣知為臣之難則不可不極言於君如此則政乃治黎民化之敏於為德矣君知為君之難此孔子所謂一言而可以興邦也不知為君之難則所樂者唯其言而人莫予違也夫為人君出言不善而人莫敢違此孔子所謂一言而喪邦也舜知其如此故答禹曰信如此則嘉言無所隱伏人臣得行其言則天下之士願

立於朝故野無遺賢賢人皆在朝則萬國咸寧矣人君能盡天下之善言不遺天下之賢人又動必稽于衆捨己以從人故能不虐無告皆得其所不廢困窮皆得其養惟帝堯能之禹以道陳戒故以此告舜舜以堯為法故以此咨禹其要在於聽言用賢從衆愛民而已臣今日所講孟子不敢勸齊王發粟以救飢則與此正相違齊王為民父母坐視齊國飢饉其民將轉死溝壑而孟子不敢復言譬之馮婦搏虎豈得嘉言無所伏哉臣觀齊王不忍一牛之死以羊易之非無仁心也然而不能推愛牛之心而愛民見牛將死則知愛之見民將死則不知愛是以民飢而不救此所以為不仁也齊人無以仁義與王言者孟子非堯舜之道不敢陳於王前孟子見之時少齊人見之時多譬如萌生之物一日溫之十日寒之雖欲其生豈可得哉此所以為不智也齊王不仁不智由不能聽言用賢也昔仁宗謂輔臣曰

如聞州郡嘗於夏秋之際先奏時雨霑足稼穡登茂後或災傷畏罪不敢以聞使民不得免賦租甚非長吏愛民之意乃著令不罪州郡吏而聽除民租又有奏水災過實者有司請加之罪仁宗曰州郡多奏祥瑞至於水旱之災或抑而不聞令守臣自陳墊壞官私廬舍意亦在憂豈當加罪也仁宗聖心恤民如此若使孟子遇仁宗之時豈有不言者哉臣願陛下以舜禹之言為法以仁宗之心為心以齊王為戒知為君之難不可不求言求言不可不訪問使嘉言日聞賢人日進則四海生民幸甚仁宗故事伏乞常留聖覽

中書舍人孔武仲乞輪侍從官進對疏曰臣伏見前日近臣論奏乞罷侍從官轉對而專責以朝夕論思之効朝廷尋已施行臣以謂論思者侍從之事然苟不持之以法度則責無所歸言與不言各從其意論思之効果安在也昔唐太宗聞直諫則獎激之久不言事則詰

薄之風聲所感群下自勵是以終貞觀之世中外無壅蔽之事朝廷無佞媚之臣政理之効優於近世仁宗皇帝嘗御正陽門親策群臣又嘗開天章閣召執政八人賜坐授以紙筆使條陳政事之要嘗謂輔臣曰近日上封言政事得失何其少也豈非言路壅塞所致乎英宗皇帝嘗謂范純仁曰近日風俗可嘉群臣能屢來言事如此人君日有益矣仁祖英宗汲汲求人言如此是以至和嘉祐治平之政至今稱頌昨日陛下親御經筵許講讀官進對凡預講讀者不過五六人陛下闕其規戒之言亦多矣況侍從官不止五六人其能言天下之事者固多患在未有以率之而已伏望遠稽唐太宗及仁宗英宗勤求人言之義近推經筵許侍臣進對之意輪流侍從官二人進對令各陳所見擇其是者推行之則轉對之法雖廢而論思之責猶在也

元祐中中書舍人陳軒上奏曰祖宗舊制諸道帥守使者辭見之日

並召對便殿非特可以周知利害亦可觀閱人才今視朝數刻而退惟執政大臣得在帝所或經旬閱月臺諫官乃得觀餘皆無因而前殆非所謂廣覽兼聽之道願詔有司使如故事

紹聖元年知杭州曾肇乞詔天下皆得直言及百官次對狀曰臣聞自昔有為之君欲以收攬威柄脩立政事一新海內之耳目則必公聽並觀大開言路使朝廷得失民情利病百官忠邪賢不肖畢聞於上然後虛心審察揆以古誼參以時變出於天下之公而無悖於前可施於後者則斷而行之出於一人之私而於前為無稽於後為有弊者則絀而不用以此經綸天下之務酬酢萬物之變故能所為必成所欲必獲古之興王所以功施一時澤及後世未有不出於此者伏惟皇帝陛下躬至德開大明方且夙寤晨興以總攬權綱更革時敝為志然後發德音下明詔使人人得直言時[illegible]無有所諱以廣聰

明以通變塞正在此時而中外寂然未聞有所諮訪此臣之所未諭也諭者或曰方今宇內無事朝廷清明陛下循守舊章足以稱治尚何事於言哉臣切思之斯言過矣何則舜之繼堯無異道也方堯老而舜攝固也闢四門明四目達四聰及其命九官則天地人神草木鳥獸之政無所不舉而終之命龍作納言蓋雖舜之盛德又當極治之世所以通天下之情者猶不敢不以言為急又況德未臻堯舜之盛世未若唐虞之治者乎惟是臣下用事則或蔽於自私而惡聞其過於是多為關防杜塞言者指鯁言正論為矯激以循默取容為忠厚此則任事者之所便非朝廷之忠計也昔漢宣帝之初上書者皆為二封領尚書者先發副封所言不善屏去不奏及魏相執政白去副封然後天下之情無不上聞宣帝所以知人疾苦成中興之功魏相所以總領衆職號稱賢相者能去壅蔽故也陛下無有為之志則已苟有志焉而不廣開諮詢訪納之路臣未見其可也臣愚欲願陛下明詔天下皆得直言又詔百官使以次對論以至誠求助之意責以盡忠無隱之誼其言而有益則不惟納用且加以賞言而無益則一切包容置而不問如此則遠近之人知陛下有求言之實有聽言之明孰不感激奮勵應上之求哉雖然四海之大士民之衆不必人人皆知義理方陛下虛己下問之時豈無乘間投隙以姦言私說惑亂聖聽者此則在陛下聽納之際有以辨之而已孔子曰將叛者其辭慙中心疑者其辭枝吉人之辭寡躁人之辭多誣善之人其辭游失其守者其辭屈孟子曰詖辭知其所蔽淫辭知其所陷邪辭知其所離遁辭知其所窮孔孟所以知言用此而已蓋人之以言接於我者不能使之齊而能使吾不為彼之所惑者辨之有道故也辨之有道則雖姦言私說雜陳於前安能移我之意哉苟畏其惑亂而遂廢

奏議卷之三百　六

諮詢是何異憂噎而廢食也臣愚待罪從官轉徙五郡道路傳聞昔謂陛下聖質高明濟以果斷其志將以有為於天下日夜傾耳以聽德音而久之未有所聞輒因賜對首敢以是為獻伏惟留神采擇

元符八年戶部郎中曾鞏乞復轉對疏曰臣聞帝王即位之初必有以順天下之心答中外之望其為之有序在知其要而已臣伏覩先帝嗣位以來憂勤恭儉日謹一日神功聖德充塞天地固非臣言所能髣髴也陛下繼之承之任大責重然四海之廣萬事之煩億兆之衆不可家至而人接之則欲達天下之情成天下之務豈有他哉在廣言路爾言路廣則人人得盡其情人人得盡其情則上無不聞之事下無不通之志政令之得失百姓之休戚群臣之忠邪賢不肖在四方萬里之外陛下不出戶庭不降几席可以周知而備見矣然後察政令之得者則力行之彌綸未至者則損益之百姓之所願欲則與之百姓之所疾苦則除之顯忠而去邪任賢而退不肖夫然故上澤得以下及下情得以上聞百官有司奉法遵職賢者不以崇高而敢肆賤者不以疏遠而敢欺陛下深處法宮之中端拱無為而天下治矣知任己聰明則其察愈詳其蔽愈甚因衆之聰明則所視者遠所聽者周故先王設進善之旌立敢諫之鼓陳誹謗之木又使瞽獻書師箴瞍賦矇誦工諫近臣盡規親戚補察彼豈聰明之不足哉知任己不如任衆也舜之繼堯所守一道然舜初受命則闢四門明四目達四聰以謂繼治世者耳目尤不可以不廣故也三代以還咨詢訪納固非一途然近世之所嘗行祖宗之所已試則命百官轉對資今日之要務也昔唐太宗初即位延見群臣或論往古成敗或究民間利病每言及稼穡艱難則上下相規務遵勤儉言及閭閻疾苦則君臣感嘆議息征徭故能創業垂統成貞觀之治下至代宗每

奏議卷之三百　七

於紫宸聽朝常限三人奏事敢言者賞其盡規不言者責其隱默故陸贄以訓諫雖未從且不冴忤情苟有阻終獲上通周世宗即位之始亦延群臣使陳當世之務故能外強兵威內脩政事而顯德之政獨高五代先帝熙寧之初亦詔百官咸以次對故事不逮行之非難此臣愚惓惓所以有望於陛下也今學士大夫布滿周行人有所懷皆願自竭但慮詢求之未廣聽諫之未至爾陛下沛然發德音下惻怛之詔使之極言無有忌諱則孰不踴躍奮勵各罄所知以補聰明之萬一哉陛下察其言之當者納之用之而勸之以賞言而未當或過於訐直者寬裕包函而不加以罪非但舉空文循故事而已如此則四海之內知陛下有好問之美有聽言之實忠謀讜論日聞於上而阿諛壅蔽之私不得行矣天下之情孰有鬱塞而不伸天下之務孰有怠廢而不起者哉故臣愚過計以謂今日之要務未有易此者

也至於廣收骨鯁敢言之人充耳目之任較左右侍從之官責以論思獻納是皆朝廷之所素講不待臣言而悉者也

哲宗時尚書右僕射范純仁奏乞看詳臣庶所上封章疏曰臣竊見旱暵作沴兩宮焦勞減膳責躬聳動群聽臣以輔政無狀已與呂公著等同奏待罪乞行降黜夙夜憂懼思所以消弭災異之術上裨聖猷愚者千慮或一得臣觀前代多因災異求訪直言所以宣道人情以消壅蔽自陛下臨御之初即下詔許人實封言事當時臣庶所上封章盈於萬數其中必有可行之事可采之言若收其爝火之微亦可補大明之照大臣不能遍覽有司憚於舉行棄擲散遺稀獲省錄故未能上副陛下求言之意也伏望特降聖旨下三省樞密院六曹寺監將前來臣庶應詔所上封章後來不以行與不行據元初承受到都大數目並令撿尋進入然後擇賢明近臣專為總領仍許於尚書省閣曹及秘書省太常寺國子監下府及應閑慢寺監司局內選擇郎官丞簿博士帖職教授等指射一二十員分擘看詳逐旋節略緊切大意同申三省其有淵久遠利害未可便行者即行下當職官局及逐處監司州縣相度給與日限具可否條明聞奏其決然可行者便令執政進擬施行如此則必得芻蕘之言上裨堯舜之治

徽宗初即位中書舍人曾肇乞脩轉對之制詔百官民庶極言時政狀曰臣伏讀詩書見周成王即政之初咨嗟求助至于再三群臣進戒亦皆至誠懇惻無所諱避然考其時猶在除喪朝廟之後及康王嗣立自乙丑至癸酉纔九日而君臣更相訓告如恐不及夫詩書所載固非空言而康王纍然在喪服之中上下相飭如此其急豈非天位至重守之至難祇畏恐懼尤在其始故雖宅憂之際虛心納善亦不敢以已乎恭惟皇帝陛下聰明恭儉天質夙成孝友慈仁形於言

動皆出唐邸第雖未有所施為而天下稱頌以為賢主及踐祚數日弛張廢置出於獨斷者莫不曲盡物情大慰民望則又天下歡呼以為英主此誠宗廟社稷之福夷夏生靈之慶也然臣以謂四海之遠非一人視聽之所能周萬機之衆非一人思慮之所能給必須合天下之目為之視合天下之耳為之聽合天下之心為之思慮如且陛下不視而明不聽而聰無思無為而天下治矣夫為此者非他在開言路而已言路開則上無不聞之事下無不達之情以之震舉廢壞蠲除疾苦考覈能否判別忠邪唯陛下之所欲為無施而不可也昔者以舜繼堯所守一道然猶明四目達四聰及禹繼舜亦拜昌言在漢宣帝始親政事則詔民上書去其副封以防壅蔽唐太宗初即位孫伏伽以小事諫太宗厚賜勉之以誘言者至于本朝可謂平治而祖宗以來數詔百官使以次對神宗舉而行之於熙寧之初以興

起事功為後世法臣願陛下遠觀舜禹成康之所行近述神考之故事
修轉對之制下不諱之令明詔百官下及民庶使得極言時政無有
所隱然後陛下擇其善者而行之且報之以賞大則加以爵秩小則
予之金帛其言不足採若狂妄牴悟者一切置之不以為罪庶以鼓
動天下敢言之氣紓發鬱堙壅塞之情當今先務無大於此願陛下
亟行之

右正言鄒浩乞如神考故事詔侍從言事疏曰臣伏見神考嘗詔侍
從官言事其略曰傅曰近臣盡規以為榮耻休戚與上同也今在此
位者視朕過失與朝廷政事之闕然而不言乃或私議竊嘆蓋以其
責不在已矣豈習見成俗以為當然其或有含章懷寶待倡而發者
也宜令侍從官自今視朕與朝廷政事之闕無有巨細各具章極言
無隱噫言善而不用朕有厥咎道之而弗言爾為不恭朕將用此考

察在位所以事君之實而明黜陟焉夫自五帝以來神聖超卓如我
神考可謂群臣莫能及矣然猶咨訪闕失不敢忽如此今陛下寵待
近臣甚厚亦神考之用心顧近臣未必皆能上體聖意敢以所見極
言無隱欲望如神考故事特降詔書諭以至懷庶幾人人思自罄竭
陛下從而覽之豈唯兼收博采坐以無事而臣下忠邪得失之情亦
因以灼知而盡見此要道也

宣和六年司封員外郎李光乞開言路劄子曰臣聞帝王之美莫大
於詢謀治安之時尤先於警戒歷觀前代有為之君雖聰明有餘而
切直之言不絕於耳雖天下大治而幾微之慎不忘于懷恭惟皇帝
陛下以睿智寬仁之資膺祖宗積累隆平之業勞心求治幾三十年
華夏乂安天地交泰符瑞之應史不絕書所謂太平盈成之期實在
今日陛下所當憂勤宵旰虛已以聽納羣臣所宜精白勉勵夙夜以

進戒而近歲以來士大夫狃於因循宴安寵祿諛佞成風至妄引苟
伸有聽從無諫諍之說以杜塞言路多士盈庭莫敢開說是陛下有
容納之德而羣臣進拒絕之計朝政之闕失臣下之姦邪生民之利
病海内之休戚何由盡聞乎古人有言曰堂上遠於百里堂下遠於
千里門庭遠於萬里蓋言壅隔之禍深也臣愚伏望陛下博延羣臣
明詔天下廣衆正之路開不諱之門使忠良蹇諤之士有所覬益而
讜言進傾邪讒巧之徒不得壅蔽而下情通實天下幸甚

徽宗時陳瓘論求言之詔未及舊臣劄子曰臣竊覩陛下近因日食
詔許中外臣民實封言事天下之忠言必自此而進矣然而求言之
詔普逮於臣民而乞言之禮未加於黃耇竊慮耆德故老久去朝廷
或在謫籍或已得謝忠於徇國意欲有言泛然應詔則非舊弼之體
密貢封事則有強聒之嫌若非聖問俯及隆謙示敬則黃耇之言或

不樂告是以周家忠厚尊事黃耇秦穆改過復詢黃髮詩書所載聖
主之所宜行也願因側身懼變之時明示養老乞言之禮必有嘉謨
來助初政格王正事無先於此伏望陛下上稟慈闈議而行之天下
幸甚

瓘又論賞言者劄子曰臣近者傳聞奉議郎鄭敦義進士何大正等
皆以封事進言各霑恩賞所以開忠鯁之路戢前詔之語蒙蔽之患
自此革矣此堯舜之用心也然而臣竊以謂天下善言雖有可賞而
朝廷推恩未可太遽賞而太遽亦不能無弊古人有言曰言而有賞則
恐拘介之士憚賞而不言貪冒之人慕利而妄舉自前者詔書之下
人情歡抃皆欲有言然而拘介之士意在憂國雖願其言之見聽又
以希賞而自嫌欲言不言終於蓄縮此不能無弊者一也漢宣帝之
初去封事之副而天下之言始得盡聞于上吏民上書言便宜有異

輙下杜延年評處後奏言常與兩府及廷尉分章當是之時對事雖多而人主不勞者以宣帝左右有親信可委之士也今陛下侍從之間可委之士未見其人千章萬疏獨煩聖覽人人希賞日日望恩陛下躬自應副不無少勞非所以寧神體而澄聖慮也此不能無弊者二矣又上書之士各盡忠誠凡朝廷當密之機未發之命彼皆先揣其當然往往斥言而無避其事未經行遣安可先賞言者今日之事盡有如此者矣此不能無弊者三也又今年省試下第之人不減數千上封事者十有三四臨去復留意各有望自料所言可以得賞則皆指日以待恩除望而有得然後欣悅臣恐朝廷恩命難以人人而悅之也此不能無弊者四矣臣愚以謂此四弊者皆生於推恩之濫臣願陛下宣諭輔臣且賞敦義大正以誘天下敢言之士自餘章疏有可取者並皆籍記姓名將來一併推賞賞之既緩則拘介欲言之

士却或無嫌陛下萬機之餘可以徐覽朝廷當密之機必待先行而後賞欲去復留之士可使悉心而俟命如此則四弊去矣臣愚妄論事機冒犯天聽惟陛下裁赦

欽宗靖康元年監察御史胡舜陟乞御史言事疏曰臣竊以御史耳目之官以言為職故監察御史自唐以至本朝皆論政事繫官邪正與殿中侍御史同元豐紹聖著在甲令至崇寧間大臣營私欲其便己遂變祖宗成憲使人君無兼聽之明而南臺御史始有不言事者名存實亡害治尤甚今多事之時以開言路為急伏望睿旨下本臺令增入監察御史言事之文以復祖宗之制

高宗建炎間樞密院編脩官胡銓上奏曰臣聞太平興國中有布衣皂囊獻書者太宗嘉納顧宰臣曰比降詔書許言事是雖狂悖朕不加罪淳化中武程上疏狂瞽大臣李昉請加黜削以懲之太宗責之曰朕曷嘗以言罪人哉臣以是知祖宗所以得天下定禍亂雖規模宏遠未易窺究大要納諫最為盛美仰惟陛下宵旰圖治渴聞嘉言凡詔書為求言而下者十蓋五六真有祖宗求諫之風然比日中外論事之臣顧望畏忌類多摘摭細故無甚骨鯁以副青規之聽臣竊未喻臣聞康澄上時政疏以謂天象變見不足懼直言不聞深可畏臣雖愚戇無識竊觀國家近事亦有不足懼而深可畏者欲望陛下申飭百官明示以渴諫之旨使各直道而行盡言無諱於以消天變而折敵衝則太平淳化之治其則不遠惟陛下留神毋忽

尚書右丞許景衡乞復轉對劄子曰臣伏覩建隆詔書臣僚轉對並須指陳時政得失朝廷急務或刑獄冤濫百姓疾苦近制每遇文德視朝許侍從官二員轉對雖放朝亦許封進比緣朝廷多事輙發不講方當國步艱難修舉政事之時而論思獻納裨益國家乃侍臣之

職也欲乞詳酌遵祖宗故事每月朔前後殿起居並許侍從官轉對或放朝亦令對進以副陛下虛己求言紹復祖宗成憲之意

紹興三十年正字周必大上奏曰臣聞事有大疑謀及卿士著之洪範為世元龜我仁宗皇帝之在位也或御資政殿召兩府侍從而詢天下之事或御迎陽門集兩制近臣而賜直言之目或開天章閣內出筆札而使條時政之當行者蓋欲採在廷之善決當世之疑盛德成功至今巍巍也陛下自臨萬寓備歷百為凡曰事機難逃聖鑒近者奮剛斷起治功更易將臣舉直錯枉治內之道已無可言惟是荊襄兩淮地方數千里田畝未盡闢民兵未盡精將置而弗恤興則或非固圉之策將屯田以實塞興則必有生事之嫌此議者所以日夜為言陛下所以宵旰軫慮而廟謨籌箸所以猶汲汲也夫心術有限必因眾人之智明聽度難精不若親見之諦審臣願陛下監洪範之

訓法仁祖之規以此二疑條為清問內詢臺諫侍從以殫衆人之智外詢沿邊帥守以盡親見之謀俾之深思各以實對必使疆埸捍堵盟約無虧在我者備禦既脩而在彼者觀聽不惑然後陛下與二三執政總其說之善者折衷而行之不過片言議論定矣臣竊笑日上螭頭之奏時聞黈纊之聽泛為危言而卒無可行名知大體高實則迂闊較其利害蓋相萬也譬猶治疾當集良方苟無良方但言疾狀雖云明脉豈曰善醫淹歷歲時初亦何補思患豫備恐不其然伏望聖
明特垂睿斷

高宗時胡寅上奏曰臣恭覩陛下虛心求言日昃不倦凡職事官以
上悉許面對資衆謀盡群策以收恢復之功德意甚美而比來待對之人隔下班次有五六日至於旬時者卑官冗吏職有常守既爾徘徊不無妨廢其間嘉言讜論稽於上達又無以稱陛下見賢若渴之心臣愚欲望特降指揮凡當面對臣寮若遇其日引對未及即令退具所欲論奏之言依祖宗時百官轉對故事實封於閤門進入則陛下有達聰之美臣子無底滯之嘆兩得之矣

章誼乞詳延多士論天下利害疏曰臣聞大厦之建非一木之枝帝王之功非一士之略方今國勢未寧邊備未設錢穀甲兵之間數至於廟堂軍書羽檄之急交馳於道路一日二日之間幾微鉅萬陛下與二三執政之臣朝思夕計固曰無遺酬對裁量固云不倦然而望治之誠雖切於九重而筭計見效靡凝於庶績臣伏思之此殆帝王之功未可以獨致而群士之略所宜於徧舉以陛下天縱之聖固已不自恃其聰明而委之於執政任事之人矣誠使執政任事之臣亦不敢自任其思慮而資其策於天下智謀之士則何為而不成何求而不獲哉臣願陛下設為一司詳延天下習知治體之士使之極談天下之利害於政事則論其孰後孰先於法制則論其孰用孰捨論財賦則如何而足論甲兵則如何而強論郡邑則何地可以宅中論征討則何人在所縱伐四民何由而得遂其生百吏何由而不失其職盜賊充斥必有安集之方夷狄內侵必有攘却之策然後宰相總持衆美而定議於廟堂陛下公聽並觀而責成於宰相如此則規模宏遠求效可期矣傳曰禹思天下有溺者猶己溺之稷思天下有飢者猶己飢之故孔席不暇暖而墨突不及黔今天下飢溺甚矣此志士仁人遑遑之日也收覽群策共濟當時之務以拯斯民之急非陛下仁聖誰為之日中必熭操刀必割誠不可以少緩惟聖主留神幸甚

試中書舍人李彌遜乞許內外職事官言事劄子曰臣聞廊廟之材非一木之枝帝王之功非一士之略舜有大功二十皆取諸人此有天下不易之理況艱難之時乎國家多事以來十有餘年大勳未集陛下深創前失力圖大計宸謨廟筭固無遺策然萬幾至繁日不暇應千慮之外有當却顧而預防者或隱於尋常不見之地非賴衆智未易明也夫今日當務之急政事不可不脩而自治之方未舉夷狄不可不備而善後之計未定有志之士所深慮也臣願陛下以此二事詔內外侍從官及見任職事官以上使得悉陳之陛下與一二大臣慎擇而力行必有以上裨聖聽助成恢復之功其在外官令於所在州軍實封投進行在官依面對例施行

起居郎洪遵乞修注官經筵奏事劄子曰臣不肖幸得以記注陪侍經幄瞻望天威近在跬步至於御茗分珍華墫錫坐皆非糞土小臣平生所敢覬望竊見春秋二講分於隻日先期書局經筵官講讀畢許留身奏事脩注官雖與簽書未嘗有奏事者皆云近例如此聯名

一曆不應別為二體臣伏聞元祐中起居舍人呂陶嘗乞候講讀罷臣僚再留奏事並許侍立以此觀之講退猶且入侍何由不許奏事欲望睿慈下講筵所依講讀官例施行

遵又經筵進故事曰仁宗皇帝謂輔臣曰比上封言政事得失者何其少邪豈非言路壅塞所致乎其詔閤門通進銀臺司登聞檢鼓自今州縣奏請及群臣表疏其以聞

臣聞木從繩則正后從諫則聖古之聖王以左右輔弼諫諍之臣為未足也則又設敢諫之鼓進善之旌誹謗之木下至百官箴王闕百工庶人舉得以言二帝三王之盛用此道也臣恭仰仁宗皇帝承三聖休業天下已安已治可以垂拱無為方且深惟遠覽一命令之下一政事之出孳孳業業專以闕失為懼嘗曰臣下能進忠言朕何惜夏爵之拜又詔輔臣以封事之少丁寧告戒惟恐

壅塞方時海寓乂安俊傑居位臣竊所陳公車所奏一言片善朝至而夕行況能四十二年之間治功茂盛跨軼三五視漢唐為不足道竊謂有天下者當以仁宗皇帝為法

中書舍人呂疇之上奏曰臣伏見陛下厲精為治勤求民瘼詢辟與誦愽采兼聽翕受如不及四方利病至纖至悉庶人得言之士大夫得言之監司郡守近民之吏得言之此誠有虞詢四門明四目達四聰之時也陛下求言之意開之惟恐不行行之惟恐不盡而天下之所望者亦如此故邇者士庶上書陳獻利害及守臣到任條具裕民事進降者甚多看詳者不一然以臣觀之夫要有三或施之於民而民利賴之以法而法通若此類者固無所疑朝廷皆以次施行矣有行之可以利民而於舊法及一時指揮或大相牴牾或小有不合言既不可盡廢法亦不可輕議若此類者臣亦各權其事之輕重乞從朝廷隨宜參酌可否與其或自有見行成法州縣所當奉行而猶申請不已言者猥多覽者易厭臣每看詳至此謂之無可施行則實有其弊設或一一申嚴則不勝其繁凡若此者臣今欲並行類聚揔其條目取自聖裁特降明詔戒諭郡縣之吏使之明習條令間或容私遵守成憲毋致違戾究心夙夜悉意奉行庶幾使陛下愛養元元廣諫從衆之惠徧及寰宇無一夫不被其澤天下幸甚

右正言陳淵上求言疏曰臣聞天地至大日月至明而人之游乎覆載之中出乎照臨之下皆其德也今使人旦朝贊之暮夜譽之則人必以為得狂疾矣何則天地日月非贊譽之所能益而亦無待乎人之贊譽也人主之德其大如天地其明如日月蓋其所當然者雖贊譽何加焉故其平居所宜聞者切直之論而已虛辭飾說以相媚悅非所急也且凡贊譽者非欺則諛使欺且諛者得行其志人臣之利

也而人主何利焉若夫切直之言乃人主之利而又人臣之所不利故人主聞切直之言常少而聞贊譽之語常多此不可不察也開道而求諫和顏而受之猶懼不至況樂軟熟喜便佞而惡聞其過乎昔在崇觀迄于宣和一時用人往往將順者多而正救者少馴致敗亂職此之由誠願推切直之為利監贊譽之為害狂愚者雖甚必恕諛佞者雖寡必遠則下情得以上通而天下治矣

淵又上奏曰臣聞昔之治世工誦箴諫大夫規誨士傳言庶人謗夫謗猶不廢也非直不廢而已舜之求言乃立謗木是使人謗己也而周公之戒成王曰小人怨汝詈汝則皇自敬德是又不禁人之詈己也由是言之後世所謂謗訕之刑指斥之誅豈古之道哉祖宗之時謗訕指斥之律蓋有不得已行之者自紹聖已來至於宣和之末何多也使誠有是事聞而改之可也又豈可以一人之勢而盡箝天下

之公論乎。若其無是事而文致其罪，則天下之士聞之，將有蔵其身而不見，膠其口而不言者矣。此今日之禍所由致。真宗朝有訟事投匭者，言涉不遜，真宗録其所訟之事以示外廷，曰：若以其言盡付之有司，所究未直，而指斥之罪先加之矣。真宗之心，與舜、周公之意，可謂不期而合者也。後之子孫，其可不以為法乎。陸贄曰：諫者多，表我之能好；諫者直，示我之能賢；諫者之狂愚，明我之能恕；諫者之漏泄，彰我之能從。有一于茲，皆為盛德。人主欲知諫之有益，斯言盡之矣。

又上奏曰：臣聞人之所以惡聞其過者，求己勝也。而不知求勝於人，終莫能勝，惟不求勝乃能勝人。書曰：予視天下愚夫愚婦，一能勝予。夫如是，故能合天下之勝己者，資之以成己，何慮乎不勝。孔子曰：丘也幸，苟有過，人必知之。孟子曰：古之君子，過則改之。蓋聖人未嘗無過，以人知之為幸，而君子有過，亦以改之為貴。未聞有惡聞其過者。此所以有能有功，而天下莫能與之爭也。其為勝也，不亦多乎。何則？今人之為不善，其知而故為之者，固不足道；有以善為之，莫之覺而入於不善者，是其始於善，不善特未明也。有人於此，指摘其瑕疵而譏議之，則其見聞智愚，必皆以勝於我矣。若拒而不受，彼言之者固無所損，而吾之不善自若也。如取其言之善以為一己之有，是以天下之善為吾善也。雖欲不勝人，其可得乎。

又上奏曰：臣聞太宗皇帝嘗以里語告真宗曰：道吾惡者是吾師。是雖人之常談，而聖人取之。蓋人主唯不知其過，故與亂同事而不自悟；使聞其過而改之，雖堯舜可進也。由是言之，道吾惡者非吾師而何？孔子曰：三人行，必有我師焉，擇其善者而從之，其不善者而改之。夫不善者猶將內自省焉，而以為師，而況於攻吾之惡，乃所以進我於善也。其可師也明矣。仲虺之誥湯曰：能自得師者王。如是而得

師，又豈因人而得之哉。不因人而得之，夫是之謂自得。人主能自得師，則天下莫不歸焉。其為王也孰禦。

光宗淳熙五年，翰林學士周必大上奏曰：臣聞人主前旒蔽明，黈纊塞聰。其所以能明見萬里者，內寄耳目於臺諫，外寄耳目於監司也。今臺諫既以所聞告于上矣，則為監司者自當數以所部利病獻焉。今除每歲刺舉一二官吏外，鮮聞以某郡縣之利當興、某郡縣之害當除徹于陛下之前者，豈真無利害可言哉。蓋未嘗周爰諏詢之過也。臣願明詔部刺史，或月或季，各以部內所當罷行之事，倣成周小行人所謂萬民之利害、政事、教治、刑政之逆順，與夫作慝犯令、豐凶和樂之書，條具以聞。毋得用薄物細故塞責。如此則不惟陛下坐而周知天下之故，亦可於是稽其人之才否，而詔黜陟矣。

寧宗時，袁說友乞來忠言疏曰：臣切見陛下收採人才，寘在朝列，必欲使之各盡所長，以濟事功。臣觀在廷之臣，類皆謹守繩墨，無所裨益。如是，則其誰不可為也。陛下憂勤宵旰于九重之上，群臣無能為緜毫助者，蓋親近者少，而踈遠者多也。陛下朝夕論事，不過二三大臣，雖侍從臺諫，尚已進見有待，況於其下百執儻有奇謀遠慮，安能為用。踰二三歲始一輪對，以踈賤之臣，咫尺天威，方且驚惶畏慄之不暇，尚安能從容言天下事哉。不過指摘細微，以應故事。遂使陛下有意聽言，未必皆可採之言；有心納諫，未必皆切直之諫。至於一有施為，近臣則曰上意已有所向，小臣則曰朝廷自有成謀，事有利害，則皆緘默不言。一或參差，始盡言其不可。間有敢言之臣，陛下又為之遷官進秩，徒可來希意苟合之士，而清修端潔者又嫌於冒進而不肯言。臣謂未行其言，而遽進其人，乃所以杜言者路也。遂使天下利害，陛下以一人之身而獨任其責，將何望於天下士哉。雖臣亦為

大可愧也。臣願陛下明詔有司。事有可否。不問侍從百執之臣。不以輪對。使各罄其忠。其言可用。雖無謀擾當力主其說。未有成績。不可遽加進擢。以為賢者之嫌。厭鉞群諫用而勲業濟矣。

都官郎官黍變上奏曰。臣不佞。四月六日猥以庸陋獲對清光。敷陳治道。勸陛下以延訪英髦。讀畢。臣復口奏申述延訪之意。謂陛下欲周知是非得失之實。要在勤於好問。陛下首肯再三。聖語云。問則明。於是悚然深服聖人謨訓如此之簡且切也。退而與朝士言。亦無不稱贊聖言之簡要。陛下既洞見此理。臣以為必能日與賢臣往復問答。開廣聰明。期大有為於天下。而側聽十旬。陛下端拱淵默。尚如曩時。臣竊惑焉。豈聖意自有主耶。臣聞易之乾曰。君子學以聚之。問以辨之。乾君德也。謂學雖甚富。而心有所疑。不辨不明。此所以貴乎問也。中庸曰。舜其大知也與。舜好問而好察邇言。仲虺告成湯曰。好問

則裕。自用則小。以是知勤於好問。實帝王之盛德。陛下既知如是而明。則當知夫反是而暗。明則光輝旁燭。無所不通。暗則是非得失懵然無辨。豈不大相遠哉。且今日在廷之臣。孰有其善。孰有其能。孰可以當重任。孰可以辦一職。孰為人望所歸。孰為清議所貶。陛下能盡知之乎。當今之務。何者為綱。何者為目。何者當先。何者當後。所未立者何事。所未革者何弊。陛下能盡知之乎。吏貴乎廉。而貪濁者衆。吏貴乎良。而慘酷者繁。或催累年積欠。鞭箠不止。或借朝廷威令。羅織無辜。此百姓所以不堪其苦也。陛下能盡知之乎。將帥擁兵。固有忠於為國者矣。而多徇私者。固有勇於立功者矣。而多怯懦者。固有勤於閱習者矣。而多茍簡者。掊剋日甚。名籍多虛。此緩急所以不可仗也。陛下能盡知之乎。凡此數條。臣竊料陛下未必盡知也。夫以聖德純茂。而於此未能盡知。其故何哉。亦惟端拱淵默。而罕發於請問而已。今宰執奏事。陛下猶有所咨訪。自從臣近列得聞玉音者寡矣。況疏遠者乎。此國家之大患。臨政雖久。而治功未立。皆由此也。或以為人主一言之失。史官書之。天下議之。問而不當。不如勿問。臣竊謂不然。自古帝王之言。豈能無失。惟得賢臣開陳正救。歸於至善而已。豈可畏人之譏議。而終於不問哉。陛下誠能自今以往。有疑必問。咨訪宰執。日益加詳。至於從臣之獻納。臺諫之奏陳。百官之輪對。監司郡守之升殿者。人人咨訪。究其所蘊。必將披瀝肝膽。效其忠誠。而事無鉅細。豈有所不知哉。臣又聞皇太子天資英粹。率由善道。可謂盛德矣。而於接對宮僚之時。亦罕有所訪問。蓋非不欲問也。其意以為聖父淵默於上。而子道亦當爾也。臣嘗觀一介之士欲自植立者。茍有所疑。亦必咨問。況主器之重。所關甚大。而可不以是為急乎。此在陛下以身帥之。陛下躬好問之誠。率之於上。而以臣所奏宣示東宮。曉

然知好問之益。每一月具所與宮僚問答之語。悉以上聞。則智慮日明。德業日充。誠宗社無疆之休也。陛下毋忽臣言。

元世祖時。趙天麟上策曰。臣聞明堂之材。非一樹之枝。太平之功。非一士之略。以衆人之聽為聽。則其聽益聰。以衆人之視為視。則其視益明。堯有衢室之問。舜有總章之訪。兼天下之智。悉天下之情。故能文武聖神。受皇天之眷命。溫恭濬哲。增玄德於無窮。此帝王之極功。古今之共美也。今國家體堯齊舜。坐阜天民。自先帝以來。乾坤再立。日月重明。一家之典式方新。萬姓之風俗漸變。太和方立。厄運還來。有共工崇伯之徒。扇滔天方命之禍。上玄降鑒。殲厥渠魁。復用賢臣。爰修治具。然而覆盆難照之地。生靈無告之者。餘風未殄。盛化未弘。知此事者。莫及官吏。不加詳問。孰肯明言。臣謂內外官僚。並膺天命。或申風化。或舉宏綱。或整治軍民。或監守營辦。各居其職。各掌其事。斯

皆達情弊之淵源見利害之精微皆有區區為國之心坦坦至公之論以國家雖開言路未嘗事詢于百官彼百官其意將曰布衣之人綽綽餘裕無官守之拘而有言責之陷則上自朝廷下及軍民無非所當言者故敢言之也今吾輩既當職分職分之外非所宜知進則恐有侵官之嫌退則自違忠懇之志於是超然無懼敢陳仁義於王前者萬無一二焉臣竊惜國家之聽覽猶有所遺而百官之忠告未獲盡伸也唐文皇貞觀五年詔百官言得失中郎將常何武人不涉學家客馬周為條二十餘事皆當世所切太宗怪問之何以實對且言周忠孝人也此蓋無學者假手於人而為之亦足以見其友之何如也且方今山野草茅之人白屋衡門之士猶使之上書陳言況內外之命官乎伏望陛下增光鸞紙垂問鵷聯旁及外路之官俾適中心之願天人之相通奚以審之帝王之一揆奚以行之朝廷之美慶

奚以增之古今之大體奚以施之守成之治道奚以先之化刑之先後奚以言之綱常之正理奚以本之外方之未服奚以來之閭閻之疾苦奚以救之有司之私弊奚以革之食貨之富庶奚以致之其此等未能悉數者皆奚以問之凡省臺院部及管民官五品以上內外諸衙門三品以上官並各對之凡官品不在限內而欲對者聽凡無文者具實事凡所對在京師者就呈都省在外者繳申所統達于都省都省未敢開拆照視乃奏聞于上上命大臣議之於是都省判送禮部禮部官察院官一同評議既定具呈都省都省及御史臺翰林院官議其可行者奏聞而行之凡言中者至考加階不中者無罪凡英材卓犖超絕倫流者別行不次用度若然則國家之聽覽無遺百官之忠告獲伸虞書云明四目達四聰此亦其一也

天麟又上策曰臣聞國家之政或有弛張下民之心即殊哀樂驗於民而知其政聽其聲而見其情蓋在心為志發言為詩詩有六義之分道無二端之異一言可以蔽之曰思無邪焉耳矣所以衆史掌於前聖人刪於後三百餘篇班于六經固非輕也豈惟此哉上世以來稗官嘗立九流之內小說預焉凡道聽塗說之所造閭里小知之所及亦使綴之而不忘庶或一言之可采也戰國而下總攬權綱以為狂夫之議鮮有得中聖人之書是以為法是以天子不採詩諸侯不貢詩樂官不達雅國史不明變惟漢武之朝定郊祀之禮祠太一於甘泉祭后土於汾陰乃立樂府而采歌謠於是有代趙之謳秦楚之風然帝徒能好名而不復察實故當時之體斷不能肩上世帝王之治也方今聖主拱極賢臣毗政群生已遂四海咸賓又奚須市井閭閻之語哉但以古今聖賢之所同者志於仁而已厚其民而已是則同若夫政事之因時損益之中節則不同也何則議結繩之事於耀文

之世豈能行乎談無為之理於救弊之際豈可得乎故雖有先王之陳跡而亦未能一一盡從之也遂不免於旁搜遠覽博達群情庶乎殊塗而同歸百慮而一致也聖明開言路之後陳言者莫非通經典之儒士習文法之吏員皆持大體以泛言未悉輿論而備紀由是觀之則市井閭閻之語亦寔不可棄者也昔堯有四凶堯不能去及舜為相而去之非舜之明明於堯也以舜之陶漁耕稼在下親被其苦故知之也況天聰明自我民聰明天明威自我民明威可不先於民乎臣竊以為國家若立采風謠之官則下民之瘼可以知矣守令之賢愚可以辨矣朝廷之得失可以聞而戒之矣又審市價之高低則知民之所趨尚者矣察方俗之善惡則知政之所當加者矣聆歌頌之和聲則知法之所當守者矣伏望陛下令繡衣使者巡行之日兼采閭閻風謠達之憲臺凡政事之失者移文都省改張條目奏聞丹

闕付于隨處行省而行之所以廣仁恩也凡祝頌之和者行下太常播爲雅頌奏聞丹闕薦于天地宗廟而歌之所以廣孝敬也仁恩孝敬既廣於上而百姓心和于下矣心和則氣和氣和則形和形和則聲和聲和則天地之和應矣故陰陽和風雨時甘露降五穀登朱草生山不童澤不涸麟鳳在郊藪龜龍遊於沼此蓋和之至極也聖人云移風易俗莫善於樂其此之謂歟

歷代名臣奏議卷之二百

歷代名臣奏議卷之二百一

聽言

衛侯言計非是群臣和者如出一口時孔伋居衛乃言於衛侯曰君之國事將日非矣公曰何故伋曰有由然焉君出言自以爲是而卿大夫莫敢矯其非卿大夫出言亦自以爲是而士庶人莫敢矯其非君臣既自賢矣臣下同聲賢之賢之則順而有福矯之則逆而有禍如此則善安從生詩曰具曰予聖誰知烏之雌雄抑亦似君之君臣乎

齊景公至自田晏子侍於遄臺子猶馳而造焉公曰唯據與我和夫晏子對曰據亦同也焉得爲和公曰和與同異乎對曰異和如羹焉水火醯醢鹽梅以烹魚肉燀之以薪宰夫和之齊之以味濟其不及以洩其過君子食之以平其心君臣亦然君所謂可而有否焉臣獻

其否以成其可君所謂否而有可焉臣獻其可以去其否是以政平而不干民無爭心故詩曰亦有和羹既戒既平鬷嘏無言時靡有爭先王之濟五味和五聲也以平其心成其政也聲亦如味一氣二體三類四物五聲六律七音八風九歌以相成也清濁小大短長疾徐哀樂剛柔遲速高下出入周疏以相濟也君子聽之以平其心心平德和故詩曰德音不瑕今據不然君所謂可據亦曰可君所謂否據亦曰否若以水濟水誰能食之若琴瑟之專一誰能聽之同之不可也如是

景公正晝被髮乘六馬御婦人以出正閨刖跪擊其馬而反之曰爾非吾君也公慚而不朝晏子睹裔敖而問曰君何故不朝對曰昔者君正晝被髮乘六馬御婦人出正閨刖跪擊其馬而反之曰爾非吾君也公慚而反不果出是以不朝晏子入見公曰昔者寡人有罪被

髮乘六馬以出正閨刖跪擊其馬而反之曰尒非吾君也寡人以天子大夫之賜得率百姓以守宗廟今見戮於刖跪以辱社稷吾猶可以齊於諸侯乎晏子對曰君無惡焉臣聞之下無直辭上無隱君民多諱言君有驕行古者明君在上下有直辭君上好善民無諱言今君失行而刖跪有直辭是君之福也故臣来慶請賞之以明君之好善禮之以明君之受諫公笑曰可乎晏子曰可於是令刖跪倍資無正時朝無事

晏子復於景公曰朝居嚴乎公曰朝居嚴則曷害於治國家哉晏子對曰朝居嚴則下無言下無言則上無聞矣下無言則謂之喑上無聞則謂之聾聾喑則非害國家如何也且合菽粟之微以滿倉廩合疏縷之緯以成幃幔太山之高非一石也累卑然後高也夫治天下者非一士之言也固有受而不用惡有距而不入者哉

楚靈王虐白公子張驟諫王患之謂史老曰吾欲已子張之諫若何對曰用之實難已之易矣若諫君則曰余左執鬼中右執殤宮中身也禮記曰退然天死曰殤殤宮殤之居也執謂卲其錄籍制服其身知其居處也凡百箴諫吾盡聞之矣寧聞他言白公又諫王如史老之言對曰昔殷武丁能聳其德至于神明以入于河自河徂亳於是乎三年默以思道卿士患之曰王言以出令也若不言是無所稟令也武丁於是作書曰以余正四方余恐德之不類茲故不言如是而又使以象旁求四方之賢聖得傅說以来升以為公而使朝夕規諫曰若金用汝作礪若濟川用汝作舟楫若大旱用汝作霖雨啓乃心沃朕心若藥不瞑眩厥疾不瘳若跣不視地厥足用傷若武丁之神明也其聖之叡廣也其知之不疚也猶謂未乂故三年默以思道既得道猶不敢專制使以象旁求聖人既得以為輔又恐其荒失遺忘故使朝夕規誨箴諫曰必交脩余無余棄也今君或者未及武丁而惡規諫者不亦難乎齊桓晉文皆非嗣也還軫諸侯不敢淫佚心類德音以得有國近臣諫遠臣謗輿人誦以自誥也是以其入也四封不備一同而至於有畿甸以屬諸侯至于今為令君桓文皆然君不度憂於二令君而欲自逸也無乃不可乎周詩有曰弗躬弗親庶民弗信臣懼民之不信君也故不敢不言不然何急其以言取罪也王病之曰子復語不穀雖不能用吾憖寘之於耳對曰賴君之用也故言不然巴浦之犀犛兕象其可盡乎其又以規為瑱也遂趨而退歸

莊王立為君三年不聽朝乃令於國曰寡人惡為人臣而遽諫其君者今寡人有國家立社稷有諫則死無赦蘇從曰處君之高爵食君之厚祿愛其死而不諫其君則非忠臣也乃入諫莊王立鼓鍾之間左伏楊姬右擁越姬左裯衽右朝服曰吾鍾鼓之不暇何諫之聽蘇

從曰臣聞之好道者多資好樂者多迷好道者多糧好樂者多亡荊國亡無日矣死臣敢以告王王曰善左執蘇從手右抽陰刀刎鍾鼓之懸明日授蘇從為相

莊王築層臺延石千里延壤百里士有反三月之糧者大臣諫者七十二人皆死矣有諸御己者違楚百里而耕謂其耦曰吾將入見於王其耦曰以身乎吾聞之說人主者皆閑暇之人也然且至而死矣今子特草茅之人耳諸御己曰若與子同耕則比力也至於說人主不與子比智矣委其耕而入見莊王莊王謂之曰諸御己来汝將諫邪諸御己曰君有義之用有法之行且已聞之土負水者平木負繩者正君受諫者聖君築層臺延石千里延壤百里民之釁咎血成於通途然且未敢諫也已何敢諫乎顧臣愚竊聞昔者虞不用宮之奇而晉并之陳不用子家羈而楚并之曹不用僖負羈而宋并之萊不

用子猛而齊并之吳不用子胥而越并之秦人不用蹇叔之言而秦國危桀殺關龍逢而湯得之紂殺王子比干而武王得之宣王殺杜伯而周室卑此三天子六諸侯皆不能尊賢用辯士之言故身死而國亡遂趨而出楚王遽而追之曰己子反矣吾將用子之諫先日說寡人者其說也不足以動寡人之心又危加諸寡人故皆至而死今子之說足以動寡人之心又不危加諸寡人故吾將用子之諫明日令曰有能入諫者吾將與為兄弟遂解層臺而罷民楚人歌之曰薪乎萊乎無諸御已訖無子乎萊乎薪乎無諸御已訖無人乎

晉平公好樂多其賦斂下治城郭曰敢有諫者死國人憂之有咎犯者見門大夫曰臣聞主君好樂故以樂見門大夫入言曰晉人咎犯也欲以樂見平公曰內之止坐殿上則出鐘磬竽瑟坐有頃平公曰客子為樂咎犯對曰臣不能為樂臣善隱平公召隱士十二人咎犯曰隱臣竊願昧死御平公曰諾咎犯伸其左臂而詘五指平公問於隱官曰占之為何隱官皆曰不知平公曰歸之咎犯則伸其一指曰是一也便游赭盡而峻城闕二也柱梁衣繡士民無褐三也侏儒有餘酒而死士渴四也民有飢色而馬有粟秩五也近臣不敢諫遠臣不得達平公曰善乃屏鐘鼓除竽瑟遂與咎犯參治國

魏文侯時師經鼓琴文侯起儛賦曰使我言而無見違師經援琴而撞文侯不中中旒潰之文侯謂左右曰為人臣而撞其君其罪如何左右曰罪當烹提師經下堂一等師經曰臣可一言而死乎文侯曰可師經曰昔堯舜之為君也唯恐言而人不違桀紂之為君也唯恐言而人違之臣撞桀紂非撞吾君也文侯曰釋之是寡人之過也懸琴於城門以為寡人符不補旒以為寡人戒

文侯與士大夫坐問曰寡人何如君也群臣皆曰君仁君也次至翟黃曰君非仁君也曰子何以言之對曰君伐中山不以封君之弟而以封君之長子臣以此知君之非仁君文侯怒而逐翟黃黃起而出次至任座文侯問寡人何如君也任座對曰君仁君也曰子何以言之對曰臣聞之其君仁者其臣直向者翟黃之言直臣是以知君仁君也文侯曰善復召翟黃入拜為上卿

魏王將起中天臺令曰敢諫者死許綰負畚操鍤入曰聞大王將起中天臺臣願加一力王曰子何力有加綰曰雖無力能商臺王曰若何曰臣聞天與地相去萬五千里今王因而半之當起七千五百里之臺高既如是其趾須方八千里盡王之地而足以為臺趾古者堯舜建諸侯地方五千里王必起此臺先以兵伐諸侯盡有其地猶不足又伐四夷得方八千里乃足以為臺趾材木之積人徒之衆倉廩之儲數以萬億度八千里之外當定農畝之地足以奉給王之臺者臺具以備乃可以作魏王默然無以應乃罷起臺

秦孝文王遷大后於雍下令敢諫者死諫而死者二十七人齊客茅蕉請諫王大怒趣召鑊欲烹之蕉徐行至前再拜而諫曰臣聞有生者不諱死有國者不諱亡諱死者不可以得生諱亡者不可以得存死生存亡聖主所欲急聞也陛下欲聞之乎王曰何謂也對曰陛下有狂悖之行不自知邪車裂假父囊撲二弟遷母于雍殘戮諫士桀紂之行不至於是矣令天下聞之皆瓦解無向秦者臣切為陛下危之臣言已矣乃解衣伏質王下殿手接之爵以上卿

西漢景帝時吳楚反以誅晁錯為名帝從袁盎請斬錯東市謁者僕射鄧公為校尉以言事見帝帝問曰道軍所來聞晁錯死吳楚罷不鄧公曰吳王為反數十年矣發怒削地以誅錯為名其意非在錯也且臣恐天下之士噤口不敢復言也帝曰何哉鄧公曰夫晁錯患諸

侯彊大不可制故請削地以尊京師萬世之利也計畫始行卒受大戮內杜忠臣之口外為諸侯報仇臣竊為陛下不取也帝默然良久曰公言善吾亦恨之

宣帝神爵二年司隸校尉蓋寬饒坐上書不道諫大夫鄭昌上言曰臣聞山有猛獸藜藿為之不采國有忠臣姦邪為之不起寬饒居不求安食不求飽進有憂國之心退有死節之義上無許史之屬下無金張之託直道而行多仇少與上書陳事有司劾以大辟臣幸得從大夫之後官以諫為名不敢不言

甘露元年帝祭宗廟出便門欲御樓船薛廣德免冠諫曰宜從橋帝曰大夫冠廣德曰陛下不聽臣臣自刎以血汙車輪陛下不得入廟矣帝不悅先驅張猛進曰臣聞主聖則臣直乘船危就橋安聖主不乘危御史大夫言可聽帝曰曉人不當如是邪遂從橋

成帝鴻嘉元年故南昌尉梅福上奏曰臣聞箕子佯狂於殷而為周陳洪範叔孫通遁秦歸漢制作儀品夫叔孫先非不忠也箕子非疏其家而畔親也不可以為言也昔高祖納善若不及從諫如轉圜聽言不求其能舉功不考其素陳平起於亡命而為謀主韓信拔於行陳而建上將故天下之士雲合歸漢爭進奇異知者竭其策愚者盡其慮勇士極其節怯夫勉其死合天下之知并天下之威是以舉秦如鴻毛取楚若拾遺此高祖所以無敵於天下也孝文皇帝起於代谷非有周召之師伊呂之佐也循高祖之法加以恭儉當此之時天下幾平由是言之循高祖之法則治不循則亂何者秦為亡道削仲尼之迹滅周公之軌壞井田除五等禮廢樂崩王道不通故欲行王道者莫能致其功也孝武皇帝好忠諫說至言出爵不待廉茂慶賜不須顯功是以天下布衣各厲志竭精以赴闕庭自衒鬻者不可勝數漢家得賢於此為盛使孝武皇帝聽用其計升平可致於是積尸暴骨快心胡越故淮南王安緣間而起所以計慮不成而謀議泄者以眾賢聚於本朝故其大臣勢陵不敢和從也方今布衣迺窺國家之隙見間而起者蜀郡是也及山陽亡徒蘇令之群蹈藉名都大郡求黨與索隨和而亡逃匿之意此皆輕量大臣亡所畏忌國家之權輕故匹夫欲與上爭衡也士者國之重器得士則重失士則輕詩云濟濟多士文王以寧廟堂之議非草茅所當言也臣誠恐身塗野草尸并卒伍故數上書求見輒報罷臣聞齊桓之世有以九九見者桓公不逆欲以致大也今臣所言非特九九也陛下距臣者三矣此天下士所以不至也昔秦武王好力任鄙叩關自鬻繆公行伯繇余歸德今欲致天下之士民有上書求見者輒使詣尚書問其所言言可采取者秩以升斗之祿賜以一束之帛若此則天下之士發憤懣吐

忠言嘉謀日聞於上天下條貫國家表裏爛然可睹矣夫以四海之廣士民之數能言之類至眾多也然其俊傑指世陳政言成文章質之先聖而不繆施之當世合時務若此者亦亡幾人故爵祿束帛者天下之底石高祖所以厲世摩鈍也孔子曰工欲善其事必先利其器至秦則不然張誹謗之罔以為漢驅除倒持泰阿授楚其柄故誠能勿失其柄天下雖有不順莫敢觸其鋒此孝武皇帝所以闢地建功為漢世宗也今不循伯者之道乃欲以三代選舉之法取當世之士猶察伯樂之圖求騏驥於市而不可得亦已明矣故高祖棄陳平之過而獲其謀晉文召天王齊桓用其讎無益於時不顧逆順此所謂伯道者也一色成體謂之醇白黑雜合謂之駁欲以承平之法治暴秦之緒猶以鄉飲酒之禮理軍市也今陛下既不納天下之言又加戮焉夫鳶鵲遭害則仁鳥增逝愚者蒙戮則知士深退間者愚

民上疏多觸不急之法或下廷尉而死者衆自陽朔以來天下以言為諱朝廷尤甚羣臣皆承順上指莫有執正何以明其然也取民所上書陛下之所善試下之廷尉廷尉必曰非所宜言大不敬以此十之一矣故京兆尹王章資質忠直敢面引廷爭孝元皇帝擢之以厲具臣而矯曲朝及至陛下戮及妻子且惡惡止其身王章非有反畔之辜而殃及家折直士之節結諫臣之舌羣臣皆知其非然不敢爭天下以言為戒最國家之大患也願陛下循高祖之軌杜亡秦之路數御十月之歌留意亡逸之戒除不急之法下亡諱之詔博覽兼聽謀及疏賤令深者不隱遠者不塞所謂闢四門明四目也且不急之法誹謗之微者也往者不可及來者猶可追方今君命犯而主威奪外戚之權日以益盛陛下不見其形願察其影建始以來日食地震以率言之三倍春秋水災無與比數陰盛陽微金鐵為飛此何景也漢

興以來社稷三危呂霍上官皆母后之家也親親之道全之為右當與之賢師良傅教以忠孝之道今廼尊寵其位授以魁柄使之驕逆至於夷滅此失親親之大者也自霍光之賢不能為子孫慮故權臣易世則危書曰毋若火始庸庸勢隆於君權隆於主然後防之亦無及已

元延元年故槐里令朱雲上言曰今朝廷大臣上不能匡主下無以益民皆尸位素飡孔子所謂鄙夫不可與事君苟患失之無所不至者也臣願賜上方劍斬佞臣一人以厲其餘帝問誰也對曰安昌侯張禹帝大怒曰小臣居下訕上廷辱師傅罪死不赦御史將雲下雲攀殿檻折呼曰臣得下從比干龍逢游於地下足矣未知聖朝何如耳左將軍辛慶忌叩頭諫曰此臣素著狂直於世使其言是不可誅其言非固當容之臣敢以死爭帝意解及後當治檻帝曰勿易因而輯之以旌直臣

成帝欲立趙倢伃為后先下詔封倢伃父臨為列侯諫大夫劉輔爭之帝收輔繫掖庭秘獄羣臣莫知其故左將軍辛慶忌等上書諫曰臣聞明王垂寬容之聽崇諫爭之官廣開忠直之路不罪狂狷之言然後百僚在位竭忠盡謀不懼後患朝廷無諂諛之士元首無失道之諐竊見諫大夫劉輔前以縣令求見擢為諫大夫此其言必有卓詭切至當聖心者故得拔至於此旬日之間收下秘獄臣等愚以為輔幸得託公族之親在諫臣之列親從下土來未知朝廷體獨觸忌諱不足深過小罪宜隱忍而已如有大惡宜暴治理官與衆共之昔趙簡子殺其大夫鳴犢孔子臨河而還今天心未豫災異屢降水旱迭臻方當隆寬廣問褒直盡下之時也而行慘急之誅於諫爭之臣震驚羣下失忠直心假令輔不坐直言所坐不著天下不可戶曉同

姓近臣本以言顯其於治親養忠之義誠不宜幽囚於掖庭獄公卿以下見陛下進用輔亟而折傷之暴人有懼心精銳銷耎莫敢盡節正言非所以昭有虞之聽廣德美之風也臣等竊深傷之唯陛下留神省察

後漢章帝時大將軍竇憲陷尚書僕射郅壽以罪下吏當誅侍御史何敞上疏理之曰臣聞聖王闢四門開四聰延直言之路下不諱之詔立敢諫之旗聽歌謠於路爭臣七人以自鑒照考知政理違失人心輒改更之故天人並應傳福無窮臣伏見尚書僕射郅壽坐於臺上與諸尚書論擊匈奴言議過差及上書請買公田遂繫獄考劾大不敬臣愚以為壽機密近臣匡救為職若懷默不言其罪當誅今壽違衆正議以安宗廟豈其私邪又臺閣平事分爭可否雖唐虞之隆三代之盛猶謂諤諤以昌不以誹謗為罪請買公田人情細過可裁

隱忍壽若被誅臣恐天下以為國家横罪忠直賊傷和氣忤逆陰陽臣所以敢犯嚴威不避夷滅觸死瞽言非為壽也忠臣盡節以死為歸臣雖不知壽度其甘心安之誠不欲聖朝行誹謗之誅以傷晏安之化杜塞忠直垂譏無窮臣謬豫機密言所不宜罪名明白當填牢獄先壽僵仆萬死有餘書奏壽得減死

安帝時河閒男子趙騰詣闕上書指陳得失帝怒詔獄結以罔上不道太尉楊震上奏曰臣聞堯舜之世諫鼓謗木立之於朝殷周哲王小人怨詈則還自敬德所以達聰明開不諱博采負薪盡極下情也今趙騰所坐激訐謗語為罪與手刃犯法有差乞為虧除全騰之命以誘芻蕘輿人之言帝不省司空張皓亦上奏曰臣聞堯舜立敢諫之鼓三王樹誹謗之木春秋採善書惡聖主不罪芻蕘騰等雖干上犯法所言本欲盡忠正諫如當誅戮天下杜口塞諫諍之源非所以昭德示後也帝乃悟騰得減死

時連有災異詔公卿百僚各上封事尚書陳忠以詔書既開諫諍慮言事者必多激切或致不能容乃上疏豫通帝意曰臣聞仁君廣山藪之大納切直之謀忠臣盡謇諤之節不畏逆耳之害是以高祖赦周昌桀紂之譬孝文嘉袁盎人豕之譏武帝納東方朔宣室之正元帝容薛廣德自刎之切昔晉平公問於叔向曰國家之患孰為大對曰大臣重祿不極諫小臣畏罪不敢言下情不上通此患之大者公曰善於是下令曰吾欲進善有謁而不通罪至死今明詔崇高宗之德推宋景之誠引咎克躬諮訪羣吏言事者見杜根成翊世等新蒙表錄顯列二臺必承風響應爭為切直若嘉謀異策宜輒納用如其管容安有譏刺雖苦口逆耳不得事實且優游寬容以示聖朝無諱之美若有道之士對問高者宜垂省覽特遷一等以廣直言之路

桓帝時白馬令李雲言事下獄大鴻臚陳蕃上奏曰李雲所言雖不識禁忌干上逆旨其意歸於忠國而已昔高祖忍周昌不諱之諫成帝赦朱雲腰領之誅今日殺雲臣恐剖心之譏復議於世矣故敢觸龍鱗冒昧以請

魏明帝青龍二年高堂隆數以宮室事切諫帝不悅侍中盧毓進曰臣聞君明則臣直古之聖王恐不聞其過故有敢諫之鼓近臣盡規此乃臣等所以不及隆隆諸生名為狂直陛下宜容之

景初中帝嘗問祕書監王肅曰漢桓帝時白馬令李雲上書言帝者諦也是帝欲不諦當何得不死肅對曰但為言失逆順之節原其本意皆欲盡心念存補國且帝者之威過於雷霆殺一匹夫無異螻蟻寬而宥之可以示容受切言廣德宇於天下故臣以為殺之未必為是也

吳烏程侯寶鼎元年左丞相陸凱上奏曰臣聞惡不可積過不可長積惡長過喪亂之源也是以古人懼不聞非故設進善之旌立敢諫之鼓武公九十思聞警戒詩美其德士悅其行臣察陛下無思警戒之義而有積惡之漸臣深憂之此禍兆見矣故畧陳其要寫盡愚懷陛下宜克己復禮述脩前德不可捐棄臣言而放奢意意奢情至吏日欺民民離則上不信下下當疑上骨肉相克公子相奔臣雖愚闇於天命以心審之敗不過二十稔也臣常忿亡國之人夏桀殷紂亦不可使後人復忿陛下也臣受國恩奉朝三世復以餘年值遇陛下不能循俗與衆沉浮若比干伍員以忠見戮以正見疑自謂畢足無所餘恨灰身泉壤無負先帝願陛下九思社稷存焉

晉武帝太康三年帝問司隸校尉劉毅曰朕可方漢何帝毅對曰桓靈帝曰何至於此對曰桓靈賣官錢入官庫陛下賣官錢入私門以此言之殆不如也帝大笑曰桓靈不聞此言朕有直臣固為勝之

漢主劉聰謂陳元達曰卿當畏朕反使朕畏卿乎元達叩頭謝曰臣

聞師臣者王友臣者霸臣誠愚闇無可採也幸邀陛下垂齊桓納九九之義故使微臣得盡愚忠昔世宗遐可汲黯之奏故能恢隆漢道桀紂誅諫幽厲弭謗是以三代之亡也忽焉陛下以大聖應期挺不世之量能遠捐商周覆國之弊近模孝武光漢之美則天下幸甚

聰既僭位以劉娥為右貴嬪甚寵之娥拜為后將起鷍儀殿以居之其廷尉陳元達切諫聰大怒將斬之娥時在後堂私勅左右停刑手疏啓曰伏聞將為妾營殿今昭德足居鷍儀非急四海未一禍難猶繁動須人力資財尤宜愼之廷尉之言國家大政夫忠臣之諫豈為身哉帝王拒之亦非顧身也妾仰謂陛下上尋明君納諫之昌下忿闇主拒諫之禍宜賞廷尉以美爵酬廷尉以列土如何不惟不納而反欲誅之陛下此怒由妾而起廷尉之禍由妾而招人怨國瘁咎歸於妾拒諫害忠亦妾之由自古敗國喪家未始不由婦人者也妾每覽古事忿之忘食何意今日妾自為之後人之觀妾亦由妾之視前人也復何面目仰侍巾櫛請歸死此堂以塞陛下誤惑之過聰覽之色變謂其羣下曰朕比得風疾喜怒過常元達忠臣也朕甚愧之以娥表示元達曰外輔如公內輔如此后朕無憂矣

後魏孝明帝神龜中沙汰郎官御史中尉東平王元匡與棺諫諍尚書令任城王澄劾匡大不敬詔恕死為民三公郎辛雄上奏曰竊惟白衣元匡歷奉三朝每蒙寵遇謇諤之性簡自帝心鷹鸇之志形於在昔故高祖錫之以匡名陛下任之以彈糾至若茹皓昇輦匡斥宜下之言高肇當政匡陳擅權之表剛毅忠款羣臣莫及骨鯁之跡朝野共知當高肇之時匡造棺致諫主聖臣直卒以無咎假欲重造先帝已容之於前陛下亦宜寬之於後況其元列由緒與罷按不同也脫終貶黜不在朝廷恐杜忠臣之口塞諫者之心乖琴瑟之至和違鹽梅之相濟祁奚云叔向之賢可及十世而匡不免其身寧可嗟惜

隋文帝開皇初帝嘗怒一郎於殿前笞之諫議大夫劉行本諫曰其人素清其過又小願少寬之帝不聽行本前曰陛下不以臣不肖置臣左右臣言若是陛下安得不聽若非當置之於理豈得輕臣而不顧也因置笏於地而退帝斂容謝之

唐高祖武德初萬年縣法曹孫伏伽上言三事其一曰臣聞天子有爭臣雖無道不失其天下隋失天下者何未聞其過也方自謂功德盛五帝邁三王窮侈極欲使天下士肝腦塗地戶口殫耗盜賊日滋當時非無直言之臣卒不聞悟者君不受諫而臣不敢告之也向使開不諱之路官賢授能賞罰時當人人樂業誰能搖亂者乎陛下舉晉陽天下響應計不旋踵大業以成勿以得天下之易而忘隋失之不難也天子動則左史書之言則右史書之凡蒐獵當順四時不可妄動且陛下即位之明日有獻鷂者未卻而受此前世弊事奈何行之相國參軍事盧牟子獻琵琶長安丞張安道獻弓矢並被賚賞以率土之富何索不致豈少此物哉其二曰百戲散樂本非正聲隋末始見崇用此謂淫風不得不變近太常假民裙襦五百襲以衣妓工待玄武門游戲臣以為非詒子孫之謀傳曰放鄭聲遠佞人今散妓者匪韶匪夏請並廢之以復雅正其三曰臣聞性相近習相遠今皇太子諸王左右執事不可不擇大抵不義無賴及馳騁射獵歌舞聲色慢游之人止可悅耳目備驅馳至拾遺補闕決不能也況觀前世子姓不克孝兄弟不克友莫不由左右亂之願選賢才澄僚友之選帝大悅即詔曰周隋之晚忠臣結舌是謂一言喪邦者朕惟寡德不能性與天道然冀弼諧以輔不逮而羣公卿士罕進直言伏伽至誠懍慨據義懇切指朕失無所諱其以伏伽為治書侍御史賜帛三百匹

孛綱為太子詹事太子失德屢諫不聽綱遂乞骸骨高祖罵曰卿為潘仁長史而羞朕尚書邪綱頓首曰潘仁賊也志殘殺然每諫輒止為其長史故無愧陛下功成學自伐臣言如持水內石敢久為尚書乎且臣事東宮東宮又與臣忤是以上印綬帝謝曰知公直士幸卒輔吾兒。

太宗貞觀元年尚書杜淹薦白太宗鄧懷道可用帝問狀淹曰懷道在隋時位吏部主事方煬帝幸江都群臣迎阿獨懷道執不可帝曰卿時何云對曰臣與眾帝折曰事君有犯無隱卿直懷道爾何不讜言淹謝曰臣位下又頓諫不從徒死無益帝曰人以君不足諫尚何仕食隋粟忠隋事乎因顧群臣公等謂何王珪曰比干諫而死孔子稱仁泄冶諫亦死則曰民之多僻無自立辟祿重責深從古則然帝笑曰卿在隋不諫宜買世充親任胡不言淹對曰固嘗言不見用帝曰世充愎諫飾非卿若何而免淹辭窮不得對帝勉曰今任卿已可有諫未答曰願死無隱。

二年太宗使太常少卿祖孝孫以樂律授宮中音家伎不進數被讓侍中王珪與溫彥博同進曰孝孫脩謹士陛下使教女樂又責譙之天下其以士為輕乎帝怒曰卿皆我腹心乃附下罔上為人游說邪彥博懼謝罪珪不謝曰臣本事前宮罪當死陛下矜其性命引置樞密責以忠勳今疑臣以私是陛下負臣臣不負陛下帝默然慙遂罷明日語房玄齡曰昔武王不用夷齊宣王殺杜伯自古帝王納諫固難矣朕夙夜庶幾于前聖昨責珪等痛自悔公等勿懲是不進諫也。

三年太宗嘗問魏徵曰人主何為而明何為而暗徵對曰君之所以明者兼聽也其所以暗者偏信也詩曰先人有言詢于芻蕘昔堯舜之世闢四門明四目達四聰是以聖無不照故共鯀之徒不能塞也靜言庸違不能惑也秦二世則隱藏其身捐隔疏賤而偏信趙高及天下潰叛不得聞也梁武帝偏信朱异而侯景舉兵向闕竟不得知也隋煬帝偏信虞世基而諸賊攻城剽邑亦不得知也故人君兼聽納下則貴臣不得壅蔽而下情得以上通也太宗甚嘉其言。

有人告尚書右丞魏徵阿黨親戚太宗使御史大夫溫彥博案之無狀彥博奏徵既為人所道雖在無私亦有可責帝令彥博謂徵曰爾諫正我數百條豈以此小事便損眾美自今已後不得不存形迹居數日太宗問徵曰昨來在外聞有何不是事徵正色曰前日令彥博宣勅語臣云因何不作形迹此言大不是臣聞君臣同契義皆一體未聞不存公道惟事形跡若君臣上下同遵此路則邦國之興喪或未可知帝瞿然改容曰前發此語尋已悔之實大不是公亦不得遂懷隱避徵乃拜而言曰臣以身許國直道而行必不敢有所欺負但願陛下使臣為良臣勿使臣為忠臣帝曰忠良有異乎徵曰稷契皋陶君臣協心使身獲美名君受顯號子孫傳世福祿無疆龍逄比干面折廷諍身受誅夷君陷大惡家國並喪獨有其異以此而言相去遠矣帝曰君但莫違此言我必不忘社稷之計乃賜絹二百匹。

六年太宗置酒丹霄樓中謂長孫无忌曰魏徵王珪事隱太子巢剌王時誠可惡我能棄怨用才無羞古人然徵每諫我不從我發言輒不即應何哉徵曰臣以事有不可故諫若不從輒應恐遂行之帝曰第即應須別陳論顧不得徵曰昔舜戒羣臣爾無面從退有後言若面從可方別陳論此乃後言非稷禹所以事堯舜也帝大笑曰人言徵舉動疏慢我但見其嫵媚耳徵再拜曰陛下導臣使言所以敢然若不受臣敢數批逆鱗哉。

七年太宗謂侍臣曰朕見胡裴始畢上書論西蕃事意頗有情

與共語。非常戰懼。今奏一事。人亦應如此。魏徵對曰。天顏俯臨。豈得不懼。臣見在外諸司欲奏事者。先三五日反覆尋思。及其臨奏。三分不能道得一分。尋常易事尚難如此。況爭諫之人。出言皆是觸忤。非陛下假之顏色。豈敢盡其情哉。帝由是接群臣愈溫。且曰。隋煬帝多猜忌。對羣臣多不語。朕則不然。君臣相親如一體耳。

八年。太宗謂房玄齡等曰。昨皇甫德叅上書言。朕修營洛州宮殿。是勞人也。收地租。是厚斂也。俗尚高髻。當是宮中所作也。此人欲使國家不役一丁。不收一租。宮人皆無髮。乃稱其意耳。事既訕謗。當須論罪。魏徵進諫曰。賈誼當漢文之時上書云。可為痛哭者三。可為長太息者五。自古上書。率多激切。若不激切。則不能起人主心。激切即似訕謗。所謂狂夫之言。聖人擇焉。唯在陛下裁察。不可責也。帝曰。朕初欲責此人。若責之則誰敢言者。因賜絹二十匹。

十一年。太宗謂魏徵曰。比來所行得失政化。何如往前。對曰。若恩威所加。遠夷朝貢。比於貞觀之始。不可等級而言。若德義潛通。民心悅服。比於貞觀之初。相去又甚遠。帝曰。遠夷來服。應由德義所加。往前功業。何因益大。徵曰。昔者四方未定。常以德義為心。旋以海內無虞。漸加驕奢自溢。所以功業雖盛。終不如往初。帝曰。朕今所行。以往前何為異。徵對曰。貞觀之初。恐人不言。導之使諫。三年已後。見人諫。悅而從之。一二年來。不悅人諫。雖黽勉聽受。而意終不平。諒有難也。帝曰。於何事如此。徵對曰。即位之初。處元律師死罪。孫伏伽諫曰。法不至死。無容濫加酷罰。遂賜以蘭陵公主園。直錢百萬。人或曰。所言乃常。而所賞太厚。荅曰。我即位來。未有諫者。所以賞之。此導之使言也。徐州司戶柳雄於隋資妄加階級。人有告之者。陛下令其自首。不首與罪。遂固言是實。竟不肯首。大理推得其偽。將處雄死罪。少卿戴冑奏法止合徒。陛下曰。我已與其斷當訖。但當與死罪。冑曰。陛下既不然。即付臣法司。罪不合死。不可酷濫。陛下作色遣殺。冑執之不已。至於四五。然後赦之。乃謂法司曰。但能為我如此守法。豈畏濫有誅夷。此則悅以從諫也。往年陝縣丞皇甫德叅上書有忤聖旨。陛下以為訕謗。臣奏稱上書不激切。不能起人主意。激切即似訕謗。于時雖從臣言。賞物二十段。意甚不平。難於受諫也。帝曰。誠如公言。非公無能道此者。人皆苦不自覺。公向未道時。都自謂所行不變。及見公論說。過失堪驚。公但存此心。朕終不違公語。

太宗謂侍臣曰。朕昨往懷州。有上封事者云。何為恒差山東衆丁於苑內營造。即日徭役似不下隋時。懷洛以東殘人不堪其命。而畋獵猶數。驕逸之主也。今者復來懷州畋獵。忠諫不復至洛陽矣。四時蒐田。既是帝王常禮。今者懷州秋毫不干於百姓。凡上書諫正。自有常

准。臣貴有詞。主貴能改。如斯詆毀。有似呪咀。侍中魏徵奏曰。國家開直言之路。所以上封事者尤多。陛下親自披閱。或兾臣言可取。所以僥倖之士得肆其醜。臣諫其君。甚須折衷。從容諷諫。漢元帝嘗以酎祭高廟。出便門。御樓船。御史大夫薛廣德當乘輿免冠曰。宜從橋。陛下不聽臣言。臣自刎以頸血汚車輪。陛下不得入廟矣。元帝不悅。光祿張猛進曰。臣聞主聖臣直。乘船危。就橋安。聖主不乘危。廣德言可聽。元帝曰。曉人不當如是耶。乃從橋。以此而言。張猛可謂直臣諫君也。帝大悅。

十二年。太宗謂侍臣曰。上封事者皆言朕遊獵太頻。今天下無事。武備不可忘。朕時與左右獵於後苑。無一事煩民。夫亦何傷。魏徵曰。先王惟恐不聞其過。陛下既使之上封事。正得恣其陳述。苟其言可取。固有益於國。若其無取。亦無所損。帝曰。公言是也。皆勞而遣之。

十八年太宗謂長孫無忌等曰夫人臣之對帝王多順從而不逆甘言以取容朕今發問不得有隱宜以次言朕過失無忌等咸曰陛下聖化道致太平以臣觀之不見其失黄門侍郎劉洎對曰陛下撥亂造化實功高萬古誠如無忌等言然頃有人上書辭理不稱者或對面窮詰無不慚退恐非奨進言者帝曰此言是也當為卿改之

太宗嘗怒苑西監穆裕命於朝堂斬之時高宗為皇太子遽犯顔進諫太宗意乃解長孫無忌曰自古太子之諫或承閒從容而言今陛下發天威之怒太子申犯顔之諫斯誠古今未有帝曰夫人久相與處自然染習自朕御天下虚心正直即有魏徵朝夕進諫自徵云亡劉洎岑文本馬周褚遂良等繼之太子幼在朕膝前每見朕心悦諫者因染以成性故有今日之諫

太宗嘗問諫議大夫褚遂良曰昔舜造漆器禹雕其俎當諫舜禹十有餘人食器之間何須苦諫遂良曰雕琢害農事纂組傷女工首創奢淫危亡

之漸漆器不已必金為之金器不已必玉為之所以諍臣必諫其漸及其滿盈無所復諫太宗曰卿言是也朕所為事若有不當或在其漸或已将終皆宜進諫比見前史或有人臣諫事遂荅云業已為之或道業已許之竟不為停改此則危亡之禍可反手而待也

太宗時權貴嫉魏徵每言於太宗曰魏徵凡所諫爭委曲反覆不從不止意以陛下為幼主不同於長君太宗曰朕少不學問唯好弓馬至於起義即有大功既封為王偏蒙偏愛理道政術都不留心及為太子初入東宮思安天下欲克己為政唯魏徵與王珪導我以禮弘我以道勉彊從之大覺利益遂力行不息以致太平並魏徵等之力所以特加禮重每事聽從非私之也言者乃慙而出

太宗又謂房玄齡等曰今天下百姓籍我撫養先須令我安穩令上封者唯道九成往來百姓辛苦魏徵對曰陛下意存容納許其進言則安處多不妨時有可録陛下所有短長此人多不肯隱但容納之亦是善事

太宗謂侍臣曰朕每閑居静坐則自内省恒恐上不稱天心下為百姓所怨但思正人匡諫欲令耳目外通下無冤滯又比見人來奏事者多有怖慴言語致失次第尋常奏事情猶如此况欲諫諍必當畏犯龍鱗所以每有諫者縱不合朕心亦不以為忤若即嗔責深恐人懷慴懼豈敢更言又謂房玄齡曰自知者明信為難矣如屬文之士伎巧之徒皆自謂已長他人不及若名工文匠商畧詆訶蕪詞拙跡於是乃見由此言之人君須得匡諫之臣舉其愆過一日萬機一人聽斷雖復憂勞安能盡善常念魏徵隨事諫正多中朕失如明鏡鑑形美惡必見且自古帝王多任情喜怒喜則濫賞無功怒則濫殺無罪以是天下喪亂莫不由此朕今夙夜未嘗不以此為心恒欲公等盡情極諫公等亦須受人諫豈得以人言不同已意便即護短不納若

不能受諫安能諫人玄齡曰陛下之言是也

太宗以御史大夫韋挺中書侍郎杜正倫祕書少監虞世南著作郎姚思廉等上封事稱旨召而謂曰朕歴觀自古人臣立忠之事若直明主便得盡誠規諫至如龍逄比干竟不免孥戮為君不易為臣極難朕又聞龍可擾而馴之然頷下有逆鱗觸之則殺人人主亦然卿等遂不避犯觸各進封事常能如此朕豈慮社稷之傾敗每思卿等此意不能暫忘故詔卿等設宴為樂仍賜帛有差太常卿韋挺上章陳得失太宗賜書曰得所上書意見極是讜言辭理可觀甚以為慰若齊桓之難夷吾有射鈎之罪蒲城之役勃鞮為斬袂之仇而小白不以為疑重耳待之若舊豈非各吠其主志在無二卿之深誠見於斯矣若能克全此節則保令名如其怠之可不惜也勉勵終始垂範將來當使後之視今亦猶今之視古不亦美乎朕比不聞其過未覩

其闕賴竭忠懇數進嘉言用沃朕懷一何可道

太宗謂侍臣曰朕觀前代讒佞之徒皆國之蟊賊也或巧言令色朋黨比周若暗主庸君莫不以之迷惑忠臣孝子所以泣血銜冤故叢蘭欲茂秋風敗之王者欲明讒人蔽之此事著於史籍不能具道至如齊隋間讒譖事耳目所接者略與公等言之斛律明月齊朝良將威震敵國周家每歲斷汾河冰慮齊兵之西渡及明月被祖孝徵讒構伏誅周人始有吞齊之心高熲有經國大才為隋文帝贊成霸業知國政者二十餘載天下賴以康寧文帝惟婦言是聽特令擯斥及為煬帝所殺刑政由是衰壞又隋太子勇撫軍監國凡二十年固亦早有定分楊素欺主罔上賊害良善使父子之道一朝滅於天性逆亂之源自此開矣隋文既淆混嫡庶竟禍及其身社稷尋亦覆敗古人云代亂則讒勝誠非妄言朕每防微杜漸用絕讒構之端猶恐心

力所不至或不能覺悟前史云猛獸處山林藜藿為之不採直臣立朝廷姦邪為之寢謀此實朕所望於群公也魏徵曰禮云戒慎乎其所不睹恐懼乎其所不聞詩云愷悌君子無信讒言讒言罔極交亂四國又孔子惡利口之覆邦家蓋為此也臣嘗觀自古有國有家者若曲受讒譖妄害忠良必宗廟丘墟市朝霜露矣願陛下深慎之

太宗謂侍臣曰君臣本同治亂共安危若主納忠諫臣進直言斯故君臣合契古來所重若君自賢臣不匡正欲不危亡不可得也君失其國臣亦不能獨全其家至如隋煬帝暴虐臣下鉗口卒令不聞其過遂至滅亡虞世基等尋亦誅死前事不遠朕與卿等何得不慎無為後世所嗤又曰治國與養病無異病人覺愈彌須將護若有觸犯必至殞命治國亦然天下稍安尤須兢慎若便驕逸必至喪敗今天下安危繫之於朕故日慎一日雖休勿休然耳目股肱寄在卿輩既義均一體宜協力同心事有不安可極言無隱儻君臣相疑不能備盡肝膈實為治國之大害也左右曰陛下之言及此社稷之福也

長樂公主文德皇后所生也將出降勅所司資送倍於長公主魏徵奏曰昔漢明帝欲封其子帝曰朕子豈得同於先帝子乎可半楚淮陽前史以為美談天子姊妹為長公主天子之女為公主既加長字良以尊於公主也情雖有殊義無等別若令公主之禮有過長公主理恐不可實願陛下思之帝稱善乃以其言退而告后后歎曰嘗聞陛下敬重魏徵殊未知其故而今聞其諫乃能以義制人主之情可謂正直社稷臣矣妾與陛下結髮為夫妻曲蒙禮敬情義深重每將有言必候顏色尚不敢輕犯威嚴況在臣下情疏禮隔故韓非謂之說難東方朔稱其不易良有以也忠言逆耳而利於行有國有家者深所要急納之則世治杜之則政亂誠願陛下詳之則天下幸甚

太宗幸九成宮宴近臣長孫無忌曰王珪魏徵往事息隱臣見之若讎不謂今日又同此宴太宗曰魏徵往者實我所讎但其盡心所事有足嘉者朕能擢而用之何慚古烈然徵犯顏切諫每不許我為非我所以重之也徵且拜曰陛下導臣使言臣所以敢言若陛下不受臣言臣亦何敢犯龍鱗觸忌諱也太宗大悅賜錢十五萬累封鄭國公尋以疾請為散官太宗曰朕拔卿于讎虜之中任卿以樞要之職見朕之非未嘗不諫公獨不見金之在鑛何足貴哉良冶鍛而為器便為人所寶朕方自比於金以卿為良工卿雖有疾未為衰老豈得便爾耶徵乃止後以誕皇孫詔宴公卿帝極歡謂侍臣曰貞觀以前從我平定天下周旋艱險玄齡之功無所與讓貞觀之後盡心於我獻納忠讜安國利人成我功業為天下所稱者魏徵而已古之名臣何以

加也。於是親解佩刀以賜之。又嘗謂徵曰。隋煬帝承文帝餘業。海內殷阜。若能常據關中。豈有傾敗。遂不顧百姓。行幸無期。徑往江都。不納董純崔象諫爭。身戮國滅。為天下笑。雖復帝祚長短。委以玄天。而福善禍淫。亦由人事。朕每思之。若欲君臣長久。國無危敗。君有違失。臣須極諫。朕聞卿等規諫。縱不能當時即從。再三思審。必擇而用。及徵薨。太宗親臨慟哭。自製碑文。賜其家食實封九百戶。且謂侍臣曰。夫以銅為鏡。可以正衣冠。以古為鏡。可以知興替。以人為鏡。可以明得失。朕常保此三鏡。以防己過。今魏徵殂逝。遂亡一鏡矣。因泣下。久之。乃詔曰。昔惟魏徵每顯余過。自其逝也。雖過莫彰。朕豈獨有非於往時。而皆是於茲日。故亦庶僚苟順。難觸龍鱗者歟。所以虛己外求。披迷內省。言而不用。朕所甘心。用而不言。誰之責也。自斯以後。各悉乃誠。

若有是非。直言無隱。群臣皆稱善。

太宗謂黃門侍郎王珪曰。中書所出詔勅。頗有意見不同。或兼錯失而相正以否。元置中書門下。本以相防過誤。人之意見。每或不同。有所是非。本為公事。或有護己之短。忌聞其失。有是有非。銜以為怨。或有苟避私隙。相惜顏面。知非正事。遂即施行。難違一官之小情。頓為萬人之大弊。此實亡國之政。卿輩特須在意防也。隋日內外庶官。政以依違。而致禍亂。人多不能深思此理。當時皆謂禍不及身。面從背言。不以為患。後至大亂一起。家國俱喪。雖有脫身之人。縱不遭刑戮。皆辛苦僅免。甚為時論所貶黜。卿等須滅私徇公。堅守直道。庶事相啟沃。勿上下雷同也。又謂侍臣曰。中書門下。機要之司。擢才而居。委任實重。詔勅如有不穩便。皆須執論。比來惟覺阿旨順情。唯唯苟過。遂無一言諫諍者。豈是道理。若惟署詔勅。行文書而已。人誰不堪。何煩簡擇以相委付。自今詔勅疑有不穩便。須執言。毋得妄有畏懼。知而寢默。珪嘗上封事切諫。太宗謂曰。卿所論。皆中朕之失。自古人君莫不欲社稷永安。然而不得者。秪為不聞己過。或聞而不能改也。今朕有所失。卿能直言。朕復聞過能改。何慮社稷之不安乎。又曰。卿若常居諫官。朕必永無過失。珪對曰。臣等敢不奉命。

太宗謂侍臣曰。古人云危而不持。顛而不扶。焉用彼相。君臣之義。得不盡忠匡救乎。朕嘗讀書。見桀殺關龍逄。漢誅鼂錯。未嘗不廢書歎息。公等但能正詞直諫。裨益政教。終不以犯顏迕旨妄有誅責。朕比來臨朝斷決。亦有乖于律令者。公等以為小事。遂不執言。凡大事皆起於小事。小事不論。大事又將不可救。社

稷傾危。莫不由此。隋主殘暴。身死匹夫之手。率土蒼生。罕聞嗟痛。公等為朕思隋氏滅亡之事。朕為公等思龍逄鼂錯之誅。君臣保全。豈不美也。又謂侍臣曰。朕觀古來帝王。驕矜而取敗者。不可勝數。不能遠述古昔。如晉武平吳。隋文伐陳以後。心逾驕奢。自矜諸己。臣下不復敢言。政道因茲弛紊。朕自平突厥。破高麗以後。兼幷鐵勒。席卷沙漠。以為州縣。夷狄遠服。聲教益廣。朕恐懷驕矜。恒自抑折。日旰而食。坐以待晨。每思臣下有讜言直諫。可以施於政教者。當拭目以師友待之。如此庶幾於時康道泰耳。左右皆曰。誠如陛下之言。

太宗威儀嚴肅。百僚進見者。皆失其舉措。太宗知其若此。每見人奏事。必假借顏色。冀聞規諫。嘗謂公卿曰。人欲自照。必須明鏡。主欲知過。必藉忠臣。主若自賢。臣不匡正。欲不危敗。豈可得也。故君失其國。臣亦不能獨全其家。至若隋煬帝暴虐。臣下鉗口。卒令不聞其過。遂

至滅亡虞世基等尋亦誅死前事不遠公等無看事有利於人必須直言規諫又謂房玄齡杜如晦曰朕聞自古帝王上合天心以致太平者皆股肱之力朕比開直言之路者庶知冤抑欲聞規諫所有上封事人多告訐百官細無可採朕歷選前王但有君疑於臣則下情不能上達欲求盡忠極慮何可得哉而無識之人務行讒毀交亂君臣殊非益國自今以後有上書訐人小惡者以讒人之罪罪之又曰朕因暇日每與虞世南商搉古今朕有一言之善世南未嘗不悅有一言之失未嘗不悵恨其懇誠若此朕用嘉焉群臣忠直皆若世南天下何憂不理及卒太宗哭之甚慟手勅魏王泰曰虞世南於我猶一體也拾遺補闕無日暫忘實當世名臣人倫準的吾有小善必將順成之吾有小失必犯顏而諫之今其云亡石渠東觀之中無復人矣群臣皆曰然

玄宗初立收還綱權銳於決事群臣畏伏起居郎吳兢慮帝果而不及精乃上奏曰自古人臣不諫則國危諫則身危臣愚食陛下祿不敢避身危之禍比見上封事者言有可採但賜束帛而已未嘗蒙召見被拔擢其忤旨則朝堂決杖傳送本州或死於流貶由是臣下不敢進諫古者設誹謗木欲聞己過今封事謗木比也使所言是有益於國使所言非無累於朝陛下何遽加斥逐以杜塞直言道路流傳相視怪愕夫漢高帝赦周昌桀紂之對晉武帝受劉毅桓靈之譏況陛下豁達大度不能容此狂直耶夫人主居尊極之位顓生殺之權其為威嚴峻矣開情抱納諫諍下猶懼不敢盡柰何以為罪且上有所失下必知之故鄭人欲毀鄉校而子產不聽也陛下初即位猶有褚無量張廷珪韓思復辛替否柳澤袁楚客等數上疏爭時政得失自頃上封事往往得罪諫者頓少是鵲巢覆而鳳不至理之然也臣誠恐天下骨鯁士以讜言為戒撓直就曲斲方為刓偷合苟容不復能盡節忘身納君於道矣夫帝王之德莫盛於納諫故曰木從繩則正后從諫則聖又曰朝有諷諫猶髮之有梳猛虎在山藜藿為之不采忠諫之有益如此自古上聖之君恐不聞己過故堯設諫鼓禹拜昌言不肖之主自謂聖智拒諫害忠桀殺關龍逢而滅於湯紂殺其王子比干而滅于周此其驗也夫與治同道罔不興與亂同道罔不亡人將疾必先不甘魚肉之味國將亡必先不甘忠諫之說嗚呼惟陛下深監于茲哉隋煬帝驕矜自負以為堯舜莫己若而諱亡憎諫乃曰有諫我者當時不殺後必殺之大臣蘇威欲開一言不敢發因五月五日獻古文尚書帝以為訕己即除名蕭瑀諫伐遼出為河西郡守董純諫幸江都就獄賜死自是蹇諤之士去而不顧外雖有變朝臣鉗口帝不知也身死人手子孫勦絕為天下笑太宗皇

帝好悅至言時有魏徵王珪虞世南李大亮岑文本劉洎馬周褚遂良杜正倫高季輔咸以切諫引居要職嘗謂宰相曰自知者為難如文人巧工自謂己長若使達者大匠詆訶商略則蕪辭拙跡見矣天下萬機一人聽斷雖甚憂勞不能盡善今魏徵隨事諫正多中朕失如明鑑照形美惡畢見當是時有上書益於政者皆黏寢殿之壁坐望臥觀雖狂瞽逆意終不以為忤故外事必聞刑戮幾措儀義大行陛下何不遵此道與聖祖繼美乎夫以一人之意綜萬方之政明有所不燭智有所不周上心未諭於下下情未達於上伏惟以虛受人博覽兼聽使深者不隱遠者不塞所謂闢四門明四目也其能直言正諫不避死亡之誅者特加寵榮待以不次則失之東隅冀得之桑榆矣

代宗時宰相元載多引私黨畏群臣論奏乃紿帝曰群臣奏事多挾

讒毀請每論事皆先白長官長官以白宰相宰相詳可否以聞檢校刑部尚書顔真卿上奏曰諸司長官者達官也皆得專達於天子郎官御史陛下腹心耳目之臣也故比使天下事無細大得失皆俾訪察還以聞此古明四目達四聰也今陛下欲自屏耳目使不聰明則天下何望焉詩曰營營青蠅止于棘讒言罔極交亂四國以其能變白為黑變黑為白也詩人疾之故曰取彼讒人投畀豺虎豺虎不食投畀有北昔夏之伯明楚之無極漢之江充皆讒人也陛下惡之宜矣胡不回神省察其言虛誣則讒人也宜誅殛之其言不誣則正人也宜奬勵之捨此不為使衆人謂陛下不能省察而倦聽覽以是為辭臣竊惜之昔太宗勤勞庶政其司門式曰無門籍者有急奏令監司與仗家引對不得關礙防擁蔽也置立仗馬二須乘者聽此其平治天下也天寶後李林甫得君羣臣不先咨宰相輒奏事者託以他

事中傷之猶不敢明約百司使先關白時閹人袁思藝日宣詔至中書天子動靜必告林甫林甫得以先意奏請帝驚喜若神故權寵日甚道路以目上意不下宣下情不上達此權臣蔽主不遵太宗之法也陵夷至于今天下之敝皆萃陛下其所從來漸矣自艱難之初百姓尚未凋竭太平之治猶可致而李輔國當權宰相用事遞為姑息開三司誅反側使餘賊潰將北走党項裒哺不暹更相驚恐思明危懼相挺而反東都陷沒先帝由是憂勤損壽臣每思之痛切心骨今天下瘡痛未平干戈日滋陛下豈得不博聞讜言以廣視聽而塞絕忠諫乎陛下在陝時奏事者不限貴賤羣臣以為太宗之治可跂而待且君子難進易退朝廷開不諱之路猶恐不言況懷猷息令宰相宣進止御史臺作條目不得直進從此人不奏事矣陛下聞見止於數人耳目天下之士方鉗口結舌陛下便為無事可論豈知懼而不

敢進即林甫國忠復起矣臣謂今日之事曠古未有雖林甫國忠猶不敢公為之陛下不早覺悟漸成孤立後悔無及矣

德宗時翰林學士陸贄上奏曰臣其言賊朱泚逋誅尚宂宮禁陛下思念宗廟痛傷黎元仁孝交感至於憤激猥以急務下詢微臣臣雖鄙儒尊慕仁義荷陛下知己之遇感陛下思理之誠愚衷所懷承問輒發不以淺深自揆不以喜怒上虞誠欲於周防承順之規是亦忠於陛下一至之分也前奉詔問尋具上陳請延羣臣稍與親接廣咨訪之路開諫諍之門通壅鬱之情弘採抜之道自獻吝奏迨茲彌旬不聞施行不賜酬詰未審哀旨以為何如昧於忖量但務竭盡恐由辭理蹇拙不能暢達事情悽悽血誠敢預披瀝頻煩黷冒豈不慙惶蓋犬馬感恩思效之心睠睠而不能自止者也臣聞立國之本在乎得衆得衆之要在乎見情故仲尼以謂人情者聖王之田言理道所

由生也是則時之否泰事之損益萬化所繫必因人情情有通塞故否泰生情有薄厚故損益生通天下之情者莫智於聖人盡聖人之心者莫深於易象其別卦也乾下坤上則曰泰坤下乾上則曰否其取象也損上益下則曰益損下益上則為損乾為天為君坤為地為臣天在下而地處上於位乖矣而反謂之泰者上下交故也君在上而臣處下於義順矣而反謂之否者上下不交故也氣不交則庶物不育情不交則萬邦不和天氣下降地氣上騰然後歲功成君澤下流臣誠上達然後理道立損益之義亦由是焉上約己而裕於人人必悅而奉上矣豈不謂之益乎上蔑人而肆諸己人必怨而叛上矣豈不謂之損乎然則上下交而泰不交而否自損者人益自益者人損情之得失豈容易哉故喻君為舟喻人為水水能載舟亦能覆舟舟即君道水即人情舟順水之道乃浮違則沒君得人之情乃固失

則危是以古先聖王之居人上也必以其心從天下之心而不敢以天下之人從其欲乃至兢兢業業一日二日萬幾夫幾者事之微也以聖人之德天子之尊且猶慎事之微乃至一日萬慮豈不以居上接下懼失其情歟書曰人心惟危道心惟微微則萬幾之慮不得不精也危則覆舟之戒不得不畏也夫揆物以意宣意以言言或是非莫若考於有跡跡或成敗莫若驗於已行自昔王業盛衰君道得失史冊盡在粲然可徵與衆同欲靡不興違衆自用靡不廢從善納諫靡不固遠賢恥過靡不危故詩書稱堯德則曰稽于衆捨己從人數舜之功則曰明四目達四聰言務同欲也序禹之所由興則曰益贊于禹禹拜昌言述湯之所以王則曰用人惟己改過不悋言能納諫也歌文王作周則曰濟濟多士文王以寧美武王剋殷則曰亂臣十人同心同德言皆從善也堯舜禹湯文武此六君者天下之盛王也

莫不從諫以輔德詢衆以成功是則德益盛者慮益微功愈高者意愈下及代之衰也則道亦反焉故書曰紂有億兆夷人離心離德言違衆也詩曰汝炰烋于中國斂怨以為德不明爾德時無背無側爾德不明以無陪無卿又曰雖無老成人尚有典刑曾是莫聽大命以傾言遠賢也書曰謂人莫己若者亡詩曰惟彼不慎自獨俾臧自有肺腸俾人卒狂言自用也前史數桀紂之惡曰強足以拒諫辯足以飾非言恥過也考得失於已行之迹鑒盛衰於已驗之符孰失道而不衰孰得理而不盛報應以類影響不差胡可不則而象之敬而畏之乎粵自秦漢暨于周隋其閒將歷千祀代興者非一姓繼覆者非一君雖所遇殊時所為異迹然失衆必敗得衆必成與堯舜禹湯同務者必興與桀紂幽厲同趣者必覆全失衆則全敗全得衆則全成多同於善則功多甚同於惡則禍甚善惡從類端如貫珠成敗象行

明若觀火此歷代之元龜也尚恐議者曰時異事異臣請復為陛下粗舉近効之尤章章者以辯焉太宗文皇帝以天縱之才有神器之重武定禍亂文致太平威行如雷霆明照侔日月英略施於百勝聖功被於九歌固非庶品之所度量常情之所鑽仰然猶兢兢畏慎懼失人心每戒臣下獻規恒以危亡為慮夙興聽理日旰忘勞公卿迭趨庭奏庶務評議得失與衆共之下無滯情上無私斷退朝之暇宴接侍臣諮訪謀猷詢求過闕或諭往古成敗或問人閒事情每言及暗主亂朝則省懼自戒言及賢君理代則企竦思齊言及稼穡艱難則上下相注務遵勤儉言及閭閻疾苦則君臣同慮議息征徭德懲違觸類滋長尚恐過言諫衆既往難追每召宰相平章必遣諫官俱入小有頗失隨即箴規得一善必遽命甄昇聽一諫必明加褒錫故得時無闕事人竭輸誠又引文學之流更直宿內署或講求典禮

或諷誦詩書每至夜分情忘厭倦夫以太宗之德美貞觀之理安亦猶務得人心其勤若此是則人心之於理道可一日而不接乎高宗始年亦親聽納故當時翕然歸美以為有貞觀之風兼賴遺澤在人先範垂裕幸無改作俗以阜康數十年閒天下無事承平之業滋久倦勤之意頗彰燕居益深接下殊簡前哲之耿光浸遠中宮之盛柄潛移卒有嗣聖臨朝天授革命豈不以經邦之道闕嘯咨於大猷宴安之懷溺偏信於近狎馴致禍變幾將傾邦雖亂匪自他然其失一也弊俗一靡餘風遂流訖神龍景雲之閒皆嬖倖亂朝聰明不達玄宗躬定大難手振宏綱開懷納忠剋己從諫尊用舊老擢拔羣才天臣不敢壅下情私昵不敢干公議朝清道泰垂三十年謂化已行詔安可保耳目之娛漸廣憂勤之志稍衰侈心一萌邪道並進貪[illegible]柄者則曰德如堯舜矣焉用勞神承意趣媚者則曰時已太平矣胡

不為嚮有深謀遠慮者謂之迂誕鮮衆有讜言切諫者謂之誹謗邀名至尊收視於穆清上宰養威於廊廟議曹以頌美為奉職法吏以識旨為當官司府以厚斂為公忠權門以多賂為問望外寵持竊國之勢內寵擅迴天之譴禍機熾然燄燄滋甚舉天下如居積薪之上人人懼焚而朝廷相蒙曾莫之省日務遊宴方謂有無疆之休大盜一興至今為梗豈不以忽於戒備逸於居安憚忠鯁之怫心甘諛詐之徒欲漸漬不聞其失以至於大失者乎肅宗懲致寇之由蘊撥亂之略虛受廣納同符乎太宗招延詢謀輟食廢寢洞啓誠腑推心與人豁披肯襟忘己應物故得來蘇之望允塞配天之業勃興先皇帝繼守恭勤而益之以和惠惠則有感和則有親雖時經艱屯而衆不離析理尚寬大務因循而重作為然於紫宸聽朝常限三 奏事亦宣諭德令課責侍臣或賞其盡規或讓以容默性本仁恕事多含務

諫雖未從且不深 情苟有阻終獲上通故君臣相安而人亦小息陛下英姿逸辯邁絕人倫武略雄圖牢籠物表憤習俗以妨理任削平而在躬以明威照臨以嚴法制斷流弊自久浚源太深遠者驚疑而阻命逃死之亂作近者畏懾而偷容避罪之態生君臣意乖上下情隔君務致理而下防誅夷臣將納忠又上慮猜誕故睿誠不布於羣物物情不達於睿聽臣於往年曾任御史獲奉朝謁僅欲半年陛下嚴邃高居未嘗降旨臨問羣臣跼蹐趨退亦不列事奏陳軒墀之間且未相諭宇宙之廣何由自通雖復例對使臣別延宰輔既殊師錫且異公言未行者則戒以樞密勿論已行者又謂之遂事不諫漸生拘礙動涉猜嫌由是人各隱 以言為諱至於變亂將起億兆同憂獨陛下恬然不知方謂太平可支陛下以今日之所覩驗往時之所聞孰真孰虛何得何失則事之通塞備詳之矣人之情偽盡知之

矣列聖升降之效歷歷如彼當今理亂之由昭昭如此未有不興於得衆殆於失人裕於論諫敗於偏信濟美因乎納諫虧德由乎自賢善始本乎憂勤失全萌乎安泰今陛下將欲悔禍徼福去危從安若不循太宗創業之規襲肅宗中興之理鑒天寶致亂之所以懲今者還幸之所由則何以享聖懷彰令問新遠邇之聽歸反側之心乎前承德音訪及庸鄙敢緣斯議輒以獻聞自邇已來反覆千慮愚智有分信非可移至今拳拳猶滯所見不勝愚誠懇欵謹復布露以聞

贄又上奏曰朝隱奉宣聖旨頻覽卿來狀勸朕數對羣臣兼許令論事辭理懇切深表盡忠朕本心甚好推誠亦能納諫但緣上封事及奏對者少有忠良多是論人長短或探朕意旨朕雖不受讒譖出外即謾生是非以為威福朕往日將謂君臣一體都不隄防緣推誠信不疑多被姦人賣弄今所致患害朕思亦無他故却是失在推誠

又諫官論事少能慎密例自矜衒歸過於朕以自取名朕從即位以來見奏對論事者甚多大都皆是雷同道聽塗說試加質問即便辭窮若有奇才異能在朕豈惜拔擢朕見從前已來事祇如此所以近來不多取次對人亦不是倦於接納卿宜深悉此意者聖德廣大如天包容俯矜狂愚仍賜獎諭嘉臣以懇切目臣以盡忠雖甚庸駑實懷感勵夫知無不言之謂盡事君以義之謂忠臣之夙心久以自誓以此為奉上之道以此為報主之資幸逢休明獲展臣效既免罪戾又蒙褒稱庶奉周旋不敢失墜儻陛下廣推此道施及萬方咸獎直以矜愚各錄長而捨短人之欲善誰不如臣自然聖德益彰羣心盡達愚衷懇懇實在於斯睿眷特深縷宣密旨備該物理曲盡人情其於慮遠防微固非常識所逮然臣竊謂天子之道與天同方天不以地有惡木而廢發生天子不以時有小人而廢聽納帝王之盛莫盛

於堯雖四凶在朝而僉議靡叡故曰惟天為大惟堯則之是知人有邪直賢愚在處之各得其所而已必不可以忠良者少而闕於詢謀獻納之道也昔人有因噎而廢食者又有懼溺而自沉者其為矯枉防患之慮豈不過哉願陛下取鑒於茲勿以小虞而妨大道也臣聞人之所助在乎信信之所立由乎誠脩誠於中然後俾衆無惑存信於己可以教人不欺唯信與誠有失無補一不誠則心莫之保一不信則言莫之行故聖人重焉以為食可去而信不可失也又曰誠者物之終始不誠無物物者事也言不誠則無復有事矣匹夫不誠無復有事況王者賴人之誠以自固而可不誠於人乎陛下所謂失於誠信以致患害者臣竊以斯言為過矣孔子曰可與言而不與之言失人不可與言而與之言失言智者不失人亦不失言由此論之陛下可審其所言而不可不慎信其所與而不可不誠海禽至微猶識情偽含靈之類尚必難誣前志所謂衆庶者至愚而神蓋以蚩蚩之徒或昏或鄙此其似於愚也然而上之得失靡不辯上之好惡靡不知上之所祕靡不傳上之所為靡不効此其類於神也故馭之以智則人詐示之以疑則人偷接不以禮則徇義之意輕撫不以恩則効忠之情薄上行之則下從之上施之則下報之若響應聲若影從表表枉則影曲聲淫則響邪懷鄙詐而求顏色之不形顏色形而求觀者之不辯觀者辯而求衆庶之不惑衆庶惑而求叛亂之不生自古及今未之得也故唯天下至誠為能盡其性能盡其性則能盡人之性若不盡於己而望盡於人衆必給而不從矣不誠於前而曰誠於後衆必疑而不信矣今方岳有不誠於國者陛下則興師以伐之臣庶有虧信於上者陛下則出令以誅之有司順命誅伐而不敢縱捨者蓋以陛下之所有責彼之所無故也向若陛下不誠於物不信於

人人將有辭何以致討是知誠信之道不可斯須失身願陛下慎守而行之有加恐非所以為悔者也臣聞春秋傳曰人誰無過過而能改善莫大焉易曰日新之謂盛德禮記曰德日新日日新又日新商書仲虺述成湯之德曰用人惟己改過不吝周詩吉甫美宣王之功曰袞職有闕惟仲山甫補之夫禮易春秋百代不刊之典也皆不以無過為美而謂大善盛德在於改過日新成湯聖君也仲虺聖輔也以聖輔而贊揚聖君不稱其無過而稱其改過周宣中興之賢主也吉甫文武之賢臣也以賢臣而歌誦賢主不美其無闕而美其補闕是則聖賢之意較然著明唯以改過為能不以無過為貴蓋為人之行己必有過差上智下愚俱所不免智者改過而遷善愚者恥過而遂非遷善則其德日新是為君子遂非則其惡彌積斯謂小人故聞義能徙者常情之所難從諫勿咈者聖人之所尚至於贊揚君德歌述主功或以改過不吝為言或以有闕能補為美中古已降澆風浸微臣既尚諛君亦自聖掩盛德而行小道於是有入則造膝出則詭辭之態興矣姦由此滋善由此沮帝王之意由此惑諸臣之罪由此生媚道一行為害斯甚太宗文皇帝挺秀千古清明在躬再恢聖謨一變流弊以虛受為理本以直言為國華有面折廷爭者必為霽雷霆之威而明言獎納有上封獻議者必為黜心慝之欲而手勑褒揚故得有過必知知而必改存致雍熙之化沒齊堯舜之名向若太宗徇中主之常情滯習俗之凡見聞過則羞己之短納諫又畏人之知雖有求理之心必無濟代之効雖有悔過之意必無從諫之名此則聽納之實不殊隱見之情小異其於損益之際已有若此相懸又況不及中才師心自用肆于人上以遂非拒諫孰有不危者乎且以太宗有經緯天地之文有底定禍亂之武有躬行仁義之德有理致太

平之功其為休烈耿光可謂盛極矣然而人到于今稱詠以為道冠
前古澤被無窮者則從諫改過為其首焉是知諫而能從過而能改
帝王之美莫大於斯陛下所謂諫官論事少能慎密例自矜衒歸過
於朕者臣以為不密自矜信非忠厚其於聖德固亦無虧陛下若納
諫不違則傳之實足增美陛下若違諫不納又安能禁之勿傳伏願
以貞觀故事為楷模使太宗風烈重光於聖代恐不可謂此為歸過
而阻絕直言之路也臣聞虞舜察邇言故能成聖化晉文聽輿誦故
能恢霸功大雅有詢于芻蕘之言洪範有謀及庶人之義是則聖賢
為理務詢眾心不敢忽細微不敢侮鰥寡俗言無驗不必用質言當
理不必違遜于志者不必然逆于心者不必否異於人者不必是同
於眾者不必非辭拙而効速者不必愚言甘而利重者不必智是皆
考之以實慮之以終其用無他唯善所在則可以盡天下之理見天

下之心夫人之常情罕能無惑大抵蔽於所信阻於所疑忽於所輕
溺於所欲信既偏則聽言而不考其實由是有過當之言疑既甚則
雖實而不聽其言於是有失實之聽輕其人則遺其可重之事欲其
事則存其可棄之人斯並苟縱私懷不稽皇極于以虧天下之理于
以失天下之心故常情之所輕乃聖人之所重圖遠者先驗於近務
大者必慎於微將在博採而審用其中固不在慕高而好異也陛下
所謂比見奏對論事皆是雷同道聽塗說者臣竊以眾多之議足見
人情必有可行亦有可畏恐不宜一槩輕侮而莫之省納也陛下又
謂試加質問即便辭窮者臣但以陛下雖窮其辭而未盡其理能服
其口而未服其心何以知其然臣每讀史書見亂多理少因懷感歎
嘗試思之竊謂為下者莫不願忠為上者莫不求理然而下每苦上
之不理上每苦下之不忠若是者何兩情不通故也下之情莫不願

達於上上之情莫不求知於下然而下恒苦上之難達上恒苦下之
難知若是者何九弊不去故也所謂九弊者上有其六而下有其三
好勝人恥聞過騁辯給衒聰明厲威嚴恣彊愎此六者君上之弊也
諂諛顧望畏愞此三者臣下之弊也上好勝必甘於佞辭上恥過必
忌於直諫如是則下之諂諛者順旨而忠實之語不聞矣上騁辯必
勦說而折人以言上衒明必臆度而虞人以詐如是則下顧望者自
便而切磨之辭不盡矣上厲威必不能降情以接物上恣愎必不能
引咎以受規如是則下之畏愞者避辜而情理之說不申矣夫以區
域之廣大生靈之眾多宮闕之重深高卑之限隔自黎獻而上獲覩
至尊之光景者踰億兆而無一焉就獲覩之中得接言議者又千萬
不一幸而得接者猶有九弊居其間則上下之情所通鮮矣上情不
通於下則人惑下情不通於上則君疑疑則不納其誠惑則不從其

令誠而不見納則應之以悖令而不見得則加之以刑下悖上刑不
敗何待是使亂多理少從古以然考其初心不必淫暴亦在乎兩情
相阻馴致其失以至于艱難者焉昔龍逢誅而夏亡比干剖而殷滅
宮奇去而虞敗屈原放而楚衰臣謂夏殷虞楚之君若知四子之盡
忠必不勦棄若知四子之可用必不拒違所以至於忍害而捨絕者
蓋謂其言不足行心不足保故也四子既去四君亦危然則言之固
難聽亦不易趙武吶吶而為晉賢臣絳侯木訥而為漢元輔公孫弘
上書論事帝使難弘以十策弘不得其一及為宰相卒有能名周昌
進諫其君病吃不能對詔乃曰臣口雖不能言心知其不可然則口
給者事或非信辭屈者理或未窮人之難知堯舜所病胡可以一詶
一詰而謂盡其能哉以此察天下之情固多失實以此輕天下之士
必有遺才臣是以竊慮陛下雖窮其辭而未窮其理能服其口而未

服其心良有以也古之王者明四目達四聰蓋欲幽抑之必通且求聞己之過也垂旒於前黈纊於側蓋惡視聽之太察唯恐彰人之非也降及末代則反於斯聰明不務通物情視聽秖以伺罪釁與衆違欲與道乖方於是相尚以言相示以智相冒以詐而君臣之義薄矣以陛下性含仁聖意務雍熙而使至道未孚臣竊為陛下懷愧於前哲也古人所以有恥君不如堯舜者故亦以是為心乎夫欲理天下而不務於得人心則天下固不可理矣務得人心而不勤於接下則人心固不可得矣務勤接下而不辯君子小人則下固不可接矣務辯君子小人而惡其言過悅其順己則君子小人固不可辯矣趣和求媚人之甚利存焉犯顏取怨人之甚害存焉居上者易其害而以美利利之猶懼忠告之不既況有疎隔而勿接又有猜忌而加損者乎天生烝人合以為國人之有口不能無言人之有心不能無欲言不宣於上則怨讟於下欲不歸於善則湊集於邪聖人知衆之不可以力制也故植謗木陳諫鼓列爭臣之位置采詩之官以宣其言導禮義安誠信厚賢能之實廣功利之途以歸其欲使上不至於亢下不至於窮則人心安得而離亂兆何從而起古之無為而理者其率用此歟苟有理之之意而不知其方苟知其方而心守不一則得失相半天下之理亂未可知也其又違道以師心棄人而任己謂欲可逞謂衆可誣謂專斷無傷謂詢謀無益謂諛說為忠順謂獻替為妄愚謂進善為比周謂嫉惡為嫌忌謂多疑為御下之術謂深察為照物之明理道全乖國家之顛危可立待也理亂之戒前哲備言之矣安危之效歷代嘗試之矣簡典盡在殷鑒足徵其於措置施為在陛下明識所擇耳伏願廣接下之道開獎善之門弘納諫之懷勵推誠之美其接下也待之以禮貌之以和虛心以盡其言端意以詳其理

不棄人以給不自眩以明不以先覺為能不以臆度為智不形好惡以招諂不大聲色以示威如權衡之懸不作其輕重故輕重自辯無從而詐也如水鏡之設無意於妍蚩而妍蚩自彰莫得而怨也有犯顏讜直者獎而親之有利口諞佞者疎而斥之自然物無壅情言不苟進君子之道浸長小人之態日消何憂乎少忠良何有乎作威福何患乎妄説是非如此則接下之要備矣其獎善也求之若不及用之懼不周如梓人之任材曲直當分如滄海之歸水洪涓必容能小事則處之以小官立大勞則報之以大利不忌怨不避親不抉瑕不求備不以人廢舉不以己格人聞其才必試以事能其事乃進、班自然無不用之才亦無不實之舉如此則獎善之道得矣其納諫也以補過為心以求過為急以能改其過為善以得聞其過為明故諫者多表我之能好諫者直示我之能賢諫者之狂誣明我之能恕諫者之漏泄彰我之能從有一于斯皆為盛德是則人君之與諫者交相益之道也諫者有爵賞之利君亦有理安之利諫者得獻替之名君亦得採納之名然猶諫者有失中而君無不美唯恐讜言之不切天下之不聞如此則納諫之德光矣其推誠也在彰信在任人彰信不務於盡言所貴乎出言則可復任人不可以無擇所貴乎已擇則不疑言而必誠然可以求人之聽命任而勿貳然可以責人之成功誠信一虧則百事無不紕繆疑貳一起則羣下莫不憂虞是故言或乖宜可引過以改其言而不可苟也任或乖當可求賢以代其任而不可疑也如此則推誠之義孚矣微臣所以屢屢懇懇而不能自抑者蓋以陛下有撥亂之志而多難未平有務理之誠而庶績未乂有堯舜聰明之德而未光宅於天下有覆載含弘之量而未翕受於衆情故臣每中夜靜思無不竊歎而深惜也向若陛下有其位而無必行之志有其志而無可致之資則臣固已從俗浮沉何苦而汲汲如是惟陛下詳省所闕亟行所宜歸天下之心濟中興之業此臣之願也億兆之福也宗社無疆之休也

贄又上奏曰右欽溆奉宣聖旨緣唐安公主喪亡不可向此閒遷厝擬令造一塔安置待收復京城即擬將歸以禮葬送所造塔役功費用亦甚微小都不合是宰相所論之事姜公輔忽有表奏都無道理但欲指朕過失擬自取名朕本拔擢將為腹心今却如此豈不負朕至深卿宜商量如何穩便者公輔頃在翰林與臣久同職任臣今據理辯直則涉於私黨之嫌希旨順承則違於匡輔之義涉嫌止貽於身患違義實玷於君恩徇身忘君臣之恥也別嫌奬義主之明也臣今不敢冒行所恥亦賴陛下明聖而鑒焉古語有之順旨者愛所由來逆意者惡所從至故人臣皆爭順旨而避逆意非忘家為國捐

身成君者誰能犯顏色觸忌諱建一言開一說哉是以哲后興王知其若此求諫如不及納善如轉圜諒直者嘉之訐犯者義之愚淺者恕之狂誕者容之仍慮驕汰之易滋而忠實之不聞也於是置敢諫之鼓植告善之旌懸戒慎之鞀立司過之士猶懼其未也文設官制以言為常由是有史為書瞽為詩工誦箴諫大夫規誨士傳言庶人謗尚恐其怠也每歲孟春遒人以木鐸徇于路而振警之官師相規工執藝事以諫其或不恭邦有常刑然非明智不能招直言非聖德不能求過行招直則其智彌大求過則其德彌光唯其衰亂之朝闇惑之主則必諱其過行忿其直言以阿諛為納忠以諫爭為揚惡怨讟溢於下國而耳不欲聞腥德達于上天而心不求寤迨乎顛覆猶未知非情之昏迷乃至於是故明者廣納以成德闇者獨用而敗身成敗之途千古相襲與敗同轍者罔不覆與成同軌者罔不昌以陛下日月之明江海之量自當矯夏癸殷辛拒諫飾非之愚協大禹成湯拜言改過之誠矧又時運方屯物情猶鬱乃是陛下握髮吐哺之日而宵衣旰食之辰士無賢愚咸宜録用言無大小皆務招延固不可復有忤逆之嫌甘辛之忌也夫君人者以衆智為智以衆心為心恒恐一夫不盡其情一事不得其理孜孜訪納唯善是求豈但從諫不咈而已哉乃至求謗言聽輿誦葑菲不以下體而不採故英華靡遺芻蕘不以賤品而不詢故幽隱必達今公輔官在諫議任居宰衙獻替彌綸乃其職分比於芻蕘葑菲豈不優而且重哉此理之常奚足怪也縱使引喻非當不猶愈於輿誦乎矯激過深不猶愈於謗言乎晉文聽輿人之誦而霸業興虞舜設誹謗之木而帝德廣斯實聖賢之高躅陛下何疾焉聖旨又以造塔役費微小非宰臣所論之事下臣愚戇竊謂不然當問理之是非豈論事之大小若造塔為是役

雖大而作之何傷若造塔為非費雖小而言者何罪夫小者大之漸微者著之萌故君子慎初聖人存戒知幾者所貴乎不遠而復制理者必在於未亂之前本立輔臣置之左右朝夕納誨意在防微微而弼之乃其職也涓涓不遏終變桑田燄燄靡除卒燎原野流煽已甚禍災已成雖欲救之固無及矣書曰不矜細行終累大德易曰小人以小善為無益而不為也以小惡為無傷而不去也故惡積而不可掩罪大而不可解然則小之不可不慎也如此陛下安得使之勿論乎虞書載咎繇之言曰兢兢業業一日二日萬幾兢兢慎也業業危也幾者動之微也唐虞之際主聖臣賢庶績咸熙萬邦已協而猶上下相戒既慎且危慮事之微日至萬數然則微之不可不重也如此陛下又安可忽而勿念乎舜之為君始作漆器羣臣固爭咸謂非宜漆器之為用也甚堅其為費也蓋寡然猶相繼諷諫者豈不欲杜其

漸而慎其初歟是知君臣之間義同一體事固大小相須而成故舜命其臣曰作朕股肱耳目夫股肱之奉元首不以煩細而闕於運行耳目之助於心靈不以幺微而廢於視聽是以臣子之於君父也盡其敬而敬焉盡其愛而愛焉敬則願極於尊榮愛則懼陷於過惡萬邦黎獻莫不皆然而況位列朝廷任當輔弼主辱與辱主安與安此而不言誰復言者禮曰近而不諫則尸利也若宰相者可謂近矣事或乖悞得無諫乎武丁賢君也傅說賢相也而武丁引金作礪以命其相說諭木從繩以戒其君是則輔弼之任匡救攸屬巨細之事悉宜盡規陛下所言役費微小非宰相所論之事又謂指朕過失擬自取名此誠異乎愚臣之所聞是以頹披肺腸而不敢自默者也若以諫爭為指過則剖心之主不宜見罪於哲王若以諫爭為取名則匪躬之臣不應垂訓於聖典獻替列職竟使奚為左右有人復將焉用

臣竊謂指過以示直固不如改過以見稱進諫以取名固不如納諫之為美假有意將指過諫以取名但能聞善而遷見諫不逆則所指者適足以彰陛下莫大之善所取者適足以資陛下無疆之休因而利焉所獲多矣儻或怒其指過而不改則陛下招惡直之譏黜其取名而不容則陛下被違諫之謗是乃掩已過而過彌著損彼名而名益彰果而行之所失大矣一獲一失可不慎乎伏願嘉忤旨之忠袪逆耳之吝平積憤之氣弭逆詐之情然後試以愚言反覆參校庶臻至理且亮微誠

贄又上奏曰右欽溆奉宣聖旨省卿所奏姜公輔事宜雖甚知卿盡忠然似未會朕意朕意以公輔不行共宰相都不相當在奉天時早欲停罷後因公輔辭退朕已對面許訖尋屬懷光背叛遂且因循容到山南公輔知朕必擬移改所以固論造塔事貴且取名據此心豈是良善朕所以惆悵者祇緣如此卿令疑朕不能納諫殊乖本意者臣以贛執務在朴忠雖理而言有懷必盡睿意玄妙非凡所窺如臣憒昧之材且無希伺之志奏報失旨宜其固然所賴鑒微歟而矜至愚實天下幸甚古人有言曰明主者可以理奪又曰主聖則臣直今陛下稟天縱之才備明聖之資臣若抱理莫伸守直不固上虧至化罪莫大焉輒復擄直道而理其前言惟陛下留意幸察臣竊以頃覽萬機必先虛其心鑑鏡羣情必先誠其意蓋以心不虛則物或見阻意不誠則人皆可疑阻於物者物亦阻焉疑於人者人亦疑焉萬物阻之兆人疑之將欲感人心致於和平盡物理使無紕繆是由却行而求及前人也無乃愈疏乎孔子曰不逆詐不億不信豈非懼於肆情逞憾以至于失中違道者哉臣之區區志欲匡輔是以前者奏疏願陛下平積憤之氣弭逆詐之情然後試以愚言反覆參校庶

臻至理且亮微誠今陛下以素欲廢罷公輔之心而謂其所行皆非良善則是遷怒而積憤之氣未平也陛下揣公輔知必移改之意而謂其所言皆欲取名則是億不信而逆詐之情未弭也逆詐之理積憤未平固宜公輔獲戾於蓄疑下臣見尤於乖意謂之至當則或不然夫臣之獻言以助理也君之求諫以弼違也言苟助理何必以人而廢言諫苟弼違何必責意而拒諫若彼言無足用意雖善而奚為諫有可從人雖咎而寧捨古先聖王所以採芻蕘詢多慕傳謗言用仇怨急於聽納乃至於斯其意無他惟義所在願陛下不以憎嫌之遺其片善不務精察而謂之大明忠言者利於行而咈於情唯計慮至熟乃能無忤幸紓宸鑒更審所宜

聽言

唐憲宗元和三年翰林學士白居易上奏曰臣伏見內外官近日除改人心甚驚遠近之情不無憂懼喧喧道路異口同音皆云制舉人本僧孺等三人以直言時事恩獎登科被落第人怨謗加誣惑亂中外謂為誑妄斥而逐之故並出為關外官楊於陵以考策敢收直言者故出為廣府節度韋貫之同所坐故出為果州刺史裴垍以覆策又不退直言者故免內職除戶部侍郎王涯同所坐出為虢州司馬盧坦以數舉事為人所惡因其彈奏小誤得以為名故黜為左庶子王播同之亦停知雜臣伏以裴垍王涯盧坦韋貫之等皆公忠正直內外咸知所宜授以要權致之近地故比來衆情私相謂曰此數人者皆人之望也若數人進則必君子之道長若數人退則必小人之

道行故卜時事之否臧在數人之進退也則數人者自陛下嗣位以來並蒙獎用或任之耳目或委以腹心天下人情日望致理今忽一旦悉疏棄之或降於散班或斥於遠郡設令有過猶可優容況且無罪豈宜黜退所以前月已來上自朝廷下至衢路衆心洶洶驚懼不安直道者疚心直言者杜口不審陛下得知之否凡此除改傳者紛然皆云裴垍等不能委曲順時或以正直忤物為人之所媒孽本非聖意罪之不審陛下得聞之否臣未知此說虛實但獻所聞所聞皆虛陛下得不明辨之乎所聞皆實陛下得不深慮之乎虛之與實皆恐陛下要知臣若不言誰當言者臣今言出身戮亦所甘心何者臣之命至輕朝廷之事至大故也臣又聞君聖則臣忠上明則下直故堯之聖也天下已太平矣尚求誹謗以廣聰明漢文之明也海內已理矣賈誼猶比之倒懸可謂痛哭二君皆容納之所以得稱聖明也今陛下明下詔令徵求直言反以為罪此臣所以未諭也陛下視今日之理何如堯與漢文之時乎若以為及之則誹謗痛哭尚合容而納之況徵之直言索之極諫乎若以為未及則僧孺等之言固宜然也陛下縱未能推而行之又何忍罪而斥之乎此臣所以為陛下流涕而痛惜也德宗皇帝初即位年亦徵天下直言極諫之士親自臨試問以天旱穆質對以兩漢故事三公當免卜式著議弘羊可烹此皆指言當時在權位而有恩寵者德宗深嘉之自第四等拔為第三等自畿尉擢為左補闕書之國史以示子孫今僧孺等對策之中切直指陳之言亦未過於穆質而遽斥之臣恐非嗣祖宗承耿光之道也書諸史策後嗣何觀焉陛下得不再三省之乎臣昨在院與裴垍王涯等覆策之時日奉宣令臣等精意考覆臣上不敢負恩下不忍負心唯秉至公以為取捨雖有讎怨不敢棄之雖有親故不敢避之

唯求直言以副聖意故皇甫湜雖是王涯外甥以其言直合取涯亦不敢以私嫌自避當時有狀具已陳奏不意群心構成禍端聖心以此察之則或可悟矣儻陛下察臣肝膽知臣精誠以臣此言可以聽採則乞俯廻聖覽特示寬恩僧孺等准往例與官裴垍等依舊職獎用使內外人意歡然再安若以臣此言理非允當以臣覆策事涉乖宜則臣等見在四人亦宜各加黜責豈可六人同事唯罪兩人雖聖造優容且過朝夕在臣懼惕豈可苟安敢不自陳以待罪戾臣今職為學士官是拾遺日草詔書月請諫紙臣若默默惜身不言豈惟上辜聖恩實亦下負神道所以密緘手疏潛吐血誠苟合天心雖死無恨無任憂懼激切之至

六年憲宗謂宰臣曰朕少年在德宗左右見貞元中天下不理何故如此李吉甫對曰德宗自用聖智不任宰臣奏請皆有疑慮別結他

門私恩信納事傾宰府公道不行所以下情不得上達當時人情頗亦思亂帝曰不可盡歸怨於德宗朕以謂此事當時宰相之過德宗深在九重何由得盡知外事政之可否秖合是宰相執論一度不得至再三再三不得直至五六道理既當事實無私自然上意須廻詳思至當豈有固守無理之事苟違重臣所請必不然也朕有當時不見宰臣執論公事至于再三者卿等皆須勵志不得順朕之錯必須執奏直至五六度不得謂朕怒怖使止不論卿等當悉之吉甫嘗言人臣不當強諫使君悅臣安不亦美乎李絳曰人臣當犯顏苦口指陳得失若陷君於惡豈得爲忠帝曰絳言是也絳或久不諫帝輒詰之曰豈朕不能容受卿將無事可諫也

元和中左拾遺元稹上奏曰臣聞先王之制祿也居其位而不行其職者誅是以上無虛授下不隱情臣竊觀今之備位素餐不行其職

者莫過於臣輩臣聞太宗文皇帝時王珪魏徵爲諫官文皇雖宴游寢食之間王魏實在其所用至於文皇發一言則王魏善之而後出舉一事則王魏慮之而後行以文皇之明合王魏之智是以舉無遺事言有典常文皇猶以爲視聽之未廣也因命三品已上入議軍國大政必遣諫官一員隨入以參驗之當是之時司股肱耳目之任者有君臣之義焉有父子之恩焉有朋友之歡焉是以否無不替可無不行不四三年而天下大理蠻夷君長帶刀入侍者不可勝計豈干戈征伐之所致乎蓋擁蔽之患銷而幽遠之情達也若此然後可以稱天子之諍臣矣近之司諫諍者則不然大不得備召見次不得參時政排行就列纍纍而已且臣聞之諫官之職曰左右前後拾遺補缺大則廷議小則上封近年已來正衙不奏事庶官罷巡對若此則不見遺闕補拾何階不得數陳廷議安設其所謂舉諫職者唯獨詔令有不便除授有不當則奏一封執一見而已以臣愚之君臣之際論列是非諷諭於未形籌畫於至密者不能回至尊之盛意備攬愿之巧言而況於既行之詔令已命之除授然後奏一封執一見思欲收絲綸之詔廻日月之光信無裨於萬一矣至使凡今之人以上封進計爲妄動拾遺補闕爲冗員以此稱供奉官與王珪魏徵爲等列臣雖至愚能不自愧且陛下君以爲臣等無所裨補不足參侍徒尚不當假以名器立之於朝苟以爲陛廣聽明稍闢理道又不當屛棄疎賤之使至於此伏願陛下許臣於延英候對召臣一見賜以溫顏使臣得盡愚懇之誠備陳諫官之職苟或言有可採得裨陛下萬分之一是臣千載之一時也如或言不諧理塵黷聖聽則臣自寘刑書以謝曠官之罪亦臣之所以甘心也無任懇款發憤効職忘軀之至

稹又自以職諫諍不得數召見乃上奏曰臣聞理亂之始各有萌象

二者無門在君上啓之而已所謂萌象豈有他哉容直言廣視聽躬勤庶務委信大臣使左右近習者不敢蔽疎遠之臣庶此理之象也此而不理萬無一焉大臣不親直言不進抵忌諱者殺犯左右者刑與一二近習者決事於深宮之中群臣莫得參籌畫此亂之萌也此而不亂亦萬無一焉是以古者人君即位之始萌象未見之時必有狂直敢言之士抵忌諱獻危言在上者苟或宥而容之激而進之則天下之君子望風而悅曰彼之狂而猶容於上上之人其欲來天下之士乎吾之道可以行矣其小人詠利而言曰彼之直尚可以得幸於上吾將直言以徼利可也由是天下之賢不肖各以所忠貢言於上上下之志霈然而通得失之情幽遠必達合天下之智理萬物之心人人樂得其所戴其上如赤子之親慈母也雖欲誘之爲亂其可得乎臣故曰容直言廣視聽而不理者萬無一焉及其進計者入而不

出此言者戮而不容則天下之君子自謀於心曰與其言且不用而身為戮吾寧危行言遜以保其終乎其小人擇利而言曰君之所惡者拂心逆耳之言也吾將苟順是非以事之可也由是進見者革而不內言事者寢而不聞若此則十步之事不得見也朝廷之情不得聞也而況於天下之大四方之遠乎故曰聾瞽之君非無耳目也蓋左右前後者屏蔽之不使視聽爾此而不亂其可得哉昔太宗文皇帝初即位時天下之人莫有諫者唯孫伏伽嘗以小事持諫於上文皇帝大悅厚賜田宅以勉之自是言事者惟懼乎言不直諫不極不能激文皇之盛意曾不以觸龍鱗犯忌諱為不可矣於是房杜王魏之徒議可否於前天下四方之人言得失於外不四三年而天下大理豈文皇獨運聰明於上哉蓋亦群下各盡其言以宣揚發暢於天下也且夫樂全安而惡戮辱古今之情一也豈獨貞觀之人輕犯忌

諱而好戮辱哉蓋文皇激而進之之功也喜順從而怒謇犯亦古今之情一也豈獨文皇甘逆耳而怒從心哉蓋以順從之利輕而危亡之禍大無窮之業重而奉已之事微思為子孫垂不朽建永安之計也為後嗣者其可順一朝之慾而輕用文皇之天下乎累聖傳緒於今垂二百年矣莫不率由斯道致俗和平況陛下以上聖之姿紹復前統即位之日天下惟新罪叔文之徒而凶邪之黨散懸惠琳之首而悖亂之氣消發承光之詐而假威之孽除反焦陂之田而蒸庶之情感其餘滌瑕縷死薄賦恤人賜帛耆年旌閭孝悌脩廢學建義倉莫不曲被殊私覃于有截斯皆陛下上法堯舜近法太宗致理之萌形見者數十豈臣庸劣一二能明然而下臣竊復孜孜咄咄有所未決者獨以陛　即位已來既周歲矣百辟卿士至于天下四方之人曾未有獻一計進一言受陛下伏伽之賞者左右前後拾遺補闕亦未有奏一封執一諫受陛下激而進之之勸者設諫鼓置匭函曾未聞雪一冤決一事明陛下無幽不察之意者若臣等備位諫列名為供奉官曠日彌年不得召見每就列位屏氣鞠躬不敢仰視又安暇議得失獻可否哉供奉官尚爾又況於疏遠之臣庶雖有特達不群之智思欲自効其路何階遂使凡今之人以諫鼓匭函為虛器謂拾遺補闕為冗員臣竊思之以陛下之睿博弘深勵精求理豈或入而不出言而不用哉蓋群下因循未能有所發明之罪也且臣思之今之備召承顧問者獨一二執政而已每一對敭不及俄頃問議天下之事臣竊料之恭承聖問仰謝寵光之不暇又安暇陳理亂議教化哉其餘瑣瑣有司或時一召見言簿書之出入計錢穀之登降不暇又安足置牙齒間臣竊惟陛下以景命惟新之初何如貞觀致理之後當貞觀致理之後以房杜王魏佐輔之智而猶上封進計者存至獻

可替否者日聞今陛下當致理之初在四方多虞之日然而言事進計者終歲無一人豈非群下因循竊位之罪乎若臣積者稟性駑鈍昧然無識然以當陛下臨御之始首陛下眾賢之科擢授諫司恩萬常品若復默默與在位者處則臣莫大之罪亦萬於常品矣輒敢冒昧殊死件奏十事於後一曰教太子以崇邦本二曰任諸王以固磐石三曰出宮人以消水旱四曰嫁諸女以遂人倫五曰無時召宰相以講庶政六曰序次對百辟以廣聰明七曰復正衙奏事以示躬親八曰許方幅糾彈以懾奸倖九曰禁非時貢獻以絕誅求十曰省出入畋遊以防銜蹶凡此十者設使言之而是是而見用非臣之福也天下之福也苟或言之而非非而見罪乃臣之分也亦臣之願也

憲宗時學士李絳浴堂論事畢帝曰近日朋諫官諫事頗有不實言事朋黨多是誘讚須遠貶三兩人甚者以勵其餘絳因對曰陛下此

言似非聖意。恐有邪佞之人以誤天心。且自古聖王未嘗不納諫則昌。拒諫則亡。故夏禹拜昌言。漢武延直諫。所以光於史策也。史傳備載歷代帝王置敢諫之鼓。立司過之吏。求鐸徇路以采風謠之詞。商旅謗市以詳得失之政。故成湯聖德格于皇天。而稱改過不悋。顏回希聖四科之首。而美不二過。則知雖至聖賢。不免有過。所貴能改。不至順非。若無諫諍。何以知過。故書云汝無面從。又曰。從諫如流。昔太宗以聖武削平天下。奄宅萬國。而懼臣下不諫。誘之使言。至於李大亮孫伏伽之儔。皆以上疏諫事。並蒙褒奬。魏徵王珪事大小。皆獻直言。諫諍切直。用裨聖德。故太宗振英聲於萬古。王魏流芳名於千載。未聞堯舜禹湯文武之君。洎我太宗。塞諫路以自壅蔽。不聞其過。唯失道之君。惡聞已過。夏桀殷紂。周幽秦皇。以拒諫諍飾非。反道敗德。直言者謂之誹謗。正諫者謂之妖邪。忠臣結舌。端士蹙跡。故不知已過。遂至亡國。向者四君招諫使言。聞過輒改。易覆車之轍。啓忠臣之心。則當政化益光。宗社永固。殷湯周武。安得有鳴條牧野之戰。戎人漢祖。安得有驪山軹道之師。且今補闕拾遺。是天后所置。使在左右司察得失。昔施之於女主。今黜之於聖時。國史之中。何以示後。微臣竊為陛下惜之。夫臣下貢言於至尊如天。臣卑如地。加以日月之照。雷霆之威。小臣晝度夜思。將有上諫。本欲陳諫十事。至時已除五六。遂於緘封上進。又削其半。其得上達者十無二三。何哉。啓忤意之言。干不測之禍。顧身無利。相時避禍者也。自非聖主知直言有益於已。正諫有裨於時。溫言容納。奬勵勸道。忠臣抱義。不顧其身。懷忠不避其禍。苟有致君濟時之益。不識觸忌冒諱之誅。何哉。盡節之臣。竭忠之士。頓食君之祿。推事君之道而致然也。其君上納忠如是之急也。臣下上諫如是之難也。所以明主須宥其過。恂恂納諫。切言者賞之使必進。極諫者褒之使必行。然後聖德光明。大化宣暢。今黜責諫臣。使直士杜口。非社稷之利。朝廷之福也。陛下詢於微臣。不敢不陳愚款。帝曰。非卿此言。我安知諫諍之益也。

絳又於浴堂北廊奏對。指切時弊。有忤上旨。又論中官縱橫。方鎮進獻事宜。上怒甚。頭面俱赤。厲聲曰。卿所論事何大過耶。絳奏論不已。曰。所奏陳事理。豈臣身之利。是陛下之利。陛下不以臣愚昧。使處腹心之地。豈可見事虧聖德。致損清時。而惜身不言。仰屋竊歎。是臣負陛下也。若不顧禍患。盡誠奏論。旁忤倖臣。上犯聖旨。以此獲罪。是陛下負臣也。且臣與承璀素不相識。又無嫌隙。祇是威福太盛。虧損聖明。故不敢不言也。使臣緘默。非社稷之為福也。上見絳誠切不回。怒色却散。乃慰諭曰。卿盡節竭誠於國。人所不敢言。卿悉言之。朕聞所不聞。知所不知。真忠正誠節之臣也。疾風知勁草。卿之謂矣。

憲宗嘗召學士於三殿對。各論政事。拾遺白居易言事抗直曰。陛下錯。帝色莊而罷。乃謂李絳曰。白居易小臣不遜。須令出院。絳因諫曰。臣聞主聖臣直。宥過莫大。自陛下開納諫諍。容受直言。小臣然後敢極論得失。從而怒之。則是緘其口。若從順陛下。則安敢發言論。況居易所言。志在裨益。言雖太直。事涉不私。伏恐衆議以為陛下惡聞直諫。斥出正人。非所以發揚聖德納諫諍也。帝悅曰。依卿所奏。遂待之如初。

穆宗時。柳公權為司封員外郎。帝問公權用筆法。對曰。心正則筆正。筆正乃可法矣。帝改容悟其以筆諫也。

文宗泰和七年。帝從容謂宰相曰。殷侑經術頗似鄭覃。李宗閔對曰。覃侑經術甚可尚。然議論不足聽。李德裕曰。覃侑議論他人不欲聞。惟陛下欲聞之幸甚。

武宗嘗謂宰相曰文宗好聽外議諫官言事多不著名有如匿名書李德裕曰臣頃在中書文宗猶不爾此乃李訓鄭注教文宗以術御下遂成此風人主但當推誠任人有欺罔者威以明刑其誰敢欺上善之

後漢隱帝乾祐中令常參官轉對給事中陶穀上言曰五日上章曾非舊制百官叙對且異昌言徒浼天聽無益時政欲乞停轉對任朝臣有所聞見即許不時詣閤門奏從之

宋真宗景德三年直集賢院任隨乞以賞罰責諫臣舉職疏曰臣聞立國之本在乎得士得士之要在乎見情故仲尼以謂人情者聖王之田治道所由生也是則時之否泰事之損益萬化所繫必因人情人莫智於聖人資聖人之德者實由於良輔故漢書曰明主不惡切諫以博觀忠臣不避重誅以直諫諫也者蓋所以達下情而求治致君道於無窮故為臣有五諫之名前代有七人之列陛下祗嗣丕圖秉持金鑑可封之俗既阜成矣無疆之化亦馴致矣尚聞焦勞庶政待旦以視朝歷覽羣書乙夜而忘寐仍下賢良之詔務求亮直之臣惟稽古之聖心軼前代之令典雖求諫之路已見於洞達而掌諫之臣未聞乎舉職令諫議大夫司諫正言數員但充位尸祿而已是致堯鼓之設寂寥而無聲杜雞縱陳謇諤而無効箱篋謾藏於陳紙搢紳競寢於正辭罕遵及霤之風莫覩引裾之直願陛下擇賢士熙具臣垂賞罰之文示懲勸之道其兩省諫官並准有唐故事定其員數優其俸給限以遷官之年月責以供職之否臧其或獻替推誠彌縫勵節言事有裨於時政抗章不避於天誅進思盡忠有犯無隱則請行甄擢以勸衆焉其或尸利無慙循違有闕務引腹非之咎多致面從之諛不啓心而沃心罔危言而危行降黜以勵衆焉夫如是則賢者勸情者激庸者奮懦者立俾朝廷之士咸願竭忠而報國矣

四年帝謂王旦等曰朕以臣僚上殿者劄子不列姓名言者請留中不下是皆攻人之短發人陰私而不欲明行彈糾者若偏聽則事不可明若宣行則又違言者之意遂命杜鎬陳彭年檢討前代臣僚上封言事故事而降詔曰朕司牧生民講求政典言念代工之理實資著位之臣咸服官聯並勤夙夜固傾輸於誠節悉砥礪於廉隅恪奉教條共康理道而有因循未革習以為常馳競相緣免而無恥或攸司之曠廢或言事之詐欺宜頒申儆之文用洽至公之化文武臣僚等各膺寵遇宜在竭誠凡所上章故當無隱儻思盡瘁泰國復何恤於人言豈必留中匿名俾有傷於公體蓋有愛憎是徇善惡多誣但欲潛惑於聽聰不願顯行於按覆頗彰欺罔深黷政經今後所上章疏並具姓名不得更乞留中如事干樞密朕即臨時相度自餘並付所司依理施行通判李邈上奏曰臣伏覩乙丑詔書文武官凡上章疏不得更乞留中並當付外施行者若帝王省決章疏不得留于禁中四方聞之以謂天子禁中留一紙書亦為敕文所束帝王必不盡知天下之事若升殿論奏不聞小臣博訪得失可以輸盡忠懇者機密之事不可示外者豈得頒令行下臣聞唐憲宗時李絳面請獎納規諫上曰卿所陳至公有裨於我令韋處厚路隋甚有諫疏言極忠益卿不知則當時諫書亦有留中之制且忠臣以款誠結明主陛下亦欲盡審諸臣才器若悉付外則何人復敢獻言此詔若行恐非允當願命追寢以開言路

仁宗天聖元年右正言劉隨上奏曰臣聞諫臣之廢置驗其隆替言路之開塞繫乎安危何則君為元首也大臣股肱也諫臣耳目也有人廢耳目而得聰明者未之有也故書稱明目達聰以防壅蔽也是

以古之天子必置諫臣七人成湯至聖有好問則裕之言漢祖至明有從諫如流之美臣聞以古為鑑可以知興亡不敢遠稽前典且以近代言之唐太宗何如主也十八起義師二十四定天下二十九即帝位鑑情偽之理明治亂之由聖文神武高於三代然猶每與大臣會議政事必命諫官憲臣史官預聞之為詔令不便大臣不直刑賞不當邪正未分則諫官得諍之憲臣得彈之史官得書之是以上下無壅而君臣同德太平之風可謂至美及高宗御圖永徽已後忠良獲罪姦邪恣行諫諍之風于時掃地中睿之世固不足云以至動干戈於禁掖危社稷於綴旒明皇纘承盡革前弊虛心納諫朝聞夕行開元之間可謂至治太平既久漸疎逆耳之言姦臣用事無復苦口之藥聽林甫之佞而卒相仙客不察子諒之忠致祿山之亂而越在草莽方憶九齡之語故曰諫臣之廢置驗其隆替言路之開塞繫乎

安危厥後五代相仍亂離滋甚太祖皇帝乘時啓運拯救生靈太宗皇帝文德懷柔混一區夏真宗皇帝紹二聖之丕祚得萬國之歡心夷夏大同草木咸若而猶廣開言路躬自采納縱有觸忤無不優容悲弓劒之上僊傳龜鼎於繼聖而賊臣丁謂包藏私志孤負國恩謂天高而可欺謂地厚而可罔觀其用意兇瞰何逃當先朝不豫之始陝諫官絕班於冢宰擅權之時致無人論奏皇天眷命聖人道存特出宸衷遂其元惡正人之用天下咸寧所謂任賢勿貳去邪勿疑者也乃詢遠御之策特建不拔之基雖股肱宣力致六合以為家而耳目未布慮一物之失所爰稽前範復致諫官臣最踈庸愚獲預掄選凡關理体敢不盡心唐志云左右拾遺掌供奉諷議令之正言則拾遺也品秩雖卑責任甚重禮曰有犯無隱傳曰知無不為是以王者奉過犯顏而進諫大臣有罪則直指而不忌其或賞不以功罰不

以罪詔令不便興作無時或除拜之間不以才進或公忠之士濫被中傷或流放之人天下未知其罪或進用之者天下未見其能凡關損益合具奏陳誘之以厚利而不動臨之以白刃而不懼此諫臣之職也然諫臣未必盡賢言事未必盡善用捨之際在聖君裁之而已臣又聞天下之治亂由時政之公私也至公則天下合而治至私則天下離而亂且夫至公則正正則綱條舉綱條舉則公卿大夫各當其任而州郡承風夷狄嚮化矣使天下之勢如身臂之使指欲其不治其可得乎且夫至私則濫濫則綱條不舉綱條不舉則公卿大夫不當其任而郡縣失守夷狄不信矣使天下之勢如理絲而棼之欲其不亂其可得乎至公者何用正人也其徒常少而易為搖動至私者何用姦人也其徒常多而動相交結自古姦佞似忠亦不好亂其道乖殊所以召亂也用捨之際豈容易哉臣又聞國之大患在於不

得聞諫且王者操生殺之柄有雷霆之威虛心延納猶恐失之其或拒之孰敢抵罪是大臣碩位而不肯言小臣畏罪而不敢言上下偷安苟容竊位自古危亡常由此也且王者有甚愛之事有甚愛之人將行之將用之而物議未允必屈己而寢之有甚惡之事有甚惡之人將廢之將罪之而物議未允必屈己而寢之此致治之本也若以甚愛不顧物議而行之大臣唯唯而不言小臣默默而不論則物議喧騰天下疑懼紀綱漸壞乃危亡之道故曰國之大患在於不得聞諫是國家舉一事發一令必自股肱大臣僉謀協同而後行之萬一不可則諫臣諍之於前御史糾之於後欲其敗事其可得乎今皇太后陛下聖智高遠以至公治天下皇帝陛下聰明睿哲以至德臨域中左右前後無非正人蠻夷戎狄無不率化綱條整肅天下又安可謂治矣然治不忘亂安不忘危蓋亂必生於治危必生於安既治且

安而制之以公危亂之勢不得生矣唐憲宗嘗問侍臣時之所切侍臣對以納諫為切憲宗行之大復土宇臣亦謂之所切在於納諫其餘守常安靜而已臣受命已來思有所補雖名侍從之列其實疎遠之官夫以疎遠之官當諫諍之職進難言之事有觸鱗之虞孔子曰未信則以為謗己也今諫臣既置矣言路既開矣伏望思安危之大計念疎遠之難言使臣子得盡忠義之心凡事得聞小大之事則天下幸甚

八年隨又上奏曰臣聞好問則裕成湯所以為聰明從諫如流漢祖於焉成帝業歷代聖主必有諫臣然念言之甚難聽之不易以疎遠而指貴近以至賤而干至尊言之得無難乎在難言而言之身常危以至賤疎遠之人貢訐直逆耳之說聽之豈云易也在難聽而聽之□況佞且直者邪佞所惡自然之理也擊一邪則羣邪怒其身不得不危罪一正則羣邪進王者不得不謹是以先帝焦勞寤寐思得正人至于再三未獲讜直遂下此詔增置諫員月責諫疏明達耳目自從纔得四人諫官二人（曹宗道 劉嶧）御史二人（劉平 章頻）其孜孜獻替者唯聞宗道而已皇帝御極追繼先志復置諫官又得四員以充其位諫官二人（臣及孔道輔）御史二人（曹修古 王碩）其間道輔頴秀已在清途修古稱職亦為外任王碩以他事黜免微臣近歸諫省補報無狀出入八年復思先帝詔旨云況朕親披封奏素靡漏言此乃極慮臣僚疑有漏洩而不敢盡言也周易云君不密則失臣臣不密則失身機事不密則害成正謂此也天聖五年臣嘗言某等事舉朝官員誦其言語羣邪側目增惡結讎甚可畏也若非兩宮聖明深辨忠直則臣已竄逐遐方矣自古姦臣皆以貨賂厚結左右及宮掖之內是以動靜先知迎合上意李林甫二十年專政明皇不疑上官昭容權傾天下唐祚顛殞前代似此蓋亦多矣國家傾敗常由此矣自兩宮御宇樂聞讜言然垂簾之日疑有潛聽封奏之人憂其漏洩是以人人懼禍而不敢盡言今則文武班列亦有譏其得失諫官御史朝野譏其循默伏乞聖慈念先帝漏言之誡思周易失臣之文凡有奏章藏收祕密垂簾之日屏之左右則公忠之士得以盡言用廣聰明天下幸甚

景祐二年監察御史裏行孫沔乞免上封事人罪疏曰臣聞主聖臣忠朝有直言之士下情上達外揚進善之旌前王思廣於聰明庶政莫能於壅塞尚慮諫臣碩祿竊位懷安故於魏闕之前尊設匭函之制蒭蕘之無罪識不聞於卑微來者可追庶獲聞於讜議時加激賞猶避□□□□□賞為止善今竊見上封事人李安世輒因狂悖妄進□□不識朝廷之儀惟摭市井之事毀欺日月干犯雷霆死有餘辜身不容貴無聞下吏審問文辭致詰飛聲推窮敗類然極索姦之理或傷招諫之仁雖曰狂愚猶勝謟佞況自道輔仲淹被黜之後罷籍范諷致對已來凡在搢紳盡思緘默又慮千里之外四方之人不知安世訕上犯顏將謂安世獻忠獲罪豈有至聖猶忌危言自遠流傳為議非美覆巢之卵其類惡傷彈雀以珠所惜者大伏望皇帝陛下俯回造化貸以寬恩特免竄投以勵全節使彼偷安之士永懷內愧之心況臣與其人素匪交親未嘗識面縱干大典絕不相因惟恐史官直書於違愎可嗟言路重鼓於艱危伏乞少霽天威用存國體

康定元年孫沔為右正言又乞行諫臣之言疏曰臣竊以諫諍之臣畏避是恥知無不言始為稱職大則庭議小則上封不顧忌諱以廣聰明有唐則名列中省班隨宰臣庶於萬機之際或伸一得之慮今給事不專封駮舍人惟行誥詔至於遺補分為虛秩政事不得聞乘輿不得從其或命令出入無以究論訪問除求頗同姦伺得自傳聞

十餘二三再窮端實已復後時先事則有輕發之機遂事則曰已行之命徒盡責於封章實委煩於省覽闊略之務或見須行要切體宜等閒報可是使臣僚之內但作疵瑕政教之中莫資補益臣自叨承乏已及五旬雖少陳於淺識終莫副於虛懷稍形詆刺遂復遲留至微尚有所難設若論朋黨於中外擊姦邪於左右議公卿之非據指官寺之作威則將何如哉臣若循默自容是辜君賜臣若忤觸受辱又貽親憂方寸交戰啓處不遑俛首懷慚趦趄朝末所以知守道之[illegible]而爲義不易也伏望陛下明發無私斷在不疑凡有利於國有補[illegible]在陛下思而必行之況今政綱未甚舉邊方未甚寧災變未甚息人民未甚康尚仍舊貫一切示暇此非臣所能知也若陛下擇善執中雷動風行則事有大於此者將以助一日二日之機矣臣本非得古妄進狂言上犯威顏甘俟竄逐

景祐三年集賢校理余靖論范仲淹不當以言獲罪疏曰臣聞位踈而言深者罪也知淺而謀深者妄也臣敢抵罪妄輒有開陳者懷忠事君不敢自愛萬一益國死無所恨伏聞今月十九日以吏部員外郎天章閣待制范仲淹落職守本官差知饒州者臣竊仲淹秉朴忠之心懷直諫之節不識忌諱有可矜憫觀其臨事不苟言必忤上況忠奉國夫豈私其身哉去歲起自貶所召居顧問之職爾時正人端士酌酒相賀蓋喜陛下納善思治招來忠讜眞聖帝哲王聰明之政也今茲遽聞以言獲罪左降僻遠事出不意驚駭耳目何其進之太暴而逐之太速乎然則仲淹若以官政闕失自取罪戾國有常典誰敢議之今以刺譏大臣指訐時政而不示含恕重加譴謫臣深[illegible]下不取也昔堯舜之帝商周之王皆云諤諤以昌不聞以謗爲罪仲淹前所言事在陛下母子夫婦之間犯顏逆耳最其大者以[illegible]

合典禮尚加優獎正人端士所以相賀者以陛下屈情徇道超越前古若是者也今因進對之際言大臣長短縱令謀論疎淺寬恕過當未必盡合聖慮此則斷在陛下聽與不聽耳安可與讒邪同罪乎至如汲黯在廷毀平津之多詐張昭論將以魯肅爲麤疎漢帝吳王熟聞此議兩用無猜豈損令德臣今越職而言者非不知百官內外各有職分但以諫官御史畏罪而未言遂恐庶人之議不得上達以敢區區不避誅放臣之所言亦非營救仲淹何者仲淹自大理寺丞四五年間至吏部員外郎比於常流此乃踰涯之寵今雖落職於仲淹之身未有所損但所論者國家大體耳古者斥去直臣皆玷累盛德故多含垢忍怒以示容納彼非不能快意行事蓋惜千古之名耳陛下自親政已來三逐言事者矣習以爲常不甚重惜則恐書於史冊虧玷太平之政鉗天下之口塞陛下之聽在此舉矣不可不謹故臣披瀝肝膽冀陛下察之伏望陛下以舜察邇言爲念以漢招直諫爲謀常以壅塞而是憂不以誹謗而加罪追改前命無重過舉則天下幸甚

慶曆三年知諫院歐陽脩上奏曰臣竊聞近日爲軍賊王倫事江淮州軍頻有奏報朝廷不欲人知召進奏官等於樞密院責狀不令漏泄指揮甚嚴不知此事出於聖旨或只是兩府大臣意欲如此以臣料之爲近日言賊事者多朝廷欲人不知以塞言路耳臣謂方今多事之際雖有獨見之明尚須博採善謀以求衆助豈可聾瞽群聽杜塞人口況朝廷處事未必盡能合宜臣下獻忠未必全無可採至如王倫驅殺士民攻劫州縣江淮之上千里驚擾事已若斯何由掩蓋當今列辟之士極有憂國之人欲爲人主獻言常患聞事不的況臺諫之官尤是本職凡有論列貴在事初善則開端惡則杜漸言於未

發庶易回改今事無大小常患後時或號令已行或事迹已布縱欲論救多不能及若更秘密不使聞知則言事之臣何由獻說臣今欲乞指揮進奏院凡有事非實封者不須秘密

嘉祐元年脩為翰林學士又上奏曰臣伏見陛下仁聖聰明優容諫諍雖有狂直之士犯顏色而觸忌諱者未嘗不終始保全往往亟加擢用此自古明君聖主之所難也然而用言既難獻言者亦以為不易論小事者既可鄙而不足為陳大計者又似迂而無速效欲徼風則未能感動將直陳則先忤貴權而又旁有群言奪於眾力所陳多未施設其人遽已改還致陛下有聽言之勤而未見用言之效頗疑言事之職但為速進之階蓋緣臺諫之官資望已峻少加進擢便履清華而厭人口者因此亦得進說直云此輩務要官職所以多言使後來者其言益輕而人主無由取信幸陛下納諫之意達陛下賞諫

之心臣以為欲救其失惟宜擇沉默端正守節難進之臣置之諫省則既無干進之疑庶或其言可信伏見殿中丞王安石德行文學為眾所推守道安貧剛而不屈司封員外郎呂公著是夷簡之子器識深遠沉靜寡言富貴不染其心利害不移其守安石久更吏事兼有美才嘗召試館職固辭不就公著性樂閑退淡於世事然所謂夫人不言言必有中者也往年陛下上遵先帝之制增置諫官四員已而中廢復止兩員今諫官尚有虛位伏乞用此兩人補足四員之數必能規正朝廷之得失裨益陛下之聰明臣叨被榮恩未知報效苟有所見不敢不言

六年脩為樞密副使又上奏曰臣材識庸暗碌碌於眾人中蒙陛下不次拔擢置在樞府其於報效自宜如何而自居職以來已逾年歲凡事關大體必須眾議之協同其餘日逐進呈皆是有司之常務至於謀猷啟沃蔑爾無聞上辜聖恩下愧清議人雖未責臣豈自安所以夙夜思惟頗竭愚慮苟有可採冀裨萬一臣近見諫官唐介臺官范師道等因言陳升之事得罪或與小郡或竄遠方陛下自臨御以來擢用諍臣開廣言路雖言者時有中否而聖慈每賜優容一旦臺諫聯翩被逐四出命下之日中外驚疑臣雖不知臺諫所言是非但見唐介范師道皆久在言職其人立朝各有本末前後補益甚多豈於此時頓然改節故為欺罔上昧聖聰在於人情不宜有此臣竊以謂自古人臣之進諫於其君者有難有易各因其時而已若剛暴猜忌之君不欲自聞其過而樂聞臣下之過人主好察多疑於上大臣側足畏罪於下於此之時諫人主者難而言大臣者易若寬仁恭儉之主動遵禮法自聞其失則從諫如流聞臣下之過則務為優容以保全之而為大臣者外秉國權內有左右之助言事者未及見聽而

怨仇已結於其身故於此時諫人主者易言大臣者難此不可不察也自古人主之聽言也亦有難有易在知其術而已夫忠邪並進於前而公論與私言交入于耳此所以聽之難也若知其人之忠邪辨其言之公私則聽之易也凡言拙而直逆耳違意初聞若可惡者此忠臣之言也言婉而順希旨合意初聞若可喜者此邪臣之言也至於言事之官各舉其職或當朝正色顯言于廷或連章列書共論其事言一出則萬口爭傳眾目共覩雖欲為私其勢不可故凡明言于外不畏人知者皆公言也若非其言職又不敢顯言或密奏乞留中或面言乞出自聖斷不欲人知言有主名者蓋其言涉傾邪懼遭彈劾故凡陰有奏而畏人知者皆挾私之說也自古人主能以此術知臣下之情則聽言之易也伏惟陛下仁聖寬慈容納直言於臣尤所優禮常欲保全終始思與臣下愛惜名節尤謹重於進退故臣謂方

今言事者規切人主則易欲言大臣則難臣自立朝耳目所記景祐中范仲淹言宰相吕夷簡貶知饒州皇祐中唐介言宰相文彥博貶春州別駕至和初吳中復吕景初馬遵言宰相梁適並罷職出外其後趙抃范師道言宰相劉沆亦罷職出外前年韓絳言富弼罷知蔡州今又唐介等五人言陳升之得罷自范仲淹貶饒州後至今凡二十年間遊臺諫者多矣未聞有規諫人主而得罪者臣故謂方今諫人主則易言大臣則難陛下若推此以察介等所言則可知其心矣昨所罷黜臺諫五人唯是從誨入臺未久其他四人出處本末迹狀甚明可以歷數也唐介前因言文彥博遠竄廣西煙瘴之地賴陛下仁恕哀憐移置湖南得存性命范師道趙抃並因言忤劉沆罷臺職守外郡連延數年然後復用今三人者又以言樞臣罷黜然則介不以前蹈必死之地為懼師道與抃不以中滯進用數年為戒遇事必言得罪不悔蓋所謂進退一節終始不變之士也至於王陶者本出孤寒只因韓絳薦舉始得臺官及絳為中丞陶不敢內顧私恩以義爭議絳終得罪夫顧私恩人之常情爾斷恩以義非知義之士不能也以此言之陶可謂徇公滅私之臣矣此四人者出處本末之迹如此可以知其為人也就使言雖不中亦其情必無他議者或謂言事之臣好相朋黨動搖大臣以作威勢臣竊以謂不然至於去歲韓絳言富弼之時介與師道以與絳為朋黨及與諸臺諫共論絳為非然則非相朋黨非欲動搖大臣可明矣臣固謂未可以此疑言事之臣也况介等比者雖為謫官幸蒙陛下寬恩各得為郡未至失所其可惜者斥逐諫臣非朝廷美事阻塞言路不為國家之利而介等盡忠守節未蒙憐察也伏望聖慈特賜召還介等寘之朝廷以勸守節敢言之士則天下幸甚

慶曆三年館閣校正蔡襄言增置諫官疏曰臣伏見朝廷選用王素余靖歐陽脩等增脩諫官是三人者皆特立之士昔以直言觸忤權臣擯斥且久今者一日並命人無賢愚萬口相慶皆謂陛下特發神斷擢任不疑蓋陛下深憂政教未舉賞罰未明羣臣之邪正未分四方之利害未究故增耳目之官以廣言路此陛下為社稷生靈大計也臣竊思任諫非難惟聽諫之難聽諫非難惟用諫之難如素靖脩等忠誠剛氣著信於人况蒙陛下獎拔之知必能箴闕政獻明謨擿回邪擊權倖思所以報効也然邪人惡之必有禦之之說不過曰某人也好名也好進也彰君過也或進此說正是邪人欲蔽天聰不可不察臣請為陛下陳之一曰好名夫忠臣務竭其心事有必須切直者則極論之豈願名哉若避好名之毀而無所為則土木之人皆可備數何煩陛下選擇如此之至况名者聖人以之勵世俗分善惡豈可廢乎借使為善近名陛下試思今之人遠權攻絜得以近名者亦有幾人哉二曰好進前古諫臣之難者遭遇昏世上犯嚴威動觸勢要鼎鑊居側斧鑕在前死亦不辭安得好進乎蓋近來諫官進用太速故世人必以謂之好進今諫官有盡忠補闕之効陛下但久任勿遷使其人果忠且義雖死於是官亦無恨矣三曰彰君過凡諫諍之臣蓋以司乎過舉也緩則密疏急則昌言期於必正若人主從而行之適以彰乎從諫之美安得謂之彰過乎然諫官亦有好名好進彰君過者異於此巧者之為諫臣事之難言者則嘗而不言擇其無所忤者言之就命不行復再議退而曰某事我嘗言之矣此可謂之好名也容容默默無所耻媿踐歷資序以登貴仕此可謂之好進也凡人主之有過諫官最為近密或不盡言人主何從而知且變更乎傳之當世垂之於後終以為過此可謂彰君過臣向之所論乃忠

臣巧者之分頗賜省覽今陛下出於聖慮自擢諫官必自主之若有陳述於理適當即賜施行無使天下之人謂朝廷有好諫之名而無好諫之實使其言有許切亦頗優假無為姦邪構閒致有斥逐使天下之人指朝廷有拒諫之失也臣迹遠書近不任兢惶激切之至

四年右正言錢明逸乞上殿三班外亦聽諫臣求對狀曰臣伏見閤門儀制每日上殿不得過三班緣三司開封府日有公事上殿外只有審刑院或大兩省班次即其餘並皆隔下且諫臣職在諫諍大抵言朝政得失詔令賞罰稍稽頃刻則事涉已行隨而更張國體非便欲乞今後諫臣有本職事求對雖已有三班外亦聽上殿敷奏

八年同中書門下平章事集賢殿大學士文彥博乞繼上奏封細陳事理疏曰臣讀唐史見白居易為翰林學士因事進諫語甚切直憲宗不悅謂宰相李絳曰白居易小臣是朕拔擢致名位而無禮於朕朕極難奈絳對曰居易所以不避死亡之誅事無大小而必言者蓋酬陛下拔擢耳陛下欲開諫諍之路不宜阻居易之言憲宗曰卿言是也由是言多聽納臣以居易被憲宗拔擢纔為學士能盡忠極諫以報恩遇而況臣非才寒進孤立無黨獨蒙陛下誤聽特力拔擢位至宰相犬馬之誠堅於報主然自待罪兩府已逾二年略無謀猷上裨神聖雖則日奉天顏常親黼座所奏覆皆率多凡細事務常程文書徒煩睿聽無益治體以此為宰相職業真所謂素飧尸祿齷齪小謹而已豈陳平所謂宰相者上佐天子理陰陽順四時外鎮撫四夷使卿大夫各得任其職之義乎房喬杜如晦唐之賢相太宗猶常責之曰公為宰相當須開耳目求訪賢哲有武藝謀略才堪撫眾者任以邊事有經明德修立性明悟者任以侍臣有明幹清慤處事公平者任以劇務有學通古今識達政術者任以治人此乃宰相之裨益也比聞聽受詞訟日不暇給安能助朕求賢哉斯言之責誠為至當臣每侍丹扆累聞德音常以求賢致治為切務推誠納諫為至德臣愚不能上副聖意而陛下至仁未忍以大義責臣而臣獨不內愧於心乎臣復自念性本朴忠言多蹇拙幸得進對咫尺天威凡所敷陳或未詳盡臣嘗覩唐宰臣趙憬奏章欲上書論事其略曰稽顙丹陛仰對宸嚴蹇訥易窮遽數難辯理詳則塵瀆頗甚言略則利害不分切聞貞觀開元之際宰輔論事或多上言所冀獲盡情理時德宗嘉納之今臣之愚猶憬之志也後有面陳口奏頃刻之閒或蹇訥有所未盡事理有所未周即欲繼上奏封細陳理道上裨睿聖訪納之勤下盡微臣區區之蘊固不敢妄陳偏見亦不乞留中不出惟冀聖慈特賜詳擇

皇祐元年知諫院錢彥遠論臺諫風聞言事疏曰臣伏覩天禧元年二月內增置諫官御史敕節文云或詔令不允官曹涉私措置失宜刑賞踰制征求無節寃濫未伸並仰諫官論奏憲臣彈舉每月須一員奏事或更有切務即許不依次入對雖言有過當必示曲全若事難顯行即令留內但不得潛為朋附故作中傷恭以真宗皇帝之時九穀順成三邊寧肅犴稀填委刑罰幾措尚或詢求闕政虛佇直言孜孜之心久而益勵三十年間斯制不易陛下纂紹丕圖虛心聽納寬容盡下言路大開未嘗一日少息高出前古遠矣天下方歌之舞之非假臣一二之陳而昨降勅命諫官御史不許風聞言人過失雖言而令中書樞密院不得施行誠敦厚風俗誡約苛細似與先帝敕意相遠先帝敕許論奏官曹涉私寃濫未伸是二者皆有司臣下之過也今皆不許風聞言之是涉私寃濫之蹤無由上露今敕意謂過失自有人論訴及官司覺察其有恃怙威權結朋黨者人尚畏之豈

敢訴也。本末之間。事未為允。且諫官御史。是陛下耳目。譬如人之一身。耳目聰明。則聞見日博。鉅細洞察。至於行止措置。內斷於心。豈可因耳目所見而必行。苟自壅塞耳目。則門庭之內。或有不聞。校於國家。發體尤大。臣所以聞新敕之下。又未上者。慮人情便之。而令開正士憤激。讒起姦蔽之端。小人踴躍。自得保全之計。內外遠近。公議頗同。伏望聖慈體先帝元置諫官御史本意。依天禧敕文內事節。並許唯故事風聞奏論彈舉。所貴天聽及卑。人情上達。

二年。知太常禮院司馬光論張堯佐狀曰。臣聞明主勞心力以求諫。和顏色而受之。士猶畏懦而不敢進。又况震之以威。壓之以重。而望忠臣之至。直言之入。難矣。臣之不忠。言之不直。而天下安。萬事治者。未之有也。臣竊見臺諫官屢以張堯佐事上書。而陛下執之益堅。拒之益固。前日臺諫官等守閤請對。陛下卻而不納。中外之人。莫不駭愕以為異事。昔漢元帝欲用馮昭儀兄野王為御史大夫。既而疑曰。吾恐後世謂吾私於後宮。遂不用。今堯佐有野王之嫌。而無其才。陛下不次用之。數年間自散郎至宣徽使。雖彼實有可稱。天下之人安可家至戶曉。使謂陛下不私後宮哉。抑又聞古之人有種瓜而甚愛之者。盛夏日方中而灌之。瓜不旋踵而萎。敗其愛之非不勤也。然灌之不以其時。適所以敗之也。今陛下貴用堯佐遠過其分。天下已側目扼腕而疾之。又復摧折忠諫以重其罪。是正日中而灌瓜也。臣竊為堯佐寒心。而陛下獨不為之深思遠慮哉。非獨如是而已。前者臺諫官不得對之日。陰霧冥冥。跬步相失。寒冰著木。終日不解。臣謹按洪範五行傳。聽之不聰。是謂不謀。厥咎急。厥罰常寒。又按京房易謂之蒙氣。此皆陰氣太盛。壅蔽陽明。上下否塞。疑惑不決之象。天意昭然。有如教語。行道之人。皆知其異。陛下性資純孝。嚴恭天命。容納直言。

深明得失。此非臣之諫。乃天下所共知也。獨柰何以堯佐之故。忽天戒而不顧。棄人言而不從。輕祖宗之爵祿。違古今之明鑒。書之簡策。使天下之人有以議聖德之萬一。或累於光融高大之美。此臣所以日夜痛心疾首。寢不能安。食不能飽。深為陛下重惜者也。臣聞臣之事君。猶子事父也。豈有父獲大謗於外。而子不以告。且不諫哉。惟陛下亟召諫臣。使竭其所聞。采納其言。而慰安其意。以厭上天之心。解外廷之惑。闢忠讜之路。塞寵倖之門。則天下欣然歌誦盛德。豈有窮哉。昔漢明帝作德陽殿。鍾離意諫。即時罷之。後乃復作。殿成。謂羣臣曰。鍾離尚書在。此殿不成矣。然則明帝非不欲為殿也。所以屈己從之者。欲全諫臣之節。而開直書之端也。今臺諫官前後言堯佐者數矣。陛下曾不留神省察。少為末減。以慰其心。夫人主所欲為。人臣豈能發變之哉。顧自今以往。事復有大於堯佐者。在列之臣。噤嘿拱手視之而已矣。此非朝廷之福也。不然者。臣猶朽木。陛下猶雷霆。安可以力校哉。惟陛下察之而已矣。

三年。翰林學士知制誥胡宿上奏曰。臣聞聖主悅至言。好崇諫。所以廣治道。防一切之未然也。臣以螻蟻。竊覩陛下特稟上聖之德。能聽大度之言。歎賞諫臣。以擢臺職。推誠含垢。美盡君人之量。堯舜之用心也。近日聞臺官言事。事涉後宮之親。出於風聞。有旨詰責。亟思以謂諫官御史。朝廷紀綱所寄。雖有過繆。可且優容。昔漢文賢主也。袁盎直臣也。帝所幸慎夫人。盎掌諫諍。書涉不遜。初雖怒。終不加罪。後慎夫人聞之。復賜盎金五百斤。慎夫人所以能保榮寵者。以能賞袁盎之直言也。漢元帝馮野王。昭儀之兄也。德行高妙。推為第一。時御史大夫缺。公卿多薦野王為之。帝曰。吾若用野王為之。天下必以我私後宮之親。昔德宗謂李絳曰。諫官論奏不實。欲黜其尤。絳曰。此非陛下意必愉人以此熒誤上心自古納諫昌拒諫亡君尊如天臣卑如地千不測之禍雖開納獎勵尚恐不至直士杜口非社稷福臣願陛下鑒觀前史開納至言臣不勝區區之情

直集賢院劉敞上奏曰臣伏聞陛下以殿中侍御史裏行唐介言事狂狷責授春州別駕尋又聞陛下以春州險遠瘴癘之地憐其孤危將不生全改授英州此誠陛下聖德厚恩容忍臣子萬萬無窮也臣竊觀詩書所載帝王之君德莫盛於知過仁莫大於好生名莫榮於聽諫陛下皆踐之且唐介居下訕上至陷於死而陛下察其本心以忠信為之故曰知過既責介身投之遠方而復憂其不全故曰好生當介初得罪之時中外震動以言為戒及聞徙還英州人人懽忻知陛下無意殺之忠義者更思竭盡故曰聽諫臣不勝幸甚臣聞伊尹戒商王曰有言逆于汝心必求諸道有言遜于汝志必求諸非道此商所以保乂四海格于皇天者也臣所謂介之所言雖逆耳求之於道亦當有合者陛下幸寬全不誅矣若復闊略其罪優游其身使得省過追咎復齒朝列於以開廣言路勸來者則盛德無疆臣不勝犬馬之心

至和元年敞又論不當排言者疏曰臣昨聞吳充黜官馮京落職將謂其人所行實有過當所言實有不可是以觸忤聖意不蒙矜恕及於延和殿奏事面奉宣諭充乃是振職京意亦無他中書惡其太直不與含容臣竊驚駭不覺憤咽前古以來唯有人主不能容受直言或致竄謫臣下今陛下慈仁好諫寬大如此不知中書何故不務將順聖意之美須要排逐言者今四方之人不知本末反謂陛下不能聽諫口謗腹誹所損不小且如此事陛下心所必恕中書卻欲必行是蔽君之明止君之善侵君之權增君之過苟要作威警動朝望今後雖有不公不直人不敢言得以利己得以罔上陛下不可不深察也臣按六經舊史大臣蔽君之明止君之善侵君之權增君之過皆為不忠陷於刑誅況今時人情遠不如古若聞陛下欲為善而牽於大臣大臣欲作威而不憚陛下則必相率背公向私奔走權門矣此風一動此勢一失是為君與臣同國聖人之至戒也魯僖公時頻致天旱春秋謂由公子遂專權之應而洪範五行僭則常暘蒙則常風下侵上則山崩地震日月薄蝕如今者此事逆於倫理必恐感動陰陽或能遂致災旱風霧山崩地震日月之眚望陛下留神深察此言臣以淺近祈陛下厚恩不敢不報然竊恨此一事近世未有臣雖口陳未能詳盡謹手書具奏以聞

御史馬遵上奏曰臣聞古者天子有諍臣七人蓋左右前後承弼之任故傳曰公卿比諫漢制國有過則三公得通議之故平津侯不肯面折廷爭汲黯數之且曰天子置公卿輔弼之臣寧令從諛承意陷主於不義乎唐太宗與房魏王珪輩議事十數往返歸當而後已故能成太平李絳欲論采擇一事同列李吉甫曰此嗜慾間事難言從他諫官上疏絳曰此難事豈可推與諫官且君為元首臣為股肱何事而不可得論也管仲曰大臣持祿而不敢諫小臣畏罪而不敢言此害霸也然則自古諫諍乃大臣之任不獲已而後至於言責之人蓋事有本末勢有先後若大臣不能正之於前而使小臣救之於已然之後其難易不侔也又況王言如絲出而漸大國令如汗下而不返手以此見言責之難為也且為忠臣不若良臣用直諫不如諷諫若無益事實自取空名豈愛君憂國之人哉伏惟陛下容覆如天地照臨如日月言無不從事無不察然猶並列臺諫以廣耳目此堯舜禹湯之用心也其如事關近司禁防甚密先事而言或謂之輕發後

時而議則謂之已行空言雖多成效甚少有臺諫之名無臺諫之實甚可惜也臣愚欲望陛下清閑之宴召對執政大臣以堯舜君臣相戒敕之義丁寧宣諭令後事有未便理有未安或踰祖宗之制度或失先王之典禮並須再三執奏不得一切奉行以歸當為限如此則諸妖不能勝德大和可以致祥萬事不隳太平可致臣以言事名官不以全責自歸而敢扳援大臣者豈為自安之計哉蓋古義如此時事當然臣言雖輕於事甚切惟陛下財擇臣不勝惶恐待罪之至

二年御史中丞孫抃論章疏多留中不降出狀曰臣伏見近日臣僚所上章奏多有留中不曾降出者臣愚竊謂此一事於朝廷之體至要至重陛下宜深思而遠慮之可也帝王尊居九重總覽萬幾防謹之先在於壅塞銳心精力舉通其原尚或間有欺隱故作弛放弊將如何臣即不審是已經聖覽別有特旨使之然耶將權勢僥倖妄生希合而致然耶萬一姦人緣此陰結巧偽公為稽秘采有警急事陛下不聞大臣不得知其如何吁可駭也且書稱明四目達四聰堯舜所以成大聖今自溫成皇后薨逝以來忽然生此節目臣恐四方聞之謂陛下不喜正論遂使讜臣端士噤口結舌默不敢吐非廟社朝廷之福非天下生靈之福欲望陛下敕中書申明自來條約指揮通進銀臺司及內中經歷處所應文字並須立便批鑿投進或降出不得稍違時刻仍一一與大臣商搉可行可止之狀以慰中外物議則陛下聖德不損於昔時陛下朝政愈新於今日臣不勝懇悃之至

仁宗時天章閣待制知諫院包拯進魏鄭公三疏劄子曰臣聞唐太宗英明好諫之主也魏元成忠直無隱之臣也故君臣道合千載一時事無不言言無不納太宗嘗謂左右曰朕即位之初或言人主必須威權獨運不得委任群下或欲耀兵振武懾服四夷惟有元成勸

朕偃革興文布德施惠中國既安遠人自服朕從其語天下大寧絕域君長皆來朝貢此皆元成之力也是致貞觀之風與三代比盛垂三百年抑有繇矣所上諫疏具在史冊臣竊謂元成雖言於當日亦可行於方今謹條其三疏僃錄于左皆詞理切直可為龜鑑伏望陛下萬機之暇特賜觀覽傳說曰知之非艱行之惟艱惟陛下少留聖意天下幸甚

拯又論臺官言事狀曰臣伏見近者臺官以朝政闕失上章論列或令分析或取戒勵中外傳聞於體不便且國家置御史府者蓋防臣僚不法時政失宜朝廷用之為紀綱人君委之如耳目所以先帝特降詔書添置侍御史已下六員並不兼領職當時詔令不允官曹涉私措置乖方刑賞踰制並許彈奏雖言有過當必示曲全若事雖顯行即令留內蓋先帝切於求治如是之極也伏自陛下臨御以來將三十載遵守先訓廣開言路虛懷以待犯顏必容此皆陛下憂勤庶政之至深群臣仰望清光之不暇矣臣欲望今後御史等凡有彈奏事或過當更不令分析及取戒勵君乃阿意徇私即乞重行責降如此則上彰陛下好諫之德下免朝廷過舉之失

英宗治平三年龍圖閣直學士司馬光上奏曰臣近曾上殿蒙聖恩宣諭以濮王稱親事云此親字官家亦本不欲稱假使只稱濮王與仙遊縣君有何不可臣乃知陛下至公本無過厚於私親之意直為政府所悞以致外議紛紜必謂旦夕下詔罷去親名其已出臺官當別有除改見在臺官亦優加撫諭使之就職昨日忽聞侍御史知雜事傅堯俞知和州侍御史趙鼎通判淄州趙瞻通判汾州中外之人無不驚愕此蓋政府欲閉塞來者使皆不敢言得專秉大權逞其胸臆臣切惟陛下春秋方壯聖德欽明而今日獨取拒諫之名受孤恩

之謗違天下之望矣人主之權正由逐政府數人狠心而已不知於陛下有何所利而為之臣不勝區區深為陛下痛惜伏望陛下勿復詢於政府特發宸斷召還堯俞等下詔更不稱親如此則可以立使天下憤懣之氣化為懽忻誹謗之語更為謳歌矣

光又上奏曰臣聞人主患在不聞其過人臣患在不能盡忠是故忠直敢言之臣國家之至寶也夫以人主之尊下臨羣臣和顏色以求諫重爵賞以勸之羣臣猶畏懦而不敢進又況憚之以威懲之以刑則嘉言何從而至哉竊聞侍御史知雜事呂誨侍御史范純仁監察御史裏行呂大防因言濮王典禮事盡被責降中外聞之無不駭愕臣覩此三人忠亮剛正憂公忘家求諸羣臣罕見其比今一旦以言事太切盡從竄逐臣竊為朝廷惜之臣聞人君所以安榮者莫大於得人心今陛下徇政府一二人之情違舉朝公議尊崇濮王過於禮

制天下之人已知陛下為仁宗後志意不專悵然失望今又取言事之臣羣輩逐之臣恐累於聖德所損不細閭里之間腹非竊歎者多矣況純仁大防皆陛下簡拔於衆人之中任以為耳目之臣蓋取其忠直非取其阿諛也純仁大防亦欲竭誠盡節以報陛下之知故敢不附政府侃然正論今更以此獲罪則陛下於羣臣之中尚誰親哉若使忠直日退阿諛日進則陛下何以復知臣下之善惡政事之得失如此殆非國家之福也伏望聖慈亟令誨等還臺供職則天下翕然皆歌陛下之聖明雖禹之樂聞善言湯之改過不吝不是過矣不則且為之別改近地一官亦可以少慰外人之心也

知制誥韓維上奏曰臣竊聞御史知雜呂誨等以論濮安懿王事相得罪並行譴逐羣議喧然皆以謂誨等繇審議守職之忠臣而切歎朝廷典刑遂至於此臣伏以陛下自入繼大統士大夫莫不音論為人後之大義以謂陛下棄好經術必能循用禮典以副先帝顧託之意旨兩制之議上聞聖下更白交諫務欲上廣聰明以正此事而今者遂至斥逐憲官以失天下之望誠可痛也臺官之言臣雖不盡聞詳其用心不過欲陛下盡如先王之法而止耳即如此者乃是愛君之至安所得罪而逐之也近年以來風俗頹敝士大夫類皆貪固寵利護惜人情姑息苟且為自容之計莫肯為國家悉心營職者陛下厚賞以勸之嚴罰以督之猶恐此風不變而復內牽邪說貶斥正人數以微過放逐善士臣恐自此姦佞得志忠良結舌陛下耳目益壅蔽緩急朝廷有事上無由知此時雖有悔恨亦無及矣方今法度隳廢百職不治國用匱乏民力凋困外無良將士卒驕惰夷狄窺間而有輕中國之心而天災數見地變復作疾疫流行饑饉荐至由此觀之臣恐陛下之憂不在濮王名號未崇臺官不畏威依命也伏望

聖慈思社稷安危之計以人情去就為慮亟追昨日詔書還誨職事以救前失以安人情

知諫院胡宿乞察言責實時有懲勸疏曰臣先有奏陳以力所不能願辭諫職不意朝命復除御史知雜臣久尸言職已試不効惟俟幽黜敢有覬覦天慈蒙覆豈不知幸圖報之心宜何如哉臣竊思歷代設耳目之官蓋輔人主之不逮不能九重之外無復聞見萬機之事皆為壅蔽以是論之獻替之言不可一日無之凡事止宜辨論是非稍涉姦妄當行重責不當置其言而不用使之沮辱在賢者翻然以思動為身謀悠悠皆是借如朝廷之事臺官不得預聞及其政令行下方始得知比正其所為則曰已行之命難以追改是執政之臣常自取勝耳目之官固難與爭矣又聞近日臣僚建議以先帝臨政信任臺諫官所陳已行之事多有追奪欲陛下矯先帝之為凡事堅執

不可移易行一紙令進一匪人偈言於外曰出自宸衷人必不敢動搖若果有之是欲窒塞聖聰將使拒諫遂事豈公忠愛君之人哉恐非廟社之福也且諫諍者非衰職之闕時政之失不應有所激發上則咈戾聖意下則違忤輔臣以至被糾劾者皆為仇敵豈不知害于身凶于家所利者國家所守者職分爾而又近年朝廷無懲勸之意諛佞者傾附權勢畏避者噤嘿自容坐累歲月例得遷轉言與不言孰為利哉臣嘗親奉德音指緘默者甚衆然終不聞有所誡勵斯無益之大弊也臣竊謂陛下好問之心過於虞舜但未嘗察其言爾求治之功有如漢宣但未嘗責其實爾臣既未得其去敢不以言責自任伏望陛下既問之當察其言既用之當責其實無俾左右蔽惑聰明言事之官宜時有懲勸則人無苟且職事皆舉有裨於朝政太平之基不難成矣矯先帝之為更宜況慮已行之事果有不便更張何疑不然臣未知職事之所守終不安其分爾

歷代名臣奏議卷之二百二

歷代名臣奏議卷之二百三

聽言

宋神宗即位初御史中丞司馬光上奏曰臣伏以大舜舉賢敷納以言明試以功漢武帝詳延特起之士待以不次之位終獲其用咸加胡越真宗皇帝總覽群臣章奏用其言而顯其身以成咸平景德之治凡察言所以知人知人所以立政自古及今其道一也今陛下即政之初首開言路令中外臣民皆得上封事海內欣欣咸畢精竭思以承休德若於此際能采其嘉謀舉其賢材而用之則太平之基可指日而望也若徒備外飾發其言而不用棄其人而不取則天下頹弊之事當何時而振起乎臣與張方平先受詔詳定中外所上封事雖已盡心料簡合於義理可施行者一一奏聞更望陛下擇其精者決自聖意必令行之其有識慮稍出於衆者願陛下特賜召對面加詢訪考其虛實果有可采密籍姓名遇有差遣隨材授任使其實有顯效然後可以不次拔擢如此則嘉言罔伏野無遺賢矣

光又上奏曰臣竊見近歲以來政府言職迭相攻毀分為兩朋有如讎敵所以然者蓋由人臣各務逞其私志互爭勝負不顧己之是非人主不忍違逆人情兩加全護不肯判其得失是以群下紛紛日闘於前而朝廷為之多事者也臣伏見陛下天性聰明仁孝恭儉踐祚之初孜孜求治此誠堯舜之資群生之福也群臣幸得遭遇此時不務將順聖德紀綱治體革政事之久弊救百姓之疾苦而各為私闘不知窮極誠可罪也臣聞人君之尊與天地同體以剛健為德以重厚為威照微當如日月發言當如雷霆昔漢武帝謂田蚡曰君除吏盡未吾亦欲除吏又謂衞青曰郭解布衣權至使將軍言此其家不貧人主之言若此皆切當如此群臣安得不畏服哉夫心知其非而面

循其情口順其説依違兩可此最人君之大患也國家政事未有不先經兩府相與商議然後施行關防祕密外人莫得而知及詔令已下臺諫方得聞之若事有未便從而論列陛下還復下之兩府人之常情自非大賢誰肯以己之所謀為非而以他人之言為是哉必須排擯沮抑以為難從此人主之所以獨取拒諫之名而大臣私得專權之便者也臣愚伏望陛下自今應有臣僚上言朝廷闕失者陛下當清心審慮自以大公至正之道決之若大臣所謀果是不必顧恤言者所陳果當不必曲順大臣之意位無高下言無先後惟是之從又何紛紜之足患哉必若其人等固有爭執者陛下亦當再加審察更以理道往返與相詰難以盡其情果有可取勿憚改為若漢宣帝之於趙充國則萬事無不當矣必若理道是非顯然在目而其人執迷文過強狠不已者雖加罪黜天下豈以為不可哉如此則豈惟事得其正亦使威福之柄盡歸帝室矣凡天下之事是非未明則不可不謹是非既明則在陛下決而行之臣前日所謂惟道所在斷之不疑姦不能惑佞不能移者正謂此也惟聖明裁察

光又請自擇臺諫劄子曰臣竊見近日臺諫上言剗置三司條例司害民及呂惠卿姦邪者率被責降或更加以惡名如呂公著告辭云乃誣方鎮有除惡之謀中外聞者無不駭愕竊惟朝廷之意無他止欲懲戒來者使不敢復言耳國家置臺諫以為天子耳目唯恐政事有闕失百姓有疾苦大臣專恣左右姦邪天子深居九重不能得聞故也今臺諫官稍有懷剛直之志畏天下公議憂念朝廷哀閔百姓忤犯大臣刺譏左右者陛下輒罪而逐之更使大臣自擇所親以代其任萬一又為公論則又逐之是必得庸懦阿諛不知廉恥附下罔上背公死黨之人然後止耳若言路皆此等之人則禁闥之外陛下耳目之所不及者雖有至大之事迫切之禍陛下何從知之如此豈宗廟社稷之福也晏子曰君所謂可臣亦曰可君所謂否臣亦曰否若以水濟水誰能食之今陛下使大臣自擇臺諫官大臣又取同於己者存之異於己者去之然則陛下獨與大臣為天下足矣何必更置臺諫官也且條例司之害民呂惠卿之姦邪天下之人誰不知之獨陛下與王安石未之寤耳豈可更為之黜逐臺諫以長其威福成其氣勢臣竊為陛下寒心今臺諫官已被逐者臣不敢留唯願陛下自擇公正剛直者布之言路以明四目達四聰勿使為群下所欺蔽則天下幸甚臣受陛下近分之恩不敢塞默雖死怨讎之手猶賢於竊祿偷生者也

熙寧元年翰林學士王安石上奏曰臣竊聞轉對官陳習坐言人罪惡被絀監當習之為人忠邪愚好臣所不知然陛下施罰如此有未

安者二上下之所以相遇者詔令也詔令所以行於天下者信也詔令不信則人主之權廢矣故孔子以為兵與食皆可去而不可以無信今陛下命群臣使斥言有位之阿私朋比尸素有一人言之則不考問其虛實而絀之則甚害陛下之信此未安者一也人主之聽天下不可以偏偏則有弊偏於惡言人罪則其弊至於姦慝不聞真宗但惡人潛行交結陰有中傷故詔言事者不得留中此未有大失也然在位者遂以為人主厭惡言人之惡者其俗之弊乃至大臣奸邪贓汚而真宗終不得聞蓋言人之惡者既衆人所不喜而人主又厭惡之則其弊必至於此今有一人為陛下斥言人臣之罪未知其虛實而陛下遂以為大惡則今孰敢為陛下言人之奸者乎奸不上聞則雖大臣復有贓汚狼籍者陛下無由知之而天下之政壞矣此未安者二也臣聞人主之聽天下務在公聽並觀而考之以實斷之以

義是非善惡皆所欲聞所不欲聞者誣罔欺誕之言而已即不欲聞人之惡則象恭滔天方命圮族非堯之所得知也堯所以能知共工及鯀之惡而又知舜之善者蓋以能公聽並觀不蔽於左右親習之人而考之以實斷之以義一切斥絕拒塞誣罔欺誕無義之言而已故書之稱堯者以其能疾讒說畏巧言非以其惡言人之惡也人主所以為賞罰者以善惡也欲知善而不欲知惡則是欲有賞而無罰也有賞而無罰有春而無秋非天地之道陰陽之理也臣愚以為陛下此舉過矣其作始則小其弊成於後則大不可不察也改過不吝者成湯之所以聖也伏惟陛下不吝改此則天下幸甚

二年侍御史陳襄上奏曰臣竊以天下之道常存乎公議公議廢斯道或幾乎熄矣夫人皆有是非可否之心蓋出於理義之性雖聖人無以異也方其是非可否之時苟其心不至乎有所好惡則其言未始不公雖匹夫匹婦之愚猶有可取而況士君子者乎彼君民者凡施一政立一事方且自謂吾思慮之甚精議論之甚熟聞其言而莫之省也且以為流俗之論亦不思之甚矣故天下之公議常起於好惡未發之前而失於是非相勝之後君人者不可不察乎此也已以為是而天下以為非已以為非而天下以為是焉未可知也必待天下之人皆以為非然後捨焉是衆人捨之也故其取於人也無貴賤咸肆賢愚惟恐其謀之者不多論之者不博道之所存議之所從也古者天子聽政使公卿至於列士獻詩瞽獻曲史獻書師箴瞍賦矇誦百工諫庶人傳語近臣盡規親戚補察瞽史教誨耆艾修之而後王斟酌焉是以事行而不悖厲王暴虐使人監謗召公用是諫之而不聽遂至流亡之患宣王既立用方召以為輔相修文武成康之遺風而雅道復行故其政善者詩人美之若雲漢崧高之類是也其不

善者詩人亦或箴焉庭燎是也或規焉沔水是也或誨焉鶴鳴是也或刺焉祈父白駒之類是也故天下諸侯復宗周而王室中興焉夫言之於人君其取捨興亡如此之明效也伏自陛下享國以來咨嗟求治惟恐一言之不獲一事之未聞親降詔書詢求闕政每遇便殿延訪群臣之言至于日昃仍命百寮轉對得以封事上聞求之前王未有若陛下兼收廣聽如此之勤也然而興事改作惟聖其難王安石近置條例一司失於過聽事不由於宰府謀不及於士民耆艾不與聞臺諫不得議所建議惟門生屬吏而已天下雖有是非之論一切不聽事行之日中外莫不怫然非之謂不可行此由責任太專而不取人言之過也易之蠱曰先甲三日後甲三日終則有始天行也言有事之時人君欲創制申令必先審慮於始當圖成其終猶大道之行四時以成變化夫何獨以一二臣之臆見而議天下之法哉陛下雖欲從之其如天下何昔者子產相鄭鄭人有游鄉校以論執政者然明請毀鄉校子產止之曰夫人朝夕退而游焉以議執政之善否其所善者吾則行之其所惡者吾則改之是吾師也若之何毀之孔子聞之曰人謂子產不仁吾不信也韓愈為之頌曰誠率是道相天下君旁通交暢施及無垠蓋惜其不遇也又曰四海所以不治有君無臣誰其嗣之我思古人蓋傷今不復有斯人也伏望陛下復雅道以行宣王之政責近臣以子產之用心無任一人之私言無廢天下之公論舉一事必稽于衆施一政必順于民罷去誅求之法以安人心牽復放斥之臣以開言路使百工群吏咸得以職事持議箴補主闕則可以無偏係過舉之患矣易曰同人于野亨利涉大川言所同者遠無所係吝則其道光亨可濟大事矣伏惟陛下留神聽納則天下之福也

襄又上奏曰臣聞君之視臣猶心膂之於股肱耳目也四者相資而成一體則不勞而功用成矣故公卿者人君之股肱而臺諫為其耳目也故古之人君用諫諍之臣必求方直辯博之士司其視聽而補其闕遺其心諰諰然惟恐不聞切直之言以救其失故舜戒其臣曰臣作朕股肱耳目又曰予違汝弼汝無面從退有後言是也古之人臣諫諍其君苟可以言雖鈇鑕之在前無所忌諱者欲以致君之無過而非所以暴其惡將以効臣之節而非取其名蓋居言責之任其義當爾故易曰王臣蹇蹇匪躬之故書曰斯謀斯猷惟我后之德是也故君臣之際同心協德義成一體上之人苟聞一言之善則雍容聽納不以為暴已而無所疑下之人苟聞一事之失則周旋切爭不以為干譽而無所憚此所謂信而後諫者也伏望聖慈少察臣之言則天下幸甚

襄又乞免劉述等言事罪狀曰臣近者竊聞侍御史知雜事劉述以繳勅被劾前日御史劉琦錢顗又以言事責降尋准同知諫院范純仁牒稱為臺官劉琦等責降有狀奏乞留逐官及言參知政事王安石事居家待罪更不供職乞行貶竄牒院照會者臣亦備位諫官端視朝廷上下之情乖戾若此臣實憂之陛下始者知安石之賢擢與大政天下聞之莫不相賀以為陛下有知人之哲能任道德之臣陛下責望安石之意既深則安石論報陛下之心愈急事既傷於欲速人不免乎有言臺諫耳目之官苟有見聞不敢緘默事之可否在陛下擇而行之不宜小有忤旨便加譴斥恐非所以通下情來諫諍之道也自陛下享國以來凡五易御史中丞臺諫之官罷斥相繼以不失職而去固無所損然而天下之人皆謂陛下不能包容聽納窒塞言路訑訑之聲音顏色拒人於千里之外在於聖政不為無損也況今官政因循上下無守述為刑曹繳勅待罪可謂不失其職矣若陛下因此罪之是使天下偷祿苟安之人益曠官守矣況御史之任得以糾正朝綱今琦與顗為言執政之臣雖風聞失亦未為深過若以微罪被逐是使言事之官無復敢論柄臣之闕失矣此竊為陛下惜也夫天地之所以為大者以其善覆萬物而不可名善載萬物而不可度聖人之德亦在容之而已矣書曰必有忍其乃有濟有容德乃大願陛下不以守職違詔而寘述於法不以言訛近臣而重琦等之罪則天下幸甚

監察御史張戩等乞察官依諫官例登對狀曰臣等每有本職公事欲上殿敷奏必候朝旨既許上殿伺候班次動經旬日儻遇朝廷政或闕失及外事有關係於機速不容後時者如此稽遲則已無所及況使往復待報必由中書萬一事干政府則或致阻抑耳目之司雖

欲應急陳聞安可得也伏覩天禧詔書或詔令不允官曹涉私措置失宜刑賞踰制誅求無節寃濫未伸並委諫官奏論憲臣彈舉是蓋臺諫之職言責既均則進見之期理無殊別何獨憲臣隔絕疏異欲乞朝廷推原天禧詔書之意使依諫官例牒閤門即許登對或所言急速仍乞先次上殿所貴遇事入告無憂失時

翰林學士韓維乞不可以直言黜士狀曰臣伏見應賢良方正舉孔文仲對策入等以論時政意異詔文仲罷歸仰惟陛下導人使言一有不合便行棄黜此後誰敢有言者陛下嘗嫉言事之人好同流俗沮敗朝廷行事且行事在審理審理在合時變使流言自息乃為善也而欲黜責以止之臣見其無益於行事有損於治道也陛下毋以文仲為一賤士而黜之何損於事古人於事常戒微漸臣恐賢俊由此解體忠良結舌阿諛苟合之人得窺其間而競進為禍不細文仲

可取而遂之臣恐於文仲未有所損而其損頓在陛下也願改賜處分以幸天下。

九年監察御史彭汝礪論近歲用言好同惡異疏曰臣伏以陛下自初政于今幾十年損益賡續紛紛莫知所止條令數下使車結軌於道郡縣之吏不能勝任言理財者幾悉矣而公私之用愈屈於不足風俗彫弊德義陵夷浮虛刻核如無復有所憚者旱蝗水潦飢饉疾疫加之師旅遠方騷然不安矣此固陛下勵精夙夜弥綸以臻厥成之時也臣願陛下加謹焉毋忽於其動患所以安之於其順患所以寬之於其易患所以難之於其薄患所以鎮之於其貧患所以貸之此今日之至計也夫潛神於一堂而欲以周知四海之遠制法於一時而以施及萬世之久夫豈一耳目手足之力哉惟在盡人謀而已微臣淺陋實無益陛下毫髮之事惟陛下益廣言路以通下情下情

通則忠謀日至而利害之迹邪正之實不得隱於天聽矣蓋事係於天下則當與天下共之事係於衆人則當與衆人共之非可以私也臣觀朝廷近歲用言之道同之則衆譽之以為奇才為知治體而果用之異之則衆愚之以為同俗為不知治體而果廢之夫是非在理不在同異使同而有所附焉雖同乃所以為欺也異而有所取焉雖異乃所以為忠也夫上所好惡民之表也上惟同之為好則民亦以同為貴上惟異之為惡則民亦以異為賤人不能無賢不肖事不能無利害而人人雷同環合以可不可為一則將沮君子而為小人將飾罪而為功虛方欺而為實利方詐而為義末流之弊臣恐不可勝治矣陛下道濟天下而智周乎萬物嚬笑俛仰之間奄撫四海之外群臣消塵終何足以有益耶惟深為天下屈意聽納以荅天變以同民憂幸甚。

十年汝礪又論言事不當問所得疏曰臣近論都檢正俞充及開拆事初十日准中書省劄子奉聖旨具析上言俞充事迹得於何人開奏者臣不肖不足對揚陛下之命承詔震恐惶然失次臣伏念天下之大有正則有所謂邪有賢則有所謂不肖人君淵居嚴密無由自察之也於是有耳目之官御史亦因衆人而問焉凡臣之糾摘姦慝非有毫髮為其身謀也實自陛下使之衆人或為臣言亦非有所欲也迫於臣之誠心而已迫以至誠而得之及有所畏避而暴露之而投諸罟擭陷穽之中而臣乃獲安焉則臣不唯不容於人亦且得罪於有司夫廢一官吏非足為朝廷輕重也然官吏以漏言於臺諫而廢則衆皆以前車為戒而外之是非得失無從至於臣輩矣以臣之昏弱不肖而使憲臣盡不得聞知外之是非得失將無以照燭幽闇而弥縫其空缺臣之罪莫甚焉臣寧自刻不敢奉明詔究之材狩如

陛下知之為詳則臣之罪亦自見矣凡臣所居官職皆陛下所予願并納以易罪若猶未也願益察之緣臣論列非一狀御史中丞鄧潤甫裏行黃廉亦各有疏乞詢于衆及委官盡公根究如有不實則臣為誣善為殄行竄流荒遠其又何辭臣無任懇切之至。

汝礪又論聽言未至疏曰臣幸以不肖得備數憲府與聞朝廷之議論而其學不根屢辱聖訓乃知堯之道無能名孔子之言性與天道不可得而聞而其間有所未達不敢諱匿不陳以負盛恩惟陛下加察焉臣聞之凡人莫難於爭臣為人臣則不得有隱人君我之所天也能制禍福能制貴賤而有過則必正之人臣我之所委也非能輕重之非能榮辱之而有姦惡則必言之以至賤應至貴而言其所惡聞之過失以至孤敵至衆而發其所隱之姦惡則危辱怨禍之至如歸焉危辱怨禍不獨其身亦及其子孫夫抱關

擊柝秉田委吏皆可以成業而以儻來之名器倚去天下之至安而投不測之危禍背違衆人之榮譽而召無窮之怨惡則其身其計非爲其家亦明矣陛下至誠懇惻頤治如臣不肖而優容假借尉藉之良厚則知陛下屈意於天下之賢雖古不能過也聽言之道有所未至者三蓋有所疑有所易有所專此臣之所未喻而不敢諱匿者也臣聞之人君之所以交於天地應於萬物者無所不用其誠也在我者無所不用其誠則人之誠亦至焉臣竊聞陛下勵精於事纖悉必躬而不能無疑心臣以謂不然周尹言王中正事陛下疑以謂中正不能成就蜀中士大夫然後知說者有以爲尹言國恩與鄉里孰重必曰國恩重得於人君與得於人臣孰重必曰人君重遠所重而取欺天之罪從所輕而取小人之譽臣子恐不敢如此臣伏思陛下於百官之中取六七人者爲諫官御史使得察百官邪正辯天下利害

而言則必以其人爲可信也以爲可信則任之而不疑以爲可疑則去而不任既任之復疑之既疑之復任之非誠之至也蓋上以疑待下則下亦以疑事上上下之志不交則不足以有成矣陛下所委者外臺也今外臺乞罷免黜逐者日夕不絕使陛下以意度之以爲某人爲某事言某事爲某人言某人臣知有所不能徧臣非爲尹辯恐陛下以是心待天下則賢才如尹者知有所不言矣臣所論多陛下宣諭及所戒飭者則知陛下之意未以不肖爲可惡而將教之也臣雖已銘刻然於義有所不安則其告之亦不敢後也蓋君視臣如手足則臣視君如腹心陛下知足以落天地辯足以彫萬物聖敬日躋方登於堯舜而群臣區區曾不足以髣髴於五帝之佐其何能仰望清光哉陛下歸視收聽退藏于深宮群臣猶且縮慄震懾不敢以盡使以明爲用則熒熒之火必不能爲光矣臣每見陛下之臣稱陛下

高明博厚比於天地論之於古則貫穿歷世而不遺以之於今則周旋萬事而無盡臣下知嗟嘆而已臣獨有疑焉臣前論市易事蒙宣諭以謂不知本末臣誠山野未更於事然臣所以事陛下其嚴如天凡所欲言稽之古參之今聽之民謀之士大夫反覆至於無不同而後言少疑則闕之十至於八九焉則於本末之際未敢言不知也陛下誠盡察之而少賜寬閑之燕使臣得指畫於前而少容盡其區區之愚則臣之言必有以當聖心者蓋天下之人散之則愚合之則智故曰君子之道造端乎夫婦夫婦之愚非足以言於君子有取焉以其所長而已不以其不足聽而忘之也如臣昏闇未論指數其言不善固不足道惟陛下以誠心待之則言有善於臣者有不得疑之矣臣嘗言之曰是非在於衆人則與衆人共之利害繫於天下當與天下共之蓋雖人主有不得專也呂嘉問之姦詐險詖自大臣以至於

僕圉之賤自朝廷以至於四海之遠蓋無不聞知所以受憐而不忍去者獨陛下而已夫人君之於人臣固有所謂庸之者能有益於國而於民爲損能有利於上而於民爲害皆非先王之所庸也傳曰民功曰庸則先王之所以庸之者以民爲主而已夫辟土地以強國實府庫以富國以今言之如所謂才也而孟子以爲民賊況嘉問上欺陛下下欺於民實未有以益國群臣言之愈切陛下持之愈固臣未知所謂也夫嘉問區區實不足數爲陛下道然陛下以是待天下之士是害有甚於嘉問者陛下有不得知矣有所疑似乎不能毋意有所易似乎不能毋我有所專似乎不能毋固凡此皆非微臣所望於聖學也有所疑則忠信之士不至有所易則禮法之臣不勉有所專則正直之臣不進忠信之士不至則所與者譎詐而已禮法之臣不勉則所任非所嚴者矣正直之臣不進則過有不得而知矣此不可

不戒也。臣聞之，治國猶治疾，不能望而知之，問而知之亦可矣；不能問而知之，脉而知之亦可矣。知疾在一支，則治一支；在一體，則治一體。以一支一體為不足憂，則歲時日月之變，外有傳之，內小有積，而大四支百體病，有不可勝治矣。臣竊惟陛下剛健不惑，日勵精於事，天下指日數月，以望唐虞成周之太平。今有為十年矣，而事功未至於成就，而其弊有加焉。凡此，疑皆言路不通之過也。惟陛下加慎焉。

神宗時，制侍郎以下不許獨對。御史中丞黃履上言曰：陛下博訪萬務，雖遠外微官，猶令獨前。預於侍從，乃弗得預也。遂刊其制。御史翟思言事，有旨詰所自來。履諫曰：御史以言為職，非有所聞，則無以言。今乃究其自來，則人將懲之，臺諫不復有聞矣，恐失開言路之意。事乃寢。

御史中丞鄧潤甫上奏曰：向者陛下登用雋賢，更易百度。士狃於見聞，徽於俗學，競起而萃非之。故陛下排斥異論，以圖治功。然言責之路反為壅抑，非徒抑之，又或疑之。論卹民力，則疑其遺道干譽；論補法度，則疑其同乎流俗；論斥人物，則疑其訐以為直。故敢言之氣日以折，而天下事變有不得盡聞。蓋變法之初，勢自當爾。今法度已就緒，宜有以來天下論議。至於淫辭詖行，有挾而發，自當屏棄。如此，則善言不伏，而真大治也。

哲宗即位初，門下侍郎司馬光上奏曰：臣今月一日夜蒙降到呂公著劄子一道，付臣看閱。所陳更張利害，有無兼濟之才，宜當與未當，具悉奏來者。臣自公著到京，止於都堂衆中一見，自後未嘗私相見及有簡帖往來。今公著所陳與臣所欲言者正相符合，蓋由天下之人皆欲如此。臣與公著但具衆心奏聞耳。臣聞書曰：有廢有興，出入自爾師虞，庶言同則繹。言國家政事欲有所改更，必先謀於衆人。

所言皆同，然後行之，則無失也。傳曰：上酌民言，則下天上施。言為人上者當采酌民言，從其所欲，則在下之人戴上如天，受其恩施也。伏望陛下察公著所陳，參以臣民所上實封奏狀，若與之同者，斷志行之，勿復有疑。臣見太平之功不日可成矣。公著一言而天下受其利，可謂有兼濟之才。所言無有不當，惟有保甲一事，欲就農隙教習。臣愚以朝廷既知其為害於民，無益於國，便當一切廢罷，更安用教習。容臣續具劄子奏聞。次其公著劄子，謹同封上。

光又上奏曰：臣伏見陛下詔開言路，至今已涉旬月，必有臣僚民庶上言朝政闕失、民間疾苦奏狀已多。見有付外令三省或樞密院商量施行者，如此則徒煩聽覽，何所裨益。昔漢昭帝時，吏民上書言便宜，有異，輒下杜延年正處復奏。先帝初即位，詔中外上言得失，亦令臣與張方平同詳定，選擇可取者，與元奏狀同進入內，或降付三省樞密院施行。臣竊計今來臣民所上文字，其間是非臧否雖錯雜，嘉謀長策不可謂無。以睿明所燭，諒毫髮無遺，豈可一槩棄置，全不采用。欲乞選其可從者降出施行。或以萬機之繁，未暇遍加省覽，即乞依臣前奏，降付三省及執政官分取看詳，擇其可取者用黃紙簽出，再進入，或留置左右，或降付有司施行。

光又上奏曰：臣聞古人有言，謀之在多，斷之在獨。陛下寬仁，委政群下，或政有大疑，議論難壹，儻陛下不決其是非，則爭辯紛紜，無時而息，事功何由可成。臣謹按蔡邕獨斷敘漢制，有疑事，公卿百官會議，若臺閣有正處而獨執異意者，曰駁議。其合於上意者，文報曰某官某甲議可。此所以各盡群下之所見，而人主亦不失操柄也。今執政之臣雖相與竭力，同寅協恭，若萬一有議論必不可合者，欲乞許令各具劄子奏聞，望陛下精察其是非可否，以聖意決之，或於簾前宣諭。

或於禁中批出令依某人所奏若群臣猶有固爭執者則願陛下更加審察若前來處分果非則勿憚改為若灼然無疑則決行不移耳如此再思而行庶幾得盡衆心事亦少失矣

監察御史兼殿中侍御史呂公著上奏曰臣聞古者天子聽政命百官箴王闕近臣盡規親戚補察然後事行而不悖故孔子曰天子有諍臣七人雖無道不失其天下唐太宗以高世之資親定大業然猶克己從諫以致太平正觀初孫伏伽始諫太宗悅而賞之有言賞太厚者答曰朕即位以來未有諫者故特賞之爾他日嘗怒苑西監而皇太子驟諫太宗喜曰朕始得魏徵朝夕進諫徵亡而劉洎岑文本褚遂良馬周繼之兒在膝前見吾悅諫熟矣故太宗始以納諫致治而又以悅諫教其子孫宜乎功烈甚高而鮮及也然至其裔孫德宗惡諫諍之臣以為賣直取名當時北省閑閒累月南臺唯一御史不聞過失終致亂亡由是觀之好諫者帝王之高致可不務哉恭惟太皇太后陛下自親庶政盛德日新皇帝陛下臨朝恭默未有過事然而天下至大萬務至廣方始初清明之際正是求言納諫之時況先帝新定官制設諫議大夫司諫正言之官其員數甚備伏乞申敕輔弼選忠厚骨鯁之人正直敢言之士徧置左右使掌諫諍無空要職以廣言路又御史之官號為天子耳目而比年以來專舉六察故事廢國家治亂之大計察官司簿領之細過況唐制湮沒已久別無分明稽據臣在樞府日常見先皇頗已厭其煩碎特因近臣獻言聊試其法耳伏乞盡罷察案只置言事御史四人或六人仍詔諫官御史並須直言無諱規主上之過失舉朝政之紕繆指群臣之奸黨陳下民之疾苦言有可用不以人微而廢言令或未便不為已行而憚改所言無取姑亦容之以示明盛之世終不以言罪人若緘默巽懦畏避不言者明正其罰如此則左右前後不能壅蔽嘉言罔伏庶績咸熙天下幸甚

監察御史孫升上奏曰自二聖臨御登用正人天下所謂忠信端良之士豪傑俊偉之材俱收並用近世得賢之盛未有如今日者君子日進而小人日退正道日長而邪慝日消在廷濟濟有成周之風此首開言路之效也願於耳目之臣論議之際置黨附之疑杜小人之隙疑間一開則言者不安其職矣言者不安其職則循默之風熾而壅蔽之患生非朝廷之福也

元祐元年升為殿中侍御史又乞令臺諫專對疏曰臣竊觀嘉祐治平之間臺諫風節悚動天下比年以來苟容持祿養交之俗成而臺諫風節掃地盡矣伏以陛下臨御以來登用正人開廣言路發德音以告中外下明詔以諭四方自古聖帝明王欲治求諫之意不過如此也臣竊惟陛下深居九重所與共天下之事者大臣而已大臣皆至公而無私處事無一不當於理猶當博延群議杜漸防微若臺諫難於請對忠言不獲面陳樞機之發既虞於失身犬馬之心徒懷於獨主下情未達壅蔽或生非社稷之福也臣近覩詔旨許令臣察請對此實盛德之舉矣然條制未免曲為防阻若臣愚不避僭越之誅為陛下言之陛下隔日一視朝而一月之間休假居半聽政不過十數日日引一班而臺諫必待長官同對且臺諫之官十有餘員待其議論相同又須無不得次之日方一獲對若日有不得次之人而或議論各異則是有終不獲對者矣夫區區疎遠之臣竭誠欲望簾幃披瀝肝膽不亦難哉有唐御史蕭至忠號為稱職嘗謂臺中無長官論事不須關白當時以為知言今法式若出於故事則自當隨宜增損若出於陛下之意則陛下方且至誠聽納乃為是形迹妨嫌何示

天下不廣也。若出於大臣之議，則臺諫之對本為大臣而設，而乃自下制上，曲為防阻，此尤大不可也。伏望聖慈特出睿斷旨揮，許令臺諫專對，如遇當日有不得次之人，仍特引臺諫一班，不獨章陛下至誠聽納之德，且以廣達聰明，消除壅蔽之患，則天下幸甚。

四年，升又乞依舊制引對臣寮䟽曰：臣愚不肖，伏蒙誤恩擢玷言職，夙夜思念，恐無以塞責。而孟子以謂敬其君莫如陳堯舜之道。伏蒙二聖臨御以來，仁厚之澤結於人心，微如蠢動，遠暨幽荒，莫不愛戴鼓舞，自三代以來未有如今日之治。臣竊以謂至治之世，銷患於無形，居安慮危，防微杜漸，正在今日。夫堯舜以聰明文思濬哲文明之德，而必曰明四目，達四聰；又曰稽于衆，舍己從人者，廣耳目以防壅蔽也。壅蔽之傷國，其患為大。陛下深居九重，仰成輔弼，一日萬幾之微，四海九州之廣，天下之利病，生民之休戚，安危治亂之所係，茍睿智未達，則耳目安得不廣，而壅蔽之患安得不防也。天聖垂簾聽政未久，臣寮上殿並如常儀。今二聖臨御五年矣，而此制缺未講，中外竊有疑焉。士大夫懷忠抱義，欲望簾幃披瀝肝膽，有不可者；四海九州之利病休戚，陛下有不得聞者。壅蔽之患不可不防，治忽之機不可不戒。伏惟太皇太后睿智燭理，可洞判於群言；皇帝陛下聖德日躋，宜習聞於庶務。收天下之耳目以為聰明，兼四海之見聞以資聽覽，此堯舜之所先，而聖政之不可後也。伏乞明詔有司，依天聖舊制，引對臣寮並如常式，實堯舜之所先，明目達聰之舉也。伏望聖慈少留聽焉。天下幸甚。

元祐元年，右正言劉安世上奏曰：臣近被聖恩，擢寘諫列，而惟謭薄，媿無以稱，尋具辭免，不蒙俞允。竊伏思念陛下所以不次用臣者，豈徒備二省之員，為朝廷美觀而已，蓋授之以名者必求其實，任之以職者必責其效。故臣拜命之初，未敢指陳政事，而首論治亂之本原，人君之大體，庶有以副公朝圖任之誠意，盡愚臣平昔之所學。惟陛下毋憚煩而試聽之。臣聞書稱堯之德曰稽于衆，舍己從人；舜戒其臣曰予違汝弼，汝無面從，退有後言；伊尹之告太甲曰有言逆于汝心，必求諸道，有言遜于汝志，必求諸非道；傅說之復于高宗曰惟木從繩則正，后從諫則聖。然則古之聰明睿智之君所以能大過於人者，未有不以求諫為先務也。今陛下居久安之時，乘不拔之勢，崇起教化，修舉法度，粲然追跡於三代之隆者，豈有他哉？特以陛下至誠虛己，首開言路，故人人自竭，樂告善道，而天下之情無不通也。然臣尚有疑者，自去歲以後，屢罷言事之官，中外臣民不知其詳，往往竊議，以謂陛下好賢之志稍異於初年，納諫之心漸怠於昔日。臣竊憂之。恭惟祖宗以來，尤以臺諫為重，雖所言者未必盡善，所用者未必皆賢，然而借以彈擊之權，養其敢言之氣者，乃所以制姦邪之謀於未萌，防政令之失於未兆也。今陛下深居九重，政在大臣之際，固宜開廣聰明，留意採納。而前日臺諫數人相繼罷去，甚者至於不究其所論之是非，不察其所爭之當否，陽餌以美遷，陰奪其言責，使忠正之臣憤懣而不能發，修潔之士愧赧而不敢受。若果出於陛下之意邪，則虧損聖德，不可不戒；若出於大臣之計邪，則陛下宜察其用心，不過欲排天下之公議，以快其私意而已。臣竊謂姦人用事之始，任臺諫是以折其謀，至於禍胎既成，雖聖賢不能救其害。陛下視今日何如祖宗之朝，而乃一聽大臣之所為，蔽耳目之任，而挫忠義之氣，非所謂慎終如始者也。臣之所以先獻此言者，非謂忝列諫垣，乃敢要君以固位也，實以上關宗廟社稷安危之機，下繫君子小人消長之漸，是以反復論列，期有以感動宸衷。若夫世俗之人指以為嫌疑者。臣固有所不避也。伏望萬機之暇。詳覽讜言。獎進端良。容受直諫。參之以公議。持之以誠心。所愛者必知其惡。所憎者必知其善。使臣下不能窺伺間隙以售其私。則忠言嘉謀將繼此而進矣。臣天賦愚直。不識忌諱。惟陛下察其愛君憂國之誠。少賜留聽。不勝幸甚。

安世又乞籍錄臺諫章疏狀曰。臣嘗觀唐李絳之對憲宗。以謂君尊如天。臣卑如地。加以日月之照。雷霆之威。小臣晝夜思度本欲陳諫十事。至時已除五六。逮於緘封上進。又削其半。得上達者蓋無二三。以此推之。則人臣之所以獻於天子之前者。莫非精思熟慮而自以為不易之言也。雖人之才智遠近小大之不齊。而其所論未必皆至於盡善。要在君相推至公之心。擇所長而行之。則天下無遺策矣。今二聖臨御。委任大臣。方此之時。尤宜開廣言路。以防壅塞。臣愚欲望陛下深鑒前古之弊。務通天下之情。應臺諫官有所論奏。別於內中置籍。先錄事目。然後付外。若三省聚議以謂可行。即於章疏之後具已施行次第繳奏。或議論少理。决有難從者。亦具不可行之狀。封進以聞。伏乞陛下更加參酌。苟執政與奪已得允當。並候注籍訖。却以眞本降付三省。或宸衷以為不然。即大臣奏事之際。更可面加詢訪。所貴忠言讜議。盡關聖覽。取捨至公。為後世法。

戶部郎中曾肇乞復轉對狀曰。臣伏覩今文。臣下得言時政闕失。公私利便者。臣聞帝王即位之初。必有以順天下之心。答中外之望。其為之有序。在知其要而已。伏惟皇帝陛下仰承顧命。而履天下之尊。太皇太后陛下俛徇權宜。而議軍國之務。此正華夏蠻貊洗心注目顒顒觀聽之時也。端本謹始。實在今日。臣愚輒不自揆。敢布腹心。伏惟留神聽察。幸甚。臣伏觀先帝嗣位以來。憂勤恭儉。自謹一日。神功聖德。充塞天地。固非臣言所能髣髴也。陛下繼之承之。任大責重。然

四海之廣。萬事之煩。億兆之衆。不可家至而人接之。則欲達天下之情。成天下之務。豈有他哉。在廣言路爾。言路廣則人人得盡其情。人人得盡其情則上無不聞之事。下無不通之志。政令之得失。百姓之休戚。群臣之忠邪賢不肖。雖在四方萬里之外。陛下不出戶庭。不降几席。可以周知而備見矣。然後察政令之得者。則力行之。彌綸未至者。則損益之。百姓之所願欲。則與之。百姓之所疾苦。則除之。顯忠而去邪。任賢而退不肖。夫然。故上澤得以下及。下情得以上聞。百官有司。奉法遵職。貴者不以崇高而敢肆。賤者不以疎遠而敢欺。陛下深處法宮之中。端拱無為而天下治矣。夫任己聰明。則其察愈詳。其蔽愈甚。因衆之聰明。則所視者遠。所聽者周。故先王設進善之旌。立敢諫之鼓。陳誹謗之木。又使瞽獻書。師箴。瞍賦。矇誦。工諫。近臣盡規。親戚補察。彼豈聰明之不足哉。知任己不如任衆也。舜之繼堯。所守一道。然舜初受命。則闢四門。明四目。達四聰。以謂繼治世者耳目尤不可以不廣故也。三代以還。咨詢訪納。固非一途。然近世之所嘗行。祖宗之所已試。則命百官轉對。實今日之要務也。昔唐太宗初即位。延見群臣。或論往古成敗。或究民間利病。每言及稼穡艱難。則上下相規。務遵勤儉。言及閭閻疾苦。則君臣感歎。議息征傜。故能創業垂統。成貞觀之治。下至代宗每於紫宸聽朝。常限三人奏事。敢言者賞其盡規。不言者責其隱默。故陸贄以謂諫雖未從。且不深忤。情苟有限。終獲上通。周世宗即位之始。亦延群臣使陳當世之務。故能外強兵威。內修政事。而顯德之政。獨高五代。先帝熙寧之初。亦詔百官咸以次對。故事不遠。行之非難。此臣愚惓惓所以有望於陛下也。今學士大夫布滿周行。人有所懷。皆願自竭。但慮詢求之未廣。聽納之未至爾。陛下沛然發德音。下惻怛之詔。使之極言無有忌諱。則孰不踴躍奮

勵各罄所知以補聰明之萬一哉陛下擇其言之當者納之用之而勸之以賞言而未當或過於訐直者寬裕包涵而不加以罪非但卑空文循故事而已如此則四海之內知陛下有好問之美有聽言之實忠謀讜論日聞於上而阿諛壅蔽之私不得行矣天下之情孰有鬱塞而不伸天下之務孰有急廢而不起者哉故臣愚過計以謂今日之要務未有易此者也至於廣收骨鯁敢言之人充耳目之任敕左右侍從之官責以論思獻納是皆朝廷之所素講不待臣言而悉者也伏惟聖慮深遠無所不周如臣賤微不識大體願以世爵國恩兄弟皆蒙先帝不次收採不勝犬馬之私貪於自效愚者千慮冀有一得冒進狂瞽干犯典刑惟陛下察其用心而赦其僭易不勝幸甚

三年肇為中書舍人又上奏曰臣伏見陛下臨政以來開覽聰明大闢言路雖拂意逆耳訕訐狂妄常人之情所不能容者莫不虛心克已溫辭降色以受之天下之人歌詠頌歎以謂古之聖帝明王不過如此一二年來不唯朝廷政事人情以至四方萬里幽深隱伏之利病莫不畢聞於上者言路無壅故也是以在廷之臣人人勇於自効至不以出位為嫌而以不能盡言為恥振起天下敢言之氣始自今日如王覿者身在言責有所聞見不得不為陛下盡言而無隱也陛下未以其言為然猶當寬大含容未宜遽棄何則以言賞人猶有覬望畏縮而不敢進者以言罪人人將鉗口結舌望望然去矣其肯以身蹈禍而覬萬一之聽察哉故覿之一身出入內外未足以為重輕而陛下言路之通塞人情之伸屈在此一舉此臣不得不為陛下慮也陛下寄腹心於大臣寄耳目於臺諫二者相須不可闕一今覿一言論及執政即去之是何異愛腹心而塗耳目豈不殆哉且執政大臣朝夕在人主左右擁利勢國柄人情之所難言者也導之使言猶或不聞其過今一言及之遽至逐去臣恐在廷之臣以覿為戒依違顧望莫肯正論執政大臣雖有罪惡陛下亦將不得聞矣此可為寒心者也陛下臨政以來何獨至於覿一言之咎遽不能容示天下以不廣也覿以小官不二三年拔擢至此今以言獲罪猶補便郡於覿何損臣所惜者於聖政不為無累爾伏望陛下深念祖宗付託之重愛惜朝廷臺諫之體不以容納狂直為難而以壅塞言路為懼以覿所論質之公議苟其言可取固當行之如無足採亦願陛下容之度外使天下之人知朝廷不罪人言終始如一而執政大臣有所畏忌增益陛下虛心納諫之明是一舉而數美從之也其可忽哉臣備位侍從首尾三年常恨不能補報萬一今輒緣職事冒進狂瞽惟陛下留神省察幸甚所有制辭未敢修撰

元符三年肇又上奏曰臣伏聞給事中龔原以妄議政事罷職降官差知南康軍臣初聞之意謂原資性山野不善為辭觸犯天威自取黜逐陛下寬仁大度容納直言初雖震怒終必矜赦傾聽數日未聞別有指揮臣愚竊有所懷不敢隱默苟止惟陛下留神聽察臣伏見陛下即位之初深懲前日群臣阿諛壅塞之弊收錄廢錮召還朝廷又命近臣選舉臺諫官以補闕員仍下詔書許人直言時政闕失中外諠呼以謂堯舜之治指日可待故四方之士聞風踴躍爭獻所聞以裨聖教況於朝廷之內有官守言責之臣孰不激勵自奮欲以仰副陛下虛心納善之誠哉是以朞月之間近者獻其明遠者通厥聰其有官守言責之臣則遇事輒發無所顧避比之前日論事之人其多何啻百倍非皆好默於前而好辯於後其所以誘之者然也古人所謂主聖臣直豈非信哉若如原者素以學行知名頗識事君之義昨蒙陛下取於疎遠之中驟置侍從之列其設心以謂非傾竭忠

誠有犯無隱不足以當陛下拔擢委任之意是以自入東省數有論列雖未必皆當聖意然比之前日偷安苟容以保祿位者則有間矣以陛下之明聖豈不察其用心以陛下之寬仁豈不容其冒瀆遽然出逐實駭衆聽況當獨斷之初而近臣以言得罪臣恐在位之臣自此以言為戒塞諤之風浸微阿諛之俗滋長小人覬望復萌僥倖之心所繫甚重不可忽也臣受陛下厚恩而以論思為職苟有所見輙以上聞每蒙優容未賜誅斥今茲所論非獨為一龔原實以上繫國體伏望陛下少霽雷霆之威俯納芻蕘之議萬一可采乞出自中批寬赦原罪或令降官供職以責後效或別移在京差遣使之自圖去就庶免朝廷有因近臣論事遽行出逐之名不勝幸甚

哲宗時蘇軾乞依舊制許臣寮上殿劄曰臣謹按唐太宗著司門令式云其有無門籍人有急奏者皆令監門司與伏家引奏不許關礙

臣以此知明主務廣視聽深防蔽塞雖無門籍人猶得非時引見祖宗之制自兩省兩制近臣六曹寺監長貳有所欲言及典大藩鎮奉使諸路出入辭見皆得奏事殿上其餘小臣布衣亦時特賜召問非獨以通下情知外事亦以考察群臣能否情偽非苟而已伏見陛下嗣位以來唯執政日得上殿外其餘獨許臺諫官及開封知府上殿不過十餘人天下之廣事物之變決非十餘人者所能盡若此十餘人者不幸而非其人民之利病不以實告則陛下便謂天下太平無事可言豈不殆哉其餘臣寮雖許上書言事而書入禁中如在天上不加反覆詰問之靡藏斥有位之阿私絆在朝之明比推至誠采讜議進夏禹拜言之美此甚盛德非群臣所能當然自降詔書四年于茲轉對者固多矣未聞有一言能開悟聖聽一事有推行于時者豈亡盡不足采其事皆不足行邪昔之人君有謀事而當群臣莫能及退而有憂色曰以吾議於朝而群臣莫能及吾國其殆哉今在廷之臣言事四年而卒無可采者其為朝廷所宜憂遠矣使萬一其言有可收錄而不見省焉則所以丁寧而求者恐乖至誠之道也陛下萬機之繁百官封事固難悉覽頃令館閣臣寮分閱屬近臣看詳而總擇其可否此乃陛下謹於聽納不以獨見為明然議者猶以為可否群臣之言當在人主宜非臣下所得預也今又不然罷近臣看詳而悉付中書執政之大臣中書執政之大臣未必得暇盡覽則屬之掾屬掾屬又未必能詳擇乃間委外廷之臣使之可否迭為重輕群臣誠淺薄不足以仰望清光在陛下聽言之體為輕矣古之聖王詢于芻蕘而擇狂夫之言者豈謂芻蕘狂夫其慮有過於聖王哉所以博詢兼聽而來善言者也夫善言者非言之為難得其所以言為難也故信而後諫可以言而後言誠使自處如此者轉對於廷其言有深

切至當而陛下聽覽有所未至例出其封章可否於公府之掾屬下及外廷之小臣則彼以為愧悔莫甚為後來者孰肯勵精竭誠輸切至之言哉且人臣進言莫不希人主一省而有懼後患之心如知陛下不必親覽而悉送中書則孰可以盡利害之實而況天下事有不可以書載者心之精微口不能盡而況書乎恭惟太皇太后以盛德在位每事抑損以謙遜不居為美雖然明目達聰以防壅塞此乃社稷大計豈可以謙遜之故而遂罕與群臣接哉方今天下多事飢饉盜賊四夷之變民勞官冗將驕卒惰財用匱乏之弊不可勝數而政出帷箔決之廟堂大臣尤宜開兼聽廣覽之路而避專斷壅塞之嫌非細故也伏望聖慈更與大臣商議除臺諫開封知府已許上殿外其余臣寮舊制許請間奏事及出入辭見許上殿者皆復祖宗故事則天下幸甚

監察御史王巖叟乞養誠心以來諫諍狀曰臣伏以社稷有安危天下有治亂群生有憂樂繫人君措之何如爾夫以一身之寡而應萬機之繁以九重之深而察萬里之遠非諫諍以寄聰明於萬有使人人為我視物物為我聽則何以遂群生之樂成天下之治保社稷之安哉然而聽諫非難來諫為難來諫非難在誠心以好之誠心以行之而已矣百姓至愚也誠心則可以感四海至廣也誠心則可以達鬼神至幽也誠心則可以通天地至大也誠心則可以動而況於其餘乎人主苟誠心於好諫而誠心以行之則天下之人皆願以誠心告之惟恐其後爾惟恐其不至爾好名之君蓋亦未嘗不自以為好諫也然天下之善不至於前而天下之美不歸焉者何也無誠心以將之也無誠心以將之者患在蔽於有所偏好爾有所偏好則小人得乘間以進而君子之論遠矣小人固亦自以為能諫也特順其所

好而補助之以為說豈諫也哉然其君自以為忠於我而日加親近曾不知所以說已而成已之惡也君子之於諫直拂其意以攻其偏好而勉之於大道然其君或以為異已而惡之甚者至以為謗已而害之此安危治亂憂樂之所以分也臣以謂養誠心有道守之以至靜處之以至虛持之以至平行之以至公而不置毫釐他意于其間則誠心得矣誠心得則明明則是非不亂而忠邪判矣忠邪一分天下之治可坐而致也伏惟皇帝陛下始初清明聖德方進願養誠心以來天下之善不立偏好以杜小人乘間而使君子之論日聞于前天下幸甚社稷幸甚

巖叟為右司諫又乞令臺諫專對號曰臣竊以納忠之道貴乎盡論事之體貴乎密不盡則不足以感動聖心不密則不足以成就機事人主待臣下雖無間而臣下自立不能無不同既不同則不能無忌礙而言有所不盡事有所不密言之不盡事之不密非有益於朝廷之道也古之人有以告於君者雖父子之間不以相語況可使他人聞之哉伏望聖慈察臣之言特賜指揮依久來故事臺諫官只令一人上殿庶使各盡其忠而無不密害成之失且臺諫官天子耳目之任當使各盡其見聞以告主上豈可却使互相窺察常得志同道合之人則可若有懷私意持異見者如何與之共論於上前此不可不察也故事臺諫官論事不相通議亦不關白官長蓋欲以各盡其忠豈可上殿却使兩人同也六曹開封有司之事皆有定法所以官長與屬官同奏對今臺諫官須二人同上則似與六曹開封相類恐非體要如蒙允臣所奏只乞作出自宸衷批出指揮

巖叟又論安反側不必降詔狀曰臣前日以風聞欲降詔書安搢紳之心輒犯天威論奏不便乞收詔勿下深慮言之未切聖心未加采

納竊緣此事出於陛下舉動所繫國體至重臣不敢苟且自安便為俛默負陛下平日待遇之意伏覩陛下即位以來惟以求言為盛德納諫為聖功天下風聞莫不鼓舞雖前代英主有所不及正宜日進此道不倦以終之以副天下之望今方踰年而遽下此詔雖名為安慰罪人其實乃約束言者竊恐四方流聞疑朝廷厭言而拒諫有損陛下盛美臣謂此詔之出上無益於聖德中無益於治體下無益於忠言惟是挫端良之心增姦邪之氣耳不獨如此而又將有人睥睨朝廷以為可以窺測侮易政令以為可以動搖自古欲治之主惟患言之不多天下之善惡有所不聞以塞其聰明未聞禁言者使之不言也言者言之陛下擇可行者而行之仰不累陛下之明俯不失言者之職則言雖多而何傷臣初為諫官對於簾下親聞德音丁寧諭臣等曰天下之事無大小一一言來當一一主張臣感激至恩恨不

傾瀝肝膽以為補報今日詔書臣所未諭陛下求言如此之切不應厭言如此之早也近古好諫莫如唐太宗敢諫莫如魏鄭公太宗一日問曰今日所行與往時何異鄭公曰貞觀之初恐人不言導人使諫三年己後見人諫諍悅而從之一二年來不悅人諫雖勉以聽受然終有難色太宗曰於何事如此鄭公遂一一陳之太宗曰誠如公言非公無能道此者人皆苦不自覺公向未道時都自謂所行不變及見公論說過失甚驚公但存此心朕終不遺公臣讀之至此每歎美太宗之服義景仰魏公之盡忠願陛下慕太宗貞觀之初心導人使諫群臣亦當有希魏公事君之大節以報陛下者以詔書未宣布間惟陛下斷自清衷早賜收還天下幸甚

巖叟為侍御又論張舜民罷言職狀曰臣謹按張舜民疏中引文彥博照管劉奉世之語非出自譔乃是收衆論聞之朝廷此蓋言事

常體復有何罪若聞外議心知其非而不告陛下得為忠乎況外人之議亦有所以緣奉世是彥博門下之人待遇最厚今封冊夏國既歸重事外人不知出於執政同奏但傳以為彥博照管亦不足怪舜民據所聞而言乞朝廷裁察別有何意詩曰言之者無罪聞之者足以戒正謂此也果是則有益於聰明果非則何傷於彥博書曰狂夫之言聖人擇焉況舜民非狂言皆有理行與不行在陛下擇之而已遂加之罪臣恐而今而後居言職者以言為諱他日大臣有大惡陛下欲聞亦不得聞矣此非社稷之福也今朝政闕失猶許盡言豈有大臣不受一言之觸國家置御史正欲警察權強雖有過論亦當優容今舜民以一言獲罪臣疑非陛下本意必有誤聖聽者矣此事於舜民殊無所損所惜者朝廷之事體陛下之舉動天下之觀望也伏望特迴聖意還舜民言職使忠臣義士得盡其心以事陛下而衆庶之情不壅於上聞不勝幸甚

巖叟又上狀曰臣連上封奏乞復張舜民言職尚未蒙指揮施行臣以舜民志在盡忠雖一言失當而無可罷之罪清議沸騰以為過舉義不敢安理當極論惟陛下少賜采納幸甚臣讀汲黯傳每切歎息其為人戇直好諫遇事輙發如公孫弘張湯輩懷詐飾智以阿人主他人所不敢言黯常面觸之故不獨漢庭之臣知所畏憚至淮南王欲謀叛以黯在朝為之寢謀直臣之於國家戢姦慝消禍亂其益如此故天下之愛其君者莫不願得而用之愚臣區區之衷實在於此今日之論非私於舜民也為陛下惜一敢言之臣也非爭一屬官也為陛下惜言路也言路重則朝廷尊風憲陵遲國體隨弱皆必然之理也陛下於此幸加反思非好臣之說勝也好人主之道勝也臣以言為職言而見用與言而得罪皆所以報陛下唯知而不言則為負德

爾舜民得敢言之名朝廷被罪言之誚臣竊恨之伏望聖慈檢會臣等前章早賜付外施行使怨歸言路而美在朝廷臣不勝大願

巖叟又上奏曰臣累上章言張舜民罷職非罪乞命還臺未蒙采納施行此事所繫不在一張舜民而在人主在國家臣所以夙夜憂懼不知所處陛下開言路之初言事官多與權臣為敵怨仇不易當每德音丁寧既懃藉之又嘉賞之謂朝政闕失大臣私邪百姓疾苦事無小大一一但言欲賜一一主張言事之臣恃陛下照鑒如此故敢遇事必言無所回隱然古今之公患患在執政大臣多不便之而陰為巧說以害其忠必使主信之而不覺終至於忠言不用而權臣得以行其志所以人之言曰寧觸人主怒莫忤權臣意蓋人[illegible]一無心雖怒必解權臣私意一忤不忘此人情不得不畏也苟非守節死義之士誰能忘其家而遺其身以取權臣之怒哉陛下雖加獎激未必便

得其人。今又罷而斥之。臣恐忠義知難而退藏。佞邪乘間而進取。陛附大臣為自安之計。不復以陛下之事為事矣。前日御史中丞黃履殿中侍御史劉次莊。陰附蔡確為姦。方確用事。陛下何由得知。確去而其姦始敗。使確至在位。履與次莊進用。蓋不可量。今日舜民忠鯁陛下。因論邊事。偶有一言旁及大臣。又無所傷。遽以大臣不說而罷之。是附人主不若附權臣也。事在耳目。非臣妄言。臣伏覩陛下初降出舜民論封冊疏。必不以彥博照管奉世之言為毀傷。彥博亦未必須欲朝廷逐御史。臣恐執政大臣有怨舜民。攻其所諱。而增飾老臣之言以動聖心。而擠舜民以快其私忿者。陛下不可不察。又非獨擠一張舜民也。其意乃欲以盡傾言路也。蓋知舜民之罷。臺諫必爭。封奏紛紜。言詞憤激。必拂聖意。聖意不喜。則言路皆可摇而去矣。此其姦謀。陛下又不可不察也。姦人以此惑陛下。一事既行。後必有甚於

此。士大夫之所以為朝廷憂也。臣度聖心豈不欲復舜民言職。恐不能懟彥博意。故兩難耳。臣切伏思陛下特屈公議。黜御史。以為老臣者亦足矣。今以公議不可奪而復還之。非陛下得已也。老臣豈不亮陛下之心哉。尚何以為憾乎。由此而言。臣以謂陛下處之。不兩難耳。臣聞君子之愛人也以德。而不以姑息。願陛下以德愛老臣。勿使受姑息之議。則陛下所以待之者厚於黜御史矣。誠蒙陛下幸聽臣言。則朝廷過舉。反而為盛德。老臣謗議。變而為美談。破姦謀於欲肆。激忠義於已銷。社稷之福多矣。非臣之利也。臣傾盡肝膽以告陛下。今日遂死。無所恨矣。惟聖主留意毋忽。

巖叟又請廣言路參用四方之士疏曰。臣以謂天下之事。度而知之。不如耳聞其說。耳聞其說。不如目覩其真。今四海之大。萬里之遠。民情之利害。不可以槩言。風俗之美惡。不可以凡舉。人材之賢不肖。不可以互知。切以陛下所賴以察四方之事。達四方之情者。言路數人而已。而專用一方之人。非所以廣聰明於天下也。臣願陛下常於言路參用四方之士。天下幸甚。

歷代名臣奏議卷之二百三

聽言

宋哲宗時右正言朱光庭上奏曰臣竊以自古以來甚盛德之朝必兼天下之智以為聰明中庸曰夫婦之愚可以與知焉及其至也雖聖人有所不知焉詩曰先民有言詢于芻蕘故敢諫之鼓進善之旌誹謗之木皆所以通治道而來諫者也固未嘗限以日月伏覩六月詔書俾天下臣庶並許實封直言此盛德也必使知無不言而言無不盡然後與諫鼓善旌謗木之設初無以異若乃上之治底于無為下之人至於不議然博訪之道不可少廢況聖政日新方欲聞所未聞豈可於求言之始為日月限哉欲望聖慈復詔天下臣庶依今年六月詔書並許實封直言更不限以日月如此則輿情盡達朝政常無壅塞之弊而聖治可不勞而成矣

光庭又上奏曰臣竊以事之機密者不可以口陳心之精微者固難以書盡夫天下之廣萬機之繁其間情偽萬狀取舍兩塗一失其當咎繇而生朝廷增置諫員寔司陛下耳目之任凡天下之事無不得言者若忠賢之未進姦佞之未除刑賞之失中政令之違常如此之類皆得以聞上使之日對清光獻納論奏尚慮未盡況天門九重遐若霄漢儻令秖上封奏不得面覩威顏則事之機密心之精微何緣盡達伏自陛下臨御以來除執政外餘皆未許上殿臣遂於去年十二月內奏乞上殿至今未奉俞音兼臣或聞故事改元後許令臣寮上殿今已改元矣望出自宸斷檢會故事早賜指揮令臺諫先次上殿上以廣陛下之聰明下以盡愚臣之職事

光庭又上奏曰臣竊以自古人君致功德巍巍與天地並者積衆善之効也夫以天下之廣萬幾之繁以一耳目兼聽周視欲事事中理其要道莫過於取善而已大凡好勝自古之公患苟不以事之善否而皆欲莫予違則拒人於千里之外矣夫舍己從人唐堯之盛德也與人為善虞舜之盛德也以數聖人之盛德猶聞取人之善恭惟陛下臨御以來盛德日新百度備舉求賢如不及從諫如轉圜與堯舜禹湯之盛德無以異前日權給事中王巖叟封駮安燾知樞密院不當陛下直令下吏部施行更不令給事中書讀臣竊以謂非取善之道也燾之不幸無公望陛下又素知之今日聖政如此退大姦進大忠天下翕然咸稱有古聖帝明王之風在燾之躐等超陛一事何憚而不改耶且居陛下耳目之任者不敢不盡言蓋思所以稱陛下付委之意若俾燾却居舊職任用不為不重告命必須書讀紀綱方始不紊臣願陛下以堯舜禹湯盛德取善為事則臣之職可以無愧伏望聖慈留神天下幸甚

光庭又上奏曰臣竊以諫諍之臣為天子耳目之任救正朝廷之事貴於其初凡政令未安於理除授或非其人於命未行之日俾先知之則獻納之間事體甚便近日朝廷所關報者皆是已行之事言者急思救止其道無繇又不免累於人聽不若於命未行之前都無轍跡是以成朝廷之美故事諫臣許隨宰相入閤蓋當議論之初便思救補不俟命令已行然後攻其失也臣欲乞朝廷今後凡有政令除改才到門下並令給事中即時關報臺諫所貴先事為慮所補不細又足以成朝廷之美伏望聖慈詳酌施行

光庭又論張舜民罷言職疏曰臣切以正直之臣以遭時遇主為盛事蓋敢言之氣雖天與有素非聖君養之厚容之深則敢言之氣未易伸也歷古而來青史之上直臣無幾不獨天生其才難而遇聖君養其才尤為難也恭惟陛下自臨御以來以堯舜之德養直臣之氣

以堯舜之量容直臣之言故去天下之邪如拉朽除天下之弊如反掌千載以來一人而已方今內外清明百度修舉人民乂安此已試之效也唯在久而不息則堯舜巍巍成功不難致矣臣切見吏部闕報臺官張舜民為言文彥博照管劉奉世特罷言職臣以謂御史之職自許風聞言事使舜民之言盡中義理陛下固當行之設若未當止於不行而已豈可遽罷其職也今陛下從而罷之豈不沮敢言之氣哉切以古今之治天下唯使忠勁之氣充塞朝廷然後紀綱正法度立姦邪無間而入臣與舜民接跡頗熟稔聞其有正直之節司馬光賢之薦充館職陛下擢寘御史士論皆以謂得人今視職纔兩月正直之御未少伸一言不合大臣已聞罷職自陛下臨御以來天下之人唯知從諫如不及聖德冠古今若因舜民一言不合大臣遽使罷職致陛下今日有逆言事官之名臣為陛下惜之伏望聖慈開天地之量容養正直之臣以增敢言之氣特降聖旨還舜民舊職以盡其材臣愚不勝惓惓之忠

右諫議大夫孫覺上奏曰臣竊以後世諫臣為天子左右耳目之官三代以來官不常置孔子曰天子有諍臣七人所謂七人者三公四輔是也天子一言一動七人者在焉有過不及隨輒正之故人君之失不聞于外不見于下尚書曰予違汝弼汝無面從退有後言是也後世七人者不任其責始置諫官唐太宗每召宰相平章必遣諫官俱入小有頗失隨即箴規以此見諫官之職必待命令已行闕遺宣播然後從而救之亦已晚矣唐太宗雖不責宰相以七人之職猶使諫官與聞政事國家以來雖不全用唐制然祖宗朝諫員亦不為少前後以言舉職見于國史磊落相望大抵於人主躬親聽決獨斷萬微之際諫員常少先朝是也人主委任柄臣責成攬要之時諫員常多仁宗

莊獻太后是也臣竊以今者皇帝陛下沖年嗣位太皇太后同攬政機此宜多設諫員以廣視聽庶幾有補萬一若其人庸下姦邪自宜加罪竄斥以肅百寮若其人直方無所附麗則其所言必有可采如六典諫大夫補闕拾遺凡兩員今臣獨員供職不唯蔽塞朴陋無所聞識又綿力寡助深恐不逮伏乞特賜指揮依六典備置諫官

覺為給事中又乞令臺諫先次上殿疏曰臣昨自先帝祔廟後曾具劄子乞賜指揮許臣寮奏對庶幾人情不至壅隔至今未奉聖旨竊以人情壅隔則乖離疑惑之患生假竊盜亂之禍作於易乾下坤上為泰泰者上下交而其志同也坤下乾上為否否者天地不交而萬物不通也今者皇帝陛下太皇太后陛下大統萬國天臨四方即位以來且一年矣群臣望清光聆德音者三省樞密院大臣八人而已使此八人者聰明有餘論議皆當中立而無所附麗方正而無所阿私可也萬有一人焉不足以任此而曲折反覆不可以見于文字而御史不得請對諫官不得面陳則陛下何由而知之且諫官之設本以拾遺補缺為任密啓面陳乃其職也今一切須具章疏劄子然後可得上聞則與夫百執事等矣伏望聖慈特許諫官御史上殿奏事

尚書左丞劉摯論群罷臺諫是自塞絕言路疏曰臣伏自罷去言職待罪都省以來不復章疏論事蓋以謂職在執政苟有所見自當與同列僉議進對顯奏公論而行之不當私有密請恐非謂直道事上也必料陛下亦已察臣之意在於如此而已今乃有不得已之事須至一言冀效萬一十五日呂公著送下內降批旨旅諫官梁燾等或移易或免黜者共十數人臣切料陛下必以近日張舜民事言者救解紛紛不已雖然仁恕包涵而又欲加彈壓故示行重責但罷其言路此足以見聖度廣大愛惜數人之才冀勉而為此也臣觀舜民之

論文彥博。止有照管劉奉世一言而已。此一言小事也。奉世有才可用。方出入彥博門下。受其知遇。而照管之。乃大臣所宜。則於彥博何傷。恭彥博自不以槩意。而議者私憂過計。恐彥博有所不樂。致陛下為罷舜民。舜民之罷。亦小事無足道也。而言事者若欲論之。再言是矣。何至譏論蜂起。相繼並作。棼瀆天聽。至煩宣召申諭。尚且不已。以謂有罪也。夫舜民輕言以及元臣。一失也。議者欲慰說大臣而罷御史。又一失也。言者之救舜民以全言路。而不能體聖明優禮故老之意。又一失也。今朝廷又從而移罷臺諫。則恐不止於三失。而朝廷之失最處其大者也。此臣所以夙夜彷徨。深為陛下惜之也。古之賢君明主。唯以開廣耳目優養直臣為甚盛之德。故曰。主聖則臣直。唯堯舜及三代之盛王。乃有其事。而陛下今優游行之。自前歲以來。聞善若飢渴。從諫若轉圜。臺諫言苟可采。無不行者。雖有失當。一切包納。故臣子無戮辱之懼。罔避權要。舒心展誠。知無不言。所以養就今日忠直之氣。然上下姦邪。摩牙切齒。嫉惡臺諫。亦已久矣。夫臺諫以區區小官。上則觸龍鱗而犯忌諱。下則結仇怨而取禍患。不知其何所利如此。蓋恃陛下之主張。謹其官守。以盡事君之義爾。一旦以小故摧沮罷去之。適足以快憎怨之氣。開私枉之門。非朝廷福也。若言者有所私徇。涉於傾陷。近於朋黨。則不可不深責而痛治之。乃若出於公議。則雖有強直乖忤之言。古之聖人。皆容之。考於傳記。不可勝數。今夫以一言旁及大臣而罷之。則後來者不肯言大臣矣。以一言彈給事中而罷之。則後來者不肯言近侍矣。以多言而去之。則後來者循默不言矣。以剛勁而黜之。則後來者柔和取容矣。人情不遠。相與為戒。必然之理也。深惟陛下恭默未言。太皇太后陛下簾門行政之日。正宜大開聰明。以廣萬事之聽。而乃杜絕言路。是自蔽其耳目也。言路一塞。何事不生。天下之朋黨。犬吏之私邪。百官之罪惡。遠方之利害。陛下何由一一知也。今成命已行。臣不敢盡乞改正。所以區區言之者。非獨為數人。蓋所惜者朝廷事體爾。內梁燾孫升。外議皆以為責之太重。臣欲望聖慈詳酌。寬此二人之責。還其職任。以救言路。以扶持忠臣之氣。且天下之廣。莫知其詳。但見臺諫官連群罷去。凡與前日之事不同。必疑謂朝廷厭倦言者。則姦讒者張目攘臂而動矣。後來所用。未必皆得如此數人。邪正既不可知。言路風采一變。豈不有損盛德之治。臣天生愚直。孤立於朝。受陛下異恩至深至厚。夙夜思報。唯有竭誠以主公道。不敢雷同倡和。苟有所見。可以裨補。若不盡言於陛下。則將何告訴也。因此得罪。亦不敢辭。伏望赦其狂愚。特賜詳察開允。

摯又上奏曰。臣備位左右。憂深責重。雖夙夜盡瘁。恐終無所補報。切謂國家先務。莫如得人。近臣事君。唯有進善。臣伏見知陳州傅堯俞。知齊州王巖叟。知潞州梁燾。通判虢州張舜民。知廣德軍賈易。皆早蒙陛下識擢。分任言責。不幸志業未伸。謗嫉橫作。罷職補外。各已數月。按堯俞等皆忠直之臣。守正不撓。在職未久。知無不言。此固陛下素所獎愛。未必棄捐。然臣私憂過計。恐有補外漸久。朝廷漸亦忘之。不避僭越。輒效一言。夫人才不同。所用亦異。或長於政事。或善於文學。或言語侍從。或行義師表。今多士盈庭。於此數色。固無乏事。至於公忠朴直。不避仇怨。不附朋黨。一節自守。可當大事。肯為國家效死守法之人。則非獨今日難求也。從前世以來。不易得也。譬如人之一身。耳目手足。肌膚爪髮。闕一誠不可。然而強四支者。必以骨為主。故自古人君崇獎忠直。謂之骨鯁之臣。傳曰。山有猛獸。藜藿為之不采。言猛獸在山。則山中之物不敢犯者。如直臣立朝。則姦佞有所畏憚也今堯俞等皆有骨鯁大節公論所重邪黨所畏況當今陛下明辯忠邪汲汲進賢之日而反使數人流落外郡為姦邪所快臣實痛惜兼觀近日言語稍異於昔雖章奏交上議論不少然而所推薦者非豪強則親舊所排擊者非孤寒則怨隙朋比之心公無忌憚陛下試取近來言章章疏密察其意其間心出於至誠言出於忠信憂國如飢渴謀議知大體有如堯俞者乎孤立不懼彈劾權強赤心事上略無私意有如巖叟者乎守正堅確不憚大吏不黨同列嫉邪指惡有如舜民壽及易者乎以此驗之真偽立見今聖明在上方修善政而群小不快爭進於下布列朋黨造作謗議欲以傾陷善良動搖政令紛紛籍籍甚可懼也然上下相罔誰為陛下辯之者當此之時唯耳收聚人才使在朝廷若正直之路廣則邪枉之志銷而治道成矣臣踈賤拙直天下無毫髮親黨之助獨蒙二聖選技致位於此恩至厚

矣則報効之心豈宜自比衆人故當知無不為寧敢避罪臣願聖慈深賜省察特發睿斷召此數人忠正之臣入備任使以慰公議以消朋黨幸甚

御史中丞傅堯俞論張舜民以言事罷職疏曰臣等竊以御史之任以敢言為先自昔以來常難其選臣等昨被詔同舉御史而員累月之間諮詢考察於千百人中乃得張舜民一人臣等素皆不識但見衆所共推學行兼美安貧守道不汲汲於進取熙寧元豐間嘗慷慨論時事言辭激切有諫臣之風司馬光嘉其端亮薦之館職關西士人稱為第一臣等取以應詔既至臺中與之相接見其忠淳朴直心無所附麗言無頗避臣等深以得人自喜居職未久今以一言旁及大臣而遽罷之甚非陛下所以命臣等擇御史之初意也御史為天子耳目或懷姦挾附大臣則所當聲其罪而黜之也豈有不欺於君反以指摘大臣為罪也雖或論事有誤要之用心則忠欲厲事君所宜獎借儻加摧抑誰肯盡誠此臣之所為陛下惜也若要俛仰浮沉無所忤犯巧於自全之人以當言職固不難得然國事何如哉伏望陛下察求材之甚難亮進忠之非易恕其小失而錄其大節復舜民於言路以全朝廷之美臣等不勝幸甚

堯俞又上奏曰臣近有劄子論列不當罷張舜民監察御史事至今未蒙付外施行臣竊以陛下自臨御以來未有此舉臣既謂朝廷大體須當愛惜又謂陛下全德將遂虧缺所以歎惋憤懣不能下食而安寢者也言事之官稍及大臣不原其情遽加廢黜此實不足為法於天下也陛下以高世絕人之資事皆杞於未萌而公開此端不防微而杜漸故臣深以為惑也陛下必謂事不在我但欲以慰安老臣出於至誠無私故決意行之爾殊未知既害大體且無益老臣若彥

博於此恬然自處臣恐彥博遂失賢士大夫之心而為衆爭所指矣是陛下欲愛之而實損之也臣聞人誰無過善於能改愚臣死罪深以此舉為陛下之過矣雖然君子之過如日月之蝕焉其過也人皆見之其更也人皆仰之今衆人延頸張目以待更焉不知何憚而不為也自昔人君以改過為難者無他恐事數移則威權不重爾臣獨以為未之思也夫興事不計當否而執之如金石此何益於威權哉蓋用術者猶可以激而為之其狀隱微難於窺測唯不憚改必於中理而後已則其權常重而其威無敵其要易持而其利甚博使用術者無以拖其巧則人將膽破矣願陛下深念而亟改之則天下幸甚天下幸甚臣衰拙無取以朴忠自信所以敢辱此地苟非益陛下之光明者豈敢以告惟留神省察

堯俞又上奏曰臣近累論奏罷張舜民監察御史不當未蒙施行竊

以言事之官人所憎畏。在權重者尤甚。何則持權既重。則人莫敢違忤。獨言事者伺察而彈劾之。其憎之也固宜。而所以畏之者非衣冠顏狀之有異。蓋人主信任而崇獎之爾。夫人臣既辱知遇。又行其言。故輕紱冕捐軀命為國家正紀綱以伸萬分之報。若稍加摧抑。則人亦何憚。況直為大臣而罷黜之。臣恐而今而後有不忠於陛下而事權臣者矣。不但偷合取容而已也。陛下豈可不加意而念之。自古諫官御史之患。在敢攻人主之短。不敢忤權臣之意。若舜民者宜被擢賞而反蒙廢黜。豈所以勸忠義之節哉。臣前日奏事延和。親奉德音。謂舜民之言不可行而不可怒也。今詔旨甚峻。極駭物聽。必有借彥博之重以激怒陛下而行其私忿者。此陛下不可不察。陛下欲慰安老臣。放罷舜民言職。今採公議。不得已而還之。是陛下待老臣之禮備矣。於彥博何傷。彥博四朝宰相。宜有體國之誠。豈敢以此望陛下哉。願勿輕臣言而詳其區區之心。特奮睿斷。早賜指揮。臣不勝懇激之至。

堯俞又上奏曰。臣等竊以言事之官許令風聞。祖宗之詔。曲全過當。許風聞。則豈皆責實。全過當則必欲盡言。張舜民昨因論列西事。因及劉奉世。乃天子左史。下使屬羌。恐失事體。衆謂因文彥博照管。且非弁言彥博。又非專擊奉世。其大意在尊朝廷愛國體而已。其間侵詆論議大臣之言為多。故中外之人以謂舜民之罷名為言及於彥博。實由怒觸於柄臣。臣等竊以朝廷罷一御史。必當正其罪名。布告中外。可以示天下。勵臣節。正紀綱。貽後世。今舜民既無朋附無中傷之迹。又非犯顏逆鱗之過。不當以一言風聞之失罷御史。以柄臣之意。遠祖宗曲全過當之詔。損仁聖至誠聽納之德。非所以示天下。勵臣節。正紀綱。貽後世。今臣等惓惓愚忠。上于再三。不能自已也。伏望

皇帝陛下。太皇太后陛下。少霽天威。曲回睿照。省察臣等前後奏章。降付三省施行。如臣等所論不當。乞行貶黜。以謝冒犯宸嚴。

堯俞又上奏曰。臣前日與侍御王巖叟列銜申奏。乞檢會前後言張舜民文字降出施行。至今未聞詔旨。臣聞忠義之士。精貫白日。誠洞金石。臣雖無狀。肺肝竭矣。實冀精誠上通。有以感悟聖意。臣竊見近日執政。憎厭言事之官。往往形於詞色。今遂伺間而逐之。不知如何而後可以厭其意也。臣讀唐史見宰相裴垍傳云。諫官言得失。大抵執政多忌之。惟垍獎勵使盡言。初拾遺獨孤郁李正辭嚴休復三人皆遷。及過謝。垍獨責休復曰。君異夫二人孜孜獻納者。前日進擬上固為疑。休復大慙。臣不敢望執政以皐夔之心輔陛下。得如裴垍足矣。今非徒憎惡言事者。既逐之。又移過於陛下。使陛下本無一事。橫被拒諫之名。此得謂之忠乎。且風聞言事舊矣。既黜舜民。尚有言職。不識自此以往。凡須勘當得實而後言耶。或風聞之事獨不行於大臣耶。亦乞明降指揮。臣既不得其言。又未知所守。豈敢默然。伏俟譴黜。

堯俞又上奏曰。臣等所論張舜民罷職不當事。蒙宣諭後。又兩疏開陳舜民本無罪。由大臣構成。乞賜照察。復許還職。尚未蒙聽納施行。臣等恐進說者以謂御史無已罷復還之體。請舉故事。陛下考焉。方開元之初。明皇勵精政事。是非明而不可欺。紀綱正而不可亂。與刑無私而不以姑息。事有蒙蔽而不知則已。知而必行。故端良得以盡其忠。姦邪無所用其巧。時崔日知為京兆尹。貪暴不法。侍御史楊瑒與御史大夫李傑謀劾舉之。傑反為日知先構罷言職。瑒廷奏曰。糾彈之司若遭恐脅以成姦人之謀。則御史臺固可廢矣。上以其言切直。遽令傑依舊視事。貶日知為歙縣丞。當時天下不稱楊瑒之能言。而服明皇之能聽。不矜日知之被逐。而喜李傑之復用。不高風憲之

自全而快姦言之終破明皇不吝於改過而其益如此史冊一書流美萬古今大臣以非是誤陛下之聽有甚於日知御史惷直敢言忠信獲罪宥究於李絛言責之臣守義以争有多於楊瑒又陛下聖哲之資十倍明皇察之宜深改之宜速而遲遲如此此愚臣之所惑也不知自古設諫官御史者欲以順朝廷之意邪欲以正朝廷之事邪若欲順意則臣以謂不須置若欲其正事則臣以謂不可廢陛下以萬乘之尊與臣論勢臣之言不得而行也陛下虛方寸之地與臣論理臣之言庶幾於用也伏望陛下覩開元之所以盛思明皇之所以賢聖心略回破姦言而全風憲易若反掌矣臣等以堯舜望陛下非敢以明皇始勤終倦比於全德也陛下以為不可則乞罷臣之職紀綱之地由臣等不振以為朝廷羞得蒙竄殛以塞至公臣等之幸也

左諫議大夫梁燾論張舜民罷言職疏曰臣近論奏不宜以大臣之故輒罷御史乞還其言職至今未蒙指揮臣切以為始拒直言損納諫之美下移威罰失權斷之公所可愛者君德所可惜者君體也况知此事不出聖意臣敢復論之國家所以尊安者以法度修而紀綱振也御史者守法度持紀綱之官也人主或有闕失猶且直筆正論至於犯顏逆耳無所回忌况臣下過惡安得畏避而不言哉今御史敢言大臣者天下之公議也大臣不快御史者一夫之私心也罪天下敢言之公議便一夫不快之私心非大公至正之法度也大臣雖重人臣也御史雖微法官也猶大臣而廢法官非尊君卑臣之紀綱也况兩宮臨御之時必使上有尊嚴不可犯之勢下有報義忘私之臣安得假天威屈正論以中傷議己者乎自古全治之世必用天下清議故清議伸則正直之道行聰明之助多清議屈則姦邪之計得欺罔之患作今日清議喧然不平皆謂陛下之優大臣者亦已至矣大臣之事陛下者未有以副人望也清議之罪大臣者日益以深則恐非所以安大臣也伏望聖慈以保君德為難以全國體為重即日召還御史以正權綱然後慰籍大臣優加恩禮尊朝廷而強主威萬世之法也

燾又上奏曰臣近屢論朝廷不當假借大臣罷斥御史命令失當公議不平玷陛下至仁求言之明損國家大公馭下之制非所以全養忠勁之氣感勵敬順之心也陛下未即垂聽而至恩優容面命相臣布宣慈旨臣等迫於公議須以至公之道上廣聖意下厭人望不敢奉詔而復再上章矣伏望陛下勿以既下之命為難改勿以已宣之旨為難回唯強其剛明之德從諫如轉圜之易也臣聞唐宣宗將幸華清宮已命治道兩省官拜章極諫宣宗謂宰相曰卿勉諭諫官勿更論列宰臣奉旨召兩省官宣諭俄而諫章再入宣宗謂宰臣曰諫官䟽極懇切朕決不為遊華清之行矣卿宜說我此意宣唐室英明之主也行幸一時娛樂之事也諫臣猶且懇切進言之初未能回聽既令宰相宣諭而諫臣進言不已宣宗幡然感悟遂輟其行又令宰臣告以納聽之意是能自屈至尊欣納直諫真得人君之道矣故終獲忠賢之助而大中之政號為中興聲名輝映前代至今流為美談恭惟陛下之聰明遠過唐宗之德朝廷紀綱法度不比華清之事臣輩區區陳誠意皆激切嘗蒙聖恩再賜宣諭臣秪知尊君卑臣為萬世之計不知畏附權強使不論列陛下喜忠納諫上法仁祖言事之臣得盡誠節更覬留神省察主張必行追還成命以解群言遂使朝廷益見清明之象天下馴致安靜之理明德日躋可以並隆堯舜矣雖宣宗賢主尚足為陛下道哉

燾又乞終始從諫疏曰臣愚不肖蒙恩還以言職夙夜思所以副聖

知者不敢以為榮而獨以為懼臣前日建言正綱紀明法度以尊君卑臣強公家弱私室正以皇帝陛下富於春秋未專宸斷太皇太后陛下保祐聖主制政柄惟權臣易為強悍小人易為蒙蔽外之人情有可畏可恤者必欲陛下徧察外之事勢有可憂可疑者必欲陛下周知欲臣節忠一而人無欺罔欲君勢隆重而下皆敬畏此臣自誓報陛下之心雖萬死不可變也竊謂陛下復置臣於言路者必以臣前日之言為是必以臣前日之心為忠臣前日之言為是則今日之言不為非矣臣前日之敢言為忠則今日之不敢言為負矣陛下既能知臣之忠必能用臣之言則臣報陛下之心豈可怠於前日哉臣聞人主不以受諫為難而以臣下敢言之為難人臣不以敢言為難而以君上從諫之為難唐李絳曰小臣晝思夜度將有上諫欲諫十事至時已除五六逮其緘封又削其半其得上達者十無一二信乎敢

言之難也如此又曰聖主知直言有益於已正諫有裨於時温顏容納獎勵勸導忠臣抱義不顧其身懷忠不避禍患苟有致君濟時之益不識觸忌冒諱之誅何哉碩食君之祿其事不得不然也信乎聽諫之難也如此夫人主以臣敢言之為難是也然而有忠臣則不難矣人臣以主上從諫之為難亦是也然而遇明君則不難矣臣幸親逢兩宮之明切不以敢言為難在陛下信而聽之也辯姦人之妄而塞其讒誣折權臣之強而抑其排斥使多士以臣為法而進其忠切使多士以臣為戒而挫其直當今之事所可言者尚不為少臣方且次第上之願陛下清心諦察而必行之至有切於聖德急於民隱者不敢猶豫以留清衷後時之憂也致陛下有開納諍諫之美名有收攬權綱之明威朝廷尊嚴而清靜宗社長久而安寧此臣愛君謀國自誓之本志也唯陛下裁擇臣不勝惓惓盡節之至

右正言上官均乞聽言考實疏曰臣竊聞人主之治天下考得失察邪正存乎知言聽言之難在乎同異之際聽納當則政令善而衆悅聽納失則政令乖而人不服兩漢以來治亂成敗之機未嘗不在於此逆俗之情議論是非往往以多同者為是然而情有愛憎識有明暗心有向背同而多者或出於合群而為朋黨異而少者或出於守正而獨立則是同者未必可取也有反常而為奇背公而行私不稽可否不顧是非惟勢利之為徇則是異者未必可取也然則人主之聽言其辯得失之際果不繫於同異之多少當察理之是非以定去取耳賈誼明於治體嘗曰聽言之道必以其事觀之則言者莫敢妄言蓋事有顯迹推事以考言則詐者不能變白以為黑巧者不能飾非以為是此知言之要術也自陛下臨御以來出政令行刑賞稽合義理順於人心者不可勝數其間固有出於獨斷或有取於衆論公

聽並觀不牽於異同之說天下之人皆以為陛下至公無私以治安天下為計故能洞照眞偽判別是非無所壅蔽此中外之所歌頌非臣之私言也然政令之損益百官之黜陟萬機日新自執政大臣以至侍從諫官御史皆得以言陛下寬仁好諫是非兼容而論者又得以盡言者既衆則意趣未必合識慮未必同意趣不合識慮不同則進言不得不異言意既異則互生愛憎迭相排毀以務相勝則是非汨亂尤為難察伏願陛下於衆言同異之際更加審擇推究事實凡言邪正者必考為行之實迹則同異之間瞭然而判然後在廷之臣不敢挾情飾言以熒惑聖聽故邪正區別政令刑賞皆合公論天下烏有不治哉

御史中丞蘇轍論言事不當乞明行黜降疏曰臣聞孟子有言有官守者不得其職則去有言責者不得其言則去故祖宗朝凡任臺諫

言而見聽則居職言而不用則黜罷理之必至前後悉然惟有去年臺諫論回河不當言既不從而言者皆獲美遷今年復論鄧溫伯不可任翰林承旨言既不效而言者亦並進職雖人臣迫於朝命黽俛就位而中外觀望不知曲直所在為損不細誠使朝廷偶有過舉聞善而改適足以增開納之光其或言者論事不當據法罷免亦足以示進退之公今者不辯是非一加進擢朝廷則負諱過便私之毀臣下則被苟簡懷祿之非風俗漸成士節陵替載之史冊不為美事臣今待罪執法才力疲輭何能發明然在職思憂不敢不勉若所言中理望陛下力賜主張行之無吝一有不當亦乞明加流竄以懲妄言惟乞勿為隱忍包含之計使臣主俱受其謗不勝甚幸

蘇轍又論用臺諫劄子曰臣聞書稱堯舜之德曰明四目達四聰蓋人君居高宅深其勢易與臣下隔絕若不務廣耳目則不聞外事無以預知禍福之原臣不敢復論前代請陳本朝故事每當視朝上有丞弼朝夕奏事下有臺諫更迭進見內有兩省侍從諸司官長以事奏稟外有監司郡守走馬承受辭見入奏凡所以為上耳目者其眾如此然至於事有壅蔽猶或不免今自太皇太后陛下皇帝陛下垂簾以來每事重慎群臣得對於前者惟有執政及臺諫官而已然天下之事其是非可否既決於執政陛下欲於執政之外特有所聞者又獨有臺諫數人而已臣觀今日臺官三人諫官二員其間非執政私人特出聖意所用者又不過一二人孔子有言今吾於人也聽其言而觀其行陛下試取此五人言行之實而諦觀之則其邪正向背槩可見也昔漢成之世王鳳用事群臣莫敢盡言惟劉向王章力言其惡無所顧避皆為鳳所不喜言卒不用或繼以死而鳳推薦其門人如杜欽谷永之流使上封論事欽等所言皆掩蔽鳳短專攻帝失

由此直言不聞漢亦不競今陛下深處帷幄耳目至少惟有臺諫數人若又聽執政得自選擇不公選正人而用之臣恐天下安危大計無由得達於前而朝廷之勢殆矣惟陛下留神省察無忽臣言則社稷之福也

蘇轍又論所言不行劄子曰臣兩次面奏熙河路范育种誼等違背大信貪功生事以速邊患乞移降他路更選帥臣俾之鎮守臣方奏對間蒙太皇太后再三宣諭以臣言為是然至今多日但見种朴一人移涇原路勾當公事至於育誼並未見移動臣竊伏思念人臣言事不患聖意不回患在聖意已回而大臣固執事輒中止何者聖意不回惟當再三開陳期於必悟若聖意已回而大臣不可事不得行則是君權已移上下倒置雖欲納忠何益於事此臣所以晝夜憂懼欲言而復止者也昔齊桓公游於郭問郭公之所以亡其父老對曰以善善而惡惡桓公曰善善而惡惡此賢君也而何故亡父老曰善善而不能用惡惡而不能去此其所以亡也今陛下以臣言為是而不用以大臣為非而必聽臣竊惑之且陛下雖處帷幄之中實攬人主之事今依違退託專聽大臣事有未安誰受其弊故臣以為居其位而不任其事任其事而不斷其是非者古今未嘗有也臣以非才誤蒙擢用盡忠獻言上悟大臣下悟邊吏其所以再三論列不為身計者誠以為外可以利民而內可以報國故也今所言不從空結怨怒無補於國臣雖狂愚何苦而為此哉臣恐忠臣自此結舌不敢復以至言聞於陛下矣去年之冬陛下知回河之失深詔大臣罷東流之役天語惻怛中外具聞而大臣奉行不得其半雖罷回河之名仍存試水之實鋸牙馬頭率皆如故意幸漲水之至河或可回然今日觀之終復何益是以眾議皆謂陛下聖明察物照見千里之外而號

令不行未見成效是時奉使契丹還奏其事此章具在可覆視也今熙河邊事大略類此若使聖意又為大臣所沮則君權愈奪臣勢愈張養之不已後將益甚及其事極難忍而後徇之則傷君臣之恩矣朝廷之體不若今制其漸使事無所失而臣亦獲安之為善也臣不勝區區為國遠慮觸冒忌諱甘俟斧鉞

殿中侍御史呂陶辯朱光庭彈蘇軾策題事疏曰臣竊聞蘇軾試館職策題朱光庭彈奏以為譏議兩朝奉聖旨蘇軾放罪軾遂乞補郡蒙陛下降詔不允光庭論列未已臣既待罪言路理當辯明敢竭愚鄙為陛下極陳之夫臺諫之職為天子耳目要在維持綱紀分別邪正凡所彈擊當狗至公不可假借事權以報私怨萬一及此是謂欺君今蘇軾所撰策題首言齊魯皆聖人之後其政化之弊至於衰亂其次乃曰國家承平百年六聖相授為治不同同歸於仁詳味此言

固無譏議兩朝之意其次又曰今朝廷欲師仁祖之忠厚而患百官有司不舉其職或至於媮欲法神考之勵精而恐監司守令不識其意或流於刻則所謂媮與刻者明言百官有司監司守令不能上體朝廷本意而或至於媮與刻非指言二聖之失於媮刻也其終又曰昔漢文寬大長者至於朝廷之間恥言人過而不聞有怠廢不舉之病宣帝總核名實至於文理之士咸精其能而不聞有督察過甚之失者蓋言漢文漢宣之時其臣下能如此不怠廢不過甚今朝廷當以何術治之使百官有司監司守令不至於媮刻乎蓋作文者發此問端以觀其答即非謂仁宗不如漢文神考不如漢宣也光庭指以為非亦太甚矣假使光庭直狗已見不為忿憎而言則雖不中理義猶可恕或為愛憎而發則於朝廷事體所損不細今士大夫皆曰程頤與朱光庭有親而蘇軾嘗戲薄程頤所以光庭為程頤報怨而要

攻蘇軾審如所聞則光庭固已失之軾亦未為得也且軾薦王鞏為不知人臧程頤為不慎言舉此二者而罪之則當也若指其策問為譏議二聖而欲深中之以報親友之私怨誠亦過矣臣又聞軾與鄧溫伯同進策題三道陛下點此一道而用則陛下聖鑒必謂切於時務故遂用之決知其不譏議兩朝也又況御史上官均近嘗論奏為政之道有寬猛兩端大槩與蘇軾策題同意陛下謂其言可取著為法令頒於天下夫上官均之奏蘇軾之策題二人之言皆是講明治道一則頒以為法一則指以為罪何輕重取捨之異哉此士大夫之意不能無惑也恭惟陛下聖慮高遠從諫如流然臣下之言或至於激則亦須加審察昔富弼韓琦天下知其忠且賢弼因除張茂實管軍中丞韓絳乃言富弼欲謀不軌韓琦不赴文德殿押班中丞王陶乃言韓琦反狀已露尚賴聖主深炤情偽二人者始終安完以富弼

韓琦之賢而言者猶如此中傷之則不追於弼與琦者又可知矣今日光庭中傷蘇軾之心頗類前事欲使朝廷為之報怨不可不察也臣與蘇軾皆蜀人而不避鄉曲之嫌極論本末既備位臺職而輒糾諫官之失當二罪皆不勝誅然喋喋不敢自默者非特為一蘇軾蓋為朝廷救朋黨之弊也孤忠危迹敢以死請

右司諫王覿上奏曰臣謹按中庸曰舜好問而好察邇言夫好問不察而邇言則察者蓋舜欲有問必擇乎端人正士而後問之所問皆端人正士則不察而信之可也察其人在前故也至於邇言則有不問而聞之者矣舜不以人廢言亦不遽信其言必察其真偽善惡而后用捨焉故不問無以致忠言之啓沃不察無以辯邇言之是非臣伏見陛下自春至今凡施設廢置莫不大慰天下之望雖不縱睿智如日月之照臨無所不燭然所以深究民情洞見物理者亦好問察

言之助也陛下當龍潛之日政事無所預威福不在手凡達於聖聽者皆無心之言以所聞無心之言裁以英斷而施之政教則法出而公論歸令下而民情悅不亦宜乎今陛下尊居九重奄有四海慶賞刑威卷舒於頤指之間有所問焉或畏威而匿情或懷利而凶說況乎邇言情偽萬狀欲如前日無心之言豈易多得故好問尤不可以不擇其人邇言尤不可以不察其實也舜典曰朕堲讒說殄行震驚朕師命汝作納言夙夜出納朕命惟允舜之好問察言者既如彼用以命龍者又如此可謂重且慎矣陛下以大舜之資行大舜之政故臣敢以大舜之所重且慎者上塵聽覽

觀又上奏曰臣竊聞中書省欲以後省散騎常侍諫議大夫起居舍人正言廳為制勅院擗截兩省見今諫官廳出外別作門出入以防制勅之漏泄論者以謂名雖為關防制勅而實不欲諫官在兩省與給舍相見恐其或聞政事之本末而論列之頻數也何以驗之蓋欲其作制勅院而已則舍人廳後起居舍人廳正言廳及直舍廊廡等屋已數十間作制勅院自足不須更取散騎常侍諫議大夫廳以塞絕諫官出入之路而別為之門也兼門下後省既無制勅院而亦擗截諫官廳出外即知不為關防制勅之漏泄而實不欲諫官在兩省與給舍相見恐其或聞政事之本末而論列之頻數而已臣聞自古為國家者未有疎薄諫諍之官而可以有為者臣不敢備引歷代之事以瀆聖聽今且以李唐言之昔太宗嘗謂侍臣曰朕雖不明幸諸公數相規正勅中書門下及三品已上入閤必遣諫官隨之欲其預聞政事有所開說故自後諫官得閤中奏事遂以為常而讜言直論有補於朝政者世有其人也夫唐太宗超聖自三代以後本朝以前千載一人而已當時諫官之才能智識豈復有敢望太宗者哉不惟

不敢望太宗而豈復有如當時之執政大臣者哉然太宗不自有其聖而虛心求諫如此當時執政大臣亦未嘗有以諫官預聞政事為嫌者也唐自武德至昭哀三百年之間諫官皆列於中書門下兩省而亦未聞有臣僚建議諫官不得在兩省以防制勅之漏泄者也只自五代衰替朱梁初建都事事草創故諫官不在兩省聖朝祖宗承五季版蕩之後興弊拯墜百餘年間凡前古之法度日以修舉至神宗而浸備是以鼎新兩省列諫官於其間以循唐制大諫官必列於兩省者蓋使在於政事之地而有所聞則得以論列庶幾不誤朝廷而有補於治道也惟只隨小書門下乃[illegible]上入閣則尚未及講臣竊以謂必行於陛下之手雖或未暇亦何必於使諫官不得在兩省而惟恐其或聞政事耶又疑其漏泄制勅耶何示天下以不廣也況今諫官雖在兩省日與給舍相見而於政事委曲亦何所聞但存羊所以愛禮不猶愈於盡廢哉執政大臣若謂諫官不才罷之乃宜不可緣一二諫官之故而遂廢朝廷之法度也臣不能俛首循默為自安之計以負陛下言責惟聖慈詳酌施行

觀又上奏曰臣近於十一月二十五日有封事言兩省擗截諫官廳出外隳壞法度乞行寢罷及十一月二十七日與諫官鮮于侁朱光庭列狀聞奏各未蒙施行臣竊以自古聖帝明王莫不有諫諍之臣蓋三代以前上自公卿次及百執事下至百工芻蕘皆可諫諍故雖不以諫諍名官而鯁言直論常達於人主之聽及世衰道微言出於口而禍及於身者浸多故為人臣者若不以諫諍名官則鮮肯以諫諍為事於是秦漢以來乃始有諫大夫率皆列職清要日侍人主然歲月綿遠其廳之所在有不可考者惟隋唐事近傳記甚明諫官於隋屬門下省唐初因之亦嘗屬中書省後乃分列兩省終於有唐末

之或改也夫御史與諫官均任言責然御史臺在外而獨諫官既為侍從又列於兩省者何也蓋御史專在糺正百官必在外然後百官趍赴聽事鞫獄為便諫官之職在於論政事之過差補人主之缺失故不在政事之地則無以盡聞政事之過差不列侍從之班則無以盡知人主缺失也自五代亂離隋唐法度無復存者本朝祖宗以来講復前代之法度十八九矣惟是兩省之闕典至神宗而後復然諫官雖已列於兩省政事之地猶未預於入閣侍從之班乃防諫官漏泄政事而欲擗截廳事出外使不得在兩省亦異於設諫官之本意矣夫兩省若有幾密之事吏人可密者諫官豈不能密耶兼見今諫官雖在兩省於政事實不預聞況幾密哉昔魏少府楊阜欲上疏省宮人召御府吏問後宮人數吏守舊令對曰禁密不得宣露阜怒杖吏一百數之曰國家不與九卿為密反與小吏為密乎明帝聞愈敬憚阜後世以為美談臣常謂陛下聖德比堯舜豈於此而不逮明帝耶臣常以皋夔稷契期執政豈於此而不逮楊阜耶且先帝孜孜講復隋唐數百年之法度既合於古又宜於今乃一旦無故而壞之一不可也中書所謂制勑院者吏舍也迫遜天子之諫官以廣吏舍二不可也深信胥吏與之為密而過疑諫官以為漏泄三不可也使天下朝廷有疑諫官之心厭諫官之迹非所以廣聖德於天下四不可也散騎常侍下執政一等爾今偶負闕不可謂終無其人也至於左右史亦陛下侍從之臣安可使中書吏人據其廳事奪其正門而當侍諫官左右史乃屏置一隅穴垣墻而出入事體顛倒增長吏氣五不可也憎諫官者雖取快一時而五不可長久之患歸於朝廷又使三省執政大臣皆受迫遜諫官之名為後世笑臣竊為陛下惜之臣愚暗不才陛下過聽擢為諫官若議論失當陛下罪之執政大臣惡

之或一二日而罷或二三月而黜皆不可知也豈謂諫官可以久為而兩省可以安處哉蓋欲為朝廷長久之計而已非臣謀身之計也若既憂得罪於陛下又慮見惡於大臣坐視法度之廢壞而緘默不言則不惟有負陛下言責亦豈不自愧於心哉故不避冒瀆聖聽而喋喋不已陛下或采其言或賜之斧鉞之誅惟聖慈裁擇臣無任激切忠憤之至

侍御史陳次升又奏乞留正言孫諤疏曰臣伏見責降左正言孫諤知廣德軍事風聞諤以論役法有過當之語以此得罪未審果是坐為復緣他事耶若不緣他事只緣役法臣竊謂朝廷復行免役之法實欲便民所繫至大其利害不止一州一縣而普及天下處之適中天下均被其利苟一失當天下均被其害而諫官以言為職既有見聞必須上達其言儻是則當聽納其言或失亦在曲全以示朝廷之容德也臣伏覩天禧元年二月七日勑戒臺諫詔書曰雖言有失當必示曲全則知聖朝廣開言路激昂士氣不以人言失當為慮而患在人之不言也今諤若無他罪止是議役法失當推原其情蓋欲補完良法亦可矜察欲望朝廷再賜詳酌施行

同知樞密院范純仁乞寬王覿之罪疏曰臣與呂公著等并今日與文彥博等兩次簾前奏陳乞寬王覿之罪蓋欲假借臺諫使人敢言其間雖有不當亦須稍垂寬宥以彰朝廷容諫之美況陛下臨御已來未嘗嚴責諫臣一旦行之恐傷仁化又慮來者或多若一一竄逐復失朝廷清淨之體其心止於如此更無他意側聞聖訓以謂朋黨甚多宜早施行恐於卿等不便以臣愚見朝廷本無朋黨只是善惡邪正各以類分陛下既用善人則匪人皆憂難進遂以善人之相稱舉者皆指以為朋黨欲得人主深防嚴戒盡行貶逐自然君

子道消小人可以得志所以臣等不避違忤縷縷開陳罄竭愚誠莫回天意臣若面從順旨則是苟容之臣何是以副陛下東求何面目處群臣之右又況彥博公著等皆是累朝舊人陛下留在左右已二三年輔翊皇猷未嘗有闕今日豈肯雷同罔上庇護黨人蓋其愛君之心與臣無異唯在陛下深加採納所有先降貶謫王覿文字臣未敢簽書更乞聖心熟慮臣自先朝言事不合擯斥處外幾二十年遭遇陛下一新庶政從諫任賢遐夏歡呼古今無比此皆聖心所悉非愚臣獨敢妄言而一旦拔臣於疎遠之中驟置於丞弼之位故臣夙宵盡瘁以負聖知豈有容庇朋黨自損身名玷辱家聲取笑千古蓋是愛惜聖政思報大恩螻蟻之誠惓惓不已今若陛下決以臣言無取即乞謫臣補外被指為朋黨者自明臣雖一身斥遠若遂決朝廷大疑則是猶有少補不幸東拔則臣死之日猶生之年矣又臣曲謝日已曾奏聞昔先臣與韓琦富弼蒙仁皇同時用為執政三人各舉所知引用忠良有匪人之不得進者遂構造謗語指為朋黨先臣與韓琦富弼皆得補外所用之人類遭貶逐當時構謗之人皆欣快相賀曰且得一網打盡此事未遠眾人猶知亦可以為朝廷深戒

純仁又論王覿乞從文彥博等所言疏曰臣昨日入劄子未敢簽書王覿文字因以文彥博呂公著累朝舊人其言乞加採納及論朋黨事繫善惡消長皆愚臣受恩之深罄瀝血誠用伸補報更無傾望冀觸之憲伏望聖慈特加詳覽又彥博公著年皆垂老屢乞退閑陛下特留平章國事蓋以重德老臣一心向國宜可委信此聖慮之深高出前古兼呂大防等皆陛下選拔於眾各有公望之人今若商量一諫官差除有言不蒙垂聽則與陛下眷留擢任之意輕重不同臣所以更望聖衷審慮少迴天意良加採納以成廟堯捨己從人之意不使大臣有不用之言則社稷幸甚臣前年初到闕時聞有德音令臺諫官但言事太皇自主張臣愚不勝欣喜今見彥博已下諸大臣奏事未蒙聽納臣不勝憂懼

翰林學士范百祿乞審議轉對之制狀曰臣恭聞太祖皇帝建隆三年詔自今每五日內殿起居翰林學士及文班常參官轉對並須指陳時政得失朝廷急務或刑獄冤濫百姓疾苦咸采訪以聞事有要切者許非時詣閤上章不得須候次對既又命尚書省集官議其可者而行之為民求治之心可謂至矣真宗皇帝詔有司錄轉對章疏一本留中聽言擇善之志可謂勤矣祖宗之於轉對其勤且至如此今一歲之中視朝有數臣寮轉對者每次二員凡不過十餘人借使人悉知而言言皆見用亦不過十數事耳臣竊惟太皇太后陛下皇帝陛下固嘗有太祖為民求治之心真宗聽言擇善之志然於此事今昔有異心跡未侔補闕拾遺必在旁通於眾志博覽兼聽未能全美於前聞臣雖甚愚竊惜言路之未廣而恐人情之恬默苟有所聞則積為蔽塞伏願陛下法堯之詢于眾蹈舜之取諸人使四目盡明無言必達則時政之得失可以周知朝廷之急務能無小補刑獄冤濫百姓疾苦必無壅於上聞而有裨於聖德矣孔子曰四方有敗必先知之斯可謂民之父母苟不周諮於人言物論何以臻茲伏望宸慈詔執事審議轉對之制率由太祖真宗之舊章則天下幸甚

吏部侍郎彭汝礪上奏曰臣竊聞禮部侍郎曾肇以議禮不當乞從罷黜蒙恩降知徐州給事臺諫臣有言臣竊謂南北郊合祭事朝廷自許近臣集議或同或異乃是常理必以此罷黜一從官如肇用意真國家忠臣朝廷容納直言愛惜人才義當為改命令體問畫黃已到吏部臣以為過矣臣伏念才難久矣人常千百億而無一二苟或

有之。或流落而不偶。幸而有之。又既得之。或棄於無所用。故治安之日。常不足。而危亂之日常有餘。孔子曰。如有所譽。必有所試。如肇者其文可以當大命令。其學可以決大謀議。頃在西掖。屢能補縫闕漏及還禮部。遂能是正典常。循名覈實。謂之賢可矣。且並祭之禮不經見。如臣輩皆莫違安。其能奮不顧身。忤大臣。為陛下言者。獨肇而已。朝廷既不用其言。又遂黜其人。故臣以為過。或曰。朝廷非惡肇議禮謂其言過當而已。夫言不直。則道不見。今病者之求藥。唯病之愈是望。故能五毒偏施。針砭切骨。而不為過。使唯香味顏色之悅。則豈唯不足治病。適足以誤病。書曰。有言逆于汝心。必求諸道。有言遜于汝志。必求諸非道。肇之言雖有所拂。以道觀之。為當矣。夫欲安榮惡危辱。人情之所同也。臣願陛下少留神明。以其理度之。今人不肖。朋比太臣。而肇為朝廷明是非。論然否。豈為其身邪。以國家故邪。順從緘

默。則遠得福。奮厲激昂。則速得禍。而人臣終不忍不言以負陛下。此其心不在其身。而在人主。不在其私。而在國家。可見。如曰人臣瀝肝膽。披腹心。為陛下國家長久慮患。而陛下屏去不容。此甚非計也。夫上所好惡。人之表也。今侍從之臣不能依隨大臣。而陛下去之。則孰不願附大臣。今一有言而陛下去之。則孰不欲學不言。近臣與國家同安危。共休戚。使皆附大臣而不以國為憂。閉口不言而為妻子計。此非社稷之福也。惟陛下察之。念之。方朝廷多事。宜盡得心膂之賢偏置左右。博求骨鯁之士並為輔拂。蓋猶恐不足。今有一曾肇而不能留。故臣以為過。非獨臣也。凡忠於陛下者皆然。南北郊祭議始下。臣嘗與肇言。天地之祭至大至重。今欲易於改作。實所未安。肇云。使無言責。其決不敢緘默。肇為禮官。其言當在肇。遂有論議。肇既逐。臣亦難處。肇終不可留。臣亦願與同罪焉。肇命已下而未行。臣至愚。欲望皇帝陛下深以愛大才。容直言為念。出自聖斷。且留肇。置朝廷。肇守官任職。必有以報國。臣言或謬。靡所逃誅。夫改易差遣。常事也。留賢者。盛德也。在朝廷。蓋優為之矣。

畢仲游上言曰。昔仁宗皇帝之治天下也。優禮大臣。而聽用臺官諫官之言。蓋大臣者。天子之輔也。不優為之禮。則無以勵其節。盡其心。聽用臺諫官之言。所以存天下之公議。而禁制大臣不得自放之術也。故大臣起居進見。未嘗不躬己以待之。若久於其位。而不可動者。及臺官諫官一有論列。則十言之中行其七八。雖老故大臣。必正其罪。以是而去位者。蓋可數矣。故嘉祐以來。大臣平日足以致君臣之歡。體貌之隆。而私門姦吏。破膽而不敢為。仁宗皇帝所以四十二年天下安寧。大臣無甚縱恣。小官得行其志。不法之事稀闊無聞者。以優禮大臣而聽用臺官諫官之言所致也。

歷代名臣奏議卷之二百四

聽言

宋徽宗即位初左正言曾肇乞旌賞直言疏曰臣伏見陛下發德音下明詔使人直言無有所諱此堯稽衆舜好問之盛德先王立謗木諫鼓詩人詢于芻蕘之誼也天下甚幸臣切以謂陛下惻怛詢訪之誠心既已形於號令則其於開導奬激使人樂於盡忠獻納亦須有術況詔書已有其言可用朕則有賞之文則宜實其言以信天下臣伏聞治平四年英宗皇帝踐祚之初即求直言尋又下詔上書人所陳政體時務材識出衆者命官特加甄擢其次則賜詔書奬諭布衣即令有司召問條對有理量材錄用當時咨諏勸誘如此其詳至有朝上書暮召對者是以四方萬里人人奮勵爭竭腹心唯恐在後神宗皇帝廣覽兼聽片善必收寸長必錄斟酌損益以修政事故熙寧

元豐十九年間百度修舉功崇業鉅雖聰明睿智出於聖性亦虛心採納群書之助也臣愚伏願陛下明諭輔臣討尋治平四年之令舉而行之其上書言事有合聖意者速加旌勸則遠近聞之孰不感激智者效其計忠者獻其誠陛下不出戶庭而海內之情畢聞於上不勝幸甚

時日食求言太學博士王渙之上奏曰求言非難聽之為難聽之非難察而用之為難求而不用非所謂應天以實者也臣切見國家每有天變輒下求言之詔而下之報上乃或不然以指陳闕失為訕上以阿諛佞諂為尊君以論議趣時為國是以可否相濟為邪說其於大臣權要則觀望附會相戒以默志士仁人知言之無益也不復有言而小人懷姦僥倖肆為詭譎可駭之論以為偷合苟容之計此尤不可不察也願陛下虛心公聽言無逆遜唯是之從事無今昔唯當為貴人無同異唯正是用則人心悅治道成天意得矣

中書舍人鄒浩乞至誠終始納諫疏曰臣伏讀虞書見舜命群臣作股肱耳目而戒之曰予違汝弼汝無面從退有後言夫面從以成其違者是諛也後言以指其違者是謗也二者非事君之道也有虞之臣皆大賢豈不知之舜且以此戒焉是知拂心忤意非人臣之所樂在於人君有以導之而已此帝舜之聖所以為萬世法也臣愚切觀陛下即位以來憲天聰明首闢言路旋因日食亟降詔書咸使納忠無有忌諱言果當理欣然聽從增秩賜官風動天下故雖疏遠芻蕘之賤莫不鼓舞遭遇思日罄竭以補初政之萬一而況股肱耳目之寄又安有不盡其忠者乎帝舜之聖今復見於陛下然臣觀太宗乃近古明君魏鄭公且曰陛下正觀之初導人使諫三年以後見諫者悅而從之比一二年勉強受諫而終不平質以其詳悉有據驗太宗

悟曰非公無能道此者人苦不自覺耳於是知納諫固難而謹始尤為難也子思曰誠者物之終始不誠無物伊尹曰終始惟一時乃日新彼太宗聞之而悟真大過人者顧不能持以至誠日新無斁使鄭公不得而窺焉則其去舜也遠矣陛下方稽古以御令如太宗之事亦願取以為鑒以隆太平之偉績臣又伏思上書之人所言不一其泛論大體指陳邪正如此類者自可留之禁中以備觀覽至於陳述利害事干有司者即乞降付政府委官看詳有可施行旋具聞奏此則聖詔之出不為空文施之國家固非小補唯陛下留聽

浩又論太學生不當以言事殿舉疏曰臣准中書省錄黃一道為太學生張寅亮等妄言裁減皇太后園陵浮費各殿一舉事臣尋觀寅亮等所上書其言狂謬固當懲戒以示天下緣士大夫已在選擢而詳練滋久者尤有不能體悉朝廷用意之深況山野一介布衣之賤

乎陛下察其無知特從輕典又且遣改羿出學押出門指揮則是寅亮等固已在所矜容矣止殿一舉識不為過但近年以來言路壅塞為時大弊自陛下勸獎開道始克通達世以相賀獲仰太平今寅亮等若未免殿舉切恐自此以後人復畏避不敢獻言天下之事無由周知亦聖政所當深慮者也傳不云乎烏鳶之卵不毀而後鳳凰集誹謗之罪不誅而後良言進臣愚亦願陛下以此赦之而已所有錄黃臣未敢發書行下

給事中上官均上奏曰臣聞聖人擇狂夫之言好問至於芻蕘者樂於聞善也誹謗之罪不誅者欲以來直言也蓋君臣之勢隔如霄壤進言直則有犯分之嫌持論高則有出位之罪畏嫌避罪則愛身者孰視拱默而不敢論矣政事有闕偷安固祿而不敢論則九重之奧萬事之幾安得聞歟賈山有言人主之威非特雷霆勢重非特萬鈞開道而求諫和顏色而受之用其言而顯其身士猶恐懼而不敢自盡況震之以威壓之以重豈有不摧折者如此則人主不得聞其過失矣聖人知盡言之難也故賞諫臣以厲諛悅之臣貸狂且以開正直之路使工誦箴諫瞽誦詩諫公卿比諫士傳言諫庶人謗於道商賈議於市所以集天下之善而成巍巍之功也自陛下即位之初開廣言路虛懷開覽擇其可用者賜官增秩以獎其言四方之士歡欣鼓舞人人出其所長發其所蘊露章抗疏幾無虛日陛下神明天縱道術精微固所自得至於政事之臧否人臣之邪正法宮之奧纖悉洞照者殆亦收覽眾言之助也臣以為進士殿舉比士大夫貶官非輕罰也張寅亮等疎愚狂瞽誠不識朝廷忌諱然志非懷邪比庶人謗於道可也今被之以重罰疑非陛下開廣言路之意臣竊妄度陛下聖度容納非加怒於無知之小臣特以其言有及執政之意言涉

犯分故稍正刑罰以明上下之體然四方之遠難以戶曉必以為陛下前日許中外之人得上封事既招其來又罪其言前日賞之今日罪之妄意朝廷有厭言之意自中人以上安寵顧利政事之有缺往往趑趄畏縮而不敢正議矣且加罪一二進士固未足惜竊恐沮直臣之氣鉗多士之口自此始矣臣以為狂言犯分貸而不罪其為害輕誅責賤士以沮直言其為害大臣願陛下揆之聖心權其輕重更加矜容以稱陛下初政之意以解四方之疑天下幸甚

宣和二年御史陳堯臣乞重惜憲臺之權疏曰臣聞天下所恃以安者朝廷之紀綱紀綱所恃以立者臺諫之風采若臺諫有所拘忌受制於人而風采不存則朝廷莫之糾彈容姦於國而紀綱以壞是故人君惜之事權不繫於官長不拘於大臣養其志氣不挫於權豪不畏於強禦雖其人未必皆賢其言未必皆當許以風聞而貸其不實之愆納以虛懷而開其敢言之路豈徒然哉凡欲以破姦雄之膽救陵夷之患也唐文宗曰御史臺朝廷紀綱臺綱正則朝廷正朝廷正則天下理楊瑒曰糾彈之司若遭恐脅以成姦人之謀御史臺固可廢矣臣惟方今天下平治固無姦臣之足慮然間有擅權挾寵之徒肆為敗俗亂常之惡孝不足以移忠功不足以掩過內恃強援奧知以脫常刑重憲恬然自得莫敢誰何蔑視風憲之官不翅奴僕之役若非處以私人終必視為仇怨然慮其攻己則先設隄防以拒其來聞其有言則廣行營救以反其罪不擠以今事則必中害以他非不謂在昔與我為讎則曰於今與誰為黨或以離間其君臣為辭或以疏隔其恩威為語指切直者為沽名謂納忠者為訕上巧言令色千計百端是致發意欲彈者改遷抗章纔及者貶竄前者沉滯流落而不聊其生後者惴恐憂畏而深以為戒忠義風采消委殆盡臺臣雖

備位。名存實亡。臣愚以謂恐非朝廷之福。乃者官吏猥冗。財費浮濫。紹述失其本意。紀綱浸以隳弛。而霜臺坐視不發。天下恨之。逮至陛下獨奮離明。斷以乾健。滅罷裁抑。一遵熙豐之舊。繼又廢黜拱默。選任臺臣。中外方且鼓舞。然未聞有所建明。或即旋行遷易。天下疑之。夫彈劾之職。紀綱所繫。當急先其大者。譬如捕盜。先其渠魁。去草急在根本。今使置其大者而言其小者。是猶捨渠魁而攻疲羸。留根本而摘枝葉。適以激其怨而滋其萌。是豈除惡務本之意乎。臣恐天下紛紛。縉紳者特未定也。故臺臣屢遭恐脅。則姦回無所畏憚。就有特然奮勵。眾必為之寒心。知其必蹈禍機。而謂不若且已。雖因時薄有所彈。終不敢直肆其說。至使明目張膽之士。化為結舌鉗口之流。臣恐自是積習成風。人知畏避。遂致姦臣欺蔽君上。紀綱既紊。何所不為。且姦人始兆。在糾劾而非難。其惡已成。雖鈇鉞而何及。故治國家者。平時宜有直言頂豸之士。則悠久庶無姦謀指鹿之臣。今陛下仁天廣覆。智燭旁臨。賞罰如寒暑。號令如風雷。所以舉直錯枉防微杜漸者固不患不至。所患姦回植黨牢不可破。或左右先容。或前後救援。不能無誤聞聽。至有逆已行之命。或方頒而旋改。沮必罰之威。或朝黜而暮陞。蠹國害民之事。或過而復熾。欺公罔上之令。或沮而復起。國是動搖。人心惶惑。其根原有在於強援奧知之間而已。夫擊搏之任。豈人樂為。公議所在。有不得已。人孰不欲保其父母妻子。孰不願享其富貴安榮。何事而取怨於權臣。犯顏於人主耶。聽言之道。當以事觀。苟惟在已無慾。則於人言何恤。安用預設隄防。苟唯事干國體。則亦何黨何讎。奚事廣行營救。臣願陛下深惟此理。上體祖宗之成憲。下為萬世之來規。重惜憲臺之權。優養直士之氣。使姦回必劾而無遺。罪戾必罷而無赦。止其防備之私。絕其救援之弊。明出詔令。應今後凡臺臣有所論列。職非三省而輒出位謀政。與夫干請私謁。拯姦護惡。巧為粉飾者。寘之重辟。庶使姦無所緣。紀綱一正。天下幸甚。

徽宗時陳次升上奏曰。臣竊聞右司諫陳瓘以言事不當得罪。雖不知其詳。然臣伏覩天禧元年二月七日申敕臺諫官詔書云。雖言有過當。必示曲全。今陛下訪落之初。用人如不及。從諫如轉圜。猶恐萬幾之務不能徧察。上至百辟卿士。下及庶民。皆許直言。無有諱忌。其詔亦云。言而失中。朕不加罪。命下之始。萬口一辭。以謂正當不諱之朝。且無犯顏之慮。孰不激昂勇發。願竭區區之愚。以圖補報萬一。況身有官守有言責者。安可緘默乎。瓘既以諫為職。又許風聞論事。偶有失實。陛下當含容矜貸。如上詔旨。今遽省重責。煩駭群聽。竊慮中外傳聞。人人鉗口結舌。以言為諱。忠讜之路塞。壅蔽之風成矣。伏望聖慈念天禧申敕臺諫之意。及陛下求言之詔。特寬瓘之罪責。庶幾養成士大夫敢言之氣。其於聖治。不為小補。

左正言任伯雨乞留龔夬狀曰。臣聞先甲三日易。後甲三日難。諫而不早。足以取名。而於事無益。忠臣之義。但求有益。而不顧取名。臣今日先事之言。惟欲有益於朝廷也。臣伏聞殿中侍御史龔夬言翰林學士承旨蔡京告訐周穜等語言事。乞罷黜京。而朝廷謂京無過。不以夬之所言為信。夬既不得其言。難以復在言職。雖朝廷未加斥逐。理當求去。夬尚未去而臣已言及此。其所以為先事之言也。蓋言事之官。乃朝廷耳目之所寄也。耳目不通。則有蒙蔽之患。故自祖宗以來。獎勵言官。虛意聽納。養其勁氣。不使小挫。非重其人。所以重朝廷之耳目也。自紹聖以來。七年之間。五逐言者。初逐常安民。次逐孫諤。次逐董敦逸。次逐陳次升。次逐鄒浩。此五人者皆與蔡京所見不同。

雖其間或以他罪被逐而京之所惡則無不去者今夫之言京又將罷去則是兩朝言官前後六人無不為京而去也陛下以聖德嗣位上法祖宗內稟慈訓數月之間德澤廣被內外安靜人情驩悅此千載之一時也今若緣此一事又去言官臣恐後之言者人人不已可惜安靜之勢忽成紛紛其於初政豈能無累若待臨事而諫孰若先言之有益也臣願陛下察夫所言忠於為國特回睿聽曲賜允從庶使敢言之士意向朝廷蒙蔽之風自此衰息伏望陛下上稟慈闈議其可否小臣狂妄冒犯天威無任皇恐戰汗之至惟陛下矜赦幸甚

伯兩又上奏曰切以紹聖時章子厚蔡卞用事諫官御史盡出子厚卞引用不唯無所建明率皆附會子厚卞欺誣朝廷自陛下即位總攬權綱自擇臺諫然臣謂臺諫官始用之既重其選終罷之必正其名臣欲乞今後臺諫以言事罷去者皆坐其所言以正其罪蓋妄冒不才者其罪小欺誣朋附者其罪大張庭堅近以言事不當除京東運判既而改汝州今又送吏部中外疑惑不知所以臣伏願陛下斷自聖意降出庭堅章疏考其所言若欺罔朋附則送吏部為尚輕若止妄冒則送吏部為太重正名定罪庶足勸戒無使言路自今以往以庭堅為戒

左司諫江公望乞容納直言疏曰昔漢武帝殺人如薙草而汲黯數以直見不少降帝終下之黯在朝淮南之謀為寢一戇直之臣甚微而朝廷輕重繫焉是以養之不可不素用之不可不審遇之不可不隆聽之不可不察法之不可不慎今朝廷以言得譴去過黜官遠去國而已然未聞有汲黯之切直何也蓋養之不素未必充其才適充其才遇之未必盡其禮禮或加厚聽之未必察其情法之未必當其罪以人君之威逐一小臣不啻若怒颰之振婚翮翩然徑逝矣而不

知適以資讒諂囁嚅相賀之語也傷君之明喪臣之直無甚於此自昔人君之明擴大度以優容虛誠心而延佇推內恕以假借忍難行而聽納所以養成人之直故其進諫也無首鼠之疑謀有批鱗直前之勇氣事無不聞理無不盡上無過舉下無逆情姦人破膽黠吏縮手民賊屏迹國狗希鳴蹇直之氣日益長而朝廷之勢日益尊矣故曰苟得其養無物不長苟失其養無物不消陛下德度宏博出於天性群臣進諫雖涉狂易未嘗誅其心復加優賚天下之士孰不欲為陛下盡忠況在言責者乎傳曰興王賞諫臣逸王罰之信斯言也然臣聞唐太宗貞觀之時導人使諫三年之後諫者悅而從之又一二年勉彊受諫而終不平蓋受難甘之言常在於慊慨願治之初必厭於翫習已安之後漢武帝剛忍之主也而有容直之得唐太宗彊明之君也而有卒惰之失相去遠矣惟陛下鑒焉

宗正寺主簿石公弼上奏曰朝廷比日所為直詞罕聞頌聲交至未有為陛下廷爭可否者願崇忠正以銷諛佞通諫爭以除壅蔽徽宗善之擢殿中侍御史

欽宗靖康元年翰林學士許翰上奏曰臣聞萬人所聚必有公言傳曰防民之口甚於防川川大決而犯傷必多是以監謗而衰周亂禁言而強秦亡無逸之訓曰小人怨汝詈汝則皇自欽德不啻不敢含怒此疏川而導之之術也昔者鄭人游於鄉校以議執政之善否或謂子產盍毀鄉校子產曰其所善者吾則行之其不善者吾則改之是吾師也毀之何為國家自王安石持矯拂世俗之說流弊至今其患可見陛下方將公聽並觀力矯此弊優容受納務盡群情前日宰相共敏留李邦彥止是避嫌分謗因以鎮撫士民而或者未達其心謂力排公議計或私相譏謗亦必責臣不言臣謂但使朝廷德日以

勝則此等疑論自當衰熄竊聞臺臣論奏與奪校謗傷宰相中丞等章臣恐陛下遂行其言則將使忠鯁杜塞讒毀不聞朝廷蔽蒙復如前日此亂亡之機也不可不審伏望聖慈勿下其章以來四方之賢而通天下之志

輪又上奏曰臣聞君子謂小人為邪小人亦謂君子為邪君子小人雜進於前而忠邪之說交至無已則人君何以定之臣前日始為中司為淵聖言明主之聽天下言陳之之日皆有冊籍成敗既效賞罰隨之令如臣言某人忠賢某人姦佞某事如是而將成某事如是而將敗陛下退朝則籍其說審克夷考而卒不讎也則按臣之言而坐其妄夫如是則言者莫敢妄言黼扆之前都俞清矣又廷臣之間必有朴茂沈詳忠信不欺之士博詢熟察審得一人則衆言殽亂可質而定蓋忠邪之在朝廷譬如耳目鼻口之在人面已不自見而陰究醜好人能昭昭言之是故君於諸臣雖甚近而難知得一信人在側則朝廷忠邪莫能相亂觀者易審故也夫君志不定則群言繁興羣言不治則政法大亂古之明主能以其躬為天下正者無他精意不煩約而易守如斯而已矣

右正言程瑀乞籍錄臺諫章疏狀曰臣聞君猶心也宰執猶之股肱臺諫猶之耳目耳司聽目司視視聽不廢運用股肱無為於中而治者此心所以為真君也人君亦何為哉相與論治道者臺諫也相與行治道者宰執也天下之事不過利與害臺諫曰是宰執曰非人君察焉果非也過在臺諫不在宰執若以是為非則宰執何所逃罪哉宰執曰利臺諫曰害人君察焉果害也過在宰執不在臺諫若以利為害則臺諫何所逃罪哉萬機至繁吾之所用聰明者特在於審是與非辨利與害此以一應萬之要也苟不能致知乎此使是非利害

灼然胥次則真贗不分朱紫混淆勞精疲神於末流天下之治不可冀矣蓋人非堯舜不能舉事皆善因計其善而悅人讚己是謂求諂諫而成暗昧昔諸葛亮當主幼國新之際獨總朝政顧何所賴於群下一旦發教乃諄諄力求轉相違覆以補曠敗太宗正觀之治庶幾成康一時輔拂亦少貶矣嘗謂執政曰朕常恐因喜怒妄行賞罰故願公等極諫公等亦宜受人諫不可以己之所欲惡人違之使宰執能以此待臺諫人君能以此待宰執天下之治不難圖矣朝廷之事無過舉則臺諫何所復言及其有言必與朝廷違異乃所以相成也惟朝廷不以異己為嫌而事求其當則天下幸甚本朝之盛無踰仁祖稽考治迹蓋周成王漢文帝不足進焉宰臣則前有王曾李迪後有韓琦富弼執政則有歐陽修范仲淹之徒由今視之其人何如哉然當時諸臣深達治體朝廷之上既以務和而不務同至於臺諫有所論列不以人微而易之不以意異而詘之唯是之從而不嫌議不出己亦不難於改過從善當時議宰執以為奉行臺諫文書是不知此乃諸臣深達治道用心過人者洎王安石用事已來專以摧折臺諫為事然當時人材承累朝養育而砥礪名節之風不衰論議風生以斥逐為榮未為安石下也至蔡京用事師法安石而殘狠過之議已者置之死地臺臣引用私黨藉為鷹犬搏噬正士創置官司究濫蠶食而諫省列位寢闕弗補惡政獘事流毒四方陛下既親見之臨御以來疏遠讜直之士布在臺諫虛己聽納下詔敦諭是誠有意祖宗之治矣然以臣觀陛下蓋喜受人言而未可謂之善用言蓋喜納人諫而未可謂之能從諫何者用言從諫必深思而熟計之當理則行不俟旋踵若受而不能用與不受同實無益也三代以降能用言從諫者無如漢高祖唐太宗蓋高祖智畧初無踰人奮布衣取天下

未嘗畫一策出一計雖其善用群策非獨張良陳平之腹心外如酈食其婁敬之徒一言合理信用不疑此所以成帝業太宗脅父殺兄以就大事其天資何如哉雖其樂聞己過有諫必聽始也孫伏伽之徒賞之使言久之得魏徵往往諭意於言辭顏色之表不待力爭強辯此所以躬平禍亂而坐致太平人主誠欲聽言納諫以二君為法可矣陛下天性元良憂勤庶事聽言納諫宜無艱者頗尚有愧於二君臣知其由矣陛下以沉晦為事而有累於明以柔遜為事而有累於斷明與斷兩未見焉而大臣承蔡京餘風不能以韓琦富弼諸人之心為心故臺諫章疏或阻滯而不行或稽留而不下未閱數月已有擠陷之事如余應求陳公輔者踪跡孤外志操凜然金寇在郊京師震恐之時抗章乞對慷慨論事蒙陛下延問開納寇過之後擢為臺諫士大夫方慶言路得人而應求等亦感激奮勵知無不言正道

少仲邪人側目一旦論事稍涉嫌疑陛下未能洞察執政因而擠之是何異蔡京所為哉覆轍在前不憚蹈之亦可哀矣夫任耳目以廣視聽將以運用股肱今也壅蔽耳目有傷害之者矣陛下將誰與為治乎臣聞真宗時常詔諭諫官御史各令舉職仍令中書籍記其言事行與不行歲終具奏蓋非特稽所言當否用以知其人亦以防壅蔽之患伏望陛下特賜舉行仍內中創置臺諫章疏文籍隨所上錄之聽政之暇雍容觀覽不惟裨補治道因考其事有合行而稽留未進呈者時與督責執政庶幾耳目股肱之任不至偏廢而治道可望在明斷而行之臣備員諫省賜對之初已懇懇為陛下言之伏望曲留聖心天下幸甚

右司諫陳公輔上奏曰臣竊惟陛下臨御之初詔求直言而太學諸生皆上封事陛下不倦聽覽又從而官之如張炳雷觀是已古者聽納之君雖堯舜禹湯不能過也然諸生竊有疑焉以謂陳東之書遠勝炳觀陛下不官東而官此二人非唯諸生不平炳與觀亦固厚顏矣臣竊思之陛下必謂東不嘗伏闕上書以致百姓紛亂夫東固未嘗與百姓期也李綱之罷東以忠義感奮恐其言不能上聞故率諸生伏闕爭之不謂是日百姓亦來臣詢之諸生皆曰方李邦彥等退朝百姓皆詬罵東與諸生力遏之既而百姓諠譁東皇恐憂懼面若死灰遽欲退避而百姓遮擁求出不得然則東豈有意率百姓為亂哉臣觀東非唯學問淹該善論天下事亦忠誠奮發之士陛下若用之於朝必能有為議者又謂東書深詆李邦彥而大臣有庇邦彥者不欲陛下官之如是則陛下欲以公議用人大臣以私意沮之也安能免人之言哉臣願陛下不惜一官以勸盡忠之士以慰太學諸生之心實天下幸甚臣職在言責苟有所聞不敢默默惟陛下察之

御史中丞呂好問上奏曰臣聞之古人有言好惡不愆民知所適事無不濟又曰示之以好惡而民知禁夫所謂好惡者求合夫聖人之道矣使邪說詖行害夫至當之理此用人之難未若聽言之難也陛下即位以來躬行節儉視朝至於日旰求言甚切不問高下屈已聽納此堯舜三王之用心也然而群臣趨向非一識有淺深或有包藏私意務行其說或有遂其前非一逞怨忿此不可不察也本朝開基垂統一百六十餘年聖聖相承天下寧治可因可革未嘗拘執自章惇蔡卞首建紹述之說後蔡京得志專用此術以濟其姦建隆以來凡所施為皆弃而不講獨指熙寧元豐號為紹述及其所行有顯然違於熙寧元豐之法者則又曰此神宗皇帝之志也若以志言之何所考據何往而不可為哉此蓋妄假國論實為身謀已成之效灼然可知至於擠排善類箝塞忠言以正為邪以是為非行之數十年間

遂使朝廷無可用之才。有司無可久之法。公私空竭。戎狄侵侮。當是時也。在廷之臣無有為朝廷施一嘉謀出一奇策者。陵遲之弊。一至於此。其為蠹害見於今日。伏自陛下受天明命。表正萬邦。首去邪慝。招延善人。天下之士。解蒙釋蔽。如醉醒寐覺。四方稱快。若出一口。陛下前日手詔有云。必求實是。此乃為政之大體也。然邪正難辨。是非難分。正者固自以己為正矣。而邪者亦自以己為是也。既自以為正。既自以為是。真偽相雜。實未易分。此乃用人之難。未若聽言之難也。陛下天資聖明。理無不燭。然衆言殽亂。亦安得而遽辨之哉。然臣有一說。請試言之矣。所謂實是者。行之而朝廷尊安。四民樂業。乃為實是。行之而朝廷困弱。四民失業。則非是。陛下若驗之於已行之事。已用之說。則成敗可見。不必遠求也。臣前日面陳未盡委曲。今輙敢再申其說。浼瀆聖聽。伏望陛下燕閒之餘。一賜省覽。臣不勝拳拳之至。

監察御史余應求上奏曰。臣仰惟陛下聖度如天。容受忠讜之言。未嘗少拒。雖舜之好問。禹拜昌言。不過是也。又取其尤者而爵賞之。導人使言。凡有知識。孰不竭愚畢慮。以貢芻蕘之萬一哉。近者太學生陳東首為忠言。獻之闕下。皆國家大計。人所難言。姦佞惡之。肆為浮言。以誤天聽。學官承指。幾欲屏斥。非賴聖明。獻忠者身幾危矣。太學正吳若數上書議論。不撓言事者以為鼓唱諸生。是致朝廷亦行罷黜。如此。則何以來天下之言。伏望睿斷。賜東一官。還若舊職。以昭陛下容受忠讜之心。

侍御史李光乞擇臺省官節錄封事劄子曰。臣伏見陛下自即位以來。懲創前日姦邪。當國杜塞言路之弊。於是增置諫員。憲臺六察。或得言事。猶以為未也。又許臣寮實封投匭。職事官不應上殿人亦得引對。闢公正之路。杜私邪之門。海內聞風。莫不稱慶。今纔數月。未聞旌一直言。用一正士。而言路駸駸有壅塞之患。近降指揮。奏事既罷不得從容留身。不合上殿人。雖有指揮。亦須覆奏。議者謂陛下有厭言之意矣。祖宗假借言事官。虛懷聽納。雖布衣之士。必溫顏誘接。至有辭氣狂悖者。未嘗加罪。今諫官御史一言逆旨。旋被斥逐。議者謂陛下有拒諫之實矣。況今姦諛未盡去。蠹壞未盡飭。邊方未寧。百姓匱竭。更張廢置未盡合天下之公論。慷慨獻忠者當累及之。或謂陛下已厭封事之多。不暇省覽。或付之三省密院大臣門人子弟。得以傳播。誠為非便。臣伏見仁祖時嘗委張方平司馬光詳定中外所上封事。盡心料簡。合於義理可施行者。雖文采不足。一一奏聞。光與方平亦嘗奏乞其間識慮稍出於衆。開陳政體時務文理詳明者。乞特賜召對。面加詢訪。果有可採。客籍姓名。隨材擢用。今太平日久。誠為多士之時。所獻封章。豈盡無可觀採。臣愚伏望聖慈檢會祖宗故事。專委兩省或臺諫官二員。擇其公忠端亮者。俾之遴選。據所可取者。節錄成冊。每季進呈。以備乙覽。忠言嘉謀。庶有裨益。以輔成陛下中興之治。天下幸甚。

時李光程瑀以言事落職。中書舍人許景衡上奏曰。臣竊見近年以來。臣下阿比。務為壅蔽。凡政事之闕失。生民之疾苦。皆不得聞于朝廷。所以養成前日之禍。伏自陛下即位。首開言路。以通下情。故侍從臺諫官獻忠請對者無日無之。而陛下優容開納。見于玉色。此誠二帝三王之用心也。天下幸甚。近者李光言事上忤威顏。已降指揮落職與小郡。昨日又聞李光程瑀並送遠小處監當。臣竊惟李光程瑀皆以忠鯁敢言。為陛下識擢。置在言路。其先後建白。皆蒙施行。識者方慶陛下得人。以為宗社之福。今日偶緣思慮不審。所論未契聖心。陛下憐其愚直。諒其無他。故李光與郡。而程瑀為郎。既正典刑。斯亦足

矣忽有後命竄之遐方聞者愕然莫不震駭以謂陛下初政乃是求
言納諫之時孜孜詢訪委曲涵容猶恐人不敢言若一旦震怒併逐
言者則是杜絕忠義之口今後雖有見聞誰復敢言也況今元元困
悴未被膏澤夷狄猖獗太原圍閉政事尚多闕失小人敢肆欺罔正
賴臺諫敢言指其姦謀以折禍亂之萌奈何偶因論議過差遽投諸
荒裔耶記曰舜好問而好察邇言隱惡而揚善蓋言舜於聽納之際
善則揚之惡則隱之不加罪也至於鯁亮有守見于已試者不獨不
加罪深可為朝廷惜之今李光程瑀一介小臣似不足惜而臣所惜
者在於朝綱之不振忠義之難立而言路之梗塞也伏望聖慈上念
祖宗優容言者之意深鑒近年壅蔽之失三復帝舜隱惡揚善之言
曲賜開宥二人者特免遠竄之罪李光乞只依近降與郡指揮而程
瑀亦乞與郡於以養忠臣義士敢言之氣以為宗社無窮之計天下

幸甚臣不勝惓惓祈天俟命激切屏營之至臣職在論思苟有所見
不敢隱默僭瀆天聽罪當萬死惟陛下赦之

高宗建炎三年司諫趙元鎮論聽納不諱疏曰臣聞治安成於所憂
而禍患生於所忽古之人君所以兢兢業業不敢逸豫者慎之至也
昨未渡江時朝廷便謂無事志得意滿偷安苟容士大夫知其惡聞
邊患也則務為太平之說以投合其好亦因以得美官爭先相高唯
恐說之不售而聽者滋惑矣於是忽其所憂緩其所急儲金帛修禮
文偃然為經遠之謀而無復外寇之慮一旦倉皇難作不復支持譬
猶病者諱而不語人或告之以病證之萌則怫然不說其不至於喪
亡則幸也方事之初得以為計漫不加省為患必深至其已然悔恨
何及臣願陛下防微杜漸每唯禍亂之憂屈己虛心不以顛危為諱
或進言之人謂強敵已驕不難殄滅盜賊細故不足剪除如某人之
為將可倚於成功如某處之財力可取以足用此維揚之遺風縱佞
之所為也亦願陛下力拒其言不以容悅見納亦猶病者眷眷焉唯
求安是念雖復沉痾之痼而良醫善藥日造門下庶幾其有瘳矣區
區愚忠敢以此為獻唯陛下留神省察

張浚上奏曰臣聞聽言之難自古記之是以書稱先王之盛必曰侍
御僕從罔匪正人僕從之微亦必精擇蓋以言語之間有興亡禍福
所自起者使左右苟非正人則聽言之間人君不能無至於惑亂也
臣嘗謂小人進用讒說必投隙乘間不正名其事彼其挾私負怨朝
夕經營罔出於有心或因進訴諧之說或假託市井之論夤緣附會
其端甚微而人君以萬機之衆憂勞天下其於聽言之際奚暇再三
思慮以決擇是非是以小人之志常得行於天下而使濫被讒逐者
往往歸怨於人君臣以謂欲盡聽言之道莫若親君子而遠小人蓋

不如是雖有大過人之聰明亦不能無過聽之失也可不謹哉可不
戒哉

紹興間浚又議聽言之難曰古語有之築舍道旁三年不成蓋言之
者多則聽之者惑自然之理也帝王之道聽雖欲廣斷惟務獨故成
湯之伐桀百姓以為我后不恤我衆舍我穡事而割正夏主其議者
伊尹而已武王之伐紂雖夷齊之賢亦叩馬而諫風雷暴作皆有疑
心主其議者太公而已今日之事以中國而攘夷狄以君而討臣以
有道而誅無道雖遲速小大所舉不同終在夫力為之而已矣往歲
江湖皆旱獨二浙豐稔故可以給軍須靖百姓向使浙亦被災則大
事已去惜乎議者之不及此也機不可失賊不可縱時不再來昔人
論之詳矣臣去國踰旬憂慮倍積惟恃陛下主之於內故不憚譊譊
之言冒瀆天聽所冀曲賜照臨也

建炎中編修官胡銓論賣直疏曰臣聞太祖皇帝欲拜昌言于斯時也衆賢萃於本朝如皐夔稷契莫不畢集朕讒庱慝如行奇好窮之流莫不畢屛八紘之內莫不畢清雕題左衽繩山梯海至險絕者莫不畢臣國家之綱紀法度號令文章莫不畢舉四民莫不畢理蜿蠹萌蘖蠢茁之類莫不畢遂三光全寒暑平上而薄蝕災慝之異下而眴腮甲拆之孳莫不畢息殊祥異瑞四靈之物莫不畢至鳥獸魚鼈四擾之屬莫不畢滋而在庭百執事豈復有一善或遺一言不聞於上者乎雖至於匹夫匹婦之賤豈復有一善或遺一言不聞於上者乎其朝夕納誨之士豈復有一毫能裨時政之闕者乎其奇謀碩畫豈復有加於太祖之智慮者乎然而方且渴聞昌言若不可得而遂欲拜之惟恐一善或遺一言或不聞以害吾治道也惟恐一夫不被其澤以害吾仁政也如太祖之心假使其時政治一有不至教化一有未善則將焦心勞思臥薪嘗膽以圖之豈特欲拜昌言而已乎厥今天下何如哉皐夔稷契之疇能畢集乎朕讒庱慝之流能畢屛乎八紘之內能畢清乎雕題左衽之國能畢臣乎綱紀法度號令文章能畢舉乎四民能畢理乎蜿蠹萌蘖蠢茁之類能畢遂乎薄蝕災慝之異眴腮甲拆之孳能畢息乎殊祥異瑞四靈之物能畢至乎鳥獸魚鼈四擾之屬能畢滋乎在庭百執事舉無一善或遺一言不聞者乎匹夫匹婦舉無一善或遺一言不聞者乎而在庭之士頗以箝嘿為賢容悅為高側聞道路之言逆日臺諫論事陛下謂為賣直臣未知信否陛下自登大位樂聞讜言四海欣欣皆以為將見太平則道路之言決不足信然自頃以來張震之去西省一空王十朋之去臺列一空王夫寶之去諫苑一空金安節行又去矣是瑣闥又將一空也以此觀之道路之言容或可信夫賣直之言唐德宗之言也德

宗猜忌臣下謂姜公輔為賣直史臣書以為戒德宗一出此言遂[illegible]結舌直士杜口馴至興元之變其末流遂有甘露之禍害及忠良所謂一言足以喪邦德宗有焉臣願陛下以德宗為戒以太祖為法則天下幸甚

銓又上奏曰臣居窮山聞田父野老相語以為陛下虛心納諫有高祖之風臣聞其言竊自喜躍以謂聽諫最帝王之難事惟寬容大度之主能之故禹戒舜曰無若丹朱傲周公戒成王曰無若商王受之迷亂舜成王豈有是哉而皆優容寬貸略不加罪古今以為美談陛下虛心納諫誠如高祖太宗則舜成王何遠哉然唐文皇最號能納諫者及其志滿意驕聖慮漸解寖不克終魏徵深以為言臣愚願陛下始末不渝毋若唐宗之解慮則天下幸甚

知開封府宗澤上奏曰臣伏聞李綘見憲宗于浴堂殿帝曰比諫官多朋黨論奏不實皆陷謗訕欲譴其尤者如何綘曰此非上意必憸人以此熒誤上心自古納諫昌拒諫亡夫臣進言於上豈易哉君尊如天臣卑如地加雷霆之威彼晝夜思度始欲陳十事俄而去五六及將以聞則又懼而削其半故上達者纔一二何哉干不測之禍顧身無利雖開納獎勵尚恐不至若譴訶之使杜口非社稷利帝曰非卿之言我不知諫之益且人君深居嚴密叉以旒纊蔽其聰明所以見天下之是非聞天下之情偽者盖用諫官代為耳目俾姦邪讒慝不敢掩其不善而見其善者唐高祖太宗初即位嘗賞孫伏伽蘇世長以激諫臣恭惟陛下聲色貨利弗邇弗殖捨己從人樂取諸人以為善固無可諫者至於臣下懷姦藏慝嫉賢蔽善敢肆欺罔肯朋比者當使耳目之臣廣其聞見澄心彈糾毋有所隱以絕後患

高宗時監察御史鄭剛中上奏曰臣竊聞樞密院編修官胡銓上書

論使事其言狂悖力詆大臣聖恩寬容不賜誅戮聞止除名送昭州編置可謂父母之矣然臣區區尚欲一言者非謂銓無罪也銓愚瞽冒昧嘗不審詳冥行妄發譏嘲何憾臣獨以陛下南渡以來未嘗拘頓忌諱逐一言者豈不以時方艱難事功未濟與其罪狂夫而容有後悔曷若并包並受以來天下之言故內懷一緊者雖伸吭感激怨咨天地陛下卒聽而納之如是者有年矣今也豈不能容一胡銓以增盛德之光乎重念銓一介書生坐無識見但聞衆論訩訩實不知使事曲折原其用意亦為愛君銓本貫吉州奉老母于此銓竄遠去母將疇依陛下方孝友格天欲成和議若置銓於聖度之內使其子母相保不至狼狽誠莫大之恩也臣不勝禱祈之至冒犯天威罪當萬死

經筵官張栻講葛覃先王正家之道因及時事語激切高宗意不懌國子博士李彥穎上奏曰人臣事君豈不能阿諛取容栻所以敢直言正為聖明在上得盡愛君之誠耳書曰有言逆於汝心必求諸道帝意解遂曰使臣下皆若此人主應無過矣

殿中侍御史張守論聽言劄子曰臣聞良藥有苦口之利明鑑無見疵之尤故人臣以獻言為忠人主以聽言為賢然聽言之難從古所患書傳所載不可勝舉願治之主每區區聽納而或不免過聽之失者不得其要也臣嘗求其要未有若伊尹告太甲之言為切且至也其言曰有言逆于汝心必求諸道有言遜于汝志必求諸非道臣試為陛下論之夫逆心之言未必皆合乎道然未見人主所向而言志在責難則鮮有不逆者要當以道求之遜志之言未必皆違乎道然或伺人主所向而言志在容悅則鮮有不順者要當以非道求之逆遜之際禍福成敗如反覆手大抵人心喜順而惡逆遜志則易入逆心則難行人主能於常情所惡而求其是於常情所喜而求其非然後智出衆人之上而群言不能惑君子小人之情狀皆即吾心逆順之間而知之不亦簡且易乎又況逆心之言雖衆每不能勝遜志之一言尤不可不察請以一二事明之唐高宗志在廢王后而立武氏褚遂良之忠皆以為不可獨李勣曰此陛下家事何須問外人卒立武氏而簒奪之禍幾至亡唐苻堅志在伐晉也權翼石越符融輩更進互說以至老將如王猛亦且變如太子宏少子詵皆以為不可獨慕容垂曰陛下神謀內斷足矣不煩廣訪朝臣以亂聖慮遂定計南伐而淝水之敗僅以身免則是遜志之一言足以喪邦而逆心之言莫能救藥二君不能即所逆順而求之於道與非道之間禍敗至於如此豈不痛哉恭惟陛下聰明勇智出於天縱從善有轉圜之易去佞無拔山之難屢詔求言虛心納諫廣覽兼聽極群下之智然臣區區之私猶恐陛下或未得其要也蓋自崇寧以來姦諛柄朝防民之口甚於防川靖康之後言路一啓而狂瀾橫流餘波未泯要當執要以觀之況二帝蒙塵四方多事臣願陛下以伊尹之言不忘於造次之際正心誠意終始惟一視君子小人如燭照數計則紀綱無患於不立戎狄無患於不服中興之業無患於不成矣

守又乞賞直言劄子曰臣伏見陛下以常寒久陰詢訪闕失聖心焦勞形于詔旨在廷之人各進所言無慮數十人竊恐其間不無忠義切直之言可以裨聖德而賛國論者伏望陛下乙夜覽觀因其切直或加獎諭或與褒擢一二庶知聖明不諱亦以示罪己畏天之實誠於盛德不為小補昔唐太宗受孫伏伽之諫而賜蘭陵公主園受魏鄭公之言而賜佩刀黃金之類所以三代之後獨稱賢王正觀之治

比隆三代惟陛下留神天下幸甚
守又上奏曰臣伏見自崇寧迄于宣和之間姦臣擅政專欲蔽欺人主之聰明故拾遺補過之臣多闕而不置於是直言不聞謇諫之聲日蔽於耳馴致變亂社稷阽危遺患至今陛下纂臨明目達聰屢覽兼聽利害休戚惟恐其或壅也而臺諫之臣尚多員闕諫官止有一員言事御史除馬伸差出止有二員非惟於聖主中興之朝為闕典亦恐四方萬里或得以竊議則於陛下聽言納諫之大德不能無累蓋以臺諫之任宰執往往避嫌不敢進擬欲望睿斷特加選除庶幾博採衆言有裨聖治且以仰稱陛下聽言納諫之實
守又上奏曰臣伏見陛下自渡江以來懲前日蔽塞之禍大開言路訪問闕失親擢臺諫言雖激切未嘗加罪盛德日躋遠近臣民拭目傾耳以觀日新之政前日諫官袁植論事專尚誅殺陛下罷之仰見

聖心務崇忠厚亦甚盛之德也然遠近臣民未免有斥逐諫臣之疑臣竊惜之言事之臣嫉惡或過勢使然也行與不行亦必考於朝論斷在聖心使其失中姑置勿問似於聖德未有所傷又況耳目之官每患循嘿而不敢言與其敢言而或過則猶愈於循嘿蓋敢言而過不過於難行若循嘿不敢言則為患實大臣備員風憲若復不為陛下開陳臣則有罪惟陛下裁赦
章誼上奏曰臣竊聞臨安府察推沈長卿等四人上書論時政利害語侵宰相引過辭位不敢視事陛下體貌大臣特降指揮停廢四人以全眷遇之禮可謂厚矣然臣竊見陛下累年以來開廣言路容納狂直天下士庶自以遭遇聖明願效懇悃雜然並進雖有犯分失理之辭終懷憂國愛君之意率蒙優假此盛德之事也今茲四人所陳緣於政事之外別為侮誚之語上瀆帝聰下駭衆聽陛下卓然遠見慮傷國體謂貸此四人則宰相不敢復安厥位遂中興憲有此指揮臣採之衆論以陛下難傷大臣之意欲使決留輔政而正四人之罪則可也若宰相既感恩遇許陛下以驅馳而奉行詔旨不貸四人之罪則不可也四人之罪不蒙貸捨則是宰相無念愆自訟之懷而致聖主有罪言拒諫之失非所以昭大信於天下也傳曰吾聞脩德以消怨未聞作威以防怨防民之口甚於防川川壅而潰傷人必多君人之尊猶不敢作威以防怨況宰相乎伏願下臣此章以示大臣庶幾全聽言之美而君臣並受其福
誼又乞貸進士吳木以開言路狀曰臣竊觀自古人君開廣言路使之無壅者未必盡得天下至當之言亦未必盡用言者之說以槙益天下之政事進退天下之人才其意蓋以謂下情不通則視聽蔽塞視聽蔽塞則人之賢否事之利害有不及知而危亡禍亂之幾或藏

於其間誠不可忽是以博資獻納高視遠聽故能坐於室而見四海不降階序而運天下此要道也陛下灼知此道君臨萬邦比年以來優游法宮而天下是非利病日陳乎前固於進言之人孜孜欣納矣近有湖州進士吳木上書陳說時事以其副本赴御史臺乞行繳進臣嘗見其言焉中間泛論宰相政事又指言參知政事營庇等事其言之當否心固知之矣其事之是非固已不逃於陛下照臨矣累日以來不聞引過辭位而闕進士吳木編管徽州衆論甚駭夫布衣士上書論宰相參知政事而居其位者不以為過則必自以為無愧於心亦當自辯於陛下之前矣故視事自若也自辯於陛下之前者臣與天下之人固不得而知然進士吳木因上書得罪則天下之人將盡知之矣若是則其責可以自辯陛下得而察之也天下謂陛下編置言事之人其咎將使誰辯之哉臣伏望睿明追還所降編管吳木

指揮以自辯於天下不勝幸甚

誼又上奏曰臣近聞給事中陳戩請對因有劄子論奏執政樞機之臣聞於都堂客院燕衣便服接見將帥於是樞府大臣引愆待罪陛下亦察其沿襲之久亮其無他已許樞臣視事如故然自此以來堂陛益峻體貌益崇不為無補昨日乃聞陳戩繼有奏請乞任宮祠陛下至仁從欲遂降除郡指揮而搢紳之士不知其由謂戩近因言事遂蒙補外雖臣亦竊惑之臣謂朝廷言語侍從之臣本以獻納論思為任今一有持議便令去國則疏遠微賤之人誰肯為陛下開口論天下之事哉設使戩因自陳欲便私而陛下矜其潛邸舊人俯徇所請則令日何等時也人臣豈自便之時哉陛下日求言事之人唯恐不獲今次對之臣肯為朝廷論事如戩者幾人而陛下又聽其去則陛下深居高拱遂成孤立矣孟子謂齊宣王曰王無親臣矣昔者所進今日不知其亡也言人君於可親之臣不宜捨去之遽也伏望聖慈鑒孟軻之言慎用捨之柄還戩從班以釋眾惑不勝幸甚

誼又上奏曰臣近者曾奏陳湖州進士吳木緣上書指言宰執蒙朝廷送徽州編管乞恕木狂直之過特行釋放又奏給事中陳戩因論大臣於都堂樞府便衣接見將帥蒙朝廷與郡乞容戩敢言之忠特還舊職二項奏陳經令累日伏蒙陛下恩容覆露不以臣言為非未賜斥逐臣愚庸無知既被涵貸復冀聖度開廓俯徇臣請以廣言路臣竊惟兩人所論皆執政大臣其當否雖未可知然咸有憂國愛君之心無附下罔上之罪陛下初恐大臣因此惶懼不敢自安遽為進退是以略賜行遣令來大臣安職眾情喁望若此兩人未蒙照察則自茲以往人主之勢漸孤大臣之權漸偪進言之路漸壅懷姦怙寵排陷端良之士者漸得肆志矣臣不勝區區伏望聖慈檢會臣前奏

特賜施行不勝幸甚

洪遵進故事曰齊威王召卽墨大夫語之曰自子之居卽墨也毀言日至然吾使人視卽墨田野闢民人給官無留事東方以寧是子不事吾左右以求譽也封之萬家召阿大夫語曰自子之守阿譽言日聞然使人視阿田野不闢民貧苦昔日趙攻甄子不能救衛取薛陵子弗知是子以幣厚吾左右以求譽也是日烹阿大夫及左右嘗譽者皆烹之於是齊國震懼人人不敢飾非務盡其誠齊國大治

臣聞唐魏徵嘗謂太宗曰人主兼聽則明偏聽則暗誠哉斯言甚矣為君之難也深居九重而四海萬機之重叢然鼎來極吾之聰明知慮無以周知自非博聽廣納未見其有濟也齊威王卽位九年當戰國之際干戈日尋諸侯交侵奔命不暇一日察見毀譽召二大夫而誅賞之上下震懼至於莫敢飾非齊國大治強于天下向使威王翫歲愒日行姑息苟且之政慶賞刑威不能一施之欲其紀綱之振法度之行是猶倒馳而求跂前人不亦左乎漢文帝召季布於河東而復還之布曰陛下以一人譽召臣以一人毀去臣文帝漢之賢主也毀譽是非之間猶不能察況其下者乎然則威王之於文帝其優劣不待較而可知矣

呂頤浩上奏曰臣嘗考自古安危治亂雖係人主設施之當否而其大要尤在於察言蓋大偽之言似乎大真大姦之言似乎大忠苟人主不能察則是非善惡莫知適從姦言有時而用矣昔酈食其請立六國後高祖聽張良八難之說輟食而罵之封倫陳刑名之說太宗不從而從魏徵仁義之言此二帝所以終能摧勍敵而逮至治也然則開言路者帝王之盛德至于察言者明主之英斷也臣嘗觀靖康之初淵聖皇帝鑒宣和間壅蔽之患故大開言路是時臺官得言事

諫官得言事。六察官亦得言事。侍從官得言事。下至士庶。皆得實封言事。又或士民率衆伏闕言事。議論紛紛。何暇察其言之是非哉。不知避狄。誤二聖北遷者。群言鼓惑之罪也。去年冬末。金人分三路追襲車駕。是時廷臣皆以航海為非。惟陛下英明獨斷。必為海道之行。至於今日。帖然無虞。萬一今歲虜人不渡江。則是天地神明相祐陛下。使我休息歲餘。得為備禦之計也。夫難得而易失者。天之時。難成而易敗者。人之功。臣願陛下愛惜分陰。汲汲圖之。總攬群策。而察其言之是非。凡人之言。其利害成敗有益於興衰撥亂者。必從之。不然不從也。凡人之才。智畧謀慮有益於興衰撥亂者。必用之。不然不用也。朝堂近臣所獻計策。參照已行之事。驗其言之是非。則人不難知矣。夫一夫獻謀。百夫駁而非之。則其謀必不得伸也。一夫欲行。百夫起而沮之。則其事必不行也。昔陳蕃有言曰。成敗之機。在察言。臣愚以此說獻陛下。伏願留神省察。

歷代名臣奏議卷之二百五

歷代名臣奏議卷之二百六

聽言

宋孝宗時兵部侍郎胡銓論從諫疏曰。臣聞從諫。人主之高致。古之賢王以從諫稱者。未易僂指。書稱成湯以從諫弗咈為美。梅福稱漢高祖以從諫若轉圜為美。魏徵稱唐太宗以悅而從諫為美。成湯格天之功。由從諫而致也。漢高祖開四百年之基。由從諫而致也。唐文皇創三百年之業。由從諫而致也。猗歟偉哉。人主之高致。端在於此。陛下自登大位。虛懷受嬰鱗之言。兼聽盡天下之美。有不善。未嘗不知。知之未嘗復行。有不知。未嘗廢言。言之未嘗不聽。凡獲賜對者。人人皆以為得盡其忠。中外翕然。咸謂恢復之期。指日可冀。然臣愚竊以謂靡不有初。鮮克有終。以漢光武之聖明。而大司徒韓歆用直諫死。唐文皇晚節殺劉洎。而魏證有勉強從諫之規。故春秋傳曰。終之實難。而先正司馬光重為世祖惜。臣愚伏望陛下置臣章於坐右。永鑑漢光唐宗之失。則社稷之福也。

秘書少監周必大論聽言責實疏曰。臣三日之間。再望清光。敢陳瞽言。致惓惓之誼。臣聞政莫衰於隋。而功莫隆於唐文皇。亂莫極於五代。而治莫速於我藝祖。一言以蔽之。文皇善於聽言。藝祖善於責實故也。仰惟陛下厲精政事。無聲色之娛。無畋游之好。無便嬖之私。好問聽言。惟治道是求。綜核名實。惟祖烈是繼。然而中外之臣。鮮有助陛下大有為者。謇諤之節無聞。而諂諛之習故在。激勵之風未著。而闒茸之俗彌勝。平居尚爾。緩急何賴。夫文皇所以革隋季之政。而身致太平。藝祖所以變五代之俗。而坐臻上治。其施設次第。具載史冊。臣願陛下詔經筵官。擇當時聽言責實之要。條上其目。以今準古。勉而行之。庶幾風俗一變。不負陛下孜孜為政之意。則功何患於不隆

而治何患不速哉

權吏部尚書韓元吉進故事曰唐書王珪傳太宗召珪為諫議大夫。謂之曰正主御邪臣不可以致治正臣事邪主亦不可以致治惟君臣同德則海內安朕雖不明幸諸公數諫正庶致天下於平珪進曰古者天子有爭臣七人諫不用則相繼以死今陛下開聖德采芻言臣願竭狂瞽佐萬分一帝可珪推誠納善每存規益帝益任之遷侍中帝使太常少卿祖孝孫以樂律授宮中音家伎不進數被譙珪與溫彥博同進曰孝孫脩謹士陛下使教女樂又責譙之天下其以士為輕乎帝怒曰卿皆我腹心乃附下罔上為人游說耶彥博懼謝罪珪不謝帝默然明日語房玄齡曰自古帝王納諫固難矣朕夙夜庶幾于前聖昨責珪等痛自悔公等勿懲是不進諫也

臣聞君臣相須猶手足之衛頭目也有是君也而其臣不足以輔

之有是臣也而其君不足以使之則失其所以相須者矣故君在審擇其臣而臣在忠事其君未有君臣之志不同其德不合而能成天下之治者也太宗之説可謂知此矣然君之患常在於不能納諫臣之患常在於不能盡言以太宗之明且聖其於兵機將畧戡定禍亂足以比迹湯武其於躬行仁義力致太平足以庶幾成康其大者既已安定天下自餘行事固亦無甚過舉也猶汲汲然導珪等使諫如此則朝廷之上一日萬幾之間何慮其闕失哉夫譙責孝孫以教宮中音伎之不進豈亦太常協律之職實人君過舉之細管仲所謂未能害霸者也而珪與彥博過慮而言使有輕士之憂太宗始亦怒之終則悔之又詔玄齡輩勿懲是而不諫當時責成大臣納誨以輔台德可謂無隱情矣其至貞觀之治也宜哉臣以是知君臣皆正之明驗也且太宗之説固正矣使其臣不正其肯為太宗盡言乎一事之不諫則天下之事將有不聞者矣故臣下之邪正在於言與不言之間明君不可以不察也

元吉又進故事曰唐書李絳傳絳見帝浴堂殿帝曰比諫官多朋黨論奏不實皆陷謗訕欲黜其尤者若何絳曰此非陛下意必憸人以此熒誤上心自古納諫昌拒諫亡夫人臣進言於上豈易哉君尊如天臣卑如地加有雷霆之威彼晝度夜思始欲陳十事俄而去五六及將以聞則又憚而削其半故上達者財十二何哉干不測之禍顧身無利耳雖開納獎勵尚恐不至今乃欲譴訶之使直士杜口非社稷利也帝曰非卿言我不知諫之益

臣竊以謂絳之言何其盡哉當憲宗之初豈有失德諫官論奏不實者果何事意其必有過甚之語難行之議以帝之聰明而亦謂之謗訕則非不可黜也絳直以進言之難十事去其五六為帝激

切言之將以開天下敢言之路懼或黜之則正直之士畏罪而不敢言耳然帝雖欲黜之而以聞絳是亦意有所未安不果於黜也絳能開導主意致憲宗釋然感悟知諫之為益而不罪其過後世且不知諫者其為誰君臣之間納誨輔德可謂泯然而無跡矣然自古小人之害言者莫甚於謂其植黨而好名蓋植黨則欲去其衆好名則使人君怒其謗已是二者古今之論多矣唯植黨之疑猶為易辨好名之譏最為難知夫天下之所趨者名與利而已人臣之事君以其有爵祿之利也好名之人不顧爵祿之利而欲慕正直之名則何惜不以其名與之蓋利之與名均為御世之物人君於此既設官而謂之諫將以名與之也若不與之名而又欲加之罪則吾之御世者亦狹矣就使狂妄之士濫夫正直之名而忠實之言將亦由是而得也豈足以傷吾之治哉故臣因論絳事而

敢以為陛下獻恭惟聖學高妙知此又矣而絳之言誠有取焉者也。

元吉又進故事曰國史薛居正傳太祖嘗謂居正曰自古為君者鮮克正己為臣者多無遠略蓋君臣之道不得其所吾觀唐太宗受人諫諍直抵其非而不恥以朕所見不若自不為之使人無異詞也又呂蒙正傳太宗謂蒙正曰古所謂君臣道合者情無間爾故事必無隱而言皆從之今既列於位得以獻可替否雖言未必中度朕亦當共議而更之俾協于道朕固不以居尊自恃使人不敢言也。臣聞人君之德莫大於納諫而後世稱納諫之盛者無如唐文皇其臣王珪魏證之徒號善諫諍至於無言不從無事不聽可謂至美惟太祖皇帝聖見高遠不以文皇納諫為難而以自不為之使人無可諫為善大哉言乎前世帝王所不逮也昔書稱成湯猶曰

改過不吝是不能無過也若吾太祖將無之矣本紀又載太祖一日罷朝不樂內侍有問者上曰爾謂帝王可容易行事耶早來前殿乘快處分一事有失史官必書之所以不樂也蓋太祖皇帝常以乘快處分為悔為戒兢兢業業罔敢息忽宜其周旋欲顧當時無可諫之事矣臣又聞之事君之義有犯無隱所謂犯者不過觸威嚴冒忌諱其用心則忠至夫有隱則見利而不陳遇害而不指挾姦導諛務為身謀人臣之罪莫越是也惟太宗皇帝聖見高遠於二三大臣既欲其情之無間且欲其事之無隱猶曰不以居尊自恃而使人不敢言也大哉言乎亦前世帝王所不逮也書所謂啓乃心沃朕心爾無面從退有後言實是道也故太宗又謂宋琪曰朕周旋款曲商確時事蓋欲通上下之情無有壅蔽卿等但直道而行絕其私請無得有所顧避也蓋太宗皇帝每慮群臣不由直道而交通私請戒之使無所顧避宜當靡不盡其情矣仰惟皇帝陛下至仁大度同符祖宗謀猷施設罔不諏于故實而憲于謨訓臣願陛下兼聽廣覽以太祖之訓益隆聖德好問察言以太宗之訓深勵群臣夫使會朝清明而常無可諫之事人臣皆知直道事君而舉無不盡之情則治功何患不成中原何患不復哉此臣區區日夜以冀也。

中書舍人崔敦詩論聽言疏曰臣嘗謂人臣獻言靡不盡其誠人君聽言無當致其效是以漢高祖嘉婁敬之諫唐太宗思魏證之言是皆利害雖一時所陳忠邪乃悠久方見此不可不察也臣嘗觀東漢盜賊之原惟劉陶楊賜嘗言之其後事作始閱故事得陶與賜所上章奏皆行封侯之賞臣恭聞神宗皇帝論開邊之非若丞蒲宗孟曰臣嘗言之神宗曰卿何嘗有言在內惟呂公著在外惟趙卨言之爾

乃知臣下之言不可無記也臣仰惟陛下隆寬盡下屈己受諫歷觀自古帝王未有能及聖德之萬一然而論思獻納臣下雖盡其忠考擇審觀人主當謹其術昔唐太宗嘗諭史官曰群臣言事朕行與不行皆當記之真宗皇帝嘗詔中書置籍記諫官御史言事行與不行歲終具奏臣愚欲望睿旨特詔中書凡降出朝臣章奏行與不行並置簿錄上歲終仍以副本進入禁中于以考其是非而究獻言之情于以驗其成否而要聽言之效又使群臣知其有此懷忠者得以盡言懷私者不敢妄言將見言必可復不為文具此於聖政實非小補來說友上奏曰臣仰惟陛下虛心以求言和顏以受諫固常有進言以遷秩求聞有納忠而得譴者也然而在廷之臣不聞諤諤以抗節惟知唯唯以取容昔之敢言者雖有斧鉞之誅而猶且不顧豈今之世有爵賞之勸反有所不敢臣有以知士大夫氣節之不立也蓋士

大夫之氣節，養之則銳，挫之則懦。方其銳也，雖有斧鉞之誅而不懼；及其懦也，雖誘以爵賞而不為惟。養之於無事之時，斯可用於有事之際。無事之時苟不先有以養之，欲其用於有事之時，難矣。方今天下外無邊鄙之憂，內無盜竊之虞，雨暘以時，倉廩粗足，正天子養尊士大夫養諫之時也。陛下不以此時有以養士大夫之氣節，臣恐風俗自此日委靡矣。養氣節以厲風俗，當自朝廷始。朝廷臺諫給舍之官，所以糾官邪而杜姦慝也。朝廷之風采繫焉。天子執政以為可，臺諫給舍以為不可，於是有彈劾之章，有繳駁之奏，所以示至公也。陛下既已信其人，則不可以不信其言。其人既是，則其言不得而非；其人既非，則其言不得而是。陛下既信之於未用之始，不當難之於已用之後。故臺諫給舍之所與，是公議之所共與也，雖陛下不得以不與；臺諫給舍之所不與，是公議之所不與也，雖陛下亦不得而與之。

陛下非徒從言責之臣也，從公議也。士大夫亦非畏言責之臣也，畏公議也。陛下當使天下畏公議，不當使天下畏言責。天下畏公議則為正直，天下畏言責則為私邪。臣謂欲尊朝廷，當養士大夫之氣節。欲養士大夫之氣節，當使臺諫給舍得以行其言。百里奚愚於虞而智於秦，裴矩佞於隋而忠於唐，蓋不以氣節作之，雖智者不免於愚；苟以氣節作之，雖佞者可使之忠也。臣願陛下許大臣用人，其有可否，當與大臣辨之；許臺諫言事，其有可否，當與臺諫辨之；許給舍繳駁，其有可否，當與給舍辨之。辨之而是，從亦何傷；辨之而非，不從亦何損。都俞吁咈見於明良之盛時，可否獻替是謂君臣之合德。直道行於上，公議伸於下，士大夫之氣節立矣。氣節既立，惰者必勤，私者必公，貪者必廉，怯者必勇。方是時也，陛下何為而不成，何欲而不濟哉？實天下幸甚。

觀文殿大學士兼侍讀史浩論褒賞諫官劄子曰：臣比者入對內廷，以衰病乞歸田里，蒙賜之坐，問臣以何如唐太宗。臣對曰：陛下聖德高出百王，宮中止聞孝儉。太宗閨門之內，尚多慙德，豈敢望陛下萬分之一。徒以其聰明知前代帝王之高致在於從諫，降意屈志以來言者，從而賞之，以收美名，以起至治。史官謂功德兼隆，得此道也。是故魏證諫發兵，則以五百縑賞之；孫伏伽諫死刑，則以蘭陵公主園賞之；李大亮諫求鷹，則以漢紀胡缾賞之；高馮言得失，則以鍾乳賞之。令諫官有意為陛下開闢公道，無所阿私，誠可與唐臣並駕。願下有司亟議褒賞，使萬世之下贊陛下之功巍巍太宗之上，豈不美哉。

浩又乞免臺諫侍從當日條具劄子曰：臣昨夜伏覩御札，賜侍從臺諫，不允三日條具之請。臣竊思之，陛下為此，將以得天下之弊而更新之，庶可立萬世之基業，何為欲速如此？夫鍾之扣也，待其從容然

後盡其聲；人之言也，畀以閒裕，然後盡其蘊。今若促之使不得盡，他日或有弊不革，則必有辭曰：蒼猝不暇及也。將何以責之？臣未敢奉行聖旨者，誠以陛下今日之舉，真可追配仁宗，書之信史，足以光萬世。於此而促迫之，使不得盡其蘊，則人皆付之文具矣。所有御札，謹俟少選遲入，乞賜俞允，俾遂三日之請。

浩又上奏曰：臣恭領聖訓，至於諄諄曲折，臣以賤微冒犯天威，罪宜萬死，臣當退就斧鉞，不可復言。然臣區區猶不能自已者，誠以陛下聖性繼明，德量寬大，今日忽為此舉，乃與平昔不類，是以疑之。張燾之言，覩陛下取弊事而革去，非欲陛下以一日之力困諸儒於筆札之下。臣意侍從臺諫游學校取科第，欲其答策持論，固所優為，然非陛下前日求言之本意也。夫言之必可行，貴乎考察事情，周知物態，民之利病，國之安危，籌度于心，筆之于紙，聖君用之，則天下咸被膏

澤無一物之失所著陛下欲令援筆而書未切於事如舉子之在場屋侍從臺諫何至不能而飾詞以求展限哉今天下三歲科舉舉子未嘗有曳白者而謂立朝之士不能此左右之人欲用此以為戲使陛下有輕士之心其與祖宗開天章開求直言豈不甚相戾耶昔仁宗開天章閣使大臣條對茲臣欲因同列故請一日而畢其間所說有得其大體者衆不能奪竟許退而條具纔故事也陛下若不聽臣言剸此而行則將流於薄而忠厚之氣象不見矣此臣所以雖有白刃在前不敢避而欲救陛下之失也

樞密院檢詳文字李椿上奏曰臣聞求言非難用其言實難何則蓋用言不審則言之者必多輕舉妄議非唯不足以裨一人之聰明適所以惑四方之觀聽臣切惟陛下虛懷屈己聽言不倦真堯舜之用心也近臣嘉謀嘉猷孰不罄竭以告而百執事之間日有輪對使得盡言猶以為未也監司郡守罷授之際皆得奏事凡國之休戚民之利病惟恐纖悉有遺此陛下盛德事也臣切見比年以來凡臣僚申請建明利害其間不無輕易而朝廷聽信施行或未經審詳致有頒降之旨未幾而改易之令已下不唯遠方觀聽深有疑惑恐緩急有誤朝廷命令臣愚願陛下於聽納之際凡臣僚有所申請建明必先付兩省照應前後指揮及見行事理參酌其可否或令與言事之人商搉而辨明之如其灼然可行然後取旨施行庶幾令下可行可以懲久不失信於四方萬里所繫非輕伏乞睿察

蔡戡進諫錄疏曰臣聞人君以納諫為聖人臣以進諫為忠三代以還善納諫之君無若唐太宗善進諫之臣無若魏徵太宗以英武不世出之資取孤隋撫群盜平定天下皆其餘事然而正觀之治庶幾成康似非太宗所能自致所以致此者徵進諫之力也徵所以敢諫

者太宗導之使諫也故太宗嘗曰魏徵勸我偃武修文中國既安四夷自服朕用其言徵之力也徵亦曰陛下開臣使言故臣得盡其愚若拒而不受臣何敢數犯顏色乎蓋君能納諫故臣能進諫君臣相須從古以然恭惟陛下聰明冠倫上參堯舜勤勞稽古下慕太宗有以見陛下求治之切臣聞木從繩則正后從諫則聖太宗所以成正觀之治者一本於納諫而已陛下欲還太宗致治之隆必求當時致治之本欲知太宗納諫之效必觀當時進諫之言臣嘗夷考其人魏徵固號善諫而在廷之臣有若王珪馬周劉洎褚遂良虞世南岑文本輩以諫名者又不可一二計內則閨門至親乘間進說外則蕃夷武將因事納忠想其當時聱為詩工誦箴諫士傳言大夫規誨駸駸乎有治古之風自非太宗導之何以至此臣念群臣諫諍散在史冊不可類舉謹用裒切於治道者凡百事聚成一書繕寫進呈如蒙陛下萬機之餘特賜一覽不惟忠言嘉論有裨聖學之明而日就月將可成正觀之治臣不勝惓惓之誠

戡又乞優容言者疏曰臣聞國之士氣如人之元氣元氣猶存必康寧而壽考及其已耗則顛仆隨之古之人君愛惜士氣如護元氣涵養作成使天下之士激昂奮勵人人懷不能自已之意故無事之時則有犯顏敢諫之士多難之世則為伏節死義之臣治亂安危實係於此我祖宗保養士氣二百餘年未嘗深罪言者一事過舉議論鋒起章奏交上往往以死爭之縱有忤旨不過薄責旋即超陞仁宗皇帝蓋嘗斥逐臺諫究其端由皆出於當時大臣之意帝及嘉其忠直後多大用之如范仲淹歐陽脩唐介之類是也蓋人主一時雷霆之怒譴責言者雖明君有所不免儻能幡然而痛改過不吝適所以成聖德也近者給舍臺諫相繼罷去搢紳之士莫不為朝廷惜而臣猶

有所喜者。以元氣尚存故也。夫諫行言聽。膏澤下於民。此人臣之所願欲也。高爵厚祿以榮其親。以肥其妻子。亦人臣之所願欲也。大則竄逐。小則罷斥。艱難困苦。流離凍餓。上累其親。下累其妻子。如此而得區區之虛名。飢不可食。寒不可衣。將焉用之。蓋忠義所激。不得不然。捨實利而求虛名。甚非人情之所得已。此魏徵所以不願為忠臣者也。又況人臣之進言。言之而是。君能聽之。則君有納諫之名。人臣何自而得名哉。言之而非。君不之聽。臣有妄言之過。亦何自而得名哉。惟其諫不行。言不聽。天下之人惜其不見用於世。於是以名歸之。然實非人臣之所欲也。為人君者要當不憚屈己以來忠諫。不愛厚賞以旌直臣。則君都顯名。臣獲實利。兩得所欲。豈不美歟。臣願陛下深察臣下之情。非樂於求名。愛惜士氣。優容言者。力振委靡之風。作成忠義之節。則天下之士感慨發憤。以圖報效。實惟宗社無疆之休。天下幸甚。

中書舍人林光朝上奏曰。臣聞唐虞之世。內有百揆四岳。外有州牧侯伯。遠近相參。有如一體。又且時巡于方岳。諸侯各朝于方岳之下。是當時諸侯歲一見天子。皆以為職分之當然者。觀其一時戒飭之辭有曰。敷奏以言。明試以功。車服以庸。此為導之使言也。言不徒發。是必有可指之效。則賜之車服。所以寵異之也。車服有數。天子以是御群下。惟有功者得之。則人人有歡心。苟為無功。偶然得此。則人皆有倖心。一或有倖心。則車服亦不足貴矣。故其曉然告之。使之敷奏以言。而又試其言之當否。皐陶嘗提是說以為不如是則敷同日奏罔功。則是說為一日不可廢於天下也。陛下脩明庶政。蒐取實材。每於群牧部使者守臣。各令奏事。而後丁寧告戒。此於唐虞之事。不約而合。然而自他處得郡。或丞郎補外。或執政侍從均勞佚而去者。當有一二說歷陳之於上前。雖陛下有所可否。然不終計其效驗如何耳。臣竊觀神宗皇帝於百司所奏。無不徧覽。又嘗作功過簿以稽其言之當否。臣願陛下酌祖道以養天下。每於州牧侯伯入對宸旒言有可聽者。當計以歲月。考其言之當否。如功過簿。則田萊可闢。水利可修。流人可集。盜賊可弭。其大者可以厚民俗。起士風。其次可以講鐵酒酤利原豐耗之所出。是天下萬務皆可以周知而悉數之也。昔文帝見賈生於宣室。偶於受釐之際。所問者鬼神。而賈生之對。不敢及他事。今州牧侯伯一日見天子。得以極言郡國之事。此為導之使言已。如唐虞之時。苟無以考其言之當否。臣恐敷同日奏罔功也。臣前謂天下之大。非耳目所可及。在唐虞盛時。謂此說為不可廢。是必為簡易之法。陛下試一關宸慮。使天下復見唐虞之治。

薛季宣上奏曰。臣聞人主之為天下。莫大於天下不可得而欺。夫使天下皆不可得而欺。則欲無不遂。為無不成。昔號有志之君。其所欲為。非不甚盛甚美。然卒有齟齬之歎。蓋欺之者多耳。夫欺者之情狀。天下皆知之。而人主獨不知之。是豈人主不欲察之。而甘於受之耶。近者為之地。則遠者有盤錯之堅。大者為之助。則小者有彰露之援。其察之豈曰甚易乎。守令之所臨治。不過一郡一邑之間。旦暮坐于廳事之中。豪家巨駔敢於欺侮而不懼者。恃有胥吏為之囊橐也。人主萃天下之責。而以一身臨之。爵祿利勢足以動人。小人而不為欺。何以有僥竊富貴之望。而罪之根本。則在於左右之囊橐。致使人主無從而察之也。夫左右之為欺。甚於天下。彼其伺候詞色之工。窺見意向之密。捭闔迎逢。殆難以狀其巧也。故有托正以行其邪。假廉以濟其貪。僞直以售其佞。薦一人才。不於有所陞黜之時。而游揚中傷於平居無事之日。一旦陞黜之際。雖人主自以為出於獨斷而喜怒氣談己歸於囊槖者之門矣然則左右之為欺人主又何從而察之亦曰兼聽無我收骨鯁棄軟熟而已且可以利來可以使懼有見而不敢言或言而不敢盡皆軟熟之人也骨鯁之士惟其胷中耿耿不能與世推移急危存亡之秋乃可望以伏節死義平時軟熟自為身謀而欲望以急難非所聞也借使舉朝之士無非軟熟之人其為墨墨大矣於人主何利焉若乃骨鯁之士世多以好名疑之夫名天地之美物不易以與人而亦天下之公論不可以冐得舉事進言果出於為君上為社稷也然後可以得名不然將誹謗隨之矣故在臣子自為學問之計不可存好名之心人主為社稷計惟恐不得好名之士人人皆好名畏義則人主所欲為者無不濟矣故欲絕天下之欺惟在於收骨鯁收骨鯁在於兼聽兼聽莫難於無我入者先主縱有他說不能復入何以鑒擇其是否乎骨鯁之言非無我則誠難於受之也忠言逆耳利於行良藥苦口利於病此漢初之謀臣所以事英略大度之主而使屈群策之用者其言如此齊威之覇其機不在手阿即墨大夫之誅賞而係乎毀譽不公使齊威之刑賞不行焉則為欺者殆無以禁之矣恢復之功獨可日月冀乎此臣所以冐昧而獻兼聽無我之說也陛下靜觀而熟察之儻有驗於微臣之言功業成否反掌間爾

季宣又上奏曰臣聞唐太宗之戒王珪曰人心所見互有不同苟論難往來務求至當舍己從人亦復何傷隋末內外務相阿順皆自謂智及天下大亂家國兩亡卿等各當徇公去私毋雷同也魏鄭公告太宗曰人主兼聽則明偏聽則暗昔堯清問下民故有苗之惡得以上聞舜明四目達四聰故共鯀驩兜不得蔽是故人主兼聽廣納則下情得以上通夫豈言乎其君臣致治之美庶幾成康有由矣夫和

之與同疑若相似聖人之論則有君子小人之分善乎晏嬰之言和如鹽梅相濟同如以水濟水人心不同如其面焉强而同之非回於利弗能也向令仕者舉回於利則凡時之利病政之得失何自而知之君子不為利奪往往輕為去就藉此以治萬無是理間自權臣柄國斷喪忠良內外之臣無小無大相與諛說合若一人幾於楊氏無君其於國家何有流風遺俗溺陷人心同而不和至今為梗以陛下之剛明聖武高視唐宗即政以來每欲一滌前弊其如無君之習革之良難舉世為同則有入而不自知者臣懼邦之政將日非而莫之捄也凡處天下之事不當心有所主惟處身於利害之外乃知利害之實故見利者不知其害見害者不知其利誠使言利害者畢陳所見則利害之情無餘蘊矣合天下聽無不聰合天下視無不明鹽梅相濟何以易此不然自塗耳目同異不聞雖臣下盈庭自成孤立矣人情誠不易見然而指意可知大抵勉君以容受讜言要為忠愛之至導之拒諫寧為體國之心由此觀之邪正無遁情矣臣不敢遠引三代姑以所學稽於唐之君臣致治之美為陛下獻惟聖神留慮而圖之社稷蒼生幸甚

直煥章閣王師愈論聽言之要疏曰臣竊惟陛下躬上聖之資勵大有為之志孳孳圖治聽納如流欲以來天下之言然而進言者不能皆昌言多為虛誕一偏之說仰欺天聰其名則是其實則非聽之則可喜行之則可駭或有利少而害多者或有利於此而害於彼者或有斷然不可行者行之未久雖不憚於輟或從而變更其弊已甚矣原其用心不過苟持一說以取容悅欲為干利祿之階而不顧上誤朝廷之施行下貽生民之大病此何謂也陛下明目達聰欲知周而廣覽進言之路固不可不闢自令凡有陳利便者誠能先隱之於聖

心次付之於大臣侍從臺諫參酌詳審擇其灼然可行者行之庶幾事功可濟利興而害除矣

光宗紹熙二年起居舍人黃裳上奏曰自古人君不能從諫者其蔽有三一曰私心二曰勝心三曰忿心事苟不出於公而以已見執之謂之私心私心生則以諫者為病而求以勝之勝心生則以諫者為仇而求以逐之因私而生勝因勝而生忿忿心生則事有不得其理者焉如潘景珪常才也陛下固亦以常人遇之特以臺諫攻之不已致陛下庇之愈力事勢相激乃至於此宜因事靜察使心無所係則聞臺諫之言無不悅而無欲勝之心待臺諫之心無不誠而無加忿之意矣

三年御史臺主簿彭龜年論聽言以講學明理為本疏曰臣聞天地以虛為德聖人所以能贊天地之化育而與之參焉者亦虛而已矣恭惟陛下受天明命臨照萬國自御極以來天下之事一切以虛心應之執政大臣日有闓陳無一事之不下侍從論思給舍繳駁臺諫劾奏無一言之不聽內而百執事外而監司郡守一遇奏對無不自以為稱愜上意雖舜之舍己從人禹之聞善言則拜何以過此然臣區區之愚猶願有陳于陛下者蓋以天下之理有所謂可亦有所謂不可夫虛者豈一於可之謂哉無可不可者虛也有可不可者理也試觀之天地之化何嘗有所偏倚其無所偏倚者天地之虛也然陰陽寒燠之氣動植飛潛之性長短小大之形亦何嘗有所變易哉所不可變易者天地之實理也夫是非邪正此實理之在人而不可變易者若是謂是非謂非邪謂邪正謂正物各付物而吾無一毫私意介乎其間豈不如天地之虛哉儻是非邪正未嘗辨析而徒曰吾虛心應之吾之應之者若其人正其言是則是虛也違而為堯舜不難

也若其人邪其言非則是虛也反而為禍亂亦不難也孔子曰君子之於天下也無適也無莫也義之與比夫無適無莫豈不甚善然非義之與比則有所不可故無適無莫而義則為從善如轉圜無適無莫而不義則為用賢如轉石矣是可不察哉臣觀陛下數月之間用人納諫聖心愈虛盛德彰明天下歡喜太平之期指日可冀而臣之私憂過計益不自已者誠願陛下於是非邪正之間深加聖心焉臣非敢議陛下今日虛心以為非是誠以是非邪正未易判別異時不幸有不肖者竊陛下虛心之機而用之或誤陛下陛下儻懲今日為監戒則將猜忌闗防表裏不應其患又有不勝言者此臣所以有狂僭之言也抑臣之言猶有未盡者臣聞之能明理然後能使心之虛能講學然後能使理之明夫天下之事紛紜淆雜日至乎前利害之相形賢否之相蒙千變萬化不可窮詰而陛下以一人之聰明酬之可不謂難哉陛下隨事而應雖無不聽之言事過而思豈無既往之悔萬一有之陛下亦嘗察夫悔之所以然乎是必於理有所未明所以於事不能無誤臣是以知講學之不可緩也恭惟陛下自得聖學之高明多閱天下之義理是非邪正固已曉然然而理本無窮學斯不足若絲毫有所不察則禍亂或從而生臣愚欲望陛下精考聖賢之言多親儒學之士公好惡以合天道辨義利以察人情常使聖心昭明了無蔽惑如水鑑之清而妍醜自見如尺度之公而長短自形此聖人之所謂虛而與天地相參者也惟陛下留神

四年龜年為秘書郎又論群臣進言早賜處分疏曰臣以非材備數三館月糜廩粟無所補報嘗伏自念三館之士在祖宗時許以議政比偕同列僭上封章待罪句浹未聞報罷竊知聖德優容必無訶譴然而所論之事亦無施行訶譴不加未敢自喜從違未卜實切私憂

臣仰惟陛下自即位以來隆寬盡下虛己受人聽納之勤前古無有只因近日二三差除大臣執奏給舍繳駁臺諫論劾未合聖心反覆月餘尚無予決群臣既不肯背理而徇陛下陛下復不肯屈勢而聽群臣君臣之間齟齬既久情意不通易成睽阻一日二日萬機皆來設於其間又有同異展轉激作或貽威怒則豈特群臣之罪不勝誅夷而已哉陛下父母也群臣子也子事父母只欲其喜豈欲其怒父母怒則一家不寧陛下怒則天下不寧此臣所甚懼也陛下聖度如天萬萬無此臣但見群臣屢批逆鱗恐其至是是以願為陛下先事言之然臣亦非敢以臆說欺陛下也臣嘗讀周公旦無逸之書至篇之終曰自商王中宗及高宗 祖甲及我周文王茲四人迪哲厥或告之曰小人怨汝詈汝則皇自 以德厥愆曰朕之愆允若時不啻不敢含怒此厥不聽人乃或譸張為幻曰小人怨汝詈汝則信之則若時不永念厥辟不寬綽厥心亂罰無罪殺無辜怨有同是叢于厥身旦之此言真萬世帝王龜鑑也夫所謂小人怨汝詈汝者乃後世指斥乘輿之類其犯上瀆尊與抗疏陳議者蓋不可同年而語矣而四君聞之反取之以為德任之以為愆然則怨安從而生哉儻不如四君之能聽則譸張為幻之人必指其言曰此怨吾君之詞也此詈吾君之詞也人君不察從而信之則失為君之道無寬裕之德其弊至於亂罰無罪殺無辜者蓋有之矣陛下慈仁覆物謙虛無我固當上擬四君然臣猶不免以譸張為幻之人為懼者誠不為無見也劉向曰執狐疑之心者來讒賊之口持不斷之志者開群枉之門群臣之言陛下既疑而不聽則譸張為幻者可以投間而起矣臣逆料其說不過有三曰陛下之命群臣執之不行是天下之事盡由群臣不由陛下為此說者是以唐明皇待陛下非忠臣也昔明皇欲加牛

仙客尚書張九齡以為不可又欲加實封九齡又以為不可李林甫揣上意曰仙客宰相才也何有於尚書明皇信之復以仙客實封為言九齡固執如初明皇曰事皆由卿耶自是林甫進九齡罷而唐之治亂分矣此豈陛下所欲聞乎又必曰群臣為此不過欲歸過於上邀名於己耳為此說者是以唐德宗待陛下亦非忠臣也德宗欲為唐安公主造塔姜公輔表諫德宗曰唐安造塔其費甚微非宰相所宜論止欲指朕過失自求名耳夫不急之事行之則為過改之則為名人君能改則名在人君人君不能改則名在諫者德宗終守改過之吝竟失從諫之名褊心忌克此豈陛下所欲聞乎又必曰號令已行不可復反是又以反汗之小嫌傷從諫之盛德亦非忠於陛下之言也臣請復以慶曆元祐之事辨之慶曆三年仁宗既除夏竦樞密使後用御史中丞王拱辰諫官歐陽脩等十一疏追竦樞密使敕元祐元年哲宗除安燾知樞密院給事中王巖叟封駁竟因燾辭免之章命依舊職此皆大臣也尚不憚於改除又何取號令之不可反乎且群臣獲仕清時固欲陛下躋祖宗之盛際遇帝王之極功身荷美名至都顯號偶有違拂誠非得已陛下諒其忠則踴躍恐悚猶不自安陛下不諒其忠則流移轉徙何所不至寧肯不顧妻子故犯君父之怒乎陛下今日雖未有怒群臣之意臣恐譸張之說萬一不解則必有觸此機而動者矣蓋人君胸中當如清水明鏡一毫不留乃得其正四君之所以不敢含怒蓋謂是也臣愚欲望陛下恢廓聖懷和平宸慮以天下之理察群臣之言酌其是非早賜處分或罷召命或與外除毋使譸張之說能惑聰明忠藎之臣或罹擯棄實天下幸甚宗社幸甚

龜年又論優遷臺諫沮抑忠直之弊疏曰臣聞言路通塞天下治亂

繫焉言路通則雖亂易治也言路塞則雖治易亂也仰求前監方冊昭然臣敢不為陛下縷縷陳之臣伏見陛下自登大寶廕寬盡下廣覽兼聽擇之於古未見其比而近日臺諫之官稍稍抗直者多不得久於其職大率優遷其官以去之臣不知其故何也夫假遷官以逐言者此近世最弊之法陛下柰何數出而用之乎消耎精銳沮抑忠直莫甚於此且臺諫之官皆朝廷選擇而後除使其言可行則為稱其職當留而不當遷言不可行則為不稱其職不當遷而當去而乃舉措倒置是非易位臣不知陛下所以勸懲天下果何術也恭惟治朝崇獎臺諫列聖相承視為家法傳堯俞嘗謂言事之官許令風聞祖宗之詔曲全過當許風聞則豈皆責實全過當則欲其盡言如此求之猶恐未至臣觀南渡以來臺諫忠鯁大率不逮祖宗盛際每有所言極不過三數章而止安有二十三章劾胡宗愈卒九章劾章惇

如劉安世者乎全臺彈劾不聽亦已安有上章不報率同列進見列拜於御座之側如孫抃論温成典禮者乎闕有宣諭唯唯稟承安有召赴都堂宣諭而論列如故如傅堯俞之論張舜民不當罷者乎言有不合苟得美官奉身而去安有以去為諫幾上感寤如程顥之不受提刑司馬光之不受樞密傅堯俞之不受吏部侍郎者乎臣不知先正諸臣剛決勇敢一至于此以為無上耶則近世愛君未有過於諸臣者也以為沽激好名耶則忠實懇惻亦未有過於諸臣者也而祖宗容受聽納若恐傷之得非以朝廷紀綱之地不容不重為社稷宗廟大計自當爾耶陛下試取先正諸臣奏議反覆詳觀然後知祖宗寬大人無不盡之言今日臺諫略無先正之直陛下儻舍己從人如舜改過不吝如湯不唯聽人之言而又且導之使言不唯容人之直而又且激之使直臣尚懼士氣消靡已久不能頓然作興而況從而沮之耶臣是以知士氣不可以不伸夫姦宄之人何世無之唯藉臺諫嚴重有以折其萌芽而臺諫之士所以能震懾姦宄唯藉人主聽納其言假以聲勢今臺諫之士消沮如此臣恐在內之姦宄乘此隙以蠹其內在外之姦宄執此隙以搖其外陛下雖欲高枕而卧不可得也且臣嘗熟察臺諫所以數忤陛下者蓋有由矣非以陛下身有失德惡人正救如前代拒諫之主也特不過攻擊權倖未恊聖意耳夫權倖恩寵不行未過一夫怨而怨歸臺諫臺諫言論不行能使天下怨而怨歸陛下陛下柰何不忍一夫之怨而獨任天下之怨乎此臣所以痛心疾首欲一言於陛下之前不能自已也臣反覆思惟今日陛下唯有導人使諫是以救此臣猶慮聲勢已動未易頓回政須陛下開廣聖心掃除芥蔕遵用仁廟召還唐介故事柬別向來以諫去國不由人言之人擢用一二示天下以聽納之機登對臣僚議

論忠讜者稍旌別之示天下以聽納之實庶幾聖德昭明群疑解釋不勝幸甚

光宗時監登聞鼓院楊大全上奏曰臣之志憂君者不畏義死不榮幸生不以言而獲罪為恥而以言不聽從為恥自古諫之不效其大者身膏斧鑕其次亦流竄四裔其小者猶罷免終身未有若今日不勉於聽從亦不加於黜逐徒餌之以無所譴呵之恩使皆饜富貴甘豢養以消靡其風節平居皆貪祿懷姦之士則臨難必無伏節死義之人陛下自夏秋以來執政從官之死者皆不信卒之果然乎不然乎建康趙濟死武興吳挺死今尚不以為然則事有幾微於朕兆者可諫陛下乎萬一變起蕭墻禍生肘腋陛下必將以為不信坐受其危亡矣盜滿山東而高斯弄權二世不知也蠻寇成都而更奏捷明皇不知也此猶左右聾瞽爾今在朝之士瀝忠以告而陛下不聽是

陛下自壅蔽其聰明也今外間傳聞以為壽皇將幸越幸吳與此愛
陛下之深欲泯其迹也陛下當亟圖所以解壽皇之憂
趙汝愚論聽言疏曰臣仰惟陛下天縱聖明寬仁盡下凡臺諫之論奏給舍之封駁徼及一介疏遠之士雖寸長片善陛下未嘗不聽而受之無有難色臣每與群臣竊窺陛下盛德全度恢乎有容如天之高如日之升光明廣大不可尚已若守之以誠行之以久使義理習熟是非著明不為邪說所轉移則三王不足多五帝不足進矣然臣嘗觀自古納諫之君未有如唐之太宗者當時魏徵號為善諫帝嘗曰人言魏徵舉止疏慢我視之更覺嫵媚至徵陳十漸則尤加獎歎為列諸屏障朝夕瞻仰君臣之際相得深矣及其怒也則曰會須殺此田舍翁及徵之亡乃復有停昏仆碑之事矣以太宗之明魏徵之賢而終不能免此何耶又帝嘗止于木下愛之宇文士及從而譽之不已帝正色曰魏徵嘗勸我遠佞人我不知佞人為誰意疑是汝今果不謬士及叩頭謝而帝亦不加罪大抵人之情喜順而惡逆方其始初清明也聞善言則喜聞惡言則懼凡君子忠盡之言雖甚拂其意然未必不蒙信用小人阿順之語雖初若可喜亦未必不加察也及其久也君子今日論某人明日論某事積其違忤之意則終將壓之矣若小人則善伺人主之意阿諛順旨終無所違逆故人主雖知其佞而卒以難去從古以來人主皆欲治而惡亂皆欲進君子而退小人然卒之君子遠而疏小人近而親危亂之日常多治安之日常少者惟在乎違道而任情喜順而惡逆爾書曰有言逆于汝心必求諸道有言遜于汝志必求諸非道斯言也誠萬世人主聽言之法惟陛下留神幸甚

軍器少監兼權侍左郎官劉光祖論言事本末疏曰臣聞古之事君者必曰忠必曰直忠則有所不欺直則有所不避忠直者人臣之大本[illegible]進則覩望人主之顏色退則顧慮一身之安危如此者必有所不盡[illegible]其於忠也遠矣設為關防以為能避遠形迹以為智如此者必有所不盡於其言其於直也遠矣然而忠直非有素則不信忠而君不以為疑直而君不以為忤惟有素者能之臣雖愚魯竊慕斯義平生所受教於父師者蓋終其身而不能變平日所交際於朋友者亦盡其心而無所隱而況於事君乎而況於任陛下耳目之寄乎陛下往歲毓德春宮臣備數小學教授陛下察臣盡心於嘉王而無所苟是以嘗簡記於壽皇召臣之日臣到闕除命猶為親傳蒙恩引見所奏悉蒙開納未幾又值輪對略嘗効其愚忠以為當今人才衰而肯論事者益少勸陛下長養收拾崇獎其直言陛下御批依奏即日付出而大臣反若有所顧畏不敢報行然臣自念區區之誠已獲信於陛下久矣又未幾陛下遣臣逆送使客三得瞻望清光臣所奏楚州城壁絕無一詞之欺陛下卒采臣言減省工役過半臣以事無大小皆可盡忠官無高卑悉當圖報令也陛下擢臣以風憲之任其為感激又當如何報効耶所以承命以來不遑寧處朝惟夕究如是累日即自斷曰惟初念純一可以對上帝可以事君父不可貳也不可疑也是故道學朋黨之論人不敢言而臣言之為其不消此名即必貽將來之患故也左右近習之勢人不敢及而臣及之為其不窒此門則必喪士大夫之節故也臣在小學時嘗為日記其間記陛下一日因臣進見問曰嘗識呂祖謙否臣對識之陛下再三稱誦其賢而悼嘆其不幸臣今思之使祖謙而尚在人將目為道學之首則陛下亦不得而用之矣又記一日臣得進見陛下諭臣曰近日主上付下胥鯁集令看皆先朝元老讜論讀之甚有補臣對云自范仲淹

以下奏疏皆在可見祖宗以來容納直諫如此陛下曰中間所論新法自是必為民害斷不可行又曰當時同已者即以為是異已者即以為非所以後來遂將司馬溫公蘇文忠及黃庭堅各目為黨魁臣對云只緣王安石引用小人卒亂天下陛下曰如蔡卞蔡京之徒是也又曰陳東亦不易得臣每誦陛下東宮之語以為淵衷所見一一與祖宗之意同符是以昨者敢進借朋黨以害君子之說皆臣數年之內中心所懷如此臣自信言公而語平故乞陛下降出以消未然之患至於士大夫納交於近習臣自立朝以來心誠鄙之目觀陛下愛重名器不為小人所竊弄於是乃昌言之而無所避曰忠曰直臣雖未能望古人之萬一然其不為姦回之人決矣臣於職事疎則有之歟則無也於議論不及則有之過則未也臣無言責之時尚勸陛下用賢納諫諄複而不已豈今居言責而反不言乎是以相繼封入

奏疏乞先收召人才而大臣但進呈而無所議臣既非今日之言則言而不行不能以自已也何則人才者國家基本之所繫生民休戚之所關也則養之有則用之慶曆之所以盛者豈一日之積乎惟其非一日之積是以為數世之用事之最大無以過此臣所願陛下體至公之道開衆正之門又乞早用愚言兼收人物必獲安靜之福而無一旦之憂如臣所言與時有誤國是臣甘竄殛

寧宗慶元元年大府寺丞呂祖儉上奏曰臣近者蒙恩輪對不度狂愚嘗備論奏陛下聖孝純篤猶未得一見上皇將何以慰聖心而修人紀又嘗以宸情難測欲得備豫不虞貴倖市權欲得防制有節及御筆施行傷於快易且進退臣下復多匆匆莫不展竭懇款以致願忠之義聖度隆寬溫詞慰納臣退而感泣莫知圖報指心誓曰以為他日或有事繫國體義所當言可以仰禆聖明者苟得竭盡則雖退就黜責靡敢自愛竊聞國子祭酒李祥比因宰相趙汝愚論罷心有所懷不能自已嘗有封事上徹宸聰自以所見與諫臣不同居家待罪陛下既予之以寬告又復罷之以職名畀之以使節使以禮而去而中外之論莫不以陛下博盡群議不貴苟同此蓋治世盛德之事而明主之所取以為先務者也臣竊嘗妄論本朝治體蓋以崇養議論氣節為立國之根本自王安石用事好同惡異天下從風而靡遂至崇觀閒復倡為豐亨豫大之說膚奏熏心實禍蔽塞遂使習俗日變馴致靖康之禍如吳开莫儔之徒與虜為市痛在人心其始因止於順從其終乃至於此極為人上者詎可不知所崇養而以好同惡異為深戒哉今諫臣抗疏論罷李祥新任仍褫其職顧惟諫臣所言陛下但應聽納其在庶僚亦豈容妄有條陳第以陛下含弘之美意因是不能無斷而人有懼心精銳銷耎議論氣節必愈陵夷凡事理

利害之真實顧望愛惜多為身謀誰肯為陛下明言之其所關繫蓋治忽所從分非一日一事之可比也仰惟陛下初政清明收召人望登用忠直天下之士莫不訢訢然精白以承休德然曾未踰時朱熹老儒也有所論列則亟使之去彭龜年舊學也有所論列亦亟許之去其他侍從臺諫之臣以言事而去者尚多有之夫人才固未易得而藎節竭忠之士寧復有幾長育獎勵猶懼其有所畏縮今士氣似少沮矣如李祥老成篤實非有偏比蓋衆聽之所共孚者今又終於斥逐臣恐自是而後天下或有當言之事必多相視以為戒鉗口結舌之風一成而未易反是豈國家之利邪矧今國勢甫定人心猶搖歲事可慮未可保其無歉邊報屢警未可保其無他又自去秋以來災異相繼殊為駭常而天象昭昭尤為可畏白虹貫日陽精示變皆邇當淫雨之開霽近者太白經天金木失次立夏之日風起艮方此

為何景胡可少安政是陛下厲精為治明目達聰之時令能言之士指陳災變所以助成陛下抑畏之心者亦不為少然終未克致消弭之實而於其所甚當言者雖陛下以聰明臨照之未必皆得而聞是安可不思其故哉蓋天下之事所宜指陳者固非一端然言有淺深勢有難易今之所難非在於得罪於君父而在於忤意於權勢姑以臣所知者言之難莫難於論災異然言之不諱猶未以為難者以陛下有容受之德而其事不關於權勢也難莫難於論綱常然言之不諱猶未以為難者以陛下有誠孝之心而其事亦不關於權勢也若迺御筆之降初豈盡却僉謀然廟堂不敢重違臺諫不敢深論給舍不敢固執蓋以號令出於獨斷而事體多關貴倖深慮左右乘間過有激發而重得罪也臣蓋嘗面奏從昔而來凡勸導人主事從中出者夫豈意在尊君蓋欲假人主之聲行之於外使莫敢爭執而可以

漸竊威權所當深加省察向日而來復聞有一二中批指揮給舍繳駁僅得一再而止其自為謀則善矣儻事有當論而又切於此者望其致閑邪之敬盡面折庭爭之節未必有也子思有言群下同聲則善安從生今士大夫之習俗蓋近於是不知陛下亦何便於此臣比日又竊聞之道路左右暬御於黜陟廢置之際間得與聞者車馬輻湊其門如市恃權怙寵搖撼外庭聲談所及類莫敢言所賴素有望實不畏強禦者正色朝端盡言衮衮有以折其鋒而殺其勢苟惟不然歲月荏苒事勢浸淫腹心耳目愈失委寄政權將歸倖門而不在公室凡所薦達皆其所私凡所傾陷皆其所惡豈特側目畏憚莫敢指言而阿比順從內外表裏之患必將形見前史所載其鑒甚明親愛之道全之為上若或不加抑損是乃所以害之惟在陛下加念而已臣所以因李祥獲罪而深及此者是豈病狂喪心欲為矯激而自

取罪戾也哉實以士氣頹墮之中稍有所言與諫臣忤意則去不旋踵而迎者尊君之論播於朝行皆欲習為謹畏而不知盡責難之恭雖知貴倖市權無由敢言於陛下之前或有志在忠愛能言其弊者皆將目之以出位犯分不恭不遜之罪臣之私憂過計豈獨以搢紳之士遭罹譏謗而已其所深慮者陛下之勢孤而相與維持宗社者浸寡也伏望陛下深惟天下之勢在於以言為諱渙命重申復還李祥職名新任雖若稍咈諫臣之說然可以通壅蔽之情朝廷美意既得因此闡明而天下有難言之事在朝在野必將聞風狀慰頹唱忠蓋於王朝陛下躬受四海之圖籍兼聽臣庶之邪言開公正之門絕私倖之路委信大臣以正朝綱容納忠直以強國勢中心無為銷平偏論以涵養天下和平之福則宗社幸甚生靈幸甚臣世受國恩不遑他恤發言狂瞽罪在不赦惟陛下財幸

慶元間將作監陳貴誼因轉對上言曰言路雖開觸犯忌諱者指為好名切劘時政者指為玩令利害關於天下是非公於人心一人言之未已或至累十數人言之則又指為朋黨是非易位忠佞不分又言婉順巽從者是美疢也非愛我也宜屏之外之矯拂救正者是藥石也愛我也宜用之聽之

嘉定三年秘書郎真德秀上奏曰臣聞天下有不泯沒之理根本於人心萬世猶一日者公議是也自有天地以來雖甚無道之世破裂天常隳壞人紀敢為而弗顧者能使公議不行於天下不能使公議不存於人心善乎先正劉安世之論曰公議即天道也天道未嘗一日亡顧所存何如耳熙寧之世以新法為不可行者公議也雖以王安石之愎諫遂非而不能遏士大夫之口紹興之際以和好為不足恃者公議也雖以秦檜之擅權專殺而不能弭君子之論卒之漸決

行而民力屈和好疏而敵情驕甚哉此理之在人信可畏也與其拂之以取敗孰若順之以為安近年侂胄用事以區區私意小智拧天下公議之衡能顛倒是非於一時終不免為當世大僇何者公議天道也侂胄違之則違天矣天其可違乎故善為國者畏公議如畏天則人悅之天助之何事功不立之憂哉陛下以還至公之理蓋嘗少伸於乂寧之後矣臣愚伏願朝廷之上兢兢保持勿失初意用人立政一以天下公議為主而不累於好惡黨偏之私盡公極誠如對上帝則天人胥悅治效可期海內之幸也惟陛下留神反復愚臣之言

六年德秀為起居舍人又上奏曰臣伏觀陛下更化之始首下明詔求直言又詔近臣請對論事薦紳士夫如聞震霆如覩白日臣時備官太學竊語同列以為自今言路大開將復見祖宗盛時氣象矣而五六年來士風選愞無以大異前日臣竊惑焉蓋嘗歷觀往昔言路

壅塞之由大抵起於人主好自用大臣好自專而已自用則視天下之人皆莫己若而惡人之言自專則舉天下之事唯所欲為而忌人之言今陛下恭己責成未嘗有自用之失大臣虛心無我未嘗有自專之私而群臣觀望莫敢盡言者陛下亦嘗察其故乎蓋自權姦擅政十有四年諛佞成風日以浸甚然其始也朱熹彭龜年以抗論逐呂祖儉周端朝之徒以上書斥當時近臣猶有爭之者正如始病之人氣血雖傷而未至甚憊也其後呂祖泰之貶非惟近臣莫敢言而臺諫且出力以擠之則嘉泰之疾已深於慶元矣又其後也盜平章軍國之名起邊陲干戈之釁非獨舉朝莫敢言雖布衣韋帶之士求一如祖泰者亦不可得是開禧之疾又深於嘉泰矣風俗至此已成膏肓救藥扶持豈易為力誠使更化之初一時群賢皆得以忠言自奮則精神風采猶可漸還而曾未兼旬遺補之官以言罷職是疾方

小愈而遽以酒色伐之矣若是而欲起嘉泰開禧之沈痼其可得乎自時厥後傅伯成以諫官論事去蔡幼學以詞臣論事去鄒應龍許奕又繼以封駁論事去方其去也陛下皆華之以美職畀之以大藩視昔斥逐言者之時固大異矣然人之常情易偷難勉彼見是數人者非能大有所矯拂已皆不容於朝未免妄疑陛下真有諱言之意故寧默默以自全不肯譊譊以賈禍且侍從之臣以己見求對故事也今或曠歲彌年而不一舉職者矣集議各貢所聞亦故事也今或[illegible]年相視而不措一詞者矣設有大安危大利害群臣喑默如此豈不殆哉臣今欲為陛下言者三一曰勤訪問臣自獲侍清光每見陛下延納群臣溫恭有禮然從容諮訪罕聞玉音記注所書寂寥無幾豈皆不足以上承清問乎又聞遇兩班多從隋下既進復卻或至再三陛下雖未必厭聞人言群臣或得以妄議聖德臣願自今昕朝賜

對時出聖訓訪以民生疾苦朝政闕遺仍詔賓贊之臣雖有兩班皆令宣引則下情可通而上聽無壅矣二曰廣謀議臣聞古者大事謀及庶人翕然大同乃底元吉比年政令之間或有更革往往過為祕密不暇參酌群言計慮固曰精詳本末豈無未究行如楮幣鹽鈔尤為民命所關而更張獨決於廟謨獻替靡聞於群下[illegible]凡皆若此欲事無遺策其可得哉臣願陛下以帝堯稽衆為心以漢廷雜議為法俾人得自竭則令無不臧矣三曰明黜陟昔唐憲宗以忠直用李藩以循默去鄭絪迄成中興之烈而宰臣裴垍尤能獎勵盡言拾遺獨孤郁等因遷致謝垍獨責譏休復曰君與夫二人孜孜獻納者休復大慙故論者至今稱憲宗為盛君而裴垍為賢相聞者一二小臣以奏對剴切旋被獎擢亦足以明示好尚矣臣願推廣此意凡向以言事去國者察其用心之忠勿使久外左右近臣盡誠獻替者當如憲

宗之擢李藩嫉阿苟容者如裴垍之責嚴休復使人知忠鯁可尚而諛悅可羞則元和之盛何難致之有臣以孤生蒙陛下擢掌內命四年于兹近叨塵誤恩進侍蠟陛有懷弗吐臣罪奚逃故於進對之初不敢毛舉細故以塞責輒冒昧極陳其愚惟陛下垂聽

歷代名臣奏議卷之二百六

歷代名臣奏議卷之二百七

聽言

宋寧宗時衛涇上奏曰臣等待罪冊府坐糜廩稍每念補報萬一而官閒事簡無職業以自見頃事有上關政體下咈人心者儻無一言裨益聰明誠恐仰負陛下儲養期待之意是忘嚴誅少思罄竭臣等竊覩二十四日指揮殿中侍御史劉光祖除太府少卿命下之初舉朝錯愕莫測其故聞之道路皆謂光祖嘗論列小臣除授不蒙採納遂有此命事之虛實固未可知萬一有如所云臣等竊謂陛下過矣恭惟祖宗盛時崇奬臺諫援用忠讜一時臣子極口論事違章累牘不行不止其間豈無事屬細微語涉過當而我祖宗委曲聽從未嘗沮抑豈徒隆虛名事觀美哉誠以諫臣拂士乃國家所藉以扶持而言路壅蔽風釆銷落則人主孤立於上無與為助故其重臺諫者非

重其人乃以重朝廷也陛下始初清明銳意求言既詔中外言事又日輪對百官間召侍臣從容咨訪雖自古崇諫之君何以加此惟是進退臺諫之意未盡白於天下是以議者竊有疑焉往歲遺補之遷名為褒陞實欲奪其諫職是所以退之之意未明也已而所用之人進不以道衆論弗與而聖意獨斷之是所以進之之意未明也所賴陛下聖性高明因事覺悟知其不可用者而黜之擇其可用者而使之用捨之間脗合衆志是以內外遠近莫不翕然服陛下無我之明誦陛下無我之量而前日之疑議亦至是不辯而自釋矣光祖供職以來感激知遇頗自奮勵公論為之少伸搢紳相賀今者曾未數月忽復改除臣等愚陋不知陛下之於光祖以何事而用之今復以何名而罷之且陛下所以用光祖者必以其人剛正有守能為陛下別白是非是以任耳目之寄也如果以是而用之則光祖之遇事敢言

愛惜名器杜絶請求是乃陛下所以拔擢光祖之本意而光祖效忠於陛下之職分也柰何反以是而罷之乎且其所論比之近日臺諫雖稍為振職若較之祖宗時言論風采猶未能十之二三而陛下已不能容之若曰嘉其論事而選以美官與夫意在厭言而飾以他說則又幾往歲之事天下安可厚誣亦非聖德所宜有也且事有公有私有輕有重左右使令之舊於事為私而朝廷之置臺諫則為公一介小臣予奪黜陟其事為輕而臺諫之進退則為重今陛下因其所私而廢其所公奪其所重而遂其所輕事體不順較然易見臣等區區初不為劉光祖所可惜者陛下之舉措耳今光祖之罷得脫憂責又全美名於其身計有何所損而曲徇小人顯逐言者此不美之名也陛下安得晏然而受之乎竊恐自茲以往言事之臣競為緘默相師成風直言不聞而權倖日肆朝廷日輕矣起天下之謗以損聖德塞言者之路以輕國威聖明洞鑒夫豈其然臣等伏願陛下恢廣至公稍回聖慮酌事體之輕重觀人心之從違念君子小人進退黜陟之所由鑒天下國家理亂興衰之所繫稽發英斷追寢吳端除命以遏群小僥倖之萌還光祖言職以伸忠直敢言之氣以慰公論以安衆心以解天下之疑實宗社幸甚易之義以不遠復為元吉書之稱成湯以改過不吝為盛德是在陛下一念慮之間而已臣等出位妄言迫於拳拳愛君憂國之義惟陛下裁赦

涇又上奏曰臣聞人君據崇高之勢操富貴之權以奔走天下其心之易以縱蓋亦勢使之然所恃以維持此心俾無過擧者惟臺諫給舍而已臺諫給舍人主之法家拂士也人主以為是臺諫給舍以為非人主以為可臺諫給舍以為不可臺諫給舍非敢與人主爭是非可否者顧不如是無以重其權不重其權非所以尊朝廷而脩君德

也臣竊見自陛下踐祚臺諫給舍多不得其職間有任用非人敗露而去臣所未暇論側聞近日以來臺諫論列之章給舍繳駁之疏每遲留不下或有沮格而不行者夫一除授未當一命令未審似於聖德未虧朝綱未紊然迫之以宣諭而塞其言餌之以美遷而奪其職習以為常貽害不細爵祿陛下之爵祿也恩賞陛下之恩賞也臣下若口力爭不避仇怨果為誰事陛下欲其阿意順旨則甚易欲其抗威拒命則甚難彼不為其易而為其難蓋亦內不安於私心外恐負於公議若不思職業之當守惟知風旨之是承雖以緘默取容皆可馴致顯位則捨所難而從所易彼何憚而不為殆非陛下之利耳仰惟聰明在上豈不洞鑒此理徒以聖度寬厚未能盡絶人情然陛下以為可予而予之臺諫給舍以為可奪而奪之人主任恩人臣守法君臣之間義斯兩盡柰何徇人情而廢國法乎且倖門一啓群小爭趨展轉扳援乘間伺隙正賴臣下執持奏覆抑絶橫流陛下若不主張必至巧生詆訾使人臣上懼陛下之威命下虞群小之中傷苟且成命諂諛充位脫有大姦巨惡誰為陛下言者況今日言路尚壅士氣未振風采銷落僅止目前陛下所當長養成就又從而陰銷潛沮之臣恐愛君憂國之言不聞持祿養安之習滋熾耳目漸蔽紀綱浸隳名器日輕賜予日濫佞倖攘臂張目無所顧憚天下之患必自臺諫給舍之不得其職始矣天意所欲以扶持全安之者又果可必耶此臣之所深憂也我仁祖天性仁恕於人之欲有不能違惟其擢任臣下隨事論駮始命大臣具條執奏慶曆之詔至今推効千請之人明正其罪仍著為法故風節峻整朝廷肅清雖時出橫恩不能虧損聖政壽皇厲精臨朝尤重是選一日諭給舍曰近來少得封駮但據所見以聞朕無不聽乾道之詔至謂兩省言路之臣所以指陳政令得

失今任是官者往往以章䟽太煩憚於論列深未盡善自今封駮之外事雖至微少有未當卽詳具奏陳故一時臣僚爭以言事相尚助成綜核之政間嘗擢才任事或至度外用人一旦覺寤罷斥隨至頗不特徇情於恩倖比臣願卒吐其愚終始為陛下陳之幸赦其狂僭

宗正少卿柴中行上奏曰朝廷用人外示涵洪而陰掩其迹內用牢籠而微見其機觀聽雖美實無以大服天下之心曩者更化元氣復挽回矣比年欲求安靜頗厭人言於是臣下納說非觀望則希合非回緩則畏避而面折廷諍之風未之多見此任事大臣之責也

理宗卽位初知果州楊恭之入對曰陛下以直言求人而以直言罪之使天下以言為戒臣恐言路既梗士氣益消循循默默浸成衰世之風為國者何便於此帝奇之

端平元年吏部侍郎曾從龍上奏曰陛下大開言路以通壅蔽心為

愛君誰不欲言言不切直何能感通譬如積水久壅一決其勢必盛其辭必激故言者多則易於取厭言之激則難於樂受若少有厭倦運於詞色則譏諂乘間或不自知矣又曰群臣交章互詆願陛下監古今天下安危之變君子小人消長之機公以處之適得其當況夫聽言之道宜以事觀若言果有關國體有補治道有益主德則言之過激夫亦何傷彼雖釣名我實有益惟虛心納善若決江河則激者自平矣

二年諫議大夫兼侍讀李宗勉上言曰求諫非難而受諫為難受諫非難而從諫為難苟聞之不以為戒玩之不以為信卒使危言鯁論無益於世用無捄於時危其與拒諫者相去一間耳

端平間直寶謨閣樞密副都承旨王伯大上言曰今天下大勢如江河之決日趨日下而不可挽其始也搢紳之論莫不交口誦詠謂太平之期可蹻足而待也未幾則以治亂安危之制為言矣又未幾則置治安不言而直以危亂言矣又未幾則置危亂不言而直以亡言矣嗚呼以亡為言猶知有亡矣今也置亡而不言矣人主之患莫大乎處危亡而不知人臣之罪莫大乎知危亡而不言陛下親政五年于茲盛德大業未能著見於天下而招天下之謗議者何其籍籍而未已也議逸欲之害德則天下將以陛下為商紂周幽之人主議戚宦近習之撓政則天下將以朝廷為恭顯許史武韋仇魚之朝廷議姦儉佞朋之誤國則天下又將為漢黨錮元祐黨籍之君子數者皆犯前古危亡之轍迹忠臣懇惻而言之志士憤激而和之陛下雖日御治朝日親儒者自修辭飾色而終莫能弭天下之議言者執之而不肯置聽者厭之而不憚煩於是厭轉而為疑疑釀而為怨怨極而為慢則罪言黜諫之意藏伏於陛下之胸中而凡逆己者皆可逐之

人矣彼中人之性利害不出於一身莫不破圭絶角以阿陛下之所好其稍畏名義者則包羞閔默而有跋前疐後之憂若其無所顧戀者則皆攘袂遠引不願立于王之朝矣陛下試反於身而自省曰吾之制行得無有屋漏在上之知之在下者乎徒見變卮之多選擇未已排當之聲時有流聞則謂精神之內守血氣之順軌未可也陛下又試于宮闈之內而加省曰凡吾之左右近屬得無有因微而入緣形而出意所狎信不復猜覺者乎徒見內降干請數至有司裏言除臣每實人口則謂浸潤之不行邪逕之已塞未可也陛下又試於朝廷政事之間而三省曰凡吾之諸臣得無有讒說殄行震驚朕師惡直醜正側言改度者乎徒見剛方峭直之士昔者所進今不知其亡矣佞闒茸之徒適從何來而遽集於斯也則謂舉國皆忠臣聖朝無闕事未可也夫以陛下之好惡用舍無非有招致人言之道又人言之

来又復推而不受不知平日之隙遇信任者肯為陛下分此謗乎無也陛下誠能布所失於天下而不必曲為之回護凡人言之所不貸者一朝赫然而盡去之務使盡根悉枝孽種不留如日月之更如風雷之迅則天下之謗不攻而自息矣陛下何憚何疑而不為此哉

淳祐十二年秘書少監高斯得上奏曰臣比因水災直前奏事肯進瞽言聖度如天不賜誅斥在臣愚若可以止適當轉對義不容默是用弃披心腹極陳於前惟陛下垂聽焉臣竊見自諸郡大水以来廷紳有奏疏上封言得失者方諸盛明不諱之朝未及百之一二已聞或者惡其讙譊指為已甚邪說乘之遂謂空言徒亂人聽無補國事此說一行其禍足以亡人之國臣安得避空言之名不為陛下分明之乎夫所謂空言者謂其高談闊論遠於事情揆諸古則不合於今則有害如戰國橫議如西晉清談若是者信無補也今諸臣之言上

則切劘聖主下則底厲大臣內則摧壓姦邪外則銷遏寇虐蓋書所謂乃言底可績詩所謂我言維服者也而顧以為無補於實政乎夫皐陶之言雖惠非帝舜底于行則無以致泰和之治傅說之言雖良非高宗聞于行則無以成中興之功今也言不悖於皐說而陛下不能如舜高宗之行不惟不行又從而咎之言果何罪哉且諸臣之言其切劘陛下也謂敬畏不可不存謂貨色不可不遠謂國本不可不正謂天倫不可不厚謂大臣不可不信謂政本不可不一謂臺諫不可不擇謂輔相不可不和謂任賢不可不堅謂去邪不可不力謂土木不可不罷謂用度不可不節謂戚里害民不可不戢謂宦寺撓政不可不懲謂凱似昴英諸賢不可不召謂垓榮與篡元惡不可不罰謂黜隸草茅之失不可不悔謂輕蔑學校之罪不可不正莫非可行之言也設盡行之則堯舜禹湯之聖不是過矣而陛下亦嘗用一言於此乎其底厲大臣也謂君心之非不可不格謂內降之命不可不還謂開恍布公不可不廣謂辨別邪正不可不明謂協恭和衷不可不務謂分朋植黨不可不戒謂鄉曲之私不可不克謂功利之徒不可不遠謂器使人才不可不當謂振拔淹滯不可不公謂天災流行不可不畏謂下情壅閼不可不通謂小人之類不可不絕謂師儒之去不可不留謂疾惡之心不可有所私系而不同謂進賢之道不可有所觀望而不力亦莫非可行之言也設盡行之則皐夔周召之賢不是過矣而大臣亦嘗從一事於此乎夫諸臣之言如布帛之必可衣穀粟之必可食用之則治舍之則亂斷斷乎不可易也今一切以為空言而莫之省不知舍是將以何者為實言而實政乎抑臣聞之道路又以為今日之病在於人主無用言之實大臣無受言之量無用言之實其末必至於玩諫無受言之量其末必至於罪言玩諫固不可罪

言則遄於亡也如水之就下矣故必聖主充容納之美而進於用言之實賢相絕忌諱之心而拓其受言之量夫如是則諸臣之言皆見於用何往而非實政乎昔孝宗皇帝厲精為治綜核名實群臣進說多見施行當是時百官輪對登日必命宰臣進呈擇而行之一時善政多出於此廷試居下列者命詳定官節録論利害事實處類聚以聞以廷紳之言為未是也謂前宰執侍從亦有獻納論思之責也見利病聽非時聞達欲以知州縣民情若是者可謂有用言之實矣故臣願陛下以為法王安石之為相也不恤人言甚至加罪司馬光論青苗則退司馬光蘇轍論條例司則逐蘇轍劉摯論助役則謫劉摯蓋其未相也嘗有詩曰為客當飲酒何與主人謀及其為相力行此詩故深惡人議其失若是者可謂無受言之量矣故臣願大臣以為戒今天下大勢剝爛蠱壞無一事堪舉目獨言路一脉如綫不絕是乃

國家之元氣也主張扶植猶懼不振柰何又加詆訾而沮折之乎或者徒疑諸賢之來不過譊譊騰口一鬨而去不知于國于身一切不恤而妄求詭異之名自非大狂躁之人何至如此而可以是例目之哉臣謂空言之說好名之語皆設罻羅於國中欲一網君子而盡去之者也其言最易入其禍最難言願陛下如遠聲美色以遠之而毋輒惑焉此君子去留之機國家危亡之候不可不深留聖慮者也臣屢觸天威無任隕越惟陛下幸赦

淳祐間徐元杰進故事曰禮記坊記子云上酌民言則下天上施上不酌民言則犯也下不天上施則亂也

臣聞天無私覆人君體天以容天下必貴乎議盡天下之心而後能使天下歸吾仁故上有廣覽兼聽之明必擴之以大公至正之理使下之意常得達於上上之意常得孚於下無有匹夫不獲自盡

之嘆如是則民之蒙其施也舉世之所謂大錫賚大恩澤皆不足以盡之其意若曰有君如此於民其猶天乎天下同心戴之宜矣後世不知出此尊卑闊絕而上下之情益睽户庭遼深而君民之體不一故諱言者有鉗結之患罪言者有誹謗之誅斯固不仁者之為而無望其如天之施也至若法語之言能無從乎巽語之言能無悅乎夫惟其能從而能悅正望其深繹言外之意速改其不善以為至善之歸豈非天下之深幸然或悅之而不能繹從之而不能改則是於其言之所當參酌者未嘗加意也蓋亦不能充大公至正之心以慰天下殆不翅旱之望霓而甘澤未沛雖以天地之大人猶有所憾焉昔孟子論膏澤下於民必見於諫行言聽之日豈非以仁言利溥惟在乎上之人聽而用之耳且博施濟衆堯舜猶以為病蓋謂施之出於己有限也至若稽于衆舍己從人則堯舜之施天施矣不徧愛人堯舜之所為仁也善與人同樂取諸人以為善此聖人仁覆天下之大愈取而愈無窮者又豈在於屑屑徧愛而後為仁哉夫惟在上者一有容民酌言之心在下者自莫不有蒙施如天之感舉天下欣欣然曰至公之言為能擇議廣謀從衆允合天心自是而後天下有道庶人不議海內順治而淩犯不生禍亂不作吁此是以見大公至正之道所以於民有天地父母之造也歟不然謀止於卿士而不及於庶民之大同聽局於左右而不察於國人之曰可心腹腎腸之播告未孚徹於上下之聽而小人之攸箴或至於敢伏正恐善善惡惡莫斷於用舍是是非非或蔽於公明天下之正論發矣然則上有仁心仁聞而民不被其澤者民言不酌而取舍之塗異也

理宗時吏部尚書魏了翁上奏曰臣竊見陛下自親大政杜群枉之

門開敢言之路天下誦而歌舞之然臣至郊關之內則所聞浸異猶不以為信也及問之在朝則曰聖度天寬未嘗以言罪人言有不合則留之禁中而已雖給舍臺諫之言亦有不付外者審爾則臣恐有甚於拒諫者矣祖宗盛時給舍臺諫未有知而不言言而不行亦未有言之不行而不爭爭之不勝而不去者如論陳執中論夏竦論李定論胡宗愈論蔡確等事至於十五六疏十七八疏至二十餘疏不見於施行不已也紹聖崇寧已後此風遂泯然猶間見於中興之始極盛於淳紹以來而又大壞於慶元嘉定之日幸賴陛下力掃積年喑嘿之蔽王遂洪咨夔諸臣又相與振起而扶持之正塗丕闢群聽蘇醒而比日以來又不逮前臣愚妄謂群臣不能以先正之所以事君者事君固不為無罪然陛下導人使諫之意亦不能無間於初也伏見孝宗皇帝於群臣章奏取其所當行者疏之小冊以示大臣或御

便坐則寘於香几。群臣皆得就觀。又有記事版。書其要目以備遺忘。蓋未嘗有不付出之章奏。亦未聞有不爭不辯之給舍臺諫。嗚呼。爲君必如此而後爲不負祖宗。爲臣必如此而後爲不負天子。安有臣讜言之而不復計其施行。君姑聽之而不復慮其爭辯。臣恐天下聞之。有以議在廷之臣。昧於去就之義。則君臣之道。而有未盡也。惟陛下特出臣言而申儆之。

牟子才因輪對上奏曰。臣嘗讀易至巽稱而隱。竊有感於今日之事。巽者事之順也。稱者權之中也。天下之理。至於順而止。天下之順。至於中而止。曰順曰中。尚何迹之可議。惟其事不順理。理不適中。舉天下之人皆得而議之。遂使議論沸騰。手足彰露。有不可掩。豈所謂隱乎。何以言之。天下之事。順乎理而適乎中。則公議在朝廷。朝廷之事不順乎理。不合乎中。則公議在士大夫。朝廷既辭其責而不受。士大夫又諉其責而不收。則公議軼而叛於草茅。無足恠也。嗚呼。公議在朝廷。則大體渾全而聲色不露。公議在士大夫。則大體已裂而精神猶強。公議在草茅。則大體破碎而精采皆渙散矣。然猶幸草茅之有言也。使草茅而不言。則國事日非。賢否易位。四方有敗。皆壅於上聞。將見司馬三日而秦宮不知。雲南喪師而唐室莫省。其爲禍患。蓋有不可勝言者矣。然則言之有益於人之國如此。而可以其頻數而厭之哉。陛下自更化以來。制行少過差。立政無偏詖。故議論寡而大體全。爰自去夏迄于今茲。閱歷十有三月耳。而君臣之間。時有過誤。以君道言之。則三德之失。六事之失。十證之失。臣嘗極言之。以臣道言之。則宰相之非。諫大夫之非。中執政之非。諸臣交結之非。閹嬙怙權之非。臣又極言之。非臣之好爲多言也。事不順理。理不適中。雖欲隱默而不可也。所賴陛下聰明仁聖。從諫如流。今日而下詔求言矣。明

日而罷土木之役矣。又明日而緩失帶之獄。嚴搜挾之罰矣。今日而斥董宋臣矣。明日而罷鄭寀矣。又明日而録用章琰李昂英徐霖矣。凡不順理。理不適中之事。一一徹於耳。率皆悔其所爲。愚臣至此。感泣思奮。每謂聖性本自清明。特公卿大夫不以告陛下。或告之而不當其心耳。苟當其心。則朝聞而夕改矣。非吾君之絕德。聖世之美事歟。雖然。陛下於庶事。亦既若決江河。猶有一大事綿歷二十四年而未咨。豈陛下思之審。慮之詳。必求其不貽社稷之憂而後見於施行耶。不然。何其久而未決也。以臣觀之。夫命之歸出於陛下之無心。霅川之變出於巴陵之無心。天下既以無心而頌陛下矣。陛下豈不當以無心而念巴陵耶。陛下天資素高。終夜以思。未嘗不往來于懷。所患二三大臣。不能委曲開陳。爲陛下畫所以施行之策。儻若陛下有所靳吝而不行。有所顧慮而不行。有所懲創而不行。此中外之言所以紛紛然聒陛下之聽。至於今而未已也。爲今之計。陛下苟於夙興夜寐之間。惻然動心。念高宗付託之言。思元老告帝之意。一加意焉。則空山閴寥之魂有所依託。而西溪行道之人不致嗟傷。如此則事順適中。天下皆服。而陛下全醲之盛德一無虧闕。雖與前所改悔數事編之汗青。求無愧矣。又安有人言張皇之患哉。愚臣至此。何所容喙。惟陛下裁幸。

大理評事胡夢昱坐論事貶。寶文閣學士提舉佑神觀傅伯成遂抗疏曰。夢昱貶。臣恐陛下不復聞天下事矣。方今內無良吏。田里怨咨。外無名將。邊陲危急。而廉恥道喪。風俗益媮。賄賂流行。公私俱困。宜君臣上下。憂邊恤民。以弭禍亂。柰何今日某人言某事。未幾而斥。明日某人言某事。未幾而斥。則是上疏者以共工驩兜之刑加之矣。昔韓愈論後世人主奉佛。運祚短促。憲宗大怒將抵以死。自崔群裴

度戚里諸賢皆為愈言止貶潮州尋復内徙今上疏者非可愈比然在列之臣無一為言者萬一死於瘴癘陛下與大臣有殺諫者之謗史册書之有累聖治臣垂盡之年與斯人相去風馬牛之不相及獨以受恩優異發其瞽言

殿中侍御史杜範因講筵上奏曰臣嘗冒耳目之寄輒忤宰相至煩陛下委曲調護今又使居向者負芒之地豈以臣絶私比而其言猶有可取耶抑以臣巽懦之質易於調護而姑使之備數耶昔人主之於諍臣非樂而聽之即勉而從之否則疎而遠之未聞有不用其言而復用其人者陛下自端平親政以來召用正人以振臺綱未幾而有委曲調護之弊其所彈擊或牽制而不行其所斥逐復因緣以求進臣於入臺之初固已力言之不惟不之革而其弊滋甚甚至節貼而文理不全易寫而臺印無有中書不敢執奏見者為之致疑不意

聖明之時其弊一至於此陛下以其言之不可用又從而超遷之則是臺諫之官專為仕途之捷徑陛下但知崇奬臺諫為盛德而不知但抑直言之為弊政則陛下外有好諫之名内有拒諫之實天下豈有盡可以蓋覆哉

洪舜俞進故事曰蜀先主將東征孫權群臣多諫不從大軍敗績諸葛亮歎曰法孝直若在則能制主上東行就復東行必不傾危矣唐太宗欲自征高麗群臣多諫不聽九拔十城上以不能成功深悔之歎曰魏證若在不使我有是行也

臣聞孟子曰入則無法家拂士出則無敵國外患者國常亡蓋自堯舜不作人主孰能無舉動之過所賴以拂正其非而反諸是惟左右前後之臣爾而便佞者逢之軒黠者長之具位者撫視而不暇問畏事者竊歎而不敢言幸而敢言亦惟一言以塞責而終歸於首鼠人主過舉莫之能救使當舉動少差之初力盡面折廷諍之誼引裾不從繼以折檻自非諱過愎諫之主安能不瞿然悟惕然改惟其若宮之奇懦而不能強諫無益也先主復關羽之恥而興忿兵太宗討高麗之罪而興貪兵非無黃權褚遂良等之諫而所諫不力無救於行法魏二臣猶在必將激烈懇到極其骨鯁不從不止也夷陵鴨綠之悔當時諸臣安得辭其責哉雖然亮知惜孝直而考其推擇之素特蔣琬費禕之純良向寵之淑均何望其復有孝直之方勁太宗知惜魏證而田舍翁之怒見於其前仆碑停婚之恨形於身後敢言之氣沮喪殆盡末節欲望廷臣如證之剴切難矣是則人君平時能養法家拂士之氣臨事乃獲法家拂士之力

中書舍人袁甫上奏曰臣猥以非才誤蒙陛下擢寘華近每侍經幄

獲吐愚忠願陛下保養此心常常清明靜一則一言一動皆可為萬世法若有毫髮私意介乎其間雖朝夕講論而躬行有戾揆之於心不能無慊是非無自欺之義也陛下不以臣言為忤過加奬納臣感激思奮以為幸遇聖明有事安敢不言有言安敢不盡臣竊見近者中外騰傳陛下特形御筆諭朕欲全功臣之世而人言不已戒敕史宅之等安分畏法益加戒謹仍令自今中外臣僚奏章毋得擠摭務存大體以副朕終始元臣之意萬一有此深為陛下惜之且陛下即位于茲十有二年矣而柄臣顓國者十年太祖太宗之綱理天下者幾至大壞而不可收拾逾前歲之冬陛下躬攬萬幾名之曰更化震霆發於久蟄之餘赫日耀於積陰之後太平之期雖未立致然既解絃而更張之亦庶幾其可望矣今一旦布告中外明敕臣僚毋擠摭舊事若是則自端平元年以來所更之化天下咸曰是更柄臣之弊

政令保全元勳禁絕人言之札一頒天下必又潛疑竊議曰是將更端平元年以來之化矣天下喁喁之望何賴焉太祖太宗在天之靈何賴焉且陛下亦知夫言路之通塞乃治亂安危之所繫乎更化之初言路嘗一闢矣邇來廷紳竊窺陛下有厭聽忠言之微意直聲不聞習為喑默今陛下又從而隄障之遏絕之臣恐中外之臣以言為諱雖有至大至急之事陛下亦不得聞矣陛下端居蠖濩之宮試默省此心必知御筆之頒有惕然未安于中者陛下苟心知其非而公不足以勝私則是自欺其心矣其與陛下御經筵之時臣進勿欺之言而欣然嘉納之際毋乃大異乎陛下聰明睿智照臨萬方近又並命二相作新庶政乃於此時降禁遏忠言之手札以消天下讜直敢言之氣倖之遠外其謂陛下何防民之口甚於防川誠使柄臣有功何厭人言使其有罪言何可塞臣謂御札之頒未欲禁人之言而反

激人之怒如川之防必至大決而後已陛下視今為何如時即中外多故患在不測陛下日夜兢畏猶懼不足乃欲以方尺之紙鎮服人心君臣上下泰然自安盡忘憂皇恐懼之意其可乎人情安則舒肆危則憂畏舒肆若安也而終反危憂畏若危也而終乃安陛下欲全史氏一門則當使之常有忌憚公議之心如一撤其關將以愛之適所以禍之也況宅之兄弟父處富貴涉歷未深正當左右詩書遵蹈繩檢庶不貽譏清議乃可植立門戶故御札未必能福史氏而公議乃可以全史氏也陛下遽可輕發而不為之熟慮歟臣愚欲望陛下察臣區區之愚如御札猶未宣降固當泯其形迹若其已行勿嫌反汗亟賜收回庶幾慰愜輿情通達言路以不失更化之初意臣觸犯天威出於忠愛不容自默惟陛下財幸。

劉克莊上奏曰臣聞之道路皆謂朝廷近懲多言之患稍有厭言之意臣固知其不然也陛下自初臨御導人使諫凡嬰鱗直突苦口難堪之言皆霽威緩和顏色以受之間有留落在外已而相繼收召或至於大用可謂有君人之度矣大臣既再當國虛心無我凡意見柄鑿議論矛盾之人皆泯恩怨包同異以容之初若齟齬難合俄而驩然相得或與之同列可謂有大臣之量矣學士大夫遇主如此遭時如此政之得失事之當否不有造膝乎不有附耳乎而自頃以來小大之臣囊封歷奏往往播騰上焉者失納約之義下焉者犯橫議之戒幾於太強聒矣然其大意不過責難於吾君責備於吾相爾豈有他哉自昔論議之臣人主無失德則言掖庭或言戚里或言土木或言聚歛陛下毋悻其如此也求之在上而已仁祖恭儉之主納一女口而王素諫擢一妃族而王舉正等皆諫章聖太平之世築一玉清宮而張詠諫阜陵英明之主創一發運使以治財而張栻諫不特此

也有選人而上流民圖者有縣佐而論儲貳者有諸生而諫花石者國史書之天下記之非諸臣言之之難而列聖容之之難故曰求之在上而已大臣無可議則指除授或指賓客或指子弟大臣毋悻其如此也求之在我而已權之所在怨之所歸光薦祖禹同列以為姻鼎薦九成言者以為黨脩至於祖禹九成有下不[illegible]公著為相頤為客求公著而不得者惟頤之怨脩至於頤者[illegible]不免浚為父栻為子其視師淮蜀也軍民有百萬生靈由五十學士之謗羣臣有軍國大事付癡騃小子之語脩至於栻有所不免故曰求其在我而已不特此也有以堂後官私事訐普者有以交結宮掖詆彥博者有以跋扈誣琦者有以不敢辯明之謗中弼者何嘗為諸老之瑕疵適足以見大臣之德度故曰求其在我而已夫君相未嘗無聽納之意而中外乃妄有厭倦之疑非國之美也臣謂惟聖君而後可以責難惟賢相

而後可以責備使遇猜忌愎諫之主沉忮怙權之相覩肯以身試不測之禍乎臣願陛下與大臣悉用其言之可行者以涵養其氣甄録其人之可進者以招徠其類則盛德大業令聞廣譽在上而不在下在我而不在彼矣

司農少卿趙必愿因轉對上言曰國家正氣日消月沮馴至今日非惟搢紳不肯論事下至草茅之士皆結舌矣端平初元痼方去新病未作陛下猶勤於咨訪如恐不及今疾攻心腹决裂將潰乃不求瞑眩之劑以起其殆甚可感也

權吏部侍郎劉應龍上奏曰臣觀今日之事可言者多矣邇日以來靖恭自守者以論事爲忌指陳稍切者聯翩引去豈兩省繳駁過甚重其疑歟抑廷臣奏對咈意速其畏歟朝廷清明之時而言者已懷疑畏臣恐正臣奪氣鯁臣[illegible]宜非盛世所有也

侍御史李鳴復上奏曰臣聞有官守者不得其職則去有言責者不得其言則去去就之義古人所謹而後世多失之利祿之念重則名節之氣銷富貴之心萌則廉恥之道喪世變之不如古職此之由也臣嘗讀歐陽脩上范司諫書竊有感焉脩之說曰諫官雖卑與宰相等天子曰不可宰相曰可天子曰然宰相曰不然坐乎廟堂之上與天子相可否者宰相也天子曰是諫官曰非天子曰必行諫官曰必不可行立乎殿陛之前與天子爭是非者諫官也宰相尊行其道諫官卑行其言言行道亦行也嗟夫士君子學古懷道逢時遇主尊而爲宰相卑而爲諫官所事者何事所職者何職蓋欲以斯　斯民爾不志於道而志於祿不惟其義而惟其利雖叨榮於一[illegible]豈不遺臭於萬世哉臣嘗即是以揆之今日竊謂曩之爲臺諫者有言而不得吐今之爲臺諫者有言而不得行言而不行與不言何異然風采欲振而旋靡紀綱幾修而復壞其無補於治一也當祖宗時言及乘輿則天子改容非萬乘之貴果屈於一匹夫也所就者大也事關廊廟則宰相待罪非三公之勢果輕於一小吏也所慮者遠也一議之建小人有所憚而沮君子有所恃而安一疏之出山嶽爲之動搖豺狼爲之屏息其或言事不合則闔門待罪或畀以郡或授以節否則譴責隨之貶竄繼之彼亦油然襆被而去蓋以得罪公議爲恥不以得罪有司爲辱也數十年來此意泯矣陛下厲精更始首去副封在上者有受言之誠故在下者亦有敢言之氣中外交慶就不謂慶曆之治元祐之風指日可復然而志太銳則易怠事太速則易弛始焉應荅如響今則有格而不下者矣始焉私邪屏迹今則有肆行交結者矣事關軍國或費區處猶可諉也微瑣小吏而亦悠悠覆護何以示風憲才堪倚仗旋即擢用尚有詞也昏老無庸而亦汲

汲除授何以伸國法正理蝕於邪說公論奪於私情遂使紀綱之地不足以懾姦雄之心耳目之官反所以資浮議之口陛下雖曲賜優容詳加訓諭稍知義利之辨稍識進退之節者獨無慊於心哉夫天下之事有是與非而已言之而是則其言當行言之而非則其人當黜存其人而不察其言之是非設官之意安在任其職而不計其言之用舍報國之忠何有臣願陛下揉搢紳之公論遵祖宗之成憲念朝廷所恃者紀綱也紀綱廢則邪正雜處夫豈國家之利士大夫所重者名節也名節喪則苟且成風亦豈國家之福於朝廷則重其紀綱於士大夫則養其名節此誠今日急務也不然任言責者進既不得行其道如歐陽脩之所期退又不能引而去如孟軻氏之所戒斯亦名教之罪人矣於已安乎哉惟陛下加察

兵部侍郎曹彥約上奏曰臣聞人主深居九重門遠萬里一身之是

否猶未自知四海之利病無緣盡見是以有道之世則必進忠直而遠邪佞非以求觀美而已蓋邪佞者人臣之所利非人主之利也忠直者人主之所利非人臣之利也秦二世諱聞盜起趙高以邪佞得進唐高宗雅欲易后長孫無忌以忠直見嫉夫使人臣者皆知所以愛其身而不知所以敬其君則諛諂面訣之言日至而愛君憂國之論不作天已譴而不悟民已愁而不知禍變於蕭墻之間盜起於畎畝之內為國家者亦何利哉古之聖人所以進忠直而惡邪佞職此由也三代以來立誹謗之木設敢諫之鼓士可以傳其言工可以執其藝簡冊所載昭如日星已陳之迹未暇悉舉竊觀祖宗盛時朝廷政事微有過差未至害治而慶曆元祐諸臣下至蟣蝨小吏猶得直言極諫不遺餘力其後紹聖崇觀間朝廷有大黜陟大變改國脉之所甚畏公論之所不與而舉朝之士無一人言者乃欲指慶曆為賣

直譏元祐為好名自今觀紹聖崇觀之治其視慶曆元祐為如何也果其賣直好名固不足為人臣之利設使面從而退言腹非而口是人主孤立於上而人臣竊祿於下此則古人之所深憂而流俗之所不卹善論治者必有以察乎此矣今茲訪落之初有小毖求助之意乾坤清夷風日輝麗邪佞之黨固未得干於其間而惡直醜正之徒世所必有比年以來亦頗有賣直好名之說見於奏對者雖朝廷不用而其中心所藏足以敗常亂俗不可忽也昔者同文起獄出於邢恕之口而司馬光坐罪愛莫助之圖作於鄧洵武之手而蔡京得進包藏禍機其速如此此無事之時不得不為有事之計也臣願陛下倚忠直如蓍龜去邪佞如蟊賊言而可行雖訐必賞言而不切雖狂必恕其有觀望顏色沮撓讜言至以賣直好名肆為坑穽必將明示好惡重加斥逐則慶曆元祐之治不期而自致紹聖崇觀之弊不期而自革矣易曰水在火上既濟君子以思患而預防之當既濟之時本無扞格而聖人示戒如此所以憂治世而危明主至深切也惟陛下留神

秘書少監兼中書門下省檢正諸房公事姚希得上言曰君子犯顏敢諫拂陛下之意退甘家食此乃為國計非為身計也小人自植朋黨擠排正人甘言佞語一切順陛下之意遂取陛下官爵此乃為身計非為國計也

度宗咸淳八年起居舍人高斯得上奏曰臣聞自古人君之大患在不聞其過而已矣夫以一人居天下之上言動纖微之間治亂存亡繫焉是不可以不聞過也然其威雷霆所震者滅其勢萬鈞所壓者摧乎賁育廢置怵於前刀鋸鼎鑊迫於後自非龍逢比干剖心隕首萬死而不顧者孰肯以其身嬰威怒之鋒哉若昔盛時以堯舜為君

以禹皋稷契為臣一堂之上都俞吁咈如家人父子溫乎其和故昌言嘉謨各得展竭而無餘蘊君臣之道兩盡矣亦休乎三代而下無幾乎此者若漢之高帝唐之太宗亦可取也高帝為人寬仁愛人豁達大度故其創業之初羣策畢至雖鯫生戍卒之賤皆得至前以吐其愚晚年欲易太子周昌直言極諫比以桀紂而不以為忤太宗寬弘盡下導人使諫孫伏伽李大亮之倫危言讜論爰至迹發不惟虛懷延納而又或加賞賜以激厲之二君創業垂統國祚延洪皆聽言能用聞過能改之所致然要其極而論則亦曰仁而已矣陛下以司馬光所載君仁臣直之語為問臣謂戰國君臣何足進於陛下之前故臣置不復言而述堯舜及漢唐令主之事以對然竊窺聖意則知陛下蓋深有感於斯言者陛下天資忠厚恕以待人屈己和顏迎見羣下未嘗疾聲厲色真可謂至仁之主矣而在列之臣批鱗逆耳引

裾折檻之風若寥寥焉則是陛下無負諸臣而諸臣或負陛下矣雖
是亦有機括焉司馬光之告仁祖皇帝也曰仁曰明曰武故臣願陛
下於其有餘者勿失於其未至者用力焉傳曰主聖臣直又曰君明
臣忠此二言者可與聖問所及互相發明陛下試采擇焉
金世宗嘗召陞移剌履曰朕比讀貞觀政要見魏徵嘉謀忠節良可
稱歎迩世何故無如徵者履對曰忠嘉之士何代無之但上之人用
與不用耳世宗曰卿不見劉仲晦張汝霖耶朕超用二人者以嘗居
諫職屢有忠言故也安得謂之不用第人材難得耳履曰臣未聞其
諫也且海陵杜塞言路天下緘口習以成風願陛下懲艾前事開諫
諍之門天下幸甚
世宗又問紇石烈良弼曰朕觀前史有在下位而存心國家直言爲
民者今無其人何也良弼曰今豈無其人哉蓋以直道而行反被謗
毁禍及其身是以不爲也
章宗時遇奏事臺臣亦令迴避左諫議大夫高汝礪上言曰國家置
諫臣以備侍從盖欲周知時政以參得失非徒使排行就列而已故
唐制凡中書門下及三品以上入閣必遣諫官隨之俾預聞政事冀
其有所開說今省臺以下過朝奏事則一切迴避與諸侍衛之臣旅
進旅退殿廷論事初莫得聞及其已行又不詳其始末遂事而諫斯
亦難矣顧諫職爲何如哉若曰非材擇人可也豈可置之言責而疎
遠若此乞自今以往有司奏事諫官得以預聞庶望少補且修注之
職掌記言動俱當一體從之
禮部郎中抹撚胡魯剌以言事忤旨集五品以上官顯責之宣差河
南提控完顔伯嘉上諫曰自古帝王莫不欲法堯舜而恥爲桀紂盖
堯舜納諫桀紂拒諫也故曰納諫者昌拒諫者亡胡魯剌所言是無

益於身所言不是無損於國陛下廷辱如此獨不欲爲堯舜乎近日
言事者語涉謗訕有司當以重典陛下釋之與其釋之以爲恩曷若
置之而不問乎
義宗正大四年時朝士多不盡言頗望依違浚以成俗禮部尚書楊
雲翼上言曰今臣有事君之禮有事君之義禮不敢齒君之輅馬蹴
其芻者有罰入君門則趨見君之几杖則起君命召不俟駕而行受
命不宿於家是皆事君之禮人臣所當盡者也然國家之利害生民
之休戚一一陳之則向所謂禮者特虛器耳君曰可而有否者獻其
否君曰否而有可者獻其可言有不從雖引裾折檻斷鞅軔輪有不
恤焉者當是時也姑徇事君之虛禮而不知事君之大義國家何賴
焉上變色曰非卿朕不聞此言
元太祖時忽兒赤年十五通論語孟子尚書召見于香閣帝曰朕聞
儒者多嘉言忽兒赤奏曰陛下聖明仁智奄有四海唯當親君子遠
小人爾自古帝王未有不以小人而亡者惟陛下察焉帝曰朕於廷
臣有戇直忠言未嘗不悅而受之違忤者亦未嘗加罪盖欲養忠直
而退諛佞也汝言甚合朕意
世祖時東平布衣趙天麟上策曰臣聞江海所以爲江海者以其善
納也聖明所以爲聖明者以其善聽也古先哲王君臨天下乃有櫓
鞀鼓以達四聰樹麾旌旗以萃輿議求之如不得用之如不及雖
或涉於誹謗而猶不之罪也故智者盡圖直者讜議能者獻藝愚者
効忠內契於心則丕沃天聰外宣於政則謂之事業由是觀之天子
之居深拱九重任獨見則斧扆之外杳若萬里開言路則兆民之繁
庶事之冗了於掌中今國家累頒明詔博採直言盖堯舜之勞心人
民不得不然也欲能網羅無遺宜杜其弊夫在下之人賴聖世之慶

運沐聖世之恩波諒有犯不測之龍淵效茅草之狂斐以吞鴻鈞者矣然或家貧力弱跋涉之資內非許史之親外無金張之託雖視升天之路未由覩國之光因詣有司緘申書疏君遇無私之人尚可道也其或有司未肯即申追照副本委於刀筆之小吏付於章句之俗儒端緘事而弗行述大體而弗顧擅成誣罔之議暗存私曲之心遂使志士沉光英材飲恨覽天章而自惜投明月以無因卞和之玉不免於石名郢人之歌見疎於白雪如斯之類可不防乎兩漢以來皁囊封事後世至有絕尚書副封以防壅蔽者今國家詔令上書陳言者實封呈獻闕奏未有絕追照副封之明文竊恐外路諸司因緣作弊夫上書言者非言朝廷之得失即言軍民之利害非言軍民之利害即言官吏之情蹤設如官吏恐其直筆挾愠於內托名校勘遷延歲月進而爭辯則非盛德之所宜退而自止則盛事弗達乎上此又副封為害之甚者也伏望陛下班詔四方絕外路追照副封之事則言路無壅矣臣又以言路既開天下風動夫白屋寒士自齠齔積學以至有成聞斯詔旨抒誠罄直修策論於衙門之下於是乃弃四而思之欲盡實以言邪則恐忤上心欲引而不發邪則有乖公論人之重者莫重於生多包周身之防庶免無妄之禍故言不盡意而什存其七書不盡言而什存其五避嫌省約而什存其三懼觸犯之罪以改之什但存其一矣不其惜哉彼抗其什一之議或裾於象魏之下儻加徽譴則在下以類相懲雖舉求言之詔亦將為噤寒之蟬立伏之馬以避雷霆之萬一又孰敢若朝陽之鳴鳳向天闕以翱翔哉更望陛下包荒納善捨短從長批鱗逆耳者倘患不多哉幸從臣言下無遺才上益聖德而永超乎百王之治矣

天轄又上策曰臣聞夫婦之愚可以與知焉及其至也聖人亦有所

不知焉由是觀之聖人生知之資天縱之美未能盡知也況於王者以拱默為尊無為為貴眼力之所署不過乎宮禁之間耳力之所及不越於軒墀之側受天眷命職司治下京府州縣縱錯星分煙火茫茫民以億計內委卿士外任守令事機壅弊奚以知之故下情貴於上通使萬里之遠如泥之在鈞均然於廊廟之奧而民冀息矣上意貴於下達使九重之邃如日之在天普照於閭閻之賤而王化敷矣今聖朝詔許陳言旁及山野然無諫議之臣寔歉悅言之至臣固知陛下丕繩祖武圖任舊人合九土為一家光百王於千載敷天仰聲比屋從仁小民膏美於無窮百司承風之不暇又何假乎諫也寔無得而稱焉其或覆盆難照過事微萌豈不累乾坤造化之功闕衮冕焜煌之耀乎在下之臣有言責者則拜章飛疏以全益明之明無言責者則尸祝不可以代庖人將無救之者矣能自得師者王惟后從諫則聖故過事非謂之過惟有過而不聞是為過也前漢以前有諫大夫後漢以後增為諫議大夫至於唐朝遂分左右是誠居極之大端也伏望陛下因今稽古兼置諫院隸於都省選天下名高德邵才學該博之士班分左右立諫大夫二員又立司諫補闕拾遺各二員凡上躬之進退從容政令之更張制作施之以陽春之煦霑之以風霜之節如滄海之愈下而愈深如寶鏡之愈磨而愈明不亦美哉臣又思之不患有過而患乎過之不聞不患過之不聞而患乎聞之憚改也何則過者聖賢之所不免也以孔子猶天而貴徙義以顏淵入室而不貳過言未嘗無過也過而不聞者蔽塞之因也今已上通下情若又上立諫府則無不聞之過但在轉圜而已夫迅雷之駭怒奔馳飄風之蓊勃橫起駭震天宇蕩播海岳天子之威也萬鈞懸於一縷之輕秋毫近於洪爐之熾似斷還連生死相隣者諫臣之命也

且鳴玉曳組翔集殿庭。豈不知阿容順指。則祿可常榮。忤上竭誠。則身難自保。然其所以為之者。蓋以明主可為忠言。君子貴崇高節。食其祿。當其職。上欲七廟之享。天下欲群生之蒙惠也。忠言逆耳利於行。良藥苦口利於病。更望陛下既立諫臣。又當納諫如流。攺過不吝。毋或加慍。以杜忠直骨鯁之門也。

世祖嘗謂張雄飛曰。今任職者多非材。政事廢弛。譬之大廈將傾。非良工不能扶。卿輩能任此乎。雄飛對曰。古有御史臺。為天子耳目。凡政事得失。民間疾苦。皆得言。百官姦邪貪穢不職者。即糾劾之。如此則紀綱舉。天下治矣。帝曰善。乃立御史臺。以前丞相搭察兒為御史大夫。雄飛為侍御史。且戒之曰。卿等既為臺官。職在直言。朕為汝君。茍所行未善。亦當極諫。況百官乎。汝宜知朕意。人雖嫉妬汝。朕能為汝地也。雄飛益自感勵。知無不言。

仁宗時。御史納璘言事忤旨。帝怒叵測。平章政事楊朶兒只上諫曰。臣非愛納璘。誠不願陛下有殺御史之名。帝曰。為卿宥之。可左遷昌平令。朶兒只又諫曰。以御史宰京邑。無不可者。但以言事而得左遷。恐後之來者用是為戒。不肯復言矣。帝不允。後數日讀貞觀政要。帝顧謂朶兒只曰。魏徵古之遺直也。朕安得用之。對曰。直由太宗。太宗不聽。徵雖直將焉用之。帝笑曰。卿意在納璘耶。當赦之。以成爾直名也。

中書參政楊廷玉以貪墨敗。臺臣奏旨就廟堂逮之。下吏。丞相倒剌沙疾其權辜同列。恐誣臺臣罔上。欲寘之重辟。監察御史張起巖抗章論曰。臺臣按劾百官。論列朝政。職使然也。今以奉職獲戾。風紀解體。正直結舌。忠良寒心。殊非盛世事。且世皇建臺閣。廣言路。維持治體。陛下即位。詔旨動法祖宗。今臺臣坐譴。公論杜塞。何謂法祖宗耶。帝感悟。事得釋。

英宗嘗謂中書左丞拜住曰。今亦有如唐魏徵之敢諫者乎。對曰。槃圓則水圓。盂方則水方。有太宗納諫之君。則有魏徵敢諫之臣。帝善之。

拜住攝太尉。帝從容謂之曰。朕思天下之大。非朕一人思慮所及。汝為朕股肱。毋忘規諫。以輔朕之不逮。拜住頓首謝曰。昔堯舜為君。每事詢衆。善則舍己從人。萬世稱聖。桀紂為君。拒諫自賢。悅人從己。好近小人。國滅而身不保。民到于今稱為無道之主。臣等仰荷洪恩。敢不竭忠以報。然事言之則易。行之則難。惟陛下力行。臣等不言。則臣之罪也。帝嘉納之。

歷代名臣奏議卷之二百七

歷代名臣奏議卷之二百八

法令

周武王問於太公曰為國而數更法令者何也太公曰為國而數更法令者不法法以其所善為法者也故令出而亂亂則更為法是以其法令數更也

魏文侯問李克曰刑罰之源安生李克曰生於奸邪淫佚之行凡奸邪之心飢寒而起淫佚者久飢之詭也彫文刻鏤害農事者也錦繡纂組傷女工者也農事害則飢之本也女工傷則寒之源也飢寒並至而能不為奸邪者未之有也男女飾美以相矜而能無淫佚者未嘗有也故上不禁技巧則國貧民侈國貧窮者為奸邪而富足者為淫佚則驅民而為邪也民以為邪因以法隨誅之不赦其罪則是為民設陷也刑罰之起有源人主不塞其本而督其末傷國之道乎文侯曰善以為法服也

秦衛鞅欲變法秦人不悅鞅言於孝公曰夫民不可與慮始而可與樂成論至德者不和於俗成大功者不謀於眾是以聖人苟可以彊國不法其故甘龍曰不然因民而教者不勞而成功緣法而治者吏習而民安之衛鞅曰常人安於故俗學者溺於所聞以此兩者居官守法可也非所與論於法之外也智者作法愚者制焉賢者更禮不肖者拘焉公曰善乃以鞅為左庶長卒定變法之令令民為什伍而相收司連坐不告奸者要斬告奸者與斬敵首同賞匿奸者與降敵同罰民有二男以上不分異者倍其賦有軍功者各以率受爵為私鬬者各以輕重被刑大小僇力本業耕織致粟帛多者復其身事末利及怠而貧者舉以為收孥宗室非有軍功論不得為屬籍明尊卑爵秩等級各以差次名田宅臣妾衣服有功者顯榮無功者雖富無所芬華令既具未布恐民之不信乃立三丈之木於國都南門募民能徙置北門者予十金民怪之莫敢徙復曰能徙者予五十金有一人徙之輒予五十金乃下令令行朞年民之國都言新令之不便者以千數於是太子犯法衛鞅曰法之不行自上犯之太子君嗣不可施刑刑其傅公子虔黥其師公孫賈明日秦人皆趨令行之十年道不拾遺山無盜賊民勇於公戰怯於私鬬鄉邑大治秦民初言令不便者有來言令便鞅曰此亂法之民也盡遷之於邊其後民莫敢議令

秦始皇三十六年丞相李斯上言曰異時諸侯並爭厚招游學今天下已定法令出一百姓當家則力農工士則學習法令今諸生不師今而學古以非當世惑亂黔首臣請史官非秦記皆燒之非博士官所職天下有藏詩書百家語者皆詣守尉雜燒之令下三十日不燒黥為城旦所不去者醫藥卜筮種樹之書若有欲學法令以吏為師制曰可

漢文帝時張釋之為廷尉上行出中渭橋張晏曰在渭橋中路曰中渭橋兩岸之中有一人從橋下走出乘輿馬驚於是使騎捕屬之廷尉釋之治問曰縣人來如淳曰長安縣人聞蹕匿橋下久之以為行已過即出見乘輿車騎即走耳廷尉奏當一人犯蹕當罰金如淳曰乙令蹕先至而犯者罰金四兩蹕止行人文帝怒曰此人親驚吾馬吾馬賴柔和令他馬固不敗傷我乎而廷尉乃當之罰金釋之曰法者天子所與天下公共也今法如此而更重之是法不信於民也且方其時上使立誅之則已今既下廷尉廷尉天下之平也一傾而天下用法皆為輕重民安所錯其手足唯陛下察之良久上曰廷尉當是也其後有人盜高廟前玉環捕得文帝怒下廷尉治釋之案律盜宗廟服御物者為奏奏當棄市上大怒曰人之無道乃盜先帝廟器吾屬廷尉者欲致族之而君以法奏之非吾所

以共承宗廟意也。釋之免冠頓首謝曰。法如是足也。（徐廣曰。足一作止也）且罪等。（如淳曰。俱死罪也。盜玉環不若盜長陵土之逆也）然以逆順為差。今盜宗廟器而族之。有如萬分之一。假令愚民取長陵一抔土。（張晏曰。不欲指言。故以取土譬也）陛下何以加其法乎。久之。文帝與太后言之。乃許廷尉。

景帝元年秋七月。詔曰。吏受所監臨以飲食免。重。受財物賤買貴賣論輕。廷尉與丞相更議。著令。廷尉信謹與丞相議曰。吏及諸有秩受其官屬所監所治所行所將。其與飲食計償費。勿論。它物若買故賤賣故貴。皆坐臧為盜。沒入臧縣官。吏遷徙免罷。受其故官屬所將監治送財物。奪爵為士伍。免之。無爵。罰金二斤。令沒入所受。有能捕告畀其所受臧。

宣帝時。京兆尹張敞上書言。國兵在外。縣官穀度不足以振之。願令諸有辠非盜受財殺人及犯法不得赦者。皆得以差入穀。務益致穀

以豫備百姓之急。事下有司。蕭望之與少府李彊議。以為民函陰陽之氣。有仁義欲利之心。在教化之所助。堯在上。不能去民欲利之心。而能令其欲利不勝其好義也。雖桀在上。不能去民好義之心。而能令其好義不勝其欲利也。故堯桀之分。在於義利而已。道民不可不慎也。今欲令民量粟以贖罪。如此。則富者得生。貧者獨死。是貧富異刑而法不一也。人情貧窮。父兄囚執。聞出財得以生活。為人子弟者將不顧死亡之患。敗亂之行。以赴財利。求救親戚。一人得生。十人以喪。如此。伯夷之行壞。公綽之名滅。政教一傾。雖有周召之佐。恐不能復。古者臧於民。不足則取。有餘則予。詩曰。爰及矜人。哀此鰥寡。上惠下也。又曰。雨我公田。遂及我私。下急上也。今有西邊之役。民失作業。雖戶賦口斂以贍其困乏。古之通義。百姓莫以為非。以死救生。恐未可也。陛下布德施教。教化既成。堯舜亡以加也。今議開利路以傷既成之化。臣竊痛之。於是天子復下其議兩府。丞相御史以難問張敞。敞曰。少府左馮翊所言。常人之所守耳。昔先帝征四夷。兵行三十餘年。百姓猶不加賦。而軍用給。今羌虜一隅小夷。跳梁於山谷閒。漢但令辠人出財減辠以誅之。其名賢於煩擾良民。橫興賦斂也。又諸盜及殺人犯不道者。百姓所疾苦也。皆不得贖。首匿見知縱所不當得為之屬。議者或頗言其法可蠲除。今因此令贖。其便明甚。何化之所亂。甫刑之罰。小過赦。薄罪贖。有金選之品。所從來久矣。何賊之所生。敞備皂衣二十餘年。嘗聞辠人贖矣。未聞盜賊起也。竊憐涼州被寇。方秋饒時。民尚有飢乏。病死於道路。況至來春將大困乎。不早慮所以振救之策。而引常經以難。恐後為重責。常人可與守經。未可與權也。敞幸得備列卿。以輔兩府為職。不敢不盡愚。望之彊對曰。先帝聖德。賢良在位。作憲垂法。為無窮之規。永惟邊竟之不贍。故金布令甲

曰。邊郡數被兵離。飢寒夭絕天年。父子相失。令天下共給其費。固為軍旅卒暴之事也。聞天漢四年。常使死罪人入五十萬錢減死罪一等。豪強吏民請奪假貸。至為盜賊以贖罪。其後姦邪橫暴。羣盜並起。至攻城邑。殺郡守。充滿山谷。吏不能禁。明詔遣繡衣使者以興兵擊之。誅者過半。然後衰止。愚以為此使死罪贖之敗也。故曰不便。時丞相魏相。御史大夫丙吉亦以為羌虜且破。轉輸略足相給。遂不施敞議。

時于定國為廷尉。求明察寬恕黃霸等以為廷平。季秋後請讞。時上常幸宣室。齋居而決事。獄刑號為平矣。涿郡太守鄭昌上疏曰。聖王置諫諍之臣者。非以崇德防逸豫之生也。立法明刑者。非以為治。救衰亂之起也。今明主躬垂明聽。雖不置廷平。獄將自正。若開後嗣。不若刪定律令。律令一定。愚民知所避。姦吏無所弄矣。今不正其本。

而置廷平以理其來也政衰聽怠則廷平將招權而為亂首矣

東漢光武時湖陽公主蒼頭白日殺人因匿主家吏不能得及主出行而以奴參乘洛陽令董宣於夏門亭候之乃駐車叩馬以刀畫地大言數主之失叱奴下車因格殺之主即還宮訴帝帝大怒召宣欲箠殺之宣叩頭曰願乞一言而死帝曰欲何言宣曰陛下聖德中興而縱奴殺良人將何以理天下乎臣不須箠請得自殺即以頭擊楹流血被面帝令小黃門持之使宣叩頭謝主宣不從強使頓之宣兩手據地終不肯俯主曰文叔為白衣時藏亡匿死吏不敢至門今為天子威不能行一令乎帝笑曰天子不與白衣同因勑強項令出賜錢三十萬宣悉以班諸吏由是搏擊豪強莫不震慄京師號為臥虎歌之曰枹鼓不鳴董少平

大中大夫 成儀侯梁統在朝廷數陳便宜以為法令既輕下奸不勝宜重刑罰以遵舊典乃上疏曰臣竊見元哀二帝輕殊死之刑以一百二十三事手殺人者減死一等自是以後著為常準故人輕犯法吏易殺人臣聞立君之道仁義為主仁者愛人義者政理愛人以除殘為務政理以去亂為心刑罰在中無取於輕是以五帝有流殛放殺之誅三王有大辟刻肌之法故孔子稱仁者必有勇又曰理財正辭禁民為非曰義高帝受命誅暴平蕩天下約令定律誠得其宜文帝寬惠柔克遭世平康唯除省肉刑相坐之法它皆率由無革舊章武帝致中國隆盛財力有餘征伐遠方軍役數興豪傑犯禁奸吏弄法故重首匿之科著知縱之律以破朋黨以懲隱匿宣帝聰明正直總御海內臣下奉憲無所失墜因循先典天下稱理至哀平繼體而即位日淺聽斷尚寡丞相王嘉輕為穿鑿虧除先帝舊約成律數年之間百有餘事或不便於理或不厭民心謹表其尤害於體者傳奏於左伏惟陛下包元履德權時撥亂功踰文武惪謀高皇誠不宜因循季末衰微之軌回神明察考量得失宣詔有司詳擇其善定不易之典施無窮之法天下幸甚事下三公廷尉議者以為隆刑峻法非明主急務施行日久豈一朝所釐統今所定不宜開可統復上言曰有司以臣所言不可施行尋臣之所奏非曰嚴刑竊謂高帝以後至乎孝宣其所施行多合經傳宜比方今事驗之往古聿遵前典事無難改不勝至願願得召見若對尚書近臣口陳其要帝令尚書問狀統對曰臣聞聖帝明王制立刑罰故雖堯舜之盛猶誅四凶經曰天討有罪五刑五庸哉又曰爰制百姓于刑之衷孔子曰刑罰不衷則人無所措手足衷之為言不輕不重之謂也春秋之誅不避親戚所以防患救亂坐安衆庶豈無仁愛之恩貴絕殘賊之路也自高祖之興至于孝宣君明臣忠謀謨深博猶因循舊章不輕改革海內稱

理斷獄益少至初元建平所減刑罰百有餘條而盜賊侵多歲以萬數間者三輔從橫羣輩並起至燔燒茂陵火見未央其後隴西北地西河之賊越州度郡萬里交結攻取庫兵劫略吏人詔書討捕連年不獲是時以天下無難百姓安平而狂狡之執猶至於此皆刑罰不衷愚人易犯之所致也由此觀之則刑輕之作反生大患惠加奸軌而害及良善也故臣統願陛下采擇賢臣孔光師丹等議

成儀侯梁統及群臣上言古者肉刑嚴重則人畏法令今憲律輕薄故姦軌不勝宜增科禁以防其源詔下公卿議光祿勳杜林奏曰夫人情挫辱則義節之風損法防繁多則苟免之行興孔子曰導之以政齊之以刑民免而無恥導之以德齊之以禮有恥且格古之明王深識遠慮動居其厚不務多辟周之五刑不過三千大漢初興詳覽得失故破矩為圓斲彫為樸蠲除苛政更立疏網海內歡欣人懷寬德

及至其後。漸以滋章。吹毛索疵。詆欺無限。果桃菜茹之饋。集以成贓。小事無妨於義。以為大戮。故國無廉士。家無完行。至於法不能禁。令不能止。上下相遁。為敝彌深。臣愚以為宜如舊制。不合翻移。帝從之。

章帝元和二年。旱。長水校尉賈宗等上言。以為斷獄不盡三冬。故陰氣微弱。陽氣發泄。招致災旱。事在於此。帝以其言下公卿議。尚書陳寵奏曰。夫冬至之節。陽氣始萌。故十一月有蘭射干芸荔之應。時令曰。諸生蕩安形體。天以為正。周以為春。十二月陽氣上通。雉雊雞乳。地以為正。殷以為春。十三月陽氣已至。天地已交。萬物皆出。蟄蟲始振。人以為正。夏以為春。三微成著。以通三統。周以天元。殷以地元。夏以人元。若以此時行刑。則殷周歲首皆當流血。不合人心。不稽天意。月令曰。孟冬之月。趣獄刑。無留罪。明大刑畢在立冬也。又孟冬之月身欲寧。事欲靜。若以降威怒。不可謂寧。若以行大刑。不可謂靜。議者

咸曰。旱之所由。咎在改律。臣以為殷周斷獄不以三微。而化致康平。無有災害。自元和以前。皆用三冬。而水旱之異。往往為患。由此言之。災害自為它應。不以改律。秦為虐政。四時行刑。聖漢初興。改從簡易。蕭何草律。季秋論囚。俱避立春之月。而不計天地之正。二王之春。實頗有違。陛下探幽析微。允執其中。革百載之失。建永年之功。上有迎承之敬。下有奉微之惠。稽春秋之文。當月令之意。聖功美業。不宜中疑。書奏。帝納之。遂不復改。

章帝時。太學生梁郁陰上書。告太學生孫駰孔僖誹謗先帝。刺譏當世。下有司。駰詣吏受訊。僖以吏捕方至。恐誅。乃上書自訟曰。臣之愚意。以為凡言誹謗者。謂實無此事而虛加誣之也。至如孝武皇帝政之美惡。顯在漢史。坦如日月。是為直說書傳實事。非虛謗也。夫帝者為善。則天下之善咸歸焉。其不善。則天下之惡亦萃焉。斯皆有以致之。故不可以誅於人也。且陛下即位以來。政教未過。而德澤有加。天下所具也。臣等獨何譏刺哉。假使所非實是。則固應悛改。儻不當也。亦宜含容。又何罪焉。陛下不推原大數。深為自計。徒肆私忿以快其意。臣等受戮。死即死耳。顧天下之人。必回視易慮。以此事窺陛下心。自今以後。苟見不可之事。終莫復言者矣。臣之所以不愛其死。猶敢極言者。誠為陛下深惜此大業。陛下若不自惜。則臣何賴焉。齊桓公親揚其先君之惡。以唱管仲。然後羣臣得盡其心。今陛下乃欲以十世之武帝。遠諱實事。豈不與桓公異哉。臣恐有司卒然見構。銜恨蒙枉。不得自敘。使後世論者擅以陛下有所方比。寧可復使子孫追掩之乎。謹詣闕伏待重誅。帝始亦無罪僖等意。及書奏。立詔勿問。拜僖蘭臺令史。

建初中。有人侮辱人父者。而其子殺之。肅宗貫其死刑而降宥之。

自後因以為比。和帝時。遂定其議。以為輕侮法。尚書張敏駁議曰。夫輕侮之法。先帝一切之恩。不有成科班之律令也。夫死生之決。宜從上下。猶天之四時。有生有殺。若開相容恕。著為定法者。則是故設奸萌。生長罪隙。孔子曰。民可使由之。不可使知之。春秋之義。子不報讎。非子也。而法令不為之減者。以相殺之路不可開故也。今託義者得減。妄殺者有差。使執憲之吏得設巧詐。非所以導在醜不爭之義。又輕侮之比。浸以繁滋。至有四五百科。轉相顧望。彌復增甚。難以垂之萬載。臣聞師言。救文莫如質。故高帝去煩苛之法。為三章之約。建初詔書。有改於古者。可下三公廷尉。蠲除其敝。議寢不省。敏復上疏曰。臣敏蠢愚。特見拔擢。愚心所不曉。迷意所不解。誠不敢苟隨眾議。臣伏見孔子垂經典。皋陶造法律。原其本意。皆欲禁民為非也。未曉輕侮之法。將以何禁。必不能使不相輕侮。而更開相殺之路。執憲之

史復容其奸枉議者或曰平法當先論生臣愚以為天地之性惟人為貴殺人者死三代通制今欲趣生反開殺路一人不死天下受敝記曰利一害百人去城郭夫春生秋殺天道之常春一物枯即為災秋一物華即為異王者承天地順四時法聖人從經律願陛下留意下民考尋利害廣令平議天下幸甚和帝從之

和帝永元六年陳寵代郭躬為廷尉復校律令刑法溢於甫刑者奏除之曰臣聞禮經三百威儀三千故甫刑大辟二百五刑之屬三千禮之所去刑之所取失禮即入刑相為表裏者也今律令犯罪應死刑者六百一十耐罪千六百九十八贖罪以下二千六百八十一溢於甫刑千九百八十九其四百一十大辟千五百七耐罪七十九贖罪春秋保乾圖曰王者三百年一蠲法漢興以來三百二年憲令稍增科條無限又律有三家說各駮異刑法繁多宜令三公廷尉集平律令應經合義可施行者大辟二百耐罪贖罪二千八百合為三千與禮相應其餘千九百八十九事悉可詳除使百姓改易視聽以成大化致刑措之美傳之無窮未及施行會寵抵罪遂寢

安帝時河間人尹次潁川人史玉皆坐殺人當死次兄初及玉母軍並詣官曹求代其命因縊而物故尚書陳忠以罪疑從輕議活次玉時太山太守袁劭追駮之據正典刑有可存者其議曰尚書稱天秩有禮五服五章天討有罪五刑五用哉而孫卿亦云凡制刑之本將以禁暴惡且懲其末也凡爵列官秩賞慶刑威皆以類相從使當其實也若德不副位能不稱官賞不酬功刑不應罪不祥莫大焉殺人者死傷人者刑此百王之定制有法之成科高祖入關雖尚約法然殺人者死亦無寬降夫時化則刑重時亂則刑輕書曰刑罰時輕時重此之謂也今次玉公以清時釋其私憾阻兵安忍僵尸道路朝

恩在寬幸至冬獄而初軍愚狷妄自投斃昔召忽親死子糾之難而孔子曰經於溝瀆人莫之知晁氏之父非錯刻峻遂能自隕其命班固亦云不如趙母指括以全其宗傳曰僕妾感慨而致死者非能義勇顧無慮耳夫刑罰威獄以類天之震燿殺戮也溫慈和惠以放天之生殖長育也是故春一草枯則為災秋一木華亦為異今殺無罪之初軍而活當死之次玉其為枯華不亦然乎陳忠不詳制刑之本而信一時之仁遂廣引八議求生之端夫親故賢能功貴勤賓豈有次玉當罪之科哉若乃小大以情原心定罪此為求生非謂代死可以生也敗法亂政悔其可追

獻帝建安元年應劭刪定律令以為漢議表奏之曰夫國之大事莫尚載籍也載籍也者決嫌疑明是非賞刑之宜允獲厥中俾後之人永有鑒焉故膠東相董仲舒老病致仕朝廷每有政議數遣廷尉張湯親至陋巷問其得失於是作春秋折獄二百三十二事動以經對言之詳矣逆臣董卓蕩覆王室典憲焚燎靡有孑遺開闢以來莫或滋酷今大駕東邁巡省許都拔出險難其命惟新臣竊不自揆輒撰具律本章句尚書舊事廷尉板令決事比例司徒都目五曹詔書及春秋折獄凡二百五十篇蠲去復重為之節文又集議駮三十篇以類相從凡八十二事其見漢書二十五漢記四皆刪叙潤色以全本體其二十六博採古今瓌瑋之士直意義可觀其二十七臣所創造左氏云雖有姬姜不棄憔悴雖有絲麻不棄菅蒯蓋所以代匱也是用敢露頑才廁于明哲之末雖未足綱紀國體宣洽時雍庶幾觀察增闡聖德惟因萬機之餘暇游意省覽献帝善之於是舊事存焉

魏文帝踐阼以高柔為治書侍御史賜爵關內侯轉加治書執法時民間數有誹謗妖言帝疾之有妖言輒殺而賞告者柔上疏曰今妖

言者必戮告之者輒賞既使過誤無反善之路又將開凶狡之群相誣罔之漸誠非所以息奸省訟緝熙治道也昔周公作誥稱殷之祖宗咸不顧小人之怨在漢太祖亦除妖言誹謗之令臣愚以爲宜除妖謗賞告之法以隆天父養物之仁帝不即從而時誣告者滋甚帝乃下詔敢以誹謗相告者以所告者罪罪之於是遂絕

明帝即位闅鄉侯（闅音）衛覬奏曰九章之律自古所傳斷定刑罪其意微妙百里長吏皆宜知律刑法者國家之所貴重而私議之所輕賤獄吏者百姓之所縣命而選用者之所卑下王政之弊未必不由此也請置律博士轉相教授事遂施行

明帝時獵法甚峻宜陽典農劉龜竊獵於禁內射兔其功曹張京詣較事言之帝匿京名收龜付獄廷尉高柔表請告者名帝大怒曰劉龜當死乃敢獵吾禁地送龜廷尉廷尉便當考掠何復請告者主名

吾豈妄收龜邪柔曰廷尉天下之平也安得以至尊喜怒而毀法乎重復爲奏辭指深切帝意悟乃下京名即還訊各當其罪

明帝以宮室盛興而期會迫急有稽限者帝親召問言猶在口身首已分王肅抗疏曰陛下之所行刑皆宜死之人也然衆庶不知將爲倉卒頗陛下下之於吏而暴其罪均其死也不汙宮掖不爲縉紳驚惋不爲遠近所疑人命至重難生易殺氣絕而不續者也是以聖王重之孟軻云殺一不辜而取天下者仁者不爲也

齊王正始中魏法犯大逆者誅及已出之女毋丘儉之誅其子甸妻荀氏應坐死其族兄顗與景帝姻通表魏帝以匄其命詔聽離婚荀氏所生女芝爲潁川太守劉子元妻亦坐死以懷妊繫獄荀氏辭詣司隸校尉何曾乞恩求沒爲官婢以贖芝命曾哀之使主簿程咸上議曰夫司寇作典建三等之制甫侯脩刑通輕重之法叔世多變秦立重辟漢又脩之大魏承秦漢之弊未及革制所以追戮已出之女誠欲殄醜類之族也然則法貴得中刑慎過制臣以爲女人有三從之義無自專之道出適他族還喪父母降其服紀所以明外成之節異在室之恩而父母有罪追刑已出之女夫黨見誅又有隨姓之戮一人之身內外受辟今女既嫁則爲異姓之妻如或產育則爲他族之母此爲元惡之所忽戮無辜之所重於防則不足懲奸亂之源於情則傷孝子之心男不得罪於他族而女獨嬰戮於二門非所以哀矜女弱蠲明法制之本分也臣以爲在室之女從父母之誅既醮之婦從夫家之罰宜改舊科以爲永制於是有詔改定律令

晉武帝即位鎮西長史杜預與車騎將軍賈充等定律令既成預爲之注解乃奏之曰法者蓋繩墨之斷例非窮理盡性之書也故文約而例直聽省而禁簡例直易見禁簡難犯易見則人知所避難犯則幾

於刑厝刑之本在於簡直故必審名分審名分者必忍小理古之刑書銘之鍾鼎鑄之金石所以遠塞異端使無淫巧也今所注皆網羅法意格之以名分使用之者執名例以審趣舍伸繩墨之直去析薪之理也詔班于天下

泰始三年車騎將軍賈充等定議律令事畢表上四年正月大赦天下乃班新律其後明法掾張裴又注律表上之其要曰律始於刑名者所以定罪制也終於諸侯者所以畢其政也王政布於上諸侯奉於下禮樂撫於中故有三才之義焉其相須而成若一體焉刑名所以經略罪法之輕重正加減之等差明發衆篇之多義補其章條之不足較舉上下綱領其犯盜賊詐僞請賕者則求罪於此作役水大畜養守備之細事皆求之作本名告訊爲之心舌捕繫爲之手足斷獄爲之定罪名例齊其制自始及終往而不窮變動無常周流四極

上下無方不離于法律之中也其知而犯之謂之故意以為然謂之失違忠欺上謂之謾背信藏巧謂之詐虧禮廢節謂之不敬兩訟相趣謂之鬬兩和相害謂之戲無變斬擊謂之賊不意誤犯謂之過失逆節絕理謂之不道陵上僭貴謂之惡逆將害未發謂之戕唱首先言謂之造意二人對議謂之謀制衆建計謂之率不和謂之強攻惡謂之畧三人謂之群取非其物謂之盜貨財之利謂之贓凡二十者律義之較名也夫律者當慎其變審其理若不承用詔書無故失之刑當從贖謀反之同伍實不知情當從刑此故失之變也卑與尊鬬皆為賊鬬之加兵刃水火中不得為戲戲之重也向人室廬道徑射不得為過失之禁也都城人衆中走馬殺人當為賊賊之似也過失似賊戲似鬬鬬而殺傷傍人又似誤盜傷縛守似強盜呵人取財似受財因辭所連似告劾諸勿聽理似故縱持質似恐猲如此之比皆

為無常之格也五刑不簡正于五罰五罰不服正于五過意善功惡以金贖之故律制生罪不過十四等死刑不過三徒加不過六囚加不過五累作不過十一歲累笞不過千二百刑等不過一歲金等不過四兩月贖不計日日作不拘月歲數不疑閏不以加至死并死不復加不可累者故有并數不可并數乃累其加以加論者但得其加與加同者連得其本不在次者不以通論以人得罪與人同以法得罪與法同侵生害死不可齊其防親疏公私不可常其教禮樂崇於上故降其刑刑法閑於下故全其法是故尊卑敘仁義明九族親王道平也律有事狀相似而罪名相涉者若加威勢下手取財為強盜不自知亡為縛守將中有惡言為恐猲不以罪名呵為呵人以罪名呵為受賕劫召其財為持質此八者以威勢得財而名殊者也即不求自與為受求所監求而後取為盜贓輸入呵受為留難斂人財物

積藏於官為擅賦加毆擊之為戮辱諸如此類皆為以威勢得財而罪相似者也夫刑者司理之官理者求情之機情者心神之使心感則情動於中而形於言暢於四支發於事業是故奸人心愧而面赤內怖而色奪論罪者務本其心審其情精其事近取諸身遠取諸物然後乃可以正刑仰手似乞俯手似奪捧手似謝擬手似訴拱臂似自首攘臂似格鬬矜莊似威怡悅似福喜怒憂懽貌在聲色奸真猛弱候在視息出口有言當為告下手有禁當為賊喜子殺怒子當為戲怒子殺喜子當為賊諸如此類自非至精不能極其理也律之名例非正文而分明也若八十非殺傷人它皆勿論即誣告謀反者反坐十歲不得告言人即奴婢捍主主得謁殺之賊燔人廬舍積聚盜賊贓五匹以上弃市即燔官府積聚盜亦當與同毆人教令者與同罪即令人毆其父母不可與行者同得重也若得遺物強取強乞之

類無還贓法隨例畀之文法律中諸不敬違儀失式及犯罪為公為私贓入身不入身皆隨事輕重取法以例求其名也夫理者精玄之妙不可以一方行也律者幽理之奧不可以一體守也或計過以配罪或化略不循常或隨事而盡情或趣舍以從時或推重以立防或引輕以就下公私廢避之宜除削重輕之變皆所以臨時觀釁者用法執詮者幽於未制之中采其根牙之微致之於機格之上稱輕重於豪銖考輩類於參伍然後乃可以理直刑正夫奉聖典者若操刀執繩刀妄加則傷物繩妄彈則侵直梟首者惡之長斬刑者罪之大弃市者死之下髡作者刑之威贖罰者誤之誡王者立此五刑所以寶君子而逼小人故為敕慎之經皆擬周易有變通之體焉欲令提綱而大道清舉略而王法齊其旨遠其辭文其言曲而中其事肆而隱通天下之志唯忠也斷天下之疑唯文也切天下之情唯遠也彌

天下之務唯大也。變無常體唯理也。非天下之賢聖孰能與於斯。夫形而上者謂之道。形而下者謂之器。化而財之謂之格。刑殺者是冬震曜之象。髡罪者似秋彫落之變。贖失者是春陽悔吝之疵也。五刑成章。輒相依准。法律之義焉。

賈充等既定議律令表上。四年正月大赦天下。乃班新律。時劉頌為廷尉。頻表宜復肉刑。不見省。又上言曰。臣昔上行肉刑。從來積年。遂寢不論。臣竊以為議者拘孝文之小仁。而輕違聖王之典刑。未詳之甚。莫過於此。今死刑重。故非命者衆。生刑輕。故罪不禁奸。所以然者肉刑不用之所致也。今為徒者類性元惡不軌之族也。去家懸遠。作役山谷。飢寒切身。志不聊生。又有廉士介者。苟慮不首死。則皆為盜賊。豈況本性奸凶無賴之徒乎。又令徒富者輸財。解日歸家。乃無役之人也。貧者起為奸盜。又不制之虜也。不刑則罪無所禁。不制則羣惡橫肆。為法若此。近不盡善也。是以徒亡日屬。盜賊日煩。亡之數者至有十數。得輒加刑。日益一歲。此為終身之徒也。自顧反善無期。而災困逼身。其志亡思盜。勢不得息。事使之然也。古者用刑以止刑。今反於此。諸重犯亡者。髮過三寸輒重髡之。此以刑生刑。加作一歲。此以徒生徒也。亡者積多。繫囚猥畜。議者曰。囚不可不赦。復從而赦之。此為刑不制罪。法不勝奸。下知法之不勝。相聚而謀為不軌。月異而歲不同。故自頃年以來。奸惡陵暴。所在充斥。議者不深思此故。而曰肉刑於名忤聽。忤聽孰與盜賊不禁。聖王之制肉刑。遠有深理。其事可得而言。非徒懲其畏剝割之痛而不為也。乃去其為惡之具。使夫奸人無用復肆其志。止奸絕本。理之盡也。亡者刖足。無所用復亡。盜者截手。無所用復盜。淫者割其勢。理亦如之。除惡塞源。莫善於此。非徒然也。此等已刑之後。便各歸家。父母妻子共相養恤。不流離於塗

路。有今之困。創愈可役。上准古制。隨宜業作。雖已刑殘。不為虛棄。而所患都塞。又生育繁阜之道自若也。今宜取死刑之限輕。及三犯逃亡淫盜。悉以肉刑代之。其三歲刑以下。已自杖罰遣。又宜制其罰數。使有常限。不得減此。其有宜重者。又任之官長。應四五歲刑者。皆髡笞。笞至一百。稍行使各有差。悉不復居作。然後刑不復生刑。徒不復生徒。而殘體為戮。終身作誡。人見其痛。畏而不犯。必數倍於今。且為惡者隨發被刑。去其為惡之具。此為諸已刑者。皆良士也。豈與全其為奸之手。而蹴居必死之窮地同哉。而猶曰肉刑不可用。臣竊以為不識務之甚也。臣昔常侍左右。數聞明詔。謂肉刑宜用。事便於政。願陛下信獨見之斷。使夫能者得奉聖慮。行之於今。比填溝壑。冀見太平。周禮三赦三宥。施於老幼悼耄黔黎不屬逮者。此非為惡之所出。故刑法逆舍而宥之。至於自非此族。犯罪則必刑而無赦。此政之理也。暨至後世。以時險多難。因赦解結。權以行之。又不以寬罪人也。至今恒以罪積獄繁。赦以散之。是以赦愈數而獄愈塞。如此不已。將至不勝。原其所由。肉刑不用之故也。今行肉刑。非徒不積。且為惡無具。則奸息。去此二端。獄不得繁。故無取於數赦。於政體勝矣。疏上又不見省。

武帝時。太廟初建。詔普增位一等。後以主者承詔失旨。改除之。尚書郎摯虞上表曰。臣聞昔之聖明。不愛千乘之國。而惜桐葉之信。所以重至尊之命。而達於萬國之誠也。前乙巳赦書。遠稱先帝遺惠餘澤。普增位一等。以酬四海欣戴之心。驛書班下。被于遠近。莫不鳥騰魚躍。喜蒙德澤。今一旦更以主者思文不審。收既往之詔。奪已澍之施。臣之愚心。竊以為不可。詔從之。

惠帝時。齊王冏起義兵。趙王倫收東萊王蕤及弟北海王寔。繫廷尉

當誅倫太子中庶子祖納上疏諫曰罪不相及惡止其身此先哲之弘謨百王之達制也是故鯀既殛死禹乃嗣興二叔誅放而邢衛無責逮乎戰國及至秦漢明恕之道寢猜嫌之情用乃立質任以御衆設從罪以發奸其所由來蓋三代之弊法耳毅寔獻王之子明德之胤宜蒙特宥以全穆親之典會孫秀死毅等悉得免

時政出羣下每有疑獄各立私情刑法不定獄訟繁滋尚書裴頠表陳之曰夫天下之事多塗非一司之所管中才之情易擾賴恒制而後定先王知其所以然也是以辯方分職爲之準局準局既立各掌其務刑賞相稱輕重無二故下聽有常羣吏安業也舊宮掖陵廟有水火毀傷之變然後尚書乃躬自奔赴其非此也皆止於郎令史而已刑罰所加各有常刑去元康四年大風之後廟闕屋瓦有數枚傾落免太常荀寓于時以嚴詔所譴莫敢據正然內外之意僉謂事輕

責重有違於常會五年二月有大風主者懲懼前事臣新拜尚書始三日本曹尚書有疾權令兼出按行蘭臺主者乃瞻望阿棟之間求索瓦之不正者得棟上瓦小邪十五處或是始瓦時邪蓋不足言風起倉卒臺官更往太常按行不及得周文書未至之頃便競相禁止臣以權兼暫出出還便罷不復得窮其事而本曹據執却問無已臣時具加解遣而主者畏咎不從臣言禁止太常復興刑獄昔漢氏有盜廟玉環者文帝欲族誅釋之但處以死刑曰若侵長陵一抔土何以復加文帝從之大晉垂制深惟經遠山陵不封園邑不飾墓而不墳同乎山壤是以丘阪存其陳草使齊乎中原矣雖陵兆尊嚴唯毀發然後族之此古典也若登踐犯損失盡敬之道事止刑罪可也去八年奴聽教加誣周龍燒草廷尉遂奏族龍一門八口并命會龍獄翻然後得免考之情理準之前訓所處實重今年八月陵上荊一枝圍七寸二分者被斫司徒太常奔走道路雖知事小而案劾難測搔擾驅馳各競免負于今太常禁止未解近日太祝署失火燒屋三間半署在廟北隔道在重牆之內又即已滅頻爲詔旨所問主者以詔旨使問頻繁便責尚書不即按行輒禁止尚書免皆在法外刑書之文有限而舛違之故無方故有臨時議處之制誠不能皆得循常也至於此輩皆爲過當每相逼迫不復以理上替聖朝畫一之德下損崇禮大臣之望臣愚以爲犯陵上草木不應乃用同産異刑之制按行奏劾應有定準相承務重體例遂虧或因餘事得容淺深頗雖有此表曲議猶不止

三公尚書劉頌上疏曰自近世以來法漸多門令甚不一臣今備掌刑斷職思其憂謹具啓聞臣竊伏惟陛下爲政每盡善故事求曲當則例不得直盡善故法不得全何則夫法者固以盡理爲法而上求

盡善則諸下牽文就意以赴主之所許是以法不得全刑書徵文徵文必有乖於情聽之斷而上安於曲當故執平者因文可引則生二端是法多門令不一則吏不知所守下不知所避奸僞者因法之多門以售其情所欲淺深苟斷不一則居上者難以檢下於是事同議異獄犴不平有傷於法古人有言人主詳其政荒人主期其事理詳匪它盡善則法傷故其政荒也期者輕重之當雖不厭情苟入於文則循而行之故其事理也夫善用法者忍違情不厭聽之斷輕重雖不允人心經於凡覽若不可行法乃得直又君臣之分各有所司法欲必奉故令主者守文理有窮塞故使大臣釋滯事有時宜故人主權斷主者守文若釋之執犯蹕之平也大臣釋滯若公孫弘斷郭解之獄也人主權斷若漢祖戮丁公之爲也天下萬事自非斯格重爲故不近似此類不得出以意妄議其餘皆以律令從事然後法信於

下人聽不惑吏不容奸可以言政人主軌斯格以責羣下大臣小吏各守其局則法一矣古人有言善為政者看人設教看人設教制法之謂也又曰隨時之宜當務之謂也然則看人隨時在大量也而制其法法軌既定則行之行之信如四時執之堅如金石群吏豈得在成制之內復稱隨時之宜傍引看人設教以亂政典哉何則始制之初固已看人而隨時矣今若設法未盡當則宜改之若謂已善不得盡以為制而使奉用之司公得出入以差輕重也夫人君所與天下共者法也已令四海不可以不信以為教方求天下之不慢不可繩以不信之法且先識有言人至愚而不可欺也不謂平時背法意斷不勝百姓願也上古議事以制不為刑辟夏殷及周書法象魏三代之君齊聖然咸弃曲當之妙鑒而任徵文之直準非聖有殊所遇異也今論時敦弊不及中古而執平者欲適情之所安自託於議事以制

臣竊以為聽言則美論理則違然天下至大事務衆雜時有不得悉循文如令故臣謂宜立格為限使主者守文死生以之不敢錯思於成制之外以差輕重則法恒全事無正據名例不及大臣論當以釋不滯則事無閡至如非常之斷出法賞罰若漢祖戮楚臣之私己封趙氏之無功唯人主專之非奉職之臣所得擬議然後情求傍請之跡絕似是而非之奏塞此蓋齊法之大準也主者小吏處事無常何則無情則法徒克有情則撓法積克似無私然乃所以得其私又恒所岨以衞其身斷當恒克世謂盡公時一曲法乃所不疑故人君不善倚深似公之斷而責守文如令之奏然後是為有檢此又平法之一端也夫出法權制指施一事厭情合聽可適耳目誠有臨時當意之快勝於徵文不允人心也然起為經制終年施用恒得一而失十故小有所得者必太有所失近有所漏者必遠有所苞故諳事識體

者善權輕重不以小害大不以近妨遠忍曲當之近適以全簡直之大準不牽於凡聽之所安必守徵文以正例每臨其事恒御此心以決斷此又法之大槩也又律法斷罪皆當以法律令正文若無正文依附名例斷之其正文名例所不及皆勿論法吏以上所執不同得為異議如律之文守法之官唯當奉用律令至於法律之內所見不同乃得為異議也今限法曹郎令史意有不同為駁唯得論釋法律以正所斷不得援求諸外論隨時之宜以明法官守局之分詔下其事侍中太宰汝南王亮奏以為夫禮以訓世而法以整俗理化之本事實由之若斷不斷常輕重隨意則王憲不一人無所錯矣故觀人設教在上之舉守文直法臣吏之節也臣以去太康八年隨事異議周懸象魏之書漢詠畫一之法誠以法與時共義不可二今法素定而法為議則有所開長以為宜如頌所啓為永久之制

元帝為丞相時朝廷草創議斷不循法律人立異議高下無狀主簿熊遠奏曰禮以崇善法以閑非故禮有常典法有常防人知惡而無邪心是以周建象魏之制漢創畫一之法故能闡弘大道以至刑厝律令之作由來尚矣經賢智歷夷險隨時斟酌最為周備自軍興以來法度陵替至於處事不用律令競作屬命人立異議曲適物情虧傷大例府立節度復不奉用臨事改制朝作夕改至於主者不敢任法每輒關諮委之大官非為政之體若本曹處事不合法令監司當以法彈違不得動用開塞以壞成事按法蓋麤術非妙道也矯割物情以成法耳若每隨物情輒改法制此為以情壞法法之不一是謂多門開人事之路廣私請之端非先王立法之本意也凡為駁議者若違律令節度當合經傳及前比故事不得任情以破成法愚謂宜令錄事更立條制諸立議者皆當引律令經傳不得直以情言無所

依準以斷舊典也若開塞隨宜權道制物此是人君之所得行非臣子所宜專用主者唯當徵文據法以事爲斷耳

元帝即位河東衛展爲廷尉上言曰古者肉刑事經前聖漢文除之增加大辟今人戶彫荒百不遺一而刑法峻重非句踐養胎之義也臣謂宜復古施行以隆太平之化詔内外通議於是驃騎將軍王導太常賀循侍中紀瞻中書郎庾亮大將軍諮議參軍梅陶散騎郎張嶷等議以肉刑之典由來尚矣肇自古先以及三代聖哲明王所未曾改也豈是漢文常主所能易者乎時蕭曹已沒絳灌之徒不能正其義逮班固深論其事以爲外有輕刑之名内實殺人又死刑太重生刑太輕生刑縱於上死刑怨於下輕重失當故刑政不中也且原先王之造刑也非以過怒也非以殘人也所以救姦所以當罪今盜者竊人之財淫者好人之色亡者避叛之役皆無殺害也則加之以刑刑之則止而加之斬戮戮過其罪死不可生縱虐於此歲以巨萬計此乃仁人君子所不忍聞而況行之於政乎若乃惑其名而不練其實惡其生而趣其死此畏水投舟避坑蹈井愚夫之不若何取於政哉今大晉中興遵復古典率由舊章起千載之滯義拯百殘之遺黎使皇典廢而復存黥首死而更生至義暢于三代之際遺風播乎百世之後生肉枯骨惠侔造化豈不休哉惑者乃曰死由不懲而況於刑然人者冥也其至愚矣雖加斬戮忽爲灰土死事日往生欲日存未以爲改若刑諸市朝朝夕鑒戒刑者詠爲惡之永痛惡者觀殘刖之長廢故足懼也然後知先王之輕刑以御物顯誠以懲愚其理遠矣尚書令刁協尚書薛兼等議以爲聖上悼殘荒之遺黎傷犯死之繁衆欲行刖以代死刑使犯死之徒得存性命則率土蒙更生之澤兆庶必懷恩以反化也今中興祚隆大命惟新誠宜設寬法以育

人然懼群小愚蔽習翫所見而忽異聞或未能咸服臣謂行刑之時先明申法令樂刑者刖甘死者殺則心必服矣古典刑不上大夫今士人有犯者謂宜如舊不在刑例則進退爲允尚書周顗郎曹彥中書郎桓彝等議以爲復肉刑以代死誠是聖王之至德哀矜之弘私然竊以爲刑罰輕重隨時而作時人少罪而易威則宜從輕而寬之時人多罪而難威則宜化刑而濟之肉刑平世所應立非救弊之宜也方今聖化草創人有餘奸習惡之徒爲非未已截頭絞頸尚不能禁而乃更斷足劓鼻輕其刑罰使欲爲惡者輕犯寬刑蹈罪更衆是爲輕其刑以誘人於罪殘其身以加楚酷也昔之畏死刑以爲善人者今皆犯輕刑而殘其身畏重之常念反爲犯輕而致囚此則何異斷刖常人以爲恩仁邪受刑者轉廣而爲非者日多踊貴屨賤有鼻者醜也徒有輕刑之名而實開長惡之源不如以殺止殺重以全輕權小停之須聖化漸著兆庶易威之日徐施行也議奏元帝猶欲從展所上大將軍王敦以爲百姓習俗日久忽復肉刑必駭遠近且逆寇未殄不宜有慘酷之聲以聞天下於是乃止

時淮南小中正王式繼母前夫終更適式父式父終喪服訖議還前夫家前夫家亦有繼子奉養至終遂合葬於前夫式自云父臨終母求去父許諾於是制出母齊衰期御史中丞卞壼奏曰就如式父臨終許諾必也正名依禮爲無所據若夫有命須顯七出之責當存時棄之無緣以絶義之妻留家制服若式父臨困謬亂使去留自由者此必爲相要以非禮則存亡無所得從式宜正之以禮魏顆父命不從其亂陳乾昔欲以二婢子殉其子以非禮不從春秋禮記善之並以妾媵猶正以禮況其母乎式母於其夫生事奉終非爲既絶之妻夫亡制服不爲無義之婦自云守節非爲更嫁離絶之斷在夫沒之

後夫之既歿是其徙子之日而式以為出母此母以子出也致使存無所容歸歿無所託也寄命於它人之門埋尸於無名之冢若式父亡後母尋歿於式家必不以為出母明矣許諾之命一耳以為母於同居之時至歿前子之門而不以為母此為離絕於二居裁出否於意斷離絕之斷非式而誰假使二門之子皆此母之主母戀前子求去求絕非禮於後家還反又非禮於前門去不可去還不可還則為無寄之人也式必內盡匡諫外極防閑不絕明矣何至守不移於至親略情禮於假繼乎繼母如母聖人之教式為國士閨門之內犯禮違義開闢未有於父則無追亡之善於母則無孝敬之道存則去留自由亡則合葬路人可謂生事不以禮死葬不以禮者也虧損世教不可以居人倫詮正之任案侍中司徒臨潁公組敷宣五教實在任人而含容違禮曾不貶黜揚州大中正侍中平望亭侯燁淮南大中

正散騎侍郎弘顯執邪論朝野取信曾不能率禮正違崇孝敬之教並為不勝其任請以見事免組燁弘官大鴻臚削爵土廷尉結罪疏奏詔特原組等式付鄉邑請議廢棄終身壹遷吏部尚書

成帝時召南陽樂謨為郡中正潁川庾怡為廷尉評謨怡各稱父命不就給事中尚書令卞壼奏曰人無非父而生職無非事而立有父必有命居職必有悔有家各私其子此為王者無人職不軌物官不立政如此則先聖之言廢五教之訓塞君臣之道散上下之化替矣樂廣以平夷稱庾珉以忠篤顯受寵聖世身非已有況及後嗣而可專哉所居之職若順夫人之心則戰戍者之父母皆當以命子不以處也若順謨父之意則人皆不為郡中正人倫廢矣順怡父之意人皆不為獄官則刑辟息矣凡如是者其可聽歟若不可聽何以許謨怡之得稱父命乎此為謨以名父子可以虧法怡是親戚可以自專以此二塗服人示世臣所未悟也宜一切班下不得以私廢公絕其表疏以為永制朝議以為然謨怡不得已各居所職

范堅遷尚書右丞時廷尉奏殿中帳吏邵廣盜官幔三張合布三十匹有司正刑棄市廣二子宗年十三雲年十一黃幡撾登聞鼓乞恩辭求自沒為奚官奴以贖父命尚書朱暎議以為天下之人父無子者少一事遂行便成永制懼死罪之刑於此而弛堅亦同暎議時議者以廣為鉗徒二兒沒入既足以懲又使百姓知父子之道聖朝有垂恩之仁可特聽減廣死罪為五歲刑宗等付奚官為奴而不為永制堅駁之曰自淳朴澆散刑辟乃作刑之所以止刑殺之所以止殺雖時有赦過宥罪議獄緩死未有行小不忍而輕易典刑者也且既許宗等以死若復有宗比而不求贖父者豈不擯絕人倫同之禽獸邪按主者今奏云惟特聽宗等而不為永制臣以為王者之作動關

盛衰頓突之間尚慎所加況於國典可以徒虧今之所以宥廣正以宗等耳人之愛父誰不如宗今既居然許宗之請將來訴者何匪民特聽之意未見其益不以為例交興怨讟此為施一恩於今而開萬怨於後成帝從之正廣死刑

安帝元興末桓玄輔政又議欲復肉刑斬左右趾之法以輕死刑命百官議蔡廓上議曰建邦立法弘政穆化必隨時置制德刑兼施長貞一以閑其邪教禁以檢其慢灑湛露以流潤厲嚴霜以肅威雖復質文迭用而斯道莫革肉刑之設肇自哲王蓋由曩世風淳人多惇謹圖像既陳則機心直戢刑人在塗則不逞改操故能勝殘去殺化隆無為季末澆偽設網彌密利巧之懷日滋恥畏之情轉寡終身劇役不足止其姦況乎黥劓豈能反於善徒有酸慘之聲而無濟俗之益至於棄市之條實非不赦之罪事非手殺考律同歸輕重紛科減

降路塞。鍾陳以之抗言。元皇所爲留懸。今英輔翼贊。道邈伊周。誠宜明愼用刑。愛人弘育。申哀矜以革濫。移大辟於支體。全性命之至重。恢繁息於將來。而孔琳之議不同。用王朗夏侯玄之旨。時論多與琳之同。故遂不行。

義熙十四年。大司馬府軍人朱興妻周坐息男道扶年三歲先得癇病。周因其病發。掘地生埋之。爲道扶姑女所告。正周棄市刑。尚書僕射徐羨之議曰。自然之愛。虎狼猶仁。周之凶忍。宜加顯戮。臣以爲法律之外。故尚弘物之理。母之卽刑。由子明法。爲子之道。焉有自容之地。雖伏法者當罪。而在宥者靡容。愚謂可特申之遐裔。從之。

歷代名臣奏議卷之二百八

歷代名臣奏議卷之二百九

法令

宋武帝時。司徒王弘與八座丞郎上疏曰。同伍犯法。無士人不罪之科。然每至詰讁。輒有請訴。若垂恩宥。則法廢不可行。依事糾責。則物以爲苦怨。宜更爲其制。使得憂苦之衷也。又主守偷五匹。常偷四十匹。並加大辟。議者咸以爲重。宜進主偷十匹。常偷五十匹死。四十匹降以補兵。既得小寬民命。亦足以有懲也。想各言所懷。左丞江奧議曰。士人犯盜贓不及棄市者。刑竟自在贓汙淫盜之目。清議終身。經赦不原。當之者足以塞愆。聞之者足以鑒誡。若復雷同羣小。謫以兵役。愚謂爲苦。符伍雖比屋鄰居。至於士庶之際。實自天隔。舍藏之罪。無以相關。奴客與符伍交接。有所藏蔽。可以得知。是以罪及奴客。自是客身犯愆。非代郎主受罪也。如其無奴。則不應坐。右丞孔默之議曰。君子小人。既雜爲符伍。不得以相檢爲義。士庶雖殊。而理有聞察。譬百司居上。所以下不必躬親。而後同坐。是故犯違之日。理自關。今罪其養子典計者。蓋義存戮僕。如此。則無奴之室。豈得宴安。但既云復士。宜令輸贖。常盜四十匹。主守五匹。降死補兵。雖大存寬惠。以紓民命。然官及二千石及失節士大夫。時有犯者。罪乃可戮。恐不可以補兵也。謂此制可施小人。士人自還用舊律。尚書王准之議曰。昔爲山陰令。士人在伍。謂之押符。同伍有愆。得不及坐。士人有罪。符伍糾之。此非士庶殊制。實使卽刑當罪耳。夫束脩之胄。與小人隔絕。防檢無方。宜及不逞之士。事接羣細。既同符伍。故使糾之。于時行此。非唯一處。左丞議奴客與鄰伍相關。可得檢察。符中有犯。使及刑坐。卽事而求。有乖實理。有奴客者。類多使役。東西分散。住家者少。其有停者。左右驅馳。動止所須。出門甚寡。典計者在家十無其一。奴客坐伍。濫刑必衆恐非立法當罪本旨右丞議士人犯偷不及大辟者宥補兵雖欲弘士懼無以懲邪乘理則君子違之則小人制嚴於上猶冒犯之況其宥科犯者或衆使畏法革心乃所以大宥不免士庶異制意所不同殿中郎謝元議謂事必先正其本然後其末可言本所以押士大夫於符伍者將以檢小人邪為使受檢於小人邪案左丞議士庶天隔則士無弘庶之由以不知而押之於伍則是受檢於小人也然則小人有罪士人無事僕隸何罪而令坐之若以實相交關責其聞察則意有未因何者名實殊章公私異令奴不押符是無名也民之貲財是私賤也以私賤無名之人豫公家有實之任公私混淆名實非允由此而言謂不宜坐還從其主於事為宜無奴之士不在此例若士人本檢小人則小人有過已應獲罪而其奴則義歸戮僕然則無奴之士未合宴安使之輸贖於事非謬二科所附惟制之本耳

此自是辯章二本欲使各從其分至於求之管見宜附前科區別士庶於義為美盜制按左丞議士人既終不為兵革幸可同寬宥之惠不必依舊律於議咸允吏部郎何尚之議曰按孔右丞議士人坐符伍為辠有奴辠奴無奴輸贖既許士庶緬隔則聞察自難不宜以難知之事定以必知之法夫有奴不賢無奴不必不賢今多僮者傲然於王憲無僕者怵迫於時網是為恩之所霑恒在程卓法之所設必加顏原求之鄙懷竊所未愿謝元謂奴不隨主於名分不明誠是有理然奴僕實與閭里相關今都不問恐有所失意同左丞議弘議曰尋律令既不分別士庶又士人坐同伍罹謫者無處無之多為時恩所宥故不盡親謫耳吳及義興適有許陸之徒以同符合給二千石論啓丹書已未問會稽士人云十數年前亦有四族坐此被責以恃恩獲停而王尚書云人舊無同伍坐所未之解恐莅任之日偶不值

此事故邪聖明御世士人誠不憂至苦然要須臨事論通上干天聽為紛擾不如近為定科使輕重有節也又尋甲符制蠲士人不傳符耳令史復除亦得如之共相押領有違糾列了無等衰非許士人閭里之外也諸議云士庶緬絕不相參知則士人犯法庶民得不知若庶民不許不知何許士人不知小民自非超然簡獨永絕塵粃者比門接棟小以為意終自聞知不必須日夕來往也右丞百司之言粗是其況如襄陵士人實與里巷關接相知情狀乃當於冠帶小民今謂之士人便無小人之坐署為小民輒受士人之罰於情於法不其頗歟且都令不及士流士流為輕則小人令使徵預其罰便事至相糾閭伍之防亦為不同謂士人可不受同伍之謫耳罪其奴客庸何傷邪無奴客可令輸贖又或無奴僮為衆所明者官長二千石便當親臨列上依事遣判偷五匹四十匹謂應見優量者實以小吏無知

臨財易昧或由跡慢事蹈重科求之於心常有可愍故欲小進匹數寬其性命耳至於官長以上荷蒙祿榮付以局任當正己明憲檢下防非而親犯科律亂法冒利五匹乃已為弘矣士人無弘相偷四十匹理就使至此致以明罰固其宜耳並何容復加哀矜且此輩士人可殺不可謫有如諸論本意自不在此也近聞之道路聊欲共論不呼乃爾難精既衆議糾紛將不如其已若呼不應停寢謂宜集議奏聞決之聖旨

少帝景平二年羊玄保為宣城守先是劉式之為宣城立吏民亡叛制一人不禽符伍里吏送州作部若獲者賞位二階玄保以為非宜陳奏曰臣伏尋亡叛之由皆出於窮逼未有足以推存而樂為此者也今立殊制於事為苦臣聞苦不可貞懼致流弊昔龔遂譬民於亂繩緩之然後可理黃霸以寬和為用不以嚴刻為先臣愚以謂單身

逃役使為晝戶今一人不測坐者甚多既憚重負各為身計牽挽逃
竄必致繁滋又能禽獲叛身類非謹惜既無堪能坐陵勞吏名器虛
假所妨實多將階級不足供賞服勤無以自勸又尋此制施一邦而
已若其是邪則應與天下為一若其非邪亦不宜獨行一郡民罹憂
患其弊將甚臣忝守所職懼難遵用敢率管穴冒以陳聞
文帝元嘉初會稽剡縣民黃初妻趙打息載妻王死亡遇赦王有父
母及息男稱息女葉依法從趙二千里外司徒右長史傅隆上議曰
原夫禮律之興蓋本之自然求之情理非從天墮非從地出也父子
至親分形同氣稱之於載即載之於趙雖云三世為體猶一未有能
分之者也稱雖創巨痛深固無讎祖之義若稱可以殺趙趙當何以
處載將父子孫祖互相殘戮懼非先王明罰咎繇立法之本旨也向
使日磾之孫砥鋒挺鍔不與二祖同戴天日則石碏秺侯何得流名

百代以為美談者哉舊令云殺人父母徙之二千里外不施父子孫
祖明矣趙當避王朞功千里外耳令亦云凡流徙者同籍親近欲相
隨者聽之此又大通情體因親以教愛者也趙既流移載為人子何
得不從載從而稱不行豈名教所許如此稱趙竟不可分趙雖內愧
終身稱當沈痛沒齒孫祖之義自不得永絕事理固然也從之
南齊世祖留心法令數訊囚徒詔獄官詳正舊注永明七年尚書刪
定郎王植撰定律章表奏之曰臣等晉律文簡辭約旨通大綱事之
所質取斷難釋張斐杜預同注一章而生殺永殊自晉泰始以來唯
斟酌參用是則吏挾威福之勢民懷不對之怨所以溫舒獻辭於失
政絳侯忼慨而興歎皇運革祚道冠前王陛下紹興光開帝業下車
之痛每惻上仁滿堂之悲有矜聖思爰發德音刪正刑律敕臣集定
張杜二注謹礪愚蒙盡思詳撰削其煩害錄其允衷取張注七百三

十一條杜注七百九十一條或二家兩釋於義乃備者又取一百七
條其注相同者取一百三條集為一書凡一千五百三十二條為二
十卷請付外詳校摘其違謬從之於是公卿八座參議考正舊注有
輕重處竟陵王子良下意多使從輕其中朝議不能斷者制旨平決
至九年廷尉孔稚珪上表曰臣聞匠萬物者以繩墨為正馭大國者
以法理為本是以古之聖王臨朝思理遠防邪萌深杜奸漸莫不資
法理以成化明刑賞以樹功者也伏惟陛下躡曆登皇乘圖踐帝天
地更築日月再張五禮裂而復縫六樂頹而爰緝乃發德音下明詔
降恤刑之文申慎罰之典敕臣與公卿八座共刪注律謹奉聖旨諮
審司徒臣子良稟受成規創立條緒使兼監臣宋躬兼平臣王植等
抄撰同異定其去取詳議八座裁正大司馬臣嶷其中洪疑大議眾
論相背者聖照玄覽斷自天筆始就成立律文二十卷錄敘一卷凡

二十一卷今以奏聞請付外施用宣下四海臣又聞老子仲尼曰古
之聽獄者求所以生之今之聽獄求所以殺之與其殺不辜寧失有
罪是則斷獄之職自古所難矣今律文雖定必須用之用失其平不
異無律律書精細文約例廣疑似相傾故誤相亂一乖其綱枉濫橫
起法吏無解既多謬僻監司不習無以相斷則法書徒明於帙裏冤
魂猶結於獄中今府州郡縣千有餘獄如令一獄歲枉一人則一年
之中枉死千餘矣冤毒之死上干和氣聖明所急不可不防致此之
由又非但律吏之咎列邑之宰亦亂其經或以軍勳餘力或以勞吏
暮齒獷情濁氣忍并生靈昏心狠態吞剝氓物虐理殘其命曲文被
其罪冤積之興復緣斯發獄吏雖良不能為用使于公哭於邊城孝
婦冤於遐外陛下雖欲宥之其已血濺九泉矣尋古之名流多有法
學故釋之定國聲光漢臺元常文惠績映魏閣今之士子莫肯為業

吏有習者世議所輕良由空勲永歲不逢一朝之賞積學當年終為閭伍所蚩將恐此書永墜下走之手矣今若弘其爵賞開其勸慕課業官流班習胄子挾其精究使處內局簡其貞良以居外任方岳咸選其能邑長並擢其術則臯繇之謨指掌可致杜鄭之業鬱焉何遠然後奸邪無所逃其形惡吏不能藏其詐如身首之相驅若弦括之相接矣臣以踈短謬司大理陛下發自聖衷憂矜刑網御延奉訓遠照民瘼臣謹仰述天官伏奏雲陛所奏繆允者宜寫律上國學置律助教依五經例國子生有欲讀者策試上過高第即便擢用使處法職以勸士流詔報從納事竟不施行

後魏獻文帝詔諸監臨之官所監治受羊一口酒一斛者罪至大辟與者以從坐論糾告得尚書已下罪狀者各隨所糾官輕重而授之雍州刺史張白澤上表諫曰伏見詔書禁尚書以下受禮者刑身糾之

者代職伏惟三載考績黜陟幽明斯乃不易之令軌百王之通式今之都曹古之公卿也皆翊扶萬幾贊徽百揆風化藉此而平治道由茲而穆且周之下士尚有代耕況皇朝貴仕而服勤無報豈所謂祖襲堯舜憲章文武者乎羊酒之罰若行不已臣恐姦人窺望忠臣懈節而欲使事靜民安治清務簡至於委任責成下民難辨如臣愚量請依律令舊法稽同前典班祿酬廉首去亂群常刑無赦苟能如此則升平之軌期月可望刑措之風三年必致矣顯祖納之

孝文帝謂侍臣曰百揆多途萬機事猥未周之闕卿等宜有所陳尚書中書監高閭對曰臣伏思太皇太后十八條之令及仰尋聖朝所行事周於百揆理兼於庶務孔子至聖三年有成子產治鄭歷載乃就今聖化方宣風政驟改行之積久自然致治理之必明不患事闕又為政之道終始若一民可使由之不可使知之政令既宣若有不合於民者因民之心而改之願終成其事使至教必行臣反覆三思理畢於此不知其它但使今之法度必理必明必行必久勝殘去殺可不遠而致高祖曰刑法者王道之所用何者為法何者為刑施行之日何先何後閭對曰臣聞刑制立會軌物齊衆謂之法犯違制約致之於憲謂之刑然則法必先施刑必後著自鞭杖已上至於死罪皆謂之刑刑者成也成而不可改高祖曰論語稱冉子退朝孔子問曰何晏也對曰有政子曰其事也如有政雖不吾以吾其與聞之何者是政何者是事閭對曰臣聞政者君上之所施行合於法度經國治民之屬皆謂之政臣下奉教承旨作而行之謂之事然則天下大同風軌齊一則政出於天子王道衰則政出於諸侯君道缺則政出於大夫故詩敘曰王道衰政教失則國異政家殊俗政者上之所行事者下之所奉高祖曰若君命為政子夏為莒父宰問政此應奉命而已

何得稱政尚書游明根曰子夏宰民故得稱政帝善之

宣武帝時有詔以姦吏犯罪每多逃遁因眚乃出並皆釋然自今已後犯罪不問輕重而藏竄者悉遠流若永避不出兄弟代徙尚書左僕射源懷奏曰謹案條制逃吏不在赦限竊惟聖朝之恩事異前宥諸流徙在路尚蒙旋反況有未發而仍遣邊戍按守宰犯罪逃走者衆祿潤既優尚有茲失及蒙恩宥卒然得還今獨若此等恐非均一之法如臣管執謂宜免之書奏門下以成式既班駮奏不許懷重奏曰臣以為法貴經通治尚簡要刑憲之設所以網羅罪人苟理之所備不在繁典行之可通豈容峻制此乃古今之達政救世之恒規伏尋條制勳品已下罪發逃亡遇恩不宥仍流妻子雖欲抑絕姦途匪為通式謹按事條侵官敗法專據流外豈九品已上人皆貞白也其諸州守宰職任清流至有貪濁事發逃竄而遇恩免罪勳品已下獨

亦斯例如此則寬縱上流法切下吏育物有差患罰不等又謀逆滔天輕恩尚免吏犯微罪獨不蒙赦使大宥之經不通開生之路致壅進違古典退乖令律輒率愚見以爲宜停書奏世宗納之

時詔以奸吏逃刑懸配遠戍若永避不出兄弟代之幷州大中正郭祚奏曰慎獄審刑道煥先古垂憲設禁義纂惟今是以先王沿物之情爲之軌法故八刑備於昔典奸律炳於來制皆所以謀其始迹訪厥成罪敦風屬俗永資世範者也伏惟旨義博遠理絶近情既懷愚異不容不述誠以敗法之原起於奸吏奸吏雖微敗法實甚伏尋詔旨信亦斷其通逃之路爲治之要實在於斯然法貴止奸不在過酷立制施禁爲可傳之於後君法猛而奸不息禁過不可永傳將何以載之刑書垂之百代君以奸吏逃竄徙其兄弟罪人妻子復應徙之此則一人之罪禍傾二室愚謂罪人既逃止徙妻子走者之身懸名永配於眚不免奸徒自塞詔從之

孝明帝時蘭陵公主駙馬都尉劉輝坐與河陰縣民張智壽妹容妃陳慶和妹慧猛奸亂耽惑毆主傷胎輝懼罪逃亡門下處奏各入死刑智壽慶和並以知情不加防限處以流坐詔曰容妃慧猛恕死髡鞭付宮餘如奏尚書三公郎中崔纂執曰伏見旨募若獲劉輝者職人賞二階白民聽出身進一階斷役免役奴婢爲良案輝無叛逆之罪賞同反人劉宣明之格又尋門下處奏以容妃慧猛與輝私奸兩情耽惑令輝挾忿毆主傷胎雖律無正條罪合極法並處入死其智壽等二家配敦煌爲兵天慈廣被不即誅讁雖恕其命竊謂未可夫律令高皇帝所以治天下不爲喜怒增減不由親疎改易案鬬律祖父母父母忿怒以兵刃殺子孫者五歲刑毆殺者四歲刑若心有愛憎而故殺者各加一等雖王姬下降貴殊常妻然人婦之孕不得非

一夕生永平四年先朝舊格諸刑流及死皆首罪判官後決從者必因本以求支獄若以輝逃避便應懸處未有捨其首罪而成其末從流死參差或時未允門下中禁大臣職在敷奏昔邴吉爲相不存鬬斃而問牛喘豈不以司別故也案容妃等罪止於奸私若擒之穢席衆證分明即律科處不越刑坐何得同宮掖之罪齊奚官之律案智壽口訴妹適司士曹參軍羅顯貴已生二女於其夫則它家之母禮云婦人不二夫猶曰不二天若私門失度罪在於夫釁非兄弟昔魏晉未除五族之刑有免子戮母之坐何曾諍之謂在室之女從父母之刑已醮之婦從夫家之刑斯乃不刊之令軌古今之通議律期親相隱之謂凡罪况奸私之醜豈得以同氣相證論刑過其所犯語情又乖律憲案律奸罪無相緣之坐不可借輝之忿加兄弟之刑夫刑人於市與衆棄之爵人於朝與衆共之明不私於天下無欺於耳目何得以正刑書施行四海刑名一失駟馬不追既有詔旨依即行下非律之案理宜更請尚書元脩義以爲昔哀姜悖禮於魯齊侯取而殺之春秋所譏又夏姬罪濫於陳國但責徵舒而不非父母明婦人外成犯禮之愆無關本屬况出適之妹釁及兄弟乎右僕射游肇奏言臣等謬參樞轄獻替是司門下出納謨明常則至於無良犯醜職有司存劾罪結案本非其事容妃等奸狀罪止於刑並處極法準律未當出適之女坐及其兄推據典憲理實爲猛又輝雖逃刑罪非孥戮募同大逆亦謂加重乖律之案理宜陳請乞付有司重更詳議

時廷尉少卿袁翻以犯罪之人經恩競訴枉直難明遂奏曾染風聞者不問曲直推爲獄成悉不斷理詔令門下尚書廷尉議之三公郎辛雄議曰春秋之義不幸而失寧僭不濫僭則失罪人濫乃害善人今議者不忍罪奸吏使出入縱情令君子於小人薰猶不別豈所謂

賞善罰惡般勤恤隱者乎仰尋周公不減流言之懲俯惟釋之不加
驚馬之辟所以小大用情貴在得所失之千里差在毫釐雄久執按
牘數見疑訟職掌三千頗言者六一曰御史所糾有注其逃走者及
其出訴或為公使本曹給過有所指如不推檢丈案灼然者雪之二
曰御史赦前注獲見贓不辯行賕主名檢無賂以置直之主宜應洗
復三曰經拷不引傍無三品證比以獄按既成因即除削或有據令
奏復者與奪不同未獲為通例又須定何如得為證人若必須三人
對見受財然後成證則於理太寬若傳聞即為證則於理為急今請
以行賕後三人俱見物及證狀顯著准以為驗四曰赦前斷事或引
律乖錯使除復大衷雖按成經赦宜追從律五曰經赦除名之後或
邀駕訴枉被旨重究或訴看稱冤為奏更檢事付有司未被研判遂
遇恩宥如此之徒謂不得異於常格依前按為定若不合拷究已復

之流請不追奪六曰或受辭下檢反覆使鞠獄證占分明理合清雪
未及告按忽逢恩赦若從占證而雪則違正格如除其名罪濫潔士
以為罪須按成雪以占定若拷未畢格及要證一人不集者不得為
古定古人雖患察獄之不精未聞知冤而不理今之所陳實士師之
深疑朝夕之急務傾垂察焉詔從雄議

孝莊帝時姊壽陽公主行犯清路執赤棒卒呵之不止御史中尉高
道穆令卒棒破其車公主深以為恨泣以訴帝帝謂公主曰高中尉
清直之臣彼所行者公事豈可私恨責之也道穆後見帝帝曰一日
家姊行路相犯極以為愧道穆免冠謝曰臣蒙陛下恩守陛下法不
敢獨於公主虧朝廷典章以此負陛下帝曰朕以愧卿卿反謝朕尋
勑監儀注

東魏孝靜帝天平間竇瑗行晉州事既還京師上表曰臣在晉州之日
家班麟趾新制即依朝命宣示所部士庶忻仰有若三章臣聞法[illegible]
巍巍乃大舜之事政道郁郁亦隆周之軌故元首股肱可否相濟[illegible]
教之聞於此為證伏惟陛下應圖臨寓握紀承天克構洪基會[illegible]
歷式張琴瑟且調宮羽未甚刪泰革弊遷洗俾高祖之德不墜於地
畫一既敷萬國歡躍臣伏讀至三公曹第六十六條母殺其父子不
得告告者死再三返覆之未得其門何者按律子孫告父母祖父母
者死又漢宣云子匿父母孫匿大父母皆勿論蓋謂父母祖父母小
者攘羊甚者殺害之類恩須相隱律抑不言法理如是足見其直未
必指母殺父止子不言也若父殺母乃是夫殺妻母卑於父此子不
告是也而母殺父不聽子告臣誠下愚輒以為惑昔楚康王欲殺令
尹子南其子棄疾為王御士而上告焉對曰泄命重刑臣不為也王
遂殺子南其徒曰行乎吾與殺吾父行將焉入曰臣乎曰殺父事讎

吾不忍乃縊而死注云棄疾自謂不告父為與殺謂王為讎皆非禮
春秋譏焉斯蓋門外之治以義斷恩知君殺父而子不告是也母之
於父同在門內恩無可掩義無斷割知母將殺理應告父如其已殺
宜聽告官今母殺父而子不告便是知母而不知父識比野人義比
禽獸且母之於父作合移天既殺己之天復殺子之天二天頓毀豈
容頓默此母之罪義在不赦下手之日母恩即離仍以母道不告鄙
臣所以致惑今聖化淳洽穆如韶夏食椹懷音梟獍猶變況承風稟
教識善知惡之民哉脫下愚不移事在言外如或有之可臨時議罪
何用豫制斯條用為訓誡誠恐千載之下談者諠譁以明明大朝有
尊父卑母之論以臣管見實所不取如在淳風厚俗必欲行之且君
父一也父者子之天被殺事重宜附父謀反大逆子得告之條父一
而已至情可見竊惟聖主有作明賢贊成光國寧民厥用為大非下

走禎赦所能上測但使恩深重軌獄聲言償家收察乞付評議詔付尚書三公郎封君義立判云身體髮膚受之父母生我勞悴續莫大焉子於父母同氣異息終天靡報在情一也今忽欲論其尊卑辨其優劣推心未忍訪古無據母殺其父子復告母母由告死便是子殺天下未有無母之國不知此子將欲何之案春秋莊公元年不稱即位文姜出故服虔注云文姜通兄齊襄與殺公而不反父殺母出隱痛深諱朞而中練思慕少殺念至於母故經書三月夫人遜於齊既有念母深諱之文明無讎疾告列之理且聖人設法所以防淫禁暴極言善惡使知而避之若臨事議刑則陷罪多矣惡之甚者殺父害君著之律令百王罔革此制何嫌獨求削去既於法無遺於事非害宣而有年謂不宜改璦復難云尋局判云子於父母同氣異息終天靡報在情一也今欲論其尊卑辯其優劣推心未忍訪古無據璦復

議曰易曰天尊地卑乾坤定矣又曰乾天也故稱父坤地也故稱母又曰乾為天為父坤為地為母禮喪服經曰為父斬衰三年為母齊衰朞尊卑優劣顯在典章何言訪古無據局判云母殺其父子復告母母由告死便是子殺天下未有無母之國不知此子將欲何之璦案典律未聞母殺其父而子有隱母之義既不告母便是與殺父天下豈有無父之國此子獨得有所之乎局判又云案春秋莊公元年不稱即位文姜出故服虔注云文姜通於兄齊襄與殺公而不反父殺母出隱痛深諱朞而中練思慕少殺念至於母故經書三月夫人遜於齊既有念母深諱之文明無讎疾告列之理璦尋注義隱痛深諱者以父為齊所殺而母與之隱痛父死深諱者以父為齊所殺而母與之隱痛父死深諱母出故不稱即位非為諱母與殺也是以下文以義絕其罪不為與殺明矣公羊傳曰君殺子不言即位隱之也

朞而中練父憂少衰始念於母畧書夫人遜于齊是內諱出奔猶為罪文傳曰不稱姜氏絕不為親禮也注云夫人有與殺桓之罪絕不為親得尊父之義善莊公思大義絕有罪故曰禮也以大義絕有罪得禮之衷明有讎疾告列之理但春秋桓莊之際齊為大國通于文姜魯公謫之文姜以告齊襄使公子彭生殺之魯既弱小而懼於齊是時天子衰微又無賢霸故不敢讎之文不敢告列惟得告於齊曰無所歸咎惡於諸侯請以公子彭生除之齊人殺公子彭生案此斷雖有援引即以情推理尚未遺惑事遂停寢

隋文帝時尚書省嘗奏犯罪人依法合流而上處以大辟黃門侍郎柳莊奏曰臣聞張釋之有言法者天子所與天下共也今法如是更重之是法不信於民心方今海內無事正是示信之時伏願陛下思釋之之言則天下幸甚帝不從

煬帝在顯仁宮勅宮外衛士不得輒離所守有一主帥私令衛士出外帝付大理繩之大理少卿源師據律奏徒帝令斬之師奏曰此人罪誠難恕若陛下初便殺之自可不關文墨既付有司義歸恒典脫宿衛近侍者更有此犯將何以加之帝乃止

唐高祖武德初擢李素立為監察御史民犯法不及死高祖欲殺之素立諫曰三尺法天下所共有一動搖則人無以措手足方大業經始奈何輦轂下先棄刑書乎帝嘉納

太宗貞觀元年吏部尚書長孫無忌嘗被召不解佩刀入東上閤門出閤後監門校尉始覺尚書右僕射封德彝議以監門校尉不覺罪當死無忌誤帶刀入徒二年罰銅二十斤太宗從之大理少卿戴胄駮曰校尉不覺無忌帶刀入內同為誤耳夫臣子之於尊極不得稱誤准律云供御湯藥飲食舟船誤不如法者皆死陛下若錄其功非

經司所決若當擄法罰銅未為得中太宗曰法者非朕一人之法乃天下之法何得以無忌國之親戚更欲撓法耶更令定議德彝執議如初太宗將從其議冑又駁奏曰校尉緣無忌以致罪於法當輕若論其過誤則為情一也而生死頓殊敢以固請太宗乃免校尉之死

是時朝廷盛開選舉或有詐偽階資者太宗令其自首不首罪至于死俄有詐偽者事洩擄法斷流以奏之太宗曰朕初下勅不首者死今斷從流是示天下以不信矣冑曰陛下當即殺之非臣所及既付所司臣不敢虧法太宗曰卿自守法而令朕失信耶冑曰法者國家所以布大信於天下言者當時喜怒之所發耳陛下發一朝之忿而許殺之既知不可而寘之於法此乃忍小忿而存大信臣竊為陛下惜之太宗曰朕法有所失卿能正之朕復何憂也

三年太宗詔關中免二年租稅關東給復一年尋有勅已役已納並

遣輸了明年總為準折給事中魏徵上書曰臣伏見八月九日詔書率土皆給復一年老幼相歡或歌且舞又聞有勅丁已配役即令役滿折造餘物亦遣輸了待明年總為準折道路之人咸失所望此誠平分百姓均同七子但下民難與圖始日用不足皆以國家追悔前言二三其德臣竊聞之天之將輔者仁人之所助者信今陛下初膺大寶億兆觀德始發大號便有二言生八表之疑心失四時之大信縱國家有倒懸之急猶必不可況以太山之安而輒行此事為陛下為此計者於財利小益於德義大損臣誠智識淺短竊為陛下惜之伏願少覽臣言詳擇利益冒昧之罪臣所甘心今簡點使右僕射封德彝等並欲中男十八已上簡點入軍勅三四出徵執奏以為不可德彝重奏今見簡點使云次男內大有壯者太宗怒乃出勅中男已上雖未十八身形壯大亦取徵又不從不肯署勅太宗召徵及王珪作色而待之曰中男若實小自不點入軍若實大亦可簡取於君何嫌過作如此固執朕不解公意徵正色曰臣聞竭澤取魚非不得魚明年無魚焚林而畋非不獲獸明年無獸若次男已上盡點入軍租賦雜徭將何取給且比年國家衛士不堪攻戰豈為其少但為禮遇失所遂使人無鬬心若多點取人還充雜使其數雖衆終是無用若精簡壯健遇之以禮人百其勇何必在多陛下每云我之為君以誠信待物欲使官人百姓並無矯偽之心自登極已來大事三數件皆是不信復何以取信於人太宗愕然曰所云不信是何等也徵曰陛下初即位詔書曰逋私宿債欠負官物並悉原免即令所司列為事條秦府國司亦非官物陛下自秦王為天子國司不為官物其餘物復何所有又關中免二年租調關外給復一年百姓蒙恩無不歡悅更有勅旨今年白丁多以役訖若從此放免並是虛荷國恩若已折

已輸令總納取了所免者皆以來年為始散還之後方更徵收百姓之心不能無怪已徵得物便點入軍來年為始何以取信又共理所寄在於刺史縣令常年貌稅並悉委之至於簡點即疑其詐偽望下誠信不亦難乎太宗曰我見君固執不已疑君蔽此事今論國家不信乃人情不通我不尋思過亦深矣行事往往如此錯失若為致理乃停中男賜金甕一口賜珪絹五十匹

太宗時刑部奏張君快歐陽林謀殺蘇志約取銀君快不下手貞觀九年三月赦劫賊不傷財主免死配流經門下奏定刑部郎中高敬言舉斷合死門下執依前奏尚書任城王道宗錄奏太宗謂侍臣曰國有常典事迹可明何得各為意見弄其文墨因令御史勘當御史奏之太宗曰君快等謀為劫殺何得免死因令殺之魏徵進諫曰據律劫賊傷財主者皆死謀殺之條元謀者斬下手者絞餘皆配流劫賊重

誅殺輕赦是一時之恩劫賊不傷財主免死配流則君恢從重法被寬而刑部於後從輕法斷死臣實有疑太宗曰幾人行劫徵對曰三人下手者處死罪太宗令議議定奏聞太宗曰三人謀從二人之言因令配流

太宗因教習不整遣大將軍張士貴杖中郎將郎將等士貴坐杖輕下吏魏徵諫曰臣外竊聞大將軍張士貴坐行杖阿縱送付大理臣以為教習不整官司誠合重責但將軍之任職在爪牙委以心膂取其誠效行杖小有不稱未是將軍之罪且使將軍執杖已不可為後法又以杖輕加責彌復驚駭物情假令推得阿私終恐有虧聖德太宗大笑遂令釋之

時陳倉折衝都尉魯寧坐事繫獄自恃高班謾罵陳倉尉劉仁軌仁軌杖殺之州司以聞上怒命斬之怒猶不解曰何物縣尉敢殺吾折

衝命追至長安面詰之仁軌曰魯寧對臣百姓辱臣如此臣實忿而殺之辭色自若魏徵侍側曰陛下知隋之所以亡乎曰何也徵曰隋末百姓強而凌官吏如魯寧之比是也上悅擢仁軌為櫟陽丞

時侍御史張仲素奏慶州樂蟠縣令叱奴騭盜用官倉案驗并實太宗令斬之中書舍人楊文瓘奏據律不合死太宗曰倉糧朕之所重若不加法恐犯者滋多魏徵諫曰陛下設法與天下共之今若改張人將法外畏罪更復有重者又何以加焉太宗從之

太宗御太極殿大赦因謂侍臣曰為君極難法若急恐濫及善人法若寬則不肅姦宄寬猛之間若為折衷魏徵對曰自古為政者因時設教若人情似急則濟之以寬如有寬慢則糾之以猛時既不常所以法令無定

廣州都督党仁弘嘗率鄉兵二千助高祖起封長沙郡公仁弘交通豪酋納金寶沒降獠為奴婢又擅賦夷人既還有舟七十或告其贓法當死帝哀其老且有功因貸為庶人乃召五品以上謂曰賞罰所以代天行法今朕寬仁弘死是自弄法以負天也人臣有過請罪於君君有過宜請罪於天其令有司設藁席于南郊三日朕將請罪房玄齡等曰寬仁弘不私而以功何罪之請百僚頓首三請乃止

時同州人房彊以弟謀反當從坐帝因錄囚為之動容曰反逆有二興師動衆一也惡言犯法二也輕重固異而均謂之反連坐皆死豈定法耶房玄齡等議曰禮孫為父尸故祖有蔭孫令是祖孫重而兄弟輕於是令反逆者祖孫與兄弟緣坐皆配沒惡言犯法者兄弟配流而已

時李乾祐為殿中侍御史鄃令裴仁軌私役門卒太宗欲斬之乾祐

曰法令與天下共之非獨陛下有也仁軌以輕罪致極刑非畫一之制刑罰不中則民無所措手足帝意解

太宗患吏多受賕乃密使左右試賂之有司門令史受絹一匹上欲殺之民部尚書裴矩諫曰為吏受賂罪誠當死但陛下使人遺之而受乃陷人於法也恐非所謂道之以德齊之以禮上悅告羣臣曰裴矩能當官力爭不為面從儻每事皆然何憂不治

太宗嘗謂侍臣曰比有奴告主謀逆此極弊法特須禁斷假令有謀反者必不獨成終將與人計之衆計之事必有它人論之豈藉奴告主也自今奴告主者皆不須受盡令斬決又曰詔令格式若不常定則人心多惑姦詐益生周易稱渙汗其大號言發號施令若汗出於體一出而不復也又書曰慎乃出令令出惟行弗惟反且漢祖日不暇給蕭何起於小吏制法之後猶稱畫一今宜詳思此義不可

輕出詔令必須審定以為永式又曰國家法令唯須簡約不可一罪作數種條格式既多官人不能盡記更生姧詐若欲出罪即引輕條若欲入罪即引重條數變法者實不益道理宜令審細毋使互文致疑

高宗時引駕盧文操盜左藏物上命誅之諫議大夫蕭鈞諫曰文操情實難原然法不至死上乃免之顧侍臣曰此真諫議也

時鄎公李孝協為魏州刺史坐贓賜死有司奏孝協父叔良死王事不可絕其嗣上曰畫一之法不以親疎異制茍害百姓雖太子亦不赦

時將軍權善才中郎將范懷義誤斫昭陵栢當除名上特命殺之大理丞狄仁傑奏罪不當死上曰我不殺則為不孝仁傑固執不已上怒令出仁傑曰犯顏直諫自古以為難臣以為遇桀紂則難遇堯舜則易夫法不至死而陛下特殺之是法不信於人也人何所措其手足且張釋之有言設有盜長陵一抔土陛下何以處之今以一栢殺二將軍後代謂陛下為何如矣臣不敢奉詔者恐陷陛下於不道且羞見釋之於地下也上怒解遂貸之擢仁傑為侍御史

武后時左拾遺陳子昂上復讎議狀曰先王立禮所以進人也明罰所以齊政也夫枕干讎敵人子之義誅罪禁亂王政之綱然則無義不可以訓人亂綱不可以明法故聖人脩禮理內飭法防外使夫守法者不以禮廢刑居禮者不以法傷義然後能使暴亂不作廉恥以興天下所以直道而行也竊見同州下邽人徐元慶父爽為縣吏趙師韞所殺元慶鬻身庸保為父報讎手刃師韞束身歸罪雖古烈者亦何以多誠足激清名教旁感忍辱義士之靡者也然按之國章殺人者死則國家畫一之法也法之不二元慶宜伏辜又按禮經父讎不同天亦國家勸人之教也教之不苟元慶不宜誅然臣聞昔刑之所生本以遏亂仁之所利蓋以崇德今元慶報父之仇意非亂也行

子之道義能仁也仁而無利與亂同誅是曰能刑未可以訓元慶之可顯有於此矣然則邪由正生理必亂作昔禮防至密其弊不勝先王所以明刑本實由此今儻義元慶之節廢國之刑將為後圖政必多難則元慶之罪不可廢也何者人必有子子必有親親親相讎其亂誰救聖人作始必圖其終非一朝一夕之故以全其政也故曰信人之義其政不行且夫以私義而害公法仁者不為以公法而徇私義王道不設元慶之所以仁高振古義伏當時以其能忘生而及於德也今若釋元慶之罪以利其生是奪其德而虧其義非所謂殺身成仁全死無生之節也如臣等所見謂宜正國之法寘之以刑然後旌其閭墓嘉其徽烈可使天下直道而行編之於令永為國典

時大夫魏元忠為張易之構謫嶺表太僕崔貞慎東宮率獨孤禕之祖道易之怒使人上急變告貞慎等與元忠謀反武后詔監察御史馬懷素按之使者促迫懷素執不從曰貞慎餞流人當得罪以為謀反則非昔彭越以逆誅欒布奏事尸下漢不坐罪今元忠罪非越比不宜坐餞流謫之人且陛下操生殺柄欲加之罪自當處決聖心既付臣按狀惟知守陛下法爾后意解

中宗神龍初左拾遺趙冬曦上書曰古律條目千餘隋時姧臣侮法著律曰律無正條者出罪舉重以明輕入罪舉輕以明重一辭而廢條目數百自是輕重沿愛憎被罰者不知其然使賈誼見之慟哭必矣夫法易知則下不敢犯而遠機穽文義深則吏乘便而朋附盛律令格式謂宜刊定科條直書其事其以準加減比附量情及舉輕以明重不應為之類皆勿用使愚夫愚婦相率而遠罪犯者雖貴必坐律明則人信法一則主尊

神龍中大理正王志愔嘗奏言法令者人之隄防不立則無所制今

大理多不奉法以縱罪為仁持文為苛臣執刑典思且得謗遂上所著應正論云易萃之六二曰引吉無咎謂履萃之時已獨居正異操而聚獨正者危未能以遠害惟九五應之乃履正迎吉由已居下位而中正是託期於上應之不括囊以守祿也又言刑賞二柄惟人主操之故曰以力役法者百姓也以死守法者有司也以道變法者君上也魏游肇為廷尉帝私勑肇有所降恕肇執不從曰陛下自能恕之豈可令臣曲筆也又言為國當以嚴致平非以寬致平嚴者非凝網重罰在人不易犯而防難越也故捨銜策以奔踶則王良不能御馹停樂石於膚腠則俞附不能攻疾又言漢武帝甥昭平君殺人以公主子廷尉上議帝垂涕曰法令者先帝之所造也用親故誣先帝法吾何面目入高廟乎卒可其奏隋文帝子秦王俊為并州揔管以奢縱免官楊素曰王陛下愛子請赦之帝曰法不可違若如公意我乃五兒之父非兆人之父何不別制天子子律乎故天子操法有不變之義凡數千言帝嘉之

玄宗時武彊令裴景仙丐贓五千匹亡命帝怒詔殺之大理卿李朝隱曰景仙其先歿有國功載初時家為酷吏所破誅夷略盡而景仙獨存且承嫡於法當請又丐乞贓無死比籍當死坐猶將宥之使私廟之祀無餒魂可也帝不許固請曰生殺之柄人主專之條別輕重有司當守且贓惟枉法抵死今丐贓即斬後有枉法抑又何加且近發德音杖者聽減流者給程豈一景仙獨過常法有詔決杖百流嶺南

肅宗至德中將軍王去榮殺富平令杜徽肅宗新得陝且惜去榮材詔貸死以流人使自効中書舍人李至諫曰聖人誅亂必先示法令崇禮義漢始入關約法三章殺人者死不易之法也按將軍去榮以朔方偏裨提數千士不能整行列挾私怨殺縣令有犯上之逆或曰去榮善守陝新下非去榮不可守臣謂不然李光弼守太原程千里守上黨許叔冀守靈昌魯炅守南陽賈賁守雍丘張巡守睢陽初無去榮未聞賊能下也以一能而免死彼弧矢絕倫劒術無前者恃能犯上何以止之若捨去榮誅將來是法不一而招罪人也惜一去榮殺十去榮之材其傷益多彼逆亂之人有逆於此而順於彼乎亂富平而治於陝乎悖縣令能不悖於君乎律令者太宗之律令陛下不可以一士小材廢祖宗大法帝詔羣臣議太子太師韋見素文部郎中崔器等皆以為法者天地大典王者不敢專也帝王不擅殺而小人得擅殺者是權過人主開元以前無敢專殺尊朝廷也今有之是弱國家也太宗定天下陛下復鴻業則去榮非至德罪今乃貞觀罪人也其罪祖宗所不赦陛下可易之耶詔可

代宗時御史臺請天下斷獄一切待報唯殺人許償死論徒者得悉徙邊京兆尹嚴郢奏言罪人徙邊即流也流有三而一用之誠難且殺人外猶有十惡偽造用符印強光火諸盜令一從之法太輕不足禁惡又罪抵徒科別差殊或毆傷夫婦離非義絕養男別姓立嫡不如式私度關冒戶等不可悉而與十惡同徙即輕重不倫又按京師天下聚論徒者至廣例不覆讞今若悉待報有司斷決有程月不啻五千獄正恐牒按塡委章程紊撓且邊及近邊犯死徒流者若何差請下有司更議

順宗時禮部員外郎柳宗元駁復讎議狀曰臣伏見天后時有同州下邽人徐元慶者（邽音圭）父爽為縣尉趙師韞所殺卒能手刃父讎束身歸罪當時諫臣陳子昂建議誅之而旌其閭且請編之於令永為國典臣竊獨過之臣聞禮之大本以防亂也若曰無為賊虐凡為子

者殺無赦刑之大本亦以防亂也若曰無爲賊虐凡爲治者殺無赦其本則合其用則異旌與誅莫得而並焉(一本作不得並也)誅其可旌茲謂濫黷刑甚矣旌其可誅茲謂僭壞禮甚矣果以是示于天下傳于後代趨義者不知所向違害者不知所立以是爲典可乎蓋聖人之制窮理以定賞罰本情以正褒貶統於一而已矣嚮使刺讞其誠僞(讞語蹇切議罪也)考正其曲直原始而求其端則刑禮之用判然離矣何者若元慶之父不陷於公罪師韞之誅獨以其私怨奮其吏氣虐于非辜州牧不知罪刑官不知問上下蒙冒籲號不聞而元慶能以戴天爲大恥枕戈爲得禮(禮記曲禮云父之讎不與共戴天寢苫枕干弗與共天下也)處心積慮以衝讎人之胸介然自克即死無憾是守禮而行義也執事者宜有慚色將謝之不暇而又何誅焉其或元慶之父不免於罪師韞之誅不愆於法是非死於吏也是死於法也法其可讎乎讎天子之法而戕奉法之吏是悖驁而陵上也(悖音孛驁音敖)執而誅之所以正邦典而又何旌焉且其議曰人必有子子必有親親親相讎其亂難救是惑於禮也甚矣禮之所謂讎者蓋其冤抑沉痛而號無告也非謂抵罪觸法陷于大戮而曰彼殺之我乃殺之不議曲直暴寡脅弱而已其非經背聖不亦甚哉周禮調人掌司萬人之讎凡人而義者令勿讎讎之則死有反殺者邦國交讎之(周禮地官)又安得親親相讎也春秋公羊傳曰父不受誅子復讎可也父受誅子復讎此推刃之道復讎不除害(公羊定公四年)今若取此以斷兩下相殺則合於禮矣且夫不忘讎孝也不愛死義也元慶能不越於禮服孝死義是必達理而聞道者也夫達理聞道之人豈其以王法爲敵讎者哉議者反以爲戮黷刑壞禮其不可以爲典明矣請下臣議附于令有斷斯獄者不宜以前議從事(謹議)

永貞間郭子儀壻太僕卿趙縱爲奴告下御史劾治而奴留內侍省中書侍郎同中書門下平章事張鎰奏言貞觀時有奴告其主謀反者太宗曰謀反理不獨成尚當有佗人論之豈藉奴告耶乃著令奴告主者斬由是賤不得干貴下不得凌上教本既脩悖亂不萌頃者長安令李濟以奴得罪萬年令霍晏因婢坐譴輿臺下類主反畏之悖慢成風漸不可長建中元年五月辛卯詔書奴婢告主非謀叛者同自首法並準律論由是獄訴衰息今縱事非叛逆而奴留禁中獨下縱獄情所不厭且將帥功孰大於子儀冢土僅乾兩壻前已得罪縱復繼之不數月斥其三壻假令縱實犯法事不繇奴尚宜錄勳念亡以從蕩宥況爲奴所愬耶陛下方貴武臣以討賊彼雖見寵一時不能忘懷於異日也帝納之

時玉工爲帝作帶誤毀一銙工不敢聞私市它玉足之及獻帝識不類擿之工人伏罪帝怒其欺詔京兆府論死兵部侍郎同中書門下平章事柳渾曰陛下遽殺之則已若委有司須詳讞乃可於法誤傷乘輿器物罪當杖請論如律由是工不死

憲宗元和六年富平人梁悅爲父報仇殺人詣縣請罪敕復讎據禮經則義不同天徵法令則殺人者死禮法二事皆王教之端有此異同必資論辯宜令都省集議聞奏者朝議郎行尚書職方員外郎上騎都尉韓愈議曰伏以子復父讎見於春秋見於禮記又見周官又見諸子史不可勝數未有非而罪之者也最宜詳於律而律無其條非闕文也蓋以爲不許復讎則傷孝子之心而乖先王之訓許復讎則人將倚法專殺無以禁止其端矣夫律雖本於聖人然執而行之者有司也經之所明者制有司者也丁寧其義於經而深沒其文於律者其意將使法吏一斷於法而經術之士得引經而議也周官曰凡殺人而義者令勿讎讎之則死義宜也明殺人而不得其宜者子

得復讎也此百姓之相讎者也公羊傳曰父不受誅子復讎可也不受誅者罪不當誅也誅者上施於下之辭非百姓之相殺者也又周官曰凡報仇讎者書於士殺之無罪言將復讎必先言於官則無罪也今陛下垂意典章思立定制惜有司之守憐孝子之心亦不自專訪議群下臣愚以為復讎之義雖同而其事各異或百姓相讎如周官所稱可議於今日或為官吏所誅如公羊所稱不可議於今日又周官所稱將復讎先告於士則無罪者若孫稚羸弱抱微志而伺敵人之便恐不能自言於官未可以為斷於今也然則殺之與赦不可一例宜定其制曰凡復父讎者事發具其事申尚書省尚書省集議奏聞酌其宜而處之則經律無失其旨矣

穆宗初牛僧孺以庫部郎中知制誥徙御史中丞按治不法內外澄肅宿州刺史李直臣坐贓當死賂宦侍為助具獄上帝曰直臣有才朕欲貸而用之僧孺曰彼不才者持祿取容耳天子制法所以束縛有才者祿山朱泚以才過人故亂天下帝異其言乃止賜金紫服以戶部侍郎同中書門下平章事

文宗時鄭注構宋申錫捕逮倉卒內外震駭右散騎常侍崔玄亮率諫官叩延英苦諍反復數百言文宗未諭玄亮置笏在陛曰孟軻有言眾人皆曰殺之未可也卿大夫皆曰殺之未可也天子曰殺之然後察之乃寘於法今殺一凡庶當稽典律況欲誅宰相乎臣為陛下惜天下法不為申錫言也俯伏流涕帝感悟眾亦服其不撓繇此名重朝廷

武宗會昌中李德裕上奏曰臣等每蒙延英召對獲聞聖言常欲朝廷尊臣下爾此則是陛下深究為理之本伏以管仲古之大賢明於理國其言可以為百代之法管仲云凡軍國之重器莫重於令令重

則君尊君尊則國安故安國在乎尊君尊君在乎行令明君察於理人之本莫要於令故曰虧令者死益令者死不行令者死留令者死不從令者死五者死而無赦又曰令雖在上而論可與不可者在下是威下繫於人也自太和以來風俗大壞令出於上非之者在下此弊不除無以理國常弘質所論宰相不合兼領錢穀臣等敢以事體聞奏昔匡衡云大臣者國家之股肱萬姓所瞻仰也明王所慎擇也傳曰下輕其上爵賤人圖柄臣則國家動搖而人不靜矣今常弘質受人教導輒獻封章則是賤人圖柄臣矣臣等又以蕭望之是漢朝名儒重德為御史大夫奏云今歲首日月少光咎在臣等上以望之意輕丞相乃下侍中御史中丞詰問又貞觀中監察御史陳師合上書云人之思慮有限一人不可總數職太宗云此人妄有毀謗止欲離間我君臣流師合于嶺表又賈誼云人主之尊譬如堂群臣如陛眾庶如地故陛九級上廉遠地則堂高陛無級廉近地則堂卑亦由將相重則君尊其勢然也如宰相有奸謀隱慝則人人皆得上論至於制置職業固是人主之柄非小人所得干議古者朝廷之士尚各守官業思不出位況常弘質賤人豈得以非所宜言上瀆明主此是輕宰相矣後漢太學諸生頗干時政其時謂之處士橫議皆是亂風俗深要懲絕伏望陛下知其邪計從朋黨而來每事明察遏絕將來之漸則朝廷安靜邪黨自銷臣等不勝感憤輒具聞奏伏望特賜省覽謹錄奏聞

後周世宗以刑書深古條目繁細難於檢討又前後敕格重互亦難詳審於是中書門下奏曰伏以刑法者御人之銜勒救弊之斧斤有國家者不可一日而廢也雖堯舜之世亦不能捨此而致治今奉制旨刪定律令有以見明罰敕法之意也竊以朝廷之所用者律十二卷

律疏三十卷。式二十卷。令三十卷。開成格一十卷。大中統類一十二卷。後唐以來至漢末編敕三十二卷。及國朝制敕等律令。則文辭古質。或難以詳明。格敕則條目繁多。或有所疑誤。將救舞文之弊。宜伸畫一之規。所冀民不陷刑。吏有所守。臣等商議。望準制旨施行。仍命侍御史知雜事張湜。太子右庶子劇可久。殿中侍御史率汀。職方郎中鄧守中。倉部郎中王瑩。司封員外郎賈玭。太常博士趙礪。國子博士李光贊。大理正蘇曉。太子中允王伸等十人編集新格。勒成部秩。律令之有難解者。就文訓釋。格敕之有繁雜者。隨事刪削。其有矛盾相違。輕重失宜者。盡從改正。無或拘牽。候畢日。委御史臺尚書省四品以上。及兩省五品以上官參詳可否。送中書門下議定。從之

歷代名臣奏議卷之二百九

法令

宋太祖時。大理正高繼申上言刑統名例律。三品五品七品以上官親屬犯罪各有等第減贖。恐年代已深。不肖自恃先蔭不畏刑章。今犯罪身無官須祖父曾任本朝官據品秩得減贖。如仕于前代。九有功惠及民為時所推歷官三品以上。乃得請從之

時竇儀進刑統表曰。臣聞虞帝聰明。始恤刑而御物。漢高豁達。先約法以臨人。蓋此丹書。輔于皇極。禮之失則刑之得。作於涼而弊於貪。百王之損益相因。四海之準繩斯在。如銜勒之持逸駕。猶郛郭之域群居。有國有家。其來尚矣。伏惟皇帝陛下寶圖攸屬。駿命是膺。象日之明。流祥光於有截。繼天而王。垂洪覆於無疆。乃聖乃神。克明克類。河圖八卦。惟上德以潛符。洛書九章。諒至仁而默感。哀矜在念。欽恤為懷。緬欲自審而疏。文務從微而顯。乃詔執事。明啓刑書。俾自我朝。彌隆大典。貴體時之寬簡。使率土以遵行。國有常科。吏無敢侮。伏以刑統前朝創始。群彥規為。貫彼舊章。采綴已從於撮要。屬茲新造。發揮愈合於執中。臣與朝議大夫尚書屯田郎中權大理少卿柱國臣蘇曉。朝散大夫大理正臣奚嶼。朝議大夫大理寺丞柱國臣張希遜等。恭承制旨。同罄考詳。刑部大理法直官陳光乂馮叔向等。俱效檢尋。庶無遺漏。夙宵不怠。綴補俄成。舊二十一卷。今并目錄增為三十一卷。舊疏議節略。今悉備文。削出式令宣敕一百九條。別編或歸本卷。又編入後來制敕一十五條。各從門類。又錄出一部律內餘條准此四十四條。附名例後。字稍難識者。音於本字之下。義似難曉者。并例具別條者。悉注引於其處。又慮混雜律文。本注並加釋曰二字以別之。務令檢討之司。曉然易達。其有今昔浸異。輕重難同。或則禁約之

科刑名未備臣等起請總三十二條其格令宣勅削出及後來至今續降要用者凡一百六條令別編分為四卷名曰新編勅凡釐革一司一務一州一縣之類非干大例者不在此數草定之初尋送中書門下請加裁酌盡以平章令則可否之間上繫宸鑒將來若許頒下請與式令及新編勅兼行其律并疏本書所在依舊收掌所有大周刑統二十一卷今後不行臣等幸偶文明謬參憲法金科奧妙比虧洞達之能丹筆重輕徒竊討論之寄將塵睿覽唯俟嚴誅

太宗端拱初廣安軍民安崇緒隸禁兵訴繼母馮與父知逸離今奪資產與己子大理當崇緒訟母罪死太宗疑之判大理張佖固執前斷遂下臺省雜議徐鉉議曰今第明其母馮嘗離即須歸宗否即崇緒準法處死今詳案內不曾離異其證有四況不孝之刑教之大者宜依刑部大理寺斷右僕射李昉等四十三人議曰法寺定斷為不當若以五母皆同即阿蒲雖賤乃崇緒親母崇緒特以田業為馮强占親母衣食不給所以論訴若從法寺斷死則知逸何辜絕嗣阿蒲何地托身臣等議田產並歸崇緒馮合與蒲同居供侍終身如是則子有父業可守馮終身不至乏養所犯並準赦原詔從昉等議

真宗時龐籍擢群牧判官因轉對上言曰舊制不以國馬假臣下重武備也樞密院以帶甲馬借內侍楊懷敏群牧覆奏乃賜一馬三日廼復借之數日而復罷樞密掌機命反覆乃如此平時百官奏事上前不自批章止送中書樞密院近歲璽書內降寖多於舊無以防偏請杜倖門矣往者王世融以公主子毆府吏法當贖金特停任近作坊料物庫主吏盜官物輒自逃避以宦掖之親三司遽罷追究今日聖斷乃異於昔臣竊惑焉祥符令馭下稍嚴胥吏相率空縣而去令坐罷免若是則猾彊者滋矣久之出知秀州

三司使丁謂上奏曰臣准詔開封府民吳遂遠制造蹙金服已決訖准別敕配隸令三司申明舊禁者切以儉以制用有國之彝典奢則不遜庶民之大防國家撫育黎元務敦風俗而輦轂之下廛肆相望競造金箔用求厚利況山澤之寶所得難致儻縱銷鎔實為虛費今約天下所用歲不下十万兩惜此上幣棄於下民雖王者居尊不貴難得之貨而有司守職須條革弊之方自今金銀箔線貼金銷金泥金間金蹙金線金裝貼什器土木玩用之物並請禁斷非命婦不得用為首飾冶工所用器悉送上官違者所在捉搦許人糾告並以違制論告者給賞錢仍以犯人家財充

仁宗時知洪州夏竦上奏曰臣聞左道亂俗妖言惑衆在昔之法皆殺無赦蓋以奸臣逆節狂賊失規多假鬼神搖動耳目漢之張角晉之孫恩偶失防閑遂至屯聚國家宜有嚴制以肅多方竊以當州東引七閩南控百粵編氓右鬼舊俗尚巫在漢欒巴已嘗翦理爰從近歲傳習滋多假託禨祥愚弄黎庶勦絕性命規取貨財皆於所居塑畫魑魅陳列幡幟鳴擊鼓角謂之神壇嬰孺繈褓已令寄育字曰壇留壇保之類及其稍長則傳習祆法驅為僮隸民之有病則門施符籙禁絕往還斥遠至親屏去便物家人營藥則曰神不許服病者欲食則云神不聽飧率令疫人死於飢渴洎至亡者服用又言餘祟所憑人不敢留規以自入若幸而獲免家人所資假神而言無求不可其間有孤子單族首面幼妻或絕戶以圖財或害夫而納婦浸淫既久習熟為常民被非辜了不為怪奉之愈謹信之益深從其言甚於典章畏其威重於官吏奇神異像圖繪歲增邪籙祆符傳寫日夥小則雞豚致祀斂以還家大則歌舞聚人餕其餘胙婚娶出處動必求師劫盜鬭爭行須作水蠱耗衣食眩惑里閭設欲扇搖不難連結在

於憲典具有條章其如法未勝奸藥弗瘳疾宜頒峻典以革袄風當州師巫一千九百餘戶臣已勅令改業歸農及攻習鍼灸方脉所有首納到袄妄神像符籙神衫神杖魂巾魂帽鍾角刀笏紗羅等一万一千餘事已令焚毁及納官訖伏乞朝廷嚴賜條約所冀屏除巨害保宥群生杜漸防萌少裨萬一

竦為刑部侍郎奏曰臣聞易曰乾以易知坤以簡能易知則有親易從則有功易簡而天下之理得矣得天下之治者莫長於堯而盛於舜聖政所躋其易簡乎易則可親可親則大簡則可守可守則久政大而久則皇極建矣國家觀天制法省風設教五十年間致民富壽但俗嚮畫一之法官徽長守之規因事頒條隨時立制規利之政細析秋毫究榷之法如束濕薪或令出未暮而復罷詔下踰歲而復更或因徼幸之民妄言利害彼米鹽之事摘銖兩之奸每頒詔條須下

郡國或連三司衆官之議列前後貫約之文援簡連牘動盈傳置吏得因緣為奸上下其手以是而觀恐非至治漢初約法三章治定而益其六文景循守幾至刑措武昭之後逮漢之東制度滋繁刑無定罪靳魏之釁自此而生蓋國不可多制多制則法網紊煩政不可頻易頻易則民意疑貳先王利不百則不變法蓋示民以久大也書曰無作聰明亂舊章老聃曰法令滋彰盜賊多有誠哉是言也伏願陛下覽堯舜之治推易簡之政分詔能吏刊一制度垂之萬世永為著定若民有不便事須更張則詔曰某事可如此某事可如彼校讎繁議一切勿用表公朝之大體示聖功之可久令法家無出入之弊下民知嚮背之方率土溥天於焉康阜

竦又議刑書狀曰臣聞先王象震耀而行殺戮法五材而用法辟刑書之設有自來矣虞舜定五流之罪皋陶制三尺之法禹刑興於有夏湯刑作於商世呂命陳三千之屬李悝創六篇之制衛鞅之行變法酇侯之約九章漢叢之定篹令應劭之習駮議陳群之著魏法賈充之刊晉律陳氏則徐陵之因損元魏則伯泉之校覈後周則拓拔之詳定隋室則高熲之評議李唐損益其科多所釐革皆以恢張憲綱表正隄防欲奸吏盡絕於析言齊民不憂於悞陷蓋念刑難復續死不更生獄成兩造律正五刑欵辯既周杳不可變哲王所以惟卹良臣所以疚心但棘木無夜哭之冤則四海受蓼蕭之恩國家號令天下條憲咸達法家之文或未詳定律令格式之科刑統編勅之條勢類相雜矛楯不同奸吏有市法之門冊筆有悞書之罪由是或刑因勢放獄以賄遷稍闕科條多從比附或因循宦路不習憲章但記不應得為之條以決下民故失之罪貧則從重富則從輕以是而觀刑多出入況鄉閭嚚訟始自縣廷而琴堂頗闕於刑書報罪致乖於

準的未契皇朝好生之化有辜陛下卹刑之德誠宜聚刑憲之書求讞議之士詔擇能臣督其詳定疑者正之貳者一之闕者備之繁者省之輕者加之重者減之揔制書禁止之事會刑統起請之條及格式律令聚為一書罪必定刑科無虛設明分條目同其差異命工繕寫重加考覈名之宋律徧下州縣令開卷無可疑之罪結獄絕舞文之路為皇家畫一之法垂萬代不刊之典惟聖作則兆民賴之故書曰惟刑惟法其審克之禮曰悉其聰明致其忠愛以盡之易曰君子以明慎用刑而不留獄其是之謂矣

竦為吏部尚書又奏曰臣聞帝德法天地號令象四時八世之君靡不攸行春夏生植無肆掠捶重囚出輕繫秋冬征不義嚴號令察阿黨校田獵盡陽德發生長育在候靜事無刑以順景風高氣肅殺閉塞成功論獄報罪以準陰德漢制春夏不論重刑新莽盛夏殺人

於市。萬方怨咨。不勝其噐。蓋王者不可逆天時。逆天時則民怨。民怨則和氣戾。和氣戾則旱蝗妖眚無所不至矣。易曰。仰觀乎天。俯察乎地。禮曰。應乎天而順乎人。語曰。惟天爲大。惟堯則之。詩曰。不識不知。順帝之則。書曰。欽若昊天。曆象日月星辰。皆謂王者法天之道也。國家應運承統。光啓三聖。布和行惠。澤潤幽遐。但論決之科有殊經義。下臣愚昧。私心疑惑。伏願陛下隆守成之規。議變法之惠。詳觀六籍。取法四時。須詔郡國。著爲定式。應立春以後。立秋以前。不報死刑。式符時令。俾萬方知好生之德。天和無傷戾之妖。世而後仁。誠在斯日。

右司諫劉隨乞禁夜聚曉散及造儀仗事神狀曰。臣聞好生惡殺。往聖之大猷。先德後刑。前經之令範。成茲盛美。允屬公朝。臣近知侍御史李應言等制勘京東李定祿等公事。干連甚衆。具獄聞奏。兩宮聖慈特加欽恤。除首四人。悉從寬典。所謂好生之德。洽於民心。朝野聞之。無不相賀。臣久歷外任。粗知其由。閭閻之中似此多矣。不食葷血。迷謬相傳。誘之以天堂。怖之以地獄。夜聚曉散。謂之修善。無識之民。多陷邪僻。原其本情皆爲妄求佛果也。目爲不軌。恐涉非辜。愚迷者不知國法所禁。捕盜者但以發奸爲公。若逢捕掩之期。遂求奔竄之路。計窮拒捍。或騁兇麤。擄拷及身。詿誤不少。聖情軫念。昭雪至多。是以見泣辜推人。感召和氣也。臣又伏見京東羣民。閒有拜岳入會。率斂財物。千百爲群。造作王者儀仗。及有真假兵器。結束人物。私自推補。僭侈相尚。播率戶民。原其本情皆爲妄求福祐也。若不嚴行禁制。深慮別長奸宄。或因捉搦送官。恐將指爲叛逆。既有乘輿之物。獄官何以申明。若遂寘於深刑。實慮成於枉濫。各宜曉諭。庶絕澆訛。且夜聚曉散之徒。爲其虧損風教。已有條制。頭首及强梁者處死。造乘輿兵器祀神者。慮其兇黨竊發。所宜特降明文。臣欲乞似此違犯其頭首及强惡者並從違制本法科罪。率從者勿治。仍乞以此二事散下諸道。令鄉村要路粉壁書寫。重新曉諭。使民知禁。不陷刑章。庶明善教之方。用廣率人之化。

宋庠上奏曰。臣竊見當今正稅之外。雜賦至繁。詭制異科。醜名暴斂。原其所自由來甚邇。蓋自唐室解紐。五朝挻災。羣王僭侈。盜據方國。壞合徹之典。取一切之宜。掊剋無厭。禁令自出。於是有身丁地頭之賦。農具牛皮之征。鬻酒則戶出麴錢。煑海則家增鹽價。雖與民更始而弊制尚存。官司因循。憚於改作。故使堯舜之代無桀貉之中。雖臣之愚竊以爲過。今縱不能蕩滌橫賦。以寬民財。猶當釐易舊名。少近王道。臣愚以謂可取雜名稅錢及沿納之色。不移舊數。合爲一號。削去季世剝害之品。作爲我朝較畫之法。示之於民。則耳目易曉。委之於吏。則條貫難欺。錄於官曹。則文籍不煩。供乎財用。則稱謂差美。比舊入無秋毫之損。作新規有指掌之易。丕變訛謬。垂於經常。實天下之幸。如允臣所見。乞下三司。令子細勘會。見今天下諸雜稅錢外。沿納錢名目貫百。聞奏。然後取其實數。併爲一號。逐年折變自從舊法。斯皆防患制法。遭時垂統者也。臣伏見國朝以來。詔敕下而建條。比牒連名。充曹切府。煩科碎目。與日而滋。每罰一辜。斷一事。有司引用。皆連篇累牘。不能徧舉。率不數歲。則別加論次。謂之編敕。蓋欲條貫飭盡。綱目畢張。大可含元。細不容髮。而抵冒未絕。風流寖濫。一令之下。則奸主令表。一禁之出。則罪出禁先。示於人則若數繁。施於事則如凝網。此皆不徇其本而求之於末。將欲措刑辟。躋仁壽者。不亦難乎。夫恢恢有條。重而必罰者本也。事事曲制。輕而易犯者末也。本不舉。則巨猾僥倖。末專任。則細民罹災。今之詔條。病在於此。陛下幸加大惠。惜皇猷之未暢。深詔執事。精覈舊文。欲因盛時。遂定丕律。臣以

謂不一勞者不永逸無遠慮者必近憂今雖定之後必復改何則制
度不立而賢愚雜議故也為之計者莫若盡取見行詔敕與律文相
校律有本條而敕意小異者則改而入律律無本條而名項別立者
則編而為敕況唐律之內廢條已多若摘去舊文益作新例亦前王
損益之常也人情不能無過王道禁乎太密其約束之煩語官司之
小禁宜一除蕩蓋去之不足害治體存之徒以飭罪撓法輕不能繩
奸豪文密足以污良善臣又聞王者之制揭若日月動如雷霆其言
易而文其禁切而廣伏見今之編敕者繁長猥俗與府縣文移無異
用字乖舛遣辭重複寧所謂明白溫醇之旨邪實由不專任達識大
儒而多用執法之吏夫法吏者奉行其法可也寧制法之人哉古人
有言治國如治家耕當問奴織當問婢今欲與法吏謀致治之本是
由使奴織而婢耕要其成功不可得也臣欲乞專委鴻博之老及輔
弼大臣商較敕條畧依律文為體裁其辭句第其輕重約其義明其
文布四海使識朝廷之尊傳萬世俾知文雅之盛仍自今以往有臣
庶上言欲釐改舊法建設條禁者願陛下慎其俞旨必先付之兩府
參之群吏若前條確見其短今文率以為便可行於經久者即下兩
制令以所陳之狀去其蕪雜取其精意倣約律令著為章程若事止
苟文不足發明利害者皆寢而勿報如此則法不數變而民知所措
矣多言者必難臣曰今若依律令以為敕天下官吏必不能曉臣對
曰今天下所須律令曹局小吏猶能引用則似律之敕獨不能曉邪
此膠柱之論也又必難臣曰夫詔敕者多先帝所定而不當改作臣
對曰凡詔敕之設本臣庶上陳之見耳寧一出先帝之口哉況聖人
以便利萬物為至仁不因循陳迹為至孝且太宗皇帝改建隆之敕
真宗皇帝革興國之法是皆不可乎此守株之談也臣又聞事不師

古商與寔識必也正名魯堂攸訓雖文質異尚沿襲有宜至於辨尊
卑分職業其實一也竊見國朝故事自使相及左右僕射以上出典
州郡者皆曰判六尚書節度使以下者皆曰知蓋以謂僕射而上品
秩隆重藩鎮之任地望卑遠故以尊臨卑者判其事以小任大者知
其職及除佐官則例曰同判之職自京官以上皆可任焉今六尚書
知州於上京官判州於下名既不順理亦無稽而又朝廷之儀臺省
為重近緣苟且寖失典刑尚書都省尚書令之職也今兩省五品以
上皆得權判刑部流內銓皆尚書侍郎之職今或以知雜御史判銓
事或以外朝官判刑曹自餘卿監之司小官判者多矣夫下邦支郡
大臣不得判天臺帝省小臣得判之是重諸侯之藩而輕天子之吏
臣竊以為過矣又府史者二人之名也故自周禮至唐令有其任者
皆曰府若干人史若干人今寺監見有其人則併稱府史此雖小吏
而名不師古亦朝廷之所惜焉幸陛下詔有司案前典諮者正之顛
者序之而已雖未能復治古之法亦一時之制也右臣所懷狂瞽悉
已條述惟陛下財幸

蘇舜欽上疏曰臣謹按前志曰白事之吏民之仇讎又云急吏緩民
則是吏不可縱政之大防也臣竊見州縣之吏多是狡惡之人窺伺
官寮探刺旨意清白者必多方以誤之貪婪者則啗利以制之然後
析律舞文鬻獄市令上下其手重輕厥刑變詐奇衺無所不作苟或
敗露立便逃亡稍俟事平復出行案設有强明牧宰督察太嚴則締
連諸曹同日亡命或獄訟未具遂停鞫劾賦稅起納無人催驅近年
已來習成此弊官長務從姑息恐失大計見其邪濫不敢以法繩之
況此輩凶人惟利是嗜每糾以嚴憲尚不悛心何況縱之使亂正法
實政理之巨蠹黎民之害焉人雖切齒無可柰何蓋緣國家別無敕

條以加檢束臣欲乞今後州縣曹司有闕並於第二人戶上選差仍
令每五人互相為保或逃亡者立差官籍其家財量取充賞募人收
捉或遇赦首身亦乞流配別郡如此則不敢公然作過以紊政經
舜欽又上疏曰臣聞巨壑雖深獸知所避烈火至猛人無蹈死故慼
溷而蹶者皆是翫水而溺者有之古垂此言以諭刑辟昔者聖人惡
殘賊之害良民也故明設嚴刑大張憲網必使易避而難犯防微而
杜原約之下至煩苛威之以令畏懼奸宄之輩翻然革心固而行之
自然刑省苟務於慎則冒禁者繁竊見官吏多犯贓污乃由朝廷法
制稍寬貪鄙因緣為弊凡中人之性本非大凶皆以禁約不嚴是為
貸利所沒手提刑憲人不敢言心恣誅求下受其困夫殺人者死傷
人者刑古今之制也殺傷之害不過數人今貪吏在官民皆受苦雖
有轉運提刑位皆尊崇罕與民接詢訪官吏鮮得實情苟無訟端莫

可發摘知者或欲陳告又非干己臣欲乞今後官典犯入己贓許諸
色人陳論得實者以其贓充賞如此則必畏多言之人亦防十目之
視苟如所謂威厲而不試刑嚴而不用此其得之矣
右正言吳育乞禁匿名文字狀曰臣伏見近年以來多有造作讖忌
之語疑似之文或不顯姓名暗貼文字恣行毀謗以害仇嫌或密聞
朝廷自謂忠赤若是公直無隱何不指事明言若憑虛造作必蘊邪
謀更與隱祕姓名正使奸人得計臣恐自今忠良立身易為傾陷國
家舉事便欲動搖惑君害時無大於此在古之法皆殺無赦雖然陛
下聰明必不熒惑亦不可使聖朝長此風俗
右司諫韓琦乞止絕內降狀曰臣竊以國家祖宗以來躬決萬務凡
於賞罰任使必與兩府大臣於外朝公議或有內批指揮皆是出于
宸衷只自章獻明肅皇后垂簾之日有奔競之輩貨賂公行假託皇
親因緣女謁或於內中上表或只口為奏求是致僥倖日滋賞罰倒
置法律不能繼有罪爵祿無以勸立功唐之斜封令之內降臺綱寖
壞為害至深陛下聖德日新勵精為治惟此久弊沿而未除臣竊謂
固非陛下聖恩聽其奏請必謂付外之後自有攸司執奏而止其如
中旨或至再三不容一一論正臣欲乞特降詔令後除諸宮宅皇族
有已分事方許於內中奏陳自餘戚里之家及文武臣僚或有奏請
事件並於閤門及合屬去處進狀更不於內中批旨輒敢因緣請託
及自於內中請乞特批旨揮即望降出姓名并為奏求人送有司勘
劾重行貶責犯者斷在必行如此則聖政無私朝規有叙
右正言孫沔乞詔令先定議而後行狀曰臣竊聞景德中知制誥朱
巽上言以所降命令不可屢改應合更張請先定議如經久可守者
行之不可者止之真宗謂宰臣曰此甚識治體卿等志之故景德祥

符之間每下詔令皆可遵守竊見近來臣僚凡有起請或陳利害隨
即頒布略無詰難或未踰時或方經月有稱未便又復衝變去歲暴
收錢稅今春權罷度僧之類是也故使如綸之言渙汗之號民未甞
以為必信恐非國家致治之道也臣欲乞今後中外臣僚有所見聞
陳請者若言禮樂即下太常禮院言刑名即下審刑院言天下錢穀
即下三司言民間利害即下轉運司小事半月中事一月仰所屬衆
官將前後敕條詳定奏上如係制度大事即下兩制尚書省集議委
中書門下更加省察然後施行亦朝廷謹重之意也
知諫院歐陽脩乞禁止無名子詩傷毀近臣狀曰臣竊見前年宋庠
等出外之時京師先有無名子詩一首傳於中外尋而庠罷政事近
又風聞外有小人欲中傷三司使王堯臣者復作無名子詩一篇略
聞其一兩句臣自聞此語日夕疑駭深思事理不可不言伏以陛下

視聽聰明。外邊事無小大無不知者。竊恐此詩漸廣。須達聖聰。臣忝爲陛下耳目之官。不欲小人浮謗之言上惑天聽。合爲論列。以杜奸譭。況自兵興累年。繼以災旱。民財困竭。國帑空虛。天下安危。係於財用虛實。三司之職。其任非輕。近自姚仲孫罷去之後。朝廷以積年蠹弊。省虛窘乏之三司付與堯臣。仰其辦事。乃是陛下委信責成之日。堯臣多方展効之時。臣偹見從前任人。率多顧惜祿位。寧可敗事於國。不肯當怨於身。如堯臣者。領職以來。未及一月。自副使以下不才者。悉請換易。足見其不避嫌怨。不徇人情。竭力救時。以當身事。今若下容譭間。上不主張。則不惟才智之臣無由展效。亦恐忠義之士自茲解體。臣思作詩者雖不知其姓名。竊慮在朝之臣有名位與堯臣相類者。嫉其任用。故欲中傷。只知爭進於一時。不思沮國之大計。伏自陛下罷去呂夷簡夏竦之後。進用韓琦范仲淹以來。天下欣然皆

賀聖德。君子既蒙進用。小人自恐道消。故只喧然務騰謗口。欲惑君聽。欲沮好人。不早絕之。恐終敗事。況今三司蠹弊已深。四方匱乏已極。堯臣必須大有更張。方能集事。未容展效。已被謗言。臣近日已聞浮議紛然。云堯臣更易官吏。專權侵政。今又造此詩語。搖惑群情。若不止之。則陛下今後無以使人。忠臣無由事主。譭言罔極。自古所患。若一啓其漸。則扇惑群小。動搖大臣。貽患朝廷。何所不至。伏望特賜詔書戒勵臣下。敢有造作言語。誣訐陰私者。一切禁之。及有轉相傳誦。則必推究其所來。重行朝典。所貴禁止譭巧。保全善人

脩又上奏曰。臣伏見前知光化軍韓綱近爲酷虐兵士。致兵士等作亂。攻劫州縣。驚動朝廷。上貽君父之憂。下致生民之患。而又不畏法棄城遁走。其罪狀顯著。使合誅夷。朝廷慎於用刑。尚令勘鞫。至今多日未見施行。竊以斷獄之議。不過兩端而已。有正法。則依法。無正法。則原情。今韓綱所犯。法有明文。情無可恕。謹按律文。主將守城爲賊所攻。不固守而棄者斬。此韓綱於法當斬。有明文也。綱不能撫綏士卒。致其叛亂。但其棄城而走。情最難容。當初亂兵未有器械。韓綱手下自有六十餘人不亂兵士。又有官庫器甲。既不能盡力禦捍。又不能閉城堅守。公然將手下兵士津送全家上船。便棄牌印城池而去。致兵之亂。起自綱身。臨難迯身而不死國。方今盜賊可憂之際。若使天下州縣皆效韓綱見賊便走。則在處城池皆爲賊有。生下州縣誰肯守之。此韓綱之情又無可恕也。綱之一死。理在不疑。外人但見拖延多日未行斷決。皆謂朝廷好行姑息。漸有恩貸之意。又緣綱是大臣家子。作如此大過。生如此大患。犯如此大刑名。若曲法不行。即不知孤寒有罪者何以行法。其韓綱伏望聖慈出於睿斷。早賜依法施行

脩又上奏曰。臣風聞大理寺近奏斷德州公案一道。爲一班行王守度謀殺妻事。上斷杖六十私罪。其守度所犯情理極惡。本因踰濫欲誘一求食婦人爲妻。自持刃杖恐逼正妻阿馬令其誣以奸事。髡截頭髮。又自以繩索付與阿馬。守度持刀在旁。逼令自縊。阿馬偶得生迯。臣畧聞此大駭。其他守度兇惡之狀。備於案牘。人不忍聞。阿馬幽苦冤枉如此。而法吏止斷誣奸降以杖罪。竊以刑在禁惡。法本原情。今阿馬之冤。於情可憫。守度所犯。其惡難容。若以法家斷罪舉重而論。則守度誣奸不實之罪輕。迫人以死之情重。原其用意。合從謀殺。凡謀殺之罪。其類甚多。或有兩相爭恨。理直之人因發忿心殺害理曲之人者。死與未死。須被謀殺之刑。豈比守度曲在自身。阿馬本無所爭。備極陵辱。迫以自裁。虐害之情。深於謀殺遠矣。臣嘗伏讀眞宗皇帝賜諫臣之詔曰。冤枉未申。賞刑踰度者。皆許論列。今之冤婦。臣

臟當言者也。豈有聖主在上。國法方行。而令強暴之男而敢逼人以死。臣恐守度不誅。則自今強者陵弱。辣者害親。國法遂隳。人倫敗矣。其王守度一宗公案。伏望聖慈特令中書細詳情理。果如臣之所聞。即乞行刑法。以止奸凶

脩又上奏曰。臣竊見近日盜賊縱横。張海等二三百人未能敗滅。光化軍宣毅又二三百人作亂。臣謂朝廷致得盜賊如是者。不惟中外無備。蓋由威令不行。昨王倫賊殺主將。自置官稱。着黃衣。改年號。事狀如此。乃是反賊。使其不敗。為患如何。既敗之後。不誅家族。凡小人作事。亦須先計成敗。今使其事成則獲大利。不成則無大禍。有利無害。誰不欲反。只如淮南一帶官吏與王倫飲宴。率民金帛獻送。開門納賊。道左參迎。苟有國法。豈敢如此。而往來取勘。已及半年。未能斷遣。古者賞罰不踰時。所以威激士眾。今遲緩如此。誰有懼心。遂致張

海等官吏依前迎奉。順陽縣令李正已延賊飲宴。宿于縣廳。恣其劫掠。鼓樂送出城外。其人敢如此者。蓋為不奉賊則死。不奉朝廷則不死。所以畏賊過如畏國法。臣恐朝廷威令從此遂弱。盜賊氣勢從此轉強。臣聞刑期無刑。殺以止殺。寬猛相濟。用各有時。伏望陛下勿採迂儒所說婦人女子之仁。尚行小惠。以誤大事。其宣毅兵士必有家族。伏乞盡戮於光化市中。使遠近聞之悚畏。以止續起之賊。其李正已仍聞已有臺憲上言。亦乞斬於鄧州。使京西一路官吏聞之畏恐。知國法尚存。不敢奉賊。從來只被迂儒之人因循不斷。誤陛下事。壞得天下事勢已如此。不可更循舊弊。有失威斷。惟陛下力行之

脩又論葛宗古等不當減法劄子曰。臣伏見近日贓吏葛宗古王克庸滕宗諒等相繼贓污事發。內葛宗古清理尤惡。臣伏覩去年朝廷命賈昌朝等減省天下冗費。上自陛下供御之物。至於皇后宮嬪飲

食已乘。盡皆減節。蓋謂調度至多。公私已乏。故陛下以身先天下。自行減刻。要供軍費。凡為邊將者所得一錢一帛。宜思此物自生民困苦之中取其膏血。陛下憂勞之際減自聖躬。如此得之。宜作如何用。今乃盜朝廷賞勞蕃戎之物。賂養求食婦人全家骨肉。及供自己家口。并營造工作私家冗用之類。量其如此用心。豈是愛君憂國忘身破賊之人。何足愛惜。若律文已重。即乞盡行。更不減法。若舊法尚輕。仍望特加重斷。其滕宗諒王克庸若事分明。亦望早賜勘鞫。正行國典。竊慮議者為宗古等方任邊陲。宜從寬貸。臣非不知駕馭英雄。難拘常法。如太祖委用李漢超。能捍寇戎。不為邊患。功大過小。理可優容。諸將守邊未有尺寸之効。而先已踰違不法。外恃敵在。而欲望朝廷屈法姑息。今朝廷未曾行寬假之恩。而此三人不法如此。若更寬之。則今後邊臣不復可以法制矣。臣恐邊上公使必欲使將臣不拘

常法者。若用之陰養死士。招延布衣。利啗敵人。賞勞將校如此之數。皆不必問其出入。可恣所為。或其性本闊略。偶不點檢。誤用於私家。原其本情。亦可輕恕。若宗古等故意偷謾。減刻宴犒蕃夷軍士之物。入己者。有何可恕之理。特減從輕。有何可贖之功。得以屈法若此三人不行重斷。則邊臣知元昊常在。則可以常為不法。臣恐翫寇弄兵。事無了日。今取進止

脩又上奏曰。臣伏以朝廷每出詔令。必須合於物議。下悅民情。真宗皇帝初置諫官。一書內條列六事。首言詔令不便者。許諫官論列。蓋朝廷慎於出令之意也。近聞詔書褒美陝西轉運使卞咸。風聞咸在陝西為買百姓青苗及轉般大麥。此兩事大與西人為患。逃移部人戶極多。至今西人怨謗不已。賴吳遵路減得轉般一事。人獲稍寧。今所降詔書兩人一時褒美。善惡不分。無所激勸。使陝西人見者必謂

朝廷咫尺絕不卹念西人不知西事誤下詔書羨此與民為害之人必轉生怨謗臣竊料朝廷必因邊臣奏舉咸等能積粮儲故賜獎諭蓋失於採訪不知咸處置乖方之事致西民流移怨謗之因欲乞今後戒此失誤慎出詔令及戒勵舉臣今後薦舉人不得妄有稱羨其已出之詔既不可追臣又恐朝廷因此遂待下咸為材吏別有任用卻致敗事臣職在諫諍不可不言

脩又上奏曰臣等風聞朝廷近降指揮與諸路轉運使令體量州縣官吏酷虐軍民者臣料朝旨如此必是因韓綱酷虐近致光化兵士作過故有此指揮竊以昨來光化兵變雖因韓綱自致其如兵亦素驕處置之間須合中道韓綱自當行法驕兵亦合討除如此兩行方始得體今若明行號令徧約官吏則驕兵增氣轉更生心長吏畏避無由行事其所降與轉運司文字竊慮朝夕之間傳播中外扇動羣

小引惹事端然已失之令既不可追伏乞速降指揮與諸路轉運使令密切稟行不得漏泄所貴別不生事

脩又乞執奏干求內降并根究因緣干請之人狀曰臣伏見諫官陳升之起請僥求內降之令委一府劾奏干請者之罪蒙朝廷依奏施行尋聞李璋因內降責罰自後罕聞敢求內降以希恩賞者以此見至公之朝必信之法可以令行而禁止也然外之所謂恩賞一端而小人之僥求無所不至臣自權知開封府未及兩月之間十次承准內降或為府司後行或為宮院嬪嬙或為內官及干繫人吏等本府每具執奏至於再三而干求者內降不已至於婢妻賤人犯奸濫等事亦敢上煩聖聰以求私庇閹官小臣自圖免過反彰聖君曲法之私雖有司執奏終許公行然小人干求未有約束止絕臣今欲乞今後應有因事敢干求內降者依舊許本府執奏外更乞根究因緣干求之人奏擇下府勘重行責罰如本自行干請者亦乞一就勘鞫加原犯本罪二等斷遣其情理稍深及干求不已者亦許本府一面牒報御史臺彈糾勘劾施行所貴止絕小人干亂公朝敗紊綱紀

脩又論內臣梁舉直事封田內降狀曰臣勘會本府見勘內官梁舉直公事兩曾執奏三唯內降特與放罪臣伏見近年權倖之臣多是公然作過不畏憲法特干求內降紊亂綱紀所以前後臣寮累具論述陛下特降明詔許承受官司執奏不得施行布告天下著為信令今梁舉直累煩睿聽干求不已本府遵依前後詔敕再具執奏未許公行伏以曲庇小臣撓屈國法自前世帝王苟有如此等事史冊書之以著人君之過於中外舉直此重於元犯罪今縱未能法外重行以戒小人干求內降其元犯本罪豈可曲恕舉直苟為愛身之計不思愛君之心乃是小人全無知識爾如臣忝恩寵列於侍從職在獻

納合思裨補豈可阿意順旨為陛下曲法庇縱小臣以彰聖君之失其內降臣更不敢下司謹具狀繳進納

樞密副使富弼上奏曰臣歷觀自古帝王理天下未有不以法制為首務法制既立然後萬事有經而治道可必也宋有天下八十餘年太祖始革五代之弊創立法度太宗克紹前烈紀綱益明真宗承兩朝太平之基謹守成憲近年紀綱甚紊隨事變更兩府執守便為成例施於天下咸以為非而朝廷安然奉行不思劃革至使民力殫竭國用乏匱吏員冗而率未得人政道缺而將及於亂賞罰無準邪正未分夷狄交侵寇盜充斥師出無律而戰必敗令下無信而民不從如此百端不可悉數其所以然者蓋法制不立而淪胥至此也臣今欲選官置局將三朝典故及討尋久來諸司所行可用文字分門類聚編成一書置在兩府俾為模範庶幾頹綱稍振弊法漸除此守基

圖救禍亂之本也

知諫院余靖乞宣敕並送封駮司審省劄子曰臣聞國家之興必先於綱紀號令所出必正其源流古者以四海之廣萬務至衆專已臨御應其闕失故羣司設官以相維制示至公於天下也唐制凡有制敕命令則中書宣行進內畫可以付門下門下審省申覆以付外施行若有不便並令封駮改正令之官誥編書三省官位各結題年月則皆古之制也國朝淳化中始自樞密院分出銀臺通進二司兼領門下封駮事令兩制已上主判凡制敕有所不便者准故事封駮張詠向敏中咸領此職此時宣敕無不經歷門下近年以來舊制坐廢唯選入黃甲猶准故事其餘宣敕百無一二到彼則是官有封駮之名曾無改正之實臣今欲乞凡有宣敕除處分邊事機宜依舊實封入遞祭祀行事敕仍舊差人送付本官外其餘遷免官資升降差遣

及斷遣刑名改更敕令應是告身宣頭敕牒並令中書樞密院准故事進內發付門下封駮司審省申覆如有授官非稱斷刑失中使未便於事者則令封駮改正如此則官司之守各有綱條詔令所頒克正根本紀律可振無有過舉矣其門下封駮司乞差剛正公平大臣主判庶其舉職無可畏避

參知政事范仲淹奏贖法疏曰臣數日前面奏三代帝王子孫綿遠蓋由積惠之深臣請陛下日脩至仁之惠下及民庶以感動天地此聖嗣無疆之本也今有劄子一道為議贖法事即乞降出臣近覩詔書令御史臺審刑院大理寺脩編勑所同議贖刑此陛下至惠深仁被于億姓天下幸甚今諫官孫甫上言乞令大臣定奪施行臣欲乞特降聖旨令中書樞密院同與見議官員疾速定奪聞奏仍乞且贖杖罪已下情理輕者所貴易行

戶部判官包拯上奏曰臣聞法令者人主之大柄而國家治亂安危之所繫焉不可不謹緣近歲以來賞罰之典尚或因循且人知法令之不足信則賞罰何以沮勸乎昔唐文宗問宰臣李石天下何以易治李石對以朝廷法令行則易治誠哉治道之要無大於此伏望陛下臨決大政信任正人賞者必當其功不可以私進罰者必當其罪不可以幸免邪佞者雖近必黜忠直者雖遠必收法令既行紀律自正則無不治之國無不化之民在陛下力行而已

拯為天章閣待制知諫院上奏曰臣竊見天聖中凡有內降莫測夤緣盡由請託蓋傾邪之輩因左右之容假援中闈久瀆聖化洎陛下親覽庶政首革茲弊僥倖濫賞人不能以倖求頃年以來此路寖啟妨公害政無甚於此臣欲乞今後應中外人陰有交結冒請勞效以圖榮寵或比緣罪犯苟希橫貸伏望聖慈特降指揮止絕如更妄有

陳乞並令中書樞密院三司開封府等處詳定先降指揮依公執奏毋得阿徇上累明聖

拯又論詔令數改易疏曰臣竊見朝廷凡降詔令行之未久即有改張故外議紛紜深恐於體不便且詔令人主之大柄而國家安危之所繫焉可無慎乎緣累年以來此弊尤甚制勑纔下未逾月而輒更請奏方行又隨時而追改民知命令之不足信則賞罰何以沮勸乎臣欲乞今後朝廷凡處置事宜申明制度不可不慎重或臣僚上言利害並請先下兩制集議如可為經久之制方許須行於後或小有異同非蠹政害民者不可數有更易如此則法存畫一國有常格伏望少留聖意天下幸甚

拯又乞不用贓吏狀曰臣聞廉者民之表也貪者民之賊也今天下郡縣至廣官吏至衆而贓污擿發無日無之洎具案來上或橫貸以

全其生。或推恩以除其罪。雖有重律。僅同空文。貪狠之徒。殊無畏憚昔兩漢以贓私致罪者。皆禁錮子孫。矧自犯之乎。太宗朝嘗有臣寮數人犯罪。並配少府監隸役。及該赦宥。謂近臣曰。此輩既犯贓濫。只可放令逐便。不可復以官爵。其責貪殘慎名器如此。皆先朝令典。固可遵行。欲乞今後應臣寮犯贓抵罪。不從輕貸。並依條施行。縱遇大赦。更不錄用。或所犯若輕者。只得授副使上佐。如此則廉吏知所勸。貪夫知所懼矣

侍御史知雜事何郯上奏曰。臣伏聞禁中自縊發以來。逐月分布內臣坐甲宿直。以至伐木斫屋。結繕脩垣墉。增置闌鍵。其於備豫之方。固亦甚至。然臣以事體酌之。恐爲陛下計者誤也。夫體有尊卑。事有小大。尊者繫於君。卑者繫於臣。君而尸小事。則失所稱。臣而專大名。則非所宜。以人君之舉。所務必博大。所謀必經遠。崇位號以習民之

奉。脩政刑以防民之踰。不廢禮以杜僭偪之萌。必行法以除暴亂之本。使邇莫敢犯。遠莫敢陵。如此則等威辨。而上下無邪心。然後知天子之所以尊也。今夫衛士生變。事出非意。皆由朝廷恩過而不知威。官司令寬而不能禁也。爲今之宜。其在一震威怒。以示誅罰。正大法。以絕其慢。舉大刑。以討其奸。凡邪僞附下之類。先絕其萌芽。究賊亂犯上之徒。務去其根本。不恕無良。而與衆棄。不漏有罪。而示之公。法令既行。紀綱既正。以此御下。孰敢不虔。雖不增宮闈之警。而其備脩。不如省戶之衛。而其守固。與夫區區從細末之事者。不可同年而語矣。臣况聞陛下從頃年來。過自警戒。中宮之樂工已盡罷。後苑之獵具已盡除。其於謹天戒以飭聖躬。雖詩書所稱遇災脩慝之君遠不能逮。然於禁防之設。所舉者近。而所忽者遠。所謹者小。而所遺者大。臣切惑焉。伏乞聖慈以臣愚言。命公卿大夫當廷公議。一舉法令威刑之柄。以除邪僞賊亂之階。庶主威益尊。國命益振。內患既弭。外虞自除。則天下幸甚

同知諫院吳奎上奏曰。臣伏見陛下十數年以來。每降詔令及所行事爲。橫議所移。或奸謀所破。中外不甚爲信。以此皆謂陛下言之雖切而不能行。行之雖銳而不能久也。自明堂下詔杜絕內降。忠賢莫不增氣。羣小莫不革心。願陛下謹守前書。堅於金石。雖甚寵愛之人如敢私撓。必加之罪。如是則太平之風。有望於茲矣

知諫院范鎮上奏曰。臣伏見近降指揮。今後傳宣除依得法律賞罰外。餘並仰中書樞密及所屬官司執奏。今月十八日。一日之中內臣無名改轉者凡五六人。俱是過恩不合法律。中書樞密院大臣並不執奏。臣竊謂陛下近降指揮。可謂萬世法。曾未一月。而大臣輒廢不行。大臣在陛下左右。號稱執政。而廢法如此。欲法行四方。安可得哉。

夫天子之言出而爲令。大臣廢令。在法不赦。伏乞明正中書樞密大臣之罪。以示天下。使人知陛下之法不可輕廢

鎮又論法令數變狀曰。臣伏見今月十三日殿直竇班鄭維一爲私役兵士脩屋。致屋倒壓死兵士。進呈特勒停京西路編管。經恩未得敘用。十五日傳宣與免編管。其法令數變如此。又道士李可壽本初與三司吏人陳知深善。及陳知深犯贓。李可壽轉託鎧佛寺僧初不知情。已從重斷。李可壽因緣內降。遂不問罪。其法令不當如此。所有鄭維一乞依前降旨揮。依前編管。李可壽亦乞依法施行。以絕奸倖。令一殿直。一道士。至微賤者。而能關通中禁。變陛下法令。大臣不能奏論。後有大於此者。將如之何。伏乞陛下與大臣更相飭厲。設張紀律。無使小人數變法令。則天下幸甚

鎮又論御史論陳執中失實狀曰。伏以陛下置御史以達聰明。非使

其亂聰明也。以防讒慝。非使其為讒慝也。今御史以死罪中傷大臣。為讒慝以亂陛下聰明。陛下置而不問。何以使風俗不為險薄也。臣請以一二言之。初御史言陳執中嬖妾毆殺人失實。又言阿張毆殺女使亦失實。自顧二事皆失實。業已觸大臣無以解也。於是乎構大臣陰事必不自明者以聞於陛下。以為陛下疑此。所謂御史為讒慝以亂陛下聰明也。若如御史所言。禽獸有不為者。況國相乎。陛下謂御史言必可信耶。請以嬖妾及阿張事卜之。御史言嬖妾毆殺人者。開封府鞫勘乃是某人。非嬖妾也。言阿張毆殺女使者。乃是執中指揮。非阿張也。初執中以女使付外時封押。是執中指揮月券 觀此二事於人情或有者。而御史皆已失實。何況於人情無有禽獸所不為者加諸大臣而以疑陛下者乎。其疑固可決矣。今御史言諫院無人者。不過謂不言執中嬖妾毆殺人。阿張毆殺女使及執中陰事也。其嬖妾與阿張固已虛妄。

非諫院所宜言也。執中陰事尤非所宜言也。而御史言之以為才。以為稱職以為直。此等事果為直耶。果為稱職耶。果為才耶。皆為險薄之習也。臣之所恥言也。言之非陛下任臣之意也。陛下降詔以戒險薄。若置御史而不問。是徒以文告而不以實責之也。臣恐詔旨雖日下而險薄日以益也。陛下誠能以臣前所上四狀并今狀降付御史使之自覽。知自覺悟。然後下詔斬決御史以示天下。庶幾風俗可變而險薄可戒也

右司諫馬遵上奏曰。臣竊聞有內降指揮差臺官吳中復往澶州取勘張懷恩李仲昌脩河不公等罪事。從中出。不知所來。內外聞之。無不疑駭。何則從來仲昌等妄違朝旨。輕壞河事。枉費財力。罪固不輕。朝廷雖行降責。而臺官累有彈奏。乞寘典刑。尋有旨揮止令經赦未叙而已。各人降官已經數月。未知今者陛下聖聰得於何人而有此特旨。向者臺官力言而不用。今以戒者之言而行之。既差臺官推勘。而又監以內臣。是臺官未足取信於陛下也。中書者。陛下執政之司。事無不總。疑則勿用。用則勿疑。今差臺官置詔獄出於內降。而中書奉行文書。初不與議。執政之任。豈如是乎。是中書亦未能取信於陛下也。中書者陛下腹心之地。臺官者陛下耳目之司。所以倚責而成治也。若陛下外疑耳目。內疑腹心。內外交疑。而無所倚責。臣恐聖慮日勞而多門之弊或生於其間矣。然則刊章飛語之事或可緣間隙而興。優游無為之治未可以歲月期也。可不惜哉。李仲昌等雖法外重行。正合臺官前日之論。無可議者。臣今所言。蓋為國家政體。惟陛下財擇

遵又奏曰。臣近為朝廷差臺官置獄。一出內降指揮。國柄動搖。物議騰沸。臣以當職兩具奏封。尋以齋宿行事。未敢繼陳章削。干黷旒之

嚴。如聞內臣傳宣催促繼有降文字付吳中復等。中外聞之。寢以喧駭。何則朝廷賞罰自當公行。禮曰。爵人於朝與士共之。刑人於市與衆棄之。皆謂公也。今仲昌等二小臣犯法。非急切幾事。若陛下聞之語言。見之文字。即宜付外施行。若謂已經中書。則宜移之密院。何煩內降文字駭物情而損國體哉。緣內降之弊。害政之大者。皇祐明堂之後。嘗有特詔止絕。天下歌舞。流為頌聲。今陛下享壽昌之慶。行恭謝之儀。肆赦改元。新天下之耳目。豈可卻行弊事。壞皇祐之成憲。取吏民之深譏哉。若習以為常。行之不已。臣恐事日多。聖心日勞。非所以成簡易之法。取康寧之福也。然則威權可易。紀律可隳。自古亂階由此遂出。漢唐不遠。厥鑒甚明。不可不深思。不可不熟慮。伏望陛下博采公議。特出英斷。追改前敕。以李仲昌等文字付外施行。若謂已經中書。即乞改付樞密院。仲昌等苟有深犯。自存嚴科。如此則獄合

乎大公。而一代之典可用。權綱歸乎至正。而多門之弊不生。制治保
安。寶由此路

殿中侍御史趙抃論內降指揮疏曰。臣昨自四月至七月。累次論奏李仲昌等脩河敗事乞重行貶黜。雖朝廷量與責降。然亦未快羣議。陛下柔於下情。憫傷重役。將窮究仲昌等罪狀。正國家之典刑。宣諭中書輔臣行之可也。若事有干涉。付樞密院治之可也。柰何一旦事從中出。差一臺官以訊劾之。遣四內臣以監視之。繼及數日之內。三出內降文字。張皇大獄。中外驚駭。外議以謂初發二小臣之罪者誰為奏陳。今起二小臣之獄者孰與評議。所可惜者國體之重。不詢於公卿大臣。政事之權。乃付之宦官女子。至於政府見如此等事。始不預議。終無執持。將順奉行。焉用彼相。臣恐斜封墨敕之弊。不足罪於昔時。告密羅織之風。復基禍於今日矣。臣悉伏望陛下特賜旨揮追

還內降之命。檢會臺官并臣前後論奏仲昌等章疏。詳酌重行貶竄。如此。則朝廷綱紀不遂隳壞。人情物論庶無憂疑也

知諫院呂誨乞禁止臣寮上封章告人之罪狀曰。臣竊以著令臺諫官許風聞言事。蓋欲廣其採納。輔益聰明。邇來中外臣寮密上封章告人之罪。既非職分。實亦侵官。而又事多不根。言無指實。理非干己。情緣報怨。甚至誣訐平素之實。暴揚曖昧之事。朝廷既難明辨。善人無以伸冤。刻薄之徒寖成風矣。況禮貴徒善。法許自新。日月既已經久。赦降自當洗滌。事儻涉於厚誣。理固宜於反坐。臣伏乞今後非在言職。輒以章奏指計他人日前過犯及事非干己者。即以所上文字付有司鞫勘。在外則置院推勘。所貴止絕狂妄叅煩旒屢。仍乞詔示中外嚴行遵守

知諫院司馬光上奏曰。臣等伏以祖宗開基之始。人心未安。恐有大姦陰謀無狀。所以躬自選擇左右親信之人。使之周流民間。密行伺察。當是之時。萬一有挾私誣枉者。則鈇鉞隨之。是以此屬皆知畏莫敢為非。今海內承平已逾百年。上下安固。人無異望。世變風移。宜有釐革。而因循舊貫。更成大弊。乃至帝室姻親。諸司倉庫。悉被此屬量其過咎。廣作威福。私受貨賂。所愛則雖有大惡掩而不問。所憎則舉動言語皆被掇摭。臣等嘗病國家擇天下英材以為公卿大夫。而猶不可信顧。任此厮役小人以為耳目。豈足恃哉。今乃妄執平民加之死罪。使之幽縶囹圄。橫罹楚毒。幸而不自誣服。僅能辨明。若更不聽有司詰問元初巡察之人。少加懲誡。臣恐此屬無復畏憚。愈加恣橫。使京師吏民無所措手。豈合祖宗意哉

韓琦論驕卒誣告將校乞嚴軍律疏曰。臣近聞虎長行武贇引見日。唐突告論本指揮使闕元部轄嚴緊。及將人口上京。下軍頭司取責

並送開封府勘鞫。竊如本府勘得武贇各徒杖一百定斷。臣竊以軍中之法最為嚴重。苟從寬弛。為害匪輕。其武贇既陳告部轄將校不公。自有殿前馬步軍司合屬去處。引見之際。咫尺天威。固非軍人論事之所。及將辯訊。又多誣罔之辭。蓋近年其卒驕縱。類率如此。國家屯置師旅。衆踰百萬。一營只委將校數員。若鈐制稍嚴。便即摭拾小過。於引見之際。唐突論訴。朝廷不以大體斷之。兩皆獲罪。必恐此後兵卒將校漸廢階級之制。但務姑息以求無過。若一旦邊境有急。使其亡軀命而赴湯火。必不能為陛下用也。陛下誠宜於泰寧之辰。深戒有司。凡百軍旅之事。常以訓戢為意。有違犯者。時以重法行之。其將校苟非大過。止因部轄嚴峻。兵士所以求細事以殘其罪者。亦當捨而不問。所謂懲一卒而警萬衆。去小疵而行大仁。惟陛下熟賜財詳。天下至幸

三司使張方平論中使傳宣諸司煩數狀

曰臣竊聞近日中使傳宣諸司頗為煩數其至三司日或數次臣聞王言惟作命百官承式洪範五事言曰從從作乂故王者之言是謂號令令出惟行不行則權剛斷矣今夫屑屑冗微之事皆賤者之所親責在攸司各有程式發輸督促動煩宣下所司既被受其有不可奉行者又須稟復或却寢罷下成廢命上為損威習以為常恬弗之恠欲乞今後除有指揮中書樞密院事特降中旨外自餘細務合下三司提舉司開封府等處者只乞傳宣中書樞密院劄下逐處有司或敢違慢自應合行勘責即事干急速不容留滯即乞宣付入內內侍省相度事體緩急須即施行者具錄宣旨報下所司所冀出納有章上下得體

方平上刑法論曰臣聞昔在成周惟厥文王克明德慎罰武世忞生亦式謹由獄周公制六典蓋以禮正其本刑防其末猶成五教民協于中爰及成康乃至措而不用夫子曰齊之以刑民免而無恥齊之以禮有恥且格又曰禮樂不興則刑罰不中故叔向以為三辟之興皆叔世也漢自文景之後朝廷立大制度行大誅賞輒會諸儒斷以經義亦能議事以制尊君卑臣雖是與非其論優大故三王而下漢道為粹東都之後法稍煩密南北異俗不勝其敝噫世失其道民散久矣其本先弱勢安得長故世雖平而易危國雖盛而易敗由乎制度不素立禮義不在人譬諸大廈蘇然而柱石不固豈支久之勢萬目參然而綱維不緝匪必秦之道為國而禮法不脩其何以致理近在唐時禮刑煩雜禮既頻年而數革法或一代而再脩貞觀顯慶遞立異同之制永徽開元則有前後之格諸儒立異互出胸臆法吏迎合旋為輕重奇請它比盈於几閣自明習者不能徧睹是以郡縣承用者駮陷愚惷於亡辜羅元元之不逮其咎由乎格令之煩多故奸

吏得以因緣為市也我太祖皇帝既大一統恤刑辟之多濫始制郡國立司寇之官太宗更置審刑衆職以覆天下之獄先皇復置提點刑獄之任以分部四方申下民之枉察群吏之違是皆聖人竭情盡心哀矜軫恤之旨也自陛下臨御區極欽恤庶慎急深故之罪寬縱出之罰宣室決事明過漢宣大官減膳仁勝唐文有慘怛之愛有忠利之教其可謂盛德矣子曰如有王者必世而後仁善人為國百年可以勝殘去殺我有宋之在宥天下逾八十年一統無外清寧治平德教加於蒸人其陶化深矣然刑未能措獄繫尚蕃其故何由蓋禮失於正本令急於防末上之寵貨物漁財利之路多兒權封占之門衆開之以權豪富人依公法為私奸侵剝黎民吏務因循或引賄賂不能抑彊扶弱獄奸不平是以小民業蹙窮而思濫為盜賊欺偽以偷免飢寒子曰古之知法者能省刑本也今之知法者不失有罪末矣夫不原民之所以獲罪而賞吏之能發奸而得其情是猶大開闌牢而高張尉羅舉鳥獸之獲而歸功於弋獵之師者也故夫吏者舉法令而檢非遠牧民而導之以善者也而乃苛刻者巧弄而高下其心簡放者怠畧而鄙俗其事不才固為猾吏所賣才者或為豪人所買求進者徼文曲致以附會上意養望者宥故未減以取悅衆心家自為評人執所見至有罪均而輕重殊罰科同而淺深異比一切之弊皆歸乎民誠願朝廷觀法周漢之舊深議禮刑之中損游商兼并之業益節其靡汰之費稍寬利路以優齊人刪定律令芟其蕃與詆欺文致毛細之法一皆蠲除務從省約使易遵守為大宋一典須用乎天下豈徒當世之利固亦無疆之法也臣言雖闊畧不該時術豈不近乎清源正本之論歟其時所尤急繫朝政之得失人倫之厚薄者畧舉于末冀正其大紀焉

方平又上奏曰。伏見近歲臺諫及按察官等。多發人積年罪狀。及有奏劾之事。輒請不以赦降原減。作法於涼。甚非治道。赦書之文云。敢以赦前事言者。以其罪罪之。所以省刑本而著至信也。人之多僻。其亦久矣。在於中人。孰能無過。若以一眚之故。而為終身之累。臣恐舉世無全人矣。既經赦宥。許之惟新。忽復追論。誰將自保。快一時之小忿。失天下之大信。相沿弊迹。寖成險俗。棄瑕錄善。義則不然。伏望特降詔書。明諭中外。今後言事及按察官等。不得發人累經赦宥之事。及乞不以赦降原減上。資忠厚之風。允釐大公之化

歷代名臣奏議卷之二百十

歷代名臣奏議卷之二百十一

法令

宋英宗治平間。知諫院司馬光乞今後有犯惡逆不令長官自劾疏曰。臣竊以國家承百王之弊。俗化陵夷。不肖愚民。犯分侵禮。無所不至。此朝廷所宜留意。不可忽也。昔賈誼歎秦俗之薄惡。以為借父耰鉏。慮有德色。母取箕帚。立而誶語。抱哺其子。與公併倨。婦姑不相說。則反唇而相稽。以今閭巷之民。旦夕所為。如彼數者。皆何足言。近聞開封府屢有子殺父母者相繼事發。以京邑之中。猶有如此悖逆之民。況於遠方教化之所不及哉。臣竊見刑部格勅。百姓間有犯惡逆以上者。州縣長官量事貶降。隱而不言。委錄事參軍糾察聞奏。刑統參詳條部內有犯惡逆以上罪者。今後刺史以上。附表自劾。以敦風教。責與不責。並聽勅裁。朝廷近年務行寬政。吏有故出人罪者。率皆不問。或小有失入。則終身廢棄。以此民有謀殺及毆詈尊長者。州縣之吏。專務掩蔽縱釋。惟恐上聞。往往止從杖罪斷遣。少肯繫以正法。蓋避自劾之恥。務為身謀。遂使頑民益無顧憚。名敦風教。其實壞之。王者之政。當善善惡惡。若寬此悖逆之民以為仁政。臣實愚淺。未之前聞。況教化之失。風俗之弊。任其責者。豈特州縣長吏而已。若長吏隱而不言。乃使錄事參軍糾察聞奏。斯亦難矣。臣愚伏望朝廷今後除去上件貶降長吏。及附表自劾二條。更不施行。在京則委糾察刑獄。畿內則委府界提點。在外則委轉運使提點刑獄。常切覺察。州縣官吏。如有敢將惡逆不孝不睦等罪寬縱隱蔽。不依正法勘鞫斷遣者。並畫時糾舉聞奏。隨其輕重。各以故出人罪論。若上件諸司不糾舉者。委臺諫官察訪聞奏。取進止

光又乞罷刺陝西義勇狀曰。臣昨日上殿。為言乞罷陝西義勇事。陛

下宣諭臣以為命令已行。臣退而思之。不勝憤悒。終夕不寐。深惜陛下此言之失。臣案周易復之初九曰。不遠復。无祗悔。元吉。祗。大也。蓋言人誰無過。雖聖賢亦不能免。然聖賢皆能不遠而復。故雖有小悔不至於大而終保元吉也。其上六曰。迷復凶。有災眚。用行師終有大敗。以其國君凶。至于十年不克征。蓋言失之已遠。迷而不復。無事不凶。而人君尤甚。故孔子贊之曰。迷復之凶。反君道也。自古明聖之君聞一善言而立為之變更號令者多矣。不可悉數。唯近歲大臣自知思慮不熟。號令已失。無以抑奪臺諫之言。則云命令已行。難以更改。乃遂非拒諫之亂世。陛下新臨大政。當求善無厭。從諫如流之時。而亦有此言。天下將何望焉。且唐室以前諫議大夫拾遺補闕皆中書門下省屬官。日與中書令侍於天子之側。議論大政。苟事有闕失。皆得隨時規正。今國家凡有大政。唯兩府大臣數人相與議論。深嚴秘密。外廷之臣無一人知者。及詔勅已下。然後臺諫之官始得與知。或事有未當。須至論列。又云命令已行。難以更改。則是國家凡有失政皆不可復救也。如此豈惟愚臣一人無用於時。諫諍之官皆可廢也。以臣所見。但當論其事之得失。言之是非。不當云命令已行不可改也。今陝西一路之民。小大皇皇。正如在湯火之中。忽得朝廷指揮云。所有義勇且住揀刺。其已刺手背者。並給與公憑。放令逐便。得出湯火之中。免而復生也。其誰不歡呼鼓舞。感戴聖恩。豈有一人云命令已行。不當復改耶。陛下萬民之父母。萬民陛下之赤子。豈有父母誤墜其子於井。而曰吾已誤矣。遂忍不救耶。昔舜稱堯之德曰。稽于衆。捨己從人。仲虺稱湯之德曰。用人惟己。改過不吝。臣願陛下勿以先入之言為主。虛心平意。以察臣前後五次所言。果如為是為非。若其是歟。即乞早降指揮。罷刺陝西義勇。若其非歟。即乞如臣前來所奏。特賜降黜。別擇賢才而代之。所有命令已行之言。伏望陛下自今永以為戒。不可使天下聞之。塞絕善言之路也。

翰林學士張方平請減刺配刑名劄子曰。按歷代刑法之制。蓋自漢文除肉刑而用箠令。于後沿革。世有增損。大體笞。杖。徒。流。大辟。為法五等。至隋高熲以經世之才議定科律。笞以一十至五十。杖以六十至一百。徒以一年至三年。流以一千至二千里。大辟以絞斬。蠲損前代鞭刑梟首轘裂之法。輕重之準。識者以為盡天下之平。唐室遵用。惟加流刑以二千里至三千里。然而笞杖皆用竹。其徒流者不加杖。若加杖者即免役。諸犯徒應居作者在京送將作監。婦人送少府監縫作。在外者供當處官役。婦人配舂。犯流應配者三年俱役一年。加役流者流三千里役三年。若家無兼丁與工樂雜用太常音聲人及習天文并給使散使者。方加杖免役。還充本色。皇朝建隆四年。太祖皇帝神智英武。自立一王之法。始建折杖之制。一百折二十。以次為差。杖制用木而大於箠。各有重輕之令。犯徒者加杖免役。犯流者加杖配役。其情罪尤重者更為加杖刺配之法。逮今百年。雖累聖以慈恕御天下。欽恤憫惻。留神刑典。而科禁條章其實煩密。四朝編勅自建隆開寶興國淳化咸平祥符天聖慶曆八經詳定。門目寖廣。其刺配之條比前代絕重。前代加役流既不加杖。又役滿即放。或會赦即免。今刺配者先具徒流杖之刑。而更黥刺服役終身。其配遠惡州軍者無復地里之限。祖宗之世此條尚稀。臣嘗檢會祥符編勅刺配之罪四十六條。天聖編勅五十四條。今慶曆編勅九十九條。諸條禁奏取旨又七十一條。比之天聖蓋已增倍。其間亦有一條該刑名數節。詳而究之。比祥符勅幾三倍矣。錮械係纍。扶老携幼。道路相望。不得至配所而死溝壑者蓋不可勝計。州郡積多往往奏乞住配。臣恐更歷年戰遠。方小郡流配益衆、漸成淵藪。其強猾不逞。念已隔絶鄉里親戚。不復更自顧藉。屬陗患萌亦嘗起於所忽也。故臣前嘗上言乞差官撿慶曆編勑及贖降勑諸刺配條。重行詳定。議從減除。其情理蠹害。顯為人患不可存之鄉閭者。須用此法。諸緣荼塩酒麴銅礬冒禁以規財利之類。約見行刑名輕重別立居役之法。合配遠惡州軍者。令實役七年。配三千里外者六年。千里外者五年。配隣州者三年。並供當處官役。不用赦降原免。人情安土。且開自新之路。減遞送之勞。息流離之苦。州郡役事亦足資助。譬若募本城役兵。頗省衣糧之給。又以少清刑本。上洽和氣。消遠方之釁兆。廣仁政之大體。其於治道。實棨㕘舒

方平又請刪定勑令劄子曰。竊見天聖中刪定編勑。於今累年。比來鄙庸之人。意慮淺近。不識大體。安陳利害。朝行輕聽。往往行下。自邊事之後。末議蜂起。條令錯出。舊章殽亂。郡縣承用益駁。姧吏因緣出入為敝。澆民媮薄。動開爭端。亂獄滋豐。民用怨苦。臣聞天何言哉。四時行焉。簡易以信之謂也。方今之政所謂文敝。其民利而巧。蕩而弗靜。勝而無恥。為救之道在簡而信。臣愚謂宜刊定法令以明示民。選命近臣達政體通時務者三兩員。慎舉京朝官之明曉法意練習民事者五七員。類聚天聖編勑後條令。其毛細苛冗者蠲除之。違異重複者考正之。必事理精審。條目簡便。有輔於政者存為著令。夫子曰。古之知法者省刑。本也。今之知法者不失有罪。末矣。夫然後官知守法。吏息舞文。民有措其手足。茲當今之切務也

知通進銀臺司韓維上奏曰。臣近以黜呂誨等勑不由門下封駁司。嘗面具論奏。及兩上章乞正官法。並未蒙聖慈施行。臣伏以紀綱法度。聖王所以維御邦國使不危而安者也。其所措意皆關識盛衰。固不為一日設也。譬之猶舟之有維楫。馬之有銜轡。今有人于此。將假二物以出萬里之塗。而自毀其維楫。絶其銜轡。則人人知其有奔僨沈溺之憂矣。臣近對崇政殿。亦嘗以此理上陳。陛下初不省察。又以失職求賜罷黜。而聖慈再三敦諭。不令抆進文字。臣僶俛而退。猶望陛下蹈前之失。特詔有司修明舊法以防將來之患。而章上輒不出。使臣不得少申職業。坐守空名以蒙貪祿曠官之謗。進退實亦難處。伏望聖慈以臣此狀并前兩奏降付中書門下商量施行。臣不敢枉道以阿人主之意。變易以壞祖宗之法。惟陛下裁察

維又乞議私罪劄子曰。臣數見良吏善人以小過留滯。而背公便己之徒不廢遷擢。竊尋其端。蓋朝廷之制。私罪雖得輕法。常為仕進之累。公坐雖大。一時被責。則復升進矣。伏以國家賦祿命官本為治人。而無狀之吏廢職以遂苟且之意。壞法以行姑息之政。計其用意豈復在公。夫緣私致罪。惡或止身。廢職壞法。其害及國。二者相校。孰為輕重。伏望聖慈特詔有司議私罪之可恕者。稍蠲留礙。以通滯材。公坐之有害者。重加困抑。以儆慢吏

右正言傅堯俞論審刑院大理寺等處欺罔事狀曰。臣伏以附下罔上。昔為重辟刑。故無小。古有通規。苟涉于茲。詎容緘默。臣近聞大理寺斷鄭州嚴奕公事誤用格條。已經裁決。輒自舉覺。再上殿數奏。中外聞者莫不驚駭。緣法寺一司編勑。法官錯誤不許陳首。頃歲張价劉述等黜官是也。臣恐此條後有衝改。伏乞追守以重刑典。且使猾吏不得緣而為姧。儻此法猶存。則大理寺可謂故為罔上矣。豈有本司定制而不知者乎。始時之誤。或有可矜。乃敢公然自舉援據誤例。上昧朝廷。面謾陛下。此而可貸。孰不能容。自陛下新覽萬機。百司稍知畏懼。日月未久。輒肆欺誣。臣恐陛下威令自茲虧損。伏望窮究。重

行貶降庶幾綱紀可以整齊臣屬以子喪在告不獲即時論列
竊見俞希孟論審刑院等處欺罔事狀曰臣近有狀奏彈審刑院大理寺
官吏不合舉覺誤斷嚴奕公事援據非例再上殿數奏臣始疑一司
編勅後有衝改蓋竊料陛下新揔大政勵精為治臣下豈敢遽為奸
罔今訪聞審刑院大理寺詳斷諸色公案其所斷法狀並須兩司詳
定同具進入如經奏斷後給狀却有錯失其兩司官吏不在舉覺之
限此條見今行用況張价劉述等降黜未久耳目相接衆人共悉法
官安得不知乃敢公相表裏共為欺謾方今之事無大於此者昔裴
度以五坊使追捕平人為大而謂東方用兵為小誠深識治體者也
況法吏匿法以舞文罔天子乎不獨如是又欲遂廢成法以自便其
高下之手苟幸無敗其漸將無所不為啓導奸源斷損威柄自此始
也臣謂肅正紀綱可以破猾吏之膽在此一舉陛下儻從寬假姑務

含容異時雖重為刑戮人且不懼況斷官孟開乃盧士宗親戚固足
以察其用心惟陛下留神早賜施行

韓琦進嘉祐編勅表曰臣琦等言恭聞古先哲王議事以制不為刑
辟蓋人情萬端法制一定夫以一定之法而制萬端之情欲輕重得
宜古今無易不其難哉國家睿聖相繼承平百年立法本通務歸至
當故自建隆以來迄于慶曆之初凡詔令所下綱條既繁則必建局
命官一加刪定者豈欲紛更而數變哉亦慮乎執定制而失人情也
今之論次所付匪輕夙夜以思懼不稱職臣竊以律設大法不能奏
曲而生意國用中典至於治平而後詳上既極於哀矜下無容於壅
塞凡於闕漏皆得指陳前書之載或疎後令之眴寖容乎亭差或牴
捂且多觸禁之民幾不知其所避舞文之吏是緣之而為奸不有刋
裁詎能求久恭惟皇帝陛下法天任德本道無為慨陶唐畫象之仁

隆天乙弛罟之惠永惟庶俗期底大中謂制禮以禁未然豈嘗忘教
明刑而使無犯自亦知方顧茲請比之文日益煩苛之敝凡闕之盈
難於偏睹錐刀之末虞爭盡爭時合審更政其先務乃詔臣等特新
編葺得盡詳度於是取慶曆編勅暨嘉祐三年終以前續降條貫凡
四千三十一道求中而議就約以書存所使安汰其重複至於名篇
而附律先例以舉凡會數勅而同一科參舊文而發新意事並出則
分從其類禁當立則特為之條皆明著大防稽合前式臣等又以四
海之廣獨見莫周雖當局之勤謂所思之已至及約情而用或在理
以猶差必欲成本朝之善經固當合天下之公論首祈博訪亟奉俞
音果衆說之畢伸亦寸長而備採復詳慶曆編勅每條之後必書元
降宣勅年月雖云舊體其實文煩今並改注於目錄逐條之下以從
簡便又刑統所附諸勅及參詳條件凡一百三十四道事雖前朝率

多衝改審核之際典者為勞今取其見今可行者已入逐門收載外
其刑統內諸勅并參詳條件伏請更不行用應中書樞密院聖旨劄
子批狀令行編錄者悉改為宣勅共刪修成一千八百三十四條離
為一十二卷內有條目繁多者即分為上中下共一十八卷總例一
卷目錄五卷凡勅內但行約束不立刑名事理輕者析為續附令勅
三卷目錄一卷犯者止從違令之坐及錄到慶曆四年正月一日後
來赦書德音二卷總三十卷今為一部如得允當即乞特降勅命與
刑統律令格式及建隆以來赦書德音天聖中先編附令勅兼行其
慶曆編勅及慶曆續附令勅并嘉祐三年終以前應係海行條貫除
今來已編載外各更不行用四年正月一日後續降自為後勅施行
自來榷茶之法今已刪除其通商之後所立條約自從詳定茶法所
條次煩降應未降新嘉祐編勅以前已用舊勅斷遣與奪過公事不

在接引新勑詳理之限。其一司一務一路一州一縣并在京海行及
三司見行條貫自依逐處元編寧及續降勑條行用外。內有係新編
勑兼載與逐司舊制不同者並依新編勑處分。兼以敦崇寬大蠲滌
細微。較然使其易知。欽哉本以恤。譬夫江河紀地。狎玩者誠稀。震
曜發天威明之兵。仰其成多方戢飭。庶務持循。臨文參考於治宜。決
事深求於法意。自然訟平以息。亂感而和能致太平。豈獨稱於周禮。
終成徽律。兹焉取於鄭書。臣等適鄙少昌。忝無補被詔使知於竭
慮。就功殊愧於淹期。兹許循行。仍乞以嘉祐詳定編勑為目。其新編
勑等共三十卷。謹隨表上進以聞。臣無任
神宗即位初。御史中丞司馬光議謀殺已傷案問欲舉而自首狀曰。
右臣竊以為凡議法者。當先原立法之意。然後可以斷獄。竊詳律文
其餘人損傷不在自首之例。注云因犯殺傷而自首者得免所因之
罪。仍從故殺傷法。所謂因犯殺傷者。言因犯他罪本無殺傷之意。事
不得已。致有殺傷。除為盜之外。如劫囚略賣人之類皆是也。律意蓋
以於人損傷。既不在自首之例。而別因餘罪而殺傷人者。有司執文并其
餘罪亦不許首。故特加申明云。因犯殺傷而自首者得免所因之罪。
然殺傷之中自有兩等。輕重不同。其處心積慮。巧詐百端。掩人不備
者則謂之謀。直情徑行。略無顧慮。公然殺害者則謂之故。謀者尤重。
故者差輕。今此人因犯他罪致殺傷人。他罪雖得首原。殺傷不在首
例。若從謀殺則太重。若從鬬殺則太輕。故酌中令從故殺傷法也。其
直犯殺傷更無他罪者。惟未傷則可首。但係已傷皆不可首也。今許
遵欲將謀之與殺分為兩事。案謀殺故殺皆是殺人。若將謀之與殺
分為兩事。則故之與殺亦是兩事也。且律稱得免所因之罪。彼劫囚
略人皆是已有所犯。因而又殺傷人。故劫略可首而殺傷不原。若平

常謀慮不為殺人。當有何罪可得首免。以此知謀字止因殺字生文。
不得別為所因之罪也。若以劫鬬與謀皆為所因之罪。從故殺傷法。
則是鬬傷自首反得加罪一等也。遵所引蘇州洪祚斷例案律疏云。
假有因盜故殺傷人而自首者。盜罪得免。故殺傷罪仍科。疏既指言
故殺傷人。則是因盜謀殺傷人者。自從謀法。當時法官誤斷。不可用
例破條。遵又引編勑謀殺人傷與不傷罪不至死者並奏取勑裁。以
為謀殺已傷而罪不至死者。即是自首之人。按尊長謀殺卑幼之類。
皆是已傷而罪不至死。不必因首也。遵又引律疏問答條云。謀殺凡
人。乃云是舅。又云謀殺之罪首盡。顯是謀殺許令自首。案彼皆謂謀
而未傷方得首免。若其已傷何由可首。凡議罪制刑。當使重輕有叙。
今若使謀殺已傷者得自首從故殺傷法。假有甲乙二人。甲因鬬毆
人鼻中血出。既而自首。猶科杖六十罪。乙有怨讎。欲致其人於死地。

暮夜伺便推落河井。偶得不死。又不見血。若來自首。止科杖七十罪。
二人所犯絕殊。而得罪相埒。果然如此。豈不長奸。況阿云嫌夫醜陋。
親執腰刀就田野中因其睡寐斫近十刀。斷其一指。初不陳首。直至
官司執錄將行拷捶。勢不獲已。方肯招承。情理如此。有何可憫。朝廷
貸命編管。已是寬恩。而遵更稽留不斷。為之伸理。欲令天下今後有
似此之類。並作減二等斷遣。竊恐不足勸善而無以懲惡。開巧偽之
路。長賊殺之原。奸邪得志。良民受弊。非法之善者也。臣愚以為大理
寺。刑部所定已得允當。難從許遵所奏作案問欲舉減等而科。今來
與王安石各有所見。難以同共定奪。伏乞朝廷特賜裁酌施行。
知登州許遵奏。婦人阿云於母服內與韋阿大定婚。成親後嫌
韋阿大。夜間就田中。用刀斫傷。縣尉令弓手勾到阿云。問。是你
斫傷本夫。實道來不打你。阿云遂具實招。通合作案問欲舉減

二等大理寺不合作謀殺已傷絞罪斷遣下刑部定得大理寺允當遵不服詔下光與王安石定奪安石以為遵議是後朝廷竟從安石議

熙寧二年御史中丞呂誨論重辟數多狀曰臣聞先聖立法明刑者非以為治將以救爽亂之俗也然世輕世重因時之弊齊其非齊殺以止殺故犯治則重犯亂則輕斯馭威輔正之大要也降及三代稱治莫盛於漢唐高帝約三章之始人心忻慰遠文景有刑措之風比隆成康貞觀中斷死刑二十九人開元中五十八人得為興隆之盛矣我朝興運一百餘年累聖繼述仁恩純被四方無事刑未至清天聖中歲計重辟數千而後有增無減漢唐之天下亦今之天下漢唐之官政亦今之官政斷獄繁簡何其遼哉臣竊以古之新一號令必示於人俾其知禁命一官守必先風教令之所理與古相反夫訓道不明則愚民陷焉人有過教未施而刑已加焉欲遷善遠罪而道亡繇也任刑之失正在於此加以賦斂日急力役日煩山澤之利籠入殆盡生齒之聚游手過半時豐儲歲食者百無一二不幸水旱相繼流徙無定其等死則何所不至非不忌法勢使之然也矧閭井之人有不事事者悉皆循習以為常州縣熟視而不為除去奸吏養之以濟惡一有敗露抵法者皆良民迫時誘脅之致贓捕寇者罪爾朝廷推恩與時滌盪每歲曲赦三年大霈蒙活者雖衆自新者無幾重辟安得有少衰也觀今之用文大率生刑入於重死刑出於輕犯笞杖者在民則或黥或配在官則衝替停任皆出特旨犯絞斬則遂成疑獄奏讞既上則例皆曲貸雖文者附會其事出入死生在於掌握使幽究無以訴刑之不清殆為此也廷尉天下取平之地今又欲以謀殺通守惠奸長惡莫斯之甚王符曰賊良民者莫大乎數赦孔明相蜀不赦而國治王通謂無赦之國其刑必平數子者皆知識幾微通乎世務豈無好生惡殺之意蓋知輔政之道本於無刑矣獨唐太宗用是而治嘗詔侍臣曰我有天下以來絕不放赦今四海安靜非常之恩也貞觀之刑不得不簡此其明效矣臣伏望陛下至明燭理盛德圖新總攬權綱欽恤刑典法網宜疏畧使之易避禁防宜高峻使之不越風俗大化屬於循吏號令謹於反覆律文減於搖動凡有赦恩無失有罪唯有過誤與之原免仁慈如是而推廣則天下之訟必清重辟之奏必簡太平之治豈難成矣狂愚所慮仰副明詔唯聖智詳擇海隅幸甚

三年二月中書上刑名未安者五其一歲斷死刑幾二千人比前代殊多如強劫盜並有死法其間情狀輕重有絕相遠者使皆抵死良亦可哀若為從情輕之人別立刑如前代斬右趾之比足以止惡而除害禁軍非在邊防屯戍而逃者亦可更寬首限以收其勇力之効其二徒流折杖之法禁網加密良民偶有抵冒致傷肌體為終身之辱愚頑之徒雖一時創痛而終無愧恥若使情理輕者復古居作之法遇赦第減月日使良善者知改過自新凶頑者有所拘繫其三刺配之法二百餘條其間情理輕者亦可復古徒流移鄉之法俟其再犯然後決刺充軍其配隸並減就本處或與近地凶頑之徒自從舊法編管之人亦迭送他所量立役作時限無得髡鉗其四令州縣考察士民有能孝弟力田為衆所知者給帖付身偶有犯令情輕可恕者特議贖罰其不悛者科決其五奏裁條目繁多致淹刑禁亦宜刪定詔付編敕所詳議立法

神宗時韓維議謀殺法狀曰臣等看詳王安石司馬光所論阿云案內情節勅律意已明備所爭者惟因字而已以光之說則謀不得為

傷之因。謀殺已傷。傷不得首。合從絞罪。以安石之說。則許得為傷之因。謀殺已傷。傷不得首。所因得首。合從原慼。臣等竊尋聖人制法之意。其大畧有二。有量情而取當者。有重禁以絕惡者。有原首以開善者。蓋損傷於人。有慘痛輕重之差。故刃傷者坐以徒。他物拳手傷者坐以杖。其義是以相償。而皆是量情而取當者也。畜謀同便致人於死。非重絕之。則相況者不禁。故謀殺已傷者從絞。是重禁以絕惡者也。苟殺人未至於死。於物尚可以償。於事猶可以自還者。皆得以首。是原首以開善者也。三者雖制法各殊。其於使人遠罪而遷善。其義一也。議者見損傷不許自首。謀殺已傷從絞。便謂謀殺不通原首。是未盡聖人制法之意。而於律文有所不達也。律之正文。若不得自首者凡六科。而於人損傷。不在自首之例。其下注云。因犯殺傷而自首者。得免所因之罪。仍從故殺傷法。此正恐後人惑於損傷不得自首。

便將謀殺已傷之類。引用律文。所以特發此注也。然而於自首者。但令免所因之罪。而尚從故殺傷法者。此尤見損傷不得自首之意甚明。何則。所因之謀罪。雖見原免。而傷者還得傷之罪。殺者還得殺之刑也。且造律者於器物至不可備償。則不許其自首。今於損傷尚有刑可以相當。而必令不得首其可悔之謀罪。而即償以死。恐不盡聖人好生之心。而以開愚民改惡之路。夫殺人者死。傷人者抵罪。此古初立法之本意也。然傷人之惡。其狀萬殊。有因刼殺而傷者。有因謀殺而傷者。古初之法既不足以禁奸。故後人酌其輕重之宜。增以絞斬之坐。以補前之未備。因刼殺而傷者。則增至於斬。因謀殺而傷者則增入於絞。向使不因先謀。則不過徒杖參等之科而已。豈至深入於絞乎。今若首其先謀。則傷罪仍在。從傷不可首而因可首。則謀為傷因亦已明矣。又案律家所以設首免之科者。非獨開改惡之路。亦

恐犯者自知不可免死。則欲遂其惡心。至於必殺。又罪人未獲。則追擾逮捕。醞及平民。緜歲踰時。公私受害。若許其自首。俾從寬宥。則罪人斷得。刑獄無留。公私之害。一朝而息。則其為益。蓋不輕矣。今若由此著為定論。塞其原首之路。則後之首者。不擇輕重。有司一切案文殺之矣。朝廷雖欲寬宥。其可得乎。苟以為謀殺情重。律意不通其首。則六科之中。當著謀殺已傷不在自首之例也。疏議引盜殺為例。王安石所謂舉重以包輕是也。蓋律以強盜傷人為斬罪。而謀殺已傷為絞刑。假有羣盜于此。共刼一家。將至其門。知有人守禦。遂謀殺之而入。若其不死。而來首則強盜之斬罪已免。所因而見原。謀殺之絞罪以不得首而就死。用刑如此。豈不失輕重之差乎。難者又以為謀殺得免所因。有自絞刑而得杖罰者。則為已輕。是又未曉原首之意也。人之惡莫大於謀反。其悖横莫甚於殺人而奪財。並於自首得從

原減。何獨於匹夫之相仇。而必欲致於死也。夫中下之情。善惡相混。糾紛反覆。未始有定。故小人之於罪惡。有未作而悔者。有方作而悔者。有已作而悔者。今法家以謀殺徒三年之罪未行。究以前自首。故得全原。已傷者其事已行。遂不許自首。便從絞坐。即如此何以待方作而悔者。其人已死。在事有不可追之理。於刑有不可逭之義。方作而悔者。其人尚存。乃令與已殺者一坐以死。是豈盡用刑之次序哉。蓋聖人之於不仁。無已甚之嫉。而於奸惡有怙終之殺。今方作而悔。得為怙終乎。首而不原。不為已甚乎。夫造法者常本人之大情。而不能曲盡情之變態。古人所謂律設大法是也。議者乃多引奇罪以責律文之不合。若然。恐雖沒世窮年而議卒不定也。且今律所不備。別以後勅從事者甚衆。何獨怪論也。請以謀殺一事言之。案編勅節文謀殺於人。若投棄人於水中。并崖險處。或以諸物塞繫及填塞口鼻。

但意在殺人於死偶獲生免并拒捍搶打要害之處已死復生者以上雖不見血即同已傷之法又謀殺人傷與不傷情理兇惡而至死者並奏取裁勅司律文自備則此二條何為而設也荀卿有言曰法而不議則法之所當至者必廢然則法必待議而後行所從來久矣今令所因之謀得用舊律而原免已傷之情復以後勅而奏決法以近其本議以盡其類則何謂而不可也臣等以為宜如王安石所議便

韓絳嘗請用肉刑曾布上議曰先王之制刑罰未嘗不本於仁然而有斷肢體刻肌膚以至於殺戮非得已也蓋人之有罪贖刑不足以懲之故不得已而加之以墨劓剕宮大辟然審適輕重則又有流宥之法至漢文帝除肉刑而定笞箠之令後世因之以為律大辟之次處以流刑代墨劓剕宮不惟非先王流宥之意而又失輕重之差古

者鄉田同井人皆安土重遷流之遠方無所資給徒隸困辱以至終身近世之民輕去鄉井轉徙四方固不為患而居作一年即聽附籍比於古亦輕矣況折杖之法於古為鞭朴之刑刑輕不能止惡故犯法日益衆其終必至於殺戮是欲輕而反重也今大辟之目至多取其情可貸者處之以肉刑則人之獲生者必衆若軍士亡去應斬賊盜贓滿應絞則刖其足犯良人於法應死而情輕者處以宮刑至於劓墨則用刺配之法降此而後為流徒杖笞之罪則制刑有差等矣

知審刑院蘇頌奏乞令後衝改條貫並委法官詳定疏曰臣竊以國家承平百年遺文墜典罔不備舉固已跨越漢唐規模宏遠矣而於法令之間猶有所未盡者豈非前後論議之臣不能推原其本苟徇一時之便遂著而為令後之有司用之小或乖戾又復更易是致朝廷憲章未得一定夫聖王之法欲其簡約而明白使人易避而難犯然後垂之久遠為不刊之典如唐之十二律本朝之刑統是已雖歷數百年其間刪條之更改者多矣而二書獨不廢者以其得簡明之意故也自編勅之興號為繁密而中間衝改率不過一二十年又復重定蓋文繁則易改事密則難悉只如嘉祐編勅頒行未數年而續降散勅又增於前日以此無知之民至有輕犯於法舞文之吏得以高下其手其敝蓋在乎更改不常耳臣去歲任淮南轉運使日承准三司行下當年九月三日中書劄子為據江西轉運司及江淮發運司起請虔吉等州新船借裝一運上京東排岸司等處不得拘占行載撥條約一道計四千七百餘字臣看詳大抵只是約束不得截撥新船住不係指定路分則編勅已有留納州府違之者自當嚴斷矣其添入兵梢等候合納處交割回歸梢工科違制兵士嚴斷若是創立上項刑名只當於本條下添入此一節可矣不必具載行遣使州郡煩費

抄錄若欵出榜曉示則數千餘言有司看覽尚或不悉豈庸愚兵卒能盡曉邪以此言之循錄行遣徒有惑亂都無所益臣欲乞今後應有臣寮等起請刑名並委法寺及三司等處同共檢詳編勅果有未備即於門目內更相附近處添減裁定明言於某條內添減計若干字或是創立新條亦明言於某條後添入一條計若干字其衝改者即云某條自某字至某字計若干更不行用然後奏請頒行諸路便令諸州軍於編勅內添入逐件事節訖奏其先行下自降嘉祐編勅以後續降散勅亦乞委法官將逐件事節與編勅相參重行刪定候了畢日依此頒行仍明書多少條件各合附在甚門目中或增減或衝改別立條目共計多少事件若干字數分明別白頒降諸路使州郡用法知所適從免令法吏檢坐之際有所隱漏致出入刑名其散勅即乞更不行用所冀三尺之法無前後之差畫一之規載清靜之

義寔治道之所先急者也

頒又請重議加役流法疏曰臣聞叢歲書有議者欲復肉刑將以寬賊重辟而以此法久廢難以猝行又聞頗患配隸之人轉徙遠方監驅促迫經涉寒暑強者有奔亡之虞弱者有疲羸之困思革其弊宜求厥中昔漢文帝感一女子之言而制髡鉗代肉刑則有城旦鬼薪司寇之差唐太宗納裴洪獻之議而立加役流代斬趾則有三歲居作之限今欲寬省叢辟又憫配隸轉徙之勞臣愚以謂莫如重議加役流法取當黥配者依條斷罪髡髮鉗足晝則居作夜則置之圜土實滿三歲然後釋之中間雖逢恩宥未滿歲則不在原免之限其初釋放者仍送所居鄉貫幾察其出入又三歲不犯故為之罪乃得聽徙便其無鄉貫者隣近州縣拘管幾察如前雖有宂頑之人而更三歲勞役之苦且足以懲艾矣復有鄉保幾察之嚴又足以戒懼也如

其性實宂暴放釋之後不知悛改復為人患則誅之可也投之四裔可也如此措置不惟省遠遁奔亡之患又足以開其自新之路化暴惡為良民使愚俗知教化亦省刑止殺之一端也臣才識短淺不周世務姑舉詔旨勉強罄竭所見如此非敢謂是然禮刑之論實繫朝廷事體伏望聖慈寬其罪戾特賜裁擇庶幾塵露少裨山海

彭汝礪上奏曰刑罰之設或輕或重必也惟其當而已舜命皐陶之言曰與其殺不辜寧失不經然則先王之意非不欲輕也臣以職事斷獄至於強盜而疑之夫白晝篡金華呼跳梁係累其老稚而奪其財者為強盜矣以飢餓故計為狗竊遇主人而或傷之者亦為強盜陰謀首惡唱其徒而先之以相賊害者其罪死宜矣蠢愚柔懦迫脅而從之或致有傷則其罪亦死以情論之則如不同以法論之則比等臣切以為過矣蓋先王之用刑皆不得已也而至於殺今則尤重也可以刑可以無刑聖人曰無刑可以殺可以無殺君子曰無殺九此皆忠厚之至也臣欲乞應先強後盜先盜後強而傷變主者論如今律持刃先盜後強未持刃先強後盜傷變主者其首死其從者流其有不持刃先強後盜傷變主者流其徒者徒情理切害者特許奏

汝礪又論刑名不當取決執政狀曰臣聞刑部大理寺近年用法多不守一而其刑名取決於執政所欲深則以重論所欲貸則以輕論然則輕重在有司不在法也臣切謂法者天下之平也而大理者法之所寓也大理知守法而已人君有不能奪也故于定國斷獄人自以為不冤張釋之論法天下無冤民今以取決於執政則大理審刑幾無用矣以有司斟酌以有司定計如此則有司之守得上下之體定而中書總其成焉輕重之失得察而罪之使出於中書則審刑大

理無所矜慮而人亦無敢言者矣而有司之守亡上下之體毀吏將徒而為奸大臣將緣而害正民將困而失所矣臣欲乞如事理顯白敢以疑慮為名切欲巡歷商量仰中書樞密院御史臺覺察以聞

汝礪又乞懸法示人狀曰臣為盧州贓官以贓事治獄而惟鄉閭平民非有飢寒之迫仇讎之報而徇情冒法自陷於重獄訊之蓋亦不知法之至於此極也臣測然傷之以謂聖人之於民所以愛養之厚有養有教有戒其或至於用刑者皆不得已也豈欲陷民於不可見耶蓋周官之法凡治象之法教象之法刑象之法皆以正月陳于象魏或以木鐸徇之以警于衆或以時月讀之以教于衆而於刑禁尤懸也小宰憲官刑士師憲禁令訝士諭罪刑讀誓禁布憲憲邦刑以達于四海此民之所以無憾而刑可以至於不用也後世法令一藏于有司而民未嘗知之及陷于罪然後從而刑之蓋亦幾於罔民矣

臣欲乞凡國之政教刑禁之要。各以時憲于州縣鄉保。使有司讀諭而教之曰。其言如是。則其法如是。其罪如是。則其刑如是。使天下之民知天子所以教愛之如此而得有所避也。刑可得而省矣。

哲宗元祐元年。光又乞不帖例貸配劄子曰。臣勘會守法者有司之職。揆道者君相之權。伏見從來命官犯罪。大理寺既依法定斷。更令刑部檢例。或追官或勒停。或衝替或差替之類。朝廷依而行之。謂之特旨。凡人之罪犯千端。而事體萬計。豈可求其比類。能得正同。又既謂之特旨。當臨時斷在朝廷。若先令刑部帖例。朝廷依此施行。乃是輕重之權。遂在有司也。欲令後應命官犯罪。大理寺既定斷。委刑部看詳。內有法重情輕。或法輕情重。並具狀申中書省。更不帖例。委中書省官相度情理輕重。同共商量。除依法外。自貸命編配至特旨臨時擬定。進呈取旨施行。其百姓犯大辟罪。諸州奏稱刑名疑慮及情

理可憫者。大理寺依法定斷。委刑部看詳。委的有疑慮可憫之狀。即具狀申門下省。更不帖例。委門下省官相度事理。同共商量。臨時擬定。或依法。或貸命編配。進呈取旨施行。

光又乞令六曹刪減條貫劄子曰。勘會近歲法令尤為繁多。凡法貴簡要。令貴必行。則官吏易為檢詳。咸知畏避。近據中書門下後省脩成尚書六曹條貫。共計三千六百九十四冊。寺監在外。又據編脩諸司勅式所申。脩到勅令格式一千餘卷冊。雖有官吏強力勤敏者。恐不能遍觀而詳覽。況於備記而必行之。其間條目苛密。抵牾難行者。不可勝數。昨者條貫初下。吏部侍郎左選。注不行者數日。不免再有奏陳。復依舊法。必料諸曹條貫。皆有似此拘礙難行者。今欲特降指揮下尚書六曹。委長貳郎官同共看詳本曹新舊條貫。內有海行已有及全無義理於事無益。防禁太繁。難為遵守者。盡令刪去。惟取紀綱大體切近事情朝夕不可無者。方始存留。作本司條貫。限兩月申奏施行。

翰林學士知制誥蘇軾論不可每事降詔劄子曰。臣聞之孔子曰。天何言哉。四時行焉。百物生焉。天何言哉。天子法天。恭己正南面。守法度。信賞罰。而天下治。三代令王。莫不由此。若天下大事安危所繫。心之精微。法令有不能盡。則天子乃言。在三代。為訓誥誓命。自漢以下為制詔。皆所以鼓舞天下。不輕用也。若每行事立法之外。必以王言隨而丁寧之。則是朝廷自輕其法。以為不丁寧則未必行也。言既屢出。雖復丁寧。人亦不信。今者十科之舉。乃朝廷政令之一耳。況已立法。或不如所舉。舉主從貢舉非其人律。犯正入己贓。舉主減三等坐之。若受賄徇私。罪名重者。自從重。雖見為執政。亦降官示罰。臣謂立法不為不重。若以為未足。又從而降詔。則是詔不勝降矣。臣請略舉

今年朝廷所行薦舉之法。凡有七事。舉轉運提刑一也。舉職司二也。舉通判三也。舉學官四也。舉重法縣令五也。舉經明行脩六也。舉十科七也。七事輕重略等。若十科當降詔。則六事不可不降。今從一事一詔。則褻慢王言。莫甚於此。若但取諫官之意。或降或否。則其義安在。臣願戒敕執政。但守法度。信賞罰。重惜王言。以待大事而發。則天下聳然敢不敬應。所有前件降詔。臣不敢撰。

七年。軾知揚州。論倉法狀上奏曰。臣竊謂倉法者。一時權宜指揮。天下之所駭。古今之所無。聖代之猛政也。自陛下即位。首寬此法。但其間有要劇之司。胥吏仰重祿為生者。朝廷不欲遽奪其請受。故且因循至今。蓋不得已而存留。非謂此猛政可恃以為治也。自有刑罰已來。皆稱立法譬之權衡。輕重相報。未有百姓造銖兩之罪。而人主報以鈞石之刑也。今倉法不滿百錢入徒。滿十貫刺配沙門島。豈非

以釣石銖兩乎。天道報應。不可欺罔。當非社稷之利。凡為臣子。皆當為陛下重惜此事。豈可以小小利害而輕為之哉。臣竊見倉法已罷者。如轉運提刑司人吏之類。近日稍稍復行。若監司得人。胥吏誰敢作過。若不得人。雖行軍令。作過愈甚。今執政不留意於選擇監司而獨行倉法。是謂此法可恃以為治也耶。今者又令真揚楚泗轉般倉斛子行倉法。綱運敗壞。執政終不肯選擇一強明發運使以辦集其事。但信倉部小吏妄有陳請。便行倉法。臣所未喻也。今來所奏只是申明元祐編勑。不過歲損轉運司違法所收糧綱稅錢一萬貫。而能六百萬石上供斛斗不大失陷。又能全活六路綱稍數千牽駕兵六數萬人免陷深刑。而押綱人員使臣數百人保全身計。以至商賈通行。京師富庶。事理明甚。無可疑者。但恐執政不樂臣以疎外輙議已行之政。必須却送戶部。或却令本路監司相度。多方沮難。決無行

理。臣材術短淺。老病日侵。常恐大恩不報。銜恨入地。故貪及未死之間。時進瞽言。但可以上益聖德。下濟蒼生者。臣雖以此得罪。萬死無悔。若陛下以臣言為是。即乞將此劄子留中省覽。特發德音。主張施行。若以臣言為妄。即乞并此劄子降出。議臣之罪。

歷代名臣奏議卷之二百十一

歷代名臣奏議卷之二百十二

法令

宋哲宗元祐元年。御史中丞劉摯論安反側不必降詔劄子曰。臣聞朝廷議欲降詔中外。慰安人情。傳聞二三。臣不敢信。儻果如此。臣實未喻。伏見陛下即位以來。循先朝政事。增損法令。進退官吏。大要專以安民。四方曉知上旨。坦然明白矣。至於懷私負慝。責近不赦。而忠信之言。雖小必錄。此又人皆能通之。臣猶不知國家尚安所疑。欲家至而戶曉也。若謂日者黜責一二臣僚。恐附離黨與。不無反側。故以詔書安之。臣謂人情無甚相遠。不從上令。而從其意。動民以言。不若示之以行事。自古而然。朝廷果將吹毛洗垢。搜抉宿過。則詔令隨行亦不信。今但朝廷罰罪之意出於公議。惟責大體。不問其餘。則雖無所言。何患人不知之。近者朝廷法令方具。功罪明白。吏民安堵自如。

正宜鎮靖無事。而何故自生疑貳。猥欲望以言語區區過自分說。以勝士大夫之心。臣恐中外有以窺陛下也。前世自漢唐以來。因誅鉏叛逆。或尅復僭偽。危疑之始。慮有動搖。故亟下詔令慰撫未萌。今外黜官吏何時無之。何至張皇自生不安之意。臣竊以為過矣。抑臣聞之。人才實難。自非大奸大猾懷邪怙終。此外安有終身棄置之理。古人以功贖過。所謂使功不如使過。良以此尔。前以罪退。後以功進。是乃國家所以公天下者。見之一二。則中外將不待言而信矣。臣謂安反側計無以尚此。何必空言哉。伏望廉斷寢降詔之議。免四方疑惑以幸天下。臣不勝拳拳。

元祐元年六月二十八日甲寅詔曰。朕惟先帝臨御以來。講求法度。務在寬厚。愛物仁民。而搢紳之間。有不能推原朝廷本意。希功掊尅。或妄生邊事。或連起犴獄。積其源流。乃知其弊。此羣言

所以未息朝廷所以懲革也救振風俗修整紀綱茲大公盖不得已況罪顯者已正惡鉅者已斥則宜蕩滌隱疵闊畧細故豈復究治以累太和夫疾之已甚孔子不為御衆以寬有虞所尚為國之道務全大體應今日以前有涉此事狀者一切不問言者勿復彈劾有司毋得施行各俾自新同歸美俗布告中外體朕意焉

摯再論降詔疏曰臣近聞朝廷議欲降詔中外得於傳聞未見本末然竊謂朝廷舉動不可不慎昨已具狀論列今者外議藉藉又異於前大意謂陛下即位以來增損法令進退官吏今已改意自悔故欲下詔委曲解說又深厭臺諫言事故欲止約多士轉相告語且謂自此臣寮雖有罪犯無復憂畏臺諫雖有聞見無復敢言詔令未下人已非議臣備位言路所聞如此不敢不論臣竊謂刑賞予奪天下公

器非苟順人情唯當而已曰有朝廷如惠元元取官吏蠹國賊民之尤無狀者顯黜一二以勵其餘此甚大惠陛下其以為當邪未當邪誠以為當則足矣何必家至戶曉自啓疑貳之意使忠義自失奸回幸免臣所未諭也臺諫臣寮類皆疎賤孤寒之人而使以譏切主上彈治貴近為職其勢固已不勝若稍加沮抑且使有誅夷之憂則人人顧私自便誰肯盡言又況聽與不聽上繫朝廷去取大抵欲言十事退思反顧已去五六其言雖上又經裁擇則言而聽者率不過十一二然則朝廷聽言可謂審慎論議雖多言者何罪且臺諫以言為職今若明出詔令戒使勿言則是予之官而奪其職為小人之所睥睨輕誚必不能自立相率引去然則言路塞絕[illegible]復以利害之計上聞此又臣所未諭也臣思慮累晝夜其事甚易[illegible]不知為陛下建此計者誰乎臣願陛下深思臣言無忽速賜寢罷[illegible]詔之議以安士論

若本無此議臣聞之誤妄罪當萬死臣不勝拳拳

摯三論降詔疏曰臣近兩具狀奏乞寢罷降詔指揮未知聖旨賜與不賜省察朝士大夫億度風旨轉相傳誦不無非議臣謂降詔本欲安人情而詔令未下事已宣露反使人情疑惑則利害固已可見甚非陛下鎮靜中外之意臣備員言路此而不論臣則有罪是以不避煩紊願畢其說臣謹按齊桓公與管仲謀伐莒謀未發而聞於國人曰君子善謀小人善意臣下竊意之也故朝廷之人不為則已苟有所為雖秘謀密計人且意而知之況陛下已脩政事已清人物遂欲闊畧細故含垢匿瑕示天下以寬大誠大惠也但此意一定何患人之不知若更施於行事一二則中外諭意坦然洞達矣何必空言喋喋過自分辨急於取信無乃害國家大體哉詔書大意不過以謂罪惡者已治欲使其餘改行自新恭惟先皇帝養育人材布滿內

外其中邪慝不能無之今已行懲勸則是乃所以成就先帝之意若必形於詔書示蕩滌之惠使之自新則似分別前日政事斟損治道無大於此然則人情安與不安乃在陛下立意行事其實何如耳不在降詔詔下之後事體窒礙其害乃至如此臣願陛下深賜省照特罷降詔以全大體臣不勝拳拳

摯又論政令疏曰臣聞之銜策不調雖造父不能善御法令不一雖有虞不能善治故曰慎乃出令言慎始也又曰令出惟行弗惟反言慎終也聖人制法造令於堂奧之上孰復兢慎若不得已者故其出也天下信之以命則行以禁則止所謂信如四時堅如金石若始之不慎既出而反之則何以示信出而勿反則又將有受其敝者由此言之始既不慎雖欲慎終不可得矣恭惟陛下即位逾年加惠海宇脩完政事大要專以便人天下幸甚然累月以來法令寡信議者竊

有疑焉夫法非不善而施行之際使議者致疑此亦不可不察臣謹條列一二以槩見其餘乃者朝廷患免役之敝下詔改復差法天下知之久矣置局設官以議施行之叙天下望之又久矣造法不慎其始施之倉猝故改而立雇募之議繼又為招募之法而法至今不能成也朝廷患常平之敝並用舊制施行曾未累月復變為青苗之法其後又下詔切責首議之臣而斂散之事至今行之如初此二事大事也四方傾耳拭目以觀感恩之舉而反覆二三雖近侍諫議之臣曾不敢必知法將安出尚何以使天下信之挾銅之禁行之未幾復限以五斤勿禁一開其端則輕重多寡誰復可辨官司固未易家至數之禁而不能止與不禁同大河職事河北轉運司言之則屬轉運司都水言之則歸都水夫二者必有一得則亦必有一失矣此其小事然推此類言之則議者之論安可不察且改之易之誠是耶君子

猶以為反令況改易而未必是徒以暴過舉於天下則曷若慎之於始乎今朝廷建一事命一官令已行矣議者必曰此未也且將改之曾未淹久而議者之言果信臣愚未喻朝廷知其不可而姑為之以待改耶不知而偶為之耶始議既粗行之必有抵捂拾遺補過之臣以言為職知而不言則為廢職言而易之則為反令故臣願陛下深詔執政大臣遠慮熟計慎重出令其始既慎度可以必行而後行之則至其終也不可反矣惟陛下加惠留神思之毋忽上以嚴政令下以示信四方又以杜塞異議使無所幸其失今日之治宜莫先此臣不勝拳拳取進止

摯又乞脩勑令疏曰臣竊以法者天下之大命也先王制法其意使人易避而難犯故至簡至直而足以盡天下之理後世制法唯恐有罪者之或失也故多張綱目而民於是無所措其手足矣世輕世重

唯聖人為能變通之祖宗之初法令至約而行之可久其後大較不過十年一變法豈天下之大民物之衆事日益滋則法不可以不密歟臣竊以謂非事多而後法密也殆法繁而後奸生也神宗皇帝達因革之妙慎重憲禁元豐中命有司編脩勑令凡舊載於勑者多移之於令蓋違勑之法重違令之罪輕此足以見神宗皇帝仁厚之德哀矜萬方欲寬斯人之所犯恩施甚大也而所司不能究宣主德推廣其間乃增多條目離析舊制用一言之偏而立一法因一事之變而生一條其意煩苛其文晦隱不足以該萬物之理達天下之情行之幾時蓋已屢變今所謂續降者每半年一頒每次不減數帙矣夫法者天下之至公也造之而不能通故行之而不能久其理然也又續降多不顯言其所衝改故官司州縣承用從事參差抵捂本末不應非所謂講畫一通天下之志者也臣愚以謂宜有所加損潤澤

之去其繁密合其離散要在簡易明白使民有所避而知所謂遷善遠罪之意伏望聖慈酌時之宜究法之用選擇儒臣一二有經術明於治體練達民政者將慶曆嘉祐以來舊勑與新勑參照去取略行刪正以成一代之典施之無窮

右司諫王巖叟上奏曰臣累日來風聞陛下欲降詔書以安人心反側則臣不知果有果無然臣既有所聞不可不先事而言以備采擇未審此事出於聖慮耶出於左右者之謀耶出於聖慮則臣以謂陛下私憂過計耳出於左右之謀則臣以謂誤陛下矣自古以來朝廷黜邪退奸亦是常事何須過以為憂反動奸人之心將謂陛下畏之必潛增凶燄陰造禍機傾搖善良窺伺新政矣可不戒哉伏惟陛下即位以來上合天心下從民欲斥逐奸邪獎崇忠直納天下善言而不厭革天下弊事而不疑故能使四夷靖安百姓歌詠以為復見祖

宗太平之盛陛下惟當日篤此心隆此道以永社稷無疆之休不宜
少移初意也夫奸心抑之且不可止況於進之直言求之且不可得
況於沮之長君子而消小人在陛下一言長小人而消君子亦在陛
下一言此國家否泰之關而天下治亂之機也陛下不可不深思不
可不預防臣恐詔書一出則言之後時故冒犯而先諭願陛下納臣
愚忠收詔勿下使羣邪自靜以養朝廷之威衆正自安以重國家之
勢天下幸甚

貼黃稱臣竊思降詔之後老奸宿邪則安矣而忠臣義士必不自
安陛下方求天下大治以追祖宗之盛而使忠臣義士不得盡
其心非陛下之福也願因臣之言反復思之重此詔書之發幸
甚舜去四凶當時四凶之黨不應無人尚在中外未聞下詔安
四凶之黨也臣自風聞下詔寢食不復自安心料陛下畏見多
言故有此指揮不知令臣今後如何居職有言則犯令不言則
負恩進退之間未知所處幸陛下察之無誤此舉言事官當忠
於主上公於天下是為稱職忠則不肯立朋黨故言無所隱公
則不敢任喜怒故言無所欺或朋邪罔上或意在報私或厚誣
其人或以訐為直或陰懷顧忌則陛下當深察其情罷之則可
也竄黜之則可也以約束一切閉其言則不可也如果有詔書
即望陛下采納臣言只作聖意取入禁中以安言路之心

嚴叟又上奏曰臣自風聞朝廷欲降詔書安慰縉紳之心雖兩上章
論奏不便以聞之未審故言未詳臣今頗得大槩信如所聞甚可[illegible]
也事有大不可者三陛下豈容易而發竊知其間敘列先朝縉紳之
惡無所不有雖云臣下所為然於先帝之明如何也陛下下詔之[illegible]
意本在掩蓋前事不知反所以彰先帝之失此大不可一也陛下即
位以來未嘗以喜怒愛憎妄責一人凡有所行必本天下公議大奸
大惡不得已而黜者又曲從寬恕百分罪惡不過行一二分而已何
有太甚之事今聞詔行疾之已甚之語如是則是陛下臨御以來所
行之事皆為過當反成自謗以傷國家之體此大不可二也奸人誣
惑陛下張大其事言人心反側故致陛下有下詔之意陛下何不自
察今天下生靈之心安與不安何如往前今天下生靈之心所以安
只因陛下明辨邪正黜去欺君罔上之人數輩耳復見陛下姑息此
曹未測將來之好惡則天下之心將疑而搖矣陛下之意雖以安罪
惡不知反所以動天下之心此大不可三也陛下下詔未見一利而
有大不可者三何可為哉臣非故敢逆陛下之情也蓋欲以惜朝廷
之舉動全吾君之盛美耳夫為國之道惟渾然深厚示以無心泯迹
言語之間使天下君子小人皆不可得而議乃為清寧之本也何為
自生疑心無故下詔使天下可得而窺可得而議哉臣恐益為紛紛
不能成清寧之治誤陛下初心願陛下拂除奸人先入之言省察
愚臣繼進之說或蒙聖心曠然一賜開納臣今夕即死無所恨矣惟
陛下憐其愚幸甚

侍御史林旦上奏曰臣近者風聞朝廷欲降詔書戒約言事官不宜
疵惡大甚動搖人心初聞之以謂此妄意朝廷之言且殊不以為信
既而傳者益衆不能不以為疑竊惟陛下臨政以還虛己聽納招徠
讜言四方之人孰不欣戴此實宗廟社稷之福也今方踰歲者遂厭
言有詔戒止凡傾耳以聽企足以望者得不解體耶此必有造謀以
誤陛下者臣度其意不過兩端而已一則務為姑息以掠譽於小人
一則持此自獻謂能不謗於先帝夫有國之要道在於使君子道長
小人道消而已君子道長則惠澤日被於天下而為朝廷之福小人

道消則疾苦不加於百姓而得四方之心豈有爲民除去疾苦而反致人心之不安也若此則虞舜不當放四凶孔子不當誅少正卯矣聖人於殘賊不仁之人殺之而不疑今朝廷寬大明正其罪恐不過慰塞人望量其官職降其差遣而已何損於其身何愧於天下而便致人心不安也此等小人本無愛君利民之心人疾之久矣又何足矜恤而更姑息之此甚倒置也且先帝聰明睿知憂勤庶政不愛高爵重祿而與士大夫共之乃望其盡忠竭誠以報稱其恩寵也彼乃結黨相因公肆欺侮醜穢慘虐無所不至使上之人雖有良法美意而澤不下流陰受小民之怨望其負國罔上之罪何可勝誅也向日執政之臣言事之官目擊耳聞不肯以告故使朝廷未正其罪今罪惡愈已暴露而朝廷終不忍深誅而顯戮之雖有貶降亦只是奉行先帝聖意譴斥不忠不良之人且示天下以前日失當之事自各有

建言之人奉行之吏非出於先帝之本意也如此豈得爲謗先帝乎大凡言事之官招仇觸怨豈所歆羨朝廷過獎借之猶有畏懼觀望而不肯盡言者況又有所沮抑之則彼安肯奮不顧身以輸忠於陛下乎臣竊恐由此遂使亮直之人反爲羣小指笑玩侮心懷畏避而不得安其位矣若其言事彈擊不實喜怒任情朝廷摘示羣衆罷之可也竄之可也但不當泛下一詔均沮遏之耳今日朝廷正恐奸邪乘間作過惟藉耳目之官防察糾正善內爲壅蔽以啓小人之幸則此後執政大臣欲進擬前日不忠不良罪惡顯著之人置在要近誤朝廷委任遂有以藉口而鉗閉臺諫官之言矣此甚非計之得也臣不敢恥過作非而重於立條止是愛惜國體恐天下之人誤認朝廷之意而起疑惑觀望之心亦利害所繫不必願陛下謹之重之

右正言朱光庭上言曰臣竊惟王者出號施令示天下之大信唯其合皇極之道上合天心下順物理使四海內外聞之欣躍鼓舞咸曰大哉王言故書載詩歌足以爲世法蓋以至公至正而然也伏自陛下臨御以來天下之人上自公卿下逮民庶稱頌陛下之德謂歷古以來未見如此之公未見如此之明故君子有以伸其言小人不得肆其圖而又信任俊哲放去姦回朝廷清明日就太平臣前日風聞朝廷將欲降詔慰安小人臣竊以謂剛陽之氣常在於生扶持保祐唯恐其不長陰邪之氣常在於殺消除殄滅唯恐其不盡夫剛陽則君子之道也陛下今日固進君子矣然扶持保祐願陛下加意焉陰邪小人之道也陛下今日固退小人矣然消除殄滅願陛下致力焉如此則天下常泰而不否矣臣竊聞將下詔書條列事目慰安姦邪之人令後更置而不問在聖度含洪則善然使姦邪之人有以增氣臣謂此詔不須頒下恐天下之人適足有以窺陛下臣愚不肖荷陛

下盛德之遇今日有所懷不敢不罄盡於旒扆之前願陛下睿斷特賜追寢前詔更不須行臣愚不勝拳拳

右正言王覿上奏曰臣伏聞近者朝廷以放黜一二大奸十數巨蠹恐人情不安將下詔書以安之又將戒言事官凡臣寮舊惡不得須言臣固未詳其虛實誠出於此臣恐四方有識之士輕議朝廷也其狀於今月三日投進訖臣今又聞詔書有言者勿得彈劾有司毋得施行之戒竊以爲過矣夫爲陛下之耳目者言事官也爲陛下之股肱者有司也小人情僞萬狀宿惡舊奸初發隱伏幸而發露著見則言事官論之有司行之然後小人不得大肆而朝廷清明陛下可以無爲而治矣蓋小人之宿惡舊奸發露著見而言事官鉗口而不得言有司束手而不得治則小人肆行而無所憚矣使小人肆行而無所憚則欺君壞法蠹民害物者蜂起鱗集而爭奮矣朝廷尚安得清

明陛下尚安得無為而治哉或言事官忠憤而違詔以舉職有司疾惡而違詔以行法則陛下之詔書乃成虛設言事官有司之違詔者亦不為無罪又須按治則綱紀紊亂賢不肖混淆而意外之憂智者有所不能謀賢者有所不能救以夫君子小人勢不兩立而迭為盛衰者也故在易君子道長小人道消則為泰小人道長君子道消則為否夫否泰者君子小人消長之間也今朝廷優恤小人而使言者勿復彈劾有司毋得施行是乃抑君子而長小人歲月之間邪黨漸勝天下不幾於否乎昔帝舜雖臨下以簡御衆以寬孔子雖謂人而不仁疾之已甚亂也亦未嘗關箝言者之口而使不得言小人之姧廢有司之職而使不得治小人之惡也今陛下必欲下寬大之詔以安羣小之情則惟用闊略細故以諭之可矣何至壞朝廷之紀綱使小人舊奸宿惡之發露著見者其事狀雖涉於罔上然亦一切不問而

言者勿復彈劾有司毋得施行以為小人之資也伏望聖慈審繹之熟講之謹於出令無為異日之患天下幸甚

貼黃臣待罪諫官專以論議政事為職朝廷進賢退不肖乃政事之大者也凡論人之賢不肖須以素履及已試之事驗之方可信據孔子曰吾於人也誰毀誰譽如有所譽其有所試矣雖譽之猶當以其已試之事況彈劾哉然則今日以往奉詔之後若論及臣寮之素履及其已試之事則不犯詔禁者少矣奉詔愈謹則諫官御史愈成虛設故臣知詔書中言者勿復彈劾有司毋得施行之語尤不可以宣示中外也

貼黃借如臣寮或處權要今日以前嘗以罔上之罪今日以後方乃發露論罪則可錄論詔則不可言居言責者守詔而不言則坐視侍從權要之地有罔上之人將為天下之大患違詔而進

說則不惟廢朝廷之詔令而又將得違詔之罪進退猶豫而不能決則遂至於天下雷同而姧凶得志矣陛下如何處之言事官每月論列動觸權貴之怨豈若不言之安但不敢輒為身謀以誤陛下而已深恐詔令輕出之後不可追改竊聞詔書今尚未下惟聖慈詳酌

二年刑部侍郎范百祿上奏曰臣竊以堯舜大典罪疑惟輕至周之時刑疑則從罰罰疑則從赦漢詔獄疑者讞有司不能決下廷尉令讞所謂刑名疑慮者蓋本乎此書稱宥過無大周官以三刺三赦三宥之法求民情斷民中而施上服下服之罪原情定罪冀有以生之不得已焉然後刑殺令敕所謂情理可憫者亦出乎此祖宗立法以此為輕重賞罰之權以此為人主好生之恩但令有司審謹罪罰必當不妄貸凶暴當誅之人則為善矣故熙寧敕云如非疑慮可憫而輒

奏者免駁劾此正合於漢詔所謂有合讞而後不當讞者不為失之意至元豐則已刪去上件與免駁劾之文中間雖曾申明然敕意終是未備至於去年十一月二十四日敕則云不得一槩將舊例貸配仍委三省點檢如有不當許用例破條奏乞取勘施行本部自承准著令已來每擬斷大辟固不敢一槩用例貸配然官吏上下自非明恕不惑鮮不顧避點檢畏懼奏劾故罪案條法雖在疑慮可憫之間稍不灼然明白則往往入重不憚論殺以苟逭一時之責蓋不任看詳得其間疑慮可憫者屢以批退故從依斷以此比之已前年分大辟論殺分數為多仍訪聞比來在外諸州知有此約束亦頗承望風旨不敢奏讞死刑臣愚以為上件著令雖革得往時用例破條之弊不失有罪之人深恐行之積年將見其間罪人必有當輕而重者不少矣甚違寧失不經之義殆非朝廷好生之意謹具錄熙寧元豐敕

并去年十一月二十四日赦條。及元豐六年以後。并自降去年赦條
指揮後來十箇月斷貸過大辟分數繳連進呈。伏望聖慈特賜詳酌
指揮。下有司覆詳去年十一月二十四日條貫。參用熙寧元豐敕意
重別刪脩立法。庶使平國之刑。協于中正。天下幸甚。

四年。戶部侍郎蘇轍論侯偁少欠酒課以抵當子利充墳跡曰。臣竊
見今月二十二日勅滑州韋城縣百姓侯偁少欠酒務課利等錢。特
許將子利並充欠數。已拘收抵當契書依舊在官。仍許納錢收贖。所
欠課利等錢與均作七年送納。仍免差人監催。餘人不得援例。臣竊
以民間欠負。今催令放皆有條法。上下共守。凡有寬貸。皆先經戶部
勘當於法無礙。然後施行。未有如侯偁之比。直自朝廷批下聖旨。更
不問條法可否。一面行下。仍令衆人不得援例。若本部官吏皆竊疑
恠。不敢奉行。深恐此令一行。應干欠負之家皆懷不平之意。已具狀

申尚書省乞朝廷裁酌施行去訖。臣今竊聞侯偁係皇太妃親戚。二
聖篤於恩愛。特為降此指揮。踈賤之臣不當更有論奏。然臣職在右
曹。身掌坊場法度。祖宗條約當與天下共之。不宜以宮禁之私輒有
撓敗。臣恐此門一啓。宮中遞相扳援。其漸可畏。臣若失職不舉。其罪
大矣。竊惟皇太妃供養二宮。動循禮法。外廷雖踈。未聞有過差之事。
今侯偁所欠不過萬數千緡耳。若以私親之故。出捐金帛以濟其急。
下足以存骨肉之恩。上足以全祖宗之法。天下傳誦。無復間言。公法
既完。國勢增重。其於太妃盛德亦非小補也。臣不勝區區守法愛君
之心。欲乞追還前命。使天下明知朝廷不以私愛害公義。干冒鈇鉞。
俯伏待罪

御史中丞李常論內降乞有司執奏疏曰。臣愚不佞。熙寧中常預編
中書條例。伏見仁宗皇帝屢詔中書欲令內降三省執奏。及未得便

令行下。如此之類。指揮不一。臣方是時竊怪詔旨重複如此。細詳仁
宗聖意。蓋為非時內降。久有不得已而出者。正賴臣僚執持覆奏以
拒止之也。又竊見杜衍為宰相。凡內降積至十數。進封而面還之。仁
宗嘗謂諫官歐陽脩曰。外人只知杜衍封還內降。不知居禁中有求恩
澤者每以杜衍不可告之而止者。多於所封還也。其助我多矣。伏以
太皇太后陛下皇帝陛下臨御以來。內降恩澤幾於屏絕。一以至公
待天下。未嘗以私恩加親屬。內外臣庶之所共知而歌詠矣。近日李
偉乞買白地事。臣竊料陛下以白地為小事。或不得已而許之。事無
小大。孰為得已。要在有司執守法度。如杜衍之事仁宗可也。臣愚以
謂遇人以恩者人主之事也。守法盡公者人臣之事也。人主之恩有
不得已而降旨。臣下可不守法度而執奏耶。買白地事曾不聞反覆
執奏而遽行之。曾不根究為何地。而遂不省察也。今據偉人所陳乃

有墳墓及竹木園菜圃。李偉家以為白地。固當深治。凡今後可不務
於懲止哉。伏望聖慈特詔有司應內降並須反覆執奏。或理當奉行。
必先取索圖籍詳究可否。於詔條無害。於物情無妨。乃得行下。如此
則人主之恩自全而臣下獨當執守之責矣

五年。翰林學士承旨蘇頌論省曹寺監法令繁密疏曰。臣聞在昔帝
王之發號出令也。必因時而施宜。視俗而興化。時朴野則濟之以文
俗彫僞則示之以質。隨變所適。使民宜之。故能久於其道而天下化
成。質文損益。百世可知也。國家剗五季之弊。續有唐之緒。累聖創制
或革或因。其道粲然於是大備。仁宗皇帝以承平日久。事多因循。曠
然有改作之志。故開廣言路。整緝治綱。至于先皇帝遂大有為。臺閣
之務無所不舉。然而事目寖廣。法令亦繁。陛下臨御之初。深知其故。
推原先志。稍加裁損。數年之間講明備至。而法令之繁尚未盡革。何

以言之先皇帝改定官制本欲憲章百王而於簡要而奉行之際羣臣不能究宣上旨各務便文事有未詳更須立法積久不已遂致滋彰故今日之弊良由關防傷於太密而畫一傷於太煩則難於通融蓋省臺寺監職務所萃置長立貳承之以僚屬所以裁處事務助成至治也而官不任職每事立條事務日新欲以有司之文而盡天下之務雖使臯陶制法蕭何造律勢不能遍況百司所職條目不同而一司之間又有細務或通於此而礙於彼故有求之人不能悉曉遂至紛爭或經臺省投牒披訴文移往復虛煩取會其可行者百無一二徒長奔競無益風教夫關防密則有司執文重疊問難小或違戾遂格而不行使有求者抑塞而不舒受訴者牽制而不斷近者陛下特軫宸衷將革其弊故丁酉詔書分命近臣抽索文案看詳點檢內有拘文害事不近人情者許并元條刪改詔意如此可謂察見事情大慰羣望然而行移彌月取索甚多比至定奪上省竟以有礙他條不能盡如詔書之意誠由關防太密之所致耳拘礙如此亦可以謂之弊矣誠能少損其文致而濟之以忠厚則三代循環之政亦不過此臣愚欲望聖慈特詔近臣通行取索應省曹寺監見用條制格式仍召集諸司官吏使之反復詰問看詳定奪可刪者刪之可改者改之擇其要切者著為新令務使簡易便於施用其餘令式所不能者小事則從省曹長官專決大事則稟於朝廷簿書期會悉付衆僚催督結絕若官司措置失當及徇私廢公致有抑訴並委臺察糾察如得實狀其當職官吏次第書罰有涉欺弊亦行懲責如此則臺閣規模有宏遠之致朝廷法度循簡易之規矣

八年尚書右丞梁燾上奏曰陛下必欲命令堅明莫若謹於更張將於施設無以淺事輕廢遠慮無以辯言輕動成法蓋條法頻改則人情惑而不安命令二三則主威玩而不重凡造令立事必先謀於大臣使之講究雖大臣以為是亦未可也又行於百官使之合議須群臣皆以為是議論詳熟曲盡人情而不疑也然後可以行之一定而不可復變必使中外上下謹守敬信如日星之燦然可仰也書曰敬乃攸司謹乃出令令出惟行弗惟反謂作命所以示信於天下必謹之於初既行而不可改也又曰慮善以動動惟厥時謂不善不時者不可輕舉也

紹聖三年殿中侍御史陳次升論赦榜當取信天下劄子曰臣伏覩紹聖元年七月十九日責降呂大防等赦榜節文云至於射利之徒脅肩成市盡從申儆俾革回邪推予不忍之仁開爾自新之路除已行責降外其餘一切不問議者亦勿復言當是之時朝命初下萬口一辭歡呼鼓舞歌頌聖君含垢溥博如天包容如地不以一眚廢人此盛德之事也天下人心恬然安定近者竊見汪浹李仲送吏部與合入差遣錄黃行下緣元祐所獻文字得罪則前件赦榜有其餘一切不問之語殆成虛文將何以取信天下傳曰王言如絲其出如綸王言如綸其出如綍言其已行而不可反也況夫揭榜朝堂遍牒中外明示臣庶俾懷悛革自新之心行之未幾今乃錄下浹等得罪之由又如此臣恐虧朝廷號令之信有傷國體伏望睿旨檢會前件赦榜宣示大臣自今已始同共遵守庶使人無反側之心亦所以彰朝廷忠厚之意

次升又乞罷編元祐章疏奏曰臣近奏乞宣諭大臣遵守赦榜其餘一切不問之語未見施行今聞差官編排元祐間臣寮章疏仍厚賞以告蔵匿採之輿議實有未安須至再瀆天聽臣嘗讀史觀漢光武誅王郎收文書得吏人與郎交關毀謗數千章光武不省會諸將[illegible]

燒若曰。令反側子自安。當時以此遂定天下。後世書之以為美談。共
惟陛下即政之初。詔令天下言事。親政以來。揭榜許其自新。是亦光
武安反側之意。今又張官置局。吹毛求疵。考人一言之失。致於有過
之地。是前之詔令。乃所以誤天下也。後之勅榜。又所以誑天下也。命
令如此。何以示信於人乎。昔成王與叔虞戲。削桐葉為珪。以與叔虞
曰。以此封若。史佚請擇日立叔虞。王曰。吾與之戲耳。史佚曰。天子無
戲言。於是封叔虞於唐。夫成王非輕其爵命也。以王言惟行弗惟反
亦爾。今御史臺榜示朝堂。進奏院遍牒天下。惟恐人之不知。非特戲言
而已。戲言尚踐而行之。豈有明揭榜示曉諭臣庶可反之乎。伏望聖
慈念光武安反側之言。思成王遂削桐之封。所有編排章疏指揮乞
行寢罷

哲宗時。中書舍人范純仁論朱宿梁二不當貸命。上奏曰。門下省送

到奏。朱宿為殺親舅。梁二為殺妻父。錄黃二道。本省元奏。依法已
得御寶畫可。今卻准門下省批。到奉聖旨。送中書省取旨。朱宿梁二
各特貸命。決脊杖二十。刺面配沙門島收管。今來本省合依聖旨取
旨。又緣卻已有貸配遠人沙門島指揮。即不是中書省進擬。本省未敢
行下。合行覆奏。及有難貸情理。具畫一下項

一。凡人投鼠猶或忌器。豈有殺舅不顧母憂。今母之兄弟可殺。則
父之兄弟固亦無難。觀朱宿犯上之情。必有以致母不能安
室之事。其舅見而迴避。必是詰其所為。尚猶尋逐持杖擊其腦
而殺之。不惟全無渭陽之情。必異夫七子自責之意。及無敬親
不敢慢人之心。此事雖不可以盡責愚人。然朝廷亦當示好惡
風教。以全民之天性。今乃特貸其死。以示優恩。甚非用中化民
之道

一。據律節文。祖父母父母為人毆擊。而子孫即毆擊之。至死者。並
依常律。然則古人立法。豈不知救父母為可貸。蓋不欲使民專
殺而亂治也。今非毆而止捉其衣袖。便敢擊折足脛而殺之。乃
得貸死。全與人情法意相遠。在於凡人猶可。況於妻父尤難屈
法。門下省以謂梁二固宜處死。以其能忌妻父之變。情理灼然
可憫。臣以謂天下之治本於人倫。人倫之先本於夫婦。伉儷敵
體。其合以義。所以古人刑于寡妻。不敢失於臣妾妻子。故得人
之歡心。以事其親。今使男子殺其妻之父。易若雞犬。則或婦人
為其父母而殺其夫。及夫之父母。亦皆合為可憫。

一。親屬相犯。於國家風教不便。父子兄弟夫婦各有典常。其情各須篤厚。今
夫婦相殺。骨肉相殘。比陛下即位之初。歲歲有增。今數已踰倍。
若不稍示禁約。則將來此類更多。何由使朝廷致比屋可封之

治

一。刑罰平當。則下無冤人。或有幽冤。必傷天地之和氣。古者匹夫
銜冤。六月降霜。所以朝廷深戒官吏明慎用刑。恐有冤也。今乃
縱百姓專殺平人。特貸其死。使死者怨憤不雪。致干陰陽之和。
為水旱之災。延于億兆。臣職居調燮。不敢不盡其言。凡今擬到
斷例。與臣所陳情犯義理不同。雖有近似者。亦是當時偶有失
當。難為准用。若更添今來二人貸死之例。則今後如此行兇之
人。鮮有可正典刑者

一。朝廷緩一死刑。須當有所勸沮。不可無名曲貸。使有罪獲免。無
罪銜冤。今特貸此二人。使天下不知所謂。是欲使今後人子皆
得如此為父母而殺人耶。又欲勸夫婦之間恩義當薄耶。但見
不卹死者之冤。而寬兇惡之人耳。於風教人情皆未便。緣臣

令所關陳非止為正二人刑名蓋有前項所繫風教利害朝廷姧慝及為冤氣致災之本所以須全執奏自來朝廷命令或有舍人繳奏或門下省封駁若道理別無不當即務聖旨令依元降指揮其朱宿梁二歎依本省已得指揮

殿中侍御史呂陶上奏曰臣等伏見朝廷差安燾知樞密院給事中以為不當駮正封還陛下未信其言遂不送本官書讀施行臣等竊為朝廷惜之夫安燾之才不才差除之當與否自有天下之公論臣皆置而未議所惜者朝廷之法度爾且三省之設事相表裏執相始終凡命令之出先自中書省一人宣之一人奉之一人行之次由門下省一人讀之一人省之一人審之為有未當則許駮正然後由尚書省受付施行紀綱程式其密如此蓋以出命令而尊國體也或闕其一則於制勅不為完文中外難以取信近日除呂公著為門下侍郎不由本省而下給事中范純仁力辯其事是也夫國家所以維持四海而傳之萬世者惟守法度而已況當陛下諒闇之日簾聽之時正宜謹守法度不可毫釐差失今安燾之命不送給事中書讀施行乃是封駁一職遂為虛設制勅不完命令不重而法度不存矣斜封授官恐漸於此臣等所以為朝廷深惜也臣等竊度聖意必謂已行之命難於追改且失序還則是一舉而兩失矣為安燾者豈可受不完之制勅而處具瞻之地哉莫若因其辭免寢罷新命則君臣之際授受皆得其宜而法度不廢也況朝廷差除因臣下辭免或臺諫論奏而罷與改者多矣豈得於燾獨不改伏望聖慈追還安燾告命及詳覽臣等論列安燾文字別降指揮施行

陶又乞應赦文放欠官司不施行者許民庶實封論奏疏曰臣竊以國家霈布赦令與民休息若雷霆之震驚雨露之潤澤窮幽極遠皆

欲使之生成茂遂而無一夫不獲之嘆然而四方萬里之廣監司郡縣或非其人不能深體朝廷德意往往廢格詔令沮止惠澤大抵上逼之則下塞上與之則下奪所以民間逋負多不獲放渙汗之令遂為虛文嗟痛之聲聞于治世頃年瀘州用兵之後民力凋耗曲赦放稅苗時中安有奏請加意敘贊近日明堂禮成天施浩蕩大霈逋欠蒲宗閔不恤困窮公為抑遏細民既無告訴朝廷何由聞知昔唐文宗開成肆赦放釋逋負宰相鄭覃李石恐奸吏不能奉行乞內置一本以時觀覽蓋亦深防沮遏之弊向者英宗皇帝郊祀降赦欠負非侵盜者皆除放而詳定所謂須十分納及三分方以赦除錢明逸以為言英皇即詔如赦令盡除之乃知有司之吝非今日矣聖主重民固宜深察臣愚伏請特降睿旨明詔中外應赦文放欠官司不為施行者許民庶實封聞奏所屬不得留滯庶使刻薄之吏少知警畏憔悴之民盡蒙惠養

陶又奏乞早降私使役人條法事疏曰臣竊以人之情偽無窮而國家之法令有限以有限之法令防無窮之情偽則固不能周盡及其弊從而生則必曲折委細事為之制而濟之庶幾詳密備具行之可久理勢宜如此也昔嘉祐之差役務從寬厚而條禁太略貪吏猾胥章農夫之在官而銳意侵漁害端百出人甚苦之至熙寧之免役止令出錢官為雇募凡所謂侵漁於農夫者一切有禁毫釐不敢違縱然而有司斂入過重民間錢貨遂至乏絕陛下深恤元元復行差法以救其弊因時設施一出仁厚天下幸矣臣愚以謂法不相須則患有未至既以嘉祐之制差之而不以熙寧之令禁之則雖無近年出錢之勞復有昔日應役之害今推行差法將及一年其約束條貫猶未頒下四方郡縣愚夫俗吏意謂朝廷務行寬大之政既許差役則

其他細故不復檢察。坐視役者。已萌貪心。妄使時迎。動涉侵擾。若不早立憲度。力行禁約。則衆民漸見受弊。伏請申命有司。嚴責期限。不候諸路役帳齊足。疾速裁定。使役人條制。先次頒行。以完差役之法。

右正言劉安世論命令數易疏曰。臣嘗考載籍。以推先王之道。雖禮樂刑政號為治具。而所以行之者。特在於命令而已。昔之善觀人之國者。不視其勢之盛衰。而先察其命之弛張。以論其政之醇疵。而究審其令之繁簡。惟其慮之既熟。謀之已臧。發之不妄。而持以必行。則堅如金石。信如四時。數天之下。莫不傾耳承聽。聳動厭服。此聖人所恃以鼓舞萬民之術也。書曰。慎乃出令。令出惟行。弗惟反。易曰。渙汗其大號。傳曰。令重則君尊。又曰。國之安危。在出令。凡此皆聖人慎重之意也。臣伏見朝廷命令變易頻數。遠不過一二歲。近或朞月而已。甚者朝行而夕改。亦有前命未頒而後令繼除者。吏不知所守。民不知所從。求其弊原。蓋由講議未精。思慮未審。人情有所未盡。事理有所未通。或牽於好惡之私。或溺於迎合之說。是非無所辨。取舍無所宗。故一人言之而遽為之紛更也。方平居無事之時。輕嫚多變之如此。緩急有事之際。何以取信於人。伏望聖慈深鑒前古之戒。謹為令日之慮。至於法度之廢置。政事之因革。必使大臣公心協謀。博極利病。廣覽詳擇。務當義理。更其所可更。則不嫌於違俗。守其所可守。則無憚於襲故。申敕門下。無使徒為審讀以應故事。其有措置失當。前後謬戾者。必舉封駮之職。庶幾詔令清簡。吏民信服。事可久行。不致反汗

丁騭奏請下御史臺體訪小人造作謗議疏曰。臣竊聞近有小人多興謗議。密相傳報。驚動中外之聽。或虛稱朝廷升黜臣寮。或妄言臺諫官非意彈斥百官。或文致訐言。以厚誣近臣。或造為惡名。以玷辱多士。如五鬼十物之類是也。其實出於被罪流落之人。私挾喜怒。陰遣子弟門人。出入朋比。互為聲援。上則欲惑亂君臣以成疑似之禍。下則欲離間同心。轉相猜忌。以隳大夫之業。此其用意豈淺哉。不可不察也。昔唐穆宗之時。有八關十六子之說為後世戒。嘆今二聖居上。區別善惡。進賢退不肖。元首股肱。夙夜孜孜。勵精求治。惟恐不及。非有穆宗之時。八關十六子之事。而奸倖者獨能巧作飛語。公然喧播。自京師以達四方。蔚採流俗。為害不細。不於此時痛行禁止。則恐浸以成俗。傷薄風化。臣切憂之。伏願陛下特降睿旨下御史臺體訪其主名。附之吏議。置于典法。以消讒邪橫逆之黨。天下幸甚。

徽宗時。中書舍人曾肇論內降指揮不可直付有司疏曰。臣伏見陛下即位以來。更張政事。除民疾苦。開廣言路。收拔滯淹。每一政令之出。內外無不驩呼相慶。以至未明求衣。辨色臨朝。躬覽庶斷。夙夜不懈。推今日欲治之心。為之不已。太平之功。指日可待。然臣竊有所見。不敢緘嘿。臣待罪右省。伏覩內中時有批降指揮。除付三省樞密院外。亦有直付有司者。雖陛下睿明。必無過舉。然付之事體。終有未安。蓋帝王號令。不可輕出。必經中書參議。門下審駁。乃付尚書省施行。不經三省施行者。自昔謂之斜封墨敕。非盛世之事。神宗皇帝正三省官名。其意在此。臣愚伏願陛下凡有指揮。須付三省樞密院施行。更不直付有司。以正國體。其三省樞密院若奉內中批降指揮。亦須將前後敕令相參審度可否。然後行下。不可但務急速奉行。以為稱職。蓋三省樞密院皆執政大臣。陛下委以平章政事之人。其任非輕。不同胥吏。但以奉行文書為事。帝王號令。務要簡大。若夫立法輕重。委曲關防。

皆有司之職。非人主之務。書曰。文王罔攸兼于庶言庶獄庶慎。惟有司之牧夫。蓋謂此也。至於內外臣寮干求內降恩澤。侵紊綱紀。增長僥倖。以陛下明聖必不容許。臣亦不復以為言。更願陛下戒之謹之。嚴行杜絕。無使小人乘間得入。天下幸甚

肇為翰林學士。乞下詔禁絕干求內降。疏曰。臣伏見仁宗皇帝在位四十二年。屢下詔書。約束臣下干求內降。令中書樞密院如內降與臣寮遷官及差遣者。並具條執奏以聞。推劾干請之人。明正其罪。下御史臺閣門榜諭。仍著為法。皇祐二年因祀明堂肆赦。嘗諭輔臣曰。比有貴戚近習貪緣請託。以圖內降。雖頗抑絕。然未免時有僥倖。可於赦文中禁止之。庶澄清宿弊。示信天下。時輔臣對以載之赦條。恐未盡聖意。乃別為手詔。與赦書同降。蓋仁宗之仁如天。於人之欲。有不能遂。然一切徇情。則侵紊紀綱。虧損刑政。故令執政大臣具條執奏。人主致恩。人臣守義。上下維持。交相儆戒。又令推劾干請之人。明正其罪。則人自不敢因緣請託。故一時朝廷號令肅清。間有干請之人。輒為諫官御史所劾。仁宗雖有不忍人之心。而終不至於優柔牽制者。其術蓋出於此也。恭惟陛下天姿寬仁。正身率下。論者謂有仁宗之惪。夫寬則無所不容。仁則有所不忍。臣愚竊慮內外之人因此有干祈。陛下雖正身于上。而迫於請禱。無以却之。執政大臣又戒不能一一執奏。日積一日。則侵紊紀綱。虧損刑政。其為禍患有不可勝言者矣。臣愚伏願陛下監觀仁宗所以防制左右杜絕恩倖之意。特下詔書。戒飭內外之人。不得干求內降。如有內降旨揮非憲章所存者。令執政大臣具條執奏。推劾干請之人。明正其罪。仍責諫官御史常加覺察。牓諭朝堂。著之于法。使內外明知聖意所在。如此。則聖治日新。朝無秕政。小人安分於私室。請謁不行於公家。以成陛下寬仁之惪。以稱陛下正身率下之意。垂之萬世。貽訓子孫。豈惟天下之幸。實社稷無疆之福也。惟陛下裁擇

右正言任伯雨上奏曰。臣聞外議皆言近日內降頗多。下至僧人恩澤。開封府大理寺所勘公事。往往旨揮釋放。此言虛實雖未可必。萬一果有而陛下不知。則九重深遠。詐傳敕命。俯仰之間。所繫不輕。若止因左右懇求。陛下寬仁不得已重違其意。則干亂政刑。此風不可滋長。且鴻都賣爵。墨敕斜封。皆出漢唐季世。不可不戒。昔仁宗慶曆亦嘗有之。宰相杜衍不肯奉行。每積至數十。即面繳納。仁宗嘗謂侍臣曰。外人秖知杜衍封還內降。不知朕以衍不肯而拒之者過於封還也。又嘗內降開封府吏冕玉遷職一等。尚美人遣內侍韓從禮傳敕旨免工人市籍。府判龐籍奏其事。仁宗立命杖韓從禮。詔今後內降無得輙受。以此觀之。所司守法。自當執奏。臣伏願陛下降臣劄子付三省密院旨揮所屬去處。今後內降無得輙受。此亦仁宗皇帝故事。如此。則僥倖干求庶幾息矣

伯雨又上奏曰。臣風聞內苑作工匠盜所結真珠。事敗。有旨更不得治監官。醫官院人力懷刃為盜。捕獲。有旨不得問經由門戶。中外聞之。莫不撫髀駭歎。頗足寒心。皆謂陛下誤以為小事。竊以監官之設。本為監臨主守。司閽之設。本為機察出入。今珠璣至貴之物。失至數萬。疋夫挾刃入數重門。如涉無人之境。皆非小事。不止因循。遽一切赦之。後來更大犯者。陛下不赦之。則罪同罰異。人人皆怨。陛下又赦之。則事事廢法。紀綱遂壞。雖有監官司閽。將何用也。且宮禁之門。法最嚴密。周官小宰治宮禁之法。獨有大刑。在律亦宮禁之法為最重。蓋聖人立法之意。防慮幾微。謹備不測。以嚴衛一人。今陛下多愛不忍。幾於姑息。廢萬世之成憲。棄祖宗之大法。紀綱不立。左右恃恩廢

奏議卷七十三

弛積日累月。事體陵遲。忽有不測之虞。誰復知所職守。陛下豈不為
宗廟社稷自重乎。臣伏願陛下嚴前降指揮。勅有司依法律推治干
繫。所貴人人盡心。各知職守。不至弛玩以產禍亂。則宗廟之休。社稷
之福也。

歷代名臣奏議卷之二百十三

法令

宋徽宗時。御史中丞朱諤上奏曰。陛下手詔屢下。惻怛願治。然吏奉行者多安於苟簡。或懷二三。扼置不行。使德音善教。無由下達。願分命使者剌舉諸道。有受令而不行。及行令而不盡者。論如古留令虧令之罪。則令出而朝廷尊矣。元祐紛更。凡得罪于熙寧元豐者。不問是否。輒陳冤訴自歸無過之地。彰先朝之失刑。希合𧇊臣規求進用。門下侍郎許將頃下御史獄。抗章云。縲繫自知其無事。父子相係而為囚。追屬吏十有六人。繫病者百有三日。終無可坐之罪。遂加不實之刑。夫以追吏如是之多。繫病者如是之久。卒之於無可坐。則先帝所用之刑為如何哉。將於哲廟表泄為平詞。至宣和太后之前。則銜冤負痛其辭如此。於陛下紹述成功得無少損乎。

李綱上奏曰。臣恭惟宋受天命。藝祖創業。其得天下也以仁。得之。列聖守成。其守天下也以仁。守之。重熙累洽。百有五十餘載。承平之久。跨漢軼唐。雖堯舜三代之隆。無以過也。陛下光紹丕圖。祗遹先烈。宵衣旰食。勵精為治。立政造事。所以利安元元者無所不至。而一以仁恕為之本。可謂深得祖宗創業守成之道矣。乃自臨御以來。屢下寬恤之詔。宸翰昭回。至誠惻怛之意見於辭者。是以鼓天下之動。是以薄海內外。家被惠澤。天覆地載。海涵春育。無一物不得其所。協氣嘉生。薰為太平。以仁致治。其效如此。臣愚竊謂詔令之所布。寔賴官吏悉意推行。不為文具。則實惠之及民者。彌久而彌廣。然詔令之頒降有先後。而官吏之去來為不常。雖悉意志慮。具在方冊。後來者往往未嘗深究而周知之。朝廷之上。所當以時舉而行之者也。陛下邇者章以紹述熙豐政事頒於朝堂矣。願詔有司檢會裒集前後所降御

華寬恤手詔事件如勸農桑恤刑獄戒播擾賑貧乏恤鰥寡孤獨之類通行於天下而非一時指揮者附於紹述熙豐政事之後以時須之申命以告四方庶幾內外官吏深惟惪意志慮之所在竭力遵奉罔敢怠廢以副陛下以慈爲寶仁民愛物之意天下幸甚

李復論謹權量劄子曰臣聞王者齊天下之不一必以法而律度量衡乃其法也先王巡守所至必參考焉防其敗法異政殊俗所自而起故孔子曰謹權量審法度四方之政行焉古者幅帛不中度不鬻於市斛龠不中量不列於市破律敗作皆有誅其法嚴而不敢少弛所以無有不一而天下平治也臣竊知今南方之權衡北地之斛量比之中州十增二三雖中州民間亦多用私造倉庫增損官器出納作弊諸處客商所賫物帛來陝西紗絹輕者不及三四兩長不及二丈八尺闊不及一尺五寸其他物帛盡類此又多濫以粉藥非以欺

罔愚務以取高價而與官吏交結中賣入官將充衣賜於春秋給散軍兵不肯請領屢曾起事專吏售之換易官物亦累敗露其弊徧於陝西近年尤甚縱而不治極於人情不便恭惟陛下智高神禹而權衡度量須於天下奸弊偽濫不法盡合屏絕令乞下有司立法應造色物帛各立定長闊輕重粉藥偽濫酷嚴立法禁許爲告賞其舊日短狹織具並令納官毀除見在不中度幅帛並令送官量支其價官收以備賞給如有違犯物皆沒官使守陛下之法以絕天下之弊

復又論刑法劄子曰臣聞上有道揆下有法守道揆在上朝廷之事也法守在下有司州縣之事也今之更改條法令式道揆法守具在是矣夫條法所立刑賞何爲而然哉蓋本之於禮義也禮義之當否豈在下之可專朝廷揆之而已朝廷揆之然後著之爲法頒之天下遵而行之故有違者乃犯禮畔義而必有罪也所謂禮義豈常人所能知哉必博通古今深於經術識其理之所歸乃可與議臣竊見脩勑局前後所差官多以明法入仕或曾試斷案或曾任刑法職事之人此等只是曾學舊條與諸處法吏無異安知禮義予奪若任而脩立條法須而行之即便是勑豈足施行臣欲乞應有更改及有創立並逐事上朝廷具聲說所以立法之意朝廷揆其當否使中於理然後俾條而脩之可以成忠厚之政而流愷悌之風不勝幸甚

左司諫江公望乞依赦文放免欠負劄子曰臣竊聞膏澤以施爲先有司以吝爲得各有所當不可槩見去年四月放欠赦文既行天下歡呼均被其澤議者以謂失博過裕則未免屯膏之譏放免所以礙官本執奏有謂區區過計則未達有司之吝有司不得不吝朝廷不得不釋贓在下守之不失其爲義命在上施之無害其爲仁義貴從宜必審權輕重仁在博施故當籌緩急朝廷以宿負爲不可償民罹

棰楚囚禁之苦州縣有牒訴追呼之擾方曠然與天下丕變故作肆赦之文非不知礙官本妨國用急於緩民之苦息州縣之擾故盡行蠲放以伸陛下博施之仁放免欠負雖所以礙本執奏朝廷直其守贓之吝自徑權宜之義雖赦釋之有司何預焉各有所當不可槩見良以此也又況朝廷號令既出而反何以取信天下有司既有日限久請不報上下相持德澤不流民不堪命陛下特未知爾豈其曠然丕變之恩反鉗於有司之手不得行也訪聞宿負雖注官籍名存實亡縱然自存朝哺不給有負數千緡錢累月之間持數千錢出以應郡縣督責之期雖荷耳械手棰毒至於籲天亦何益也祇以傷陛下之仁爾伏望聖慈明詔有司應赦文所載欠負不以礙官本並依元降指揮蠲免施行豈惟大號無反汗之失又足以申至仁博施之恩豈不美哉

博士周行己論增脩法度上奏曰。臣竊惟國朝受命，民不見兵，肆祖宗相承，以聖繼聖，基本延厚，太平之久。三代以來所未有也。陛下紹承七聖之丕基，恢張先帝之丕業，法度至此而大備，禮樂至此而大興，風俗至此而大定。人材至此而大成，自古未有今日之至治極盛者也。然而太平既久，民安無事，內外恬熙，官吏媮惰，臣竊過計，恐其法度漸弛，奸弊漸生。蓋人情無事則安，安則無深遠之思，人情無事則忽，忽則無憂虞之念，故無事者有事之所起也。雖堯舜三代盛時，未嘗不兢兢業業，以相戒慎。臣愚欲望陛下先之以沉幾，照之以遠慮，察媮惰於無事，止奸弊於未萌，自淵衷奏之，大臣因時損益，增脩法度。振其所或廢，補其所未全，調而一之，持而定之，以懲官吏，以休四海。以固祖宗甚盛無疆之業。

洪彥昇為殿中侍御史，先是詔諸道監司具法令未備若未便於民者，久而弗上。彥昇上言曰。吏狃於故，隨時俯仰，不能上承德音。因緣為奸者眾，有因追科而欲害熙寧保伍之法，因身丁而故撓崇寧學校之政，省事原情，當有懲沮，宜遣官編彙，辨其邪正，以行賞罰。帝皆從之。

右正言凌哲上疏曰。漢高入關，悉除秦法，與民約法三章耳，所謂殺人者死，實居其首。司馬光有言，殺人者不死，雖堯舜不能以致治。斯言可謂至當矣。臣竊見諸路州軍大辟，雖刑法相當者，類以可憫奏裁。自去歲郊後，距今大辟奏裁者五十餘人，中有實犯故殺鬪殺，常赦所不原者，法既無疑，情無可憫，刑寺並皆奏裁貸減，彼殺人者可謂幸矣。被殺者銜恨九原，何時已耶。臣恐強暴之風滋長，良善之人莫能自保，其於刑政，為害非細。應今後大辟，情法相當，無可憫者，所司輒奏裁減貸者，乞令臺臣彈劾。

欽宗靖康元年。監察御史余應求上疏曰。臣伏覩近年以來，凡有司奉旨皆降御筆，施行期限嚴促，稍有稽違，寘以不恭之罪，三省有司奉行不暇，雖有違戾法憲，前後重複者，不敢執奏，或被受即行，不申三省。事之甚微，亦煩宸翰，其始因中人領事，內中奏陳而為之，其後士大夫倚中人以進，欲興功利而於法不可者，亦為之，最後執政大臣或行事有戾於法，或差除不允僉議，或為親知私謁干請者，亦為之。由是號令日紊，綱紀日壞矣。夫三省樞密院，是之謂朝廷，陛下與謀議大事出命之所也。人君擇賢而任之，固當委以庶事，若宰執不才，易之可也。豈可自攬細務，悉降御筆，而可以為治哉。陛下初政清明，委用宰輔，宜無此弊。然竊聞尚有臣僚直達奏陳，內中批降施行者。此與前日御筆何異哉。臣以謂內侍與臣僚所陳獻利害，措置事宜，皆可付三省樞密院商議進呈，取旨而行，庶幾不戾於法憲，不惑於

異同，人主大權不移於中，可以杜多門之政，可以絕近習僥倖之原。政事之大，無先於此，惟陛下財擇。

翰林學士許翰上奏曰。臣聞天下之法，當與天下共之，有司守之以死，雖天子不得而私也，而後天下之大公立。比年以來，有司阿意撓法，以徇一時，是以條約文具而不守。伏願陛下明詔內外，今後指揮若有害事病民，違戾條制，並令有司具析執奏，御筆手詔不由三省而下者，官司被受，皆覆取旨，乃得施行。必使法嚴，信如四時，而後令一而民定，可以立政矣。

侍御史李光乞罷用例酌情指揮劄子曰。臣伏覩近降聖旨，令六曹尚書侍郎各以其事治有條者以條決之，無條者以例決之，無條無例，本部酌情裁決。臣竊詳上項指揮，實欲以道揆之任歸之有司，臣固未暇論其是非，姑言其甚不可者。陛下務去其用例，臣恐遂至於

侵構何以言之。夫吏人遷補有限以歲月之法。今則有減選出官之例。命官差遣有入遠之法。今則有大臣陳乞家便之例。以至錢穀之勞。捕賊之賞。依法則輕。用例則重。如此之類。未易縷舉。尚不可據而況於酌情乎。蓋用例酌情者。大于二公道撓之往。非有司可得而專也。然卒中。詔自今妃嬪以例乞骨肉恩者。勿當。使臣具保明詣寶依條。方得繳奏。令執政大臣患三省事務繁冗。遂歉假借六曹使得用例酌情。臣竊以為過矣。臣嘗備員郎曹。目覩猾吏舞文之弊。且六部所用條令。纖悉備具。一入習熟。以常法從事。尚為所欺。意所出入。無不得者。今乃公然容其廢法而用例。無例而酌情。是開僥倖之門。縱受賕之路。臣恐吏益強。法益廢。而事益紛紛矣。伏望聖慈。更詔大臣重賜參議。除都堂三省所接詞訴。分遣六曹依敕條與決施行外。其無條有例者。申乞獻進指揮。如此則三省訟牒自當減省。而上下相維。詳累相統。紀綱正而威權立矣。不勝幸甚。

高宗時。右司諫潘良貴奏曰。契勘禮部製造空度牒數目。自紹興三年至今年十月十八日。製造約一十四萬道。給降約一十三萬道。以三年為率。數目如此。則自建炎元年以來。大約須給降過四五十萬。夫天下戶口。自更兵火之後。所至耗減。其丁壯理宜蕃息。使力本務農。以固基本。今因循舊習。視以為常。日引月滋。無有紀極。竊恐數年之後。百姓失業。盡為遊手之人。況今州縣寺舍。悉許流寓士大夫占射居止。又適歲饑。此曹什百為群。居則無屋。食則無糧。流離困苦。實可憫憐。蓋其所得錢物。盡是一時無名用度。朝廷百官將士之經費。悉不仰此以為供須。若不遠行撙節。深慮有意外之患。昔越王之復吳也。令於國中曰。女子十七不嫁。丈夫二十不娶。其父母有罪。將免乳者。令醫守之。生男子二壺酒一犬。生女子二壺酒一豚。其深思遠慮。尚欲蓄息其未生者。況已成丁壯之人而廢棄之。豈不重為國家惜乎。伏望朝廷詳酌立為定制。庶幾永遠可以施行。

胡寅上疏曰。臣聞建昌之惡。莫大於謀為反逆。先王豈不知是為深可懲戒哉。然止於未萌。固亦多術。而未有預懸重賞誘人使告者。蓋知告訐之路一開。則其禍不可勝言者也。臣伏見昨來有言者以建昌軍人作過。請降空名官告付下州郡。誘人告變。夫以反逆加人。雖人情之所不忍。然見官秩可以告變而得。則淺思寡慮與夫凶猾怨家。不忍小忿。而致人於大惡非難事也。故自令行以來。適當防秋之際。建昌廬陵數郡相繼告發。何昔日之絕無而今乃競有耶。彼建昌之禍。則有所本矣。不治其本。而禁其末。見目前之小利。昧經久之遠圖。將使官吏軍民。盻盻相伺。在上者不敢治其下。在下者得以持其上。謀慮如此。傳笑四方。臣謂弭亂之要。在州郡得人。至若陳告之法自來條制莫不備盡。只合申明行下。所有昨來已降指揮。伏望聖慈。特賜追寢。庶幾人心不搖。禍亂不作。

寅又上奏曰。臣聞孔子定書。載帝王典誥誓命之篇。垂法萬世。其要在告戒箴警。初無溢美溢惡之辭。所謂大哉王言。言之必可行也。臣竊見比年以來。書命所宣。多出詞臣好惡之私意。遇其所好。則譽莊跖為夷齊。遇其所惡。則毀晉棘為燕石。極意誇大。有同餞啓。快心摧辱。無異詆罵。使人主命德討罪之言。未免於玩人喪德之失。是豈代言為命之法哉。夫文者空言也。言而當。則為實用。善者怙焉。惡者懼焉。其有益於治。不在賞罰之後矣。而非空言也。曾謂是可忽乎。臣愚伏望陛下申諭外制之臣。以飾情相悅。含怒相訾為戒。褒嘉貶絀。務合至公。詞貴簡嚴。體歸典重。庶幾古昔誥命之意。以成一代贊書之美。

殿中侍御史鄭劉中上奏曰臣竊見典買田宅法限六十日投契又六十日請契恐其故違限約則抵以倍納之稅恐其因循而畏則寬以赦放之限疑若無弊矣而其弊今有不勝言者買產之家類非貧短但契成則視田宅已為己物故吝惜官稅自謂收藏白契不過倍納而止遇赦限雖倍納猶是虛文必待家有爭論事涉鬭礙始從行投印此無他官無必懲之法開因循之路而使趨宜其貲豪猾而失公利也虧失公利猶害之小者至有不識書計之人飢寒切身代書售產鬭時既久富家管業亦深或為書人已死或牙保關通乘放限之便改移契券以典為賣它日子孫抱錢取券而不得則飲泣縣令之庭而已爾臣願朝廷詳酌下有司立為信限出限一日更不理為交易錢不追理業還本主典田宅者並依條為合同契一處赴官投印如是則白契可以盡勸上不至於虧損官錢下不至於以典為賣

公私偕利矣

劉中又上奏曰說者謂有陽而無陰不可以成歲功有德而无刑不可以成政事臣常感之令試使一人持刻薄之說勸人主為苛察之政則有識者必指為法家者流是欲置天下於洗疵怨謗之地不可听也又使一人持寬大之說勸人主為姑息之政則有識者必指為敗法之人是欲置天下於委靡不振之域亦不可聽也臣反覆計慮而後得其說蓋寬仁者人主之道持法者臣下之職二者不可易也人主與天地同德惟高明博厚然後公公私私有生能言之類各足其欲至於百官有司則法度之所在猶四時之氣推行造化可生則生可長則長可肅則肅可殺則殺予奪之間不可有毫釐之謬惟使生育之恩歸於上法度之車謹於下四海之內戴君父之德而畏有司之嚴然後朝廷尊而政事脩矣恭惟祖宗以愷悌之風蕩五代之毒螫陛下以澤潤之德救百六之塗炭累聖相承前後一軌大君之道咸不約而得之矣考其忠厚之極則無如仁宗皇帝之時慈惠之氣盎然如春風者幾五十載覆載之功不為不大然所謂法度者未嘗弛也內之朝廷外之郡縣有人犯一非義則郡守必劾監司必按臺諫必言以至一官資之予奪一刑名之輕重一錢穀之出入有司各守其法以爭之不得於法雖力彊勢重不敢有徼幸之望小大同心共以身任之而不顧天下惟見人主簡易優游坐收寬仁之名而天下亦无敢為非者此祖宗與三代治古之道也至陛下臨御以來寬仁愛物之心於古有光而臣下持法之心頗與古異大率有司皆不肯以身任怨責縣有罪郡守不敢劾留以俟監司守有過監司不敢按留以俟臺諫某事於法不可行也郡猶問於監司監司問六部六部問朝廷朝廷作聖旨罷之某事於法不可得也郡猶請於監司監

司請六部六部請朝廷朝廷作聖旨奪之積日累月罷之奪之皆自一人出而百官有司無一拂戾人情者苛察之怨日漸歸於上姑息之恩各歆歸諸己此豈善風俗持久之道乎諸葛孔明曰寵之以位位極則賤順之以恩恩竭則慢是故吾繩之以法法行則知恩善乎其能言也蓋法者百王相授之具上下守之而皆出於無心惟使寬宥曠蕩之澤時出於人主則天下皆若履秋霜之嚴而知有春陽之暖豈不偉歟皋陶為士將殺人堯曰宥之三皋陶曰殺之三夫皋陶豈不知將順之美以謂宥罪者人君之恩至有司則奉法而已不知其它也此後世所以樂堯宥刑之寬而畏皋陶執法之堅臣願陛下戒敕臣吏各使持職奉法凡予奪之際自有成書無大疑惑者不得互相推避其失職廢法全身避怨者咸按劾之常使紀綱持循賞罰明信不廢法度而陛下寬厚之仁油然與覆載同功俾天下獨知斯

謀斯猷惟我后之德則生靈幸甚

章誼上奏曰臣竊見朝廷近日每建一事每行一令曾未閱日議者紛然以為不便旋即更改雖從善如流朝廷之美事然人主出號布令猶天之有雷風也故曰鼓舞萬物者風雷乎鼓舞萬民者號令乎雷不一風不再令政事號令出而復反行而中輟豈所以尊主威而隆國勢哉臣原其所自蓋由朝廷初議立政出令之時其僥倖希進之人建為尊欲便私之論以誤執政而執政初不經意輕信其說亦不復參酌衆情採聽士論是以既行之後輿論紛然利害昭著雖執政大臣亦自不能力主其說此政令所以屢更國論所以不定也臣觀今日幾微之事至多號令之行宜審其博稽深考雖未能如古大詢之禮然內省如給事舍人外省如尚書侍郎宰相之屬如都司樞廷之屬如檢詳皆當先預論思審為可否其能訂之古義而不悖施之當今而可行然後執政進呈而聽陛下之去取如此則令重而君尊君尊而國安斷令留令與夫不從令者雖死無赦如管仲之言可也惟聖主留神幸甚

誼又上奏曰臣伏見紹興元年三月勅州縣免行錢並罷見任官買賣並依市價違者計贓以自盜論朝廷所以降此指揮蓋欲革貪吏苟得之心寬齊民供辦之力恩至厚也然物有實直著在律令月具上下之估旬具增減之目旋估者有禁賤利者有刑首尾関防纖悉必備今州縣監司盡廢律令之文專舉自盜之勅遂使在官之人買薪市米動觸刑章而無賴之民持吏短長誣訴充積即有犯者市司定價高下出於臨時獄吏計贓多寡由其喜怒屢法議刑其弊至此豈所謂易避而難犯哉臣備員秋官屢斷疑獄見其委曲未合人情伏望睿明更付外廷詳議審覈兼舉律令之舊文然後申嚴自盜之新制則設而難犯犯亦無怨庶幾仰副聖主明慎用刑之意不勝幸甚

誼又上奏曰臣聞法者天下之公也議之於朝廷措之於有司行之於天下無有遠近貴賤取信焉者也今姦吏舞法使有司無所執守天下無所取信背公營私喜怒任意未有如今日尚書省鈔房人吏之甚者也吏部轉官皆有格法自令史而上郎官侍郎尚書具條奏擬既應法矣而鈔房人吏有不快意而在法無礙者必使吏部自陳退鈔名為請退今年六月右選武功郎戴師正秉義郎屈有諒二人轉官鈔上吏房以二人係兵馬大元帥府結局轉官止給到吏部公據至今不為奏鈔悉令請退臣恭聞陛下御極之初嘗降指揮應結局官吏不暇悉給告勅權時之宜並令吏部出給公據當時既有指揮則朝廷吏部所當遵知今吏部既能省記大畧矣豈有鈔房人吏乃不知耶又去年八月有秉義郎艾世安亦係公據轉官之人鈔房已自照用建炎指揮放行了當今來忽於二人遂有沮難良見私意蔑吏部郎官侍郎各各考驗並非虛偽而鈔房堅執不可此臣所謂奸吏舞法使有司無所執守天下無所取信者也士大夫為郎官侍郎而其所上文書皆不獲施用胥吏專得任其喜怒之私而為朝廷取怨於天下此非國家之福也伏望睿斷付之有司考究情弊以警姦吏不勝幸甚

誼又上奏曰臣伏見朝廷比脩紹興勅令格式其忠厚之意則悉本於祖宗其綱條之舉則悉仍於舊貫惟是除苛解嬈救弊補偏頗資討論時有筆削然當是之時簡編浩博而難稽衆議紛紜而不一書貴速成論靡專決是以去取之間不無舛錯厭今須在有司為日既久州縣推行時見牴牾欲承疑行用則衆聽惑而不孚欲因事申明

則法屢變而難守豈所以為一定之制哉臣愚伏望睿慈明詔郡守監司與夫承用官司參考祖宗之舊典各據新書之闕遺悉隨所見條具以聞然後命官審訂刪去訛謬著為定法庶幾一時憲章粲然明白若江河之有隄防梓匠之有繩墨使民易避而難犯不勝幸甚

右正言陳淵上奏曰臣聞古之為臣者有稟令無議令故令出於上下知奉承之而已此法之所以行而事之所以立也往者靖康之初淵聖皇帝以兼容之度博訪羣言俱取而並用之甚盛德也而忠邪雜糅是非不分故每下一令上自禁從下至百執事之臣與夫布衣韋帶之士必群起而交攻之或已發而中廢或盛行而遽改或姑存之終至於委靡不振而後已以故一事無成拱手以待禍其為弊至今尚在也此而不革無以立政故臣不避僭越之誅為陛下力陳之夫議政之地昔時士大夫屏息而過之如恐犯分及其後風俗一變乃始有竊議其非者又其後公肆詆訐無所忌憚則今日之弊是也廉陛不分莫此為甚朝廷之勢安得而尊朝廷不尊則國威不立國威不立而欲以指麾顧盼定天下之大議臣固知其難矣傳曰下輕其上爵賤人圖柄臣則國家搖動而人不靜矣此古今通患也今天下之事幸相行之臺諫言之若是亦足矣臺諫耳目有所不及則詢之侍從侍從思慮有所未至則求之百執事其有遺策乎而又下取布衣韋帶之士俾道聽塗說之流得以肆其不根之論臣恐徒為紛紛無益於治雖然人主之患莫大乎聽納如陛下之舍己從人不間貴賤雖堯舜不能過此臣子所宜將順者也而臣私憂過計更為此言者非固欲棄愚者一得之慮也以謂布衣韋帶之議資之以廣聰明則可也若創法立度而唯此曹之徇適足以自眩而已自古造事者謀之以同斷之以獨故總覽兼聽之誠常施之於未決之前而是

非可否之私不容於已定之後為是故也故臣愚願陛下自今凡有大事議之而後行已行而議者勿聽毋使明讜坐困曲說則天下幸甚

淵又上奏曰臣聞君者出令者也臣者行君之令而致之民者也此古今不易之道也苟出乎上者已審而行乎下者無稽違廢慢之失則上之恩意志慮無不孚於民而民咸被其澤矣往者宣和之間權臣用事播告之外自有風旨為吏者從其風旨而不從其言罪弗及也以故一時號令不信於天下雖寬恤之詔孳一舉行掛之牆壁徒為文具而已上意益勤民情愈怨愁歎之氣熏穹壤無所赴告遂為今日難解之禍蓋吏不能行令之過也陛下即位以來深監其弊苟有方命必罰無赦內外大小之臣宜其精白一心以承休德無敢不恭而貪殘之吏尚仍舊習有累聖政臣竊憤之今年春建寇既平陛下嘉惠一方宥過無大所以洗滌瑕疵蠲除逋負安集犇竄無不曲盡恩至渥也令下未幾已聞州縣之間百端沮抑莫肯奉承論者以為患陛下既已明示威福而申告之矣今又聞赦文以上四州軍殘破為甚全放今年二稅下四州軍不免搔擾止取其半而吏引著令諸稱赦放者不得過三分盡追其餘以備急闕是以一定之典而議非常之恩以厚誣之計而力沮已行之命遂使陛下愛民之詔幾成虛發此而不懲無以示信且舊書所載或以故例或緣泛恩所指無定處所釋無限量今以兵火之後傷殘凋瘵之餘曲示寬典固不同矣又況喪亂以來民不堪命常賦所入十才得四五止取其半猶慮恩不及民況十取其七乎自甌粵之亂陛下為之宵衣旰食者二年于此至遣執政大臣國之良將覲往平之然後復安既安之後所賴以撫綏吾民者唯監司守令而已而行法如此陛下何望焉若其

事出於監司容喻而守令奉之與夫守令率意擅行而監司勿問皆不能無罪也臣愚頌先降明詔諭以前日之誠意並行改正然後核監司守令稽違廢慢之實嚴賜黜責自今以往庶幾貪殘之吏不敢舞文以爲奸倚法以撓倖臣不勝區區之心惟陛下裁察

監察御史劉行簡論尚書六曹及百司法令之弊疏曰臣愚不肖叨蒙誤恩擢置臺察之司伏見尚書六曹下逮百司凡所用法令初無畫一之論類以人吏省記便爲典據蓋法令具在奸吏猶得侮之令或與或奪在其牙頰其患可勝言哉陛下聖明灼見此弊嘗降處分命左右司郎官以其省記之文刊定頒行然左右司職事號爲最煩竊恐於此不能專一無由速得成書臣愚伏望聖慈特降睿旨改送詳定一司勅令所立限刊定鏤板頒降內吏部條法最爲急務乞責

近限先次施行庶幾杜絕奸吏弄法受賕之弊天下幸甚

起居郎周麟之論禁小報狀曰臣聞國之有號令猶天之有雷風雷不一風不再號令如此然後可以鼓舞萬民動則王應無有遠邇罔不是承仰惟皇帝陛下自更化以來蠱飭百度咸新庶政登用賢雋屏除奸回凡積年弊事固已一切剗革而釐正之矣方陛下須詔旨布命令雷厲風飛之時不無小人譸張之說眩惑羣聽如前日所謂召用舊臣者浮言胥動莫知從來臣嘗究其然矣此皆私得之小報小報者出於進奏院蓋邸吏輩爲之也比年事有疑似中外未知邸吏必競以小紙書之飛報遠近謂之小報如曰今日某人被召某人罷去某人遷除往往以虛爲實以無爲有朝士聞之則曰已有小報矣州郡間得之則曰小報已到矣他日驗之其說或然或不然使其然耶則事涉不密其不然耶則何以取信此於害治雖若甚微其實不可不察臣愚欲望陛下深詔有司嚴立罪賞痛行禁止使朝廷命令播之天下天下可得而聞不可得而測可得而信不可得而詐則國體尊而民聽一臣不勝至願

綦崇禮上奏曰臣伏見日者陛下臨遣使臣宣諭諸路親加訓飭付以御書手曆使書其所舉按監司郡縣玩習苟且平時詔條動多違戾洎聞遣使往往前期旋行整治以蓋其迹如闕官差權多不應法雖本無員闕亦或增差巧作名目蠹耗祿廩以臣所聞自江浙以往皆有此弊至於遠方則又影占窠闕以便權官雖朝廷所差吏部所注正官之任多是托以它說不肯放上士人無所告訴銜冤困鐵而權攝之官安享祿利其廢法未有如此者及使者將至凡違法差官去處皆先自令罷亦聞遠處不放上任者皆令赴上矣豈獨差官之弊至于詔令頒布法禁奉行民戶科率刑獄遣繫官物出入酒稅榷征

租賦催放倉庫受納婚田訴訟鄉保差役公使收簇行戶供應凡州縣一切之事有所違戾莫不預行料理粗使應法以待使者之來若貪贓不法迹狀彰露不可掩匿則監司長吏始從而發摘之亦有不及爲計而爲使者所劾正者以臣所慮儻得平時監司州縣兢兢自飭常若初聞使者之時何患法之不守而事之不舉哉第恐過此無復畏忌縱弛自肆還如前日則朝廷豈能歲歲爲之遣使此監司按察官之責也臣愚欲望聖慈特降睿旨申嚴戒勵應因今來遣使宣諭之後若諸路諸司及郡縣官吏玩弛遺慢尚循故態其已罷差之官已改正之事敢引例廢法擅行復舊者重寘典憲或事有便於公私而宣諭使誤行罷易者條具以聞監司按察官私相蓋庇失於按劾委御史臺覺察害及民間者許令越訴庶幾一勞久治仰副陛下臨遣使者之本意

中書舍人張孝祥論王公袞復讎議曰。復讎義也。夫讎可復則天下之人將交讎而不止。於是聖人為法以制之。當誅也吾為爾誅之。當刑也吾為爾刑之。以爾之讎麗吾之法。於是為人子而讎於其父母者不敢復而惟法之聽。何也。法行則復讎之義在焉故也。今夫佐公袞之母既葬而暴其骨僇尸也。父母之讎莫大於是。佐公袞得賊而輒殺之者義也。而莫之敢殺也。以謂有法焉。律曰發冢開棺者絞。二子之母遺骸散逸於故藏之外。則賊之死無疑矣。賊誠死則二子之讎亦報。此佐公袞所以不敢殺之於其始獲而必歸之吏也。獄成而吏出之。使賊洋洋出入閭巷與齊民齒。夫父母之讎不共戴天者也。二子之始不敢殺也。蓋不敢以私義故亂法。今獄已成矣。法不當死。二子殺之罪也。法當死而吏廢法。則地下之辱沉痛鬱結終莫之伸。為之子者尚安得自比於人也哉。佐有官守則公袞之殺是賊協於義而宜於法者也。椿等聞春秋之義義在復讎。公袞起儒生。尫怯如不勝衣。當殺賊時奴隸皆驚之。賊以死捍公袞得不死適耳。且此賊掘冢至十數嘗敗而不死。今又敗焉而又不死。則其惡必侈於前。公袞之殺之也豈獨直王氏之冤而已哉。椿等謂公袞復讎之義可嘉。公袞殺掘冢法應死之人為無罪。納官贖弟佐之請當不許。故縱失刑。有司之法如律謹議。

右司諫潘良貴上奏曰。臣聞中臺者出納王命賦政四海喉舌之司也。六曹當遵奉成憲各揚乃職。兵火以來苟簡玩習。視為傳舍。其最甚者聞遇朝廷送下勘當事理並不依據格法指定是非常操兩可之說曰。更合取自朝廷指揮。是致朝廷臨時別有衡改。長貳郎官猶默奉行不復更有執守。無廢一法。即後來陳乞者猶以為例。干求請托紛然無窮。若不加察恐省部成法盡壞。其患有不可勝言者。臣愚

欲望睿斷嚴飭六曹長貳郎官各務協心。凡朝廷送下勘當事理並須據格法定是非供報。仍乞詔大臣事關六曹者不問鉅細一切唯有司格法是從。庶幾杜僥倖之門。開公正之路。仰稱陛下賦政之意。

龍圖閣直學士知湖州汪藻上奏曰。臣竊惟國家自祖宗以來擅中原沃壤之饒耕桑萬里錢粟之問不至廟堂材官騎士之屯環列畿甸。朝廷威令雷動風行。方是之時省費裕國彊兵息民之說雖勿問焉可也。今四方僭據土宇日蹙。招安之衆仰給縣官縣官征求至民。不勝其擾。譬人坐積薪之上火既然矣。是安可一日緩而弗圖哉。則陛下博詢群下固宜然今日省費裕國彊兵息民之術可得而言矣。不過曰罷冗官之廩節冗兵之餉。如是而費可省國可裕也。擇將帥之材明賞罰之令。如是而兵可彊民可息也。是數者皆區區常談朝廷講之熟矣。豈待臣言而後知。然捨是亦未見他策。臣竊有憂焉。人主莫大於失人心。士大夫莫大於怨公論。德意不孚。欲人心之歸不可得也。風俗不厚。欲公論之行不可得也。君之與民雖有天壤之殊。其上下相安以誠而已。故古者人君發政施仁必致慎於出令之始。度不可行者不以布宣恐其紿民也。既曰可行雖舉世非之。莫能搖奪。恐民不信也。陛下憂民惻怛之誠可謂至矣。布為詔令可謂丁寧矣。是宜民於陛下愛戴日深。而田里之間顧未免愁歎者其故何哉。陛下造令之初未嘗參其可否。多出於率然。故謂之恤民者民未嘗恤也。謂之戢奸者奸未嘗戢也。方時艱難利固有未可遽興害固有未可遽除者。民知上之出於不得已也。以誠告焉。其孰敢以為怨。既已號令四方謂之德意矣。乃有司奉行輒拘閡廢格。使民庶習翫視為空文。事率如斯其誰不解體。甚可憂也。臣願陛下凡命令之出必慎其始而誠其終。審知無弊然後詔民。如其不然勿輕出也。庶幾見

浹人心。而人心感悅。天下幸甚。公論之在天下。猶元氣之在人身。四肢雖瘠。元氣在焉。不害其爲安。四肢雖彊。元氣喪焉。不免於病。自數十年來。士大夫喜爲嶄奇高遠之論。黜中庸平易之談。凌遲至今。風俗大壞。士大夫所向無適而非利。所懷無適而非私。知朝廷以功名爲急。則爭爲斬將搴旗之說。以利在於功名故也。知朝廷以忠鯁爲賢。則爭爲明目張膽之說。以利在於忠鯁故也。朋黨倡和。合爲一談。敢爲誕謾。上惑主聽。至責其實效。則如繫影捕風。了不可得。甚可畏也。臣願陛下於用人之際。精加柬求。無爲浮僞所勝。庶幾真材出焉。副朝廷之用。士大夫之風。亦當自此稍變。詔令信於上。風俗明於下。上下皆由至誠。政事脩而財用足。紀綱正而國勢尊。則省費裕國。彊兵息民。適餘事耳。苟爲不然。雖有管樂之臣。爲陛下謀之。憂未艾也。臣愚不知忌諱。謹錄奏聞。

趙元鎮上奏曰。臣聞天子所至曰幸。以其布德澤。問疾苦。號令風化。所從而出。今車駕駐驆建康。宜其加惠斯民。使之忻戴。而軍律不嚴。羣政不舉。以强凌弱。無復紀綱。每兵數人結爲一黨。或强奪所賣之物。不還價錢。或抑令空手之人。般負錢米。小不如意。毆擊隨之。冤痛之聲。聞者傷惻。將佐自以爲得志。廂界亦不敢誰何。遂使闤闠之中。日有橫逆之苦。臣嘗建言乞令三衙廣布察視。分占地分。嚴立賞罰。及令諸軍貼差使臣。應有所犯。以次坐之。不知曾無降出。而民間之患甚於前日。今欲檢舉臣前章早作措置。仍乞責問建康府縱容弛慢。坐視不恤之罪。或令所在火保團頭等。常切覺察。應有似此之人。即仰率衆捕捉。如敢拒捕。不以所犯重輕。並依軍法。捉事人量加激賞。如此。則奸惡小戢。而嗷嗷疲悴之民。有所赴愬矣。

孝宗時。楊萬里上疏曰。臣聞聖人之仁。必有所止。仁而無止。則將以仁天下適以殘天下。仁而至於殘。非仁之罪也。仁而無止之罪也。事固有所極。有所反。仁而無止。則其極不得不反而爲殘。殘非出於仁之外也。而生於仁之中。然則與其無止以殘吾仁。孰若有止以全吾仁也哉。是故聖人之心愛天下則無止。而其仁則與天下爲有止。溥之以無止之心。而約之以有止之仁。故仁則有止矣。而所以仁則無止也。古者司寇當獄之成也。以告于王。王命三公參聽之。至於將刑也。王曰宥之。司寇曰不可。王又曰宥之。司寇又曰不可。宥至於三。而司寇卒不從。於是焉而殺之。王則爲之徹膳。爲之不舉樂。且夫以天子之尊而三拒於司寇。天子欲活一夫而卒坐視其死。三宥不從。何不四宥之也。四宥不從。何不屢宥不一宥也。不一宥而猶不從。何不自宥之。而必聽於司寇也。且彼罪人者。吾君不能活其死。而徒徹膳以致無益之憐。則亦幾於不仁矣。然三代行之。未之有改。何也。蓋宥之

者。聖人之仁也。宥止於三者。仁固有所止也。今夫天地之仁萬物也。春而萬物欣欣焉。夏而萬物油油焉。夫欣欣油油。萬物之至願也。天地既仁夫萬物矣。則何不與萬物旦旦而春。旦旦而夏也。而必摧之以風霜。毒之以氷雪。使夫欣欣者憊。油油者瘁。何奪其所至願而與其所不願也。聞之曰。冬閉之不固。則春生之不茂。使天地而與萬物旦旦春夏也。則無來歲可也。有來歲。則何以繼也。仁而無止。天地不能不窮也。而聖人能之歟。國朝之法。獄成而罪人以冤告者。則改命它郡之有司而鞫焉。鞫止於三而同焉。而罪人猶以冤告也。亦不聽。此得古者三宥之意也。而議者以爲聖人之仁。當盡天下之情。而勿限以三鞫。其說聽之可樂也。然自朝廷行之。十有餘年。獄訟日滋。蠹弊日積。姦民得策而無辜者代之死。則議者之說爲害也。臣請言其害。殺人者一夫也。而連逮者十之。焉不惟十也。有再其十。有三其十

者焉。補同捕也。繫同繫也。訊同訊也。獄吏豈曰。彼有罪。汝無罪也哉。幸而獄成矣。連逮者得釋矣。而殺人者臨刑不伏。則又鞫也。則連逮者釋未畢也。而捕又繼之。又伏而又不伏。則又鞫也。而連逮者復與焉。鞫至於三。至於五。至於十。而連逮者皆與焉。連逮者家破矣。瘦死矣。而獄未竟也。大抵一獄有十年不決者焉。獄決矣。不殺人者俱死。而殺人者獨生焉。其勢連逮者死不盡。則獄不決。何其仁於一罪人。而不仁於十百平民也。其害一也。罪人之不伏也。其為擾也。至於百郡。有浮費。而數路無寧居。外路之官吏。被命而往鞫者。所居則有給。所過則有給。所至則有給。不則居者行者交病於飢寒。給則縣官不勝其費。其鞫之一。其里之千。費錢萬者。亡慮三數十焉。其鞫之十。則為千里者十。費錢萬者亡慮三數百焉。此其費何名者耶。猶曰推仁不計費也。而官吏之行者。若江淮之間。道里之遠。飢寒之恤。猶忍言也。至於二廣。則風土之惡。瘴癘之禍。不忍言也。父母妻子哭其去。又哭其歸。去則人也。其哭猶忍聞也。歸則喪也。其哭不忍聞也。大抵去而人者十焉。歸而鬼者七八焉。而人者二三焉。二三人者雖不死而死矣。何也。病也。病而全者又十而一二焉。外路之官吏。牽而使之至於此也。其害二也。夫議者之初。則曰鞫不限於三者仁也。而仁之害一至於此。豈非仁而無止。則仁反而為殘哉。然則古之聖人仁止於三宥。其所慮詳也。臣願朝廷深詔有司。少增三鞫之舊法。而止於五。使天下之無罪而死者還其生。而有罪以生者還其死。此不亦三代之至仁也哉。

萬里又上疏曰。臣聞古之立法。不惟懲天下之已犯。亦以折天下之未犯。蓋已犯之必懲。未犯之所以必折也。是故懲之者法之義。折之者法之仁。義行故仁不窮。仁行故義不弊。仁義相有而不相無。此法

之利也。後之法非無仁義也。利未見而害先焉者。義數而仁窮而已。義不可數。數則民怨。仁不可窮。窮則民狎。狎則犯者衆。犯者衆則刑者數。然則刑至於數。數者。不生於刑之數。而生於仁之窮。民至於怨者。不生於怨其刑。而生於狎其法。今夫民之情。固喜溫而惡寒。欲涼而畏熱也。然冬不寒。夏不熱。則民病而死矣。人知夫法之仁也。不知夫狎之而死也。是故變極者恩之所從銷。寬甚者猛之所自起。古之聖人其法初不及後世之備也。惟不使仁之窮而民之狎也。是以法立而刑不試。後之法蓋詳且密矣。然文詳而弊之也略。網密而漏之也疏。天下之民窺其略也。則知其詳必至於不弊。習其疏也。則知其密必至於甚漏。知其不弊。則犯之也易。知其甚漏。則犯之也頻。刑安得不數。而民安得不怨哉。嗟乎。求用刑之疏者。必至於用刑之數。求天下之喜者。必反以得天下之怨。理固然也。然則所謂弊之略而漏之疏者。何也。一曰法不執而多為之岐。二曰法徒設而自廢其禁。罪莫大於殺人。罪至於殺人。何以議為也。則亦殺之而已。漢高帝如此其寬仁也。入關之初。欲結天下之心如此其亟也。欲除秦法之苛如此其銳也。而其與民約法。亦曰殺人者死。帝不以為疑。民亦不以為請。何則。上下皆便其當然也。殺人而法不死。孰不相殺以至於大亂哉。此豈所謂當然而天下何便於此也。故雖高帝欲取天下之速。而不敢宥殺人之罪。以諭天下之心。雖秦民之苦於秦。而不以高帝之不宥殺人為帝之虐。然則古之立法之意可知已矣。而今之法不然。殺人一也。則有曰盜。曰鬭之目焉。則有曰故。曰謀。曰誤之別焉。曰盜曰謀曰故者。法之所必死也。曰鬭則死生之間也。曰誤則生矣。果誤也而殺人也。又況所謂誤者未必誤。而所謂非謀非故者未必非謀非故也。何則。法不執則吏可賣。吏可賣則民可遁。有司取具獄而讀之曰。此真

誤殺也。不知夫吏之竊笑也。此之謂法不執而多為之歧。夫民之所以畏法者何也。非畏法也。畏刑也。法不用則為法。法用之則為刑。民不犯則為法。民犯之則為刑。是以畏之也。有法而不用。不如無法。何則。無法則民未測其罪之所當。有法而不用。則民知其法之不足忌。有法而民不忌。是故布之號令不曰號令而曰空言。書之簡書不曰簡書而曰文具。法至於空言文具。是無法賢於有法也。古之法始乎必用。而終乎無所用。今之法始乎不用。而終乎不勝用。夫法不求民之入。而非民之入者也。古之法。民不入也。不抑以入。而民之入也。不縱以出。夫惟不出是以不入。故始乎必用而終乎無所用。今之法有曰誣人以罪而不實者。罪之以其罪。自大辟以降皆是物也。而用法者不然。以一夫之片紙而興大獄。鞫大罪也。卒之所謂大獄者初無獄之可興。所謂大罪者亦無罪之可鞫。上之人則俱釋之而已矣。受誣者至於破家亡身。而誣人者其極不過杖而遣。則姦民何憚於不屢誣善良以求利也哉。獄訟何時而可清也。故始乎法不用而終乎法不勝用。此之謂法徒設而自廢其禁。蓋人有野於宅而盜於防者。其始峻其墻而止出於一門。又從而衛之以兵。非以制其出者也。以制其入者也。夫是以盜不敢過。未幾而厭去樵牧者出入之迂也。則鑿其東而門焉。又鑿其西而門焉。門多且徑而不能皆衛也。則至於有門而不扃焉。門多且徑則盜從其徑者而入之矣。有門不扃則羣盜揮臂而入矣。法不執而多為之歧。孰不從其徑而入哉。法徒設而自廢其禁。孰不揮臂而入哉。臣願朝廷詳慮而審處之。如殺人者不死。此法可以更議。而誣訐者罪以其罪。此法可以必行。議其所當議而行其所不行。則成康不式之事雖未易致也。而漢文幾措之風其猶可及也歟。

萬里又上疏曰。臣聞當今馭吏之難。莫難於禁贓吏。蓋朝廷亦求所以禁之矣。而未得所以禁之之方。寬以養其恥。則常由上之寬而不知畏。繩之以法。則慮其怨而不服。抑將何以處也。臣以為用寬不若用法。用法不若先服其心。天下心服而後法可盡行。贓可盡禁也。夫何故。天下之所以服者常生於不偏。而其不服也常起於不平。孟子曰。夫子教我以正。夫子未出於正也。己不正而欲正諸人。父不能以行於子也。欲正天下而不出於正。何以服天下哉。且所謂欲正天下而不出於正者誰也。豈非朝廷之大吏耶。大吏而不正。不正而法不行也。而欲舉法以禁小吏。宜其怨而不服也歟。臣何以知大吏之不正。異時臣之所聞見者有二。一曰私縣官之藏以自入。二曰公苞苴之賂以自富。天有十日。人有十等。朝之不可名以晡晝之不可名以夕。童子知之。至於公卿之不可以名皂隸。侯伯之不可名以輿臺。則公卿之與侯伯有不知焉何也。且天下有君子有小人。小人非君子則莫之使。君子非小人則莫之事。莫之使則不養。莫之事則不尊。是故。朝廷之於君子則尊之。於小人則養之。蓋養小人者。所以尊君子。尊君子。所以責君子之自尊也。禮義廉恥豈非君子之所以自尊者耶。而異時下自臺省寮屬。上達於公卿侍從。有所謂宣借之廩給焉。有所謂白直之餐錢焉。夫所謂宣借白直者。所以養小人而使為君子之侍御僕從也。今也無其人而取其食。其大官至月以數百緡計。則是公卿不為公卿。而以皂隸自為也。侯伯不為侯伯。而以輿臺自為也。名為朝廷之大吏。而實為皂隸輿臺之小人。不知公卿侍從亦何忍自處其身於此也。無它。貨之所在焉耳。此所謂私縣官之藏以自入者也。都城之有門。所以譏何姦者也。一夫之異言異服而入者則問。持千錢以過者則征。而四方之所謂苞苴者雖其篚百舍孰有問之者哉。不惟百金也。千金亦不問也。不惟千金也。萬金亦不問也。非不問也。不敢問也。曷為不敢問也。視其書與篚之緘題。或曰上之於廟堂某官也。或曰省部某官也。或曰貴近某官也。夫何敢問。且夫所謂萬金千金者何出哉。將帥剋三軍之給以固權寵也。監司守令掾公盜民以求美遷也。此則受之。彼安得不剋而掾之。天下之箱篚肩相摩於道。而其入國門如海水之沃焦。公卿曰。吾不受苞苴也。侍從曰。吾不受苞苴也。貴近者曰。吾不受苞苴也。而臣見其入也。未見其出也。則將誰受之耶。此所謂公苞苴之賂以自富者也。昔者漢宣帝之時。嘗下詔以戒吏貪。而必及於省卒徒以自給者。皆禁止之。帝之英明亦察見於此。則貪吏破膽矣。陸贄之秉政。至於藩鎮之鞭靴亦確不受。雖德宗諭之而不奉詔。以為鞭靴之弊必至於金玉。則今之以卒徒自給者恬不之禁。而箱篚之大於鞭靴者亦熟視而不問。

此何理哉。夫吏不正而責小吏。法略於上而詳於下。天下之不服固也。是故用法自大吏始。而後天下心服。天下心服則何法之不可盡行。何贓之不可盡禁也哉。

萬里又上疏曰。臣既言用法自大吏始。然則小吏之法可以遂行乎。曰未也。不有以與。不可以奪。不有以利。不可以害。千金之子。豈其一身能運千金之貲也哉。必有為之謀畫者。有為之奔走者。有司其管籥者。有司其舟車者。無是數人。則千金之子。一日不能以理其家。雖然。役於人之為用。而不樂於人之為費。已則膏粱而忘其人之飢。已則綺縞而不卹其人之寒。至其欺而盜焉。則從而笞之。此其勢非棄而去。則必不為之盡力。今夫人主之於百官。下自一命之賤。而上極宰相之貴。此用天下之名也。約之為斗粟。豐之為萬鍾。此用天下之實也。實與名偕。則實輕而名重。天下斯捨輕以就其重。名偷於實。則實重而名輕。天下斯就實而去其名。理固然也。人惟伯夷也而後能首陽之節。然伯夷之後。未見伯夷也。而天下又安能人人而伯夷哉。故雖聖人居人之國。飢而不能出戶。亦不能責其君之餽粟以為廉。而欲天下之士不食而獨清可乎。今天下之吏祿。二浙之薄尉。月給至於踰百緡。而二廣之縣令不取其半。至於江淮荆湖。則又往往州異而縣不同。蓋有豐不勝其豐。而約不勝其約者矣。士之貧者扶老攜幼。千里而就一官。祿既薄矣。而又州縣之克是者。上官之見知者。則月有得焉。其或州縣之匱乏者。上官之私怒而不悅者。有終歲而不得一金。且夫假貴以仕也。而飢寒以居也。狼狽以歸也。非大賢君子誰能忍此。而曰爾無貪。吾有法。豈理也哉。是故莫若均天下之吏祿。使其至遠者如其近者。增其寡者如其豐者。如此。而猶不改。則吾之法一用。而天下大服。然則行法當如之何。臣聞天下之君子以禮恥

之而有餘。至於小人以刑威之而不足。則必有不測甚大之威而後可。蓋嘗見士大夫為臣言。有上官嘗提舶於海邦者。而以賄聞。贓之得實。憲奏於朝。有命笞其背而黥焉。其同列者念其非所以示所臨之吏民也。則諭之吏自裁。而其人曰。免死幸矣。笞而黥不足恤也。小人之不畏刑如此。頃者聖天子臨御之初。蓋嘗笞一郡守之贓者矣。而天下至今贓吏愈多也。則不測甚大之威。不可不用也。恭聞太祖皇帝初平嶺表。有守英州而贓七十萬者。特詔棄市。又有知衛州而贓得實者。令伏法於衛州。臣願天子奮不測甚大之威。不問吏之小大。取其敗而尤者一二人殺之。則天下之人。震慄而莫敢為矣。夫贓者千而敗者一。幸而敗矣。又曰不忍殺也。夫固不畏刑而畏死也。不懲以所甚畏。而投之以所不畏。天下何憚而不為贓吏乎。臣故曰。天下心服而後法可盡行。贓可盡禁也。

萬里又上疏曰。臣聞堯舜在上。亦不能使天下必不為惡。夫欲使天下必不為惡者。止於嚴刑而已矣。過是。則無術焉。而嚴刑者又不可以常用。時用則王。常用則亡。蓋刑者聖人不得已之具。而嚴刑者又天下所甚不樂之政。以吾之不得已而行天下之所甚不樂。雖堯舜能不窮耶。故夫流放竄殛者堯舜之刑也。此非不嚴也。然使堯舜朝行之又暮行也。臣恐有如武王數紂之虐者譏其後矣。是故。堯舜亦不能使天下必不為惡。何者嚴刑不可以常用也。然而堯舜刑殺一二人而天下治此獨何術也。蓋堯舜之所以治。有所不殺而甚於殺。有所不刑而甚於刑。忠肅恭懿者堯舜既相之。明允篤誠者堯舜又相之。則夫不忠不肅不篤不誠者。何必盡殺而盡刑也哉。屏而棄之足矣。夫人之情豈願於永棄。今棄於堯舜之世。則是不如刑殺者之速死。何則。身雖不死而望於世者已絕。求齒於士君子而不可復也。

此其心必有以自悔。而其遷於善也。必有以自力。則是不使天下之必不為惡者。乃所以必之歟。臣前之二策。其一說曰。治贓吏自大吏始。其一說曰。先之以均吏祿。後之以不測甚大之威。此其為術是以使天下之懼於貪。而未足以使天下之樂於廉。蓋威之狎則必習而為不威。懼之怨則必反而為不懼。何則。不勝其貪。則不勝其刑。不勝其刑則不勝其窮。夫惟使之樂於廉。則雖能奪其樂者。臣聞天不能為無春之秋。聖人不能行無賞之刑。蓋生而後殺。則殺者不怨。刑而不賞。則生者不勸。今夫某貪吏。某非貪吏。天子曰。爾曷為貪吾殺爾。至非貪者則不殺焉。貪者死而非貪者生。則吏之為貪者將曰。貪不可為也。於是相率而為不貪。今夫某廉吏。某非廉吏。天子曰。爾非廉吏吾不用爾。至於廉吏。則亦不用。則吏之非廉者將曰。彼矯而廉以異我也。竟何以異於我。於是相戒而不為廉。天下之俗生於勝。勝生於衆。衆生於尚。上之人不尚廉吏。則廉吏寡矣。以至寡之廉而欲勝至衆之貪。難哉。臣願朝廷內委宰相侍從臺諫。外委監司太守。歲舉廉吏一人。而陛下親擇其尤者。不測擢之為臺省之職。雖未至如唐之相楊綰。亦庶乎廉吏之俗勝。貪吏之俗衰。俗所尚而樂趨之。不過數年。贓吏之刑亦不必用矣。

萬里又上疏曰。臣聞政以令而行。以令而不行。令焉而政不行。非天下真敢慢天子之令。以遠天子之政也。或曰。天子有令而自慢之爾。人惟不自慢也。人而自慢。則天下孰不慢之。夫固有以召之也。且天子之令天下也。豈不欲行其政。而曷為自慢其令。自慢其令者。生於出之不審。而壞於發之不一。不審故可快而不可行。有言而不自實。始乎喜。卒乎怨。不一故發而悔。悔而更。今日而發者。至明日而更者至。將從其發者乎。從其更者乎。不審者欺天下者也。不一者惑天下

者也。令至於欺而欲民之信。令至於惑而欲民之不疑。是晝宮以與人而曰能館。指千蹊萬徑以導人。而責其皆詣也。而可乎。周家之盛也。天子深拱於京師。而象魏所揭。木鐸所振。誥命所被。衆至於六服群辟。外至於九夷八蠻。極至於海隅出日。奔走俯伏以聽王命。至於其衰。則犬戎所攻。鄭伯所射。手帶手朝之所逼。而四方諸侯閉戶高枕而莫之救。召之而不至。諭之而不聞。賞之而不喜。誥之而不威。此二者何為其然也。蓋嘗求之。成王以翦桐興。而幽王以舉烽亡。如此而已矣。翦桐戲也。舉烽亦戲也。而興亡異焉。則信與不信之異也。且不以幼而怒。不以戲而誑。則天子豈有一言之欺天下。而天下亦豈敢怨天子之一言哉。彼烽者警急之耳目也。無警而舉之。召諸侯而誤之。後能終無警乎。後而有警。有警而非詐。則孰不以有警為無警。非誤為真誤歟。一令之不信。乃至於殺其君以敗其國。不信之禍。一

至此哉臣嘗讀易至於渙而得其說其象辭曰風行水上渙其爻辭曰渙汗其大號夫號令一也既取於風之行水又取於汗何也今夫風與水相遭也為卷為舒為急為徐為纖為委為立雪為湧山細則激激漸漸焉大則洶洶輷輷焉不制於水而制於風惟風之聽而水無拒焉成周之盛非風也歟若夫人之身汗則發不汗則疾既汗而復入者疾入而出者猶有瘳也入而不出則不可為矣幽王之病非汗之出而入入而不出者歟然則令之必行欲如水上之風而令之不行則如復入之汗聖人之作易前之說為天下之師後之說以為天下之資也臣竊觀今日之號令何其與於作易者前之說所云者耶羅於民而用哉所謂交子者此亦一利也然臣不知止以利官歟抑以利民歟止以利官則恐非朝廷之所忍為也利民則臣未見其利也何也官用之於民民亦用之於官則上下均利也今也羅則用之於民至兩稅之輸而民以與官則官不受於官而官不受則民持此將焉用之朝廷蓋有命許民以此輸之官矣名許之實拒之名用之實廢之則其令無乃誑耶至於恩沛有所謂民之四賴俱存者蠲其征役有司至今持而不行曰猶郡未有例也且夫令之出也其可行與否抑嘗審之乎不審而出令令出而不行天下無緩急也有緩急而天子下一令天下又將曰不久必寢不寢必更豈不殆哉朝廷誠思之

歷代名臣奏議卷之二百十三

歷代名臣奏議卷之二百十四

法令

宋孝宗時趙汝愚繳論張時中獄事狀曰臣竊謂朝廷之法盡而不變者也法當輕則從輕法當重則從重有司惟知奉法而已法之外非所敢議也至於情法不能相當故有情重法輕情輕法重有司不敢專決者則以事因以請于上亦惟上之所命如何耳臣伏覩臨安府所勘將仕郎張時中為不合因弟居中在禁用錢行賂于獄吏徐透等法司定法合徒二年私罪追將仕郎綾紙當徒一年餘徒一年贖銅二十斤其法不為不重矣誠使時中之罪猶不止此本府惟當開具情法申取朝廷旨揮不應輙用己意既乞依條斷罪又乞其人特配五百里某人特配鄰州某人特送三百里外州軍編管如此則輕重予奪之權皆在有司而朝廷之法不幾於廢矣夫京師者諸夏之本也使有司任情廢法一至于此四方何觀臣愚伏望聖慈特降睿旨行下本府將張時中止依條定斷外仍令今後不得妄於法外擅自擬法庶幾君臣之分嚴朝廷之體尊

虞允文論金州之弊乞加威令於諸將狀曰臣聞七月二十九日到金州壹布陛下德意不敢不盡而臣以非才乃使之理軍市脩民政去大奸蠹以革四十年不可勝言之敝大懼不足以奉明詔稱崇委也臣自累日來以所聞見考質文簿則隨一事有一敝條目至多不可殫紀臣嘗行江淮荆襄歷徧諸軍較之金州實所未有也大抵視民之財即己之財視官之物即己之物公取竊取見於一事輒以十數萬計貪墨自肆上下一律略無忌憚至軍民日用食飲之物一毫不恤也原其端由起於王彥直而成於全日愁怨之聲載於道路臣既摘其大者牓於通衢劄下諸軍明以實書于寧約束庶其懲改或可少副陛下顧懷遠方軍民之意然牓與劄子姑先示告戒而已如欲群貪斂戢根株脫壞大洗堅久之惡習非一振朝廷威令則小

人之聽未必具乎。小人之心無緣盡革也。數十年來士夫之說。以循習守常者謂之靜重。以革敝盡治者謂之生事。自生事之說行於上。而巧詆深誘之人四出以應之。流言一行。非者輒信。是者輒疑。敝未必能盡革。治未必能盡立。而身已危。故寧爲因循苟且以竊靜重之名。而享安榮逸樂之福。此臣之所甚憤也。然臣倚陛下聖明。不敢自愛。雖其人方主兵。未敢明有所究治。而官庫之錢前後欺隱與顯然分取者。一面拘收已及五十餘萬緡。至以諸軍折估等錢。肯利州總領所關請。徑爲回易隱落乾沒之數未敢問也。日者伏聞陛下以鎭江主將之貪。亟罷黜之。赫然一怒。以慰安三軍之士。而擢用王友直郭剛。近者莫不悅。遠者莫不畏。甚盛舉也。論者獨曰。一將在軍。指顧笑譚之間。掊斂尅剝之事無不如意。財既鉅萬矣。富可百世矣。一旦得罷去以就祠庭之逸。而月食厚祿。是其所大欲也。如使諸將始效其貪。中極其富。而終覬其逸。則知懲艾者鮮矣。如未欲正其罪籍其財。姑褫其崇資而徙之遠方。猶足以伸威令示方來也。臣伏望陛下剛明果斷。作新治功。竊意必有以處此。特萬里外未知之爾。臣所出牓約束事件。謹錄具別劄進呈。伏乞睿照。

衞涇上奏曰。臣聞養子之法。所以重繼嗣之道。又以年之長幼爲定。則人情法意蓋曲盡矣。臣照得呂念一彭一皆呂細三阿陳養子。初乞養時。彭一纔二歲。呂念一方生十四箇月。按令節文。異姓三歲以下聽收養。依親子孫法。呂細三與彭一呂念一爲親父子。則呂念一彭一爲親兄弟。無可疑者。據案稱呂細三夫婦以前後生男女不成。恐有相尅。其彭一自七歲以來。止呼其姓。其呂念一彭一自來作兄弟稱呼。如此。則所呼彭一乃世俗厭禳之意。初不害爲親兄弟也。今呂念一止因其兄彭一取去房門手板。各以酒後紛爭。本無利害。彭一先用柴棒打呂念一。呂念一就奪柴棒打彭一致死。則是弟打兄甚明。其間下手先後雖有情理。然名分所在則是非曲直有不容以錙銖較者。按律十惡四曰惡逆。註謂殺兄。大赦所不原免。令徒以稱謂避忌之小嫌遽謂之異姓與凡人同科。則三歲收養爲親子孫之法可廢不用。而養子之悖理傷道者雖父子相陵犯。亦可以異姓而薄其罰矣。況人情不甚相遠。凡養子者固望其相視如至親。乃所以爲繼嗣之誼。若雖三歲以下收養如法。而以異姓之故。既不可以爲親兄弟。則亦不可以爲親父子。則凡世之養子於父子兄弟間。無有定分。同居共處一室之內。不可恃以爲親。輕於睽異而不相保矣。寧失不經。雖聖人好生之德。然天倫人紀之所繫。風教名分之所關。乃治道之大經。尤不可一日而或紊也。豈以一夫之死爲可惜哉。然臣區區之愚。猶非敢以呂念一爲必當殺。第見法寺刑部兩嘗堅執。而朝廷以特旨行之。似於有司之職爲未能盡。欲望聖慈。特降指揮。將呂念一案再送法寺刑部及勅令所從公詳議。庶各盡心職守。如情法相當。所斷允當。則從其元斷。在朝廷不失爲好生。在有司不失爲守法。義斯兩得。若呂念一所犯果爲可憫。人情法意可以通行。或已有似此斷過體例。俟其申上。貸之未晚。亦可以久行而無弊。誠非小補。所有錄黃臣未敢書行。謹錄奏聞。

逕繳榮傅辰改正上奏曰。臣聞朝廷行法非難。守法爲難。法之所在。行之果而守之堅。則人有所畏而不敢犯。若能行之一時而不能守於異日。則將啓人之玩心。而不知懲創矣。諸事已經斷而理訴者。一年內聽乞別勘。三年聽別定。其經勅斷者。詣闕進狀。此法也。今榮傅辰嘗任蕭山知縣。在任以不法取勘。嘗經伏辯。准勅比加役流贓罪。追毀出身以來文字。除名勒停。則是法已行矣。傅辰既而申訴。亦嘗詣闕進狀。臣取索到刑部文案。法寺則以爲應得別定條法。合具申朝廷行下。乖于繳監司。照應別定條法施行。刑部則以傅辰所訴未應條法。乞朝廷批狀告示。據此二說。則傅辰所訴。未可遽從甚明。今置有司之言不問而遽與敘正。則於守法之意毋乃或未安乎。臣竊惟陛下比來與二三大臣脩明紀綱。嚴贓吏之禁。恐為民害犯者不貰。若已經勘結勑斷如傅辰輩容易與之改正。則凡不曾勘結伏辯而以贓罪廢黜者豈得無辭以自解乎。兼傅辰狀自稱元勘究屈。臣未暇詳究其事。或萬一有如所訴。何惜不與從條別定。然後斟酌施行。庶足以昭示至公。在朝廷不失為守法。在傅辰容有可該者。臣職守所在。既有愚見。難以緘默。所有錄黃。臣未敢書行。謹錄奏聞。

薛季宣上奏曰。臣聞牧馬者在鞭其後。毆羊者去其亂羣。施之於民。其則不遠。先王制徒流之法。所以懲惡緩死也。隸於赤籍。所以繩其悍戾。困之居作。所以折服其心。用示戒懲。乎以納民于善而除俗之蠹也。近自軍法之壞。非復紀律之存。配流之徒。知不得與善人齒。於是留則肆其頑惡。逃者流為奸盜。椎埋鬬販。習以為常。鄉之所以繩其悍戾折服其心者。曾不復見。為民之害。未有甚於此屬者。非細患也。切見大軍招刺強壯。絕為艱得。給賞例物。其費不貲。強刺良民。不勝其擾。竊念小人罪至徒流以上。非勇悍則奸賊也。收之於軍。則使貪使愚之法。可得而用。漢世募弛刑徒從塞下。周世宗收天下奸人亡命以備禁旅。治以軍法。皆有成效。臣謂先王加役之流隸于赤籍者。正其意也。有軍律以繩其悍戾。有師役以折服其心。使皆遷善。獨功不復混于民伍。而為善人之蠹。鞭其後去亂羣者。不然是乎。願詔天下州軍凡罪至配流。年五十五歲以下。非尫羸無疾患者。並送大軍收管。情理輕者。特免刺面。其徒罪以上願從軍者。許從原收。仍免其役。如此二歲之內。大軍所得將不啻數千人。無非悍戾之夫。比之招刺而來。居然異矣。軍收其用。民去其頑。善有所遷。人除其害。而法出寬厚。亦當今善計也。

觀文殿大學士兼侍讀史浩上奏曰。臣聞冏以辯言亂舊政。伊尹進戒於商王無作聰明亂舊章。成王申命於蔡仲。伊尹傳堯舜之道。成王重文武之光。立一時金石之言。為萬世蓍龜之訓。蓋以祖宗創業垂統。有望後人。

故其君臣疊矩重規。無非成法。實不刊之令典。為可繼之詒謀。難得者聖賢之相逢。所貴者子孫之長守。若思輕改。決匪良圖。方陛下即祚之初。正徵臣輔治之日。上封事者累百輩。言弊政者僅千條。必欲取而紛更。間有贊其紹述。固嘗大書方策。不棄其來。及夫稟議廟堂。頗難其用。陛下挺拔俗之見。深垂裕之原。一遵列聖之宏模。已冀中興之哲后。此其明效大驗所當謹守弗渝。比年以來。獻言頗雜。一劄可喜。即日與之施行。衆志未孚深知時病灼究弊端。雖惓惓以盡忠。亦悠悠而未效。薰蕕既溷。玉石奚分。當時已自窒礙。徒為紛擾無益。施為始雖易若轉圜。旋未免乎反汗。間有良由稽考無官。審訂無局。行之既無所據。驗之不究其因。幸賴四達之聖聰。終亦一歸於舊貫。為今之計。當謹其初。遴選從班一二人。就取敕局三數吏。盡裒纂憲。立為司存。凡以改作而獻陳。必使看詳而指定。稽之典禮而不悖。揆之律令以無從。有補於時。必著于籍。前鋪條貫。後列姓名。庶於指掌之間。若見肺肝之易。一以供上方之觀覽。一以備中書之舉行。或有兵機。則関密院。儻久行而有利益。必加賞以示恩私。務使三尺之金科不撓。一夫之臆說。其或姑欲藉手以求美官。無復究心。更防後患。率然而作。出於不思。意有在於身謀。事無裨於國計。蓋言之者無罪。當置之而勿聞。第欲公朝發號出令之間。不失聖主繼志述事之美。臣輒殫一己之見。未盡天下之公。欲望聖慈更諏衆議。參樞近列。侍從近班。烏臺洎兩省之英。樞府及百司之屬。盡從公道。罔有異詞。則此芻蕘之言。或有毫髮之益。

知長沙王師愈乞禁止師巫疏曰。臣竊聞荊楚之俗。自古信師巫。然而近世為尤甚。其最為害者。有所謂把門師是也。言一家之事皆由其掌握也。有嫁娶不暇問媒妁。專信其勘婚。稍奉之不至。則離間兩家。致嫁娶失時者多矣。有疾病不敢求醫藥。專信其下禁。稍奉之不至。則恐動其親屬。不令侍奉。至有飢渴而死者多矣。比其死亡。則專掌其擇地選日稍奉之不至則托以山川之不吉年月之未利動經數歲不獲葬埋鈐制其家嫁娶者又多矣愚民無知信其邪說甘受此害而不悟唯恐奉之不厚以是師巫家無非溫尸甚可切齒在律法事邪神言禍福自有常刑柰何州縣歆貪乳香或貪其微利返給公據縱而不問甚可駭也欲望聖慈申敕州縣嚴行禁止如或不悛重作斷遣無貸庶幾其害可革

時肖符下知平江府王佐決陳長年輙私賣田其從子愬有司十有八年毋魚氏年七十坐獄廷辯按法追正令候毋死服闋日理爲已分令天下郡縣視此爲法知進賢縣程迥議曰天下之人孰無毋慈子若孫宜定省溫凊不宜有私財也在律別籍者有禁異財者有禁當報牒之初縣令杖而遣之使聽命于其毋可矣何稽滯偏愬有司而達于登聞院乎春秋穀梁傳紀曰臣無訟君之道爲衛侯鄭與元咺發論也夫諸侯之於命大夫猶若此子孫之於毋乃使坐獄以對吏變其親者聞之不覺泣涕之橫集也按令文分財產謂祖父母父毋服闋已前所有者然則毋在子孫不得有私財借使其毋一朝盡費其子孫亦不得違教令也既使歸于其毋其日前所費乃畢幼輙用尊長物法須五年尊長告乃爲理何至豫期毋死又開它日爭訟之端也抑亦安知不令之子孫不死于毋之前乎守令者民之師帥政教之所由出誠宜正守令不職之愆與子孫不孝之罪以敬天下之爲人毋者

蔡戡議治贓吏法狀曰臣聞法貴於行不貴於重太重則不可常行法重而必行非先王之法也王者之政蓋有不忍之心存焉一有不忍之心則法雖重而未必常行不過救一時之弊而已今夫蠹國害民莫甚贓吏雖肆諸市朝有不足恤伏自陛下初政以來舉行決配

之法所以嚴戢此徒而惠愛斯民者可謂至矣然十五六年之間抵觸重憲者數人耳豈州縣之吏人人精白謹廉或畏法遠罪而不犯有司乎然贓吏固自若也國家忠厚與周匹休風俗習爲醇美監司守臣務行寬大坐視胥辱黥涅與徒隸等惡傷士類故不忍爲甚則持釋氏因果之說寧鐫秩罷官不肯劾吏必不得已使之尋醫而去贓污狼籍所不可掩姑求一二微罪應課塞責或經年參選或遇赦敘用復使臨民其害滋甚臣愚欲望聖慈特賜詳酌凡贓吏罪至決配者姑免其罪編置海外州軍雖遇大赦永不量移或情理巨蠹非常法所可治者取自聖裁時一用之仍乞睿旨嚴飭監司守臣悉以刺舉部內有犯失於覺察或它司按劾或朝廷訪聞考驗得實者併坐之庶得贓吏必達不至漏網重爲民害

崔敦禮代江東帥論法制不可輕立疏曰臣竊惟立國之權惟法度政令而已祖宗之法度要使天下遵之而不敢議人主之政令要使天下信之而不敢疑若夫因一事而立一法因一人而創一令則天下竊議而人心益疑矣仰惟陛下剛健出於天縱宏規遠略冠古未有甚盛德也然比年以來祖宗舊法或變於小臣之獻言而朝廷出令或徇於一夫之私意爲之特降指揮如此等類不勝其多臣姑以到江東州郡所見一二言之夫巡轄遞鋪自有司存若其稽遲行法可也今乃因有闕誤特令守倅入銜夫州郡之事孰非隸守倅者可盡入銜乎此名未允爲文具也豈非因一事而立一法乎路分鈐轄與轉運判官提舉常平茶鹽官序官著在乾道新書所至未嘗不遵守今忽特降指揮申明如此則乾道一書每事皆當降指揮然後遵守何其繁也豈非因一人而下一令乎此特其小者猶未至於害政也至於兵戎之職各有臨制階級自都總管而下又有副總管乃有路鈐鈐轄路分都監

猶諸軍之有都統制副都統統制統領之屬。今乃許路鈐因訓練得以專奏。則諸路副總管路分都監及諸軍統制統領苟有爲之地者。皆當援例而降指揮矣。平居無事。未計利害。緩急之際。軍政不一。豈不乖亂。況其間挾勢妄作之人。必至率意生事。帥臣不敢號令。監司不敢誰何。紊亂常制。莫甚於此。此令一下。輿議讙然。知必有謂。良由結交植黨。苟相崇重。欺罔聖聰。變亂法制。充其類而長之。將何所不至。外議以爲權要近習有主其人者。臣在遠方不得而知。但觀近數年凡權要近習所主之人。所立之事。號令一出。無敢執奏論駁者。而士大夫顧望如此。豈不負國。昔趙充國有言。吾年老矣。不以餘命爲國家言之。誰當言者。況臣蒙恩最厚。非充國比。年將七十。方欲乞骸以歸。若隱默不言。徒與天下竊議。實負陛下。伏望斷自宸衷。自今以往。凡小臣獻說。必察其所由來。詳之重之。毋輕立法。凡朝廷出命。必

合天下之公心。毋徇一夫之私意。俾天下咸知王言之大。王心之一。則綏先王之祿。底蒸民之生。端自此也。臣無任惓惓。

敦禮又代陳丞相乞住白劄施行事疏曰。臣待罪帥藩。職事之外。年老識昏。每恨無以仰裨聖德。敢因近事輒効愚忠。竊聞號令出於人主。行於朝廷。布於中外。古今天下之所同也。間有軍國機密之事。或慮行遣稽緩。則自御前批降指揮。用寶行下。此所以令天下信而不容僞也。未聞有內臣或都承旨司數百里外。以白劄傳旨處分事者。臣自到任以來。一年又半矣。凡三次被受指揮。皆是白劄。其一發北來人王濟等送都統司支破請受。其一催勘楊百寧侵用官錢。其一今次天申節斷屠事。臣各已遵依施行矣。此三事者。非甚機密之事。若付省部行下。何所不可。夫省部行移則有印。御前批降則有寶。其文書可驗。其經由可考。天下無得而疑者。舍此而用白劄。雖是小事。

無甚利害。臣之愚慮。竊慮白劄既言於天下。則它時緩急有支降錢物。調發軍馬。處置邊徼。干國家大利害等事。既是地遠。其勢不得覆奏。又所取遵依狀。止令付差來人回。或申元承受去處。其間詐僞。豈可盡防。若嚴重知體之人。必至奏審。則往來之間。遂失事機。若謬懦無識之人。耳目習熟。以爲當然。即便施行。豈不誤事。又文字或不附遞。差使臣廣俟賫送。所至妄自張皇。頗有驚動官吏。奉之如奉勑使。犒勞僕馬。饋遺酒食之費。有至二三百千者。州郡如此。其它可知。兼又訪聞諸軍將佐或總領諸司及兩淮州郡。時時有之。如此實於朝廷事體非便。亦有外方施行之事。而朝廷不預知者。萬一詐僞。決至誤事。悔無所及。大率奸民巧詐。如度牒交子茶鹽鈔引之類。猶能僞況此白批幅紙。豈難撰造。使其奸細容心於其間。當不止於脫漏饋遺而已也。臣愚欲望聖慈。自今以後。在外有合處分之事。乞從御前

批降。或從省部行下。庶幾號令信嚴。人不致疑。而於事體甚正。異時緩急。不至誤事。天下幸甚。

端明殿學士汪應辰上奏曰。臣聞兵所以衞民也。民所以養兵也。相須而成。其實一體。然苟惟御之不以其道。則或更相爲病。而不得其所矣。夫以三代盛時。兵出於農。而其告戒之詞。猶曰無敢寇攘。踰垣墻。竊馬牛。誘臣妾。況後世兵農之分。而政治又不及三代乎。唐劉蕡謂足蹈軍門。視農夫如草芥。可以見其弊矣。雖然。此唐末之政也。若夫聖人有作。雖兵農已分。雖三代已遠。所以因時制宜者。固自有道矣。恭惟陛下明察政體。總攬權綱。駕馭將帥。惟所進退。訓飭堅明。賞罰必信。是以軍旅所在。雖雜耕錯處。而部伍整肅。無敢譁囂。兵民相安。帥守協濟。凡昔人所云云者。今皆可以無慮矣。乾道二年。因三省樞密院有請。戒敕諸將禁約人兵。不得侵擾百姓。如有陳訴。聽守臣

一面追捕依條斷治如有本將不即發遣仍聽守臣具因依聞奏所
以防微杜漸可謂至矣將帥固已擇人士卒固已用命而詔令之下
又如此其明白其消患於冥冥之中蓋不可勝數伏見乾道新書偶
不該載竊恐或者以為一時指揮未必常用非所以申嚴約束傳示永
久之意伏望聖慈更詔有司以前此詔旨載之著令使帥守皆得遵
奉兵民皆得通曉人有所畏則法雖設而不犯矣臣蒙恩假守實當
兵馬屯駐之地憑藉朝廷威令之重所謂兵民相安帥守協濟竊庶
幾於萬一焉是以敢冒昧言之臣不勝戰栗之至
光宗紹熙三年陳傅良上奏曰准中書門下省送到錄黃一道節文
為刑部大理寺狀吉州奏勘到百姓鄢大為說合已斷人李一討合
游六等各持杖行劫朱三家穀物贓滿按法寺稱其鄢大為准條於
絞刑上定斷合決重杖處死二月十四日三省同奉聖旨鄢大為依

斷令臣書行緣事干人命須至奏聞者臣竊詳上件斷案止以鄢大為
所帶劫穀木檐堪以害人定為持仗強盜贓滿五貫合決重杖處死
設若不以木檐為仗即計贓須滿十貫方得死罪死生之分在於木
檐稱仗不稱仗毫釐之間此不可不謹也臣嘗習此矣在律杖謂兵
器杵棒之屬餘仗稱仗准此恭惟本朝列聖繼作刑日益輕以為杵
棒立文該載未明則犯法者易陷刑者眾於是重立兩條案嘉祐編
敕賊盜門其一云應持竹鎗竹杖磚石之類為盜堪以害人者並同
持仗之法此謂苟持竹鎗竹杖磚石堪以害人之物而為盜者即為
持仗以明但持所須之物為盜不得稱仗矣其一云將鎌檐刀斧之
屬於人園林陂野內偷割禾穀蔬果盜斫柴薪之類元非積聚者并
將篙楫盜取空船或持鞭杖偷趁孳畜雖變主知覺但不曾施威力
抵拒者依不持仗竊盜法此謂苟持鎌檐刀斧所須之物而為盜即

不為持仗以明必是持仗堪以害人之物為盜始得稱仗矣上件兩
條合為一編載在敕文則有司承用可以參照不至抵牾至於元豐
刪脩舊敕一時不深求嘉祐以前立法美意輒將上件兩條離為兩
門其一條在名例門云諸稱仗者持竹木磚石之類堪以害人者同
其一條在賊盜門云諸於城外竊盜無人防守特持所須之具者並
為不持仗注云謂採斫須金刃船栰須篙楫負須擔畜須鞭之類蓋
自將兩條離為二處即凡用持仗之法只據名例門立文凡用不持
仗之法只據賊盜門立文而兩文始不相參照無所斟酌矣兼詳元
豐刪定嘉祐勅顛倒本文已失初意（謂並同持仗之法改作諸稱仗者）節畧數字便
成深文（謂刪去鎗檐但稱竹木）自元豐迄今有司遵用蓋不知重報者幾千人
矣今來鄢大為之獄只是布袋并檐即不曾施威力若用嘉祐舊勅
即非持堪以害人之物為盜明矣且未前朝立法本持所須之物為

盜其意非是欲以害人雖斧刃不謂為仗本持堪害人之物為盜其
意是欲以害人雖磚石得謂為仗但論其盜有無欲害人之心不計
所持是不是堪害人之物原情定罪此春秋之義也又云持仗在外
空手入室罪至死者減一等即雖持仗若其時不以入室可以減等
又云變主知覺但不曾施威力抵拒者並同不持仗即雖持所須之
物若其時施威力抵拒可以加等可謂深切著明矣而元豐改作離
析敕文今來有司尚循謬誤臣愚欲望睿慈特將鄢大為之罪從未
滿十貫條特貸命斷遣仍乞以刑部大理寺擬斷官吏並見免坐失
入之罪仍乞將見行條法送刪定所據嘉祐舊敕將兩條刪潤併入
賊盜一門以憑遵守臣聞中興之初重脩紹興敕令已有指揮用嘉
祐舊法故元豐敕多在釐改之科數內持仗一條當時有司偶失參
改尚未追正今來若行刪潤初非創新衝改而聖主好生之德公朝

從怨之風自今以始益深益厚愚民無知雖似幸免而天聽甚卑宜享其報此臣所以拳拳也所有錄黃臣未敢書行

寧宗即位國子錄王介上疏曰陛下即位未三月策免宰相遷易臺諫悉出內批非治世事也崇寧大觀間事出御批遂成北狩之禍杜衍為相常積內降十數封還今宰相不敢封納臺諫不敢彈奏此豈可久之道

嘉定四年著作佐郎真德秀上奏曰臣伏見朝廷以楮幣過多折閱日甚舉積年之弊而一新之其為利至博也然臣竊聽道塗之論尚慮四方郡國之間未能悉體公朝之意奉行頒布一或不虔其為民患蓋亦非一臣嘗官于州縣每觀詔令之下本為利民而吏於其間並緣苛擾民未拜賜而害已隨之承流宣化之臣有未嘗過而問者雖詔旨丁寧毋得抑酉而抑配自如毋得擾動而擾動自若許民庶以越訴矣所能赴愬者幾人命監司以糾察矣衆能舉按者何事此臣疇昔所親見者是以下情鬱於上達上澤壅於下流積習相沿非一日矣今新令之行以舊券之二而易新券之一儻郡縣推行惟謹則實惠豈不周流然慮其間未能亡弊或須降有限僅充官吏之橐而弗及齊民或胥吏要求秖給豪富之家而弗及下戶或創局亡幾惠止城邑而田里未免見遺或爭奪紛拏難於禁止而公私反致多衆且神皋輦轂近在闕庭舉行之初尚多惶惑然隨病隨藥易於察事皆非守宰得人區處有術則其為害殆不止斯怨嗟之聲所在必知外而四方去天既遠設有弊倖何由上聞群情嗸嗸感動和氣非細故也況欲新令之行必先民信其上若使遠近之人齎持舊券徬徨四顧無所用之棄擲燔燒不復愛惜豈不逆料它時之必至此乎臣愚伏望申敕明指戒飭監司守臣一意講求多為區畫俾實惠及

人而無換易不行之歎庶幾詔令之下不為空言實天下幸甚

嘉定六年德秀為起居舍人又上奏曰臣伏覩陛下以郊禋慶成天地報況思與元元同其祉福酌議臣從厚之請凡厥恩霈加隆於舊德澤洋溢延及群生物情熙然蓋庶幾孝弁平氣象矣抑臣聞之滿堂飲酒有一人向隅而泣則滿堂為之不樂四海之廣匹夫弗獲聖人以為己憂頃者朝廷以楮幣日輕改行新令慮士大夫奉行之不恪於是嚴之以褫奪竄斥之刑慮民之欺誠牟利於是儆之以沒入家貲之罰蓋亦大為之防而欲其無犯焉耳中外有司苟能體認朝廷之意擇其甚者而加懲焉則人孰不畏亦孰不服而臣得諸所聞延有未嘗玩令而以玩令言未嘗誤國而以誤國劾者或因寮屬之讒而不究其實或因豪強之謗而輒徇其私是豈朝廷立法之本意耶至若籍沒之行尤多濫及蓋有胥吏利其多貲而因以傾奪者矣有閭巷平時睚眦而因以中傷者矣夫估籍之禍甚於刑誅刑誅雖酷痛止其身貲財一空盡室漂蕩今乃不量其輕重而驟施之亦豈朝廷立法之本意耶夫當惠洋恩普之時顧未免有向隅之泣者此亦聖朝所宜矜惻也臣愚伏望深詔輔臣稽參衆論凡州縣官有因奉行新券為監司守臣按劾追削居住其倚法漁利重為公私之蠹者自無是議其間咎犯稍輕及止緣材術短拙情在可矜者當此郊霈之餘量行牽復許之自便至於估籍一節雖令申審然展轉經營縱幸獲免已亡其半謂宜明敕監司守令自今民間有違犯約束諭告弗悛者止當嚴寘典憲不許更籍其家亦是以廣聖朝惟新之澤或者必謂如此則法禁既弛今愈不行臣竊以為不然今四方郡國蓋有未嘗劾一吏籍一民而流通無滯者亦有操切太甚物情愈駭而終不可禁者此在有司推行之工拙耳況臣所請止欲罰當其罪

而開釋無辜。非欲蕩然撤去禁防而後已也。儻臣言可采。惟陛下留神。

德秀又上奏曰。臣既勸陛下以容受忠言。今願以忠言爲陛下獻。竊惟今日關國脉盛衰。繫民生休戚。其惟楮幣一事乎。惟我祖宗有國以來。所以保天命結人心者。其道非它。曰不施重刑。不事厚斂。不行苛政。不用酷吏而已。列聖相承。世守弗易。是以德澤深長。與天無極。太平之久。遠過漢唐。陛下聖性寬仁。率由祖訓。更化之後。偃兵息民。天下蒙福。不可勝計。而自楮幣之更。州縣奉行失當。於是估籍徒流所在相踵。而重刑始用矣。科敷抑配。遠近騷然。而厚斂始及民矣。告訐公行。根連株逮。而苛政始肆出矣。假稱提之說。逞朘削之私者。蜂掌四起。而酷民始得志矣。夫是數者。豈朝廷本指哉。方其弊壞既極。不得已而變通之。出御府之金。捐祠曹之牒。展期以收換。多方以優

恤。唯恐其病民也。法行之初。雖有情重估籍之文。未幾又爲之令曰。當估籍者毋得專行。必聞於朝。以俟報可。忠厚諄審之意。寓於不言。又若是其至也。而臣觀今之州縣。閒務爲新奇。創立科調。逕多出於朝廷約束之外。故有一夫坐罪而昆弟之財。併遭沒入者矣。有屬陌四錢。而百萬之貲悉從沒入者矣。謂之奉法可乎。至於科富室之錢。朝廷之令所無也。拘鹽商之舟。朝廷之令所無也。以產稅多寡爲差。令民藏券。此又朝廷之令所無也。昔者熙寧新法之行。可謂嚴矣。識者猶曰寬之一分。則民受一分之賜。況今朝廷之意。本以便民。而奉行者乃背戾如此。謂之體國可乎。雖然。四方利病。臣不能徧知。臣閩人也。所謂家產滿千錢藏券五十者。閩中之新令也。夫產滿千錢。大約田幾百畝。養生送死之費。縣官征稅之輸。皆取具焉。非常之須。又不在是。安有餘貲可市券而藏楮乎。況閩之爲俗。土瘠人貧。號爲甚富者。視江浙不能伯一。故此令既行。鬻田宅以收券者。雖大家不能免。豈便民之策耶。或者徒見楮價驟增。遂指以爲新令之効。臣竊謂不然。曏者朝廷蓋自有良畫矣。曰福建上供。純許用券。以一歲計之。爲數幾二百萬。官之用券既多。則民之視券亦重。蓋將不強之責而自貴。不迫之藏而自藏矣。況民之輸官者。錢楮各半。是朝廷輒見繙予州郡者亡慮百萬。稱提之助。沛然有餘。尚何待它爲科配乎。顧今四方之民病此極矣。使前數端果出於公朝之令。陛下與二三大臣聞其爲害至此。亦必惻然更張。不俟終日。況特出於州縣旁緣之私。何憚何疑而弗捄之乎。臣願陛下渙發德音。明敕諸道監司守臣。體認國家更幣便民之本意。凡於詔令之外。創意妄爲。託名奉法。實則壞法者。悉從蠲罷。其尚有嚴刑厚斂。肆苛嬈而恣貪酷者。令臺諫糾察以聞。重寘之罰。庶幾安元元之生。以壽宗社之脉。實天下幸甚。

寧宗時。籍田令徐清叟疏言。邇者江右閩嶠。盜賊竊發。監司帥守。未免少立威名。專行誅戮。此特以權濟事而已。而偏州僻壘。習熟見聞。轉相倣傚。亦皆不俟論報。輒行專殺。欲望明行禁止。一變臣下嗜殺希進之心。以無墜祖宗立國仁厚之意。

太學博士許應龍上奏曰。臣聞有法之弊。有例之弊。法之弊易見。例之弊難革。舍法而用例。此今日之大患也。夫著而爲律。疏而爲令。編次成書。各有條目。蓋截然而不可易也。是雖有旁照有通用。舞文弄法者。固未免輕重出入於其間。然使有司之精明詳考而熟究之。其奸莫能逃也。豈不曰。法之弊易見乎。乃若例者。或出於一時之特恩。或出於一時之權宜。有徇親故而開是例者。有迫於勢要而創是例者。援之於法。大相牴牾。而後來者攀援不已。案牘在胥吏之手。有司不可得而知也。求者執已行之比。有司不可得而拒也。豈不曰。例之

弊難革乎。今日之弊。有司應府凡所施行。固未嘗無一定之法。然未免循積習之弊。舍法而用例焉。非不知三尺之背違也。執而不行。恐至於咈人情。非不知胥濫之滋甚也。抑而不爭。慮至於召衆怨。遂使胥吏得以執其柄而容其私。厚賂以買之。則以爲有例之可行。請求之未至。則匿其例而不用。長吏知之而不能禁。上下交病之而不敢言。昔富弼有言曰。近年綱紀甚紊。隨事變更。便爲成例。至使民力單竭。國用匱乏。所以然者。法制不立。而習爲例者淪胥至此也。是則用例者。豈非壞法之尤者乎。今日之弊。亦已極矣。一切禁戢而惟法是用。固爲拔本塞源之論。然循習之久。遽爾盡革。恐事勢有扞格而難行者。若聽其冗濫而不爲之救止。則輾相因仍。必至於蕩然而無法矣。昔韓琦每事用例。吏持例在手。惟視金錢之多寡以爲去取。琦目擊其弊。取其可用者而刪其冗謬者。是以吏無所容其奸。事以職舉。

令莫若明詔有司。搜求前後已用之例。公共參酌。可行者留之。不可行者去之。使之輕重得宜。於法意不相違戾。編爲成書。藏之有司。凡有陳乞。據此施行。若是書之所不載者。皆抑而不予。庶幾權不在吏而奔競妄求者無所容其巧矣。此亦因時施宜之一策也。惟陛下與大臣熟議而行之

青田縣主簿陳耆卿上奏曰。臣聞民俗之不熾。非一端也。而健訟之禍爲大。夫州縣所以平天下之不平者也。民有不得其平而求於州縣。州縣不能平之。則于臺于省。蓋其勢之不獲。離得而怨疾之哉。然覩今日州縣之訟。未必皆不得其平者也。良民以訟爲恥。頑民以訟爲喜。夫以訟爲恥。籍有不得其平。非至慘烈。有茹苦不言者矣。不幸而至於訟。有未幾而中輟者矣。頑民章其然也。故常以强凌弱。以富撼貧。既侵奪之。懼其直於官也。則先粉澤其辭以自媒於訟。故今天下之不直者多爲詞主。而直者翻應之爾。夫其樂競好爭。如嗜飲食而又能高貲以啗胥吏。張辭以欺官曹。未及書判。則已欲預持其長短。而曰不勝不止矣。所較者不數緡。而其求勝之心雖竭產不靳。稍不如意。則鑿空越訴。不遺餘力。故官吏聞風畏之。往往含容黑白。而天下多不決之訟。由是喜訟日熾矣。喜訟者日熾。則天下之不得其平者日廣矣。夫告訐者有法。自刑者有法。不干己者有法。告上而不以實者亦有法。今未必盡行也。是以奸民勇無所忌。而風俗益媮。臣愚乞降睿旨申諭省部臺郡。凡民訟小大。其已經剖斷得實而輒枝蔓誣訴者。各以其罪罪之。毋俾幸免。彼知喜訟之爲無益也。則相率而歸於無訟。莠草去則良苗殖。此自然之理。臣不勝惓惓。

理宗時。許應龍奏曰。臣聞歐陽脩曰。令出令之初。不加詳審。行之未久。尋又更改。以不信之言。行難從之令。故每有處置之事。州縣知朝

廷未是一定之論。官吏或相謂曰。且未要行。不久改。或曰。備禮行下畧與應破。指揮符牒繼上。下莫能遵守。劉安世曰。命令變更。遠不過三歲。近或朞月。甚者朝行夕改。使民疑惑。欲乞出令。必使大臣協謀。門下審覆。臣謂言多變則不信。命頻改則難從。此昔人之格言也。夫君者出令者也。臣者行君之令而致之民者也。必相與講明以求其是。若順乎人心。合於事宜。然後布之天下。其信則如四時之不移。其行則如汗出而弗反。若此則規模一定。上下相孚。爲無不成。政罔不舉。而治效可以立致。苟思之不精。講之不詳。聞斯行諸。既不察其當否。人或有言。則又從而中輟。前後牴牾。莫知適從。文移雖繁。徒挂墻壁。歐陽脩謂出令不加詳審。尋又更易。上下莫能遵守。劉安世謂朝行暮改。使民疑惑。欲乞出令。必使大臣協謀。門下審覆。其意正爲此爾。今宵旰非不勤。施行非不多。然悠悠歲月。莫覩成緒。豈積弊難

遷革治功難驟成耶。無亦數更數易而無一定規耶。履畝恐為民之擾。則復命給還。混試恐人物之繁。而復分諸路。雖口更變靡定。猶不失乎厚下以立本。因時而施宜。至若竄謫者。當以漸移。乃驟還其舊秩。不與親民者。未經赦宥。乃遽與之注授。邊功者既使之從軍。而復與之參選。居官者當俾之終秩。而隨即改除。稱提之令。荐更鹽鈔之法屢變。遂使人心皇惑。雖令不從。倖門一開。投援無已。欲轉而移之。亦無甚難。惟當致謹於出令之初。則不輕變於已行之後。賢果可任。則任而勿貳。邪者宜去。則去而勿疑。利所當興。則不動搖於浮言。弊所當革。則不遷易於群議。如是。則奉行之必虔。事功之必立。理內御外。殆將無不如意。然而人心不難乎。國是不難定。惟在乎公與斷耳。公則心無私主。或用或舍。悉衆與論。必不至於以一人譽而召。以一人毀而棄。斷則不惑群議。或罷或行。莫不當理。何至輕於嘗試而遽為小不如意而輒沮。為人上者。苟能守之以至公。行之以獨斷。則發號施令。尚有不臧。人莫得以容其議。則尚何變更之有。此又要終原始之道。惟陛下與大臣亟圖之。則天下幸甚。

禮部尚書魏了翁進故事曰。唐陸贄入翰林。嘗居中參裁可否。時號內相。嘗為帝言今盜徧天下。宜痛自咎悔以感人心。昔成湯罪己以興。楚昭王出奔。以一言善復國。陛下誠不吝改過。以言謝天下。使臣持筆亡所忌。庶叛者革心。帝從之。故奉天所下制書。雖武人悍卒無不感動流涕。後李抱真入朝。為帝言陛下在奉天山南時。赦令至山東。士卒聞者皆感泣思奮。臣是時知賊不足平。議者謂興元戡難功雖爪牙宣力。蓋贄有助焉。奉天改元詔曰。致理興化。必在推誠。忘己濟人。不吝改過。朕嗣守丕緒。君臨萬方。失守宗祧。越在草莽。不念率德。誠莫追於既往。永言思咎。期有復於將來。明徵厥初。以示天下。惟我

烈祖。邁德庇人。致俗化於和平。拯生靈於塗炭。重熙積慶。垂二百年。伊爾卿尹庶官。洎億兆之衆。代受亭育。以迄于今。功存于人。澤垂于後。肆予小子。獲纘鴻業。懼德不嗣。罔敢怠荒。然以長于深宮之中。暗于經國之務。積習易溺。居安忘危。不知稼穡之艱難。不察征戍之勞苦。澤靡下究。情不上通。事既壅隔。人懷疑阻。猶昧省己。遂用興戎。召師四方。轉餉千里。賦車籍馬。遠近騷然。行齎居送。衆庶勞止。或一日屢交鋒刃。或連年不解甲冑。祀奠乏主。室家靡依。生死流離。怨氣凝結。力役不息。田萊多荒。暴命峻於誅求。疲甿空於杼軸。轉死溝壑。離去鄉閭。邑里丘墟。人烟斷絕。天譴於上而朕不悟。人怨於下而朕不知。馴致亂階。變興都邑。賊臣乘釁。肆逆滔天。曾莫愧畏。敢行凌逼。萬品失敘。九廟震驚。上辱于祖宗。下負於黎庶。痛心靦貌。罪實在予。永言愧悼。若墜深谷。賴天地降祐。神人叶謀。將相竭誠。爪牙宣力。屏逐大盜。載張皇維。將弘永圖。必布新令。

臣聞感民之事非一。而詔令莫先焉。臣嘗觀三代而下。惟漢文為最篤實而近古。其日蝕之詔曰。朕下不能治育群生。上以累三光之明。其悉思朕之過失以告。其祠官之詔曰。以不敏不明。而久撫臨天下。朕甚自媿。其和親之詔又曰。四荒之外。不安其生。封圻之外。勤勞不處。皆朕之德薄而不能達遠也。嗚呼。何其責己之重。以周乎。蓋人君以孤立之身。臨億兆民之上。而欲率天下惟一己之徇此。非可以空言徼動也。漢以後惟唐德宗能識此義。聽用陸贄之言。以實德誠意用之於詔誥命令之間。如云長於深宮之中。暗于經世之務。積習易溺。居安忘危。又云。天譴於上而朕不悟。人怨于下而朕不知。循致亂階。變興都邑。此等語言。雖以德宗彊明自任。恥屈正論。而猶能痛自咎責。以格

頑悍。此外制書詔書凡二十有八。去其小事四篇之外。凡二十
四篇。亦無一而非罪己之語。蓋一倣奉天制書為然也。今自權
臣專國以來。內患外禍無歲無之。而每詔令下未嘗有一言稍
自咎責。詞臣習成諛佞。不知其非。雖有水旱盜賊。例曰年穀屢
登。四方無虞。扶杖聽詔之民。無不愁嘆。以為朝廷之不恤人窮
也。今幸陛下親攬萬機。而是弊也。相承而莫之改。臣自入都以
來。親睹士大夫之論。似謂禁旅之變。自誅戮以後。皆已退聽。可
保無虞。京口之變。自遁入茅山之後。漸已竄處。可保平安。雖以
廟社威靈。凡可怖可愕之事。往往幸而銷殄。然喜諛佞而惡訐
直。縱蒙蔽而咎張皇。上下相徇。習以為常。臣恐一旦事有大於
此。則無以為陛下告。此不可不過為之慮也。
淳祐閒徐元杰進故事曰。仁宗皇帝皇祐二年詔內降指揮許執奏

敢因緣干請者。臺諫察舉。先是上諭輔臣可於明堂赦文中禁止內
降。庶澄宿弊。輔臣等奏曰。載之赦末盡聖意。乃別下此詔。
臣聞人主之命令。至不可輕也。輕則主威褻而民聽惑。始之所
忽者若甚微。而末流之患有不可勝禦者。是不可不察也。至哉
仁祖之用心。其申嚴內降執奏之法。必欲見之於宗祀之德音。
所以對越祖宗而示其無愧於詔誥之初意在是爾。然觀輔臣
之遠慮。尤欲盡述聖人之德意志慮。而專布於詔旨之丁寧者。
若恐視之以為赦宥之故常而遂已也。在易之夬。以剛決柔者
也。聖人取其孚號之義。而必曰揚于王庭。蓋王庭者。出命之地。
明白洞達。所以公天下而信萬世也。祖宗成憲載在國史。行之
至今。不翅如桑麻穀粟。不可一日廢。而三省體統先後綱維。凡
建明之惟允者。必審於覆奏。覆奏之已行者。必嚴於封駁。故外
庭之事。非內庭之所得與。公道元氣之繫命。非私意小不忍之
所能轉移。此聖宋宗社靈長之本。未有不自防微杜漸之始得
之也。臣觀成周盛時。八柄之誅賞廢置。固王之所得專。而必惟
大宰之所詔告。使大廷廣衆之所共知也。今考王宮之職。掌自
小宰而下曰宮正曰宮伯。凡宮之政令糾禁。各有司存。而隸王
宮之役者。又皆士庶子為之。是以當時居虎門以司王朝者。必
嚴以師氏之職。凡可以護養人主之德性。保固其心術。謹之於
未萌。制之於未動者。無非大宰以下群臣之責。豈若後世耳目
之輕有所寄。而偏受私昵之易啓。卒無以禁斜封墨敕之弊。所
以變唐祚於亂亡。其所由來者漸矣。由辨之不早辨也。臣又觀
諸葛亮出師一表。方當益州罷敝。則以為危急存亡之秋。深懼其
塞忠諫之路。而無以光先帝之遺德。故直其辭曰。宮中府中。俱

為一體。若有作奸犯科。及為忠善者。宜付有司論其刑賞。至於
親賢臣。遠小人。而必深述乎先漢之興隆者在是。若夫親小人。
遠賢臣。而後漢之所以傾頹者。又必重致其丁寧之戒。吁。此亮
之一表所以與伊訓說命相為表裏也歟。然則有天下者。其必
考周之盛而監唐之衰。重周典宮禁之制。而參之以宮府一體
之言。則賢臣必親。小人必遠。外廷此心。必不為內廷之所移。如
是。則仁祖之宏規懿範。只在陛下一心術持敬之頃而已。臣不
勝拳拳。

金世宗時。有司言民間收藏制文。恐因而滋訟。乞禁之。平章政事張
汝霖謂王者之法。譬猶江河。欲使易避而難犯。本朝法制坦然明白。
今已著為不刊之典。天下之人無不聞誦。若令私家收之。則人皆曉
然不敢為非。亦助治之一端也。不禁為便。詔從之。

梁肅為濟南尹。上疏曰。刑罰世輕世重。自漢文除肉刑。罪至徒者帶鐐居役。歲滿釋之。家無兼丁者。加杖准徒。今取遼季之法。徒一年者杖一百。是一罪二刑也。刑罰之重。於斯為甚。今太平日久。當用中典。有司猶用重法。臣實痛之。自今徒罪之人。止居作。更不決杖。

章宗承安四年。戶部尚書孫鐸因轉對奏曰。比年號令。或已行而中輟。或既改而復行。更張太煩。百姓不信。乞自今凡將下令。再三講究。如有益於治。則必行。無恤小民之言。國子司業紇石烈善才亦言。須行法令。綜綸既出。尤當固守。上然之。

元世祖時。有二道士爭長。互立黨與。其一誣其仇之黨二人為逃軍。結中貴及通事楊惟忠執而虐殺之。中書耶律楚材按收惟忠。中貴復訴楚材違制。帝怒。繫楚材。既而自悔。命釋之。楚材不肯解縛。進曰。臣備位公輔。國政所屬。陛下初令繫臣。以有罪也。當明示百官。罪在

不赦。令釋臣。是無罪也。豈宜輕易反覆。如戲小兒。國有大事。何以行焉。衆皆失色。帝曰。朕雖為帝。寧無過舉耶。乃溫言以慰之。

趙天麟上太平金鏡策曰。臣聞意由言而後彰。言須書而克備。故雷風既動。造化可以施功。王者不言。臣下罔攸稟令。興戎出好。有信無私。際天下而咸指。薄四海而皆視。豈輕也哉。湯后告殷人以不食。史佚戒成王之無戲。所係大矣。能無慎乎。今國家聖祖神宗。遺規樹典。至于陛下。丕廣德音。八十餘年。一家天地。宜於民。書於史。成於禮。歌於樂者。固非一也。然而中外之臣民。或得其一而不得其二。或見其後而不見其前。互相照依。未遑明辨。循如是之風。而望治寧之至。臣竊謂似乎未之能盡也。伏見至元壬申年聞聖旨節該。不用泰和律令。將以損其餘而益其闕。舍其舊而新是圖也。越至于今二十餘年。猶未有示民之明文。守令自專。寧[illegible]無據。臣已於先所獻萬言策內備陳之矣。又伏見乙丑年聞聖旨宣諭出征人。須要正身當役。無令頂替雇覓。其後復降聖旨條畫內一款。該諸正軍若有雇覓慣熟好人出征者聽。欽奉如此。此蓋前後不相同之類也。若以後旨為宜遵依。則方令萬夫千夫百夫之長。多有申達上司。行移各處。勾取正身以相撥換。令若以前旨為宜遵依。則後旨何為而復出哉。如張湯輕重其心。州犁上下其手之官吏。多有因此以啓之也。又伏見國典。時有和同不拘此例之文。臣竊以禮有一源。義無二本。法網未定。大化何行。且鑄器用者。在於防範。成方圓者。由於規矩。如已立制而仍使和同不拘此例。則是設防範而恣器用之不遵。置規矩而任方圓之自用也。欲其合準。不亦難乎。又伏見國典。時有蒙古人不在此限之文。而無所定之例也。臣竊以九州四海。一札十行。大仁覃於邈遠。而不之遺也。大義及於疏親。而不敢私也。天子者。天之子也。民者。天之所

陰隲也。彼羣方庶類。形異音殊。在天子視之。雖有親疎。而天溥視之則無彼此之殊也。人君代天理物。當合天意以行之。若獨蒙蒙古人。則既非公道之坦夷。又異皇天之溥視也。且凡明詔之文。其究歸于豐化節財。壯本衛生之理爾。若獨以蒙古人不在例。則蒙古適所以使之不豐不節。不壯不衛以害之也。又伏見詔令每下。遠近震驚。欣悅以為太平之可冀也。聞讀于京師。降示於外路。派布于司縣。張掛于市井。如揭日月。可仰而不可測也。如望江河。可近而不可犯也。及乎三日之後。甫洎掛壁之文。而已半知半不知矣。迨於逾年。而知者百無一二焉。小民之愚騃者。欲其不犯。何以能哉。今之人有恒言曰。新條不可犯也。臣之所痛傷者。尤在於斯焉。小民意以舊條攸遠。雖宿吏猶有遺忘。庶可犯之以苟免。故獨不敢犯新條也。新條雖新。不久而又成舊矣。不更此化。雖復曹參百輩。亦難興畫一之歌。而成清

靜寧一之治也。伏望陛下新天下之視聽。定天下之權衡。頒五業之綱維。立一朝之典式。遠求古制。近采家法。上承天意。下訪輿言。兼除常理。勒成一書。頒於四海。垂諸萬姓。咸曰大哉王言。又曰一哉王心。下民昭知而憚犯。官吏守之而不疑。宰相賴之而清化。陛下因之而垂拱矣。愚臣妄議。仰冀矜之。

文宗天曆二年六月。陝西行臺御史孔思迪言人倫之中。夫婦為重。比見內外大臣得罪就刑者。其妻妾即斷付它人。似與國朝旌表貞節之旨不侔。夫亡終制之令相反。況以失節之婦。配有功之人。又似與前賢所謂娶失節者以配身。是已失節之意不同。今後凡負國之臣。籍沒奴婢財產。不必罪其妻子。當典刑者。則孥戮之。不必斷付它人。庶使婦人均得守節。請著為令。

順帝時。蘇天爵上奏曰。蓋聞國之重者。莫先乎刑。刑之重者。莫大乎殺。且立法在乎可守。用刑貴乎適中。夫法不可守。則徒法不能以自行。刑不適中。則民無所措手足。是以古昔之用刑。必也隨世而輕重。故殺人者死。雖有定名。然鬬殺之情。至為不一。若皆置之死地。或情有可恕。欲悉為斷放。則死者何辜。照得大德十年八月。刑部郎中趙秉政牒鬬毆殺人。輕重似少詳論。本部議得鬬毆殺人。所犯不一。原情議罪。事各有異。若許一例斷放。被死之人。冤何由雪。又恐官吏乘此弄法。漸生奸弊。甚於刑政不便。如准所言。但犯鬬毆殺人。追勘完備。依例結案詳斷。庶免差池。都省准擬。又照得至正五年五月中書奏准節該鬬毆以手足毆人。及頭撞擊。或用它物於人非要害處毆損致命者。或因鬬擊非虛怯處痛氣。攻心。邂逅致命者。並為本無殺心。擬合杖斷一百七下。並流三千里。其因鬬用刃及它物於人虛怯要害處毆擊登時而死。或非因鬬爭。無事而殺。并被毆者。元無忿爭。止辨已事。因而致命。若鬬毆罷散。聲不相接。去而又來。毆人致命身死者。以其即有害心。並從故殺之法。依例結案待報。欽此。夫以法制平允。則永遠可以奉行。如或執一。則刑獄必至淹滯。近因欽奉詔書。巡行畿甸。詢民疾苦。疏滌冤滯。所歷州縣等處。或有鬬殺之囚。原情比附新例。往往不克斷遣。蓋禁奸止暴。固宜嚴肅。慎獄卹刑。尤當慎重。且今村野人民。素無教養。誤犯刑憲者多。而郡縣官吏。貪污苟且。通知法律者少。夫既不能詳情審問。又復不肯追勘結解。致使囚徒淹延。一切死于囹圄。豈惟玩弄刑政。亦實為感傷中和。書曰。罪疑惟輕。易曰。君子以明慎用刑而不留獄。宜從都省詳定其法。務使允平。庶幾天下在獄之囚。幸得以生。全國家好生之德。普洽于遠邇。

天爵又上奏曰。法者天下之公。所以輔乎治也。律者歷代之典。所以行乎法也。故自昔國家為治者。必立一代之法。立法者。必制一定之律。蓋禮樂教化。固為治之本。而法制禁令。實輔治之具。故設律學以教人。置律科以試吏。其所以輔乎治者。豈不詳且密歟。我國家自太祖皇帝戡定中夏。法尚寬簡。世祖皇帝混一海宇。肇立制度。列聖相承。日圖政治。雖法令之未行。皆因事以立法。歲月既久。條例滋多。英宗皇帝始命中書定為通制。頒行多方。官吏遵守。然自延祐至今。又幾二十年矣。夫人情有萬狀。豈一例之能拘。加以一時官曹材識有高下之異。以致諸人罪狀議擬有輕重之殊。是以煩條碎目。與日俱增。每罰一辜。或斷一事。有司引用。不能遍舉。若不類編頒示中外。誠恐遠方之民。或不識而誤犯。奸貪之吏。獨習知而舞文。事至于斯。深為未便。宜從都省早為奏聞。精選文臣學通經術明於治體練達民政者。圍坐聽讀。定擬去取。續為通制。刻板頒行。中間或有與先行通制參差牴牾。本末不應。悉當會同講若畫一。要在詳書情犯。顯言法是通融不滯于一偏。明白可行于久遠。庶幾列聖之制度。合爲一代之憲章。民知所避。吏有所守。刑政肅清治化熙洽矣。

歷代名臣奏議卷之二百十四

歷代名臣奏議卷之二百十五

愼刑

漢文帝元年十二月上曰。法者治之正也。所以禁暴而率善人也。今犯法已論。而使毋罪之父母妻子同產坐之。及爲收帑。朕甚不取。其議之。有司皆曰。民不能自治。故爲法以禁之。相坐坐收。所以累其心。使重犯法。所從來遠矣。如故便。上曰。朕聞法正則民慤。罪當則民從。且夫牧民而導之善者吏也。其既不能導。又以不正之法罪之。是反害於民爲暴者也。何以禁之。朕未見其便。其熟計之。有司皆曰。陛下加大惠。德甚盛。非臣等所及也。請奉詔書除收帑諸相坐律令。

十三年。齊太倉令淳于意有罪當刑。詔獄逮繫長安。意無男有五女。當行會逮。罵其女曰。生女不生男。緩急非有益也。其少女緹縈自傷悲泣。迺隨其父至長安。上書曰。妾父爲吏。齊中皆稱其廉平。今坐法當刑。妾傷夫死者不可復生。刑者不可復屬。雖後欲改過自新。其道亡繇也。妾願沒入爲官婢。以贖父刑罪。使得自新。書奏。天子憐悲其意。遂下令曰。制詔御史。蓋聞有虞氏之時。畫衣冠異章服以爲戮。而民弗犯。何治之至也。今法有肉刑三。而姦不止。（肉刑三。謂黥劓左右趾。）其咎安在。非乃朕德之薄而教不明與。吾甚自愧。故夫訓道不純而愚民陷焉。詩曰。愷弟君子。民之父母。今人有過。教未施而刑已加焉。或欲改行爲善。而道亡繇至。朕甚憐之。夫刑至斷支體。刻肌膚。終身不息。何其刑之痛而不德也。豈稱爲民父母之意哉。其除肉刑。有以易之。

宣帝初即位。守廷尉史路温舒上書言宜尚德緩刑。其辭曰。臣聞齊有無知之禍。而桓公以興。晉有驪姬之難。而文公用伯。近世趙王不終。諸呂作亂。而孝文爲太宗。繇是觀之。禍亂之作。將以開聖人也。故桓文扶微興壞。尊文武之業。澤加百姓。功潤諸侯。雖不及三王。天下歸仁焉。文帝永思至惪以承天心。崇仁義。省刑罰。通關梁。一遠近。敬賢如大賓。愛民如赤子。內恕情之所安而施之於海內。是以囹圄空虛。天下太平。夫繼變化之後。必有異舊之恩。此賢聖所以昭天命也。往者昭帝即世而無嗣。大臣憂戚焦心。合謀皆以昌邑尊親援而立之。然天不授命。淫亂其心。遂以自亡。深察禍變之故。迺皇天所以開至聖也。故大將軍受命武帝。股肱漢國。披肝膽。決大計。黜亡義。立有德。輔天而行。然後宗廟以安。天下咸寧。臣聞春秋正即位。大一統而慎始也。陛下初登至尊。與天合符。宜改前世之失。正始受之統。滌煩文。除民疾。存亡繼絕。以應天意。天下幸甚。臣聞秦有十失。其一尚存。治獄之吏是也。秦之時羞文學。好武勇。賤仁義之士。貴治獄之吏。正言者謂之誹謗。遏過者謂之妖言。故盛服先生不用於世。忠良切言皆鬱於胷。譽諛之聲日滿於耳。虛美薰心。實禍蔽塞。此乃秦之所以

亡天下也。方今海內賴陛下恩厚。亡金革之危。飢寒之患。父子夫婦戮力安家。然太平之未洽者。獄亂之也。夫獄者天下之命。死者不可生。斷者不可屬。書曰。與其殺不辜。寧失不經。今治獄吏則不然。上下相驅。以刻為明。深者獲公名。平者多後患。故治獄吏皆欲人死。非憎人也。自安之道在人之死。是以死人之血流離於市。被刑之徒比肩而立。大辟之計歲以萬數。此聖人所以傷太平之未洽。凡以此也。夫人情安則樂生。痛則思死。捶楚之下。何求而不得。故囚人不勝痛。則飾誣詞以示之。吏治者利其然。則指道以明之。上奏畏卻。則鍛鍊而周內之。蓋奏當之成。雖皐陶聽之。猶以為死有餘辜。何則成鍊之者眾。文致之罪明也。是以獄吏專為深刻。殘賊而無極。偷為一切。不顧國患。此世之大賊也。故俗語云。畫地作獄。議不入。刻木為吏。期不對。此皆疾吏之風。悲痛之辭也。故天下之患莫深於獄。敗法亂政。離親塞道。莫甚乎治獄之吏。此臣所謂一尚存者也。臣聞烏鳶之卵不毀而後鳳凰集。誹謗之罪不誅而後良言進。故古人有言。山藪藏疾。川澤納汙。國君含垢。唯陛下除誹謗以招切言。開天下之口。廣箴諫之路。改亡秦之失。遵文武之德。省法制。寬刑罰。以廢治獄。則太平之風可興於世。永履和樂。與天無極。天下幸甚。上善其言。

東漢明帝永平中有人單辭告武陽侯朱浮事者。帝大怒。賜浮死。長水校尉樊儵上奏曰。唐堯大聖。兆人獲所。尚優游四凶之獄。厭服海內之心。使天下咸知。然後殛罰。浮事雖昭明。而未達人聽。宜下廷尉章著其事。帝亦悔之。

章帝時陳寵為尚書。是時承永平故事。吏政尚嚴。切尚書決事率近於重。寵以帝新即位。宜改前世苛俗。乃上疏曰。臣聞先王之政。賞不僭。刑不濫。與其不得已。寧僭不濫。故唐堯著典。眚災肆赦。周公作戒

勿誤庶獄。伯夷之典。惟敬五刑。以成三德。由此言之。聖賢之政。以刑罰為首。往者斷獄嚴明。所以威懲姦慝。姦慝既平。必宜濟之以寬。陛下即位。率由此義。數詔羣僚。弘崇晏晏。晏晏溫和也。而有司執事。未悉奉承。典刑用法。猶尚深刻。斷獄者急於篣格酷烈之痛。篣擊也。執憲者煩於詆欺放濫之文。或因公行私。逞縱威福。夫為政猶張琴瑟。大絃急者小絃絕。故子貢非臧孫之猛法。而美鄭僑之仁政。臧孫魯大夫行猛政。子貢非之曰。夫政猶張琴瑟也。大絃急則小絃絕矣。故曰。罰得則姦邪止。賞得則下歡悅。子之賊心見矣。獨不聞子產之相鄭乎。推賢舉能。抑惡揚善。有大略者不問其短。有厚德者不非小疵。家給人足。囹圄空虛。子產卒。國人皆叩心流涕。三月不聞竽琴之音。其生也見愛。死也可悲。故曰。德莫大於仁。禍莫大於刻。今子病而人賀。子愈而人相懼曰。嗟乎何命之不善。子又不死。臧孫慙而避位。終身不出。詩云。不剛不柔。布政優優。方今聖德充塞。假于上下。宜隆先王之道。蕩滌煩苛之法。輕薄箠楚。以濟羣生。全廣至德。以奉天心。帝敬納寵言。每事務於寬厚。其後遂詔有司。絕鉆鑽諸慘酷之科。鉆。鐵銸也。其炎反。銸音陟。鑽反。鑽臏刑。謂鑽去其臏。

詐也。鑚音作纂反。解妖惡之禁，除文致之請讞五十餘事，定著于令。文致，謂前人無罪，文飾致於法中也。是後人俗和平，屢有嘉瑞。

安帝時，舊令麥秋得案驗薄刑，而州郡好以苛察為政，因此遂盛夏斷獄。永初元年，魯恭為司徒，上疏諫曰：臣伏見詔書敬若天時，若，順也。憂念萬民，為崇和氣，罪非殊死，且勿案驗，進柔良，退貪殘，奉時令。言順月令以行事也。所以助仁德，順昊天，致和氣，利黎民者也。舊制至立秋乃行薄刑，自永元十五年以來，改用孟夏，而刺史太守不深惟憂民息事之原，進良退殘之化，因以盛夏徵召農人，拘對考驗，連滯無已。司隸典司京師，四方是則，而近於春月分行諸部，託言勞來貧人，而無隱惻之實，煩擾郡縣，廉考非急，逮捕一人，罪延十數。逮，及也。辟所連及，即追捕之。上逆時氣，下傷農業。案易五月姤用事。東觀記曰：五月姤卦，巽下乾上。初六一陰爻生，五月之卦也。本多作后，古字通。經曰：后以施令誥四方。誥，理也。易姤卦象曰：天下有風，姤。后以施令誥四方。乾為天，君之象也。巽為風，號令之象也。后，君也。故以諭人君施令也。言君以夏至之日施命令止四方行者，所以助微陰也。易復卦曰：先王以至日閉關，商旅不行。故夏至宜止行也。五月陰氣始生，故曰微陰。行者尚止之，況於逮召考掠，奪其時哉！比年水旱傷稼，人飢流冗。冗，散也。今始夏，百穀權輿，陽氣胎養之時。爾雅曰：權輿，始也。萬物皆含胎長養之時。自三月以來，陰寒不暖，物當化變而不被和氣。月令，孟夏斷薄刑，出輕繫。行秋令則苦雨數來，五穀不熟。鄭玄注禮記云：申之氣乘之也。苦雨，白露之類也。時物得而傷也。又曰：仲夏挺重囚，益其食。挺猶寬也。行秋令則草木零落，酉之氣乘之也。八月宿直昴，昴為獄主殺。人傷於疫。大陵之氣為害也。大陵，星名。春秋合誠圖曰：大陵主死喪也。夫斷薄刑者，謂其輕罪已正，不欲令久繫，故時斷之也。臣愚以為今孟夏之制，可從此令，其決獄案考，皆以立秋為斷，以順時節，育成萬物，則天地以和，刑罰以清矣。初，肅宗時斷獄皆以冬至之前，自後論者互多駮異。鄧太后詔公卿以下會議，恭議奏曰：夫陰陽之氣，相扶而行，發動用事，各有時節，若不當其時，則物

隨而傷。王者雖質文不同，而茲道無變，四時之政，行之若一。月令周世所造，而所據皆夏之時也。謂氣候及星辰昏旦皆夏時也。其變者唯正朔、服色、犧牲、徽號、器械而已。夏以建寅為正，服色、犧牲、徽號、器械皆尚黑。殷以建丑為正，尚白。周以建子為正，尚赤。周以夜半為朔，殷以雞鳴為朔，夏以平旦為朔。祭天地宗廟曰犧，卜得吉曰牲。徽號，旌旗之名也。器械，禮樂之器及以甲兵也。故曰殷因於夏禮，周因於殷禮，所損益可知也。易曰：潛龍勿用，龍以喻陽氣。言十一月、十二月陽氣潛藏，未得用事。雖煦嘘萬物，養其根荄，荄，草根也。荄音該。而猶盛陰在上，地凍水冰，陽氣否隔，閉而成冬。故曰履霜堅冰，陰始凝也。馴致其道，至堅冰也。馴，順也。言陰以卑順為道，漸至顯著，猶自履霜而至堅冰。言五月微陰始起，至十一月堅冰至也。夫王者之作，因時為法。孝章皇帝深惟古人之道，助三正之微，定律著令。三正，三微也。前書音義曰：言陽氣始萌，萬物微而未著，故曰微。一曰天統，謂周十一月建子為正，天始施之端也。二曰地統，謂殷十二月建丑為正，地始化之端也。三曰人統，謂夏十三月建寅為正，人始成之端也。冀承天心，順物性命，以致時雍。然從變改以來，年歲不熟，穀價常貴，人不寧安。小吏不與國同心者，率入十一月得死罪賊，不問曲直，便即格殺，雖有疑罪，不復讞正。一夫吁嗟，王道為虧，況於眾乎！易十一月君子以議獄緩死。可令疑罪使詳其法，大辟之科，盡冬月乃斷。其立春在十二月中者，勿以報囚如故事。報囚，謂奏請報決也。後卒施行。

順帝永和四年，中常侍張逵矯詔收縛騰賁於省中，帝聞震怒，勑宦者李歙急呼騰賁釋之，收逵等，悉伏誅。辭所連染及在位大臣，梁商懼多侵枉，乃上疏曰：春秋之義，功在元帥，罪止首惡，故賞不僭溢，刑不淫濫，五帝三王所以致康乂也。竊聞考中常侍張逵等辭語多所牽及，大獄一起，無辜者眾，死囚久繫，纖微成大，非所以順迎和氣，平政成化也。宜早訖竟，以止逮捕之煩。帝乃納之，罪止坐者。

獻帝時，論者多欲復肉刑，少府孔融建議曰：古者敦厖，善否不別，吏端刑清，政無過失，百姓有罪，皆自取之。末世陵遲，風化壞亂，政撓其

俗法害其人故曰上失其道民散久矣而欲繩之以古刑投之以殘棄非所謂與時消息者也紂斮朝涉之脛天下謂為無道夫九牧之地千八百君若各刖一人是下常有千八百紂也求俗休和弗可得已且被刑之人慮不念生志在思死類多趍惡莫復歸正夙沙亂齊伊戾禍宋趙高英布為世大患不能止人遂為非也適足絕人還為善耳雖忠如鬻拳信如卞和智如孫臏冤如巷伯才如史遷達如子政一離刀鋸沒世不齒是太甲之思庸穆公之霸秦南睢之骨立衛武之初筵陳湯之都賴魏尚之守邊無所施也漢開改惡之路凡為此也故明德之君遠度深惟棄短就長不苟革其政也朝廷善之卒不改焉

魏武帝時高柔為尚書郎轉拜丞相理曹掾令曰夫治定之化以禮為首撥亂之政以刑為先是以舜流四凶族臯陶作士漢祖除秦苛

法蕭何定律掾清識平當明于憲典勉恤之哉鼓吹宋金等在合肥亡逃舊法軍征士亡者竟其妻子武帝患猶不息更重其刑金有母妻及二弟皆給官主者奏盡殺之柔啓曰士卒亡軍誠在可疾然竊聞其中時有悔者愚謂乃宜貸其妻子一可使賊中不信二可使誘其還心正如前科固已絕其意望而猥復重之柔恐自今在軍之士見一人亡逃誅將及己亦且相隨而走不可復得殺也此重刑非所以止亡乃所以益走耳武帝曰善即止不殺金母弟

魏國既建陳群遷為御史中丞時武帝議復肉刑令曰安得通理君子達於古今者使平斯事乎昔陳鴻臚以為死刑有可加於仁恩者正謂此也御史中丞能申其父之論乎羣對曰臣父紀以為漢除肉刑而增加笞本興仁惻而死者更衆所謂名輕而實重者也名輕則易犯實重則傷民書曰惟敬五刑以成三德易著劓刖滅趾之法所以輔政助教懲惡息殺也且殺人償死合於古制至於傷人或殘毀其体而裁翦毛髮非其理也若用古刑使淫者下蠶室盜者刖其足則永無淫放穿踰之姦矣夫三千之屬雖未可悉復若斯數者時之所患宜先施用漢律所殺殊死之罪仁所不及也其餘逮死者可以刑殺如此則所刑之與所生足以相貿矣今以笞死之法易不殺之刑是重人支体而輕人軀命也

和洽為侍中後有白毛玠謗毀武帝武帝見近臣怒甚洽陳玠素行有本求案實其事罷朝武帝令曰今言事者白玠不但謗吾也乃復為崔琰觖望此損君臣恩義妄為死友怨嘆殆不可忍也昔蕭曹與高祖並起微賤致功立勳高祖每在屈笮二相恭順臣道益彰所以祚及後世也和侍中比求實之所以不聽欲重參之耳洽對曰如言事者言玠罪過深重非天地所覆載臣非敢曲理玠以枉大倫也以

玠出群吏之中特見拔擢顯在首職歷年荷寵剛直忠公為衆所憚不宜有此然人情難保要宜考覈兩驗其實今聖恩垂含垢之仁不忍致之于理更使曲直之分不明疑自近始武帝曰所以不考欲兩全玠及言事者耳洽對曰玠信有謗主之言當肆之市朝若玠無此言事者加誣大臣以誤主聽二者不加檢覈臣竊不安武帝曰方有軍事安可受人言便考之邪狐射姑刺陽處父於朝此為君之誡也

文帝為五官將召盧毓署門下賊曹崔琰舉為冀州主簿時天下草創多逋逃故重士亡法罪及妻子亡士妻白等始適夫家數日未與夫相見大理奏棄市毓駮之曰夫女子之情以接見而恩生成婦而義重故詩云未見君子我心傷悲亦既見止我心則夷又禮未廟見之婦而死歸葬女氏之黨以未成婦也今白等生有未見之悲死有非婦之痛而吏議欲肆之大辟則若同牢合卺之後罪何所加且記

曰附從輕言附人之罪以輕者為比也又書云與其殺不辜寧失不經恐過重也苟以白等皆受禮聘已入門庭刑之為可殺之為重武帝曰毓執之是也

明帝初公孫淵兄晃為叔父恭任內侍先淵未反數陳其變及淵謀逆帝不忍市斬欲就獄殺之廷尉高柔上疏曰書稱用罪伐厥死用德彰厥善此王制之明典也晃及妻子叛逆之類誠應梟縣勿使遺育而臣竊聞晃先數自歸且陳淵禍萌雖為凶族原心可恕夫仲尼亮司馬牛之憂祁奚明叔向之過在昔之美義也臣以為晃信有言宜貸其死苟自無言便當市斬今進不赦其命退不彰其罪閉著囹圄使自引分四方觀國或疑此舉也帝不聽

太和中太子太傅鍾繇上疏曰太魏受命繼蹤虞夏孝文革法不合古道先帝聖德固天所縱墳典之業一以貫之是以繼世仍發明詔

思復古刑為一代法連有軍事遂未施行陛下遠追二祖遺意惜斬趾可以禁惡恨入死之無辜使明習律令與群臣共議出本當右趾而入大辟者復行此刑書云皇帝清問下民鰥寡有辭于苗此言堯當除蚩尤有苗之刑先審問於下民之有辭者也若今蔽獄之時訊問三槐九棘群吏萬民使如孝景之令其當棄市欲斬右趾者許之其黥劓左趾宮刑者自如孝文易以髡笞能有姦者率年二十至四五十雖斬其足猶任生育今天下人少於孝文之世下計所全歲三千人張蒼除肉刑所殺歲以萬計臣欲復肉刑歲生三千人子貢問能濟民不謂仁乎孔子曰何事於仁必也聖乎堯舜其猶病諸又曰仁遠乎哉我欲仁斯仁至矣若誠行之斯民永濟書奏詔曰太傅學優才高留心政事又於刑理深遠此大事公卿群寮善共平議司徒王朗議以為繇欲輕減大辟之條以增益刖刑之數此即起偃為豎化尸為人矣然臣之愚猶有未合微異之意夫五刑之屬著在科律自有減死一等之法不死即為減施行已久不待遠假斧鑿於彼肉刑然後有罪次也前世仁者不忍肉刑之慘酷是以廢而不用不用已來歷年數百今復行之恐所減之文未彰於萬民之目而肉刑之問已宣於寇讎之耳非所以來遠人也今可按繇所欲輕之死罪使減死之髡刖嫌其輕者可倍其居作之歲數內有以生易死不訾之恩外無以刖易鈦駭耳之聲議者百餘人與朗同者多帝以吳蜀未平且寢

吳大帝時中書呂壹典校文書多所糾舉步騭上疏曰伏聞諸典校擿抉細微吹毛求瑕重案深誣趣欲陷人以成威福無罪無辜橫受大刑是以使民跼天蹐地誰不戰慄昔之獄官惟賢是任故皐陶作士呂侯贖刑張于廷尉民無冤枉休泰之祚實由此興今之小臣動

與古異獄以賄成輕忽人命歸咎于上為國速怨夫一人吁嗟王道為虧甚可仇疾明德慎罰哲人惟刑書傳所美自今蔽獄都下則宜諮顧雍武昌則陸遜潘濬平心專意務在得情騭黨神明受罪何恨

烏程侯建衡二年陸抗加拜都護聞武昌左都督薛瑩徵下獄抗上疏曰夫俊乂者國家之良寶社稷之貴資庶政所以倫敘四門所以穆清也故大司農樓玄散騎中常侍王蕃少府李勗皆當世秀穎一時顯器既蒙初寵從容列位而並旋受誅殛或圮族替祀或投棄荒裔蓋周禮有赦賢之辟春秋有宥善之義書曰與其殺不辜寧失不經而蕃等罪名未定大辟以加心經忠義身被極刑豈不痛哉且已死之刑固無所識至乃焚爍流漂棄之水濱懼非先王之正典或甫侯之所戒也是以百姓哀聳士民同感蕃勗永已悔亦靡及誠望陛下赦召玄出而頃聞薛瑩卒見逮錄瑩父綜納言先帝傅弼文皇及

瑩承基內屬名行令之所坐罪在可宥臣懼有司未詳其事如復誅戮益失民望乞垂天恩原赦瑩罪哀矜庶獄清澄刑網則天下幸甚

西晉愍帝建興中丞相府斬督運令史淳于伯而血逆流丞相司直劉隗奏曰古之為獄必察五聽三槐九棘以求民情雖明庶政不敢折獄死者不可復生刑者不可復續是以明王哀矜用刑曹參去齊以市獄為寄自頃蒸荒殺戮無度罪同斷異刑罰失宜謹按行督運令史淳于伯刑血著柱遂逆上終極柱末二丈三尺旋復下流四尺五寸百姓諠譁士女縱觀咸曰其冤伯息忠訴辭稱枉云伯督運訖去二月事畢代還無有稽乏受賕使役罪不及死軍是戍軍非為征軍以乏軍興論於理為枉四年之中供給運漕凡諸徵發租調百役皆有稽停而不以軍興論至於伯也何獨明之捶楚之下無求不得囚人畏痛飾辭應之理曹國之典刑而使忠等稱冤明時謹按從事中郎周筵法曹參軍劉胤屬李匡幸荷殊寵並登列曹當思敦奉政道詳法慎殺使兆庶無枉人不稱訴而令伯枉同周青冤魂哭於幽都訴靈恨於黃泉嗟歎甚於杞梁血妖過於崩城故有隕霜之人夜哭之鬼伯有晝見彭生為豕刑殺失中妖眚並見以古況今其揆一也皆由筵等不勝其任請皆免官於是右將軍王導等上疏引咎請解職帝曰政刑失中皆吾闇塞所由尋示愧懼思聞忠告以補其闕而引過求退豈所望也

宋孝武帝時丞相南郡王義宣車騎將軍臧質反義宣司馬竺超民臧質長史陸展兄弟並應從誅尚書令何尚之上言曰刑罰得失治亂所由聖賢留心不可不慎竺超民為賊既遁走二夫可禽若反覆昧利即當取之非唯免愆亦可要不義之賞而超民曾無此意微足觀過知仁且為官保全城府謹守庫藏端坐待縛今戮及兄弟與向始末無論者復成何異陸展盡質復灼然便同之巨逆於事為重臣豫蒙頤待自殊凡隸苟有所懷不敢自默超民坐者由此得原

齊高帝建元二年王僧虔授左光祿大夫兼丹陽尹時郡縣獄相承有上湯殺囚僧虔上疏言之曰湯本以救疾而實行冤暴或以肆忿若罪必入重自有正刑若去惡宜疾則應先啓豈有死生大命而潛制下邑愚謂治下囚病必先刺郡求職司與醫對共診驗遠縣家人省視然後處理可使死者不恨生者無怨上納其言

後魏文成帝時斷獄多濫給事中源賀上書曰案律謀反之家其子孫雖養他族追還就戮所以絕罪人之類彰大逆之辜其為劫賊應誅者兄弟子姪在遠道隔關津皆不坐竊惟先朝制律之意以不同謀非絕類之罪故特垂不死之詔若年十三已下家人首惡計謀所不及愚以為可原其命沒入縣官帝納之賀為征南將軍冀州刺史復上書曰臣聞人之所寶莫寶於生全德之厚者莫厚於宥死然犯死之罪難以盡恕權其輕重有可矜恤今勍寇遊魂於北狡賊負險於南其在疆場猶須防戍臣愚以為自非大逆赤手殺人之罪其坐贓及盜與過誤之愆應入死者皆可原命謫守邊境是則已斷之體更受全生之恩徭役之家漸蒙休息之惠刑措之化庶幾在茲虞書曰流宥五刑此其義也臣受恩深重無以仰荅將違闕庭豫增係戀敢上瞽言唯加裁察帝從其言已後入死者皆恕死徙邊久之帝乃謂羣臣曰源賀勸朕宥諸死刑徙充北番諸戍自爾至今一歲所活殊為不少生濟之理既多邊戍之兵有益卿等事朕致何善意也苟人人如賀朕治天下復何憂哉顧憶誠言利實廣矣羣臣咸曰非忠臣不能進此計非聖明不能納此言

孝文帝太和初懷州民伊祁苟初三十餘人謀反將殺刺史文明太

后欲盡誅一城之民雍州刺史張白澤諫曰臣聞上天愛物之生明王重民之命故殺一人而取天下仁者不為且周書父子兄弟罪不相及今群凶肆虐轘裂誅盡合城無辜柰何極辟不誣十室而況一州或有忠焉或有仁者若淫刑濫及殺忠與仁斯乃西伯所以歎息於九侯孔子所以回輪於河上伏惟聖德昭明殷鑒水鏡前禮止迅烈之怒抑雷霆之威則溥天知幸矣昔厲防民口卒滅宗姬文聽輿頌終摧彊楚願不以人廢言留神省察太后從之

孝明帝時靈太后臨朝任城王澄奏曰臣聞賞必以道用防淫人之姦罰不濫及以戒良士之困刑者侀也每垂三宥秉律執請不得已而用之是故小大之獄察之以情一人吁嗟或虧王道刑罰得失乃興廢之所由也竊聞司州牧高陽王臣雍拷殺奉朝請韓元昭前門下錄事姚敬賢雖因公事理實未盡何者太平之世草不横伐行葦

之感事驗隆周若昭等狀彰死罪以定應刑於都市與衆棄之如其疑似不分情理未究不宜以三清九流之官杖下便死輕絶民命傷理敗法往年司州於大市鞭殺五人及檢贓狀全無寸尺今復酷害一至於此朝野云云咸懷驚愕若殺生在下虐專於臣人君之權安所復用自開古以來明明之世未聞斯比也武王曰吾不以一人之命而易天下蓋重民命也請以見事付廷尉推究驗其為刼之狀察其拷殺之理使是非分明幽魂獲雪詔從之

宣武帝永平元年秋七月詔尚書檢枷杖大小違制之由斜其罪失尚書令高肇尚書僕射清河王懌尚書邢巒尚書李平尚書江陽王繼等奏曰臣等聞王者繼天子物為民父母導之以德化齊之以刑法小大必以情哀矜而勿喜務於三訊五聽不以木石定獄伏惟陛下子愛蒼生恩侔天地疏網改祝仁過商后以枷杖之非度愍民命之或傷爰降慈旨廣垂昭恤雖有虞慎獄之深漢文惻隱之至亦未可共日而言矣謹案獄官令諸察獄先備五聽之理盡求情之意又驗諸證信事多疑似猶不首實者然後加以拷掠諸犯年刑已上枷鎖流徙已上增以杻械迭用不俱非大逆外叛之罪皆不大枷高杻重械又無用石之文而法官州郡因緣增加遂為恒法進乖五聽退違令文誠宜案劾依旨科處但踵行已久計不推坐檢杖之小大鞭之長短令有定式但枷之輕重先無成制臣等參量造大枷長一丈三尺喉下長一丈通頰木各方五寸以擬大逆外叛杻械以掌流刑已上諸臺寺州郡大枷請悉焚之枷本掌囚非拷訊所用從今斷獄皆依令盡聽訊之理量人彊弱加之拷掠不聽非法拷人兼以拷石自是枷杖之制頗有定準

時將刑元愉妾李氏群官無敢言者勅中書令崔光為詔光逡巡不

作奏曰伏聞當刑元愉妾李加之屠割妖惑扇亂誠合此罪但外人竊云李今懷姙例待分產且臣尋諸舊典兼推近事戮至刳胎謂之虐刑桀紂之主乃行斯事君舉必書義無隱昧酷而乖法何以示後陛下春秋已長未有儲體皇子襁褓至有夭失臣之愚識知無不言乞停李獄以俟育孕宣武納之

孝莊帝時御史中尉兼給事黃門侍郎高道穆上疏曰臣聞舜命皐陶姦宄是託禹泣辜人堯必為念所以舉直措枉事切曩賢明德慎罰議存先典高祖太和之初置廷尉司直論刑辟是非雖事非古始交濟時要所謂禮樂互興不相沿襲者矣臣以無庸忝當今任所思報效未忘寢興但識謝知今業慙稽古未能進一言以利國說一策以興邦索米長安豈不知愧至於職司其憂猶望僶俛竊見御史出使悉受風聞雖時獲罪人亦不無枉濫何者得堯之罰不能不怨守

令為政容有愛憎姦猾之徒恒思報惡多有妄造無名共相誣謗御史一經檢究恥於不成杖木之下以虚為實無罪不能自雪者豈可勝道哉臣雖愚短守不假器繡衣所指冀以清肅若仍踵前失或傷善人則尸祿之責無所逃罪所以夙夜為憂思有悛革如臣鄙見請依太和故事還置司直十人名隸廷尉秩以五品選歷官有稱心平性正者為之御史若出糾劾即移廷尉令知人數廷尉遣司直與御史俱發所到州郡分居別館御史檢了移付司直覆問事訖與御史俱還中尉彈聞廷尉科按一如舊式庶使獄成罪定無復稽寬為惡取敗不得稱枉若御史司直糾劾失實悉依所斷獄罪之聽以所檢迭相糾發如二使阿曲有不盡理聽罪家詣門下通訴別加按檢如此則肺石之傍怨訟可息叢棘之下受罪吞聲者矣詔從之

唐太宗即位詔長孫無忌房玄齡等復定舊令議絞刑之屬五十皆

免死而斷右趾既而又哀其斷毀支體謂侍臣曰肉刑前代除之久矣今復斷人趾吾不忍也王珪蕭瑀陳叔達對曰受刑者當死而獲生豈但去一趾去趾所以使見者知懼今以死刑為斷趾蓋寬之也帝曰公等更思之其後蜀王法曹參軍裴弘獻駁律令四十餘事乃詔房玄齡與弘獻等重加刪定玄齡等以謂古者五刑刖居其一及肉刑既廢今以笞杖徒流死為五刑而又刖足是六刑也於是除斷趾法為加役流三千里居作

貞觀元年太宗謂侍臣曰死者不可再生用法須務存寬簡古人云鬻棺者欲歲之疫非疾於人利於棺售故耳今法司覈理一獄必求深効欲成其考課今作何法得使平允諫議大夫王珪曰但選公良直善人斷獄允當者增秩賜金即奸偽自息詔從之

河內人李好德坐妖言下獄大理丞張蘊古以為好德病狂瞀法不當坐太宗許將寬宥蘊古密報其旨仍引與博戲治書侍御史權萬紀劾奏之太宗大怒令斬於東市既而悔之謂房玄齡曰公等食君之祿須憂人之憂事無巨細咸當留意今不問則不言見事都不諫爭何所輔弼如蘊古身為法官與囚博戲漏洩朕言此亦罪狀甚重若據常律未至極刑朕當時盛怒即令處置公等竟無一言所司又不覆奏遂即決之豈是道理因詔曰凡有死刑雖令即決皆須五覆五奏自蘊古始也久之復謂群臣曰死者不可復生昔王世充殺鄭頲猶能悔近有府史取賕不多朕殺之是思之不審也決囚雖云五覆一日即了都未暇思審五奏何益縱有追悔又無所及自今在京諸司奏決死囚宜三日中五覆奏決日尚食勿進酒肉教坊太常輟教習天下諸州三覆奏其日亦蔬食務合禮減膳撤樂之意又手詔敕曰比來有司斷獄多據律文雖情在可矜而不敢違法守文定罪

或恐有冤自今門下省復有據法合死而情在可矜者宜錄狀上奏群臣皆賀曰陛下欽恤刑獄非前代可及也

太宗時劉德威為大理卿太宗問曰比刑網寖密咎安在德威曰在君不在臣下之寬猛視主之好律失入者減三失出者減五今坐入者無辜坐出者有罪所以吏務深文為自營計非有教使然也帝然其言

太宗論隋日禁囚魏徵對曰臣昔在隋時聞有盜發煬帝令士澄捕之但有疑即苦加拷掠枉承賊者二千餘人並令同日斬決大理丞張元濟怪之試尋其狀乃有六七人盜發之日先禁他所纔被放出亦遭推劾不勝苦痛虛以自誣元濟因此更事尋究二千人內唯有九人不明又按驗九人四人非賊有司不敢執奏遂並殺之太宗曰非唯煬帝無道之甚臣下亦不盡忠須相匡諫不避誅戮豈得苟行

諂倖承悅譽乎。君臣如此。何能不敗。賴公等共相輔弼。遂得囹圄空虛。欲公等善始令終。常如今日。

戴州刺史賈崇以所部有犯十惡者。被御史劾奏。太宗謂侍臣曰。昔陶唐大聖。柳下惠大賢。其子丹朱甚不肖。其弟盜跖為巨惡。夫以聖人之訓。父子兄弟之親。尚不能使陶染變革。去惡從善。今刺史化被下人。咸歸善道。豈可得也。若令緣此皆被貶責。或恐遞相掩蔽。罪刑斯失。今後諸州有犯十惡者。刺史不須坐罪。明加糾訪科罪。庶使刑罰適中。肅清奸惡。乃謂大理卿孫伏伽曰。夫作甲者欲其堅。恐人之傷。作箭者欲其銳。恐人不傷。何則。各有司存。利在稱職故也。朕問法官刑罰輕重。每稱法網寬於往代。仍恐主獄之司。利在殺人。危人自達。以釣聲價。今之所憂。正在此耳。深宜禁止。務在寬平。伏伽對曰。此陛下之至仁也。安敢不從。

太宗又嘗曰。古者斷獄。必訊於三槐九棘之官。今三公九卿。即其職也。自今以後。大辟罪皆令中書門下四品以上及尚書九卿議之。如此庶免冤濫。群臣皆稱善。由是至四年。斷死刑天下二十九人。幾致刑措。時有告刑部尚書張亮謀反。帝命百官議其獄。皆言亮反當誅。獨將作少監李道裕上言。亮反形未具。不當誅。帝不聽。斬之。後悔之。謂曰。往者李道裕議張亮獄。朕不從而殺之。至今悔恨。乃命為刑部侍郎。

太宗以英武定天下。然其天資仁恕。初即位。有勸以威刑肅天下者。魏徵以為不可。因為上言王政本於仁恩。所以愛民厚俗之意。太宗欣然納之。遂以寬仁治天下。而於刑法尤慎。

太宗有一駿馬。特愛之。恒於宮中養飼。無病而暴死。帝怒養馬宮人。將殺之。皇后諫曰。昔齊景公以馬死殺人。晏子請數其罪云。爾養馬而死。爾罪一也。使公以馬殺人。百姓聞之。必怨吾君。爾罪二也。諸侯聞之。必輕吾國。爾罪三也。公乃釋罪。陛下嘗讀書見此事。豈忘之耶。太宗意乃解。又謂房玄齡曰。皇后庶事相啓沃。極有利益爾。

池陽令崔文康坐事。櫟陽尉魏禮臣劾治獄成。御史又言其枉。禮臣訴御史阿黨。乞下有司雜訊。不如所言。請死。鞫覈禮臣不實。太宗詔如請。諫議大夫弘文館學士朱子奢諫曰。在律上書不實。有定罪。今抵以死。死者不可復生。雖欲自新。弗可得。且天下惟知上書獲罪。欲自言者皆懼而不敢申矣。詔可。

高宗時。左威衛大將軍權善才。右監門中郎將范懷義坐誤斧昭陵柏。罪當免。高宗詔誅之。大理丞狄仁傑奏不應死。帝怒曰。是使我為不孝子。必殺之。仁傑曰。漢有盜高廟玉環。文帝欲當之族。張釋之廷諍曰。假令取長陵一抔土。何以加其法。於是罪止棄市。陛下之法在象魏。固有差等。犯不至死而致之死。何哉。今誤伐一柏。殺二臣。後世謂陛下為何如主。帝意解。遂免死。

廣州都督蕭齡之受賕當死。詔群臣議。請論如法。詔戮于朝堂。御史大夫唐臨建言。群臣不知天子所以議之之意。在律有八。王族戮于隱。議親也。刑不上大夫。議貴也。今齡之貪贓狼扈。死有餘咎。陛下以異於他囚。故議之有司。又令入死。非堯舜所以用刑者。不可為後世法。帝然之。齡之齊高帝五世孫。由是免死。

武后時。后稱制。懼天下不服。欲制以威。乃修後周告密之法。詔官司受訊。有言密事者。馳驛奏之。自徐敬業越王貞琅邪王沖等起兵討亂。武氏益恐。乃引酷吏周興來俊臣輩典大獄。與侯思止王弘義郭弘霸李敬仁康暐衛遂忠等。集告事數百人。共為羅織。構陷無辜。自唐之宗室與朝廷之士。日被告捕。不可勝數。天下之人為之仄足。如狄仁傑魏元忠等。皆幾不免。左臺御史周矩上疏曰。比姦憸告訐。習

以為常推劾之吏以深刻為功鑿空爭能相矜以虐泥耳囊頭摺脅
籤爪懸髮燻耳臥隣穢溺刻害支體糜爛獄中號曰獄持閉絕食飲
晝夜使不得眠號曰宿囚殘賊威暴取快目前被誣者苟求得死何
所不至為國者以仁為宗以刑為助周用仁而昌秦用刑而亡願陛
下緩刑天下幸甚武后不納

崔仁師請不改反逆緣坐刑名疏曰自昔羲農以降爰及唐虞或設
言而人不犯或畫像而下知禁三代之盛泣辜解網父子兄弟罪不
相及咸臻至理俱為稱首及其叔代亂獄滋煩周之季年不勝其弊
烈火原於子產峭潤起於安于韓李申商爭持急刻參夷相生始於
此也秦用其法遂至土崩漢高之務寬大未為盡善文帝之存仁厚
仍多涼德遂使新垣族滅信越菹醢見嗤良史謂之過刑晉魏至隋
雖有損益凝脂猶密秋荼尚煩皇上爰發至仁念茲刑憲酌先王之

令典探往昔之嘉猷革弊蠲苛可大可久仍降綸綍頒之九區故得
斷獄數簡手足有措刑清化洽未有不安忽以暴秦酷法為隆周中
典乖惻隱之情反惟行之令進退參詳未見其可且父子天屬昆季
同氣誅其父子足累其心此而不顧何愛兄弟既欲改法請更審量

守右衛胄曹參軍陳子昂上奏曰臣聞昔者聖人理天下者美在太
平太平之美者在於刑措臣伏見陛下務太平之理而未美太平之
功賤臣頑微竊惑下列臣前蒙天恩召見恩制賜臣曰既遇非常之
主何不進非常之策臣草木微品天恩降休伏刻肌骨不敢忘捨今
陛下創三皇之業務三皇之理大統已集神化光明雖伏羲神農昔
有天下誠未足比臣敢不竭節以効愚忠臣聞自古聖王謂之大聖
者皆云尚德也貴仁賤刑刑措不用謂之聖德不稱嚴刑猛制用
獄為理者也故周有天下八百餘歲而唯頌成康漢有天下四百餘
歲而獨稱文景皆由幾致刑措者也何者刑者政之末節非太平之
資臣竊考之於天矣貴生成驗之於人人愛生育考稽於聖聖務勝
殘皆不云以刑為德者然則聖王養天下者固當上務順天下務順
人不天不人不可謂理故曰唯天為大唯堯則之又曰天地萬物父
母唯人萬物之靈亶聰明作元后元后作人父母然則為人父母固
當貴於德養不可務於刑殺臣伏惟陛下聖德至大矣應天受命有
三皇之功順人正位有三皇之業拜圖巡洛有三皇之符尊名顯號
有三皇之冊明堂神構萬象寅威風雨順時百穀昌熟可謂足為萬
代之規也今天下百姓抱孫弄子鼓腹以望太平之政矣陛下為天
地父母固將務德以順養之登于大和以協皇極今陛下之政雖盡
善矣然太平之理猶屈於獄官何以言之太平之朝務上下樂化不
宜亂臣賊子日犯天誅比者大獄增多逆徒滋廣愚臣頑昧切謂皆

實乃去月十五日陛下特察詔因李珍等無罪明魏真宰有功又召
見高正臣又重推元萬頃百僚慶悅皆荷聖明臣乃知亦有無罪之
人挂於疎網者陛下務在寬典獄官務在急刑以傷陛下之仁以誣
太平之政臣竊私恨之賴陛下獨決天斷寬蕩羣刑死囚張楚金郭
正一王彭祖王令基等以凶惡之罪將蒙全活朽骨更肉萬死再生
天地神祇實用同慶何以知之臣伏見去年八月巳來天若霖雨自
陛下赦李珍等罪天朗氣清又九月十八日明堂享會慶雲抱日五
彩紛郁龍章竟天萬品咸觀宇宙同慶又其月廿一日恩勑免楚金
等死勑有風雨變為景雲司刑官屬皆所共見臣聞陰慘者刑也陽
舒者德也慶雲者佳氣也臣伏考之鴻範驗之六經聖人法天天亦
助聖休咎之應必不虛來陛下法天垂仁天助陛下仁化獄吏急法
則慘而陰雨陛下赦罪則舒而陽和君臣歡娛則喜而見慶雲天意

如此陛下豈可不承順之。夫刑者怒也。不可以承嘉氣。令又陰雨。臣恐過在獄官。況陛下明堂之理本以崇德。配天之業不以務刑。今垂拱法宮。且猶議殺布政。衢室而未措刑。賤臣頑愚。尚疑未可。況巍巍大聖光宅天下哉。今者繫獄囚徒。多極法者。道路之議。或是或非。陛下何不悉見召之。自詰其罪。罪真實者顯示明刑。罪有濫者嚴誅獄吏。使天下咸服。人知政刑。以清太平之階。用登仁壽之域。豈非至德克明哉。昔鄧太后以天降旱。親決洛陽囚徒。良史書之。而以為德。況陛下大聖。德邁超於鄧后者矣。夫獄吏不可信。多弄國權。自古敗之。聖王所誡。陛下萬代之業。千載之名。故不可使竹帛書之有瑕於此也。伏願熟察。以美太平之風。賤臣不勝愚懇忠憤之至。輒投諫匭。昧死上聞。

子昂為守麟臺正字。又上諫刑書曰。臣本蜀之匹夫。官不望達。陛下過意擢臣草莽之下。昇在麟臺之閣。光寵自天。卓若日月。微臣固陋。將何克負。然臣聞忠臣事君。有死無二。懷佞不諫。罪莫大焉。況在明聖之朝。不諱之日。方復鉗口下列。俛仰偷榮。非臣之始願也。不勝愚惑。輒奏狂昧之說。伏惟陛下少加察焉。臣聞古之御天下者。其政有三。王者化之。用仁義也。霸者威之。任權智也。強國脅之。務刑罰也。是以化之不足。然後威之。威之不變。然後刑之。故至於刑。則非王者之所貴矣。況欲光宅天下。追功上皇。專任刑殺以為威斷。可謂策之失者也。伏覩陛下聖德聰明。遊心太古。將制靜宇宙。保乂黎人。發號施令。出於誠懇。天下蒼生莫不想望聖風。冀見神化。道德為政。將待於陛下矣。且臣聞之。聖人出治。必有驅除。蓋天人之符應休命也。日者東南微孽。敢謀亂常。陛下順天行誅。罪惡咸伏。豈非天意欲彰陛下神武之功哉。而執事者不察天心。以為人意。惡其首亂唱禍。法令

誅屠。將息姦源。窮其黨與。遂使陛下大開詔獄。重設嚴刑。冀以懲創勸于天下。逆黨親屬。及其交遊。有跡涉嫌疑。亂相逮引。莫不窮捕考劾。枝葉蟠拏。大或流血。小御魑魅。至有姦人熒惑。乘險相誣。糺告疑似。冀圖爵賞。叫于闕下者。日有數矣。于時朝廷惶惶。莫有自固。海內傾聽。以相驚恐。賴陛下仁慈。憫斯危懼。賜以恩詔。許其大功已上一切勿論。時人獲泰。謂生再造。愚臣竊亦欣然賀陛下聖明。得天下之機也。不謂議者異見。又執前圖。比者刑獄紛紛。復起。陛下不深思天意以順休期。尚以督察為理。威刑為務。使前者之詔不信於人。愚臣昧焉。竊恐非三皇五帝伐罪弔人之意也。臣竊觀當今天下百姓。思安久矣。曩屬北胡侵塞。西戎寇邊。兵革相圖。向歷十載。關河自北轉輸幽燕。秦蜀之西。馳騖湟海。當時天下疲極矣。重以大兵之後。屢遭凶年。流離飢餓。死喪略半。幸賴陛下以至聖之德。撫寧兆人。邊境獲安。中國無事。陰陽大順。年穀累登。天下父子始得相養矣。故揚州構禍。殆有五旬。而海內晏然。纖塵不動。豈非天下蒸庶厭亂哉。臣以此卜之。知百姓思安久矣。今陛下不務玄默以救疲人。而專任威刑以失其望。欲察察為政。肅理寰區。愚臣暗昧。竊有大惑。且臣聞刑者政之末節也。先王以禁暴整亂。不得已而用之。今天下幸安。萬物思泰。陛下乃以末節之法察理平人。臣愚以為非適變隨時之義也。頃年已來。伏見諸方告密。囚累百千輩。大抵所告皆以揚州為名。及其窮竟。百無一實。陛下仁恕。又屈法容之。傍訴他事。亦為推劾。遂使姦惡之黨。快意相讎。睚眦之嫌。即稱有密。一人被訟。百人滿獄。使者推捕。冠蓋如市。或謂陛下愛一人而害百人。天下喁喁。莫知寧所。臣聞自古聖人不有外患。必有內憂。物理之然也。臣不敢以遠古言之。請借隋而說。臣聞長老言隋之末代。天下猶平。煬帝不襲窮毒。威武厭居皇

極自恣元戎以百萬之師觀兵遼海天下始騷然矣遂使楊玄感挾不臣之勢有犬盜之心欲因人謀以竊皇業乃稱兵中夏將據洛陽哮闞之勢傾宇宙矣然亂未踰月而首足異處何者天下之弊未有土崩蒸人之心猶望樂業煬帝不寤瞀忽人機自以為元惡既誅天下無巨猾也皇極之任可以刑罰理之遂使兵部尚書樊子蓋專行屠戮大窮黨與海內豪士無不罹殃遂至殺人如麻流血成澤天下靡然始思為亂矣於是蕭銑朱粲起於荊南李密竇建德亂於河北四海雲搖遂並起而隋族亡矣豈不哀哉長老至今談之委曲如是臣竊以此上觀三代夏殷周興亡下及秦漢魏晉理亂莫不皆以毒刑致敗壞也夫大獄一起不能無濫何者刀筆之吏罕識大方斷獄能者名在急劾文深網密則共稱至公爰及人主亦謂其奉法於是利在殺人罕能平恕故獄吏相誡以殺為詞非憎於人也而利在已

故上希人主之旨以圖榮身之利徇利既多則不能無濫濫及良善則淫刑逞矣夫人情莫不自愛其身陛下以此察之豈能無濫也冤人吁嗟感傷和氣和氣悖亂群生癘疫水旱隨之則有凶年人既失業則禍亂之心怵然而生矣頃來亢陽愆候雲而不雨農夫釋耒瞻望嗷嗷豈不猶陛下之有聖德而不降澤於天下人也儻旱遂過春廢於時種今年稼穡必有損矣陛下何不敬承天意以澤恤人臣聞古者明王重慎刑罰蓋懼此也書不云乎與其殺不辜寧失不經陛下柰何以堂堂之聖猶務強霸之威哉愚臣竊為陛下不取也且愚人安則樂生危則思變故事有招禍而法有起姦儻大獄未休支黨日廣天下疑惑相恐無辜人情之變不可不察昔漢武帝時巫蠱獄起江充行詐惑亂京師致使太子奔走兵交宮闕無辜被害者以千萬數當此之時劉氏宗廟幾傾覆矣賴武帝得壺關三老上書廓然

感悟夷江充三族餘獄不論天下以安耳臣每讀漢書至此未嘗不為戾太子流涕也古人云前事之不忘後事之師伏願陛下念之今臣不避湯鑊之罪以螻蟻之命輕觸宸嚴臣非不惡死而貪生也誠恐負陛下恩愚臣不敢以微命蔽塞聰明亦非敢欲陛下頓息刑罰望在恤刑耳乞與三事大夫圖其可否往者不可諫來者猶可追無以臣微而忽其奏天下幸甚

鳳閣舍人韋嗣立上疏曰臣竊嘗聞之在堯舜之日畫其衣冠當文景之時幾致刑措歷茲千載以為美談臣伏惟陛下睿哲欽明窮神知化自軒昊以降莫之與京獨有往之論法或未盡善皆由主司姦宄或亂視聽尋而陛下聖察具詳之矣然竟未能明其本源察其前事令天下萬姓識陛下本心尚使四海多銜冤之人九泉有抱痛之鬼臣誠愚暗不識大綱請為陛下始末而言其事揚豫之後刑獄漸

興用法之伍務於窮竟連坐相牽數年不絕遂使巨姦大猾伺隙乘間內包豺狼之心外示鷹鸇之跡陰圖潛結共相影會構似是之言成不赦之罪皆深為巧詆恣行楚毒人不勝痛便乞自誣公卿士庶連頸受戮道路籍籍雖知非辜而鍛鍊已成辭占皆合縱皐陶為理于公定刑則謂汚棺毀柩猶未塞責雖陛下仁慈哀念恤獄緩死及覽辭狀便已周密皆謂勘鞫得情是其實犯雖欲寬捨其如法何於是小乃身誅大則族滅相緣共坐者不可勝言此豈宿構讎嫌將申報復皆圖苟成公効自求官賞當時稱傳謂為羅織其中陷刑得罪者雖有敏識通才被告言者便遭枉抑心徒痛其冤酷口莫能以自明或受誅夷或遭殛竄並甘心引分赴之如歸故知弄法侮文傷人實甚賴陛下特迴聖察昭然詳究周興丘勣之類弘義俊臣之徒皆相次伏誅事暴遐邇而朝野慶泰若再覩陽和且如仁傑元忠俱羅

枉係被勘鞫之際亦皆自誣向非陛下至明垂以省察則追臨之戮已及其身欲望輸忠聖代安可復得陛下擢而升之各為良輔國之楨幹稱此二人何乃前非而後是哉誠由枉陷與甄明耳臣但恐往之得罪者多並皆此流則向時之寃其數甚衆昔殺一孝婦尚或降災而濫者蓋多寧無怨氣怨氣上達則水旱所興欲望歲登不可得也陛下儻弘天地之大德施雷雨之深仁歸罪於削刻之徒降恩於枉濫之伍自垂拱已來大辟罪已下常赦所不原者罪無輕重一皆原洗被以昭蘇伏法之輩追還官爵緣累之徒普霑恩造如此則天下皆知比所陷罪元非陛下之意咸是虐吏之辜幽明歡欣則感通和氣和氣下降則風雨以時風雨以時則五穀豐稔歲既稔矣人亦安矣太平之美亦何遠哉伏願陛下深察。

萬年主簿徐堅上言曰書有五聽令有三覆慮失情也比犯大逆詔

使者勘當得實輒決人命至重萬有一不實欲訴無由以就赤族豈不痛哉此不足揜下之姦亂適長使人威福耳臣請如令覆奏則死者無恨又古者罰不逮嗣故郤芮亂國而缺升諸朝嵇康蒙戮而紹死于難則於他親不復致疑令選部廣責逆人親屬至無服者尚數十條且詔書與逆同堂親不任京畿緦麻親不得侍衛臣請如詔書外一切不禁以申曠蕩。

時有告勝州都督王安仁謀反太后敕殿中侍御史王弘義按其事弘義素酷無行安仁不服弘義即枷上刎其首朝士人人自危每朝輒與家人訣曰未知復相見否御史中丞李嗣真乃上疏曰古者獄成公卿參聽王必三宥然後行刑比日獄官單車奉使臨時專決不復聞奏倘有寃濫何由可知況以九品之官專命推覆操殺生之柄竊人主之威案覆既不在秋官省審復不由門下國之利器輕以假人恐為社稷之禍太后不聽。

姚崇拜侍郎后嘗語左右曰往周興來俊臣等數治詔獄朝臣相逮引一切承反朕意其枉更畀近臣臨問皆得其手牒不寃朕無所疑即可其奏自俊臣等誅遂無反者然則向論死得無寃邪崇對曰自垂拱後被告者類自誣當是時以告言為功故天下號曰羅織甚於漢之鉤黨雖陛下使近臣覆訊彼尚不自保敢一搖手以悖酷吏意哉且被問不承則重罹其慘如張虔勗李安靜等皆是也今賴天之靈發寤陛下凶豎殲夷朝廷乂安臣以一門百口保內外官無復反者陛下以告牒置弗推後若反有端臣請坐知而不告后悅曰前宰相務順可陷我為淫刑主聞公之言乃得朕心賜銀千兩。

玄宗時夷州刺史楊濬以贓抵死有詔杖六十流古州尚書左丞相裴耀卿上言曰刺史縣令異諸吏為人父母風化所瞻今使裸躬受

笞事太逼辱法至死則天下共之然一朝下吏屈挫牽頓民且哀憐是忘免死之恩而有傷心之痛恐非崇守長勸風俗意又雜犯抵死無杖刑必三覆後決今非時不覆或夭其命非所以寬宥之也凡大暑決囚多死秋冬乃有全者請令貸死決杖會盛夏生長時並停則有再生之實。

陳州刺史李邕素輕張說與相惡會仇人告邕贓貸枉法下獄當死許昌孔璋上書曰明主舉能而舍過取才而棄行烈士抗節勇者不避死故晉用林父不以過漢任陳平不以行禽息隕身不祈生北郭碎首不愛死向若林父誅陳平死百里不用晏嬰見逐是晉無赤狄之土漢無天子之尊秦不彊齊不霸矣伏見陳州刺史邕剛毅忠烈難不苟免往者折二張之角挫韋氏之鋒雖身受謫屈而姦謀沮解即邕有功於國且邕所能者拯孤恤窮救乏賙惠家無私聚今聞坐

賊下吏。死在旦夕。臣聞生無益於國書。不若殺身以明賢。臣願以六尺之軀膏鈇鉞以代邕死。臣與邕生平不欵曲。臣知有邕。邕不知有臣。臣不逮邕明矣。夫知賢而舉。仁也。任人之患。義也。獲二善以死。臣又何求。伏惟陛下寬邕之死。使率德改行。與林父曲逆之功。臣得瞑目附翕息北郭之迹。大願畢矣。若以陽和方始。重行大戮。則臣請伏斂不敢煩有司。皇天后土。實聞臣言。昔吳楚反。漢得劇孟則不憂。天以一賢而敵七國之衆。伏惟數含垢之道。棄瑕之義。遠思劇孟。近取於邕。況告成岱宗。天地更新。赦而復論。人誰無罪。惟明主圖之。臣聞士為知己者死。臣不為死者所知而甘之死者。非特惜邕賢。亦以成陛下矜能之慈。疏奏。邕得減死。

代宗時。東京平。陳希烈等數百人待罪。議者將悉抵死。帝意亦欲懲天下。故崔器等附致深文。李峴時為三司。獨上奏曰。法有首有從。情有重有輕。若一切論死。非陛下與天下惟新。意且羯胡亂常。誰不凌汙。衣冠奔亡。各顧其生。可盡責耶。陛下之親戚勳舊子若孫。一日皆血鈇砧。尚為仁恕哉。書。殲厥渠魁。脅從罔治。況河北殘孽劫服官吏。其人尚多。今不開自新之路。而盡誅之。是堅叛者使為賊致死。困獸猶鬬。況數萬人乎。於時器與呂諲。皆齗齗文吏。操常議。不及大體。峴尚騰頰固爭。數日乃見聽。衣冠蒙更生。賊亦不能使人歸怨天子。峴之力也。

德宗時。中書侍郎同中書門下平章事陸贄奏商量處置竇參狀曰。

右希顏奉宣進止。朝來共卿等商量竇參事。卿等所奏雖於大體甚好。然此人交結中外。意在不測。朕試根尋。灼然審知情狀。所以有此商量。又聞竇參在彼處。亦共諸處交通不絕。社稷事重。卿等只合與朕同憂。宜即作文書進來。此事非小。不可更遲者。臣面承深旨。又奉

密宣。皆以社稷為言。又知根尋已審。敢不上同憂憤。內絕狐疑。豈願遲迴。更貽念慮。但以嘗經重任。斯謂大臣。進退之間。猶宜有禮。誅殛之際。不可無名。劉晏久掌貨財。當時亦招怨讟。及加罪責。事不分明。叛者既得以為辭。衆人為之懷懟。用刑暧昧。損累不輕。事例未遙。所宜重慎。竇參頃司鈞軸。頗怙恩私。貪饕貨財。引縱親黨。此則朝廷同議。天下共傳。至於僭懷異圖。將起大惡。跡既未露。人皆莫知。臣等親奉威顏。議加刑辟。但聞凶險之意。尚昧結構之由。況在衆流。何由察悉。忽行峻罰。必謂冤誣。群情震驚。事亦非細。若不付外推鞫。則恐難定罪名。乞留睿聽。更少詳度。竇參於臣素分。陛下固所明知。有何顧懷。輒欲營　臣以事關國體。義絕私嫌。所冀典刑不濫。於清時。君道免虧於聖化　特希天鑒。俯亮愚誠。

贄又上奏曰。右希顏奉宣進止。竇參結朕左右。兼有陰謀。皆有憑據。事不暧昧。只緣連及處多。不可推按。卿等宜更商量。若絕恐事体不穩。即且流貶向絕遠惡處。竇申竇榮李則之首末同惡。無所不至。又並微細。不比竇參。宜便商量處置。其竇參等所有朋黨親密。並不可容在側近。宜便條疏盡數遣向僻遠無兵馬處。先雖已經流貶。更移向遠惡處者。伏以竇參罪犯。誠合誅夷。聖德含弘。務全事体。特寬嚴憲。俯貸餘生。始終之恩。實足感於庶品。仁育之惠。不獨幸於斯人。所議貶官。謹具別狀。且竇榮竇申李則之等。既皆同惡。固亦難容。然以得罪相因。法有首從。若當居重從合差輕。參既蒙恩。矜全申等亦宜減降。又於黨與之內。亦有淑慝之殊。稍示區分。足彰勸勵。竇榮與參雖是近屬。亦甚相親。然於欵密之中。都無邪僻之事。仍聞激憤。屢有直言。因此漸構猜嫌。晚年頗見疎忌。若論今者陰事。則尚未究端由。如據比來所行。必應不至凶險。恐須差異。以表詳明。臣等商量竇榮

更貶遠官實申則之並除名配流謹具別狀進擬庶允從輕之典以洽好生之恩夫趨勢附權時俗常態苟無高節出衆何能特立不群竇參久秉鈞衡特承寵渥君之所任孰敢不從或遊於門庭或結以中外或偏被接引或驟與薦延如此之徒十恒七八若聽流議皆謂黨私自非甚與交親安可悉從貶累況竇參罷黜迫欲周星應是私黨近親當時並以連坐人心久定不可復搖今者再責竇參持緣別有結構陛下覩自尋究審得事情所與連謀固知定數今若普加譴斥則恐雖類淪胥罪無指名誰不疑懼中外洶洶殊非令猷臣等商量除同謀陰邪事狀分明者其餘一切更無所問務爲穩便未審可否

贄又上奏曰右希顏奉宣進止凡是官吏貪濁取受錢物猶並徵贓竇參負朕至深廣納賄貨又更交結謀行惡事其莊宅錢物奴婢之類豈不合收納入官竇參身既遠貶亦恐被人破除隱沒今欲使人

盡收拾卿等商量可否者謹按國家典法沒入官產唯有兩科一謂姦贓二謂叛逆皆須先鞫犯狀審得實情憲司察寃法寺論罪會府覆奏援據參詳如是悉無異詞然後謂之獄成而聞於天子其有抵于深辟者制可既下所司猶三五覆奏庶或宥之聖王愛人恤刑乃至如此精慎罪法既定方合徵收叛逆則盡沒其家姦贓則止徵所犯蓋示懲戒匪貪貨財何嘗有罪未斷有法未詳而可以納其資產者也伏惟聖德廣大如天包含懲忿於彝憲之中念終於常情之外已存惠貸不寘嚴刑今若簿錄其家竊恐以財傷義猥蒙下問實荷皇明輒罄愚誠所祈天鑒謹奏

憲宗嘗問政之寬猛孰先禮部侍郎同中書門下平章事權德輿對曰唐家承隋苛虐以仁厚爲先太宗皇帝見明堂圖始禁鞭背列聖所循皆尚德教故天寶大盜竊發俄而夷滅蓋本朝之化感人心之深也帝曰誠如公言

昭宗時韓全誨誅宮人多坐死帝欲盡去餘黨學士韓偓曰禮人臣無將將必誅宮婢負恩不可赦然不三十年不能成人盡誅則傷仁願去尤者自內安外以靜羣心帝善之

後晉出帝開運中諸鎮恣用酷刑左拾遺竇儼上疏曰案名例律死刑二絞斬之謂也絞者筋骨相連斬者頭頸異處大辟之目不出兩端淫刑之興近聞數等蓋緣外地不守通規或以長釘貫人手足或以短刀臠人肌膚迁延信宿不令就死寃聲上達和氣有傷望加禁止帝從之

歷代名臣奏議卷之二百十五

慎刑

宋太宗太平興國中詔羣臣言事知睦州桐廬縣刁衎上諫曰刑書謂淫刑酷法非律文所載者望詔天下悉禁止之巡檢使臣捕得盜賊亡卒並送本部法官訊鞫無得擅加酷虐古者投姦凶于四裔今遠方囚人盡歸京闕以配務役最非其宜且神皐勝地天子所居豈使流俗於此聚役自今外處罪人望勿許解送上京亦不留於諸務充役又禮曰刑人於市與衆棄之則知黃屋紫宸之中非用刑行法之處望自今御前不行決罰之刑殿前引見司鉗黥法具並赴御史臺廷尉之獄敎杖不以大小皆引赴御史廷尉京府或出中使或命法官具禮監科以重聖皇明刑愼法之意或有犯刼盜亡命罪重者刖足釘身國門布令此乃小民昧於刑憲逼於衣食偶然爲惡義不

及他被其慘毒實傷風化亦望減除其法如此則人情不駭各固其生和氣無傷必臻上瑞

真宗咸平四年春旱判三司楊覃上言曰古之用刑皆避三統之月漢舊章斷獄報重盡三冬之月又唐太宗凡斷重刑日勅減膳徹樂今春物方盛時雨尚愆輦轂之下獄係甚繁望詔有司死罪未得論決俟雨降乃復常典仍望自今凡決重刑日依唐故事以彰至仁之德

五年通判蘄州錢易乞除非法之刑䟽曰臣竊聞聖人之爲政也太上以仁其次以智仁智不行上下無信是以刑之設也蓋國家不得已而用之約禮從輕察罪肆赦聖人實有憫傷之心焉是以刑之用期于無刑爾非欲毒於民也凡考罪之獄則五辭五聽無有疑屈然後擇其時而行之古者痛其不可盡行乃施許贖之典則君之省刑愛民斷可知矣堯之時誅四罪止曰殛鯀于羽山竄三苗戮驩兜斬

共工于其處然此四罪者皆殺戮滅絕之典也蓋堯之仁聖而四者雖凶尚惡言殺是故國之重者莫先乎刑刑之傷者無至于殺乃修其法式以節其用刑不本於法則刑黷刑黷則法無據法無據則國政暴國政暴則臣不敢言臣不敢言則一人專善惡之心以制天下燭理不及則幾于亂矣秦任商鞅仁智不行而厚於法天欲喪秦而始皇復酷於民棄三代之法恣一時之威行肉刑族誅之例爲秦民者皆寃之殘害父母之軀命受苦痛一人有過而九族遭誅漢祖既入關蕭何以文爲害居宰相故約秦之法爲三章文帝有德詔除肉刑此蓋秦漢是非明在簡策夫古之肉刑者劓椓黥刖之類然此刑者非死刑也以其身命尚存命受其刑後代尚以爲虐而絕之死刑者有二焉夫斬小絞絞者以首領猶全故分二等百代奉之以爲常法有司承式罔敢增變竊見近代以來非法之刑不知建於何時本

於何法律文不載無以證之亦累代法吏不敢言至于今日乃或行之刼殺人白日奪物背軍逃走與造惡逆者或時有非常之罪者不從法司所斷皆支解臠割斷截首足坐釘立釘鈎背烙筋及諸雜受刑者身見白骨而口眼之具猶動四躰分落而呻痛之聲未息置之闤闠以示徒衆四方之外長吏殘暴更加增造取心居剔所不忍言十五年前杭州妖僧造變數歲前蜀部兩回作亂事後多用此刑亦恐仁聖之朝不能除之則永爲訛法今蓋以已死之刑復加臠截斷割此即古之五虐之刑不酷於今矣凡罪當死故重矣刑止于殺則絞斬行焉而使先受苦痛臠截斷割然後就刑然亦非欲黷於刑所貴誡於後人令無犯者臣淳化中寄居壽春縣見巡檢使生釘一賊而於集衆之際猶盜人物者此豈嚴刑可誡乎若使嚴刑可誡則秦之天下無一黔首爲盜賊矣漢文措刑亦亂國矣三代以來當九刑

矣。齊之以刑。亦不當言民免而無耻矣。臣愚見以謂一人愛民。民亦愛一人。既愛於上。則奉上而懼。苟以嚴刑欲識。則懼未至而怨已深。伏惟陛下仁理天下。德感中外。事天地如父母。愛赤子如嬰孺。僭偽悉蕩。祥瑞疊現。古帝王不能行之者皆行之。近代未復古者悉復之。臣恐近代非法之刑非陛下能除之。則後代相承益為常行矣。臣又竊見唐文皇以人之五臟繫于背。有罪者仍不行鞭背。慮傷其命。故于今稱善理天下。能保社稷。皆曰文皇。放死罪四百令歸畢農。然後就法。至期而無一人不到者。此豈在嚴也。且近廣州僭稱帝號。理廣以酷。死于毒刑。湯煎鋸解。靡所不至。廣民怨之。立於刀刃。今之史傳貶以尚刑。太祖神德皇帝平之。而絕其法。廣民于今歌頌鼓舞。方保其生。死亦無怨。今或非法之刑不除。亦恐政闕。況割心刖脛。獨夫受行之矣。為萬古所笑。今以此為刑。臣耻之。陛下亦必耻之。非臣盡心報政。孰肯言於陛下。非陛下大聖仁慈。孰能信臣而行之哉。臣不勝深有所望。乞自今後明下詔書。斷天下非法之刑。止存絞斬。則仁政王道盡在此矣。陛下從而行之。則誅臣一身愚直之罪。亦幸矣。

真宗時。殿中侍御史趙湘上奏曰。聖王行法。必順天道。漢制大辟之科。盡冬月乃斷。此古之善政。當舉行之。且十二月為承天節。萬方祝頌之時。而大辟決斷如故。況十一月一陽始出。其氣尚微。議獄緩刑。所以助陽抑陰也。望以十一月十二月內天下大辟未結正者。更令詳覆。已結正者。未令決斷。所在厚加矜恤。掃除獄房。供給飲食薪炭之屬。防護無致他故。情可憫者奏聽敕裁。合依法者盡冬月乃斷。在京大辟人。既當春孟之月。亦行慶施惠之時。伏望萬機之暇。臨軒躬覽。情可憫者特從末減。亦所以布聖澤於無窮。況愚民之抵罪。未斷兩月。亦非淹延。若用刑順於陰陽。則四時之氣和。氣和則百穀豐實。水旱不作矣。

仁宗天聖四年。刑部侍郎燕肅上奏曰。臣切考唐大理卿胡演進月囚帳。太宗曰。其間有可矜者。豈宜一以律斷。因詔凡大辟罪。令尚書九卿讞之。又詔凡決死刑。京師五覆奏。諸州三覆奏。自是全活甚衆。正觀四年。斷死罪二十九。開元二十五年。斷五十八。今天下生齒未加於唐。而天聖二年斷大辟二千四百三十六。視唐幾至百倍。京師大辟雖待覆奏。而州郡之獄有疑及情可憫者至上請。而法守多所舉駁。官吏率得不應奏之罪。故皆增飾事狀。移情就法。失朝廷欽恤之意。望准唐故事。天下死罪皆得一覆奏。議者必曰。待報淹延。臣則以為漢律皆以季秋論囚。又唐自立春至秋分不決死刑。未聞淹延以害漢唐之治也。

仁宗時。監察御史裏行包拯請令提刑親按罪人疏曰。臣伏見國家設按刑之司。蓋慮郡縣長吏或不得人。刑罰寬濫。俾之糾察。而大獄出入。未嘗按問。細故增減。即務舉劾。是小過必察而大罪不詰。何以副聖人欽恤之意哉。今敢畧舉一二以明之。臣昨任端州日。獄中重囚七人。其案已就。適會提刑司巡歷將至。聞其未斷。即遷延引避。又鄰近春州禁勘罪人。追捕甚衆。縲繫二百餘日。凡該大辟罪者四五人。徒罪不少。亦不聞提刑司推究淹延之狀。洎轉運司取公案委官定奪。果有失入死罪等。雖官吏悉行重典。而死者不可復生。竊恐天下刑獄似此冤枉者至多。雖前後累降詔勅丁寧。罕或遵守。臣欲乞今後諸州凡勘大辟罪。不以軍賊百姓五人已上。并求違日限者。並委提刑司畫時親往審問決斷。所冀刑獄無或冤濫。

知陝州吳育乞今後毋輕置詔獄疏曰。臣聞先王疑獄難纏。不欲聞見人之過失。有犯典憲。即屬之有司。按文處斷。情可矜者猶或特從寬典。如此則恩歸主上，而法在有司。人被誅殛，死亦無憾。祖宗以來，不許刑獄司狀外求罪，是以人人自安。近傳三司判官楊儀下獄，自御史臺移勘都亭驛，械縛過市，萬目隨之，咸共驚駭，不測為何等大獄。及文案具，乃止坐請求常事，非有枉法贓賄。又傳所斷罪名，法不至此，而出朝廷特旨，恐非恩歸主上、法在有司之意也。且儀身預朝行，職居館閣，任事省府，使有大罪，雖加誅斬，自有憲章。苟不然者，一旦至此，使士大夫不勝其辱，下民輕視其上，非所以養廉恥、示敦厚也。自古刑獄滋彰之時，誅家滅族，冤枉太半。大抵雷霆方振，人莫敢言，有司以深就深，各圖自免，或因而為利，以希進取，使君恩不得下達，人情不得上通，感傷至和，災變百出。陛下為四海覆載之主，忽使道路之口紛紛竊議，朝廷之士人人自冤，此臣所以深為陛下痛惜之也。若儀罪未斷，臣不敢言。今事已往，且無救解之嫌，止祈聖神此

後詳審庶事，毋輕置詔獄。具案之上，自非情涉巨蠹，宜從有司論讞，不必法外重行。如此足以安人心，靜風俗，養廉恥，召和平，天下之幸也。

知諫院司馬光上奏曰：臣等伏聞皇城司親事官奏覩有百姓殺人，私用錢物休和，事下開封府推鞫，皆無事實。欲勾元初巡察人照勘，其皇城司庇護不肯交付。臣等竊以祖宗開基之始，人心未安，恐有大姦陰謀無狀，所以躬自選擇左右親信之人，使之周流民間，密行伺察。當是之時，萬一有挾私誣枉者，則斧鉞隨之，是以此屬皆知畏懼，莫敢為非。今海內承平，已踰百年，上下安固，人無異望，世變風移，宜有釐革，而因循舊貫，更成大弊。乃至帝室姻親、諸司倉庫，悉委此屬。摭其過失，廣作威福，公受貨賂。所愛則雖有大惡，掩而不問；所憎則舉動語言，皆見掎摭。臣等常病國家擇天下賢才以為公卿百官

而猶不可信，顧任此廝役小人以為耳目，豈足恃哉！今乃妄執平民，加之死罪，使人幽縶囹圄，橫罹楚毒，幸而不自誣服，僅能辨明。若更不聽有司詰問元初巡察之人，少加懲戒，臣恐此屬無復畏憚，愈加恣橫，使京師吏民無所措其手足，此豈合祖宗之意哉！伏望朝廷指揮皇城司，令送元初巡察人下開封府推問本情，或別有仇嫌，或察訪鹵莽，各隨其狀依法施行。仍自今後永為定制，庶可以塞欺罔之源，絕侵冤之門，以全國家至公之道。

張方平上論曰：臣伏以先帝勤恤有邦，明慎庶獄，故內置審刑之職，以覆天下之辯；外布提點刑獄之司，受民詞牒，俾侵枉無辜之人有所訴告，得察舉州縣二千石已下群吏，一道百城，絆攝千里，其選任甚重。夫吏民之訟，州縣不得其情，而能復于外臺者，固鮮矣。外臺不為受則已矣，鄉鄙之民，有能立于肺石者乎？是故天下常有冤人、常

有滯訟。今之有是司，是為民更開取直之一門矣，豈非國家盡心于小大之獄者歟！然今各所部廣者至數十郡，而按行封域，不許分途，故終歲巡歷不逾一再，窮乏之民投訟既不能遠就，疑滯之繫有濫或不能盡聞。臣愚以為逐路可立廨于道里之中，一人行，一人處。行者察郡縣之治，處者受吏民之訟，使訟者有常適，治者有所憚。又臣比見州縣群吏有以剛介忤長吏及為眾所惡忌者，或以微犯下獄，遂至非命。臣愚以為應州縣吏抵罪而當繫鞫者，本屬州郡列其犯狀以聞，提點刑獄司本司攝取劾焉。其應對辯者，移州追遣；其官吏白行者，還同鞫焉。如此則長吏雖有凶暴之人，而下吏不罹枉濫之酷。夫郡政之舒慘，由長吏之仁暴，其有貪殘自用，藏昏昧理，倚法以削，恣情無憚，則是流虐被境，人孰敢遏？雖有掾佐，地卑而勢弱，蓋亦

徒展螳蜋之臂。雖有介貳事同而力亞。孰肯輕犯豺狼之口。故多容容自守。循循引避。不唱和者雖矣。能持執者鮮哉。又況以中人而居下位。罕不承風而迎意者也。近如蘄州王褒正之姦暴。林宗言之侵辱。其可知矣。且宗言嗣士。褒正員郎。官叙固相亞埒。守宰未爲遠絕。以地居控轄。摧屈至然。又況尊卑不侔。位貌相邈者乎。死爲宜矣。故臣請官吏抵罪當繫者。付提點之司。劾焉。則庶乎盡情僞之實。免鍛鍊之枉。誠用刑之一益也。

古乎又上論曰。臣聞刑罰不中。則民無所措手足。夫刑者治之末路也。然古帝明王所以輔德教。非必刑人殺人。剿刖人而後爲刑也。故舜稱臯陶曰。汝作士。明于五刑。以弼五教。期于予治。刑期于無刑。民協于中。惟茲臣庶。罔或干予正。時乃功懋哉。而臯陶歸美于帝曰。帝德罔愆。臨下以簡。御衆以寬。罰弗及嗣。賞延于世。宥過無大。刑故無小。罪疑惟輕。功疑惟重。與其殺不辜。寧失不經。好生之德。洽于民心。茲用不犯于有司。此言君能以德撫民。臣能將順其美。乃大明服。致時雍熙。故至于無爲而治也。三代之王。歷世治者。孰不慎求理官之良。以決刑法之平哉。在周文王則曰。罔攸兼于庶獄庶慎。惟有司之牧夫。武則蘇公式罰。穆則甫侯訓刑。西漢則釋之定國以寬平名於文宣之朝。東都則郭躬陳寵以矜恕稱於明章之際。凡人主存意于欽恤。則有司盡心於讞當。夫刑者有濫。有濫有破家覆族。人命之所繫。可不重歟。夫刑者有生有殺。有亂邦危國。主柄之所在。可不慎歟。未有不由寬慈惠和以得衆。未有不由慘虐酷毒以失民。立官選才蔽要處當。而造備具。五辭簡孚。小大之情。鰥寡無蓋。一成之法。三尺具存。而舞文巧詆之人。曲致希合之吏。播或高下其手。輕重在心。鉤摭鍛磨。罔用靈制。又況多張羅穽。旁開詔獄。理官不得而議。廷臣不

聞其辯。事成近習之手。法有二三之門哉。是人主悅天下以私。而大柄所以失於下。亂所由生也。漢唐之覆車。軌迹猶在。漢有亂政而立黃門北寺之獄。唐有亂政而起神策北軍之獄。二辟之興。皆弊世也。大凡強臣擅命。女君臨朝。率多作爲刑獄。以威制天下。而官有二辟流虐尤甚。濟其賊害。鴟梟姦宄。奪攘矯虔。誣染善良。屠陷吉士。邪枉織結。冤横焚滔。惟詐惟內。惟貨惟來。漢自黨事之起。曁衰俊乂。邦國殄瘁。朝野分離。泯泯棼棼。而至顛亡。唐自晚節。雖捋相大獄亦成於閹寺。吏復羅織豪人。沒取財貨。書云。典獄非訖于威。惟訖于富。言當先絕乎賕賂也。于後南北奔刺。民庶怨愁。陵遲替否。以成危亂。故知刑罰者。人主大柄。天下公器。非所以假人者也。法一傾。而上下危矣。我國家體仁重熙。明德慎罰。震曜殺戮。具嚴天威。平康正直。審用中典。惟良折獄。何擇非人。慎測淺深之量。必附寬平之比。忠愛恩惠。在人骨髓。可謂祥刑寬法。率乂無濫矣。然頃歲王府鞫獄。或以中人臨訊。有司承旨。頗復侵急。于時識者。懼履霜之漸。已有寒心者矣。而陛下神斷英裁。天德剛健。威福不假。雷霆自然。遠覽躬攬萬機。首爲辨洗。斥遠招權之孽。擯去陰佞之猾。明明非常。白日開照。可謂立法垂制之大智。聰明叡武之英主哉。臣愚伏願陛下顯示明制。垂戒無窮。俾刑罰之權。非有司不得專。無容自外干預。庶羼于五極。咸中有慶。永貽百世。監于我祥刑。詩曰。宜民宜人。受祿于天。書曰。一人有慶。兆民賴之。大矣天之休。爲民之福。德之甚盛。其惟慎刑乎。

審刑院詳議官孫抃上奏曰。臣聞書云。官師相規。工執藝事以諫。臣不肖。覩逢寬仁之主。爲執法吏。輒原刑罰之本。頗效愚忠。惟陛下幸憐赦。臣以畢其說。竊惟前世肉刑之設。斷肢體。刻肌膚。使終身不忘。以至屨賤踊貴。有鼻者醜。刑罰之濫。乃如此。漢文感緹縈之意。謂刑

者不可復屬雖欲改行為善其道無由故於肉刑易之以鞭笞曰斬左指者笞五百劓者笞三百然已死而笞未止外有輕刑之譽內實殺之景帝益寬之僅有存者祖宗覽既往之弊蠲除煩苛顧我細民愛同赤子始用折杖之法新天下之耳目茲蓋曠古聖賢思所未至一旦決而行之海隅元元如被父母之教惠澤之厚淪於骨髓矣陛下至明如日廣覆如天高拱法宮深測民隱何嘗不申勑羣吏親覽庶獄而疑讞屢報圄不蒙王歷代用刑未嘗如本朝之清宜乎天報之佳瑞錫以純嘏陛下方當隆盛之際未享繼嗣之慶者臣竊惑焉

臣聞天地之性人為貴　者之治故當上調陰陽下順萬物一蟲魚之細一草木之微不當其宜則執政者有罪焉耳況乎肖方圓之貌稟精粹之靈乎天其意者宦官太衆而陛下未悟也何者古者肉刑之一曰宮聖人除之所以重絕人之世今陛下不以為意宦官之家競求他子勦絕人理希望爵賞為門戶之芘童幼何罪陷於刀鋸因而夭死者未易具數夫有疾而夭者治世所羞況無疾乎有罪而宮者前王不忍況無罪乎臣又聞漢永平之際中常侍四員小黃門十人耳唐太宗定制無逾百員臣不敢遠引漢唐取必於當世請以祖宗近事較之陛下試觀祖宗時宦官凡幾何人今凡幾何人衆寡之差不待臣言而陛下可見臣愚以為胎卵傷而鳳凰未至宦官盛而繼嗣未育伏望陛下順陽春施生之令濬發德音詔巖廊大臣詳為條禁進獻為宦官者一切權罷罷進獻則不足任使臣謂非不足也弊在掌典他務之過也陛下若命宦者兼領外事則雖多而不足如令專守中禁則雖少而有餘且宣傳聖旨分幹職任則有外廷三班之臣在外何必區區於中人哉今三班使臣待闕都下率三二歲未能補吏至於出妻鬻子嗟怨道途和氣既傷厲隔都盡析亦內臣侵

年貞闕所致今既罷去進獻絕領他務姑可許養子得以為後但勿去其勢耳於內臣之計則不至傷息於陛下之私則不為害物若然天心必應聖嗣必廣召福祥安社稷之策無先於此孟子有言老吾老以及人之老幼吾幼以及人之幼惟陛下留意中外不勝幸甚

侍御史趙抃乞釋傅卞罪狀曰臣伏見國子博士傅卞近因所乘馬驚逸衝冒禁衛係憲臺勘鞫法寺議讞竊緣卞經明行脩士譽推服今其所犯衆知詿誤書曰眚災肆赦易曰赦過宥罪此皆聖賢用忠恕之道以謂凡人孽非自作以過誤而獲累者則赦之而勿疑伏惟陛下至仁至聖堯舜其心凡百用刑必原情實臣愚欲乞聖旨指揮明卞之誤釋卞之罪申恩屈法則涵容光大之德日益隆盛也

知制誥糾察在京刑獄范鎮上奏曰臣等奏陳開封府勘到桑達公事不經本司引問便行處斷雖攀援近例即元無正條乞今後一切編勑施行今月十九日准密院劄子節文右開封府緣有上件體例所乞今後一依編勑施行已奉聖旨不行臣等未曉此理檢會開封府前後承受特旨勘鞫公事本非因聖意有所喜怒皆是府縣失職不能禁姦姦發之後尚未舉覺致煩聖聰旁加采聽正是其救過苟免之際然則結案之後一行審問略辯白黑宜無所害何必深自蔽匿偷欲了當或內懷不辜無所申吐恐此但可以成獄吏侮文之弊而未足副朝廷恤刑之意也先帝聖德仁明欽恤庶獄以京師浩穰刑獄最繁故建設糾察一司令澄審真偽欲使凡受罪者自以不冤從建置以來每有大辟倍加精審此則先帝不敢兼於庶獄庶謹惟有司之任聖鑒卓然與文王等矣若以奉聖旨并中書密院所勘公事即不錄問無乃非先帝之意亂有司之守大凡設法者必關盛衰以立制防因循以杜漸今既曲許聖旨中書密院所勘公事不復審

察未見所以尊朝廷重刑罰之理而適足啓府縣弛慢不勤其職獄吏侵侮無所忌憚罪人銜冤不得告訴之弊此臣所不諭也又竊見朝廷舊法中外通制官府常守皆不許用例破條令或於四方承平之日京師取則之地刑獄極審之司人命至重之際特許廢條用例事理乖舛又臣所不諭也臣等蒙朝廷選委不敢不盡心誠望萬分有一可補聖政非欲採摭錯失以為己能但先帝所謹者亦望陛下謹之刑不可濫赦不可啓條不可廢苟不可廣乞今後府司及左右軍巡大辟公事內雖係奉聖旨及中書密院勘送者案成之後一依編勑施行貴得允當

皇城邏卒吳清誣奏富民殺人鞠治無狀有司須清辨內侍主者不遣監察御史傅堯俞上奏曰近睹上言乞發遣親事官吳清等付開封府照證張文政公事至今未蒙施行臣竊思之深為不便豈有報

人殺人不從對辨獄詞未盡冤抑可虞固非陛下仁恤慎刑之素意也臣伏料陛下非惜此數人但欲知外事恐沮塞之令後不敢報耳以臣所見實為未得若付之有司辨其是否而賞罰之則實事日聞於陛下維慮言者多耳儻但縱之使言一切不問則以睚結之者有罪不發以事忤之者無過被報雖刺告盈前於陛下何益適足以煩刑禁而搖善良之心況今吳清等事與前後不同本屬城南地分乃報城東公事事實當賞吳清等而罪城東探報之人事虛則吳清等豈得免責苟罔辨是非蕩無拘檢臣恐此曹過蒙優假因勢作威誣陷平民漸不可長必有謂若沮此曹則陛下無由知外事者以此誤陛下幸深思臣言則事理可見伏望早賜指揮發遣免致淹延刑禁以長小人之權臣不任懇激之至

劉敞上奏曰臣伏以先帝哀矜庶獄開釋無辜以京師浩穰獄訟煩多創設糾察一司辨理微枉澄審繆誤誠不欲使吏得弄法民陷非罪設令侵冤有所告訴也伏見諸大辟公事或具獄既上情涉可疑或審問之際因自翻變者並皆移司推勘左軍則移右軍右軍則移左軍府司亦然然此三處形勢既均利害略同更相顧望自為地道寧伸吏曲莫念民枉以此治獄恐非朝廷欽恤之意臣謂諸大辟公事其情理可疑及因自變者並委糾察司奏請別差官置勘其司獄等仍須與元勘處不相干礙方許抽差如此則獄無銜冤之濫吏無試法之倖好生之德洽于民心

判刑部李綖上言曰一歲之中死刑無慮二千餘夫風俗之薄無甚骨肉相殘衣食之窮莫急於盜賊今犯法者衆豈刑罰不足以止姦而教化未能導其為善歟願詔刑部類天下所斷大辟歲上朝廷以助觀省從之

神宗熙寧元年知審刑院蘇頌奏乞春夏不斷大辟䟽曰臣伏思國家以仁恩被冒天下祖宗慎用刑辟陛下丕承謨烈憲章大備輕重得宜上自朝廷下及州縣遵守條詔無有違者雖杖笞之責不合法令未嘗輒行其已斷之獄猶宜加審官司縱出者坐罰深故者或至廢黜而不用臣嘗謂自堯舜以來經史所著用刑詳慎未有及我朝之仁恕平允者也惟論決重辟猶不以時而議者未嘗及之誠恐亦為聖世當行之一事臣愚戇不識大體故敢以前古之說言之傳曰賞以春夏刑以秋冬是三代之時春夏未嘗行誅殺也史載秦世四時行刑王莽盛夏殺人是皆譏其虐政也漢制斷獄報重常盡三冬之月蓋不於陽盛之時勦絕生類所以協天意助人情也東漢以後或行或否近世遂廢而不舉其說蓋患因繫之淹久耳臣以謂獄官案鞫苟有連逮不以輕重追呼參驗動涉歲時未嘗以淹久故釋而

不問也。臣愚欲望聖慈。參酌古義。采用周漢。詔天下獄囚自非惡逆以上決不待時外。其餘衆罪並俟秋冬論決。免當溫煦之日。而有愁痛之聲。亦足以成聖朝仁恩之義也。且無知之民輕犯刑網。殺之為可矜。貸之為廢法。萬一待決踰時。或遇恩降得從末減。是陛下不廢法而全人命者多矣。恩威並行。民知畏愛。上當天心。感召和氣。誠太平之高致也。

二年。樞密使呂公弼上奏曰。臣伏見韓絳嘗奏乞用肉刑。今日陛下亦以為然。絳又言假如折一支去一指有何不可。況堯舜尚用之。此徒信古之論。不適時變。自漢文感一人婦人之言罷肉刑而天下歸仁。逮今千餘年。一旦暴行之。駭四海觀聽。況古雖有肉刑之法。在堯舜之世亦未嘗行之。書曰。象以典刑。流宥五刑。堯舜之世。用流以寬五刑也。若四凶者。止於流。則五刑無所施焉。臣願陛下上法堯舜。下体漢文。無取汙儒好古之論。陛下病今之犯刑者衆。臣願審擇守臣宣布恵愛。使民各得其所。則民不犯上矣。今不究其本。而徒更其刑辟。臣恐民心一駭而動。後雖欲全撫之。未易安也。

三年。知陳州張方平上奏曰。臣伏以國朝自祖宗以至陛下。積德累仁。重用刑辟。急深故之罪。寬縱出之罰。愛育下民。若保赤子。致其忠愛可謂至矣。近年監司之官。所在多起刑獄。至于州郡。常程公事方行推問。未見情實。或已經檢斷事理明白。於法平允。偶其所見愛惡異同。即別差官置司推覆。事本微小。張皇為大。因緣撩擾。株連枝蔓。至有往還數千里勾追證佐。盛暑嚴冬。淹留牢禁。其中有罪犯絶輕亦有無罪之人。一身久繫。家為破散。瘦病飢寒。愁痛無告。及其結正亦有不移前案者。推勘官承望其意。巧文鍛鍊。雖是平人。亦須有虚妄為坐。以一州一路為率。至于天下。銜寃抱枉。感傷和氣。災害日生。

且獄者。人命所係。王者所當深重者也。豈容官吏依勢作威。事既自外專行。朝廷亦無由知得。臣到陳州。方此親見。自三月末赴本任。至四月中。所司呈公事一件。稱有兵士指論月請粮米事。係是去年十二月狀。自後行遣會問回報始足。遂於四月十二日送司理院。方行取勘。文案未具。當月十九日有轉運判官張次山到州點檢取索。一宗狀詞。將帶前去。尋別差官置院推勘。四月末所差官到院。至九月初方始結絶。歷一百二十餘日。前後所經禁繫近六十人。往還三千餘里。勾追照證。炎暑之月。係累道路。自夏涉秋。其間病患相繼。亦有軍貧枉遭刑禁。及至斷遣。並止杖罪。推院繳送到所取款狀二千一百三十一張。淨案六百七十張。諸雜行遣照證文字三十五卷。當時若自本州勘結不過十餘日可了。其滋章為弊如此。今又有百姓樊宗望公事。已經本州奏斷。近轉運副使李南公到州點檢。取索上件公案將帶前去。又已差官令置院推勘。臣詳樊宗望公事。本州勘結頗已詳允。具狀聞奏。法寺定斷。尋已准朝旨斷放訖。竊慮差官前來置院。依前追擾。淹延貧細之民。飢寒失所。欲乞特下法寺取索上件公案看詳。委有情節不圓。刑名差誤。即乞別差官依公取勘施行。緣此置獄之弊。事干天下。伏乞朝廷特降約束。諸路非奉朝旨所置推院。令推勘官候結案日。具録監司所送公事因由。據到院出院月日但係勾追禁繫人數。於在禁日有無病患死亡。所追干繫人州縣程途近遠。及斷放刑名。開坐申中書。送御史臺。或法寺看詳事狀。其有不當置院推鞫。或淹延枝蔓。枉繫無罪之人。諸有非理。伏乞議立條制頒下。所冀上合聖朝重用刑辟之意。感召和氣。以正治體

十年。監察御史裏行彭汝礪上奏曰。臣聞人主之所宰制。舉動百官萬民。如馭一馬。進退遠近。無不在我。非獨威福之效也。而有德禮焉。

上下之道報施而已上施之以禮則下欲報之以禮上施之以德則下欲報之以德其澤蓋非一世而已其遺波餘澤流溢漫衍及數十世而未已也朝廷數以疑似嵗起詔獄卿士大夫慄然懷苟免之心是故夤緣飾虗辭以為容悅故外有事君之禮而內無事君之心造為飾詐趨利亡恥其流及下浸不可止且古者於大臣其罪也甚章較著明白尚欲遷就而為之辭況事或出於嫌惡而多在於疑似此不可不重也故詩曰伐木掎矣析薪杝矣木非不可伐然必掎之恐傷其性也薪之欲析必固杝之不欲逆其根固也彼於物如此而況於人乎彼於民如此而況於卿士大夫乎且夫人主之威非特雷霆也而勢非特萬鈞也大臣之生死貴賤在人主而已是至微賤今以雷霆之威萬鈞之勢震壓於至微賤之身而阻之以虎狼之吏羅之以秋毫之法又逼之以拲杆桎梏之具待之如此何所求而不得者

夫漢唐之臣入嬰冠冕退就囹圄朝坐廟堂暮戮都市以今視之至有禮也自祖宗以來愛養卿士大夫甚厚天下化之皆肅然有尊尊貴貴之心今近臣輕於陷法於是浸益陵夷矣臣聞之君子言必慮其所終行必稽其所敝方陛下操與奪抑揚之柄以御羣下必不為已甚然末流之敝恐有甚於漢唐者夫舜誅四罪而天下咸服則刑罰雖盛世有不能無也至於以愛惡而議獄以疑似而論罪實非天下之所以望於陛下者

汝礪又上奏曰臣訪聞秦鳳路運判孫迥言熙河路結糴等事朝廷怒守臣輕為國費財為之置獄以迥使本路使究其事聞自經略安撫轉運總管知州通判使臣等已替未替揭留被劾及下獄幾四五十人其他連累左證者數倍矣夫朝廷專使置獄又以本路職司主之此無求而不得然一方騷然矣臣聞之國中之事聽之於君軍中之事聽之於將為國計惟慎擇其人而已今置帥不善故事至此然方軍興士民冒矢鏑沐霜露出萬死一生之地其所往還非貪墨吏則屠沽小人非有廉節禮義之士措足於其間也利不厚不足以使之法不寬不足以容之故為之帥者必縱弛繩墨不愛惜金帛然後使人死力其官府事素如此而以一旦密網羅之萬一不勝矣聞朝廷初許結糴即與官員秀才約之又未嘗為定價則本路以與官員秀才又賤與之雖為有罪然未為亂法朝廷遂以此起獄故人不能無疑恨焉今六州之勢亦未定也勞者未息離散者未集花麻伺其左鬼章窺其右蕃落雖有內向然猶首鼠兩端而營田事亦未就緒方當并謀合力以為經久計今以事擾之臣恐邊臣掣肘無敢為之志而小人獸駭有不自安之心萬一醜虜承上下之疑而以兵動恐所失不償於此矣陛下所以得熙河其費幾何其所用人幾何竭天

下之力而得之為數萬已費之財易之盡天下之慮而得之為匹夫不審之言輕疑之何始爭之重而終略之甚也事固起於不虞而禍生於人之所忽臣實為陛下重之聞結糴等錢稍見次序頗付有司許年歲收納如明入已者固在不赦其他些小違法事件伏望朝廷寬貸以安窮邊吏民之心

汝礪又上奏曰臣檢會近開封府奏軍人張全為殺死阿蘇合處死者臣伏念祖宗恩德博厚法令簡寬其風議入人也深故有司詳閱案牘上下皆以矜慎為事每有一事可施議論反覆至于再至于三至于四其言未嘗不從厚至於大辟必甚無可柰何乃敢行其明慎用刑前代蓋未有也今朝廷一日萬幾不及細務其原察情實必不能如有司之深盡其閱視案牘必不能如有司之詳其檢用條例必不能如有司之孰今有司皆以為不可殺朝廷必以為可殺是朝廷

敢於殺人不敢於生人也朝廷好惡有司以為表其所行有司以為例上有好者下必有甚焉今朝廷議刑欲重則有司皆將以深入為事其弊可立待夫朝廷所行則有司便據以為例昔者強盜不與謀者貸今殺之強盜殺人同行而不與聞知者貸今殺之自此殺人不可勝數矣於二聖好生之德其為累不淺豈可以不慎臣恭惟太皇太后陛下皇帝陛下大仁普施兼並天地雖一草木螻蟻猶欲愛惜保全況人民哉伏望陛下苟有可生亦何所吝

元豐二年尚書祠部員外郎直史館權知徐州軍州事蘇軾狀奏曰

臣聞漢宣帝地節四年詔曰令甲死者不可生刑者不可息此先帝之所重而吏未稱今繫者或以掠辜若飢寒瘐死獄中何用心逆人道也朕甚痛之其令郡國歲上繫囚以掠笞若瘐死者所坐名縣爵里丞相御史課殿最以聞此漢之盛時宣帝之善政也朝廷晝惜人命哀矜庶獄可謂至矣囚以掠笞死者法甚重惟病死者無法官吏上下莫有任其責者苟以時言上檢視無他故雖累百人不坐其飲食失時藥不當病而死者何可勝數若本罪應死猶不足深哀其以輕罪繫而死者與殺之何異積其冤痛足以感傷陰陽之和是以治平四年十二月二十四日手詔曰獄者民命之所繫也比聞有司歲考天下之奏而瘐死者甚多竊懼乎獄吏與犯法者旁緣為姦檢視或有不明使吾元元橫罹其害良可憫焉書不云乎與其殺不辜寧失不經其具為令今後諸處軍巡州司理院所禁罪人一歲內在獄病死及兩人者推司獄子並從杖六十科罪每增一名加罪一等至杖一百止如係五縣以上州每院歲死及三人開封府府司軍巡院歲死及七人即依上項死兩人法科罪加等亦如之典獄之官推獄經兩犯即坐本官仍從違制失入其縣獄亦依上條若三萬戶以上

即依五縣以上州軍條其有養療不依條貫者自依本法仍仰開封府及諸路提點刑獄每至歲終會聚死者之數以聞委中書門下點檢或死者過多官吏雖已行罰當議更加黜責行之未及數年而中外臣僚爭言其不便至熙寧四年十月二日中書劄子詳定編敕所狀令衆官參詳獄囚不因病死及不給醫藥飲食以至非理慘虐或謀害致死自有逐一條貫及至捕賞格若實緣病死則非獄官之罪死有不幸遭遇癘疫死者或衆而使獄官濫被黜罰未為允當今請只行舊條外其上件獄囚病死條貫更不行用奉聖旨依所申臣竊惟治平四年十二月二十四日手詔乃陛下好生之德遠同漢宣方當推之無窮而郡縣俗吏不能深曉聖意因其小不通輒為駁議有司不能脩其缺遂其礙乃舉而廢之豈不過甚矣哉臣愚以謂獄囚病死使獄官坐之誠為未安何者獄囚死生非人所能必責吏以其所不能必吏且懼罪多方以求免囚小有疾則責保門留不復療治苟無親屬與雖有而在遠者其捐瘠致死者必甚在獄臣謹按周禮醫師歲終則稽其醫事以制其食十全為上十失一次之十失二次之十失四為下臣愚欲乞軍巡院及天下州司理院各選差衙前一名醫人一名每縣各選差曹司一名醫人一名專掌醫療病囚不能更充他役以一周年為界量本州縣囚繫多少立定傭錢以免役寬剩錢或坊場錢充仍於三分中先給其一俟界滿比較除罪人拒捕及鬬致死者不計數外每十人失一以上為上等失二為中等失三為下等失四以上為下下上等全支中等支二分下等不支下下科罪自杖六十至杖一百止仍不分首從其上中等醫人界滿願再管勾者聽人給曆子以書等第若醫博士助教有闕則比較累歲等第最優者補充如此則人人用心若療治其家人緣此得活者必衆且

人命至重。朝廷所甚惜。而寬剩役錢與坊場錢。所在山積。其費甚微而可以全活無辜之人至不可勝數。感人心。合天意。無善於此者矣。獨有一弊。若死者稍衆。則所差衙前曹司醫人與獄子同情。使囚詐稱疾病以張人數。臣以謂此法責罰不及獄官縣令。則獄官縣令無緣肯與此等同情欺罔。欲乞每有病囚。令獄官縣令具保明以申州委監醫官及本轄干繫官吏覺察。如詐稱病。獄官縣令皆科杖六十。分故失為公私罪。伏望朝廷詳酌。早賜施行。

三年。太尉開府儀同三司復判河南文彥博奏乞恤刑疏曰。臣切見近歲以來。中外刑獄頗有枝蔓淹延。大暑盛寒。縲繫囹圄。其間豈無冤滯感傷和氣。朝廷每至盛夏。必行疏決。或水旱為菑。原減輕繫。此聖慈欽恤之至也。然守臣獄官鮮能上副陛下之意。有傷仁厚之化。夫刑者所以輔教。聖人不得已而用之。故三王任德不任刑。以德為陽居大夏生成之時。以刑為陰居大冬不用之處。所施輕重居然可知。臣不敢以經史遠事言之。切以唐之憲宗號為中興。任德任刑。頗得其理。嘗謂宰相曰。予頃懷姦勸朕任刑。欲朕失人心也。且聖人感人心而天下和平。人主而失人心。邦本何由寧固。臣以謂令之牧守監司。宜得明惠厚重之人。宣布朝廷寬大之澤。施愷悌之政。變刻薄之風。則太平之隆。可垂拱而致。

神宗時。陳襄乞疎放秀越二獄干繫人狀曰。臣伏見中書劄子差屯田郎中沈衡著作佐郎張載往秀越二州置司推勘祖無擇苗振公事。風聞其間因緣作過。及干連照證人數不少。若依制勘條例並須逐一勾追證對圓結。緣杭明二州去勘所各經數舍。往來追攝。不無擾動。竊以朝廷詔獄。本為守臣違越為害於民。以此差官取勘。若令無辜干繫之人一例拘留對辯。或因累被罪。反為平人之害。甚非陛

下繩吏愛民之意。欲乞特降指揮下逐處勘官。只令取勘祖無擇苗振及見禁作過情理切害之人。所犯重罪。依例追呼照證結絕以申懲誡外。其餘罪輕不坐與應係干證之人。如已勾追。即畫時取狀疎放。其未勾追者並免追究。及雖有小可罪犯。本州作過因被連累之人。亦乞出自聖慈特與推恩矜放。更不具案圓結施行。所貴不至滋蔓淹延。別致擾擾。

蘇軾下御史獄勢危甚。無敢救者。直舍人院王安禮從容言於上曰。自古大度之主。不以言語罪人。軾以才自奮。謂爵位可立取。碌碌如此。其心不能無觖望。今一旦致於理。恐後世謂陛下不能容才。帝曰。朕固不深譴也。行為卿貰之。卿第去勿漏言。軾方賈怨於衆。恐言者緣以害卿也。

金君卿上奏曰。臣竊見天下州郡奏案繁多。獄訟未甚衰息。以至炎荒之地方盛暑時。留獄待報者不以歲月淹細寢罹愁苦。戾氣之作。未必不由此也。伏惟陛下祗繩祖武。守之以仁。綱舉網疎。思致刑措。而郡縣之吏將何以稱陛下欽恤之意。臣竊詳新降編勅條貫內有奏聽勅裁勘罪聞奏禁奏取裁當行極斷決配之類不一。總七十條件。除大辟外流徒杖罪者甚衆。皆須奏取朝旨。且凡百獄訟自縣至郡。鈎連察驗。逮其獄成。已有日矣。以至奏而得報。雖近地州軍亦須半年已上。況川廣遠處。以至法寺案牘填委留無虛日。其間甚有事極細微。可以原情麗事寘之中典不須奏請者。不惟朝廷入政幾務要多。茲事叢脞有煩聖慮。況復盛夏恤刑之際。罹此囚繫動經歲時。深可矜惻。為州郡者雖有皋蘇之明。而欲奉行寬大之詔。以推廣陛下好生之德。使不留獄其可得乎。臣今愚見。欲望聖慈特降勅旨。擇臺諫名臣與法寺審刑院將編勅內該論奏條件詳議。除命官犯罪

及疑獄或大辟情理可憫者依舊奏聽勅裁外其餘並酌輕重不須論奏者立定刑名使郡府遵行無使碎獄繁文盡關旰食之慮抑又令犯禁之民知有定憲雖遠方盛暑之際無復留繫庶幾刑清訟簡以迎和氣之應臣言固陋不足以上裨仁化無任俯伏待罪戰汗屛營之至。

哲宗元祐元年右正言朱光庭奏乞罷大理獄曰臣聞易曰聖人以順動則刑罰清而民服恭以陛下上契天心下符人意凡一舉動莫非順理刑罰之清萬民之服適當今日竊聞詔委御史中丞劉摯右諫議大夫孫覺看詳大理獄探報不當事有以見陛下寬仁之盛德其大理獄從而可廢伏緣治獄自有開封府御史臺安用更致此獄且獄名不一非治世之美事又帝居之側豈當致獄之地凡為人臣者不務崇理義以輔太平而乃長刑罰以虧仁德不忠莫大焉臣竊見刑部侍郎崔台符戶部侍郎楊汲務為刻薄致位高顯久任大理官恣為刑罰虧仁德之事乃不忠之臣也臣欲乞罷大理獄并黜崔台符楊汲刻薄不忠之臣於外俾天下知聖人唯尚仁德以化民則刑罰愈清而萬民咸服矣。

五年給事中范祖禹乞復降詔恤刑狀曰臣近準中書省錄黃節文尚書省檢準元祐勅諸獄暑月五日一次湯刷枷杻其罪人以時沐浴五月二十五日奉聖旨令刑部遍下諸路開封府界今後每歲暑月依上條施行者臣檢會祖宗舊制每歲冬夏降詔恤刑自太宗皇帝雍熙三年以來累聖遵行未之有改至熙寧三年編脩中書條例所奏委逐路提點刑獄司每歲於四月十月檢舉牒逐州長吏訖奏臣竊惟祖宗欽恤庶獄特從朝廷降詔蓋當盛暑大冬之月使溥天之下至於海隅狴牢囹圄之中皆知聖主深居九重而憫念及之此

所以為仁恩也今命刑部遍下諸路雖重於提刑司檢舉然州縣奉承宣布及書之史冊猶未若恤刑之詔臣竊惜之欲乞依祖宗舊制令學士院每歲冬夏降詔仍自今年十月為始以副陛下仁恤刑獄之意。

祖禹又乞疎決劄子曰臣伏見陛下以久旱疎決在京及三京繫囚聖心焦勞欽恤庶獄祖宗以來赦過宥罪多蒙嘉應然今溥天不雨旱災甚廣恐刑獄冤滯以傷和氣者不止於四京臣願陛下因推惠澤以及四方詔諸路轉運提刑司官疾速分詣所屬州縣引問見禁罪人疎理決遣仍先編行指揮疾速結絕無令淹延深戒官吏務察冤枉使朝廷德意及遠感動人心庶可消弭大畧

祖禹為右諫議大夫又乞寬刑疏曰臣伏見蔡確已責降英州別駕新安置臣知陛下宸謀遠慮斷在不疑除去大姦實為宗廟社稷之計非以陛下一心私喜怒也忍於一人所以不忍於天下之人不愛一人所以愛天下之人也然確以凶德叨竊相位作威作福欺罔先帝屢起大獄排陷善良故聞確名者無不震畏以朝廷名器為己私物市恩結黨故貪利之士多為確用今佐佑確者不過懷其舊恩嘗與之相濟為惡或畏其復起不敢結怨不然則所見偏謬謂確以詩得罪欲薄其責不出此三者而已臣聞帝堯刑一人而天下服書曰殲厥渠魁脅從罔治古之明王征討叛逆亦不過誅其元惡餘皆赦而不問使之自新若窮治支黨滋蔓不已懼罪者衆則人情不安必有過刑濫及無辜此先王所深戒也夫聖人之道不過中天下之事不可極意一時極意後必有悔用刑寧失之於寬不可失之於急寧失之於畧不可失之於詳自乾興貶丁謂以來未竄逐大臣六十餘年今已用大刑四方聞之無不震聳然人無愚智皆以確之得罪為

當更有驚駭物聽。且丁謂見在相位。故朝廷有黨不可不黜。然而章獻明肅太后仁宗既黜謂黨。即下詔曰。內外臣僚凡與謂往還者。一切不問。所以安人情也。今確已罷相數年。陛下所用多非確黨。其有素懷姦心。為衆所知者。固不逃於聖鑒。自餘偏見異論者。若皆以為黨確而逐之。臣恐刑罰之失中。人情之不安也。又確已投荒裔。不憂不死。小人破膽。未憂不慴。唯當選用忠良。力行仁義。繼之以善政而已。若因一凶人。延及士大夫。相繼黜逐不已。則人情震動不安。方今朝廷唯宜安靜。臣願陛下天地之德。包含隱忍。容養羣臣。不責其全。俟有顯過黜逐未晚。臣受恩深厚。不同他人。苟有益於國家。不敢隱情。臣無任恐懼之至。

紹聖元年。祖禹知陝州。又論郵刑疏曰。臣竊以先王欽恤庶獄。務在於寬。刑期無刑。蓋非得已。國家一祖五宗。以聖繼聖。以仁繼仁。哀矜

于民。率用中典。此所以祈天永命。垂百三十年太平之本也。臣伏覩陛下聖性仁厚。有堯舜成康之質。比聞有司奏獄多務從寬。臣願陛下長守此意。操之勿失。有勸陛下嚴刑峻法以威肅四方者。宜拒而勿聽。陛下為民父母。海內皆赤子也。人君之勢其尊如天。其不測如神。誰敢不畏。何患威之不立。而必嚴刑以肅之。惟陛下聖意專主於寬仁。如天地之涵養萬物。則刑罰庶可清省矣。臣久侍經幄。無所裨補。今將遠違左右。思所以助陛下施陰德益福祚結人心者。莫先於此。故不敢不言。伏望陛下深留聖心。天下幸甚。

三年。監察御史蔡蹈論監設獄中使不當受大理囚訴疏曰。臣近者竊聞敕遣中使鄭舉詣大理寺設獄。囚有對舉聲寃者。舉輒受其訴。甚駭衆聽。臣伏見大理獄。朝廷所重。非刑部御史臺不得詳覆糾察。而監設使臣本無省獄之命。而敢聽其辭。生事犯分。莫此為甚。臣嘗

覩大中祥符詔書曰。比來內臣將命出外。如聞有收受牒訴。恐緣致枉抑。自今宜切禁止。違者重論之。臣竊聞祖宗之意。防微杜漸。可謂明且遠矣。臣愚欲望陛下少加聖慮。特降睿旨下大理寺根問施行。庶使使命小臣知所禁戒。不敢因緣生事。

哲宗時。陳次升奏乞立限疎決疏曰。臣恭惟祖宗以來。至仁之政。敷錫庶民。好生之德。哀矜庶獄。方夏之祈暑。冬之祈寒。禁刑慮有淹延。蒙囚困苦。故立斷絕之法。熙寧間又令刑法官吏並赴中書省勒宿。立限斷案。中書得案。即降指揮。頃刻無留。人實被賜。自後因緣刑寺申請。刑法官斷絕之名。而實惠不及於囹圄。殊失祖宗立法之意。臣欲乞睿旨。令刑部及朝省並立定日限。所責繫囚不致留滯。庶仁德誕敷於幽隱。

次升又論皇城司獄疏曰。臣竊以掖庭之獄。事干宮禁。自來多用內

臣專治。不無寃抑。如聞皇城司今者置獄。陛下至仁惻怛。慮及非辜。特差外官雜治。要盡至公。雖虞舜好生之德無以加此。然而刑禁之下。五木所加。何求而不得。若不盡心。輒有觀望。必致枉濫。欲乞聖慈嚴勅推鞫之官。宜加審克。務令平允。庶使獄成之後。適輕適重各得其實。罪當其情。亦所以彰陛下哀矜庶獄明慎用刑之意也。

尚書右僕射范純仁論誅蔡確當與師臣商量疏曰。臣之愚心雖知蔡確衆議不容。復憂聖政或有所虧。蓋陛下臨御以來。政化清明。如青天白日。無輕氛薄翳。道德純備。如精金美玉。無纖瑕小疵。今以一蔡確之故。煩朝廷行稀闊之刑。天下久安。人所罕見。必生疑駭。復恐貽之將來。垂之史策。薄有擬議。則於聖德神功深為可惜。在臣負恩竊位罪不容誅。蓋如父母之有逆子。雖天地鬼神不能容貸。至於父母親置於必死之地。則卻恐傷恩。臣之區區實在於此。陛下保完社

殺之心天地神明之所昭鑒而微臣愛惜陛下聖政之誠亦應陛下可察不避一身之萬死而展補報之愚忠惟願睿慈曲加詳慮所有再行重責伏乞付與師臣已下商量所貴責歸臣佐不累聖明臣無任愛君激切之至

殿中侍御史呂陶上奏曰臣伏以聖人之政以慎刑為本王者之居以施德為先故於聽斷尤務欽恤設官創局深有意謂敢緣因革之理輒議防制之宜謹具條奏

一京師之獄自開封府御史臺大理寺諸寺監開祥二縣并尉司左右外廂馬步等軍司三排岸以至臨時詔獄及晝監夜禁等無慮二十餘處祖宗以來雖極詳慎然猶恐有司失實而冤者無告故祥符中詔置糾察一司以統制之如諸路之有提刑諸縣之有提點也特重其職不領他務得以專意於決訟報囚之

事其訪問則無賓客之禁其巡省則無冬夏之限耳之所聞惟求冤抑目之所見惟審慘暴刺伺防檢深得其要凡大辟獄具本處先已錄問乃申糾察司差官審之儻有疑慮並許駁勘或留繫之淹久或處決之過濫大則條奏辯明小則移文戒督而又廣闢治舍摽榜其門被枉之人知所赴訴玩法之吏不肆姦欺明慎哀矜於斯至矣近歲罷歸刑部謂之糾察案止以胥吏三人主行其事諸處申到大辟文案亦委郎官一員與吏部所差之官同慮不過引囚讀示再取伏辯而已其名雖存其實已廢緣刑部主天下獄訟簿書文牘紛委目前雖強明幹濟之才日力亦有不給所以在京諸處刑獄無復糾正而察檢之又況省部深遠細民容有不知者豈能皆詣長貳求以自直臣恐夫眾所聚之地或陷非辜而無以伸其痛恨矣臣愚謂宜復置糾察在京刑獄司庶協先王閱實之意以廣生生之德

一本朝以來大理寺主斷天下奏獄而刑部覆　故大理有詳斷官刑部有詳覆官淳化中因蕭氏之訟論決非當朝廷慮庶獄之不慎始置察刑院於中書之側以侍從領其事設屬四員稍增為六謂之詳議官蓋議其當否而後行也當時既有尚書刑部而又置院者何哉蓋以刑部受冤辭主雪正大理審刑之失當者未可亦與斷獄之事也斷以一司審以一司雪以一司前後相成上下相制所主不同各得盡其心而舉其職所以極慎重之意元豐三年始罷審刑院為刑部詳議司雖移其名而職任亦不改舊官制既行乃以詳議一司歸於大理改詳斷為評事改詳議為必案牘上刑部勘當而施行焉自此刑部始與斷案之事大理刑部責任既同皆為法守讞議既定一成不變或

訴理不當則又委刑部受而治之果涉枉撓理當辯正其刑部元斷之官亦須開說合行取旨初則自斷中則自雪終則自劾蓋非人情之所宜萬一主者護短遂非則理訴之人何以伸其枉臣愚謂宜復置審刑院以中書押刑案舍人一員主之以大理丞六員為詳議官領職如故其刑部以侍郎一員專掌理雪及餘職事則上順治體下協典故謹錄奏聞乞指揮稽考故事參酌施行

陶又上奏曰臣伏以都城之廣萬眾所聚姦偽百[illegible]刑訟寔繁推劾聽斷尤宜詳慎朝廷欽恤之意防禁最密每開封府大辟獄具本處既已錄問則申刑部請覆其實刑部乃關吏部差官同慮謂之審問因無翻異則論決如律事有可疑則移治他司蓋所以察冤濫而重人命也安可徇一己之私見而欲他人之必死乎臣伏見開封府勘

小阿賈殺人公事。吏部差劉斐審問。斐看詳案卷。稱是情節可疑。遂疏述不圓七事申刑部。乞行會問。續據本府回報。三事並是誤供。又據劉斐續條陳案節不圓一十二項。其刑部既見劉斐所申如此。亦慮阿賈之情或涉冤枉。遂付大理再推。庶得其實。即於格法未見違戾。而知府蔡京輒有論奏。謂阿賈大情已正。便當處死。劉斐不合疏駁。刑部不當移推。皆宜論罪。其徇情好勝。逞威犯分。不顧義理。一至於此。且人命至重。死不復生。小節既是未圓。大情容有不實。若便將阿賈處死。則是大辟罪人不須再行審問。五木之下。枉殺必多。況朝廷立法。極從仁愛。天下死罪稍涉疑慮可憫。並須奏聽勑裁。多蒙寬貸。豈有不容問難。便欲行刑。又緣錄問條制。令移司勘逐者。並指定不圓事節回牒本處。今劉斐既疏述一十九事。皆是不圓。刑部須至重勘。若阿賈果不行兇。則京顯有殘忍鍛鍊失入之罪。或阿賈委是

正賊。則京猶有鹵莽判押不職之愆。生殺之端。斐皆無過。若萬一朝廷聽其妄奏。加罪於斐。則向去審問之官。率皆畏避。不敢伸陳。被刑之人。多負抑屈。無所赴愬。況尚書刑部主天下獄訟。兼糾察在京刑獄之職。可以統轄開封。按劾其罪。今既舉職事。反為開封所按。則上下之分。顛倒錯亂。非所以尊朝廷風四方之意。又緣京知府已來。殊無治迹。聽獄斷罪。失謬極多。於段繼隆之事。則親書塗抹。放縱冒法賣官之人。於僧惠信之事。則遂非妄奏。曲庇重祿受贓之吏。方當至公之朝。宜掄舉京前後過惡。重行黜降。今既未正其罪。又差知真定府兼安撫使。考之公論。殊未為允。伏請寢罷新命。候大理結正小阿賈等公事三件了日。別取朝廷指揮。

時刑部讞囚。辛執論殺之。有司以為可生。不奉詔。左諫議大夫鄭雍上言曰。是固可罪。然究其用心。在於廣好生之德耳。若遽以為罪。臣恐鄰於嗜殺。今使有司欲殺而朝廷生之。猶恐仁恩德意不白於天下。而況反是者哉。哲宗嘉納。囚遂得生。

歷代名臣奏議卷之二百十六

慎刑

宋徽宗政和中刑部尚書慕容彥逢上奏曰伏覩皇帝陛下矜憫庶獄制為病囚檢察之法以謂愚民犯法雖繫留訊治邦有常憲於其疾也飲食醫藥視之猶赤子也臣等尚慮當職官吏未能深體德意欲望聖慈令諸路提點刑獄司歲終會州縣病囚損失分數除依條科罪外取一路最多最少各一處保明以聞特降詔旨賞罰庶幾知所勸沮以副陛下好生之德

彥逢又上奏曰恭惟皇帝陛下躬逆皇極心澄化源德駿業隆超冠古昔甚盛之舉未可一二數皆彰明較著垂休無窮上帝博臨珍祥紹至方將坐陽館而頌治登介丘以告成時和歲豐家給人足薄海內外歡欣交通如在一堂之上宜其民罔犯法而秋官以廷無留讞稱慶于朝矧天寧密邇蒐講盛儀百辟奉觴異邦款塞於焉刑措躬歸仁臣等備數典司獲與擊壤之民上祝億萬歲無疆之壽不勝欣鼓舞之至

徽宗時中旨鞫享澤村民謀逆知開封府范純禮審其故上言曰此民入戲場觀優歸途見匠者作桶取而戴於首曰與劉先主如何遂為匠所擒徽宗問何以處之對曰愚人村野無所知若以叛逆蔽罪恐辜好生之德以不應為杖之足矣曰何以戒後人曰正欲外間知陛下刑憲不濫足以為訓爾徽宗從之

陳瓘進故事曰昔審刑院斷絕公案仁宗喜曰天下至廣而斷刑若此有以知刑訟之至簡有司無稽遲也乃下詔獎法官而付其事于史官

臣竊見元豐中開封府獄空神考大喜擢知開封府王安禮為

尚書右丞下至胥吏悉獲賚賞自是而後內外有司皆以獄空為悅蓋仁祖以訟簡賞法官而神考以獄空擢府尹所以示仁民之意一也老子曰民常不畏死奈何以死懼之若使民常畏死而為奇者吾得執而殺之孰敢謂祖宗不以刑威懼民蓋有得於老子云

瓘又言改正訴理事乞正看詳官蹇序辰安惇典刑奏狀曰臣聞周公作立政戒成王曰其勿誤于庶獄庶慎蓋雖成周之盛時亦以誤獄為戒神考熙寧詔曰獄訟非其情歟蓋恐天下治獄之吏有飾辭鍛鍊之失也夫周公之於庶獄戒其有誤神考之於獄訟慮失其情先聖後聖豈異意哉臣伏見元符三年六月十八日勅看詳訴理所改正過元祐訴理之人依元符元年六月二十五日指揮外其後來接續奏降指揮更不施行其已施行者並依今來指揮除言語不順別作一項外蒙改正者七百餘人其所洗滌可謂衆矣無罪者既蒙洗滌則看詳之官如蹇序辰安惇者安可以不加罪乎謹按惇奏曰凡得罪於元豐之間者若特出睿斷以勸沮天下則人臣不當輒為理雪或經有司勘斷必是情法相當上下方敢施行未審當時有司如何理雪臣竊謂鞫獄斷罪而使情法相當若非皐陶作士不能如是周公之戒其有誤神考之慮其非情者正恐情法不能相當故也今曰有司勘斷必是情法相當如此則是元豐之時九州內外為有司者皆皐陶也其為諂誣不亦甚乎且元符有司即元豐有司也去年鄒浩之獄在京及新州所連逮者凡數百人按法定罪則浩為辱誣君父其黨為同惡相濟若言其情則浩為盡忠於朝其黨為厚於親戚朋友其情如此而用法如彼可以謂之相當乎安惇官為執法職在獻替尚且率其僚屬共為誣詔而乃謂元豐有司所勘斷者能

使人人情法相當。此可以欺天下乎。又如司馬光宣訓之語究治劉摯等事。或緣凶悖之意。或以姦逆之謀。按法定罪。則幾至赤族。若論其情。則盡出誣罔。然則元符大臣致人以罪。情法相違。尚乃如此。而謂元豐有司能使情法相當。孰敢以為然乎。如曰出於睿斷以示勸沮。臣下不當輒為理雪。以理觀之。亦未然也。臣請以近事明之。熙寧元豐舊例。開封府公事。或情輕法重。或情重法輕。則貼例取旨。或封入請寶。臨時輕重。皆出睿斷。自元祐以來。知開封府臣僚請改舊法。不復貼例。意欲任情高下其手。請寶得旨之事。雖經睿斷。而故失出入。實由開封。如此之類。若復申明改正。又何累聖人之勸沮乎。又有司所勘公事。依例差官錄問。有國以來。未之改也。自紹聖四年正月以後。開封府所勘公事。一面畫旨直行奏斷。更不錄問。御究之人。或有枉橫。既無覆審。何由自達。雖緣本府取旨事。經睿斷。而請不錄問

者實由有司。如此之類。若復申明改正。又何累聖人之勸沮乎。先帝知其然也。於是改此二法。請寶公事。依舊貼例。而直行奏斷者。依舊錄問。自此而後。開封不敢越例而有請。罪人得因審覆而自訴。方此二法未改之時。開封公事勘斷有失。孰敢以為睿斷之誤乎。蓋人主變通之道。無所膠執。事有未便。改之而已。昔雖未改。今亦當改。此乃今昔相成之道。前作後述之理。是以復行審問。再行貼例。則是哲宗之所自改也。召還鄒浩。叙復光轍。則是先朝之所欲改。而今日之所當述也。善繼祖宗之緒。共述一家之美。亦何先後彼此之間乎。以今視昔。則元豐應世之事。或因或改。皆聖人之迹耳。迹不可泥。何獨有司勘斷之事。而必欲保其無誤哉。為此說者。不過欲讚譽元豐。而自以為盡忠於神考耳。神考盛德大業。高厚如天地。光明如日月。非凡愚識讚所能加損。況其所讚譽者。元豐有司而已。豈不陋哉。傳曰。善繼人之志。善述人之事。武王之孝也。不改父之臣與父之政。孟莊子之孝也。若以孟莊子為法。則是元豐之事。皆不可改。非特訴理而已。若以武王善述為心。而不泥聖人已陳之迹。則改正看詳訴理之事。可謂合於公議矣。蹇序辰安惇受大臣諷諭。意有所在。因謂訴理之事。形迹先朝。必須如此施行。方名繼述之義。遂使朝廷紛紛之事不已。考之公議。合正典刑。伏望聖慈特示威斷。

高宗時。張浚上議刑罰狀曰。臣竊見前此為帥者。皆謂嚴刑重罰。可以整治軍旅。不察其情。不原其心。故刑不當罪。多怨怒而深恨之者。方平居無事時。雖上下相制。不敢犯分。然而人心已離矣。一旦有警。誰與效命。不測之變。殆將由是而生焉。庸將鮮知此理。嗚呼。人心不可輕失。豈特為將者然哉。為人上者。儻不思所以正心脩身。事每謹微。一失其心。不可追悔也。

周林奏推司不得與法司議事劄子曰。虞舜恤刑。文王慎獄。陛下用舜文之心。賜哀矜之治。遣平反之使。議殿最之法。可謂至矣。然而州郡之間。刑獄之地。尚有循習舊態。因仍故事。為民大害。未能仰稱天地寬厚之德。臣竊惜之。獄司推鞫。法司檢斷。各有司存。所以防姦也。然而推鞫之吏。獄案未成。先與法吏議其曲折。若非款狀顯然如法吏之意。則謂難以出手。故於結案之時。不無高下遷就。非本情去處。臣願嚴立法禁。推司公事未曾結案之前。不得輒與法司商議。重立賞格。許人告首。臣又見獄吏慘刻。動以縲紲搒楚為能。常在圄毒猶不廣。至於使之預追呼之事。則虎而翼矣。出入閭里。既無忌憚。罪無輕重。理無曲直。例遭侵鑠。每見獄卒追呼。必持繩索。挾鐐械。携杖箠。以示威力。用求賄賂。且以一夫犯刑。干證之人。多或數十。少或三四。一繫被毒。無得免者。又以入獄之後。搒楚為戒。無敢告訴。故其追

呼擾民之患。尤非其他走吏之比。臣欲令州郡追呼赴獄之人。在州則付廂界。在縣則委令佐。遣詣郡治。然後付之獄司。庶幾獄吏不能為惡於囹圄之外。上廣陛下愛惜黎元之意。如臣言可採。即乞付有司立法施行。

林又奏疑獄劄子曰。書載帝舜之德曰。罪疑惟輕。功疑惟重。與其殺不辜。寧失不經。而國家勑令亦以失入之罪為重於失出。先聖後聖用心仁恕。其實一也。竊見諸路疑獄不應奏而奏者未免科罪之。大理寺既厭案牘之多。而州郡復慮刑名之累。所以不應奏而奏之律至今未除。雖有疑似之獄。輕重遷就。往往臨時決遣。無繇得被仁聖之澤。其可憫之情。可疑之罪。不從輕貸。甚非好生之德。臣願陛下推廣寬恩。刪除舊律。不應奏而奏者並不科罪。使廷尉之官不以簡牘之繁為勞。州郡之吏不以請讞之責為慮。天地大德。洽于民心。豈勝

幸甚。

刑部郎中鄭剛中奏看定引例劄子曰。本部契勘刑部令諸奏獄以格擬上。格不該者取裁。注謂情法不相當而無格及雖有格而輕重不可比者。以此見本部職在檢例擬斷。但緣自來獄案雖先付大理寺法官斷定刑名有無可憫。次到刑部審詳擬例。然罪人情犯亦有與斷例無一般親的者。并所斷過刑名亦未必皆是情法相當灼然詳允之例。久來拘於引例。必欲牽強相合。故增損出入。不無差失。今欲依臣寮奏請。大辟罪人如情理別無可憫。自合依法斷上。其無情犯一般的例。或情犯雖同而當來所斷刑名自有差失者。更不泛引。外有法寺雖不引可憫而情理不至巨蠹者。亦乞從本部貼說上朝廷參酌寬貸。庶幾殺人者死。過誤者生。上副朝廷詳審之意。

剛中為殿中侍御史又上奏曰。臣嘗觀古人繇斷獄無冤者謂不使有罪者誤陷於死爾。非謂於法當死。縱之使生而謂之無冤也。廷尉天下之平。謂生死各得其平爾。不應偏倚一隅。故釋有罪而可謂之平也。聖人謂赦宥之澤如春風時雨出於造化者。固吾所獨至於付在有司者。惟當詳明謹恕。一歸諸平而已。彼不知此者。遂謂解弛禁網。蕩廢國憲。取有罪當死者一切付之生全。乃為平反。曾不知已死者有恨。則固可疹陰陽而干和氣也。邇者州郡疑獄類以情理可憫來上。夫可憫之情謂被殺者無道。殺之者有理。聽其獄方惻然可憐。乃欲寬之於法。故有司列事狀以聞。豈有閱案察情無一可念而猥謂情理有疑乎。遠近相觀。彼此視效。獄吏知之。教訟者知之。犯法者知之。其款自言未嘗不以遭罵為解。一涉于此。咸脫其罪。詈人者死。殺人者生。世無復讎之法。而孝子慈孫日抱戴天之恨。豈不重可憐哉。而又理寺約法上部。刑部引例為證。類多乖錯。其事誠重也。問吏

輕之之由。則曰例嘗輕矣。今其敢重。其事誠輕也。問吏重之之由。則曰例嘗重矣。今其敢輕。於固執不通之中。雜以情偽。其害多矣。嗚呼。殺孝婦固足以致久旱。而亨洪羊亦足以得大雨。殺不辜雖有大舜之戒。而殺人者死。亦足以成漢高之治。要當使有罪者死爾。願陛下申戒有司。益加詳謹。務令生死兩平。不致招積。

劉行簡乞令縣丞兼治獄事疏曰。臣竊惟治獄之官。號為難能。責任專一。俾得究心。猶不能保其不為姦吏所移。而況任之不專者乎。縣獄是也。獄之初情實在於縣。自縣而達之州。雖有異同。要之以縣獄所鞫為祖。利害不輕。今所謂縣令者。且朝受牒訴。暮夜省按牘。牒訴之多。或至數百。少者不下數十。案牘之繁。堆几溢格。其間名為強敏者。隨事剖決。不至滯淹。已不可多得。儻復責其餘力足辦獄事。訊鞫得情。吏不敢欺。民不被害。誠恐百人之中未必有一也。郡之獄事則

有兩院。治獄之官若某當追。若某當訊。若某當被五木。率具檢以稟郡守。曰可則行。至縣則不然。令既不暇專察。佐官雖名通簽。終以嫌疑不敢侵預其追呼訊鞫。具名以稟。悉出吏手。故其事與州郡不同。臣恭惟陛下躬好生之德。視民如傷。寬詔屢下。未嘗不以哀矜庶獄為言。如此利害較然明白。而人莫敢以縣邑專置獄官為請者。誠恐增員太多故也。臣愚見以謂縣獄之事宜專委丞。如州郡兩院之官日入治獄。凡追呼枷訊等事。丞先以稟令。然後得行。其餘悉如舊制。則丞無侵預之嫌。令有同心之助。相為可否。其得必多。借使為丞者未必皆能其事。不猶愈於付之黠吏之手乎。伏望聖慈特賜詳酌施行。

行簡又議斷罪囚疏曰。臣契勘州縣凡禁勘大辟公事。除深僻幽隱處行劫或謀殺外。其餘殺人。自有一時知見之人。自合一面研窮根勘。務盡情實。其間却有豪強有力之家殺人公事。意在變易情節。囑託官司。或賂承勘胥吏。多以知證通說未明為由。以牽差官體究。而所差官亦止是一到地頭。呼集鄰社保甲。詢問供析而已。然因此得變易情節。出入人罪。又況豪右之家所居鄉村。宗族姻親佃客之屬常居其半。究轉為地。符合供證。致使失實。臣除已行下所屬州縣約束。應今後承勘大辟公事。並責令當職官先將犯人根問一時知見之人。追取照勘以驗囚辭。即不得輒差官體究外。深恐州縣不切遵依。欲望聖慈特降睿旨立法施行。

直龍圖閣李光奏乞令大暑慮囚狀曰。臣備數從臣。職在論思獻納之地。退食之暇。閉閤靜思。念無以仰裨聖政之萬一。方茲大暑。清宮涼榭。不免喘暍。而囹圄之間。囚人求死不獲。其間疾患不肯責出。獄吏守視不謹。有非重病而致死亡者。何所伸訴。臣愚伏望聖慈憫然興哀。特降詔旨。令諸路提刑司限指揮到日。遍行屬郡。躬詣獄司。取索見禁罪人姓名。其間有大情已具而小節未圓者。量情結絕。不得滋蔓淹延。其見在獄罪人。並令檢會條法。洒掃牢房。刷盪獄具。內有荒僻縣分。許令選差諸郡清強官案視。庶幾炎酷之際。不至橫暴。以仰副陛下惻怛欽恤之誠。

光又奏治火災狀曰。臣近權刑部職事。今月二日準尚書省劄子。備坐臣僚章疏論臨安府回祿之警。一月之內。火凡數作。焚爇之家。道及千餘。乞申嚴昨降指揮。以淩遲處死治放火者。仍乞下密院劄付沿流州軍密行捕捉等事。三月十四日。三省同奉聖旨依奏。臣之區區。竊有可疑者。臣聞堯以水為儆。予湯以大旱而罪己。未聞盡歸之於他人者。自昔火災之變。上應天道。蓋熒惑裴回斗牛之間久矣。斗牛吳分也。又南方之性。察陛下宜思所以致火災之變。朝政之闕失。臣下之姦邪。賦役之重。民不聊生。流亡者多。百姓失業。州縣之吏。或倚法而恣贓。貪囹圄之間。或受賕而多枉濫。有一于此。皆足致災。今議者曾不卹此。方峻刑以治失火之家。緣及官司舍屋皆付之極典。夫姦細固所當治也。而失火之家蓋有不幸者。臣恐淫刑濫罰。橫及無辜。非陛下遇災恐懼修省之意。兼沿流州軍幾察姦細。自有約束。今乃使之覺察放火之家。則是疏黃蔑千里而隨身矣。臣愚伏望聖慈。止行下臨安府。令督責在城兵官各認地分。如有違犯。重寘典憲。所有今來已得聖旨指揮。臣未敢行出。謹錄奏聞。伏候勅旨。

殿中侍御史張守乞疏決獄囚劄子曰。臣伏以國家自祖宗以來。哀矜庶獄。盛夏之月。必御便殿。疏決在京見禁罪人。以及三京。行之積年。未始或廢。比自金人侮擾。去歲陛下即位於艱難之初。不及舉行。人雖不能無疑。猶以謂陛下龍飛已肆大霈。或可暫罷。至如近日暑

氣漸隆因禁不少祖宗令典不宜廢閣雖云鑾輿暫駐淮甸而京師
諸夏之本已降詔聚粮以圖還輈德澤所先宜不可後伏望聖慈於
會故事施行緣大理寺獄並在行在所有揚州亦乞權依四京施行
試中書舍人李弥遜上奏曰臣伏見州郡近年刑獄待報奏案例皆
稽滯近及半年遠至踰年往往未下或緣刑寺稽違或道路不通遂
中違滯所以至此其間多是情輕奏裁合貸命之人緣坐獄日久疾
病死亡深可憐憫欲乞朝廷嚴立近限督責刑寺將四方案牘疾速
結絕別作號驗附急遞下諸州庶幾一空囹圄以廣好生之德亦可
收召和氣
右司郎中汪應辰論刑部理寺讞決當分職劄子曰臣竊以舜為天
子咨繇治士民之犯于有司者宜乎皆得其情而無所疑罰之施于
有罪者宜乎皆當於理而無所失然咨繇稱舜則曰罪疑惟輕又曰

與其殺不辜寧失不經豈非幽枉之情欺偽之態雖聖人不能以盡
察惟其慎之重之猶有所疑而不自以為無失此所以為舜之聖也
國家累聖相授民之犯于有司者常恐不得其情故特致詳於聽斷
之初罰之施于有罪者常恐未當於理故復加察於赦宥之際是以
參酌古義並建官師上下相維內外相制所以防閑考覈者纖悉委
曲無所不至也蓋在京之獄曰開封曰御史又置糾察司以紀其失
斷其刑者曰大理曰刑部又置審刑院以決其平鞫之與讞者各司
其局初不相關是非可否有以相濟無偏聽獨任之失此臣所謂特
致詳於聽斷之初也至於赦令之行其有罪者或叙復或內徙或從
釋之其非辜者則為之湔洗內則命侍從館閣之臣置司詳定而昔
之鞫與讞者皆無預焉外之益梓夔利去朝廷遠則付之轉運鈐轄
司而提點刑獄之官亦無預焉蓋以獄訟之初既更其手茍非以持

平彊恕為心則於有罪者或疾惡之太甚於非辜者或遂非而不[illegible]
故分命他官以盡至公此臣所謂復加察於赦宥之際也迨元豐[illegible]
更定官制始以大理兼治獄事而刑部如故然而大理少卿二人一
以治獄一以斷刑刑部郎中四人分為左右左以詳覆右以敘雪雖
同僚而異事猶不失祖宗所以分職之意本朝比之前世獄刑號為
平者蓋其並建官師所以防閑考覈者有此具也恭惟陛下寬厚慈
惠以祖宗之心為心其於庶獄丁寧告戒前後非一惟是中興以來
百司庶府務從簡省大理少卿往往止於一員則治獄斷刑皆出於
一人則獄之有不得其情者誰復為之平反乎刑部郎官或二員或
三員而關掌職事初無分異然則罰之有不當于理者又將孰使之
追改乎欲望陛下明詔執事刑部理寺之官雖未能盡復祖宗之舊
亦當遵用元豐定制庶幾官各有守人各有見參而伍之反覆詳盡

以稱陛下欽卹之意亦以為後世法
孝宗時朱熹召對延和上奏曰臣聞獄者民命之所繫而君子之所
盡心也今天下之獄死刑當決者皆自縣而達之州自州而達之使
者其有疑者又自州而上之朝廷自朝廷而下之棘寺棘寺讞議而
後致辟焉其維持防閑可謂周且審矣然而憲臺之所詳覆棘寺之
所讞議者不過受成於州縣之具獄使其文案粗備情節稍圓則雖
顛倒是非出入生死蓋不得而察也是故欲清庶獄之源者莫若遴
選州縣治獄之官今縣之獄委於令其選固已精矣而未必皆得人
其弊未易革也若州獄則今銓格凡選人任滿有舉主關陞者方注
繁難令錄其慮蓋已詳矣然注司理者乃不用此令而近制唯進納
癃老之人然後不得注擬此外則常調關陞雖昏繆疾病之人皆得
而為之甚至於流外補官若省部胥史亦得而為之彼[illegible]薦舉關陞

者固未必盡得才能公正之人。然比之昏繆疾病無善可稱與夫胥史之入官者則有間矣。蓋昏繆疾病之人。苟且徼祿。唯知自營。其於獄事。蒙成吏手。漫不加省。而胥史之入官者又或狃於故習。與吏為徒。賄賂奔走無所不至。故州郡小大之獄往往多失其平。怨讟咨嗟。感傷和氣。上為聖政之累。莫此為甚。臣愚欲望陛下明詔銓曹。更定選格。凡州郡兩獄官專注任滿有舉主關陞人。或應格不足。則次任任滿銓試中第二等以上人。其常調關陞及省部胥史並不得注擬。見在任者。非舉主關陞人。即令守倅銓量。如委昏繆疾病。即保明聞奏。特與祠祿。其未到人。候赴上日。亦從守倅銓量。方許放上。若守倅徇私失實。即許監司劾奏罷免。所有省部胥史雖已注官。待次並令赴部別與擬授。庶幾治獄之官。其選少清。各知任職。仰副陛下欽恤之意。

禮部員外郎范成大上奏曰。臣聞獄重事也。民之受冤不止於捶楚鍛鍊之苦而已。其間貧乏之人。無家供食。干連守待。易得淹延。空腸枵腹以受捶楚。加以雪霜疫癘。非時侵之。故罪不抵死而斃於囹圄者極多。准令給囚之物許支錢。准格在禁之囚許支米。錢則許於贓罰頭子運司等處隨宜撥支。米雖立定升數而無顯然名色。是致官司循習。不問諸處縣獄。尤無指擬。長吏賢者。至或巡門乞米以為一粥之資。吏或不賢。粥亦不可常得。宜其瘦死者眾。實奸泰和。臣愚欲望聖慈特降睿旨。檢照給囚之物。既許支用係省窠名。其糧米亦合一体乞令運司行下州縣量度每歲所須。從於苗米截撥。有闕米處即以合支之錢依數收糴。庶幾狴犴之中接濟飢苦。稱罪受刑。不夭生命。

成大又上奏曰。臣聞獄者君子之所盡心也。求其生而不可得故雖

一死而不怨殺者。使其尚有可生之理而必置之死地。則冤矣。國家列聖相授。哀矜折獄。諸大辟刑名疑慮情理可憫者。皆許奏裁。死而復生。十常六七。堯舜之德何以尚茲。然而近年以來案牘或壅。則不得以時聞徹。又不能如期行下。及至指揮到州。間蒙貸宥。而在禁之囚等待淹延。動閱時序。往往死於桎梏之下久矣。不及沾被湛恩者甚眾。當職官吏捧詔太息。付之無可奈何。豈不甚傷天地父母好生之心。恭惟宸慮必為惻然。臣愚欲望聖慈特降睿旨申飭攸司。凡奏讞之牘所經由處並嚴立近限。剋期報應。覺舉稽違。速與行下。庶幾有可宥之理者。不置之必死之地。嘉生叶氣。薰為泰和。實裨政施仁之助。

成大知處州又上奏曰。臣聞獄者萬民之命。民命莫重於大辟。方鍛鍊時。何可盡察。故其節目獨在聚錄之際。蓋大情既定。成案已結。官吏聚於一堂。引囚而讀示之。死生之分決此頃刻。可謂要會矣。而獄吏憚於平反。摘紙疾讀。離絕其文。嘈囋其語。故為不可曉解之音。造次而畢。呼囚書字。茫然引去。指日聽刑。人命所干。輕忽若此。遠方近甸習俗皆然。傍觀寒心。大傷政體。臣竊檢照聚錄之法。有曰。人吏依句宣讀。無得隱漏。令囚自通重情。以合其款。詳此法意。蓋不止於只讀成案而已。欲望聖慈深詔攸司。痛革前弊。臣之愚見謂當稽參自通重情以合其款之文。於聚錄時委長吏點無干礙吏人先附囚口責狀一通。覆視獄案。果無差殊。然後亦點無干礙吏人依句宣讀。務要詳明。令囚通曉。庶幾伏辜者無憾。負枉者獲伸。足以稱陛下矜恤之心。滋聖朝仁厚之福

司農卿兼尹京李椿上奏曰。臣嘗攷易之言獄者凡五卦。曰噬嗑。曰賁。曰豐。曰旅。曰中孚。噬嗑之為卦。離上而震下。離者明也。震者動也。

明在上而動在下動者未服之象大象曰先王以明罰勑法故曰利用獄用獄者未必用刑也賁之為卦艮上離下艮者止也離者明也止在上而明在下大象曰君子以明庶政無敢折獄明体在下而上止不動所以姑明庶政而不敢用片言以折之也豐之為卦震上離下上動而下明豐之時大而多故不可淹緩在下之事既明在上者動而必行可以折獄用刑也故大象曰君子以折獄致刑旅之為卦離上艮下在上者高而明在下者止其所艮之為義時止則止時行則行亦有光明之道是上下皆明獄得其情刑當其罪之時也聖人猶戒之大象曰君子以明審用刑而不留獄中孚之為卦巽在上而兌在下巽入而兌說有孚信而無明体故大象曰君子以議獄緩死蓋疑難之獄也獄之為字兩犬中言非謂偏辭也繫辭曰將叛者其辭慚中心疑者其辭枝吉人之辭寡躁人之辭多誣善之人其辭游失其守者其辭屈獄之事体不出乎五卦之時因之口欵不出於六辭之情有仲由之才得豐之時即可以片言折獄遇賁之時雖仲尼之聖亦有所不敢況凡人乎語曰聽訟吾猶人也必也使無訟乎不得已而用獄審其時而以六辭察之庶幾乎無冤濫也今之治獄者多不然或任其喜怒或私受囑託或付之獄吏或觀望風旨鍛鍊以成獄者所在有之臣愚願陛下戒飭治獄之官各思聖人之戒盡其公心毋或苟且切戒觀望罪有出入必罰無赦庶有以上副陛下欽恤庶獄之意

光宗時淮東運副虞儔上奏曰臣竊惟州郡之獄所係甚重刑名有出入之殊人命有死生之判流徒而下其事實繁苟拍雜之際一失其平則冤抑之民何所赴愬然則獄官所係顧不重哉夫知錄司理州郡之獄官也推鞫之責使實任之上官蓋有所不敢問焉非不敢

問也慮其有所迎合且將鍛鍊之致輕重其手而高下其心也昔之賢者仕於此官固有與上官爭是非曲直者矣竊見近年以來吏部注擬多是特奏名人及吏職補授與夫老於選調庸繆無能之輩洎到任之後一切聽之吏胥播弄之下何所不至而新進之敏銳者例不屑就臣至愚極陋陛下以臣粗更民事分符予節六年之間偏歷三輔周旋兩淮所至每以獄官庸繆為苦雖小大之獄必躬必親然非國家設官分職各有司存之意也臣愚欲望陛下特降睿旨令吏部今後諸州軍知錄司理並不許注恩科吏職癃老等人其任內有能明辨疑似之獄及圄中無瘦死之人於印紙逐一批書俾郡守保明申奏監司從實考察然後朝廷詳議推恩或與之減舉主一員或舉員既足許在任改秩或任滿與陞擢差遣亦足以明激勸之方則新進之敏銳者孰不願為此官庶幾推鞫之際不出於吏胥之手小大之獄得以不冤仰副陛下哀矜庶獄之意天下幸甚

理宗時往往讞不時報因多瘦死監察御史程元鳳上奏曰今罪無輕重悉皆送獄獄無大小悉皆稽留或以追索未齊而不問或以供欵未圓而不呈或以書擬未當而不判獄官視以為常而不顧其遲獄吏留以為利而惟恐其速奏案申牘既下刑部遲延日月方送理寺理寺看詳亦復如之寺回申部部回申省動涉歲月省房又未遽為呈擬亦有呈擬而跣駮者跣駮歲月又復如前展轉遲回有一二年未報下者可疑可矜法當奏讞矜而全之乃反遲回有矜貸之報下而其人有斃於獄者有犯者獲貸而干連病死不一者豈不重可念哉請自今諸路奏獄即以所發月日申御史臺從臺臣究省部法寺之慢帝從之

度宗咸淳九年起居舍人高斯得上奏曰臣聞帝王治天下之道無

他曰仁而已矣夫天地以生物為心人君代天作子受天所付之民固當生而不傷使各全其性命終其天年然後為無負於上天之託然天下之大非一人所能獨治也必張官置吏以分理之薄海內外有方伯連帥郡有守邑有宰皆受民生之寄以為天子牧養小民者也成周之時自鄉大夫至于比閭族黨之長莫非仁人吉士民生其時饗和茹德漸騶虞之澤沐行葦之仁安有武健酷嚴之吏得廁於其間哉三代有道之長實基於此秦漢以後郡縣之吏非有禮義科指化輯其民也獨設刑法以守之罔密而姦不勝刑繁而民愈慢觀前志所載疾吏之風悲痛之辭徒使人於邑不已其夭閼人命蹙縮國脉如此為人君者可不鋤而去之哉然漢唐之間刑有世輕世重民未至甚病也乃若五季之時國亂刑峻殘賊之吏連軫而起尤可畏者至有太白經天民一仰觀輒捕而戮於市者他可知矣范質生於其時親睹其弊復遇輿人勸使救之以為酷吏寃獄甚於大暑寒暑之威猶可避也酷吏之威其可避乎善乎路溫舒之言曰囚人不勝痛則飾辭以示之吏治者利其然則指道以明之上奏畏卻則鍛鍊而周內之蓋奏當之成雖咎繇聽之猶以為死有餘辜自古言酷吏情狀未有若此深切著明者范質感輿人之言及至為相力以省刑為任令之刑統其所刪定寬嚴適中本朝用之刑清民服國壽箕翼質有力焉陛下天資仁恕視民如傷獄刑號為平矣然而日者京尹非人芥視赤子喜權其食剝絕其命乃至失入死罪慘具五刑匹婦之寃猶致三年之旱輦轂之下有此豈不上干天和召灾產孽乎昔尹彥明有言殺之為言豈為人上之語哉小夫俗吏固不足以語此此臣願陛下因弛其禁滌詔有司毋輕民命有效尤者致之重辟無但免官庶幾少回忠厚之風以壽國脉宗社幸甚

金章宗時左諫議大夫賈鉉上書曰親民之官任情立威所用決杖分徑長短不如法式甚者以鐵刃置於杖端因而致死間者陰陽愆戾和氣未通未必不由此也願下州郡申明舊章檢量封記按察官其檢察不如法者具以名聞內庭敕斷亦依已定程式制可

元世祖時趙天麟上策曰臣聞天降命以興王王法天而立政定陰陽之消息明生殺之樞機事無大於斯焉道由之而立也兩儀肇判四象爰分天道莫大於生故春居歲首而王者法之以立禮部其次莫貴於長故夏居春次而法之以立兵部又其次方及於殺故秋居夏次而法之以立刑部至如法冬立工部法上立吏部法下立戶部上者天也下者地也地乃天中之積塊而其實六者皆法乎天也京府司縣亦設六曹既以弥綸庶政之夥繁又以式体一元之坱圠也此皆正名之事自周公之後名號世變而其理莫之能改方今名已正而其實有未之盡者竊見方今大罪囚徒鞫訊既成司縣具詞以申于路路覆鞫之以申達于上司上司遣理官要察既審而後刑之慎之至也或有及立春之後所在行刑此亦似乎失天本意也夫罪人繫獄文卷未完未得即決或有至于十餘年而猶繫者其言下招伏事情昭灼又適遇理官出審而不停滯者萬無一二焉繫之已久及一旦決而不能待乎秋冬何前之太緩而後之太急哉方春之月句芒御辰萬殊有榮滋舒暢之容而無枯瘁蕭條之理故王者順之於是乎掩骼埋胔禁止伐樹無覆巢無殺孩蟲胎夭飛鳥毋焚山林凡羅網之類餧獸之藥毋出九門但當安萌芽養幼少存諸孤命有司省囹圄毋四掠止獄訟可也以卉草鳥獸之微尚令被澤而況於人乎以獄訟四掠猶禁止而況於刑人乎乃所以盡生生之至道慎其始以存終也及乎商風振起少皡司天鷹乃祭鳥霜飛蕭艾於是

乎審斷戮罪乃所以順陰氣之嚴凝助陽律之不逮也如是則天道克常而王猷昭立矣昔丙吉不問橫道死傷之人而問牛喘蓋以事作乎顯者機達乎微者吉凶現於顯也且春夏行刑則是春夏二時行秋冬之令災殃之效具見古書非臣所能盡言也頃者連年變異蔬穀不登或隕霜不殺草而桃李開華或地震日月食而動靜不一斯皆陰陽反覆而意或有以致之也此事華之甚易而所關甚大天下官吏莫肯啓一言者臣又不知其何也伏望陛下面稽天意載審刑章凡有罪當死以上命省部秋冬遣理官出而報之凡罪不至死及非常之事宜速決者不在此限外依上施行庶幾休徵薦至氣候相協天人一致而表裏相通體用一源而顯微無間矣

天麟又上策曰臣聞定磐石之鴻基莫如尊士闡弥天之大義要在輕財彼衡門陋巷之寒士欲希咫尺之功圖針芥之名者尚拳拳以行此而不之失也況乎秉籙握樞奠超乎民物之上者可不務哉此茸之中芝草生焉鳥獸之內麟鳳出焉瑞昌時淮盛德非此茸鳥獸之所可辱也周有八議議賢議能故賢能雖犯祖子弟之陷罪國家亦不連坐禁錮而棄之也猛虎不飲盜泉之水鷙鳥不棲惡木之枝甘其渴忍其勞非苟且恬愉以失其操也上有常用下有常供故濫物雖萬億及抄之甚豐國家亦不掛念嗜利以收之也誠以用賢能則所利者極博而收濫物則所損者極大故也我聖朝推天地之深仁發雷霆之大號澤及九有保全羣下之生法約多端爰罷三族之令復先王久廢之舊章行前代所不能行之洪惠彼有罪而當之及無罪而視之者孰不感服而欽念之哉愚臣以為猶有未之盡者也竊見方今陷大罪者除本人已就極刑之外其妻孥親屬有投諸遠方而不齒者有繫於場冶而應役者有役於右族而為臧獲者有配於卜伍而就苦地者斯皆盡除惡務本之常然切恐有秦沙遺金之餘恨也昔崇鯀之方命圮族王敦之狼戾天也伯禹乃崇鯀之子茂弘乃王敦之弟虞舜殛鯀用伯禹以為司空而不疑晉元罪敦知茂弘之忠節而不問故能奠高山大川之地成九叙之歌以弼虞舜於無為之休懷凌霜貫日之誠屢剪吞沙之寇以致晉帝於中興之美蓋由父子兄弟罪不相及刑賞之施出于公也由此觀之籍沒之人不宜終身禁錮明矣又竊見方今或因贓濫或陷逆流例皆籍沒其財歸諸內府散于宗室班于外家臣伏以金璧之寶貨貝之資所以權輕重通有無而流布于四方以張王室之柄也飢不可食寒不可衣然而不可一日闕之聖人因其無實用而有大益故賤之賤之者何賤其取之而非義者也彼犯罪之家非刻剝於下民則兼并於貧人以得之今而釁彰孽露干我常刑是因利以買害也若上之人知利之無益而塵翳清潔亦獨何心哉且國家不患無財貨之用右族不患有飢寒之窘豈賴夫籍沒貪臟之財以周所用乎然今未免此事者亦因循而不以為意故也伏望陛下留心細慮下令昭陳凡當籍沒之家內子孫弟姪若有超然特異足學知政之人聽有司公舉錄德量能而用之不在禁錮之限若然則士知國家之重賢咸自厲身奮志以希寸祿而程功效實矣凡當籍沒之財貯於一所明立簿記待儲積之多散於無告之人可也若然則民化國家之廉仁咸自立操喻義以復本然而遷善移風矣此臣所以謂定磐石之鴻基莫如尊士闡弥天之大義要在輕財也

天麟又上策曰臣聞化者政事之本也刑者政事之末也民有賢愚有深淺淺者隨化而自遷於善深者非刑而無以制之聖王灼知此故既布化又立刑以治天下之民言其極理則雖有本末之殊論其

設施則當並舉而無先後之異也故守其化而不以刑則姦慝暴亂之徒恃強淩弱而上爲姑息之小惠矣此舜誅四凶而天下咸服晉戮三罪而左氏美之蓋所以備未也故專其刑而不以化則秦和洋溢之氣有所鬱滯而上爲法家之少恩矣此文王發政施仁而受命漢祖寬仁愛人以肇基蓋所以務本也今國家本末並全化刑兩具旌義夫節婦孝子順孫之門以厚邦風舉茂材異等不求聞達之者以勵後進濟天民之無告以擴惻隱之心崇郡縣之學校以敦教育之本也凡此皆化也內立刑部外設理問示羣下以告捕之賞儆百僚以風憲之官凡此皆用也大綱已備小紀未完若夫王化之方已皆詳見於前篇矣其刑罰之事臣試申之伏見方今殊死者自有常制至於抵罪而不當死之流或有推惡惡之心循街鞭朴以儆乎衆未及還獄遂僵尸於路隅而人莫之敢稱其冤死者或有矜於憫之

念依法施行以全其生未及旬月復抵冐於嚴禁而官未有思絕其禍根者此兩者臣以爲胥失之矣夫既犯大罪而寘諸死地宜也非苛也夫一犯薄罪而亦寘諸死地苛也非宜也凡盜賊奸宄之類皆官吏未盡承流宣化之德以致之昔陳仲弓一閭人亦猶且化一梁上君子而闔境無盜況乎握郡縣之柄者乎既不反求諸己而思有以自責乃復絕頑民自新之路逞無過不測之威不亦不能新民之甚乎又國家之法未有薄罪當死之刑令而郡縣擅爲威虐憲職聞之而不察省部視之而不禁豈不傷聖朝之仁化哉夫罪有故犯者有誤犯者有重者有輕者常以馭故權以馭誤極以馭重薄以馭輕究而詳之莫非中也彼敗常之人其罪雖不及死然以有苟存犬馬之命幸免漏魚之網教之不知導之不移方其始犯之也聖人惻然而憫之小懲而誡之彼猶不悔及其再陷刑網聖人猶曰焉知其不

復改邪仍前以治之及乎三陷刑網聖人乃曰此將終無所改矣非惟殘戕良民而抑且累澄清之化也故國家芟夷而不惜犯者雖死而無辭矣今有屢犯刑章而方且坦然自得由然無恥縱情以陵無玷之人者豈不辱聖朝之威刑哉書曰怙于姦宄敗常亂俗三細不宥言三犯雖細而亦不之宥也伏望陛下止郡縣之虐除怙終之源凡盜賊細罪一發覺及再發覺者邦有常條無得似前循街鞭朴致傷人命凡盜賊細罪三發覺者明據前後所犯而誅絕之凡所犯雖多而發覺未及三者不在誅絕之限蓋須既懲又懲然後以爲真不能改而施之以極刑也凡姦宄之罪未及死者同如是則官吏無擅殺之權而大化可行犯者知將來之不免而有以自新國家除不悛之愚昧而刑罰少措矣

世祖駐蹕察納兒台之地吏部尚書耶律希亮至奏對畢董文用問

大都近事希亮曰囹圄多囚耳世祖方欹枕而卧忽寤問其故希亮奏曰近奉旨漢人盜鈔六文者殺以是囚多帝驚問孰傳此語省臣曰此旨實脫兒察所傳脫兒察曰陛下在南坡以語蒙古兒童帝曰前言戲耳曷嘗著爲令式乃罪脫兒察希亮因奏曰令既出矣必明其錯誤以安民心帝善其言即命希亮至大都諭旨

順帝時蘇天爵上奏曰洪惟聖朝奄有中夏深仁厚澤普洽于黎元明罰詳刑務存乎寬大然自近歲伊始有司或不得人以致刑獄滋章重使生靈彫弊無辜者牽連受刑有罪者徼倖獲免舞文弄法悉快于姦貪肆虐逞威尤便于皀隸始則因事以織羅次則受財以脫放及聞審囚官將至却稱被罪人在逃縱欲陳告其取受却緣本宗事未絕設計害民無所不至其有結案之囚當使明正其罪令縣未嘗申解于州州未嘗申解于路或畏刑名之錯或因結解之難不問

罪之重輕盡皆死于囹圄斷遣者既未嘗有平反者蓋所施無矣廟堂宰輔惟恐一夫失所而州縣官吏輒敢恣意殺人感傷天地之和蓋亦莫重于此近因欽奉詔書巡行畿甸詢民疾苦疎滌冤滯念國家治安既久本欲生全其民今中外一歲之中死者不知其幾其在江南猶稍知懼結案幸達于中書判送悉歸于刑部議擬方在吏手因徒已死獄中且重罪飛申先使知事之元發有司月報又欲考事之施行今皆視為虛文一切置之不問矣朝廷作法如此郡縣慢令可知京畿積弊如此天下之事可知故憤怨蘊于人心災異形于天變水旱大損于禾稼生靈日入于貧窮聞者可以傷心見者當為痛哭傳曰國家閒暇及是時明其政刑今海宇承平百年正當申明刑政感格和平而乃因循苟且廢弛如此欲望禎祥駢臻黎民安乂蓋亦難矣宜從都省明白聞奏今後內外輕重罪囚某事一起自某年

月日到禁某年月日申解所司或斷訖笞杖等罪或審復結案待報某事一起自某年月日到禁某年月日因患某病某醫用何藥餌覺因某病身故年終通行開寫略節情犯緣由次年三月以裏申達省部選委刑部文資正官一員妨職子細披詳如有淹滯刑獄決遣不當妄申急證死損數多皆當驗事重輕依例治罪庶幾朝廷明其政刑天下知所警畏有司不敢生事擾民罪囚不至冤濫死損

天爵又上奏曰蓋聞刑者輔治之具非恃刑以為治者也欽惟國家列聖臨御其用刑也本之以寬仁施之以忠厚內則論議付之刑曹外則糾察責之風紀故治功表著德澤涵濡然法之所立或有所未周吏之奉行或有所未至當職猥以謭材竊食重祿粗有聞見略具敷陳

一到選官員年六十五以上者先行銓注此國家優恤臣僚宣力既久恐其年不逮恩德至渥也照得各處推官專掌刑名矣案牘之冗全藉乎精神審讞之詳悉資乎耳目案牘不差則吏無所欺推審既詳則囚無冤抑今路府推官往往年老或視聽不明或神思昏耄苟圖祿俸姑俟引年欲望刑政肅清蓋亦難矣夫先行銓注固明時之厚恩而刑罰不中亦聖人之明訓今後各處推官有闕當選吏通儒術儒習吏事材力明敏別無過擧方許為之其年六十五以上者銓注別職如此則庶幾刑罰得中官無曠職矣

一民之犯罪具有常刑苟肆攘奪理宜禁治切見各處人民或稱窩藏盜賊或言收寄贓物或因偽鈔攀援或為私鹽致訟凡一切刑獄等事有司公吏巡捕人等往往因其捕獲乘隙肆為搶奪所犯罪有輕重家貲為之一空甚至取其贓杖其家因為得

罪蓋亦不敢告陳有司亦不受理江淮之南此風尤甚照得舊例諸被囚禁不得告擧他事其為獄官酷己者聽之夫在獄被酷猶許陳告況民之罪狀未明一家已被其虐不亦甚可恤乎今後有犯此者許其家人明立證佐具狀陳告合無比依搶奪民財估贓定論官吏失於約束亦合量情究治如或挾讎妄告抵罪反坐如此庶幾愚民不至甚受其害而巡捕之人亦知有所警畏矣

一中書省奏准節該除人命重事外偷大頭疋等一切罪犯贓仗完備不須候五府官審理命拘該衙門依例歸結矣民之犯刑或不得已累朝欽恤具有憲章向者三年一次遣官審理本為罪囚在禁淹滯今次奏准偷大頭疋等罪許令拘該衙門歸結則是人命重事直待三年五府官處決誠恐獄囚繁夥愈見淹

延照得立御史臺條畫一款所在重刑每上下半年親行審照文案察之以情當面審問若無異詞行移本路總管府結案申部待報其有番異及別有疑似者即行推鞫若關人衆卒難歸結者移委附近不干礙官司再行磨問實情若更有可疑亦聽復行推問無致冤枉若有冤滯隨即改正疎放欽此今後內外重囚擬合照依舊例令廉訪司審錄果無冤抑移牒總管府結案申覆詳讞其三年一次遣官審理既不得人徒增煩擾並合住罷如此庶幾獄無淹滯刑政肅清矣

一伏覩至元二年宣諭聖旨節文內外有司官不爲用心捕捉盜賊縱有拏獲賊徒取訖招伏贓仗明白指以小節不完不行歸斷今後但有捉獲強盜僞造寶鈔賊徒半年之內依例結案偷大頭疋三箇月內須要結案合議杖罪依例斷決違者在內監

察御史在外廉訪司官驗事輕重究治謹按易曰君子以明愼用刑而不留獄蓋言獄者不得已而設民有罪而入不可留滯淹久也今各處在禁重囚或爲賊盜寄贓仗于別所或印僞鈔藏板具于他鄉或指爲首同伴在某處居止或稱家屬證佐在某家隱藏果有堪信顯迹事發官司即須移文勾取不得因時妄指平民彼處官司倚恃不相統攝往往不即追捕以致賊徒在逃又令毀棄贓仗遷延歲月虛調文移蓋因官吏舞弄作弊萬端以致刑獄淹延不能杜絕江南州郡此弊尤甚今後如有承受各處公文即當劃時追捕若令賊徒展轉在逃贓仗亦不到官合無比依不即捕盜等例定立罪名如此庶幾事得結絕吏知畏懼而州郡亦無留獄矣

一法制之立既有成規奸僞之滋理宜嚴禁照得舊例諸保辜者手足毆傷人限十日以他物毆傷者二十日以刃及湯火傷人者三十日折跌支體及破骨者五十日限內死者各依殺人論其在限外及雖在限內以他故死者各依本毆傷法參詳此法古今遵守別難更易今江淮以南或辜限已滿其被毆者身死有司往往比依元貞元年孟福被死事例加等科斷若皆如此遵行是辜限爲不可用破已成之法開姦弊之門誠恐刑獄日滋深爲未便照得孟福事例通制既已不載有司似難奉行今後鬬毆傷人者止合依辜限之制或在限外雖無他故死者合無止依本毆治罪其孟福例擬合遍行禁止如此庶幾奸僞不滋法制歸一矣

歷代名臣奏議卷之二百十七

歷代名臣奏議卷之二百十八

赦宥

東漢光武建武二十年大司馬廣平侯吳漢病篤車駕親臨問所欲言漢對曰臣愚無所知識但願陛下慎無赦而已

桓帝時河南尹李膺初與廷尉馮緄大司農劉祐等同心糾罰姦倖時膺等以罪輸作司隸校尉應奉上疏理膺等曰昔秦人觀寶于楚昭奚恤蒞以群賢梁惠王瑋其照乘之珠齊威王荅以四臣夫忠賢武將國之心膂竊見左校施刑徒前廷尉馮緄大司農劉祐河南尹李膺等執法不撓誅舉邪臣肆之以法衆庶稱宜昔季孫行甫親逆君命逐出莒僕於舜之功二十之一今膺等投身彊禦畢力致罪陛下既不聽察而猥受譖訴遂令忠臣同愆元惡自春迄冬不蒙降恕遐邇觀聽為之歎息夫立政之要記功忘失是以武帝捨安國於徒

中宣帝徵張敞於亡命緄前討蠻荊均吉甫之功祐數臨督司有不吐茹之節膺著威幽并遺愛度遼今三垂蠢動王旅未振易稱雷雨作解君子以赦過宥罪乞原膺等以備不虞書奏乃悉免其刑

東晉元帝永昌元年皇孫生郭璞上疏曰有道之君未嘗不以危自持亂世之主未嘗不以安自居故存而不忘亡者三代之所以興也亡而自以為存者三季之所以廢也是以古之令主開納忠讜以弼其違摽顯切直用攻其失至乃聞一善則拜見規誡則懼何者蓋不私其身處天下以至公也臣竊惟陛下符運至著勳業至大而中興之祚不隆聖敬之風未躋者殆由法令太明刑教太峻故水至清則無魚政至察則衆乖此自然之勢也臣去春啓事以囹圄充斥陰陽不和推之卦理宜因郊祀作赦以蕩滌瑕穢不然將來必有愆陽苦雨之災崩震薄蝕之變狂狡蠢戾之妖其後月餘日果薄鬭去秋以來諸郡並有暴雨水皆洪潦歲用無年適聞吳興復欲有搆妄者咎徵漸成臣甚惡之頃者以來役賦轉重獄犴日結百姓困擾甘亂者多小人愚嶮共相扇動雖勢無所至然不可不虞按洪範傳君道虧則日蝕人憤怨則水涌溢陰氣積則下代上此微理潛應已著實於事者也假令臣遂不幸謬中必貽陛下側席之憂今皇孫載育天固靈基黔首顒顒實望惠潤又歲涉午位金家所忌宜於此時崇恩布澤則火氣潛消災讁不生矣陛下上承天意下順物情可因皇孫之慶大赦天下然後明罰勑法以肅理官克厭天心慰塞人事兆庶幸甚禎祥必臻矣臣今所陳蹔而省之或未允聖旨久而尋之終亮臣誠若所啓上合願陛下勿以臣身廢臣之言臣言無隱而陛下納之適所以顯君明臣直之義耳疏奏帝納焉

後魏明元帝時以郡國豪右大為民蠹乃優詔徵之民多戀本所在聚結盜賊並起守宰不能禁帝乃引白馬侯崔玄伯及元城侯元屈等問曰前

以兇俠亂民故徵之京師而守宰失於綏撫令有逃竄今犯者已多未可悉誅朕欲大赦以紓之卿等以為何如屈對曰民逃不罪而反赦之似若有求於下不如先誅首惡赦其黨類玄伯曰王者治天下以安民為本何能顧小曲直也譬琴瑟不調必改而更張法度不平亦須蕩而更制夫赦雖非正道而可以權行自秦漢以來莫不相踵屈言先誅後赦會於不能兩去孰與一行便定若其赦而不改者誅之不晚帝從之

後周宣帝在位德政不修數行赦宥京兆丞樂運上疏曰臣謹按周官曰國君之過市刑人赦此謂市者交利之所君子無故不遊觀焉若遊觀則施惠以悅之也尚書曰眚災肆赦此謂過誤為害罪雖大當緩赦之呂刑云五刑之疑有赦此謂故疑從罰罰疑從免論語曰赦小過舉賢才謹尋經典未有罪無輕重溥天大赦之文逮茲末葉不師古始無益於治未可則之故管仲曰有赦者奔馬之委轡不赦者痤疽之礪石又曰惠者民之

仇雠法者民之父母吳漢遺言猶云唯願無赦王符著論亦云赦者非明世之所宜豈可數施非常之惠以肆姦宄之惡乎

唐高祖時東都平大赦天下又欲責賊支黨悉流徙惡地治書侍御史孫伏伽諫曰臣聞王者無戲言書稱爾無不信朕不食言言之不可不慎也陛下制詔曰常赦不免皆原之此非直赦有罪是亦與天下更新辭也世充建德所部赦後乃欲流徙書曰殲厥渠魁脅從罔治渠魁尚免脅從何辜且蹠狗吠堯吠非其主今與陛下結髮雅故往為賊臣彼豈忘陛下哉壅隔故也至疏者安得而罪之由古以來何始無君然止稱堯舜者何也直由善名難得也昔天下未平容應機制變今四方已定設法須與人共之法者陛下自作須自守之使天下百姓信而畏也自為無信欲人之信若為得哉賞罰之行無貴賤親疏惟義所在臣愚以為賊黨於赦當免者雖甚無狀宜一切加原則天下幸甚

太宗貞觀中鹽澤道行軍總管岷州都督高甑生坐違李靖節度減死徙邊時有上言者曰甑生舊秦府功臣請寬其過太宗曰甑生違李靖節度又誣告靖謀逆雖是藩邸舊勞誠不可忘然治國守法事須畫一今若赦之使開僥倖之路且國家建義太原元從及征戰有功者甚衆若甑生獲免誰不覬覦有功之人皆須犯法我所以必不赦者正為此也又謂侍臣曰天下愚人者多智人者少智者不肯為惡愚人好犯憲章凡赦宥之恩惟及不軌之輩古語云小人之幸君子之不幸一歲再赦善人喑啞凡養稂莠者傷禾稼惠奸宄者賊良人昔文王作罰刑茲無赦又蜀先主嘗謂諸葛亮曰吾周旋陳元方鄭康成之間每見啓告理亂之道備矣曾不語赦故諸葛亮理蜀十年不赦而蜀大化梁武帝每年數赦卒至傾敗夫小仁者大仁之賊故我有天下以來絕不放赦今四海安寧禮義興行非常之恩彌不可數將恐愚人常冀僥倖惟欲犯法不能改過

長孫皇后遇疾漸危篤皇太子啓后曰醫藥備盡今尊體不瘳請奏赦囚徒并度人入道冀蒙福祐后曰死生有命非人力所加若修福可延吾素非為惡若行善無效何福可求赦者國之大事佛道者上每示存異方之教耳常恐為理體之弊豈以吾一婦人而亂天下法不能依汝言也

武后時突厥入趙定殺掠甚衆民多脅從於賊賊已去懼誅逃匿時狄仁傑為河北安撫大使乃上疏曰議者以為虜入寇始明人之逆順或迫脅或願從或受偽官或為招慰誠以山東之人重氣一往死不為悔比緣軍興調發煩重傷破家產剔屋賣田人不為售又官吏侵漁州縣科役督趣鞭笞情危事迫不循禮義投跡犬羊以圖賒死此君子所愧而小人之常民猶水也壅則為淵疏則為川通塞隨流豈有常性昔董卓之亂神器播越卓已誅禽部曲無赦故事窮變生流毒京室此由恩不溥洽失在機先今負罪之伍潛竄山澤赦之則出不赦則狂山東群盜緣茲聚結故臣以

為邊鄙暫警不足憂中土不寧可為慮也夫持大國者不可以小治事廣者不可以細分人主所務弗檢常法願曲赦河北一不問罪詔可

中宗時張易之誅議窮治黨與監察御史張廷珪建言曰自古革命務歸人心則以刑勝治今唐曆不移天地復主宜以仁化蕩宥且易之盛時趨附奔走半天下盡誅則已暴罰一二則法不平宜一切洗貸中宗納之

德宗時中書侍郎同中書門下平章事陸贄論左降官准赦量移事狀曰右寬譴之徒皆在遐僻或迫於衰暮顧景思還或困於瘴癘翹心望徙既關霈澤許以量移企躍之情遠想可見若准所司舊例須俟州府録申盤勘檢尋動踰年歲上稽恤宥之旨下虧慶賴之心臣等商量悉須釐革望令所司據承貞元六年恩赦檢勘已量移未量移官及貞元六年恩後左降官等除遷改亡歿之外具名銜及貶責

事由年月速報中書門下不須更待州府申請臣等據所司報到則
便進擬不出歲内冀悉霑恩未審可否謹錄奏聞伏聽進止
贄又上奏曰伏以國之令典先德後刑所後者法當舒遲故决罪不
得馳驛行下所先者体宜疾速故赦書日以五百里為程誠以聖王
之心務弘慶惠必迴翔於行罰而企躍於舒恩不加罰於典法之外
不虧恩於德令之内則受責[illegible]得與怨宥貸者咸思自新所謂威
之斯懲宥之斯感懲以致理感以致和致理則尊致和則愛為人父
母必在兼行陛下德配上玄澤流下土頃因郊祀普降鴻恩凡是貶
責之人並許量移近處臣等任叨輔弼職在宣行尋具奏聞請便進
擬聖心精一務欲均齊令待所司檢尋一時類例處分其左降官内
或罪非可棄才有足甄亦許別狀商量不拘常例獎用臣等據所司
檢勘左降官及流人送名到者都比擬量移及別追用分為三狀前

月十二日封進其流人量移狀已蒙印出行下訖餘兩狀至今未奉
進止竊以赦書宣布僅欲半年若更淹遲恐乖事体又諸州刺史及
臺省官等繼有事故頗多缺員睿旨精於選求至今常不充備以告
掩德見非古人錄用棄瑕允歸聖造願廣含弘之美庶增誘掖之途
謹奉狀陳聞伏聽進止
贄又上奏曰右希顏奉宣進止舊例左降官每准恩赦量移不過三
百五百里今屢進擬稍似超越又多是近兵馬處及當路州縣事非
穩便宜更商量伏以罰宜從輕赦宜從重所以昭仁恕之道廣德澤
之恩也夫位尊者其惠不可以不重言大者其實不可以不豐位尊
而惠輕則体非宜言大而實寡則人失望陛下躬行盛禮渙發德音
念謫居之荒遐哀負累之沉棄俾移近處將合新恩赦令初行室家
相慶恵亦至矣言亦大矣竊料竄逐窮僻喜聞霈澤降臨固必破産

以飾行裝計日而俟休命荏苒淹卹復經半年儻又所移之官還與
舊任鄰近竊恐乖陛下垂愍之意虧制書行慶之恩口恩重而事實
輕非所以揚鴻休而布大信也謹按承前格令左降官非元勅令長
任者每至考滿即申所司量其舊資便與改叙縱或未有遷轉亦即
任其歸還逮于開元末李林甫固權專恣凡所斥黜類多非辜慮其
却迴或復冤訴遂奏左降官考滿未別改轉者且給俸料不須即停
外示優矜實欲羈係從此已後遂為恒規一經貶官便同長往迴望
舊里永無還期縱遇非常之恩許令移遠就近雖名改轉不越幽遐
或自西徂東或從大適小時俗之語謂之横移馴致忌剋之風積成
天寶之亂展轉流弊以至于今天下咸病此法深苛而不能改從舊
典者良以猜嫌之慮易惑上心將謂負譴之人悉包樂禍之意已經
黜責遂欲隄防故高論則痛嫉林甫之陰邪而密綱則習行林甫之

弊法捨邪為蠹乃至於斯然則左降永絕於歸還量移不離於僻遠
盡是奸臣詭計殊非國典舊章且貶黜之中情狀各異犯有輕重責
有淺深固非盡是回邪皆須備慮王者之道待人以誠有責怒而無
猜嫌有懲沮而無怨忌斥遠以儆其不恪甄恕以勉其自新不儆則
浸及威刑不勉則復加黜削雖屢進退俱非愛憎行法乃暫使左遷
念材而漸加進叙人知復用誰不增脩何憂乎亂常何患乎蓄憾如
或以其貶黜便謂姦兇恒處防閑之中長從擯棄之例則是悔過者
無由自補蘊才者終不見伸凡人之情窮則思變含悽貪亂或起於
茲雖則何患能為亦足感傷和氣謂非帝王開懷含垢之大体聖哲
誘人遷善之良圖也臣等昨進擬商量非不精詳既審事宜亦尋舊
例參求折衷兼務齊平大約所擬之官各移近地一道郡邑稍優於
舊任官資序進於本銜並無降差亦不超越其有累經移路已至閑

發則但以大州增其常秩所與人皆受賜施不失平上副鴻恩下察
延望纔將得所殊匪為優今若裁限所移不過三五百里則有改職
而疆域不離於本道遷居而風土反惡於舊州徙有徙家之勞是增
移配之擾又當今郡府多有軍兵所在封疆少無館驛應合量移之
例約有二百許人道路須計其遠近之差州縣則校其高下之等若
必選非當路復不近兵則恐類例失倫署置偏併示人疑慮体人非
弘幸希聖聰更賜裁審其擬官狀並未敢改黃
贄又論赦書事狀曰右隱朝奉宣聖旨并以中書所撰赦文示臣令
臣審看可否如有須改張處及事宜不盡條錄奏來者臣謹如詔旨
詳省再三猶懼所見不周兼與諸學士等參考得失僉以為綱條粗
舉文理亦通事多循常辭不失舊用於平昔頗亦可行施之當今則
恐未稱何則履非常之危者不可以常道安解非常之紛者不可以

常語諭自陛下嗣承大寶志一中區竊用甲兵竭取財賦甿庶未達
於晳勞之旨而怨咨已深昊穹不假以悔禍之期而患難繼起復以
刑譎太峻禁防傷嚴上下不親情志多壅乃至變生都輦盜據宮闈
九廟鞠陷於匪人六師出次於郊邑奔逼憂厄言之痛心自古禍亂
所鍾罕有若此之暴今重圍雖解逋寇尚存裂土假王者四兇滔天
僭帝者二豎又有顧瞻懷貳叛換黨姦其流寔繁不可悉數皇輿未
復國柄未歸勞者未獲休功者未及賞困窮者未暇恤滯抑者未克
申將　多難而收羣心唯在赦令誠言而已安危所屬其可忽諸
動人以言所感已淺言又不切人誰肯懷昔成湯遇災禱于桑野躬
自貶剔以為犧牲古人所謂割髮宜及膚翦爪宜侵体良以誠不至
者物不感損不極者益不臻今茲德音亦類於是悔過之意不得不
深引咎之辭不得不盡招延不可以不廣潤澤不可以不弘宣暢[illegible]

堙弗可不洞開襟抱洗刷瘢垢不可不盪去瘢痕使天下聞之歘然
一變若披重昏而覩朗曜人人得其所欲則何有不從者乎應須改
革事條謹具別狀同進除此之外尚有所虞竊以知過非難改過為
難言善非難行善為難假使赦文至精止於知過言善猶願聖慮更
思所難易曰聖人感人心而天下和平夫感者誠發於心而形於事
人或未諭故宣之以言言必顧心心必副事三者符合不相越踰本
於至誠乃可求感事或未致則如勿言一虧其誠終莫之信伏惟陛
下先斷厥志乃施於辭度其可行而宣之其不可者措之無苟於言
以重其悔言克誠而人心必感人心既感而天下必平事何可不詳
言何可不務輒輸愚懇伏聽聖裁
贄又請宥趙貴先罪狀曰右欽溆奉宣聖旨前者共卿商量趙貴先
欲恕其罪朕朝來更問諸將皆云貴先順從朱泚則是逆人合依常

刑不可寬捨衆人意既如此應難釋放卿宜知悉者臣愚以為貴先
從逆之罪法當不容貴先陷身之由情則可恕陛下所議矜宥原其
情也諸將所請誅戮據於法也據法而除君之惡者人臣之常志原
情而安衆之危者人主之大權臣主之道既殊通執之方亦異言各
有當體各有宜事或相駁而無傷此之謂也往以襄城告急詔命隴
右發兵齊映率衆東行貴先即其部將于時軍至昭應適遇駕幸奉
天齊映馳歸鳳翔貴先獨主營幕進無總帥退闕亂兵遂為賊泚所
招紿以同迎鑾駕泚既反狀未露貴先安得勿從已受邀留遂遭刼
制身縻偽職兵隸兇徒雖居賊中亦不見任首末事跡簡在天心臣
亦親承德音非獨聞於傳說其於情狀頗有足矜所可責之事唯
在不能守節而死耳貴先儻能守節即是忠烈之徒固獲褒旌豈資
寬捨凡所議讞蓋緣獄疑罪疑惟輕實編令典脅從罔理亦載聖[illegible]

況復懷光未殲希烈猶熾遺羅誘陷其類寔繁今京邑初平皇猷更始乃是移俗觀化之日聖王布德之時所用刑章尤宜審慎一輕一重理亂攸生宥之以恩則自新者咸思歸命斷之以法則懷懼者姑務偷生衆心既偷賊勢因固不忍一朝之忿而貽累歲之憂茍循匹夫之談以興億衆之役為計若此夫何利之有焉曩者羯胡亂華沾汚士吏肅宗興復累降赦書罪止渠魁餘所不問河朔遺孽既聞德澤之弘被且幸曾汚之見原人人皆自怨尤各悔歸國之晚及乎三司按罪繼用嚴科未降之流復甚得計慶緒將消而再結思明已附而重携浸長厲階至今為梗豈不以任法吏而虧權道小不忍而亂大謀者乎昔漢高帝既定四方見諸將往往偶語謀反乃問張良曰為之奈何良曰陛下所最恨者為誰帝曰雍齒與我有舊而數窘我良曰今急封雍齒則人人自堅矣帝用良計諸將果安皆云雍齒且

侯吾屬何患蓋以圖霸王者不牽於常制安反側者罔念於宿瑕今陛下有漢高之英貴先無雍齒之釁加戮不是威暴逆矜全可以定危疑明恕而行威德斯在何所為慮尚勞依違微臣區區上言蓋為將來張本凡在首惡皆願從寬庶使負累之徒莫不聞風而化消姦宄誘惑之計開叛亂降附之門此其大機不可失也陛下前意固為善矣伏惟不為浮議所移

憲宗元和三年帝御丹鳳樓大赦天下知樞密中使劉光奇黨庇同類奏准舊例散差中使走馬往諸道送赦書所貴疾速意欲疵瑕其類使至諸道受納財賂俟其至也自獲其半翰林學士裴洎李絳等奏曰陛下自臨御海內事推至當易去煩苛今復以赦書散差勅使專送是求方鎮貨財蓋非陛下意旨請付度支鹽鐵急遞發遣既得疾速簡便又無求取勞擾上依絳等所奏光奇又奏曰舊例如此難便改易上曰舊例若是即須恭守若不是即須改移豈可循舊弊耶宜依裴洎李絳所奏

文宗時邕管經略使董昌齡誣殺參軍衡方厚貶溆州司戶俄徙峽州刺史右拾遺魏謩諫曰王者赦有罪唯故無赦比昌齡專殺不辜事跡暴章家人銜冤萬里投訴獄窮罪得特被矜貸中外以為屈法今又授刺史復使治人紊憲章乖至治不見其可有詔改洪州別駕

後晉高祖即位屢赦天下左散騎常侍張允為駁赦論以獻曰管子曰凡赦者小利而大害久而不勝其禍無赦者小害而大利久而不勝其福漢之吳漢疾篤帝問漢所欲言漢曰惟願陛下無赦尔蓋行赦不以為恩不行赦不以為無恩罰有罪故也自古皆以水旱則降德音而宥過開狴牢而出囚冀感天心以救其災者非也假有二人之訟者一有罪而一無罪若有罪者見捨則無罪者銜冤此乃致災

之道非救災之術也至使小人遇天災則皆喜而相勸以為惡曰國將赦矣必捨我以救災如此則是教民為惡也夫天之為道福善而禍淫若捨惡人而變災為福則是天又喜人為惡也凡天之降災所以警戒人主節嗜慾務勤儉恤鰥寡正刑罰而已上覽之大悅

宋太宗時祖吉守郡為姦利事覺下獄案劾爰書未具郊禮將近太宗疾其貪墨遣中使諭旨執政曰郊赦可特勿貸祖吉趙普奏曰敗官抵罪宜正刑辟然國家卜郊肆類對越天地告于神明奈何以吉而隳陛下赦令哉太宗善其言乃止

太宗嘗因郊禮議赦有秦再忠者上書願勿赦引諸葛亮佐劉備數十年不赦事帝頗疑之時趙普對曰凡郊祀肆眚聖朝彝典其仁如天若劉備區區一方臣所不取上善之遂定赦初太祖將祀南郊詔兩京諸道自十月後犯強竊盜不得預郊祀之赦天聖五年馬亮上

言朝廷雖有詔而法官斷獄乃言終是會赦多所寬貸惠姦宄矣詔
旨遂詔已下約束而犯刼盜及官典受贓悉論如律
真宗時右正言夏竦上奏曰臣聞仲尼曰善人為邦百年可以勝殘
去殺傳曰為溫慈惠和以效天之生育長養臣以為邊無兵革之患
官無貪暴之吏國無率歛之制民無寇盜之憂則元元受好生之賜
萬物遂長育之性皆非謂肆赦之義也蓋赦者偏祐之物權時之制
君子所懼小人所悅或吾嫉其大害孔明譏其小惠故無赦之國其
刑必平居上者攸宜矜慎皇家解五代之苛暴復八世之典憲撥亂
之始宜推解網之惠守成之朝難緩委轡之權夫赦不可以逆知逆
知則姦作姦不可以數惠數惠則政煩方今郊祀之日必覃渙汗之
恩豪猾瞻望而造姦吏胥因緣而弄法雖預示禁章不令原免及廣
覃慶澤誰復舉行願陛下崇先王去殺之道塞叔世屈法之門令恩
不預彰罪無苟免霽霜威流惠澤若以廢之不可必也用之有方書
曰眚災肆赦易曰赦過宥罪或當陽氣發生之始薰風亭育之際順
雷雨之象布蓼蕭之恩必也赦除悞失寬宥故犯庶幾懲戒有差免
使重輕一致肆眚之文事宜從簡若蠲放理督之物并進官資之屬
各詔有司須下其事何必縷陳條例動盈數幅使舞文之吏得以因
緣載筆之官難為紀述從其簡易足正經綸
仁宗景祐元年二月侍御史龐籍乞郊禋更不行赦疏曰臣竊見南
郊禮畢行赦且禮行於郊而勸賞賜赦者古之人無有也三王之世
歲親祀昊天上帝於圜丘又祀感生帝於泰壇漢朝有甘泉五時之
祭綿代而降郊祀不輟至於賞赦皆未之聞也有唐兵興以來事天
之祀歲或廢之迄于五代三年之行還以大賞所以勞衛兵也必大
赦所以蕩亂獄也然則所賞既大不可以歲舉故必三載而躬祀也

聖朝承五代之弊興千齡之統應變以制事酌中而立治述遺前古
之法近擇後王之迹是以間歲報本就陽位而展禮一朝錫福御端
闈而行赦慶賞二柄行慶之道也謂夫法以為順動六師景從雖無大
勞而必隆賞所以勉軍伍而衛社稷也雖至愚以謂賞者國家之大
典可以仍舊謂夫狴牢悉落桎梏並空雖皆大罪而必盡赦所以滌
衆故而使自新也雖至愚以為赦者政教之大患不可以常用何以
明之且有罪者宥之未必自新也被苦者抑之未必無怨也不能自
新將復為惡不能無怨將悔為善一赦而使民悔善復惡故以為政
教之大患也所謂常赦者除十惡鬬殺刼殺謀殺並為已殺人者及
放火官典犯正枉法贓至死不赦外其餘罪咸赦除之設有鬬毆者
折肋墮胎折跌人支體及瞎其一目即損二事已上及因舊患令至
篤疾以威力取財雖不傷人是皆凶險之大楚毒之極寘之常刑則
可以舒平民之憤挫惡人之銳乃復被其大恩出為無罪誠不足以
增光盛德適足以塞和氣而已況復將有事於南郊之歲必告布天
下民以是知國將郊禋郊必宥罪乃先其時節用肆其凶暴雖約束
之預降終瑕釁之悉蕩宣父有言民可使由之不可使知之今使之
知所以為幸陛下誠能布發睿旨昭示天下今後郊禋之日除賞賜
之外更不行赦使無敢為虐則善懦者懷惠凶頑者知禁矣
慶曆二年館閣校勘蔡襄上疏曰臣伏覩比年以來盛夏之月陛下
親慮京師繫囚令天下負罪者減降便從輕典此蓋陛下嗟憫元元
重罹禁網冒炎暑之苦而處狴牢之下天衷惻然下寬大之詔寔羣
生之厚幸也臣愚無智慮不能識天地無垠之施而竊有惑焉臣聞
古先帝王躬慮獄囚皆以決訴冤滯非特專宥過戾也迫隆冬緣亢
旱則或行之非一定而不易之制也向者國家行之比三年矣緇户

之民習蹈前事。咸知指時月輕儩恣度。豈非屢行之。乃滋而為弊。夫法者天下大公之本也。故罪有小大。法有輕重。今所施者大罪。而所處者輕法。以非其罪邪。雖輕法不得施。安在降其等乎。誠當其罪邪。重法尚不足以禁。顧輕之。何以革小人之心。而驅之嚮善哉。國家每郊禮必大赦。貸民之罪固不鮮矣。又仍歲有疏決減降之制。臣謂貧弱者多負寃。而富強者多蒙宥。為惠甚小。而其蠹甚大。非有補於治體也。伏望陛下參前古之制。揆當今之弊。罷減降之詔。而責天下州郡吏審辨獄情。而毋多久繫也。臣職賤而言近。不勝隕越之至。

嘉祐四年。知制誥劉敞上奏曰。臣伏見今月二十八日疏決在京繫囚。雖恩出一時。然在外群情皆云聖意以皇女生。故施此慶澤。恐非王者之令典也。去年閏月已曾減降。尚未半年。復行此恩。傳稱民之多幸。則於國不幸。一歲再赦。好人喑啞。前世明君賢臣論此詳矣。雖

成事不說。臣願朝廷慎之。

六年。起居舍人同知諫院司馬光論赦及疏決狀曰。臣竊以赦者害多而利少。非國家之善政也。虞書曰。眚災肆赦。怙終賊刑。謂過誤有害則赦之。怙惡自終則殺之。非不擇罪之有無。并赦之也。漢大司馬吳漢病篤。光武親臨問所欲言。對曰。惟願陛下慎無赦而已。王符亦曰。今日賊良民之甚者。莫大於數赦贖。赦贖數則惡人昌而善人傷矣。蜀人稱諸葛亮之賢亦曰。軍旅屢興而赦不妄下。然則古之明君賢臣未嘗以數赦為美也。國家承順天心。子愛百姓。發號出令。必先至仁。然數赦之弊。猶未能去。又古之赦者其出無常。故謹周密。不可前知。姦民猶抵冒以待之。況今國家三年一郊。未嘗無赦。每歲盛夏皆有疏決。猾吏貪縱。大為姦利。悍民暴橫。侵侮善良。百十之中。敗無一二。幸而發露。率皆亡匿。不過周歲。必遇赦降。則晏然自出。復為平人。往往指望謂之熱勑。使愿慤之民憤邑惴恐。凶狡之群志滿氣揚。豈為民父母勸善沮惡之意哉。且疏決之名。本以盛暑之際。恐囹圄之中有滯積寃結。有司不為申理。使無所告愬。故天子臨軒親加慮問。平其枉直。無辜則赦。有罪則誅。使久繫之人。一朝而決。故能消釋沴氣。迎致太和。非謂不問是非一切縱之也。又祖宗之時。每歲不過一次疏決。死罪以下。皆遞降一等。近年以來。或至再三。自徒以下。一切赦之。今歲五月以前疏決之令已再行矣。此所以使百職驕慢。姦邪恣睢者也。今縱未能盡革前弊。伏望陛下特降指揮下中書。今後每歲疏決不過一次。或早或晚。使外人不可豫期。其徒罪仍依舊降從杖。或遇親祀南郊之歲更不疏決。永為定制。庶幾為惡之人不敢指以自寬。有所戒懼。

七年。光又上論赦劄子曰。臣伏見國家每下赦書。輒云敢以赦前事

言者以其罪罪之。誠欲恩澤下究。而號令必信也。比見臣僚多以私意偏見奏赦前事乞不原赦。或更特行編配。重於不經赦之人。朝廷皆從其請。若其人情理巨蠹。必不可赦者。則國家當於約束勑及赦文內明白言之。若所坐不至甚重。而特不赦。是恩澤有所不均。而同死罪猶赦之。而微罪不赦。是則罪之輕重不繫於人主不刊之法令。而決於人臣一時之私意也。況使經赦之人仍就編配。得罪重於不經赦者。尤無謂也。夫赦者誠非致治之道。然朝廷若能永無赦。令使有罪者必刑。則人知恐懼。莫敢犯矣。今既數下赦令。而使大罪得免。小罪被刑。經赦者其罰重。不經赦者其罰輕。臧否糾紛。使百姓何所取信哉。臣愚欲望陛下自今犯罪之人情理巨蠹必不可赦者。乞於豫降約束勑內明白言之。其餘並從赦文處分。其有指赦作過。情狀顯然。不因臣僚奏請。陛下聖意特不原免者。止宜依法施行。亦不可

使重於赦前之罪應昨赦前犯罪不至編配而赦後特行編配者並乞放令逐便庶使恩澤均一號令明信

仁宗時范仲淹奏為赦後乞放祖宗朝欠負䟽曰臣伏覩國家每一降赦萬人歡呼一兩月間錢穀司存將欠負之人依舊督責桎梏老幼籍沒家產既失大信且虧至仁蒙聖恩已差楊日嚴王質與三司詳定不係侵欺盜用該赦欠負臣舊曾在三司定放欠負見滑州酒務有少欠雜物係專副四十餘界計八十来年登載少數又不顯侵欺其勾當人亡殁年深其追貧弱子孫理納並不知祖父如何少欠似此刻剝傷民豈陛下愛育生靈之德臣欲特出聖意應祖宗朝天下欠負更不問侵欺盜用並與除放如省司更不舉行許三司知次第人陳告干繫人吏並坐違制決停告事人與轉一資諸處承受施行官吏並科違制之罪

起居舍人知諫院范鎮上奏曰臣聞古人有言曰一歲再赦好人喑啞此言赦之惠姦而無益於治道不可數者也偏者京師及畿輔歲一赦而去歲再赦今歲三赦京師兵士又得再賜錢姑息之政無此甚者夫歲一赦者細民謂之熟恩必其在五六月間也猾胥姦盜倚為過惡指期以待免況再赦乎況三赦乎其為惠姦虧損治道可知矣好人良善也數赦尚猶喑啞蚩蚩愚民其不狃而為姦且盜者無幾矣又今防秋備塞之人無慮五六十萬使聞京師端坐而受賜者能無動心乎不可不慮然陛下德音已下賜錢已出臣知不可救已伏乞今後罷所謂歲一赦者以推姦猾而使善良有所立也罷兵士之特賜錢者以均內外以防後患而使民力得寬裕於財也昔唐太子承乾為長孫皇后請肆赦以崇福祐者長孫皇后曰赦者國之大事豈以吾故亂天下法乎長孫婦人耳猶能如此陛下聖仁堯舜之資顧不為長孫后之所為乎臣竊惜之

神宗熙寧元年通判利州周表臣論災異不必肆赦䟽曰臣伏見國家每因天文之異水旱之災大則行德音於天下小則肆赦於兩京臣竊惑焉夫數赦之為害古人論之詳矣盖古者赦過宥罪行於過失遺忘而不以惠姦蹈於刑辟者非盜人貨財則脅弱暴寡者也使為盜者蒙釋則其主必憤疾使衆強者被宥則寡弱必無訴故赦者良民不被其澤而惡人昌矣又況小人習性之愚不能改過自新其既出也大至於讎害其主小至於傷損平人則復穴坏踰垣揭篋探囊故朝脫桎梏夕復殺人朝出囹圄夕復為盜此非一日也國家何姑息於此而赦之乎昔成湯之時其旱可謂久矣湯以六事自責而已未嘗聞赦也高宗有飛雉之鳴可謂異矣祖已訓之以正厥事而已未嘗聞赦也周宣王之時其旱亦可謂久矣詩美其側身修行而

已未嘗聞赦也夫遇災應變得如成湯高宗宣王不亦可乎而必赦姦宄以為惠不亦異乎竊原國家之意豈非謂刑罰獄訟或有寃濫故赦之以致和氣苟得其人則自無寃濫矣況近年以來省法弛禁人持近厚之心刑罰清而獄訟理乃使宄姦之人槩蒙釋宥恐非國之福也臣願朝廷或遇災異求古明王所以應天之道或修法度政事之未備者或求惠民濟衆之未至者或舉擢有道德才行而隱晦於下位者或出宮嬪之閒執事歲深與無職掌掃洒而幽閉者臣聞太祖皇帝躬履倫約嬪御不滿三百猶以為多嘗因霖雨又出數十人此近事之驗也凡此皆先王舊典或祖宗故事惟陛下博求行之以應變而赦不妄下庶使乎寇賊姦宄無不息矣

七年三月不雨帝以旱欲降赦時已兩赦王安石奏曰湯旱以六事自責曰政不節與若一歲三赦是政不節矣非所以弭災也上乃止

元豐三年太尉文彥博上論赦事䟽曰臣伏覩陛下躬行大享之禮前期絜齋於路寢朝謁於靈宮孝享於大廟乃格明堂以嚴宗祀禮之重莫重於此既而御端闈宇大號霈惠澤於天下號令之重亦莫重於此然號令之出在於必行不惟其反謹詳辛巳赦文釋係縲貸逋負比常赦至寬自殺人已死及監主自盗官吏枉法外罪無輕重悉除而近歲以來中外臣僚多不詳罪犯與情理之輕重皆乞遇赦不原朝廷或從其奏臣恐輕重之間有所未安且臣下迎格赦令則禮為不恭朝廷遂從其請則令有不信臣乞今後凡有罪奏乞不赦原者並送刑部倶具獄上一繫朝廷臨時特旨

神宗時知諫院司馬光上言曰按察之官以赦前事興起獄訟禁之誠為大善至於言事之官事體稍異何則御史之職本以繩按百僚糾擿隱伏姦邪之狀固非一日所為國家素尚寬仁數下赦令或一

歲之間至于再三若赦前之事皆不得言則其可言者無幾矣萬一有姦邪之臣朝廷不知誤加進用御史欲言則違今日之詔若其不言則陛下何從知之臣恐因此言者得以藉口偷安姦邪得以放心不懼此乃人臣之至幸非國家之長利也請追改前詔刊去言事兩字光論至再帝諭以言者好以赦前事誣人光對曰若言之得實誠所欲聞若其不實當罪言者帝命光送詔於中書

知諫院陳襄乞原免張堯夫等狀曰臣伏見轉運司差官置院取勘本州宛丘縣令張堯夫司法參軍周琳為檢斷潁州萬壽縣令劉獻臣等明知手分張育等多納人户青苗頭子錢四十四貫有零偷盗入己及事發旋搬所盗錢入縣其時劉獻臣等却容庇本人許令陳首虚作誤納錢數在庫從杖罪就縣斷遣係提刑司巡歷到縣點檢發覺差官覆勘出上件情罪牒請張堯夫録問周琳檢法將劉獻臣等作故出張育等盗錢徒二年全罪以官吏分首從從私罪定斷尋蒙大理寺等處駁定只合用公坐相承四等減斷其張堯夫周琳却有檢斷不當罪名准勅下轉運司取勘雖兩經德音及遇郊禋大赦其推勘院為見前來德音後准朝旨取勘以此不敢引赦恩釋放依前圓結公案録奏檢准熈寧編勅諸官員將校犯罪自首或會恩合原除私罪徒及贓罪並結案聞奏餘更不結案其張堯夫周琳所犯只得公罪杖不合結案事理分明臣昨曾知本州備知逐官涖職公勤州縣所賴今再叨朝寄益見其職事風蹟可觀歷仕已來各無公私過犯內張堯夫是故禮部尚書張詠曾孫到邑三年臨事精敏威惠兼著奉行新法夙夜匪懈僧道舉人等累次經轉運司陳狀稱本官婚田鬭訟給納青苗並無留滞催驅青苗税物不施刑責各依限了足備見愛民之甚乞留再任已具奏陳提刑司曾申中書乞免替

移通判比部員外郎雍標亦具申奏乞依勅條原放兼入仕已來有韓絳呉充王拱辰滕甫劉庠陳薦薛向等一十三人保舉充縣令京職官任使得替合該磨勘皆其名臣之後能自立身勤政如此誠可奬激及周琳除本職外州司多委他局勾當並皆濟集強幹可稱竊詳萬壽縣令佐元犯本為不覺察人吏多納青苗錢數有礙新法刑名深重避見申解上州暴揚已過以此商量許令陳首作悮納錢數只就本縣斷放雖然公事其間雖有私情顯是刑名疑慮其張堯夫等意在推明新法嚴誡吏人取受以致失錯檢斷別無枉曲今依條減外亦只有公罪杖累逢恩宥於法自合全原不當圓結公案竊慮將來奏案朝廷以前來德音曾降勅命取勘特有移改隔礙磨勘指揮原其本情誠足矜憫欲乞聖慈檢會提刑轉運司及本州通判雍標等奏狀及申中書狀特賜詳酌與依赦勅原放不作遺闕庶使公

勸盡心之吏知所勸激謹具狀奏聞伏候勑旨

彭汝礪上奏曰禮之有刑非以民為不足教也所以救禮之失也刑之有赦有宥有贖非以姦為可容也所以待刑之所不及也故周公之法非獨老幼惷愚者有赦也而不識者亦有宥焉非獨墨劓之疑有赦也而大辟者亦有贖焉以此知先王之所以愛人厚矣後世無先王之教育而有先王之刑有先王之刑而無先王之赦是所以愛人者少而所以傷人者有餘也此豈可忽哉律大辟刑名疑慮許奏請然有司畏於駁問見坐而移易獄辭牽合法令以刑之則疑者未必釋也杖罪情理可矜許贖然有司用法或出於喜怒而無告者未必有而無故未必刑也大辟極矣而或有減則徒役者何獨不幸耶杖罪至輕矣而亦有贖則流配者何獨不恤耶舜典曰罪疑惟輕又曰宥過無大刑故無小則赦宥非有輕重之論也臣欲乞應以過失犯刑應刑名疑慮皆聽贖則請於逐路職司而已其應赦而不請應決而私用贖許民得自言而使職司督察之如此則民無幸不幸者矣先王仁義之意其或在是歟

哲宗元祐七年九月侍講學士范祖禹乞除賊盗重法狀曰臣於去年十二月轉對奏事乞除賊盜重法未蒙施行臣聞王者之德如天無不覆地無不載四海之内皆赤子也無有遠邇當視之如一今重法之地獨為匪民一人犯罪連及妻孥沒其家產便同反逆先王制則必使民得以自新不聞別異州域偏行峻令恐非聖世所宜為也陛下將郊見天地御樓肆赦若於赦文悉除此法一切蕩滌與之更始足以感格人心召致和氣則帝舜好生之德大禹泣辜之仁成湯解網之恩復見於今矣恭惟祖宗無不哀矜庶獄刑罰從寬遠過前代實有陰德上當天心是以承平百年福祚無窮唯自嘉祐七年初

立窩藏重法至熙寧中中書檢正官奏請遂為著令皆因有司建議非仁宗神宗本意此乃權時之制不可久行臣前奏論之已詳今因初郊宜以為仁政之始聖人順動雲行雨施刑清民服此其時也伏望聖慈斷而不疑特降睿旨於將來赦書行下使百姓曉然知二聖天地涵養無私之德不獨視此諸郡如夷貊之人臣將見民之戴恩淪於骨髓則勝殘去殺庶可望矣謹錄奏聞

元祐中上清儲祥宮成將肆赦樞密直學士王巖叟曰昔天禧中祥源成治平中醴泉成皆未嘗赦古人有垂死諫君無赦者此可見赦無益於聖治也

徽宗時翰林學士葉夢得上奏曰臣近因申明昊天上帝皇地祇冊文尋蒙聖旨別撰已為析辭令來合降赦書謂宜更行推廣歷叙天下艱危之狀深自貶損明示四方使無遠近皆知陛下為民請命以邀福於上下神祇之意昔漢光武初興第五倫每讀詔書常嘆息曰此聖主也一見決矣唐德宗以朱泚之亂巡幸奉天陸贄在翰林每降詔令武夫悍卒無不感泣李抱真自山東入朝言曰此時臣知天下不足平蓋上天不可矯誣人情易以誠感惟不諱禍難而示以惻怛則雖幽遠與愚賤皆可以動文辭播告不為無補伏望聖慈詳酌如允所請將來赦書乞降付本院依此施行

高宗建炎元年尚書右僕射李綱議赦令疏曰臣伏讀陛下登寶位赦書竊怪與祖宗登極之赦恩數不同及得張邦昌僭位偽赦考之乃知登寶位赦書一切比附以行也臣所致疑者有三祖宗登極惟赦雜犯死罪以下至於惡逆則不赦蓋惡逆者天地之所不容使其罪亦得以幸免則人倫廢而天理絕矣邦昌嘗位宰輔依附夷狄易姓建號身為惡逆之魁故其偽赦不循典憲而首為亂階今陛下纘

承大統以為神民萬物主豈可不法祖宗而赦惡逆哉此臣之所疑者一也祖宗登極自京官以上有轉官恩數而選人則否豈非以其貪多而太濫故耶邦昌僭竊欲以私恩收天下之士心故其偽赦雖選人亦有循資之文今陛下嗣位於艱難多事之時正宜吝惜名器示天下以大公至正之道豈可不法祖宗而行濫賞哉此臣之所疑者二也祖宗登極於有罪犯安置編管羈管等人次第推恩或量移或自便或叙用或復官以其罪之輕重為差故恩施而威立邦昌偽赦一切復官而有職名者又皆復職惟以姑息更無典憲今陛下出政於國勢削弱之際正宜分別是非行覈實之政豈可不法祖宗而務姑息哉此臣之所疑者三也是三者豈朝廷以今日事勢為正當如此耶將以邦昌偽赦寬大而不比附以行則失天下之心耶抑邦昌與聞國事欲以此蓋其惡耶臣愚竊以為過矣宜降詔改從祖宗之制惡逆不赦選人不循資安置編羈管人令刑部檢具元犯以聞等第施行則國政立而人心服矣春秋大正始今日所當正者莫先於此伏望聖慈斷而行之以公天下為度而勿以反汗為嫌天下幸甚

高宗時皇子生故事當肆赦綱為尚書右僕射又上奏曰陛下登極曠蕩之恩獨遺河北河東而不及勤王之師天下觖望夫兩路為朝廷堅守而赦令不及人皆謂已棄之何以慰忠臣義士之心勤王之師在道路半年擐甲荷戈冒犯霜露雖未效用亦已勞矣加以疾病死亡恩恤不及後有急難何以使人乎願因今赦廣示德意上嘉納於是兩路知天子德意人情翕然

知洪州趙元鎮乞曲赦虔寇疏曰臣訪聞虔州自從衛軍民交變以來凡十縣之間失業之民率聚為寇雖聖恩寬厚貸其脅從亦既累年而猶家藏兵器未肯輸官州縣既不能止絕又其聽訟理獄往往許以追證舊事閭里騷然各懷反側則是陛下已赦之罪官吏猶得治之使德澤阻於布宣人情積於忿怨一旦姦心不能自懲則設兵剿刃勢有必然者因而聚衆阻險無由自新昨遣岳飛再已平定而前日怨仇之訟紛紛猶未已也臣區區愚見欲望聖慈依昨來建州平范汝為體例特降曲赦或止降詔書貸其往咎及應干侵犯等事並檢舉施行如此則人獲安業盜賊潛消矣

中書舍人洪遵上奏曰臣伏見天下惡少年時飲博椎埋剽竊盜販睚眦殺人肆為不逞或嘯聚山谷或行劫江湖無所不至固嘗儲其什一以俟緩急之用一旦抵罪則盡出所藏行賂獄吏以覬幸免而免之之術其說有四曰案問曰無證左曰非故殺曰尸不驗往往奏裁例從輕比止於鞭扑而宥以遠惡然其遠者不過三千里惡者不過嶺南凶徒惡黨類多伏匿於窮山曠野之間為之影援部送軍兵或取其金帛或墮其酒炙或窘於黨與或反羅殺害行不半途則已逸去既使得至配所才及年歲則左賂右買規脫尺籍否則逋逃亡命復出為惡延禍良民不可縷數夫被罪之人可以驅駕自古以然春秋之時越勾踐使罪人三行屬劍於頸以取檇李之勝秦漢以來東征西伐赦弛刑官徒發天下亡命毆之為兵載在方策昭然可考臣愚欲望聖慈令有司看詳凡天下凶惡強盜及雜犯殺人罪應至死而赦之者量地里遠近分配大軍不惟可免逋亡異日生患而此徒輕生好殺既隸軍伍知有洗心自新之路稍加閱習必樂為用

孝宗淳熙三年兵部侍郎周必大乞因久雨親札同赦卹民劄子曰臣竊見月初陛下以霖雨過多親發德音分遣御史提點刑獄疏理囚繫將諸路杖罪以下與夫干繫之人並從釋放命令一頒旋即晴

霽天高聽卑應若影響此固陛下躬行而親致者不必遠引古事以為證也然自秋冬以來陛下每有寬恤之詔則亦隨有感格暨數日之後復雨陰雨今則稻不可穫農夫皆以為憂麥不可種嗣歲在所當念臣竊深思其故得非群臣將順聖德有所未至不然四方民隱有所未達天雖不言示人以事仁愛拳拳哉在茲乎今郊禋密邇將來所下赦書多是循用定式雖嘗命六部前期條具亦不過常事末節往往州縣亦以空文應之甚不稱陛下歛福敷錫之意臣愚欲望聖慈因霽色之未效察天意之有由特運宸心益思民間之利病凡可以罷行者默而識之俟有司赦條既定特降親札與赦俱下使四方萬里鼓舞盛德上動天監必獲無疆之休下得人心自成中興之績蓋念慮彌廣則報應彌大又豈特晴霽而已

六年必大為禮部尚書兼翰林學士又論詳議明堂赦書疏曰臣仰

惟仁宗皇帝在御之二十八年肇行宗祀之禮當時所降赦書恩意侍厚又別為手詔闡至公之路杜私謁之蹊以新庶政載在史冊垂之無窮今陛下臨政願治三十有八載德日新而又新治既進而加進其視祖武無間然者是以發德音下明詔卜以季秋宗祀上帝蓋盛舉也惟是自來赦令多因諸部條具而去取之文詞雖繁卓然可行者少故州縣亦視為常程未免徒掛墻壁臣愚欲望今茲出自聖意密諭三省樞密院就此三兩月間詳議政事施設之大者用仁宗故實皆為詔旨與赦俱下至如諸路刑獄有觀望淹延累歲不能決者州縣賦稅有輕重不均若登帶積欠名存實亡者版曹憲部皆可稽考並作訪聞或賞或蠲一新斯民之耳目此實人主殊常之恩而非有司所能及也故願陛下與大臣預圖之又諸州太守到任便民五事其間亦有言一方大利大害尋常例付曹部勘當鮮聞施行臣亦

乞命大臣裒而出之取旨行下使四方萬里之遠知陛下上承天心下恤人隱歡欣感戴溢為和氣自然華夷來同福祿無疆不其韙歟

孝宗時敷文閣待制四門置制使范成大上奏曰臣聞刑罰者聖人所不得已也赦宥者亦聖人所不得已也愚民犯法彼固無辭遇赦當釋官亦無辭縱有情重難貸出於一時特斷者亦當因赦而稍輕不應引赦而反重此理甚明而人不以為怪臣竊惑之伏見近日奏案赦前犯罪者有司以為依赦合原緣情重奏裁以人情事理論之特不用赦而行刑已為甚重今乃反增其刑謂如本犯徒一年遇赦當放以情重故特斷徒二年三年或增至配流之類雖欲禁暴戢姦然非德刑並用之意兼在外州縣禁因遇赦者則依等第徑行釋放其偶在奏案者乃反增加則是州縣用恩朝廷用威豈不倒置欲望聖慈特降睿旨今後遇有赦前犯罪情重奏裁決不可貸者止於特

不用赦以元刑斷之已自不恕人情事理實為允愜

元世祖時趙天麟上策曰臣聞天之道陰陽而已矣王者之道刑賞而已矣故承天而居尊宜法道而立政夫陽主生而春夏始於前陰主殺而秋冬繼於後斯二者天也慶賞以勸功能威刑以警罪惡斯二者人也有功弗賞有能弗舉則無以激將來之功能有罪不刑有惡不除則無以致姦倖之絕迹是以明乎陰陽之並行審乎冬夏之先後賞者無以為慶也刑者所以好生也故刑期無刑辟以止辟豈虛語哉然而赦者欲以蕩滌瑕穢與民更始以負罪者言之則實莫大之洪恩以致治者論之則非太平之常事也近世以來郊天祀宗建儲立后未有不肆赦者僥倖之子逆知期會能不啓非濫之心哉且罹犴羅獄者皆人之切心側目者也及乎啼烏夜啓驛馬宵流王綸告釁金雞樹仗雷雨一解例皆釋之名為嘉吉之符實皆變異之

微也。遂使攘刼服賍而詭議。善流孱忍而街寃。養稂莠於良田。縱豺狼於當道。獨不念害嘉穀而傷平民乎。風俗駭然。誠可懼也。又況大赦之後。姦邪未嘗衰止。朝脫囹圄。夕嬰縲紲。其不能承化自新亦已明矣。書曰。文王作罰。刑茲無赦。志曰。太宗絕赦。四海安靜。子顏顏無赦於光皇。孔明非惜赦於蜀土。故得弥天息寇。闔境安生。此皆前世明主賢臣已然之效也。今國家衰囚徒之孽苦。憫小民之庸騃。頻降原赦。此蓋朝廷不忍人之心形於外而不能自已也。推此以及良民。順天道以正生殺。則周文之治不難同矣。又豈唐太漢光蜀國碌碌之足言哉。夫當罪而宥之。當殺而生之。亦猶來暄風於霜雪之辰。行春令於秋冬之際。如此而欲天道之成。臣不知其可也。事作于下者象動于上。感興於人者應發於天。能無懼乎。易曰。一陰一陽之謂道。伏望陛下信賞決罰。無肆赦宥。使上下有紀。內外絕倖。則治天下可運之掌上矣。且使王符之類。靡得而議焉。

時冊上尊號議大赦天下。參知政事張雄飛諫曰。古人言無赦之國其刑必平。故赦者不平之政也。聖明在上。豈宜數赦。帝嘉納之。語雄飛曰。大獄而後見善狀。集議而後知能言。汝所言者是。朕今從汝。遂止降輕刑之詔。

順帝時。蘇天爵論不可數赦疏曰。自昔國家務明刑政。苟或赦宥之數行。必致紀綱之多紊。是以先王既興禮樂以教民。又嚴法制以懲惡。蓋禮樂興則教化洽。法制嚴則姦貪懼。未嘗數赦以病民也。唐太宗貞觀二年謂侍臣曰。凡赦惟及不軌之輩。古語有云君子不幸。小人之幸。一歲再赦。善人喑啞。夫養稂莠者傷禾稼。惠姦宄者賊良人。朕有天下以來。嘗須慎赦。蓋數赦則愚人嘗冀僥倖。唯欲犯法。不復能改過矣。誠哉太宗之斯言也。昔我世祖皇帝即位之初。未嘗肆赦。臨御既久。聖德深仁。丕冒天下。是以刑政肅清。禮樂脩舉。姦貪知懼。善良獲伸。故中統至元之治比隆前古。欽惟聖天子承順天心。子愛百姓。發號施令。必先至仁。踐阼伊始。已降寬恩。然自近歲以來。赦宥太數。誠恐姦人貪吏各懷僥倖。大為姦利。非國之福也。夫以世祖皇帝在位三十五年。肆赦者八。近自天曆改元至元統初歲。六年之中。肆赦者九。蓋數恩宣澤。雖出於朝廷之美意。然長姦惠慝。誠為政者所當慎也。伏願自今以始。近法世祖皇帝之所行。遠鑑唐太宗之所言。使中外臣民。洗心革慮。守法奉公。知非常之恩不可復覬。不勝幸甚。

歷代名臣奏議卷之二百十八

兵制

趙孝成王時荀卿與臨武君議兵於王前王曰請問兵要臨武君對曰上得天時下得地利觀敵之變動後之發先之至此用兵之要術也荀卿曰不然臣所聞古之道凡用兵攻戰之本在乎一民弓矢不調則羿不能以中六馬不和則造父不能以致遠士民不親附則湯武不能以必勝也故善附民者是乃善用兵者也故兵要在乎附民而已臨武曰不然兵之所貴者埶利也所行者變詐也善用兵者感忽悠闇莫知所從出孫吳用之無敵於天下豈必待附民哉荀卿曰不然臣之所道仁人之兵王者之志也君之所貴權謀埶利也所行攻奪變詐者諸侯之事也仁人之兵不可詐也彼可詐者怠慢者也路亶者也路暴露亶讀為袒謂上下不相覆蓋君臣上下之間滑然有離德者也故以桀詐桀猶巧拙有幸焉以桀詐堯譬之以卵投石以指撓沸若赴水火入焉焦沒耳故仁人上下百將一心三軍同力臣之於君也下之於上也若子之事父弟之事兄若手臂之扞頭目而覆胸腹也詐而襲之與先驚而後擊之一也且仁人之用十里之國則將有百里之聽聽猶耳目用百里之國則將有千里之聽用千里之國則將有四海之聽必將聰明警戒和傳而一故仁人之兵聚則成卒散則成列延則若莫邪之長刃嬰之者斷兌則若莫邪之利鋒當之者潰圜居而方正則若盤石然觸之者角摧案角鹿埵隴種東籠而退耳且夫暴國之君將誰與至哉彼其所與至者必其民也其民之親我歡若父母其好我芬若椒蘭彼反顧其上則若灼黥若仇讎人之情雖桀跖豈又肯為其所惡賊其所好者哉是猶使人之子孫自賊其父母也彼必將來告之夫又何可詐也故仁人用國日明諸侯先順者安後順者危慮敵之者削反之者亡詩曰武王載發發讀為旆有虔秉鉞如火烈烈則莫我敢遏此之謂也孝成王臨武君曰善請問王者之兵設何道可行而可荀卿曰凡在大王將率末事也臣請遂道王者諸侯強弱存亡之效安危之埶君賢者其國治君不能者其國亂隆禮貴義者其國治簡禮賤義者其國亂治者強亂者弱是強弱之本也上足卬卬古仰字則下可用也上不足卬則下不可用也下可用則強下不可用則弱是強弱之常也隆禮效功上也效驗也重祿貴節次也上功賤節下也是強弱之凡也好士者強不好士者弱愛民者強不愛民者弱政令信者強政令不信者弱民齊者強民不齊者弱賞重者強賞輕者弱刑威者強刑侮者弱械用兵革攻完便利者強械用兵革窳楛不便利者弱重用兵者強輕用兵者弱權出一者強權出二者弱是強弱之常也齊人隆技擊其技也得一首者則賜贖錙金無本賞矣是事小敵毳則偷可用也事大敵堅則渙焉離耳若飛鳥然傾側反覆無日是亡國之兵也兵莫弱是也是其去賃市傭而戰之幾矣魏氏之武卒以度取之謂取其長短材力中度也衣三屬之甲上身一髀褌一脛繳一凡三屬屬之欲切操十二石之弩負矢五十箇置戈其上軸帶劍軸與冑同謂著兜鍪又帶劍也贏三日之糧日中而趨百里中試則復其戶利其田宅是數年而衰而未可奪也改造則不易周也改造更選擇也是故地雖大其稅必寡是危國之兵也秦人其生民也狹阸其使民也酷烈劫之以埶隱之以阸忸之以慶賞鰌藉也不勝則以刑罰陵藉之之以刑罰使天下之民所以要利於上者非鬬無由也阸而用之得而後功之功賞相長也五甲首而隸五家是最為眾強長久多地以正故四世有勝非幸也數也故齊之技擊不可以遇魏氏之武卒魏氏之武卒不可以遇秦之銳士秦之銳士不可以當桓文之節制桓文之節制不可以敵湯武之仁義有

遇之者若以焦熬投石焉。兼是數國者。皆干賞蹈利之兵也。傭徒鬻賣之道也。未有貴上安制綦節之理也。諸侯有能微妙之以節則作而兼殆之耳。（微妙。精盡也。節。仁義也。作。起也。殆。危也）故招近（當作延）募選隆勢詐尚功利是漸之也。禮義教化是齊之也。故以詐遇詐猶有巧拙焉。以漸遇齊辟之猶以錐刀墮太山也。非天下之愚人莫能試。故王者之兵不試湯武之誅桀紂也。拱揖指麾而強暴之國莫不趨使。誅桀紂若誅獨夫。故泰誓曰。獨夫紂此之謂也。故兵大齊則制天下。小齊則治鄰敵。若夫招近募選隆勢詐尚功利之兵。則勝不勝無常。代翕代張。代存代亡。相為雌雄耳。夫是之謂盜兵。君子不由也。故齊之田單。楚之莊蹻。秦之衛鞅。燕之繆蟣。是皆世俗之所謂善用兵者。是巧拙強弱。未有以相若也。若其道一也。未及和齊也。掎契司詐。權謀傾覆。未免盜兵也。（契。讀為挈。持也。掎挈。猶掎據。司。讀為伺。同。詐。誑也。皆謂伺其危弱掩襲之也）齊桓晉文楚莊吳闔閭越句踐。是皆和齊之兵也。可謂入其域矣。然而未有本統也。故可以霸而不可以王。是強弱之效也。孝成王臨武君曰。善。請問為將。荀卿曰。知莫大乎棄疑。行莫大乎無過。事莫大乎無悔。事至無悔而止矣。不可必也。故制號政令欲嚴以威。慶賞刑罰欲必以信。處舍收藏欲周以固。（處舍營壘也。收藏財物也）徙舉進退欲安以重。欲疾以速。窺敵觀變欲潛以深欲伍以參。遇敵決戰。必道吾所明。無道吾所疑。夫是之謂六術。無欲將而惡廢。無怠勝而亡敗。無威內而輕外。無見其利而不顧其害。凡慮事欲熟而用財欲泰。夫是之謂五權。所以不受命於主有三。可殺而不可使處不完。可殺而不可使擊不勝。可殺而不可使欺百姓。夫是之謂三至。凡受命於主而行三軍。三軍既定。百官得序。群物皆正。則主不能喜。敵不能怒。夫是之謂至臣。慮必先事而申之以敬。慎終如始。終始如一。夫是之謂大吉。凡百事之成也必在敬之。其敗也必在慢之。故敬勝怠則吉。怠勝敬則滅。計勝欲則從。欲勝計則凶。戰如守。行如戰。有功如幸。敬謀無壙。（壙與曠同）敬事無壙。敬吏無壙。敬眾無壙。敬敵無壙。夫是之謂五無壙。慎行此六術。五權。三至。而處之以恭敬無壙。夫是之謂天下之將。則通於神明矣。臨武君曰。善。請問王者之軍制。荀卿曰。將死鼓。馭死轡。百吏死職。士大夫死行列。聞鼓聲而進。聞金聲而退。順命為上。有功次之。令不進而進。猶令不退而退。其罪惟均。不殺老弱。不獵禾稼。服者不禽。格者不赦。犇命者不獲。凡誅非誅其百姓也。誅其亂百姓者也。百姓有捍其賊。則是亦賊也。以故順刃者生。蘇刃者死。犇命者貢。（蘇讀為傃。傃向也）微子開封於宋。曹觸龍斷於軍。殷之服民。所以養生之者也無異周人。故近者歌謳而樂之。遠者竭蹷而趨之。無幽閒辟陋之國。莫不趨使而安樂之。四海之內若一家。通達之屬。莫不從服。夫是之謂人師。詩曰。自西自東。自南自北。無思不服此之謂也。王者有誅而無戰。城守不攻。兵格不擊。上下相喜則慶之。不屠城。不潛軍。不留眾。師不越時。故亂者樂其政。不安其上。欲其至也。臨武君曰。善。

趙王破原陽以為騎邑。牛贊進諫曰。國有圖籍。兵有常經。變籍則亂。失經則弱。今王破原陽以為騎邑。是變籍而棄經也。且習其兵者輕其敵。便其用者易其難。今民便其用而王變之。是損君而弱國也。故利不百者不變俗。功不什者不易器。今王破卒散兵以奉騎射。臣恐其攻獲之利。不如所失之費也。

宋文帝元嘉二十八年。普責百官讜言。建平王宏議曰。臣聞建國之道。咸殊興王之政不一。至於開諫致寧。防口取禍。固前正同軌。後主共則。秦殺之敗。語殘剌亡。周漢之盛。謗升箴顯。陛下以丕德神臨。秉精思治。進儒禮而崇寬教。哀獄法而黜嚴刑。表忠行而襃貞節。粹慶士而求賢。與修廢官而出滯賞。撤天膳而重農食。禁貴遊而弛榷酤。道山澤而易關梁。固已海內仰道。天下知德。今復開不諱之坐。獎直辭之路。四海希風。普天幸甚。輒蒙採問。敢不悉心謹條。鄙[illegible]直陳如左。辭理違謬。伏用震懼。竊以用兵之道。自古所慎。頃干戈未戢。革備宜修。而卒不素練。兵非夙習。且戎衛之職。多非其才。或以貲厚素加。或以祿薄帶帖。或寵由權門。恩自私假。既無將領。虛尸榮祿。至於邊城舉燧。羽驛交馳。而望其擐甲摧鋒。立功閫外。譬緣木求魚。不可得矣。嘗謂臨難命師。皆出倉卒。驅烏合之衆。隸造次之主。貌疎情乖。有若胡越。豈能使其同力。救危濟難。故奔北相望。覆敗繼有。今欲改選將校。皆得其人。分臺見將各以配給。領護二軍。為其總統。令撫養士卒伏恩信。先加農隙校獵。以習其事。三令五申。以齊其心。使動止應規。進退中律。然後畜銳觀釁。因時而動。摧敵陷堅。折衝于外。孫子曰。視卒如赤子。故可與之共死。所以張拳效爭先之心。吮癰致必盡之命。豈不由恩著者士輕其生。令明者卒畢其力。考心迹事。始或有在。妄陳膚知。追懼乖謬。

唐太宗時。簡點使出。右僕射封德彝等並欲令取中男。勅三四出。魏徵執奏不可。德彝重奏稱今見簡點使云中男內大有壯者。太宗怒。乃出勅中男雖年十八。身形壯大亦取。徵又不肯署勅。太宗召徵作色讓之曰。男若實小。不點入軍。若實大。是其詐妄。依式點取。於理何妨。卿始此固執。不解卿意。徵正色曰。臣聞竭澤而漁。非不得魚。明年無魚。焚林而畋。非不獲獸。明年無獸。若中男以上盡點入軍。租賦雜徭。將何取給。然比年來國家衛士不堪攻戰。豈為其少耶。但為禮遇失所。遂使人無鬬志。若多點取人。還充雜使。其數雖多。終是無用。若精簡壯健。遇之以禮。人百其勇。何必在多。陛下每云我之為君以誠信待物。欲使官人百姓並無矯偽之心。自登極以來。大事三數皆是不信。復何取信於人。太宗愕然曰。所云不信是何等也。徵曰。陛下初即位詔書云。逋租宿債。欠負官物。並悉原免。即令所司列為事條。秦府國司亦非官物。陛下自秦王為天子。國司不為官物。其餘官物復將何有。又關中免二年租賦。關外給復一年。百姓蒙恩。無不欣悅。尋更有勅云。今年白丁多以役訖。若從此放免。便是虛荷國恩。若已折已輸。並令總納。所免皆以來年為始。散還之後。方便徵收。百姓之心不能無怪。已徵得物。便點入軍。來年為始。何所取信。又共理所寄。唯在縣令刺史。年常檢閱。並悉委之。至於簡點。即疑其詐偽。望下誠信不亦難乎。太宗曰。朕向見卿固執。疑卿蔽於此事。今論國家不信。乃是人情不通。朕不審思。過亦深矣。行事往往如此。天下若為致化。乃停取中男。賜金甕一口。

太宗帝範曰。夫兵甲者。國家凶器也。土地雖廣。好戰則人凋。邦國雖安。忘戰則人殆。凋非保全之術。殆非擬寇之方。不可以全除。不可以常用。故農隙講武。習威儀也。三年治兵。辨等列也。是以句踐軾蛙。卒成霸業。徐偃棄武。終以喪邦。何也。越習其威。徐忘其備也。孔子曰。以不教人戰。是謂棄之。故知弧矢威以利天下。此用兵之機也。

高宗麟德元年。熊津都督劉仁軌上言曰。戍兵疲羸者多。衣服貧弊。唯思西歸。無心展效。臣問以往時百姓應募。或請自辦衣糧。何為今日士卒如此。咸言今日官府與曩時不同。曩時沒王事者。敕使弔祭。追贈官爵。回授子弟。凡度遼者。皆賜勳一轉。自顯慶五年。度海者官不及記錄。死者無人誰何。州縣發兵。壯而富者行錢得免。窮而貧者被發即行。海東苦戰之時。許以勳賞。又遼西岸唯聞推鞫。奪賜破勳。州縣追呼無以自存。是以被發之日。已有逃亡自殘者。其有勳級亦不免撓引之勞無異白丁又初發時唯令備一年資裝今已二年未有還期自非有所更張厚加卹勞明賞重罰以起士心恐師衆疲勞立効無日上深納其言

高宗御武成殿問兵家有三陣何謂邪衆未對武陟尉負半千進曰臣聞古者星宿孤虛天陣也山川向背地陣也偏伍彌縫人陣也臣謂不然夫師以義出沛若時雨得天之時為天陣足食約費且耕且戰得地之利為地陣舉三軍士如子弟從父兄得人之和為人陣捨是則何以戰帝曰善

武后時欲季冬講武有司不時辦遂用明年孟春檢校左庶子王方慶曰按月令孟冬天子命將帥講武習射御角力此乃三時務農一時講武安不忘危之道孟春不可以稱兵兵金也金勝木方春木王而舉金以害盛德逆生氣孟春行冬令則水潦為敗雪霜大摯首種

不入今孟春講武以陰政犯陽氣害發生之德臣恐水潦敗物霜雪損稼夏麥不登願陛下不違時令前及孟冬以順天道手制褒允

代宗時左拾遺獨孤及奏言臧江淮山南諸道兵以贍國用陛下敕不以臣言為愚然許即施行及今未有沛然之詔臣竊遲之今天下唯朔方隴西有吐蕃僕固之虞邠涇鳳翔兵足以當之矣自此而往東洎海南至番禺西盡巴蜀無鼠竊之盜而兵不為解傾天下之貨竭天下之穀以給不用之軍為無端之費臣不知其故假令居安思危以備不虞自可阨害之地俾置屯禦悉休其餘以糧儲扉屨之資充疲人貢賦歲可以減國租半陛下豈遲疑於改作逡巡於舊貫使大議有所壅而率土之患日甚一日是益其弊而厚其疾也夫療癰者必決之使潰今兵之為患猶癰也不以漸戢之其害滋大大而圖之必力倍而功寡豈易不俟終日之義邪

德宗貞元二年上與常侍李泌議復府兵泌言府兵平日皆安居田畝每府有折衝領之農隙教戰有事徵發則以符契下州府參驗發之至所期處將帥按閱有不精者罪其折衝甚者罪及刺史罷還則賜勳加賞行者近不踰時遠不經歲高宗以劉仁軌為洮河鎮守使以圖吐蕃於是始有久戍之役又牛仙客以積財得宰相邊將効之請戍卒使以所齎繒帛寄於府庫而苦役之利其死而沒入其財故戍卒還者什無二三然未嘗有外叛內侮者誠以顧戀田園恐累宗族故也自開元之末張說始募長征兵兵不土著不自重惜忘身徇利禍亂遂生嚮使府兵之法不廢安有如此下陵上替之患哉上以為然

宋仁宗景祐元年三司使程琳上疏論兵在精不在衆河北陝西軍儲數匱而召募不已且住營一兵之費可給屯駐三兵昔養萬兵者今三萬兵矣河北歲費芻糧千二十萬其賦入支十之三陝西歲費

千五百萬其賦入支十之五自餘悉仰給京師自咸平遠今凡二邊所增馬步軍指揮百六十計騎兵一指揮所給歲約費緡錢四萬三千步兵所給歲約費緡錢三萬二千他給賜不預合新舊兵所費不啻千萬緡天地生財有限而用無紀極此國用所以日屈也今同華沿河州軍積粟至於紅腐而不知用沿邊入中粟價常踊貴而未嘗足誠願河北陝西募住營兵勿復增置遇闕即還廂軍精銳者補之仍漸徙營內郡以便糧餉無事時番戍于邊緩急即調發便近嚴戒封疆之臣毋得侵軼生事以覬恩賞適今者重實之法如此則疆場無事而國用有餘矣帝嘉納之

康定元年知制誥富弼上奏曰臣聞天下大器也非法制綱維不可以守矣生民重畜也非智力控禦不可以保矣是故先王兢兢業業日謹一日唯恐失大器而喪重畜也臣伏見西戎僭叛屢寇邊境本

道不足以支朝廷悉發京東京西淮南江南荊南湖南兩浙福建廣南東西凡十一道兵以屯關中十一道兵素寡弱又淮此調發故關中得之未足以充而十一道之兵已盡矣朝廷獨念京東鄰河朔京西次關陝此二道不可以無備遂遣使閱鄉民俾習武以代軍兵東南九道則不之省臣未諭也伏思朝廷用度如軍食幣帛茶鹽泉貨金銅鉛銀以至羽毛膠漆盡出此九道朝廷所以能安然理天下而不匱者得此九道供億使之然尓此九道者朝廷所仰給也固宜保守之今盡取其兵是不加保守一日乘虛盜起梗其津要則京師無故而坐困矣凡姦賊好窺覬者無世不有今西鄙用兵天下兵與將皆集於西方力必不能及他道則就無備而作焉以臣觀此九道州軍或一豪傑率數十夫伺州官朔望行香畢集持鉏钁白挺群呼奮擊可盡殺之誰復禦者然後開府庫復劫取豪家物散施召募必應

者如雲一日可得千計鼓行而前處處無兵又城壘不修諸郡縣鎮所至必陷俟奏至朝廷即時發兵亦不減三兩月方至則其徒必及萬數何可破耶臣又慮陛下以謂巨寇必不能猝至臣不敢遠稽前古畧引隋唐以來東南為寇者以明之隋大業年中劉元進起餘杭朱燮管崇起吳各擁數十萬寇江浙諸州朱粲起譙郡擁兵數十萬寇宏起鄱陽蕭銑起羅縣各衆數萬攻陷諸郡唐咸通年中桂林戍卒五百人殺其將以判官龐勛為都頭剽掠湘潭後陷徐宿等州又乾符年中海賊王郢江賊柳彥章各聚徒數萬餘光化年中曾景仁起連州黃屾起桂陽洸行收起郡陽各擁兵萬餘攻本郡邑殺戮守長其甚盛者則江西鍾傳廣南劉隱湖南馬商福建王潮皆割據焉臣謂東南九道負山阻水為寇者足以倔強故自古為寇淵藪唯王者能鎮撫之則寇不能生於其間不然則亂之必矣今九道大小一

百三十餘郡若每郡皆宿兵固不可得也臣欲乞於九道中擇要害約十餘郡如泗楊昇吉潭荊桂廣福杭越之類按地理相去均者於本處募兵大郡五千小郡三二千以多補少不過四五萬人以東南百三十郡之富豈不能贍養教訓為精兵勿復差役每郡置二督護專領之每道別置一都護經畧之九道又置一總管者居中以節制之如此則欲為寇者知朝廷有備豈不顧憚耶設有盜起則發兵有所濟師有地乘其未盛殲而撲滅之不為難矣臣前所謂天下生民宜綱羅而控制之者以此道也臣伏念京東京西雖置鄉兵而軍兵絕寡亦未見久安之理夫鄉兵無營壘散處村堡又各持兵仗其部伍上下終不得如軍兵之肅也或因饑饉為姦傑倡之安能使必不為盜又宜得軍兵兩相制禦況山東自古尤多寇盜隋大業年中韓進甄寶起濟北張金稱起清河竇建德格謙孫宣雅起渤海孟讓杜

伏威起齊郡各擁衆十餘萬人劫掠諸郡唐乾符中王仙芝起濮州聚衆亦十餘萬轉攻河南十五郡以至黃巢起寃朐擁衆百萬陷覆兩京橫行天下雖然觀起初起草莽蓋亦甚微當時制禦失策遂至滋漫今亦乞擇要害數郡募兵立帥如東南之制則可無虞矣議者或謂財用不足恐難成此夫以天下安全之業尚患財窘而不能立久長之策不幸小有寇聚則如之何伏惟陛下以宗社為憂以生民為念裁制私欲損節橫費則數萬之衆不日可募此無疆之基也知連州林槩上封事曰古者民為兵而今兵食民古馬寓於民而今不習馬此兵與馬之大患也請附唐府兵之法四歛一民以為軍閑耕田里被甲皆兵因命其家咸得畜馬私乘休暇官為調習則人戈馬識行列又行陣無法而出於臨時將無素備而取於倉卒軍不予權而監以宦侍若是者雖得古之材使稽今之陆亦必屢戰

而屢敗

二年河東轉運使文彥博奏曰臣於去年二月初曾上言乞於河東路每三丁點一丁充強壯緩急為守禦之備自後朝廷差吳遵路等於河東路點差到強壯共一十四萬三千餘人內一十三萬三千餘人是主戶九千餘人是客戶皆兩丁內點一丁充強壯臣今徧歷到諸州軍竊見所點到強壯太多而不精兼頗妨奪農事臣檢會咸平中曾降敕點差強壯本路除晉絳慈隰麟府六州不點差外共點差到強壯四萬四千餘人今來雖添晉絳慈隰四州點差強壯即比咸平舊數幾及三倍況本路主客人戶共三十一萬勘會纔及陝西人戶之半昨來陝西所點弓手尺十萬人以此況之即河東所點集太多而妨農也臣欲乞依陝西體例每三丁點一丁充強壯猶可得八萬餘人所貴務農作者不致妨廢習武事者頗得精專如允臣所奏更不鈔點據丁口數目而去留之並不騷擾動眾

慶曆元年知諫院張方平上奏曰臣伏見宣差朝臣分路往陝西河東京東西路於前來點差強壯弓手內招募願充軍人分配宣毅保捷指揮者臣切思此舉事繫安危敢竭微衷上裨國論謹列不便事件及臣愚所見如左

一自去歲初降敕命點差強壯弓手之時民間喧然皆言此時點差雖以強壯弓手為名實欲點補軍籍救旨屢下丁寧再三諭以朝廷點差之意只要各護縣鄉必不起從征戍郡縣又多方安輯民猶猜譁及經去冬教習尋放歸業鄉閭竊語方以少定然名在弓手之籍者居常猶恐不能自安每聞一使出行州縣輒相扇動謂來調發今此命忽下果如民所素料此後命令無復可信此其不便一也

一宣命雖令使人招召情願緣先來點差弓手多是高貲之家例皆衣食無闕豈有情願充軍之人臣聞所差朝臣已相與議云此來受命朝廷意在倚辦若至郡縣無人應募須與逐處官吏迫致之爾切惟所差使臣盖皆期於集事尋常淺見之人復思郡縣官吏材術足任者無幾今既設以賞利唯知用心若其謀之匪臧或致變生不測姦猾乘釁相激譟聚萬一驚擾更成厲階此其不便二也

一所差使臣既與郡縣官吏抑迫百姓令伏充軍即須團練結甲赴京師充軍之人既非情願若其上路因與親戚離訣更有悔心中道逃散安能防遏既不敢各歸本土聚依蒲澤遠近相應展轉結連或姦豪之有謀乘郡縣之無備其勢一擾必勞安輯此其不便三也

一今京東西路頻為飢歉民既艱食居常猶為寇盜一夫首難奔赴必多此其不便四也

一強壯弓手各在郡縣未去農業若朝廷用漢代更之術因唐防秋之法入耕出戰迭為防戍則是農不去業兵不乏備不因帑廩之積常得丁壯之人今既籍為正兵處之連營則其衣食財用終身仰給縣官此其不便五也

一已降御札冬至將行郊禮遠近郡縣尤宜肅靜夫愚而不可欺弱而不可勝者百姓也綏之斯和動之斯危武有七德安民為本事規未兆微猶不救若又迫之是啓亂也則朝廷之憂不在四鄙矣禍起所忽慝生有階秦之勝廣漢之黃巾唐之巢勛是皆始於烏合之眾此其不便六也

右凡此六患昭然在目不可不深慮不可不過防臣以一介賤微見

識淺近誠不足以參國論贊聖謨但以職在諫曹義當有犯無隱故陳愚管上祈裁擇臣謂陝西河東其近裏州郡乞将前來點差強壯弓手等中分其半戍邊每九月防秋至二月放歸歲一更代留其半防守本州以時訓練當就戍之時依出軍人官與裝費冬給衣賜日支口食蕃民所以懼乎籍之為兵者不唯前冒鋒刃矢石之難且重去其土終身與親愛姻族永相隔別此其大戚也今若番休迭戍終是不離本鄉冀望邊事漸寧即當息肩安業昔太宗皇帝籍兩河之人以為鄉兵于時識者亦悼其失業蓋不若因兩河強壯使之扞邊壯者入籍衰者出役不衣庫帛不食廩粟還不關戍民不去農何在乎舊之營堡而後為官軍也又聞于時籍鄉兵之際因大軍方興之威猶恐其亂乃密詔諸州郡剋期一日而事畢故民雖奸謀相動不復及矣今朝廷既惜強籍之名為必籍之事命兩朝臣分使一路周環三二十郡幅員三數千里或未能親到但行文移州縣官吏方且各率所見異同紛起但恐使人一出民心一搖後雖悔之或所難及願朝廷審加圖議事不憚改追還所下逐路轉運司宣命傳所差官勿遣實天下幸甚國家之福也懷懷丹誠切冀昭納。

方平又奏曰臣近覩宣命差官往陝西等四路募強壯弓手之充軍者事甚不便已於十九日具狀奏論未蒙朝廷別有處分臣不勝憂疑敢奏論其事至諸召募之狀已具條陳今但言其必不可之理有二若召人情願充者而後籍之臣料必不集事今此遣使徒使朝廷失大信於天下州縣惶惑人心驚擾而已必欲集事則非強致之不可果強而致之喧譁相動禍變不測故此召募寬之則事不集急之則促亂臣前言所謂必不可之理有二此之謂也臣雖愚淺忝居諫

列非不知邊陲勢急式備事大衛兵禁旅調發不足今日之舉蓋朝廷非所獲已臣愚深思募人所以防禍難若今日之為人未必為國家用適所以致禍難者但恐朝廷之憂不在邊鄙而在四郊之外向者群盜竊發潛匿山谷發卒數十倍捕之猶不能即擒久乃幸得自潰近日州郡奏報比有奸盜相聚又京東西旱澇仍民方艱食正月向盡麥種未入朝廷尚須留意安輯振其不足更下此令民心謂何凡民之籍者四路不啻三十萬人今各不自保於去留之間此其相扇唱和可不過為防慮萬一不逞之輩乘隙嘯動臣恐郡縣官吏不棄城而遁即拱手就擒雖以墨翟之智不能以無備守也以陛下神聖威德而宗廟之靈天贊神助則臣非所敢知者若專以人事料之但見危形未見安理往者唐氏自高祖至懿宗傳十九主矣其間戎狄侵軼數至畿甸大盜滔天輿駕出狩屢矣而卒全大業者所恃民心不去根本未搖信令尚行也及懿宗之世南蠻陷交州大起天下兵轉貨食以事之徐方戍卒相率回戈連陷江淮遂啓仙芝黃巢之寇生民塗炭因此遂危社稷今日之舉唐鑒未遠矣夫賢智之謀事有萬全之形而後有一缺之虞猶不以僥倖為之今天下猶古也陛下柰何處成敗之計如是之易乎伏願陛下更與大臣從容講求至如京東西州郡見管廂禁諸軍亦不少比州郡患於乏人每使命揀求無留占若量逐處民兵隨其衆寡分番於本州防守盡代見軍赴邊此亦人情所便也朝廷機事非臣詳之揣摩以言精切未盡屢展螗蜋之臂上冒雷霆之威蓋惟大義之所存故於蕞軀而無愛不勝宗廟之憂區區激切之至。

方平又上疏曰三代而下言治國者惟漢唐至我朝焉天下其猶故也以言乎蠹則益多矣漢以兼并唐則釋老我朝加以兵馬蠹出於

一百姓有不足者盡出於二國且虛乏三蠹並生若之何而冀上下之豐給也蓋天生五材世所並用必有武備邦之大經夫兵國之衛也荷蠹之云乎以夫置兵之法與古已異是以謂之蠹焉尒自三代而下逮于唐兵農一本故周氏因州里以起師旅寄人脩內政以寓軍令漢法調民代更以充邊戍唐制案籍科發以備府兵故其人耕則為農戰則為兵未有平處安坐仰衣食於帑廩者也案用兵之法馳車千駟革車千乘帶甲十萬計其財用日費千金故兵貴拙速不以久為巧者懼其屈力殫貨以弊國擾民也故善用兵者役不再籍糧不三載取用於國因糧於敵今自禁衛通于州郡之冗卒不啻百萬㤙口而食舒臂而衣數日為期以取賜賚是日有萬金之奉無時休息天下洪侍安得勿困夫用兵之術考之前世惟唐氏最為無數凡起徒役集藩鎮之兵出于其境則食于度支故驕將悍卒陰相連

衡緩師養寇邀寵圖利國力不能給輙罷釋而更厚姑息之然猶師解則費有時而息矣初天寶中廢折衝府立武士帳而兵農始判代德之後內外多難益設禁衛始立名號而有天威神策之軍至于有大征討起大徒衆必發諸侯之師故實應建中國雖多故其所漕引江淮之粟以給關中以供兵食纔四十萬斛猶莫登焉今者運于東南輸之太倉十倍唐氏猶常若不逮也京師之民口億萬計太半仰食軍稍之餘故在稻粟之鄉耒耜之民寒耕暑耘常無餘粒中人已下率亡蓋藏強家之儲鮮及新穀墾地之力窮農之功悉竭而西都為兵食故臣數為一蠹為其置之之法與古已異矣然則柰何若夫上不關武備下不耗國財則臣嘗有民兵之說足食足兵不廢訓練則臣嘗有屯田之論儻見採于廊廟之上潤澤而試之不十年而精兵皆在南畝矣然後寬徭薄賦勸農務本損上益下民說必以無疆

捨禁去幾國用自當周贍家給人足禮義興行洋洋乎頌聲盛德軼乎三代矣

方平又上兵器論曰臣聞鑠金為刃弦木為弧古之聖人以威天下故國之重器厥惟五兵歷代寶之以為神物是以周官六職工居一卿其治兵之工則桃氏為刃函人為甲冶氏為戈戟廬人為殳矛弓人為弓矢人為矢其典兵之官則有司甲司兵司戈盾司弓矢之職掌辨其物受而藏之以待軍事故天有時地有氣材有美工有巧合此四者然後為良夫寒溫異宜陰陽異齊此天時之節也剛柔殊性堅脆殊理此地氣之分也燕之角荊之幹妢胡之笴吳粵之金錫此材之美者也粵之鎛燕之函秦之廬胡之弓車此工之巧者也古者百工之伎必皆世守監長日號戒其不良物勒工名識所精濫而有司乗其事考其器以上下其食而誅賞之是故預備不虞古之善政

不忘武備邦之大經臣竊見今諸州郡所上兵物徒有名數實皆濫惡不足為用蓋天下承平長久兵未嘗試上吏視為冗務監長安能盡心選占善工為家治具又州郡率少軍匠借役民工以次番侵蕢求速就及輸上中府而主吏因緣為市惟貨是問閱數而已其為弓也角筋無液治之法故其引之必撓縱其為矢也笴羽無深厚之數故其發之必翔佹其為刃也金無煎和之齊安得敵盡而不惡其為函也革無豐約之制安得長圜而便利夫介胄不完士如袒戰器械不精卒猶手搏是以古者兵有三制視人形之大小甲為兩旅權服者之上下故井賦之法車甲各出於丘甸焉若其合軍交和鼓驅而進以命爭命以首爭首而弓折刃卷巾裂鐏敗是乃委人於死地而奪其自救之具也不教民戰尚謂棄之授人於死豈仁也謂管子曰致天下之精材者五而六之九而十之來工三倍不遠千里矣又曰

聚天下之精材論百工之銳器不課不用不試不藏記曰日省月試餼廩稱事所以勸百工也臣謂宜嚴立新條務釐此弊外使州郡守倅通領工作而委提點刑獄總檢之厚匠手之稍食寬日課之役力材取乎精木取乎豐工務乎盡不務乎速器求乎良不求乎多吳殳越戟之利燕弓代華之勁因地之產就民所工設為監司廣價募取則雖田閭之下匠鍛之巧一人一藝咸歸官府矣而內選重臣掌其守藏司其頒入凡州郡所上必有試焉工有不當必行其罪如此則府皆善兵國有重備以待武事無誤他時夫害起乎甚微患生乎所忽茲事雖小所繫極大故獻鄙議冀裨冬官氏之闕政焉

方平又上民兵論曰臣聞周典因井田而立軍賦稽民數而起兵役約比閭族黨州鄉之法為伍兩卒旅師軍之制乘馬器甲皆隨而具蒐苗獮狩因訓練之辨其鼓鐸鐲鐃旗物號名之用教其坐作進退

疾徐疏數之節示以號令之信習以陣列之容故其民邇耕則為農起戰則為兵居處同樂死生同憂服容相別音聲相辨自三代至于隋唐兵農之業未離也隋則諸衛領乎鄉團唐則諸府備乎衛士初文皇貞觀中因踵隋制內為十二衛將軍之號外立折衝府都尉之名其府兵分置於畿甸及諸州而名隸諸衛天下衛士向六十萬人成丁入籍六十出役每歲十一月以衛士帳上于兵部以備調發後天下承平漸久武事不脩天寶中府兵無復存者遂停折衝府立武士帳而兵農始判矣郡國無備索然虛邑及盜起范陽并河[illegible]獵留鄭衛華洛突亟湮如踐無人之境焉肅代已降干戈日尋[illegible]藏不足以贍軍士爵位不足以賞勳勞拔用聚斂之臣廣為斂劉之計生民膏血滴瀝亡餘悍將驕兵未厭所欲而跋扈藩鎮之帥睥睨朝廷之隙招置亡命募集姦凶至乃撫息呴濡育為假子取其爪牙之效為厥子孫之謀故大曆中李正已擁青兗十五州之地養兵十萬李寶臣據趙冀七州之地養兵五萬田承嗣有魏博七州之地養兵五萬梁崇義有襄鄧六州之地養衆二萬皆因叛亂得位各擅土宇盤根結固輔車相依上不供乎職貢下竭盡乎民力以奉軍給各圖自固時李抱真觀察澤潞當山東之兵衝土瘠賦重人皆困匱無以贍軍抱真乃籍戶丁男三選其一有材力者免其租徭給弓矢令之曰農之隙則分曹角射歲終會而校焉及期按簿集試示以賞罰比三年則皆善射抱真曰軍可用矣於是舉部內之鄉得成卒二萬前既不費廩給府庫益實乃繕甲兵為戰具遂雄視山東時稱昭義步兵冠天下于時朱滔在薊李納反鄆武俊亂趙田悅擾魏乘累世之巢穴為藏姦之淵藪相為影援合勢同率然而上黨孤軍獨稱忠義奮擊河朔條賊憚走由是觀之蓋養卒要乎姑息民兵可以訓練姑息之

卒難用訓練之兵易使也我太宗之北征也亦嘗制為鄉軍之法獨取乎三晉之民而得十萬之衆是時北鄙繹騷國兵冉衂義軍奮拒號為強銳夫界邊之郡民多習鬬結曹分伍挽強拔距裹糧淬刃惟虜是求習其川原識其形勢以戰則力以守則固不食廩粟不衣藏帛不邀上賞不利寵名郡縣相維聚落相護鄰里相任刑罰相及故民兵之興營卒利害常百倍也伏願遠採周唐之法近考太宗之制謹修民政寓行軍令若夫十鄉之縣鄉之戶千為戶一萬老者疾者鰥寡孤獨困窮無告者去其半存者為戶五千貴者賢者能者服公事者去其半餘得一師五縣之州為一軍諸郡縣之大小視其民之衆寡設為團隊理如軍法歲終農事之隙縣大夫親誓其衆須官府之鼓鐸旗物兵器教習其坐起驟趍擊刺之法州長巡行部縣察其精慢而誅賞之農事既興命歸鼓鐸旗物兵器于官府各使執事于

田如此則兵農之勢再合管聚之軍可省國用必積民力必寬臣竊見今之郡縣非邊戍之地者郡卒纔足給徭役縣直不足供追捕聚無完壘兵無繕器數夫攘臂勢且奔擾百人譟突立可潰亂且秦之顛也以陳項漢之危也以黄巾唐之覆也以巢寇此皆烏合於倉卒計非其素定無決全之筭非訓練之銳奮梃為戰揭竿為旗而蹂郡夷都如摧枯破竹瓦解土散瀰漫莫遏雖秉朝之有豐鄉由郡縣之無備也今民兵誠設蒐練以時戰士服于田疇部伍存于軍籍兵伏貯于官府粟帛實于郛庾寬其苛斂役其他徭調發立集事平隨散外則郡國武備得常訓整內則禁衛驕兵可漸消減雖戎虜有冒頓之雄叛將有蚩尤之強匪民有勝廣之姦且亦不能自外而起變矣顧議者以為何如

方平又上論曰臣聞善為國者不師善師者不戰善戰者不敗若夫文德修於兩階聲教被乎八垠兆庶懷仁愛之如父母夷狄慕義親之若君師愷悌之化行暴亂之端戢是謂善為國者不師帷幄之中几筵之上指顧之際得失趣焉蘖折其牙厲平其階其為理也有不可亂之勢其為備也有不可犯之形此謂善師者不戰合軍聚衆交和而舍將誠勇智衆誠精練天地誠得法令誠信而我之廟筭多勝矣此謂善戰者不敗雖然兵者死地而戰危事也故昔之為國者先為不可勝以待敵之可勝不可勝在我可勝在敵故為國者能為不可勝不能使敵之必可勝不可勝者備也可勝者戰也故曰善用兵者無智名無勇功備於無形策於無聲攻其心於未合伐其謀於未成故不待交綏而敵已屈夫如是又何智名勇功之有乎易曰重門擊柝以待暴客蓋取諸豫又況宅天下之大而可以忘武備乎故預備不虞古之善政不教民戰是謂棄之昔周氏因提封之地立乘馬之法天子六軍兵車萬乘比年簡車三年簡徒五年大簡車徒春振旅以蒐夏茇舍以苗秋治兵以獮冬大閱以狩皆於農隙以講事焉漢制京師則有兩軍七校郡國則有材官樓船皆歲時肄習武事未嘗廢也後晉武帝既定吳嘗講武于宣武場時山濤與盧欽論用兵之本以為不宜去州縣武備帝雖稱善而不能用永嘉之後寇難蜂起方郡皆以無備不能制天下遂成戰國至隋文平陳始通王統內置十二衛樓功臣於散地外分折衝府備兵籍於調發唐因其制凡三百七十四府散於諸州而名隸諸衛後承平漸久中國安寧於是逃者不捕亡者不補衛士無實籍衛將為虛名至天寶中遂停折衝府而幽陵之師堂堂焉在咸鎬之郊矣于後章武削平群盜恢復兩河而植頷無成務之才旋致判渙昌倪建銷兵之術更取孤危本弱末強漸成顛披彊藩內侮王室其類今我治朝丕迪皇道海寰一統神旗無指伐之行戎虜稱和烽燧息受成之命化平治定三祀于茲是以衣冠搢紳不道軍旅之事貔貅士卒罔知戰陣之容天下安于隆平郡國頗以無備夫天生五材民並用之廢一不可誰能去兵故兵可無用不可無備善師不戰備之謂也故國之大事在祀與戎政之本經惟文與武禮樂制度文之施也禁暴戢亂武之用也今朝廷所言大事必曰軍國是知兵者時之大務邦之重柄臣陋愚諸生不達兵事今所論著皆參校前史舊迹得失之狀可施於今者冀上贊廟堂之餘論焉

八年右司諫錢彥遠上奏曰臣伏以今天下兵卒最為冗費較於祖宗三朝數增十倍然皆老弱羸怯混淆其間堪戰精銳古纔三四而國家竭民力以贍之日困一日倚以取濟其已在軍籍者誠未可去行措置求折衷之策則莫若窒其源本欲乞天下除禁軍已有指揮

任招塡外。餘諸路本城不係披帶諸軍且未得招塡。其有名額空存而人數不滿一百者。並撥併入本州諸軍。及遇揀選半[illegible]剩員之時。並委自逐州當職官吏審驗。六十五上如堪執役。卽且存留。七十以上一例放停。不得竊主恩而爲己惠。收小人之妄譽。所有在京除見幹當職事文武官吏。合依勅破兵士當直外。並不得妄作名目占留陳乞。在他幹當見有者。仰逐處一面抽下。其本城諸軍候及三年。逐州具計減得多少人數。今來約令留多少人數中奏。委大臣議定經久措置。所貴軍政益脩。國財稍給。禁軍若久不招塡。又恐不可乞以卽今見在爲額。轉旋揀去老弱者。招少壯者塡之。

皇祐四年。河北都轉運使包拯請那移河北兵馬䟽曰。臣聞屯兵備邊。古今常制。所患民賦有限。兵食不充。必須廣爲經度。以給用度。或歲有凶歉。或寇至益兵。則暴斂橫取。何所不至。民旣困矣。敵何禦焉。

此亦必然之事也。河北自失山後六州之險。無以固守。則蓄兵積粟常患不足。只如頃年虜忽生變。雖復請和。終非經久之計。兼沿邊沃壤又盡爲陂塘。租稅旣無所入。皆仰給縣官。雖竭天下之財以贍一隅。當無事之時。日常窘迫。無數歲之備。若少有屯集。如何求濟。豈可坐觀其敝而不務救之之策哉。欲望聖慈特出宸斷。宣諭執政大臣。應沿邊及近裏州軍兵馬。除合留防守外。其屯駐駐泊諸軍。或令歸營。就糧諸軍。卽分屯於河南兗鄆齊濮曹濟等諸州。況逐處地利富實。糧儲易致。率三年一代。遇有警急。卽時起發。不旬日可到。豈有後期不及者耶。且前代防邊之兵。三時務農。一時教戰。公私自足。未有冗而且衆。坐糜廩食。虛困疲民。如今之甚者。然執干戈禦戎狄。固不可闕。在養之教之得其宜。則上下無困乏之患。緩急用之。威沛有餘力矣。議者若以戍兵不可全減。卽有往年義勇強壯十八萬餘人。以充其數。緣河朔之民。稟性勁悍。生習邊鄙之利害。素諳戎虜之情僞。校之南兵。絕爲精銳。一則不費供饋。二則群情樂爲。其訓練之法。則有舊制存焉。若謂兵食粗足。虜好方堅。趣過目前。以爲成算。懼於更張措置。臣恐日削月朘。中外益以殫竭。一旦用武。卽暴加重斂。民心怨叛。則肘腋之下皆爲仇怨。豈暇禦外寇哉。此國家根本之患。若不表裏協心。銳意而速圖之。臨事無及矣。惟聖慮財擇。不任懇迫之至。

仁宗時。拯又奏曰。臣聞京師者天下之本也。王畿之內。列營屯衆。此強本之兵也。而國家近年以來。邊陲有警。乃一例調發。則衛兵日削。恐非固宗社制戎狄之長策也。臣以爲畿兵雖有大故。不可多調發。前所謂京師者天下之本也。強本者畿兵耳。本固且強。繇中制外。則天下何患焉。若調發不已。則耗其財力。而弱其根本。不惟隳祖宗之制。獨不念李唐天寶建中之事乎。善馬精兵。悉出於外。宿衛驍銳爲之

一空。卒以重其後害。此朝廷尤宜深慮也。今河北河東沿邊兵寡財匱。卒有急難。惟有民兵可用。往年嘗籍之矣。籍之未甚長策。又從而釋之。緣河朔之民。皆稟氣勁悍。義勇奮發。矧又生習邊鄙之利害。素諳戎虜之情僞。他路校之。不逮遠矣。且向時點閱捨客取主。又責以戶之上下。以是籍之。所得幾何。竊見唐李抱眞民兵之制。事頗相近。故當時招義一軍。雄視山東。將適今之宜。可如抱眞之制。約而行之。不以戶下田足田不足。悉以丁力衆寡。登降其數而籍之。不及數者卽捨之。取其中稍富實者。令差出穀帛錢貨。以給籍丁之貧家。如此。得兵可倍往歲。亦可以少抑兼幷。而貧悴之戶有所仰矣。一則供饋不費。二則群情樂爲。其廢置訓練之法。卽有祖宗之舊制焉。河朔民兵旣壯。而禁軍留實京師。則內外安矣。今北虜詭詐萬狀。聲言西討。修築城柵。點集軍馬。乘此之際。沿邊亦宜密令繕完。而議者但恃盟

約殊不設備。萬一邀求不已。稍不如意。伺釁而數冒以擾之。此亦必
然之兆。得無熟思乎。況邊上武將。未甚得人。且將者。人之司命。而邦
國安危所繫。擇之不可不審。當將之道。不當限以名位。但辨其能之
可否。苟得實材。則權而用之。專而委之。必有成功。若不素為之具。緩
急旋圖之。則無所及矣。伏望陛下少留聖意。特賜省察。
極又請添河北入中糧草。臣伏讀前漢趙充國傳。充國謂大司農耿壽昌
曰。於金城湟中糴穀三百萬斛。羌人不敢動矣。壽昌請糴百萬斛。廼
得四十萬。一失此策。羌人故為逆。失之毫釐。差之千里。事既然矣。若
四夷猝有動搖。相因而起。雖有智者不能善其後也。是知糧儲有備。
則邊患不足恤矣。臣竊見河北沿邊州郡軍糧未備。屯兵少處。約及
二年。如定州屯兵稍衆。只及一年有餘。況中山最是控扼之所。若非
次添屯軍馬。不支數月。緩急如何取濟。雖朝廷財用窘迫。力所未及。

然河朔根本之地。自黠虜講好。覬釁而動。詭詐萬狀。固不可信其虛
聲。怠其實備。孫子曰。無恃其不來。恃吾有以待之也。無恃其不攻。恃
吾之不可攻也。今若計度糧草。處置邊事。且循舊制。不務施為。臣恐
日甚一日。有不可救之患矣。故曰金城湯池。帶甲百萬。非粟不能守。
可不熟慮乎。欲望聖慈特降指揮。令三司應河北沿邊州軍。且令依
舊入中。若以倍費官錢。即乞支撥見錢百萬貫。趁今夏二麥豐熟之
際。於近便處及時收糴。却自御河輦運往沿邊州軍以實儲廩。比之
貴價入中。其利甚厚。仍乞速賜指揮施行。
皇祐元年。侍御史知雜事何郯上奏曰。臣伏見陝西路頃緣邊鄙用
兵之際。朝廷指揮以諸州新弓手刺面充保捷指揮。用備戰守。一路
之兵僅增十萬。緣當時倉卒不暇精擇。其間甚有疲弱不堪征役之
人。驅之行陣。固難得力。自休兵至今。歲月已久。尚未聞一加選汰。所

費廩食不可勝計。況其人並是郡縣等第之家。係在軍籍。甚非所願。
伏望勑本路諸州。令告諭應係新置保捷兵士。除人員節級外。其餘
年五十以上。及短小不及等之人。如願不在軍者。許令自陳。委監司
長吏相度減放歸農。此等久習武藝。今若放歸。亦須置籍拘管。仍乞
以所居鄉社相近處。如河北義勇團作指揮。置人員節級管轄。其邊
郡每以此軍番迺防守處。亦令比舊減數。非特邊上或有警急。其罷
放之人尚可追集守城。却代精兵出戰。於事又無廢缺。方今財力大
屈。所患在於冗兵。竭天下所出之物。僅能供億。陛下幸聽臣言。特行
處置。一路之內。可減三數萬人。迺亦省費之一端。近包拯被命往陝
西制置解鹽。伏乞下臣此議。使其就近覆驗。所異審擇利害。然後施
行。
五年。御史中丞孫抃上奏曰。臣伏見兵家征行守禦之法。其所用上

旅。以知人情者為先。熟地里者次之。諳土風者又次之。何則。知人情
則強弱先辨。熟地里則險易先知。諳土風則寒暖先備。故臨事也便
而取効也速。是以所安者平原易地。置之險阻則懼矣。所習者大陵
高阜。移之谿澗則危矣。古聖賢確論皆然。國朝有天下。所置州郡必
招置本土人充軍。或三兩指揮。名額各異。比年以來。逐處凡有緩急。
此等人號為得力。非他。知人情。熟地里。諳土風故也。然而軍數寡少。
月給微薄。防托之際。事功難集。臣欲乞應沿邊州郡。密邇蕃夷部落
谿澗去處。元有本土軍分者。望朝廷相度。稍益其數目。量增其請受。
以時而練習之。一則團結部伍。漸成次第。隣近蕃夷寇賊不敢作過。
二則衣粮差足。可以收其盡瘁之報。
至和二年。知諫院范鎮上奏曰。臣比奉使河北。伏見河北連歲招兵
未已。皆是坊市無賴。及隴畝田力之人。冒為軍營子弟。誠是軍營子

第則今日詔下明日便當投牒豈有及今一年尚未盡至其為坊市無賴隴畝力田之人明矣況今田甚曠民甚稀賦役甚重國用甚不足所以然者正由兵多也先朝用兵時兵纔四十餘萬今不用兵而兵已倍之臣不知大臣以何見而為此議也必以為備契丹也今塘水東西三百餘里多於先朝也歲予金繒五十萬禮聘又十餘萬亦多於先朝也以多於先朝之塘水多於先朝之金繒以備契丹而與之和也宜省兵以息民而益多兵以困民者臣所以深惑也契丹自知顧塘水之限貪金繒之利而不敢動者五十年于今矣方契丹貪利而不敢動之時其民宜富貴而反日以困國用宜饒足而反日以蹙此無他兵多而民稀田曠與賦役重也使契丹而有一日之警將何以繼之哉大臣終不知念此而但以多兵為有備此臣所以深惑也今契丹五十年不敢南入為寇者貪金繒之利厚也就使棄利為寇則大河以北婦人女子皆是乘城之人其坊市無賴隴畝力田者又將焉往況契丹貪利而不敢動而預畜養之以困斯民乎夫取兵於民則民稀民稀則田曠田曠則賦役重賦役重則民心離寓兵於民則民稠民稠則田闢田闢則賦役輕賦役輕則民心固與其離民之心以備契丹契丹未至而民力已先困國用已先匱孰若固民之心以備契丹契丹雖至而民力有餘國用有備其利害若視白黑若數一二大臣以為難責臣所以深惑昔漢武兵困天下者用兵以征匈奴者欲以得所欲也今陛下以兵困天下者不用兵以至是也非以快所欲也何苦而為是乎五口一家尚知量入以為出況天下大計其可以不校出入其可以無經制乎臣伏見今之世有失入徒若流若死者陛下必加罪有司其在選人必加停殿後雖用之不得遷改此所以見陛下卹民之心至矣今大臣舉天下之民而困之至

特失入徒流死罪之比而陛下略不加問是捨所大而急所細也臣愚豈得默焉陛下誠能罷今招兵勅大臣使具太祖時賦入若干兵若干官若干太宗時賦入若干兵若干官若干真宗時賦入若干兵若干官若干陛下天聖中賦入若干兵若干官若干約今賦入之數兵數官數酌取中道立為經制以賦入之數十分為率以七分給郊廟宮省諸費三分留備水旱及緩急非常為之十年僅可以言治古者國無九年之蓄曰不足無六年之蓄曰急無三年之蓄則國非其國今自京師至天下州郡大率無二年之蓄邊城甚者或三數月耳不幸有連二年之水旱將何以養此兵乎此兵不足以養則其憂不在契丹也此臣所謂言責也陛下所宜留念大臣所宜盡心悉力之時也伏乞下臣章中書樞密大臣并臣前奏看詳若不以臣非才而信用其言先罷招兵然後量今天下賦入以為國用使上下寬裕非獨臣之幸也乃天下之幸也

鎮又論益兵奏曰臣去歲八月言方今官冗兵多民力不堪乞下中書樞密大臣條理究行及今累月不報退自伏念當世之務莫急於此而大臣恬然不以為恠此臣區區不得隱默而再以冒聞也夫慮之有素為之有備事至而應則安靜而詳實慮之無素為之無備事至而應則倉猝而乖牾大抵近事多失於倉猝而不安靜者慮之不先而備之不豫也前日契丹使至虛言紛紛朝廷自顧國用之不足民力之凋弊無以待之也大臣不知計之所從於是乎募兵以自塞責是何異欲救火而益以薪流之濁而復撓其源也景德中契丹內寇靈夏不臣是時兵不滿五十萬西備北禦沛然有餘今兵倍之矣而尚苦不足者臣不識所謂也虜才遣一介之使至而增益者又數萬及其去也中外相慶謂為無事殊不知新兵之費歲已百萬貫

矣百萬貫之費非出於天非出於地非出於建議者之家一出於民也方今愁苦之時又重賦之以為備預計者未見其可也此所謂倉猝而乖牾也夫兵不在衆在練之與將何如耳去年儂智高寇嶺南前後遣將不知幾輩遣兵不知幾萬亡死奔北不可勝紀陛下親遣狄青然而卒能取勝者蕃落數百騎爾此兵不在衆近事之効也陛下何不持此說以詰大臣之欲益兵者臣愚以為備契丹莫若寬河北河東之民備靈夏莫若寬關陝之民備雲南莫若寬兩川湖嶺之民備天下莫若寬天下之民民力寬則知自愛知自愛則雖有外虞人人可用為兵用人人自愛之兵以禦外虞何往而不克何征而不服哉古人所謂猶手臂之捍頭目子弟之衛父兄者用此兵也臣所謂慮之有素為之有備者此也今夫官所以養民者也兵所以衛民者也養民衛民者反殘民矣而大臣不知救臣恐朝廷之憂不在四夷而在冗兵與窮民也近年以來地數震動河不軌道日月星辰謫見于天皆民怨之感也伏乞陛下明勅大臣求今所以息民之術以應天地之變而為宗廟社稷計臣不勝大願愚直之罪伏惟裁赦

鎮又論河北河東兵奏曰臣竊聞契丹新立其叔領兵盤桓山後召不肯赴深恐邊臣緣此張皇更請益兵今河東養兵三十餘萬五十年矣又益以義勇三十萬是常有六十萬兵積於兩路正為緩急非常而塞下每一小警即奏疏旁午以摧朝廷者亦五十年矣廟堂議臣邊鄙謀將中外狃習安為故常所以兵益多糧益匱民力益困國用益不足而不知所以營救此臣懇懇而不能已也今義勇三十萬為稍近古禁軍三十餘萬皆仰縣官就三十餘萬中半皆老弱怯懦老弱怯懦之人遇敵則先自敗亡非獨先自敗亡適所以為驍壯之累是驍壯者不可不柬練而老弱怯懦者不可不抑去也老弱怯懦不抑去則費廣費廣則民罷民罷則不自愛養治兵以衛不自愛之民臣恐朝廷之憂不在塞外而在塞內也臣竊計慮契丹新主嗣立遂定則與故主無殊盟好亦必堅久就使其叔爭立國中有變待蕃漢懷服其勢不五七年不得平定朝廷乘五七年之間懲前之失謀柬練驍壯抑去老弱怯懦使民力得紓國用得饒以待寇至必勝之道也古人請三萬兵橫行匈奴中今以六十萬衆重之以高城深池惴惴然常恐不足者殆將相不任責也陛下誠能專責將相委以經略非特邊鄙無事將見天下得復太平也臣前所上兵民事伏惟勅大臣平章始不以臣愚而廢其言必有萬一之補

歷代名臣奏議卷之二百十九

兵制

宋仁宗時陝西經畧安撫使夏竦論兵政曰臣聞屯師制敵其急有四簡士卒齊號令聚芻粟利器械士卒不簡則陣不成列號令不一則戰不應節芻粟不聚則不能持久器械不利則不能爭鋒陣不成列則左擊右解戰不應節則前進後退不能持久則衆心易離不能爭鋒則兵氣不振不知芻粟器械之計者以卒與敵也不知士卒號令之要者以將與敵也覆軍殺將夫事去矣善為將者簡其部伍稽其將校不以腰腹膂華為選而尚其能不以年勞久次為勲而計其膚壯者或困於暴露瘠者或便於馳逐舊者或畏避無勇新者或自奮不顧尚能而用計庸而賞然後為金鼓以節其進退為旌旗以正其行伍金鼓節則聽者專旌旗正則視者審號令不差耳目不惑則勇者不得獨進怯者不得獨退三令五申多多益辦於是治倉廪以堅其心整武備以揚其氣其心堅則鬪志勵其氣揚則勇心奮治衆如治寡用弱如用彊以是而觀則兵政成矣

蔡襄上奏曰臣伏見西鄙用兵以來首尾六年自劉平任福葛懷敏三將覆沒亡者十萬餘人沮損國威公私空匱邦賦點差之計為患日深今被邊之郡甲兵非不多也歷涉數年訓練非不久也然而屢戰屢敗何哉臣熟思之蓋軍法未立將謀不專也所謂軍法未立者今之都部署及統帥之名其鈐轄路分都監都同巡檢等並是佐屬裨校各以賓禮相接主帥等威既不尊異向下官屬更無節級相轄之理及至出軍首尾不能相救號令不能相通所以多敗也所謂將謀不專者朝廷每有指揮事件多下逐路並令鈐轄都監都同巡檢等同共從長商量大凡兵事惟大將得以專之秘計深謀豈容衆議

乃令僚佐參論短長至有各出意見互相詆毀謀無所主事無不漏所以多敗也臣竊以軍法不立將謀不專而勝敵者無有唐郭子儀李光弼等以九節度之兵攻安慶緒而輒敗者何也子儀光弼名將也九帥之師共數十萬也以安慶緒之窮困豈能禦之然而輙敗者蓋軍無都帥不相統轄謀議不同所以致敗也太宗朝曹彬潘美與兵北舉而無成功者何也曹彬潘美名將也三路並入大舉也然而無成功者蓋臨軍劉文裕王侁貪功立異主將不能奪之所以無功也以古今事理參之未有大將不專而能立大功也或曰今諸路帥臣各得便宜劄子臨事自可處置何必變更軍法乎臣謂若法不素立威不素行雖得便宜豈能使上下必信乎臣請逐路都部署見管兵馬人數列為裨校部曲之差分為前後左右之屬管兵臣僚官員並乞改換軍職使名以所領兵多少為等大小相乘節級相轄如有違犯並同階級所以立成一軍自然選揀精審以戰則勝以守則堅此至急之務也

襄又上言曰或曰練兵擇馬減省邊郡之粮饋其足以持久乎曰若欲為持久計者莫若增置鄉兵有唐之制天下州郡募百姓為府兵府不過一千二百人外折衝果毅府五百七十四而籍名於官不離其鄉里農隙教習武藝其餘時則居家有警急則集而守備今若置之不費國家之用足為天下根本矣臣切謂關中今若召募一年之間可致五十萬人一年教習足以守備則關中之務已強矣或曰今募鄉兵則關中騷動如何曰府兵不黥其面又立名目若折衝果毅之類與兵卒不同擇其鄉里豪武者為總領乘農隙則教習有警急則守城郭不離其居不妨其業則百姓為之何所苦也若然者必置之術頃年靈武用兵陝西般粮草最為勞弊至今老人耳目相接往往皆

能言之若先下陝西計度轉般糧草往邊郡次下募兵之制應審有
充鄉兵特免轉般如是應募者衆矣或曰兵散在野則如何曰開元
之前不聞府兵為亂者蓋其勢分犬牙相持雖久不為患也矣臣今
畧陳其大槩國家儻行之乞下大臣詳議條目

襄又奏減費用曰臣切見正月以來發兵馬赴沿邊州郡皆[illegible]軍而
往未嘗精擇夫全軍而往必有老者武藝不精者此等兵卒皆不可
用又邊郡之地多處山險而軍中之馬有老病瘦瘠不堪馳逐者亦
隨軍而往若有戰鬬亦不可用也況沿邊如鄜延等山路險阻饋運
艱今日中糴糧草皆是本處居民積聚之餘若一歲之後必須外州
輦運苟非擔負不可得至是以不可用之軍馬坐費難致之芻粟臣
欲乞令邊郡帥臣於已至兵馬中選武藝精者及馬之強者留之其
兵卒老弱者武藝不精者及馬之老病瘦瘠不堪馳逐者皆遣至近
襄州軍或罷歸之所貴便於供給其兵精馬強以戰則力倍自然臨
邊之郡糧儲可節也

知諫院司馬光論揀兵疏曰臣竊聞朝廷近降指揮揀選諸指揮兵
士補塡近上軍分其主兵之官惟務人多不復精加選擇其間明知
羸弱悉以充數臣以耳目疎短聞之後時不能豫陳可否致事已施
行然其得失利害之明不可不盡為陛下言之往者不可及來者猶
可追也臣竊惟當今國家之患在於士卒不精故四夷昌盛財用不
足故公私窘迫今縱不能澄汰衰老以省大費而又平居晏然非有
警急坐增無用之兵以長無窮之患臣不知為國計者果如何也方
今天下安樂無虞而府庫之積隨得隨散畧無羨餘設不幸有螽螟
水旱饑饉相仍盜賊猝起戎狄內侵不知陛下將何以待之此不可
不為之先慮也臣竊觀自唐室募兵以來果能得武猛材力之士
為有益若不擇勇怯而養之臣不知其可也唐德宗以神策軍使白
琇珪為京城召募使應募者皆市井沽販之人有名無實及涇師犯
闕德宗命琇珪以神策軍禦之卒無一人至者德宗狼狽奔播遂幸
奉天及五代之際軍政尤紊是以叛亂接迹禍敗相尋周世宗以高
平之戰士卒不精故樊愛能何徽所部先奔歸而大閱諸軍嚴簡去
老弱選其精銳以為侍衛親軍由是畏兵之盛近世無比故能南剗
淮甸北取關南群雄畏服所向無敵太祖皇帝受天明命撫有大寳
當是之時戰士不過數萬北禦契丹西捍河東以其餘威開荊楚炮
湖湘卷五嶺呑巴蜀掃江南服吳越太宗皇帝紹丕烈奮神威遂拔
晉陽一統四海堂堂之業萬世賴之今天下兵數臣不能盡知竊聞
比於太祖皇帝時其多數倍然元昊羌胡之豎子智高蠻獠之微種
延敢倔強河西橫行嶺表國家發兵討之士卒或望塵奔北或迎鋒
沮潰毀辱天威為四夷笑由是觀之養兵之術務精不務多也且今
所選之兵升其軍分增其糧賜是宜感戴上恩人人喜悅而竊聞京
城之內被選之人往往咨嗟悲怨父子相泣況於外方兵士遠去鄉
里訣別親戚其為愁苦不言可知使中外人情遑遑如此豈惟久遠
之害亦不可不以切近之憂為萬一之慮也兵者國之大事廢興之
端安危之要盡在於是臣不知曾與不曾令兩府大臣相與熟議經
久利害然後行之今在京兵士已經揀上分配諸軍者無如之何其
未揀及外州軍士伏望朝廷特降指揮下應係揀軍臣僚須是一
躬親子細揀選好人材有膂力及得等樣別無羸弱方得揀上如已
經揀中後朝廷別差不干礙官覆揀得却有不及等樣及羸弱病患
之人其元揀軍臣僚伏乞重行貶竄仍自今後每遇大段招揀兵士
並須先令兩府臣僚同共商量度財用豐耗及事之緩急若須[illegible]

揀方得聞奏施行并戒約揀軍臣僚務精不務多一如今來指揮取進止

蘇舜欽上疏曰臣謹按周禮牙璋以起軍旅漢世發兵皆以虎符所以嚴國命而絶姦端厥後給銀牌以為信五代喪亂凡奉使謂發但樞密院給牒國朝太平興國中以李飛雄之為詐有詔復用銀牌焉自後又復廢罷臣竊見方今外郡兵馬只是三班使臣賫宣起發而無銀符之制況印文篆刻尋常官吏亦不能盡通姦詐或能為之當用武之際必須大為之防臣欲乞今後起發兵馬及乘遞馬者中給銀牌以復本朝舊制其規矩增減乞詔有司詳定之伏取進止

陜西經略安撫使范仲淹䟽曰臣竊知陜西禁軍廂軍不下二十萬衆防秋在近必須養育訓練以期成功在乎豐以衣食使壯其力積以金帛示有厚賞牛酒以悅之律罰以威之如此則兵有鬬志將以增

氣雖二十萬衆合為一心有守必堅有戰必強平寇之期臣可卜也若飢不足其食寒不足其衣出無壯力入無厚賞軍有退志將必發氣雖二十萬衆或有二心守則不堅戰則不強平寇之期未可卜也於弓箭手民兵肯戰守之時事須賞勸所用金帛誠須大備今陜西百姓已盡三軍未振或聞三說之法可以備邊以臣所見今榷貨務商客纔有一百來名縱許於陜西河東路以三說入中郎緣商客未多且可少助糧草而已若金銀錢帛則歲時之內必難充足臣所以請放行向南鹽客使客旅入納糧草并金銀錢帛數更有逐處富實之家不為商旅者必須以利勸之臣請逐處勸誘入納上件物色一件納及得萬數除給與向南末鹽交鈔外更與恩澤一萬貫者與上佐官三萬貫者京官致仕如曾應舉到省與本科出身除家便官願班行安排或不就差遣者亦聽所貴防秋之期頗有邊備乞朝廷速為大計使百姓樂輸三軍樂戰則羌狄不利中外無憂山海之利何足以吝國家安危之計在聖心英斷天下幸甚

知成德軍宋祁請復唐馱幕奏曰臣聞唐時出師用兵每十為五馱法馬牛任從所便其間隨行什物鍋幕之類皆具故師行萬里經亘歲月無所闕乏自五代之亂更相侵擾其兵不出中國務者輕賫強者因糧遂失五馱法至今相承不復討尋臣伏見朝廷之制每指揮五百人指揮使得夾幕一具副者得單幕一具馬軍得葉鍋布行槽等若干步軍得鍋若干自軍員以下更無帳幕或出次野外雖甚風雨亦無所庇又戰士被甲所將衣食悉自負荷馬軍則盂杓之類悉在馬上然則行數百里人馬強力皆已先疲脫若逢賊安能挽蹋擊刺與爭勝哉故無幕帟則士卒無所休庇無馱物則士卒須自負荷此於軍戎亦非小害臣乞詔近臣檢求唐馱幕法下殿前馬步軍司

議可復與否明條利害上稟朝廷指揮取進止

宋庠上奏曰日者朝廷念承平之久再令河北河東蒐補強壯之籍又諸路創添弓手陰為武備誠大惠也然綱條粗舉防檢未周若非遠圖懼無實効竊覩諸路唯河北風俗差為習慣若欲立法定制宜從此始謹具利病如左

一 迟虛數

近者差點強壯之時依先降條貫於三丁兩丁內以一丁係籍故河北比於他路民數最多然其間壯老相參貧富不等每歲團集訓練之日雖官給糧食而本家亦有賫送之勤又別無優異蠲存之制故兩丁之戶一丁在官一丁供給是一家之事廢矣又州縣有諸色公人之役理難減罷今一家有應別役者則權免強壯候其役罷復收而籍之此亦一名之家缺兩色之役

番休迤上。非人情之樂也。臣欲乞委本屬長吏。躬閱戶等。應第四等以上戶。除老弱外。實有三丁者取一丁。自餘兩丁及第五等戶皆免之。以備他役。仍令州縣將本處諸色公人實數。別定合差人戶。常留三番以相替換。不得更充強壯。已係強壯者亦不輪充他役。如此則人有定業。戶無兼勞。公私之間。各得其所。

一備實用

伏詳河北初置強壯之意。但欲令鄉土所在自為之守。故不責以戰鬬金鼓之事。是以昨來再行添差之際。明告以不刺手面。不離鄉里。且為禦盜防城之備。臣竊念既已點定。驍勇數十萬人而不能用。誠可惜也。且邊朔之地。萬一有警。則田野之戶盡將家屬入保堅城。當此之時。無論公私。盡可驅而為守。何必預藉強壯也。臣故欲先簡去貧弱少丁之戶。取其實力因而用之

之術。敢舉其例。假如大名一府。今有強壯四萬餘人。其中復免放兩丁貧弱及應州縣色役人外。只取三萬實數。聞本府常屯禁兵五千。則乞差強壯三千。留禁兵二千。共充五千之數。每半年一代。則三萬人為十番。番各五年一上矣。其他州皆準此。常以五分為率。二分正軍。三分強壯。若更有征守。隨多少復發。但許不離本路。謂若河北。即不差發河東。如此。則籍不虛設。而軍政成矣。然後可以加惠而悅使之。

一厚蠲復

凡人情有利則趨。無利則止。今既欲驅以征戍。必當因利害而導之。伏請應強壯之家。除正稅外。令本屬州縣休量民情。於科調中最所憚者。一切免放。風聞今河北民最苦於雜變之物。又和買紬絹。河東民最苦和糴斛米。上番者於免放之例。又加厚焉。出征者於加厚之外。復優賜焉。無事則服穡而減租。有事則輸勞而獲賞。雖甚愚悍。亦無得而怨

又況使之以道邪。或疑民既減賦。則經用將闕。臣請較其所省以償所費。前謂正兵五千人內減去三千者。今計禁軍一兵歲給。且以五十貫為率。則三千人得十五萬貫。取三分之一以恤三萬強壯之家。則恩不勝厚矣。

一正統率

惠之綏眾。可以結恩意。而未足以禁過防亂。故必因法令以制之。今請強壯以五百人為都。其將校階級。並準正兵之法。入屯城邑。則朝夕訓練。官司呼召。率與軍人雜處。非獨示金鼓進退之節。亦令識管府尊卑之分。嚴勒部隊。一之以威。民情可與樂成。難與慮始。數年之後。法行令洽。則習以為常。既謂之常。戰鬬防戍。無所不可。或疑雖有其眾。以何人為帥。領何官為統轄。臣敢借河北以諭之。請以高陽關及真定州各為一部署。今請以

大名府至河更為一部署。凡河北一路強壯。分三部署以統屬。平寧之時。各令本州分番以習武。警急之際。則部署隨多少聚之於本路以備戰。河北一路。先定其制。則他路可倣而為法矣。若常日在家不上者。委本縣令佐或本路別使。若提點刑獄之類專相督察。勸以農事。有游惰不作。則嚴刑以糾之。又令州別置鈐轄一員。與知州同掌兵籍。凡言兵。則正軍強壯合以為一。如此則舊屯禁軍可並歸宿衛。唯留就糧者於本路用鎮服。浸漬其耳目。漸熟。前自成府兵之制。其他委曲條貫。可使有司因時增備也。

庠又奏曰。臣近覩呂夷簡再述河北強壯久失訓練等事。尋已却委本官就近詳酌者。臣竊聞踐河而北。元係強壯之籍者。踰數十萬。皆王者精卒。為國扞防。官司點習。條約明具。自契丹通好以來。而內外共務因循。專為嫌避。不教民戰。三十餘年。逃冒流亡。但存空簿。日復

一日識者寒心，而呂夷簡欲舉舊章乞加綜覈，此誠深計預備國家長久之業也。況茲一事，前後上言者至眾，而事未果行，大抵慮敵人驚猜，有奸盟好。然敢問議者：若終不訓習，可保北虜永無患乎？此乃慮外忘內，視蚤蝨而不見太山之論。審如此者，亦當別為長算，安可捨舊防而待決？卧積薪以俟燃耶？臣再思依違之端，蓋由諸臣不敢專任其責，常虞鄰邦萬一之隙，自廢中國無窮之利，務習常態，苟圖目前。況兩國盟書本無此禁，我之政令，彼何預焉？且聚民教之，不過以生事為戒，猶有素備之防；若弃而弗脩，則養禍自貽，遂無可救之策。二者相準，利害甚明。矧今羌賊背恩，邊境騷動，臣為可因此案集聲為援助，雖使傳播，亦何害於歡盟哉？安危之機，理不可緩。臣忝陪政事，為時未久，言輕體大，懼緣人廢。欲望聖慈更與張士遜、章得象、王鬷已下老成之人，參決可否。必謂恐生外釁，即乞特差精幹之臣，別託他事，奉使河朔，與呂夷簡及都轉運司密為規畫，將主客二等丁壯如何均濟，兼點集之後用何術得外無張皇，而便教習。并望謄寫近日臣僚所上鄉兵利害文字，令一處商量，使行經久。惟陛下留神省察。

時兵冗用度乏。殿中侍御史呂景初奏疏曰：聖人在上，不能無災，而有救災之術。今百姓困窮，國用匱竭，利源已盡，惟有減用度爾。用度之廣，無如養兵。比年招置太多，未加揀汰。若兵皆勇健，能捍寇敵，竭民膏血以啗之，猶為不可；況羸疾老怯者又常過半，徒費粟帛，戰則先奔，致勇者亦相牽而敗。當祖宗時，四方割據，中國纔百餘州，民力未完，耕植未廣，然用度充足者，兵少故也。而所征皆克。自數十年來用數倍之兵，所向必敗，以此知兵在精不在眾也。議者屢以為言，陛下不即更者，由大臣喻安避怨。論事之臣又復緘默，則此弊何時而息？望詔中書樞密院議罷招捕，而汰冗濫。

英宗即位，召蘇頌提點開封府界諸縣鎮公事。頌言：周制，六軍出於六鄉，在王畿四郊之地。唐設十二衛，亦散布畿內郡縣。又以關內諸府分隸之，皆所以臨制四方，為國藩衛。國朝禁兵多屯京師，及畿內東南諸縣，雖饋運為便，而西邊武備殊闕。今中牟、長垣，都門要衝，二鄙驛置皆由此，而舊不屯兵，闕無防守。請置營益兵，以備非常。

治平元年，三司使蔡襄上論兵九事，疏曰：臣近上國論要目十二篇，以謂當今之急務，彊兵為第一事，富國為第二事，欲脩治道自此而始。兵不強則國不富，國不富則民不安，是故始於強兵，而終於安民，本末之論也。強兵之說如何？一曰消冗，謂兵不可以暴減，當有術以消之。二曰選擇，謂老弱疾病不堪戰陣之人，即揀擇而去之。三曰省兵，謂不應置兵處與置之過多者，則省之。四曰訓練，謂兵雖少壯，而訓練不得其術，與不教同。五曰立法，謂兵絕無統制，故不可用，用之則敗。此五者備脩，則兵少而精矣。少則財用饒，財用饒則國富矣。兵精以戰則勝，以守則固，而兵強矣。其說皆世人常論也，然而行之，則為治道之始；不行則為天下大患。是世人之常論，乃當今之急務。臣故謂之第一事。

一事。中書不與知兵增損多少，不知也。樞密院要兵則添，財用有無不知也。管軍將帥少兵則請增，不計校今日兵籍繁多，何故用之不足也。三司但支辦衣糧，日日增添，不敢論列，請兵非職事也。四者各為之謀，以至於此。若通而為一，則可以計校兵籍多少，財用有無，不至於冗。臣欲乞招置增添兵數，樞密院、中書共議之，先令三司計度衣糧如何足用，管軍每乞增置，必須詰問其所少之因，必不得已，方可具奏。如此謹重，撙省兵之

一端也

一事近年置諸路安撫鈐轄添屯禁軍自京西江南東西廣南東西兩浙福建等駐泊禁軍皆是北人南方水土異宜水行不知舟檝之利山行不堪阻阨之險一往三年死亡殆半其不便一也只如差二萬人駐泊及至當替又須二萬人常須四萬人可了辦以此屯戍之多軍還到營未及三兩月又復出軍不唯道路勞苦妻奴隔闊人情鬱結其不便二也今欲除京東淮南外諸路鈐轄安撫司所管駐泊禁軍候其年滿量留合要人數差補外並只放還本營更不填闕或問南方難用北軍今來何故難用曰祖宗之兵誅討大計未有不從中外兵今者南方但當作禦盜賊之計若禦盜賊諸路各有招置禁軍練習精熟可以驅使賊勢大者暫遣北軍不為失策

此省兵之一端也

一事陝西河東自慶曆已來用兵之際置寨柵數多所以添兵寨柵本以通糧道護耕農非有益於攻守今當先去無用寨柵或只量留兵卒隨宜罷遣以寬難置糧草之費亦省兵之一端也

一事防邊兵卒老弱病患先須揀選若在邊鄙不唯虛費糧儲兼亦不堪戰鬬千兵若有百人老弱遇敵而先奔即是千人皆廢如此為患須至選揀馬有不堪入陣者而為患與老弱之兵同陝西河東方今無事時若先選揀不唯訓練精熟倉卒有備大可減省糧草以寬國用

一事或曰招置土兵如前日陝西弓箭手之類只給與田不費衣糧於事為便且如河北招置土兵為害深矣土兵一人可給戍兵三人兼又父子相承未嘗出城驕蹇難動故曰為患深矣河北義勇十九萬人昔年差點人情驚動今耳目已熟但須整緝訓練緩急得力於其間更選強壯須及十萬人不費衣糧可與土兵相制屯戍之兵可減也

一事養兵之費禁軍一兵之費以衣糧特支郊賚通計一歲約費錢五十千廂軍一兵之費歲約三十千通一千一十八萬餘人一歲約費四千八百萬緡此其大較也若減禁軍十萬歲減緡錢五百萬減廂軍十萬歲減緡錢三百萬欲減禁軍先減屯戍欲減廂軍先減綱運此其要也

一事諸路廂軍一指揮有六七百人撿尋舊額並無條制蓋年歲既遠亡失舊文今若朝旨諸軍指揮并將校以下未得過五百人舊額不滿五百人即依舊額今日以前有剩者並令依舊候及五百人一依今來指揮輒敢額外添人並以違制論不在去

官原赦之限

一事禁軍指揮近年添置軍額名目數多指揮將校雖全兵卒只有三二百人虛費將校請受今若逐路軍額先與條約謂若兵士三百人即有將校三十人見在人數已多者仍舊或移補別軍候及三百人更不補填漸可併省也

一事欲減廂軍先減綱運今天下無名綱運最為枉費兵士邊郡兵官替移迎候送還廂軍動皆數百人多者至千人自來明有條制州郡皆以人情不敢禁約此一事也南方替罷官員近由江淛遠自湘潭一舟十人至二十人一歲往還京師可了一次一舟之費小者五百千大者七百千所載官物不過數千緡之直衣糧所費錢何此二事也天下州郡自太平以來廨宇亭榭無有不足每遇新官臨政必有改作土木之功處處皆是不唯

狂費財用必須多役兵卒此三事也。天下持送官物入京。如牛皮兵器之類多由陸路若委本路轉運司不急用者罷省之或令水路可以省兵役此四事也養兵挽船不若和雇則止於秋冬之間養兵則終歲給之其費必倍此五事也。大要舉此五事乞賜與條約庶事可省矣

右僕射韓琦上奏曰臣伏以三代漢唐以來皆籍民為兵故其數雖多而贍養至薄所以維御萬寓而威服四夷又非近所蓄冗兵可及也唐置府兵最為近古天寶已後廢不能復因循至於五代廣募長征之兵故困天下而不能給今之義勇河北幾十五萬河東幾八萬勇悍純實生於天性而有物力資產父母妻子之所係若稍加簡練亦唐之府兵也陝西當西事之初亦嘗三丁選一丁為弓手其後刺為保捷正軍及夏國納款朝廷揀放於今所存者無幾河北河東陝西三路當西北控禦之地事同一體。今若於陝西諸州亦點義勇止刺手背則又知不復刺面可無驚駭。或令永興河中鳳翔三府先刺俟聽既安然後次及諸郡一時不無少擾而終成長利

司馬光上奏曰臣近日已二次上言乞罷刺陝西義勇事未蒙朝廷省納首欲止而不言則不忍坐視一路之民橫受困苦而自圖一身計又恐遷延日久則無及於事是以不敢避斧鉞之誅繼上封奏。為陛下極陳其害臣比日以來熟思此事誠於民有世世之害於國無分毫之利何謂於民有世世之害。臣竊見河北陝西河東自景祐以後本無義勇只州縣諸般承役並是上等有物力人戶知當其鄉村之事人戶除二稅之外更無大段差徭自非大饑之歲則溫衣飽食人人自以為安樂自寶元慶曆之間朝廷因趙元昊叛亂契丹壓境於是三路鄉村人戶之中不問貧富等第但有三丁之家即揀

一丁充鄉弓手及強壯其時西邊事宜尤急尋將陝西一路鄉弓手盡刺面充保捷指揮正軍其河北河東事宜稍緩遂只將鄉弓手強壯刺手背充義勇當此三路之人始騷然愁苦矣其河北河東之民比於陝西。雖免離家去鄉戍邊死敵之患然一刺手背之後則終身拘綴。或欲遠出幹事。糴賤賣貴或逃水旱凶荒。欲分房逐熟或典賣田產。欲浮遊作客皆屬官中非時點集不敢東西又當差點之際州縣之吏寧無乞覓教閱之時軍員教頭寧無斂掠是於常時免役之外添此一種科徭也若果如議者之言無害於民則民皆樂從中何必更刺手背以防逃竄乎以此觀之義勇為害於兩路之民也可知矣況陝西於慶曆年中民家已各喪一丁刺充保捷流落不歸今又取其次丁刺充義勇不亦甚乎。朝廷近年分命朝臣徧往諸路減放謂之寬恤民力。今乃無故一旦刺一路之民十有餘萬以為義勇。何朝廷愛之於前忽之於後憫之於小而忘之於大乎。且今日既集之後則州縣義勇皆有常數。每有逃亡病死州縣必隨而補之則義勇之身既羈縻以至老死而子孫若有進丁又不免刺為義勇是使陝西之民子子孫孫常有三分之丁為兵也臣故曰於民有世世之害也。何謂於國無分毫之利太祖太宗之時未有義勇至于正軍亦不及今日十分之一然而太祖取荊湖平西川下廣南克江南太宗取兩浙克河東。一統天下皆振槁拾遺此豈義勇之力也哉蓋由民政脩治。軍令嚴肅。將帥得人士卒精練故也康定慶曆之間趙元昊負累朝厚恩無故逆命侮慢不恭侵犯邊境朝廷竭天下之力以奉邊鄙。劉平任福葛懷敏之師相繼覆沒士卒死者動以萬數正軍不足益以鄉兵。外府不足繼以內帑民力困極財物殫盡終不能出一旅之衆。涉區脫之地。以討其罪而不免含垢忍恥假以寵名誘以重

賠備衣[illegible]之時三路[illegible]其數十萬何嘗得一人之力[illegible][illegible]義[illegible]車罷後東戍康定慶[illegible]一[illegible]一檢當時體例而行之是後[illegible]者必曰古[illegible]出民間豈民兵可用於古而[illegible]對曰三代之時因井田之法以出士卒車馬居[illegible]為伍[illegible]師軍為之者皆卿大夫也唐[illegible]不[illegible]將[illegible]以[illegible]是以[illegible]可以立[illegible]逃亡避匿者以其綱紀素備故[illegible]無兵則[illegible]軍負節[illegible]名皆[illegible]平居相與拍肩[illegible]之人非如正軍[illegible]下之嚴也若[illegible]無事之[illegible]州縣聚集教閱則亦有行陣旗鼓弓弩坐作叫噪真如可以戰敵[illegible]胡寇大入邊兵已敗[illegible]城不守胡騎殺掠蹂踐巷地而來則莫不迎望風聲奔波逆散其軍員節級將鳥伏鼠竄自救之不暇豈有一人能為縣官率士卒而待寇乎以臣觀之此正如兒戲而已安有為國家計驚驗一路之民使之破家失業而為兒戲之事乎臣故曰於國無分毫之利也凡此利害之明有如白黑伏望陛下不以臣愚賤而忽其言少留聰察其刺陝西義勇蠲早賜寢罷則一方幸甚

光又上奏曰臣近者已曾四次上言乞罷刺陝西義勇別白利害極盡懇惻終未蒙省察方今陝西一路之民小大皇皇如在湯火之中而朝廷晏然略無拯救之意臣職在箴諫安可塞默不敢廣有援引以煩聖聽請以目前顯驗言之今建議以義勇為便者必曰即日河東河北不用衣糧而得勝兵數十萬皆教閱精熟可以戰敵又兵出民間合於古制臣請言其不然彼數十萬者虛數也教閱精熟者外

貌也兵出民間者名與古同而實異也何以言之河北河東州縣既承朝廷之意各揀刺義勇只求數多據帳籍言之誠有數十萬之衆矣若萬一胡寇在近[illegible]中急欲點集之時則一人不可見矣豈非虛數乎平常無事州縣教閱之日觀者但見其旗號鮮明鉦鼓備具行列有序進退應節即嘆美以為真可戰敵殊不知彼皆隊[illegible]之類若聞胡寇之來則瓦解星散不知所之矣豈非外貌乎古者兵出民間民耕桑之所得皆以衣食其家故處則富足出則精銳今既賦斂農民之粟帛以贍正軍又籍農民之身以為兵是一家獨任二家之事也如此民之財力安得不屈豈非名與古同而實異乎以臣愚見河北河東已刺之民猶當遣放況陝西未刺之民乎陛下欲知利害之實何不試召建議者而問之曰河北河東自置義勇以來胡寇凡幾次深入至腹內州軍用義勇拒戰而胡寇敗退今既有義勇之後三路正軍皆可廢而不用乎若果然胡寇嘗深入因得義勇之力而敗退今來刺義勇之後正軍皆可廢罷此乃萬世之長策也願陛下行之勿疑若自置義勇以來未嘗經陣敵使用今來雖有義勇正軍亦未可廢罷則何忍以十餘萬無罪之赤子盡刺以為無用之兵乎天生聖君以為民也民今如此陛下豈可全不為之動心乎臣之所言盡於此矣陛下若以為稍有可采即乞早降指揮下陝西令罷刺義勇以救一方之民若以為勅命已行不肯還改即乞且免刺手背候邊事寧息依舊放散則民有一時搔擾之勞猶免終身羈縻之苦若以臣所言皆孟浪迂闊不可施行則臣之智識愚闇無以勉強變更不可久污諫諍之列伏望聖慈特賜降黜別擇賢才而代之

光又乞罷陝西義勇劄子曰臣傳聞朝廷差陝西提點刑獄陳安石於本路人户三丁之內刺一丁充義勇不知虛實若果如此大為非

便。臣竊意議者必以為河北河東皆有義勇。而陝西獨無。近因趙諒祚寇邊。故欲廣籍民兵以備緩急。使之捍禦也。臣伏見康定慶曆之際。趙元昊叛亂。王師屢敗。死者動以萬數。國家乏少正軍。遂籍陝西之民三丁之內選一丁以為鄉弓手。尋又刺充保捷指揮。差於沿邊戍守。當是之時。閭里之間。惶擾愁怨不可勝言。耕桑之民不習戰鬭官中既費衣糧。私家又須供送。骨肉流離。田園蕩盡。陝西之民。比屋凋殘。至今二十餘年終不復舊者。皆以此也。其為策之失。亦足以為戒矣。是時河北河東邊事稍緩。故朝廷但籍其民以充義勇。更不刺為軍。雖比之陝西保捷為害差小。然國家何嘗使之捍禦戎狄。得其分毫之益乎。今議者但怪陝西獨無義勇。不知陝西之民。三丁之內已有一丁充保捷矣。自西事以來。陝西困於科調。比於景祐以前。民力減耗三分之二。加之近歲屢遭凶歉。今秋方獲小稔。且望息肩。又值邊鄙有警。衆心已搖。若更聞此詔下。必大致驚擾。人人愁苦。一如康定慶曆之時。是賊寇未來而先自困弊也。況即日陝西正軍甚多。不至闕乏。何為遽作此有害無益之事。以循覆車之轍也。伏望朝廷審察利害。特罷此事。誠一方之大幸。

光又乞罷陝西義勇劄子曰。臣近曾上言乞罷刺陝西義勇事。未審朝廷曾與不曾別為商量。臣前次上殿乞陛下留意備邊。所謂備者。非但添屯軍馬積貯糧草而已。在於擇將帥而修軍政。今將帥不才者未聞有所更改。軍政頹弊者未聞有所振舉。而忽取腹內州軍之民盡刺以為兵。外人聞之。無不駭愕。今陝西沿邊正軍。動以萬數。朝廷若能擇有方畧膽勇之人以為將帥。使之簡去疲弱。選取精銳。勤加教習。明行賞罰。則雖欲取銀夏而稅其地。擒趙諒祚而制其命。有何所難。況但止其鈔盜乎。今朝廷不孜孜以將帥軍政為急而無故

籍耕桑之民。使之執兵。徒有驚擾而實無所用。臣不知誰為陛下畫此策也。昔康定慶曆之間。朝廷以元昊犯邊。官軍不利。已曾籍陝西之民以為鄉弓手。始者明出勅牓云。但欲使之守護鄉里。必不刺充正軍屯戍邊境。牓猶未收。朝廷盡刺充保捷指揮。令於邊州屯戍。當是之時。臣丁憂在陝。備見其事。民皆生長太平。不識金革。一旦調發為兵。自陝以西。閭閻之間。如人人有喪。戶戶被掠。號哭之聲彌天亘野。天地為之慘悽。日月為之無色。往往逃避於外。官中繫其父母妻子。急加追捕。鬻賣田園以充購賞。暨刺面之後。兵員教頭利其家富百端誅剝。衣糧不足以自贍。須至取於私家。或屯戍在邊。則更須千里供送。祖父財產日銷月鑠。以至於盡。況其平生所習者惟桑麻耒耜。至於甲冑弩槊。雖加教閱。不免生疎。而又資性戇愚。加之畏懦。臨敵之際。得便即思退走。不惟自喪其身。兼更誤動大陣。自後官中知其無用。遂大加沙汰。給與公憑。放令逐便。而惰游已久。不復肯服稼穡之勞。兼田產已空。無所復歸。皆流落凍餒。不知所在。長老至今言之猶長歎出涕。其為失策較然可知。足以為後來之戒。而不足以為法也。今朝廷雖云所籍之民止刺手背。農隙之時。委州縣召集教閱只在鄉里。不令戍邊。而民間懲往年之事。必大興謠言。爭相驚擾。朝廷號令失信。前後已多。雖州縣之吏。徧至民家。面加曉諭。亦終不肯信。逃亡避匿。刑獄必繁。怨嗟之聲。周徧一方。足以動搖群心。感傷和氣。若使分毫有益於國。亦無所顧。此有害無益。顯然明白。近在目前。設使教習得成。一旦諒祚大舉入寇。邊臣不能捍禦。而使之深入三輔。東過潼關。乃欲驅此烏合村民以拒之。不亦難乎。此適足以取戎狄之笑而已。伏望陛下軫念生民。深察得失。其刺義勇事早賜寢罷。

光又乞罷刺陝西義勇劄子曰。臣累日前方聞朝廷有指揮。令陝西

路揀鄉村百姓充義勇。臣即時有奏劄子言其非便。昨日又上殿具
劄子面有敷陳。奉聖旨令送中書樞密院商量。臣到中書樞密院。方
知此事擬議已久。勅下本路。已近旬日。臣耳目疏淺。聞之後時。不能
先事進言。是臣之罪。然臣聞之易曰。不遠復。無祇悔。元吉。說命曰。無
恥過作非。今雖勅命已下。若追而止之。猶勝外遂行不顧。不可避反
汗之嫌。而蹈遂後之凶也。百姓一經刺手。則終身羈縻。不得左右。人
情畏憚。不言可知。康定年中。揀差鄉弓手時。元不刺手。後至慶曆年
中。刺充保捷之時。當有之家。猶得多用錢財。雇召壯健之人。充當。今
一切皆刺其手。則是十餘萬無罪之人。永充軍籍。不得復為平民。其
為害民。尤甚於康定之時也。臣竊料即今陝西之民。已狼狽驚擾。不
聊生矣。若朝廷晏然坐而視之。曾不憫恤。使赤子嗷嗷。何所告訴。為
民父母者。固當如是乎。古者國有大事。謀及卿士。謀及庶人。謀及卜

筮。今籍一路之民以為兵。可謂大事矣。而兩府之外。朝士大夫無一
人知者。一旦勅書既下。急如星火。嚴如雷霆。誰暇問其端倪。况敢言
其非也。臣以備位諫官。既聞之後。不可畏避死亡。不為陛下力言之。
若又棄忽其言。不為改更。則是今後朝廷號令有過誤者。終不可復
救也。如此。則恐非國家之福也。臣愚伏望聖慈。速降指揮下陝西路。
其義勇且未得揀刺。別聽候朝廷指揮。然後博延卿士大夫更熟議
其可否。果然有利於國。無害於民。徐復行之。何晚之有。
三年。光又言招軍劄子曰。臣聞近朝廷於在京及諸路廣招禁軍。其
災傷之處。又招飢民以充廂軍。臣愚以為國家從來患在兵不精。不
患不多。夫兵少而精。則衣糧易供。公私充足。一人可以當十。遇敵必
能取勝。兵多而不精。則衣糧難贍。公私困匱。十人不足當一。遇敵必
致敗北。此利害之明。有如白黑。不為難知也。是以太祖皇帝之時。天

下兵數。不及當今十分之一。而猶日加選練。簡去羸老。專取精銳。故
能征伐四克。混一區夏。自景德以來。中國既以金帛綏懷戎狄。不事
征討。至今六十餘年。是宜官有餘積。民有餘財。而府庫殫竭。倉廩空
虛。水旱小愆。流殍滿野。其故何哉。豈非邊鄙雖安。而冗兵益多之所
致乎。此乃天下所共知。非臣一人之私言也。慶曆中。趙元昊叛。西邊
用兵。朝廷廣加召募。應諸州都監監押。募及千人者。皆特遷一官。以
此之故。天下冗兵愈衆。國力愈貧。近歲又累次大揀廂軍。以補禁軍
之數。即目係籍之兵。已為不少矣。何苦更復直招禁軍。及招飢民以
充廂軍。臣不知建議之臣。曾與不曾計較今日府庫之積。以養今日
舊有之兵。果為有餘。為不足乎。此蓋邊鄙之臣。庸愚怯懦。無他材略。
但求添兵。在朝之臣。又恐所給之兵不副所求。他日邊事或有敗闕。
歸咎於已。是以不顧國家之匱乏。只知召募取其虛數。不論瘦軟無

所施用。此羣臣容身保位。苟且目前之術。非為朝廷深謀遠慮經久
之畫也。諺曰。多求不如省費。此言雖小。可以喻大。今以十口之家。衣
食僅足。一旦頓增五口。必不能贍。若不顧囷中之粟。筩中之帛。所餘
幾何。而唯冗口是貪。能無窮匱乎。國家之勢。何以異此。羣臣既不能
為陛下忠謀。陛下又不自以為憂。則誰當憂之。臣恐邊臣之請兵無
窮。朝廷之募兵無已。倉庫之粟帛有限。百姓之膏血有涯。不知國家
長此沉瘵。尚時當瘳乎。臣又聞即日災傷之處。軍無見糧。粜莫薄粥以
飼飢民。猶不能給。况刺以為兵。將以何物養之終身乎。且畎畝農民。
止因一時飢饉。故流移就食。若將來豐稔。則各思復業。今既刺以為
兵。是使之終身失業也。於官於民。皆為非便。謀策之失。孰甚於此。臣
願陛下斷自聖志。速降指揮。應在京及諸路。並且罷招禁軍。但選擇
將帥。使之訓練舊有之兵。以備禦四夷。不患不足。其災傷之處。州縣

不得妄招飢民以充廂軍但據所有斛斗救接農民使向去稍豐復各復舊業則天下幸甚臣自陛下踐祚以來不自知其狂愚見朝廷政令有未便差除有未當屢獻瞽言浼瀆天聰陛下未嘗為之變一政令改一差除如臣者亦可以不言矣然猶區區獻言不已者誠恥居位而不言不恥多言而見厭也

英宗時陝西轉運副使范純仁奏曰臣伏見陝西沿邊兵將俱冗城寨亦多倍費供須虛耗財用今來既許西人納款諸路罷兵正宜節省經費漸圖豐實若更因循舊規不務改作豐實之期固無可望年計支用亦將不足萬一再有邊事或值歲歉倉廩之間何以為計伏望朝廷檢會天聖以前陝西沿邊軍馬兵官數目及委帥臣條列今來合留城寨及合減將官冗兵人數參定中制各令遵行其間或有帥臣不思體國務為冗占者亦乞朝廷特行誡勵如此則不惟西陲

漸可完富兼使夷狄畏威易為馴服仍乞覺察沿邊希功生事之臣重行責降使夷狄知朝廷好生之德則可省戍守之勞坐致豐實

神宗熙寧二年知諫院陳襄論汰冗兵劄子曰臣觀治平二年天下所入財用大數都約緡錢六千餘萬養兵之費約五千萬乃是六分之財兵占其五禁兵之數約七十萬一夫錢糧賜予歲不下五十千則七十萬人有三千五百萬緡之費廂軍之數約五十萬一夫錢糧賜予歲不下三十千則五十萬人有一千五百萬緡之費則是廂禁共費五千萬矣惟餘一千萬以備國家百用之費今若裁損廂禁人數五分之一則可以歲減錢糧之費一千萬以助州縣官用度比之常歲倍增其數百度經費有二千萬足以贍給有餘矣況藝祖朝中外之兵止一十二萬真宗之時三十餘萬章聖之時已號為多然不過五六十萬大抵兵貴在精不在衆今若選擇精悍之士而去其懦弱羸老者凡五分之一則猶有九十六萬精兵不為不足矣

御史中丞呂公著上奏曰臣竊以古者兵農不分而耕戰並事平居無不耕之民有事無不戰之家故兵籍雖廣而財力不屈後世唯唐之府衛最為近古開元以後其制復壞國家承五季之亂雖庶事草創未復古然祖宗之初兵不過數十萬故當時未見其害是後招募之數日增而簡練之法益弛平居則常苦於冗食有事則不足以應敵故建議之臣頗謂民兵可復而正兵可消誠以今之禁兵率以中等校之每人歲用錢粮衣賜計直五十緡千人則歲費五萬緡至於民兵則非有廩給唯是給之土田或只將見今有地人戶稍寬其租稅若其力役以正兵千人之費足以得民兵數萬人然今之正兵亦不可驟行減放但當即罷招塡益講民兵府衛之法使財力不屈而戰守有備以之強國捍邊實萬世之利也臣欲乞詔輔臣選識治體

曉兵法或先曾獻議其言可用者數人使議兵制施行

三年司馬光乞不令陝西義勇戍邊及刺充正兵劄子曰臣先任諫官日伏見國家揀刺陝西義勇臣累嘗論列以為徒使百姓愁苦無益於用近聞環慶路用義勇與西賊戰鬭望風奔潰死傷甚多致主將陷沒此義勇不可用之明驗也臣竊聞議者猶欲教閱義勇以抗西賊若止令州縣教閱守護鄉土猶於人情不至大擾若教以戍邊或如慶曆中刺為正兵則眾人覩環慶之敗譬如無罪往就死地恐於人情大有不安國家既重賦歛以盡其財又逼之戰鬭以絕其命是驅良民使為盜賊也彼為官軍則惜生故望風遠走彼為盜賊則必死自可以一敵百臣恐今日教之挽射擊刺乃他日為盜之資也廟堂之議臣所不得知萬一有之詔下之日臣論列不及況當遠離朝廷故不得不先事而言也

光又乞留諸州屯兵劄子曰臣奉勑充永興軍一路兵馬都總管安撫使臣竊聞本路十州所管屯駐禁軍至少大率皆是緣邊就糧兵士常時分為上下番有一半在逐州或遇邊上稍有警急則盡皆抽去逐州並無守把兵士臣竊惟天下事不可忽必須思患豫防戎狄犯邊雖當竭力捍禦然腹内州軍豈可全無武備況逐州皆有軍資甲仗市邑民居萬一犬羊奔突間諜内應或盜賊乘虛姦人竊發其本州官吏手下無兵雖有智勇將安所施臣愚以為逐州宜各添一指揮禁軍屯駐内永興軍為關中根本宜添兩指揮若朝廷別無兵士可以差撥只乞於緣邊就糧兵士内依此數目撥留在逐州屯駐邊上更不得勾抽所貴緩急不至失備

光又乞不揀退軍置淮南劄子曰臣竊聞道塗之言未審虛實或云朝廷欲揀在京禁軍年四十五以上微有呈切者盡減下請給并其

妻孥徙置淮南以就糧食若實有此議臣竊以為非宜何則在京禁軍及其家屬率皆生長京師親姻聯布安居樂業衣食縣官為日固久年四十五未為衰老微有呈切尚任征役一旦別無罪負減其請給徙之淮南是横遭降配也諸軍之内沙汰甚多必恐人情惶惑大致愁怨雖國家承平無事綱紀具張此屬恟恟不安亦無能為患然詔書一下若萬一有道路流言驚動百姓朝廷欲姑務省事復為收還則頻失威重尚去無以復號令驕兵若遂推而行之則衆怒難犯專欲難成意外之變不可不防梁室分魏博之兵致張彥之亂此近事之可鑑者也故臣願朝廷更當深思熟議未宜遽下此詔也夫水未至而虛為之防水雖不至亦無所害謂水不足憂而不為之防一旦水至則防無所及矣故君子貴於思患而豫防之也且國家竭天下之財養長征兵士本欲備禦邊陲今淮南非用武之地而多屯禁兵坐費衣食是養無用之兵置諸無用之地也又使邊陲常無事則已異日或小有警急主兵之臣必爭求益兵京師之兵既少必須使者四出大加召募廣為揀選將數倍多於今日所退之兵舊兵尚請衣糧未去而新兵更添衣糧是棄已教閱經戰之兵而收市井畎畝之人本欲減冗兵而冗兵更多本欲省大費而大費更廣竊恐非計之得者也臣愚伏願朝廷且依舊法每歲減禁軍有不任征戰者減充小分小分復不任執役者放充百姓聽其自便在京居止但勿使老病者尚占名籍虛費衣糧人情既安於所習皆無怨嗟國家又得其力用未為虛設冗兵既去大費自省在理甚明於事為便臣備位近臣職事繫國安危不敢不言

四年樞密使文彥博奏論兵政曰臣向因進對嘗詢及縣民兵利害臣與吳充即時略具大旨上對然而天威之下隤刻之間固未詳悉

臣退而復思自陛下臨御以來焦勞庶政以兵者大事尤所留意三四年前樞密院檢録得開寶初至治平中内外兵馬大數頗甚詳備遂議酌中定為永額比至道前即差多方慶曆中即頗減内壯根本外護邊陲去冗留精適用省費蒐補訓練皆有條理又以三路隣於羌胡即有屬戶番兵弓箭手之類以至次邊州軍盡置義勇緩急調發以應征防若守將處之得宜經久必無闕事兼向時諸路郡縣額外增置弓箭手亦欲防虞盜賊如此紀綱臣以謂深協方今之宜頗得備預之理設有未至或有廢墜即當彌縫振舉之可也恭惟太祖太宗之定天下也止用此兵真宗仁宗英宗之守天下也亦用此兵累聖相承而無異道歷年彌久而無異法故臣以謂協當今之宜得備預之理有未至而廢墜者彌縫而振舉之可也今陛下以睿聖之德承祖宗隆盛之業中原之人不識兵戈者幾百年歷觀前古致治

未有如此之安且久也。故生齒繁息。逾於二漢。封疆廣遠。過於三代。所謂民不改聚。地不改闢。施之仁政而不煩擾之。則太平之効。又何加焉。陛下必欲捨此而別求治道。以致太平。更易兵制。以張威武。固非臣愚所及。況臣備位樞府。所主唯兵。不能上副盛意。委曲經畫。尸祿之責。所不敢逃。伏望聖慈察臣前後累上章奏。聽解樞機之重柄。并還將相之印綬。得以散秩。俾守外郡。從愚臣知止之分。全朝廷退人之禮。臣不勝大幸。然臣久蒙天地之恩。敢忘犬馬之報。竊謂兵民猶水。水能載舟。亦能覆舟。禁暴戢兵。武之七德。不戢自焚。自古所戒。凡更制維御之方。深願慎之重之。區區之誠。庶補萬一。冒犯宸聽。臣不任隕越惶懼之至。

元豐二年。河北路轉運判官呂大忠上奏曰。臣聞天下之患。終在腹心。而始在邊鄙。邊鄙之患。輕在禦敵。而重在養兵。漢以匈奴。千里轉餉。而天下困。唐以藩鎮。耗竭國用。而人心離。則是今日養兵之弊。終為他日腹心之大患。不可不察也。夫養兵所以制敵。將使邊鄙安靖。而腹心受其賜也。今養之太冗。而處之無法。朘削腹心。以供其費。而猶不足。雖能勝敵。無所用之。況不能勝者哉。雖然。邊不可不防。兵不可不養。弊之甚者則宜更之。患之大者則宜消之。必使天下井牧其地。伍兩其民。無事則耕。有事則戰。是臣之願也。未可遽行。如漢之屯田。唐之府兵。亦足為善法。而不能盡用。則今日養兵終危道也。危道之中。又有甚焉。以疲弱失教之兵。置之極塞不毛之地。日耗貴直之粟。歲勞輓饋之力。寇小至則不足與校。而強校之。寇大至則不能以支。更求益兵。而申其致師之計。則是以有限之財。供無涯之費。非徒費也。又將起腹心大患。豈非危道之甚者邪。為今之計。亦可以田顧少恩。而去其太甚者矣。臣謂今日之寨戶。近於屯田。今日之義勇。近於府兵。如廣募而精教之。以銷禁兵之弊。一寨戶之勇。過於禁兵十人。五義勇之費。不敵禁兵一人。以此校之。養兵大費。已省其半矣。臣又聞自古及今。有一國當一邊。一州當一道者。祿賞自足。未聞取備於內也。秦漢之際。燕一代。自當匈奴。本朝之初。慶州姚內斌。雄州李允則。自當一道。此無他。兵精而無冗食也。時使而不久戍也。嚴險其壘而不多留兵也。通其互市以致州粟也。多置屯田以息邊餉也。廣募土人以減禁旅也。寇不至。則吾戒疆吏毋輕犯以致敵也。寇既來。則吾飭守將不與其幸勝也。寇將退。則吾度其盛衰。雖空壘以襲之可也。事既寧。則吾計曲直。雖益兵而報之亦可也。凡此者。雖非先王之法。不猶愈於今日之弊哉。以臣之愚。雖不足以權大事。欲望聖慈試以臣言。參問邊臣。許其極論是非覆奏。如以為非。則是邊臣欺罔陛下。終不能銷天下腹心之患。或以為是。則願陛下不憚一時之勞。盡講遺法而行。不三四年。國力民心庶可蘇矣。臣無狀。奉使以輓饋為職。不能廣謀財利以應一切之急。而言及養兵之弊。人皆以臣為不善避嫌。獨臣之愚志安社稷。不忍緘默以自取容也。

三年。判三班院曾鞏上言曰。臣聞古者兵出於農。故三時耕稼。一時閱武。其於四時蒐田。則又率之從事。然則農之用力於兵。以少言之。歲當兩月。計其大槩。則今之專力之兵一。當古之兼農之兵六。先王之制。天子六軍。大國三軍。次國二軍。小國一軍。軍萬二千五百人。其餘夫以為羨卒。周有天下。諸侯之國千有八百。以中數率之。通有兵二萬五千。為兵四千五百萬。而羨卒未在其數。以今之兵一當其六。今有兵百萬。為八十倍少於古。以跡言之。其專力兼農之勢固異。以多少言之。其用人之力。費人之財。今可謂省矣。古者兵出於農。故干戈車乘馬牛亦皆取具。而國無預焉。今兵出於國。故干戈車乘馬牛亦皆取具而民無預焉此今之兵又於民為便者也秦既開阡陌而亦兵出於民其干戈屢動則至於發閭左之戍漢魏而下亦皆以民為兵其轉徙殺戮之禍嘗甚矣至于後周隋唐修列府衛而兵復近古天寶以後彍騎立而募兵之法行自是之後綱紀大失序天子之勢屈於方鎮之兵方鎮之勢屈於所部之兵至其甚也將之廢置出於兵至于五代而國之廢置出於兵兵之禍天下未有甚於此也宋興撥亂世反之正太祖外削藩服而歸之軌道內操師旅而束以法制天下之惡子非繩之以刑而自列於行伍非毆之以暴而自就於繩墨以鎮城邑以戍疆埸非獨為朝廷之用其於天下之良民得以樂職而安業者實賴其力況又其費少於古其便多於民近世以來制兵之善未有及此者也陛下出衆應之表起百職之廢其於常武尤屬聖心今連營之士訓練精銳武庫之兵繕治工巧殆古所未有

臣識不自揆計今之事竊以謂西北之宜當擇將率東南之備當益戍兵庶幾上副陛下威夷狄守四方不世出之大志何以言之昔太祖之世其捍北狄則用李漢超於關南馬仁瑀於瀛州韓令坤於常山賀惟忠於易州何繼筠於　州其禦太原則用郭進於西山李謙溥於隰州李繼勳於昭義其備西戎則用姚內斌於慶州董遵誨於環州王彥昇於原州馮繼業於靈州大抵如內斌遵誨之兵率不過五六千人皆責之以自守其地今士之精銳兵之工巧無以復加矣在乎得人屬之統督之寄而已故臣以謂西北之宜當擇將率付之一州一路任之以戰守之責陛下明考覈信賞罰以馭之而已以此制勝則何求而不得也臣又竊以古者百里之地為千乘之國有兵三萬七千五百人今州小者非特百里而已士徒之衆雖不必盡如古制然今東南之隅地方萬里有山海江湖險絕之勢溪洞林藪深僻之處而此諸路之兵各不過數千人而已其於防邏常患不足萬一有追胥討捕之事理必乏人向者邕州之不守蓋患於救援之不繼至於廖恩之鼠竊而能稽誅於時月者蓋由追討之兵不足恩已自歸而所遣北兵猶在道路則東南之寡弱蓋可知也以陛下之明綱理天下無所不備其於東南之兵計今之宜雖不必如古者千乘之法然稍增兵屯使緩急足用以銷姦萌除患於未然亦治體之所宜及臣故以謂東南之備當益戍兵區區憂國之心惟陛下之所裁擇

神宗時右司諫蘇轍乞禁軍日一教狀曰臣竊見諸道禁軍自置將以來日夜按習武藝劒槊擊刺弓弩斗力比舊皆倍然自比歲試之於邊亦未見勝敵之效蓋士卒服習止軍中一事耳至於百戰百勝則自有道不可不察也臣訪聞凡將下兵皆蚤晚兩教新募之士或

終日不得休息士卒極以為苦頃歲西鄙用兵士自內郡往即戰地皆奮躍而去以免教為喜先朝留意軍事每歲遣官按閱賜賚豐厚還補峻速士心猶且如此臣觀今日所以厚之者不如先朝而所以勞之者如舊臣竊以為疑也古之名將如李牧王翦將用人之死力必椎牛釃酒聽其佚樂養而不試士皆投石超距踊躍思奮而後用之故所向無敵今平居無事朝夕虐之以教閱使無遺力以治生事衣食殫盡憔悴無聊緩急安得其死力臣請使禁軍除新募未習之人其餘日止一教使得以其餘力為生異日驅以征伐其樂致死以報朝廷宜愈於前日也

鄭獬奏曰臣竊聞朝廷密有詔旨令河北繕城壍備粟藁以支北虜諸郡奔走怵惕以從事至有帥臣躬督役夫以穿濠池殊可怪笑北虜雖夷狄其舉動亦頗曲直今無釁隙倚緣遽有南牧之計此者縣

兩地税戶手背茲雖事生亦未為踰盟之大失臣素知幽燕間鄉民皆點之非顯以為兵也無乇兵營火伍粮糗器甲之制惟將迎漢使歲役之三月又其點之者似聞非虜主意乃其酋豪妄為之既已點之則可移文訊其所以然彼如自屈則宜約以不可再補苟能聽我則又何求議者或為虜乘我與西羌有嫌欲用此為牽制此亦非也其聲勢不足以為牽制耳西羌之嫌奚與於彼必未能棄六十年聘好而為弱羌絶盟其利害固可較也今不計其虛實而想像乎沙磧萬里之外風摇草動則以為虜騎已挾弓而群至矣於是繕城塹儲粟藁奚其易動哉河北歲連旱既動力役則不免歛率於民是未見虜人之一迹而先已自擾其民因虛聲而受實弊是豈為靜勝者耶而必使虜人真入寇我遂不戰而獨城守乎攻城者非虜伎之長且將直驅而南則奈何乎廟堂之上哉日者廣州妄奏交趾之入而遽為之易帥調兵以驚動南方之民今又無故而備河北無他將帥不擇兵衆不練財力不充直出於畏怯而已亦何足以明方略之成敗乎臣欲乞陛下密下河北勿令修繕務在安養其民如平時而已則我中國一持重不為夷狄所窺亦可以有成筭矣

王雱上疏曰漢宣帝號中興賢主而史稱技巧工匠獨精於元成之時是雖有司之事而上繫朝廷之政方今外禦邊患內虞盜賊而天下歲課弓弩甲冑入充武庫者以千萬數乃無一堅好精利實可為備者臣嘗觀諸州作院兵匠乏少至拘市人以備役所作之器但形質而已武庫之吏計其多寡之數而藏之未嘗責其實用故所積雖多大抵敝惡夫為政如此而欲抗威決勝外攘內修未見其可也儻欲弛武備示天下以無事則金木絲枲筋膠角羽之材皆民力也無故聚工以毀之甚可惜也莫若更制法度歛數州之作聚為一處若今錢監之比擇知工事之臣使專其職且募天下良工散為匠師而朝廷內置工官以總制其事察其精窳而賞罰之則人人務勝不加責而皆精矣聞今武庫太祖時弓尚有如新者而近世所造往往不可用此可見法禁之張弛矣

知洋州文同上奏曰右臣竊見本府自三代已來號為巨鎮疆理所屬正當秦蜀出入之會下襲斜臨漢沔平陸延袤凡數百里壤土演沃墟埭棊布桑麻秔稻之富引望不及西南逾棧道抵劍門下趣成都歧雍諸山連迴東北深蟠遠跨孕畜雲雨鑄道百出相拱如輻遠通樊鄧旁接秦隴貿遷有無者望利而入舊制中州之人不得久居於此今後弛禁一切不問故四方來者頗自占業殊習異尚雜處閭里天下物貨種列於市金繒漆枲衣被他所近歲洮河所仰茶產鉅億公羅私販輦負不絶誠山西浩穰之奧區而朝廷所宜留意之劇地也然而事有未稱體有未備者城與兵而已矣臣嘗度之其延廣袤二十里痺薄毁隔久不營葺姦窺盜越易如短屏兵雖合聚群戍所數裁滿五百羸病孱弱下軍者半分隷他役常非此有近復調赴文州今所留者甫二百餘人亦况一城之中民屋錯比連甍接宇可數萬計生齒雜遝塡斥坊閈臣常自顧亡狀誤蒙朝廷采用重委符守班條之暇靜慮及此輙謂以如是不甚堅完之城與如是不甚齊一之兵欲控制遐遠彰援邊徼保護井邑衆庶防固官府儲峙若止用此且恐事於臨時萬一有不副國家所以設城置兵之本意也臣每一念此食輟匕而寢去枕者屢矣伏惟陛下自踐祚已來于今七年曷嘗不一日孜孜安養元元當為政理之急未治者既治之矣已治者復為之立不可廢壞之法補缺縫漏大小咸輯下聽不備有宜則應臣是以敢持一二者之說仰干宸扆伏望陛下不以臣疏賤而

幸錄其言。願賜參可。下詔有司。遂俾如事。修累雉堞。增屯營伍。以赫威靈。以壯制度。沮邪謀。定衆志。安固基本。爲萬世不動。亦所謂先定應猝。豫備不虞之善計者也。臣職在守土。諸無報稱。惟是所見。不敢噤嘿。臣無任僭易妄越惶恐激切屏營之至。

許將召為兵部侍郎。上疏言兵措於形勢之內。最彰而易知。隱於權用之表。最微而難能。此天下之至機也。是以治兵有制。名雖不同。從而橫之。方而圓之。使萬衆猶一人。車馬有數。用雖不同。合而分之。散而斂之。取四方猶跬步。制器有度。工雖不同。左而右之。近而遠之。運衆羣猶掌握。非天下之至神。孰能與此。又條奏八事。以為兵之事有三。曰禁兵。曰廂兵。曰民兵。馬之事有三。曰養馬。曰市馬。曰牧馬。兵器之事有二。曰繕作。曰給用。

歷代名臣奏議卷之二百二十

歷代名臣奏議卷之二百二十一

兵制

宋哲宗即位初。守門下侍郎司馬光乞罷將官上狀曰。臣伏以州縣者。百姓之根本。長吏者。州縣之根本。根本危則枝葉何以得安。故自古以來。凡置州郡。必嚴其武備。設長吏。必盛其侍衞。非以重其權。驕其人也。乃所以安百姓。衞朝廷也。秦懲周室幹弱枝強之弊。既滅六國。以為天下不復用兵。雖分三十六郡。置郡守吏以御史監之。隳名城。銷兵器。束以奇法。舉動施為。皆不得自專。是以陳勝吳廣以匹夫奮臂大呼。郡縣莫能制。多殺長吏以應之。雖由其殘虐取亡。亦守令無權無兵之所致也。晉武帝平吳。亦以為天下既一。兵無所用。悉去州郡兵。陶璜山濤皆言州郡武備不可廢。帝不聽。及永寧以後。盜賊群起。州郡無備。不能擒制。天下遂大亂。夫兵者所以威不軌而昭文德。誰能去兵。州縣無虞則國家安矣。州縣不守則國家危矣。臣竊見國朝以來。置總管鈐轄都監監押為將帥之官。凡州縣有兵馬者。其長吏未嘗不兼同管轄。蓋知州即一州之將。知縣即一縣之將故也。先帝欲征伐四夷。患諸州兵官不精勤訓練士卒懈弛。於是有建議者。請分河北陝西河東京東京西等路諸軍若干人為一將。別置將官。使之專切訓練。其逐州總管以下及知州知縣皆不得關預。又有差使量留羸弱一軍。及剩員以充本州官白直及諸般差使。其餘禁軍皆制在將官。專事教閱。臣愚以為職事修舉。在於擇人。不在設官。苟得其人。雖總管等皆能訓練士卒。不得其人。雖將官亦何所為。況今之將官。即鄉之為總管等者也。豈為總管等則不能舉職。為將官乃能舉職乎。此徒變易其名。無益事實。非惟無益。兼復有害。凡設官分職。當上下相維。如身之使臂。臂之使指。紀綱乃立。今為州縣長吏。

乃總管等官而於所部士卒有不相統攝不得差使殆口路人者至於倉庫守宿街市巡邏亦皆乏人雖於條許差將下兵士而州縣不得直差須牒將官將官往往占護不肯差撥萬一有非常之變州縣長吏何以號令其衆制禦姦宄哉又頃歲以來自轉運使知州以下白直及迎送之人日朘月減出入導從大為蕭條供承荷擔有所不給觀望削弱無以威服吏民臣略舉目覩一事以證其餘西京城郭周數十里卑薄頹缺犬豕可踰又瀍洛二水交貫其中每夜諸門啟鑰雖嚴而灘流之際人皆可以平行往來其屬水南北巡檢下所管兵士除出軍外餘數不多通判以下諸官白直來往防送倉庫守宿街市巡邏盡出其間鄉者先帝遣豫勅西京留守親詣嵩山起建道場其將下禁軍充白直者於條皆不得出城經宿所敢留者剩員七八人而已西京天子別都也其守禦不固如此留守前宰相童官也

其侍衛單寡如此況僻小州縣其守禦之備侍衛之衆可知矣萬一有凶狡之賊驅烏合之衆突入城邑或劫質戕賊長吏以焚燒廬舍殺掠吏民將何以制之哉此特天下太平之久習俗淳厚群心安固賊不測虛實膽智怯弱故未敢為之耳豈可恕略謂之必無而不為之備哉今獨緣邊州軍城隍完固士卒衆多可以守禦自餘腹內州縣既無深溝高城又乏士卒群盜猝至何以責其竭節守義不弃城竄匿或以酒食迎賊以甲兵獻賊斂民財以賂賊者乎群盜尚爾況戎狄傾國大舉長驅而來者哉易曰君子安不忘危存不忘亡治不忘亂兵法曰不恃敵之不我犯恃我之不可犯國家豈可恃即目平寧晏然高枕不以為慮謂其必不敢來乎臣愚以為河北陝西河東京東京西等路腹內州縣宜以漸候豐年農閑之際委提點刑獄與本處長吏相度各修築所治之城州城稍高縣城次之不必廣大所以然者高則難踰小則易守故也其緣邊屯駐兵士遇春夏無事之際委經略安撫使與轉運使公共商量減放歸住營州軍或於內地就糧勿聽怯懦將帥多有虛占以自守備其腹內軍量其大小緊慢大藩常留千餘人小州亦留數百人不得差發往別州軍見兵不足即行招添意罷將官其逐州縣禁軍並委長吏與總管等官同共提舉教閱及諸多差使其有不能精勤致士卒懈弛者委提點刑獄常切按察聞奏嚴行責降仍令逐縣各選有勇力武藝之人充弓手以守衛城邑討捕盜賊其州縣吏所給白直迎送之人皆如嘉祐編勅以前之數如此力可以守然後遇寇盜之至責其弃城等罪而誅之彼亦甘心矣

光又奏曰臣竊見先帝以戎狄驕傲侵據漢唐故地有征伐開疆之志故置保甲令開封府界及河北陝西河東三路皆五日一教閱京

東西兩路保甲養馬仍各置提舉官權任比監司既而有司各務張皇以希功賞其提舉官專護本局不顧他司事干保甲州縣皆不得闗預管內百姓不得處治其巡檢指使保正保長競為侵擾蠶食無厭稍不如意擅行捶撻其保丁習於遊惰不復務農或自為劫掠或侵陵鄉里其本家耕種耘耨率皆妨廢供送不辦率斂無窮貲產耗竭無以為生弱者流移四方壯者亡為盜賊行之數年先帝浸知其弊申勅州縣令保甲應有違犯并巡教官指使違法事件並許州縣覺察施行及陛下踐祚聽政首令京東西路保甲養馬並依元降年限收買其剩買過數目並以充次年之數又令開封府界三路團教已及半年經朝廷按閱者每月併教兩日未經按閱者併教三日陝西團教未及半年者每月兩次併教三日又令見教人身材弱小或久來疾病及本家止有一丁病患不堪營作并第五等已下地土不

及二十畝者並許州縣保明提舉司審驗放免又令一縣不得放免過二分此皆聖澤矜寬民力於保甲勞賞雖什減五六然保甲保馬向去點揀買養補塡尚猶如舊其巡教指使保正保長名目猶在於所轄保甲恐不免須有陵過侵漁其四時教閱雖減日數未免妨農臣愚以爲此保甲若使之逐捕賊盜則近已有指揮巡檢縣尉及弓手兵級人數並令依保甲未上番以前人數復置其保甲更不令管勾捕盜若使之攻討四夷則此皆畎畝白徒教閱雖熟未嘗見敵與戎狄戰鬬必望風奔潰登極詔書戒勅邊吏令不得侵擾外界務要靜守疆場然則此保甲保馬的實有何所用徒令府界及五路農民不堪愁苦幸賴社稷之靈適値累年豐稔猶流民甚多盜賊充斥若遇明道年之蝗康定年之旱至和年之水則其爲國家大患豈可盡言近者群盜王冲乘保馬諸處行劫置保馬本欲逐盜今更爲盜資

又獲鹿縣保甲斫射毆傷提勾孫文巡檢張宗師以下陵上是乃大亂之源漸不可長凡保甲保馬有害無利天下之人莫不知之臣不知朝廷何憚而久不廢罷伏乞斷自聖志盡罷諸處保甲保正保長使歸農依舊置耆長壯丁巡捕盜賊戶長催督稅賦其所養保馬揀擇勾收太僕寺量給價錢分配兩騏驥院坊監及諸軍召提舉官還朝其勾當公事巡檢指使並送吏部與合入差遣如此則開封府界及五路之民孰不懽呼鼓舞荷戴聖德若以保甲中武藝已成之人可惜使之歸農即乞令逐縣戶數每五十戶置弓手一人略依緣邊弓箭手法許蔭本戶田二頃與免二稅或稅輕者與免若干石斗稅及戶下諸般科役本戶田不足聽蔭戚田務在優假使人勸慕然後召募本縣鄉村戶有勇力武藝者投充弓手計即今保甲中有勇力武藝者必多願應募若一人缺額有二人以上爭投者即委本縣令佐揀試武藝高強者充若見充弓手人有勇力武藝衰退許他人指名比較若勝於舊者即令充替如此則不須教閱武藝自然常得精熟一縣之中其勇壯者既充弓手其羸弱者雖使之爲盜亦無能爲患仍委本州及提點刑獄常切按察令佐有取捨不公者重加刑典若無人投名乞更議優法若尚召募不足即且於鄉村戶上依舊差人候有投名者即令充替若弓手數多即令分番更互在縣祗應一年一替其餘各分定地分巡捕賊盜每獲賊勘得赦後住止及窩藏去處其本地分嚴行科責及令出賞錢與獲賊之人其賊發地分更不作三限科校只令捕賊給賞如此則賊發之處捕盜之人不復掩蔽住止窩藏之處捕盜人不肯庇匿盜賊無所容身自然稀少

知陳州韓維上宣仁皇后論保甲馬曰臣竊聞陛下濬發德音斥宋用臣等出就外省罷其所領職事黜吳居厚使離本道責以掊刻擾

民中外喧傳曉然知陛下憂國愛民之深意莫不欣悅相賀臣雖在哀戚之中不覺失聲歡呼然臣尚有愚懇不敢不盡以上聞臣切恐議者以嗣君新即位且當循守父道三年無改此大不然伏惟太皇太后於大行皇帝爲母儀於今上皇帝有祖母之尊此時稱制臨政蓋爲社稷大計事有不便弛以利民考古相時理無不可臣以爲萬一有敢爲此論上惑天聽者若非奸人沮害聖政即是俗儒不識時變願陛下切勿聽之臣近去都下日嘗具奏陳陛下深察盜賊所起之原罷非業之令寬訓練之程蓋爲保甲保馬發也何則農民以稼穡爲生使之出錢市馬已非其願又守護灌飼素昧其方萬一死損復更償買昔時一馬直錢二三十千者今貴至百千矣農民如此未有已時愁歎之聲聞於道路近歲保甲以築垣爲場號爲團教一丁在官訓練更須一丁供饋飲食家闕耕作身受勞苦不無怨懟夫使

失業怨懟之人。操兵習器為擊刺之事。豈無可慮。近者又聞京西保馬頗為群盜掠取換易乘騎。如其外廐。河北保甲漸亦作過。陵暴良民。州縣幾不能禁。此患在耳目之前。臣恐更易措置不可緩也。且臣非謂國馬遂可不養。但官置監牧可矣。非謂民兵遂可不教。但於農隙一時訓練可矣。孟子曰。天時不如地利。地利不如人和。人和可勝天地。可不務乎。臣伏望太皇太后陛下。更留聖慮詳酌施行。

左司諫朱光庭上奏曰。臣伏見朝廷近降指揮。河東陝西保甲。自來年正月一日罷教。只於冬三月輪番教閱。此誠安民之急務也。內有兵器一節。臣方自外來。不知朝廷已未處置。伏緣自教閱保甲以來。兵器未嘗禁止。今既許三時務農。從事於耒耜田畝之間。則兵器豈可依舊蓄於私家。切恐緩急有所資藉。起而為盜。為患不細。欲望朝廷速行指揮三路保甲。自罷教日。將應教閱兵器。不問官給自置。並

令納官。為置庫如法收貯。候冬教日。旋行給付。教罷。即復行拘收。如官已拘收之後。民間輒復私置者。乞依法禁止施行。所貴小人無所資藉。亦銷弭盜賊之一端也。臣又聞朝廷已降指揮。州縣招置弓手。今來保甲有事藝精熟之人。欲乞充弓手。其逐縣舊役弓手。亦乞委令佐揀擇。內有瘦軟者。將應募保甲替換。如是。則弓手盡得彊勇之人。可以擒制盜賊。如允所乞。伏望聖慈早賜施行。

知慶州范純仁上奏曰。臣伏覩進奏院狀報。七月六日奉聖旨。府界三路保甲。自來年正月以後。並罷團教。止令每歲農閑月分。依義勇舊法赴縣教閱一月。所有差官置場。準備軍器。及教閱法式。番次按賞費用等。仰樞密院取索會校措置條畫。與三省同共立法取旨施行。臣愚竊以先帝留神訓練保甲。今已是累年。其間甚有人材武藝超出群衆者。乞並給盤纏赴闕。委殿前司揀閱。其間人材事藝可及諸班者。與等第於諸班至散直殿侍安排。如不願者。委逐路安撫都總管司。令量材於敢勇效用。或弓箭手軍員十將內安排。更不願者。即於本鄉保甲守闕副都保正。或依弓箭手例特置正副都頭指揮使。都虞候都指揮使等階級。及立定年限遷轉。候至都指揮使與換近下班行。則人人皆有進身之望。有所顧藉。不肯輕易犯法。其間武藝尋常惰於作業者。即委郡縣覺察。仍許父母尊長陳告。與刺充本土禁軍。上可以增壯禁衛。次可使強民有歸。下可絕敗群游惰之人。及免凶年飢歲聚為寇盜。如此。則聖制曲盡。久遠無弊。茲古人所以慮事於未然。弭患於未萌也。天下幸甚。

純仁又上奏曰。臣伏覩提舉保甲司牒。準樞密院劄子指揮。鈐束保甲子弟。不令聚集飲博。即遇閑暇。於本家閱習事藝。切緣保甲每月雖蒙指揮併教兩日或三日。比之自來全少。然未免往來聚集。有妨農務。蓋子弟慣入鎮市。漸喜游惰。託以修葺弓弩箭器。或期約同保私閱為名。不肯專意生業。官司及父兄終難鈐束覺察。自古三時務農。一時講武。又曰。皆於農隙以講事。此古人不易之法。所以東作西成得盡其力。三年之食可足。武藝不廢。民力不窮。三代興王。同此道也。蓋農事播種斂穫。不可少有失時。常若寇盜之至。苟一日愆期。或致終歲之闕。則職在勸農者所當申陳也。臣亦欲乞應三路教閱保甲。許一歲合教日數。併就農閑之月。其餘月分。並歸農業。則官司與父老易為拘管。不唯農不失時。亦因併教多日。事藝必得精熟。

監察御史王岩叟上奏曰。臣近以三路第四第五等保丁多貧乏。乞依義勇舊法免冬教。及畿內舊無義勇。今亦乞罷保甲。未蒙施行。臣竊以道有弛張。故法有損益。不可以為常。要在酌民之言。因時之宜而損益之。為國家長久之計耳。臣見保甲之法。陛下每損之。則民心

每加喜。民心之加喜。國計之益。以為利也。按義勇舊法。三丁方取一丁。而保甲兩丁便取其一。比義勇立法為甚密。而得兵為甚多。臣今不敢請取丁如義勇。但乞如義勇免下戶冬教而已。冬教雖免而姓名猶存於籍。丞名則亟得非釋然放之也。臣昨為民官。每親見下戶保丁赴團教。不以習技為難。而常以艱食為苦。未嘗不疾首蹙頞以聽一日之教。況無衣無褐。隆冬大寒。當一月之久乎。陛下推臣之言。以觀其情之樂否也。人情之所不樂而必為之。非天下之所以望於陛下者也。又畿內之民素倚京師以為重。浸漬仁恩而安於無事。自興保甲以來。往往切切偶語曰。三路教民。固將緩急當護邊之用也。我曹豈亦將驅而為此乎。臣誠知國家無意至此。徒使人心常疑而不自寧。何益也。議者皆以謂罷之便。伏望陛下省臣前奏。今去起教月分不遠。早賜指揮施行。以慰人心。

岩叟又乞廢罷保甲奏曰。臣昨在河北為知縣。親見保甲之患非止一端。及蒙恩召為御史。即詳具保甲利害條列劄子。欲求面奏。而未到闕間。已承朝廷有指揮止令冬教一月。暨臣赴臺供職。適主兵察。竊見新降保甲法。尚存提舉教閱一司。及改逐縣巡教官為監教官。乃知朝廷未察所以為保甲之患者。大本猶在。臣須至以先所具到劄子上進。仰冀陛下委曲知保甲之害。蓋由提舉一司官屬不體朝廷之本心。倚法用情。奉行深刻。所至百姓一聞其名。自已疾首蹙頞。無安樂意。今雖曲為之防。須亦別自生姦。終恐為害不已。伏望陛下深察民情。廢提舉保甲一司。及監教官。但令州縣及安撫司主之。使百姓安心於為生。以樂聖政。不勝幸甚。若不罷提舉保甲司及逐縣監教官。則是保甲無事之時。猶遭脅制。未免侵漁。終年不減騷擾之患。此朝廷不可不察也。且一司官屬。三路不下數百員。虛費廩祿。亦

非久遠可行之理。今猶指揮自十月至正月分四番教閱。臣竊見民間十月場圃未終。正月夫役將興。農緒亦起。此時教習。未免有妨。唯是分為兩番。於十一十二兩月教畢。民情頗為利便。不銷分作四番。臣深曾體訪。備得其情。伏望朝廷更加詳度。若罷提舉官司。自於保甲都保不滅。在國家民兵之勢無所虧損。又人人既得平居泰然以為生。則國家一日用之。必樂於為用。伏乞陛下勿以為疑。早發睿斷以安百姓。如每年自京差指使。往逐處同共監視教閱。切慮麤勇之人挾恃朝廷所差。妄作氣勢。搔擾生事。只乞令安撫司差那使臣為便。

岩叟又論保甲之害奏曰。臣竊以保甲之法行之累年。朝廷固已知人情之所共苦。而前日下詔蠲疾病。汰小弱。釋第五等田不及二十畝者。省一月之六教。而為二日之併教。甚大惠也。然其司尚存。其患終在。今臣蒙恩由河北知縣擢置御史。敢以其所目見而身自立之者為陛下言。不敢隱其實以欺朝廷。亦不敢飾其事以罔成法。惟陛下垂聽。幸甚。朝廷知教民以為兵。而不知教之太苛而民不易堪。知別為一司以總之。而不知擾之大煩。而民以生怨。教之欲以為用也。而使之至於怨。則恐一日用之者未能如吾意矣。不可不思也。民之言曰。教法之難不足以為苦也。而羈縻之虐有甚焉。羈縻不足以為苦也。而鞭笞之酷有甚焉。鞭笞不足以為苦也。而誅求之無已有甚焉。方耕而輟。方耘而罷。方幹而去。此羈縻之所以為苦也。其教也。保長得笞之。保正又笞之。巡檢之指使與巡檢者又交撻之。提舉司之指使與提舉司之幹當公事者又互鞭之。提舉之官長又鞭之。一有逃避。縣令又鞭之。人無聊生。每相與言曰。恨不死爾。此鞭笞之為甚苦也。創袍市巾。買弓修箭。添弦換包。指治鞍轡。蓋涼棚。畫象法。造隊

牌緝牌架㧌椅卓圍典紙墨看廳人雇直葯藥綿納稭粒之類其名百出不可勝數故其父老之諺曰兒曹空手不可以入教場非虛語也都副兩保正大小兩保長平居於家婚姻喪葬之問遺秋成夏熟絲麻穀麥之邀求遇於城市一飲一食之責望此迫於勢而不敢不致者也一不如意則以藝不應法為名而捶辱之無所不至又所謂巡檢者指使者多由此塗以出貪而冒法不顧後禍有蹈於保正保長者此誅求之所以為甚苦也又有逐養子出贅壻再嫁其母而兄弟析居以求免者有毒其目斷其指炙烙其肌膚以自致於殘廢而求免者有盡室以逃而不歸者有委老弱於家而保丁自逃者保丁者逃則法當督其家出賞錢十千以募之使其家有所出當未至於逃至於逃則困窮可知而督取十千何可以得故縣縣皆常有數十百家老弱嗟咨於道路哀訴於公庭如臣之愚且知不忍使陛下仁

聖見之當如何也又保丁之外平戶之家凡有一馬皆令借供逐場教騎終日馳驟往往至於飢羸殘壞而就斃誰復敢言或其主家偶因出處一悞借供遂有追呼笞責之害又或其家官逋督迫不得已而易之則有抑令還取之苦故人人以有馬為禍此皆提舉司官吏倚法以生事重為百姓之擾者也臣竊惟古者未嘗不教民以戰也而不聞其有此何則因人之情而為之法爾夫緣情以推法則愈久而愈行倚威以行令則愈嚴而愈悖此自然之理也歟窮則搏人窮則詐自古及今未有窮其下而能無危者也臣觀保甲一司上下官吏無毫髮愛百姓之意故百姓視其官司不啻虎狼積憤銜怨人人所同比者保丁執指使逐巡檢攻提舉司幹當官大狱相繼今猶未已雖民之愚顧豈忘父母妻子之愛而喜為犯上之惡以取禍哉蓋激之至於此極爾臣以謂畜而益深安知其發有不甚於此者情狀如此不可不先事而慮以保大體為安靜計夫三時務農一時講武先王之通制也臣愚以謂一月之間州教三日不若一歲之終併教一月農事既畢無他用心自安於講武而無憾遂可罷提舉司廢巡教官一以隸州縣而俾逐路安撫司總之每歲冬教則安撫司旋擇教官分詣諸邑與令佐同教於城下一邑分番當一月起蔟則與正長論階級罷教則與正長不相誰何而百姓獲優游以治生無終年逃遁之苦無侵漁苛虐之患無爭陵犯上之惡矣且武事不廢威聲亦全豈不易而有功哉惟陛下深計遂慮斷在必行以省多事以為生靈安樂之惠以為國家安靜之福天下幸甚

岩叟於元祐八年又乞保甲併用冬教奏曰臣伏見近降保甲畫一指揮仍舊逐歲遣使按閱者竊敢為朝廷論其害臣每見使者所嚮其騎從之盛風聲之峻供億之繁承迎之厚郡縣為之騷然一小郡

坊市戶有旋染縑帛五六百疋為供張之具者推此一事其餘可知雖非使者使之如此則州郡望風畏憚不敢不然故所至人情甚以為害又其所按保下雖各得銀絹三五疋兩而備按閱飲食衣服之費自已不輕既得之為眾人耗蠹又亦不少所存以歸能有幾許臣深自體問皆云若國家冬教使不失農時則家之所得自可有餘天恩深厚非一按閱賜賚之比也切考其情蓋不以得一時之賞為足而以安終年之業為樂也況所謂賜賚者卻秪是出於保丁人家所納錢數內耳所謂取諸其懷而與之割其肉而啖之孰若不取不割之為兩得也臣愚伏望聖慈因冬教以為恩罷逐年按閱之煩省役錢封樁之擾一以安靜養其力而舒其心斯民幸甚

元祐元年右司諫蘇轍上奏曰臣聞薄賦斂散蓄聚若以致貧而民安其生盜賊不作縣官食租衣稅廩有餘粟帑有餘布久而不勝其

富也。厚賦歛。奪民利。若以致富。而民所入有限。所害無窮。大者亡國。小者致寇。寇若一起。盡所得之利不償所費之十一。久而不勝其貧也。臣未敢遠引陳勝吳廣。龐勛黃巢之類。只如淳化中李順。慶曆中張海。熙寧中廖恩。此數火盜賊。計其燔燒官寺。劫掠倉庫。以至發兵命將。轉輸糧食。耗失兵械。募士賞功之費。大率不下數百萬貫。但得事了。豈敢言費。然方其未發。有能建言乞捐數十萬貫以消其變。則上下爭執。如惜支體。未肯割截。此天下之大迷。古今之通患也。故臣願於元豐庫或內藏庫。乞錢三十萬貫。上以為先帝收恩於既往。下以為社稷消患於未萌。伏願陛下權禍福之重輕。較得喪之多少。斷而行之。毋使有司吝於出納。以害大計。河北之民。喜為剽劫。所從來尚矣。近歲創為保甲。驅之使離南畝。教之使習凶器。一夫在官。一家噴送。窮苦無聊。靡所不至。椎埋為姦。十人而九。號為保甲。莫敢誰何。若更一年不罷。則廣勝之事可立而待也。今雖已罷。而弓刀之手。不可以復執鉏。酒肉之口不可以復茹蔬。既無所歸。勢必為盜。今河北寇賊成群。訪聞皆是保甲餘黨。若因之以飢饉。則變故之作不可復知。近歲富弼知青州。是時河北流民百萬轉徙京東。弼既設方畧振活其老幼。而招其壯悍者為軍。不待朝旨。皆刺指揮二字。其後皆為勁兵。百萬之衆。無一人為盜者。弼為人臣。便宜行事。猶能若此。況陛下富有四海。而元豐及內庫錢物山積。莫可計數。只如近日內降睿思殿金銀一色。令別庫收貯者。自約及百餘萬貫。皆是先帝多方收拾以備緩急支用。不取於民。聖筭深遠。非凡所及。若積而不用。則與東漢西園錢。唐之瓊林大盈二庫。何異。於先帝聖德不為無損。故臣願乞三十萬貫為招軍例物。選文武臣寮有才幹者各一二人分往河北。逐路於保甲中招其強勇精悍者為禁軍。隨其人才以定軍分。

本州無闕。則自近及遠。或押上京。不過一二萬人。則河北豪傑畧盡矣。其間武藝絕倫。舊日以補班行者。押赴關試驗。有實以補內六班之闕。或以補本貫及隣近闕額軍員。但當嚴賜指揮。候了日當追人覆按。有不如法。重坐官吏。臣聞先帝本謂保甲可用。欲隱兵於農。以漸消正兵。是以禁軍多有闕額。今保甲既罷。正使無事。猶合補塡。況如前件所陳者。惟陛下深察果斷而力行之。

轍又論京畿保甲冬教等事狀曰。臣竊見仁宗朝。河北河東初置義勇。至英宗朝。推行其法漸及陝西。皆以地接胡羌。有守禦之備。每歲冬教一月。民雖以為勞。而邊防之計有不得已。及熙寧中。更置保甲。使京畿三路之民。日夜教習。二聖臨御。知其不便。率皆罷去。民得歸秉耒耜。盜賊因此衰息。歌舞聖德無有窮已。惟有冬教一月之法。三路以被邊之故。民習為常。不敢辭怨。至於京畿諸縣。累聖以來為輦轂所在。素加優厚。今乃與三路邊郡為比。一例冬教。情所未安。伏乞聖慈深念根本之地。所宜寬卹。特與蠲免。兼訪聞京畿三路見今皆修蓋冬教場屋宇。州縣頗以為勞。臣昔守官河北。切見義勇冬教。並不置教場屋宇。每遇教日。皆權於係官屋宇及寺院等處安泊。別無闕事。朝廷若允臣所奏。免畿內冬教。則其教場屋宇已自不修。如三路冬教。乞下逐路監司相度。只如自前權於係官屋宇及寺院等處安泊。無有不便。如別無不便。亦乞罷修以寬民力。

四年。尚書右丞王存上奏曰。臣伏見范純仁劄子奏。畿內保甲乞今後更不教閱。臣竊詳先帝教閱畿內保甲。思慮深矣。蓋以京師之地四達而平。非有重山峻嶺之險。金城湯池之固。所以維御四方。威制夷狄。為根本之固者。以宿衆營衛嚴也。慶曆治平間。禁廂之籍。至百餘萬。新城裏外。連營相望。其後論者以兵冗費廣。供餽不給。乃議併營裁決其後中外禁軍五十八萬為額而京師兵籍益削於是三路添籍民兵畿內亦置保甲四時教閱使人為勝兵平日不費縣官錢糧緩急得為武備此先帝之意也但當時教閱之法太密官吏之責太苛以此人情有所不安陛下即位之初罷三時之閱止冬間一教教閱條制事伎精熟者十日便放稍精熟者二十日生疎者止於一月每教至旬日往往放者太半即是災傷放稅五分又即權免此法既寬人情未有所害前此尋節次嘗權免今歲豐稔若遂不教即其法遂廢甚可惜也大率民兵之法創置則難放罷即易先帝不憚艱難而為之數年之間人既就緒一旦無故而廢之深為可惜臣非不知附會時論可以干百姓之譽但職任至此為國家長久之慮不敢嘿嘿耳伏望聖慈再三思慮不勝幸甚

哲宗時陳次升奏曰臣訪聞河北路禁軍例多老病怯弱不任征役蓋招軍官司上下通同作弊或以老小為丁壯或以病患為強健招刺之後年甲具載兵籍每歲揀選惟據籍點檢而已未嘗以籍考其年顏歲數虛實是以老病者常多而強壯者常少徒費軍糧無濟於用況邊庭糧草最為難得禦戎備寇要在兵強今所養之兵既非可用倉卒之際恐致敗事此不可不慮也伏望聖慈嚴勑本路招軍官司今後所招兵士務要強壯的實年甲及責監司每歲揀軍必以兵籍考其年甲顏皃若有不實即行按發無令老病怯弱之人虛占兵籍侵耗邊儲如敢依前不切用心揀選官當行重責庶使官吏知畏守禦有備天下幸甚

畢仲游上言曰為國者患在因喜事之人開進取之說而不知無以善其後或者乘已厭之機為可廢之論而不戒異日之非常二者循環相從迭為用舍可以資一時之策而非天下長久不易之道也傳曰天生五材民並用之廢一不可孔子亦曰足食足兵民信之矣則兵何可略略之則天寶之市人將復入於六軍之中矣老子曰兵者凶器不得已而用之而三代以來亂亡相尋鮮不以兵則兵何可長長之則蒙恬之役重興於後世故兵不可長亦不可略藏之於不用之地若無兵及其用則若雷霆風雨之驟至不知所從來者兵之道也雖三代之時則有此兵矣昔周之兵寓於比閭族黨州鄉別於鄰里酇鄙縣遂戍於五兩卒旅至五師為軍之大法其不用也則為六鄉之民用之也則為六軍之衆而將之者又皆出於六鄉之吏故平日不知兵之所在而兵行則無敵於天下其後管仲相齊粗得三代之遺意亦分國為鄉寓軍於政比其居以軌里連鄉之法五家為軌故五人為伍而率之以軌長十軌為里故五十人為小戎而率之以里有司四里為連故二百人為卒而率之以連長十連為鄉故二千人為旅而率之以鄉良人五鄉一率故萬人為一軍有中軍之鼓有國子之鼓有高子之鼓以教士三萬人亦橫行於諸侯之國管仲而下無足道者惟唐府兵之制無事則耕於野有事則出於征事辦輒罷兵散於府將歸於朝而天下無宿兵之費雖云三代之兵益遠亦略得管仲之遺意故猶足道本朝縣市人為卒賦斂齊民以養之齊民之力十耗其七八及其戰也纔足以備行伍而不足以禽虜破敵故神宗皇帝為伍保之法欲使民知戰而足以破敵禽虜也蓋聞太宗皇帝之北征獨取三晉之民得十萬衆命曰義軍而咸平亦詔陝西戶出一丁以戍邊命曰保毅著於籍者至六萬八千則土兵之議亦不可以伍保為嫌而不講今若取天下戶絕之產與官田棄地募人耕鑿蠲其賦役使家出一人以為兵戶絕之產歲歲有之而有官田棄地開之則亦無窮其有中民之戶丁多地少而願為兵者可

益授以地略依唐府衛之制番上宿衛或為州縣之守禦教之戰陣擊刺坐作進退之節耕於野者則春秋大閱而已勿重擾之久以歲月則府衛之制漸復而營卒亦漸省以除天下之大費所謂非常者令下之日已可禁禦而十年之後將亦如三代之無敵

李廌上奇正論曰臣聞天下之事有能以勝不能有術以勝無術皆有能矣能之精者又勝焉皆有術矣術之多者又勝焉借以羿與般而譬之羿善射般善工學射者有彀的善工者有規矩特其大略也般之所以巧又有巧焉故學羿之射既與羿之巧均則有勝羿之心焉必曰吾與乃抜相若羿不勝其忿而鬬羿果相若則為羿之過失於盡其巧而傳之故御視般之教示以巧而不盡其所以巧者誠為自勝之計也兵始於黃帝法成於太公黃帝而上兵未設以有兵勝無兵太公而上法未備以有法勝無法太公而後何其紛紛耶用兵

者既頻學兵者既衆一定之法不足以相勝故管仲穰苴孫武吳起尉繚留侯孔明李靖之徒始出而論奇正奇正者因古以御時依體以立用千變萬化以制勝兵策用之之法可觀也而所以用之者不可見也戰之理可瑜也而所以戰者不可陳也勝之道可制也而所以勝者不可傳也彼用兵之書布在方冊既已人人皆可習矣用兵之法試於行陣既已人人皆能布矣人人皆習我亦習焉人人皆能我亦能焉是亦衆人也以衆人敵衆人尚何議先勝故奇正之理古人議而不辨奇正之法古人論而不議奇正之變古人存而不論非不論也不可論也不可論故不弊而常新以俟後世君子俾因龍致用可以神遇而不可以智知可以道運而不可以迹究法猶奕之局也兵猶奕之棊也奇正猶奕之智也智無一揆棊無定形觀其黑白不相容新故不相仍咫尺數路情狀萬變勝負得失在於一子然則

奇正之形所以使敵人前後不相及衆寡不相待貴賤不相救上下不相扶亦一二策而已故四為正四為奇黃帝握機之文也一術為正一術為奇曹公新書之義也前向為正後卻為奇太宗所以勝宋老生也先合為正後出為奇曹公所以辨孫武也方為正圓為奇步為正騎為奇受於君者為正將所自出者為奇固曰妙矣然人既用之則為故智不足襲蹈尚何哉不惟世之人知之而夷狄亦知之故當益為變化以出意外所謂形人而我無形致人而不致於人者非陳迹相沿而能勝也苟惟正此固亦猶矣能求奇正之義於意外古今幾人哉故學兵雖衆不足畏之誠以勝之又勝者猶在人也臣觀唐太宗與李靖論奇正之理所謂無不正無不奇又曰奇亦勝正亦勝善夫能知變通故其論左右逢原莫非奇正之變其言曰以奇為正以正為奇吾之奇使敵視之以為正吾之正使敵視之以為奇因其

漢長於弩而蕃長於馬則為之法使馬亦有正弩亦有奇變其號而易其服也則為之法使蕃而示之以漢為奇漢而示之以蕃為奇方其陣之散也以合為奇方其陣之合也以散為奇觸類長之變而通之使奇正相生生生不窮奇正相變變變不測惟欲多方誤敵弗其所之豈復膠柱哉御視孫子所謂以正合以奇勝猶為膠柱矣李靖論韓擒虎以謂但能識正為正奇為奇不知奇正之相變知奇正之相變者其知神之幾乎故早晏者天之陰陽左右者人之陰陽奇正者天人相變之陰陽相生也無窮如天地相因也無竭如江河相濟也終而復始如日月相成也死而復生如四時味止於五五味之變不可勝食聲止於五五聲之變不可勝聽色止於五五色之變不可勝視兵雖奇正奇正之變不可勝窮巧曆不能盡其數聖智不能極其端此之謂兵妙或曰奇正固有宜分合固有變如之何以訓偏裨如

之何以教士卒臣曰簡其節目異其號令正為一法奇為一法或進或退各以何別或分或合各以何驗吾以號令使之號令所指變亦隨之旣一吾之耳目又變敵之耳目兵惟知有號令不知為奇正車果何出騎果何來徒果何從敵人雖知吾有奇正不知奇正所在士卒雖為吾用知吾以奇正取勝不知奇正何先方料吾以正而吾忽以奇方意吾以奇而吾止以正不惟敵之不知而士卒亦莫之知孫子曰見勝不過衆人之所知非善之善也戰勝而天下曰善非善之善也知吾有制勝之形而不知吾所以制勝之形非善之善不足以與於此或曰奇正之情何如臣曰兵家之要貴我專而敵分為奇正者在我故專應奇正者在敵故分以知吾之有奇正也則備我備前則後寡備左則右寡備我者所以寡彼也無所不備者無所不寡也我專為一彼分為十以十擊一者也我專則安彼分則擾以安擊擾

者也勝負之理不言可喻故能正不能奇守將也能奇不能正鬬將也守將可以用奇劫鬬將可以用正老能奇能正乃國之輔今夫以武為業動累億萬鬬力勇而已鮮知兵之法學兵之法動累數千分行陣而已鮮窮兵之理窮兵之理動累數十分強弱而已鮮知奇正借或有人但能知奇為奇正為正而已鮮知奇正之變臣故曰兵法貴勝勝之所以勝以奇正法可傳而奇正不可傳學兵雖衆不足畏者以勝之所以勝者猶在人也或曰羊叔子之平吳也不為權譎之計尅日而後戰恭何專論奇正哉臣曰乃所以為奇正也償禾縱俘歸禽饋藥奇正之用也懷其心遠祐死而王濬舟師東下一舉而俘其主夷其社孰知夫正在荊州而奇在益州耶茲奇正之大者也人君俾賢將之用奇正必若羊叔子則成功必大矣

殿中侍御史呂陶奏曰自三代之衰井田破壞軍賦之法大變而兵農不一農不可使之為兵而兵不可復為之農天下始有養兵之弊而生民之力多耗於此其間有為之君善計之臣深思遠慮講求法制以救天下之弊而收其利宏規大略載於方冊可得而見者不過開屯田置府兵使之無事則耕而食也今天下之兵猥過百萬養之之弊甚於前古而民力遂至大困天下之田皆耕而農夫無以食天下之桑皆蠶而織婦無以衣轉輸饋輓之勞及於上農而猶不給厚賦重斂而持之為定制山澤之利毫毛皆歸于公而無遺關征市搉類賈人之貪競而不知愧以交劑募商旅輸粟于邊而給之倍直國家財用日益窘生民日益困矣兵之弊可謂極矣昔開元之初邊費歲不過二百萬緡至天寶之末兵已失制大盜群起而費乃七倍乎元和長慶之際犄角之師犬牙雜處大都通邑無不有兵數猶未滿百萬賦租所入止可贍足其半今天下闢田雖廣計戶雖多而兵籍

又踰長慶之數濫恩寬惠積行而不可暴革平居無事衣食芻稟莫能少休賦稅貨幣之入用於軍者什嘗八九而猶不足豈特天寶之費哉如之何國用不窘而生民不困也欲為古之屯田乎則古之為屯者多減戰士以耕閑田衆至於數萬而廣及於千里今之兵固不可驅而使之耕而昔之所謂屯田者抑亦堙廢而無幾其利不可一日而獲也欲復古之府兵乎則古之為府者皆出於民於不戰之時耕而自養今之兵旣不可使之耕矣又安得而府哉其法不可一日而變也昔之所以救養兵之弊者莫大於此兩端語今之勢而皆不可驟用則養兵之敝果無以救矣竊嘗聞之有興利以除害有去害以就利為術不同而為功則一要在使天下蒙其利焉且夫欲興二利者以去養兵之害也今勢既不可而未能興則胡不反求其端而去其所以害者哉夫能去其害而使生民免於重困則天下孰不曰

利矣。今養兵之弊甚於前古者，蓋兵多而費廣也。兵多而費廣者，召募之格濫而不程其武力也，簡閱之法疎而疲病有未黜也，死亡輒補而不敢不足也。深惟藝祖受命之初，國家之兵十有二萬，東征西伐，賴而成功。及太宗皇帝削除僭叛，中外混一，始有三十餘萬之數。章聖在御，四海富殖，欲彊主威以制夷狄之命，故又增其籍至五六十萬。自慶曆已來，遂及百萬之冗。此其衆寡可見。昔祖宗之初，屢有戰伐之事，而兵少；今安閑固守，而兵多者，不獨精冗之異也，蓋今三路師也甚衆，而四方郡縣出戍頗勞也。師也甚衆而出戍頗勞，則其勢不得不濫募以充其數也。疲病者不可一一遂出，而死亡者宜輒補也。夫勢有急緩，而理有損益。計今三路之兵不過四十萬，固不可一日而闕。至於四方之戍，多止於千人，而少纔一二百，扞禦之効未必可責，而徒有往返之費。臣愚以為諸非要害之地，可少減其出戍。夫出

戍既減則兵不闕用，兵不闕用則召募之格可以嚴而程其武力也，簡閱之法可以精而疲病必黜也，死亡者可以不盡補而無慮不足也。三者相參而要以數歲，則冗兵之去不亦多乎？冗兵既去之多，則徐觀其變而議所以應之，然後可以定萬世之制也。臣伏思國家患兵之冗而久未變易者，懼其徒類犬盛，乘而亂生也。苟以向之三說不變常，不動衆，而陰奪其勢，何亂之為哉？雖國家亦坐享其利而不之覺也。然議者猶曰：減四方之戍，則武備弛廢，非所以安郡縣矣。斯又不然。且生民之治亂不在於此也，豈千兵之防，百卒之聚，而可以致郡縣之安歟？顧朝廷臨撫之道何如耳。

陶又奏曰：兵多而不雜，不若少而精。雜則弱，精則彊。彊則用之易以勝，弱則用之易以敗。此兵法之所辨，而人情之共知也。今天下方患兵之太多，而國費不足以取濟，故臣為說以獻，欲陰奪其勢而稍稍汰之。三說既行，而冗兵盡汰，則天下之兵皆可以精乎？臣愚亦知其未能然也。彼三說者，可以去冗食，而未可得精兵也。夫精兵生於去冗，冗食既去而兵未能精者，何也？御之失其道也。御之失其道者，姑息有餘而講練不足也。姑息有餘則驕，講練不足則惰。既驕且惰，非去冗之可救也。夫冗悍不義之徒凡數十萬，成軍著籍，自曰禁旅，聚之京師三輔以為擁衛，散之四方郡縣以為屯守。此天子所恃以安，夷狄所望而畏，寇盜所知而息者也。然而天下久無事，法度弛廢，國威不申，士氣不振，溫衣飽食，竭民之膏血，而自謂宜然。濫恩橫賚，動踰紀極，而不能厭滿其意，悖慢之態日益滋長，而上下恬不為異。平居終日，摧摧然惟賜與之望。不幸有非常之事，則群聚而議賞典之厚薄，小慊於心，則出不遜語以駭惑衆聽。其甚者至以煙燎之賜物，估過臺而起，犯州吏。大率知可愛之恩，不知可畏之法，有偷生之色，

無敢死之氣。雖四時閱習以預戒先備，而紀律不甚嚴明，器用不甚堅銳，坐作進退之節有類嬉戲，特文具而事舉耳，非所以感動鬬志而奮揚天威也。以之衛天子，則不可恃以為安；以之制夷狄，則不畏；以之捍寇盜，則不息。卒有一日之警，而驅以掃蕩群醜，斬刈蓬蒿，其可望成功乎？臣故曰：御之失其道也。昔唐之章武誅削僭叛以彊國勢，元和之際，謂中興矣，而穆宗嗣立，闇於御兵之道，務以姑息為本。即政之始，傾竭府庫以賞士卒，雖人獲鉅萬，而橫賜猶不敢已。是故軍旅益驕，法令益失，姦臣悍將迭乘其危，而唐祚遂底於亡。及夫後唐之莊宗，亦以豪雄蓋世之才，南嚮而圖中原，僅得天下之半。然而不知御兵之道，失於禁戢，每田獵近郊，衛士有匄恩賞者，必如所欲以給之，是以賞賚不節，威令不行，而卒至於亂。由此言之，則御兵之道豈不難乎？有兵而不能御者，不可適用，而可以召亂也。方安閑無

事之時詳計密慮而執其至要則遲急有為之際豈涉於顛危哉昔我祖宗皆以睿謀英略禦邊四海險暴之萌而立成固疆不拔之勢深知兵旅之事而善御以權術不以與休為恩而人皆有戴惠之心不以暴怒為威而人皆有畏罪之意何則恩無常得而威有不測以加也法制素定而倫預謹嚴也川班訴賞則誅之索求凶迹而鉗錮踰洋也侍衛將校雖領刺史有罪則杖降仕伍以任力役諸軍不逞者籍為四等分而徙之雖賜赦不宥也大講近郊親閱便殿者歲月卒常也較擊刺騎射之藝而黜其無勇也取禁兵之伉健為親軍而以罷軟補郡卒也選氣質端謹勇而知禮者訓以挽彊而弧矢之利奇異驚聽也拳勇絕技皆籍記之而以次迁用也陛下神聖明斷有祖宗之風而思社稷之大計則御兵之道固宜祗憲先烈而奉循故事也選將帥提法令而授之節濫恩以寬生民之力峻罪典以完固主威萬政之餘留神講練問集六師閱試武力進能退否以立[illegible]政則天下驕惰之兵聳動警懼而百倍其氣天聲可以蕩四海而夷狄不能窺中國之隙豈不偉哉

陶又曰天下之兵精而不驕則中國之武備完矣安得良將而付之郡國之無良將久矣豈真無其材乎四海九州之廣大謀臣猛士之衆多高爵重祿養而用者絲絲於天下智信忠義可以捍社稷之難剛毅勇果可以致身而死節蓋有之耳惟國家任之未得其道而志有所不申才有所不盡功有所不成也古者因井田以制軍賦兵出於農而將出於六鄉之大夫所主之兵皆其鄉之民而所附之將乃其鄉之吏居處相安動作相應禍福相濟休戚相均故其兵皆常信服而可與之同其生死至于齊桓欲速得志於諸侯亦作內政以寓軍令三分其國而使賢人為之里君而作三軍之帥卒伍定於里而

軍政成於郊人相保家相受耳目足以相聞見而歡忻足以相死故其兵皆有節制而守則固戰則勝今之兵雖不出於農與古大異惟其所以為兵而欲禁暴禦侮之意則亦何異於古哉然而將無常兵兵無常將出師數萬而以生殺存亡之柄授人於倉卒之中把旄賜鉞建靈旗以啓行而三軍之士不知其誰何莫敢仰視其面而欲與之同其死生攻取戰捷不亦難乎古之能辦疆場之事者蓋非責以歲月之勞要之遲久而務有以克敵也李牧趙充國之迹斷可知矣今乃不然備邊守塞要害重地而以為武臣更踐之塗遷止再歲速或累月若寓居於傳舍而指期以去則敵情安能知軍政安能立深謀遠略安能施乎古之取將不獨貴其節義智勇雖或貪冒不法亦録其材而用之萬一抵罪則天子以功覆過不繩以法所以養其豪縱敢為之氣而使之盡智能竭死力也陳湯魏尚之事舉可知矣今乃不然邊鄙武人而一切責以小廉細謹有毫毛之失而使文吏議其罪刀筆拄於前網羅施於後則倜儻不羈之士踰義反常以立奇豈可得乎古者捐兵與人而軍中之事聽其處決與奪之權不從中御而求其成功蓋雖天子之詔有所不聞者矣今乃不然爲師千里之外而日有稟聽於朝廷敵人在境而一兵不敢輒發則乘機決勝安所望乎古者推赤心而待之以不疑情志相通而上下相信無間色可窺無流言可動故能專誠一意以求報其上蓋有謗書之篋而人君未嘗惑者矣今乃不然重兵要地方仰其臨制而浮說橫議苟可眩於群聽則輒為罷徙取信責成不甚異乎此五者皆任將之大敝臣故曰未得其道也昔太祖太宗之初天下未盡寧夷狄未盡服故博求通選得李漢超輩十有四將分治三邊之地遠或二十載而近亦十年雖非古之素將而皆久其任則視其兵如家人子弟而

足為之用征権田圖之利恣其所取驍勇之士聽其自募而養軍中之政許以便利裁決或毀之則付以奏牘或訟之則使受而快意當此之時諸將皆懷服恩義竭忠致力以靖天下之難而朝廷遂無四方之憂此任將致兵得其道之明驗大効也今天下名為無事而其實將至於用兵故臣願陛下於無事之時豫以用兵之備虛心廣聽以求諸將或命之保任而收特異之才或觀之踐歷而任已試之効別三路之兵為數部而各隸以將使兵有常主而將有常用則平居素信而危遽可以責其力戒數易以盡其經營之心寬文法以養其馳騁之氣事涉幾會則不必牽制於中旨苟非大過慎以間言輙罷至誠以結之隆禮以遇之則必有良將為陛下用而寧天下服四夷何愧於祖宗之世歟不逆為慮而一日任之雖有智者不能善其後康定之戰可以懲而監也

陶又曰君子小人之不同類而勢各有勝此天下之情可見而治亂之所由生也人之嚮從其類者善惡皆然耳其類相從則其勢必勝在君子則為治於小人則為亂此物理之常也有天下者莫不惡亂而好治然則小人固不可使之勢勝矣其勢苟勝則推類而從而天下禍亂之本遂萌而不可遏盍預慮先計以杜其變乎兵者聚天下之小人而授以不仁之器責以殺戮之事也制御之道一失則資不仁之心而倡殺戮之禍況助其將勝之漸而開其相從之端哉昔唐之中世兵紀壞敗而方鎮多變者蓋小人勢勝而推類以從之故也帳下之兵小有拳勇則任為爪牙而親信積日累勞至於裨將乃為三軍之所屬目一旦威不能懼恩不能悅攘臂大呼起為亂首殺監軍還主帥而數萬之衆甘心以歸焉不然則其軍自叛而求以為長朝廷亦因而錫之爵命豈其人素有忠義智信足以感服三軍之士邪蓋衆人之心以為吾類之可從而遂推之也雖朝廷亦不得已而與之矣夫素無忠義智信之人而為三軍所屬目則安能禁其藉而生變哉此助其勝而開其從之敝耳梁崇義者羽林之射生也來瑱既誅[illegible]以為將連結群盜擁衆二萬而有襄漢七州之地田承嗣者盧龍之裨校也為僕固懷恩之援刺史魏州而迁節度陰圖自固得衆十萬而致魏衛數世之患王智興者李洧之衙卒也以軍抗納乃為徐將逐崔群而處其位也朱克融者劉總之之軍校也在鎮日久內張洪靖而統其務也昭義之裴志清河陽之王惟恭涇州之田希鑑魏博之田興鎮州之王廷湊汴州之李介幽州之陳行泰皆以牙將奪帥而授節豈非拔卒之易而導兵之叛乎天下方患兵之驕而無術以制則固宜稍抑其勢矣自西鄙用師甘陵平亂南蠻繼起軍校以矢石之勞而進擢者凡幾人也二歲遞遷禁衛之長以罷

權而陟高位也便殿閱武取其匹勇而慶以右列也此三者欲以勸勵軍功而不知久之將弊矣何者不究其智識謀慮之何若而驟賞之濫也雖忠純厚重間有其人而兇暴愚闇多以幸得也朝為隸夫暮享貴爵則固未能革其素行矣而乃假之兵柄委以捍邊其甚者副一道之經制又其甚者即禁旅而為天子之衛殊可駭也今之所謂防團刺史者布列要郡矣臣恐十數年之後補擢愈衆在在處處皆分任之而天下之兵權多其手足以動其徒類之心而重勞國慮也至和之末都邑大水萬衆洶洶公卿相視而失色者其故何哉昔太宗皇帝深明兵旅之事而通其情故閱擇軍校參驗勲績先循謹而後武徤嘗謂不更事任而能蹻捷者未可以為帥領雖有一夫之勇亦何足用至于章聖則又能觀其詞氣而知其志操品第所長而試之邊寄其於名器事權豈輙付之哉由是而言則慎功賞精補擢

者亦今日制兵之急務也。

陶又曰。古之人創立法制。皆可以宜民。而後世行之者少。其故何也。非法制之不足經遠。後世不能謹守而用之。多從而廢壞也。古之法既已廢壞。則時異事變。不可得而復用矣。得其近於古者而用之。斯可也。有近古之法可益於當世。而又不能講修循奉以用於天下。使之漸至廢壞。而乃求考三代之空文。掇拾漢唐之故事。欲變常動衆。大有興作以補斯世之弊。不已迂乎。此與夫家有良田而不勤三時之務。以圖穀稷。必得井牧溝洫之制而後耕者何異矣。蓋天下之情難於更新。而易於襲故。將有所為而遽變其耳目。則震駭驚懼而不從。因其素所習熟之勢而漸以驅之。則為力不勞而享利甚博故也。然則有可用之法者不可使之廢。有可因之勢者不可捨而謀他。方今之事固有類此矣。天下皆知兵之為弊而欲救之者。必曰復府兵

也。府兵之法廢壞已久。臣愚竊知其不可復矣。田不足以處兵。而兵不可使之耕也。然有近於府兵者可舉其法而用之。三路之民兵是也。晉魏秦雍自古干戈百戰之地。山川氣勢剛勁猛健。土風豪勇。有捨生取義之俗。武卒銳士著稱前世。國家之興。亦嘗籍而為兵矣。陝右之振武保毅。河朔之忠烈宣勇。河東之廣銳神武。其初皆民而遂兵之。嘗有戰鬬之勞於祖宗之世。此民兵已試之效也。今三路義勇之籍凡數十萬。集而拘之者蓋累年矣。非一日恐之而驟募也。田事既隙。常有講閱之令。行陣之出入。金鼓之進退。粗識其畧。皆知其欲使之戰也。武力勇銳。亦有超然於倫類。可以赴敵而禦暴者。田疇廬舍各安其居。父母昆弟各得其養。其心皆自愛重而不忍為不義。苟為術以誘之而致其力。則必有敢死立勝之功。非若四方宄悍之徒群聚而異情。驕惰而不用命也。所謂法之可用而勢之可因以驅者。此也。兵說有之。凡人之所以守戰至死而不怨其上者。親戚墳墓之所在也。田宅富厚足居也。不然。則州黨宗族足懷樂也。不然。則慈愛之於民也厚。無所往得之也。皆為兵之數。今夫親戚墳墓之所在。田宅富厚之足居。州黨宗族之足懷。則民兵之情有餘於此矣。若乃慈愛於民厚無所往。則上之人猶有不足於此焉。何者。取之於農而拘之以兵。列以部伍而教以殺伐。是將使之戰也。則撫而待之宜有加於農矣。今平居無毫毛之惠。銖兩之報以示寬假。一旦有不幸。則欲蹈白刃以效死。彼之心安所利而樂為哉。郡縣之吏又多奔略其事。而少嘗經意。此民兵所以名存而實去也。豈非有法而不善用以至於廢。有勢而不能因以就其功歟。昔秦人有并吞六國之志。使其民所以要利於上者非戰不可得。故能斬捕甲首則自復其役。小者相長其鄉里。大者或優以爵祿。是以四世有勝。謂之數而不謂之幸。

後世見秦之速亡。而遂譏其使民之不以義。亦已過矣。苟能為術以使天下而享其利。皆善使者也。顧其利之何如耳。國家有民兵而欲講修其法以彊中國。又何愧哉。臣願以義勇為上下之籍。精其閱習而課其藝。能擇其武壯健勇而中於式度者。處之上籍。或蠲不急之役。或寬過重之歛。以尉其為兵之心。以閑其奔走不已之漸。則人人要利而競勸。舉三路之農太半為異時之精兵。而不可勝用。抑亦善使天下之術歟。

歷代名臣奏議卷之二百二十一

兵制

宋徽宗時李復奏乞罷造戰車劄子曰。臣准樞密院劄子奉聖旨令本司製造戰車三百輛。專令臣催促製造應副本路出入攻戰使用。臣嘗覽載籍古者師行固嘗用車。詩云。公車千乘。公徒三萬。又曰。元戎十乘。以先啓行。及周制自步百為畝。積而至於通十為成。成出革車一乘。其他班班亦可見。古之用兵與今不同。古者兵不妄動。征戰有禮。不為詭遇。舉皆有法。多在平原易野。故車可以行。敵人不敢輕犯。此以車為利也。今之用兵。盡在極邊。戎狄乘勢而來。雖鷙鳥飛翥不如是之迅捷。下寨駐軍。各以保險為利。得其機便。或有負敗。各逃散不相顧。其往車不及期。居而保險。車不能登。歸則虜多躡。遂爭先奔趨。不暇回顧。車安能收。非若古昔於中國為用。臣在兵馬間親冐矢石前後十餘次。觀之屢矣。有至糧糗衣服器械不能為用者。又況於車乎。聞此議出於許彥圭。彥圭因姚麟之子師閔而得見麟。遂獻說於麟。懇告求以此為進身之謀。麟乞憐而上其說。朝廷以麟邊人。必熟於邊事。意遂然之。不知彥圭劇為輕妄。麟立私恩。不思誤朝廷之事。是亦容易。昔唐之房琯嘗用車戰。大敗於陳濤斜。十萬義軍無有脫者。當時止在畿邑平地。且如此。況今欲用於峻坂溝谷之間乎。又戰車比常車闊六七寸。運不合轍。牽挽不行。今配買木植物料。差雇工匠。大為費擾。既成。艱於牽挽。昨東來者牽挽不行。致兵夫典賣衣物。自賃牛具。終日方進五七里。遂致兵夫逃亡。戰車棄於道路。大為諸路之患。其糜費不知其幾千萬矣。苟望一官之進。上罔朝廷。下害百姓。此而不誅。何以懲後。臣今乞便行罷造。如別路已有造者。乞更不牽挽前來。免致徒費人力。如朝廷未以臣言為然。乞賜博訪

通判李新奏曰。臣嘗謂古先聖王於萃聚之時。必除戎器。戒不虞。示有國者不可一日去兵也。天下承平日久。州郡軍器因循不修治。暑月未嘗暴曬。兵刃不加淬礪。衣甲旗幟破碎斷裂。少有鮮明者。大率安置不如法。蜀地卑濕。天多沉陰。雨水動經旬月。既非高燥處貯藏。則未閱歲時筋膠解折。常革腐爛。條貫弛絕。蹂踐弃擲。不可勝數。如梓州一路。遂寧府敘州有都作院。歲課不少。而兩州皆無樓閣架放。非惟枉費官物。緩急警嚴。殊無犀利可用之器。誠可慮也。臣欲乞諸州府甲仗庫未有樓處。並許創置。有而隘陋處。即添展修蓋。務要收藏軍器可以耐久。亦預備之術。立武之餘事也。

欽宗靖康元年。尚書右丞李綱上言曰。臣竊惟軍政之不修二十餘年於此矣。將驕卒惰。賞罰無章。每戰輒北。兵既寡弱。民又凋弊。戎狄由此敢肆憑陵。中國之不振。未有甚於此時者也。今賊雖退師。尚未出塞。所至剽掠。無復顧憚。蓋由初未嘗有所懲創。時方向暑。須暫遠去。秋涼馬健。伺隙而來。此其可慮。又非前日之比。義宜及今速為之備。一曰選將。二曰募兵。三曰訓練。四曰保甲。五曰馬政。六曰繕器甲。七曰峙糧草。八曰修城壁。九曰增塘濼。十曰置堡塞。凡此皆軍政之大者。當今之急務也。而其財用調度之費不與焉。前此賊未退師。支梧目前。固有未暇。今度其勢出塞。決在旬日。而此去防秋近在三數月間。要當自茲講求施行。不可復緩。又況西戎跳梁。五路並入。四夷交侵。誠可深慮。臣以書生備位樞筦。方艱難乏使之時。乞避賢路。不蒙賜許。夙夜思之。國之大事。無過於此。誠非一介孤陋所能獨任。要當合衆智。協衆力。上稽祖宗之舊。下考當今之宜。庶幾有濟。欲望聖慈許臣辟置參謀官四員。於職事官中不拘官資高下兼充。仍添置編修官二員。同共措畫條具以時推行。始蒙允許。容臣續具姓名

以聞

綱為河東北安撫使又論不可遣罷防秋人兵劄子同臣昨待罪樞
府伏蒙陛下委令措置防秋人兵臣意以謂中國軍政不修幾三十
年矣闕額不補者過半其見存者皆潰散之餘不習戰陳故令金人
得以窺伺既陷燕山長驅中原遂犯畿甸來無藩籬之固去無邀擊
之威廟堂失策使之割三鎮質親王劫取金帛以億萬計驅虜士女
屠戮良民不可勝數播書之言所不忍聞此誠宗社之羞而陛下嘗
膽而思報者也今河北之寇雖退而中山河間之地不割賊馬出沒
並邊諸郡寨柵相連兵不少休太原之圍未解而河東之勢危甚旁
近縣鎮皆為賊兵之所占據秋高馬肥虜騎憑陵浹須深入以責三
鎮之約及金帛之餘數倘非起天下之兵聚天下之力解圍太原防
托河北則必復有今春之警宗社安危殆未可知故臣輒不自揆為

陛下措畫降詔書以團結諸路防秋之兵大約不過十餘萬人而欲
分布河北沿邊雄霸等二十餘郡中山河間真定大名橫海五帥府
腹裏十餘州軍沿河一帶控扼地分翊衛王室隄防海道其甚急者
解圍太原收復忻代以捍金人夏人連兵入寇不知此十數萬之衆
一一皆到果能足用而無賊馬渡河之警乎今臣被命出使去清光
之日未幾朝廷已盡改前日詔書調兵防秋之計既罷峒丁又罷刀
弩手又罷土兵又罷四川福建廣南東路將兵又罷荊湖南北路係
將不係將兵而京西州郡又皆特免起發是前日詔書所團結之兵
罷去太半不知金人聚兵兩路入寇將何以支梧而朝廷何恃不留
意於此也臣切思之以兵為不須起者大槩有五川廣福建荊湖之
地遠一也錢糧犒賞之費多二也河北寇退天下已無事三也太原
之圍賊馬不多未攻自解四也探報有林牙高麗之帥金人牽制未

必深入五也若以川廣福建荊湖之地遠則詔書之下以四月期天
下兵以七月當時聞報三省何不即止今已七月遠方之兵皆已在
道始復約回是復蹈今春勤王之師約回之弊也一歲兩起天下之
兵中道而兩止之天下謂何臣恐朝廷自此不復能取信四方而將
士解體矣國之大事在戎宗社安危所繫而且行且止有同兒戲臣
切痛之若以謂錢糧犒賞多則今春無兵捍寇致令誤國土地寶貨
人民皆為所取今惜小費又不為之備臣恐後來所取又不止於前
日也況元降指揮防秋人兵各令齎糧以行則錢糧犒賞之乏自非
所患廟堂不深思宗社大計而惜小費臣切所不取也若以河北寇
退天下無事則邊郡日報金人聚兵聲言某月入寇當取某地孫敵
臨境非和非戰朝夕慄懼其復來天下果無事乎賈誼謂厝火積
薪之下而坐其上火未及然因謂之安以今日觀之何止於火未及

然殆處於烈焰之旁而言笑自若也若以謂太原之圍賊馬不多不
攻自解則自春徂秋攻守半年曾不能得其實數姚种二帥以十萬
之師一日皆潰彼未嘗有所傷衄不知何以必其兵之不多以為可
以不攻而自解者臣以謂非愚則誣至於林牙高麗牽制之報理或
有之然不可恃彼之不來當恃我之有備則屯兵聚糧正今日之先
務未可忽也今河北河東州郡日告危急乞兵皆以三五萬為言而
半年以來未有一人一騎可以副其求者防秋之兵甫集又皆遣罷
不知此何理也若必以謂不須動天下之兵而自可無事則臣誠不
足以任此責陛下胡不遣建議之人代臣坐致康平而重為此擾擾
也除范世雄所統湖北兵聞已至襄唐間臣已作奏 聖旨令疾速發
赴宣撫司外所有餘路乞依元降詔書起發庶幾不誤國事又近降
指揮減罷防秋之兵臣所以深惜此事者一則河北防秋闕人恐有

踈虞。二則一歲之間再令起兵。又再止之。恐無以示四方大信。防秋之計。臣前奏論之已詳。請為陛下更論不可失信之意者。周為犬戎所侵。嘗以烽火召諸侯兵。恐諸侯之未必至也。舉烽以試之。諸侯之兵大集。知其試己。皆怒而歸。其後真舉烽。無復至者。去冬金人將犯闕。詔起勤王之師。遠方之兵踴躍赴難。至中途而寇已和。有詔止之。皆憤惋而反。今以防秋之故。又起天下之兵。良非獲已。遠方之兵。率皆就道。又復約回。將士卒伍。率不解體。夫以軍法勒諸路起兵。而以寸紙罷之。臣恐後時有所號召。無復應者矣。

許翰上言曰。臣伏見國家武備久弛。盜賊橫行不忌。雖有軍旅。驕惰難用。非一新之。無以禦捍。臣愚願詔郡縣什伍其民。家富者出財。人衆者出力。城郭之民。使自守其城郭。田野之民。使自衛其田野。城郭分坊以保門。田野分鄉以保境。拔其豪傑。使之部勒。私務之隙。教以

武事。識金鼓進退之節。人能弓矢擊刺之技。小寇之至。則可參錯以捍禦。大盜之入。則得會合以擊逐。勢進則郡縣旌之以金帛。功立則朝廷勸之以爵位。如此。天下凜然皆為長城之固矣。立法天下。嚴其誅賞。使凡寇至無敢不救。縣破則責州。州破則責帥。隣路近州不能應援。亦皆有責。必行無赦。宣王之詩。所謂有常德以立武事者。謂其能使天下必信如此故也。

高宗建炎元年。尚書右僕射李綱上言曰。臣竊以唐有天下。正觀開元間。號為治平無事者。以外有方鎮之兵。捍禦夷狄。內有府衛之兵臨御方鎮。表裏相制。國勢以安。其後府兵之法壞。邊兵之勢強。乃有天寶安史之亂。然卒戡定之者。方鎮力也。代宗避吐蕃之寇。而幸陝。德宗避朱泚之變。而幸奉天。亦資方鎮之兵以復國。然行姑息之政。威柄下移。強藩悍臣。浸成跋扈。此非方鎮之罪。措置失策之過也。祖宗監唐末之弊。削方鎮之權。惟沿邊帥司。屯宿重兵。委以軍旅之事。腹內會府。雖有帥號。其權甚輕。自餘列郡守臣。悉委文吏。不與軍政。以屬承平。治安無事之時可也。今夷狄猾夏。壞吾邊防。以擾腹心之地。盜賊乘時蜂起。蟻結而州郡。循以承平之制臨之。安能捍患禦侮鎮撫之哉。故唐方鎮之弊。尾大不掉。而今日州郡之弊。手足不足以捍頭目。理勢然也。救其弊而振起之。莫若取方鎮之制。用其所長。去其所短。擇人而任之。使大小相比。遠近相維。以蕃王室。則中國之勢尊矣。臣愚欲乞於沿河沿江沿淮置帥府要郡次要郡。帥府帶安撫使節制一路。即唐節度使之兵也。要郡帶兵馬鈐轄。次要郡帶兵馬都監。以佐帥府。即唐觀察團練之兵也。朝廷減上供金穀。使之養兵。寬法制而假之權。將佐寮屬。聽其辟置。平居責以訓練閱習。有夷狄盜賊之變。即帥府量事起兵。統率以行。與隣路約為應援。會合有功

者增秩進職。而不移其任。如此數年。上下安習。即州郡之兵可用矣。如蒙聖慈俯從所請。乞降旨三省樞密院條具合行事件。取旨施行。

綱又上言曰。臣聞天生五材。民並用之。闕一不可。誰能去兵。故黃帝伐蚩尤於涿鹿之野。堯伐叢支胥敖。舜伐三苗。禹伐共工。湯伐有夏。文王伐崇。武王伐商。皆綴甲厲兵。致勝於戰陣之間。夫五帝三王。豈不欲坐致治安哉。顧其勢有所不能。故必以戰續之。寬則兩軍相攻。迫則校戰相撞。然後可以建大功而定禍亂。是故兵勝於外。義彊於內。威立於上。民服於下。欲措國於尊強者。非兵不可也。本朝藝祖太宗。削平僭亂。混一區宇。用兵不過十萬人。而天下承平者二百年。夷狄賓服。外患不興。豪傑銷亡。內難不作。治既極矣。兵亦隨廢。至於近年。有養兵之費。無訓兵之法。有蓄兵之名。無用兵之實。軍政大壞。金人因之得以陵侮中國。而致靖康之禍。則兵制久廢之過也。夫秦晉

齊魏韓趙皆天下勁兵之地也古之為國者得其一則足以戰勝而霸諸侯今國家兼有之而每與金人戰望風輒潰不能取勝則積威約之漸也方今當京邑殘破二聖播遷之後國勢益弱士氣益衰而欲遽與之戰正猶病人氣體未復而欲與壯士鬭必不可也昔周用鄉遂之兵而出無不勝漢用羽林孤兒七郡良家子而制服四夷唐用府衛之兵而威震天下齊用管仲之法而九合諸侯秦用商鞅之令而卒併六國然則有天下國家者強兵戰勝之術槩可覩矣為今之計莫若法鄉遂府衛之制而寓兵于農法羽林孤兒七郡良家子而參以募兵改法更令信賞必罰以壯國威以養士氣使之有勇而知方然後兵乃可用也昔句踐有會稽之恥欲用其民而五年休養五年訓練卒以報吳今天下之廣生齒之庶休養訓練當以三年為期則戰可以得志矣惟國家承平之久文事太勝士以武弁為羞而學者以談兵為恥下以於戰卒賤辱之甚無以比者正當趣時之變以武為先能言兵者稍褒崇之置武功爵益養死士有以得其心而作其氣則戰勝於一日之間有不難也伏惟陛下留神幸察

綱又上言曰臣竊以祖宗建國以兵為重熙豐盛時內外禁卒馬步軍凡九十五萬人承平既久闕額三分之一失於招填比年西鄙寇師江浙山東寇作繼之以燕山陷沒所亡失者又半重以靖康之變金人再犯都城諸路禁軍往往潰散流為盜賊天下之兵所存者無幾矣朝廷以蠟書召天下勤王之師皆募於田畝之間及游手浮浪之人雖其數甚衆環繞畿甸不得毫髮之力而東南公私財物為之一空大抵起一兵公私所費非五十緡不可而沿路供給錢糧之費又倍於此是一兵率費百千而起萬兵則所費百餘萬緡矣今秋期不遠理當揀擇留之分屯沿河要害之地則所費不過日給錢糧而已朝廷初不較此應勤王之師已行放散被甲荷戟而歸者項背相望於道路亦有纔至中途未待令而自返者不知將來防秋於何所取兵而可也禁兵之數既已不多而民兵又不可復起雖起之必無應者秋高馬肥虜騎或復深入其何以支吾哉臣愚以謂濟今日一時之急莫若取財於東南募兵於西北夫東南之財已竭矣而臣以謂不得已猶有可取者當誘上戶物力有餘之家出財以助募兵朝廷量多寡以名目酬之民知國家有兵而後家室可保則亦不以為厲已也國家歲漕東南財穀以為上供又摧茶鹽之利以實中都蓋以養兵日給六宮百官之費待祭祀賓客之用皆矣而陛下節儉無玩好宴遊之娛故凡上供財穀茶鹽之利除經費外一切裁損專以養兵則亦無不足之患臣願下募民出財之令且降旨委官措置於京東京西陝西河北募兵優立例物之數創為軍號團結訓練一切以新法施行分隸將佐遞處屯泊以時教閱比之起東南勤王之兵其利害不同者有三東南之人柔弱不耐勞苦一也不伏水土類多疾病死亡二也屯駐稍久則有思歸之心往往逃亡潰散三也而募西北之人以為兵則無三者之患團結訓練積以歲月皆為精兵與夫起烏合之衆暫聚復散豈不相遠哉今河北河東京東西為金人所擾民不能歸業者甚衆而陝西素號產兵之地願及時遣使於數路募兵於合屯駐路分建置營房更番以衛行在以鎮四方以備征討此時不可失也伏望聖慈特賜詳酌施行

綱又上言曰臣竊以大軍之禮用衆也軍之所以積少為衆聯屬不散可恃以勝敵者以其有紀律也團結則有保伍之聯教閱則有戰陣之劉執被則有甲胄五兵之利進止則有金鼓旌旗之節禁戒則有號令之威上下則有階級之法兵將相諳彼此相救逃亡潰散者

必誅擾攘亂群者必罰立功者必厚賞死敵者必優卹此之謂紀律有紀律然後軍可用也國朝軍政最號嚴明自童貫高俅主兵以來其制始壞團結保伍廢而無以相維持教閱戰陣廢而無以習攻擊甲冑五兵初不服練旌旗金鼓初不習熟禁戒號令之威不振而無以作士氣上下階級之法不行而無以一士心兵將取於臨時而初不相知彼此迤相觀望而初不相救盧溝之潰反以金帛招集則逃亡潰散者不誅矣浙東之役虜掠良民財物者悉皆官軍則擾攘亂群者不罰矣僕厮親近皆授高爵而立功者不賞以收身不到為名而死敵者不卹紀律如此而欲驅之以抗大敵豈不難哉是以金寇再犯王室則控扼之兵望風先潰攻圍帝都則救援之師逗撓不進其因循至此非一日之積也且金人訓兵十有餘年不用令者小則必死大則族誅此法既行威信已著則用刑反少故能滅契丹陵中

國積威約之漸非一日也中國之兵既失訓練又不用令者不必誅逃亡潰散者反招集之此風既成習以為常則有不可勝誅者矣故以天下之大而不能禦夷狄積弊之漸亦非一日也夫用兵驅之於死地者也苟非畏我過於畏敵進有生理退而必誅則安能使之效一日之命以成却敵之功哉為今日之計莫若更軍政而漸治之團結之法自五人為伍積至於二千五百人為軍部隊將統制官迤相臨制皆有尺籍伍符以周知其名數呼召指使存亡功過不勞而可知臨陣戰鬬進退緩急不約而相援如此則兵伍有所聯屬而不散矣教閱之法以車騎步兵總為營陣進退坐作分合出入皆依新制革去舊教文具之法如此則行陣足以捍禦鐵騎矣習弓弩者不必以斗力而以射親中的者為上習牌槍刀者不必以中敵而以勇敢向前者為勝神臂筒射鳳凰等弓可以及遠宜教之使精兜鍪金甲

卒伍多不肯披帶宜習之使熟如此則甲冑五兵之利可以自保而取勝矣古之行師者聞鼓則進聞金則止以旗之偃舉為所向之指麾今則不然金鼓間作初無進止之令旌旗錯雜初無指麾之意宜依古制以習兵之耳目如此則金鼓旌旗之節可以一衆而臨敵矣禁戒號令雖出於臨時而信必在於言前然後威可畏也上下階級雖著於甲令而勢不容於幸免然後法可行也自都隊將至統制官皆精選而預設之使其恩威素行於士卒則兵將相諳矣自伍甲部隊至六軍皆使之左右前後迭相應援觀望不進及輙退者必行軍令則彼此相救矣禁軍逃亡依法七日不首身者必斬遇敵戰鬬力不能勝因而潰散不再聚集歸本部者必誅因而作過者滅族則逃亡潰散之弊可革矣禁軍於行師之際盜博鬬毆飲酒至醉拋棄器甲藏匿婦人脅取財物搖惑衆者並行軍法則擾攘亂群之弊可

懲矣先登陷陣及能以弓弩射中賊者雖不納級亦賞一軍全勝則全賞一軍雖不勝而其間有能自斬賊級及中傷在前者則自賞如此則立功者勸矣將士戰歿非逃亡者委保伍將佐開具保明優卹其家不得輙以收身不到開落遺者重寘于法如此則死敵者勸矣此皆今日軍政之急務當以次施行也然臣頃年嘗詢一老卒其言曰昔日禁軍難作而易活今日禁軍易作而難活詰其所以則曰昔日法行而上下之分嚴故難作然請給衣糧及時而得無凍餒之患故易活今日法不行而上下之分苟簡故易作然請給衣糧多不及時又有坐倉折估之法妻子不免於凍餒故難活其言極為有理則欲修軍政而嚴紀律當先留意於所養之者以素得其心不可使之怨咨也所有修改軍政合行事件乞降旨三省樞密院同條具取旨施行

綱又上言曰。臣竊以國家承平之久。自河以南皆腹心內地。城池堙圮而不修。去春賊騎渡河殘破畿邑。止於百里之內。蓋未知中國虛實。不敢遠縱。賊退。因建議請修畿甸諸邑拱鄭許滑四輔郡洛陽河陽城壁。以防金寇復來使吾民有所保聚。而賊騎無所抄掠。朝廷已降指揮。而言者以為擾民遂復止之。及去冬再寇縱兵遠掠。環畿千里之內無人煙矣。今京東西及江淮之間州縣往往無城。將來秋冬虜必愈更南牧。何以捍守。治安之久雖小邑猶藏萬家之室。穀粟貨財不可勝計。使虜得之。因糧取財脅掠吾民以為之用。是所謂借寇兵而資盜糧也。夫惜一時之擾而忘長久之利。豈策也哉。宜命州縣以漸增修城池。朝廷量降度牒應副。至於器械甲冑之屬。州縣類多闕乏。亦宜立名色降樣制。使及時製造。除戎器戒不虞。此正今日之先務也。

綱又上言曰。臣聞以不教民戰是謂棄之。未嘗素教而以之戰是棄民也。古者兵民不分。無事則為鄉遂之民。有事則為軍旅之士。三時務農。一時講武。少習長安皆為精兵。有所不出。出無不勝矣。唐設府衛之兵。頗倣古制。無養兵之費而有用衆之實。此良法也。後世兵民既分。不可復合。惟陝西沿邊弓箭手及近置湖南刀弩手猶有古之遺意。其法給田百畝使家出一人為兵。自備器甲之屬。官為收掌。有事則給之。而養馬者又別給田五十畝。私自習學武藝而官以時按閱。其有力者雖一人係籍置私名數人以相夾輔。故弓箭手雄於西邊。捍禦夏人。多賴其力。而刀弩手之法。頗與之相類。亦能鎮服蠻獠。不敢妄動。今東南官田最多。如所謂戶絕田。逃亡田。天荒田。屯田之類皆是。莫若一切令剗刷用弓箭刀弩手法。參酌中制。募民為義勇軍。給地與之。州郡籍其名數。依新軍團結以時教閱。則十數萬衆不勞力而可具。假以歲月皆精兵也。又皆土著。無逃亡潰散之患。最策之得者。如合聖意乞降旨三省措置施行。

綱又上言曰。臣竊以祖宗籍陝西河北河東之民以為保甲。河北五十餘萬。河東二十餘萬。而陝西之數不下河北。命提舉官總之。以時教閱。蓋有意寓兵于農也。十餘年來降指揮以免教閱。其法遂廢。而保甲不知兵徒有其名而已。靖康間臣嘗建議乞專遣使團結訓練加詳於舊。與其召兵他路。不若因此用之為得策。而朝廷不以為然。今河東河北之地。既為金人之所踐蹂。豪傑強壯多依山寨以相保聚。朝廷已置招撫經制司。以撫循經略之矣。獨陝西保甲名數尚在。可行措置。然陝西之民素困於支移折變。宜一切蠲免。而係保甲之籍者。依新法團結。以二千五百人為一軍。差正副統制官總之。以時訓練。有事藝精者補以名目擢充部隊將之類。則數十萬兵不日可具。西可以捍夏戎。北可以禦金寇。非小補也。京東西有弓箭社。亦皆可倣此推行。如合聖意乞降旨三省措置。

綱又乞造船募水軍䟽曰。臣聞生於陵者安於陵。生於水者安於水。南方之人習水而善沒。其操舟若神。而北人有懼舟檝而不敢登者。習與性成也。騎兵施於南方非所便。而南人教之水戰必可取勝。昔曹操以數十萬衆順流襲吳。而周瑜以三萬人逆戰于赤壁。因風縱火焚其船筏。遂大破之。操自此不敢有窺江表之心。而鼎足之勢立。其後曹丕復以大兵次廣陵。觀長江風濤洶湧。吳人戈甲旌旗之盛。恐懼而退。晉有江左。苻堅以百萬之衆次淝水。而謝玄以八千人破之。衆皆奔北。聞風聲鶴唳皆以為王師將至。則東南之兵養育訓練因地利而用之。亦足以自守其地。應沿河沿淮沿江帥府要郡凡臨流去處。宜倣古制以造戰船。上設樓櫓可以施弓弩。下運轉棹可以破風濤頒法式以授之仍募習水者為水軍以時教閱激賞賊舟濟渡會合掩擊以我之素習擊彼之蹔濟其勢必勝得一勝則賊必破膽不敢有窺東南之心矣嘉祐中范仲淹上言乞於河陽置戰艦水軍以防契丹當時以為迂闊不果行使用其說預設至今則大河有備靖康初金人豈能遽濟渡哉先事而言則近乎迂事至而後圖之則無所及其實今日之急務也所有諸路合置戰船募水軍欲乞專差官前去措置

綱又上言曰臣聞以步兵戰者不足以勝騎以其善馳突也以騎兵戰者不足以勝車以其善捍禦也古之戰者必以車故稱武王曰戎車三百兩稱衛文公曰革車三百乘稱宣王曰我車既攻稱小白曰兵車之會六而兵賦則必使之出車天子曰萬乘諸侯曰千乘大夫曰百乘皆以兵車為制也後世車戰有曰武剛車有曰偏箱車有曰鹿角車皆與古異制則便於其事而已金人以鐵騎勝中國其說有三而非車不足以制之步兵不足以當其馳突一也用車則馳突可禦騎兵馬弗如之二也用車則騎兵在後度便乃出戰卒多怯見敵輒潰雖有長技不得而施三也用車則人有所依可施其力部伍有束不得而逃然則車之可以制鐵騎也審矣靖康間獻車制者甚衆獨統制官張行中者可取其造車之法用兩竿雙輪推竿則輪轉兩竿之間以橫木笐之設架以載巨弩其上施皮籬以捍矢石繪神獸之象弩矢發於口中而竅其目以望敵其下施甲裙以衛人足其前施槍刃兩重重各四枚上長而下短長者以禦人也短者以禦馬也其兩旁以鐵為鉤索止則聯屬以為營體制簡而運轉亦真禦戎之利器其出戰之法則每車用步卒二十五人四人推竿以運車一人登車望敵以發弩矢二十人執牌弓弩長槍斬馬刀列于車之兩傍重

行行五人凡遇敵則牌居前弓弩次之槍刀又次之在百步內則牌偃弓弩間發以射之既逼近則弓弩退後槍刀進槍以刺人而刀以斬馬足賊退則車徒鼓譟相聯以進及險乃止以騎兵出兩翼追擊以取勝其布陣之法則每軍二千五百人以五分之一凡五百人為將佐衛兵及輜重之屬餘二千人為車八十乘欲各用車二十乘車相聯而步卒彌縫於其間前者其車向敵後者其車倒行左右者其車順行賊攻左右而掩後則隨所攻而向之左右前後其變可以無窮而將佐衛兵及輜重之屬皆處其中方圓曲直隨地勢之便行則鱗次以為陣止則鉤聯以為營不必開溝塹而築壘最為簡便而全固昔衛青征匈奴以武剛車自環以禦敵故能深入馬燧帥太原製戰車冒以後猊甲士列戰副之故能兵冠天下惟房琯用之為賊所焚而後世議者遂以謂車不可用殊不知古之兵車謂之革車冒之以革者正所以防火也欲勝金人鐵騎使不得奔突持久以取勝利器無以加此今圖畫樣制及分合陣圖上塵睿覽乞降付御營司製造教習便殿按視可以施用即頒降帥府要郡施行

二年趙元鎮上奏曰臣竊惟太祖皇帝即位之初用趙普策收諸道之兵集之京師又於其中遴選材武以備禁衛謂之親兵委腹心之臣分軍統領謂之三衙所以弱藩鎮壯王室以革唐末五代之弊而又訓練駕馭各盡其術由是人思自効得其死力故凡邊隅有警並雄遠命天戈所指莫之能抗中外無事垂二百年由此道也太平日久習為驕惰而三衙之任或非其人自靖康以來南北流離散亡過半遂使朝廷有反側之憂人主無爪牙之勢非祖宗之深意也臣願陛下留意三衙擇其忠勇盡節臨難不避恩威兼濟為衆所服者親

閱諸軍取其人材武藝以廣宿衛親兵之列所以壯張國勢震耀天
威使悍將強臣膽落氣沮指顧號令雷動風行然後可以大有為於
天下茲事甚易而所係利害非可以縷陳也惟陛下留神省覽
元鎮又上奏曰臣竊見近降旨揮王瓌軍馬城外駐劄今已有來者
見於禹廟諸處屯泊臣昨在溫州時見瓌軍馬亦止城外將士皆有
言曰等是官軍獨不得入城以賊待我我亦何憚而不為瓌軍昨在
淮南後自建康而江東趙福建以達行在沿路肅然無秋毫所犯今
由明越往往潰亡作過雖軍情變動莫測而懷憤之久由此而發故
也養兵無他嚴號令信賞罰而已有功者賞有罪者罰自餘屯泊[illegible]
糧等事當待之如一儻有厚薄分別之異必生怨望不平之心理[illegible]
必然不可不慮兼屯軍城外既無寨堡節其出入蹂踏民田潛行劫
奪將無所不有非若城中有所關防也臣愚欲乞別降睿旨取會人

數多寡且令城中踏逐或於空閑官地搭蓋蓆屋居住猶愈於城外
屯為民患而生彼怨心也
元鎮又論防秋奏曰臣契勘韓世忠屬官陳桷等赴闕臣即子細叩
問世忠防秋措置觀桷等所說可見世忠之意桷言世忠已過淮南
相視控扼因桷等之來專令乞兵防守建康一帶意欲令張俊分占
江上同負此責亦如張俊聚兵之意也臣以為虜若不能渡江只留
淮甸即委世忠專切固護通泰萬一采石等處不能支吾則虜騎深
入邊有無窮之患雖能保守通泰亦復何益今若便令世忠保守建
康又緣胡騎未渡之間當且以通泰鹽利為重臣之愚意欲乞戒飭
世忠且在承楚極力捍禦或采石等處已聞胡騎南侵即令世忠全
軍而還徑趨江東或浙西衝要去處或腰擊或尾襲雖不能遏其來
路亦足牽制少阻南侵之勢不能深入所有通泰鹽利在所不顧也

臣本不知兵更願陛下召張俊與議之或以為然即乞召陳桷等面
授此意及親洒宸翰以賜世忠不可坐視安危恬不為意遂如議者
所料也臣一介書生辱陛下眷遇致身至此敢不罄竭圖報萬分自
入夏以來每以防秋為念而議論不一何由措手既入七月方二使
南歸而又朱勝非求去紛紛十數日不定八月初即有川陝之命萬
里之行無一人一騎日夕經營自救不暇以是不能專一留心朝廷
之事今事勢已迫乃蒙陛下擢寘宰司萬一小有蹉跌萬死不足塞
責臣已力陳懇欵辭免誤恩或未賜矜從即乞陛下博選中外忠誠
可倚之人貳之二府庶幾協濟少分陛下宵旰之憂臣不勝萬幸
元鎮於紹興間知洪州又上奏曰臣契勘本路江州興國南康軍邊
臨大江地接光黃咫尺偽境沿泝而
泝控扼千里萬一有警須藉水
軍防捍唯是闕少戰船緩急無以措手近據探報上流賊馬侵寇襄

隨包藏不測沿江制置使岳飛屯駐大軍列戍江上亦以戰船闕少
為慮雖先奉聖旨令江西轉運司和雇收買二百隻應副緣本路州
縣累遭兵火繼而招討宣撫兩司大軍經由刻刷舟船殆盡目即江
河惟有往來客船若一例不以情願便行雇買不惟商賈不通有害
貿易亦非戰鬪所宜兼逐時般載軍儲錢穀亦無舟船輸運本司今
相度欲計置打造戰船二百隻以為沿江控扼之備般載錢糧船一
百隻專充本路往來使用約其工費用度不下十餘萬貫欲望聖慈
詳酌特降睿旨就吉州榷貨務支降見錢一十萬貫如尚闕錢物更
容本司那融支撥庶幾乘此時月計置木植便可打造免致防秋有
悞大計
紹興二年詔內外官言事右文殿脩撰李陵應詔上言曰軍興以來
朝廷諸牒非彊以予民則莫售師旅糧草非彊取於民則莫給請例

和買無本可支者久矣新行和糴能償其直幾何一遇軍興事事責辦有不足者預借後年之賦雖名曰和實彊取之雖名曰借其實奪之兵將衣食不取其飽煖取其豐美器械不取其堅利取其華好務末勝本初無鬬心賊至則僞言退保賊去則盛言收復遇敗以千為一遇勝以一為千今乘輿服御之費十去七八百官有司之費十去五六猶無益於國者軍太冗也張浚一軍以川陝贍之劉光世一軍以淮浙贍之李綱一軍以湖廣贍之上供之物得至司農太府者無幾矣彊兵不在冗食今統領家口隨行一聞賊至擇精銳者護送老小其自隨者秖辦走耳當議者一虜掠婦女軍中多有養既不足寧免作過當議者二所至州軍邀求犒賞守令憚生事趨取民以奉之當議者三詭名虛券隨在批請枉費官物當議者四或假關節或行賄賂寄名軍籍規冒功賞當議者五願詔有司專意講求革因循以

作士氣則軍政立。

四年兩浙西路安撫使沈晦過行在而對曰藩師之兵可用今沿江千餘里若令鎮江建康太平池鄂五郡各有兵一二萬以本部財賦易官田給之敵至五郡以舟師守江步兵守隘彼雖自渡假使能渡五郡合擊敵雖善戰不能一日破諸城也若圖五郡則兵分勢弱或以偏師綴我大軍南侵則五郡尾而邀之敵安敢遠去此制稍定三年後移江北糧餉器械悉自隨又自乞分兵二千又召募敢戰士三千參用昭義步兵法期年後京口便成强藩時方以韓世忠屯軍鎮江不果用。

三十年秘書丞虞允文上言曰臣聞古之聖王蒐無用之兵為有用之備所以堅固治本逆折亂萌而用智於未奔沈也我祖宗平一天下治定功成之後甲兵堅强四方無敢傲拂當乾德天聖之盛猶且詔諸道兵為長吏之所役使失於教習者著為禁令又廂禁軍敢占為技工者論如法而大中祥符間又詔諸州本城兵及等者五百人以上團立教閱升為禁軍其本城兵少即別召募嗚呼深謀遠慮所以銷患於未形者咸悉具存也伏惟陛下作新軍政一一以祖宗為法武備之嚴莫盡於今日凡分屯列戍待敵制勝之道舉無一策之遺矣而議者猶以為外實者必有內虛之憂蓋行營重兵遠在邊境而策應之精銳又須觀時而動而諸州所謂强弓弩手者亦已盡遣萬一郡縣間有一夫竊發豈不少貽宵旰之慮而臣竊以謂今之諸郡未嘗無兵諸郡之兵未嘗無將且以東南言之諸郡所餘禁軍及元額廂軍土軍亦慮十數萬而一監司一守貳占破之數輒二三百人一總管一將官各不下百人其間以技執役如福建一臺又有至數百人者而諸路將副今以二十四員為額其數亦不為少矣或以刀

筆之吏或以給使之徒或以勢力富豪之家而居之使兵冗於國家之衣糧將糜於州郡之廩給而咸不適於用豈不亦甚可惜也如因其在籍之兵稍收而為之部分因其定員之將遴選而使之教閱假以旬歲之後於大軍之勢亦一助也不然一路一郡之間顧不足以備他盜乎此皆祖宗之舊章有明效大驗書於國史者願陛下勿以為不足用之兵獨斷而必行之中外幸甚。

三十一年王之道上奏曰契勘今日江北義社與建炎之末所謂義社事勢大段相遠蓋當時緣金人入寇而群盜相繼蜂起百姓東西南北逃竄無所惟有依山據水建置寨柵庶幾可以保聚老幼以幸須臾無死且如一村五百家其間必有六七十家儲積穀粟可以贍給其餘而貧窶者既與父母妻子同其死生亦復樂為之用蓋臣嘗是時嘗同里人保守無為軍胡避山寨備見利害試以無為一郡言

之建寨之始不下二三十處而積日累月之久能獲保全者僅一二數餘皆不潰則破至有互相吞噬者言之可為寒心自經兵火江北之民十不存一紹興以來生養蓄息而雜以江浙等處流徙之人通計十有三四其疲瘵在所不論而其稍有儲積可以霑及貧弱者五百家中實無三兩家方無事之時州縣或有科擾則望望然去之今乃欲籍其丁壯緩急責之以禦敵與驅市人使戰何異果可恃哉今之議者不知今昔事勢之不同乃為苟謀祕計僥冒爵賞辟為巧辯以求售於上但恐為淵驅魚為叢驅雀其失人心有非言之所能盡者蓋今日控扼敵人去處惟江北最為要切而其所籍義社莫非耕鑿之人乃不問其欲惡一槩驅而為之反置數十年所養將士於無用之地至如鄂州駐劄都統制田師中乃欲將湖北京西兩路所管保伍乞依淮西路案行團結如遇盜賊竊發許師中充鄉導若此是必

欲擁百姓以為諸軍之前驅也且平時養兵之費悉出於百姓至於調發供億又責辦於百姓速其兩陣相對復以鄉道為名而驅之於死地是猶代庖人宰代大匠斲以情度情所謂一人之情千萬人情是者果安在哉今朝廷以議者之言似可聽或信而從之萬一至於誤事雖食議者之肉安能救哉為今之計莫若責官軍移屯沿邊要害去處俾之捍禦而責義社以保聚老幼防托州縣庶幾可以同心協力以成恢復之功實天下幸甚

三十二年張浚奏乞申嚴私役禁軍之法曰臣竊見陛下嚴戒御前諸軍不得私役軍士此誠軍政之要務號令一頒人心悅服臣仰惟國家郡置禁旅法令嚴密養之訓之皆有成制蓋將使之備緩急修守備戢姦宄除盜賊為千里之惠意甚深遠也自頃擾攘之後官吏玩習兵政不舉臣嘗熟究其弊矣自守臣兵官不務遵制以時閱習而遠法差占若當然者以至監司倅貳僚屬兼職冗不應差借之處巧作事目或以巡守或以備火或以收買軍器捕捉逃亡為名遣出差役及使之荷擔肩輿市買工作廣占人數大傷士心甚失朝廷養兵本意臣愚伏望下有司檢舉舊制應知州合破禁軍接送之類並不許過數自兵興以來州郡增添兵官數多乞於合破舊數痛與裁減其不合破者止得差廂軍而後俾之揀退老弱招補闕額申明隊伍修飭器械嚴教閱之法謹階級之令其知州兵官所破人數亦仰依法輪次赴教置為兵籍以時勾稽委逐路帥憲嚴行覺察輒敢如前差占並行按劾從私役禁軍法必罰無赦仍自樞密院常切委官密賜體究施行庶幾為民養兵不至虛設而緩急之際可以倚仗用復祖宗之良法不勝幸甚

浚又上言曰臣契勘諸軍當結純鎗純弓純弩隊鎗之隊在前弓次

之弩次之其弓弩手各帶刀斧每隊九十人通九隊作一部九部為一陣緣弓可射八十步弩可射二百餘步虜騎若近先發弩鎗弓隊小坐次發弓若至前則純鎗之勢甚壯可禦馬足鮮有不勝舊嘗以此行下諸軍韓世忠等用此後來更改不常名為花裝徒便觀看臣恐弓弩數少鎗手又散在隊中參錯失序不能破虜如合聖意伏乞批付臣行下諸軍遵守施行

浚又議練兵曰士有好為大言者以兵家勝負在將不在兵苟將得其人驅市人而戰可也將非其人兵精器利曾何補於用乎嗚呼為此說者蓋亦不思之甚矣夫趙歇衆初歛之兵號稱二十萬能戰者無幾也韓信率新勝之人以破之借使金人舉河北山東之衆無驍騎利甲無堅弓良矢雖董之以粘罕輔之以偽太子臣知其易為敵矣故有精練之卒然後可以議嚴訓之方有訓練之兵然後可以議

兵器之利。有堅利之器。然後可以議破敵之計。知此數者。庶乎可以論兵矣。彼空空然謂可驅市人而戰者。豈不誤國惑聽乎。

知平江府洪遵乞精選間諜劄子曰。臣聞古之人謀其鄰敵。必有覘國之術。所謂間諜者。雖聖智不廢焉。蓋堂堂之國。相與周旋。而不知其用事之人。若其人之賢愚。與意向之所在。徒冒不測。角力於兩陣。而庶幾於或勝。非所謂萬全者也。荀息之謀虞。既知宮之奇之存。又知其雖諫不聽。韓信之謀趙。獨憚李左車之智。又知其計之不用。故皆決策一舉而得所欲。漢高祖因酈食其而知魏大將之為柏直。騎將之為馮敬。步卒將之為項他。而又知其不能當吾韓信灌嬰曹參焉。知之既詳。料之又審。卒成漢業。豈偶然哉。恭惟陛下信順之德。昭格穹壤。金虜畔盟。神人共憤。跳梁未幾。元惡授首。此蓋皇天后土資社稷靈長之福。啟陛下恢復之圖。方當日夜淬礪。謀所以待敵。今將士不患不勇。糧餉不患不繼。臣之過計。竊謂我之覘彼者。未甚精詳。方兵交時。通國所知者。逆亮而已。其腹心爪牙合慮併力以謀我者。似亦未能盡察。如聞邊郡諸軍間有所遣探劉而歸。類皆道聽塗說。不惟非其要領。兼亦虛實難明。殆與不知者無異。臣愚欲望聖慈深詔客議。博延智勇機略之士。深入敵境。往來出入。凡國家所宜知者。纖悉以聞。隨其所遇。待之以術。勝負之形雖未決。彼己之勢已可議。今日禦敵之具。固有大於此者。而莫有先於此者。利害甚明。不可不講。惟陛下留神省察。

高宗時。殿中侍御史章誼獻戰守四策。謂金人累歲南侵。我亦累歲奔走。蓋謀國之臣誤陛下也。比者駐蹕揚州。有兵數十萬。可以一戰。斥候不明。金人奄至。踰江而東。此宰相黃潛善汪伯彥過也。移蹕建康。兵練將勇。據長江之險。可以守矣。舟師不設。二相異意。金人未至。遵海而南。此宰相呂頤浩過也。不知今年之戰之策。安所從出。執政大臣誰為陛下任此事者。臣愚謂有江海必資舟楫戰守之具。有險阻必資郡縣防守之力。有兵將必駕馭撫循。不可為將帥自衛之資。有糧賦必漕運轉輸。不可為盜賊侵據之用。四者各付能臣。分路以辦。重賞嚴罰。誰敢不用命哉。

誼又奏曰。臣聞古者軍容不入國。蓋閫外之將。居有壁壘以自守。行有介冑以自衛。平時出門如見敵。故能臨敵不懷生。蓋養之者有素也。漢文帝遣三將軍以備胡。霸上棘門見稱兒戲。而細柳之師獨有真將軍之目者。豈虛言哉。今彊敵在境。士氣宜振。而介冑遨遊於城闉。翁媼雜蹂於轅門。統兵之將雖有臨淮校旗之法。敢死之士雖有射麋麗龜之巧。皆無以自見。陛下誠能分遣將臣過此要害之郡。使得各申軍法。明習教令。一旦有警。老弱悉留。精銳悉發。以聽陛下之指授。則戰將必克。守將必固。此今日之急務。惟陛下留神幸察。

誼又奏曰。臣伏覩去年十月。叛臣劉豫紿率金人阻兵南向。不量輕弱。狃習故態。數萬之眾暴集淮甸。自謂投箠可以渡江。功在漏刻矣。陛下奮揚神武。親總六師。破逆賊譸張之謀。摧黠虜憑陵之勢。至使眾叛而親離。情見而力屈。潛師宵遁。有風聲鶴唳之恐。此誠陛下應天順人恢復中原之日也。顧臣暗淺。何足以仰裨廣淵之慮。預聞經畫之謀。然臣聞之。來遠之盛德。莫上於修文。禦戎之上策。莫先於自治。陛下仁恩浹洽。不異南北。天德覆臨。無有遠邇。故雖酋豪面內。俘獲係纍。一切矜容。待以不死。至有臨陣執者。釋縛而還鄉閭。辮髮來附者。冠帶而奉朝請。此甚盛德事也。陛下固已安行之矣。惟是自治之策。臣請得而言之。今朝廷巡幸東南。外憑淮海。內阻大江。形勢非不壯也。然而虜騎倏來。曾無藩籬之固。裴回累月。輒有南渡之虞。

此無他。舟楫不備而遠設險之義也。自虜騎既退。議者便謂可以廓清中原。收復織向。兹固乘時進取之幾。而安危之所係也。使虜人果有腹心之患。自救不暇。則陛下遣一偏裨自河而南。囊括席卷。何為而不可。萬一虜人止是師徒單弱。知難而退。別為後圖。則秋高復來。將何以待之。此臣所謂莫先於自治者也。今有江海之險。又有舟楫之備。虜人來則阻險而還。止則糧道不繼。頓兵江淮之上。縻以歲月之久。然後我可以得志矣。雖然。知所以自衛。然後以守則固。知所以用衆。然後以戰則克。陛下今日三四大帥之兵。不為不衆矣。舉此以削平禍亂。蓋有餘力。而金穀之奉。芻秣之費。幣藏無餘。僅可以集事。然猶州郡之間禁旅猥多。主兵之官流品冗雜。捐金帛以招無用之兵。損倉廩以養不戰之卒。平居依倚將副。蔑視州縣。一聞外警。輒肆其毒。自建炎以來。殺長吏。據城郭。作服作叛。惡本不除。近聞淮甸之師。建州處州又復相煽。異時陛下分遣大兵渡淮而北。安集降附。東南將兵決為不靖。為今之計。且當擇取壯勇以補行陣之闕。汰去冗濫以寬財賦之源。盡舉平陸之兵。悉為舟師之用。罷招軍之請。豐府庫之儲。專奉征戰之師。使之外扞彊敵。內庇生靈。則民力益固。財用益饒。兵氣益振矣。今舉江南之戶口有幾。而兵之隸籍者有幾。率一戶而養幾兵矣。又復招軍不已。則將何以善其後哉。方今禦戎之策。莫先於自治。而自治之術。莫急於訓兵。訓兵有制。然後定禍難。攘戎狄。詰姦慝。致安平。無施而不可。惟陛下留神幸甚。

誼又奏曰。臣竊謂安邊境。定國家。唯戰守二道而已。二者皆以謀為主。守不用謀。則雖有金城湯池。未必安也。戰不用謀。則雖有堅甲利兵。未必勝也。今國家阻江左山川之險。擅東南陸海之富。有列營熊羆之士。加之器械戈甲之備。然而守則不堅。戰則不利者。其故何也。惟不用謀也。請以近事言之。虜人嘗渡江而南矣。望風奔潰者。往往皆官軍也。得其酋領者。往往皆土豪也。豈官軍土豪勇怯有異哉。官軍擊其堂堂之陣而用力。土豪避其堂堂之陣而用智。是以虜人每能摧官軍之堅。而卒墮土豪之計者。謀與力異也。臣願陛下用沉幾先物之智。與經國遠圖之臣。柔遠應敵。揆事畫策。一切以謀為主。如此。則戰勝守固。而金人可制。土疆可復矣。況於削平盜賊。亦何難哉。

誼又奏曰。臣聞邵青賊兵。近自太平州乘船經由鎮江府江陰軍。遂入平江府之常熟縣。所至劫虜。見今浙西州縣。遷徙奔走。公私騷然。契勘劉光世係浙西宣撫大使。驍將銳兵。自可討擊。然而不能應時擒制者。蓋以邵青所乘皆舟楫。而光世皆平陸之兵故也。臣觀國家既憑大江以為險限。而於舟師略不經意。今邵青小醜。光世大帥。乃敢越境深寇。使賊有大於此者。將何以禦之。臣聞古兵法。舟師有三等。其舟之大者為陣腳船。其次為戰船。其小為傳令船。蓋置陣尚持重。故用大船。出戰尚輕捷。故用其次。至於江海波濤之間。旗幟金鼓難以麾召進退。故用小舟。由此觀之。凡舟之大小。皆可以為守戰之備。不必皆用大船然後濟也。朝廷試於駐蹕之地。聊為千艘之具。教之攻戰之法。計亦易辦。伏望聖明特降睿旨。置一水軍帥以名將以為江海守禦之備。庶幾盜賊莫敢予侮。臣不勝憤懣激切之至。

誼又奏曰。臣契勘朝廷設置州郡。本謂地產可以充貢賦。師旅可以戢盜賊。兩者並行。軍食皆足。則安富尊榮之道也。今溫州軍兵猥多。幾倍祖宗舊制。糜費衣糧。耗蠹財用。至使上供常賦。不入王府。州郡錢帛困於供億。臣今略舉大槩言之。本州自元祐元豐以前。舊置廂禁軍額共二千五十一名。諸處巡檢。多是只差禁軍前去守把。罕曾招置。歲支錢七千餘貫。米三萬二千餘斛。紬絹布共一萬餘疋。綿二萬餘兩自政和以後剏置禁軍而指揮壯城廂軍一指揮六處巡檢剏招人兵九處巡檢各添二分通計添招廂禁軍一千七百餘人每歲又支錢一萬二千六百餘貫米二萬八千八百餘斛紬絹布八千六百餘匹綿二萬一千九百餘兩此皆昔年供輸朝廷之物與夫本州支給官兵之費也況有多事以來不復出戍起轉資級人員數多每有招塡費耗例物闕糧半年旋行計置若不申明公私日困伏望朝廷詳度將本州舊額軍兵并政和以後添置廂禁軍并巡檢下剏招添招人兵遇有逃亡闕額並罷招塡候人數與舊額相當即行撥併罷去剏置剏招軍分若蒙便降指揮亦須數年方可銷廢盡絕庶幾貢賦常物可以依得祖宗舊來立定格目供輸朝廷今來會計一州所費在前頗聞他郡財帛乏絕亦復困此伏望聖慈降付外廷詳酌施行

宜為徽猷閣直學士又奏曰臣聞兵者禁暴止亂安民和衆聖王所資以拯民於塗炭者也今陛下經營天下攘卻盜賊累年於茲然未能指呼如意者臣恐制兵之術未盡也臣觀今日神武之兵舉為五軍分隷諸將其間往往逃亡盜賊之餘及術市井之人得遂其列所謂正兵者鮮矣至於殿班親軍陛下倚以侍衛者曾無千百其於射麋麗逸之巧投石拔距之勇則未有聞焉又復統兵之將雍容緩帶初無折衝威名之望又無沉鷙猛毅之姿恐不足以仰副明主駕馭英傑鞭笞夷狄之意臣考之前古漢兵之在京師者有南北兩屯唐兵之衛天子者有南北兩衙此皆天子自將之兵也其預選則莫非驍雄之士其可任則莫非土著之人其統率訓練則莫非智謀功名之將兩軍力侔勢敵內消禍變外遏僭亂人主獨操兵柄不以授人故國勢彊而京畿服矣恭惟聖宋祖宗所置殿班親軍處禁門之內其魁雄武捷皆極天下之選臣願陛下斟酌前代南北禁衛之意紹隆本朝選班直之法立為材技勇力之等選於五軍及江浙福建凡禁軍土軍弓手齒歲強壯不犯徒役不經敗亡而有父母兄弟妻拏可任者皆為應選其選於五軍者聚為一衛其選於諸州者聚為一衛百人一校千人一將合取萬人分為兩衛名選殿帥統之而總其任於樞密使以聽陛下之指使如此則禁衛增嚴王室大競矣陛下時因聽朝之暇或御便殿或出近郊入人閱試旌別勸賞漸增俸廩使恩威足以得其死力其誰敢不聽命哉當陛下布昭聖武之時其措置施設似不可緩臣不勝區區之願

誼又論民兵奏曰臣伏見今日州郡守戰之兵壞於昔年揀換之法竄易姓名類非土著尺籍伍符難以稽考平時嘖目語難毋懷干命之心及其臨敵退避率無死難之節至于逃亡繁聚焚劫剽攻擅據

州城執戮守將然則軍政之弊至此極矣唯是民兵一事所宜乘時措置以備非常之變蓋今之民兵則周官六鄉之衆齊侯節制之師漢室更戍之卒有唐府衛之兵也近世巡社亦有遺意古今雖異經籍猶存法制具在因時施宜少加損益則東南郡縣數十萬之衆可指日而辦閑居無錢糧之費調發無羈旅之思習熟險易愛護鄉閭比之召募遊手之人以充師旅之任其利害明甚矣又況近者閩陝有梟捷之音東北有可乘之便自宜命將北征以係人心大兵繼進盡復故土被甲荷戈之士分閫授鉞之臣方經營於江淮之北矣若夫根本之地在此南服非藉民兵何以為守禦之備哉臣願開獻是說於朝廷者甚衆而未獲施行伏望斷自聖心早賜措置不勝大幸

時禁衛寡弱諸將各擁重兵御史中丞沈與求言漢有南北軍唐用府兵彼此相維使無偏重之勢今兵權不在朝廷雖有樞密院及三

省兵務尚書兵部但行文字而已願詔大臣益脩兵政助成中興

歷代名臣奏議卷之二百二十二

歷代名臣奏議卷之二百二十三

兵制

宋高宗時黃次山奏曰臣聞制勝在將不在兵養兵在精不在衆渭曲之戰西魏以府兵萬人破走高歡二十萬衆者節制存焉故也府兵始於西魏而成於唐已魏才百府而唐置八百有竒以中府千人為率則唐兵幾九十萬而西魏不過十萬也且當時諸將功參佐命望實俱重者曰八柱國宇文泰任總百揆元欣優游禁闥唯李虎趙貴于謹獨孤信侯莫陳崇六人各督二大將軍每軍各統二開府每開府各統一軍是為二十四軍部分既明權紀自振身居行伍籍在朝廷若身使臂若臂使指折衝禦難誰敢侮之陛下天命中興為生賢佐高勲鴻烈於古有光然而法制搶攘非甚有紀謂宜裒多益寡酌古御今使若柱國督將軍將軍督開府合袪斂散可得而知按籍運籌不逃聖鑒然後歷吉日選靈辰比臨盛秋躬秉武節稽驪山大閱之制用臨淮校旗之法激惰偷之士角拳勇之才令行於軍氣當自倍敵人送死談笑應之警報夕傳鋭師朝引風馳霆擊固不蹉歟昔吳漢將突騎至清陽士馬甚盛悉上兵簿於幕府不敢自私郭子儀方燕客聞相楊綰散減音樂五分之四古之賢將所以能功名終始與國匹休者其設心類如此陛下推誠之素功臣體國之深今日事機如此之急尚何俟而久不為哉事之克濟臣主同榮倘或不然舉無全地惟陛下留聽

次山又奏曰臣幸得以非才復召見乃七月己巳言校旗大閱之法曰願歷吉日選靈辰比臨盛秋躬秉武節陛下加惠留聽不遺易忘之臣八月甲辰詔御六師順天道東行九月丙寅蹕臨安臣得厠執事頗行蒙霜露備羈靮宜有以開廣德意幸自見敢索言之臣聞臨

大難不懼者聖人之勇也甲兵不多非國之災貨財不積非國之貧顧操術立志何如爾唐太宗初即位突厥頡利傾國而至飲馬便橋元年關中饑米斗匹絹二年天下蝗三年大水民東西就食茲亦危矣太宗見善明用心剛信魏徵仁義之說而拒封倫抑闇之詞以房杜為腹心英衛為爪牙屢將於衛宿兵於府其語士卒曰吾不使汝曹穿池築苑唯專意武備天下無事則為汝師突厥入寇則為汝將其語將帥則曰國之紀綱唯賞與罰非分之恩不可數得勉自修飭毋貽後悔太阿之柄操持不失故薄海內外莫敢攖其鋒其後頡利成禽酋長帶刀宿衛部落皆襲衣冠米斗三四錢行旅取給道路此無他操術得宜有志者事終成也方今夷狄之禍饑饉之災方之太宗異世同事然今秋歲既稔矣待夷狄者獨不可為歟臣願陛下躬太宗撥亂之心采魏徵仁義之說以至誠育萬物以至孝通神明以

剛健中正位天德親賢遠佞貴公滅私若忿慾不萌則聽斷自審臨機必果料敵必明簡號令嚴階級拔進梟俊禽敵之士汰遣冗軀保妻子之徒有功當賞未吝王侯無功僥望分毫不與如此則不可勝之計立矣法曰先為不可勝以待敵之可勝不可勝在我可勝在敵以飽待飢以逸待勞正治以待其亂致人不致於人在我者也觀釁而動首尾俱繼建瓴破竹所俟者時在敵者也以陛下之明席藝祖仁宗之遺澤當上元之德會恊永平之歲紀惟當斷以不疑與賢士大夫共此功名爾孟子曰責難於君謂之恭今日之事落落若難合臣非敢獨言易然不以孟子之心望陛下則臣之罪也惟陛下憐察

吏部員外郎廖剛奏曰臣聞古者天子必有親兵雖總轄不無其人實自將之所以備不虞強主威無太阿倒持之悔漢有南北軍唐有左右神策之類是也我祖宗鑒五季之弊軍政尤為嚴密如三衙四廂所統之兵區處調發閑防周盡惟一人之所欲為臣竊聞之比年以來稍稍廢缺所恃以備非常者諸將外衛之兵而已臣願陛下參稽舊制選精銳忠赤三數萬人以為親兵直自將之居則以為守衛動則常為中軍此強本弱枝之道最今日之急務也昔段秀實嘗為唐德宗言之譬猶猛虎所以百獸畏者爪牙也爪牙廢則孤豚特犬皆能為敵正謂是也臣愚不勝區區過計願陛下留神無忽

剛為御史中丞又奏曰臣聞國不可去兵兵不必敵國外患之備雖閒暇無事之日亦在所不廢也然兵貴選練不在數多多而不可用非獨不能成功亦或能敗事今日諸將之兵冗濫甚矣或收集叛亡或招納盜賊疲癃尫弱無所不有姑取其數之多初不計其可用與否也前此一切不暇問今和議既定本為休兵息民豈容不能戰之人尚爾盧占兵籍蠹蝕吾民之膏血乎臣願布告諸大將使之體國念

民精加選擇汰其不堪披帶者以十二三為率聽其自便詭名請受者因而可以銷去立賞以杜其後無歸而願留者別籍為屯田卒授以河南之地使之耕自食其力且資以供億吾軍庶東南凋瘵之民稍獲蘇息而屯戍可以久遠不廢是一舉而兩得也

武義大夫曹勛上書曰臣竊以古者寓兵於農以禦大敵兩漢而下無不皆然惟魏及唐建府兵之制民兵遂廢唐全盛時戡大憝勳元惡無非官軍者及乾德少衰據藩鎮起大盜亦無非官軍者是以歷古有叛將而無叛兵由唐而下多叛兵而少叛將理或致然今州縣之民百倍於兵而兵不能御內侮強不能禦外侵者蓋以未嘗習用也近見諸路州縣見行火甲以禦夜盜民安之若素習臣嘗推行備見其便今欲乞就建民兵之法俾粗知部勒稍知戰事廂有坊坊有甲甲有伍伍有長許置器甲以肄武備州委都監縣委令佐帶民兵將

領專一習按。從委太守提督之。不期年一路便可得兵百萬。實可寇
制兵卒。使不得逞。絕內侮外侵之患。儻或可採。乞下臣所索畫一。便
見不擾有利無害。
御史中丞張守上奏曰。臣伏見比年敵人犯順。將士畏怯。望風奔潰。
破殘州縣。易於拉朽。忠臣義士之所憤歎。而敵人之所竊笑也。臣嘗
求其故。不過驕惰而已。今每出師。則水舟陸車。累累隨行。謂之老小。
其實皆婦女。故出師之數。婦女必倍之。弊日以滋。古所未有。以故所
居則求寬潔。所食則求豐美。所用則求羨餘。一有不足。則冒法抵禁。
劇於寇盜。責其用命禦敵。奮勇立功。其亦難矣。夫為將領者。固當正
身率下。與士卒同辛苦。往往亦以婢妾歌舞而自隨。故上為一。下為
二。上下相蒙。無復忌憚。今者陛下屏遠嬪御。以馬上治天下。駐蹕建
康。滌戒既覆之車。一新舊染之俗。前日之弊。理宜痛懲。臣愚欲乞應

軍人家口。遇出軍日。並不得隨行。各就本寨居止。官司常加存恤。修
治舍屋。量添口食。如有軍人及將校使臣輒將帶婦女老小隨軍。並
行軍法。本轄將校使臣失覺察。減一等科罪。主將身自違犯。令御營
使司及御史臺覺察彈奏。重賜施行。庶幾將士忘家徇國。或能立功
以革舊弊。
守又乞以田募兵劄子曰。臣伏見近者朝廷條畫防江點用人丁。臣
以謂驅不教之民。一旦用之。恐致誤事。然所謂民兵。非終不可用也。
特不可以濟目前之急。而幸一朝之功耳。然自朝廷數年以來。屢嘗
推行民兵。或置巡社。或結保甲。或增弓手。或計田出兵。大抵皆所以
更張軍政而求實用。然而推行以來。未見成效。其因出而逃遁敵而
潰。則與官軍不甚相遠。臣嘗思之。惟寓兵於農。最為良法。然三代之
法不可復矣。獨取其意。尚有可行。伏見國家係官之田有五。一曰屯

田。二曰逃田。三曰戶絕田。四曰抵當籍沒田。五曰罪人籍沒田。頃畝
甚多。入官之租。雖至膏腴。畝率一二斗。多不過三四斗。或冒占。或荒
閑。或欠負。或水旱檢放。或官吏侵漁。所入官者又無幾矣。臣愚以謂
若捐此田以募兵。則於公家之費不多。而得土著之人可委。各有顧
戀不至散亡。臣愚欲乞盡括五色係官之田。委州縣預定肥瘠美惡
第為等差。上田三十畝。其次增多至百畝。止召募一人。給為永業。免
其賦役。居常務農。農隙講武。教養而成。年歲之間。必有精銳可以濟
用。所有官兵權住招刺。伏望睿慈詔大臣詳議。如有可採。即乞付有
司條畫施行。
守為殿中侍御史。又奏曰。臣仰惟陛下修政事攘夷狄。慨然有意於
中興之盛。然今之最大且急者。莫過於軍政。本朝之兵。自童貫高俅
等壞之。而勸沮之法廢。驕惰之風成。出戍則亡。遇敵則潰。小則荷戈

攘奪以逞。大則殺將嬰城而叛。天下可用之兵無幾矣。唐史有云。置
兵所以止亂。及其弊也。適足為亂。又其甚也。至困天下以養亂。今日
之勢蓋幾於此。改絃易調。顧可緩乎。伏覩建炎元年十一月。詔侍從
以上各具所見。考古軍政可行於今者。條具以聞。遠今累月。未聞有
所獻納以副陛下大有為之意者。今朝廷雖有置振華新軍指揮。議
者尚慮招集選擇未易充數。循習效尤。或蹈前轍。及所以給養之具。
訓練之要。節制之方。亦當講求。臣竊過計。以謂防秋之期止三數月。
寸陰可惜。窮日力以圖之。尚恐不及。欲望睿慈申嚴去冬之詔。或責
以旬月。使悉意開陳。或召至中書。給筆札條具。庶幾博採眾智。宜有
可行。而陛下詔令不至虛出。
守又論教閱軍兵劄子曰。臣竊謂兵法之廢久矣。防秋不遠。理難遽
革。因而用之。尚有可為。今天下之兵固亦不少。而養兵之費固亦不

貲豈皆不可用乎。抑教之不至耳。王翦以六十萬之衆伐荆，亦必俟其投石超距而後用之。蓋士氣振然後樂赴功也。天下之兵，衣糧俸給蠶食縣官者有四，曰禁軍，曰廂軍，曰土軍，曰弓手。雖有教閱之法，載在令甲，州縣之間置而不講，在於平日猶為不可。况國步艱危，寇戎猖獗之時乎。蓋以州縣之吏或妄占破，或稱防護，或稱差出，種種名目，背公自營，借欲教閱，因無見在之兵矣。上下苟偷，日復一日，糜耗國用，驕惰日滋。目不識旌旗，耳不聞鉦鼓，隊伍行列，坐作進退，皆不復知。一旦驅之守禦，責之効死，何異却行而求前哉。臣愚欲乞諸路各委制置使同監司一員，根刷見管廂禁土軍弓手，汰其老弱病羸，早晚兩教。州委守臣，縣委令長，旦親詣教場按閱，如其事藝精强，隨事激賞。不惟將來防秋必有可用，而郡內盗賊亦可翦除。應軍兵弓手如有不赴教閱，並正軍法。應在任官白直之外，妄有影占，及長吏不日赴教場，監司安撫制置司按劾以聞，重寘典憲。如有可採，即乞睿旨速賜施行。

李石奏曰：文武相為經緯之術，二者要不可偏廢，特所尚有緩急耳。且人之身，血氣為榮，食氣為衛。今特以榮氣之强健，而廢其衛氣，可乎。國家弭兵無事既已有歲，自以為尚文之世，然求所謂輔成文治以蚤正素治者，陛下以神武不殺為威，寓五兵於詩書之教，廟筭深遠，非草野所當慮者。然以臣所慮，特其粗者。嘗謂虞舜干羽之舞，人徒知其為文德，不知其以蹈厲之節而寓其擊刺之威，以明不輕用武也。今之教閱之法，亦昔人干羽之意。雖曰文德，無廢其武可也。昔魚朝恩老於兵間，已不識郝將軍之陣為李臨淮遺法，况不習其教者乎。州之禁軍，縣之弓手，所以為教閱之法者，寄其緩急之用耳。欲用之人，必資其教，且小人非居安於無事，則必使之為蹴蹋蹷張，運掉其筋力，馳驟其血脉，習為冒險赴危之狀，目熟旌旗，耳習金鼓，而不懾怯者，此教之以緩急之用也。且自二十餘年之間，邊圉綏靜，其可擐甲挽强者，皆以老簡汰，其少壯者已不知戰陳為何等事，甚可慮也。今之州縣教閱者，乃素備耳。今又於教閱之法不得專意為之，而廢其事，所謂禁軍弓手，州縣冒法差役，趨走指呼，與衆人同，所謂教之者，兵官廵尉以時一出，按例為之。遇春秋大閱，有司未免有損經費，而徒為玩習之具，此何異棘門之戲哉。臣願行下州縣，禁軍弓手，不得違法差出，兵官廵尉教閱之籍，時稽考之，以示安不忘危之意。

李彌遜上奏曰：臣謹按歷代天子必有備，所以制六合，威四夷，固根本之地也。承平日久，寖以廢弛。至于國家艱難，用武以來，亦復因循沿襲，置而不講，誠為今日之急務。近者朝廷雖稍收四方之兵以聚

中都，然人數未多，法制未備，軍伍未成，未足以為重。臣愚欲乞朝廷措置，或差或募，或就委諸將選擇精銳數萬人，置帥以總之，專衛王室，別立親衛數千人，倣古之制，選募良家子便弓馬者及武臣子弟，及諸將諸軍下子弟為之，庶幾可以制近威遠，以增重朝廷之勢。如臣之說或有可採，伏望聖慈特賜指揮施行。

江南東路安撫制置大使葉夢得奏曰：臣既已妄論守江之備，竊惟兵法曰：上兵伐謀，其次伐交，其次伐兵。項羽與漢高帝相持廣武，欲挑戰，帝曰：吾寧鬭智，不鬭力。卒擒項羽。自古用師，伐兵不如伐謀，鬭力不如鬭智，此不戰屈人之道也。今諸將屢捷，稍皆還屯，理須休息整齊，以待秋深再舉，則此一兩月之間未可遽動。正伐謀鬭智之時，探之道塗，皆謂虜初以盛夏來侵，蓋狃前日屢勝，欲以憑陵於我，謂我必屈，而初無所忌憚。陛下既沉毅先物，决策用兵，順昌首敗兀朮，

通者宿亳陳鄭徒相繼歸順。賊出不意。失其本圖。敗亡疾病之餘。自喪其師幾三之一。固已伐其謀矣。今者平昔用事酋領與其徒往往皆無固志。則其國中未必不歸罪犯盟始議之。横生猜嫌。而我兩河京東故民。與契丹遺種及去歲所誅七族之黨。宜亦皆有伺間償怨之志。則我謀智並用。適當其幾。不待將來。大軍親臨。而後可決勝負。探報見主兵侵我者不過十三人。兀朮等八人則在京師。以窺淮浙。撒哩褐等三人則在關中。以擾隴蜀。偽蓋天大王等二人則在濬滑。以主簽軍。方漢高帝與項羽勝負未決之際。先用陳平計。委金四萬斤。疏間楚君臣。范增果疑不用。遂蘜其腹心。及垓下之敗。復下令得羽頭者。賞千金邑萬户。而魏太武攻臧質。質亦募得太武者封萬户。賜布絹各萬匹。竊意今兀朮而下。亦當委諸大將。多出金帛。擇機辯之士。縱為反間。仍各立賞格。謂如得兀朮者。賞某官田畝錢帛若

干。其次以是為差。明為勅榜。散揭於新復州。必有傳布。漸至京師者。縱未能使即相魚肉。豈不足壞散其黨。使攜貳乎。然後下詔訪耶律氏之後。以興滅繼絕。褒前日被誅七族之家。有能為之復仇。與山東兩河素自結集不屈於虜者。皆賜以官秩。他日大軍過河。以兵援之。有能立功者。裂其故疆。恩以分封。自虜并吞契丹。其故家大族。怨之深入骨髓。殘據燕趙。吾民橫被驅率。華面左衽。日懷憤怨。今知中國之威大振。異時虎狼塗炭之惡。無所復施。上下交疑。釁端易生。但有一從吾令。攘袂而起。則他皆死解。我諸將乘而席卷。此兼弱攻昧取亂侮亡。而前徒倒戈。攻後以北者。在是舉矣。臣區區孤忠。無所効勞。既聞輿言。不敢隱默。伏惟陛下。垂思採擇。

高宗駐蹕揚州。夢得為户部尚書。陳待敵之計有三。曰形。曰勢。曰氣而已。形以地理山川為本。勢以城池芻粟器械為重。氣以將帥士卒為急。形固則可恃以守。勢強則可資以立。氣振則可作以用。如是。則敵皆在吾度內矣。因請上南巡。阻江為險。以備不虞。又請命重臣為宣總使。一居泗上。總兩淮及東方之師。以待敵。一居金陵。總江浙之路以備退保。疏入不報。

李光乞修京城守禦之備劄子曰。臣恭聞仁宗皇帝以四方用兵無功。選用大臣。講求利害。召韓琦范仲淹對于崇政殿。琦等深慮夏人一旦乘勝。張犯闕之勢。求以河為界。則宜堅守京城。詔河北之兵接而不較。使進而嘗有反顧之憂。故脩京城者。非徒禦寇。誠以伐深入之謀也。當時天下治安如彼。而大臣謀慮及此。疑若過計。今狂虜恃兵力之強。劫質親王大臣。以三鎮為辭。勢必深入。則都城守禦之備安得不汲汲也。臣訪聞朝廷專委李毅開撩城濠。日役萬人。而將作監分管東壁樊家岡一帶六十八萬餘工。比之別壁工料最為浩大。

見役本監并步軍司人。兵不滿千人。兼聞本監長貳未差正官。張元幹書生。不足倚辦。欲望聖慈特降指揮。令李毅將所轄兵夫與將作監就城東駐劄。併力先從東壁開掘。兼新除少監并度見在蜀中。未有到任之期。乞速急選任有材幹官同共管幹所役兵夫。逐日興工。放散各依時刻。仍日輪從官及臺諫官一員躬詣檢察。庶幾早得辦集。敵人聞之。有所忌憚。不勝幸甚。

光又奏曰。臣伏見臣寮上言。以都城濬治金湯。修設樓櫓為非。已奉聖旨劄付宣撫司。都人傳播。莫不惴恐。夫衆保於城。城保於德。言君以德附衆。以功庇下。故能相依以衛社稷。則修樓櫓濬金湯嚴守禦之備者。所以安人心。壯士氣。以伐敵人深入之謀也。河東河北素號腹心之地。密邇王室。今虜人在境。諸郡僅能自守。萬一防秋不嚴。復成長驅之勢。則大河之險。理宜設備。而天子之居。廟社所在。號曰都

兵者又烏得泰然不為之慮乎。今天下之勢誠為全盛。以戶部之籍計之。主戶無慮二千餘萬。倉猝之際起而為兵。孰不響應。陛下愛惜民力。未欲輕動。已戒畿甸之兵為保伍之法。召東南之兵約赴援之期。蒐原野以簡師徒。鳴鼓角以聲弔伐。勒兵示衆。大見武節。所以示敵人之有備也。今議者乃專為邊河之防。而欲弛都城守禦之具。臣恐此說一出。內外騷動。居者無固守之志。虜人起深入之謀。非計之得也。伏望陛下明詔執政大臣。速議守禦之策。濬城壕。增雉堞。屯兵積粟。示彼有不可犯之勢。亦以慰安人情。保護根本。實中外之幸

孝宗淳熙二年。敷文閣待制周必大上言曰。臣竊謂安邊闢國。固在乎兵。然兵貴乎精。而不貴乎多。今雖日下招塡之令。而諸軍未嘗以為足也。昔尋邑百萬而敗於光武之千騎。苻堅百萬而敗於謝玄之數千。兵果在多乎。臣不敢泛引古事。姑以近日茶寇言之。四百輩無

紀律之夫。非有堅甲利兵也。又非有奇謀秘畫也。不過陸梁山谷間。轉鬭求生耳。自湖北入湖南。自湖南入江西。今又睥睨二廣。經涉累月。出入數路。使帥守監司路分將官稍有方畧。用其所部之卒。自可殄滅。顧乃上煩朝廷遠調江鄂之師。益以贛吉將兵。又會合諸邑土軍弓手。幾至萬人。猶未有勝之之策。但聞總管失律。帥臣拱手。提點刑獄逮易三人。其他將副巡尉。奔北夷傷之不暇。小寇尚爾。儻臨大敵。則將若何。臣聞去年冬。江東西諸郡同月地震。今年廬州大水。壞城中古橋。於占皆為兵象。萬一醜虜不諒。輒窺邊鄙。雖以陛下神武睿筭。破之無難。所慮和好歲久。宿將無幾。後來者於應敵之方。非其素習。必至仰勞指授。伏望聖慈預飭諸將。密修邊備。且令徧察所部統制官等。孰善謀。孰善戰。孰以廉平得士心。咨以名聞。簡在聖懷。備他日之用。但令將得其人。自然人百其勇。兵之多寡非所問也。抑臣又有私憂過計者。昨有自鄂州來者。云在彼見彗星出於西南。今者孛星亦在西南。夫事當象應之。在德陛下固當有以應此。然西南為坤維。坤維蜀也。消弭備禦。尤不可緩。比雖委范成大權充制置。然成都距軍前甚遠。深恐緩急之際。事機有不相應。願陛下速擇文武信臣。或別以撫諭為名。或專委節制之重。俾分憂顧。庶免後艱。實為大幸。

必大為兵部侍郎。又上言曰。臣仰惟陛下選將練兵十四年于茲。軍政日修。固非愚臣所當妄議。然千慮所及。則不敢默。臣舊聞鄂州一軍最號精銳。有紀律者。今夏統制辭彥詳統領梁嘉謨張嶼副將三千人收捕茶寇。其間一勝一負。所不能免。但聞師行無法。至有十百為群逃竄而歸者。臣嘗博詢其故。皆謂近歲多揀汰舊人。招收新軍。舊人曾歷行陣。備諳李法。新軍往往是游手。及有過犯之人。尺籍伍

符彼豈能知。前此新舊相參。尚猶可用。今舊人日少。遂致如此。李川不欲明言其事。只劾彥詳等調發乖謬。致軍兵亡沒者一百一十四人。陛下特降睿旨。將彥詳等遞追官資勒停自效。而又嘉川能舉其職。特與遷轉。信賞必罰。孰不勸懲。然而弊源未革。安得不為之所。臣愚。欲望聖慈徧下諸軍。除大段癃老疾病之人。毋得輒行揀汰。其新軍不特教之事藝。須令朝夕示以紀律。庶幾緩急之際。不致誤事。若乃久任將帥。使之揀擇偏裨。整齊部曲。此在今日尤為先務。惟聖明留神財幸。

淳熙十四年。知桂陽軍陳傅良擬進劄子。臣聞熙豐崇觀以來。用事者紛更祖宗之舊。以致夷狄之禍。今天下皆追咎之矣。至於重斂。不惟奉行不以為過。又從而附益之者何也。昔者以安費公以養官與兵故也。方今經費。兵居十一。官居十二。官未暇言也。敢言養兵。國初

州郡無禁兵也著在令甲自騎射至牢城凡名額二百二十三總為本城而已所謂禁兵者皆三司之卒分屯而更戍今之屯駐駐泊之名而鈐轄都監監押之官所部領也三邊之兵間因事宜升為禁軍者則所謂四十四處禁軍是已是為就糧自元昊叛而西北有保毅王倫叛而東南有宣毅於是列郡稍置禁軍至咸果既云多矣然亦無過大郡要害之處熙寧按天下廂軍之籍五十萬人而不知戰於是教閱之法起其後以廂軍團併為額則今之兩浙崇節福建保節之類是已教閱之兵因別為額而隸之將下則今之兩浙雄節福建廣節之類是已元豐兵令悉以雄節之類升同禁軍由是禁軍始遍天下方戍法之行也三司禁旅轉徙於四方而州郡廂軍大抵以供百役蓋勞之則易使散之則易養此藝祖神謀也自州郡各有禁軍而三司之卒不出不出則常坐食於京師常坐食於京師則必盡天

下之利歸之公上利盡歸於公上而州郡之益兵已多則其勢必巧取陰奪而後足於是養兵始為大患若今屯所諸軍亦何異本城軍哉特以三總領饋之而不節制於長吏為差異耳要之所謂韓家軍者今為京口人矣劉家軍者今為建康池陽人矣岳家軍者今為鄂渚江陵人矣向之數經行陣以功得官往往揀汰冗食於廟祠添差之類比所招刺例多下等父不離營兒女滋息稍食鮮薄類皆飢露當此勞辱最易撫摩臣愚以為此可以漸復祖宗舊制之機殆天授陛下也誠有為國家任是責者稍使不仰食於縣官以省月樁則經總制之名亦可以次第改正恭惟陛下不愛爵祿以待天下之士大官重權可謂尊寵至於養兵則國家被重斂之名而不得辭臣享其佚上任其怨臣竊不取也

寧宗時葉適上兵總論曰今事之最大者而當極論論之得其要而當先施行者一財也二兵也雖然財之所以為大事者由兵之為大事而已其舉措為興廢之決無先於此世之言兵者充塞爛漫可聞而不可聽可聽而不可行者無他焉言古者簡易徑省無兵之患而有兵之利然而接乎今之異勢異宜而不可用也則古者雖善而何益言今者繁密重滯有兵之患而無兵之利然而習乎今之既安既成而不可改也則今雖不善而何損雖然此非真擇利害以定取捨者也誠使真擇利害以定取捨則雖不必簡易徑省以慕古人之名而今日之兵其有患而無利曉然庸人皆能言之豈可不急圖而亟變乎蓋嘗慮之三代之兵衆兩漢之郡國管仲之內政隋唐之府衛此古人之美名也自府衛變而為召募召募之法壞而邊兵始重於是藩鎮之亂起收藩鎮之重勢而人主聚兵以自將為名竭天下之力以養之及人主不能自用而柄任已不專於諸侯矣則四顧茫然無

所統一於是內則常憂其自為變而外則不足以制患至於有莫大之兵而受夷狄無窮之禍此非今世之所謂實患者乎美名不必慕是各處其時之所能行者可以言智矣實患不能制是又不知其時之所當變此不可以言智也姑試言兵之常制以合今日之事者有四有邊兵有宿衛以為固者也群臣不考本末不察事勢忘昔日士卒奮呼專上無禮之患而反以為太祖之所以立國者其要在兵都於大梁無形勢之險而其險以兵夫都於大梁因周漢之舊而亦太祖擇而都之也使果恃兵以為固則連營百萬身自增之不待後世也其數乃不滿二十萬何哉不以兵強前世帝王之常道也況太祖之兵不滿二十萬其非恃兵以為固也決矣召募之日廣供餽之日增蓋端拱雍熙以後契丹橫不可制而然耳康定慶曆謀國日誤恃兵為固之說大熾不禁而後天下始有百萬之兵弱天下以奉兵而其治無

可為者矣。而上下方掦掦然自以為得計。為之治文書。聚財賦。盡用末世衰刻之術。取於民以啗之而猶不足。及其不可用。則又為之俛首以事驕虜而使之自安於營伍之中也。故王安石為神宗講所以銷兵之術。知兵之不勝養而猶不悟籍兵之不必多。教諸路保甲至四五十萬。陰欲以代正兵。正兵不可代。而保甲化天下之民皆為兵。於是虛耗之形見。而天下之勢愈弱矣。元祐廢罷保甲。史臣以為太祖設階級之法。什伍壯士以銷姦雄之心。兵制寖明。而百餘年無禍亂。王安石不足以知此者。實錄所載。蓋當時議論之本原也。雖然。王安石則信不足以知此。而不為王安石者。豈能知之哉。至於紹聖以後。則又甚矣。保甲復治。正兵自若。內外俱耗。本末並弱。大觀政和中。保甲之數至六七十萬。二法皆弊。名具實亡。故軍制大壞。而士卒不能被甲荷戈。平民相挺化為盜賊。幹離不始挾兵才萬餘。長驅而至。

莫有敵者。倉卒遣人召白徒以勤王。京師失守。則勤王之人寇掠遍天下矣。嗚呼。痛哉。養兵以自困。多兵以自禍。不用兵以自敗。未有甚於本朝者也。而議者猶曰恃兵之固。制兵之善。可因而不可改。可增而不可損。是厚誣太祖而誤國家也。加以四屯駐之兵。又皆所未有。以數倍祖宗之財用投於四總領之巨壑。而州郡又各以廂禁兵自困。侵削民力至於空盡。問其外禦則曰請和不暇。問其內備則曰倉卒可虞。統制統領總管路分鈐轄將兵之官充滿天下。坐糜厚祿。而兵未嘗有一日之衛。兵有大將屯兵。有州郡守兵。邊兵者因其地練其民。不待內地之兵食而固徼塞也。宿衛兵者因都邑所近之民。教成而番上。與募士雜。國廩其半而不全養也。大將屯兵者悉用募士。而教其精銳。全養之而已。州郡守兵者。以州郡之人守之。而不以州郡之力養之也。故兵制各行。而兵力不聚。然後百萬之兵而不困於財矣。故進則能戰。退則能守。而不受侮於夷狄。今也一之。邊兵募也。宿衛募也。大將屯兵。昔有舊人。而今募以補之。使成軍也。州郡守兵。昔之禁兵消盡。而今募其人名之曰禁兵也。四者皆募而竭國力以養之。是徒知募而供其衣食耳。此所以竭國力而不足以養百萬之兵也。力則已困。用則不可。故進不可戰。退不可守。百人跳梁。則一方震動。而夷狄之侵侮無時而可禁也。臣願陛下審慮定計。以分四者之兵。而變今日之法。不過二年。法行制定。財不足為大憂。而兵可用矣。

適又奏曰。自唐至德以後。節度專地而抗上令。喜怒叛服在於晷刻。而藩鎮之禍。當時以為大諦矣。然國擅於將。猶可言也。末久而將擅於兵。將之所為。唯兵之聽。遂以劫制朝廷。故國擅於將。人皆知之。而將擅於兵則不知也。大曆正元之間。節度使固已為士卒所立。唐末

尤甚。而五代接於本朝之初。人主之興廢。皆群卒為之推戴。一出。天下俯首聽命而不敢校。而論者特以為其憂在於藩鎮。豈不疎哉。太祖既稍收節度權柄。故汰兵使極少。給兵使極嚴。所以平一僭亂。威服海內者。太祖綂紀制御之力。非恃兵用。方今國未見有難治之弊。敵未見有難破之強。徒以自困於兵。淩遲重滯不能輕利。其一曰四屯駐大兵之患。其二曰州郡廂禁土兵弓手之患。去一患則得一利。一州之兵患去。則一州利。一方之兵患去。則一方利。兵患去則兵強。惟所用之。無不可者。陛下果決知此。豈有久而不革者哉。

適又奏曰。敢問四大兵者。知其為今日之深患乎。使知其為深患。豈有積五十年之久而不求所以處此者。然則亦不知而已矣。自靖康破壞。維揚倉卒。海道艱難。杭越草創。天下遠者命令不通。近者橫潰莫制。國家無明具之威信以驅使強悍。而諸將自誇豪雄。劉光世張

俊吳玠兄弟韓世忠岳飛各以成軍雄視海內其玩寇養尊無若劉光世其任數避事無若張俊當是時也廩稍惟其所賦功勳惟其所奏將校之祿多於兵卒之數朝廷以轉運使主餽餉隨意誅剝無復顧惜志意盛滿仇疾互生而上下同以為患矣及張浚收光世兵柄制馭無策呂祉以踈雋趣之一旦殺帥卷甲而適其後秦檜慮不及遠急於求和以屈辱為安者蓋憂諸將之兵未易收浸成疽贅則非特北方不可取而南方亦未易定也故約諸軍支遣之數分天下之財特命朝臣以總領之以為喉舌出納之要諸將之兵盡隸御前將帥雖出於軍中而易置皆由於人主以示臂指相使之勢向之大將或殺或廢惕息俟命而後江左得以少安故知其為深患者若此而已雖然以秦檜之慮不及遠也不止以屈辱為安而直以今之所措者為大功竭盡南方之財力以養此四大兵惴惴然常有不足之患

檜徒坐視而不恤也檜久於其位老疾而死後來者習見而不復知但以為當然故朝廷以四大兵為命而困民財四都副統制因之而役刻兵食內臣貴倖因之以握制將權蠹弊相承無甚於此而況不戰既久老成消耗新補惰偷堪戰之兵十無四五氣勢愞弱加以役使回易交賂債負家小日增生養不足怨嗟嗷嗷聞於中外昔祖宗竭天下之財以養天下之兵前世之所無有而今日竭南方之財以養四屯駐之兵又祖宗之所無有也夫以地言之則北為重以財言之則南為多運吾之多財兵強士飽事力雄富以此取地於北不必智者而後知其可為也今柰何盡耗於三十萬之疲卒襲五六十年之積弊以為庸將腐閹賣鬻富貴之地則陛下之遠業將安所託乎陛下誠奮然欲大有為於天下攄不可揜抑之素志以謀夫不同覆載者之深讎必自是始使兵制定而減州縣之供餽以蘇息窮民種

植基本於是厲其兵使必鬬厲其將使不懼一再當虜而勝負決矣兵以少而後強財以少而後富其說甚簡其策甚要其行之甚易也適又上奏曰廂軍供雜役禁軍教戰守弓手為縣之巡徼土兵則為鄉之控扼夫供役有兵備戰有兵巡徼有兵控扼有兵大州四五千人中州三千人小州猶二千人計一兵之費其正廩給之者居其一與因兵而置營伍將校其上則路分鈐轄總管者居其一與恩賜閱視借請券食者居其一與緣兵之蠹弊虧公病私者又居其一民之所謂第一等戶盡其賦入不足以衣食一兵今州郡二稅之正籍蓋以上供者及其所趁辦酒稅窠名盡以上供者朝廷既自以養大兵矣而州郡又以其自當用度者又盡以養廂禁土兵又有配隸之罪人牢犴充塞亦州郡所養然則財安得不匱而民安得不困乎夫所以養兵者為其有事而戰不為其無事而備也無事而備則必有不

養之兵而後可今養之於無事竭州縣之力以衣食之固非所以戰也則雖有百萬之兵而不免自貶為至弱之國乃其勢之宜然爾世之論曰養兵之患無智愚所同知然而不能去者不可去也不可去者動衆害事弊未除而亂先作也夫畏其動衆害事以為弊未除而害先作此固庸人之常情耳而以為養兵之患無智愚所同知則非也何者誠不知而已知其為患則早夜之所思命令之所出必使之至於無動衆害事可以除弊而不作亂以幸天下國家也豈必其如此而徒曰必動衆害事哉故不減宿衛屯駐之大兵則國力不寬不減廂禁弓手土兵則州郡之力不寬夫立法定制於重滯繁擾之中以困民為安強以耗國為仁惠以疲士大夫之精力為用材以人心益陋所守益卑者為遠識以不可舉動者為體國以養兵不戰為銷姦雄之心遂至於忘讎恥棄諸華廢天命褻禮樂失積衆弊而莫能

革者宿衞屯駐之兵困之於上廂禁弓手土兵困之於下而已陛下思之於外而不圖其內意行其所難而不實為其所易者何哉

負興宗上殿輪對乞廣招募劄子曰臣聞王公設險以守其國險之所設人之所畏也故蜀有重關之險扞蜀者莫若守關吳有長淮之限扞吳者莫若固淮若夫荊襄之地千里坦坦此四戰之地也外無長淮以闌之近無重關以固之無關無河是無以為險者矣彼有險者聖人常以為慮無險者信不可以一日無備哉昔者宋齊六代之間夷盜南顧屢作屢止不能窺尺寸土壤蓋是時此地為重鎮此地屯重兵故也然則荊襄㮣然無以為險者是當以兵為險耶況又春夏之間漢水可涉道路之多錯出可數自光化出次湖可以窺夷陵自臨汝出新野可以窺襄陽自唐州出棗陽可以窺西郢自陳州出宛丘可以窺光化苟無堅甲利兵厚集於此則深恐漢蜀之勢脈絡

未通首尾難應異乎常山之勢矣是則可憂者也臣愚伏望陛下曲軫宸慮起禍未形擇諸將中文能附衆武能威敵者經制此方且使以屯田為名徙內郡之兵增而戍之徙之不足又增募之蓋今荊襄之兵甚少而守蜀之兵一有外慮千里抽發未易致也或謂臣言朝廷於荊襄未嘗不擇將諸將未嘗不募兵臣以為諸將招募無術以負陛下委使者也臣自湖北所聞悉矣凡捕人補軍如捕逃亡給予虧約諸將之令既不自信矣人誰信之獨前日劉錡在京招募茶商凡數千人以充正額苟得其術曲折如錡則盜賊亦可招亦可用也況吾民哉韓琦曰招軍次第在人負不得侵取例物無他阻滯人自不闕如此則指數十萬緡得萬兵矣琦之言捨小成大之術也惟陛下下諸將增戍之外又益私例使廣招壯實庶幾一方即金城之固矣

興宗又乞恤義士劄子曰臣聞威惠偏廢不可以御軍軍法一偏不可以用衆使惠而無威則人不畏威而不惠則人不懷然後知撫士育人者凡以張吾氣而保吾威也使列將大校平時察察奴役其士歐驅其人則衆人披離居然已無足恃一有風塵之警則又有足恃乎臣謹據興洋一帶義士西蜀東道之扞蔽也其地險以厚其民力以武幼脫諸父母之懷其心皆可以義動可以勢役者是以紹興之初王庶在西邊極力措置凡城郭鄉社民各有戶戶各有等庶使分等以出丁分丁以代卒無事則更閱有事則出戍或與捐本戶之徭又與免本身之役恩意甚接科條甚具庶區區行此者非獨為保蜀計乃為保國計也是以南山控要害之衝義士熟識利害自生其地自戰其地人懷保妻子守墳墓之念宜其專也臣覩饒峯之役梁洋之役近時散閱之役義士與有勞焉朝廷悠悠而竟不知者諸將掩

之也有能以王庶之心為心則人有告矣然而逼者是曹寃抑類有四焉此邊將罪也蓋義士比諸縣弓手手力實無僱緡然官能驅之而使無辭者以元降措畫等第與免官業錢故也今則竄易文書實者未必得免免者未必皆實一寃也凡有戰事正軍堅甲顧避弗前義士楮衣驅以先進近時諸司有議增置甲楮量欲給之議一出口而劒內士民飛詞訩訩夫仰父俯子者劒內之士所知也一家接踵肝腦塗地如義士者劒內不知矣二寃也王庶之役義士也大閱則有食錢出軍有增給衣糧錢其有異功籍定名姓以次官使今義士捨農而出寒有而反勞則有矣飽則無之功則有矣賞則無之三寃也紹興之初義士戰已輒罷則各有一家之樂邇來官司無故占破俾之芻牧俾之負擔俾偕官吏往來之役且義士者謂之民乎謂之兵乎謂之民則不當私擾謂之兵則不當私役今一切反此四寃也

然以邊民有足四寇為將帥者忍不加慮臣愚伏望下四川宣撫司體量優恤如興洋等處曾實充義士之人被官私抑勒不與依數揹免家業錢者並許本名申訴即與揹免諸陣亡之家亦乞照應此例施行其本戶尚有餘丁乞更不差義士名目後有闕數於多丁處別乞抽補或當戍守雖令自備衣糧外亦乞今後更與減量本戶雜科名色務從寬厚其諸將州縣平日無故占破私役禁軍法務在必行仍乞取王庶初行約束二一相度撿舉庶於邊民不敢怨望其義士元有兵官統領一員將須數員亦乞下宣撫司選差為衆樂推如近時閻寶之徒自足為用又照得階成岷鳳鳳秦界上自紹興辛巳曾被宣司給散旗榜之人累有勞效被諸將掩遏未能申列者今後有願充義士名目亦乞比附興洋義士依次與免科徭庶幾西邊後有緩急增助官軍之勢不致危急得承平義勇之遺風伏望特出睿意詳酌臣言使邊人生路一開挾纊之恩肆徧非獨結西陲之心亦聖主仁不異遠之意也

興宗又議軍實奏曰臣聞天下之慮不在於軍而在軍實之不練軍實之不練猶無軍也練之不精猶不練也不練不精有司乃憂軍冗而欲去是却行而欲前也三代之初兵本於農農出為兵以農之有常數故兵之有常人一家各備一卒之用其有老者有疾者有單丁而無告者皆不役於軍及其有事官非役指衆之家即役少壯之士其勢截然如頭如足如臂指之相衛開闔進退無不為我國未嘗養無用之卒故卒甚精雖未嘗出泛濫之費故費甚省此三代之際所以綱紀四方百守而百全者率用此道也及管子治齊始變周制使都邑異鄉使兵民異處國中之士為兵故兵不與農郊野之民為農故農不知役管子之慮至此僅能謀齊而已甚非先王之故也然當是時令齊國之士軌連鄉長之法一軍不過一萬三萬即為全軍桓公用此以高步列國使諸侯弭耳聽令者猶以齊之軍實教之不繁而擇之不冗也秦漢之後事大變異矣兵卒皆以募効用致官居有營伍之制動有尺籍之拘最後又有黥墨之記彼一市其身於縣官雖老雖單丁皆終身而不得去若有司一旦欲去之有司為少恩矣昔者嘗聞之先儒曰兵自二十已上至於衰老不過四十餘年勇銳犯堅不過二十餘年若廩之終身則是一卒二十年無用而食於官也自此推之則養兵十萬五萬可去矣屯兵十年則五年為無益之費矣誠哉是言也臣觀秦漢以來兵冗而墮者常危兵練而精者常安如王尋役百萬於昆陽苻堅役百萬於淝水袁紹役四十萬於官渡哥舒翰役十數萬於潼關彼其中安能無老弱錯雜之卒又臨以好戰之將使斯民無罪而就死地者無恠也殊不知威武本助文德聖人使紀律

常嚴賞罰常信則人人皆賁育矣雖休息已足張其軍威何至於多且冗也恭惟我太祖皇帝被風櫛雨既定禍難西方又安取斯民而撫摩之天下備禦之卒不過三十餘萬郭進李謙溥之徒屯戍一方多者五千少者三千而已及太宗真宗皇帝軍額稍舒亦不過四十餘萬仁宗皇帝之時屯戍西方范仲淹歐陽脩之徒已有減汰之說矣皇祐中文彥博一言汰條揀軍凡三萬五千歲省二百四十餘萬此皆祖宗之成憲也今陛下天神天明法則祖宗常以招募精勇外謹屯戍為居安慮危之備以勵諸將德至渥也邇者令將帥招填務閱精銳頒甲樣製務令備具粲然統紀文德之功蓋已有於三代矣然臣竊慮遠路諸將循例畏謗冗散未去精勇未填此不可不深為之謀也臣觀軍興以來諸軍寄名挂字身居市井實不至軍其額尚存臣不知其幾人也闕額未填旋有亡者又有逃者軍吏未行刊落

主將亦多循豫或半匿而不申或時申而未盡臣又不知其幾人也老者病者請給之法自當減半今則庇覆溷亂終身廩之其無歸者官自當給其願歸者亦不得去至於老死妨占軍額臣又不知其幾人也如是三冗悠悠皆有可慮諸將軍實豈能得其實乎假使一軍三萬每一萬五千人若實覈冗病死逃者一千人三萬則為冗者二千人矣推諸路言之若有十八軍則共為老弱等二萬人矣一兵歲費百千一歲則為二百萬緡矣其間實有願歸者軍吏畧與賙給亦非傷恩者也況陛下身同堯禹節用勤身諸軍必不容暗冗之病臣嘗走邊為吏具得所見悉其如此不敢誣也臣愚伏望戒勵諸軍敢有竄匿私名以亂軍實一切禁之軍若有逃有亡軍吏不即刋落其私入者今後並許陳首與捐其罪不首則朝廷自有明法諸軍老病衆弱退有所依願為民者亦宜聽許若無依倚則方給半分錢粮上

不失恩下不失所此則兵之三冗可以漸去也臣又覩四川等處廂軍至濫夫廂軍者有事則可以備禁軍之闕其可太濫乎今諸處多剩孱弱或剩羸病一家或至三卒或至二卒止為州郡威儀而已間有無狀之吏終歲私役郡借則謂之差出之卒逐月納工匠事藝終身避免則謂之事藝之卒朝廷置兵本以衞民今之蜀中乃以蠹民患至深切君門萬里何從知之此賤臣敢為陛下申言之也臣今併望嚴賜聖旨如四川等處廂軍年十五已下強增歲月或羸或病以欺州郡自合並許州郡精加檢察然後入籍諸司諸州軍以事藝工匠為名吏或受取並乞以贓論如是則天下之吏不敢自私天下之兵不見冗濫各為徇公固本之計濟世之急務臣未見有過於此也

知池州袁說友上言曰臣一介疎遠頃者誤蒙甄擢叨守池陽陛辭之日聖訓丁寧俾之調護軍民宣諭統帥臣恭體德意惟知殫竭駑力以副臨遣之寵二年之間切嘗詢究軍屯事體凡涉於利害當否者粗知梗槩敢撫其今可行者三說以裨廟謨之萬一一曰久任統帥二曰選正副將三曰脩治戎器何謂久任統帥昔趙充國之制先零也年已七十宣帝猶信而用之綿歷幾二十年久而桀驁故能卻敵制勝威謀靡亢晉元帝既用祖逖方有誓清中原之志遽以戴若思代之而恢復之功竟以弗就是知將之與士要在於號令久孚恩威久信然後情勢相諳能否相悉凡是四者必俟久而後見固非以歲月之暫而可致也今閫外之屯各有統帥其始用也貴於詳擇其既用也貴於久任夫不計其才之可用與否而姑用之曾不歲月或以不職而報罷或以陞遷而移大閫彼以不職聞者固不必用然亦病於始焉之不擇耳倘其可用也則何必屢遷數易於上下方諳悉之時而遽易之哉將帥之職與文臣之職不同其一方之險便部曲

之能否士卒之強弱惟久而後知之知之深然後緩急得以信而用之今若軍中之事未及熟習或僅已習熟而未久已乃又易而他之則將之與士皆相視如適相遇者何翅傳舍之遷徙哉一有緩急將不知士士不知將能否不諳誰何不熟其不敗事者幾希臣頃守池陽嘗見統帥之數易矣將帥愈易而事愈廢徒以縻金帛之費重士卒之擾其於軍政毫髮何補此最大患也臣欲望特賜敷奏凡今外屯統帥始也貴於詳擇擇而得人則專於久任雖歲月甚久不以遷易使其熟於軍政之利害諳於士卒之能否安意肆志久於經理如治家務如辦私事藉使有勞可錄只須就職以遷不使他易庶幾得因久任一意軍政必有大可觀者何謂選正副將昔霍去病起於校尉辛慶忌起於校丞皆奮身偏裨卒為漢家名將然則偏裨小將政未可忽也今軍中陞差之法自副將而為正將由正將而為統領由

統領而為統制惟統制之職則猶俟樞庭審察而後得耳若正副將統帥所自選置者臣頃守池陽見軍中差正副將之時往往率以其職甚卑其權甚微似不經意而不知今日正副之將皆異日統領統制之儲也此而不擇則異日馴至而為統制果可用乎惟能遴選於始進之日則必能責用於既進之後毋忽於其小當慮於其後又烏可以職之卑權之微而遽忽之哉臣欲望敷奏明詔諸屯統帥應今後正副將有闕須詳加精選審擇忠勇之士然後差置朝廷時摘其一二俾赴朝廷試閱以察能否庶幾他日將帥之儲預擇於此少有緩急可以責效誠非細務也何謂修治戎器昔周家復古詩人先於備器械以戒不虞聖人本於除戎器蓋戎器者實軍政之先務也今諸屯兵器項目不一各以千萬計今雖卷甲未用然一歲之間既有風雨燥濕之候則戎器所藏豈無損弊脫落之患往往脩不以時雖

脩而不以法苟簡鹵莽姑應故事堆積損腐蟲鼠侵齧膠漆漶漫凡若此類豈可苟於脩製不加之意以時而除治哉一旦忽有調發物物損腐稍不可恃則其誤事蓋不少矣臣頃守池陽嘗見軍中解事者皆謂凡為戎器要當上則屋廬爽塏下則遠去地氣月葺旬治以時以法加意脩理方為可用今軍屯上下肯留意於此者恐未可多得甚非所宜也臣欲望敷奏嚴詔諸屯統帥凡應干兵器不必歲歲增添虛數目且以見在之數以時除治日脩月葺數視損壞如法脩理毋靳費出毋事苟簡毋為虛文仍於三軍每將各置爽塏之屋以貯器甲俾無損剝腐脫之患每歲命總領時以點閱試用保明具奏庶幾一有調發兵器可恃足以倚仗不致誤事親目軍中利害如前所陳倘蒙開納即賜施行寔有補於軍政天下厚幸

說亦又上言曰臣嘗聞傳有之曰惠則足以使人又曰德以施惠戰所由克又曰衣食足然後知榮辱凡此者皆謂撫存之於前則可以責用於其後而為吾所役者亦將舒徐悅懌願自表見自昔善用天下比皆如此而況於用兵哉臣竊惟今日最不能以自贍而衣食單窮妻孥凍餒養生送死一無可恃聲嗟氣嘆日甚一日知之而無能救之者則惟諸軍之士卒是已臣頃守池州兩年之間蓋嘗親目軍屯士卒貧窮怨嗟之狀且今士卒日給雖等數不同大率不過二升半米與百錢而已此固從昔定數何前日可以自存而今日遽謂不足哉臣固嘗詢之將帥其說自謂軍中事力與昔年迥不相侔上無寬裕之財可以輟惠而分給則下無非時之與得以周急而惠窮方昔年事力寬裕之時日教月習將帥捐金與帛以激勸事藝精者既賞志勸者亦賞而勇力進者又賞蓋無時無之而又其家有婚姻有疾病有亡歿則各將言之統帥悉有給與凡是數說皆起於在上

者事力寬裕故能時有惠犒今大不然統司錢物既有定數日就窶乏而措置料理悉所不敢是以上下煎迫秦越相視士卒合得錢米之外一毫無有安得不窮且困哉此則將帥自為之說爾然臣又詢之士卒及之衆論抑又有他說焉一曰支有減尅二曰米求出剩三曰縻於苞苴切聞軍中支請士卒錢米往往不即及時依數支散循習為例暗有消尅逮於支付各將散給士卒則合得錢米已有消折矣夫以毫釐之給豈堪復有消折哉彼數萬人之給人各有尅則衆少致多悉歸之他用矣此所謂支有減尅也大軍倉官支給米斛多有循習以求出剩月減歲尅自有定則有久而羨餘則為寬剩雖非明取實則暗積是皆瘠士卒之給以肥在上之須此所謂米求出剩也將帥之職悉本朝廷除授而居是職者懷無厭之望濟貪進之欲則苞苴權門取悅貴近往來於道習以為常皆以求足其所望欲彼

其苞苴之費固何所從出哉。下愈朘剝士卒以充其所用而已。此所謂糜於苞苴也。夫既以在上者事力之不裕。又困於三者之極弊。宜其士卒憔悴窮困而不能以自存也。是以人懷怨嗟非一歲月。則緩急之際。責其能効死力以濟國事蓋亦難矣。為今之計。欲以少寬士卒。殆未見有速効之策。臣以謂所給錢米自有定數。增之不可。無亦於前三者之弊亦可以少革否乎。欲望聖慈亟發睿斷。嚴詔諸總領所更切措置支散士卒錢米之時。使之各足其數。以時而得。毋令毫髮減剋。其大軍倉官支散米斛。不得剋下豐上。循習前例以幸寬剩。嚴戒諸屯將帥苞苴之弊。廣行覺察。一有違犯。重寘典憲。每遇朝廷除授統帥。陛差統制。嚴加訓飭。以警其私。庶幾知所戒懼。或能稍寬士卒窮困之苦。人知感奮。足以責其異日之用矣。昔漢韓信為將軍。多以恩拊衆。得士死力。蓋寬饒為司馬。遇士卒甚有恩。衛卒至數千人皆叩頭願留以報厚德。載在方策。皆其明效大驗也。惟聖主以是而命將帥焉。天下幸甚。

參知政事史浩奏曰。臣聞蒐田以時。詩人入詠。羽旄之美。孟子詳言。君舉必書。人皆稱善。蓋因農事之隙。當思武備之修。側聞翠華將臨白石。豈是留情於田獵。實將大閱於車徒。堅其執戈衛社之心。鼓其投石援距之氣。緩急之際。勤勞不辭。誠惟此圖。久闕聖慮。臣有鄙見所合冒聞。其事雖微。其體則重。衆所聚處。人必觀光。宜須嚴戒有司。俾之遴選精卒。去其兇邪狡横之輩。取其驍雄練習之人。犒勞務為均平。號令期於純静。庶使三軍之賈勇。了無一夫之向隅。然後簡厥馴良。寘之左右。環以衛士。列為御營。天尚灑道清塵。人必飛蜂走蟻。陛下入則登壇信誓。出則按轡徐行。理合謹防。誠非過慮。千金之子。尚戒垂堂。萬乘之尊。所當設備。其有驅馳得雋。倉從宜勞勸賞既行。風厲甚衆。使四　昭之盛事。不為觀美之虛文。臣有激于中。不能自默。伏惟陛下俯察拳拳愛君之意。特寬喋喋出位之誅。

趙汝愚乞於關外招刺義勇軍疏曰。臣契勘全蜀四路。三面邊。內黎雅文敘四州近歲頗有警擾。全賴勁兵遊處鎮守。且如黎州一郡。西有五部落。南有邛部川。西南有青羌彌羌。邊面二三百里。所當防守非特數處。然本州見管兵健有西兵。有禁軍。有義勇。有諸州戍兵。臣請一一為陛下言之。舊例每歲有屯戍西兵五百人。遇防秋則增戍三百人。其數非不多。其人非不勇。秖緣是客軍遠戍。逐歲更易。而不習彼中地利。又州郡以其是御前諸軍。恐萬一小有挫折。則虧損朝廷威重。自來秖令在城中防守。故方無事時。假其威名以之彈壓。則有餘。至於緩急之際。其實不敢輕用。此外有禁軍額管五百人。本司累行下本州措置招刺。而無人願就。見管三百五十餘人。有新招

義勇二百人。諸州戍兵三百五十人。共九百人。數內諸州戍兵自來脆弱。又緣數戰不利。至今其氣未振。所可恃者惟本州禁軍及新招義勇而已。然除本州存留人數外。其分屯諸寨人數絕少。稍有動靜。委是闕人使喚。臣到任之初。適值嘉州董蠻作過。臣不免於諸州調兵防守。要是烏合之衆。不敢十分倚仗。臣竊伏思念。陛下方規恢洪業。志復中原。若一旦有事北方。則西兵豈容遠戍。或者蕃蠻乘間伺隙侵犯邊疆。則朝廷不能無後顧之憂。此不可不預為規畫。臣欲措置於關外沿邊去處招刺強壯五百人。名為義勇軍。就成都府團結訓練。每歲輪差二百五十人於黎州屯戍。與黎州義勇同教。且使之漸習地利。留二百五十人在營準備。嘉敘諸州調發。庶幾稍壯軍勢。可以左支右吾。伏望聖慈俯從臣請。特降睿旨。將所招義勇軍許依黎州已得指揮施行。所有每月合支錢引。臣契勘臣本司見支義勇

餘剩錢內可以支破於戶部諸司錢物別無妨闕委是經久利便

汝愚又論諸州廂禁軍之弊奏曰臣伏見比年州縣之財取之盡而用之竭矣誠使所養皆所用雖竭民之力以求濟所用可也若所養非所用而竭民之力如是不已烏得不稍為之變通哉諸州禁軍揀不中人近降指揮並要分番教閱臣在兩郡累曾按試多是日前招刺之人或人材短小不及等格或年齒稍高筋力退惰終是武藝生踈不堪倚仗若一併揀充廂軍剩員重行招刺則州郡員額頓增愈難支遣謂宜分委逐路監司候秋涼日徧詣諸郡通選壯城廂軍之強壯以易禁軍之老弱令後廂軍有闕並權住招補每季終專委守臣蒐閱禁軍之老弱者以充其數禁軍有闕則刺新軍新軍復不如格則守臣專坐如此則數歲之間老弱漸去強壯日增於是嚴私役之禁申閱習之令異時朝廷有所征發則州郡不失為有備也其次所在廂軍尤為冗濫大率失於負額太寬故為郡將者初不甚惜往往替移之際容受請託於是有招刺違法之弊詭名冒請之弊冗占窠局之弊差借猥多之弊蠹耗廩粟無補公家臣謂宜審會諸州尺籍視其郡之閑劇而稍損其數異時略倣武雄等格而為招刺之法不及格者闕之方此財用匱竭蓋亦撙節浮濫之一端也惟陛下留神幸甚

敷文閣待制四川置制使范成大奏曰臣竊見天下將兵之政其弊甚矣竭諸郡之力以養兵未為不久而終無可恃之勢朝廷不時下令督責纖悉州郡類若漠然者其故何哉不揣其本而齊其末不揆其力而課其功雖日下一令猶無益也臣比自廣入蜀皆承乏連帥之職實嘗躬督屬部不遺餘力才藝自振者十不二三廢惰自如者比比相望然其勢難以盡劾誠見州郡之力亦有不可得而彊者焉

緊欲修明將兵之政則須招填闕額葺治器械准備激犒三者舉非徒手可辦今皆缺然無力以及之帥漕二司又不與之通心商略徒以文移責辦何異於說河畫餅者哉臣愚謂宜行下諸路帥漕臣逐一詢究某郡闕額若干當如何招募器械之闕及弊壞者若干當如何葺治一歲之按閱若干當如何激犒三者各以是何窠名錢物應副如逐州皆有樁備則立之程式以觀厥成如委無可出當從帥漕司措置應副不得已則為申明朝廷量度支賜以助之而後可以責軍政之實矣臣伏見陛下費財以養軍勞心以定制其於天下將兵豈不望其有一日之用而州郡實未嘗講明其故臣不敢隱默冒昧略陳之

成大知處州又奏曰臣伏見國家於屯衛正兵之外別令諸州自募禁卒故逐路皆成全師規摹深矣法意中弛戎備久缺陛下聖武布昭沉幾遠馭大蒐軍實以壯國威又嚴諸郡教閱之法今則器仗顯設程課精明郡始知有兵兵始知有戰不增募卒之費坐獲成軍之實甚盛舉也臣竊詢宿弊尚有二端一曰簡閱未精二曰營伍未立何謂簡閱未精按禁軍著令惟郡守兵官得破不堪披帶之人充當直外其餘百役專用廂軍向來一槩混役禁卒各有事務未嘗講武自陛下修明軍政以來此等或憚肄習之勤勞或戀司局之優厚率作緣故降就廂軍春秋二揀百計不赴其尤黠者則徑降剩員終身不揀是以禁軍尚有怯弱廂軍反多強壯事體倒置識者不平此弊未除恐負陛下強兵之意何謂營伍未立按祖宗舊制營房損漏兵官不得替移霖雨經時有司先葺營寨中間雖嘗申嚴州郡漫不加省有營無屋有屋無人帶甲之軍雜處閭井晨出無期會暮歸無點集蹤跡難制號召難齊甘苦難知真偽難察一旦調發如群市人雖

有法制。何緣紀律。此弊不振。恐妨陛下制軍之法。欲望聖慈嚴飭揀兵之官。執法從事。飭諸路見管廂軍剩員。不以是何官司盡數揀點。仍先立寬限。必須呈身。若臨期託病。或申差出。卽時開落。勿復容情。精料其可為勝兵者。十必三四。其司局占破尚是禁軍者。亦可改正。仍令所在修葺營房。部領遷入。各具了畢月日上聞。夫簡閱精。則人材可恃。營伍立。則紀律可行。二事具舉。成軍隱然。惟陛下令之耳。

歷代名臣奏議卷之二百二十四

兵制

宋孝宗時。知太平州洪遵乞存留揀中禁軍劄子曰。臣仰惟陛下銳意武事。恢復之志不懈益虔。區區防江固無所事。然備豫不虞。古人所戒。臣照對本州控扼大江。去和州才五十里。最係衝要緊切之地。雖有采石一軍。專聽建康都統節制。江面闊遠。如裕溪大信魯江口等處。自中興以來。大將劉光世。劉錡相繼屯駐。劉彪陳敏又李顯忠繼之。最後督府起發諸州揀中廂禁軍來此。乾道元年以後。始無屯駐之軍。切見建康池州既有大軍。逐州兵卒例免起發。又添諸州揀中人。本州與兩州事體一同。止有揀中禁軍四百二十七人。依准指揮盡行起發。不惟水潦之後。或盜賊乘虛竊發。正恐邊臨大江。軍勢單弱。無以彈壓。委有利害。欲望聖慈特降睿旨。許與存留。免差本州路分團結。臣逐日按視教閱。依舊置造軍裝。以備緩急調發。臣仰冒宸嚴。無任昧死。

遵知建康府。又論軍士展俸劄子曰。臣聞漢高祖初興。所下之令。有曰。軍士不幸死者。吏為衣衾棺斂。轉送其家。四方於是歸心。史氏以為美談。故能蹙秦殪楚。數載而有帝業。則此舉誠有補哉。仰惟陛下奮發剛斷。舉殿中精兵十數萬移戍金陵。威武之聲震懾華夷。豈特以繫中原之望而已。然臣聞諸道路。軍行非時。溽暑之所陶鬱。泅流之所濡滯。雖得善達。而閭盧痹濕之不戒。疾疹相乘。死亡不絕。甚可憫也。臣涖官之始。精治藥劑。括責醫工。從百輩差官監督。延門診視。又使胥徒籍其數。邇來安愈浸多。惟是軍校亡月俸隨。而倚閣貧者皆有餓莩之憂。臣愚欲望聖慈特降睿旨。採西漢羽林孤兒之制。酌聖朝軍士暴露之法。令後死者量展一月之俸。其子十五六歲以上雖未及等仗許令揷板招刺以須其長孤幼無主者官給錢米撫養庶幾轅門之中人人感恩一旦驅之鋒鏑視死如歸而死者亦將結草於地下矣臣觸冒宸嚴惟陛下財幸

虞允文上言曰臣被奉元降指揮委臣同吳璘措置招軍買馬臣於四月初到璘軍前與璘共議於陝西募兵以忠義敢勇爲名已先議定賞格及月給錢米施行外據璘與臣說自收復秦隴一帶之後修明弓箭手舊法給舊管之田罷虜中創取之租既因其習俗人皆樂爲本朝用目今漸見成効臣因筭計敢勇請給以萬人爲率歲費川錢引二百餘萬道若募者出於迫殆則新歸內附之民一咈所欲恐失其心而國用有不繼之憂不可不先事而慮臣嘗熟思今日陝西事宜惟蕃漢弓箭手舊法實祖宗寓兵於農萬世之長策若推廣而行之以盡反虜之虐政則民有占籍之田田無輸官之租而歸正之心堅官無養兵之費歲獲因糴之利而生財之道廣以至人免招刺之擾得以安其故習而新集之俗自定公私共利誠爲今日之宜已即具事因奏知去訖臣與吳璘商量雖令諸軍分募其不願應募之人不得抑勒仍以弓箭手法團結西人比者又收復熙蘭等州通前後團結之數已及二萬六千餘人而王彥一軍自今年四五月以來招徠忠義人及大漢軍亦及六千餘人兵日益廣國用無不給之憂士夫之論皆以爲得募兵之上策而臣與吳璘見亦優立重賞刺收願應募者以助軍勢以補軍實所有戰馬臣於兩月之間已買及千餘匹並是及格闊壯有腳藝成熟堪戰用者而新復邊郡所買之馬皆未至約至秋冬之間可及一百綱粗見就緒見將御進馬於今月初九日計綱節次起發外所有諸軍戰馬已先具奏乞降分撥軍分去處以憑遵依施行去訖伏乞睿照

允文又上言曰臣比奉聖旨同員琦拍試諸軍臣遵依御札凡人馬器甲一一盡躬親呈閱節次增入隊之兵及五千餘人臣又嘗念荊鄂兩軍皆精銳可用惟是從來習學弓弩大段滅裂蓋自去年十月後不住督責至今來拍試升起斗力者已五千餘人其七斗八斗弓力既不能以及遠又不足以破甲又次等鎗手占數頗多臣亦已選摘併令改習勁弩共得六千人合舊管強弩手并臣所募神勁弩手可及萬五千人而強弓手不與焉假以旬歲長兵之利何戰不克蓋虜之所長者鐵騎官軍之所不敵中國之所長者勁弩虜兵之所甚畏也識者惜此兩軍積年不留意於此臣已面諭新習弩手人自今分月拍試時以銀幣激犒之務令斗力增加路放精熟以待陛下恢復進討之用臣已具細數附員琦進呈外今先以總數別具札子奏知伏乞睿照

允文又上奏曰臣准三省樞密院劄子坐王彥劄子乞將判鄂兩軍人數教鎗手四分弓弩手各三分臣即將去年冬至今二月節次改撥教習之數紐計見今鎗手已不及四分弓弩手各及三分以上仍委人各教用短鎗已於負琦回日開具奏知訖臣竊詳王彥所陳謂禦虜騎衝突莫如強弓勁弩委合今日事宜止緣未曾筭計改撥見今教習之人以致分數多寡卻有差互今來更不須別有加損且依舊人數教閱務令斗力增加以備戰用如將來有挽踏不進斗力低小之人卻令改作鎗手以足四分之數臣已將兩軍見教三色人分數比較多寡別具劄子進呈仍行下兩軍施行外伏乞睿照

允文又奏曰臣奉聖旨撥照臣今年四月劄子乞以宣諭司招軍例物錢下四川諸州打造衣甲應付宣撫司團結陝西弓箭手使用劄臣照會聖德昭明聖慮洪遠采臣末議特賜施行豈獨除治戎器以

收恢復之功而至仁涵覆不忍使新附之民赤身以冒矢石心誠所被天人交歸全陜之衆聞風効順戴恩効死必有甚於前日契勘臣五月初元奏係備坐吳璘所乞臣之言曰若年歲之間造得一二萬副則璘軍前可得精兵一二萬人之用今朝廷所行雖多節文尚載年歲間之語而立限止一月立賞又厚雖出朝廷措置以副邊方之急臣恐期會急促州縣因緣希賞生事伏望睿慈下宣諭司別行措置依臣元奏施行伏候睿旨

允文又奏三衙兵虛冗之數曰臣伏奉宸翰以趙良輔葉衡劄子曲垂宣示眷注至厚伏用感懼臣觀所奏論古今用兵之勢與虜中盛衰成敗之機曲折隱微頗識其要甚有可取誠如聖訓至其所論今日諸將多有扇懦衰老之人虛占兵權心驕氣滿惟戀富貴萬一用兵豈能危身為朝廷了事臣竊以所聞所見其說尤得今日弊端累

日而思於自治之策誠為先務且以三衙一小事易曉易行者畧言之三衙之兵自六十以上至七十八九歲幾一萬人人之月給約以二十千則歲費二百餘萬緡以財為不足惜猶可也虛占兵額闕誤指準若一旦求為力戰之用可乎此蓋因具兵籍年甲乃能得此一事爾如弱者幼者病之固廢者籍之虛冒者皆未得而窺測計算也倘主兵官不屈於富貴果有志百戰百勝之功亦豈肯因循度日於軍政之易曉易行者不自修飭之至於如此乎古之名將不忍委曲彌縫偷目前之安必思勉策憂勤圖後日之用者無他以其根於忠與智故也若無忠與智於事之小者尚不能少自着見事之大者又可知矣臣之至愚因良輔之言竊有所感慨伏惟皇明所照盡得良輔言意之表更加聖慮於三衙之近使凡所謂軍實者悉無所欺隱則大江而上抵於漢蜀一軍一屯孰不警惕悔懼各新其圖各實其

務以奔走陛下之號令而趍事赴功乎近者不理一有誕謾則遠者急而無所不至亦人情之常不可不察也良輔又欲陛下多方求才不以品類必用度外之人雖幾於自謀然兼收遠取積以歲時未必無所得或以謂若於樞密院創一科目專以備中原人材或取其器識或考其議論或驗其勇力藝能之類涵養而作成之緩急之用必有可觀者況因減吏員之祿而用之於此於有司歲計亦無所傷損也亦乞自睿意采良輔之說而裁酌之良輔劄子二件謹復進入所有葉衡看詳許子中茶引年限推原政和四年八年所立法雖與今引面所載販茶半年一季之限文意各明事不相戾欲乞措置有定議別具奏呈伏乞睿照

允文又上言曰臣自發池州後去闕庭益遠全不知近日消息雖遡江遵陸行均房大山中未嘗不矯首仰望雲天之上萬里寸心悲然

如擣夙夜無以自寧伏准今月十二日庚牌遞函蒙睿慈寵頒宸翰臣下拜奉讀切知淵衷開釋聖躬清明臣手足抃蹈不勝宗社生靈之慶利州兩路諸軍之弊聖訓所及悉不逃聰聞臣漸近蜀境所聞日多其甚可憂者失軍心也失軍心有二藏私與貪也諸大將子弟親戚錯處於軍中廩給於公上而經營其私計占白直者不下百人私役使者又不下百人能振其職者未聞一事而蠹其事者果不一也以至回易之兵方出營寨借使之役交與甚者餌之以私錢而掠無窮之息又甚者使之私務不問其得利之多寡使耕私田不問其逢年之豐凶不一如約則逐月尅錢糧春秋拘衣賜遇有教射或調發則盡沒其犒賞不足則監繫囚禁籍其家而不恤所以敢如此與東南軍不同者以去朝廷遠也士伍日以貧武藝日以荒理必至於如此而又一將一副或黜或陞或去或留賄賂公行請託成風既不

計功過不問老壯不擇才否則兵律之弛縱軍政之不修亦理之必
至也雖上下相習以爲當然牢不可破若威令必行豈容不革其間
有事理闇昧人情危疑未能斷然便施行者事亦不一如聖訓所及
德順退師喪失不少然詢之於衆咸云當時不敢以叛亡盡聞蓋乙
承甲允甲之老小家業官資悉以付乙虛數固少而冒請者多但歲
月既久夫婦之情得男女之愛成勢須求得其術以漸而革之乃不
至於駭政也聖訓以任天錫營私臣未到金州已得其六七興州之
兵六倍於金州不知其能知足知畏亟自悛改否尔臣今日到竹山
拍試戍兵閱實其數會大雨未果俟此至金洋興元之後當先至興
州然後往利州買司處節次別具奏知聖訓又以吳勝愚暗固已無
逃聖鑒之明如欲別議易置誠不可不蚤定但未知何人可以當選
或聖意已有所擇欲望睿慈略賜密諭容臣細加審訪密以奏聞蓋

命令一下利害不輕既弊於覆奏又不容於數易也今年四月興元
兵逸閑事果有之近據任天錫申已捕獲與人亦有自歸者似不可
不慮陛下前所賜宸翰以爲主帥不得人所致嗚呼聖慮自無遺矣
臣感陛下不允之遇苟有所見不敢隱默爲自固計伏乞睿察
允文又上言曰臣准金字牌遞伏蒙聖恩賜臣御札一封天光下燭
知遇訓勉有加臣下拜感激之餘伏惟陛下聰明英武洞機料敵舉
無一策之遺當虜情未得群言交戰而聖斷獨[illegible]不惑不疑視自古
大有爲之君固已遠過至於曲折調護以待今日事勢之白著群疑
自亡而大勳可集此又古所未有臣前奏引漢文臣謂中興之業誠
艱難所以歎陛下經營圖回之不易也臣愚闇豈能識今日事宜但
千載休期遭逢不世出之主思欲竭其一得之慮少圖萬分之報有
不能自已爾伏讀訓辭所謂觀其變絕其使嚴其備練□兵猶欲靜

以待之大哉王言德威兼用待虜之術得帝王之萬全而聖慮所及
以虜師驕惰今秋必戰令軍中多置馬軍弓必勁硬料敵制勝之道
殆盡之矣荊鄂兩軍所患者馬數絕少士挽弓七斗八斗者甚衆臣
比因呈閱盡令改教勁弩於負犄回已具人數畫一劄子奏知并乞
給降勁弩又截留馬綱以足兩軍二年內合得馬數又於今月十日
具奏以虜兵內徙爲歇泊之計發民料馬以俟秋冬入寇則必勝之
算未一之備凡在我者不可緩也臣區區管見偶合淵衷凡臣所乞
必已蒙睿察曲賜施行至軍中役使措魁之弊與夏初休息之期臣
自當悉力推行仰副陛下惠愛三軍之意臣自去秋獨留襄陽軍政
之外別無餘事雖疾病中亦不敢輙自懈逸如員琦初到時臣疽發
於髀亦必乘馬出入終日坐教場細至打硾弓弩斗力亦是一一親
臨不敢分委官屬正恐一有欺弊不獨上辜使令亦失臣盡瘁竭力

圖報陛下之初心伏奉聖訓荏益當書紳朝夕圖惟不敢失墜伏乞
睿照
允文又上言曰臣伏蒙睿慈遣中使賜臣親劄諭以今日宜料理事
尚多未覩別有密奏昨日諭左相與卿事莫似爲可行否臣伏惟陛
下以禮接下以聖屈愚恩遇殊異之意感激涕交集不能自已臣雖至
闇敢不盡其一得之微以圖萬分之報臣嘗總觀今日之事其當輔
進主德搜選人材生養百姓涉於大體者除日固多隨事盡心苟可
輸愚臣敢不力而事幾之急莫急於兵財如使兵冗而財未裕雖太
平至治之時尚不可以國況外有強敵之變內有水旱盜賊之備而
事之最大者世讎未復輿圖未歸南北生靈未底於休息聖慮宵旰
不一頃刻暫忘者乎如揀軍一事臣先[illegible]奏陳三衙之弊已嘗面奏
欲革弊事以起諸軍之歡心因諸軍之歡心以去積年之冗籍兵自此

強財自此裕已蒙皇明洞照即賜施行但與膀未出之間議論者或危或懼或是或非及三衙以拘收諸庫務四易雜役之人謂諸軍自此更無貼支更無激犒以作諸軍之怒論議又益皇駭歸咎於臣而不知臣前一日已被旨施行矣及三師至都堂頗有慍容臣以一言開曉之咸欣然而去今閱日已久三軍之士惟有一喜搢紳之間遂見異論然後危懼者安而是非者定事之微末尚且如此非常之元又當如何如揀軍一事誠是今日之急務但恐群言紛紛危懼是非有甚於前日初行而亟罷也今詔旨中出委曲宣諭朝廷之上百官之間當無異辭臣今日已與陳俊卿梁克家熟議來日面奏事底于成在聖斷先定審於初不移於終而已自古天下之事未嘗無弊天下之弊未嘗不可去人臣有憂國愛君之心必忘其一身之危以任衆人之怨者無他弊事可去而國事可立也如使積怨於身而國事

不立徒使他人得以市恩而自神則失其憂國愛君之初心若不肯默默充位必稱病告免而去蓋忠憤所迫則富貴可輕考之方冊可鑒可數者甚多也伏惟陛下日月之明於萬幾之事察見必照無所遺隱而聖德無我急於聽言若言者之心無所朋比無所苟且無所希覬而咸歸於正則假情於直亮者無有也托辭於仁厚者無有也詭計於安靜者無有也三者疑似之間實今日士大夫之大弊惟陛下深察之則兵可強財可裕仁義禮樂之事可次第而行陛下之志庶幾於可伸而臣惓惓欲報之大者庶幾於有立也臣迫於憂國愛君之誠抵突天威伏乞睿察

左司李椿奏曰臣切惟兵者戢干戈衛社稷未可廢也然則國用未豐民力未裕養兵當養有用之兵不當養無用之兵臣欽惟太祖皇帝以仁義之兵定天下刱立軍制階級之法兵布諸路可謂至善而以謂無用何哉三衙衛士江上之兵荊襄之兵蜀邊之兵有用之兵也諸州廂禁軍諸路將兵無用之兵也蓋承平百年之後子孫相承人不知戰安於姑息而驕矣兵官難得其人不唯難得亦奪其權故私鬭則喜公戰則怯宣和之末靖康之初固嘗集天下將兵悉不戰而潰因而作過者多矣紹興辛巳王權之敗諸州禁軍先潰也步司輒潰而逃者亦諸州禁軍也甲申冬定山之軍獨不能守者亦諸州禁軍也此皆有思歸之心無前戰之志所以致敗猶為有說至如湖南之寇駱科胡邦寧李金廣西之寇王宣謝實皆緣將兵禁軍敗事而致猖獗必待遣發大軍而後定江西福建皆然不唯無用平日則欺壓良民緩急則崛強難制國家廩賦生民膏血養之非徒無益也臣以謂無用之兵豈厚誣之哉臣愚以謂有用之兵當益無用之兵當銷銷之之術惟逃亡不招二十年後天下無無用之兵矣將來息

兵之日以邊上之兵分屯諸路亦不失太祖皇帝之本意也願陛下容與大臣議應守臣陛辭之日戒之不必降指揮使由之而不知天下幸甚伏乞睿照

信州守王師愈奏曰臣聞古者兵農為一揀其可用者用之汰其不可用者悉歸之於農故無後患之可慮後世兵農為二揀汰得其術則可用者固為之用苟失其術則不可用者適足以為害蕭倪銷兵之覆轍不可不監也臣竊見比來揀汰諸州縣土軍弓手似未得其術乞為陛下言之昨因建康掌兵官建議盡將諸州土軍弓手選為三等強壯堪戰者為第一等老弱疾病為第三等上不及於強壯下未至於老弱疾病為第二等選之甚精未為失也因降指揮令將第二等三等人盡行抵換別招人填補既而稍覺其未盡善續降旨揮又許揀汰人有子弟卻行招收如無子弟方許召募填闕諸州各已

奉行第三等人自知老弱疾病甘心揀汰不敢怨尤若夫第二等人雖及中年筋力尚壯久在營寨熟於事藝生其鄉土諳於擒捕亦有屢經出戍臨陣曾著勞効見有資級頗善部轄者雖使新招少壯之人未必能過之況以揀汰之初亦有一時暴病今已安愈者若一旦弃之不唯可惜且恐其失業無歸迫於飢寒輕則犯法禁甚則為盜賊其為州縣之害必矣切見今年六月間江西建昌軍南城縣吴十三等嘯聚被揀汰放停之人不勝而願從者已多有之幸而吴十三等未幾殄滅不然亦非小寇也臣伏覩乾道令節文諸軍有戰功應放停者雖不堪部轄征役聽免放停減充本指揮不管事看營剩員又令諸軍有戰功應減充剩員者請給各給半分昨來建康掌兵官申請一例抵換於條令未為無礙臣愚欲望聖慈行下有司將諸路州軍已經揀選第二等土軍弓手再委官重行揀選如土軍元因暴病今已安愈果是強壯堪征役者乞與存留元因戰功補資級今來筋力未衰熟於事藝善部轄慣擒捕者亦乞存留其間委有戰功不堪征役者乞照條令減充剩員給以半粮如無戰功尚堪征役者令州軍於廂軍闕額數內收留至於諸縣弓手既無剩員半粮之制其第二等人亦乞揀其可留者留之庶幾揀汰抵換之人各得所歸不致他時為州縣之害

楊萬里上疏曰臣聞天下之兵必有所歛有所散有所歛所以集天下有用之士有所散所以去天下無用之人不集其有用則兵不強不去其無用則兵不精明乎歛散之說而兵制無遺策矣臣請言歛之之說蓋歛之之說古之為歛者處其一今之為歛者處其三何謂一蓋三代之兵出於農此所謂一也兵出於一古也然可用之於古而不可用之於今也蓋三代之時內守以諸侯外守以四夷無敵國

之兵并無匹夫之崛起故其兵以心而不以力以義而不以詐其所以為勝者非後世之勝也以吾之仁勝彼不仁以吾之義勝彼不義不待行陣而勝負決矣故所謂一者古可用也何謂三曰召募曰子弟曰盜賊此所謂三也然古雖未用今不可不用也今夫兩軍相當詐力者勝則夫三者之兵不可以不用也非惟不可以不用也亦不得不用也毋以天下觀之而以一鄉觀之今夫一鄉之中有所謂良民者有所謂黠民者耕而食織而衣循循以為謹厚默默以為忠信犯之有所不敢校而辱之有所不敢怒此良民也不耕而求飽不織而求溫平居博弈飲酒以肆其不逞而有急則椎埋剽奪以快其意此黠民也夫良民者誘之以為非固有所不敢而強之以戰鬬之事則亦沒世而不能黠民者放之則其竊發有所不可制而收之以為兵則其為用亦不少今欲棄其為用而不少者而強其沒世而不能者無乃交病也歟且黠民不收之以為兵其背老死而不動乎抑將猖狂潰冒以至於大亂也夫與其至於大亂孰若收之以為吾用哉何則收之以為吾用則其猖狂者不施之於我而施之於敵其不肯老死者不用之於姦慝而用之於功名此駕馭姦雄之至術也故其所謂三者今不得不用也如是者豈可不擇其所以歛之者耶臣請復言散之之說蓋散之之說有實未嘗散而宜散者有實已散而名不散者實不散而宜散者冗兵也實已散而名不散者虛兵也何謂冗蓋以十人而擊一人則十者衆一者寡矣宜乎十者之勝也然一有時而勝十則老壯之異也以一人而擊百人則一者愈寡百者愈衆矣宜乎一者之負也然百有時而當一則勇怯之殊也老壯之相去至於相十而勇怯之相遠至於相百而吾則一之是則一軍之上既多補少而計之食者十而兵者十之三四也無事則蠹國而有事

則敗事。朝廷亦何便於此也。此冗兵實不散而宜散者也。何謂虛。盖其名存其人亡。其人亡其食存。夫有名而無人。無人而有食。則其食鬼食之耶。則亦有私之者矣。某與某死者也。而某籍則生也。某與某逃者也。而其籍則居也。某與某未嘗募而至也。而其籍則已募也。彼執籍以責吾食。而吾亦按籍以餽之食。一軍之士。而子虛烏有之徒居其十之三四。是故縣官有實費而無實兵。主將無實兵而有實利。主將則利也。於官利乎哉。如是而國不貧。民不病者無之。此虛兵實散而名不散者也。如是者盍亦講其所以散之者耶。今朝廷召募之法行。故鄉里之黠民有所收。子弟之軍用。故營壘之黠者有所泄。盜賊非大惡者不殺而貫之以為軍。故山林之匹夫不至於為亂。殺而擇之將皆卓然可用。此斂兵之至計也。朝廷既行之矣。雖然猶有可散者。臣願朝廷每歲不測遣侍從臺諫一人忠而有望者出諸軍

行視而檢押。則虛冗之弊可以少革也。盖行視必於教閱之地。而檢押必於司籍之人。何則。軍之老壯勇怯雖不可以盡見。而教閱之地亦可以槩見焉。至其死生亡存雖不可以遽知。而責之司籍之人。則彼莫不知焉。從其可槩見者而沙汰焉。從其莫不知者而開之以首實。待之以賞罰焉。則冗者何患於不散。而虛者何敢以復存哉。去冗去虛而實兵見矣。此散兵之至計也。夫與兵在人。用兵在術。練兵在法。臣之所謂斂散者。是則練兵之法也。

萬里又曰。臣聞計天下者不可以狃於利。亦不可以懲於害。狃於利而必為者。害至而不思。懲於害而必不為者。利必有所遺。議者皆曰。鄉兵之法不可行也。民樂於為農而不樂於為兵。奪其所樂而強其所不樂。時則有擾民之害。以農為兵。非其習也。守則潰。戰則奔。時則有敗事之害。彼見石晉籍諸州鄉兵。謂之武定軍。而民不聊生。是以

曰擾民。見石晉置兵謂之天威軍者。竟以不可用而罷。是以曰敗事。知此而已矣。不知夫有不擾民而安民。不敗事而成事者也。天下未有無害之利也。天下而有無害之利。則誰不能計之者。利於一必害於一。越人生於舟而行之以手。燕人見而悅之。歸而以手行於塗。未有不匍匐顛仆而可笑者。燕人而為越人。固害也。越人而不為越人。豈不害哉。議者見燕人顛仆之害矣。未見夫越人千里咫尺之利也。民不同地。地不同利。逆其不同而同之。使燕人而為越者也。因其不同而不同之。使燕者為燕。越者為越者也。今夫民之生。有安地。有危地。生於安地者。以危地為懼。而生於危地者。亦不以安地為慕。內地之民。仰父而俯子。安居而暇食。至有老死而不至州縣。不識官吏者。而況於兵革乎。邊地之民則不然。朝而春熈。暮而凛秋。今日之安集。明日之離散。自內地之民視之。何可頃刻居也。而邊地之民。寇來則支。

不支則移。寇去則歸。夫曷不遂徙以避。而何樂於歸也。非樂也。勢也。魚以淵為歸。鳥以林為歸。夫豈以燥濕而相易也哉。故夫鄉兵者。臣以為行於內地。則不可。行於邊地。則何為而不可。觀其寇來則支。此已有鄉兵之資。不支則移。此已病於無鄉兵之助。寇去則歸。此已有樂為鄉兵之意。上之人迎其意。乘其資。而成其助。則鄉兵之法有不難行者。得其人。講其術。而行以漸。荊襄淮甸之民。皆韓信背水之兵也。故田單以掘冢墓激齊人而破強燕。周德威以土兵據險而制契丹。祖宗以河北鄉兵而備北虜。盖以國守邊。未若以邊守邊。何則。人自為守也。夫人自為守者。守不以城。人自為戰者。戰不以兵。守不以城者。以人為城也。戰不以兵者。以心為兵也。彼石晉者。欲舉鄉兵而行之天下。則過矣。民不臨危。必不肯遺其安。民不見死。必不肯捐其生。以不危不死之民。而望之以不安不生之事。此石晉之鄉兵所以

擾民而無用歟雖然懲石晉之擾併與其不擾者廢之懲石晉之不得其用併與其有用者棄之又過矣臣嘗愛班固山西出將之說以為隴西諸郡迫近羌胡民習戰備故風聲氣俗高尚武勇此說得之夫山西出將非天也地也地迫於夷狄而民習於戰備則何地不山西也哉或曰淮民之脆非山西比也是不然宋武帝之取關中非借兵於西也陳慶之之取河南非募衆於北也兵豈有常地哉顧所用耳且黥布之兵能使高帝亦避其鋒非淮人耶李陵與奇材劍客蹀血虜庭非楚人耶而可謂其脆也哉昔周世宗之侵唐也淮之民方苦於唐政而小民相與聚山澤立堡壁以農器為兵以楮為甲而周師屢為所敗唐地多為所復當時謂之白甲軍者是也夫民苦於主而猶能拒敵況愛其主者耶百人操兵而攻一虎者虎勝一夫荷鋤而遇一虎者人勝非百人之弱而一夫之強也鬪而得地者勝不得地者敗局謂地死是也地有所必死則勢有所必奮勢有所必奮則鬪有所必力一夫者居必死之地此其所以必生也彼百人者既以生地自居矣焉得勝故古之善用兵者以死求生而不以生求生邊地之民亦死而求生者耶雖然行鄉兵之法於邊地者亦不可自官行之官行之則擾私行之則樂官行之則敵必疑私行之則敵不知兵所窺使緣淮郡縣不禁土豪之聚衆挾兵而又陰察其才且強者禮而厚之時有以少蠲其征役或因使之除盜而捎一官以報其功庶幾邊民之樂於戰一旦有急敵人未易南下也

廣東提點刑獄林光朝奏曰臣竊見摧鋒一軍在廣南東路所至彈壓居民自定然兵勢合則壯散則攜合則氣張散則衰且竭也今摧鋒一軍有二千七百八十七人分屯二十四處韶州重兵八百四十七人樵爨廝役負輜重守寨柵者嘗過三之一昨來次賊侵近本路界上摧鋒一軍擇其可戰者不過四五百人其他分屯或百里或三數百里或遠在千里之外檄書調兵非一月不可致也賊入南雄則必走循梅循梅賊故巢也賊入韶之仁化則其他州郡且將戒嚴矣以摧鋒四五百人分布南雄及韶之仁化則守之為不足若欲併在一處即此賊輕狡是必乘虛而來二百里之中首尾且不相及一或蹉跌更無別項策應之人當是時若此不宿留於禾山之下直來嶺外即勝負未可知也偶遷延歲月調兵俱集統制官路海嘗語臣曰若以倍擊之尚憂不勝臣以是韶州屯駐一軍更須增添數百人然後可以制倉猝矣太平長樂二鄉見屬郴州此為李金出沒之處其地稍瘠其人易動歲一不熟即有攘臂輕生之念汀贑循梅四州抵界處椎牛宄埅之人率聚於此前歲自循梅望雲山多至十百人剽掠潮惠間此為可縱而不問也韶州重兵所制倉猝使之每每待一月之程然後可以集事則亦已無及矣若此一處更增添數百人即倉猝有警不須調發可以成禽也然漕計已窘實無以給此增添之數臣欲望睿旨截自來年取會本路出戍荊南三千人闕額衣糧及陞轉官資已撥在諸州或前後事故之人歲可省緡錢若干以給此數百人為是軍久遠之利也臣於警急之間見此利害甚為迫切實非過計也

光宗時周南進兵論曰臣聞貪將以刻剝致怨已然之事舉世皆知之賢將以閲習而得謗則人或未諭臣請論之臣聞紹興罷兵之後御軍者豈必皆賢為兵者豈盡知義良由立功以後隊伍多是崇資俸賜各各溫飽是以軍政不問寬嚴士氣無不和樂今兵不用又三十年一軍之中白身而經轉資者不能什一經轉資而得補授者不能百一日請百金而謂之行伍者四居其三口累衆多衣糧不足議

者以為若欲少振士氣必須先得其驩心然軍中犒賞每患無錢朝廷特支不可數得為統制者方懼致怨何敢復問軍政之廢墮故以擊刺則不必精騎射則不必習為軍士者亦且利其放縱樂其安閑巧者治其工作技藝黠者蒲博鬻買下者鬻薪織屨以贍其寒餓怨有廉勤之將稍有撫循之意不過因其閱習計其斗力賞以金錢以示優厚然官給之弓旣殘之矢損壞則有決罰請納則有糜費自為而私置之則所得不足以償句呈月試筋力已窮非時抽試豈能盡中往往相視怨尤以為反不若偷墮之無事若更有繕修役使則怨且怒故昔以貪將而軍怨今以賢將而謗生蓋久逸而憚勞勢則然矣臣聞西陲若階成和鳳之兵有不曾得帛衣其身者而主兵之官未嘗不嚴亦未嘗敢怨則以其人習於麤糲之故也今三衙周衞長子育妻衣服浮脆無異都民視沿江諸屯尤為驕墮故日給以錢月給以粟四口以上又特出補助之給往往其貧悴如故陛下若欲修立軍政則所當講求者非止一事若謂增軍中公使之錢禁役使勞苦以優易其力亦足以少寬賢將之所憂矣

寧宗嘉定十一年知江州袁燮上便民策曰臣聞國以民安以兵彊民安則國安兵彊則國彊矣今日群盜之陸梁豈惟民心之搖亦由兵力之弱禁軍廂軍弓手土軍徒有名爾勇怯混殽能否無別閱習不嚴武藝不精驅之以當劇賊如羔犢犯虎狼爾非其人固如是也涖官者不以是為急因循鹵莽以至於斯也臣自始到官深知此弊嘗因去秋大閱以銀為的募能中者給之究日無一焉則喟然嘆曰竭民脂膏贍養此輩將焉用之乃奪兵官之奉合其卒伍教之射藝無日不然臣亦躬按試之第其能以班賞月至于三兵官激昂奮勵勤於閱習始還其奉臣復攷覈軍實檢柅姦欺自去秋以至于今削

其籍者百六十一人未暇招補始以其贍養之費賞軍兵武藝之精者自是人多善射每按閱之時射中者其密如櫛而破的者亦無慮數十能者喜於受賞不能者恥其不若皆有勇奮之心夫同此兵爾向也拙今也巧向也怯今也勇向也有軍兵之名今也有可用之實教與不教其相遠如此哉夫武藝不可一日弛閱習不可一日緩漢之名將嘗修攻戰之具受命引道未出於一日之間唐之伐蜀命將啓行亦不越於辰卯之頃皆由閱習有素倉卒之際不待辦嚴可出此所以能取勝也夫人豈有不可教者哉孫武立談之間能使深宮之女左右前後跪起皆應規矩繩墨而況軍人乎作其勇敢之心移其驕墮之習人人精銳威聲震疊雖有桀黠之寇敢窺吾藩籬哉惟聖主渙發明詔俾天下守臣皆以是為職業申命監司時時察之其能與否懲以名聞而賞罰加焉此弭盜安民之至計也臣不勝惓惓

燮為都官郎官輪對劄子曰臣竊惟今日之急務固非一端而備禦之計尤不可緩夫胡運既衰覆亡無日決不能與中國競而臣以為備禦不可少緩者何也曰北虜我之深讎也靖康之變恥莫大焉復讎雪恥今其時矣彼有可乘之機而我無乘機之具四顧愕然逡巡退縮得無為姦雄所窺乎故識者深慮之然則何以為備禦之計曰是非一事也精思熟講凡可以壯國家之勢而折姦雄之心者無所不用其極始可謂有備矣臣不暇殫舉始即古人所為宜於今者為陛下言之臣聞古之制兵自伍法始休戚利害五人同之戰則相應難則相死雖至於甚衆而是法如初故曰治衆如治寡諸葛亮制為八陣以後為前以前為後四頭八尾觸處為首敵衝其中首尾俱救雖司馬懿之雄未敢爭鋒亮歿而後追之楊儀反旗鳴鼓而懿不敢逼蓋以後為前亮之遺法也雖百戰而不可敗是之謂常勝之兵今

之諸將能深曉此法乎古之任將者自閫以外將軍制之軍功爵賞不從中覆李牧之爲趙將也吏得自置財得自用其饗士也日擊數牛多設間諜周知敵情非財用有餘何所取辦今之任將能如是之專乎非獨此也募兵之精強能引弓四鈞挽弩九石旦及日中得二千五百人有如馬隆者乎兵食之豐饒能於六七年間積三千萬斛爲十萬衆五年之食有如鄧艾者乎軍實之夙具能如吳漢朝受命夕引道無辦嚴之日乎民兵之可用能如李抱真之昭義步兵教之三年悉爲精卒乎凡此六條粲然具舉豈不甚善若猶未也則是備禦之討猶闕如也而可不亟圖之乎臣聞戰守無二道威聲雄畧可以決戰而後可以固守虜雖內訌我難遽動則是未堪戰也其能守乎昔者謝安相晉未嘗輕用兵也秦師垂至遊賞自若桓沖深以根本爲憂遣兵入衞安郤之曰朝廷處分已定兵甲無闕西藩宜留以

爲防秋已定無闕之語則知講之有素備之非一日矣以將則良以兵則勁以財則裕倉卒之間隨取隨足未戰則有備既戰則有功此臣所謂戰守無二道者也欲望陛下神武奮發明詔股肱心膂之臣圖回長久安強之計兵雖未用而有可用之實戰雖未勝而有必勝之資俾六師之衆若蛟龍然可以蟠可以伸其蟠也足以固吾圉其伸也足以復舊疆雖有姦雄莫窺其隙此長久安強之計也惟陛下留神省察

燮又奏曰臣聞用兵一事雖至治之世所不能免況國威未振國勢未強之時乎以言兵爲諱以安居爲樂變生不虞無以禦之其爲計踈矣自北方擾攘流民欲歸附者甚衆而我慮開邊隙皆拒絕之有至於殺戮者流民之怨深入骨髓虜知其然必激怒之曰此地無所得食南朝又不汝容遷延日久必將自斃盍亦就糧於彼界乎方民餓之一聞斯言躍然從之勢之所必至也嗚呼事已至此尚可苟安於無事乎尚可以言兵爲諱乎臣聞自古善用兵者攻其所必救彼方擾吾邊疆而吾舉兵北向欲擣彼虛回顧其後必解而去從而躡之腹背受敵此誠制勝之奇策也不知出此而戰於境內不敢有所侵越兵氣已不揚矣又安能決勝乎春秋時晉陽處父伐楚以救江漢建武中賊有董憲者自郯以兵圍蘭陵蓋延龐萌請救之光武勅曰可直往擣郯則蘭陵自解蓋郯者憲之所必救也唐太宗圍王世充於鄭竇建德救之其徒有凌敬者說建德鳴鼓建旗踰太行入上黨徇汾晉趨蒲津如此則關中震駭唐必還師自救鄭圍自解建德不用其言卒以取敗後太宗伐高麗江夏王道宗曰高麗傾國以拒王師平壤之守必弱願假臣精卒五千覆其本根則數十萬之衆可以不戰而降帝不能從卒貽後悔由是觀之今日整軍而北廼所以

攻其必救保護淮甸也且彼猶能侵疆而我不敢越界巍巍中國而殘虜之不若臣竊爲聖世羞之雖然殘虜瀕於滅亡而猶敢爲是舉何也蓋窺我朝以仁厚立國未必有用兵之意且激怒流民附益其黨爾今王師北指宿亳已伐其謀且復多方傳檄曉諭流民汝等中原遺黎本吾赤子久淪腥羶豈不相念曩日之不汝受且恐邊隙一開反爲汝累爾豈意殘虜輒敢叛盟乎自今以往有能取一郡一縣以來歸者即以郡縣之地與之開以大信許以世襲離其黨與孤其軍勢解遺民之怨怒振皇宋之威聲獨不在今日乎古人有言日中必熭操刀必割惟陛下英斷不疑

寧宗時袁說友上言曰臣聞事至而爲之備患生而爲之防此古人之深戒也必先爲之防而豫爲之備則其應天下之變有餘矣書曰惟事事乃其有備有備無患傳曰備豫不虞古之善教也然則防患慮

患其可僅為倉卒之應乎自累月來剽聞敵境多故困於遠戍其敗亡與否雖未可必然在我豈得不為之備乎譬之盜發於鄰人之家則吾之固藩籬嚴扃鐍以豫為之防者誠不可緩也今日之所豫備者莫先於修軍政而軍政之最切者尤莫大於治軍實夫軍實者武藝車徒器械是也春秋之時以數軍實為軍政之先務臣嘗得之於宿將謂軍中如弓弩手如鎗刀手皆有陞加等則此武藝之要而謂之軍實者也弩手之高強者則有四石五與五石焉其用鐵搭者則加以三斗矣弓手之高強者則有二石五斗焉鎗手之高強者則有五百六百擴者焉刀手之高強者則有格鬬屢勝者焉力愈強則斗力擴力愈高矣有此武藝則有此陞加與之增食錢增衣賜所增多寡視其藝之高下凡此者統帥等日試月比每季屬之總領親與審拍從實陞加陞加既畢即增請給然後士卒激勸勇者思奮強者竭

力平居無事程能校藝日溫月習有增無減一遇征行莫非強勇之士摧鋒陷陣斬將搴旗無下可者若不激勸於無事之日一旦緩急旋求其孰為勇孰為強何可恃也今江蜀諸屯豈不知此而陞加之法百不舉一臣知其說矣軍中既無餘力總司復無餘財私恐陞加既多月給必廣既有攙設復添衣賜自度無以辦此不復散事激勸遂使士卒有勇莫施有力莫見人材沉鬱緩急無用豈不深可惜哉臣竊謂諸路總司前十數年往往財賦所在充牣供軍之餘所積甚富近年浸皆窘乏不知何以遽至於此臣亦略知端倪矣總所胥吏與鈔鋪實表裏焉務場監官恐有歲終虧分之罰而胥吏紿監官曰每鈔一道當減若干錢則客旅即至矣遂墮其計於是鈔鋪挾百十萬之本者盡皆入錢場買其實客旅皆用元價且復增錢就鈔鋪買鈔而去官中所減之錢亡慮一二十萬盡歸鈔鋪胥吏之家矣歲歲

如此其滲漏不可數計也年來此弊尤甚而淮東則又甚焉使總計者酌見此弊深懲而痛革之則可以歲收所減之金以充陞加之用蓋甚不乏矣臣愚欲望睿斷詳酌臣所奏深以陞加之法為軍政急務行下諸處統帥將弓弩手鎗刀手每日比試籍定斗力石力與擴數格鬬勝數最高強者候至一季取最高者不以人數多寡令總領同統帥親與審試不得徇情須從實陞加犒設外照格增添請給等具名奏聞仍仰總領所措置財賦考覈吏姦關防滲漏以供軍之餘充陞加增添錢物等使用如將來遣官點試見得武藝果是高強者統帥以下當議推賞如更蔑裂今來指揮即當重寘典憲諸軍士卒亦皆踴躍自奮願以勇力競相呈露一有邊警以此遇敵臣知所向無前矣此蓋軍實之最切者若平日無以豫習而臨時乃姑欲應卒焉其為誤事非臣所敢知也惓惓之忠惟陛下財幸

陳耆卿上殿奏劄曰臣聞有郡縣之兵有邊陲之兵邊陲之兵可急而不可緩者也郡縣之兵似緩而實急者也厥今郡縣之兵其數不為少矣養之之費不為不夥矣若是者欲其衛民以固吾圉也雖然豈惟是哉脫有緩急則未免以其所以固吾圉者而施之備塞是郡縣之兵即邊陲之兵也臣昨以庸駑披兵浙東足跡回環粗訪底裏大率以養兵為困者以練兵為急老者合汰也今懼其汰而先嚮諸人豈論其人之可兵邪物故者合去其籍也今不去其籍而改刺其子弟豈論其子弟之可兵邪補之不度其材教之果有其法猶之可也今教之果何如哉夫所謂路鈐之按閱者歲一及境而已雖曰親其畧而不能心知其詳也其勇其怯其工其拙要在講之以豫而持之以久否則虛名而已矣以一射言之甲能而乙不能人所知也至射則不能者或中而能者或不中蓋其私相替易以誑主兵者之觀

聰。甚可罪也。幸而察之固無害。不察則能者不賞而不能者賞矣。觸類而觀。其他固可想也。蓋兵有敢死之氣而後有必生之理。平居肄習。既同兒戲。猝有調發則聞金鼓而慄。對妻孥而泣。而曰我將就死者也。夫既自以為就死則安望其却敵而生邪。夫古人之兵有所謂以一當百者。貴精不貴多也。今若是雖多無益。臣愚欲乞聖慈嚴飭諸郡。每於補刺之際研覈惟謹。以痛掃曩時之弊。至於簡閱一事。兵官詳督其目。守臣親提其綱。兵之勤惰。兵官得以賞罰之。兵官之勤惰。守臣得以賞罰之。其有才藝精好者。優加旌別。歲上其名於密院。本路鈐總且時出不意以點摘按視之務使人人自奮。出爪距以扞國。以之長城江淮。清風河洛。無不可者。惟陛下留神。

兵部侍郎虞儔上劄子曰。臣竊見國家廩給軍食。內而三衙外而諸屯以至州縣廂禁土軍皆是就倉打請。昔藝祖皇帝定制。京城諸軍。

其營之在東者受糧於西倉。其營之在西者受糧於東倉。南北亦如之。蓋不欲使之驕惰。且習熟其筋力之勞也。其用意深矣。臣往年假守平江府。照得管下常熟縣許浦水軍。其移屯之初。亦是令軍士逐月赴縣倉打請。行之數年。有建議者。乃謂軍士負米。未免少勞。累糧靠艤。未免自備。或遇陰雨。未免滯留。請使本縣起綱。州府差官運司支破船脚之費。按月裝發輸之于軍。朝廷從之。行之至今。日見其害。夫軍士安坐以食。飽食而嬉。習成驕惰。此一害也。綱米在途。夾雜濕惡。不堪食用。此二害也。船戶偷盜。監繫日久。破家蕩產者甚衆。此三害也。軍吏緊量。欠折又多。縣道填償。不已。此四害也。為今之計。莫若令軍中自備舟船。盡以前來雇船水脚之直畀之。輪差隊將赴縣倉支撥。則軍士每月習於舟楫之勞。不致驕惰。給其水脚之直。抑又有所補助。綱運可以關防。不致夾雜濕惡。船戶免於偷盜監繫。縣道免於填償。欠折軍中既自運糧。河道淤塞事體相關。且將自為開浚。利害所在。灼然甚明。伏望聖慈特降睿旨斷然行之。使復國家之舊制。不勝幸甚。

宋理宗時許應龍進故事曰。李抱真為懷澤路觀察留後凡八年。籍戶三丁擇一。蠲其徭租。給弓矢。令閑月習射。歲終大閱。第其能否而賞罰之。三年皆為精兵。得二萬人。既不廩於官而府庫實。遂雄山東。李德裕為鄭滑節度使。徙劍南西川。至則率戶二百取一人。使之習戰。貸勿事。緩則農。急則戰。謂之雄邊子弟。臣謂民兵可用。勝如官兵。蓋邊陲之民。耳稔乎鉦鼓之聲。目熟乎旌旗之容。迫近敵境。而閒探素審。從事鞍馬。而弓矢素精。因其所素習而教閱之。亦其所樂趨者。況又激之以犒賞。孰不知勸。兼屋廬妻子皆欲其保護。其自衛之計尤切。今為之糾合使之捍禦。非特國之利。亦民之利也。故民兵之用尤為得力。若夫出戍之兵。雖給之生券。而居非其鄉。有思歸之念。無

勇戰之心。驅之使前。雖不敢避。然一聞少衂。弃甲而潰。尚何望其用命哉。李抱真昭義步兵足以制山東之變。李德裕雄邊子弟足以捍南詔之強。其成效大驗。蓋可攷也。為今之計。官兵固當激厲使之精銳。而民兵尤宜糾集然區處民兵。要必有法。蠲其力役而使之安。教以技擊而使之熟。擇其精銳而重賞之。則感激而思奮。統以隅總而倡率之。則緩急之足恃。抑有所當察者。出戰則民兵當其鋒。勝捷則官軍爭其賞。既無所獲。誰肯效力。是以雖有民兵之名而未底安邊之績者。其患實緣於此。必於奏凱之際為之分別。官軍有功則賞官軍。民兵得勝則賞民兵。所行既公。其誰不服。但州縣之吏尤當戒其侵擾。使平時既失其心。則警急曷望其助。知此數弊為之處置。則孰不樂為吾用。比者官軍間有敗衂。闕額未補。若就沿邊招募於勢尤便。蓋其人精獷又習戰鬬。使之戍守。不惟省生券之費。又且無調發

之勞。一舉而兩得。實因時施宜之長策也。欲望明詔制閫。速作施行。庶邊疆固。而國勢強矣。

應龍又進故事曰。昔司馬光上書言兵務精不務多。歐陽脩除三弊言兵不在多。當以計取。范鎮論益兵之數。言兵不在衆在練之如何耳。且謂景德中契丹內寇。西夏不服。時兵不滿五十萬。西備北禦。沛然有餘。儂智高寇嶺南。狄青卒能取勝者。蕃落數百騎耳。此兵不在衆之效也。臣謂用兵之道。不在乎多。而在乎精。精則可以成功。多則適以蠹財。老弱不汰。訓練不嚴。驍勇者無以旌別。怠惰者泰於安養。是雖有十萬之兵。而未必有五萬之用。徒費廩給以耗國計。竟何補於戰守之大計哉。今京襄創殘。淮蜀凋瘵。強虜迭出以縱橫。國勢日淪於委靡。分閫者則曰兵少不足以捍禦。不容於不招。謀國者則曰財殫恐無以供給。每重於增收。請求不已。若不聽從。一或敗衄。咎將

誰執。故或增一萬二萬。或添五千三千。撥緡以與之招。造器以給之用。目前之費尚可那融。至於米糧生券之須。一兵之費。每歲奚止百千。增至一萬。則費百餘萬。使選強壯之人。拘以教閱之法。旌其勇銳。懲其怠惰。苟有微勞。厚加激勸。或由行伍而陞之卒長。或自小校而陟之隊將。孰不踴躍求以自見。如此。則兵皆精兵。雖五千之人。可以當萬人之敵。不明乎此。而徒日增兵。老弱者收之。短小者刺之。祇欲充數。既入軍籍。不惟訓練之不嚴。又從而私役之。或占優閑。或使回易。被堅執銳。既非素熟。望敵喪膽。誰敢向前。如此。則雖增十萬之兵。第為廩稍之蠹。內則每憂於窘匱。外則無益於捍禦。不此之察。而聽其日增月益。倚以供億。倘或不贍。寧免生變。為今之計。見在之兵。則揀其驍銳者厚給之以旌其能。汰其老弱者半給之使不失其所。新招之兵則拘以等仗而脆弱者不容進。教之技擊則強壯者必向奮。

庶新舊之卒莫不可用。又激賞以作其氣。陞差以酬其勞。至於剋敵有功。則復不次擢用。兵不冗則不至於虛費。技既精則可資以決勝。安邊固圉。強本折衝。將無不如意焉。何外患之足慮哉。雖然。兵固當精。而將尤不可不擇。苟非其人。則激賞之無術。至於臨敵。則進退之失宜。雖有精兵。亦不能用。必取其多多益辦。而士卒樂為之用者。使之揔戎。庶戰必勝而攻必取矣。

知漢陽黃榦上結保伍奏曰。臣竊見國家比年以來。講求邊備。寖為詳密。然臣竊以為外侮固所當慮。而內患尤所當憂。今之內患。莫甚於人心渙散而無統。嘗觀成周比閭族黨州鄉之法。上下相維。脉絡相關。防隄密而姦宄不生。法制嚴而馴服有素。是以人心有所統攝。而緩急不敢以自肆。後世保伍之法。猶有成周之遺意。然州縣之間。未嘗舉行。不過保正掌追胥。戶長掌租稅而已。以一家而總數十

里之地。以一身而任數百家之責。又每一二年而輒易。此豈足以揔攝人心。使之久安而無變哉。臣嘗為臨川令。當開禧用兵之後。隅官之法未盡廢。其法以五家為一小甲。五小甲為一大甲。四大甲為一團長一里之內。總數團長為一里正。一鄉之內。總數里正為一鄉官。一縣之地。分為四隅。每隅之內。總數鄉官為一隅官。以察姦慝。以護鄉井。行之三年。人以為便。今者蒙恩假守漢陽。適值大旱。細民艱食。脩舉荒政。遂推行保伍之法。戶籍多寡。蓄積有無。皆可得而周知。然亦但為荒政設耳。不敢大有所更張也。向使熟議而力行之。則維持人心。防閑變故之道。無以易此。況湖右之地。皆五方雜處之民。主訟麤豪姦盜伏藏。往年虜未入境。嘯呼成群。剽劫閭里者。皆此曹也。使保伍之法既明。則人心素有統屬。亦何至於肆行而莫之禁耶。故知保伍之法。乃所以總攝人心。防閑變故。而為緩急之慮也。苟法制素

守人心既孚因其農隙教以武事則五兩卒旅軍師之制可以漸復而戰攻守禦之習亦無不精不惟不使至於為寇而又足以禦寇亦何憚而不為乎臣所陳果有可採欲乞行下制置司詳議施行

幹又上修軍政奏曰臣竊見州郡之間有廂軍有禁軍非獨以備使令蓋將使之執干戈以為攻守之用江北之兵視江南內地為尤重臣獨怪江北之兵反不若江南之有紀律朝而來暮而去甲之名已承之丙又承之累數十人無非甲也累數十年無非甲也十人之中無妻孥者七八苟於趨利輕於犯法屢懲莫之悔也緩急之際求其不相抵而為盜已為幸矣況敢望其備攻守之用乎臣守漢陽嘗觀諸軍之請給廂軍月糧五斗禁軍倍之夫五斗之米不足以供一卒一月之食薪蔬之費已無所從出尚何暇為妻孥計哉春冬衣賜則以鐵錢折支視中州所得五分之一耳夫衣食足則知自愛所施者厚則其報之者亦然今待之如此其薄是驅之使為不肖也臣到任之初廂禁軍各添支月糧五斗復與之料錢數百嫁娶生育則助其費疾病則給以藥差出日久贍其家無屋可居則為營寨以處之向之單身無家者皆有顧為之室者矣到任一年輕於犯法者絕少而逃竄者則絕無也以此思之則前日不為吾用者責有所歸矣臣愚以為有一郡必有一郡之財賦誠能撙節用度務防滲漏以修軍政當務之急莫先於此臣前所言三事皆本軍所以行者非敢自言其能也因其已試然後見其可行不敢為挺提嘗試之言也敢輙僭陳之以俟採擇

幹又上奏曰臣竊見漢陽軍地居江北實吳蜀之咽喉武昌之藩蔽財賦窘乏兵籍單弱反不若江南之一小縣地逼諸臺費倍他郡廂禁軍通約五百人而總漕兩司占破其半其餘以備差使猶且不給尚何暇教習以為守禦之備乎若欲廣行招募則事力既乏無以給之今臣愚計可以不費錢糧而坐得數百人之精卒以為州郡之用竊見本軍有鐵錢監一所置監之初每歲認額十萬貫臣到任之始覈實其數累數年間樁積極少問之監吏則曰所鑄之錢僅足以充監卒請給之費守臣雖任提督點檢之責而其權乃屬淮西坑冶司任其事者自有監官出入多寡守臣不得而問焉弊之有無臣不敢知也獨竊見鼓鑄之卒不下三百人類皆伉健可用月有廩給供贍頗厚非廂禁軍比也若以錢監之權屬之湖北漕司而使守臣掌其收支出入在監之卒悉聽守臣之節制不惟監中之弊可革而數百人之卒可以助州郡之軍額鼓鑄之暇教以武事而為緩急之備此所謂不費錢糧而坐得數百人之精卒計無便於此者如臣言可採乞行下湖北轉運司相度施行

兵部侍郎曹彥約奏曰臣竊惟今日事勢可憂者非一端而外證已見者莫急於淮甸若外證已見而猶欲以安樂法治之人知其非計也臣來自山林不知朝廷事體不敢問淮甸軍籍但聞道路之言以為應辦於忠義軍者常多而饋餉於正軍者常少今又主將受辱親兵戰敗營寨喪於熒攸財帛蕩於席卷積年軍器為之一盡方且多求賞帖動以萬數虛張冗食有增無減雖欲處之以安靜示之以不疑而國用空虛彼所親見其徒寔繁慢心易生不可不亟圖之也建立宣閫猶慮張皇增兵維揚易生釁隙若置之不問又非所以為國然則江內之事疑慮所不及處不可不豫為之計也金陵陪都從古為大朝會中興陰制境外率在於此必須選用實才求其少壯氣銳可以久任者為之守博采後進求其忠實可以倚仗者為之屬使之行其所學條具本末移前時饋遺之禮廣賓客以召豪俊叅軍前服

削之弊招効用以來勇銳深思遠慮以定其謀超石拔距以作其氣多者得十萬人少亦不下七八萬人有增兵之實而無增兵之迹有討賊之備而無討賊之名一則可以壯內地二則可以制外侮三數年後鼓動群聽然後覈忠義逃亡之數罷日後招補之額元氣既盛邪氣自衰意嚮所在可以有爲矣江內之正軍稍足憑藉則江外之正軍漸可消弭減戍歸營以寬擘券聚兵水次以便饋餉國勢民力庶幾其少蘇也或曰朝廷養兵極矣帑廩之不繼亦甚矣無故而創起一軍少者亦七八萬人多則必十萬人揆今日事力何可繼也臣請應之曰不然自更化以來謂一卒不可復招者今幾年矣然而吝之於其小而不能吝之於其大吝之於可以已而不能吝之於不得已今不思所以制之恐後之不得已者不止此也與之乃所以取之揚之乃所以抑之招及萬人則減於外者亦必萬人以至招及十萬

則減於外者亦必十萬此特正軍耳而忠義軍之逃亡事故者猶未與也而或者又曰如此則何異於正軍矣必增於此而減於彼也臣又請應之曰書生之管軍與武將之管軍爲不同也昔時之用武將以其善戰而不畏死固書生之所不及今時之所謂武將往往畏死而不善戰未有優於書生者識字淺則吏姦深勢援寡則科率重所以荆鄂之大軍未得如長沙之飛虎襄陽之副司不得如江陵之神勁而又招刺之始其勇易賈消沮之後其氣易索勢使然也然而行此者必有道焉一曰聖德剛健於上不始勤而中輟二曰朝論堅忍於上不章皇而厭久三曰勵士大夫羔羊之行以警諸將四曰責官吏慈祥之政以正內治五曰進忠直而退柔佞使利害易見六曰廣訪問而察邇言使浸潤不行凡所施爲與治同道如此則天人助順夷夏歸心閫外之事與政通矣方叔勞於外而張仲居中羊祜謀於

邊而張華助力此必至之効也若乃君相焦勞於朝而外無爪牙之士以宣其力牧伯奔走於外而朝無正大之治以主其成皆不謂之稱臣投老之年衰疾已甚無筋力可以報國無學問可以濟時感陛下推仁愛微小之意願有補於萬分不敢緘默惟陛下財幸

中書舍人袁甫奏乞團結民兵劄子曰臣聞方今邊面之患在乎兵少而力分蓋兵少則備疎力分則膽薄敵攻其虛如蹈無人之境不待兵刃相接而渙然散矣可爲寒心可爲太息今欲備之疎者密膽之薄者壯處處有守節節相承敵攻一重而又有一重以爲之隄障其惟亟行團結民兵之策乎或謂此策行於平居無事之時則可今勢既孔棘將有緩不及事之慮殊不知善作事者當識人情大凡人情安平而使之結集則怨咨易起事急而行之彼各保鄉井戀室廬顧墳墓此正民情之所甚欲何怨之有本朝康定初契丹擾北元昊

叛西可謂甚急矣始詔河北河東路強壯陝西京東西路新置弓手皆以二十五人爲團置開官四團爲都置正副都頭各一人五都爲指揮置使年二十條籍各置弓弩分番教習官日給粮二升河北在籍者二十九萬三千河東十四萬四千陝西亦十五萬而卒以此制西北二虜未聞事勢急遽之時而不可以行團結之策也今者坐視所在兵少力分之弊不亟起而圖之韃虜之來勢若風雨乃欲以疎漏單薄之備當飄忽剽悍之敵一處失守則諸處盡瓦解矣辟猶奕棋急有急着死中求生此國棊也若憚彼之衆怯我之寡遽謂搏手無策待其敗亡可乎臣之愚計謂宜作急行下應沿邊州郡日下舉行團結民兵之政其間或有規模已成者更須精加整葺務令縝密如其未曾結集去處宜及今嚴行要束亟作措置處處有保甲人人知固守無枵虛疎薄之患有周圍捍禦之功此實當今至大至急之

務也朝廷每舉一事未嘗不曰專委監司郡守其所以鼓舞監司郡守者未嘗不曰有賞罰焉之何能言而不能行歟當勢之急也則曰倉卒何暇為又羽檄稍稀虜騎稍退又諉之於無事矣如此則是終無可為之時也今者團結民兵一事願陛下宣諭宰執務在速行如救焚拯溺不容少緩仍責在監司郡守以能否為賞罰郡守不勝任則監司按劾監司不稱職則臺諫抨彈毋事空言專行實政則備禦而膽壯又何輕虜衝突之足慮哉臣一得之愚冒昧控陳惟陛下採擇

度宗咸淳八年起居舍人高斯得奏曰臣聞有國家者武備為急必申儆而講肄之然後國威奮揚兵力堅勇以守則固以戰則克此保民守國之常道不可廢也然有其時焉故曰三時務農一時講武蓋必於農隙而為之也周礼仲冬教大閱所以簡軍實修戰法辨旗物

飭車徒其礼比春之振旅夏之茇舍秋之治兵最為詳備此三代立武事之正法也春秋之時周官雖廢而魯周公之國也其禮故在威公所當謹守其法以為保民守國之道而乃以盛夏之時行大閱之禮周之八月夏正之六月也是月也神農持功毋起大役此豈勞民動衆以閱武之時乎春秋書之言其非時也程頤春秋傳曰無事而為之妄動也有警而為之教之不素何以保其國乎斯言盡之矣臣嘗因聖人書法而考諸祖宗之所行孝宗皇帝修攘之事何其與春秋若合符節也茅灘白石大閱禁旅親乘戎路以臨之者凡再駕焉犒人成功順動以時旗幟精明戈甲焜耀師武臣力士百其勇而又命兩淮忠勇諸軍率以十月聚教於官官給錢米莫不踴躍奮厲思敵王愾當是時若內若外武備修飭如此何其盛哉陛下上繩祖武修攘之政固無不舉然邇年以來疆埸多虞士氣未振豈所以激昂

而鼓舞之者有未至歟臣願陛下以孝宗皇帝厲志戎務為法申儆將帥毋或忘戰廢備使國威一張殊鄰遠俗讋漢之德日月可冀矣惟陛下留神幸甚

金宣宗貞祐二年河東路兵馬都總管胥鼎上言臣所將義軍皆從來背本趨末勇猛凶悍盜竊亡命之徒苟無訓練統攝官以制之則朋聚黨植無所不至乞許臣便宜置總領義軍使副及彈壓仍每五千人設訓練一員不惟預為防閑使有畏忌且令武藝精熟人各為用上從之

鼎又言平陽歲再被兵人戶散亡樓櫓修繕未完衣甲器械極少庾廩無兩月食夏田已為兵蹂復不雨秋種未下雖有復業殘民皆老幼莫能耕種豈足徵求比聞北方劉伯林聚兵野狐嶺將深入平陽絳解河中遂抵河南戰禦有期儲積未備不速錯置實關社稷生靈

大計乞降空名宣敕一千紫衣師德號度牒三千以補軍儲上曰鼎言是也

四年鼎為尚書左丞又上言曰比者朝廷命擇義軍為三等臣即檄所司而潞帥必蘭阿魯帶言自去歲初置帥府時已按閱本軍去其冗者部分既定上下既親故能所向成功此皆血戰之餘屢試可者且又父子兄弟自相赴援各顧其家心一而力齊勢不可離今必析之將互易而不相諳矣國家糧儲常恐不繼豈容僥冒但本府兵不至是耳況潞州北即為異境日當備戰鞏務方殷而分別如此彼居中下者皆將氣沮心懈而不可用還恐因得測吾虛實且義軍率皆農民已各散歸田畝趁時力作若徵集之動經旬日農事廢而歲計失矣乞從本府所定無輕變易臣切是其言時阿魯帶奏亦至詔遂許之

興定一年資德大夫兼三司使尚書右丞侯摯上言東平以東累經殘毀至于邳海尤甚海之民戶曾不滿百而屯軍五千邳戶僅及八百軍以萬計夫古之取兵以八家為率一家充軍七家給之猶有傷生廢業疲於道路之歎今兵多而民不足使蕭何劉晏復生亦無所施其術況於臣者何能為哉伏見邳海之間貧民失業者甚衆日食野菜無所依倚恐因而嘯聚以益敵勢乞募選為兵自十月給糧使充戍役至二月罷之人授地三十畝貸之種粒而驗所收穫量數取之逮秋復隸兵伍且戰且耕公私俱利亦望被俘之民易于招集也

元世祖時趙天麟上策曰臣聞荀子曰齊之技擊不可以遇魏之武卒魏之武卒不可以遇秦銳士秦之銳士不可以當桓文之節制桓文之節制不可以敵湯武之仁義於此道以觀之夫仁人之在上為下所仰猶子弟之衛父兄手足之捍頭目此仁義之兵帝王之事也

夫步伍有法師長有要所屯之處雷電相潛所至之方秋毫不犯有功決賞有罪決刑不攻則已攻斯取矣不戰則已戰斯勝矣此節制之兵夫將之事也夫臨敵不懼視死如歸驅馳於荊棘之中橫突於熊羆之陣如霆之迅如翬斯飛者此銳士之兵也夫希孟賁之力習慶忌之捷望風埃而赼趹衝寇值變故而莫聲載路行所學之絕藝壯無敵之皇威者此武卒之兵也夫襟懷遞變機計為先挾弓矢以平驅樹戈矛而互動因山借水倏耳猶神擊後衝前行藏不測者此技擊之兵也且荀子之言雖非一國而所行之事貴在兼全故非技擊則武卒何憑非武卒則銳士疇助非銳士無以副節制之嚴明非節制而無以見仁義之可用兼之者若泰山壓卵有餘勝矣不然則較勝負於一時猶未可決也但其要以仁義節制為之本焉今國家仁義可謂厚矣節制略已明矣臣猶以為士卒之類素非練習或嬰孺之流或老羸之輩或市井體嬌之子或農畝力鈍之徒若言充數不其然乎如此取兵百無一二謹按隆周之時群方已服於是乎中春教振旅中夏教茇舍中秋教治兵中冬教大閱所以不忘戰也孔子謂以不教民戰是謂棄之其斯之謂歟至於唐朝遂置武舉其制有常採馬射步射尚射馬槍翹關負重身材之選以至軍諳將略絕藝奇技莫不兼舉蓋以有其材者屬其職則其職無瘝非其人而居其任則其任將負所以使之知進退疾徐之節審旌旄金鼓之儀也服熟之心悉之耳精之一旦臨陣則無不勝矣伏望陛下審文武之二柄固乾坤之一家先從臣所謂守文化別儒文之法以成持盈保大之規復從臣所謂審兵權設武舉之法以盡安不忘危之理以之治內則穆穆巍巍之道益隆以之禦外則桓桓赫赫之威彌厲矣所謂設武舉者採前代之遺事潤色以當今可行之理而行之若有非常之傑不世之彥可以充大將者則以臣所謂詮大將之法而體之俾程其蘊焉國家之長策於是乎定矣

順帝時監察御史五十九言今京師周圍雖設二十四營軍卒疲弱素不訓練誠為虛設倘有不測誠可寒心宜速選擇驍勇精銳衛護大駕鎮守京師實當今奠安根本固堅人心之急務況武備莫重於兵而養兵莫先於食今朝廷撥降鈔錠措置農具命總兵官於河南克復州郡且耕且戰甚合寓兵於農之意為今之計權命總兵官佐宜於軍官內選委能撫字軍民者兼路府州縣之職務要農事有成軍民得所則擾民之害亦除而匱乏之憂亦釋矣帝嘉納之

歷代名臣奏議卷之二百二十四

宿衛

唐太宗時有請秦府舊兵入宿衛上曰朕以天下為家不能私於一物唯有才行是任豈以新舊為差兵猶火也弗戢將自焚此意非益理

高宗嘗曰王者無外何為守禦而重門擊柝庸待不虞邪我嘗疑秦法為寬荊軻匹夫耳匕首竊發群臣皆荷戟侍莫敢拒豈非習慢使然郝處俊對曰此乃法急耳秦法輒升殿者夷三族人皆懼族安有敢拒邪魏曹髦著令曰京城有變九卿各守其府後嚴才亂與徒數十人攻左掖門操登銅爵臺望之無敢救者時王脩為奉常聞變召車騎未至領官屬步至宮門操曰彼來者必王脩乎此由脩察變識幾故冒法赴難向若拘常則遂成禍矣故王者設法不可急亦不可慢詩曰不懈于位人之攸塈仁也式遏寇虐無俾作慝刑也書曰高明柔克沈潛剛克中道也帝曰善

德宗立段秀實上言曰臣聞天子曰萬乘諸侯曰千乘大夫曰百乘蓋以大制小以十制一也尊君卑臣強幹弱枝之義在於此矣今外有不廷之虜內有梗命之臣竊觀禁兵不精其數全少卒有患難將何以待之且猛虎所以百獸畏者為爪牙也若去其爪牙則犬彘馬牛皆能為敵伏願少用聖慮冀裨萬一帝不用及涇卒亂召神策六軍無一人至者世多其謀

宋仁宗慶曆元年知諫院張方平論京師衛兵單寡上疏曰臣伏以京師本古之陳留郡天下四衝八達之地自唐室以前嘗為重藩五代朱溫始封梁王後因其宮府定而為都五姓相承共十一帝四十九年亂亡之速自古無有抑由都城四向無險阻之形藩籬之固逼近戎狄方鎮握強兵于外乘禁衛之虛弱本末倒置也國朝太祖皇帝深慮安危之計始削諸節度之權屯兵于內連營畿甸又脩治西京宮室蓋有建都之意然利於汴渠漕輓之便因循重遷先帝通好北戎即叙西戎爾時可以減戍消兵致生民於富厚矣太平三十年使軍士坐費倉庫以困天下非不深思遠謀也知祖宗本意依重兵而為國勢不可去也近昊賊犯邊漸發禁兵西屯四路在京軍旅所留無幾今又北虜事釁已萌兩敵合勢人心搖動外有武帥分總兵而宿衛之師日益單寡尾大不掉根虛必搖勢之當然不可忽也願留聖慮為社稷計京都宜常宿重兵以封殖根本且乞勘會見在指揮人數若果缺少請從內出金帛召募材力訓齊教練必須精銳以充禁衛無更外屯夫猛虎所以百獸伏者以其爪牙利也若虎而去其爪牙則犬豕麋鹿皆可以狎押兵衛者國之爪牙也足兵足食乃可以威服四方彈壓姦亂也

四年方平奏乞擇人分總禁衛狀曰臣伏見昨差出許懷德後馬步軍皆闕都帥遂自環慶路抽回殿前都虞候王元令權幹當步軍司公事其王元又已年老衰病至于總司軍政亦恐精力不逮竊以殿前馬步軍遂司公事不少非唯率宿衛務要齊整亦須諳熟軍制稍通吏用太宗朝侍

衛都虞候以上常置十員職位相亞易於遷改且使軍伍素相服習邊藩緩急亦得選用先朝時馬步軍嘗闕帥殿前都指揮使高瓊頗知軍中舊事上言及此先帝甚然之今內則禁兵寖驕極須彈壓外則邊患不測常資防備李昭亮王元恐未任專幹心膂除郭承祐好進多事累被彈奏不堪入典禁軍外乞於以次管軍將校中擇取一兩人赴闕分總禁衛左右扈翼於體為便

八年侍御史知雜事何郯奏曰臣伏聞禁中自盜發以來逾月分布內臣坐甲宿直以至伐木圻屋繕脩垣牆增置關鍵其於備豫之方固亦甚至然臣以事體酌之恐為陛下計者誤也夫體有尊卑事有小大尊者繫於君卑者繫於臣君而尸小事則失所稱臣而專大名則非所宜以人君之舉所務必博大所謀必經遠崇位號以習民之奉脩政刑以防民之踰不廢禮以杜僭偪之萌必行法以除暴亂之本使

通。莫敢犯。遠莫敢陵。如此。則等威辨而上下無邪心。然後知天子之所以尊也。今夫衛士生變。事出非意。皆由朝廷恩過而不知感。官司令寬而不能禁也。為今之宜。其在一震威怒。以示誅罰。正大法以絕其慢。舉大刑以討其姦。於邪僞附下之類。必絕其萌芽。究賊亂犯上之徒。務去其根本。不恕無良而與衆棄。不漏有罪而示之公。法令既行。紀綱既正。以此御下。孰敢不虔。雖不增宮闈之警。而其備修。不加省戶之衛。而其守固。與夫區區徒細末之事者。不同年而語矣。臣況聞陛下從頃年來。過自警戒。中宮之樂工已盡罷。後苑之獵具已盡除。其於謹天戒以飭聖躬。雖詩書所稱遇災脩德之君。遠不能逮。然於禁防之設。所舉者近而所忽者遠。所謹者小而所遺者大。臣切感焉。伏乞聖慈。以臣愚言。命公卿大夫。當廷公議。一舉法令威刑之柄。以除邪僞賊亂之階。庶主威益尊。國命益振。內患既弭。外虞自除。則

天下幸甚。

鄭又論衛士之變乞黜責皇城司及當直臣寮疏曰。臣等伏聞今月十八日夜。崇政殿前宿直皇城司親事官四人。毆打人員至死。并刦取庫兵。緣上殿屋。驚動御寢。其罪人除捉獲及傷死外。餘黨二人。二十日捕獲之時。稱被衆人爭奪致死。捉獲一名。雖勘斷訖。所有當職臣寮。或聞已傳宣釋放。傳之中外。頗駭群聽。伏緣殿廷所置宿衛。本為人主預備非常。今衛士自生變故。所為兇悖。意不可測。兼後來所獲餘黨走人。最為要害。仍聞累傳聖旨。令未得殺死。而全不依稟。蓋是本管臣寮。見捕獲之後。勘鞫得情理深切。所以容縱手下衆人毆死以圖滅口。欲輕失職之罪。情狀如此。理無可恕。太祖皇帝朝。酒坊火發。本處兵士因便作過。太祖皇帝以本坊使副田處巖等不能部轄。並處極法。今乘輿咫尺。賊亂竊發。兇惡之狀。無大於此。而居職者既不能察舉。當宿者又不即擒捕。未正典刑。何塞公議。深恐朝廷威令從此寬弛。伏乞斷自聖意。特降指揮。將應係幹當皇城司及當夜宿直臣寮。並等第重行黜降。用振威罰。所貴禁近之司。不敢曠慢。

鄭又論衛士之變乞責降楊懷敏疏曰。臣等兩次上殿面奏。及具劄子奏狀論列。乞重行黜降幹當皇城司并前月十八日夜內直宿臣寮。已施行外。惟楊懷敏獨蒙寬宥。尋奉中書召臣等傳諭聖旨。兼不以臣等所言煩黷。曲加詔諭。足以見聖明開納之量。寬臣下進越之罪。固宜退伏以聽命。安可更瀆干聰明。自取罪戾。然臣等以國體人情酌之。未可便已。須當復陳。夫人主所以享有天下之重。蓋由法令等級明辨。使人不敢陵犯。然後極其尊嚴。故法令行則朝廷以之強。法令偏。則紀綱以之紊。自昔治亂。雖殊莫不由此階也。至於宮闈之變。下人輒敢謀亂者。前代間或有之。皆由人君失德所致。且陛下仁

厚之德。撫恤禁旅。未嘗以喜怒妄行刑誅。雖甚無識。寧不愛戴。今衛士持刃直入禁庭。欲陵犯乘輿。是匹夫而有窺伺之意。皆由有司不舉職。法令寬縱所生也。為大臣之計。宜為陛下深責有司失舉之罪。用行法令。如楊景宗等並當誅戮以謝天下。若以其過非自取。止可貸其正坐。並宜流竄以戒不職。今楊景宗等既以輕罰。楊懷敏獨又聊行降黜。蓋兩府大臣。以陛下左右之人。不能堅執祖宗之法。以避怨怒。若當賊發之際。懷敏能指揮衆人。於後殿即時捕獲。以此論功。乃可贖罪。今賊已入禁庭兩夕之間。陛下猶此震懼。固亦甚矣。懷敏縱有先覺之効。其可贖失察之罪乎。且以人主之尊。一寬懷敏罪罰亦細事。苟於事體無傷。臣等何必皆更論列。所惜者朝廷典法。無遠近無親疏。當一而行之。乃允衆望。況有司失察之罪。無大於此。其可貸乎。太祖皇帝朝。元舅杜審肇知澶州。只坐界內河決。免官歸私第。

太宗皇帝朝楚王宮火焚爇楚王元佐為庶人以懷敏職在近侍孰與元昊諸王之親以懷敏失察賊亂孰與誤河决火焚之備利害大小較然可知而審擧元佐重責如彼懷敏之寬假如此伏望陛下舉祖宗之法以塞公議正左右之罰以示無私不惜一懷敏慰中外臣子之望則天下幸甚臣等論列此事今已數四在於言責固亦無負然喋喋未已者蓋忠義之心不勝感憤茲事體大若遂不言恐於聖德無益由臣等之罪也兼臣今日上殿再有奏陳已蒙聖旨開允伏乞速賜施行

吳奎為監京東排岸司論衛士之變乞責降楊懷敏疏曰臣竊見自行春令以來連陰不解此洪範傳所謂皇之不極時則下人有伐上者今衛士之變起於肘腋賴宗廟神靈陛下仁聖明時擒獲然流聞四方驚駭群聽不祥之甚也傳稱主憂臣辱陛下此日可謂憂矣未

知任其辱者果何人邪臣聞幹當皇城司六人其五已被謫獨懷敏尚留外人咸謂陛下私近倖而屈公法臣切為陛下痛惜之況中外傳聞獲賊之際陛下宣令勿殺而左右輙殺之裂其肢體此必有同謀者恐事露泄而殺之以滅口不然何以不奉詔也

皇祐元年知諫院錢彥遠論步直兵士作過上奏曰臣風聞嘉慶院見制勘軍頭司步直兵士等擬欲作過及於皇城内搜獲先埋藏器仗者竊以軍頭司在崇政殿横門之南與軍器庫相連最為近密其兵士日逐隨本司臣寮出入甚熟而敢興意外幸賴宗廟威靈先事敗露今已下獄推劾臣慮其人等宄黨結連人數衆多或自來通行飲食之人心内自疑別生他變所繫極大伏望聖慈特降指揮令制勘院先且疾速根究枝黨如有姓名畫時追捕入院并器仗所埋藏經歷地分人員節級數目立具奏聞使中外聞之所貴禁衛安貼凶黨盡去

貼黄臣近曾以連陰奏密狀伏乞纔賜指揮宿衛謹選左右褻御小人以深遏惡原今來兵卒等果有連結欲乞更賜指揮宿衛禁門倍加嚴察

彥遠又奏第三狀曰臣等風聞制勘院見勘軍頭司步直兵士擬欲作過事雖一時狂妄之謀然迹其造惡本心為人臣者所共切齒況兵刃之屬已藏在皇城門幸賴祖宗威靈上天豫垂變戒故先事敗露倘因循未彰驚屬車之清塵臣謂雖赤其族不可塞責今既下獄推劾緣所繫至大頗搖人心傳聞四方震駭物聽姦豪小人從而扇惑故根究枝黨必須盡其案行罰不可緩不盡則他變生少緩則妄意起且昨來殿中親事官作過之時法稍寬捨推索凶黨不盡故此輩忕習乃復有此結連蓋大于前今若復用輕典臣慮後來之憂寒心

疾首伏望聖慈以祖宗社稷自重不用一時恩貸特降指揮令制勘院疾速推究元謀頭首及枝黨等急行圓結公案申奏其應作過人並乞族誅於都市以示四方庶小人少戒建威消萌在此舉矣茲事尤不可緩望特留聖意

貼黄其兵刃經歷門户埋藏地分親事官長行人員及監門内臣乞早令制勘院先具當日人數姓名申奏乞更不令宿衛究別生他事其人據唐漢之法皆合誅戮今來乞並行決配遠惡州軍庶中外整肅願以昨來親事官法寬為戒

彥遠又奏第四狀曰臣伏以王者任宗廟社稷之尊身繫天下安危故必嚴宿衛盛宮室重門複道以謹他虞是以法至重禁至密蓋將遏絶亂源防微杜漸深計遠慮而為祖宗社稷之本也故唐太尉長孫無忌誤帶刀至上閤而監門校尉不覺察有司處以死刑我太祖皇

常嘗以內酒坊在厚載門外迫近宮掖而中夜遺火凡自監官至工
匠斬五十餘人記太祖一朝內中無遺火者此法行刑重而人畏古
今之成効今風聞制勘院勘得懷器刃入皇城人姓名憑門戶地分
干繫親事官人員節級將欲斷遣勘緣所懷器刃已入皇城雖其人
結連虛實未辨而門衛地分安然不知則國家以重粮溫衣養之何
用本以禦捍意外而耳目之前上下公然畏避權勢輕弛法禁不行
覺察況昨來內中親事官作過之時由斷遣稍輕是致小人慣習復
有此事不輕已繫宗廟社稷豈得復惜此數十兵卒而不思後患伏
望聖慈察安危本末應制勘院所勘到不覺察懷刃入皇城把門及
地分日 事官人員兵級等乞不以常法斷遣其本處正管門戶地分
兵級並乞剌配沙門島其餘干繫人員兵級並乞剌配廣南遠惡州
軍所貴臣子益勵忠孝之心使小人自此戒懼

奏議卷之二百二十五　七

彥遠又奏第七狀曰臣等今月二日准宰執請赴中書奉傳聖意以皇
城軍頭司臣寮行遣並依法者伏以法者緣人情而生較其大旨止
欲防微杜漸禁民為非尊君卑臣歸于至正然有情重法輕情輕法
重者故酌重輕而議刑柄在人君專之非所司可得而議是以兩漢
有決事比若今之用例本朝斷罪有敕旨所以壓天下公議戒小人
妄意而今來宿衛下卒挾刃直入禁門雖其謀別有所在緣去便殿
內閤才百十步蔵之累日上下一無覺察此為人臣者所當共怒安
可本司官屬過止罰金而云法當然爾甚失天下之望且昨來親事
官作過之時由用法太寬牽於權倖人情不塞群小人無所戒懼遂
致小人復思遂其狂計交戟之衛行若坦途事既暴露方貸以寬典
識陛下至仁至聖欲全群臣奈宗廟社稷之重天下臣子之心何謹
按尚書云威克厥愛允濟愛克厥威允罔功說者謂威刑能克勝所

愛近則人懼而事可濟辦若威刑而為愛近所惑則人怠而事無成
功此聖人明訓治國家大要是豈樂用嚴酷哉蓋所慮者遠今若以
近臣而輕其罰恐非威克之道臣慮今之議論謂此事與親事官作
過時不同言彼則挾刃踰屋此唯埋藏意在誣告他人不當為例甚
不然也且王者設門禁列宿衛重其刑嚴其制者先慮其事也必若
俟挾刃踰屋而後罰無所濟也且刃已入門則蕭墻之內其變不細
安得忽略後患而拘一時之談臣等忠義憤發外採公議咸以為未
當故不避再三上瀆天聽人臣之節死而後已伏望陛下覽尚書威
克之義思祖宗社稷之重以親事官作過時罰輕為戒其皇城軍頭
司臣寮並依臣等前後累狀重行黜責所貴厭快人情允協公議

貼黃宿衛之制唯門禁最重蓋以出入所自今刃已入而云未曾
作過故用輕典且門禁之失唯論入與未入豈繫作過與不作

奏議卷之二百二十五　八

過者乎且國朝自祖宗以來凡用法皆有司鋪條臨時敕旨裁
輕重而斷遣故有特勒停者衝替者未得與差遣者就移監當
者此皆法外行罰豈可有如此事而本司臣寮並止依輕法也

至和元年殿中侍御史馬遵論皇門禁上奏曰臣聞古者常刑宥過
無大至臣子之於君父則義有所不容故舟船飲食之類有不如法
皆不稱誤所以許世子止躬不嘗藥春秋加大惡之名唐長孫無忌
入不解刀校尉被誅死之議所責者重所慮者深杜慢隙而消禍萌
理當然也嘗聞太祖朝內酒坊火監官守卒並從極斷豈徒峻法蓋
欲防患竊見朝廷法令素具皇城門禁尤為謹嚴而挾刃闌入頻年
有之雖常行遣終不戒懼今麥昭吉纔被入直中有刎器歷諸門抵
便殿曾無撿察略不覺悟若姦盜包藏而為之何由而露哉公謾慝
禁無甚於此今昭吉雖已具獄而諸門監官守卒未聞處置伏乞陛

下察詳事理特出聖斷帝法之外更賜重行用謹大防庶弭來患

迸又論內東門使臣藏挾女口闌入禁庭狀奏曰臣聞內東門使臣於車子內藏挾女口闌入禁庭事已彰露未聞行遣竊緣東門察近御所最是要切隄防之地著籍出入素有條憲用親近使臣監掌務在謹嚴至敢公然自犯輒入外人若置而不問則啓釁容奸必兆於今日伏乞聖斷指揮付外所司根勘重行朝典所貴戒勵後人杜絕來患

遵又奏曰臣近嘗彈奏內東門使臣輒以女口闌入禁庭至今數日未聞處分竊緣宮門出入條約具存峻為之防猶懼不蕭而監掌之人公然自犯法之不容自近者始而天下之所公也陛下聖明必不私於小臣而屈天下之法或慮所司未稟宸斷使中外之議日益喧然所損不細伏乞聖旨早賜施行

嘉祐五年殿中侍御史呂誨論公主非時入宮上奏曰臣聞近自兗國公主深夜出入宮禁內外驚駭罔知其繇竊以宮鑰謹嚴以時啓閉蓋備非常況公主起居覲省既非其時守閽之吏輒敢通奏此而不禁後將為常一有竊發何以備禦斯不可不為之深慮也所有公主宅祗應使臣及皇城司應經歷門戶管幹人伏乞朝廷取勘重行責降以肅禁衛之事

左正言王陶論公主非時入宮上奏曰臣伏以周禮閽人掌宮門之禁時其啓閉寺人掌女宮之令糾其出入以謹嚴周衛杜絕非常故漢光武出獵夜還上東門候郅惲拒關不納光武從中東門入明日賞郅惲而貶中東門候魏武之子臨淄侯植開司馬門晝出魏武怒公車令坐死然則公主夜歸未辨真偽輒便通奏開門納之亦徹禁中略無譏防其所歷皇城宮殿內外監門使臣請並送開封府勘劾

神宗立以胡宗愈同知諫院內卒盜皇城器物宗愈言唐長孫無忌不解佩刀入東上閤門校尉論當死今禁卒為盜而入內都知不能覺察願正其罪殿帥直廬在長慶門內乃而自置隸圃旅所以杜姦宄也禁何令私人得為之萬一凶黠者竄名其間將不可悔請易募老卒

神宗時宮邸教授呂大鈞論選小臣宿衛奏曰古者人主左右前後使令執事之小臣乃所以朝夕起居出入不可須臾離者也其用之迹雖主於給宿衛備願指以共綴衣虎賁執射執馭之職其用之意則亦使之獻可替否拾遺補闕以賛疑丞保傅之事主於給宿衛備使令則非恪勤謹重者不可以當其任使之獻可替否拾遺補闕則非開爽敏茂者不足以充其位此言猶未之盡古之人君不獨有師有友又有受教於我者焉故疾醫小藝者也黃帝師岐伯而教雷公

費國小邦也惠公友顏般而役長息然則使令執事之小臣雖在擇恪勤謹重開爽敏茂之資人主又當教誨養育使成就其材以補異時公卿大夫之闕如此則朝廷常不乏材而人主求之且不勞也以漢唐之蔺簡其名猶多出於宿衛供奉之官豈非常在宮省日侍帷幄既已接聞廟堂之議以廣其知識間復親被德音誨其所未至則益知善惡向背之理薰炙漸漬久而不已安有不化者哉不徒其効如此又可以自廣其聰明之德記曰教學相長也又曰教然後知困彼既知向背則必盡其心力以承學於上上之人既樂其自勉亦不盡以教之或因其善問有以起吾志或因其難進有以勉吾業傳曰教不倦仁也又曰有教無類則不徒可以益吾之志業又可以廣吾之德性也記曰善教者知至學之難易又知其美惡則不徒廣吾之德性又可以廣吾知人之明也為人君而秉政事之間以教育執事

之小臣乃有志業德性知人之盛豈小補哉今朝廷雖有中書門下兩省官以備侍從又有翰林舍人院及諸館閣之臣以備顧問非乏人也究其選者又皆美材敏行非不賢也既以待之不爲綴衣虎賁射馭之冗亦難復使從使令執事之賤似宜略依漢制郡國貢士給宿衛之法詔公卿牧守如孔門四科之目各使保任三二人不以仕與未仕限年二十以上三十以下其人則分隸中書門下省學士舍人院及館閣諸司其職則參諸殿侍諸班之列其祿秩則視三班使臣州縣掾屬而已其間暇則各受學於其官長退而以所學開諭其同列仍不立遷擢廢置之格其有功罪善惡一聽明主裁決而已如此則素無材能者必不得舉不安其分者必不願爲自非材茂有志之士不可得而與焉試或行之不過五七年不徒得高才美行可備器使亦將資助盛德大業必將日新而無窮凡在位執事之小臣亦

齊衛摩義理之盛指觀而善可不務乎

高宗時張浚議撫恤侍衛之人上言曰臣嘗謂人君高拱于一堂之上其於天下百姓內外士卒安能徧撫而盡恤之哉則亦推至誠之心自近以及遠而已今有人於此無故而陵侮毀辱其類則天下識與不識莫不深惡之者此無他人情本於一故也是故推至誠之道以待遇左右爪牙之士則孰不悅服而歸心一人傳之十十人傳之百以千以萬莫不皆然臣願陛下稽祖宗之法撫恤衛士問其疾苦知其嫁娶將其飲食教其事藝使適其中不必拘以常制則天下之凡為將士者莫不知所自勉而樂為陛下用矣

胡安國論親兵專掌宿衛上奏曰臣聞自古盛王雖用文德必有親兵專掌宿衛周公指虎賁與常伯同戒于成王欲其知恤虎賁者猶今侍衛親軍也康王初立太保俾齊侯呂伋以虎賁百人迎于南門呂伋者太公望子自諸侯入典親軍猶今殿前馬步軍都帥也熟德世臣總司禁旅虎賁綴士宿衛王宮其為國家慮深遠矣本朝監觀前代命三衙分掌親軍雖崇寧間舊規猶在及至高俅以恩倖用軍政廢弛遂以陵夷陛下嗣承寶位謀國者不思復古親軍寡弱不充宿衛此豈尊君強本消患防微之計也伏望深考藝祖選擇禁旅之法斷自聖裁以修明軍政威服四方上嚴宸極

右正言陳淵論衛兵上奏曰臣聞兵以強弱多寡為輕重常使內重而外輕則王室尊而諸夏安矣昔楚漢相距於滎陽京索之間天下之勢如提衡然未知所軒輊也高帝始得蕭何張良又得陳平猶以為未足又得韓信屬之以數十萬之兵戰勝攻取無不如意然後天下之勢其重在漢項氏已衰漢業未成昔之躡足而封者已據千里之地漢雖滅楚而輕重之勢又變矣故信之王高帝之所深憂也方

高帝築壇以拜信既委之以諸將之兵矣而高帝所將之兵猶衆也其分兵多於信所以使之東向以爭天下而於已未能去兵者亦所以制信是以雲夢之會信不得遯故嘗謂高帝曰陛下不善將兵而善將將此信所以為陛下禽也嗚呼此高帝所以能并一天下而終於無患也歟今自人主不復將兵而諸將在外人提數十萬之師朝廷所資以禦夷狄除寇盜者而進退去就唯其所欲此豈非可慮之事乎而樞密三衙尚仍舊法自相牽制而所蓄之兵益損於舊使其力足以制之猶患所以使之者非其人況強弱多寡相什百耶故臣愚願增其數使與外兵略相當而又去資格私昵之弊搜求傑特取其才智之優於諸將者命以為帥無事則歸宿衛有事則統之以出戰力飽而氣不挫有所不出出則宜無不勝矣如是則人主雖不將兵其與親御六軍何異既以增重朝廷之勢而又使諸將望風知懼

艱難之際有所招麾不敢首鼠自營為一身計此亦今日之急務也

李彌遜再乞增禁衛上奏曰臣比者屢被聖恩賜對便殿臣嘗一具奏陳兩具劄子乞增禁衛以尊朝廷雖蒙睿眷俞允以臣劄子付樞密院未見如何施行臣聞近日淮南稍有警報若旋行措置恐不及事伏望聖慈先以見有人兵早與增添分定禁衛人數使人心各有所歸或存留揚泝中一軍專充護衛以備緩急不可臨時一例差發出入致令乘輿所臨兵衛單弱別致悞事蓋今日之勢不獨外患可備腹心之間亦當預防利害顯然不敢縷奏昔袁盎有言聖主不乘危不徼幸陛下不可以前日累冒艱險幸而無虞習為尋常衆人所忽猶不可不慮使其過有閑防固亦何害伏乞陛下長慮却顧深察臣言斷自宸衷早賜施行臣冒犯天威至于再三死有餘罪犬馬之誠不勝憂懼激切之至

理宗時權禮部尚書魏了翁奏曰臣聞賞以勸善罰以懲惡此古今之通誼也然世固有賞行而人不知勸罰用而人不知懲者且後魏羽林之變胡后不能討而大赦以安之李唐涇卒之變德宗不能討而播遷以避之人孰不咎兩朝之失政而使高歡結客李懷光襲迹以基危亂豈知國勢積弱人情久玩而欲一旦以法繩之急則生變緩則啓寇蓋無一而可也乃者禁衛之變幾為後魏李唐之失政幸而收之棄揄猶可以暫弭目前之憂然而乘輿所在卒遇震擾環視四顧遠郊近甸無一可恃而徒恃區區賞罰以長保其無他臣恐賞罰有時而窮若不及今追惟舊制思所以相維相制之道固未可恃以為安也臣竊考三衙之制蓋自高宗皇帝首值苗傅之變繼罹張寶之亂每病禁衛單弱命三衙增修軍政其後又以諸將步騎分隸三衙至孝宗皇帝修明稱娖又為護聖一軍以寓陰相維制之意馬步之數過一萬四千七百有奇俾蜀帥選西北之驍銳者發至在所以充其數其處蓋甚遠也馬司暫移建康識者已謂不然其殿步二司之卒時遣戍淮以勞苦之然不過維揚天長六合而已及時而往及時而代不欲久虛宿衛以事邊垂此正周人鄉遂之卒惟以衛王室不以遠戍而詩人所謂為王爪牙胡轉于恤凡以強本也至韓侂胄開邊始用殿帥郭倪馬帥李汝翼發三衙禁旅與江淮之師有事于宿泗四十餘年驕惰之卒乍罹暑潦怨嗟載道故僨至符離逃保蘄縣縛田俊邁以遺虜而全軍實遁雖將庸卒懦本無可用然以守衛王居之人而使之長征遠戍則自此始乃至近世習為故常戰者不得返戍者不得更凡邊頭雜役雖殿步二司不得免甚至奪騎司之馬以授北人而驅騎卒以事之執鞭刈草晝夜勞苦夫三衙所以為衛乘輿也今或荷戈於境外或執役於降虜揆諸事體誠為倒

置不寧惟是凡江上諸軍皆非阜陵分隸之舊騎司之軍昔戍於滁濠定遠也今移之浮光建康戎司昔戍於安豐廬和也今移之泗水京口戎司昔戍於真揚楚泰高郵盱眙瓜洲鹽城諸處也今置之新復諸郡泗州戎司昔戍於舒蘄巢縣也今置之淮東許浦諸處水軍昔處之近輔所以拱衛行都也今徙之東海自餘荊鄂四川軍分大抵皆非舊戍且將不知士士不識將各所素習之山川而投之未諳之水土此固兵家之所忌況於舍王居而事疆埸舍舊戍而事新疆此於體統之輕重雖三尺童子皆知其不然矣而士大夫恬不以為恠聞禁衛之亂則第能追咎揀汰之激變復譏賞罰之不明聞徐邳宿亳之敗則第能追咎諸帥之輕舉復譏和好之難恃然以臣愚見咎者譏者皆是也而未得弭變之說臣嘗妄謂苗傅劉正彥之變恃有劉光世韓世忠諸屯列于上流故二凶雖狂愚卒於自遁張寶之

變恃有呂頤浩親軍及辛永宗部曲家接旁近跛雖以艱難之餘殘十七人而廢其班彼不敢譁今以京師之重獨有殿步二軍而近郡諸屯皆戍極邊殆非防微杜漸之意臣愚謂宜亟循舊制凡沿江沿海之卒置之舊屯而以時戍邊庶幾連營列柵聲勢連亘可以擬緩急之須可以銷姦慝之萌不猶愈於舍近謀遠以生覬覦之心乎王黼童貫既得幽之空城即移舊邊之戍以守新邊一旦女真長驅新邊既弃舊境亦失越關渡河如踐無人之境往監明甚而今之新進少年獨未知懲創乎此新復之郡既未可保而江上之備已為之一空臣愚謂宜亟循阜陵分隸之舊留宿師於江南而分戍於淮漢庶幾根本先固人心不搖既可以厚重門之守又可以省分券之費不猶愈於虛內事外以貽一旦倉卒之憂者乎或曰如此則是棄外而事內也藩籬不固如堂奧何曰不然也臣之所言惟欲守阜陵之成規宿師於內郡而移戍於邊城所以固近而懷遠先內而後外非直棄遠而遺外也譬如人之一身腹心潰裂雖四體皆具將安用之況祖宗守邊之規摹如淮漢蜀口皆有民兵義旅可以倚仗不專仰三衙江上移戍之軍也臣先事而有言則誠為過計不幸而言中則事已無及惟陛下曲留聖慮與二三大臣謀之如臣言可采即令速見施行

歷代名臣奏議卷之二百二十五

征伐

周穆王將征犬戎祭公謀父諫曰不可先王燿德不觀兵夫兵戢而時動動則威觀則玩玩則無震是故周文公之頌曰載戢干戈載櫜弓矢我求懿德肆于時夏允王保之先王之於民也茂正其德而厚其性阜其財賕而利其器用明利害之鄉以文修之使之務利而辟害懷德而畏威故能保世以滋大昔我先王世后稷以服事虞夏及夏之衰也棄稷不務先王不窋用失其官而自竄於戎狄之間不敢怠業時序其德纂修其緒修其訓典朝夕恪勤守以敦篤奉以忠信奕世載德不忝前人至于文王武王昭前之光明而加之以慈和事神保民無不欣喜商王帝辛大惡于民庶民不忍訢戴武王以致戎于商牧是故先王非務武也勤恤民隱而除其害也夫先王之制邦內甸服邦外侯服侯衛賓服蠻夷要服戎翟荒服甸服者祭（昭曰常供日祭）侯服者祀（昭曰常供月祀）賓服者享（昭曰常供時享）要服者貢（昭曰常供歲貢）荒服者王（昭曰王王事天子也）日祭月祀時享歲貢終王先王之順祀也有不祭則修意有不祀則修言有不享則修文有不貢則修名有不王則修德序成而有不至則修刑於是有刑不祭伐不祀征不享讓不貢告不王於是有刑罰之辟有攻伐之兵有征討之備有威讓之命有文告之辭布令陳辭而有不至則增修於德無勤民於遠是以近無不聽遠無不服今自大畢伯士之終也犬戎氏以其職來王天子曰予必以不享征之且觀之兵無乃廢先王之訓而王幾頓乎吾聞犬戎樹敦（樹立也言犬戎性敦篤也）率舊德而守終純固其有以禦我矣王遂征之得四白狼四白鹿以歸自是荒服者不至

魯莊公十年齊師伐我公將戰曹劌請見其鄉人曰肉食者謀之又

何間焉劌曰肉食者鄙未能遠謀乃入見問何以戰公曰衣食所安弗敢專也必以分人對曰小惠未徧民弗從也公曰犧牲玉帛弗敢加也必以信對曰小信未孚神弗福也公曰小大之獄雖不能察必以情對曰忠之屬也可以一戰戰則請從公與之乘戰于長勺公將鼓之劌曰未可齊人三鼓劌曰可矣齊師敗績公將馳之劌曰未可下視其轍登軾而望之曰可矣遂逐齊師既克公問其故對曰夫戰勇氣也一鼓作氣再而衰三而竭彼竭我盈故克之夫大國難測也懼有伏焉吾視其轍亂望其旗靡故逐之

僖公二十一年邾人以須句故出師公卑邾不設備而禦之臧文仲曰國無小不可易也無備雖衆不可恃也詩曰戰戰兢兢如臨深淵如履薄冰又曰敬之敬之天維顯思命不易哉先王之明德猶無不難也無不懼也況我小國乎君其無謂邾小蜂蠆有毒而況國乎

哀公十四年齊陳恒弒其君壬于舒州孔丘三日齊而請伐齊三公曰魯為齊弱久矣子之伐之將若之何對曰陳恒弒其君民之不與者半以魯之衆加齊之半可克也公曰子告季孫孔子辭退而告人曰吾以從大夫之後也故不敢不言

晉潞子嬰兒之夫人晉景公之姊也酆舒為政而殺之又傷潞子之目晉侯將伐之諸大夫皆曰不可酆舒有三儁才不如待後之人伯宗曰必伐之狄有五罪儁才雖多何補焉不祀一也耆酒二也棄仲章而奪黎氏地三也虐我伯姬四也傷其君目五也怙其儁才而不以茂德茲益罪也後之人或者將敬奉德義以事神人而申固其命若之何待之不討有罪曰將待後後有辭而討焉毋乃不可乎夫恃才與衆亡之道也商紂由之故滅天反時為災地反物為妖民反德為亂亂則妖災生故文反正為乏盡在狄矣晉侯從之

趙簡子使尹鐸為晉陽請曰以為繭絲乎抑為保障乎簡子曰保障哉尹鐸損其戶數簡子謂無恤曰晉國有難而無以尹鐸為少無以晉陽為遠必以為歸及智宣子卒智襄子為政與韓康子魏桓子宴於藍臺智伯戲康子而侮段規智國聞之諫曰主不備難必至矣智伯曰難將由我我不為難誰敢興之對曰不然夏書有之曰一人三失怨豈在明不見是圖夫君子能勤小物故無大患今主一宴而恥人之君相又不備曰不敢興難無乃不可乎蚋蟻蜂蠆皆能害人況君相乎弗聽智伯請地於韓康子康子欲弗與段規曰智伯好利而愎不與將伐我不如與之彼狃於得地必請於他人他人不與必嚮之以兵然則我得免於患而待事之變矣康子曰善乃與之智伯悅又求地於魏桓子桓子欲弗與任章問焉桓子曰無故索地諸大夫必懼吾與之地智伯必驕彼驕而輕敵此懼而相親以相親之兵待輕敵之人智氏之命必不長矣不如與之以驕智伯然後可以擇交而圖之柰何獨以吾為智氏質乎桓子曰善亦與之智伯又求蔡皐狼之地於趙襄子襄子弗與智伯怒帥韓魏之甲以攻之襄子將出曰吾何走乎從者曰長子近且城完厚襄子曰民罷力以完之又斃死以守之其誰與我從者曰邯鄲之倉庫實襄子曰浚民之膏澤以實之又因而殺之其誰與我其晉陽乎先主之所屬也尹鐸之所寬也民必和矣及走晉陽三家圍而灌之城不浸者三版沈竈產鼃民無叛意智伯行水魏桓子御韓康子驂乘智伯曰吾乃今知水可以亡人國也桓子肘康子康子履桓子之跗以汾水可以灌安邑絳水可以灌平陽也絺疵謂智伯曰韓魏必反矣智伯曰子何以知之對曰以人事知之夫從韓魏而攻趙趙亡難必及韓魏矣今約勝趙而三分其地城降有日而二子無喜志有憂色是非反而

何。明日智伯以其言告二子。二子曰。此讒人欲為趙氏游說。使主疑二家而懈於攻趙也。不然。二家豈不利朝夕分趙氏之田。而欲為此危難不可成之事乎。二子出。絺疵入曰。主何以臣之言告二子也。智伯曰。子何以知之。對曰。臣見其視臣端而趨疾。知臣得其情故也。智伯不悛。趙襄子使趙孟談潛出見二子曰。臣聞脣亡則齒寒。趙亡則韓魏為之次矣。二子乃陰與約。為之期日而遣之。襄子夜使人殺守隄之吏。而決水灌智伯軍。智伯軍亂。韓魏翼而擊之。襄子將卒犯其前。大敗其衆。遂殺智伯。滅智氏而分其地。

惠文王時。秦伐韓軍於閼與。王召廉頗而問曰。可救不。對曰。道遠險狹難救。又召樂乘而問焉。樂乘對如廉頗言。又召問趙奢。奢對曰。其道遠險狹。譬之猶兩鼠鬬於穴中。將勇者勝。王乃令趙奢將救之。

孝成王時。秦王旣攻上黨。拔之。上黨民走趙。趙廉頗軍長平以按據

之。旣。還攻趙。趙軍戰敗。樓昌請發重使為媾。虞卿曰。今制媾者在秦。秦必欲破王之軍矣。雖往請。將不聽。不如以重寶附楚魏。則秦疑天下之合從。媾乃可成也。王不聽。使鄭朱媾於秦。虞卿曰。天下之賀戰勝者皆在秦矣。鄭朱貴人也。秦必顯重之以示天下。天下見王之媾於秦。必不救王。秦知天下之不救王。則媾不可成矣。旣而果然。

時秦攻趙。拔武安皮牢。司馬梗北定太原。盡有上黨地。韓趙又割地以和。趙孝成王之均割地也。虞卿言曰。秦之攻王也。倦而歸乎。其力尚能進。愛王而弗攻乎。王曰。秦不遺餘力矣。必以倦而歸也。虞卿曰。秦以其力攻其所不能取。倦而歸。王又以其力之所不能取以送之。是助秦自攻也。來年秦攻王。王無救矣。樓緩曰。卿得其一。不得其二。秦趙搆難而天下說。今不割地求和。以疑天下。慰秦之心。則天下將因秦之怒。乘趙之弊而瓜分之矣。虞卿曰。危哉樓子之計。是愈疑天下。而何慰秦之心哉。且臣言勿與者非固勿與而已。秦索六城於王。而王以六城賂齊。則是王失之於齊。取償於秦也。以此發聲。臣見秦之重賂至趙。而反媾於王矣。趙王曰。善。

魏文侯問李克曰。吳之所以亡者何也。李克對曰。數戰數勝。文侯曰。數戰數勝。國之福也。其所以亡何也。李克曰。數戰則民疲。數勝則主驕。以驕主治疲民。此其所以亡也。是故好戰窮兵。未有不亡者也。

楚武王侵隨。使薳章求成焉。軍於瑕以待之。隨人使少師董成。鬬伯比言於楚子曰。吾不得志於漢東也。我則使然。我張吾三軍而被吾甲兵。以武臨之。彼則懼而協以謀我。故難間也。漢東之國隨為大。隨張必棄小國。小國離。楚之利也。少師侈。請羸師以張之。熊率且比曰。季梁在。何益。鬬伯比曰。以為後圖。少師得其君。王毀軍而納少師。少師歸。請追楚師。隨侯將許之。季梁止之曰。天方授楚。楚之羸。其誘我

也。君何急焉。臣聞小之能敵大也。小道大淫。所謂道。忠於民而信於神也。上思利民。忠也。祝史正辭。信也。今民餒而君逞欲。祝史矯舉以祭。臣不知其可也。公曰。吾牲牷肥腯。粢盛豐備。何則不信。對曰。夫民神之主也。是以聖王先成民而後致力於神。故奉牲以告曰。博碩肥腯。謂民力之普存也。謂其畜之碩大蕃滋也。謂其不疾瘯蠡也。謂其備腯咸有也。奉盛以告曰。潔粢豐盛。謂其三時不害而民和年豐也。奉酒醴以告曰。嘉栗旨酒。謂其上下皆有嘉德而無違心也。所謂馨香無讒慝也。故務其三時。修其五教。親其九族。以致其禋祀。於是乎民和而神降之福。故動則有成。今民各有心。而鬼神乏主。君雖獨豐其何福之有。君姑脩政而親兄弟之國。庶免於難。隨侯懼而修政。楚不敢伐。

武王時。屈瑕伐羅。鬬伯比送之。還。謂其御曰。莫敖必敗。舉趾高。心不

固矣遂見楚子曰必濟師楚子辭焉入告夫人鄧曼鄧曼曰大夫其非衆之謂其謂君撫小民以信訓諸司以德而威莫敖以刑也莫敖狃於蒲騷之役將自用也必小羅君若不鎮撫其不設備乎夫固謂君訓衆而好鎮撫之召諸司而勸之以令德見莫敖而告諸天之不假易也不然夫豈不知楚師之盡行也楚子使賴人追之不及莫敖使徇于師曰諫者有刑及鄢亂次以濟遂無次且不設備及羅羅與盧戎兩軍之大敗之

莊王欲伐晉使豚尹觀焉反曰不可伐也其憂在上其樂在下且賢臣在焉曰沈駒明年又使豚尹觀反曰可矣初之賢人死矣諂諛多在君之廬者其君好樂而無禮其下危處以怨上上下離心興師伐之其民必先反莊王從之果如其言矣

宋人圍曹討不服也子魚言於宋襄公曰文王聞崇德亂而伐之軍

三旬而不降退修教而復伐之因壘而降詩曰刑于寡妻至于兄弟以迎于家邦今君德無乃猶有所闕而以伐人若之何盍姑內省德乎無闕而後動

宋襄公時楚人伐宋以救鄭襄公將戰大司馬固諫曰天之棄商久矣君將興之弗可赦也已弗聽及楚人戰于泓宋人既成列楚人未既濟司馬曰彼衆我寡及其未既濟也請擊之公曰不可既濟而未成列又以告公曰未可既陳而後擊之宋師敗績公傷股門官殲焉國人皆咎公公曰君子不重傷不禽二毛古之為軍也不以阻隘也寡人雖亡國之餘不鼓不成列子魚曰君未知戰勍敵之人隘而不列天贊我也阻而鼓之不亦可乎猶有懼焉且今之勍者皆吾敵也雖及胡耇獲則取之何有於二毛明恥教戰求殺敵也傷未及死如何勿重若愛重傷則如勿傷愛其二毛則如服焉三軍以利用也金鼓以聲氣也利而用之阻隘可也聲盛致志鼓儳可也

齊桓公五年伐魯魯將師敗魯莊公請獻遂邑以平桓公許與魯會柯而盟魯將盟曹沫以匕首劫桓公於壇上曰反魯之侵地桓公許之已而曹沫去匕首北面就臣位桓公後悔欲無與魯地而殺曹沫管仲曰夫劫許之而倍信殺之愈一小快耳而棄信於諸侯失天下之援不可於是遂與曹沫三敗所亡地於魯諸侯聞之皆信齊而欲附焉

景公時將伐晉晏平仲曰君恃勇力以伐盟主若不濟國之福也不德而有功憂必及君崔杼諫曰不可臣聞之小國間大國之敗而毀焉必受其咎君其圖之陳文子見崔武子曰將如君何武子曰吾言於君君弗聽也以為盟主而利其難羣臣若急君於何有子姑止之文子退告其人曰崔子將死乎謂君甚而又過之不得其死過君以

義猶自抑也況以惡乎

宣王欲伐魏淳于髡為齊王曰韓子盧者天下之疾犬也東郭逡者海內之狡兔也韓子盧逐東郭逡環山者三騰山者五兔極於前犬廢於後犬兔俱罷各死其處田父見之無勞勌之苦而擅其功今齊魏久相持以頓其兵敝其衆臣恐強秦大楚承其後有田父之功齊王懼謝將休士

威王時魏使龐涓伐韓韓請救於齊威王召大臣而謀之成侯鄒忌曰不如勿救田忌曰不救則韓且折而入於魏矣不如早救之孫臏曰夫韓魏之兵未弊而救之是吾代韓受魏之兵顧反聽命於韓也且魏有破國之志韓見亡必東面而愬於齊吾因深結韓之親而晚承魏之弊則可受重利而得尊名也王曰善乃陰許韓使而遣之

越王句踐元年吳王闔廬聞允常死乃興師伐越越王句踐使死士

挑戰。三行至吳陳。呼而自剄。吳師觀之。越因襲擊吳師。吳師敗於檇李。射傷吳王闔廬。闔廬且死。告其子夫差曰。必毋忘越。三年。句踐聞吳王夫差日夜勤兵。且以報越。越欲先吳未發往伐之。范蠡諫曰。不可。臣聞兵者。凶器也。戰者。逆德也。爭者。事之末也。陰謀逆德。好用凶器。試身於所末。上帝禁之。行者不利。越王曰。吾已決之矣。遂興師。吳王聞之。悉發精兵擊越。敗之夫椒。杜預曰。夫椒。在吳郡吳縣。太湖中椒山是也。

吳王闔閭使徐人執掩餘。使鍾吾人執燭庸。二公子奔楚。楚子大封而定其徙。子西諫曰。吳光新得國而親其民。視民如子。辛苦同之。將用之也。若好吳邊疆。使柔服焉。猶懼其至。吾又疆其讎以重怒之。無乃不可乎。吳。周之冑裔也。而棄在海濱。不與姬通。今而始大。比于諸華。光又甚文。將自同於先王。不知天將以爲虐乎。使翦喪吳國而封大異姓乎。其抑亦將卒以祚吳乎。其終不遠矣。我盍姑億吾鬼神而寧吾族姓。以待其歸。將焉用自播揚焉。王弗聽。吳子怒。問於伍員曰。初而言伐楚。余知其可也。而恐其使余往也。又惡人之有余之功也。今余將自有之矣。伐楚何如。對曰。楚執政衆而乖。莫適任患。若爲三師以肄焉。一師至。彼必皆出。彼出則歸。彼歸則出。楚必道敝。亟肄以罷之。多方以誤之。既罷而後以三軍繼之。必大克之。闔閭從之。楚於是乎始病。

吳以伍子胥孫武之謀。西破強楚。北威齊晉。南伐越。越王句踐迎擊之。敗吳於姑蘇。傷闔廬指。軍卻。闔廬謂太子夫差曰。爾忘句踐殺而父乎。夫差對曰。不敢。是夕闔廬死。夫差既立爲王。以伯嚭爲太宰。習戰射。三年伐越。敗之夫椒。越王句踐乃以兵五千人棲於會稽山上。使大夫種厚幣遺吳太宰嚭以請和。委國爲臣妾。吳王將許之。伍子胥諫曰。越王爲人能辛苦。今王不滅。後必悔之。吳王不聽。用太宰嚭計。與越平。其後五年。吳王聞齊景公死。而大臣爭寵。新君弱。乃興師北伐齊。子胥諫曰。不可。句踐食不重味。弔死問疾。且能用人。此人不死。必爲吳患。今越腹心之疾。齊猶疥癬耳。而王不先越。乃務伐齊。不亦謬乎。吳王不聽。伐齊。大敗齊師於艾陵。遂與鄒魯之君會以歸。益疏子胥之言。其後四年。吳將復北伐齊。越王句踐用子貢之謀。乃率其衆以助吳。而重寶以獻遺太宰嚭。太宰既數受越賂。其愛信越殊甚。日夜爲言於吳王。王信用嚭之計。伍子胥諫曰。夫越腹心之疾。今信其浮辭僞詐而貪齊。譬猶石田。無所用之。盤庚曰。古人有顛越不恭。是商所以興也。願王釋齊而先越。不然。將悔之無及也已。吳王不聽。使子胥於齊。子胥謂其子曰。吾諫王。王不我用。吾今見吳之滅矣。女與吳俱亡。無爲也。乃屬其子於齊鮑氏。而歸報吳王。太宰嚭既與子胥有隙。因讒曰。子胥爲人剛暴少恩。其怨望猜賊。爲禍也深。恨前日王欲伐齊。子胥以爲不可。王卒伐之而有大功。子胥計謀不用。乃反怨望。今王又復伐齊。子胥專愎強諫。沮毀用事。徼幸吳之敗以自勝其計謀耳。今王自行。悉國中武力以伐齊。而子胥諫不用。因輟佯病不行。王不可不備。此起禍不難。且臣使人微伺之。其使齊也。乃屬其子於鮑氏。夫人臣內不意。外交諸侯。自以先王謀臣。今不用。常怏怏。願王早圖之。吳王曰。微子之言。吾亦疑之。乃使使賜子胥屬鏤之劍。曰。子以此死。子胥曰。嗟乎。讒臣宰嚭爲亂。王顧反誅我。我令若父霸。又若立時。諸子弟爭立。我以死爭之於先王。幾不得立。若既立。欲分吳國與我。我顧不敢當。然若之何聽讒臣殺長者。乃告舍人曰。必樹吾墓上以梓。令可以爲器。而抉吾眼著之吳東門。以觀越寇之滅吳也。乃自剄殺。吳王聞之大怒。乃取子胥尸盛以鴟夷革。浮之江中。吳人憐之。乃爲立祠於江上。因名曰胥山。後十餘年。越襲吳。吳王還與

戰不勝使大夫行成於越不許吳王將死曰吾以不用子胥之言至於此令死者無知則已死者有知吾何面目以見子胥也遂蒙絮覆面而自刎

吳王夫差敗越于夫椒報檇李也遂入越越子以甲楯五千保于會稽使大夫種因吳太宰嚭以行成吳子將許之伍員曰不可臣聞之樹德莫如滋去疾莫如盡昔有過澆殺斟灌以伐斟鄩滅夏后相后緡方娠逃出自竇歸于有仍生少康焉爲仍牧正惎澆能戒之澆使椒求之逃奔有虞爲之庖正以除其害虞思於是妻之以二姚而邑諸綸有田一成有衆一旅能布其德而兆其謀以收夏衆撫其官職使女艾諜澆使季杼誘豷遂滅過戈復禹之績祀夏配天不失舊物今吳不如過而越大於少康或將豐之不亦難乎句踐能親而務施施不失人親不棄勞與我同壤而世爲仇讎於是克而弗取將又存

之違天而長寇讎後雖悔之不可食已姬之衰也日可俟也介在蠻夷而長寇讎以是求伯必不行矣弗聽

夫差爲鄫故將伐魯問於叔孫輒對曰魯有名而無情伐之必得志焉退而告公山不狃公山不狃曰非禮也君子違不適讎國未臣而有伐之奔命焉死之可也所託也則隱且夫人之行也不以所惡廢鄉今子以小惡而欲覆宗國不亦難乎子張疾之王問於子洩對曰魯雖無與立必有與斃諸侯將救之未可以得志焉晉與齊楚輔之是四讎也夫魯齊晉之脣脣亡齒寒君所知也不救何爲吳伐我國人懼懿子謂景伯若之何對曰吳師來則與之戰何患焉且召之而至又何求焉吳師戰于夷獲叔子與析朱鉏獻于王王曰此同車必使能國未可望也吳人行成將盟景伯曰楚人圍宋易子而食析骸而爨猶無城下之盟我未及虧而有城下之盟是棄國也吳輕而遠不能久將歸矣請少待之弗從吳人盟而還

吳王欲伐荊告其左右曰敢有諫者死舍人有少孺子欲諫不敢則懷操彈於後園露沾其衣如是者三旦吳王曰子來何苦沾衣如此對曰園中有樹其上有蟬蟬高居悲鳴飲露不知螳蜋在其後也螳蜋委身曲附欲取蟬而不知黃雀在其傍也黃雀延頸欲啄螳蜋而不知彈丸在其下也此三者皆務欲得其前利而不顧其後之有患也王曰善哉乃罷其兵

夫差將伐齊越子率其衆而朝焉王及列士皆有饋賂吳人皆喜唯伍子胥懼曰是豢吳也夫諫曰越在我心腹之疾也壤地同而有欲於我夫其柔服求濟其欲也不如早從事焉得志於齊猶獲石田也無所用之越不爲沼吳其泯矣使醫除疾而曰必遺類焉者未之有也盤庚之誥曰其有顛越不共則劓殄無遺育無俾易種于茲邑是

商所以興也今君易之將以求大不亦難乎弗聽

秦惠王時巴蜀相攻俱告急於秦惠王欲伐蜀韓又來侵司馬錯請伐蜀張儀曰不如伐韓王曰請聞其說儀曰親魏善楚下兵三川攻新城宜陽以臨二周之郊據九鼎按圖籍挾天子以令天下天下莫敢不聽此王業也臣聞爭名者於朝爭利者於市今三川周室天下之朝市也而王不爭焉顧爭於戎翟去王業遠矣錯曰不然臣聞之欲富國者務廣其地欲彊兵者務富其民欲王者務博其德三資者備而王隨之矣今王地小民貧故臣願先從事於易夫蜀西僻之國而戎翟之長也有桀紂之亂以秦攻之譬如使豺狼逐羣羊得其地足以廣國取其財足以富民繕兵不傷衆而彼已服焉拔一國而天下不以爲暴利盡四海而天下不以爲貪而又有禁暴止亂之名是我一舉而名實附也今攻韓劫天子惡名也而攻天下之所不欲又

未必利也。不如伐蜀。王從之。

武王使甘茂約魏以伐韓宜陽。茂至魏。使人還謂王曰。魏聽臣矣。然願王勿伐。王迎茂息壤而問其故。對曰。宜陽大縣。其實郡也。今倍數險行千里攻之難。魯人有與曾參同姓名者殺人。人告其母。母織自若也。及三人告之。則其母投杼下機踰墻而走。臣之賢不若曾參。王之信臣不如其母。疑臣者非特三人。臣恐大王之投杼也。魏文侯令樂羊攻中山。三年拔之。返而論功。文侯示之謗書一篋。樂羊再拜稽首曰。此非臣之功。君之力也。今臣羇旅之臣也。樗里子公孫奭挾韓而議之。王必聽之。是王欺魏王。而臣受公仲侈之怨也。故臣願王之勿伐也。王曰。寡人弗聽也。請予子盟。乃盟于息壤。

昭王時。白起拔楚西陵。或拔鄢郢夷陵。燒先王之墓。王徙東北保于陳城。楚遂削弱。為秦所輕。於是白起又將兵來伐。楚人有黃歇者游

學。博聞。襄王以為辯。故使於秦。說昭王曰。天下莫強於秦楚。今聞大王欲伐楚。此猶兩虎相鬬。而駑犬受其敝。不如善楚。臣請言其說。曰。物至而反。冬夏是也。致至而危。累棊是也。今大國之地半天下。有二垂。此從生民以來。萬乘之地未嘗有也。先帝文王武莊王。王之身三世而不接地於齊。以絕從親之要。今王使成橋守事於韓。成橋以北入燕。是王不用甲不伸威。而出百里之地。王可謂能矣。王又舉甲兵而攻魏。杜大梁之門。舉河內。拔燕酸棗虛桃人。楚燕之兵雲翔而不敢校。王之功亦多矣。王休甲息衆。二年然後復之。又取蒲衍首垣。以臨仁平。兵小黃濟陽嬰城。而魏氏服矣。王又割濮磨之北屬之燕。斷齊秦之要。絕楚魏之脊。天下五合六聚而不敢救也。王之威亦殫矣。王若能持功守威。省攻伐之心。而肥仁義之誠。使無復後患。三王不足四。五霸不足六也。王若負人徒之衆。恃甲兵之強。一毀魏氏之威

而欲以力臣天下之主。臣恐有後患。詩云。靡不有初。鮮克有終。易曰。狐濡其尾。此言始之易。終之難也。何以知其然也。智氏見伐趙之利。而不知榆次之禍也。吳見伐齊之便。而不知干隧之敗也。此二國者非無大功也。沒利於前而易患於後也。吳之信越也。從而伐齊。遂攻齊人於艾陵。還為越王禽於三江之浦。智氏信韓魏。從而伐趙。攻晉陽之城。勝有日矣。韓魏反之。殺智伯瑤於鑿臺之上。今王妬楚之不毀也。而忘毀楚之強魏也。臣為大王慮而不取。詩云。大武遠宅不涉。從此觀之。楚國援也。鄰國敵也。詩云。他人有心。予忖度之。躍躍毚兔。過犬獲之。今王中道而信韓魏之善王也。此正吳信越也。臣聞敵不可易。時不可失。臣恐韓魏之卑辭慮患。而實欺大國也。王既無重世之德於韓魏。而有累世之怨焉。夫韓魏父子兄弟接踵而死於秦者百世矣。本國殘。社稷壞。宗廟隳。刳腹折頤。首身分離。暴骨草澤。頭顱

僵仆。相望於境。父子老弱係虜。相隨於路。鬼神狐祥無所食。百姓不聊生。族類離散。流亡為臣妾。滿海內矣。韓魏之不亡。秦社稷之憂也。今王之攻楚。不亦失乎。且王攻楚之日。則惡出兵。王將藉路於仇讎之韓魏乎。兵出之日。而王憂其不反也。是王以兵資於仇讎之韓魏。必攻隨陽右壤。此皆廣川大水山林谿谷不食之地。王雖有之。不為得地。是王有毀楚之名。無得地之實也。且王攻楚之日。四國必應悉起應王。秦楚之兵構而不離。魏氏將出兵而攻留方與銍胡陵碭蕭相。故宋必盡。齊人南面。泗北必舉。此皆平原四達膏腴之地也。而王使之獨攻。王破楚於以肥韓魏於中國而勁齊。韓魏之強足以校於秦矣。而齊南以泗為境。東負海。北倚河。而無後患。天下之國莫強於齊。齊魏得地葆利而詳事下吏。一年之後。為帝若未能。於以禁王之為帝有餘。夫以王壤土之博。人徒之衆。兵革之強。而注地於楚。詘令

韓魏歸帝重於齊是王失計也臣爲王慮莫若善楚秦楚合而爲一以臨韓韓必受首王襟以山東之險帶以河曲之利韓必爲關中之侯若是王以十萬戍鄭梁氏寒心許鄢陵嬰城上蔡召陵不往來也如此而魏亦關內侯矣王一善楚而關內二萬乘之主注地於秦之右壤可拱手而取也是王之地一注任兩海要絕天下也是燕無齊楚齊楚無燕趙也然後危動燕趙持齊楚此四國者不待痛而服矣

昭王攻趙蘇子謂王曰臣聞明王之於其民也博論而技藝之是故官無乏事而力不困於其言也多聽而時用之是故事無敗業而惡不章臣願王察臣之所謁而効之於一時之用也臣聞懷重寶者不以夜行任大功者不以輕敵是以賢者任重而行恭智者功大而辭順故民不惡其尊而世不妬其業臣聞之百倍之國者民不樂後也

功業高世者人主不再行也力盡之民仁者不用也求得而反靜聖王之制也功大而息民用兵之道也今用兵終身不休力盡不罷怒趙趙怒必於其已邑趙僅存哉然而四輪之國也今雖得邯鄲非國之長利也意者地廣而不耕民羸而不休又嚴之以刑罰則雖從而不止矣語曰戰勝而國危者物不斷也功大而權輕者地不入也故過任之事父不得於子無已之求君不得於臣故微之爲著者強察乎息民之爲用者霸明乎輕之爲重者王秦王曰寡人案兵息民則天下必爲從將以逆秦蘇子曰臣有以知天下之不能爲從以逆秦也臣以田單如耳爲大過也豈獨田單如耳爲大過哉天下之主亦盡過矣夫慮收亡齊罷楚敝魏與不可知之趙欲以窮秦折韓臣以爲至愚也夫齊威宣者世之賢王也德博而地廣國富而民用將武而兵強宣王用之後破富韓威勁魏以南伐楚西攻秦秦爲齊兵困於殽函之上十年攘地秦人遠迹不服而齊爲虛矣夫齊兵之所以破韓魏之所以僅存者何也是則伐楚攻秦而後受其殃也今富非有齊威宣之餘也精兵非有富韓勁魏之庫也而將非有田單司馬之慮也收破齊罷楚敝魏不可知之趙欲以窮秦折韓臣以爲至誤臣以爲從一不可成也客有難者今人有患於世夫刑名之家皆曰白馬非馬也已如白馬實馬乃使有白馬之爲也此臣之所患也昔者秦人下兵攻懷服其人三國從之趙奢鮑佞將楚有四人起而從之臨懷而不救秦人去而不從不識三國之憎秦而愛懷邪忘其憎懷而愛秦邪夫攻而不救去而不從是以知三國之兵困而趙奢鮑佞之能也故裂地以敗於齊田單將齊之良以兵橫行於中十四年終身不敢設兵以攻秦折韓也而馳於封內不識從之一成惡存也於是秦王解兵不出於境諸侯休天下安二十九年不相攻

昭王既息民繕兵復欲伐趙武安君曰不可王曰前年國虛民飢君不量百姓之力求益軍糧以滅趙今寡人息民以養士蓄積糧實三軍之俸有倍於前而曰不可其說何也武安君曰長平之事秦軍大克趙軍大破秦人歡喜趙人畏懼秦民之死者厚葬傷者厚養勞者相饗飲食餔餽以靡其財趙人之死者不得收傷者不得療涕泣相哀勠力同憂耕田疾作以生其財今王發軍雖倍其前臣料趙國守備亦以十倍矣趙自長平已來君臣憂懼早朝晏罷卑辭重幣四面出嫁結親燕魏連好齊楚積慮并心備秦爲務其國內實其交外成當今之時趙未可伐也王曰寡人既以興師矣乃使五校大夫王陵將而伐趙陵戰失利亡五校王欲使武安君武安君稱疾不行王乃使應侯往見武安君責之曰楚地方五千里持戟百萬君前率數萬之衆入楚拔鄢郢焚其廟東至竟陵楚人震恐東徙而不敢西向韓

魏相率興兵甚衆君所將之卒不能半之而與戰之於伊闕大破二國之軍流血漂鹵斬首二十四萬韓魏以故稱東藩此君之功天下莫不聞今趙卒之死於長平者已十七八其國虛弱是以寡人大發軍人數倍於趙國之衆願使君將必欲滅之矣君常以寡擊衆取勝如神況以強擊弱以衆擊寡乎武安君曰是時楚王恃其國大不恤其政而羣臣相妬以功諛諂用事良臣斥疎百姓心離城池不修既無良臣又無守備故起所以得引兵深入多倍城邑發梁焚舟以專民志掠於郊野以足軍食當此之時秦中士卒以軍中爲家將帥爲父母不約而親不謀而信一心同力死不旋踵楚人自戰其地咸顧其家各有散心莫有鬬志是以能有功也伊闕之戰韓孤顧魏不欲先用其衆魏恃韓之銳欲推以爲鋒二軍爭便之力不同是以臣得設疑兵以待韓陣專軍并銳觸魏之不意魏軍既敗韓軍自潰乘勝

逐北以是之故能立功皆計利形勢自然之理何神之有哉今秦破趙軍於長平不遂以時乘其振懼而滅之畏而釋之使得耕稼以益蓄積養孤長幼以益其衆繕治兵甲以益其強增城浚池以益其固主折節以下其臣臣推體以下死士至於平原之屬皆令妻妾補縫於行伍之間臣人一心上下同力猶勾踐困於會稽之時也以今伐之趙必固守挑其軍戰必不肯出圍其國都必不可克攻其列城必未可拔掠其郊野必無所得兵出無功諸侯生心外救必至臣見其害未睹其利又病未能行應侯慙而退以言於王王曰微白起吾不能滅趙乎復益發軍更使王齕代王陵伐趙圍邯鄲八九月死傷者衆而弗下趙王出輕銳以寇其後秦數不利武安君曰不聽臣計今果如何王聞之怒因見武安君強起之曰君雖病彊爲寡人臥而將之有功寡人之願將加重於君如君不行寡人恨君武安君頓首曰

臣知行雖無功得免於罪雖不行無罪不免於誅然惟願大王覽臣愚計釋趙養民以諸侯之變撫其恐懼伐其憍慢誅滅無道以令諸侯天下可定何必以趙爲先乎此所謂爲一臣屈而勝天下也大王若不察臣愚計必欲快心於趙以致臣罪此亦所謂勝一臣而爲天下屈者也夫勝一臣之嚴焉孰若勝天下之威大邪臣聞明主愛其國忠臣愛其名破國不可復完死卒不可復生臣寧伏受重誅而死不忍爲辱軍之將願大王察之王不荅而去

范睢言於昭王曰大王之國北有高泉谷口南帶涇渭右隴蜀左關阪戰車千乘奮擊百萬以秦卒之勇車騎之多以當諸侯譬若馳韓盧而逐狡兔也霸王之業可致今反閉而不敢窺兵於山東者是大王之計有所失也王曰願聞失計睢曰大王越韓魏而攻強齊非計也少出師則不足以傷齊多之則害於秦臣意王之計欲少出師而

悉韓魏之兵則不義矣今見與國之不可親越人之國而攻可謂疎於計矣昔者齊人伐楚戰勝破軍殺將再辟千里膚寸之地無得者豈齊不欲地哉形弗能有也諸侯見齊之罷露君臣之不親舉兵而伐之王辱軍破爲天下笑所以然者以其伐楚而肥韓魏也此所謂藉賊兵而齎盜食者也王不如遠交而近攻得寸則王之寸得尺亦王之尺也今舍此而遠攻不亦繆乎且昔者中山之地方五百里趙獨擅之功成名立利附則天下莫能害今韓魏中國之處而天下之樞也王若欲霸必親中國而以爲天下樞以威楚趙趙彊則楚附楚彊則趙附楚趙附則齊必懼懼必卑辭重幣以事秦齊附而韓魏可虛也

齊孟嘗君怒秦與韓魏攻之入函谷關秦昭王謂丞相樓緩公子他曰三國之兵深矣寡人欲割河東而嫌對曰嫌亦悔不嫌亦悔王曰

何也對曰王割河東而媾三國雖去王必曰惜矣三國且去吾特以三城從之此媾之悔也不媾三國入函谷咸陽必危王又曰惜矣吾愛三城而不媾此不媾之悔也王曰鈞吾悔也寧亡三城而悔無危咸陽而悔也乃使公子他以三城媾於三國

秦武安君病使王陵伐趙攻邯鄲少利武安君病愈昭王欲使代之武安君曰邯鄲實未易攻也且諸侯之救日至秦雖勝於長平然士卒死者過半國內空遠絕河山而爭人國都趙應其內諸侯攻其外破秦軍必矣王又使應侯請之終辭不行

秦二世時陳勝起山東使者以聞二世召博士諸儒生問曰楚戍卒攻蘄入陳於公如何博士諸生三十餘人前曰人臣無將將即反罪死無赦願陛下急發兵擊之二世怒

漢高帝初欲以兵二萬人擊秦嶢下軍張良說曰秦兵尚彊未可輕臣聞其將屠者子賈豎易動以利願沛公且留壁使人先行爲五萬人具食益爲張旗幟諸山上爲疑兵令酈食其持重寶啗秦將秦將果畔欲連和俱西襲咸陽沛公欲聽之良曰此獨其將欲叛耳恐士卒不從不從必危不如因其解擊之沛公乃引兵擊秦軍大破之遂北至藍田再戰秦兵竟敗

二年漢王至洛陽新城三老董公遮說王曰臣聞順德者昌逆德者亡兵出無名事故不成故曰名其爲賊敵乃可服項羽爲無道放殺其主天下之賊也夫仁不以勇義不以力大王宜帥三軍之衆爲之素服以告之諸侯爲此東伐四海之內莫不仰德此三王之舉也漢王曰善非夫子無所聞

三年漢王出滎陽至成皋自成皋入關收兵欲復東轅生說漢王曰漢與楚相距滎陽數歲漢常困願君王出武關項王必引兵南走王深壁令滎陽成皋間且得休息使韓信等得輯河北趙地連燕齊君王乃復走滎陽如此則楚所備者多力分漢得休息復與之戰破之必矣漢王從其計

六年人有告楚王韓信反者帝以問諸將皆曰亟發兵坑豎子耳帝默然又問陳平平曰人言信反信知之乎上曰不知平曰陛下兵精孰與楚上曰不能過平曰諸將用兵有能過信者乎上曰莫及也平曰如此而舉兵攻之是趣之戰也竊爲陛下危之上曰爲之柰何平曰古者天子有巡狩會諸侯陛下第出僞遊雲夢會諸侯於陳陳楚之西界信聞天子以會出遊其勢必無事而郊迎謁謁而因擒之此特一力士之事耳帝以爲然

七年韓王信反帝自往擊之至晉陽聞信與匈奴欲共擊漢上大怒使人使匈奴匈奴匿其壯士肥牛馬但見老弱及羸畜使者十輩來

皆言匈奴可擊上使劉敬復往使匈奴還報曰兩國相擊此宜夸矜見所長今臣往徒見羸瘠老弱此必欲見短伏奇兵以爭利愚以爲匈奴不可擊也是時漢兵已踰句注二十餘萬兵已業行上怒罵劉敬曰齊虜以口舌得官今迺妄言沮吾軍械繫敬廣武遂往至平城匈奴果出奇兵圍高帝白登七日然後得解高帝至廣武赦敬曰吾不用公言已困平城吾皆已斬前使十輩言可擊者矣迺封敬二千戶爲關內侯號爲建信侯

十一年淮南王黥布反召諸將問之汝陰侯滕公言之上曰臣客故楚令尹薛公其人有籌策可問上乃見問薛公對曰布反不足怪也使布出於上計山東非漢之有也出於中計勝負之數未可知也出於下計陛下安枕而臥矣上曰何謂上計薛公對曰東取吳西取楚并齊取魯傳檄燕趙固守其所山東非漢之有也何謂中計東取吳

西取楚并韓取魏據敖倉之粟塞成皐之險勝敗之數未可知也何謂下計東取吳西取下蔡歸重於越身歸長沙陛下安枕而卧漢無事矣上曰是計將安出薛公曰出下計上曰胡為廢上計而出下計薛公曰布故驪山之徒也致萬乘之主此皆為身不顧後為百姓萬世慮者也故曰出下計

文帝時匈奴強數寇邊上發兵以禦之太子家令晁錯上言兵事曰臣聞漢興以來胡虜數入邊地小入則小利大入則大利高后時再入隴西攻城屠邑毆畧畜産其後復入隴西殺吏卒大寇盜竊聞戰勝之威民氣百倍敗兵之卒沒世不復自高后以來隴西三困於匈奴矣民氣破傷亡有勝意今玆隴西之吏賴社稷之神靈奉陛下之明詔和輯士卒底厲其節起破傷之民以當乘勝之匈奴用少擊衆殺一王敗其衆而法曰大有利非隴西之民有勇怯迺將吏之制巧

拙異也故兵法曰有必勝之將無必勝之民繇此觀之安邊境立功名在於良將不可不擇也臣又聞用兵臨戰合刃之急者三一曰得地形二曰卒服習三曰器用利兵法曰丈五之溝漸車之水山林積石經川丘阜草木所在此步兵之地也車騎二不當一土山丘陵曼衍相屬平原廣野此車騎之地也步卒十不當一平陵相遠川谷居間仰高臨下此弓弩之地也短兵百不當一兩陣相近平地淺草可前可後此長戟之地也劍楯三不當一萑葦竹蕭草木蒙蘢支葉茂接此矛鋋之地也長戟二不當一士不選練卒不服習起居不精動靜不集趨利弗及避難不畢前擊後解與金鼓之音相失此不習勒卒之過也百不當十兵不完利與空手同甲不堅密與袒裼同弩不可以及遠與短兵同射不能中與亡矢同中不能入與亡鏃同此將不省兵之禍也五不當一故兵法曰器械不利以其卒予敵也卒不可用以其將予敵也將不知兵以其主予敵也君不擇將以其國予敵也四者兵之至要也臣又聞小大異形強弱異勢險易異備夫卑身以事強小國之形也合小以攻大敵國之形也以蠻夷攻蠻夷中國之形也今匈奴地形技藝與中國異上下山阪出入溪澗中國之馬弗與也險道傾仄且馳且射中國之騎弗與也風雨罷勞飢渴不困中國之人弗與也此匈奴之長技也若夫平原易地輕車突騎則匈奴之衆易撓亂也勁弩長戟射踈及遠（踈亦濶遠也）則匈奴之弓弗能格也堅甲利刃長短相雜遊弩往來什伍俱前則匈奴之兵弗能當也材官騶發矢道同的則匈奴之革笥木薦弗能支也下馬地鬭劍戟相接去就相薄則匈奴之足弗能給也此中國之長技也以此觀之匈奴之長技三中國之長技五陛下又興數十萬之衆以誅數萬之匈奴衆寡之計以一擊十之術也雖然兵凶器戰危事也以大為小以彊

為弱在俛仰之間耳夫以人之死爭勝跌而不振則悔之亡及也帝王之道出於萬全今降胡義渠蠻夷之屬來歸誼者其衆數千飲食長技與匈奴同可賜之堅甲絮衣勁弓利矢益以邊郡之良騎令明將能知其習俗和輯其心者以陛下之明約將之即有險阻以此當之平地通道則以輕車材官制之兩軍相為表裏各用其長技衡加之以衆此萬全之術也傳曰狂夫之言而明主擇焉臣錯愚陋昧死上狂言唯陛下財擇

武帝建元三年閩越發兵圍東甌東甌食盡困且降乃使人告急上問太尉田蚡對曰越人相攻擊固其常又數反覆不足以煩中國往救也自秦時棄弗屬於是中大夫莊助詰蚡曰特患力弗能救德弗能覆誠能何故棄之且秦舉咸陽而棄之何乃越也今小國以窮困來告急天子天子弗振當安所告愬又何以子萬國乎上曰太尉未

足與計吾初即位不欲出虎符發兵郡國乃遣莊助以節發兵會稽太守欲距不為發兵助乃斬一司馬諭意指遂發兵浮海救東甌未至閩越引兵而去東甌請舉國徙中國乃悉舉衆來處江淮之間六年閩越興兵擊南越南越守天子約不敢擅發兵而上書以聞上多其義大為發兵遣兩將軍將兵誅閩越淮南王安上書諫曰陛下臨天下布德施恩緩刑罰薄賦斂哀鰥寡恤孤獨養耆老振匱乏盛德上隆和澤下洽近者親附遠者懷德天下攝然人安其生自以沒身不見兵革今聞有司將以誅越臣安竊為陛下重之越方外之地劗髮文身之民也不可以冠帶法度理也自三代之盛胡越不與受正朔非彊弗能服威弗能制也以為不居之地不牧之民不足以煩中國也故古者封內甸服封外侯服侯衛賓服蠻夷要服戎狄荒服遠近勢異也自漢初定已來七十二年吳越人相攻擊者不可勝數

然天子未嘗舉兵而入其地也臣聞越非有城郭邑里也處谿谷之間篁竹之中習於水鬬便於用舟地深昧而多水險中國之人不知其勢阻而入其地雖百不當其一得其地不可郡縣也攻之不可暴取也以地圖察其山川要塞相去不過寸數而間獨數百千里阻險林叢弗能盡著視之若易行之甚難天下賴宗廟之靈方內大寧戴白之老不見兵革民得夫婦相守父子相保陛下之德也越人名為藩臣貢酎之奉不輸大內一卒之用不給上事自相攻擊而陛下發兵救之是反以中國而勞蠻夷也且越人愚戇輕薄負約反覆其不用天子之法度非一日之積也壹不奉詔舉兵誅之臣恐後兵革無時得息也間者數年歲比不登民待賣爵贅子以接衣食賴陛下德澤振救之得無轉死溝壑四年不登五年復蝗民生未復今發兵行數千里資衣糧入越地輿轎而隃領拕舟而入水行數百千里夾以

深林叢竹水道上下擊石林中多蝮蛇猛獸夏月暑時嘔泄霍亂之病相隨屬也曾未施兵接刃死傷者必衆矣前時南海王反陛下先臣使將軍間忌將兵擊之以其軍降處之上淦後復反會天暑多雨樓船卒水居擊櫂未戰而疾死者過半親老涕泣孤子謕號破家散業迎尸千里之外裹骸骨而歸悲哀之氣數年不息長老至今以為記曾未入其地而禍已至此矣臣聞軍旅之後必有凶年言民各以其愁苦之氣薄陰陽之和感天地之精而災氣為之生也陛下德配天地明象日月恩至禽獸澤及草木一人有飢寒不終其天年而死者為之悽愴於心今方內無狗吠之警而使陛下甲卒死亡暴露中原霑漬山谷邊境之民為之早閉晏開鼂不及夕臣安竊為陛下重之不習南方地形者多以越為人衆兵彊能難邊城淮南全國之時多為邊吏臣竊聞之與中國異限以高山人跡所絕車道不通天地

所以隔外內也其入中國必下領水領之山峭峻漂石破舟不可以大船載食糧下也越人欲為變必先田餘干界中積食迺入伐材治船邊城守候誠謹越人有入伐材者輒收捕焚其積聚雖百越柰邊城何且越人緜力薄材不能陸戰又無車騎弓弩之用然而不可入者以保地險而中國之人不能其水土也臣聞越甲卒不下數千萬所以入之五倍乃足輓車奉饟者不在其中南方暑溼近夏癉熱暴露水居蝮蛇蠚生疾癘多作兵未血刃而病死者什二三雖舉越國而虜之不足以償所亡臣聞道路言閩越王弟甲弒而殺之甲以誅死其民未有所屬陛下若欲來內處之中國使重臣臨存施德垂賞以招致之此必攜幼扶老以歸聖德若陛下無所用之則繼其絕世存其亡國建其王侯以為畜越此必委質為藩臣世共貢職陛下以方寸之印丈二之組塡撫方外不勞一卒不頓一戟而威德並行今

以兵入其地。此必震恐。以有司爲欲屠滅之也。必雉兔逃入山林險阻。背而去之。則復相羣聚。留而守之。則歷歲經年。士卒罷勌。食糧乏絕。男子不得耕稼樹種。婦人不得紡績織紝。丁壯從軍。老弱轉餉。居者無食。行者無糧。民苦兵事。亡逃者必衆。隨而誅之。不可勝盡。盜賊必起。臣聞長老言。秦之時。嘗使尉屠睢擊越。又使監祿鑿渠通道。越人逃入深山林叢。不可得攻。留軍屯守空地。曠日持久。士卒勞倦。越迺出擊之。秦兵大破。迺發適戍以備之。當此之時。外內騷動。百姓靡敝。行者不還。往者莫反。皆不聊生。亡逃相從。羣爲盜賊。於是山東之難始興。此老子所謂師之所處。荊棘生之者也。兵者凶事。一方有急。四面皆從。臣恐變故之生。姦邪之作。由此始也。周易曰。高宗伐鬼方。三年而克之。鬼方小蠻夷。高宗殷之盛天子也。以盛天子伐小蠻夷。三年而後克。言用兵不可不重也。臣聞天子之兵。有征無戰。言莫敢校也。如使越人蒙死徼幸以逆執事之顏行。廝輿之卒有一不備而歸者。雖得越王之首。臣猶竊爲大漢羞之。陛下以四海爲境。九州爲家。八藪爲囿。江漢爲池。生民之屬。皆爲臣妾。人徒之衆。足以奉千官之共。租稅之收。足以給乘輿之御。玩心神明。秉執聖道。負黼依。馮玉几。南面而聽斷。號令天下。四海之內。莫不嚮應。陛下垂德惠以覆露之。使元元之民安生樂業。則澤被萬世。傳之子孫。施之無窮。天下之安猶泰山而四維之也。夷狄之地。何足以爲一日之間。而煩汗馬之勞乎。詩云。王猶允塞。徐方既來。言王道甚大。而遠方懷之也。臣聞之。農夫勞而君子養焉。愚者言而智者擇焉。臣安幸得爲陛下守藩。以身爲鄣蔽。人臣之任也。邊境有警。愛身之死而不畢其愚。非忠臣也。臣安竊恐將吏之以十萬之師爲一使之任也。

武帝時。田蚡爲丞相。韓安國爲御史大夫。匈奴來請和親。上下其議。大行王恢燕人。數爲邊吏。習胡事。議曰。漢與匈奴和親。率不過數歲即背約。不如勿許。舉兵擊之。安國曰。千里而戰。即兵不獲利。今匈奴負戎馬足。懷鳥獸心。遷徙鳥集。難得而制。得其地不足爲廣。有其衆不足爲彊。自上古弗屬。漢數千里爭利。則人馬罷。虜以全制其敝。勢必危殆。臣故以爲不如和親。羣臣議多附安國。於是上許和親。明年鴈門馬邑豪聶壹因大行王恢言。匈奴初和親。親信邊。可誘以利致之。伏兵襲擊。必破之道也。上迺召問公卿曰。朕飾子女以配單于。幣帛文錦。賂之甚厚。單于待命加嫚。侵盜無已。邊竟數驚。朕甚閔之。今欲舉兵攻之。何如。大行恢對曰。陛下雖未言。臣固願效之。臣聞全代之時。北有彊胡之敵。內連中國之兵。然尚得養老長幼。種樹以時。倉廩常實。匈奴不輕侵也。今以陛下之威。海內爲一。天下同任。又遣子弟乘邊守塞。轉粟輓輸。以爲之備。然匈奴侵盜不已者。無他。以不恐之故耳。臣竊以爲擊之便。御史大夫安國曰。不然。臣聞高皇帝嘗圍於平城。匈奴至者投鞍高如城者數所。平城之飢。七日不食。天下歌之。及解圍反位。而無忿怒之心。夫聖人以天下爲度者也。不以己私怒傷天下之功。故乃遣劉敬奉金千斤。以結和親。至今爲五世利。孝文皇帝又嘗壹擁天下之精兵聚之廣武常谿。然終無尺寸之功。而天下黔首無不憂者。孝文寤於兵之不可宿。故復合和親之約。此二聖之迹。足以爲效矣。臣竊以爲勿擊便。恢曰。不然。臣聞五帝不相襲禮。三王不相復樂。非故相反也。各因世宜也。且高帝身被堅執銳。蒙霧露。沐霜雪。行幾十年。所以不報平城之怨者。非力不能。所以休天下之心也。今邊竟數驚。士卒傷死。中國槥車相望。此仁人之所隱也。臣故曰擊之便。安國曰。不然。臣聞利不十者不易業。功不百者不變常。是以古之人君謀事必就祖。發政占古語。重作事也。且自三代之盛夷狄不與正朔服色非威不能制彊弗能服也以爲遠方絶地不牧之民不足煩中國也且匈奴輕疾悍亟之兵也至如猋風去如收電畜牧爲業弧弓射獵逐獸隨草居處無常難得而制今使邊郡久廢耕織以支胡之常事其埶不相權也臣故曰勿擊便恢曰不然臣聞鳳鳥乘於風聖人因於時昔秦繆公都雍地方三百里知時宜之變攻取西戎辟地千里并國十四隴西北地是也及後蒙恬爲秦侵胡辟數千里以河爲竟累石爲城樹榆爲塞匈奴不敢飲馬於河置烽燧然後敢牧馬夫匈奴獨可以威服不可以仁畜也今以中國之盛萬倍之資遣百分之一以攻匈奴譬猶以彊弩射且潰之癰也必不留行矣若是則北發月氏可得而臣也臣故曰擊之便安國曰不然臣聞用兵者以飽待饑正治以待其亂定舍以待其勞故接兵覆衆伐國墮城常坐而役敵國此聖人之兵也且臣聞之衝風之衰不能起毛羽彊弩之末力不能入魯縞夫盛之有衰猶朝之必莫也今將卷甲輕舉深入長敺難以爲功從行則迫脅衡行則中絶疾則糧乏徐則後利不至千里人馬乏食兵法曰遺人獲也意者有他繆巧可以禽之則臣不知也不然則未見深入之利也臣故曰勿擊便恢曰不然夫草木遭霜者不可以風過清水明鏡不可以形逃通方之士不可以文亂今臣言擊之者固非發而深入也將順因單于之欲誘而致之邊吾選梟騎壯士陰伏而處以爲之備審遮險阻以爲其戒吾埶已定或營其左或營其右或當其前或絶其後單于可禽百全必取上曰善迺從恢議

宣帝元康中匈奴遣兵擊漢屯田車師者不能下上與後將軍趙充國等議欲因匈奴衰弱出兵擊其右地使不敢復擾西域魏相上書諫曰臣聞之救亂誅暴謂之義兵兵義者王敵加於己不得已而起者謂之應兵兵應者勝爭恨小故不忍憤怒者謂之忿兵兵忿者敗利人土地貨寶者謂之貪兵兵貪者破恃國家之大矜民人之衆欲見威於敵者謂之驕兵兵驕者滅此五者非但人事乃天道也間者匈奴嘗有善意所得漢民輒奉歸之未有犯於邊境雖爭屯田車師不足致意中今聞諸將軍欲興兵入其地臣愚不知此兵何名者也今邊郡困乏父子共犬羊之裘食草萊之實常恐不能自存難以動兵軍旅之後必有凶年言民以其愁苦之氣傷陰陽之和也出兵雖勝猶有後憂恐災害之變因此以生今郡國守相多不實選風俗尤薄水旱不時案今年計子弟殺父兄妻殺夫者凡二百二十二人臣愚以謂此非小變也今左右不憂此（左右謂近臣在天子左右者）乃欲發兵報纖介之忿於遠夷殆孔子所謂吾恐季孫之憂不在顓臾而在蕭牆之内也願陛下與平昌侯樂昌侯平恩侯及有識者詳議乃可上從相言而止

五鳳中匈奴大亂議者多曰匈奴爲害日久可因其壞亂舉兵滅之詔遣中朝大司馬車騎將軍韓增諸吏富平侯張延壽光禄勳楊惲太僕戴長樂問蕭望之計策望之對曰春秋晉士匄帥師侵齊聞齊侯卒引師而還君子大其不伐喪以爲恩足以服孝子誼足以動諸侯前單于慕化鄉善稱弟遣使請求和親海内欣然夷狄莫不聞未終奉約不幸爲賊臣所殺今而伐之是乘亂而幸災也彼必奔走遠遁不以義動兵恐勞而無功宜遣使者弔問輔其微弱救其災患四夷聞之咸貴中國之仁義如遂蒙恩得復其位必稱臣服從此德之盛也上從其議

歷代名臣奏議卷之二百二十六

征伐

漢元帝時珠厓反發兵擊之諸縣更叛連年不定上與有司議大發軍待詔賈捐之建議以為不當擊上使侍中駙馬都尉樂昌侯王商詰問捐之曰珠厓內屬為郡久矣今背畔逆節而云不當擊長蠻夷之亂虧先帝功德經義何以處之捐之對曰臣幸得遭明盛之朝蒙危言之策無忌諱之患敢昧死竭卷卷臣聞堯舜聖之盛也禹入聖域而不優故孔子稱堯曰大哉韶曰盡善禹曰無間以三聖之德地方不過數千里西被流沙東漸于海朔南暨聲教迄于四海欲與聲教則治之不欲與者不強治也故君臣歌德含氣之物各得其宜武丁成王殷周之大仁也然地東不過江湖西不過氐羌南不過蠻荊北不過朔方是以頌聲並作視聽之類咸樂其生越裳氏重九譯而

獻此非兵革之所能致及其衰也南征不還齊桓捄其難孔子定其文以至乎秦興兵遠攻貪外虛內務欲廣地不慮其害然地南不過閩越北不過太原天下潰畔禍卒在於二世之末長城之歌至今未絕賴聖漢初興為百姓請命平定天下至孝文皇帝閔中國未安偃武行文則斷獄數百民賦四十丁男三年而一事時有獻千里馬者詔曰鸞旗在前屬車在後吉行日五十里師行日三十里朕乘千里之馬獨先安之於是還馬與道里費而下詔曰朕不受獻也其令四方毋來獻當此之時逸遊之樂絕奇麗之賂塞鄭衛之倡微矣夫後宮盛色則賢者隱處佞人用事則諍臣杜口而文帝不行故謚為孝文廟稱太宗至孝武皇帝元狩六年太倉之粟紅腐而不可食都城之內貫朽而不可校迺探平城之事錄冒頓以來數為邊害籍兵厲馬因富民以攘服之西連諸國至于安息東過碣石以玄菟樂浪為郡北卻匈奴萬里更起營塞制南海以為八郡則天下斷獄萬數民賦數百造鹽鐵酒榷之利以佐用度猶不能足當此之時寇賊並起軍旅數發父戰死於前子鬬傷於後女子乘亭鄣孤兒號於道老母寡婦飲泣巷哭遙設虛祭想魂乎萬里之外淮南王盜寫虎符陰聘名士關東公孫勇等詐為使者是皆廓地泰大征伐不休之故也今天下獨有關東關東大者獨有齊楚民衆久困連年流離離其城郭相枕席於道路人情莫親父母莫樂夫婦至嫁妻賣子法不能禁義不能止此社稷之憂也今陛下不忍悁悁之忿欲驅士衆擠之於大海之中快心幽冥之地非所以救助飢饉保全元元也詩云蠢爾蠻荊大邦為讎言聖人起則後服中國衰則先畔動為國家難自古而患之久矣何況迺復其南方萬里之蠻乎駱越之人父子同川而浴相習以鼻飲與禽獸無異本不足郡縣置也顓顓獨居一海之中霧

露氣濕多毒草蟲蛇水土之害人未見虜戰士自死又非獨珠厓有珠犀瑇瑁也棄之不足惜不擊不損威其民譬猶魚鼈何足貪也臣竊以往者羌軍言之暴師曾未一年兵出不踰千里費四十餘萬萬大司農錢盡迺以少府禁錢續之夫一隅為不善費尚如此況於勞師遠攻亡士無功乎求之往古則不合施之當今又不便臣愚以為非冠帶之國禹貢所及春秋所治皆可且無以為願遂棄珠厓專用恤關東為憂對奏上以問丞相御史大夫陳萬年以為當擊丞相于定國以為前日興兵擊之連年護軍都尉校尉及丞凡十一人還者二人卒士及轉輸死者萬人以上費用三萬萬餘尚未能盡降今關東困乏民難搖動捐之議是上迺從之下詔罷珠厓

馮奉世上奏曰羌虜近在竟內背畔不以時誅亡以威制遠蠻臣願帥師討之上問用兵之數對曰臣聞善用兵者役不再興糧不三載

故師不久暴。而天誅亟決。往者數。不料敵而師至於折傷。再三發軵。則曠日煩費。威武虧矣。今反虜無慮三萬人。法當倍用六萬人。然羌戎弓矛之兵耳。器不犀利。可用四萬人。一月足以決。丞相御史兩將軍皆以為民方收斂時。未可多發。萬人屯守之。且足。奉世曰。不可。天下被飢饉。士馬羸耗。守戰之備久廢不簡。夷狄皆有輕邊吏之心。而羌首難。今以萬人分屯數處。虜見兵少。必不畏懼。戰則挫兵病師。守則百姓不救。如此怯弱之形見。羌乘諸種並和。相扇而起。臣恐中國之役不得止於四萬。非財幣所能解也。故少發師而曠日。與一舉而疾決。利害相萬也。固爭之不能得。有詔益二千人。

王莽欲發三十萬眾。齎三百日糧。窮追匈奴。因分其地立呼韓邪十五子。莽將嚴尤諫曰。臣聞匈奴為害所從來久矣。未聞上世有必征之者也。後世三家周秦漢征之。然皆未有得上策者也。周得中策。漢

得下策。秦無策焉。當周宣王時。獫允內侵。至于涇陽。命將征之。盡境而還。其視夷狄之侵。譬猶蚊蝱之螫。敺之而已。故天下稱明。是為中策。漢武帝選將練兵。約齎輕糧。深入遠戍。雖有克獲之功。胡輒報之。兵連禍結三十餘年。中國罷耗。匈奴亦創艾。而天下稱武。是為下策。秦始皇不忍小恥。而輕民力。築長城之固。延袤萬里。轉輸之行。起於負海。疆境既完。中國內竭。以喪社稷。是為無策。今天下遭陽九之戹。比年飢饉。西北邊尤甚。發三十萬眾。具三百日糧。東援海代。南取江淮。然後乃備。計其道里。一年尚未集合。兵先至者聚居暴露。師老械弊。勢不可用。此一難也。邊既空虛。不能奉軍糧。內調郡國。不相及屬。此二難也。計一人三百日食。用糒十八斛。非牛力不能勝。牛又當自齎食。加二十斛。重矣。胡地沙鹵。多乏水草。以往事揆之。軍出未滿百日。牛必物故且盡。餘糧尚多。人不能負。此三難也。胡地秋冬甚寒。春夏甚風。多齎鬴鍑薪炭。重不可勝。食糒飲水。以歷四時。師有疾疫之憂。是故前代伐胡。不過百日。非不欲久。勢力不能。此四難也。輜重自隨。則輕銳者少。不得疾行。虜徐遁逃。勢不能及。幸而逢虜。又累輜重。如遇險阻。銜尾相隨。虜要遮前後。危殆不測。此五難也。大用民力。功不可必立。臣伏憂之。今既發兵。宜縱先至者。令臣尤等深入霆擊。且以創艾胡虜。莽不聽尤言。轉兵穀如故。天下騷動。

東漢光武初。晝卧溫明殿。耿弇入請間曰。吏士死傷者多。請歸上谷益兵。王曰。王郎已破。河北略平。復用兵何為。弇曰。王郎雖破。天下兵革乃始耳。今使者從西方來。欲罷兵。不可聽也。銅馬赤眉之屬數十輩。輩數十百萬人。所向無前。聖公不能辦也。敗必不久。王起坐曰。卿失言。我斬卿。弇曰。太王哀厚弇如父子。故敢披赤心。王曰。我戲卿耳。何以言之。弇曰。百姓患苦王莽。復思劉氏。聞漢兵起。莫不歡喜。如去

虎口得歸慈母。今更始為天子。而諸將擅命於山東。貴戚縱橫於都內。元元叩心。更思莽朝。是以知其必敗也。公功名已著。以義征伐。天下可傳檄而定也。天下至重。公可自取。毋令他姓得之。

建武三年。彭寵反於漁陽。帝欲自征之。大司徒伏湛上疏諫曰。臣聞文王受命而征伐五國。必先詢之同姓。然後謀於羣臣。加占蓍龜以定行事。故謀則成。卜則吉。戰則勝。其詩曰。帝謂文王。詢爾仇方。同爾弟兄。以爾鉤援。與爾臨衝。以伐崇庸。崇國城守。先退後伐。所以重人命俟時而動。故參分天下而有其二。陛下承大亂之極。受命而帝。興明祖宗。出入四年。而滅檀鄉。制五校。降銅馬。破赤眉。誅鄧奉之屬。不為無功。今京師空匱。資用不足。未能服近而先事邊外。且漁陽之地逼接北狄。黠虜困迫。必求其助。又今所過縣邑。尤為困乏。種麥之家多在城郭。聞官兵將至。當已收之矣。大軍遠涉二千餘里。士馬罷勞。

轉糧艱阻。今兗豫青冀中國之都。而寇賊縱橫。未及從化。漁陽以東。本備邊塞地接外虜。貢稅微薄。安平之時。尚資內郡。況今荒耗。豈足先圖。而陛下捨近務遠。棄易求難。四方疑怪。百姓恐懼。誠臣之所感也。復願遠覽文王重兵博謀。近思征伐前後之宜。顧問有司。使極愚誠。采其所長。擇之聖慮。以中土為憂念。帝覽其奏。竟不親征。

九年。帝使來歙悉監護諸將屯長安。太中大夫馬援為之副。歙上書曰。公孫述以隴西天水為藩蔽。故得延命假息。今二郡平蕩。則述智計窮矣。宜益選兵馬。儲積資糧。今四州新破。兵人疲饉。若招以財穀。則其衆可集。臣知國家所給非一。用度不足。然有不得已也。帝然之。於是詔於汧積穀六萬斛。

十九年。妖賊單臣傅鎮等相聚入原武城。自稱將軍。詔太中大夫臧宮圍之。不下。帝召公卿諸侯王問方略。皆曰。宜重其購賞。東海王陽獨曰。妖巫相劫。勢無久立。其中必有悔欲亡者。但外圍急。不得亡耳。宜小延緩。令得逃亡。逃亡則一亭長足以禽矣。帝然之。即勅宮徹圍緩賊。賊衆分散。遂拔原武。斬臣鎮等。

光武時。隗囂發兵拒漢。馬援乃上疏曰。臣援自念歸身聖朝。奉事陛下。本無公輔一言之薦。左右為容之助。臣不自陳。陛下何因聞之。夫居前不能令人輊。居後不能令人軒。與人怨不能為人患。臣所恥也。故敢觸冒罪忌。昧死陳誠。臣與隗囂。本實交友。初。囂遣臣東。謂臣曰。本欲為漢。願足下往觀之。於汝意可。即專心矣。及臣還反。報以赤心。實欲導之於善。非敢譎以非義。而囂自挾姦心。盜憎主人。怨毒之情遂歸於臣。臣欲不言。則無以上聞。願聽詣行在所。極陳滅囂之術。得空胸腹。申愚策。退就隴畝。死無所恨。帝乃召援計事。援具言謀畫。

時匈奴飢疫。自相分爭。帝以問臧宮。宮曰。願得五千騎以立功。帝笑

曰。常勝之家。難與慮敵。吾方自思之。二十七年。宮乃與楊虛侯馬武上書曰。匈奴貪利。無有禮信。窮則稽首。安則侵盜。緣邊被其毒痛。中國憂其抵突。虜今人畜疫死。旱蝗赤地。疫困之力。不當中國一郡。萬里死命。縣在陛下。福不再來。時或易失。豈宜固守文德而墮武事乎。今命將臨塞。厚縣購賞。喻告高句驪烏桓鮮卑攻其左。發河西四郡天水隴西羌胡擊其右。如此。北虜之滅。不過數年。臣恐陛下仁恩不忍。謀臣狐疑。令萬世刻石之功不立於聖世。詔報曰。黃石公記曰。柔能制剛。弱能制彊。柔者德也。剛者賊也。弱者仁之助也。彊者怨之歸也。故曰。有德之君。以所樂樂人。無德之君。以所樂樂身。樂人者其樂長。樂身者其樂不久而亡。舍近謀遠者。勞而無功。舍遠謀近者。逸而有終。逸政多忠臣。勞政多亂人。故曰。務廣地者荒。務廣德者彊。有其有者安。貪人有者殘。殘滅之政。雖成必敗。今國無善政。災變不息。百姓驚惶。人不自保。而復欲遠事邊外乎。孔子曰。吾恐季孫之憂不在顓臾。且北狄尚彊。而屯田警備傳聞之事。恆多失實。誠能舉天下之半以滅大寇。豈非至願。苟非其時。不如息人。自是諸將莫敢復言兵事者。

明帝永平十五年。謁者僕射耿秉數上言請擊匈奴。上令竇固等與議之。耿秉曰。昔匈奴并左衽之屬。故不可得而制。孝武既得河西四郡及居延朔方。羌胡分離。唯有西域。俄復內屬。故呼韓邪單于請事款塞。其勢易乘也。今有南單于形勢相似。然西域尚未內屬。北虜未有釁作。臣愚以為當先擊白山。得伊吾。破車師。通使烏孫諸國以斷其右臂。伊吾亦有匈奴南呼衍一部。破此復為折其左角。然後匈奴可擊也。上善其言。

章帝即位初。焉耆龜茲攻沒都護陳睦。北匈奴圍　己校尉關寵。寵上書求救。詔公卿會議。司空倫以為不宜救。司徒鮑　昱曰。今使人於危

難之地急而棄之外則縱蠻夷之暴內則傷死難之臣誠令權時後無邊事可也匈奴如復犯塞爲寇陛下將何以使將又二部兵人裁各數十匈奴圍之歷旬不下是其寡弱力盡之効也可令敦煌酒泉太守各將精騎二千以赴其急帝然之

和帝即位初北虜大亂加以飢蝗降者前後而至南單于將幷北庭會帝崩竇太后臨朝其年七月單于上言臣累世蒙恩不可勝數孝章皇帝聖思遠慮遂欲見成就故令烏桓鮮卑討北虜斬單于首級破壞其國今所新降虛渠等詣臣自言去歲三月中發虜庭北單于創刈南兵又畏可令鮮卑遯逃遠去依安侯河西今年正月骨都侯等復共立單于異母兄右賢王爲單于其人以兄弟爭立並各離散臣與諸王骨都侯及新降渠帥雜議方略皆曰宜及北虜分爭出兵討伐破北成南幷爲一國令漢家長無北念又今月八日新降右須日逐鮮堂輕從虜庭遠來詣臣言北虜諸部多欲內顧但恥自發遣故未有至者若出兵奔擊必有響應今年不往恐復幷壹臣伏念先父歸漢以來被蒙覆載嚴塞明候大兵擁護積四十年臣等生長漢地開口仰食歲時賞賜動輒億萬雖垂拱安枕慙無報效之義願發國中及諸部故胡新降精兵遣左谷蠡王師子左呼衍日逐王須訾將萬騎出朔方左賢王安國右大且渠王交勒蘇將萬騎出居延期十二月同會虜地臣將餘兵萬人屯五原朔方塞以爲拒守臣素愚淺又兵衆單少不足以防內外願遣執金吾耿秉度遼將軍鄧鴻及西河雲中五原朔方上郡太守幷力而北令北地安定太守各屯要害冀因聖帝威神一舉平定臣國成敗要在今年已勑諸部嚴兵馬訖九月龍祠悉集河上惟陛下裁哀省察太后以示耿秉秉上言昔武帝單極天下欲臣虜匈奴未遇天時事遂無成宣帝之世會呼韓來降故邊人獲安中外爲一生人休息六十餘年及王莽篡位變更其號耗擾不止單于乃畔光武受命復懷納之緣邊壞郡得以還復烏桓鮮卑咸胷歸義威鎮西夷其效如此今幸遭天授北虜分爭以夷伐夷國家之利宜可聽許秉因自陳受恩分當出命效用太后從之

永元元年以秉爲征西將軍與車騎將軍竇憲率騎八千與度遼兵及南單于衆三萬騎出朔方擊北虜大破之

帝議遣車騎將軍竇憲與征西將軍耿秉擊匈奴侍御史魯恭上疏諫曰陛下親勞聖思日昃不食憂在軍役誠欲以安定北垂爲人除患定萬世之計也臣伏獨思之未見其便社稷之計萬人之命在於一舉數年以來秋稼不熟人食不足倉庫空虛國無畜積會新遭大憂人懷恐懼陛下躬大聖之德履至孝之行盡諒陰三年聽於冢宰百姓闕然三時不聞警蹕之音莫不懷思皇皇若有求而不得今乃以盛春之月興發軍役擾動天下以事戎夷誠非所以垂恩中國改元正時由內及外也萬民者天之所生天愛其所生猶父母愛其子一物有不得其所者則天氣爲之舛錯況於人乎故愛人者必有天報昔大王重人命而去邠故獲上天之祐夫戎狄者四方之異氣也蹲夷踞肆與鳥獸無別若雜居中國則錯亂天氣汙辱善人是以聖王之制羈縻不絕而已今邊境無事宜當脩仁行義尚於無爲令家給人足安業樂產夫人道乂於下則陰陽和於上祥風時雨覆被遠方夷狄重譯而至矣易曰有孚盈缶終來有它吉言甘雨滿我之缶誠來有我而吉已夫以德勝人者昌以力勝人者亡今匈奴爲鮮卑所殺遠藏於史侯河西去塞數千里而欲乘其虛耗利其微弱是非義之所出也前太僕祭彤遠出塞外卒不見一胡而兵已困矣白山之難不絕如綖都護陷沒士卒死者如積迄今被其辜毒孤寡哀思

之心未弭。仁者念之以為累息。柰何復欲襲其迹不顧患難乎。今始徵發。而大司農調度不足。使者在道分部督趣。上下相迫。民間之急亦已甚矣。三輔并涼少雨。麥根枯焦。牛死日甚。此其不合天心之效也。羣僚百姓咸曰不可。陛下獨柰何以一人之計棄萬人之命。不卹其言乎。上觀天心。下察人志。足以知事之得失。臣恐中國不為中國。豈徒匈奴而已哉。惟陛下留聖恩。休罷士卒以順天心。書奏不從。

安帝永初元年。涼州先零種羌反畔。遣車騎將軍鄧騭討之。故左校令河南龐參於徒中使其子俊上書曰。方今西州流民擾動。而徵發不絕。水潦不休。地力不復。重之以大軍。疲之以遠戍。農功消於轉運。資財竭於徵發。田疇不得墾闢。禾稼不得收入。摶手困窮。無望來秋。百姓力屈。不復堪命。臣愚以為萬里運糧遠就羌戎。不若總兵養眾以待其疲。車騎將軍騭宜且振旅。留征西校尉任尚使督涼州士民。

轉居三輔。休徭役以助其時。止煩賦以益其財。令男得耕種。女得織紝。然後畜精銳。乘懈沮。出其不意。攻其不備。則邊人之仇報。奔北之恥雪矣。

建光元年。高句驪王宮死。玄菟太守姚光上言。欲因其喪發兵擊之。陳忠曰。宮前桀黠。光不能討。死而擊之。非義也。宜遣使弔問。因責讓前罪。赦不加誅。取其後善。帝從之。

順帝永和二年。日南象林徼外蠻夷區憐等數千人。攻象林縣。燒城寺。殺長吏。交阯刺史樊演發交阯九真二郡兵萬餘人救之。兵士憚遠役。遂反攻其府。二郡雖擊破反者。而賊埶轉盛。會侍御史賈昌使在日南。即與州郡并力討之。不利。遂為所攻。圍歲餘而兵穀不繼。帝以為憂。明年召公卿百官及四府掾屬問其方略。皆議遣大將發荊揚兗豫四萬人赴之。大將軍從事中郎李固駮曰。昔荊揚無事。發之可也。今二州盜賊槃結不散。武陵南郡蠻夷未輯。長沙桂陽數被徵發。如復擾動。必更生患。其不可一也。又兗豫之人卒被徵發。遠赴萬里。無有還期。詔書迫促。必致叛亡。其不可二也。南州水土溫暑。加有瘴氣。致死亡者十必四五。其不可三也。遠涉萬里。士卒疲勞。比至嶺南。不復堪鬬。其不可四也。軍行三十里為程。而去日南九千餘里。三百日乃到。計人稟五升。用米六十萬斛。不計將吏驢馬之食。但負甲自致。費便若此。其不可五也。設軍到所在。死亡必眾。既不足禦敵。當復更發。此為刻割心腹以補四支。其不可六也。九真日南相去千里。發其吏民猶尚不堪。何況乃苦四州之卒以赴萬里之艱哉。其不可七也。前中郎將尹就討益州叛羌。益州諺曰。虜來尚可。尹來殺我。後就徵還。以兵付刺史張喬。喬因其將吏。旬月之閒破殄寇虜。此發將無益之效。州郡可任之驗也。宜更選有勇略仁惠任將帥者。以為刺

史太守。悉使共住交阯。今日南兵單無穀。守既不足。戰又不能。可一切徙其吏民北依交阯。事靜之後。乃命歸本。還募蠻夷使自相攻。轉輸金帛以為其資。有能反閒致頭首者。許以封侯列土之賞。故并州刺史長沙祝良性多勇決。又南陽張喬前在益州有破虜之功。皆可任用。昔太宗就加魏尚為雲中守。哀帝即拜龔舍為太山太守。宜即拜良等便道之官。四府悉從固議。即拜祝良為九真太守。張喬為交阯刺史。喬至開示慰誘。並皆降散。良到九真。單車入賊中。設方略。招以威信。降者數萬人。皆為良築起府寺。由是嶺外復平。

順帝時。西羌反叛。征西將軍馬賢與護羌校尉胡疇征之。而稽久不進。武都太守馬融知其將敗。上疏乞自效曰。今雜種諸羌轉相鈔盜。宜及其未并。亟遣深入。破其支黨。而馬賢等處處留滯。羌胡百里望塵。千里聽聲。今逃匿避回。漏出其後。則必侵寇三輔。為民大害。臣願

請賢所不可用關東兵五千裁假部隊之號盡力率厲埋根行首以先吏士。三旬之中必克破之。臣少習學藝。不更武職。猥陳此言必受誣罔之辜。昔毛遂廝養爲衆所蚩。終以一言克定從要。臣懼賢等專守一城。言攻於西而羌出於東。且其將士必有高克潰叛之變。朝廷不能用。又陳星孛參畢。參西方之宿。畢爲邊兵。至於分野。并州是也。西戎北狄殆將起乎。宜備二方。尋而隴西羌反。烏桓寇上郡。皆卒如融言。

特西羌衆大合攻燒隴西。朝廷患之。上計掾皇甫規乃上疏求名自効曰。臣比年以來數陳便宜。羌戎未動。策其先反。馬賢始出。頗知必敗。誤中之言在可考校。臣每惟賢等擁衆四年未有成功。懸師之費且百億計。出於平人。回入姦吏。故江湖之人羣爲盜賊。青徐荒飢。襁負流散。夫羌戎潰叛。不由承平。皆因邊將失於綏御。乘常守安則加

侵暴。苟競小利。則致大害。微勝則虛張首級。軍敗則隱匿不言。軍士勞怨。困於猾吏。進不得快戰以徼功。退不得溫飽以全命。餓死溝渠。暴骨中原。徒見王師之出。不聞振旅之聲。酋豪泣血。驚懼生變。是以安不能久。敗則經年。臣所以搏手叩心而增嘆者也。願假臣兩營二郡。屯列坐食之兵五千。出其不意。與護羌校尉趙沖共相首尾。土地山谷。臣所曉習。兵執巧便。臣已更之。可不煩方寸之印。尺帛之賜。高可以滌患。下可以納降。若謂臣年少官輕。不足用者。凡諸敗將非官爵之不高。年齒之不邁。臣不勝至誠。沒死自陳。時帝不能用

桓帝詔問護羌校尉段熲曰。先零東羌造惡反逆。而皇甫規張奐各擁強衆。不時輯定。欲熲移兵東討。未識其宜。可參思術略。熲因上言曰。臣伏見先零東羌雖數叛逆。而降於皇甫規者已二萬許落。善惡既分。餘寇無幾。今張奐躊躇久不進者。當慮外離內合。兵往必驚。且自冬踐春。屯結不散。人畜疲羸。自亡之勢。徒更招降。坐制強敵耳。臣以爲狼子野心。難以恩納。勢窮雖服。兵去復動。惟當長矛挾脅。白刃加頸耳。計東種所餘三萬餘落。居近塞內。路無險折。非有燕齊秦趙從橫之勢。而久亂并涼。累侵三輔。西河上郡已各內徙。安定北地復至單危。自雲中五原西至漢陽二千餘里。匈奴種羌並擅其地。是爲癰疽伏疾。留滯脅下。如不加誅。轉就滋大。今若以騎五千。步萬人。車三千兩。三冬二夏。足以破定。無慮用費爲錢五十四億。如此則可令羣羌破盡。匈奴長服。內徙郡縣得反本土。伏計永初中諸羌反叛十有四年。用二百四十億。永和之末復經七年。用八十餘億。費耗若此。猶不誅盡。餘孽復起。于茲作害。今不暫疲人則永寧無期。臣庶竭駑劣。伏待節度。帝許之。悉聽如所上。

靈帝初竇太后臨朝。中郎將張奐上言東羌雖破。餘種難盡。破羌將

軍段熲性輕果。慮負敗難常。宜且以恩降。可無後悔。詔書下熲。熲復上言。臣本知東羌雖衆。而輭弱易制。所以備陳愚慮。思爲永寧之筭。而中郎將張奐說虜強難破。宜用招降。聖朝明監。信納瞽言。故臣謀得行。奐計不用。事執相反。遂懷猜恨。信叛羌之訴。飾潤辭意。云臣兵累見折衄。又言羌一氣所生。不可誅盡。山谷廣大。不可空靜。血流汙野。傷和致災。臣伏念周秦之際。戎狄爲害。中興以來。羌寇最盛。誅之不盡。雖降復叛。今先零雜種。累以反覆。攻沒縣邑。剽略人物。發冢露尸。禍及生死。上天震怒。假手行誅。昔邢爲無道。衛國伐之。師興而雨。臣動兵涉夏。連獲甘澍。歲時豐稔。人無疵疫。上占天心。不爲災傷。下察人事。衆和師克。自橋門以西。落川以東。故宮縣邑。更相通屬。非爲深險絕域之地。車騎安行。無應折衄。案奐爲漢吏。身當武職。駐軍二年。不能平寇。虛欲修文戢戈。招降獷敵。誕辭空說。僭而無徵。何以言

之普先零作寇趙充國徙令居內煎當亂邊馬援遷之三輔始服終
叛至今為梗故遠識之士以為深憂今傍郡戶口單少數為羌所創
毒而欲令降徒與之雜居是猶種枳棘於良田養虺蛇於室內也故
臣奉大漢之威建長久之策欲絕其本根不使能植本規三歲之費
用五十四億今適朞年所耗未半而餘寇殘燼將向殄滅臣每奉詔
書軍不內御願卒斯言一以任臣臨時量宜不失權便

靈帝熹平六年鮮卑擅石槐寇三邊護烏桓校尉夏育上言鮮卑寇
邊自春以來三十餘發請徵幽州諸郡兵出塞擊之一冬二春必能
禽滅朝廷未許先是護羌校尉田晏坐事論刑被原欲立功自效乃
請中常侍王甫求得為將甫因此議遣兵與育并力討賊帝乃拜晏
為破鮮卑中郎將大臣多有不同乃召百官議朝堂議郎蔡邕議曰
書戒猾夏易伐鬼方周有獫狁蠻荊之師漢有闐顏瀚海之事征討

殊類所由尚矣然而時有同異勢有可否故謀有得失事有成敗不
可齊也武帝情存遠略志闢四方南誅百越北討強胡西伐大宛東
并朝鮮因文景之蓄藉天下之饒數十年間官民俱匱乃興鹽鐵
酒榷之利設告緡重稅之令民不堪命起為盜賊關東紛擾道路不
通繡衣直指之使奮鈇鉞而並出既而覺悟乃息兵罷役丞相為富
民侯故主父偃曰夫務戰勝窮武事未有不悔者也夫以世宗神武
將相良猛財賦充實所拓廣遠猶有悔焉況今人財並乏事劣昔時
乎自匈奴遁逃鮮卑強盛據其故地稱兵十萬才力勁健意智益生
加以關塞不嚴禁網多漏精金良鐵皆為賊有漢人逋逃為之謀主
兵利馬疾過於匈奴昔段熲良將習兵善戰有事西羌猶十餘年今
育晏才策未必過熲鮮卑種衆不弱于曩時而虛計二戰自許有成
若禍結兵連豈得中休當復徵發衆人轉運無已是為耗竭諸夏并

力蠻夷夫邊垂之患手足之疥搔中國之困胸背之瘭疽方今郡縣
盜賊尚不能禁況此醜虜而可伏乎昔高祖忍平城之恥呂后棄慢
書之詬方之於今何者為甚天設山河秦築長城漢起塞垣所以別
內外異殊俗也苟無蹙國內侮之患則可矣豈與蟲螘狡寇計爭往
來哉雖或破之豈可殄盡而方令本朝為之旰食乎夫專勝者未必
克挾疑者未必敗衆所謂危聖人不任朝議有嫌明主不行也昔淮
南王安諫伐越曰天子之兵有征無戰言其莫敢校也如使越人蒙
死以逆執事廝輿之卒有一不備而歸者雖得越王之首而猶為大
漢羞之而欲以齊民易醜虜皇威辱外夷就如其言猶已危矣況乎
得失不可量邪昔珠崖郡反孝元皇帝納賈捐之言而下詔曰珠崖
背畔今議者或曰可討或曰棄之朕日夜惟思羞威不行則欲誅之
通于時變復憂萬民夫萬民之飢與遠蠻之不討何者為大宗廟之

祭凶年猶有不備況避不嫌之辱哉今關東大困無以相贍又當動
兵非但勞民而已其罷珠崖郡此元帝所以發德音也夫卹民救急
雖成郡列縣尚猶棄之況障塞之外未嘗為民居者乎守邊之術李
牧善其略保塞之論嚴尤申其要遺業猶在文章具存循二子之策
守先帝之規臣曰可矣帝不從遂遣夏育出高柳田晏出雲中匈奴
中郎將臧旻率南單于出鴈門各將萬騎三道出塞二千餘里擅石
槐命三部大人各率衆逆戰育等大敗喪其節傳輜重各將數千騎
奔還死者十七八三將檻車徵下獄贖為庶人

光和三年巴郡板楯復叛寇掠三蜀及漢中諸郡帝遣御史中丞蕭
瑗督益州兵討之連年不能剋帝欲大發兵乃問益州計吏考以征
討方略漢中上計吏程包對曰板楯七姓射殺白虎立功先世復為義
人其人勇猛善於兵戰昔永初中羌入漢川郡縣破壞得板楯救之

羌死敗殆盡故號爲神兵羌人畏忌傳語種輩勿復南行至建和二年羌復大入實賴板楯連摧破之前車騎將軍馮緄南征武陵雖受丹陽精兵之銳亦倚板楯以成其功近益州郡亂太守李顒亦以板楯討而平之忠功如此本無惡心長吏鄉亭更賦至重僕役箠楚過於奴虜亦有嫁妻賣子或乃至自頸割雖陳冤州郡而牧守不爲通理闕庭悠遠不能自聞含怨呼天叩心窮谷愁苦賦役困罹酷刑故邑落相聚以致叛戾非有謀主僭號以圖不軌今但選明能牧守自然安集不煩征伐也帝從其言遣太守曹謙宣詔赦之即皆降服

獻帝時奮武將軍公孫瓚怒袁紹殺其從弟越遂出軍屯槃河將以報紹乃上疏曰臣聞皇羲已來君臣道著張禮以導人設刑以禁暴今車騎將軍袁紹託承先軌爵任崇厚而性本淫亂情行浮薄昔爲司隷值國多難太后承攝何氏輔朝紹不能舉直措枉而專爲邪媚

招來不軌疑誤社稷至令丁原焚燒孟津董卓造爲亂始紹罪一也卓既無禮帝主見質紹不能開設權謀以濟君父而棄置節傳迸竄逃亡忝辱爵命背違人主紹罪二也紹爲勃海當攻董卓而默選戎馬不告父兄至使太傅一門纍然同斃不仁不孝紹罪三也紹既興兵涉歷二戰不恤國難廣自封植乃多引資糧專爲不急割剝無方考責百姓其爲痛怨莫不咨嗟紹罪四也逼迫韓馥竊奪其州矯刻金玉以爲印璽每有所下輒皂囊施檢文稱詔書昔亡新僭侈漸以即真觀紹所擬將必階亂紹罪五也紹令星工伺望祥妖賂遺財貨與共飲食尅會期日攻鈔郡縣此豈大臣所當施爲紹罪六也紹與故虎牙都尉劉勳首共造兵勳降服張楊累有功效而以小忿枉加酷害信用讒慝濟其無辜紹罪七也故上谷太守高焉故甘陵相姚貢紹以貪惏橫責其錢錢不備畢二人并命紹罪八也春秋之義子以母貴紹母親爲傳婢地實微賤據職高重享福豐隆有苟進之志無虛退之心紹罪九也又長沙太守孫堅前領豫州刺史遂能驅走董卓埽除陵廟忠勤王室其功莫大紹遣小將盜居其位斷絕堅糧不得深入使董卓久不伏誅紹罪十也昔姬周政弱王道陵遲天子遷徙諸侯背畔故齊桓立柯會之盟晉文爲踐土之會伐荊楚以致菁茅誅曹衛以章無禮臣雖闒茸名非先賢蒙被朝恩負荷重任職在鈇鉞奉辭伐罪輒與諸將州郡共討紹等若大事克捷罪人斯得庶續桓文忠誠之效遂舉兵攻紹

時詔州郡一時罷兵安東將軍陶謙上書曰臣聞懷遠柔服非德不集克難平亂非兵不濟是以涿鹿阪泉三苗之野有五帝之師有扈鬼方商奄四國有王者之伐自古在昔未有不揚威以弭亂震武以止暴者也臣前初以黃巾亂治受策長驅匪遑啟處雖憲章勑戒奉

宣威靈敬行天誅每伐輒克然妖寇類衆殊不畏死父兄殲殪子弟羣起治屯連兵至今爲患若承命解甲弱國日虛釋武備以資亂損官威以益寇今日兵罷明日難必至上忝朝廷寵授之本下令羣凶日月滋蔓非所以彊幹弱枝遏惡止亂之務也臣雖愚蔽忠恕不昭抱恩念報所不忍行輒勒部曲申令警備出芟彊寇惟力是視入宣德澤躬奉職事冀效微功以贖罪負又曰華夏沸擾于今未弭包茅不入職貢多闕寤寐憂歎無日敢寧誠思貢獻必至薦羞獲通然後銷鋒解甲臣之願也

蜀先主初法正說曰魏曹操一舉而降張魯定漢中不因此勢以圖巴蜀而留夏侯淵張郃屯守身遽北還此非其智不逮而力不足也必將內有憂偪故耳今策淵郃才略不勝國之將帥舉衆往討必可克之克之之日廣農積穀觀釁伺隙上可以傾覆寇敵尊獎王室中

可以蠶食雍凉。廣拓境土。下可以固守要害。爲持久之計。此蓋天以與我。時不可失也。先主乃進兵。

後主時。大司馬蔣琬以爲昔諸葛亮數闚秦川。道險運艱。竟不能克。不若乘水東下。乃多作舟船。欲由漢沔襲魏興上庸。會舊疾連動。未時得行。而衆論咸謂如不克捷。還路甚難。非長策也。於是遣尚書令費禕中監軍姜維等喻指。琬承命上疏曰。芟穢弭難。臣職是掌。自臣奉辭漢中。已經六年。臣既闇弱。加嬰疾疢。規方無成。夙夜憂慘。今魏跨帶九州。根蔕滋蔓。平除未易。若東西并力。首尾犄角。雖未能速得如志。且當分裂蠶食。先摧其支黨。然吳期二三。連不克果。俯仰惟艱。實忘寢食。輒與費禕等議。以凉州胡塞之要。進退有資。賊之所惜。且羌胡乃心思漢如渴。又昔偏軍入羌。郭淮破走。筭其長短。以爲事首。宜以姜維爲凉州刺史。若維征行。銜持河右。臣當帥軍爲維鎮繼。今涪水陸四通。惟急是應。若東北有虞。赴之不難。由是琬遂還住涪。疾轉劇。

魏太祖初。主簿司馬懿言曰。劉備以詐力虜劉璋。蜀人未附而遠爭江陵。此機不可失也。今克漢中。益州震動。進兵臨之。勢必瓦解。聖人不能違時。亦不可失也。太祖曰。人苦無足。既得隴。復望蜀耶。劉曄曰。劉備人傑也。有度而遲。得蜀日淺。蜀人未恃也。今破漢中。蜀人震恐。其勢自傾。因而壓之。無不克也。若小緩之。諸葛亮明於治國而爲相。關羽張飛勇冠三軍而爲將。蜀民既定。據險守要。則不可犯矣。今不取。必爲後憂。不從。

太祖時。代郡大亂。以裴潛爲代郡太守。烏丸王及其大人。凡三人。各自稱單于。專制郡事。前太守莫能治正。太祖欲授潛精兵以鎮討之。潛辭曰。代郡戶口殷衆。士馬控弦。動有萬數。單于自知放橫日久。內不自安。今多將兵往。必懼而拒境。少將則不見憚。宜以計謀圖之。不可以兵威迫也。

時曹仁爲關羽所圍。太祖遣徐晃救之。不解。太祖欲自南征。以問羣下。羣下皆謂王不亟行。今敗矣。桓階獨曰。大王以仁等爲足以料事勢不也。曰。能。大王恐二人遺力邪。曰。不然。則何爲自往。曰。吾恐虜衆多而晃等勢不便耳。階曰。今仁等處重圍之中而守死無貳者。誠以大王遠爲之勢也。夫居萬死之地。必有死爭之心。內懷死爭。外有彊救。大王案六軍以示餘力。何憂於敗而欲自往。太祖善其言。駐軍於摩陂。賊遂退。

時將軍許攸擁部曲不附太祖。而有慢言。太祖大怒。先欲伐之。羣臣多諫。可招懷攸共討彊敵。太祖橫刀於膝。作色不聽。長史杜襲入欲諫。太祖逆謂之曰。吾計已定。卿勿復言。襲曰。若殿下計是邪。臣方助

殿下成之。若殿下計非邪。雖成宜改之。殿下逆臣令勿言之。何待下之不闡乎。太祖曰。許攸慢吾。如何可置乎。襲曰。殿下謂許攸何如人邪。太祖曰。凡人也。襲曰。夫惟賢知賢。惟聖知聖。凡人安能知非凡人邪。方今豺狼當路而狐狸是先。人將謂殿下避彊攻弱。進不爲勇。退不爲仁。臣聞千鈞之弩。不爲鼷鼠發機。萬石之鍾。不以莛撞起音。今區區之許攸。何足以勞神武哉。太祖曰。善。遂厚撫攸。攸即歸服。

時袁尚攻兄譚於平原。譚使辛毗詣太祖求和。太祖將征荊州。次于西平。毗見太祖致譚意。太祖大悅。後數日。更欲先平荊州。使譚尚自相弊。他日置酒。毗望太祖色。知有變。以語郭嘉。嘉白太祖。太祖謂毗曰。譚可信。尚必可克不。毗對曰。明公無問信與詐也。直當論其勢耳。袁氏本兄弟相伐。非謂他人能間其間。乃謂天下可定於己也。今一旦求救於明公。此可知也。顯甫見顯思困而不能取。此力竭也。兵革

敢於外謀臣誅於內兄弟讒鬩國分爲二連年戰伐而介冑生蟣蝨加以旱蝗饑饉並臻國無囷倉行無裹糧天災應於上人事困於下民無愚智皆知土崩瓦解此乃天亡尚之時也兵法稱有石城湯池帶甲百萬而無粟者不能守也今往攻鄴尚不還救即不能自守還救即譚踵其後以明公之威應困窮之敵擊疲弊之寇無異迅風之振秋葉矣天以袁尚與明公明公不取而伐荆州荆州豐樂國未有釁仲虺有言取亂侮亡方今二袁不務遠略而內相圖可謂亂矣居者無食行者無糧可謂亡矣朝不謀夕民命靡繼而不綏之欲待他年他年或登又自知亡而改脩厥德失所以用兵之要矣今因其請救而撫之利莫大焉且四方之寇莫大於河北河北平則六軍盛而天下震太祖曰善乃許譚平

文帝初即位以賈詡爲太尉帝問詡曰吾欲伐不從命以一天下吳

蜀何先對曰攻取者先兵權建本者尚德化陛下應期受禪撫臨率土若綏之以文德而俟其變則平之不難矣吳蜀雖蕞爾小國依阻山水劉備有雄才諸葛亮善治國孫權識虛實陸遜見兵勢據險守要汎舟江湖皆難卒謀也用兵之道先勝後戰量敵論將故舉無遺策臣竊料羣臣無備權對雖以天威臨之未見萬全之勢也昔舜舞干戚而有苗服臣以爲當今宜先文後武文帝不納

黃初元年劉曄爲侍中吳孫權遣使求降帝以問曄曄對曰權無故求降必內有急權前襲殺關羽取荆州四郡備怒必大興師伐之外有強寇衆心不安又恐中國承釁而伐之故委地求降一以郤中國之兵二則假中國之援以彊其衆而疑敵人權善用兵見策知變其計必出於此今天下三分中國十有其八吳蜀各保一州阻山依水有急相救此小國之利也今還自相攻天亡之也宜大興師徑渡江襲其內蜀攻其外我襲其內吳之亡不出旬月矣吳亡則蜀孤若割吳半蜀固不能久存況蜀得其外我得其內乎帝曰人稱臣降而伐之疑天下欲來者心必以爲懼其一不可孤何不且受吳降而襲蜀之後乎對曰蜀遠吳近又聞中國伐之便還軍不能止也今備已怒故興兵擊吳聞我伐吳知吳必亡必喜而進與我爭割吳地必不改計折怒救吳必然之勢也帝不聽遂受吳降即拜權爲吳王曄又進曰不可先帝征伐天下兼其八威震海內陛下受禪即真德合天地聲暨四遠此實然之勢非卑臣頌言也權雖有雄才故漢驃騎將軍南昌侯耳官輕勢卑士民有畏中國心不可彊迫與成所謀也不得已受其降可進其將軍號封十萬戶侯不可即以爲王也夫王位去天子一階耳其禮秩服御相亂也彼直爲侯江南士民未有君臣之義也我信其僞降就封名之崇其位號定其君臣是爲虎傅翼也權

既受王位郤蜀兵之後外盡禮事中國使其國內皆聞之內爲無禮以怒陛下陛下赫然發怒興兵討之乃徐告其民曰我委身事中國不愛珍貨重寶隨時貢獻不敢失臣禮也無故伐我必欲殘我國家俘我民人子女以爲僮隷僕妾吳民無緣不信其言也信其言而感怒上下同心戰加十倍矣又不從遂即拜權爲吳王權將陸遜大敗劉備殺其兵八萬餘人備僅以身免權外禮愈卑而內行不順果如曄言

時上幸宛征南大將軍夏侯尚等攻江陵尚欲乘舟將步騎入渚中安屯作浮橋南北往來議者多以爲城必可拔侍中董昭上疏曰武皇帝智勇過人而用兵畏敵不敢輕之若此也夫兵好進惡退常然之數平地無險猶尚艱難就當深入還道宜利兵有進退不可如意今屯渚中至深也浮橋而濟至危也一道而行至狹也三者兵家所

忌而今行之賊頻攻橋誤有漏失渚中精銳非魏之有將轉化為吳矣臣私感之忘寢與食而議者怡然不以為憂豈不惑哉加江水向長一旦暴增何以防禦就不破賊尚當自完柰何乘危不以為懼事將危矣惟陛下察之

上軍大將軍曹真征朱然于江陵辛毗行軍師還封廣平亭侯帝欲大興軍征吳毗諫曰吳楚之民險而難禦道隆後服道洿先叛自古患之非徒今也今陛下祚有海內夫不賓者其能久乎昔尉佗稱帝子陽僭號歷年未幾或臣或誅何則違逆之道不久全而大德無所不服也方今天下新定土廣民稀夫廟筭而後出軍猶臨事而懼況今廟筭有闕而欲用之臣誠未見其利也先帝屢起銳師臨江而旋今六軍不增於故而復循之此未易也今日之計莫若脩范蠡之養民法管仲之寄政則充國之屯田明仲尼之懷遠十年之中彊壯未老童齓勝戰兆民知義將士思奮然後用之則役不再舉矣帝曰如卿意更當以虜遺子孫邪毗對曰昔周文王以紂遺武王惟知時也苟時未可容得已乎帝竟伐吳至江而還

時三公奏曰臣聞枝大者披心尾大者不掉有國有家者之所慎也昔漢承秦弊天下新定大國之王臣節未盡以蕭張之謀不備錄之至使六王前後反叛已而伐之戎車不輟又文景守成忘戰戒役驕縱吳楚養虺成蛇既為社稷大憂蓋前事之不忘後事之師也吳王孫權幼豎小子無尺寸之功遭遇兵亂因父兄之緒少蒙翼卵煦伏之恩長含鴟梟反逆之性背棄天施罪惡積大復與關羽更相覘伺逐利見便挾為卑辭先帝知權姦以求用時以于禁敗於水災等當討羽因以委權先帝委裘下席權不盡心誠在惻怛欲因大喪寡弱王室希託董桃傳先帝令乘未得報許擅取襄陽及見驅逐乃更折節邪辟之態巧言如流雖重譯累使發遣禁等內包隗囂顧望之姦外欲緩誅支仰蜀賊聖朝含弘既加不忍優而赦之與之更始猥乃割地王之使南面稱孤兼官累位禮備九命名馬百駟以成其勢光寵顯赫古今無二權為犬羊之姿橫被虎豹之文不思盡力致死之節以報無量不世之恩臣每見所下權前後章表又以愚意揆察權旨自以阻帶江湖負固不服狃忲累世詐為成功上有尉佗英布之計下誦伍被屈彊之辭終非不侵不叛之臣以為晁錯不發削弱王侯之謀則七國同衡禍久而大蒯通不決襲歷下之策則田橫自慮罪深變重臣謹考之周禮九伐之法平權凶惡逆節萌生見罪十五昔九黎亂德黃帝加誅項羽罪十漢祖不捨權所犯罪釁明白非仁恩所養宇宙所容臣請免權官鴻臚削爵土捕治罪敢有不從移兵進討以明國典好惡之常以靜三州元元之苦

明帝即位孫資進爵樂陽亭侯時諸葛亮出在南鄭議者以為可因大發兵就討之帝意亦然以問資資曰昔武皇帝征南鄭取張魯陽平之役危而後濟又自往拔出夏侯淵軍數言南鄭直為天獄中斜谷道為五百里石穴耳言其深險喜出淵軍之辭也又武皇帝聖於用兵察蜀賊棲於山巖視吳虜竄於江湖皆撓而避之不責將士之力不爭一朝之忿誠所謂見勝而戰知難而退也今若進軍就南鄭討亮道既險阻計用精兵又轉戰鎮守南方四州遏禦水賊凡用十五六萬人必當復更存所發興天下擾動費力廣大此誠陛下所宜深慮夫守戰之力力役參倍但以今日分兵命大將據諸要險威足以震懾彊寇鎮靜疆埸將士虎睡百姓無事數年之間中國日盛吳蜀二虜必自罷弊帝由是止

太和元年征蜀鍾繇以散騎常侍上疏曰夫策貴廟勝功尚帷幄不

下殿堂之上。而決勝千里之外。車駕宜鎮守中土。以為四方威勢之援。今大軍西征。雖有百倍之威。於關中之費。所損非一。且盛暑行師。詩人所重。實非至尊動軔之時也

四年。太司馬曹眞征蜀。王肅上疏曰。前志有之。千里饋糧。士有饑色。樵蘇後爨。師不宿飽。此謂平塗之行軍者也。又況於深入阻險。鑿路而前。則其為勞必相百也。今又加之以霖雨。山坂峻滑。衆逼而不展。糧縣而難繼。實行軍者之大忌也。聞曹眞發已踰月。而行裁半谷。治道功夫。戰士悉作。是敵偏得以逸而待勞。乃兵家之所憚也。言之前代。則武王伐紂。出關而復還。論之近事。則武文征權。臨江而不濟。豈非所謂順天知時。通於權變者哉。兆民知聖上以水雨艱劇之故。休而息之。後日有釁。乘而用之。則所謂悅以犯難。民忘其死者矣

六年。公孫淵殺與吳通。帝使汝南太守田豫自海道。幽州刺史王雄

自陸道討之。散騎常侍蔣濟諫曰。凡非相吞之國。不侵叛之臣。不宜輕伐。伐之不能制。是驅使為賊也。故曰虎狼當路。不治狐狸。先除大害。小害自已。今海表委質。不乏職貢。而議者先之。正使克之無益於國。儻不如意。是為結怨失信也。不聽。豫等往皆無功。

青龍元年。征東將軍滿寵上疏曰。合肥城南臨江湖。北遠壽春。敵攻圍之。得據水為勢。官兵救之。當先破敵大輩。然後圍乃得解。敵往甚易。而兵往救之甚難。宜移城內之兵。其西三十里。有奇險可依。更立城以固守。此為引敵平地。而掎其歸路。於計為便。護軍將軍蔣濟議以為既示天下以弱。且望烟火而壞城。此為未攻而自拔。一至於此。劫略無限。必以淮北為守。帝未許。寵重表曰。孫子言兵者詭道也。故能而示之以弱。不能驕之以利。示之以懾。此為形實不必相應也。又曰善動敵者形之。今敵未至而移城卻內。此所謂形而誘之也。引敵遠水。擇利而動。舉得於外。則福生於內矣。尚書趙咨以寵策為長。詔遂報聽。

青龍中。吳圍合肥時。東方吏士皆分休。征東將軍滿寵表請中軍兵。并召休將士。須集擊之。劉劭議以為敵衆新至。心專氣銳。寵以少人自戰其地。若便進擊。不必能制。寵求待兵。未有所失也。以為可先遣步兵五千。精騎三千。軍前發。揚聲進道。震曜形勢。騎到合肥。疏其行隊。多其旌鼓。曜兵城下。引出敵後。擬其歸路。要其糧道。敵聞大軍來。騎斷其後。必震怖遁走。不戰自破矣。帝從之。

時幽州刺史毋丘儉上疏曰。陛下即位以來。未有可書。吳蜀恃險。未可卒平。聊可以此方無用之士。克定遼東。光祿大夫衛臻曰。儉所陳皆戰國細術。非王者之事也。吳頻歲稱兵。寇亂邊境。而猶案甲養士。未果尋致討者。誠以百姓疲勞故也。且公孫淵生長海表。相承三世。

外撫戎夷。內脩戰射。而儉欲以偏軍長驅。朝至夕卷。知其妄矣。儉行軍遂不利。

時欲伐吳。詔揚烈將軍王基量進趣之宜。基對曰。夫兵動而無功。則威名折於外。財用窮於內。故必全而後用也。若不資通川聚糧水戰之備。則雖積兵江內。無必渡之勢矣。今江陵有沮漳二水。溉灌膏腴之田以千數。安陸左右陂池沃衍。若水陸並農。以實軍資。然後引兵詣江陵夷陵。分據夏口。順沮漳資水浮穀而下。知官兵有經久之勢。則拒天誅者意沮。而向王化者益固。然後率合蠻夷以攻其內。精卒勁兵以討其外。則夏口以上必拔。而江外之郡不守。如此。吳蜀之交絕。交絕而吳禽矣。不然。兵出之利未可必矣。於是遂止。

大司馬曹真伐蜀。遇雨不進。少府楊阜上疏曰。昔文王有赤烏之符。而猶日昃不暇食。武王白魚入舟。君臣變色。而動得吉瑞。猶尚憂懼

況有災異而不戰竦者哉今吳蜀未平而天屢降變陛下宜深有以專精應答側席而坐思示遠以德綏邇以儉間者諸軍始進便有天雨之患稽閡山險以積日矣轉運之勞擔負之苦所費以多若有不繼必違本圖傳曰見可而進知難而退軍之善政也徒使六軍困於山谷之間進無所略退又不得非主兵之道也武王還師殷卒以亡知天期也今年凶民饑宜發明詔損膳減服技巧珍玩之物皆可罷之昔邵信臣為少府於無事之世而奏罷浮食今者軍用不足益宜節度帝即召諸軍還

齊王嘉平四年征南大將軍王昶征東將軍胡遵鎮南將軍毋丘儉等表請征吳朝廷以三征計異詔訪尚書傅嘏嘏對曰昔夫差勝齊陵晉威行中國不能以免姑蘇之禍齊閔辟土兼國開地千里不足以救顛覆之敗有始不必善終古事之明效也孫權自破蜀兼平荊

州之後志盈欲滿罪戮忠良誅及胤嗣元凶已極相國宣文侯先識取亂侮亡之義深建宏圖大舉之策今權已死托孤於諸葛恪若矯權苛暴蠲其虐政民免酷烈偷安新惠內外齊慮有同舟之懼雖不能終自保完猶足以延期挺命於深江之表矣昶等或欲汎舟徑渡橫行江表收民略地因糧於寇或欲四道並進臨之以武誘間攜貳待其崩壞或欲進軍大佃偪其項領積穀觀釁相時而動凡此三者皆取賊之常計也然施之當機則功成名立苟不應節必貽後患自治兵已來出入三戰非掩襲之軍也賊喪元帥利存退守若撰飾舟楫羅船津要堅城清野以防卒攻橫行之計殆難必施賊之為寇幾六十年君臣偽立吉凶同患若恪蠲其弊天去其疾崩潰之應未可卒待今邊壤之守與賊相遠賊設羅落又持重密間諜不行耳目無聞夫軍無耳目校察未詳而舉大眾以臨巨險此為希幸徼功先戰而後求勝非全軍之長策也唯有進軍大佃最若完牢可詔昶遵等擇地居險審所錯置及令三方一時前守奪其肥壤使還耕墝土一也兵出民表寇鈔不犯二也招懷近路降附日至三也羅落遠設間搆不來四也賊退其守羅落必淺佃作易之五也坐食積穀士不運輸六也釁隙時聞討襲速決七也凡此七者軍事之急務也不據則賊擅便資據之則利歸於國不可不察也夫屯壘相偪形勢已交智勇得陳巧拙得用策之而知得失之計角之而知有餘不足虜之情偽將焉所逃夫以小敵大則役煩力竭以貧敵富則斂重財匱故敵逸能勞之飽能飢之此之謂也然後盛眾厲兵以震之參惠倍賞以招之多方廣似以疑之由不虞之道以間其不戒比及三年左提右挈虜必冰散瓦解安受其弊可坐算而得也昔漢氏歷世常患匈奴朝臣謀士早朝晏罷介胄之將則陳征伐搢紳之徒咸言和親勇奮

之士思展搏噬故樊噲願以十萬之眾橫行匈奴季布面折其短李信求以二十萬獨舉楚人而果辱秦軍今諸將有陳越江陵險獨步虜庭即亦向時之類也以陛下聖德輔相忠賢法明士練錯計於全勝之地振長策以禦之虜之崩潰必然之數故兵法曰屈人之兵而非戰也拔人之城而非攻也若釋廟勝必然之理而行萬一不必全之路誠愚臣之所慮也故謂大佃而偪之計最長時不從嘏言其年十一月詔昶等征吳五年正月諸葛恪拒戰大破眾軍於東關

歷代名臣奏議卷之二百二十八

征伐

吳大帝初以張紘爲長史從征合肥。大帝率輕騎將往突敵。紘諫曰。夫兵者凶器。戰者危事也。今麾下恃盛壯之氣。忽強暴之虜。三軍之衆莫不寒心。雖斬將搴旗。威震敵場。此乃偏將之任。非主將之宜也。願抑賁育之勇。懷霸王之計。權納紘言而止。既還。明年將復出軍。紘又諫曰。自古帝王受命之君。雖有皇靈佐於上。文德播於下。亦賴武功以昭其勳。然而貴於時動。乃後爲威耳。今麾下值四百之厄。有扶危之功。宜且隱息師徒。廣開播殖。任賢使能。務崇寬惠。順天命以行誅。可不勞而定也。於是遂止。

時魏曹操遣廬江太守朱光屯皖。大開稻田。呂蒙言於大帝曰。皖田肥美。若一收熟。彼衆必增。宜早除之。權乃親攻皖城。諸將欲作土山添攻具。呂蒙曰。治攻具及土山。必歷日乃成。城備既脩。外救亦至。不可圖也。且吾乘雨水以入。若留經日。水必向盡。還道艱難。蒙竊危之。今觀此城不能甚固。以三軍勢氣四面並攻。不移時可拔。及水以歸。全勝之道也。從之。

黃龍元年。欲遣偏師取夷州及珠崖。皆以諮上大將軍右部護陸遜。遜上疏曰。臣愚以爲四海未定。當須民力以濟時務。今兵興歷年。見衆損減。陛下憂勞聖慮。忘寢與食。將遠規夷州以定大事。臣反覆思惟。未見其利。萬里襲取。風波難測。民易水土。必致疾疫。今驅見衆經涉不毛。欲益更損。欲利反害。又珠崖絕險。民猶禽獸。得其民不足濟事。無其兵不足虧衆。今江東見衆自足圖事。但當畜力而後動耳。昔桓王創基。兵不一旅而開大業。陛下承運拓定江表。臣聞治亂討逆。須兵爲威。農桑衣食。民之本業。而干戈未戢。民有饑寒。臣愚以爲宜育養士民。寬其租賦。衆克在和。義以勸勇。則河渭可平。克有一統矣。

公孫淵背盟。大帝欲往征之。上大將軍右都護陸遜又上疏曰。淵憑險恃固。拘留大使。名馬不獻。實可讎忿。蠻夷猾夏。未染王化。鳥竄荒裔。拒逆王師。至令陛下爰赫斯怒。欲勞萬乘汎輕越海。不慮其危。而涉不測。方今天下雲擾。羣雄虎爭。英豪踴躍。張聲大視。陛下以神武之姿。誕膺期運。破操烏林。敗備西陵。禽羽荊州。斯三虜者。當世雄桀。皆摧其鋒。聖化所綏。萬里草偃。方蕩平華夏。總一大猷。今不忍小忿而發雷霆之怒。違垂堂之戒。輕萬乘之重。此臣之所惑也。臣聞志行萬里者。不中道而輟足。圖四海者。匪懷細以害大。彊寇在境。荒服未庭。陛下乘桴遠征。必致闚䦨。感至而憂悔之無及。若使大事時捷。則淵不討自服。今乃遠惜遼東衆之與馬。柰何獨欲捐江東萬安之本業而不惜乎。乞息六師以威大虜。早定中夏。垂耀將來。帝用納焉。

三年。薛綜爲尚書僕射。時公孫淵降而復叛。大帝盛怒。欲自親征。綜上疏諫曰。夫帝王者萬國之元首。天下之所繫命也。是以居則重門擊柝以戒不虞。行則清道案節以養威嚴。蓋所以存萬安之福。鎮四海之心。昔孔子疾時。託乘桴浮海之語。季由斯喜。拒以無所取材。漢元帝欲御樓船。薛廣德請刎頸以血染車。何則。水火之險至危。非帝王所宜涉也。諺曰。千金之子坐不垂堂。況萬乘之尊乎。今遼東戎貊小國。無城池之固。備禦之術。器械銖鈍。犬羊無政。往必禽克。誠如明詔。然其方土寒埆。穀稼不殖。民習鞍馬。轉徙無常。卒聞大軍之至。自度不敵。鳥驚獸駭。長驅奔竄。一人匹馬不可得見。雖獲空地。守之無益。此不可一也。加又洪流滉瀁。有成山之難。海行無常。風波難免。倏忽之間。人船異勢。雖有堯舜之德。智無所施。賁育之勇。力不得設。此不可二也。加以鬱霧冥其上。鹹水蒸其下。善生流腫。轉相洿染。凡行海者狒無所患。此不可三也。天生神聖。顯以符瑞。當乘平喪亂。康此民物。嘉祥日集。海內垂定。逆虜凶虐。滅亡在近。中國一平。遼東自斃。但當拱手以待耳。今乃違必然之圖。尋至危之阻。忽九州之固。肆一朝之忿。既非社稷之重計。又開闢以來所未嘗有。斯誠羣僚所以傾身側息。食不甘味。寢不安席者也。惟陛下抑雷霆之威。忍赫斯之怒。遵乘橋之安。遠履冰之險。則臣子賴祉。天下幸甚。時羣臣多諫。帝遂不行。

嘉禾元年。公車徵陸瑁拜議郎選曹尚書。大帝忿公孫淵之巧詐反覆。欲親征之。瑁上疏諫曰。臣聞聖王之御遠夷。羈縻而已。不常保有。故古者制地。謂之荒服。言慌惚無常。不可保也。今淵東夷小醜。屏在海隅。雖託人面。與禽獸無異。國家所為不愛貨寶遠以加之者。非嘉其德義也。誠欲誘納愚弄以規其馬耳。淵之驕黠。恃遠負命。此乃荒

貊常態。豈足深怪。昔漢諸帝亦嘗銳意以事外夷。馳使散貨。充滿西域。雖有恭從。然其使人見害。財貨并沒。不可勝數。今陛下不忍悁悁之忿。欲越巨海。身踐其土。羣臣愚議。竊謂不安。何者。北寇與國。壤地連接。苟有間隙。應機而至。夫所以越海求馬曲意於淵者。為赴目前之急。除腹心之疾也。而更棄本追末。捐近治遠。忿以改規。激以動衆。斯乃猾虜所願聞。非大吳之至計也。又兵家之術。以功役相疲。勞逸相待。得失之間。所覺輒多。且沓渚去淵。道里尚遠。今到其岸。兵勢三分。使彊者進取。次當守船。又次運糧。行人雖多。難得悉用。加以單步負糧。經遠深入。賊地多馬。邀截無常。若淵狙詐。與北未絕。動衆之日。脣齒相濟。若實孑然。無所憑賴。其畏怖遠迸。或難卒滅。使天誅稽於朔野。山虜承間而起。恐非萬安之長慮也。帝未許。瑁重上疏曰。夫兵革者。固前代所以誅暴亂威四夷也。然其役皆在奸雄已除。天下無事。從容廟堂之上。以餘議議之耳。至於中夏鼎沸。九域槃互之時。率須深根固本。愛力惜費。務自將養。以待鄰敵之闕。未有正於此時。舍近治遠。以疲軍旅者也。昔尉他叛逆。僭號稱帝。于時天下乂安。百姓殷阜。帶甲之數。糧食之積。可謂多矣。然漢文猶以遠征不易。重興師旅。告喻而已。今凶桀未殄。疆埸猶警。雖蚩尤鬼方之亂。故當以緩急差之。未宜以淵為先。願陛下抑威任計。暫寧六師。潛神嘿規。以為後圖。天下幸甚。帝再覽瑁書。嘉其詞理端切。遂不行。

赤烏四年。零陵太守殷札言於大帝曰。今天棄曹氏。喪誅累見。虎爭之際。而幼童涖事。陛下身自御戎。取亂侮亡。宜滌荊揚之地。舉彊羸之數。使彊者執戟。羸者轉運。西命益州軍于隴右。授諸葛瑾朱然大衆。指事襄陽。陸遜朱桓別征壽春。大駕入淮陽。歷青徐。襄陽壽春困於受敵。長安以西務對蜀軍。許洛之衆勢必分離。掎角瓦解。民必內

應。將帥對向。或失便宜。一軍敗績。則三軍離心。便當秣馬脂車。陵蹈城邑。乘勝逐北。以定華夏。若不悉軍動衆。循前輕舉。則不足大用。易於屢退。民疲威消。時往力竭。非出兵之策也。時弗能用之。

烏程侯皓寶鼎元年。五官中郎將丁忠使晉還。說曰。北方守戰之具不設。弋陽可襲而取。皓訪羣臣。鎮西大將軍陸凱曰。夫兵不得已而用之耳。且三國鼎立以來。更相侵伐。無歲寧居。今強敵新并巴蜀。有兼土之實。而遣使求親。欲息兵役。不可謂其求援於我。今敵形勢方強。而欲徼幸求勝。未見其利也。車騎將軍劉纂曰。天生五才。誰能去兵。譎詐相雄。有自來矣。若其有闕。庸可棄乎。宜遣間諜以觀其勢。皓陰納纂言。且以蜀新平。故不行。然遂自絕。

時師旅仍動。鎮軍大將軍陸抗上疏曰。臣聞易貴隨時。傳美觀釁。故有夏多罪而殷湯用師。紂作淫虐而周武授鉞。苟無其時。玉臺有憂

傷之慮盂津有反旆之軍今不務富國强兵力農畜穀使文武之才效展其用百揆之署無曠厥職明黜陟以厲庶尹審刑罰以示勸沮訓諸司以德而撫百姓以仁然後順天承運席卷宇内而聽諸將徇名窮兵黷武動費萬計士卒彫瘁寇不爲衰而我已大病矣今爭帝王之資而昧十百之利此人臣之姦便非國家之良策也昔齊魯三戰魯人再克而亡不旋踵何則大小之勢異也況今師所克獲不補所喪哉且險兵無衆古之明鑒誠宜暫息進取小規以畜士民之力觀釁伺隙庶無悔吝

晉武帝咸寧五年王濬上疏曰吳孫皓荒淫凶逆宜速征伐若皓死更立賢主則强敵也臣作船七年日有朽敗臣年七十死亡無日三者一乖則難圖矣願陛下無失事機帝於是決意伐吳

武帝密有滅吳之計而朝議多違唯度支尚書杜預及羊祜張華與帝意合祜病舉預自代及祜卒拜預爲鎮南大將軍都督荆州諸軍事預啓請伐吳之期帝報待明年方欲大舉預表陳至計曰自閏月以來賊但勅嚴下無兵上以理勢推之賊之窮計力不兩完必先認上流勤保夏口以東以延視息無緣多兵西上空其國都而陛下過聽便用委棄大計縱敵患生此誠國之遠圖使舉而有敗勿舉可也事爲之制務從完牢若或有成則開太平之基不成不過費損日月之間何惜而不一試之若當須後年天時人事不得如常臣恐其更難也陛下宿議分命臣等隨界分進其所禁持東西同符萬安之舉未有傾敗之患臣心實了不敢以曖昧之見自取後累惟陛下察之預旬月之中又上表曰羊祜與朝臣多不同不先博畫而密與陛下共施此計故益令多異凡事當以利害相較今此舉十有八九利其一二止於無功耳其言破敗之形亦不可得也直是計不出已功不在

身各耻其前言故守之也自頃朝廷事無大小異意鋒起雖人心不同亦由恃恩不慮後難故輕相同異也昔漢宣帝議趙充國所上事效之後詰責諸議者皆叩頭而謝以塞異端也自秋以來討賊之形頗露若今中止孫皓怖而生計或徙都武昌更完脩江南諸城遠其居人城不可攻野無所掠積大船於夏口則明年之計或無所及時帝與中書令張華圍棊而預表適至華推枰斂手曰陛下聖明神武朝野清晏國富兵强號令如一吳主荒淫驕虐誅殺賢能當今討之可不勞而定帝乃許之

愍帝時琅邪國侍郎王鑒勸元帝親征杜弢丞相參軍熊遠上疏曰皇綱失統中夏多故聖主肇祚遠奉西都梓宮外次未反園陵逆寇遊魂國賊未夷明公憂勞乃心王室伏讀聖教人懷慷慨杜弢小竪寇抄湘川比年征討經載不夷昔高宗伐鬼方三年乃剋用兵之難非獨在今伏以古今之霸王遭時艱難亦有親征以隆大勲亦有遣將以平小寇今公親征文武將吏度支籌量舟輿器械所出若足用者然後可征愚謂宜如前遣五千人徑與水軍進征既可得速必不後時昔齊用穰苴燕晉退軍秦用王翦剋平南荆必使督護得才即賊不足慮也

東晉元帝初杜弢作逆江湘流弊王敦不能制朝廷深以爲憂琅邪國侍郎王鑒上疏勸帝征之曰天禍晉室四海顛覆喪亂之極開闢未有明公遭歷運之厄當陽九之會聖躬負伊周之重朝廷延臣合之望方將振長轡而御八荒掃河漢而清天塗所藉之資江南之地蓋九州之隅角垂盡之餘人耳而百越鴟視於五嶺蠻蜀狼顧於湘漢江州蕭條白骨塗地豫章一郡十殘其八繼以荒年公私虚匱倉庫無旬月之儲三軍有絶乏之色賦斂搜奪周而復始卒散人流相

望於道。殘弱之源日深。全勝之勢未舉。鑒懼雲旗反旆。元戎凱入。未在旦夕也。昔齊桓未朞而申侯懼其老。況暴甲三年。介胄生蟣蝨。而可不深慮者哉。江揚本六郡之地。一州封域耳。若兵不時戢。人不堪命。三江受敵。彭蠡振搖。是賊踰我垣墻之內。闚我室家之好。黷武之衆易動。驚弓之鳥難安。鑒之所甚懼也。去年已來。累喪偏將。軍師屢失。送死之寇。兵猷奔命。賊量我力矣。雖繼遣偏裨。懼未足成功也。愚謂尊駕宜親幸江州。然後方召之臣。其力可得而宣。熊羆之士。其銳可得而奮。進左軍於武昌。爲陶侃之重。建名將於安成。連甘卓之壘。南望交廣。西撫蠻夷。要害之地。勒勁卒以保之。深溝堅壁。按精甲而守之。六軍既贍。戰士思奮。爾乃乘隙騁奇。擾其窟穴。顯示大信。開以生塗。杜弢之頸。固已鎖於麾下矣。

成帝咸康五年。庾亮欲開復中原。表遣諸軍羅布江沔。以爲伐趙之規。帝下其議。太常蔡謨上議曰。時有否泰。道有屈伸。苟不計彊弱而輕動。則亡不終日。何功之有。爲今之計。莫若養威以俟時。時之可否。繫胡之彊弱。胡之彊弱。繫虎之能否。自石勒舉事。虎常爲爪牙。百戰百勝。遂定中原。勒死之後。虎挾嗣君誅將相。內難既平。翦削外寇。不失尺土。以是觀之。虎爲能乎。將不能也。今征西將自將大軍席卷河南。虎必親率其衆來決勝負。欲與之戰。何如石生。若欲城守。何如金墉。欲阻沔水。何如大江。欲拒石虎。何如蘇峻。石生猛將。關中精兵。征西之戰。殆不能勝也。金墉險固。劉曜十萬衆不能拔。又當是時。洛陽關中皆舉兵擊虎。今此三鎮反爲其用。方之於前。倍半之勇也。石生不能敵其半。而征西欲當其倍。愚所疑也。蘇峻之彊。不及石虎。沔水之彊。不及大江。大江不能禦蘇峻。而欲以沔水禦石虎。又所疑也。昔祖士稚在譙。佃於城北界。豫置軍屯以禦其外。穀熟胡至。丁夫戰於

外。老弱獲於內。多持炬火。急則燒穀而走。如此數年。竟不獲利。當其時。胡唯據河北。方之於今。四分之一耳。士稚不能捍其一。而征西欲以禦其四。又所疑也。然此但論征西既至之後耳。尚未論道路之慮也。自沔以西。水急岸高。魚貫泝流。首尾百里。若胡無宋襄之義。及我未陣而擊之。將如之何。今王土與胡。水陸異勢。便習不同。胡若送死。則敵之有餘。若棄江遠進。以我所短。擊彼所長。懼非廟勝之算也。朝議多與謨同。乃詔亮不聽移鎮。

成帝時。左衛將軍陳光上疏請伐胡。詔令攻壽陽。征西將軍都督徐兗諸軍事領徐州刺史假節蔡謨又上疏曰。今壽陽城小而固。自壽陽至琅邪。城壁相望。其間遠者裁百餘里。一城見攻。衆城必救。且王師在路五十餘日。劉仕一軍早已入淮。又遣數部北取生壁。大軍未至。聲息久聞。而賊之郵驛。一日千里。河北之騎足以來赴。非唯鄰城相救而已。夫以白起韓信項籍之勇。猶發梁焚舟。背水而陣。今欲停船水渚。引兵造城。前對堅敵。顧臨歸路。此兵法之所誡也。若進攻未拔。胡騎卒至。懼桓子不知所爲。而舟中之指可掬。今征軍五千。皆王都精銳之衆。又光爲左衛。遠近聞之。名爲殿中之軍。宜令所向有征無戰。而頓之堅城之下。勝之不武。不勝爲笑。今以國之上駟擊寇之下邑。得之則利薄而不足損敵。失之則害重而足以益寇。懼非策之長者。臣愚以爲聞寇而致討。賊退而振旅。於事無失。不勝管見。謹冐陳聞。

時蘇峻反。庾翼將悉鄖漢之衆以事中原。軍次安陸。尋轉襄陽。中書侍郎范汪上疏曰。臣伏思安西將軍翼。今至襄陽。倉卒致討。凡百草創。安陸之調。不復爲襄陽之用。而玄冬之月。沔漢乾涸。皆當魚貫而行。排推而進。設一處有急。勢不相救。臣所至慮一也。又既至之後。桓

宣當出宣往剪豺狼之林招攜貳之衆待之以至寬御之以無法田疇墾闢生產始立而當移之必有嗷然悔吝難測臣所至慮二也襄陽頻益數萬口奉師之費皆當出於江南漕運之難船人之力不可不熟計臣之所至慮三也且申伯之尊而與邊將並驅又東軍不進殊為孤懸兵書云知彼知此百戰不殆知彼不知此一勝一負賊誠衰弊然得臣猶在我雖方隆今實未暇而連兵不解患難將起臣之所至慮四也翼豈不知兵家所患常在於此顧以門力事任憂責莫大晏安終年非心情所安是以抗表輒行驅令原野以翼宏規經略文武用命忽遇釁會大事便濟然國家之慮常以萬全非至安至審王者不舉臣謂宜嚴詔諭翼還鎮養銳以為後圖若少合聖意乞密出臣表與車騎臣冰等詳共集議

武帝寧康間苻堅寇涼州車騎將軍桓沖遣宣城內史朱序豫州刺史桓伊率衆向壽陽淮南太守劉波汎舟淮泗乘虛致討以救涼州乃表曰氐賊自并東胡醜類實繁而蜀漢寡弱西涼無備斯誠暴興疾顛祇速其亡然而天未勦絕屢為國患臣聞勝於無形功立事表伐謀之道兵之上略況此賊陸梁終必越逸北狄陵縱常在秋冬今日月迅邁高風行起臣輒較量畿甸守衛重複又淮泗通流長江如海荊楚倫遠密邇寇讎方城漢水無天險之實而過備之重勢在西門臣雖凡庸識乏武略然猥荷重任思在投袂請率所統徑進南鄭與征西將軍臣豁衆同謀獻賊若果驅犬羊送死沔漢庶仰憑正順因致人利一舉乘風埽清氛穢不復重勞王師有事三秦則先帝盛業永隆於聖世宣武遺志無恨於在昔如其懾憚皇威閉關計屈則觀兵伺釁更議進取振旅旋旆遲速唯宜伏願陛下覽臣所陳特垂聽許

宋武帝復欲北討行意甚盛奉常鄭鮮之上表諫曰伏思聖略深遠臣之愚管無所措其意然臣愚見竊有所懷虜凶狡情狀可見自關中再敗皆是帥師違律非是內有事故致外有敗傷虜聞殿下親御六軍必謂見伐當重兵潼關其勢然也若陵威長驅臣實見其未易若輿駕頓洛則不足上勞聖躬如此則進退之機宜在孰慮賊不敢乘勝過陝遠攝大威故也今盡用兵之算事從屈申遣師撲討而南夏清晏賊方懼將來永不敢動若輿駕遣洛而反凶醜更生揣量之心必啓邊戎之患此既必然江南顒顒傾注輿駕忽聞遠伐不測師之深淺必以殿下大申威靈未還人情恐懼事又可推往年西征劉鍾危殆前年劫盜破廣州人士都盡三吳心腹之內諸縣屢敗皆由勞役所致又聞處處大水加遠師民敝敗散自然之理殿下在彭城劫盜破諸縣事非偶爾皆是無賴凶愚凡順而撫之則百姓思安違其所願必為亂矣古人所以救其煩穢正在於斯漢高身困平城呂后受匈奴之辱魏武軍敗赤壁宣武喪師枋頭神武之功一無所損況偏師失律無虧於廟堂之上者耶即之事實非敗之謂唯齡石等可念耳若行也或速其禍反覆思惟愚謂不煩殿下親征小劫西虜或為河洛之患今正宜通好北虜則河南安河南安則濟泗靜伏願聖鑒察臣愚懷

文帝元嘉二十七年帝將北討步兵校尉沈慶之諫曰馬步不敵為日已久矣請舍遠事且以檀到言之道濟再行無功彥之失利而返今料王玄謨等未踰兩將六軍之盛不過往時將恐重辱王師難以得志上曰小醜竊據河南脩復王師再屈自別有以亦由道濟養寇自資彥之中塗疾動虜所恃唯馬夏水浩汗河水流通泛舟北指則碻磝必走滑臺小戍易可覆拔克此二戍館穀弔民虎牢洛陽自然

不固。北及冬間城守相接。虜馬過河便成禽也。慶之又固陳不可。丹陽尹徐湛之吏部尚書江湛並在坐。上使湛之等難慶之。曰。治國譬如治家。耕當問奴。織當訪婢。陛下今欲伐國而與白面書生輩謀之。事何由濟。

元嘉二十九年。帝欲更北伐。訪之羣臣。中庶子何偃議曰。內幹胡法宗宣詔。逮問北伐。伏計賊審有殘禍。犬羊易亂。殲殄非難。誠如天旨。今雖廟算無遺。而士未精習。緣鎮戍充實者寡。遺民流散。多未附業。控引所資。取給根本。虧根本以殉邊患。宜動必萬尅。無虞往歲挫傷續以內釁。傷亡取亂。誠為沛然。然淮泗數州。實亦彫耗。流傭未歸。創痍未起。且攻守不等。客主形異。薄之則勢艱。圍之則曠日。進退之閒姦虞互起。竊謂當今之弊易弭。方來之寇不深。宜含垢藏疾。以齊天遺。

文帝聞魏世祖殂。更謀北伐。青州刺史劉興祖上言。以為河南阻飢。野無所掠。脫諸城固守。非旬月可拔。稽留大眾。轉輸方勞。應機乘勢。事存急速。今偽帥始死。兼逼暑時。國內猜擾。不暇遠赴。愚謂宜長驅中山據其關要。冀州以北民人向豐。兼麥已尚熟。因資為易。若中州震動。黃河以南自當消潰。臣請發青冀兵入其心腹。若前驅克勝。則衆軍宜一時濟河。並建司牧。撫柔初附。西拒太行。北塞軍都。因事指麾。隨宜加授。若能成功。清壹可待。若不克捷。不為大傷。宋主意止存河南。亦不從。

時秘書監謝靈運上表陳疾。上賜假東歸。將行。上書勸伐河北。曰。自中原喪亂。百有餘年。流離寇戎。湮沒殊類。先帝聰明神武。哀濟羣生。將欲蕩定趙魏。大同文軌。使久凋反於正化。偏俗歸於華風。運謝事乖。理違願絕。仰德抱悲。恨存生盡。況陵塋未幾。凶虜伺隙。預在有識誰不憤歎。而景平執事並非其才。且邊紛京師。豈慮託付。遂使孤城窮陷。莫肯極忠。烈因朔漠緣河三千翻為寇有。晚遣鎮戍。皆先朝之所開拓。一旦淪亡。此國恥宜雪。被於近事者也。又北境自染逆虜。窮苦備罹。徵調賦斂。靡有止已。所求不獲。輒致誅殞。身禍家破。闔門比屋。此亦仁者所為傷心者也。咸云西虜舍末遠師隴外。東虜乘虛。呼可掩襲。西軍既反。得據關中。長圍咸陽。還路已絕。雖遣救援。停住河東。遂乃遠討大城。欲為首尾。而西寇深山重阻。根本自固。徒棄巢窟未足相拯。師老於外。國虛於內。時來之會。莫復過此。觀兵耀威。實在茲日。若相持未已。或生事變。忽值新起之眾。則異於今。苟乘其時。難為經略。雖兵食倍多。則萬全無必矣。又歷觀前代。類以兼弱為本。古今聖德。未之或殊。豈不以天時人事。理數相得。興亡之度。定期居然。故古人云。既見天殃。又見人災。乃可以謀。昔魏氏之彊。平定荊冀。乃

乘袁劉之弱。晉世之盛。拓開吳蜀。亦因葛陸之衰。此皆前世成事著於史策者也。自羌平之後。天下亦謂虜當俱滅。長驅滑臺。席卷下城。奪氣喪魄。指日就盡。但長安違律。潼關失守。用緩天誅。假延歲月。日來至今十有二載。是謂一紀。曩有前言。況五明代數。齊世虜期。餘命盡於來年。自相攻伐。兩取其困。卞莊之形。驗之今役。仰望聖澤。有若渴飢。淮心南雲。為日已久。來蘇之冀。實歸聖明。此而弗乘。後則未兆。即日府藏。誠無兼儲。然凡造大事。待國富兵彊。不必乘會。於我為易。貴在得時。器械既充。衆力粗足。方於前後。乃當有優。常議損棄。久遠冀州口數。百萬有餘。田賦之沃。著自貢典。先才經創。基趾猶存。澄流引源。桑麻蔽野。彊富之實。昭然可知。為國長久之計。孰若一往之費邪。或懲關西之敗。而謂河北難守。二境形勢。表裏不同。關西雜居。種類不一。昔在前漢。屯軍霸上。通天甘泉。況乃遠戍之軍。值新故交代

之祭者乎。河北悉是舊戶。差無雜人。連嶺判阻。三關作隘。若遊騎長驅。則沙漠風靡。若嚴兵守塞。則冀方山固。昔隴西傷破。鼂錯興言。匈奴慢侮。賈誼憤歎。方於今日。皆爲賒矣。晉武中主耳。值孫皓虐亂。天祚其德。亦由鉅平奉策。荀賈折謀。故能業崇當年。區宇一統。況今陛下聰明聖哲。天下歸仁。文德與武功竝震。霜威共素風俱舉。協以宰輔賢明。諸王美令。岳牧宣烈。虎臣盈朝。而天或遠命。亦何敵不滅。矧伊頑虜。假日而已哉。伏惟深機志務。久定神謨。臣卑賤側陋。竊景巖穴。實仰希太平之道。傾覩岱宗之封。雖乏相如之筆。庶免史談之憤。以此謝病京師。萬無恨矣。久欲上陳。懼在觸置。蒙賜恩假。暫違禁省。消渴十年。常慮朝露。抱此愚志。昧死以聞。

南齊武帝永明末。欲北伐。使毛惠秀畫漢武北伐圖。使丹陽令中書郎王融掌其事。融好功名。因此上疏曰。臣聞情慉自中。事符則感。象構於始。機動斯彰。莊敬之道可宗。會揖讓其彌肅。勇烈之士足貴。應鞶鐸以增思。肇植生民。厥祥既緬。降及興運。維道有徵。莫不有所因循而升。皇業者也。若夫膏腴既彌。天乙知五方之冨。皮幣已列。帝劉測四海之尊。異封禪之文。則升中之典攸邈。漢與地之圖。乃席卷之庸是立。伏惟陛下窮神盡聖。總極居中。偶化兩儀。均明二耀。拯玄綱於頹絕。反至道於澆淳。可謂區寓儀刑。齊民先覺者也。臣亦遭逢生此嘉運。鑿飲耕食。自幸唐年。而識用昏霾。經術疎淺。將遴且軸。豈蔽與徽。皇鑒燭幽。天高聽下。賞片言之或善。矜一物之失時。澍拂塵蒙。霑飾光價。拔足草廬。廁身朝序。復得拜賀歲時。瞻望日月。於臣心願曾已畢矣。但千祀一逢。休明難再。思策鈆鴑。樂陳消壒。竊習戰陣攻守之術。農桑牧藝之書。申商韜墨之權。伊周孔孟之道。常願待詔朱闕。俯對青蒲。請閑宴之私。談當世之務。位賤人微。徒深傾款。方今九服

清怡。三靈和晏。才有附枝。輪無異轍。東鞮獻舞。南辮傳歌。羌僰踰山。秦屠越海。舌象頫委體之懃。輶譯厭瞻巡之數。固將開桂林於鳳山。創金城於西守。而蠢爾獯狄。敢讎大邦。假息關河。竊命函谷。淪故京之奕塏。變舊邑而荒凉。息反坫之儒衣。久伊川之被髮。北地殘氓。東都遺老。莫不茹泣吞悲。傾耳戴目。翹心仁政。延首王風。若試馳咫尺之書。具甄戎旅之卒。徇其墮城。納其降虜。可弗勞弦鏃。無待干戈。眞皇王之兵。征而不戰者也。臣乞以執殳先邁。式道中原。澄瀚海之恒流。掃狼山之積霧。係單于之頸。屈左賢之膝。習呼韓之舊儀。拜鑾輿之巡幸。然後天移雲動。勒封岱宗。咸五登三。追蹤七十。百神肅警。萬國具僚。璿升星離。玉帛雲聚。集三燭於蘭席。聆萬歲之禎聲。豈不盛哉。豈不韙哉。昔桓公志在伐莒。郭牙審其幽趣。魏后存心去漢。德祖究其深言。臣愚昧忖誠。不足以知微。然伏揆聖心。規模弘遠。既圖載其事。必克就其功。臣不勝歡喜。圖成上。置琅邪城射堂壁上。遊幸輒觀視焉。

時朝廷討雍州刺史王奐。丹陽令中書郎王融又上疏曰。臣每覽史傳。見憂國忘家。捐生報德者。未嘗不撫卷嘆息。以爲今古共情也。然或以片言微感。一飡小惠。參國士之眄。閭布素之遊耳。豈有如臣獨拔無聞之伍。過超非分之位。名器雙假。榮祿兩升。而宴安昃罷之晨。優游旰食之日。所以敢布丹愚。仰聞宸聽。今議者或以西夏爲念。臣竊謂之不爾。其故何哉。陛下聖明。羣臣悉力。從以制逆。上而御下。指開賓黙之言。微示生死之路。方域之人。皆相爲敵。既兵威遠臨。人不自保。雖窮鳥必啄。困獸斯驚。終並懸於廚鹿。凱師勞飲。固不待晨。臣之寸心。獨有微願。自獫狁荐食。荒侮伊瀍。天道禍淫。危亡日至。母后內難。粮力外虛。謠言物情。屬當今會。若籍巫漢之歸

師驕士卒之餘憤。取函谷如反掌。陵關塞若摧枯。但士非素蓄。無以即用。不教民戰。是謂棄之。將希私集部曲。豫加習校。若蒙恭許。乞隸監省揭食人身。權備石頭防衛之數。臣少重名節。早習軍旅。若試而無績。伏受面欺之誅。用且有功。仰酬知人之哲。

陳宣帝時。謀取彭汴。以問五兵尚書毛喜。對曰。淮左新平。邊民未輯。周氏始吞齊國。難與爭鋒。且棄舟楫用車騎。去長就短。非我所便。不若安民保境。寢兵結好。斯久長之術也。

趙主劉曜勅內外戒嚴。將親討渠知。光祿大夫游子遠進曰。陛下誠能納愚臣之計者。不勞大駕親動。一月之中可使清定。曜曰。卿試言之。子遠曰。彼匪有大志。希竊非望也。但逼於陛下峻網耳。今死者不可追。莫若赦諸逆人之家老弱沒奚官者。使迭相撫育。聽其復業。大赦與之更始。彼生路既開。不降何待。若渠知自以罪重不即下者。願

假臣弱兵五千以爲陛下梟之。不敢勞陛下之將帥也。不爾者。今賊黨既彌川被谷。雖以天威臨之。恐非年歲可除。曜大悅。

秦主苻堅妾張氏。明辯有才識。堅將入寇江左。羣臣切諫不從。張氏進曰。妾聞天地之生萬物。聖王之馭天下。莫不順其性而暢之。故黃帝服牛乘馬。因其性也。禹鑿龍門決洪河。因水之勢也。后稷之播殖百穀。因地之氣也。湯武之滅夏商。因人之欲也。是以有因成。無因敗。今朝臣上下皆言不可。陛下復何所因也。書曰。天聰明自我民聰明。天猶若此。況于人主乎。妾聞人君有伐國之志者。必上觀乾象。下採衆祥。天道崇遠。非妾所知。以人事言之。未見其可。諺言。雞夜鳴不利行師。犬羣嗥者宮室必空。兵動馬驚軍敗不歸。秋冬已來。每夜羣犬大嗥。衆雞夜鳴。伏聞廐馬驚逸。武庫兵器有聲。吉凶之理。誠非微妾所論。願陛下詳而思之。堅曰。軍旅之事。非婦人所豫也。遂興兵。張氏請從。堅果大敗於壽春。張氏乃自殺。

後魏道武帝討姚興。問定州大中正李先曰。興屯天渡平據柴壁。相爲表裏。今欲殄之。計將安出。先對曰。臣聞兵以正合。戰以奇勝。如聞姚興欲屯兵天渡。利其糧道。及其未到之前。遣奇兵先邀天渡柴壁左右。嚴設伏兵。備其表裏。以陛下神策。觀時而動。興欲進不得。退又乏糧。夫高者爲敵所棲。深者爲敵所囚。兵法所忌。而興居之。可不戰而取。太祖從其計。興果敗歸。

明元帝聞劉裕死。欲取洛陽虎牢滑臺。白馬公崔浩曰。陛下不以劉裕歘起。納其使貢。裕亦敬事陛下。不幸今死。乘喪伐之。雖得之不令。春秋晉士丐率師侵齊。聞齊侯卒。乃還。　子大其不伐喪。以爲恩足以感孝子。義足以動諸侯。今國家亦未能一舉而定江南。宜遣人弔祭。存其孤弱。恤其凶災。布義風於天下。令德之事也。如此。則化被荊

揚南金象齒羽毛之珍。可不求而自至。裕新死。黨與未離。兵臨其境。必相率拒戰。功不可必。不如緩之。待其惡稔。如其彊臣爭權。變難必起。然後命將揚威。可不勞士卒而收淮北之地。太宗銳意南伐。詰浩曰。劉裕因姚興死而滅其國。裕死我伐之。何爲不可。浩固執曰。興死二子交爭。裕乃伐之。太宗大怒。不從浩言。遂遣奚斤南伐。議於監國之前曰。先攻城也。先畧地也。斤曰。請先攻城。浩曰。南人長於守城。苻氏攻襄陽經年不拔。今以大國之力攻其小城。若不時剋。挫損軍勢。敵得徐嚴而來。我怠彼銳。危道也。不如分軍畧地。至淮爲限。列置守宰。收歛租穀。滑臺虎牢反在軍北。絕望南救。必沿河東走。若或不然。即是囿中之物。公孫表請先圖其城。斤等濟河先攻滑臺。經時不拔。表請濟師。太宗大怒。乃親南巡。

太武帝神䴥二年。治兵將伐夏。羣臣咸曰。劉義隆兵猶在河中。捨之

西行前寇未可必克而義隆乘虛濟河則失山東矣崔浩曰義隆與赫連定遙相招引以虛聲唱和莫敢先入譬如連雞不得俱飛無能爲害臣始謂義隆軍來當屯止河中兩道北上東道向冀西道衝鄴如此則陛下當自討之不得徐行今則不然東西列兵徑二千里一處不過數千形分勢弱此不過欲固河自守無北度意也赫連定殘根易摧擬之必仆克定之後東出潼關席卷而前則威震南極江淮以北無立草矣上從之

太武帝時河西王沮渠牧犍內有貳意世祖將討焉先問於司徒崔浩浩對曰牧犍惡心已露不可不誅官軍往年北伐雖不剋獲實無所損于時行者內外軍馬三十萬匹計在道死傷不滿八千歲常羸死恒不減萬乃不少於此而遠方承虛便謂大損不能復振今出其不意不圖大軍卒至必驚駭騷擾不知所出擒之必矣且牧犍劣弱

諸弟驕恣爭權從横民心離解加比年以來天災地變都在秦涼成滅之國也世祖曰善吾意亦以爲然命公卿議之弘農王奚斤等三十餘人皆曰牧犍西垂下國雖心不純臣然繼父職貢朝廷接以蕃禮又王姬釐降罪未甚彰謂宜羈縻而已今士馬勞止宜可小息又其地鹵斥略無水草大軍既到不得久停彼聞軍來必完聚城守攻則難拔野無所掠於是尚書古弼李順之徒皆曰自溫圉河以西至於姑臧城南天梯山上冬有積雪深一丈餘至春夏消液下流成川引以灌漑彼聞軍至決此渠口水不通流則致渴乏去城百里之內赤地無草又不任久停軍馬斤等議是也世祖乃命浩以其前言與斤共相難抑諸人不復餘言唯曰彼無水草浩曰漢書地理志稱涼州之畜爲天下饒若無水草何以畜牧又漢人爲居終不於無水草之地築城郭立郡縣也又雪之消液繞不斂塵何得通渠引漕灌漑數百萬頃乎此言大詆誣於人矣李順等復曰耳聞不如目見吾曾目見何可共辯浩曰汝曹受人金錢欲爲之辭謂我目不見便可欺也世祖隱聽聞之乃出親見斤等辭旨嚴厲形於神色羣臣乃不敢復言唯唯而已於是遂討涼州而平之多饒水草如浩所言

帝西巡至東雍親臨汾曲觀薛永宗壘進軍圍之永宗出兵欲戰帝問司徒崔浩曰今日可擊不浩曰永宗未知陛下自來人心安閑北風迅疾宜急擊之須臾必破若待明日恐其見官軍盛大必夜遁走帝從之永宗潰滅車駕濟河前驅告賊在渭北帝至洛水橋賊已夜遁詔問浩曰蓋吳在長安北九十里渭北地空穀草不備欲渡渭南西行何如浩對曰蓋吳營去此六十里賊魁所在擊蛇之法當須破頭頭破則尾豈能復動宜乘勢先擊吳今軍往一日便到平吳之後回向長安亦一日而至一日之內未便損傷愚謂宜從北道若從南

道則蓋吳徐入北山卒未可平帝不從乃渡渭南吳聞帝至盡散入北山果如浩言軍無所克

時宋劉義隆侵邊遣安南大將軍司馬楚之距之楚之上疏曰臣奉命南伐受任一方而智力淺短誠節未效所以夙夜憂惶忘寢與食臣屢遣人至荆揚所在陳說具論天朝盛化之美莫不忻承聖德傾首北望而義隆兄弟知人情搖動遣臣私讎順爲司州刺史統淮北亡郡代垣苗守懸瓠自犨洛滑臺敗散已來義隆恥其敗北多加罪罰到彥之削位退同卒伍殺姚縱夫於壽春斬竺靈秀於彭城王休元託疾檀道濟斥放凡在腹心悉懷疑阻民怨臣猜可謂今日臣聞曆符道光四海神旌所指莫不摧服其未賓者義隆而已今天綱遐舉殊方仰德固宜掃清東南齊一區宇使濟濟之風被於江漢世祖

以兵久勞不從。

太武帝末年。蕭衍遣將康絢遏淮。將灌揚徐。左僕射郭祚表曰。蕭衍狂悖。擅斷川瀆。役苦民勞。危亡已兆。然古諺有之。敵不可縱。夫以一酌之水。或為不測之淵。如不時滅。恐同原草。宜命一重將率統軍三十人。領羽林一萬五千人。并科京東七州虎旅九萬。長驅電邁。遄令撲討。擒斬之勲。一如常制。賊資雜物。悉入軍人。如此則鯨鯢之首可不日而懸。誠知農桑之時。非發衆之日。苟事理宜然。亦不得不爾。昔韋顧跋扈。殷后起昆吾之師。玁狁孔熾。周王興六月之伐。臣職忝樞衡。獻納是主。心之所懷。寧敢自黙。并宜勑揚州選一猛將。遣當州之兵。令赴浮山。表裏夾攻。朝議從之。

文成帝時。定陽侯曹安表曰。拾寅今保白蘭。多有金銀牛馬。若擊之可以大獲。議者咸以先帝忿拾寅兄弟不穆。使晉王伏羅高涼王那

再征之。竟不能剋。拾寅雖復遠遁。軍亦疲勞。今在白蘭。不犯王塞。不為人患。非國家之所急也。若遣使招慰。必求為臣妾。可不勞而定也。王者之於四荒。羈縻而已。何必屠其國有其地。安曰。臣昔為澆河戍將。與之相近。明其意勢。若分軍出其左右。拾寅必走保南山。不過十日。牛馬草盡。人無所食。衆必潰叛。可一舉而定也。詔從之。

獻文帝時。蠕蠕犯塞。帝引見羣臣議之。尚書僕射元目辰進曰。若車駕親行。恐京師危懼。不如持重固守。自安虜懸軍深入。糧無繼運。以臣量之。自退不久。遣將軍追擊。破之必矣。中曹給事中張白澤曰。陛下欽明則天。比蹤前聖。而蠢爾荒愚。輕犯王略。寇乃顛沛於遠圖。我將宴安於近毒。仰惟神略則不然矣。今若鑾輿親動。賊必望麾崩散。寧容仰挫神兵。坐而縱敵。萬乘之尊。嬰城自守。進失可乘之機。退非無前之義。惟陛下留神。帝從之。遂大破虜衆。

孝文帝曰。長驅之謀。廟算已定。今大軍將進。公等更欲何云。輔國大將軍李沖進曰。臣等不能折衝帷幄。坐制四海。而令南有竊號之渠。寔臣等之咎。陛下以文軌未一。親勞聖駕。臣等誠思亡軀盡命。效死戎行。然自離都淫雨。士馬困弊。前路尚遙。水潦方甚。且伊洛境內。小水猶尚致難。況長江浩汗。越在南境。若營舟檝。必須停滯。師老糧乏。進退為難。矜喪反旆。於義為允。帝曰。一同之意。前已具論。卿等正以水雨為難。然天時頗亦可知。何者。夏既炎旱。秋故雨多。玄冬之初。必當閑爽。比後月十間。若雨猶不已。此乃天也。脫於此而晴。行則無害。古不伐喪。謂諸侯同軌之國。非王者統一之文。已至於此。何容停駕。沖又進曰。今者之舉。天下所不願。唯陛下欲之。漢文言吾獨乘千里馬。竟何至也。臣有意而無其辭。敢以死請。帝大怒曰。方欲經營宇宙。一同區域。而卿等儒生。屢疑大計。斧鉞有常。卿勿復言。

帝攻鍾離未剋。將於淮南脩故城而置鎮戍。以撫新附之民。賜相州刺史高閭璽書。具論其狀。閭表曰。南土亂亡。僭主屢易。陛下命將親征。威陵江左。望風慕化。剋拔數城。施恩布德。攜民襁負。可謂澤流邊方。威惠普著矣。然元非大舉。軍興後時。本為迎降。戎卒實少。兵法。十則圍之。倍則攻之。所率既寡。東西懸闊。難以並稱。伏承欲留戍淮南。招撫新附。昔世祖以回山倒海之威。步騎數十萬。南臨瓜步。諸郡盡降。而盱眙小城。攻而弗剋。班師之日。兵不戍一郡。土不闢一廛。夫豈無人。以大鎮未平。不可守小故也。堰水先塞其源。伐木必拔其本。源不塞。本不拔。雖翦枝竭流。終不可絕矣。壽陽盱眙淮陰。淮南之源本也。三鎮不剋其一。而留兵守郡。不可自全明矣。既逼敵之大鎮。隔深淮之險。少置兵不足以自固。多留衆糧運難可充。又欲脩渠通漕路。必由于泗口。泝淮而上。須經角城淮陰大鎮。舟船素畜。敵因先積之

資以拒始行之路若元戎旋旆兵士挫怯夏雨水長救以實難忠勇雖奮事不可濟淮陰東接山陽南過江表無近江都海西之資西有盱眙壽陽之鎮且安土樂本人之常情若必留戍軍還之後恐爲敵擒何者鎮戍新立懸在異境以勞禦逸以新擊舊而能自固者未之有也昔彭城之役既剋其城戍鎮已定而思叛外向者猶過數萬角城蕞爾處在淮北去淮陽十八里五固之役攻圍歷時卒不能剋以今比昔事兼數倍今以向熱水雨方降兵刃既交難以恩恤降附之民及諸守令冀可徙置淮北如其不然進兵臨之速度士卒班師還京踵太武之成規營皇居於伊洛畜力以待敵釁布德以懷遠人使中國清穆化被遐裔淮南之鎮自効可期天安之捷指辰不遠

高閭爲給事中又上表曰伏思廟筭有事淮海雖成事不說猶可思量臣以愚劣本非武用至於軍旅尤所不學直以無諱之朝敢肆狂瞽區區短見竊有所疑臣聞兵者凶器不得已而用之今天下開泰四方無虞豈宜盛世干戈妄動疑一也淮北之城凡有五處難易相兼皆須攻擊然攻守難圖力懸百倍反覆思量未見其利疑二也縱使如心於國無用發兵遠入費損轉多若不置城是謂空爭疑三也脫不如意當延日月也衆聚費乎何不有疑四也伏願思此四疑時速返旆文明太后令曰六軍電發有若摧朽何慮四難也遷尚書中書監

侍中趙郡公陳建與侍中晉陽侯元仙德殿中尚書長樂王穆亮比部尚書平原王陸叡等表曰皇天輔德命集大魏臣等父祖翼贊初興勤過蜀漢誓固山河享兹景命寵辱休戚與國均焉臣以凡近識無遠達階藉先寵遂荷今任彼已之譏播於羣口仰感生成俯自策厲顧以駑鈍終於無益然飲水鶩寐賞懷慙負至於顧天高地厚何日忘之自永嘉之末封豕横噬馬叡南據奄有荆楚及桓劉䟦扈禍難相繼岱宗隔望秩之敬青徐限見德之風獻文皇帝撥亂龍飛道光率土干戚暫武淮海從風車書既同華裔將一昊天不弔奄背萬邦竊聞劉昱天亡權臣殺害思正之民翹想罔極愚謂時不再來機宜易失毫分之差致悔千里天與不取反受其咎所謂見而不作過在介石者也宜簡雄將號令八方義陽王臣昶深悟存亡遠同孫氏荀歷運響從則吳會可定脫事有難成則振旅而返進可以揚義聲於四海退可以通德信於遐裔宜乘之會運鍾今日如合聖聽乞速施行脫悟天心願存臣表條覩後驗賞罰隨焉高祖嘉之

時議伐蕭賾黄門侍郎盧淵表曰臣誠識不周覽頗尋典籍自魏晉以前承平之世未有皇輿親御六軍决勝行陣之間者勝不足爲武不勝有虧威德明千鈞之弩不爲鼷鼠發機故也昔魏武以弊卒一萬而袁紹土崩謝玄以步兵三千而苻堅瓦解勝負不由衆寡成敗在於須臾若用田豐之謀則生制孟德矣魏既并蜀迄于晉世吳介有江水居其上流大小勢殊德政理絶然猶君臣協謀垂數十載逮孫皓暴虐上下携爽水陸俱進一舉始克今蕭氏以篡殺之燼政虐役繁又支屬相圖人神同棄吳會之民延踵皇澤正是齊軌之期一同之會若大駕南巡必左袵革面閩越倒戈其猶運山壓卵有征無戰然愚謂萬乘親戎轉漕難繼千里饋粮士有飢色大軍之後必有凶年不若命將簡鋭盪滌江右然後鳴鑾巡省告成東岳則天下幸甚率土戴賴

征伐

後魏宣武帝初祕書令程駿上表曰春秋有云見有禮於其君者若孝子之養父母見無禮於其君者若鷹鸇之逐鳥雀所以勸誡將來垂範萬代昔陳恒殺君宣尼請討雖欲晏逸其得已乎今廟筭天回七州雲動將水蕩鯨鯢陸掃凶逆然戰貴不陳兵家所美宜先遣劉昶招喻淮南若應聲響悅同心齊舉則長江之險可朝服而濟道成之首可崇朝而懸苟江南之輕薄背劉氏之恩義則曲在彼矣何負神明哉直義檄江南振旅回旆亦足以示救患之大仁揚義風於四海且攻難守易則力懸百倍不可不深思不可不熟慮今天下雖謐方外猶虞拾夤僥倖於西南狂虜伺釁於漢北脫攻不稱心恐兵不卒解兵不卒解則憂慮逾深夫為社稷之計者莫不先於守本臣愚

以為觀兵江滸振曜皇威宜特加撫慰秋毫無犯則民知德信民知德信則襁負而來襁負而來則淮北可定淮北可定則吳寇異圖寇圖異則禍釁出然後觀釁而動則不晚矣請停諸州之兵且待後舉所謂守本者也伏惟陛下太皇太后英筭神規彌綸百勝之外應機體變獨悟方寸之中臣影頹虞淵昏耄將及雖思憂國終無云補不從

宣武帝即位齊蕭寶卷遣將軍陳伯之寇淮南司徒彭城王勰鎮壽春以拓跋英為鎮南將軍率衆討之英未至賊已引退勰還洛英行揚州後英還京師上表曰臣聞取亂侮亡有國之常道陳師鞠旅因機而致發竊以區區寶卷罔顧天常憑恃山河敢抗中國今妖逆數亡驕縱日甚威侮五行怠棄三正淫刑以逞虐害無辜其雍州刺史蕭衍東伐秣陵掃土興兵順流而下唯有孤城更無重衛此則皇天授我之日曠載一逢之秋事易走丸理同拾芥此而不乘將欲何待臣乞躬率步騎三萬直指沔陰據襄陽之城斷黑水之路昏虐君臣自相魚肉我居上流威震遐邇長驅南出進拔江陵其路既近不盈五百則三楚之地一朝可收岷蜀之道自成斷絕又命揚徐二州聲言俱舉緣江焚蹙靡使所達建業窮蹙魚遊釜內士治之師再興孫皓之縛重至齊文軌而大同混天地而為一伏惟陛下暫輟旒纊少垂聽覽獨決聖心無取疑議此期脫爽并吞未日事寢不報英又奏曰臣聞乘虛討弱事在速舉因危攻昧微提可期今寶卷亂常骨肉相賊藩戍鼎立莫知所歸義陽孤絕密邇天境外靡粮援之期內無兵儲之固此乃臨焚之鳥不可去薪授首之寇何容緩斧若此行有果則江右之地斯為經略之基如脫否也非直後舉難圖亦或居要生疾今豫州刺史司馬悅已戒嚴垂邁而東豫

州刺史田益宗方擬守三關請遣軍司為之節度世宗遣直寢羊靈引為軍司以軍功拜吏部尚書以前後軍功進爵常山侯

時車騎大將軍涼州大中正源懷奏曰南賊遊魂江揚職為亂逆肆厥淫昏月滋日甚貴臣重將靡有孑遺崇信姦回昵比閹豎內外離心骨肉猜叛蕭寶融僭號於荊郢其雍州刺史蕭衍勒兵而東襲上流之衆已逼其郊廣陵京口各持兵而懷兩望鍾離淮陰並鼎峙而觀得失秣陵孤危制不出門君子小人並罹災禍延首北望朝不及夕斯實天啓之期吞并之會乘厥蕭墻之釁藉其分崩之隙東據歷陽兼指瓜步緣江鎮戍達於荊郢然後奮雷電之威布山河之信則江西之地不刃自來吳會之鄉指期可舉昔士治有言皓若暴死更立賢主文武之官各得其任則勍敵也若蕭衍克就上下同心非直後圖之難實亦揚境危逼何則壽春之去建鄴七百而已山川水陸

彼所譆利脫江湘無波君臣效職藉水憑舟倏忽而至壽春容不自
保江南將若之何今寶卷邑居有土崩之形邊城無繼援之兆清蕩
江區寔在今日臣受恩既重不敢不言
帝命大將軍高肇伐蜀肇諫曰臣聞遠人不服則修文德以來之兵
者凶器不得已而後用當今治雖太平論征未可何者山東關右殘
傷未復頻年水旱百姓空虛宜在安靜不宜勞役然往昔開拓皆因
城主歸款故有征無戰今之據者雖假官號眞僞難分或有怨於彼
不可全信且蜀之地險隘稱之自古鎮戍晏然更無異趣豈得虛承
浮說而動大軍舉不慎始悔將何及討蜀之略願俟後圖
梁秦二州刺史邢巒表曰揚州成都相去萬里陸途既絕唯資水路
蕭衍兄子淵藻去年四月十三日發揚州今歲四月四日至蜀水軍
西上非周年不達外無軍援一可圖也益州頃因劉季連反叛鄧元
起攻圍資儲散盡倉庫空竭今猶未復兼民人喪膽無復固守之意
二可圖也蕭淵藻是[illegible]少年未洽治務及至益州便戮鄧元起曹
亮宗臨戎斬將則是駕馭失方范國惠津渠退敗鏁執在獄今之所
任並非宿將重名皆是左右少年而已既不厭民望多行殘暴民心
離解三可圖也蜀之所恃唯劍閣今既剋南安已奪其險據彼界內
三分已一從南安向涪方軌任意前軍累破後衆喪魂四可圖也昔
劉禪據一國之地姜維為佐鄧艾既出綿竹彼即投降及苻堅之世
楊安朱彤二月取漢中四月至涪城兵未及州仲孫逃命桓溫西征
不旬月而平蜀地昔來恒多不守況淵藻是蕭衍兄子骨肉至親若
其逃亡當無死理脫軍剋涪城淵藻復何宜城中坐而受困若其出
鬭庸蜀之卒唯便刀矟弓箭至少假有遙射弗至傷人五可圖也臣
聞乘機而動武之善經攻昧侮亡春秋明義未有捨干戚而康時不

征伐而混一伏惟陛下纂武文之業當必世之期跨中州之饒兼甲
兵之盛清蕩天區在於今矣是以踐阼之初壽春馳款先歲命將義
陽剋闢淮外謐以風清荊沔於焉肅晏方欲偃甲息兵候機而動而
天贊休明時來斯速雖欲靖戎理不獲已至使道遷歸誠漢境佇拔
臣以不才屬當戎寄內省文吏不以軍謀自許指臨漢中惟規保疆
守界事屬艱途東西寇竊上憑國威下仗將士遂帥用命頻有薄捷
藉勢乘威經度大劍既剋南安據彼要險前軍長邁已至梓潼新化
之民翻然懷惠瞻望涪益旦夕可屠正以兵少糧匱未宜前出為爾
稽緩懼失民心則更為寇今若不取後圖便難輒率愚管庶幾殄剋
如其無功分受憲坐且益州殷實戶餘十萬比壽春義陽三倍非匹
可乘可利實在于茲若朝廷志存保民未欲經略臣之在此便為無
事乞歸侍養微展烏鳥詔曰若賊敢闚闞觀機翦撲如其無也則安
民保境以悅邊心子蜀之舉更聽後勅方將席卷岷蜀電掃西南何
得辭以戀親中途告退宜勗令圖務申高略巒又表曰昔鄧艾鍾會
率十八萬衆傾中國資給裁得平蜀所以然者鬬實力故也況臣才
絕古人智勇又闕復何宜請二萬之衆而希平蜀所以敢者正以據
得要險士民慕義此往則易彼來則難任力而行理有可剋今王足
前進已逼涪城既得涪城則益州便是成擒之物但得之有早晚耳
梓潼已附民戶五萬朝廷豈得不守之也若守也直保境之兵則已
一萬臣今請二萬五千所增無幾又劍閣天險古來所稱張載銘云
世亂則逆世清斯順此之一言良可惜矣臣誠知征戎危事未易可
為自軍度劍閣以來鬢髮中白憂慮戰懼寧可一日為心所以勉彊
者既得此地而自退不守恐辜先皇之恩遇負陛下之爵祿是以孜
孜頻有陳請且臣之意算正欲先圖涪城以漸而進若剋涪城便是

中分益州之地斷水陸之衝彼外無援軍孤城自守復何能持久哉臣今敕彼軍軍相次聲勢連接先作萬全之計然後圖彼得之則大剋不得則自全又巴西南鄭相離一千四百去州迢遞恒多生動昔在南之日以其統綰勢難故增立巴州鎮靜夷獠梁州籍利因而表罷彼土民望嚴蒲何楊非唯五三族落雖在山居而多有豪右文學箋啓往往可觀冠帶風流亦爲不少但以去州既遠不能仕進至於州綱無由厠迹巴境民豪便是無梁州之分是以鬱怏多生動靜比建議之始嚴玄思自號巴州刺史剋城以來仍使行事巴西廣袤一千戶餘四萬若彼立州鎮攝華獠則大帖民情從墊江已還不復勞征自爲國有世宗不從

時中山王英乘勝攻鍾離詔尚書邢巒帥衆會之巒又表曰奉被詔旨令臣濟淮與征南掎角乘勝長驅實是其會但愚懷所量竊有未

盡夫圖南因於積風伐國在於資給用兵治戎須先計校非可抑爲必敗幸其無能若欲掠地誅民必應萬勝如欲攻城取邑未見其果得之則所益未幾不獲則虧損必大蕭衍傾竭江東爲今歲之舉疲兵喪衆大敗而還君臣失計取笑天下雖野戰非人敵守城足有餘今雖攻之未易可剋又廣陵懸遠去江四十里鍾離淮陰介在淮外假其歸順而來猶恐無糧艱守況加攻討勞兵士乎且征南軍士從戎二時疲弊死病量可知已雖有乘勝之資懼無遠用之力若臣之愚見謂宜修復舊戍牢實邊方息養中州擬之後舉又江東之釁不患久無畜力待機謂爲勝計詔曰濟淮掎角事如前勅何容猶爾盤桓方有此請可速進軍經畧之宜聽征南至要巒又表曰蕭衍侵境久勞王師今者奔走實除邊患斯由靈贊皇魏天敗寇豎非臣等弱劣所能剋勝若臣之愚見今正宜修復邊鎮俟之後動且蕭衍尚在凶身未除螳蜋之志何能自息唯應廣備以待其來實不宜勞師遠入自取疲困今中山進軍鍾離實所未解若能爲得失之計不顧萬全直襲廣陵入其內地出其不備或未可知正欲屯兵蕭密餘軍猶自在彼欲言無糧運船復至而欲八十日糧圍城者臣未之前聞且廣陵任城可爲前戒豈容今者復欲同之今若往也彼牢城自守不與人戰城壍水深非可填塞空坐至春則士自弊若遣臣赴彼糧何以致夏來之兵不齎冬服脫遇兵雪取濟何方臣寧荷怯懦不進之責不受敗損空行之罪鍾離天險朝貴所具若有內應則所不知如其無也必無剋狀若其不復其辱如何若信臣言也願賜臣停若謂臣難行求回臣所領兵統悉付中山任其處分臣求單騎隨逐東西且俗諺云耕則問田奴絹則問織婢臣雖不武忝備征將前宜可否頗實知之臣旣謂難何容彊遣

孝明帝時襄威將軍李苗上書曰昔晉室數否華戎鼎沸三燕兩秦咆勃中夏九服分崩五方圮裂皇祚承歷自北而南誅滅姦雄定鼎河洛唯獨荊揚尚阻聲教今令德廣被於江漢威風遠振於吳楚國富兵彊家給人足以九居八之形有兼弱攻昧之勢而欲逸豫遺疾子孫遺高祖之本圖非社稷之深慮誠宜商度東西戎防輕重之要計量疆埸險易安危之理探測南人攻守窺覦之情籌算卒衆器械征討之備然後去我所短避彼所長釋其至難攻其甚易奪其險要割其膏壤數年之內荊揚可幷若捨舟檝即平原斂後蹤前則江淮之所短乘車馬游飛浪乘流馳逐非中國之所長彼不敢入平陸而爭衡猶我不能越巨川而趣利若俱去其短各恃其長則東南未見可滅之機而淮泗方有相持之勢且夫淵昃相傾陰陽恒理盛衰遞襲五德常運今以至彊攻至弱必見吞幷之理如以至弱禦至彊焉

有全濟之術故明王聖主皆欲及時立功為萬世之業去高而就下百川以之常流取易而避難兵家之恒勝今巴蜀孤懸去建鄴遼遠偏兵獨戍泝流十千牧守無良專行刻剝官由財進獄以貨成士民思化十室而九延頸北望日覬王師若命一偏將弔民伐罪風塵不接可傳檄而定守白帝之阨據上流之險循士治之迹蕩建鄴之逋然後偃武脩文制禮作樂天下幸甚豈不盛哉

孝明帝正光末二秦反叛侵及三輔時承平既久民不習戰襄威將軍李苗以隴兵彊悍且羣聚無資又上書曰臣聞食少兵精利於速戰糧多卒衆事宜持久今隴賊猖狂非有素蓄雖據兩城本無德義其勢在於疾攻日有降納遲則人情離阻坐受崩潰夫飆至風起逆者求萬一之功高壁深壘王師有全制之策但天下久泰人不曉兵奔利不相待逃難不相顧將無法令士非教習以憍兵御惰卒不思

長久之計務奇正之通必有莫敖輕敵之志恐無充國持重之規如令隴東不守汧軍敗散則二秦遂彊三輔危弱國之右臂於斯廢矣今且宜勅大將深溝高壘堅守勿戰別命偏師精兵數千出麥積崖以襲其後則汧岐之下羣妖自散於是詔苗為統軍

北齊昭帝皇建元年中庶子盧叔虎請伐周曰人衆敵者當任智謀鈞者當任勢力故彊者所以制弱富者所以兼貧今大齊之比關西彊弱不同貧富有異而戎馬不息未能吞幷此失於不用彊富也輕兵野戰勝負難必是胡騎之法非深謀遠算萬全之術宜立重鎮於平陽與彼蒲州相對深溝高壘運糧積甲築城戍以屬之彼若閉關不出則取其黃河以東長安窮蹙自然困死如彼出兵非十萬以上不為我敵所供糧食皆出關內我兵士相代年別一番穀食豐饒運送不絕彼來求戰我不應之彼若退軍即乘其弊自長安以西民跡城遠敵兵來往實有艱難與我相持農作且廢不過三年彼自破矣

後主武平初開府儀同三司王紘上言突厥與宇文男來女往必當相與影響南北寇邊宜選九州中男彊弩多據要險之地伏願陛下哀忠念舊愛孤恤寡矜愚嘉善舍過記功敦骨肉之情廣寬仁之路思堯舜之風慕禹湯之德克己復禮以成美化天下幸甚

後周武帝建德四年志在平齊鄖國公韋孝寬上疏陳三策其一曰臣在邊積年頗見間隙不因際會難以成功是以往歲出軍徒有勞費功績不立內失機會何者長淮之南舊為沃土陳氏以破亡餘燼猶能一舉平之齊人歷年赴救喪敗而反內離外叛計盡力窮傳不云乎讎有釁焉不可失也今大軍若出軹關方軌而進兼與陳氏共為掎角幷令廣州義旅出自三鵶又募山南驍銳沿河而下復遣北

山稽胡絕其幷晉之路凡此諸軍仍令各募關河之外勁勇之士厚其爵賞使為前驅岳動川移雷駭電激百道俱進並趨虜庭必當望旗奔潰所向摧殄一戎大定實在此機其二曰若國家更為後圖未即大舉宜與陳人分其兵勢三鵶以北萬春以南廣事屯田預為貯積募其驍悍立為部伍彼既東南有敵戎馬相持我出奇兵破其疆埸彼若興師赴援我則堅壁清野待其去遠還復出師常以邊外之軍引其腹心之衆我無宿舂之費彼有奔命之勞一二年中必自離叛且齊氏昏暴政出多門鬻獄賣官唯利是視荒淫酒色忌害忠良闔境熬然不勝其弊以此而觀覆亡可待然後乘間電掃事等摧枯其三曰竊以大周土宇跨據關河蓄席卷之威持建瓴之勢太祖受天明命興物更新是以二紀之中大功克舉南清江漢西戡巴蜀塞表無虞河右底定唯彼趙魏獨為榛梗者正以有事三方未遑東略

遂使漳滏遊塊更存餘燼昔句踐亡吳尚期十載武王取亂猶煩再舉今若更存遵養且復相時臣請宜還崇隣好申其盟約安人和衆通商惠工蓄銳養威觀釁而動斯則長策遠馭坐自兼并也

武帝建德四年鮑宏爲麟趾殿學士帝嘗問宏取齊之策宏對云我强齊弱不相侔齊主昵近小人政刑日紊至尊仁惠慈恕法令嚴明事等建瓴何憂不剋但先皇往日出師雒陽彼有其備每不剋捷如臣計者進兵汾潞直掩晉陽出其不虞以爲上策帝從之

帝謀伐齊命邊鎮益儲峙加戍卒齊人聞之亦增守禦柱國于翼諫曰疆埸相侵互有勝負徒損兵儲無益大計不如解嚴繼好使彼懈而無備然後乘間出其不意一舉可取也上從之

時詔伐齊將出河陽內史上士宇文㢸諫曰齊雖無道藩鎮有人今出師河陽精兵所聚恐難得志如出汾曲戍小山平則攻之易拔矣民部中大夫趙㷍曰河南洛陽四面受敵縱得之不可守請從河北直指太原傾其巢穴可一舉而定

開府驃騎將軍宇文忻從武帝伐齊攻拔晉州齊後主親馭六軍兵勢甚盛帝憚之欲旋師忻諫曰以陛下之聖武乘敵人之荒縱何往不克若使齊人更得令主君臣協力雖湯武之勢未易平也今主暗臣愚兵無鬭志雖有百萬之衆實爲陛下奉耳帝從之戰遂大克及帝攻陷并州先勝後敗帝爲賊所窘左右皆殲帝挺身而遁諸將多勸帝還忻勃然而進曰自陛下克晉州破高緯乘勝逐北以至於此致令僞主奔波關東響振自古行兵用師未有若斯之盛也昨日破城將士輕敵微有不利何足爲懷丈夫當死中求生敗中取勝今者破竹其勢已成柰何棄之而去帝納其言明日復戰遂拔晉陽

隋文帝開皇七年問取陳之策於高熲熲對曰江北田收差晚江南

水田早熟量彼收穫之際微徵士馬聲言掩襲彼必屯兵守禦足廢其農時彼既聚兵我便解甲再三如此彼以爲常後更集兵彼必不信猶豫之頃我乃濟師登陸而戰兵氣益倍江南土薄舍多茅竹儲積皆非地窖密遣人因風縱火待彼修立復更燒之不出數年財力俱盡矣帝用其策陳人始困

時光州刺史高勱上取陳五策又上表曰臣聞夷凶翦暴王者之懋功取亂侮亡往賢之雅誥是以苗民逆命爰興兩階之舞有扈不賓終召六師之伐皆所以寧一寓內匡濟羣生者也自昔晉氏失馭天網絕維羣兇於焉蝟起三方因而鼎立陳氏乘其際運拔起細微藉項縱其長蛇竊據吳會叔寶肆其昏虐毒被金陵數年已來荒悖滋甚牝鷄司旦昵近姦回尚方役徒積骸千數疆埸防守長戍三年或微行暴露沈湎王侯之宅或奔馳駿騎顛墜康衢之首有功不賞無辜獲戮烽燧日警未以爲虞耽湎靡嫚不知紀極天猒亂德妖實人興或空裏時有大聲或行路共傳鬼怪或剝人肝以祠天狗或自捨身以厭妖訛民神怨憤災異荐發天時人事昭然可知臣以庸才猥蒙朝寄頻歷藩任與其隣接密邇仇讎知其動靜天討有罪此即其時若戎車雷動戈船電邁臣雖駑怯請效鷹犬高祖覽表嘉之答以優詔

時虢州刺史崔仲方上書論取陳之策曰臣謹案晉太康元年歲在庚子晉武平吳至今開皇六年歲次丙午合三百七載春秋寶乾圖云王者三百年一蠲法今三百之期可謂備矣陳氏草竊起於丙子至今丙午又子午爲衝陰陽之忌昔史趙有言曰水顓頊之族爲水故歲在鶉火以滅又云周武王克商封胡公滿於陳至魯昭公九年陳災裨竈曰歲五及鶉火而後陳亡楚剋之楚祝融之後也爲火正

故復滅陳。陳承舜後，舜承顓頊，雖太歲左行，歲君右轉，鶉火之歲陳族再亡，戊午之年嬀虞運盡。語迹雖殊，考事無別。皇朝五運相承，感火德而王，國號為隋，與楚同分，楚是火正，午為鶉火，未為鶉首，申為實沈，酉為大梁，既當周、秦、晉、趙之分，若當此分發兵，將得歲之助。以今量古，陳滅不疑。臣謂午未申酉，並是數極，盡開天時不如地利，地利不如人和，況主聖臣良，兵彊國富，動植迴心，人神叶契。陳既主昏於上，民讟於下，險無百二之固，衆非九國之師，夏癸殷辛，尚不能立，獨此島夷，而稽天討？伏度朝廷自有宏謨，但芻蕘所見，冀申螢爝。今唯須武昌已下，蘄、和、滁、方、吳、海等州，更帖精兵，密營渡計。益、信、襄、基、郢等州，速造舟檝，多張形勢，為水戰之具。蜀漢二江，是其上流，水路衝要，必爭之所。賊雖流頭、荊門、延洲、公安、巴陵、隱磯、夏首、蘄口、盆城置船，然終聚漢口、峽口，以水戰大決。若賊必以上流有軍，令精兵赴援者，下流諸將即須擇便橫渡；如擁衆自衛，上江水軍鼓行以前。雖恃九江五湖之險，非德無以為固；徒有三吳百越之兵，無恩不能自立。上覽而大悅。

煬帝大業八年，帝親伐遼東，合水令庾質詣行在所，至臨渝謁見。帝謂質曰：朕承先旨，親事高麗，度其土地人民，纔當我一郡，卿以為剋不？質對曰：以臣管窺，伐之可剋。切有愚見，不願陛下親行。帝作色曰：朕今總兵至此，豈可未見賊而自退也？質又曰：陛下若行，慮損軍威。臣猶願安駕住此，命驍將勇士指授規模，倍道兼行，出其不意，事宜在速，緩必無功。帝不悅曰：汝既難行，可住此也。及師還，授太史令。九年，復征高麗，又問質曰：今段復如何？對曰：臣實愚迷，猶執前見。陛下若親動萬乘，糜費實多。帝怒曰：我自行尚不能剋，直遣人去，豈有成功也？帝遂行。既而禮部尚書楊玄感據黎陽反，兵部侍郎斛斯政

奔高麗，帝大懼，遽而西還，謂質曰：卿前不許我行，當為此耳。

唐高祖時，議討王世充，判農圃監、大理司直韋雲起上言：京師初平，人未堅附，百姓流離，仍歲無年，盩厔、司竹、藍田、谷口盜賊羣屯，京都椎剽，乘夜竊發，重以梁師都嫁情北胡，陰計內釁，為腹心患。釋此不圖，而窺兵函洛，姦人乘虛，一旦有變，禍且不細。臣愚以為不若戢兵務農，須關中妥安，士氣餘飽，然後議討伐，一舉可定。從之。

太宗為秦王時，宋金剛戰敗北走，王乘勝逐北，一晝夜行二百里，戰數十合。總管劉弘基諫曰：大王逐北深入，不已，不愛身乎？且士卒飢乏，宜留壁於此，俟兵糧畢集，復進未晚也。王曰：金剛計窮而走，衆心離沮，功難成而易敗，機難得而易失，必乘此勢取之。若更淹留，使之計立備成，不可復攻矣。吾竭忠殉國，豈顧身乎？遂策馬而進，將士不敢復言。

秦王以薛收判陝東大行臺金部郎中。是時方討王世充，竇建德來援，諸將爭言斂軍以觀賊形勢，收獨曰：不然。世充居東都，府庫盈衍，其兵皆江淮選卒，正若乏食爾，是以求戰不得，為我所持。今建德身總衆以來，必飛芻轉糧，更相資哺，兩賊連固，則伊洛勝負未可歲月定也。不若勒諸將嚴兵締壘，浚其溝防，戒毋出兵，大王親督精銳據成皋，厲兵秣甲，邀建德路。彼以疲老當吾堂堂之鋒，一戰必舉。不旬日，二賊可縛致麾下矣。王曰：善。遂禽建德，降世充。

貞觀初，嶺南諸州奏言高州酋帥馮盎、談殿阻兵反叛，詔將軍藺謩發江嶺數十州兵討之。秘書監魏徵諫曰：中國初定，瘡痍未復，嶺表瘴癘，山川阻深，兵遠難繼，疾疫或起，若不如意，悔不可追。且馮盎若反，即須及中國未寧，交結遠人，分兵斷險，破掠山縣，署置官司，何因告來數年，兵不出境？此則反形未成，無容動衆。陛下既未遣使人

就欲觀察即來朝謁恐不見明今若遣使分明曉諭必不勞師旅自致闕庭太宗從之嶺表悉定侍臣奏言馮盎談殿往年恒相征伐陛下發一單使令嶺外恬然太宗曰初嶺南諸州盛言盎反朕必欲討之魏徵頻諫以爲但懷之以德必不討自來旣從其計遂得嶺表無事不勞而定勝於十萬之師乃賜魏徵絹伍百匹

貞觀四年有司上言林邑國蠻表疏不順請發兵討擊太宗曰兵者凶器不得已而用之故漢光武云每一發兵不覺頭鬚爲白自古以來窮兵極武未有不亡者也苻堅自恃兵彊欲必吞晉室興兵百萬一舉而亡隋主亦欲必取高麗頻年勞役人不勝怨死於匹夫之手至如頡利往歲數來侵我國家部落疲於征役遂至滅亡朕今見此豈得輒即發兵但經歷山險土多瘴癘若我兵士疾疫雖克翦此蠻亦何所補言語之間何足介意竟不討之

十七年上欲自討遼東諫議大夫褚遂良曰陛下之兵度遼而克固善萬分一不得逞師必再興再興爲忿兵安危不可測兵部尚書李勣曰不然曩薛延陀盜邊陛下欲追擊魏徵苦諫而止向若擊之一馬不生返後復畔擾至今爲恨帝曰誠然但一慮之失而尤之後誰爲我計者帝意遂決東遂良懼上言臣請譬諸身兩京腹心也四境手足也殊裔絕域殆非支體所屬高麗王陛下所立莫離支殺之討其逆奪其地固不可失但遣一二愼將付銳兵十萬翔旝雲輣唾手可取昔侯君集李靖皆庸人爾猶能擄高昌繫突厥陛下止發蹤指示得歸功聖明前日從陛下平天下爪牙之士氣力未衰可驅策惟陛下所使臣聞涉遼而左或水潦平地淖三尺帶方玄菟海壤荒濕決非萬乘六師所宜行是時帝銳意蕩平不見省

十八年太宗以高麗莫離支賊殺其主殘虐其下議將討之諫議大夫褚遂良進曰陛下兵機神筭人莫能知昔隋末亂離克平寇難及北狄侵邊南蠻失禮陛下欲命將擊之羣臣莫不苦諫惟陛下明略獨斷卒並誅夷今聞陛下將伐高麗意皆熒惑然陛下神武英聲不比周隋之主兵若渡遼事須克捷萬一不獲無以示威遠方必更發怒再動兵衆若至於此安危難測太宗然之

太宗將親征高麗開府儀同三司尉遲敬德奏言車駕若自往遼左皇太子又監國定州東西二京府庫所在雖有鎮守終是空虛遼東路遙恐有玄感之變且邊隅小國不足親勞萬乘若克勝不足爲武儻或不勝恐爲所笑伏請委之良將自可應時摧滅太宗雖不從其諫爲識者是之

太宗謂侍臣曰蓋蘇文弑其主而奪其國政誠不可忍今日國家兵力取之不難朕未能即動兵衆且令契丹靺鞨擾攪之何如房玄齡曰臣聞古之列國無不強陵弱衆暴寡今陛下撫養蒼生將士勇銳力有餘而不取之所謂止戈爲武者也昔漢武帝屢伐匈奴隋後主三征遼左人貧國敗實此之由惟陛下詳察太宗曰善

二十二年將重討高麗是時司空房玄齡寢疾增劇而謂子曰當今天下清謐咸得其宜惟欲再討高麗方爲國害主上含怒意決臣下莫敢犯顏吾乃知而不言可謂銜恨入地遂上表諫曰臣聞兵惡不戢武貴止戈當今聖化所覃無遠不暨上古所不臣者陛下皆能臣之所不制者陛下皆能制之詳觀古今爲中國患害無過突厥遂能坐運神策不下殿堂大小可汗相次束手分典禁衛執戟行間其後延陀鴟張尋就夷滅鐵勒慕義請置州縣沙漠已北萬里無塵至如高昌叛渙於流沙吐渾首鼠於積石偏師薄伐俱從平蕩高麗歷代逋誅莫能討擊陛下責其逆亂殺主虐人親總六軍問罪遼碣未經

旬日即拔遼東前後虜獲數十萬計分配諸州無處不滿雪往代之宿恥掩崤陵之枯骨比功校德萬倍前王此聖主之所自知微臣安敢備說且陛下仁風被於率土孝德彰於配天覩夷狄之將亡則指期數歲授將帥之節度則決機萬里覘風雲氣候視景而望書符應若神算無遺策擢將於行伍之間取士於凡庸之末遠夷單使一見不忘小臣之名未嘗再問箭穿七札弓貫六鈞加以留情典墳屬意篇什筆邁鍾張詞窮賈馬文鋒既振則宮徵自諧輕翰蹔飛則花葩競發撫萬民以慈遇羣臣以禮褒秋毫之善解吞舟之網逆耳之諫必聽膚受之愬斯絕好生之德禁障塞於江湖惡殺之仁息鼓刀於屠肆鳧鶴荷稻粱之惠犬馬蒙帷蓋之恩降尊吮思摩之瘡登堂臨魏徵之柩哭戰亡之卒則哀動六軍負填道之薪則情感天地重黔黎之大命特盡心於庶獄今臣心識昏憒豈足論聖功之深遠談天德之高大哉陛下兼衆美而有之靡不備具微臣深爲陛下惜之重之愛之寶之周易曰知進而不知退知存而不知亡知得而不知喪又曰知進退存亡而不失其正者其惟聖人乎由此言之進有退之義存有亡之基得有喪之理老臣所以爲陛下惜之者蓋謂此也老子曰知足不辱知止不殆臣謂陛下威名功德亦已足矣拓地開疆亦可止矣彼高麗者邊夷賤類不足待以仁義不可責以常禮古來以魚鼈畜之宜從闊畧若必欲絕其種類深恐獸窮則搏且陛下每決死囚必令三覆五奏進素食停音樂者蓋以人命所重感動聖慈也況今兵士之徒無一罪戾無故驅之於戰陣之間委之於鋒刃之下使肝腦塗地魂魄無歸令其老父孤兒寡妻慈母望轊車而掩泣抱枯骨而摧心足以變動陰陽感傷和氣實天下之冤痛也且兵凶器戰危事不得已而用之向使高麗違失臣節而陛下誅之可也侵

擾百姓而陛下滅之可也久長能爲中國患而陛下除之可也有一於此雖日殺萬夫不足爲愧今無此三條坐煩中國內爲舊主雪怨外爲新羅報讎豈非所存者小所損者大伏願陛下遵皇祖老子止足之戒以保萬代巍巍之名發霈然之恩降寬大之詔順陽春以布澤許高麗以自新焚凌波之船罷應募之衆自然華夷慶賴遠肅邇安臣老病三公朝夕入地所恨竟無塵露微增海嶽謹罄殘魂餘息豫代結草之誠儻蒙録此哀鳴即臣死且不朽太宗見表歎曰此人危篤如此尚能憂我國家雖諫不從終爲善策

貞觀十九年伐高麗白巖城復請降上將受之李世勣諫曰士卒所以爭冒矢石不顧其死者貪虜獲耳今城垂拔柰何更受其降孤戰士之心上下馬謝曰將軍言是也然縱兵殺人而虜其妻孥朕所不忍將軍麾下有功者朕以軍物賞之庶因將軍贖此一城世勣乃退上受其降

二十一年上將復征高麗朝議以爲高麗依山爲城攻之不可猝拔前大駕親征國人不得耕種大半乏食今若遣偏師更迭擾其疆埸使彼疲於奔命釋耒入堡數年之間千里蕭條則人心自離鴨綠以北可不戰而取矣上從之

高宗龍朔元年大募兵拜置諸將天子欲自行蔚州刺史李君球建言高麗小醜何至傾中國事之有如高麗既滅必發兵以守少發則威不振多發則人不安是天下疲於轉戍臣謂征之未如勿征滅之未如勿滅亦會武后苦邀帝乃止

乾封中詔伐高麗及侍御史賈言忠計事還帝問軍中云何對曰必克昔先帝問罪所以不得志者虜未有釁也諺云軍無媒中道回今男生兄弟鬩很爲我鄉導虜之情僞我盡知之將忠士力臣故曰必

亮。且高麗祕記曰。不及九百年。當有八十大將滅之。高氏自漢有國今九百年。李勣年八十矣。虜仍荐飢。人相掠賣。地震裂。狼狐入城。蚡穴於門。人心危駭。是行不再舉矣。

儀鳳三年。上將討新羅。侍中張文瓘臥疾在家。自輿入諫曰。今吐蕃為寇。方發兵西討。新羅未嘗犯邊。若又東征。臣恐公私不堪其弊。上乃止。

時蘇定方討賀魯。中郎將薛仁貴上疏曰。臣聞兵出無名。事故不成。明其為賊。敵乃可服。今泥孰不事賀魯。為其所破。虜係妻子。王師有於賀魯部落轉得其家口者。宜悉取以還。厚加賚遺。使百姓知賀魯為暴。而陛下至德也。帝納之。遂還其家屬。泥孰請隨軍効死。

武后時。將仕郎守麟臺正字陳子昂諫雅州討生羌書曰。臣子昂昧死上言。竊聞道路云云。國家欲開蜀山。自雅州道入討生羌。因以襲

擊吐蕃。執事者不審圖其利害。遂發梁鳳巴蜒兵以徇之。臣愚以為西蜀之禍自此結矣。臣聞亂之生必由怨。雅州邊羌。自國初已來未嘗一日為盜。今一旦無罪受戮。其怨必甚。怨甚懼誅必蜂駭西山。西山盜起。則蜀之邊邑不得不連兵備守。兵久不解。則蜀之禍搆矣。昔後漢末。西京喪敗。蓋由此諸羌。此一事也。且臣聞吐蕃桀黠之虜。君長相信而多姦謀。自敢抗天誅。爾來向二十餘載。大戰則大勝。小戰則小勝。未嘗敗一隊亡一卒。國家往以薛仁貴郭待封為虓武之將。屠十萬衆於大非之川。一甲不歸。又以李敬玄劉審禮為廊廟之宰。辱十八萬衆於青海之澤。身為囚虜。是時精甲勇士勢如雲雷。然竟不能擒一戎。馘一醜。至今關隴為空。今乃欲以李處一為將驅顦顇之兵將襲吐蕃。臣竊憂之。而為此虜所笑。此二事也。且夫事有求利而得害者。則蜀昔時不通中國。秦惠王欲帝天下而并諸侯。以為不

[illegible]貪不取蜀。勢未可舉。乃用張儀計。飾美女。譎金牛。因間以啖蜀侯。蜀侯果貪其利。使五丁力士鑿山通谷。棧褒斜。置道於秦。自是險阻不關。山谷不閉。張儀躡踵乘便。縱兵大破之。蜀侯誅。寶邑滅。至今蜀為中州。是貪利而亡。此三事也。且臣聞吐蕃羯虜。愛蜀之珍富。欲盜之久有日矣。然其勢不能舉者。徒以山川阻絕。障隘不通。此其所以頓餓狼之喙而不得竊食也。今國家乃亂邊羌。開隘道。使其收奔亡之種。為鄉導以攻邊。是乃借寇兵而為賊除道。舉全蜀以遺之。此四事也。臣竊觀蜀之西南一都會。國家之寶庫。天下珍貨聚出其中。又人富粟多。順江而下。可以兼濟中國。今執事者乃圖僥倖之利。悉以委事西羌。地不足以稼穡。財不足以富國。徒殺無辜之衆。以傷陛下之仁。糜費隨之。無益聖德。又況僥倖之利未可圖哉。此五事也。夫蜀之所寶。恃險者也。人之所安。無役者也。今國家乃開其險。役其人。險

開則便寇。人役則傷財。臣恐未見羌戎。已有姦盜在其中矣。往年益州長史李崇真將圖此姦利。傳檄稱吐蕃欲寇松州。遂使國家盛軍以待之。轉餉以備之。未二三年。巴蜀二十餘州騷然大弊。竟不見吐蕃之面。而崇真贓錢已計巨萬矣。蜀人殘破。幾不堪命。此之近事猶在人口。陛下所親知。愚臣意者不有姦臣欲圖此利。復以生羌為計者哉。此六事也。且蜀人尫劣。不習兵戰。一虜持矛。百人不敢當。又山川阻曠。去中夏精兵處遠。今國家若擊西羌。掩吐蕃。遂能破滅其國奴虜其人。使其君長係首北闕。計亦可矣。若不到如此。臣方見蜀之邊陲不守。而為羌夷所橫暴。昔辛有見被髮而祭伊川者。以為不出百年。此其為戎乎。臣恐不及百年而蜀為戎。此七事也。且國家近者廢安北。拔單于。棄龜茲。放疏勒。天下翕然謂之盛德。所以者何。蓋以陛下務在仁不在廣。務在養不在殺。將以此息邊鄙。休甲兵。行乎三

皇五帝之事者也。今又徇貪夫之議。誅動兵戈。將誅無罪之戎。而遺全蜀之患。將何以令天下乎。此愚臣所不悟者也。況當今山東飢。關隴弊。歷歲枯旱。人有流亡。誠是聖人寧靜思和天人之時。不可動甲兵興大役。以自生亂。臣又流聞西軍失守。北軍不利。邊人忙動。情有不安。今復驅此兵投之不測。臣聞自古國亡家敗者。未嘗不由黷兵。今小人議攻禹狄之利。非帝王之至德也。況弊中夏哉。臣聞古之善爲天下者。計大而不計小。務德而不務刑。圖其安則思其危。謀其利則慮其害。然後能長享福祿。伏願陛下熟計之。

陳子昂又諫曹仁師出軍書曰。臣伏見詔書發懷遠軍。令郎將曹仁師部勒以征匈醜。臣聞古之天子。方建大禮。必先振兵擇旅。以告成功。故漢孝武皇帝將封禪。乃徽精卒十萬。北巡朔方。略地而還。此蓋遵古先哲王之禮也。今神皇陛下應天受籙。將欲郊祭天地。巡拜河

洛。建明堂。朝萬國。斯邁古之盛禮也。誠合式遵舊典。耀武塞上。畢境而還。臣猶恐曹仁師未識典禮。肆兵長驅。窮極砂磧。不恤士馬。專以務得爲利。不以全兵爲上。今朝廷百僚雖有疑者。無敢言之。臣誠愚昧。不識忌諱。曾聞事君之道。所貴盡心。心以爲非。安可不言。臣料仁師到雲內城發兵之日。合至九月初到突利城。迴兵之日。合至十月初。胡地隆冬。草枯泉涸。南中士馬未耐祈寒。計仁師所將士馬從靈惟當時所發之處。却迴列雲內城。已行四千餘里。雲內城中又先未支度。馬既接瘦。經冬無粟。以臣愚策。十不存二。若遂南中散就諸州路經沙磧。疲瘦更極。以臣愚策。十不存五。紫蒙之軍。類例相似。且仁師此行。計遠發速。至於應會。未甚精備。以臣計料。恐未成功。脫若功未克成。士馬先盡。中土求市。卒又難得。且自古與匈奴戰。非士馬相資。不可匹。恐馬既虛用。致盡賊。又窺遠未平。但慮後之謀臣。悔於

今寧。且古來絕漢。多喪士馬。非臣抑度輙敢陳聞。昔漢室以衛青出塞。是時漢馬三十萬匹。旋師之日。馬唯餘四萬。四十年不得事匈奴。蓋由此也。臣願陛下考驗前古。取臣愚誠。望與三公大臣審更詳議。

玄宗開元中。王琚持節巡天兵諸軍方還。復詔行塞下。議者皆謂將襲回紇。黃門侍郎張廷珪陳五不可。且言中國步多騎少。人齎一石糧。負甲百斤。盛夏長驅。晝夜不休。勞逸相絕。其勢不敵。一也。出軍掩敵。兵不數萬。不可以行。廢農廣饋。飢歲不支。二也。千里遠襲。其誰不知。賊有斥候。必能預防。三也。狄人獸居磧漠。譬之石田。克而無補。四也。天下無年。當養人息兵。五也。帝然之。

時吐蕃盜邊。諸將數敗。虜益張。秣騎內侵。帝怒。欲自將兵討之。知制誥蘇頲諫曰。古稱荒服。取荒忽之義。非常奉職貢也。故來則拒。去則勿逐。以禽獸畜之。羈縻御之。譬若獵然。羽毛不入服用。體肉不登郊

廟。則王者不射也。況萬乘之重。與犬羊蚤蚩語負勝哉。遠夷左衽不足以辱天子。亦可見矣。雖然。兵法先聲後實。陛下如班親征之詔。而勅懲將謀。夫投會濟師。則吐蕃不日崩破。亦無待躬致天討也。臣謂岐隴凋弊。積年若干。衆萬騎供億不涯。誠恐徭役內興。寇掠外虞。斯人不堪。一也。戎虜之性。驟往倏來。敗不恥奔。勝不讓成。若大軍一臨邊。怖震鳥散。彼出多方。我受其誤。二也。太上皇聞陛下身對寇埸。不能無憂烝烝之思。何以自安。三也。漢蒯成侯諫高帝曰。上嘗自勞。豈謂無人使哉。高帝以爲愛我。今將相大臣豈無爲陛下宣力者。何親行之邊邪。不省。復上言。王者之師有征無戰。藩貢或闕。主命征之。於是乎治兵。其郊獲辭而止。非謂按甲自臨。敵人畏之莫敢戰也。古天子無親將。惟黃帝五十二戰。當未平之時。自阪泉功成。則脩身閒居無爲無事。陛下撥定禍亂。方當深視高居。制禮作樂。禪梁父。登空峒。

何至猒天居袵金革爲一日之敵。今吐蕃遣渠領干犯國令。軍吏一不勝而陛下屈至尊爲之敵。雖朝鼎夕砧。猶未可以夸四夷安足勞聖躬哉。虜之入。唯盜牛馬發窖襪衣。未嘗殺略還人。其罪易原也。臣恐虜情狼顧。牽連北狄。閧六師之行。入幽并犯靈夏。南動京師太上皇一致憂勞。是陛下以天下之安。不能寧其親也。臣固曰居中制勝策之上者。若夫擇良將。募重而約嚴。違律必誅。殺敵必賞。多出金以購酋長。虜亡無日矣。顧稍遲延以須西音。亦會薛訥大破吐蕃。俘獲不貲。由是帝止不行。

肅宗嘗從容問行軍司馬李泌以破賊期。泌對曰。賊掠金帛子女悉送范陽。有苟得心。渠能定中國耶。華人爲之用者。獨周摯尙尙等數人。餘皆脅制偷合。至天下大計非所知也。不出二年無寇矣。陛下無欲速。夫王者之師。當務萬全。圖久安。使無後害。今詔李光弼守太原

出井陘。郭子儀取馮翊。入河東。則史思明張忠志不敢離范陽常山。安守忠田乾真不敢離長安。是以三地禁其四將也。隨祿山者。獨阿史那承慶耳。使子儀毋取華。令賊得通關中。則北守范陽。西救長安。奔命數千里。其精卒勁騎不踰年而弊。我常以逸待勞。來避其鋒。去翦其疲。以所徵之兵會扶風。與太原朔方軍互擊之。徐命建寧王爲范陽節度大使。北並塞與光弼相掎角以取范陽。賊失巢窟。當死河南諸將手。帝然之。會西方兵大集。帝欲速得長安。曰。今戰必勝。攻必取。何暇千里先事范陽乎。泌曰。必得兩京。則賊再彊。我再困。且我所恃者。磧西突騎。西北諸戎耳。若先取京師。期必在春。關東早熱。馬且病。士皆思歸。不可以戰。賊得休士養徒。必復來南。此危道也。帝不聽。

憲宗元和初。左拾遺元稹上奏曰。臣伏見賊劉闢有不庭之罪。陛下尙覆露以待之。此誠陛下罪己泣辜之仁也。微臣何足以識之哉。然臣聞之。天之所以爲天者。以其能化物也。物之性不一。故天之道有和煦震曜之異焉。始其生也。動之以幽伏。被之以春陽。翦之以仁風。潤之以膏雨。則百果草木之柔者順者。油然而生矣。及夫句曲角觡堅本頑心。癡者滯者。幽者蟄者。翦之以和煦。而不出。潤之以膏雨而不滋。則必迅之以雷霆。曜之以威赫。然後頑滯之心改。幽蟄之氣宣。皇天之道。仁於彼而厲於此乎。化與不化之異也。是以蚩尤之亂。作黃帝鑄五兵以殺絕之。共工之行惡。虞舜揭五刑以放死之。豈不欲夢華胥舞干羽而躋之於仁壽哉。蓋不可化也。及夫舞干而適至。因壘而來歸。此又物之可化者也。豈黃帝虞舜文王之德有優劣哉。蓋蚩尤共工。苗人崇人。罪有深淺也。今陛下法天之德。與物爲春。凡在生成。孰不柔茂。而蕞爾微醜。夫將棄之。寘蠢賊於其心。假螻蟻以爲聚。忠臣孝子思得食其肉而快其心久矣。陛下猶銜之以名爵。導之以

訓誥。崇之以寵章。而不至假之以旄鉞。而益驕。戕賊我忠貞。損我仁義。人人不勝其憤。有司不忍其威。是以達陛下匿瑕含垢之仁。順皇天震曜殺戮之用。此誠天下快憤激怒之日也。陛下猶思因壘以降之。舞干以化之。善則善矣。其如天下之憤何。其如天下之憤何。臣願陛下可有司之奏。法皇天之威。與公卿大臣議斬叛弔人之師。以快天下人人之憤。實天下幸甚。微臣無任懇悃嫉惡之至。

翰林學士白居易請罷恒州兵事宜狀曰。緣討伐恒州事宜。前者已具奏聞。此事至大至切。臣不合一奏便休。伏願聖聰再賜詳省。臣伏以河北事體。本不合用兵。既已用兵。亦希萬一。所以人意或望成功。今看事勢。保必無望。何者。陛下本用兵之初。第一倚望承璀。第二准擬希朝茂昭。今承璀自去已來。未敢苦戰。已喪大將。先挫軍威。至今與從史兩軍入賊界。下營未得。從史雖經接戰。與賊勝負略均。況奏

將之間又事恐非實遷延進退貴引日時不唯意在逗留兼是力難支敵希朝茂昭數月已來方入賊界據所奏到賊新市城一鎮便過不得又奏深澤縣令郄被賊打破則其進討之勢想亦可知劉濟親領全軍分圍樂壽又奏賊城堅守卒不易攻師道李安元不可保今看情狀似相計會各收一縣便不進軍如此事由陛下具見據其去就豈有成功未審聖心何如更有所望以臣愚見速須罷兵若又遲疑其害有四可為陛下痛惜者二可為陛下深憂者二何則若保有成功即不論用度多少既的知不可即不合虛費資糧悟而後行事亦非晚今遲校一日有一日之費更延旬月所費滋多終須罷兵何如早罷臣伏見陛下比來愛人省用發自深心至於聖躬每事節儉今以府庫錢帛百姓脂膏資助河北諸侯轉令富貴強大臣每念此不勝憤嘆此所為陛下痛惜者一也臣伏恐河北諸將見吳少陽已受制命

必引事例輕重同詞請雪承宗若章表繼來即議無不許請而後捨模樣可知轉令承宗膠固同類如此則予奪皆由鄰道恩信不出朝廷實恐威權盡歸河北臣每念此實所疚心其為陛下痛惜者二也今天時已熱兵氣相蒸至於飢渴疲勞疾疫暴露衣甲暑濕弓箭瘡痍下有赤日前有白刃驅以就戰人何以堪縱不惜身亦難忍苦況神策官健又最烏雜以城市之人例皆不慣如此忽思生路或有奔逃一人若逃百人相扇一軍若散諸軍必搖事忽至此悔將何及此其為陛下深憂者一也臣伏聞迴鶻吐蕃皆有細作中國之事小大盡知今聚天下之兵唯討承宗一賊自冬及夏都未立功則兵力之強弱資費之多少豈宜使西戎北虜一一知之忽見利生心乘虛入寇以今日之勢力可能救其首尾哉兵連禍生何事不有萬一及此實關安危臣每思之憂入骨髓此其為陛下深憂者二也伏惟詳臣此狀察臣此心審賜裁量速有處分如此則是陛下社稷宗廟之福不獨天下幸甚

元和七年蕃寇涇州城西門驅掠人畜而去朝廷憂之宰臣李絳因延英奏陳曰今邊上空虛兵非實數守將貪濫背公徇私虛人既多實兵須少力既不敵坐受傷殘今府藏未充國力猶闕未得廣添兵馬且須即目處置就其易行得効速者今京西京北並有神策軍鎮兵本置此者祇防蕃寇侵軼俾其禦難戰鬬也不使其鮮衣美食坐費衣糧爾今寇賊為患來如飄風去如驟雨兩京節度使本兵既少須與鎮軍合勢犄角驅逐鎮軍須倍道急趍同力翦撲而牽屬左右神策須申狀取處分夫兵不內御須應機合變失之毫釐差以千里蕃寇方驅掠殺戮之際百姓塗於草莽方云入京遠取中尉處分何異暍渴而穿井待水餒饉而耕粟俟食豈可及事機乎縱其將領

諳識事體星言應援緣是禁衛將士無懼節使之心進退前卻號令不及既行刑不得則與無兵同今須便撥所在境兵馬及衣糧器械割屬當道節度使法令畫一豐約齊同起急如發機前戰不旋踵則兵威必振賊氣自消陛下無驚急之憂生靈亡驅掠之患若安處無事之地坐仰厚賜之恩寇至以申狀為名不曾禦敵節將以禮管成例待以平交徒有鎮遏之聲都無討逐之力聖恩便此處分豈為久遠之制

九年彰義節度使吳少陽卒其子元濟匿喪自領軍務李吉甫言於上曰淮西非如河北四無黨援而國家常宿數十萬兵以備之勞費不支失今不取後難圖矣上將討之張弘靖請先為少陽輟朝贈官遣使弔贈待其有不順之迹然後加兵上從之

十年中書舍人韓愈論淮西事宜狀曰臣伏以淮西三州之地自少

一疾病。去年春夏已來。畜爲今日之事。有職位者。勞於計慮撫循。奉所役者。修其器械防守。金帛糧畜耗於賞給。執兵之卒四向侵掠。農夫織婦攜持幼弱。餉於其後。雖時侵掠小有所得。力盡筋疲。不償其費。又聞畜馬甚多。自半年以來。皆上槽櫪。譬如有人。雖有十夫之力。自朝及夕。常自大呼跳躍。初雖可畏。其勢不久。必自委頓。乘其力衰三尺童子可使制其死命。況以三小州殘弊困劇之餘。而當天下之全力。其破敗可立而待也。然所未可知者。在陛下斷與不斷耳。夫兵不多不足以必勝。必勝之師必在速戰。兵多而戰不速。則所費必廣。兩界之間。疆埸之上。日相攻劫。必有殺傷。近賊州縣。徵役百端。農夫織婦不得安業。或時小遇水旱。百姓愁苦。當此之時。則人人異議。以惑陛下之聽。陛下持之不堅。半塗而罷。傷威損費。爲弊必深。所以要先決於心。詳度本末。事至不惑。然可圖功。爲統帥者盡力行之於前。

而參謀議者盡心奉之於後。內外相應。其功乃成。昔者殷高宗。大聖之主也。以天子之威。伐背叛之國。三年乃剋。不以爲遲。志在立功。不計所費。傳曰。斷而後行。鬼神避之。遲疑不斷。未有能成其事者也。臣謬承恩寵。獲掌綸誥。地親職重。不同庶寮。輒竭愚誠。以效裨補。詳條次平賊事宜。一一如後。

一諸道發兵。或三二千人。勢力單弱。羈旅異鄉。與賊不相諳委。望風懾懼。雖便前進。所在將帥以其客兵。難處使先。不存優恤。待之既薄。使之又苦。或被分割隊伍。隸屬諸頭。士卒本將一朝相失。心孤意怯。難以有功。又其本軍各須資遣。道路遼遠。勞費倍多。士卒有征行之艱。閭里懷離別之思。今聞陳許安唐汝壽等州與賊界連接處。村落百姓悉有兵器。小小俘劫。皆能自防。習於戰鬭。識賊深淺。既是土人。護惜鄉里。比來未有處分。猶願自備衣糧。共相保聚。以備寇賊。若令召募。立可成軍。若要添軍。自可取足。賊平之後。易使歸農。伏請諸道先所追到行營者。悉令卻牒歸本道。據行營所追人額器械弓矢一物已上。悉送行營。充給所召募人。兵數既足。加之教練。三數月後。諸道客軍一切可罷。比之徵發遠人。利害懸隔。

一繞逆賊州縣堡柵等各置兵馬。都數雖多。每處則至少。又相去闊遠。難相應接。所以數被攻劫。致有損傷。今若分爲四道。每道各置三萬人。擇要害地屯聚。一處使有隱然之望。審量事勢。乘時逐利。可入則四道一時俱發。使其狼狽驚惶。首尾不相救濟。若未可入。則深壁高壘。以逸待勞。自然不要諸處多置防備。臨賊小縣可收百姓。於便地作行縣。以主領之。使免散失。

一蔡州士卒爲元濟迫脅。勢不得已。遂與王師交戰。原其本根。皆

是國家百姓。進退皆死。誠可閔傷。宜明敕諸軍。使深知此意。當戰鬭之際。固當以盡敵爲心。若形勢已窮。不能爲惡者。不須過有殺戮。喻以聖德。放之使歸。銷其兇悖之心。貸以生全之幸。自然相率棄逆歸順。

一論語曰。欲速則不達。見小利則大事不成。比來征討無功。皆由欲其速捷。有司計算所費。苟務因循。小不如意。即求休罷。河北淮西等見承前事勢。知國家必不與之持久。併力苦戰。幸其一勝。即希冀恩赦。朝廷無至忠憂國之人。不惜傷損威重。因其有請。便議罷兵。往日之事。患皆然也。臣愚以爲淮西三小州之地。元濟又甚庸愚。而陛下以聖明英武之姿。用四海九州之力。除此小寇。難易可知。泰山壓卵。未足爲喻。

一兵之勝負。實在賞罰。賞厚可令廉士動心。罰重可令凶人喪魄。

然可集事不可愛惜所費俾於行刑
一淄青恒冀兩道與蔡州氣類略同今聞討伐元濟人情必有救助之意然皆闇弱自保無暇虛張聲勢則必有之至於分兵出界公然爲惡亦必不敢宜特下詔云蔡州自吳少誠已來相承爲節度使亦微有功效少陽之歿朕亦本擬與元濟恐其年少未能理事所以未便處置待其稍能輯綏然後許其承繼今忽自爲狂悖侵掠不受朝命事不得已所以有此討伐至如淄青恒州范陽等道祖父各有功業相承命節年歲已久朕必不利其土地輕有改易各宜自安如妄自疑懼敢相扇動朕即赦元濟不問迴軍討之自然破膽不敢妄有異說

十三年田弘正請自黎陽度河討李師道裴度奏曰魏博軍旣度河即當仰給度支或與光顏互相疑阻則必益致遷延與其度河而不進不若養威於河北宜且使之秣馬厲兵俟霜降水落自楊劉度河直指鄆州則賊衆搖心矣上從之

穆宗時蕭俛進門下侍郎吐蕃寇涇州擁兵護邊帝因問兵法有必勝乎俛曰兵凶器聖人不得已用之故武不可玩玩則無震夫以仁討不仁以義討不義先招懷後掩襲故有不殺厲不禽二毛不犯田稼其救人如免水火此必勝術也若乃以小不忍輕任干戈師曲而敵怨非徒不勝又將自危是以聖王愼於兵帝重其言

長慶二年守中書舍人白居易上狀論行營五事

其一請專委李光顏東面討逐委裴度四面臨境招諭臣伏見自幽鎭有事已來詔太原魏博澤潞易定滄州等五道節度各領全軍又徵諸道兵馬計七八十萬四面圍繞已逾半年王師無功賊勢猶盛弓高已失深州甚危者豈不以兵數太多反難爲

用節將太衆則心不齊莫肯率先遞相顧望又以朝廷賞罰近日不行未立功者或先封官已敗衄者不聞得罪旣無懲勸以至遷延若不改張必無所望今李光顏旣除陳許節度盡領本軍伏請抽諸道勁兵通前約與三四萬人從東速進開弓高糧路合下博諸軍解深邢重圍與元翼合勢令裴度領太原全軍兼招討舊職四面壓境觀釁而動若乘虛得便即令同力翦除若戰勝賊窮亦許受降納款如此則鎭州夾攻以分其力招諭以動其心未及誅夷自生變改况光顏久諳戰陣素有威名裴度爲人忠勇果決加以明懸賞罰使其憂責在身事勢驅之自須死戰若比向前模樣用命百倍相懸破賊責功無出於此况太原興王之地天下勁兵今旣得人足當一面以此計度無如二人

其二請抽揀魏博澤潞易定滄州四道兵馬分付光顏伏請詔光顏於前件四道揀選馬步精銳者每軍各取三四千人並令光顏專統一則藉其兵力討襲鎭州二乃每軍抽人不爲不用其餘放去理亦無妨况令守疆亦足展効或聞澤潞魏博兵馬同討淮西之時素諳光顏勤恤將士必樂爲用可望成功今光顏得到下博後即陳許先有八千人昨又發三千人光顏又領鳳翔馬軍一千三百人加以徐泗鄭滑河陽等軍兵皆勁銳堪用况兼魏博等四道所抽兵馬約有三四萬人盡付光顏足以成事其襄陽陝府東都汝州等道兵馬仍委光顏揀擇可否若不堪用不如放還豈唯虛費資糧兼恐撓敗軍陣今旣只留東西二帥諸各置都監一人諸道兵馬監軍伏請一時停罷如此則衆齊令一必有成功

其三請勒魏博等四道兵馬却守本界伏以朝廷本用田布之意以弘正遇害令報父讎望其感激衆心先立功效今領全師出界供給度支數月以來都不進討非田布固欲如此抑有其由或聞魏博一軍累經優賞兵驕將富莫肯爲用況其軍一月之費計實錢貳拾柒捌萬貫今天下百計求取不足充其數月衣糧若且依前將何供給則不如使退守本境自供給衣糧省費之間利害明矣其澤潞易定等雖經接戰勝負略均且昭義全軍收臨城一縣不得則其兵力亦可知矣滄州新經敗挫叔良又乏將計勢不支任必無可望今請魏博等四道各歸本界嚴守封疆如此則不獨減無用之兵亦可以省有限之費就中魏博尤要退軍虛費貲糧最可痛惜

其四請省行營糧料伏以行營最切者豈不以國用將竭軍費不

充更至春夏已來實恐計無所出今若兩道共留六萬其餘退食本道衣糧即每月所費僅減其半一月之用可給兩月唯供六萬所費無多既易支持自然豐足責其死戰敢不盡心臣以爲當今至切無過於此

其五請因朱克融授節後速討王庭湊克融庭湊同惡相濟物情事理斷在不疑今朝廷特赦克融新授節鉞縱終助援必恐遲疑當逗留克融之時是經營庭湊之日遲則心固久則計成三數月間須有次第延引入夏轉難用兵今正是時時不可失以臣等所見謹具如前伏以行營今日事宜眞可謂急危極矣其間變故遠不可知但恐如今救已遲晚若猶可及無出於斯何者苟兵數不抽軍費不減食既不足衆何以安不安之中何事不有伏料陛下覽臣此狀必有二疑一者以臣等悉是儒生不

諳兵事縱知誠懇的未信行臣亦以此自疑又未敢奏今既事切不敢不言若攻戰機宜非臣所習而軍國利害雖愚亦知況察羣情兼聽衆議與臣此奏所見多同伏望不以儒生輕而不用也二者伏恐行營事勢奏報不眞皆云賊徒計日合破又陛下以制置既久難於改移前事若得其宜即合旋有成績至今既無次第安得不務改圖古人云救之桑榆事猶未晚若因循且過即救療轉難臣又切有過憂敢不盡吐肝肺實恐軍用不濟更須百計誅求日引月加以至困極今天下諸色錢內每貫已抽減三百茶鹽估價有司並已增加水陸關津四方多請率稅不許即用度交闕盡許則人心無憀自古安危皆繫於此伏乞聖慮察而念之不以重難改移忽於大計也臣等又憂深州久圍救兵不至弓高新陷糧道未通下博諸軍致於窮地尤頻

兵少欲入無由外即救援不來內即餱糧罄竭各求生路難向死門無可柰何忽然奔散即聖心雖悔其可及乎其鑒不遠在貞元中韓全義五樓之敗是也伏望陛下詳臣此狀思臣此言若以爲然速賜裁斷臣等受恩日久憂國情深志在懇切言無方便伏望聖鑒俯察愚衷

武宗既數討叛有功司徒李德裕慮怵于武不可戢即奏言曹操破袁紹於官渡不追奔自謂所獲已多恐傷威重養由基古善射者柳葉雖百步必中觀者曰不如少息若弓撥矢鉤前功皆棄陛下征伐無不得所欲願以兵爲戒乃可保成功帝嘉納其言

後梁末帝貞明四年敬翔上疏曰國家連年興師疆土日蹙陛下所與計事者皆左右近習豈能量敵國之勝負乎李亞子繼位以來攻城野戰無不親當矢石近者攻楊劉身負束薪爲士卒先一舉拔之

陛下偏稚守文宴安自若。使賀瓌輩敵之。而望攘逐寇讎。非臣所知也。且詢訪黎老。別求異策。不然。憂未艾也。疏奏。趙張之徒言翔怨望。梁主遂不用。

後莊宗引兵屯朝城。梁將康延孝來奔。唐主問以梁事。延孝對曰。梁朝地不爲狹。兵不爲少。然主既暗懦。趙張擅權。內結宮掖。外納貨賂。段凝智勇俱無。專率斂行伍以奉權貴。梁主不能專任將帥。常以近臣監之。進止可否。動爲所制。近又聞欲數道出兵。令董璋趨太原。霍彥威寇鎮定。王彥章攻鄆州。段凝當陛下。決以十月大舉。臣竊觀梁兵。聚則不少。分則不多。願陛下養威蓄力。以待其分。帥精騎五千自鄆州直抵大梁。擒其僞主。旬月之間。天下定矣。唐主大悅。

莊宗初聞梁人欲大舉數道入寇。深以爲憂。召諸將會議。李紹宏等皆以爲鄆州難守。請以易衛州及黎陽與梁。與之約和。休兵息民。更

圖後舉。唐主不悅。乃獨召郭崇韜問之。崇韜對曰。陛下不櫛沐。不解甲。十五餘年。欲雪國家讎恥。今已正尊號。始得鄆州尺寸之地。不能守而棄之。臣恐將士解體。將來食盡衆散。雖畫河爲境。誰爲陛下守之。臣嘗細詢康延孝以河南之事。度己料彼。日夜思之。成敗之機決在今歲。梁今悉以精兵授段凝。決河自固。恃此不復爲備。凝非將材不足畏。降者皆言大梁無兵。陛下若留兵守魏。固保楊劉。自以精兵與鄆州合勢。長驅入汴。僞主授首。則諸將自降矣。不然。今秋不登。軍糧將盡。大功何由可成。諺曰。當道築室。三年不成。帝王應運。必有天命。在陛下勿疑耳。唐主曰。此正合朕志。丈夫得則爲王。失則爲虜。吾行決矣。

後漢高祖初集羣臣議進取。諸將咸請出師井陘。攻取鎮魏。漢主欲由石會趨上黨。郭威曰。虜主雖死。黨衆猶盛。各據堅城。我出河北。兵少路迂。傍無應援。若羣盜合勢共擊我。我軍糧餉路絕。此危道也。上黨山路險澁。粟少民殘。無以供億。亦不可出。近者陝晉相繼款附。引兵從之。萬無一失。不出兩旬。洛汴定矣。漢主曰。卿言是也。

後周世宗即位。比部郎中王朴獻平邊策曰。唐失道而失吳蜀。晉失道而失幽并。觀所以失之由。知所以平之術。當失之時。君暗政亂。兵驕民困。近者姦於內。遠者叛於外。小不制而至于僭。大不制而至于濫。天下離心。人不用命。吳蜀乘其亂而竊其號。幽并乘其間而據其地。平之之術。在乎反唐晉之失而已。必先進賢退不肖以清其時。用能去不能以審其材。恩信號令以結其心。賞功罰罪以盡其力。恭儉節用以豐其財。徭役以時以阜其民。俟其倉廩實。器用備。人可用而舉之。彼方之民。知我政化大行。上下同心。力彊財足。人安將和。有必取之勢。則知彼情狀者。願爲之間諜。知彼山川者。願爲之先導。彼民

與此民之心同。是與天意同。與天意同。則無不成之功。攻取之道。從易者始。當今惟吳易圖。東至海。南至江。可撓之地二千里。從少備處先撓之。備東則撓西。備西則撓東。彼必奔走以救其弊。奔走之間。可以知彼之虛實。衆之彊弱。攻虛擊弱。則所向無前矣。勿大舉。但以輕兵撓之。彼人怯弱。知我師入其地。必大發以來應。數大發則民困而國竭。一不大發。則我獲其利。彼竭我利。則江北諸州乃國家之所有也。既得江北。則用彼之民。揚我之兵。江之南亦不難平也。如此則用力少而收功多。得吳則桂廣皆爲內臣。岷蜀可飛書而召之。如不至。則四面並進。席卷而蜀平矣。吳蜀平。幽可望風而至。唯并必死之寇。不可以恩信誘。必須以彊兵攻。力已竭。氣已喪。不足以爲邊患。可爲後圖。方今兵力精練。器用具備。羣下知法。諸將用命。一稔之後可以平邊。臣書生也。不足以講大事。至于不達大體。不合機變。惟陛下寬

歷代名臣奏議卷之二百二十九